학습하는 학교

시스템사고를 통해 본 학교 복잡계 운영

SCHOOLS THAT LEARN

학습하는 학교

시스템사고를 통해 본 학교 복잡계 운영

피터 센게, 넬다 캠브론-맥카베
티모시 루카스, 브라이언 스미스
제니스 더튼, 아트 클라이너 저
한국복잡성교육연구회 역

씨
아이
알

역자 서문

내가 공동 번역자 중 한 명으로서 역자 서문을 쓰지만 사실 이 번역 작업은 심임섭 박사(현, 복잡성교육학회장)와 손명선 수석교사(현, 복잡성교육연구회장)를 중심으로 복잡계 이론을 통한 새로운 교육을 모색하는 학습 공동체에서 시작했다. 대부분 현직 교사였고 나는 한 자리 비어서 뒤늦게 합류했을 뿐이다. 따라서 이 책은 먼저 고민을 시작한 한국복잡성교육연구회(이후 복잡성교육학회로 발전했다)의 성과물이다. 독자께서는 이 교사 집단을 기억해주길 바란다. 독자께서 그렇게 해주신다면 서문을 작성하는 나의 마음이 조금이나마 가벼워질 것이다.

위에 언급한 한국복잡성교육연구회가 이 책을 접한 것이나 내가 한국복잡성교육연구회와 인연을 맺은 것, 이후에 내가 이 책의 번역에 참여한 것은 필연이자 운명이었다. 한국복잡성교육연구회 구성원들은 우리 교육 현실에 만연한 단선적 사고(linear thinking)의 폐단을 극복하고 대안을 제시하려는 노력을 기울이고 있었는데, 마침 "새로운 대안 교육은 시스템사고다."라고 떠들고 다니는 나를 만났다. 당시 나는 시스템사고로 경영학 박사 학위를 취득하고 이화여대 에코크리에이티브협동과정 연구교수로 재직 중에 청소년 교육에 시스템사고를 접목해야 한다는 사명감에 불타고 있었던 때였다. 따라서 시스템사고를 기반으로 하는 교육, 시스템사고를 기반으로 하는 교육 행정의 교과서라고 할 수 있는 『학습하는 학교』를 번역하자고 의기투합한 것은 자연스러운 일이었다.

이 책은 학습과 학교에 대한 고민을 담았다. 첫 쪽부터 마지막 쪽까지 900쪽에 이르는 방대한 분량이기 때문에 책을 손에 드는 순간 뿌듯함과 부담감이 동시에 밀려들지도 모른다. 67명의 저자가 쓴 170편의 글이 모여 있기 때문이다. 하지만 부담감은 내려놓고 뿌듯함과 희망을 품고 이 책과 만나기 바란다. 목차를 보고 마음에 드는 내용을 먼저 읽는 것을 추천한다. 하지만 첫 관문으로 오리엔테이션을 정독하기를 바란다. 오리엔테이션은 이 책을 읽는 방법과 활용하는 방법을 다루고 있을 뿐만 아니라 산업화 시대를 거치면서 부지불식간에 누적된 교육과 학교에 대한 잘못된 가정들을 소개하고 있기 때문이다. 묵은 때를 벗기는 마음으로 읽어보게 될 것이다.

학습은 지극히 개인적인 활동인 동시에 사회적 활동이다. 끊임없이 상호 작용하면서 학습이 일어나고 이 학습을 통해 변화와 성장을 한다. 따라서 변화와 성장이 일어나지 않으면 학습이라고 볼 수 없다. 과연 무엇을 학습하고 어떻게 학습할 것인가. 이 책과 대화하면서 각자 답을 찾아가기 바란다. 학교 담장 너머에서 더 많은 것을 배우는 아이들에게 학교는 어떤 의미인가? 칸 아카데미를 통해 더 체계적으로 배울 수 있고 유튜브를 통해 세상을 배우고 있는 아이들을 위해 학교는 어떻게 바뀌어야 하는가? 알파고와 이세돌이 격돌한 세기의 바둑 경기 덕분에 미래 환경 변화에 관심이 높아졌고 미래를 살아갈 우리 아이들에게 필요한 학습과 학교에 대한 논의는 활발해졌다.

기술 진보로 학교가 없어진다는 의견에 동의하지 않는다. 우리 아이들은 여전히 안전하게 학습할 공간이 필요하기 때문이다. 그렇다고 이런 공간이 기존의 학교와 같아야 한다는 주장에도 동의하지 않는다. 삶과 학습은 분리할 수 없기 때문이다. 따라서 우리는 학교란 개념을 확장해야 하고 전통적인 물리적인 공간으로 남아 있는 학교 역할도 달라져야 한다. 다행히 우리 교육 현장에서 마을교육공동체라는 표현을 쓰기 시작했다. 변화를 거스를 수 없다.

역자들도 그렇지만 이 책의 저자들은 모두 교육가들이다. 학생들을 만나는 교사, 교육 행정을 담당하는 교육감, 공동체에서 구성원의 성장을 돕는 교육 활동가들이다. 이 저자들이 들려주고 싶은 이야기가 워낙 많기 때문에 상대적으로 덜 다뤄진 내용이 있다. 이 내용을 역자 서문을 통해 좀 더 재강조하고자 한다. 바로 시스템사고에 대한 내용이다. 시스템사고를 다루려면 자연스럽게 시스템다이내믹스라는 학문을 언급하게 된다. 시스템사고가 시스템다이내믹스의 한 분야로서 독특하게 진화한 것이기 때문이다.

시스템다이내믹스는 1950년대에 미국 MIT 경영대학교 제이 포리스터(Jay Forrester) 교수가 개발해서 1960년대에 이론적 체계와 세계적으로 중요한 연구 성과를 이뤄낸 바 있다. 시스템다이내믹스는 다양한 요인이 상호작용하면서 일으키는 변화에 천착한다. 이 변화를 일으키는 핵심 메커니즘이 피드백(feedback)이다. 여기에서 말하는 피드백은 아이들의 숙제 검사를 하거나 코칭에서 말하는 1:1로 되돌리는 반응을 의미하는 피드백과 다르다. 시스템다이내믹스에서 말하는 피드백은 다양한 요인이 서로 영향을 주고받으면서 인과 관계가 순환하는 관계를 의미한다. 이런 피드백 구조에서는 무엇이 원인이고 무엇이 결과인지 모호해지는 관계가 만들어진다. 피드백이 없으면 시스템다이내믹스가 아니라고 말할 정도로 피드백은 시스템다이내믹스 학문에서는 매우 중요한 개념이다. 그런데 이런 피드백 구조는 유기체처럼 다른 요인과 끊임없이 상호작용하기 때문에 시간에 따라 변할 수밖에 없다. 여기에서 중요한 것이 시간이다. 그래서 미적분 방정식과 컴퓨터의 도움으로 시뮬레이션을 통해 시간에 따른 변화를 미리 확인하려고 노력한다. 이런 과학적인 접근 덕분에 같은 변화를 논하는 불교의 윤회 사상과 동양의 주역과 전개 방식이 다르다. 불교의 윤회 사상과 주역도 용어는 다르지만, 만물의 변화를 피드백으로 설명하고 있기 때문에 우리나라 사람들은 피드백이 상대적으로 친숙한 개념일 수 있다. 여기에 서양의 과학적인 논리가 추가됐다고 보면 된다. 시스템다이내믹스는 이런 과학적 접근 방식으로 변화를 연구하는 학문으로, 주요 연구자들이 1972년에 세계의 변화를 집대성한 『성장의 한계(Limits To Growth)』라는 대중서를 통해 일반인들에게 알려지게 되었다. 이 책은 2004년에 같은 제목으로 다시 개정판을 냈기 때문에 관심 있는 독자들에게 이 개정판을 강력하게 권한다.

　시스템다이내믹스가 의사 결정에 중요한 이유는 시스템이 시간에 따라 변하는 내용을 다루다 보니 연구 내용이 하나같이 충격적인 반전을 던져주기 때문이다. 문제를 해결하기 위해 의사 결정할 때는 염두에 두는 시간의 길이가 다 다르기 마련이다. 즉, 어떤 의사 결정이든 어떤 정책이든 예상되는 결과가 나오기까지의 시간을 염두에 둔다. 따라서 시간의 길이를 더 늘여보면 직관과 다른 시스템의 모습을 발견하게 된다. 그래서 의사 결정을 할 때 시뮬레이션을 통해 미래 변화를 미리 테스트하는 것이 필요했다. 그런데 시스템다이내믹스는 태생적으로 공학 기반이기 때문에 역자를 포함한 일반인들이 미분 적분을 다루면서 시스템다이내믹스를 활용하기는 어렵다. 지금은 컴퓨터 소프트웨어가 발달해서 웬만한 사람도 컴퓨터 시뮬레이션을 다룰 수 있게 되었다. 그래도 이 분야의 연구자들은 더 많은 사람이 시스템다이내믹스가 던지는 시사점을 리더십과 교육에 활용하도록 도와주고 싶어서 복잡한 계산을 제외하고 사고 체계만 독립해서 시스템사고라는 체계를 만들기 시작했다. 이런 노력의 정점을 이룬 연구자가 바로 이 책의 저자인 피터 센게다. 시스템사고를 피터 센게 이전과 이후로 나눌 정도로 피터 센게의 영향이 지대하다. 피터 센게의 최대 역작인 『The Fifth Discipline』(1990)은 2006년에 개정판이 나왔고 국내에서는 『학습하는 조직』으로 번역되었다.

이『학습하는 조직』은 다양한 버전으로 재해석되고 확대되었다. 이 책을 『학습하는 조직』의 7번째 책이라고 부르는 이유가 여기에 있다. 피터 센게는 시스템사고를 독특하게 전개했다. 시스템의 변화를 '학습' 관점으로 재해석한 것이다. 주입식 교육에서는 상상하기 힘들겠지만 사실 학습이라는 행동은 학생과 교사, 학생과 학생, 학생과 교과서, 학습 목표－현재 역량－성취 수준과 끊임없는 상호작용이다. 이 상호작용이 시스템다이내믹스에서 강조하는 피드백이다. 피터 센게는 이 아이디어로 대가의 반열에 올랐다.

학습 주체는 두 가지다. 하나는 인간이다. 인간은 시스템과 끊임없이 상호작용한다. 따라서 시스템이 인간에게 영향을 주지만 반대로 인간이 시스템에 영향을 줄 수도 있다. 이 때문에 자연스럽게 리더십과 연결될 수 있다. 또다른 학습의 주체는 시스템 그 자체다. 시스템 구조가 피드백되는 순간 자기 동력(self generating force)이 생겨서 외부로부터 자극이 없어도 스스로 작동한다. 각자가 최선을 다했는데도 결과가 안 나오는 경우가 많다. 그래서 원인을 사람으로 돌리는 경우를 쉽게 본다. 하지만 시스템 자체의 동력으로 발생하는 문제라고 인식하는 순간 대처 방법이 달라질 수 있다. "구조가 행태를 만든다(Structure produces behavior)."라는 표현은 시스템다이내믹스에서 중요하게 다루는 시사점 중 하나다. 따라서 구조(시스템)를 이해하려는 노력 없이 최선을 다하는 순간 더 문제가 심해질 수 있다. 학교 현장과 교육계에서 일어나는 일을 이 책『학습하는 학교』가 다루고 있다.

시스템사고는 철저하게 구조 관점 사고 체계다. 그렇다고 이 표현을 구조가 나와 독립되었다고 오해해서는 안 된다. 앞에서 학습 주체 중 하나가 시스템 그 자체라고 언급했다. 정말 중요한 개념이다. 이 표현을 자기 동력으로 움직이는 메커니즘을 간과해서는 안 된다는 당부의 말로 받아들여야 하지,

구조가 중요하다고 문자 그대로 받아들여서 구조만 탓해서는 안 된다. 먼저 구조에 대해 생각을 하는 것이 필요하지만 그다음 순서는 내가 어떻게 구조를 변화시킬 수 있는지를 고민해야 한다. 나 역시 구조의 한 구성 요소이기 때문이다. 이런 생각을 하지 않으면 구조만 탓하면서 무기력에 빠질 수 있다. 인간이 개입하지 않은 자연 시스템은 그 자체로 완벽한 균형을 이룬다. 그런데 인간이 개입하면서 시스템 균형이 깨지고 있다. 하지만 반대로 깨진 시스템 균형을 바람직한 방향으로 만드는 것도 인간이 할 수 있다. 따라서 학습하는 인간은 우리의 희망이 된다. 인간이 학습을 통해 시스템과 상호작용하기 때문이다.

여기에 중요한 개념이 등장한다. 인간의 행동에 영향을 미치는 것은 우리 의식 저변에 깔린 정신 모델(Mental Model)이라는 것이다. 정신 모델은 전제, 선입견, 믿음 모두 해당한다. 이 정신 모델은 양날의 검과 같은 기능을 한다. 의사결정을 쉽게 하도록 도와주지만 경주마처럼 다른 것을 고려하지 않기 때문이다. 복잡계에서는 다양한 요인이 상호작용한다고 인지하는 것이 필요하기 때문에 시스템다이내믹스와 시스템사고 관점에서 정신 모델을 중요하게 다루는 것은 당연하다. 그래서 시스템다이내믹스와 시스템사고에서 학습을 강조하는 것은 필연이다. 독자는 이 책에서 학교, 교육, 교육계에 만연한 정신 모델과 이 정신 모델을 어떻게 극복하는지를 다양한 사례로 확인할 수 있다.

우리 역자들을 고생시킨 용어가 있다. discipline이라는 표현이다. 앞서 소개한 것처럼 정신 모델은 습관처럼 우리 몸에 새겨진다. 이것을 바꾸려면 부단한 노력을 기울여야 한다. 이럴 때 쓰는 표현이 discipline이다. 그런데 적합한 표현을 찾기가 어려웠다. 최근 우리나라 교육 현장에 알려진 restorative discipline은 회복적 훈육이라는 표현을 쓰고 있다. 또 다른 후보로 훈련이라

는 표현도 고민했었다. 하지만 훈육과 훈련은 의도하는 것과 달리 의미가 잘
못 전달될 가능성이 있기 때문에 역자들이 기본적으로 선택한 단어는 규율
이다. 그럼에도 불구하고 문맥상 필요에 따라 훈련이란 말을 혼용했음을 양
해 바란다.

　그리고 독자가 헷갈릴 수 있는 또 다른 용어가 있다. 바로 시스템사고와 시스
템다이내믹스다. 우선 시스템사고(Systems Thinking)와 시스템적 사고(Systematic
Thinking)는 다르다. 시스템적 사고는 시스템사고와 한 글자 차이지만 단계별
사고, 규칙적 사고 또는 체계적인 사고를 의미한다. 반면 시스템사고는 시스
템에 대한 사고다. 즉, 피드백 속성이 있는 시스템에 대한 관찰과 사고를 말
한다. 이번 기회로 독자는 시스템사고 용어를 적확하게 사용하기 바란다. 그
런데 용어 정리를 좀 더 해야 한다. 영어 표현인 Systems Thinking은 시스템에
대한 다양한 사고를 다루고 있기 때문에 1950년대에 미국 MIT에서 개발된
시스템다이내믹스 학문에서 파생된 시스템사고만을 특정하지 않는다. 그야
말로 다양한 복잡계 이론도 Systems Thinking이라고 할 수 있다. 영어 원서를
구매해서 낭패를 겪어본 사람들은 안다. 그래서 역자들이 생각해낸 묘수가
있다. 붙여 쓰기다. 시스템 사고로 띄어 쓰면 일반 명사가 되지만 시스템사고
로 붙여 쓰면 마치 상표처럼 고유명사가 되는 효과가 있다. 그래서 이 책에서
는 시스템 사고 중에서 MIT에서 개발된 시스템 사고를 특정하기 위해 '시스
템사고'라고 표현했다. 마찬가지로 System Dynamics 역시 시스템의 다양한
다이내믹스를 표현한 것이기 때문에 자칫 영어 원서를 구매할 때 토목공학
책을 만날 수도 있다. 그래서 한글 표현은 MIT에서 개발된 시스템 다이내믹
스라는 뜻으로 '시스템다이내믹스'라고 붙여 썼다.

　마지막으로 이 책에서도 한쪽 구석에 언급하고 있지만, 독자에게 다시 강

조하고 싶은 내용이 두 가지가 있다. 하나는 전통적인 시스템다이내믹스 접근 방식인 컴퓨터 시뮬레이션을 통해서 시스템사고를 더 잘 할 수 있다는 점이다. 이 책 2장에서도 가볍게 다루고 있지만, 시스템사고를 더 깊게 하고 싶은 독자는 향후 다양한 기회를 통해 컴퓨터 시뮬레이션에도 도전하기 바란다. 쉽지 않지만 도전한다면 더 논리적이고 깊은 성찰을 할 수 있다. 두 번째로 강조하고 싶은 내용은 시스템사고 교육이 먼 미래가 아니라는 점이다. 이 책 곳곳에서 시스템사고를 다루는 미국 교육계 모습을 확인할 수 있다. 미국 매사추세츠주에 있는 '이노베이션 아카데미 차터 스쿨(Innovation Academy Charter School)'이라는 중고등학교는 전 학년 교육 방침에 시스템사고를 명시하고 있다. 이뿐만 아니라 매년 세계시스템다이내믹스학회 콘퍼런스에 참석하면서 느끼지만, 미국에서도 참여하는 학교와 교사가 늘어나고 있고, 미국뿐만 아니라 중국, 싱가포르 등 전 세계에서 시스템사고를 교육 현장에 도입하는 사례가 늘고 있다. 나는 2014년부터 초·중·고등학생들에게 가르치기 시작해서 벌써 3,000여 명이 넘는 학생들을 학교에서 만났다. 한 번 경험한 학교는 살아 움직이는 학생들을 보고 평가했고, 요새는 직접 배우려는 학교 선생님들이 많아지고 있다. 공동 역자들 대부분도 마찬가지다. 어떤 교사 집단은 시스템사고를 기반으로 융합교육과정을 개발하려고 학습 공동체를 꾸렸다. 우리나라 교육이 달라지고 있다.

외국에 나가서 다른 나라의 교사, 교장, 교육계 전문가를 만나보면 알 수 있다. 교육계의 문제는 동서고금 똑같다. 우리나라 교육은 우리에게 현실이어서 피부에 와닿기 때문에 문제가 더 커 보일 뿐이다. 기본적으로 교육계는 쉽게 변하지 않는 속성이 있다. 사회 안전망의 최후 보루 역할도 하기 때문에 나는 변하지 않은 속성 그 자체는 나쁘게 보지 않는다. 다만 시스템만 탓하면서 무기력하게 아무런 노력을 안 하는 것이 문제다. 시스템을 바꾸는 것은 넘어야 할 정신 모델이 워낙 강력해서 쉽지 않다. 하지만 쉽지 않다는 것은 불가능하다는 것이 아니다. 연수 이수 학점을 받지 못해도 뭔가 더 좋은 것을 배우려고 퇴근 후나 주말에도 시간을 쪼개고 학습의 공간에 나타나는 교사가 많다. 교육계 밖에 있는 사람들은 교육계를 바라보며 쉽게 비판할 수 있지만, 교육계 내에서는 힘들게 구조와 싸우고 있는 교사들이 많이 있다는 것을 기억해야 한다. 이들에게 머리가 숙여진다. 미래 교육을 위해 필요한 변화가 들불처럼 일어나고 있다. 이 책이 조그마한 불쏘시개가 되기를 바란다.

사단법인 한국시스템다이내믹스학회장

정창권

CONTENTS

| 교실 Classroom |

| 학교 School |

| 지역사회 Community |

시작하기

Getting Started

01

오리엔테이션
Orientation

1. 기억의 순간

　호기심 많고 총명한 아이가 있었다. 아이는 자기 나름의 생각이 있었고, 자신만의 속도로 궁금증을 해결했다. 학교는 아이를 적절하게 지도하지 못했다. 아이에겐 여러 계획이 있었고 학습하느라 언제나 바빴다. 아이는 여행한 모든 지역에서 기념메달을 수집했고, 날마다 다른 메달을 목에 걸고 학교에 갔다.

　어느 날 선생님이 "매튜(Matthew), 내일 메달을 가지고 과학실험을 할 예정이야, 네가 가진 목걸이 중 하나를 사용하면 흥미로운 실험이 될 거 같구나."라며 말을 건넸다. 아이는 부모님께 이 사실을 말하고 싶어 참을 수가 없었다. 그날 저녁, 학교에 가져갈 메달에 대해 오랫동안 이야기했다. 이야기 끝에 할아버지와 함께 간 여행에서 수집한 은 도금 메달을 가져가기로 했다. 다음 날 아침 아이는 서둘러 학교로 갔다. 수업 후 집으로 돌아온 아이는 실험을 통해 알게 된 새로운 과학지식에 대해 부모님과 이야기했다. 모든 금속은 전도성이 다르며, 자신이 가져간 메달 속의 은은 전도성이 높았다.

　이제 아이는 나이가 든 뒤에도 전도성을 기억하며 그날을 추억으로 간직한다. 진실로 흥미로운 열정에 대한 느낌, 배움을 도왔던 느낌 그리고 다른 사람이 자신을 주목했던 느낌을 기억한다. 아마도 교사는 특별했던 수업에 대해 기억 못할 수도 있다. 단지 학생이나 멘토, 부모, 교육자 등과 관계를 맺고 변화를 겪었던 다른 순간을 기억할 것이다.

모든 독자는 누구나 새로운 지식으로 상상력이 불타오르거나, 다른 차원의 문이 열리듯 심금이 크게 요동쳤던 경험이 있을 것이다. 왜 이런 경험들은 엄청난 힘을 가지고 있는가? 아마도 그것은 타고난 본능의 일부이며, 우리 모두는 열성적인 학습자로 살아가기 때문이다. 인류학자 에드워드 홀(Edward T. Hall)은 말한다. "학습욕구는 성적 충동만큼 강하며, 일찍 시작되어 오랫동안 지속된다." [1]

학습은 지극히 개인적인 활동인 동시에 본질적으로 사회적인 것이다. 학습은 추상적인 지식뿐만 아니라 우리를 서로 연결시킨다. 교사가 학생의 특별한 점에 주목하는 것이 왜 중요할까? 삶의 환경을 이곳에서 저곳으로 바꿔도, 우리는 도처에서 크고 작은 참신함과 새로운 도전에 직면한다. 만약 우리가 준비되어 있다면 삶과 학습은 분리되지 않는다.

모든 공동체가 제일 먼저 삶과 학습의 일치를 위해 전념한다면 어떨까? 아마도 지금의 세계와 매우 다를 것이다. 그 세계에는 학교, 일, 삶 사이의 경계가 없다. 공원관리인부터 회계사, 과학자, 예술가에 이르는 숙련된 사람들은 학습자로서 평생 배운다. 모든 나이의 사람은 끊임없이 새로운 활동이나 사업에 뛰어들며 실패를 당연한 것으로 받아들이고, 기꺼이 서로 돕는다. 10대들은 주로 학교담장 밖에서 실제로 의미가 있는 프로젝트를 수행한다. 이를 에드워드 홀은 "아이들이 학교 밖에서 보이는 왕성한 에너지를 보면 그들을 학교에 가두어두면 안 된다."라고 표현했다. 아이들은 지역주민과 중요한 만남을 함께 했듯이 시민모임이나 사업모임 등 도처에 등장한다. 공동체 학습문화는, 처음에는 효과를 보이지만 결국은 역효과를 낳는 미봉책에 그치지 않는다. 아이들, 문화 그리고 매일매일의 실천들은 실제 목적을 늘 상기시키며 멀리 바라보게 한다.

우리가 준비를 했든 못했든 간에 사회·경제·기술 변화가 가속화되는 세계에 들어섰다. 이런 변화로 인해 학교가 의미 없어진다고 말하는 일부 비평가도 있지만 진실은 정반대이다. 기술 진보가 이루어지고, 태블릿 컴퓨터를 소유하고, 스마트폰에 많은 기능이 탑재되더라도 학습할 안전한 장소가 필요하다. 아이들은 항상 호기심이 가득 찬 넓은 세계로 뻗어갈 수 있는 도약대가 필요하다. 더불어 유년기에서 또래 친구와 성인이 함께 하는 넓은 사회로 전환이 가능한 장소도 항상 필요하다.

학습을 중시하는 사회는 학습자의 발달이 이루어지는 기관에 필요한 자원을 지원해야 한다. 기관이란 오늘날의 학교와 비슷하거나 그렇지 않을 수 있다. 기관은 나이와 상관없이 누구나 친밀감을 바탕으로 발달하거나 성장하는 장소이다. 변화와 성장이 끊임없이 이루어지는 인큐베이션이다. 세계가 개선되기를 바란다면 '학습하는 학교(Schools That Learn)'가 필요하다.

2. 학습하는 학교에 대한 아이디어

'학습하는 학교'는 적어도 사람들의 상상 속 어느 곳이나 있다. 2000년에 발간된 첫 번째 판과 2012년에 발행된 두 번째 판의 핵심 아이디어는 단순하다. 학습 기관은 학습 조직으로 고안되고 운영된다. 학교는 지시나 명령, 규율이나 강제된 서열화가 아니라 학습을 지향함으로써 지속적인 생명력을 갖고 창조적으로 만들어진다. 모든 사람들이 시스템 내에서 뜻을 표현하고, 알아가고, 능력을 함께 발달시킨다. 학습하는 학교에서 그동안 서로 신뢰하지 않았던 학부모와 교사들, 교육자와 지역의 사업가, 관리자와 노조 조합원, 학교 안팎의 사람들, 학생과 성인들은 공동 운명체이다.

현재 '학습하는 학교'를 실천한 수백 개 학교의 수천 명은 최소 30년 이상 가치 있는 경험을 축적해왔다. '학교개혁', '효과적인 학교', '교육 개조', '수업의 시스템사고'라는 이름으로 실천했고, 심지어는 '아동낙오방지법(No Child Left Behind)'으로도 적용하였다. 이러한 실험들이 계속되면서 그 결과로 교육자와 학교, 학습자와 공동체 관계에 대한 이해 또한 깊어지고 있다.

비록 전체는 아니지만 그러한 활동은 상당 부분『학습하는 조직(The Fifth Discipline)』시리즈의 명확한 연구와 탐구에 근거한다.『학습하는 조직』일곱 권은(이 책이 포함된 두 번째 판까지 계산하면) 단일한 핵심 아이디어에 기초한다.[2] 사람들의 생각과 행동 방식을 바꾸려면 '다섯 가지 학습 규율'의 지속적인 실천 및 학습하는 조직의 창조가 필요하다. '다섯 가지 규율'인 시스템사고, 개인적 숙련, 정신 모델, 공유 비전, 팀 학습은 더 나은 조직이나 공동체를 추구하는 사람들에게 엄청난 레버리지(leverage)를 제공한다.

레버리지

미미해서 상대적으로 값어치가 없지만, 초점이 잘 맞추어진 행동은 정확한 위치에 작용하면 때때로 의미 있고, 문제를 극복할 수 있는 개선책을 이끌어낸다. 시스템사고를 하는 사람들은 이러한 원칙을 레버리지라고 한다. 해결이 어려운 문제와 씨름하는 것은 종종 높은 레버리지가 어디에 있는가를 찾는 일이다. 레버리지는 때때로 새로운 사고방식에서 발생한다. 학교처럼 인간이 개입된 시스템은 대다수 사람들에게 명백하게 느껴지지 않는 사소한 변화에 큰 영향을 받는 경향이 있다. 시스템이 왜 그렇게 작동하는지 완전히 이해하지 못하기 때문이다.[3]

『학습하는 학교(Schools That Learn)』 초판의 통합적인 접근법은 교육자에게 공감을 일으켰다. 왜냐하면 종종 충돌하는 것처럼 보이는 두 가지 목표, 즉 사람들의 깊은 열망을 깨닫도록 하거나 장기적으로 더 좋은 교육적 성과를 촉진시키기 위한 목표를 함께 불러왔기 때문이다. 그 결과 시험과 다른 외적 평가에서 주목받을 만한 성과를 거두었음은 물론 더 중요한 것은 정신과 마음이 획기적으로 달라진 것이다.

당신이 교사이거나 행정가, 학부모 내지 심지어 학생일지라도 이 책은 당신 학교의 성공을 도울 것이다. 이 책에는 67명의 저자가 쓴 170편이 넘는 글이 실려 있다. 더 많은 학습 기관을 학습 조직으로 만드는 것을 돕기 위해 채택해왔던 도구나 방법, 이야기와 성찰, 아이디어, 안내법, 훈련법, 교재들이 수록되어 있다. 많은 글은 강렬하고, 실용성이 있어 교사, 학교행정가, 학부모가 특정 문제를 해결할 수 있도록 도와준다. 저자들의 깊은 성찰은 이전에 보지 못했던 학교 세계를 보도록 도와준다. 이 때문에 효과적으로 학교에 적용하거나 아예 학교를 바꿀 수 있다. 여러 글은 어떤 것을 규정하거나 제한하지 않아 고등교육이나 평생학습과 같은 다양한 환경에 쉽게 적용가능하다. 이 책은 성적 상위 10위 학교목록도 없으며, 우리가 쉽게 따라할 수 있는 스타 교육자들의 예시 모음집도 제공하지 않는다. 실제로 다른 학교의 상황을 그대로 적용할 만한 학교는 없다. 모든 학교의 상황은 고유하기에 학습을 위한 자신만의 독특한 이론, 도구 및 방법에 대한 성찰이 요구된다.

우리는 이 책을 『학습하는 학교』라고 부르지만, 우리의 비전을 하나의 학교, 하나의 대학을 독립적인 개별 조직체로 발전시키는 것으로만 제한하지 않는다. 학교는 고립되어 존재하지 않으며 지역사회의 지렛대가 될 잠재력이 있다. 지속가능한 공동체는 모든 아이가 발전할 수 있는 학교와 성인을 위한 학습 기회가 필요하다. 『학습하는 학교』는 학습을 위한 살아 있는 시스템으로서 명확하게 분리된 장소가 아니다. 건물이나 시설에 한정하지도 않는다. 개인적으로든 함께든 '학습하는 학교'에 기여하는 사람은 인식과 능력을 끊임없이 강화하고 확장하여 나간다.

■ 다섯 가지 학습 규율의 소개

오로지 권위에 복종하고 아무런 질문 없이 규칙을 따르도록 하는 관료적인 학교는 학생들이 갈수록 복잡해지고 상호의존적으로 변하는 세계에 제대로 대비하지 못하도록 만들어왔다. 오늘을 살아가는 사람은 자율성에 의지해 행동하고, 앞서기도 하고 이끌거나 따르며 신중하게 어려운 문제에 대응해야 한다. 자신의 행동을 주도하고 미래를 조망하는 사고방식을 의도적으로 가져야 한다.

학습하는 조직의 다섯 가지 규율은 이러한 유형의 관점과 기술을 개발하도록 돕기 위해 진행하는 연구와 실천이다. 많은 교사와 행정가가 주목해온 덕분에 학습 규율은 교육 기관의 딜레마와 압박을 해결할 수 있는 효과적인 방법을 제공한다.

다음의 두 가지 규율은 개인과 집단의 열망을 명료화하고 방향을 수립하는 데 사용된다.

❏ **개인적 숙련** : 개인적 숙련은 자기 삶에 대한 현실적인 평가와 인생에서 성취하고픈 비전에 대한 일관된 이미지를 개발하는 실천방법이다. 이것을 고양하면 자연스럽게 긴장이 생기고, 더 나은 선택능력과 선택한 결과에 대한 성취능력도 확장된다.

❑ **공유 비전** : 집단 규율은 공통된 목적에 초점을 둔다. 공동목적을 가진 학교 내의 교사, 행정가, 실무진은 함께 창조해나갈 공유된 미래상, 전략, 원리나 실천 지침을 발전시킴으로써 그룹이나 조직에 대한 헌신 감각을 기르는 학습을 할 수 있다. 학습하며 살기를 희망하는 학교나 공동체는 공동 비전을 공유하는 과정이 필요하다.

다음의 두 가지 규율은 성찰적 사고와 생산적 대화를 실천하는 것과 관련이 있다.

❑ **정신 모델** : 성찰과 탐구기술 규율은 자신과 자기 주변 사람들의 태도와 인식이 무엇인지 알 수 있는 능력 개발에 초점을 둔다. 정신 모델은 현실세계를 명확하고 정직하게 정의하도록 돕는다. 교육계의 대다수 정신 모델은 종종 토론이 불가능하고 견해가 드러나지 않기 때문에 학습하는 학교의 중요한 임무는 위험하고 혼란스러운 주제를 신중하고 생산적으로 토론하는 능력을 개발하는 것이다.

❑ **팀 학습** : 이것은 집단의 상호작용 규율이다. 대화와 숙련된 토론기술을 통해 소그룹 구성원은 공동목표를 달성하고 구성원의 재능을 합친 것보다 뛰어난 지능과 능력으로 생각을 총체적으로 변화시키고 힘을 쏟아 실천한다. 팀 학습은 교실, 학부모나 교사 간, 공동체 구성원들 간 그리고 성공적인 학교변화를 추구하는 '선도집단(pilot group)'에서 촉진된다.

마지막 다섯 번째 규율은 광범위한 지식체계이며, 세계의 복잡성을 인식하고 경영하기 위한 실천방법이다.

❑ **시스템사고** : 이 규율을 통해서 상호작용과 변화를 더 잘 이해하게 되고 행동의 결과를 만드는 동력을 효과적으로 다룰 수 있게 된다. 시스템사고는 피드백과 복잡성의 행태를 다루는 최근 떠오르는 이론에 근거하고 있다. 이 행태는 시간에 따라 성장과 안정을 반복하는 시스템의 내재적 경향성을 나타낸다. 저량 유량 다이어그램(stock and flow diagram), 시스템 원형, 다양한 형태의 학습 실험과 시뮬레이션과 같은 학습 방법을 통해 학생들은 학습 내용을 더 깊게 이해하게 된다. 따라서 시스템사고는 가장 건설적인 변화를 만들기 위한 중요한 레버리지를 찾는 데 도움을 준다.

∬ 이 책의 2부, 94쪽부터 다섯 가지 규율에 대한 심도 깊은 안내를 제공함

교육자들은 다섯 가지 학습 규율은 매우 훌륭하다고 말한 뒤 다음과 같이 반문한다. "월요일 아침에 무엇을 해야 하나요? 개인적 숙련이나 시스템사고에 대한 감각을 키우기 위해 무엇을 해야 합니까? 학생들과 함께 할 가치가 있습니까? 어떻게 이러한 기술과 실천을 우리가 추구해야 할 변화와 통합할 수 있습니까? 학습하는 교실이나 학교 유형을 어떻게 발견할 수 있습니까? 외부 압력에 대해 우리는 무엇을 해야 합니까? 어떻게 시작해야 합니까?"

학습 규율에 익숙한 학부모도 비슷한 질문을 던진다. "숙제나 또래 사이의 다툼 문제를 다룰 때 다섯 가지 학습 규율을 어떻게 사용합니까? 자녀의 교사와 함께 일할 때 그것을 어떻게 사용합니까? 학교와 직장 또는 공동체 내의 다른 집단과 어떤 관계를 만들 수 있습니까?"

이러한 질문에 대해 완벽한 답을 제공할 책은 없다. 이 책은 문제에 접근하는 효과적인 방법을 소개한다. 공립 및 사립학교, 전문대학 및 대학교의 다양

한 사람의 공동경험에 기반을 둔 전략을 제공한다. 자신의 전략을 수립하는 방법을 보여준다. 학부모, 교사, 행정가, 전문가, 정치인, 학생 등 수많은 사람은 광범위한 공동체의 조직 학습자로 진화하고 있다. 조직 학습의 방법과 도구를 사용하고, 그것의 바탕이 되는 이론을 이해하려는 이들은 자신들이 예전에 인식하지 못했던 엄청난 레버리지를 가지고 있으며, 무엇을 변화시켜야 하는지를 알게 된다. 운 좋은 일이다. 왜냐하면 우리는 매우 어렵지만 필수불가결한 과제에 직면했기 때문이다. 탈산업사회와 점점 더 밀접하게 연결되는 시대를 맞게 될 학생들을 위해 학교를 재창조해야 한다.

■ 학교 교육의 현실

우리가 처음 이 책을 쓰기 시작한 이래 15년 동안 종종 미국 학교가 뒤처지고 있다는 의견을 접했다. 산업 시대 학교는 절망적으로 실패하고 있다. 이 같은 인식은 적어도 1983년으로 거슬러 올라간다. 미국 정부 보고서 『A Nation at Risk(위기에 처한 국가)』는 교육받은 인구가 너무 적어, 세계 시장에서 경쟁력이 떨어진다고 주장했다.[4] 보고서의 폭넓은 비난 중 많은 부분이 거짓으로 판명되었지만, 최근 몇 년 동안 학교위기에 대한 우려는 여전히 강하다. 핀란드나 싱가포르보다 상당히 뒤처진 미국 시험점수가 상황을 더욱 악화시켰다. 다른 국가들은 학교에 대한 집단적 불안감에 휩싸여 학교를 개선할 수 없다는 좌절감에 빠졌다. 교육자에겐 스트레스이다. 또 학교에서 탁월한 능력을 발휘하지 않으면 성공적인 삶에서 멀어진다는 만연한 두려움 때문에 경쟁할 수밖에 없다는 엄청난 압박감을 받는다.

학교에 가해지는 압력의 원인은 사람들이 깨닫는 것보다 훨씬 더 복잡하다. 19세기 산업 시대의 교육 시스템은 아동 노동을 줄이고 교육기회를 확대하는 것이었다. 1950년까지 선진국에서 18세 청소년 절반이 중등학교를 졸업한 것으로 추정된다. 이들 중 상당수는 6학년 수준의 수학 및 독해 능력을 갖추고도 관련된 좋은 직업을 가졌다.

오늘날 미국과 세계 교육자들은 객관적으로 30~50년 전보다 기초기능을 훨씬 더 잘 가르친다. 그 기간 동안 교수법과 학습법에 대한 많은 것이 전수되었으며, 지식의 상당 부분은 선진국에서 교사 훈련 내용의 일부가 되었다.[5]

동시에 장벽 또한 극적으로 부상했다. 이 책의 초판이 출판된 이래로 12년 만에 미국과 전 세계 교육사정이 여러 가지 중요한 방식에서 미묘하지만 돌이킬 수 없게 바뀌었다.

- ❑ **지식 속도** : 미국과 많은 선진국에서 교육받지 않은 사람이 선택하는 일자리의 질과 상대적인 양 둘 다 줄어들고 있다. 공장 일자리는 여전히 많지만, 여타 일자리는 기본 컴퓨터 활용 능력, 중학교 읽기 수준(복잡하고 끊임없이 변화하는 기계 안내서 해독), 통계 파악(품질 관리), 물리학 기초지식, 약간의 프로그래밍 지식 및 외국어 능력(브라질 또는 중국 등 상대방과 소통하기)이 있는 사람만 가능하다. 개발도상국은 교육을 통해 전례 없는 성공을 만들어냈고, 특별하게 그들 국가들은 중진국으로, 더 나은 민주국가로, 분권화된 정부로 이행하였다. 세계 곳곳의 국가와 지역사회의 번영을 위한 가장 큰 요소이자 주요 요인은 학교의 질이다.
- ❑ **광범위한 상호의존** : 세계적으로 성공한 기업의 출현과 자결권의 부각은 일반적으로 '세계화'라고 불린다. 세계화는 커뮤니케이션 링크, 소셜 미디어 및 무역과 같은 보편적인 요인에 의해 가능했지만 가장 큰 원인은

지역성*이었다. 거의 모든 지역의 사람은 이전에 결코 경험해보지 못
한 방식으로 다른 사람과 연결되어 있다고 느낀다. 이것은 모든 국가에
서 학교를 바라보는 견해에 영향을 끼쳤다.

예를 들면, 중국 정부는 1986년에 9년 교육을 의무화했다. 2000년대
에 초등학교 무상교육을 전국으로 확대하였다. 많은 아시아 국가에서
과학 및 수학 교육을 엄청나게 강조하고, 기술 분야에서 유능한 졸업생
배출을 목표로 한다. 그러나 아직 창조성이 부족함을 인식하고 있다. 우
리가 알고 있는 박사후 과정 중국학생은 20대인 중국학교 졸업생들의
숙련도를 연구했다. 대부분 공식적인 시험에 대비하는 방법을 알았지
만 그중 비교적 소수만이 기술 혁신을 이끌어내는 창의성을 가졌다.

한편 미국 시스템은 상당수의 창조적인 혁신가를 배출한다. 그러나 수
학과 과학 재능을 지닌 졸업생을 광범위하게 배출하는 데는 실패한다.
두 문화의 학생들이 마주치면, 함께 일하면서 기술을 결합할지, 서로 파
괴적으로 경쟁할지를 선택해야 한다. 생산적인 선택능력은 학교가 상호
의존적인 세상을 위해 얼마나 잘 적응하도록 교육하는가에 달려 있다.

☐ **경제적 스트레스와 사회의 불확실성** : 삶의 양극화와 기회 차별을 심화시
키는 '불평등 경제'는 교육 기관에 막대한 영향을 미친다. 여러 문화권
의 예측 불가능하고 다양한 사회와 가정 양상이 딱 그렇다. 학교는 가족
구조의 변화, TV 및 대중문화의 급격한 변동, 끝이 없는 상업주의, 빈곤
(그리고 빈번하게 부적절한 영양 및 건강관리), 폭력, 아동 학대, 십대 임

....

* 역자주 여기서 지역성이란 아시아 지역, 미주 지역과 같은 비교적 큰 범위의 지역이 갖는 공통성을
  의미한다.

신, 약물 남용, 끊임없는 사회 격변 등 아이에게 영향을 미치는 사회 및 경제 요인을 상쇄하리라 기대된다. 학교는 이제 한부모 가정, 정신 및 신체 장애아동, 빈곤층 및 노숙자 아동, 공식 언어를 사용하지 않는 아동을 책임지고 교육한다.

이러한 요구에 부응하기 위해 애쓰는 학교 책임자들은 끊임없이 학교 변화를 최우선 과제로 삼는다. (교육에 관련된 유행 및 유행의 영원한 반복은 이러한 투쟁의 징후이다.) 그러나 학교는 변화가 느리고, 보수적이며, 전통적인 관행을 중시하고, 단 한 명도 뒤처지게 하지 말아야 한다는 강한 압력에 처해 있다. 결국 세계 금융 위기가 지속적이면 심각한 재정적 압력하에 있는 많은 국가는 이러한 압박을 피할 수 없다.

☐ **기술 변화**: 오늘날 기술 변화는 학교에 직접적으로 압력을 가한다. 일부 전문가는 공교육 시스템 자체가 변화 속도를 따라갈 수 없기 때문에 수명이 다했다고 근시안적인 예측을 한다. 그런 일은 일어나지 않을 것이다. 학교는 변모하고 있다. 이미 초등학교 2학년부터 많은 학생이 스마트폰과 태블릿을 작동시켜 웹사이트에 로그인하는 데 익숙하다. 학생에게 중요한 비판적인 학습 대화는 교실에서 일어나지 않는다. 오히려 수백 또는 수천 마일 떨어진 곳에 거주하는 사람들과 밤 8시 또는 10시에 온라인으로 진행된다.

기술 또한 학생들이 지식에 접근하는 방식을 획기적으로 변화시키고 있다. 1999년 이 책의 첫 번째 판을 집필했을 때, Apple은 아직 첫 번째 iPhone, iPod 또는 iPad를 출시하지 않았다. WWW(World Wide Web)는 불과 몇 년 안 된 상태였고, eChalk 회사(그의 기술 플랫폼은 현재 많은 학교에서 보편화되었다.)는 막 설립되었다. 구글 검색 엔진은 가까스로 설립되었고, Wikipedia와 Facebook은 심지어 알려지지 않은 상태였다. 오늘날 모든 연령대의 학생은 이런 모든 것을 당연하게 여긴다. (때로는 역효과를 낳는 교육도구이다.) 한편 교사들은 그에 부응하여 자신들의 습관을 적절하게 변경했다. 온라인으로 과제를 제시하고 받기도 하고 학생들이 서로의 학업을 평가하게 하고, 검색 엔진을 사용하여 표절을 확인한다.

이러한 상황은 더 나은 학습이 가능한 엄청난 기회를 창출한다. 예를 들어 기존의 인쇄된 교과서는 전자책으로 대체되고 있으며, 일부는 학교에 맞게 또는 특정한 교실의 실정에 맞게 멀티미디어 자료로 제공된다. 학생들이 교과서나 교사의 설명에 만족하지 못하면 칸 아카데미(Khan Academy)와 같은 개인 학습서비스를 통해 대안을 찾을 수 있다.[6] Twitter, YouTube 같은 새로운 플랫폼은 수학, 과학, 사회, 음악, 인문학 분야의 분산적인 정보가 어떻게 연결되어 있는가를 쉽게 파악할 수 있게 해준다. 이러한 연결은 오늘날 다섯 가지 규율을 이해하는 데 중요하며, 시험으로 정당성을 갖는 교과가 조직되는 방식에 의해 부적절하게 감춰지기도 한다.

그러나 동시에 학교에서의 기술도입은 새로운 도전을 창출하고, 이전에 존재했던 다른 것들을 증폭시킨다. 예를 들어 자신의 컴퓨터를 사용하는 사람과 컴퓨터가 없어 공용 컴퓨터를 사용해야 하는 사람 사이의 격차를 악화시킬 수 있다. 잘못되고 빈약한 정보를 가진 학생과 교사는 곤경에 빠질 수 있다. 사이버 폭력으로 실제 왕따를 만들 수 있으며, 학교가 예전에 결코 경험할 수 없었던 방식으로 학습 과정을 복잡하게 만든다.

많은 교육자가 기술 변화와 도전에 대비하고 있는지도 분명하지 않다. 인터넷, 소셜 미디어 및 휴대 전화의 발전이 권위주의 정부의 통제

력을 약화시키는 것처럼, 교육자들은 학생들을 통제하기 더 어려워졌
다. 학생들은 학교, 교사, 언론, 정부 및 모든 정보가 정당한가에 대하여
질문을 할 정도로 스스로 배우고 있다. 그들은 페이스북이나 유튜브에
자신들을 드러낼 수 있으며, 서로를 연결하고, 연결을 끊기도 한다.

❑ **교육의 질에 대한 불만** : 학교가 사회 문제 해결의 책임을 져온 반면, 사
람들은 학교 자체가 새로운 문제를 야기한다는 사실을 점차 인식한다.

첫째, 학부모는 종종 자녀가 받는 교육에 만족하지 않는다. 이 책의
여섯 명의 저자는 모두 학부모이자 교육자다. 우리를 포함한 많은 사람
은 공교육에 실망하여 자녀를 사립학교에 보냈거나 진지하게 그렇게
할까 고려했다. 사립학교라고 해서 더 나은 것도 아니다. 우리 경험에서
부모가 된다는 것은 학교의 부족과 학습 장애로 끊임없이 도전받는 것
이다. 그리고 우리는 우리가 특별하지 않다는 것도 안다.

더군다나 고용주는 피고용인들의 기술 수준에 실망한다. 학교가 세계
경제를 위해 학생들을 준비시키지 못했다는 불평은 매우 뿌리 깊어서 적
어도 40년 동안은 학교와 기업가 간의 관계가 울적한 톤으로 그려졌다.

학생들은 사회활동시간을 포함하여 학교에서 낭비되거나 멍 때리는
시간에 대하여 불평한다. 자신의 학교시절을 생각해보거나 학교생활과
관련된 인기 있는 영화를 보면 이 사실이 증명된다.

∬ 572쪽의 '여러분의 학교에서 진행되는 거대한 게임' 참조

그리고 일부 지역사회는 학교 시스템 지배방식에 대해 불평한다. 종종 지
역사회 일부의 지지로 선출된 이사회는 학교 시스템 방향을 변덕스럽게 바
꿀 수 있다.

이러한 횡포에 효과적으로 대처하려면 많은 관점, 생각과 실험을 받아들이는 것이다. 지금의 유치원생이 대학을 졸업할 때 실제로 직업의 세계 또는 전 세계의 문명과 문화가 어떻게 될지는 아무도 모른다. 우리가 아는 현실은 대다수 교육자와 부모가 알던 세계와 매우 다를 것이라는 것이다. 『학습하는 조직』의 공동 저자인 샬롯 로버츠(Charlotte Roberts)는 다음과 같이 반문했다. "자신이 기억하는 어린 시절의 학교를 다시 만들고 싶은가? 변화의 흐름을 멈추고 교육자들을 밀어 넣을 정체된 웅덩이를 창조하고 싶은가?"

따라서 교육자는 유례없는 도전에 직면하고 있으며 학생들의 시야를 넓히고 혁신을 촉진하며 시스템사고를 교육과정에 통합하고, 학교를 외부 세계에 개방하는 등 무시할 수 없는 커다란 기회 앞에 놓여 있다. 불행히도 이제까지 시행된 많은 해결책은 원인보다 증상에만 대처하여 의도하지 않은 결과를 초래했다. 만약에 당신이 카펫 위에 있는 쥐 때문에 곤란을 겪을 때, 스탬프를 던진다면 그 쥐는 카펫 위의 다른 부분으로 튈 것이 분명하다.

학교 교육의 질을 높이기 위해 도입된 효과 있고 신속한 해결책인 표준화 시험은 잘 알려진 '카펫 위의 쥐' 결과를 낳았다. 학생능력 향상이나 학습 성과가 없어도 높은 시험성적만을 얻기 위한 교육이 시도되었다. 학교는 학생의 집중을 돕기 위해 약물 치료를 장려했고, 낙제한 학생들의 점수를 통계에서 누락시키기 위해 시험결과를 조작하거나 학생들을 장애인으로 분류하였다. 교실과 교육과정은 시험을 보기 위한 형식으로 만들어졌다. 수업은 시험을 위한 기술과 연습만을 위해 꾸려졌다. 한편 서로 다른 민족적 배경을 가진 학생들을 비교하기 위한 측정수단으로서 시험이 성취도 차이를 줄일 수 있는 것처럼 보였지만 실제로 다양한 그룹들은 전체적으로 더 나은 점수를 얻기도 했지만 여전히 많은 격차가 있다. 이러한 해결책은 기껏해야 역효과를 낳을 뿐이고, 때때로 완전히 해롭다. 더욱 나쁜 것은 이러한 기계적인 해결책이 종종 교사와 학생의 관계를 해치고 교실의 창의성을 사라지게 한다는 점이다. 시험 대비 교육만을 받아온 학생들은 공동체에 기여할 수 있는 유능하고 관대한 인간이 지녀야 할 가치로운 능력을 습득할 수 있는 기회를 잃는다. 교육자이자 직원개발 전문가인 에드워드 조이너(Edward Joyner)가 말한 대로 그들은 '시험에는 통과하지만 삶에서는 실패할 수도 있는'방법을 배운다.

　다른 신속한 해결책은 학교 선택이다. 부모와 학생들에게 추가 비용 없이 여러 유형의 학교에 다닐 수 있는 더 많은 선택권을 주는 것이다. 이 유형의 해결책에는 마그넷 스쿨, 차터 스쿨, 홈스쿨링, 바우처 제도, 도시 초등학교 지원 정책 등 다양한 형태가 있지만 모든 경우의 학교는 경쟁을 통해 지원자를 선발한다. 각각의 접근법은 비판받아왔으며, 시스템 관점은 각각이 복잡한 결과와 중요성을 가지고 있음을 시사한다. 한 예로 바우처 제도는 공공 분야가 학교의 책임을 대신하는 것이다. 이러한 방식은 민주사회에서 대다수 국민들로부터 신뢰받지 못한다. 차터 스쿨은 종종 의심스러운 경영진이 학교로 자금을 전환하거나 우수한 학생을 유출시키고, 지역사회의 교육예산을 한두 학교에 불균형하게 배분하고 나머지 학교는 방치한다.[7]

　책무성과 학교 선택제가 가치 있는 것처럼 보였지만, 앞의 경험처럼 현장에 적용될 때 자동으로 상황을 개선하지 못한다. 이러한 해결책의 잠재력은 주의와 관심, 그리고 전망을 갖고 구현할 때 실현된다. 복잡한 문제와 마찬가지로 학교 문제의 해결책은 학습을 지향하는 것이다. 학습 기관이 학습 조직이 될 수 있다. 즉 학교를 고립된 존재로 생각하지 않고, 지역사회, 교실 및 개별 학습 경험이 상호 실천되며 교류하는 연결체로 만드는 것이다. 이는 다양한 관점과 근본적인 가정을 분명히 하는 개방된 대화와 대중 참여를 실현하는 것이다.

학교는 세계화시대의 기술 변화, 경제 불평등 문제를 학습 규율로 극복하고, 교육 시스템에 새로운 생명을 불어넣음으로써 우리 아이들이 후기산업 사회를 준비할 수 있게 돕는다.

학습(學習)

한자의 '학습'에서 첫 번째 학(學)은 공부하다의 의미로 '문 통로에 있는 아이'와 그 위에 '지식을 쌓는다'라는 두 개의 상징으로 구성된다. 두 번째 습(習)은 '끊임없이 익힌다'라는 것으로 둥지를 떠나기 위해 능력을 개발하는 새를 의미한다. 위는 날갯짓을, 아래는 아이를 상징한다. 아시아인에게 있어 학습은 공부를 계속하고, 끊임없이 익히는 것으로 성장의 완성을 의미한다.

-피터 센게(Peter Senge)

■ 활동의 세 가지 포개진 구조

좋은 연결은 인식에서 시작한다. 이 책에서 지속적으로 강조되는 주제는 '나는 너를 본다.'라는 표현이다. 특히 우리 중의 하나나 둘이 보지 못했던 정체성과 가치를 지금에 와서 인정하는 능력을 말한다. 이 문장은『학습하는 조직』서문에 나온다.

남아프리카 남쪽의 나탈(Natal) 부족 사이에서 가장 흔한 인사는 영어의 hello에 해당하는 표현인 'Sawn bona'이다. 이것의 문어적인 의미는 '나는 너를 본다.'이다. 만약 당신이 부족의 일원이면 당신은 '나는 여기 있다.'의 의미인 'Sikhona'라고 답변을 하였을 것이다. 인사의 주고받음에서 순서는 매우 중요하다. 상대방이 보기 전까지 나는 존재하지 않는다.

그것은 마치 상대방이 나를 보게 되었을 때, 상대방이 나를 존재하도록 불러낸 것과 같다.

언어에 내포된 암묵적인 의미는 사하라 사막 아래쪽 아프리카 원주민 사이에 지배적인 마음구조의 하나인 **'ubuntu'** 정신의 일부분이다. 'ubuntu'는 줄루어 *'Umumtu ngumuntu ngabantu'*에서 유래했으며, '사람은 다른 사람이 있기 때문에 사람으로 존재한다.'는 의미이다. 만약 당신이 이런 관점을 가지고 성장한다면, 당신 주변 사람들이 존경하고 알고 있는 너, 바로 보이는 네가 당신이라는 사실에 기반을 둔 정체성을 갖게 된다.[8]

학습하는 학교를 창조하기 위해 노력하는 참가자는 누구인가? 공립이나 사립, 도심이나 시골에 있거나, 규모가 크거나 작던 상관없이 학교는 세 개의 포개진 시스템으로, 서로 상호의존하며, 모두 다 영향을 주고받는 패턴이다. 교실, 학교, 지역사회의 포개진 시스템은 서로 보기 어려워서, 모든 수준에서 사람들의 요구나 선호도를 들어주는 방식으로 상호작용한다.

학습하는 교실

교실의 핵심은 학습을 목적으로 학생과 교사가 함께 하는 것이다. 학부모는 교실 범위에 포함되지 않는다. 학부모는 매일 교실에 있지 않으며 거주하지 않기 때문이다. 그러나 그들의 존재는 항상 느껴진다. 학부모 참여는 교실 내에서 신뢰할 만한 기능을 하고 있으며 심지어 큰 학교에서도 마찬가지이다. 교실의 세 가지 중요 구성 요소는 상호영향을 미치며 존재한다.

☐ **교사** : 교사에게 극적인 수업만큼 감동스러운 순간은 없다. 교사들이 직업을 선택하는 이유도 이 때문이다. 샬롯 로버츠(Charlotte Roberts)는 1

학년 교사로서 읽기를 가르칠 때 마법과 같은 경험을 했다. "만약에 읽는 방법을 모른다면 글자는 구불구불한 선 이상 아무것도 아니다. 교사는 구불구불한 선에 갇히지 않도록 학생을 돕는 것이다. 얼마 후, 아이가 월스트리트 저널과 같은 교과서를 들고 자랑스럽게 교실에서 걸어 나오는 그런 날이 온다. 마법이 일어났음을 아이의 신체언어로 알 수 있다. '날 봐요! 책을 읽을 수 있어요. 엄마, 아빠, 큰형, 할아버지, 할머니, 집에 있는 누구든' 마법과 같은 순간은 아니다. 그러나 교사는 마법의 순간임을 알고, 자기 마음속에서 결코 지우지 않는다."

이 책에 교사의 세 가지 태도가 녹아 있다. 첫째, 학교는 핵심 목적의 일부로 교사의 중요성을 인식하고 향상과 발전, 돌봄과 안전을 확보해야 한다. 둘째, 교사는 관계와 지식 기반을 조성하여 모든 학생들을 위한 청지기 역할을 한다. 청지기란 단순히 나의 교실과 나의 학생이 아닌 학교라는 학습 공동체에 대한 헌신을 의미한다. 셋째, 교사 자신은 가르쳐야 할 지식과 교수법을 일생을 통하여 끊임없이 학습하며 진화하는 평생학습자이다. 특히 지난 10년 동안 교사들은 자신의 방식들을 고찰하고, 혁신적인 교수법이나 접근법을 찾아야 한다는 사실을 깨달았다. 새로운 방식을 도입하거나 학생에게 무익한 산업 시대의 공장 모델로 고안된 교실에서 명령과 통제 위주의 교육에 헌신할 것인가 선택할 수 있다. 이 책이 전문 학습자의 역할을 받아들이려고 하는 교사에게 유익하기를 바란다.

❏ **학생** : 학생은 포개진 교육 시스템의 모든 측면을 보는 유일한 참여자이지만, 보통 디자인된 공간에서 가장 적은 영향을 미친다. 학생들은 중학교에서 고등학교로 간다는 점에서 종종 교통 혼잡을 겪는 운전자와 같

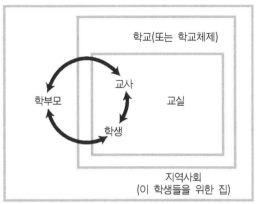

다. 그들은 자신들이 볼 수 없는 사각지대에 봉쇄되어 서로 경쟁적으로 기어오르도록 유혹당하나, 그 어떤 문제도 해결할 수 없다.

　이 책에서 우리는 학생을 지식의 수동적인 수혜자가 아닌 학교 혁신의 참여자나 지식의 공동창조자로서 본다. 대다수 학생은 복잡성 규율인 시스템사고나 개인적 숙련 같은 인지 및 정서 능력을 개발하고 있다. 학생이 생애학습의 비전과 시스템을 구성하게 되면 창조 능력과 인식을 키울 수 있다. 이 책을 읽는 학생이라면 교실, 학교, 지역사회 회원이 되는 완전한 감각을 키우기를 바란다.

❏ **학부모**: 불행한 정신 모델 중 하나는 학부모가 더 이상 학교활동에 관심이 없다는 것이다. 또 다른 정신 모델은 교육자를 힘들게 하는 방해꾼으로 학부모를 간주한다. 학부모는 교육에 대한 부정적인 정신 모델을 가지고 있다. 어떤 사람은 불편한 지난 시절의 학습경험으로 학교를 기억한다. 다른 사람은 시간 부족이나 격려가 결여된 조직 학습으로 지난 시절을 추억한다. 이렇게 만연된 태도는 아이의 학습을 약화시킨다. 우리

는 교실과 학교를 설립하는 데 얼마나 많은 재정이 필요한지 알기 때문에 학부모와 교육자를 위해 이 책을 썼다. 이 책을 읽는 부모는 자녀 교육에 매우 헌신적인 동반자다. 우리는 자녀 발달이 자신을 포함한 시스템 내의 모든 성인 발달에 달려 있음을 정확하게 보기를 바란다.

이 책의 3부는 '학습하는 교실'에 관한 것이다. 3부의 다섯 가지 주제는 교실의 학습 및 교수법 이론부터 시스템사고까지 광범위하다. 우리는 의도를 갖고 성공 가능한 교실의 협력 환경을 재창조하는 데 필요한 현재의 지식을 끊임없이 연구한다.

학습하는 학교

교실 유지를 위해 기반시설이 필요하다. 이 책은 위계 구조, 핵심적인 구성원, 학교공동체에 의해 선출 내지 지명된 이사회 등의 형식적인 조직을 가진 학교, 학교 시스템 및 고등교육 시스템을 다룬다. 공동체는 확실히 각기 다른 방식으로 학교와 대학을 조직한다. 일부 학교 시스템은 단 하나의 학교만 소유하는 반면 어떤 학교 시스템은 수백 개의 학교를 소유하고 있다. 그러나 모든 학교 시스템은 동일한 임무로 모든 학생에게 가장 수준 높은 학습을 제공하는 교실을 만들도록 강제한다.

학교는 학생이라면 누구나 갖는 우정과 사회적 정체성의 원천이고, 교직원의 훈련을 위한 원천이며, 조직화된 일터이기에 복잡성이 중첩되는 사회 시스템이다. 결국 몇몇 학교의 지도자들은 학교가 교실 및 학교 자체의 실천이나 지역사회의 변화와 혁신을 촉진하는 시발점임을 깨달았다.

그래서 이 책의 독자로 교실 수준이 아닌 학교에서 주로 활동하는 많은 사람이 포함되기를 바란다.

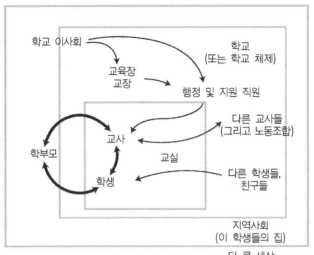

□ **교육장(superintendent)** : 조직의 측면에서 볼 때, 교육장은 학교 시스템의 다른 어떤 사람보다 공식적인 권한을 가지고 있다. 그러나 미국 교육구 교육장의 평균 임기는 3년이 채 되지 않는다. 당신이 교육장이라면 배움을 촉진하기 위한 첫 단계에서 해야 할 일은 당신이 갖고 있는 권한과 그렇지 않은 권한을 인지하는 것이다. 당신은 학교의 총책임자이기 때문에 매우 효과적인 행위를 설정하고 학습하는 학교 시스템을 만들 수 있다. 그러나 혼자서는 개혁이나 개혁방향을 지시할 수는 없다. 이 책이 학교 시스템 전반에 걸쳐 적절한 속도로 건강한 변화를 일으키는 데 필요한 비전과 수단을 동시에 제공하기를 희망한다.

∬ 학교 시스템의 리더십을 보려면 611쪽의 리더십 참조

❑ **교장, 학교지도자, 고위직 교육 행정가** : 경험에 따르면 변화와 개혁의 추진력은 개별학교의 교장, 학장 및 관리자들에게서 먼저 발생한다. 이들은 학습 분위기를 조성하는 교사를 이끄는 지도자이다. 교장 또는 학교 행정가는 학부모, 교사, 상급 관리자 및 관리 집단과 학생들이 필요로 하는 것 사이에서 중간 입장을 취할 수도 있다. 조직적인 학습에 관련되어 있다면 교사의 감독관이 아니라 교사와 학생을 이끄는 지렛대이자 전체적으로 학습 과정 청지기가 될 수 있다.

❑ **학교운영위원, 공사립대학의 이사** : 종종 학교운영위원이나 대학이사는 교육 시스템의 어린이와 학생에게 직접적인 영향을 미치는 학습자가 아닌 감독관이나 감사관 내지 정책입안자로 간주된다. 조직 학습과 실천으로 모범이 된 이사회는 학교 시스템과 구성원들에게 엄청난 영향력을 발휘한다. 당신이 이사회의 일원이라면, 이 책이 당신이 설정한 최상의 모습과 시스템의 청지기가 될 수 있는 가능성을 보는 데 도움이 되기를 바란다.

이 책의 4부는 '학습하는 학교'에 대한 것이다. 우리는 공유 비전의 수립, 현실에 대한 인식구축, 효과적인 지도력 생성 및 전체 학교 또는 대학 시스템을 포함하는 시범 프로젝트 확장을 포함하여 학교변화의 과정 및 실천과정을 살펴본다.

학습하는 지역사회

교실, 학교에 이어 세 번째는 단연코 가장 복잡한 지역사회이다. 보다 광범위하게 지역사회는 학교 또는 대학이 운영되는 학습 환경이다. 모든 부모들이 알다시피 아이, 청소년, 대학생은 일주일의 학습량 중에서 극히 일부만을 학교 교실에서 배운다. 나머지는 텔레비전, 잡지, 대중음악 및 인터넷 등의 미디어, 친구, 다른 동료와 다양한 활동과 관심사를 공유하면서 얻는다. 이는 지방과 지역, 국제 공동체의 특성에서 비롯된다.

이 책의 초판에서 학교-지역사회 관계의 중요성에 관해 썼고, 우리는 그 관계를 더욱 강력하고 유익하게 만들기 위한 도구와 접근법을 제공하려고 노력했다. 줄곧 우리는 관계의 중요성에 대한 훨씬 더 드라마틱한 증거를 보아왔다. 점점 더 상호의존적으로 변해가는 세계에서 누구도 학교를 둘러싼 지역사회와 관계를 맺고 지역사회를 변화시키지 않고서는 진정으로 '학습하는 학교'를 만들 수 없다. 이 관계 맺기가 불완전하면 학교개혁 노력은 실패한다. 우리는 자발적이며 혁신적인 학교 지도자들이 지역사회의 전폭적인 지지를 받지 못할 때 어떻게 되는지를 보아왔다. 실제로 공저자 탐 루카스 (Tom Lucas)를 포함하여『학습하는 학교』초판 원고를 쓴 9명의 관리자 중, 한 명만이 지금도 같은 교육구에 근무한다. 일부는 다른 교육구로 이동했다. 다른 이들은 고등학교에서 가르치거나 다른 유형의 교육 기관에서 일하고 있다. 이 통계는 실망스럽지만 아이디어가 잘못되었거나 그들의 노력이 헛된 것은 아니다. 사실 모두 놀라운 결과를 얻었다. 학교 내 조직 학습의 시작이 비록 효과가 있고 카리스마가 있다 할지라도 한 명의 지도자에게 의존할 수 없다. 학습은 지도자 공동체에 근거해야 한다.

∬ 632쪽의 피터 네그로니의 '외로운 늑대에서 학습자 이끌기로', 655쪽의 레스 오모타니의 '중심 학습 그룹 만들기' 참조

오늘날 많은 지역사회는 경제적 스트레스나 인구 변화라는 새로운 압박을 받고 있다. 수많은 아이의 변화에 부분적으로 대응하여 새로운 지역학교 시

스템을 채택하였다. 지역사회 구성원이 학생을 가르치는 '학습 봉사'와 같은 오래된 생각은 훨씬 더 정교해졌다. 학교지도자, 학생, 지역사회 구성원 간의 상호성찰 및 협력학습 추진에 동참하는 '지역사회와의 관계 맺기'에 대한 생각은 점차 보편화되었다. 이것은 아마도 학교 시스템 지도자들이 학교 밖의 사람들과 학교의 관계를 재정립할 수 있는 가장 효과적인 방법일 것이다.

우리가 이 책을 저술할 때 지역사회의 기본적인 세 개 그룹을 마음속에 담고 작업하였다.

□ **지역사회 구성원** : 만약에 당신이 지역사회 구성원이라면, 자신을 교육자나 학습자로 생각하는 데 익숙하지 않을 것이다. 아마도 예전에는 학교와 긴밀히 협력하지 않았을지도 모른다. 그러나 지역사회 지도자, 사업가들, 지역사회 단체에서 일하는 사람과 교육자는 서로 고립되어 활동할 수 없음을 더 잘 알게 되었다. 이 책에서 되풀이되는 주제는 교실, 학교와 지역사회 간의 상호의존성에 관한 것이다. 우리는 지역사회 아이들과 지역사회의 지속가능성을 위해 이러한 상호관계를 이해하고, 개혁 또는 개선하기 위한 다양한 생각, 방법과 자원을 찾을 수 있기를 바란다.

□ **평생학습자** : 우리가 언급하는 학교는 학습을 위한 장소이며, 성인의 삶은 앎을 위한 공간이다. 이 책에서 우리는 교사와 행정가뿐 아니라 학생의 학습을 촉진하는 좋은 환경을 지닌 학교와 모든 연령층의 학습을 지원하는 공동체를 개발하기 위해 잘못된 가정에 도전하는 방식들을 다룬다.

□ **교육전문가** : 이 책 초판의 가장 오래된 독자는 교직원, 교대 및 사범대생, 교육 지도층이었다. 그러나 학교 목적에 대한 진지한 논의가 이루어지면서, 대화는 다른 교육 전문가들까지 확대되었다. 교과서 집필진과 편집

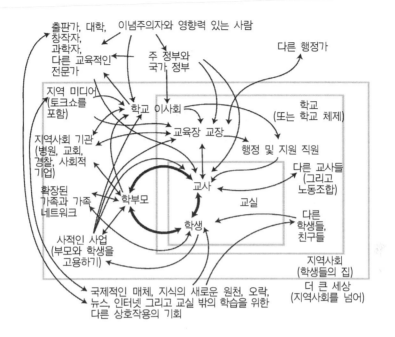

인은 표준화된 기준에 따라 소집된 시험위원회나 최근에 포기된 저렴한 웹 기반 자료들을 즉각적으로 받아들였기 때문에 수준과 호소력은 낮다. 전보다 학교에 끼치는 영향이 큰 교육시험서비스(Educational Testing Service) 기관의 지도자, 집필진, 학습과정이론가들은 인지신경과학 및 뇌과학 연구 결과에 비추어 그들의 견해를 바꾸고 있다.

지역사회 수준에서 가장 두드러진 특징은 복잡성이다. 여기에 표시된 표와 약간 다른 방식으로 지역사회 구성 요소와 주변에 대한 생각그물을 가질 수 있다. 하지만 실제 표도 복잡할 수밖에 없다. 영향을 미치는 패턴(가는 화살표로 표시됨)은 대부분의 구성 요소들을 연결한다. 일부는 학교에 직접적인 영향을 미친다. 다른 일부는 덜 직접적이지만 항상 상호작용하고 있다. 회색 네모 안의 형식적인 구조를 변화시키기 위해 개입하여 시스템을 수정하려고 하면, 당신의 노력은 역효과를 낸다. 사실 효과적으로 작동하는 교실 내지 학교 공동체는 보이지 않지만 영향이 큰 그물들을 인지하고, 그것을 강하게 만들며, 그것과 연관된 모두가 책임감을 느낀다. 관계망이 망가졌을 때, 아이들도 곤경에 빠지고 길을 잃는다.

전형적인 지역사회의 생각그물은 마치 'The Wall'이라고 불리는 오랜 시스템사고 운동과 매우 흡사하다. 이 운동에서 촉진자는 연대와 연결된 모든 요소들, 세계 기아, 폭우로 인한 파괴, 인간 권리운동, 요동치는 경제와 같은 큰 문제들에 이름 붙이도록 요구한다. 점진적으로 인구 증가를 야기했고, 인구 증가는 빈곤율을 증가시켰다. 촉진자들은 이런저런 선들을 표시하고, 벽에 가득 찬 흰 종이에 영향을 나타내는 선들이 나타날 때까지 충실히 기록한다. 이런 종류의 복잡성을 직면한 많은 사람은 절망하여 포기했다. 시스템은 고칠 수 없으며 특히 누구도 책임이 없다는 것이 명백하다! '학습하는 학교'를 만드는 것이 지역사회 수준에서 학습을 촉진하는 것에 달려 있다면, 언뜻 보기에 불가능한 문제를 드러내는 것과 같아 보일 뿐이다. 그러나 활용 가능한 레버리지가 있다. 시스템 행동의 반복적인 패턴과 그 패턴을 존재하게 하는 더 단순한 상호관계를 인지함으로써 가능하다. 또한 정기적으로 생산적인 대화를 촉진하고, 사람들이 원하는 미래와 학교가 원하는 미래를 지역사회 수준에서 함께 생각하도록 하는 레버리지가 있다.

이 책의 5부에서 지역사회와 학습하는 학교를 효과적으로 돕는 것으로 입증된 기술과 개념적 접근법을 다룬다. 지역사회 정체성을 형성하고, 다양한 지역사회 지도자와 관계를 형성하며, 지속가능한 지역사회 학습을 위한 기반시설을 제공한다.

함께 조각 맞추기

　　이러한 모든 구성 요소와 수준을 껴 맞춰 학습하는 학교를 만드는 운동 자체가 하나의 기로이다. 다양한 상황에서 공통점이 몇 가지밖에 없기 때문에 이런 문제가 발생한다. 그들은 모두 지역사회 아이들에게 헌신한다. 지역사회의 미래가 아이들임을 안다. 학교가 변화해야 한다는 것도 안다. 변화는 때로는 점진적이고, 때로는 큰 도약으로 일어난다. 그러나 관련된 사람들의 헌신 없이는 절대로 일어나지 않는다. 학습자는 진정으로 학습을 지속한다. 당신이 기꺼이 정직하고, 열린 마음으로 대화하지 않거나, 교실, 학교 시스템 및 지역사회의 '비판'을 감수하지 않으면 학습 조직의 목표를 달성할 수 없다. 이 책을 여는 데까지 다가갔다면 이미 첫걸음을 내디뎠다. 우리는 그냥 서 있을 수 없다. 어린이와 다른 사람들에게는 너무 위험하다.

3. 학습 조직에 대한 핵심 개념

　　학습 조직의 공식적인 사례들은 상대적으로 새롭다. 다양한 배경, 규율 및 학습을 지향하는 많은 사람이 학습하는 조직으로 다가오고 있다. 지금 시작하는 시점에 우리가 학습하는 조직에 대해 발견한 핵심적인 생각을 명료화하는 것이 중요하다. 우리는 이 진리를 자명한 것으로 여긴다.

모든 조직은 구성원들이 생각하고 상호작용한 결과물이다.[9]

　　조직은 사람들이 생각하는 방식으로 작동한다. 오늘날 정책과 규칙이 교실이나 학교에서 문제를 만들지도 않으며, 문제를 제거하지도 않는다. 문제의 진정한 원천은 교사와 학생부터 학교를 감독하는 국가정치구조에 이르기까지 시스템의 모든 수준에서 정신 모델과 관련된다. 규칙을 변경하기 전에 학교 시스템을 개선하려면 먼저 사람들이 함께 생각하는 방식과 상호작용하는 방식을 살펴보아야만 한다. 그렇지 않으면 새로운 정책이나 조직구조들은 쉽게 사라지고, 시간이 가면 조직은 예전방식으로 복귀할 것이다.

이에 대해 시모어 사라슨(Seymour Sarason)은 다음과 같이 언급한다. "변화가 많을수록, 더 많은 일이 그대로 유지된다." 사라슨은 효과적인 학교개혁은 사람들이 교육 시스템에 대한 피상적인 개념을 넘어, 보이지 않는 가치, 힘과 특권에 대한 태도와 기존의 구조, 규정 및 권위 있는 관계에 대해 인식할 때까지 발생하지 않는다고 주장한다. 사람들이 생각하는 방식과 상호작용하는 방식과 새로운 아이디어를 탐색하는 방식에 근본적인 변화가 없다면 세계의 재구조화, 유행 및 전략은 지속적으로 개선되지 않는다.[10]

생각하는 방식을 바꾸는 것은 방향을 지속적으로 바꿔나가는 것을 의미한다. 우리가 당연시하는 암묵적 '진리'를 인식하고 연구하기 위해서 우리가 지식을 창조하고 삶에서 의미를 만드는 방식, 그리고 삶에서 선택하는 것을 다루는 열망과 기대를 내적으로 들여다볼 시간을 가져야만 한다. 그리고 우리는 새로운 생각과 다른 방식으로 사고하고 상호작용 방식을 탐구하고, 다양한 과정과 조직 외부와 관계를 연결하고, 조직과 더 큰 공동체에 대한 우리의 공통된 비전을 명확히 밝혀야 한다. 우리가 상호작용하는 방식을 바꾸는 것은 조직의 공식적인 구조뿐만 아니라 지식 시스템을 포함하여 사람들과 시스템의 다른 측면의 이해하기 어려운 패턴을 재설계하는 것이다.

학교 시스템에서 사람들은 어떻게 생각하고 상호작용하는가? 그들은 생산적인 대화를 나눌 수 있는가? 자신의 견해를 너무 강하게 주장해서 다른 사람들이 듣지 못하도록 하지 않는가? 그들은 문제에 대해 다른 사람을 책망하는가, 아니면 모든 행동이 상호 연관되어 있기 때문에 누구만의 책임이 아니라는 것을 인식하고 전체적으로 시스템 관점에서 문제를 살펴보는가? 그들은 자신들의 견해가 그저 개연성있는 견해라고 가정하는가? 다른 관점을 탐구하고 있는가? 그들은 자신이나 다른 사람들이 지닌 열망과 포부의 차이점과 유사점에 관해 이야기하는 것에 열려 있는가? 그들은 자신과 지역사회 아이의 미래를 위해 새로운 것을 창조하는 데 진실로 관심이 있는가?

학습은 연결이다

유·초중등 교사나 대학 강의 전담 교수의 교수법 개발을 도와주는 어느 한 교육 전문가는 "가장 어려운 일은 교실에는 교사만 있는 것이 아니라 다른 사람도 있다는 사실을 일깨워주는 것이다."라고 말하면서 "너무 많은 교사와 교수들은 자신들이 과목뿐만 아니라 '학생'을 가르치고 있다는 점을 잊어버린다."라고 강조했다. 많은 학교에서 지식을 물건처럼 취급해서 다른 형식의 지식과 연결하지도 않고 그 지식을 알고 있는 사람과 연결하지도 않는다. 이런 현상을 교육가 파울로 프레이리는 '은행저금식 교육'이라고 불렀다. 마치 은행에서 돈을 입금하듯이 지식을 단순히 조각난 기호처럼 학생 머리에 욱여넣는 것을 연상시킨다. 당시 이런 현상이 교육계에 만연하였다. 그러나 프리초프 카프라(Fritjof Capra)가 지적한 바와 같이, 정보는 입금될 수 있는 것이 아니다. 대신 지식은 정보가 포함된 의미 있는 관계의 네트워크에서 추출한 수치이며, 명칭이며, 짧은 진술이다. 오히려 이 맥락 속에서 정보는 의미를 갖게 된다. 우리는 너무 추상화된 개념에 익숙한 나머지 맥락에서 의미를 찾지 않고 맥락에서 추출된 정보, 즉 추상적인 개념에서 의미를 찾으려고 한다.[11]

지식 분야는 서로 별개로 존재하지도 않고, 연구하는 사람과도 분리되어 존재하지 않는다. 종종 보이지 않는 네트워크와 상호관계로 구성된 살아 있는 시스템이다. 사실 가장 복잡한 살아 있는 시스템 중 하나이다. 지식과 앎의 본질에 대한 이데올로기, 교사와 학습자의 근본적인 신념과 가치, 학습 환경을 둘러싼 사회적 상호작용 등은 모두 다 살아 있는 시스템의 일부이며, 학습하는 개인과 집단의 능력에 영향을 미친다.

더군다나 모든 학습자는 사회 경험, 감정, 의지, 적성, 신념, 가치, 자기 인식, 목적 등이 엮어져서 만들어진 내부의 구조물(비계)을 통해 지식이라는 건물을 쌓아올린다. 교실에서 학습하는 경우 이해방법, 자신의 정체성, 적용방법, 전달방법, 전달자에 의해서 이해의 정도가 결정된다. 이러한 요소에 대한 인식을 높이려면 학습 과정을 강화해야 한다. 교실, 학교 및 조직의 전문성 개발, 육아교실, 교사 또는 학교 지도자 준비 프로그램 등은 학습의 두 가지 요소인 내용과 전달 방법만 다루는 일이 너무도 자주 발생한다. 슬프게도 교육자들은 자신의 일을 힘들게 만들 뿐 아니라 덜 효과적으로 만든다. 파커 파머(Parker Palmer)는 말한다. "좋은 교사는 가르치는 과목과 학생들이 살아 있는 교감을 할 수 있도록 해주며 학생들을 교사와 공동체를 만들게 하고 학생끼리 공동체를 만들어주기도 한다."[12]

비전이 학습을 이끈다

학교를 포함한 많은 조직은 관계와 공동체를 강조하는 이런 교훈을 무시하지만 이 교훈을 무시하면 성공할 수 없다. 이 교훈은 사람들이 상황과 환경을 주도할 수 없더라도 학습하고 성장할 수 있는 힘을 준다.

아이들이 아주 어렸을 때는 학습하는 목적과 비전이 밀접하게 묶여 있기 때문에 빨리 학습한다. 아이들은 스스로 움직이기를 원하기 때문에 기어가기를 배우고 걷는 법도 배운다. 자전거를 타는 친구와 놀기 위하여 자전거 타는 법을 배운다. 몇 년 후, 아이들은 독립하여 더 넓은 곳으로 이동하기 위하여 운전을 배운다. 아이들은 원하기 때문에 축구 기술과 비디오 게임을 마스터하는 등 새로운 기술을 모두 배운다. 똑같은 일이 어른에게도 일어난다. 4명의 자녀를 낳았고, 손자 양육을 도운 91세의 아프리카계 미국인 여성은 삶의 비전을 위하여 읽는 것을 배운다. 은퇴한 대학 교수는 플로리다에서 항해를 하기 위해 범선 만드는 법을 배운다. 새로운 기술과 담을 쌓고 살았던 조부모는 손자들과 이메일을 주고받기 위하여 컴퓨터를 사고 인터넷 사용기술을 배운다. 평생 학습은 원하는 미래를 그들의 삶에 끌어들이고 창조하는 근본적인 수단이다.

그러나 아이들이 학교에 입학할 때, 시스템은 자신의 욕구나 열망에 상관없이 교사를 기쁘게 하고, 과제에서 좋은 점수를 얻고, 상과 영예를 받고, 높은 지위 획득이라는 새로운 목표를 제시한다. 성적, 시험 점수 및 기타 외적 동기의 중요성이 커짐에 따라 학생들은 자신의 비전으로부터 멀어져 수년 동안 더 악화된다. 아이들이 말하는 것을 들어보라, 그리고 연구자에게 말하라. 미취학 아이는 "내가 크면"이라는 표현으로 자신의 비전을 분명하게 표현할 수는 있지만, 취학한 아이는 자신의 미래와 학업이 부적절함을 불평한다. 아이들은 학교 밖에서 더 많은 것을 배운다고 말한다. 학생들이 수업에서 배우는 대부분의 정보가 왜 흥미롭고 중요한지 이해하지 못한다. 학생들은 말로 의사소통하지 못하거나 할 수 없으며, 종종 분열적이거나 단절된 행동을 통해 의사소통한다.[13]

어떤 사람들은 학교에서 '비전'을 추구하도록 허용하면, 교사나 학생들이 원하는 대로 무엇이든 할 수 있어서 엄격함을 포기하고 교육표준을 낮출 수 있다는 의미로 두려움을 느낄 수 있다. 진실은 감출 수 없다. 관리자와 교사가 교실 관리, 출석률 및 졸업률 증가, 시험점수 향상과 같은 협소하고 실용적인 문제에 집중할 경우, 학생들은 빈약한 비전을 내면화하고 불필요하게 낮은 시야로 살 것이다. 시험을 개선하고 안전한 학습 공간을 제공하는 것이 합법적인 목표이지만, 학교 발전의 원동력으로서 개인과 공동의 더 큰 비전을 대신할 수는 없다.

// 102쪽, 299쪽, 498쪽의 개인적 숙련 및 공유 비전 수립을 위한 자료 참조

4. 이 책을 어떻게 읽을 것인가?

어느 곳이나 시작해서 읽을 수 있다

우리는 탐색이 가능하도록 책을 디자인했다. 이 교재에 포함된 상호 참조는 당신이 한 주제에서 다음 주제로 넘어갈 수 있도록 했으며, 그 내용과 의미 있는 연결이 되도록 했다.

자신만의 책을 만들어라

책 가장자리에 연습문제에 대한 답을 써라. 그리거나, 낙서하고, 공상에 잠겨보아라. 시도한 결과와 시도하고 싶은 아이디어를 기록하라. 시간이 지남에 따라 메모가 누적되고 효과적인 실천 기록이 되면 변화를 가능하게 하는 다음 단계를 디자인하고 성찰할 수 있는 도구가 된다.

연습과 테크닉을 사용해라

연습과 테크닉을 사용하면 단순히 읽는 것과는 다른 학습을 일으킨다. 이런 연습과 테크닉을 '이미 알고 있다.'고 느낀다면 어떤 성과를 만들어낼 때 떠올려지는지 솔직하게 자신에게 물어봐서 아니라고 답을 한다면 이 책에서 소개하고 있는 것 중에서 도움이 될 만한 접근법, 연습, 테크닉을 사용해보기 바란다. 사용해본 교육자들은 이구동성으로 비록 단순해 보여도 현장에서 매우 강력하다고 인정했다.

다른 사람을 만나서 변화에 대해 사고하게 하라

조직은 모든 인간 집단과 마찬가지로 대화를 통해 운영된다. 교실, 학교 및 지역 사회, 특히 이 책이 도움을 주고자 하는 조직에서 특히 그렇다. 이 책의 아이디어는 다른 사람과의 대화시작점으로서 충분한 가치가 있다.

정답이 아니라 능력에 초점을 두어라

우리는 구체적인 도구, 기술 및 이야기를 제공하는 것이 중요하다고 생각하지만 따라야 할 처방이나 레시피는 아니다. 사실 여기에서 유일한 답을 찾는다면 실망할 수 있다. 각 공저자와 협력자는 각각의 관점을 가지고 있어 종종 의견이 일치하지 않았다. 대신, 이 책과 다른 사람들의 실천과 결과를 탐구함으로써 당신과 당신의 학교, 공동체들이 자신만의 미래를 창조하는 법을 배울 수 있다.

여백의 아이콘들

책을 쉽게 탐색할 수 있도록 아이콘, 작은 그래픽 기호를 사용하여 여러 유형의 자료를 나타낸다. 다음 아이콘이 여백에 규칙적으로 나타난다.

- **학습 규율들**: 이 아이콘은 이 책의 다섯 가지 주요 방법 중 하
 나 이상에 대한 직접적인 참고사항을 나타낸다. 해당되는 두
 문자어가 강조된다. 의자의 왼쪽다리는 개인적 숙련(Personal
 Mastery, PM)과 공유 비전(Shared Vision, SV)으로 이 규율들
 은 개인과 집단의 열망을 명확히 하는 것과 관련이 있다. 오른쪽 다리는
 정신 모델(Mental Models, MM)과 팀 학습(Team Learning, TL)으로 성찰
 적 사고와 생산적인 대화와 관련이 있다. 가운데 다리는 시스템사고
 (Systems Thinking, ST)로 복잡성을 인식하고 관리하기 위한 것이다.

∬ 100쪽의 '팀과 다리 세 개가 있는 의자' 참조

- **개인 연습**: 혼자 수행하는 연습은 이해와 능력을 깊게 하고 개인적
 인 방향이나 '아하!'를 자극시킨다. 여기에는 학생들이 교실에서 혼
 자 수행하는 연습도 포함된다.

- **팀 연습**: 단체를 위한 연습으로 이 단체는 때로는 학급 수준에서
 교사가 함께 하거나 학생이 촉진자로 함께 할 수 있고 때로는 학
 교나 공동체 수준에서 촉진자 또는 팀 리더가 함께 할 수 있다.
 학습 단위의 연습은 얼마든지 쉽게 학교 단위나 지역 공동체 단위로 적
 용될 수 있고 그 반대 경우도 가능하다.

- **어휘사전**: 우리가 사용하는 단어의 뿌리와 지금 우리가 사용하는
 방법을 안내한다. 단어의 정확한 의미를 명확히 표현하는 것은
 전문용어가 느슨하게 많이 사용되는 교육 분야에서 중요하다.

❏ **자원** : 우리와 많은 실무자가 소중하게 알고 있는 참고도서, 기사, 비디오테이프 및 웹사이트를 말한다.

❏ **도구** : 학습 분야에 사용하는 교구나 도표 같은 실제적인 장치나 기술을 말한다.

❏ **안내 아이디어** : 등대 역할처럼 철학적 근거를 제공해주는 의미 있는 원리나 원리들의 집합체를 말한다.

5. 이 책의 새로운 내용

새로운 판본을 쓰면서 교육자, 학부모 및 다른 사람들이 가장 유용하게 사용할 수 있는 아이디어, 연습 및 도구 중심으로 이전 책을 살펴보았다. 많은 기사는 유용해서, 그대로 남겨 두었다. 어떤 것은 업데이트되었고, 822쪽 피터 센게(Peter Senge)의 '시스템 시민(Systems Citizen)' 같이 완전히 새로운 글도 많다.

2006년에 『학습하는 조직(The Fifth Discipline)』 개정판이 출간된 이후부터 책을 보완하기 위하여 자료와 참고문헌을 수집했다. 새로운 서적과 자료에 대한 많은 리뷰를 포함시켰다. 초판을 읽은 독자의 피드백을 반영하여 개발시켜온 도구와 실험내용도 덧붙였다. '교실에서의 시스템사고(388쪽)' 일부가 최신에 업데이트되었으며 '다섯 가지 규율'에 대한 입문서는 완전히 개정되고 확장되었다. 최근 '학습하는 조직' 창조에 대해 진행 중인 연구와 작업이 반영된 새로운 이야기와 기사도 포함시켰다.

그러나 지나치게 논쟁거리가 되는 주제는 배제했다. 이전의 판본은 12년간 지속되었다. 새로운 판본은 긴 시간 동안 유용하고 쓸모 있기를 희망한다. 페이스북과 같은 새로운 현상에 대해 언급해왔기에, 2011년에 출간된 '호랑이 어머니의 전투 찬송가(Battle Hymn of the Tiger Mother)'[14]에 의해 촉발된 성취지향 학부모에 대한 논쟁처럼 일시적인 현상은 피했다. 교육에 대한 많은 아이디어는 흥미롭고 가치가 있지만, 이 책의 핵심 부분은 학교와 교육 기관의 학습 조직 구축 실무와 직접적인 연관이 있는 영역으로 범위를 제한했다.

Society for Organizational Learning(SoL)

시스템사고, 학습하는 학교, 대규모 변화(Otto Scharmer가 개발한 'presencing' 모델 사용) 및 공동체의 성장과 학습에 관한 연구 경험으로부터 얻은 통찰력을 결합하고자 하는 교육자, 공동체 지도자 및 개인 사이에서 새로운 의견이 끊임없이 부상하고 있다. 유지할 만한 조직은 1997년 설립된 '조직 학습을 위한 사회'로 개인 및 조직으로 구성된 국제적인 공동체이다. 조직적인 학습을 위한 사회 SoL(Society for Organizational learning) 웹사이트(http://www.solonline.org)에는 진화하는 SoL 교육 파트너에 대한 링크가 포함되어 있다. SoL은 또한 Presencing Institute와 공동으로 http://keli-yen.ning.com에서 Systemic Change Academy라는 웹사이트를 운영한다.

SoL의 선임연구소를 가진 공동스폰서 웹사이트는 시스템 변화를 위한 아카데미(http://keli-yen.ning.com)라고 불린다. 이것은 피터 센게(Peter Senge)와 다른 사람의 블로그를 포함하고 있으며 시스템 시민이라는 개념을 강력하게 경험하고 있는 그룹이나 학교와 연결되어 있다.   － 아트 클라이너(Art Kleiner)

∬ 822쪽의 '시스템 시민', 773쪽의 'Roca 원칙', 790쪽의 '마을을 발전시키려면 어린아이를 가르쳐야 한다' 참조

6. 산업 시대 교육 시스템

피터 센게(Peter Senge)

우리 모두는 시대의 산물임과 동시에 시대를 만들어간다. 물고기가 자신이 물속에 사는 것을 모르듯이 산업화 시대가 우리의 세계관에 얼마나 많은 영향을 미쳤는지 쉽게 알 수 없다. 근대적 제도인 학교에 대해 근본적으로 다시 생각하고 구상할 때 물고기의 물과 같이 인식하기 어려운, 문화적으로 다져진 전제와 습관에서 벗어나기 힘들다.

우리가 당연하다고 생각하는 전제들을 어떻게 하면 알 수 있는가? 인류학자처럼 교육문화의 유물을 살펴보라. 학교 밖에서 아이들과 청소년이 들어가는 것을 보라. 책과 유인물로 가득 찬 가방을 메고 걷는 모습에 주목하라. 전형적인 학생의 책가방의 무게는 20파운드에서 40파운드 정도이다. 이 가방 중 하나를 들고 얼마나 무거운지 느껴보라. 확실하게 많은 학생이 교과서가 내장된 태블릿 컴퓨터를 휴대하기 시작했기 때문에 이는 변하고 있다. 그러나 가방은 물리적으로 더 가벼울지라도 은유적 부담은 심지어 더 무거울 것이다. 때문에 부담은 눈에 띄지 않게 되고, 제한도 적어진다. 이 무게는 산업 시대 교육 제도의 산물이다.

10~12세 아이들이 다니기 시작하는 중등학교에서는 대부분의 교사들이 하나의 교과를 담당한다. 교사들은 일상적으로 공동작업을 하거나 협업하는 일이 드물기 때문에 모든 학생들에게 부과되는 총 학습 부담을 알 수 없다. 그들은 60파운드의 아이들이 매일 밤 집으로 25파운드의 책을 갖고 다니는 것을 옹호할 수 있는가? 아마도 그렇지 않다. 질문은 논리적이지 않다. 시스템 전체가 이 학생들에게 얼마나 많은 스트레스를 가하고 있는지 알 수 있는 방법이 없기 때문이다.

학부모 역시 아이들이 감당해야 할 무게를 다 알지 못한다. 학부모는 현대 서구 사회의 직장에서 높은 수준의 스트레스를 받고 있다. 학부모는 '아이들은 바깥세상에서 겪어야 할 스트레스를 미리 준비하는 것이다.'라고 하면서 아이들이 엄청난 학습량을 감당해야 한다고 말한다. 유감스럽게도 학부모 역시 같은 무게를 감당하고 있다. 그들은 결코 끝나지 않을 일 목록을 가지고 있으며, 많은 사람이 24시간 내내 이메일과 문자 메시지에 반응하도록 압박감을 느낀다. 말 그대로 끝없는 일의 압력에 직면하여, 학부모는 아이들이 압력을 견뎌내는 것을 배우는 것이 아주 적절하다고 생각한다.

인지 과학자 하워드 가드너(Howard Gardner)는 1990년대 후반에 실시한 재능 있는 어린이 연구에서 11~12세의 많은 아이가 삶에서 균형이 얼마나 중요한가에 대해 이야기하는 것에 매우 놀라워했다. 이들 중에는 스케이트 선수, 연기자, 음악가, 지역사회 봉사 활동에 열심인 아이들이 포함되어 있었다. 아이들은 자신의 일과 활동을 사랑한다. 그러나 아이들은 부모의 삶을 관찰하고 나서 그것은 자신이 원하는 삶이 아니라고 스스로에게 말한다.[15]

이러한 압박감은 이 책의 초판이 출판된 12년 전에 분명하게 나타났다. 학교와 교사들은 그 당시 지속적으로 업무량을 늘려야 하는 상황에 처했을 뿐만 아니라 학생의 시험 준비를 위해 점점 더 많은 시간을 쏟아부었다. 예산과 교사의 지위까지 결정되기 때문이다. 1999년 뉴욕타임스의 교육 기자 마이클 위너립(Michael Winerip)은 '성공적인 학교를 측정하는 방법은 여러 가지가 있다.'라고 썼다. 그러나 평론가와 정치인에게 중요한 유일한 측정방법은 표준화 검사의 성과라고 덧붙였다. 이것이 사실인 한, 초등학교 1학년부터 아니면 더 빨리 밤마다 가방은 가득 채워진다.[16]

12년 후 학생, 교사, 학교에 대한 압박은 더욱 심화되었다. 물론 이것은 한

편에서 법령에 의해 수년간 시행한 표준화 시험의 확대와 다른 한편에서 '아동낙오방지법(NCLB)' 정책과 같은 연방정부의 프로그램으로 인해 더욱 악화되었다. 이 프로그램은 낮은 학업성취의 결과에만 초점을 두었을 뿐 내재된 원인에 대한 분석이나 고려가 없었다. 더 근본적인 학교 문제의 원인을 분석할 수 있는 방법을 아는 학교 지도자는 어디에도 별로 없다.

이러한 과도한 압력으로 인해 학생들은 문제에 정면으로 맞설 것인가 아니면 회피할 것인가라는 서로 다른 두 개의 대안 앞에 놓여 있게 된다. 회피하는 쪽을 선택하는 학생들이 점점 많아지고 있다. 그리고 학교 시스템은 학습부진 학생들을 더 이상 도전이 필요 없는 학급으로 몰아넣고 있다. 다른 학생들은 동료들과 경쟁하는 쪽을 선택함으로써 부모와 선생님을 기쁘게 해드릴 것인가 아니면 자기만족에 충실하는 쪽을 선택할 것인가 사이에서 갈등한다. 최종 결과는 동기와 참여 부족, 잠재력 낭비, 사회 공헌의 감소이다.

산업 시대 학교의 유산

이러한 상황은 어떻게 만들어진 것인가? 역사를 조금만 살펴보면 전체 그림을 볼 수 있다.

여러 면에서 산업 시대는 시계를 우주의 모델로 생각한 케플러, 데카르트, 뉴턴 및 또 다른 17세기 과학자들의 화려한 등장에 뿌리를 두고 있다. 1605년에 요하네스 케플러(Johannes Kepler)는 "나의 목표는 천상의 기계가 신성한 유기체가 아니라 시계에 비유되어야 함을 보여주는 것이다."라고 하였다. 역사가 다니엘 부스틴(Daniel Boorstin)에 의하면 데카르트는 시계를 기계의 원형으로 보았다. 아서 쾨슬러(Arthur Koestler)에 따르면 뉴턴은 신에게 우주의 시계를 만든 창조자와 그것을 유지하고 수리하는 감독자의 역할을 부여했다.[17]

이러한 과학자들에게 기계의 부품처럼 잘 맞는 분리된 요소들로 구성된 세계를 생각하는 것은 자연스러운 것이었다. 이러한 견해는 궁극적으로 우주를 완전히 이해할 수 있다는 분명한 약속을 제공했다. 작은 당구공처럼 튕겨져 나오는 원자의 움직임이 예측 가능하다면 그러한 원자들로 이루어진 좀 더 복잡한 물체의 움직임도 예측이 가능하다는 것이다. 350년간 과학 발전의 토대가 된 세계관이 등장했다. 그것은 세계의 구성 요소를 분석하면 기계를 통제하듯이 세계 또한 예측하고 통제할 수 있다는 것이다. 러셀 액코프(Russell Ackoff)는 이를 두고 다음과 같이 말했다. "우주는, 신이 자신의 일을 위해 창조한 기계라고 할 수 있다. 인간은 기계의 부품으로써 신의 목적에 봉사해야 하며 따라서 그 일(신에 대한 봉사)을 위해 창조하는 기계가 되어야 한다."[18] 루이스 멈포드(Lewis Mumford)와 같은 역사가들로부터 개념을 빌려온 액코프는 이러한 은유는 너무도 강력하여 산업화 시대를 '기계 시대'라고 하였다.[19]

18세기 프러시아 통치자 프레드릭(Frederick) 대왕이 표준화, 통일성 및 훈련으로 군대의 성공을 달성하자 기계 시대의 사고가 조직 및 관리의 기반이 되었다. 경영관리 작가인 가레스 모건(Gareth Morgan)이 지적했듯이, 이전의 군대는 범죄자, 가난한 사람, 외국 용병 및 강제 징집자들로 이루어진 다루기 힘든 집단이었다. 그들은 엄혹하게 훈련되어 서로 쉽게 교체될 수 있는 부품들, 표준화된 장비 그리고 엄격한 규율로 구성된 눈에 보이지 않는 훌륭한 기계가 되었다. 당연히 프레드릭은 기계를 연구하여 많은 기술을 고안했다. 모건에 따르면 프레드릭은 기계적인 인간처럼 자동화된 장난감의 작동에 매료되었다. 또한 군을 신뢰할 수 있고 효율적인 도구로 만들려는 일념에서 실제 군대를 자동인형처럼 만드는 데 도움이 되는 많은 개혁을 단행했다.[20]

뉴턴 과학의 진보에 영감을 받아 19세기 산업화를 주도한 사람들은 '지위 계통', '직계 참모조직', '직업능력 개발 접근법' 같은 기계적인 구조를 도입하는 등 프레드릭 대왕을 직접 모방하여 조직의 형태를 만들었다. 기계와 같은 조직은 결국 생산라인에서 구체화되었다. 조립라인은 이전의 어떤 것과도 비교할 수 없을 정도로 더 신뢰할 만하고 효과적으로 균일한 제품을 만들어내었다. 과학적 진보가 새롭고 점점 더 강력해져 생산라인과 통합되어 노동 생산성이 이전에는 상상할 수 없을 정도로 증가했다. 1770년부터 1812년까지 영국의 섬유 산업에서 노동 생산성은 120배 증가했다. 비즈니스 역사가 알프레드 챈들러(Alfred Chandler, Jr.)에 따르면 1880년까지 제조업 생산에 종사하는 사람들의 4/5가 기계 공장에서 일하고 있었다. 또한 조립라인은 작업 조건을 변화시켜, 교체 가능한 숙련된 노동자는 반복적인 작업을 정확하게 수행하게 되고 관리자는 이것을 설정한 리듬에 맞춰 조율한다.[21]

19세기 중반의 교육자들이 자신이 동경하는 공장 설계자로부터 새로운 학교 디자인을 모방했다는 것은 놀랄 일도 아니다. 그 결과 산업 시대의 아이콘인 조립라인의 이미지를 형상화한 학교 시스템이 탄생했다. 실제로 학교는 조립라인을 모델로 한 근대 사회의 모든 제도 중에서 가장 명백한 사례일 수 있다. 다른 조립라인처럼 학교 시스템은 분리된 단계들로 이루어져 있다. 완성 단계에 따라 그룹화된 제품을 조립하는 것처럼 아이들을 나이에 따라 학년으로 나눈다. 아이들은 한꺼번에 한 학년에서 다음 학년으로 진급하게 되어 있다. 각 단계마다 학년부장이 있어 교사들은 그 감독에 따라야 한다. 20명에서 40명 정도로 구성된 학급은 주어진 기간 동안 매일 정해진 시간표에 따라 시험에 대비해서 훈련을 받는다. 학교 전체는 종소리와 시간표에 맞춰 같은 속도로 작동되도록 설계되었다. 교사들 모두는 '보스'가 사전에 결정한 속도에 거의 영향을 미치지는 못하지만 학교 교육의 전 과정이 지속적으로 운영되도록 하기 위해 무엇을 해야 하는지 알고 있었다. 여기서 '보스'란 주정부의 요구, 교육위원회, 관리부서 그리고 표준화된 교육과정을 가리킨다.

오늘날 우리 중 몇몇은 현대 학교에 조립라인 개념이 얼마나 깊이 뿌리 박혀 있는지 인식하지 못하고 있지만 19세기 작가들은 학교를 기계 및 공장과 유사하다는 것에 감탄해 마지않았다. 역사가인 데이비드 타이악(David Tyack)에 따르면 18세기 신학자들이 신을 모독할 의도 없이 시계 제작자로 생각했듯이, 새로운 조직 형태를 추구하는 당시의 사회공학자들은 오늘날과 달리 부정적인 연상을 일으킴이 없이 '기계' 혹은 '공장'이라는 말을 사용했다. 표준화와 같은 기계 개념은 통일된 학교 시스템을 만드는 데 중요한 역할을 했다. 1844년 새로 선출된 매사추세츠 교육위원인 사무엘 하우(Samuel Gridley Howe)는 표준화 검사를 실시하고 그 저조한 결과를 들이밀면서 중구난방의 보스턴 학교들에 대한 대중적 분노를 자극함으로써 단일 시스템으로 통합했는데 이는 결국 북미와 전 세계의 교육에 영향을 미쳤다.[22]

이러한 기계 시대의 사고가 초래한 것은 일상적인 삶과 분리되고 권위주의적인 방식으로 통치되며, 표준화된 제품을 가능한 한 효율적으로 생산하는 학교 모델이었다. 그것은 빠르게 성장하는 산업 시대의 공장 작업장에 필요한 노동 투입을 요구하는 모델이었으며 프레드릭 대왕의 군대처럼 엄격한 통제에 의존하는 것이었다.

조립라인으로서 학교 시스템은 교육성과를 극적으로 향상시켰지만 학생, 교사 및 학부모가 현재까지 고심하고 있는 가장 까다로운 문제도 많이 만들어냈다. 이 시스템은 운영 과정에서 똑똑한 아이와 그렇지 못한 아이 두 부류로 갈라놓았다. 조립라인의 속도에 맞춰 배우지 못하는 아이들은 떨어져 나가든지 아니면 속도에 맞추도록 끊임없이 강제된다. 그들은 느림보 또는 오늘날 유행하는 전문용어로 학습 장애아로 이름 붙여진다. 학교는 규격화된 과정과 결과라는 획일성을 만들어 모든 아이들이 같은 방법으로 배워야 한다고 쉽게 가정한다. 교원들을 통제자나 감시자로 만들어 전통적인 멘토-멘티 관계를 변형시켜 학습자 중심보다는 교사 중심의 학습을 만들게 된다. 동기부여는 학습자가 아닌 교사의 책임이 되었다. 스스로 공부하기보다는 교사가 만든 고정된 규칙에 따라 공부하게 된다. 평가는 객관적으로 자신의 능력을 측정하기보다는 교사의 승인을 얻는 데 중점을 둔다. 결국 조립라인은 학생을 학습의 창조자가 아니라 생산물로, 학생의 영향력 밖에 있는 교육 과정에 의해 만들어지는 수동적인 객체로 만든다.

오늘날 조립라인으로서의 학교 시스템은 스트레스를 받는다. 사회가 그 생산물을 더 이상 적절치 않다고 판단한다. 생산성이 의문시된다. 그리고 학교 시스템은 이미 알고 있는 방식, 즉 늘 해오던 것을 더 열심히 하는 방식으로만 대우한다. 학습량은 증가하고 표준화 검사는 강화된다. 교사가 혁신적으로 되지만 학습자 개개인의 독특한 요구를 존중할 여지는 줄어든다.

신경생리학자가 늘 하는 말처럼 스트레스를 받으면 뇌는 축소된다. 우리가 공포를 느끼면 늘 하던 대로의 습성으로 돌아간다. 인간이 만든 더 큰 시스템도 다르지 않다. 교육 시스템이 인간의 행동에 적극적으로 동기를 부여하건 않건 상관없이 그것은 조립라인의 속도를 올리는 방식으로 성취압력에 대응하고 있다. 스트레스를 가중시키는 것이 졸업시험에 통과하는 학생 수를 늘리는 데 다소 도움이 된다 해도 교사, 학생, 학부모는 다음과 같은 질문을 던질 수 있어야 한다. 이러한 압박으로 인해 과연 학습이 증진되는가? 아니면 점점 더 무의미하다고 느끼는, 아무도 가고 싶어 하지 않는 곳으로 더 열심히, 더 빨리 달려가고 있지는 않을까?

덫에 걸린 시스템

많은 사람은 수십 년 전에 구식산업과 대량생산의 세계가 비트(bit)와 바이트(byte)의 세계로 대체됨에 따라 산업 시대가 끝났다고 주장해왔다. 이는 지배적인 기술의 변화와 산업 시대를 특징짓는 근본적인 가치 및 과정상의 변화를 혼동하는 것이다. 예전보다 더 많은 철강이 오늘날 전 세계에서 생산된다. 또한 자동차 생산량이 증가하고 석탄도 더 많이 소비된다. 지배적인 기술이 변할 수는 있지만, 산업계의 정신력은 여전히 남아 있으며, 우리 제도는 여전히 그 안에 갇혀 있다.

예를 들어 기업들은 21세기의 문제에 산업 시대의 해결책을 적용하려고 한다. 직원 수를 줄이고 제품과 프로세스를 표준화하면서 성과와 이윤의 증대를 추구하라는 압력에 부응하고 있는 것이다. 기업은 모든 수준에서 직원들의 참여를 장려하기보다는 위에서 아래로 직원들을 관리한다. 사회와 환경에 미치는 영향보다 재무 결과에 더 관심이 많다. 이것은 제품 설계의 결함에서 생태계 악화와 경제 침체에 이르기까지 광범위한 문제의 원인이 되었다.

그러나 교육자 및 기업가와 상당한 시간을 함께 해온 사람의 입장에서 보면 기업인보다 교육자가 더 틀에 갇혀 있어 혁신할 능력이 떨어지는 느낌이 든다. 몇 년 전 기업인들에게 묻던 질문을 교원들에게도 한 적이 있다. "중요한 변화는 위기 이후에 발생한다고 믿습니까?" 기업인들은 통상 3/4가 그렇다고 대답한다. 그러나 나머지 사람들(3/4을 제외한)은 위기가 없어도 열정과 상상력, 그리고 어떤 신념을 가지고 무언가를 성취하고자 하는 위험을 감수하는 지도자가 있다면 의미 있는 변화가 일어나는 사례를 말한다. 교원들은 다르게 반응한다. 첫 번째 질문에서 손을 든 사람은 거의 없었다. 나는 당황해서 "위기가 없어도 중요한 혁신이 일어날 수 있다고 믿습니까?"라고 물었다. 이 질문에 대해서도 역시 아무도 손을 들지 않았다. 이제 정말로 당황했다. "글쎄, 위기가 있어도 변화가 일어나지 않고 위기가 없는 상황에서도 발생하지 않는다면 다른 가능성은 무엇입니까?"라고 물었다. 청중 중 누군가가 "우리는 어떤 상황에서도 중대한 변화가 발생하지 않는다고 생각한다."라고 부드러운 목소리로 누군가가 대답했다. 교육 기관에서 일해본 적이 없는 사람들은 대부분의 교육자들이 얼마나 권한을 박탈당하고 있다고 느끼는지 이해하지 못할 때가 많다.

대부분의 기업인들은 교육 기관이 혁신하지 않는 이유는 경쟁이 부족하기 때문이라고 믿는다. 기업인들은 혁신이 없으면 죽는다는 강박관념을 가지고 있는데 교육에는 이런 절박감이 없다고 보는 것이다. 이러한 관점은 어느 정도 타당성이 있지만 너무 단순한 생각이기도 하다. 이러한 생각은 교육에 더 많은 경쟁이 필요하다는 것을 의미하는 것이다. 교육 작가이자 지도자인 마이클 풀란(Michael Fullan)은 기초 기능에 대한 학생들의 성취도와 관련하여 '기대치 향상'과 '격차 해소'를 뒷받침하는 좋은 예가 많이 있기는 하지만 고등 능력에 대해서는 많이 성취하지 못한 점에 주목했다. 그러나 상호의존성과 변화가 커지는 세상을 준비하는 데 가장 필요한 것은 비판적 사고와 자기주도적 학습, 의사소통 및 협업과 같은 높은 수준의 기술 혁신이다.[23]

진정한 혁신이 일어난다 해도 지속되거나 확산되는 것은 흔치 않다. 소수이기는 하지만 매우 혁신적인 공립학교는 언제나 있었는데, 이들 학교는 아동발달과 학습이론, 그리고 학교가 어떻게 아이들을 보살필 것인가에 대한 대담한 비전에 영감을 받았다. 재임 기간을 넘어 혁신을 지속할 수 있는 사람은 거의 없다. 중심이 되는 교장이나 관리자 또는 유능한 몇몇 교사들이 떠나 버리면 모든 것은 원상태로 돌아간다.

그 이유는 혁신을 지속하는 데 있어서 기업보다 어렵게 만드는 산업 시대의 독특한 특징이 학교에 있다는 것이다. 이러한 점을 인식하지 않으면 경쟁을 강화시키는 것과 같은 단순화된 전략은 장기적으로 실망스러운 결과를 가져올 것 같다.

첫 번째 분명한 특징은 기업은 조립라인과 같은 기계 아이디어를 채택했지만 학교는 이러한 아이디어로 만들어진 것은 아니다. 기업은 수천 년 동안 중요한 사회 제도였다. 법적 실체로서의 기업은 중세 시대 또는 그 이전의 로마 제국까지 거슬러 올라간다. '회사'라는 단어는 라틴어에서 '동반자'(compania와 com and panis)와 같은 뿌리에서 파생했으며, 최소한 천 년 전의 말에 어원을 두고 있다. 이에 비해 현대 교육 시스템은 새로운 것이다. 학교 시스템은 17세기와 18세기의 농촌 공동체의 한 교실 학교에서 출발하여 19세기에는 모든 아이들이 참여할 수 있는 도시 학교 제도로 확장되었다. 그런 결과로 학교의 관점과 실천 행위의 대다수는 기계 시대의 세계관과 불가분의 관계에 있다.[24]

두 번째, 학교 시스템은 발전과정에서 기업의 경우보다 더 큰 사회조직에 훨씬 엄격하게 종속되었다. 개별 학교는 지역의 학구에 있으며, 그 위에 정책과 표준을 정하는 주정부의 교육부가 위치한다. 따라서 학교는 표준화 검사의 실시를 요구하는 높은 압력에서 볼 수 있는 것처럼, 기업이라면 피해갈 수 있는 정치바람의 변화에 휩쓸리게 된다. 더군다나 학교는 기업과는 다른 방식으로 지역사회의 한 부분이 된다. 특히 기업은 관리 체제의 한 부분으로 학부모라는 것이 없다. 기업에는 투자자와 고객이 있지만, 관심의 폭이 비교적 좁다. 기업의 투자가들은 적절한 수익만 보장된다면 기업이 나름대로의 방식으로 운영되도록 그냥 놔둔다. 고객은 제품의 품질을 중요하게 생각하지만 예외가 있기는 해도 일반적으로 기업 운영 방식에 관여하지 않는다. 학부모는 자녀의 학습 목표뿐 아니라 자신의 학교생활 경험을 근거로 학습 방식에 대해서도 명확한 생각을 가지고 있다.

여기에 혁신과 적응의 관점에서 바라보면 교육시스템의 가장 문제가 되는 특징을 볼 수 있다. 우리는 모두 함께 학교로 간다. 우리 모두는 산업 시대 학교의 산물이다. 모든 기관 중에서 학교는 사람의 마음을 형성하는 기제의 상류(중요한 배움의 시작이 학교에서 이루어짐)에 놓여 있다. 학교는 에드워드 데밍(Edwards Deming) 박사가 말한 소위 '일반적인 관리 체제'로 이끄는 최초로 중요한 관문으로써 형식을 갖춘 기관이다. 통제당하는 교사와 교사의 승인에 의존하는 학생을 만들어내며 시험에서 A를 받는 것으로 배움을 정의하는 기계적인 세계인 것이다. 우리 대부분은 1, 2학년 때 산업 시대의 조직에서 살아남는 기술을 익혔다. 후일 직장 상사를 즐겁게 해주기 위해 노력하듯이 교사를 즐겁게 해주는 방법을 배웠다. 우리는 교실에서 오답을 피하고 정답을 알았을 때 손을 드는 방법을 배웠는데 이는 후일 직장에서 성공하기 위해 비난을 피하고 신뢰를 얻는 요령을 익히는 습관으로 이어진다. 우리는 정답을 모르더라도 어떻게 침묵해야 하는가를 학교에서 배웠는데 이로 인해 장차 직장의 공식 회의에서 상사의 말이 이해되지 않아도 아무도 이의를 제기하지 않게 된다.

산업 시대의 학교가 우리 안에 얼마나 많이 살아 숨 쉬는지를 알게 되면 정신이 번쩍 들게 된다. 그러나 지난 150년 동안 전 세계로 확산된 산업 시대의 교육 시스템이 수십 년 안에 어쩔 수 없이 바뀔 것이라는 사실을 인정할 때 변화는 일어날 수 있다. 사실 대부분의 교육자들이 잘 알고 있는 것처럼, 초등 및 중등 교육보다 혁신과 변화에 많이 저항하는 기관은 거의 없다. 그것은 인간 사회가 현재 살아가는 세상에서 살아남고 번성해야 하기 위해근본적인 변화가 필요할 때 일어날 것이다. 계속되는 산업 팽창은 사회적 생태적 불균형을 만들어냈는데 이는 지속가능하지 않다. 산업 시대의 세계관과 일련의 기술의 주요 전파자인 기업과 교육, 이 두 가지 핵심 기관을 재창조하지 않으면 예견되는 변화는 일어날 수 없을 것이다.

학교가 기계 시대 사고의 생성 기관이었듯이 학습 지향적이고 체계적이며 지능적인 사회를 창출하기 위한 동력이 될 수 있다. 사실 시스템사고는 어렸을 때, 다시 말하면 모든 것이 상호의존하고 있음을 직관적으로 알고 있고 분리된 교과로 인해 우리가 환원주의에 익숙해지기 전에 가르치는 것이 좋다. 마찬가지로 탐구와 성찰의 기술은 어렸을 때, 즉 우리가 얼마나 현명한지를 각인시키기 위해 진행되는 30년간의 제도적 조건화 이전에 개발하는 것이 바람직하다. 애석하게도 학교는 우리가 누구인지, 무엇을 추구할 것인지에 대해 깊이 있게 알려주지 않는다. 학교가 그런 곳이라면 그런 학교가 지니게 될 지속적인 영향력을 생각해보자.

이러한 변화는 산업 시대의 학교에 깔려 있는 핵심적인 가정에 대해 보다 깊이 이해해야 가능하다. 이 핵심적인 가정이 현 시대 우리 학교 시스템의 DNA로서 우리가 이에 대해 인식하고 이해하지 않으면 근본적인 변화를 위한 노력에 강력한 영향력을 지속적으로 행사할 것이다.

▪▪ 학습에 대한 산업 시대의 가정(assumptions)

대다수 교육자들은 처음에는 이런 가정들이 지닌 원리에 동의하지 않으리

라는 사실에 주목할 필요가 있다. 대다수 교육자들이란 학교교육위원회로부
터 학교행정가 심지어 교사들까지를 의미한다. 종종 학부모들까지도 그것에
대하여 동의하지 않을 때가 많다.

그렇다 하더라도 학교 시스템은 이런 가정들을 구체화한 것으로 여겨지며, 사
람들은 다른 대안을 선호하면서도 마치 이런 가정들이 옳은 것처럼 행동한다. 이
것이 검증되지 않은 채 공유된 정신 모델, 즉 크리스 아지리스(Chris Argyris)가
말한 '상용이론(theories-in-use)'의 힘인데 이는 사람들이 공언하는 자신의 이
론이나 신념과 180도 다를 때가 많다.[25]

1. 학교는 아동의 부족함을 채운다

몇 년 전 어떤 교육자가 한 말을 잊을 수가 없다. "우리는 어린아이들이 학
교에서 겪는 트라우마에 대하여 어떠한 대안도 없다." 교육자가 말한 트라우
마는 무엇인가?

우리 중 얼마나 많은 사람이 학교에서 색칠능력이 없다는 것을 배웠단 말
인가? 우리 중 얼마나 많은 이가 다른 사람과 목소리 톤이 다르다는 이유로
노래를 부르지 말라는 지시를 교사에게 받았단 말인가? 아마도 우리는 수학
이나 영어에 능숙하지 못하다는 것을 배웠다. 이러한 자기 등급화에서 벗어
난 사람은 거의 없었다. 비록 우리가 자신의 부족함을 상기하는 것을 멈춰왔
음에도 불구하고 자신에 대한 평가를 내면에서 해왔다. 종종 자신의 부족을
위장하여 회피하려는 전략들을 수행하기도 한다.

이러한 트라우마는 근대산업사회의 핵심적인 가치가 순응이기 때문에 발
생한다. 다양한 사건들이 반복적이고 예측할 수 없이 발생하는 생산라인은
비효율적인 것으로 간주될 것이다. 그러나 본성이라는 것은 정확하게 무한

한 다양성을 형성해낸다. 조립라인의 발상에 내재되어 있는 표준화에 대한 높은 관심으로 인해 학생은 제대로 다듬어지지 않은 원재료이고 학교 시스템은 이런 재료를 가지고 교육받은 최종상품을 제조하는 것으로 간주된다. 학교 밖의 학습은 활동적이며 자연스러운 것으로, 매일매일 삶 속에서 끊임없이 이루어진다. 그러나 학교 내의 학습은 다른 방식으로 이루어진다. 예일대학 코머 프로젝트(Comer Project) 책임자였고 직원능력개발 전문가인 에드워드 조이너(Edward Joyner)는 이를 학습의 '결핍관점(Deficit perspective)'이라고 했다. 이런 태도는 학생의 태생적인 약점을 보완하는 것이 학교의 역할이라고 믿는 교육자나 학부모들이 견지하고 있다.[26]

// 586쪽의 '일방적인 교직원 개발을 더 이상 하지 않기' 참조

교육자들은 결코 '결핍관점'을 옹호하는 이야기를 하지 않는다. 그러나 모든 학교의 아동들은 '결핍관점'의 불쾌함을 알며, 자연스럽게 이러한 불쾌함은 특수한 것과 일반적인 부분에 이르기까지 자기 평가로 확대된다. 자신의 첫 수학 시험에서 C나 D를 받은 아동들은 "자신들의 답이 잘못되었을 뿐 아니라 자신이 잘못되었다."라는 결론을 내리는 경향이 있다. 오래 지나지 않아 자기평가는 학교에서 전면적으로 진행된다. "나는 모두 옳지는 않아요, 나에게 무엇인가 잘못된 것이 있어요. 나에게는 인생을 성공하기 위한 무엇인가가 부족해요." 이러한 공포는 관리 시스템에 의해 강화되며, 관리 시스템은 교육 시스템에 일방적인 힘을 부여한다. 교육 시스템은 학습내용, 학습방법 그리고 성공과 실패의 판단 권한을 지닌 사람을 결정한다. 대다수 아동들이 "나는 학교에서 존중받지 못한다."는 단순한 결론을 받아들이는 것은 더 이상 의아한 것은 아니다.

결핍관점의 치명적인 약점은 논쟁거리가 아니다. 존중받지 못한다는 것을

성인에게 표현하는 것은 어렵다. 성인이 아이일 때 경험한 것처럼 평범한 일이라고 느끼기 때문에 그렇다. 아이들이 자신의 동료도 유사하게 존중받지 못하는 것을 보기 때문에 더욱더 토론하는 것은 어렵다. 더군다나 크리스 아지리스는 이런 상황을 "토론 대상이 아닌 것은 토론할 수 없다(the undiscussability is undiscussable)."라고 이야기했다. 이것은 자기함구라는 문화적 역기능의 표시이며, 아이와 관련될 때 가장 나쁘다. 아이들은 자신들이 느끼는 비존중 상황을 이야기할 수 없다는 사실을 배운다.[27]

부모에게는 자기 나름의 독특한 결핍관점을 경험하는 다양한 상황들이 있다. 자녀가 기대한 만큼의 성적을 얻지 못하면 부모로서 실패했다고 여긴다. 더구나 자녀들이 과제수행을 위해 고군분투하는 모습을 보면 과거 자신이 학교에서 겪었던 수행불안을 떠올린다. 자녀들에 대한 자연스러운 관심이 오래전 내면화된 자신의 트라우마와 섞이는 것이다. 많은 부모는 자녀가 시험을 볼 때나 시험결과를 집으로 가져올 때 항상 자신이 학교생활에서 겪었던 불안을 다시 체험하게 된다.

아동은 약하게 태어났다는 종교적 태도를 포함하여, 근대산업 시대의 결핍관점에 앞서 나타났던 주장들이 있다. 그러나 유럽에서 처음 등장한 아동 양육전문가들이 결핍관점을 부모 역할의 핵심으로 삼았던 시대에 산업화 시대가 시작되었다는 것은 흥미로운 일이다. 독일 심리학자 엘리스 밀러(Alice Miller)가 밝혔듯이, 19세기 아동 양육과 관련한 다수의 인기 도서를 보면 아동의 정신과 고집을 꺾어 고분고분하게 만들어야 할 필요가 있다고 적혀 있다. 1850년대 인기 작가였던 슈레버(Schreber) 박사는 부모들에게 유아의 비명이나 울음을 의지의 시험으로 간주하라고 충고했다. 그리고 부모들에게 엄격한 말, 위협적인 동작 및 침대 두드리기 등을 사용하고, 만약 이런 것들이 도움이 되지 않으면 약한 신체 체벌을 해야 한다고 안내했다. 또한 근심하는 부모들에게 공포스러운 방법을 몇 번만 사용하면, 영원히 아이의 주인이 될 것이라고 격려했다. 밀러도 아기는 출생 후 일 년 이내에 고집을 꺾어야 한다는 다른 작가의 안내서를 인용하고 있다. 여기서 통제와 질서에 대한 기계의 비유가 갖는 의미는 아주 분명하다. 부모는 자녀에게 엄격한 '질서에 대한 존중의식'을 심어주되 이 '질서에 대한 존중의식'은 오로지 기계적인 방식으로 일어나도록 해야 한다는 것이다. 모든 것은 질서정연한 규칙을 따라야 한다. 음식, 음료수, 옷, 잠, 심지어 아이들의 작은 소꿉놀이까지도 질서정연해야 하며, 규칙을 바꾸어 아이들의 고집이나 기분을 수용하는 일은 절대 없어야 한다.[28]

결핍관점에서 아이러니한 것은, 자제력의 개발 책임을 아이의 내면에서 자라나는 능력에서부터 어른— 처음에는 부모, 나중에는 교사— 이 필요하다고 인식하는 통제와 간섭으로 옮겨놓고 있다는 점이다. 자신의 선택에 대한 결과를 알게 됨으로써 아이 자신의 주체적인 책임감을 기르게 하는 대신에 사실상 깊은 피해의식과 책임감의 결여를 조장하고 있는 것이다. (밀러의 보고에 따르면 흥미롭게도 슈레버의 자식은 프로이트로부터 편집증 치료를 받았다.)

'결핍관점'은 무엇인가는 망가지고 망가진 것을 수리할 필요가 있다고 가정한다. 기계에 대해 이렇게 생각하는 것은 합리적이다. 기계는 스스로 고칠 수 없기 때문이다. 그러나 이러한 가정은 아이와 같이 스스로 성장하고 발달하는 생명체에는 적합하지 않다.

2. 학습은 신체 모든 곳이 아닌 머리에서 이루어진다

철학자 조지 레이코프(George Lakoff)와 마크 존슨(Mark Johnson)에 따르면

'서구전통에서' 인간을 다른 동물과 구분해주는 기본적인 것은 이성의 자율 역량이다. 지배적인 서구이론에 의하면 이성은 지각이나 동작, 감정 혹은 신체의 다른 측면과는 구분되는 독립적인 것으로 여겨진다. 그러나 레이코프와 마크 존슨이 밝혔듯이, 최근 인지과학의 증거(인간과 컴퓨터의 정신작용에 대한 체계적인 연구)에 의해 이러한 전제가 도전받고 있다.

이 증거에 따르면 인간의 이성은 동물 이성의 한 형태로서, 신체와 불가분 관련되어 있는 두뇌의 특성이다.[29]

다시 말해 인지능력의 발달은 마음언어와 같이 신체언어도 많은 부분 관련되어 있다. 학습은 행위와 분리할 수 없다. 모든 행위가 앎이며, 모든 앎은 행함이다. 칠레의 생물학자이며 인지과학자인 움베르토 마투라나(Humberto Maturana)와 프란시스코 바렐라(Francisco Varela)가 이를 확인하였다.[30] 이런 맥락에서 지식은 기억으로 축적된 사실과 이론의 정신적 보고일 뿐만 아니라 정보를 가지고 무엇인가를 할 수 있는 능력이다. 더군다나 사실과 이론은 의식적인 추론을 통해 저장되는 것이 아니라 정확하게 우리 몸에 저장된다. 우리는 대부분 자전거를 어떻게 타는지 안다. 그러나 자전거가 움직이는 회전운동의 원리를 지적으로 이해하는 사람은 거의 없다. 마찬가지로 우리는 이야기하는 방법은 알지만 언어의 규칙과 구조를 의식적으로는 알지 못한다. 심지어 전화번호를 누르는 단순한 행위도 몸의 속성과 관련되어 있다. 나는 종종 많은 수를 기억하는 데 곤혹을 느낀다. 그러나 만약 나의 손가락이 키패드 위에 있다면, 손가락은 어디를 누를지 안다. (이 몸 기억은 폰에 저장된 이름으로 대체되고 있다. 손가락 끝으로 이름 목록을 살짝 터치하는 것만으로도 사용자가 원하는 이름을 충분히 찾을 수 있다.)

학습은 신체 전체에서 발생하는 것인 데 반하여, 전통적인 교실의 학습은 순수한 지적 활동을 토대로 한다. 오직 두뇌만이 강조되고 신체의 나머지는 도외시된다. 기민하게 움직이거나 활동해야 할 필요가 있는 아이들이 한 시간 동안 의자에 앉아 움직이지 못하는 것은 고문과 다름없다. 학교현장은 활동적인 학습 환경에 대해서 비관적이다. 교과서 학습이나 주입식 설명이 우위를 차지하고 있다. 학생들은 사실이나 미리 결정된 해답을 찾는 방식으로 지식을 습득한다.

  지식학습 개념은 왜 전통교육이 다른 지식보다 수학과 언어발달을 강조하는 이유를 설명한다. 이것은 하워드 가드너(Howard Gardner)와 다른 이들이 보여주었듯이 학습은 음악지능, 신체운동지능, 공간지능, 대인관계지능 등 감성능력뿐 아니라 상징적 추론 능력과 관련되어 있기 때문에 비극이다. 각각의 개인은 서로 다른 재능과 성향을 가지고 있다. 하지만 우리 모두 다양한 지능을 활용하여 성장할 가능성이 크다. 학습의 경험이 다양할수록 더욱더 폭넓고 깊게 발달할 것이다.

∬ 260쪽의 '하워드 가드너와 다중 지능' 참조

  '온몸 학습(whole body learning)' 개념은 현대 교실의 비극적 결과에 의해 평가절하되어왔다. 자동폭탄 개발로 유명한 맨해튼 프로젝트의 한 구성원이며, MIT 물리학부의 학장으로 은퇴한 빅터 와이스코프(Victor Weisskopf)의 아름다운 이야기를 결코 잊을 수 없다. 그는 서너 살이었을 때 할머니가 바흐를 연주하는 동안 피아노 아래 앉아 있었던 사실을 생생하게 기억했다. 자신의 온몸으로 흘러내리는 음악적 감각을 느낄 수 있었다. 그 순간이 "내가 물리학자가 되기로 한 때이다."라고 말했다. 우리가 학습은 머리에서 일어난다고 가정할 때 우리를 인간으로 만드는 무엇인가를 부정하게 된다.

3. 모든 사람은 같은 방식으로 배우거나 배워야만 한다

수년 전 아이들의 대화 속에서 나는 5학년 남자아이가 "완벽한 학교가 되려면 무엇이 필요할까?"라고 질문하자 다른 아이는 한 치의 주저함도 없이 "한 명의 학생에 한 명의 선생님"이라고 대답하는 것을 들었다.

학교 교육 관련자들은 각각의 아이들을 유일한 학습자로서 인정하려 하지 않는다. 산업혁명 시대의 획일적 교육은 모든 아이들을 사회의 요구나 디자인된 교육과정에 따라서 형성될 진흙덩어리로 간주한다. 많은 교사는 다중 지능 이론, 아동의 발달단계 그리고 아이들은 배우는 방식이 다양하다는 것을 알고 있다. 그러나 교사들은 산업 시대의 조립라인과 같은 학교의 현실적 요구에 직면한 압력 때문에 그들이 이해한 바를 실행하는 데 고충이 많다. 어떤 교사들은 일 년의 한 달 이상을 시험기술을 가르치는 데 소비하고 그래서 아이들은 목표 달성을 위한 표준화된 시험을 치를 수밖에 없게 된다.

이제는 5학년 아이가 표현한 비전을 진지하게 고려할 때이다. 지능 종류는 엄청날 정도로 다양하기 때문에 학습 방법도 생각 이상으로 다양하다. 지난 60년 동안 아동발달, 학습 스타일, 학습 과정에 대한 연구는 신기원을 이룰 만큼 괄목할 만한 성과를 만들어냈다. 이러한 업적은 다양성을 인정하는 방향으로 전개되어왔다. 어떤 학생들은 자신의 몸을 움직일 때만 학습이 일어난다. 어떤 아이들은 끊임없는 활동 속에서 학습이 원활하게 일어나고, 다른 아이들은 고요함을 필요로 한다. 어떤 아이들은 자연스러운 실험자이며, 항상 자신을 밀어 붙이고, 다른 아이들은 도전을 즐긴다.

발달이론과 다양한 학습 스타일의 증거에도 불구하고, 이러한 아이디어는 교사 중심의 획일적 교육현장에서는 극복할 수 없는 장애물이 된다. 심지어 보조교사까지 있는 교사들도 가르쳐야 할 아이들에게 다양한 학습 스타일을 제공하지 못한다. 교사들은 교실 질서 유지를 위해 끊임없이 애쓴다. 다양한 학습자들이 똑같은 교과목을 배우도록 최선을 다한다. 불행한 부모들과 대화할 수밖에 없다. 교사들은 융통성 없는 교육의 과정과 그들 앞에 있는 인간의 다양성 사이에 갇히게 된다. 비극적 결과는 모두에게 좌절을 가져다준다. 포기할 것인가 아니면 자신을 소진할 것인가 고민하는 교사들과 자신의 잠재성을 덮어두고 학습할 것인가 아니면 포기할 것인가를 고민하는 아이들을 양산한다.

열여덟 명을 가르치는 한 여교사는 나에게 열다섯 명의 아이들이 각각 다른 '학습 문제'를 가지고 있다고 언급했다. 이런 언급의 실제적인 의미는 무엇인가? 학생들이 요구하는 모든 것을 들어줄 수 없다는 솔직한 인정과 좌절의 표현이라고 생각한다. 한 교실의 아이들 5/6가 '비정상적'이라고 했을 때 이 말이 의미하는 것은 무엇인가? 이는 '정상'을 어떻게 정의할 것인가에 대해 무언가를 말하는 것이 아닌가? 그렇다면 정상이란 무엇인가?

이와 유사하게 최근 몇 년간 학습부진아가 과다하게 발생했다는 것은 어떻게 해석해야 하는가? 학습부진아 그룹이라는 라벨을 붙이는 것은 아이들의 문제를 이해하기 위한 수단인가? 아니면 아이들의 다양성을 조립라인의 요구에 맞추라는 압력이 증가하고 있다는 신호인가? 교육자들이 장애의 다양한 측면을 점점 정밀하게 진단할수록 교육자들은 단지 더욱 정교한 조사관이 되어 점점 증가하는 '날 것의 아이들'을 색출해내는 것에 불과한 것이 아닐까? 각기 다른 방식으로 배우는 다양한 아이들을 도와주려는 의도를 가진 교육자들이 많이 있다는 것을 인정한다. 그러나 아이들이 필요로 하는 진정한 도움이란 산업화 시대의 교실을 근원적으로 재설계하는 것이 아닐까? 교사는 주의 집중의 대상이나 지식의 전달자가 아니라 디자이너와 촉매자로서 모든 학생을 도와주는 학습자 중심의 학교를 창조하기 위해 노력할 수는 없는 것일까? 여기서도 결핍 모델은 차이를 축복이나 수용할 수 있는 다양성이라기보다 고쳐져야 할 문제로 보도록 미묘하게 이끈다. 우리가 학습부진이라고 일컫는 교육의 과정과 개인 사이의 불일치이다. 개인이 아니라 교육의 과정에 '장애'라고 이름 붙이는 것은 어떤가? 이러한 낙인은 개인의 전 생애를 통해 자아의식을 형성하는 데 어떤 영향을 미칠까?

우리는 서로의 차이점을 인정하는 것과 우리 자신을 장애인으로 보는 것을 구별하는 능력을 잃어가고 있는 것은 아닌가?[31]

학습 장애의 발견은 장애를 치료하기 위해 처방된 약과 매우 관련이 깊다. 한 예로 얼마나 많은 미국학교 아이들이 일명 메틸페니데이트(Methylphenidate), 리탈린(Ritalin)이나 유사한 약들을 복용하는지 아무도 모른다. 이것은 오랫동안 국가의 광범한 약물문제의 논쟁거리였다. 전통적으로 화학적으로 마약과 각성제와 유사한 메틸페니데이트는 주의력 결핍장애로 진단된 아이들만을 위해 처방되었다. 2007년 6세에서 7세에 이르는 미국아이들 540만 명이 그들 삶의 어떤 한 지점에서 ADHD로 진단되었다. 이러한 수치는 1997년 이래 해마다 약 5%씩 증가한 것이다. 이들 중 리탈린을 정기적으로 복용하는 아이들의 비율은 매우 높다. 나는 많은 교사로부터 자기 반의 10~20%의 아이들이 약을 복용하는 것으로 추정한다고 들었다. 약물 사용이 일상화되다 보니 처방전이 있거나 없거나 이 약을 복용하는 대학생들이 많다. 그리고 리탈린의 사용은 1990년 중반 이후 제약회사의 경고를 위반하면서까지 종일 돌봄 프로그램(2세 때부터 시작)에 참여하는 취학 전 아이들 사이에서 보편화되었다.[32]

리탈린은 좌절한 교사나 학부모 혹은 학습부진 학생들에게 도움이 되는 것인가 아니면 흔히 주장하듯이 한편에서 인간 본성의 다양성과 다른 한편에서 순응 및 성취에 대한 학교의 압박 사이에서 지속되고 있는 또 하나의 갈등 신호인가? ADHD는 학교에서 집중하는 데 문제가 있는 아이들을 위한 전형적인 진단이다. 보통 아이들은 교실에서 요구하는 속도에 뒤처지는 모습을 보인다. 교사는 학부모에게 아이가 문제가 있다고 경고하고, 학부모는 정신과 의사와 상의하고 약물을 처방받는다.

그러나 ADHD에 대한 많은 연구는 이러한 증상들이 '장애'의 한 특성이 아니고 높은 창의성이라고 제안한다. 나의 좋은 친구이자 MIT 동료는 언젠가 자녀의 학교 선생님으로부터 자녀가 ADHD인 것 같으니 리탈린을 복용해야 한다는 얘기를 들었다. 그 부부는 교사의 말에 설득되지 않고 관련 자료를 읽다가 두 명의 의학박사가 저술한 책을 읽게 되었다. 그런데 그 의학박사들은 오늘날의 초등학생이었다면 ADHD로 진단받았을 사람들이었다. 나의 MIT 친구는 그 책을 읽고서 자기도 ADHD를 지니고 있을지 모른다는 결론을 내렸다. 한 예로 그는 ADHD 사람들은 동시에 두 개나 그 이상의 일을 하는 동시수행을 엄청나게 좋아하는 경향이 있다는 것을 발견했다. 이것이 ADHD 아이들이 한 번에 하나의 일을 하도록 강요하는 학교 교실에서는 어려움에 처하는 이유이다. 그와 그의 아내는 자녀에게 약을 처방하는 대신에 재능을 계발하기로 했다. 부모로서 그들은 개인이 지닌 특성(Type)과 양립할 수 있는 교육 방식을 발견해야만 했다.[33]

이는 학교의 획일적 교육과 아동의 학습 방식의 다양성 사이의 불일치에 대한 도전 이야기이다. 어린아이들에게 의사처방의 약과 리탈린의 유행병이 왜 부모들의 격분을 사지 않았는지 의아할 따름이다. 아마도 대다수 부모들은 격분할 시간을 가지고 있지 않다는 것이 대답이 될 수 있다. 부모들 자신도 스트레스와 과로를 약물을 통해 극복했기 때문이다.

부모들은 자녀가 학교에서 실패하여 뒤처지거나 좋은 대학에 가지 못할까 봐 걱정했다. 대다수 교사가 다양한 학습자가 가득한 교실을 통제하기 위해 어쩔 수 없다는 닫힌 생각과 마찬가지로 대다수 학부모들도 같은 생각으로 갇혀 있었다.

결론적으로 정식교육을 받기 시작한 후 몇 년이 못가 많은 학생의 학습동기가 저하되는 이유는 아마 '획일화된(one-size-fits-all)' 교실 때문일 것이다. 학생들은 이러한 교실 환경에서 환영받지 못하는 존재라고 느끼면 처음의 열의가 시들해진다. 학생은 달변이 아니며, 빨리 생각하지도 못하며 또한 자신의 생각을 산뜻하거나 일목요연한 방식으로 발표하지도 못한다. 아마도 성적을 위해 그들의 동료들과 경쟁하는 것도 반대한다. 불일치 근원이 무엇이든 간에 학생들은 기계시대 교실과 맞는 사람들 중의 누구도 아니다.

조립라인에서 나온 사고방식으로 인해 우리는 자연스러운 인간의 다양성을 다소간 일탈로 여긴다. 왜냐하면 이러한 인간은 기계가 요구하는 것에 부합하지 않기 때문이다. 에드워드 조이너(Edward Joyner)에 따르면 가르쳐본 경험이 있는 사람들은 교과를 잘 알아도 아이들을 잘 알지 못하면 교과 내용을 전달하기 힘들 것임을 안다.

4. 학습은 세상이 아닌 학교에서 이루어진다

산업 시대의 학교는 교실을 학습 과정의 중심에 둔다. 그러나 진정한 학습은 삶의 맥락에서 일어난다. 새로운 학습이 얼마나 길게 영향을 미칠지는 우리 주변을 둘러싸고 있는 세상과의 관계에 따라 달라진다. 힘든 시기일수록 우리는 다른 방법으로는 도저히 이해할 수 없는 것을 이해할 때가 종종 있다. 교실 모델이 지배적이기 때문에 아이의 삶에서 학습이 발생하는 놀이터, 가정, 극장 및 스포츠 팀 및 길거리 등 많은 장소가 무시된다. 아이 삶의 모든 관계는 잠재적 학습이다. 아이들의 모든 행위는 학습하고자 하는 정신이 담겨 있다. 이러한 학습 장소는 전반적으로 교실 관점에서 보면 모두 보이지 않는다.

물론 대다수 교육자는 이것을 이해하고 학습이 이루어지는 많은 상황을 높이 평가한다. 교육자는 운동, 음악, 예술 및 연극의 중요성을 알고 있다. 그러나 문제가 생기면, 교실 모델의 위력이 표면 위로 드러난다. 예산 압박이 있게 되면 예술과 선택 과목 예산이 가장 먼저 삭감되는 일이 종종 발생한다. 교실 예산이 감축되면 교사는 필요한 지원을 잃거나 더 많은 아이를 떠맡을 수밖에 없다. 그러나 아무도 교실에서 탈피할 생각은 전혀 하지 않는다. "오, 안 돼요, 그렇게 할 수 없어요. 교실이 없어지면 아이들은 어디서 배워요?" 하고 말할 뿐이다.

누구나 네트워크화된 컴퓨터와 소셜 미디어를 저렴한 비용으로 어디에서나 이용할 수 있고 이러한 미디어들이 많은 젊은이의 의사소통과 삶의 방식을 결정하는 데 영향을 주는 상황에서도 전통적인 교실의 지위는 여전히 의심을 받지 않고 있다. 나는 인터넷, 멀티 플레이어 게임, 페이스북 같은 전자 매체를 부적응 학습자를 위한 만병통치약으로 무조건 지지해야 한다고 주장하는 것은 아니다. 그보다는 진정 학습을 위해 교실을 디자인하고 또 교실이란 학습의 여러 장 중에서 단지 하나일 뿐인 것으로 이해한다면, 아이들과 어른으로 채워져 있는 교실의 모습이 과연 어떻게 될까라는 질문을 던져보는 것이 중요하다고 생각한다.

5. 똑똑한 아이들과 멍청한 아이들이 있다

앞의 네 가지 가정의 누적 효과는 다음과 같은 기계시대 학교의 가장 깊고도 위험한 가정에서 볼 수 있다. '똑똑한 애들과 멍청한 애들 두 종류뿐이다. 똑똑한 아이들은 학교에서 우수한 학생들이다. 멍청한 아이들은 그렇지 않은 학생들이다.'

이 가정에는 학교 성적과 인간의 타고난 다양한 능력에 대한 두 가지 뚜렷한 쟁점이 있다. 우리는 고정된 범주로 생각하는 것이 습관화되어 있어 아이들에게 적합하다고 여겨지는 용어로 이름을 붙이는 게 자연스럽다. 그러나 라벨을 붙이는 것은 곧 자기충족적 예언이 된다. 교사가 학생을 학습부진아로 보고, 그렇게 대우하게 되면 학생은 부적응자로 되어 실제로 저조한 성적을 보인다. 이것은 1940년대 후반 사회학자 로버트 머튼(Robert Merton)이 정의한 유명한 '자기실현적 예언'이다. 1960년대 중반 심리학자 로버트 로젠탈(Robert Rosenthal)과 학교 교장 레노르 자콥슨(Lenore Jacobson)이 자기충족예언을 학교에 적용하여 통찰한 결과는 '피그말리온 효과'로 알려졌다. 제이콥슨의 학교에서 진행된 일련의 연구에 따르면, 교사가 학생에게 붙인 라벨로 인해 학생의 학업성취가 달라지고 달라진 학업성취는 다시 라벨 붙인 것을 정당화한다는 사실이 밝혀졌다. 첫 연구가 오래전에 이루어진 것이기는 하지만 오늘날 학교와 학생에게 가하는 '고부담 시험'* 압박의 세계에서 '피그말리온 효과'의 영향력은 그 폐해가 적지 않다.[34]

부적응 학습자들에게 가장 성공적인 프로그램을 제공할 수 있는 열쇠는 이 악의적인 자기 실현 사이클을 뒤집는 것이다. 이 프로그램은 일반적으로 행동 학습 원리에 기초를 두고 있으며, 학습자를 자연 및 지역사회와 연결한다.

....

* 역자주 '고부담 시험(A high-stakes test)'은 책무성 차원에서 학생과 교육자, 학교, 지역사회에 대하여 중요한 의사 결정을 내리고자 할 때 시행하는 평가이다(졸업, 대학 진학, 자격증 취득, 보상과 처벌, 봉급 인상 등).

한 가지 예는 매사추세츠주 글로스터(Gloucester)에 있는 해상문화유산센터 (Maritime Heritage Centre)로 알려진 마리타임 글로스터(Maritime Gloucester) 의 대안 고등학교 프로그램이다. 학생들이 해양 생물학 실험을 수행하거나 수차 및 태양 증류 장치를 구축하는 실습과 작업에 참여한다. 이 학습은 교실 학습과 다르게 실제 활동이 주를 이룬다. 비참여에서 참여로 바뀌고, 중퇴하지 않고 학교에 머물러 있으며, 학업 성적도 향상된다. 이 프로그램의 목표는 학습을 의미 있게 만드는 것이다. 이 프로그램의 강사 중 한 명인 데이비드 브라운(David Brown)은 다음과 같이 말했다. "처음 프로그램에 참여할 때는 그들의 마음이 닫혀 있다. 프로그램의 중간 단계에 이르면 개방적이 되고 주의를 기울인다. 그들은 실생활이나 학업과 관련된 문제에 직면하여 이미 알고 있는 것을 적용하여 모르는 것을 이해함으로써 스스로 문제를 해결해나갈 수 있다."[35] 영리하고 멍청한 아이들에 관한 이 가정은 우리 사회에 깊이 뿌리내리고 있어 대안을 상상하기 어렵다. 그러나 대안은 바로 우리 앞에 있다. 모든 인간은 독특한 재능을 가지고 태어난다. 공동체의 건강한 기능 발휘는 각 개인의 재능을 개발할 수 있는 역량에 달려 있다. 신생아를 대할 때 우리는 그 아이가 똑똑한지 그렇지 않은지를 보지 않는다. 우리는 생명 탄생의 경이로움 그 자체를 본다. 이에 대한 무지는 학교 안팎의 지배적인 교육 시스템이 입힌 가장 큰 피해이다.

▪▪ 학교에 대한 산업 시대의 가정

산업 시대 학교제도에는 학교 조직과 업무 방식에 근본적인 가정들이 포함되어 있다. 학습에 관한 가정과 마찬가지로 이러한 가정은 우리가 알아채기 매우 어렵고 사람들이 의식적으로 지지하는 것과 종종 상반된다. 우리는 일생의 대부분을 산업 시대 학교 안에서 보냈기 때문에 이러한 가정들을 당연하게 여긴다. 게다가 교육자가 아닌 사람들도 비슷한 원리로 조직된 산업 시대의 조직에서 일한다.

1. 학교는 통제를 유지하는 전문가들에 의해 운영된다

모든 산업 시대의 조직처럼 산업 시대 학교의 일자리도 세분화된 조각들로 나뉜다. 산업 시대의 관리 모델은 체계를 여러 조각으로 나눠서 전문가를 만들며 모두가 자신의 조각을 수행하게끔 하고, 누군가 전체적인 체계가 잘 돌아가도록 확인할 것이라고 가정한다. 학교는 교장, 교사, 행정가로 나누어져 있다. 이러한 분업은 명백히 협업이 필요하다는 것을 가정하고 있다. 우리는 보통 다른 책무를 가진 사람과 파트너십을 구축하거나 연대책임을 느껴야 할 설득력 있는 이유를 느끼지 못한다. 반대로 각자 고도로 전문화된 업무를 수행하면 모든 게 잘 돌아갈 것이라고 생각한다. 사실 오늘날 교사보다 개인주의적인 직업은 거의 없다. 일반적으로 각 교사는 거의 완전하게 고립되어 작업을 수행한다.

아이들이 경험하는 것은 팀과는 거리가 먼 굉장히 단편화된 체계이다. 마치 농구 선수들이 서로에게 공을 패스하지 않고 경기를 하거나 오케스트라 단원들이 독주만 하는 것과 같다. 학교 시스템 내에서 가장 중요하면서도 하기 어려운 일은 사람들이 학교가 공동체이고 공동체가 학교라 여길 수 있도록 교사, 관리자, 부모 그리고 아이들 사이를 가로막는 벽을 무너뜨리는 것이라고 오리건주의 교육장이었던 짐 포드(Jim Ford)가 말한다.

이 파편화된 체계에서 어른 중심의 일방적인 태도는 학생 리더십에 대한 목소리가 거의 없다. 실제로 '학생 자치 위원회'라는 말 자체가 성인이 허가한 울타리 내의 자치이므로 모순일 수밖에 없다. 예를 들어 무엇을 어떻게 배울 것인가에 대하여 학생들도 발언권을 가질 수 있다는 생각은 거의 모든 학교에서 배척된다. 교육장의 업무를 성공적으로 수행하고 있는 레스 오모타니(Les Omotani)는 "아이들에게 물어본다면 무엇이 잘 되고 있고 무엇이 잘 안 되고 있는지를 바로 알 수 있게 된다."라고 했다. 그러나 일반적으로 학교 운영과 관련된 어른의 권위에 대해서는 의문을 제기하지 않고 있다.

∬ 655쪽의 오모타니의 '중심 학습 그룹 만들기' 참조

어느 고등학교 교장은 "교육자로서의 삶과 경력을 되돌아볼 때 주된 관심사는 통제였다. 이게 바로 우리 시스템의 핵심이다."라고 했다. 통제 유지를 기반으로 하는 시스템 안에서 교사는 학생들을, 관리자는 교사를, 학교운영위원회는 학교 시스템 전체를 통제하는 것이 역할이다.

통제는 본질적으로 문제되는 개념이 아니다. 독자 생존이 가능한 모든 생명체는 통제나 균형능력을 발달시켜왔다. 문제는 산업 시대의 통제 개념에 있다. 생명체계는 스스로 통제한다. 기계는 운영자에 의해 통제된다. 교사, 관리자 그리고 학교운영위원회는 쉽게 학교라는 기계의 운영자가 될 수 있다. 아무리 좋은 사람이 운영한다고 해도 위계적 통제 체계는 권한을 남용하기 쉽다. 몇 년 전 나는 객관식 시험에서 부정행위로 의심받은 6학년 학생을 본 적이 있다. 그는 전입생이었다. 교사는 학생에게 F학점을 주고 부모님에게 연락을 하는 등 굴욕감을 줬다. 학생은 충격을 받았고 다른 사람의 답안을 보지 않았다고 말했지만 교사는 머리를 움직이는 것을 보았다며 학생 말을 믿지 않았다. 물론 그 소년을 제외하고 아무도 얼굴을 돌렸는지 알 수 없었다. 교사는 부정행위를 한 게 분명하다는 생각이 확고했다. 그는 부모님과의 면

담을 마치면서 "저는 아이에게 악의를 품지 않습니다. 학생이 다시는 이런 부정행위를 하지 않겠다고 뉘우친다면 없던 일로 간주하겠습니다."라고 했다.

교사는 분명 자신이 굉장히 관대하다고 심지어는 도량이 넓다고 느꼈다. 하지만 자신이 본 것에 대한 주관적인 태도에는 의문을 품지 않았다. 학생이 아닌 자신만이 '부정행위'를 정의할 수 있는 힘이 있다고 믿었다. 부정행위를 정의내리는 일은 그런 행위를 목격했을 때 교사로서 해야 할 업무의 하나였던 것이다. 지금은 어른인 그 학생은 이 경험으로 실제로 통제가 어디에 있는지 분명하게 인식했다. 그는 심히 불쾌감을 느꼈다. 지금까지도 전통적인 학교와 교사들에게 분노하고 있다.

교사의 행동은 극단적이었지만 통제를 위한 생산라인 모델과 완전히 일치했다. 감독관이 생산라인의 생산품이 잘 조립되었는지 판단하는 힘이 있는 것처럼 교사는 학생의 행동을 일방적으로 판단할 권한이 있다.

2. 지식은 원래 단편적인 것이다

지식이 분열되어 있고 개별 범주로 나뉘었기 때문에, 세분화와 전문화를 기반으로 한 통제가 학교를 조직하는 논리적인 방법인 것처럼 보인다. 문학과 예술 인문학은 수학과 별개이고, 수학은 생물학 및 지구과학과 구별되며, 생물학과 지구과학은 역사와 지리학 및 심리학과 다른 것이다. 이렇게 파편화된 관점으로 인해 인간의 삶이란 그런 것이 전혀 아니라는 사실, 즉 삶은 그 자체로 총체적인 것이며, 삶의 문제가 도전적인 이유는 상호의존적인 면이 많기 때문이라는 사실을 간과하기 쉽다. 살면서 수학 문제, 순수한 대인관계 문제 혹은 기술적인 해결방안만 찾으면 풀리는 문제를 마지막으로 해결했던 시기는 언제인가? 지식을 단편적으로 보는 학문이론으로는 삶의 의존성을 이해할 수 없다. 이런 지식이론을 감안하며, 공교육에서 학습할수록 지식이 점점 편협해지는 것은 놀랄 일이 아니다. 지식에 관한 단편화된 이론은, 현실은 사물이 아닌 관계로 이루어진다는 견해와 상반된다. 시스템 관점은 주제의 상호 연관성을 인식한다. 하지만 산업 시대 학교는 이러한 상호 연관성을 잘 인지하지 못하는 대신 학생들에게 인생에 있어서 가장 중요한 것은 좁은 지식 더미라고 말한다. 팀 루카스(Tim Lucas)는 "지식의 단편화는 우리 사업의 가장 큰 아이러니이다."라고 한다. "문학, 수학 등 인생을 풍부하게 해주는 굉장한 자료들이 무궁무진하다. 처음 배움을 시작할 때, 자료들의 중요성을 인지하지만 배우는 도중 어딘가에서 중요성을 서서히 잊어버리게 된다. 학교도 마찬가지다. 희망이 없다고는 말할 수 없지만 너무 슬픈 일이다. 문명에 관한 지식보다 흥분되는 게 뭐가 있겠는가?"

3. 학교는 '진실'을 말한다

우리의 교육 시스템은 철학적으로 소위 소박한 실재론(naïve realism)이라고 하는 암묵적 이론에 근거를 두고 있다.* 소박한 실재론자는 '그들이 보는 것'이 사실이라고 믿는 사람들이다. 감각 데이터가 매우 막강한 힘으로 우리에게 다가오기 때문에 삶의 대부분을 순수 실재론자로 산다. 그리고 학생이 부정행위를 한 것을 보았던 교사처럼 우리의 인식이 절대적으로 사실인 양 믿는다.

감각 '데이터'로부터 '해석'으로 신속하게 이동하는 것은 그 자체로 문제

----

* 역자주 나는 있는 그대로의 세상을 보고 있기 때문에 내 주관적 경험과 객관적 현실 사이에는 어떤 왜곡도 없다는 관점. 이 때문에 사람들은 내가 선택한 것을 다른 사람들도 똑같이 선택할 것이라고 믿게 된다.

가 되지 않는다. 이는 인간 지각의 특징이다. 문제는 그러한 일이 일어난다는 것을 인정하지 않을 때 발생한다. 산업 시대의 전통적인 교실에서는 교사가 마치 사회적으로 구성된 견해나 해석을 진실인 것처럼 가르친다. 아이들은 역사를 보는 관점을 배우는 것이 아니라 역사적 사실만을 배운다. 아이들은 유용한 것으로 입증된 현실의 모델이 아니라 과학적 사실을 배운다. 같은 현상에 대한 서로 다른 시각의 복잡성이 아니라 특정 문제를 풀기 위한 하나의 올바른 해답을 배운다. 결과적으로 모호함과 갈등에 대한 관용이 줄어들고 비판적 사고능력이 발달하지 못한다. 아이들은 인간 이해력의 우연성을 보지 못한다. 대신 그들은 정제되고 정치적으로 맞는 지식에만 익숙해지면서 인생의 복잡성으로 인해 좌절하고 혼란에 빠져 방향을 잃어버리게 된다.

움베르토 마투라나(Humberto Maturana)와 프란시스코 발레라(Francisco Varela)는 인지생물학의 선구적인 이론인 산티아고 인지이론*을 개발했다. 생물학과 인지과학을 통합한 이 이론은 인간에 대한 함의를 간단한 문장으로 요약했다. "말해질 수 있는 모든 것은 누군가에 의해 말해지는 것이다." **누구도 실재에 대해 확정적인 진술을 할 수 없다. 그렇게 하는 것은 생물학적으로 불가능하다. 이 사실은 문학이나 예술만이 아니라 과학이나 역사에도 적용된다. 하지만 우리들로 하여금 과학이나 역사를 특정 기준이나 절차에 동의하

---

* 역자주 개와 사람과 새들이 동일하게 인식할 수 있는 '객관적' 실재란 없다. 모든 생명체들이 똑같이 인식하는 확고부동한 세계란 없다. 세계를 인식한다는 것은 인식 주체가 어떻게 인식하느냐의 문제이다. 사람이 인식하는 세계란 수백만 개의 운동 뉴런과 수천억 개의 중간 뉴런, 수천만 개의 감각 세포로 구성된 신경계를 통해 사람이 인식할 수 있는 그 능력 범위 안에서 타인들과 함께 '만들어낸 세계'일 뿐이다. 우리는 객관적 세계를 인식하는 것이 아니라 우리가 타인과 함께 인식할 수 있게끔 만들어낸 세계를 인식하고 있는 것이다.

** 역자주 마투라나에 따르면 말해지는 것은 어떠한 상황하에서도 그것을 말하고 있는 사람과 분리될 수 없으며 '관찰자와 독립적인' 실재가 존재한다거나 명백하게 주어진 것으로 간주된다는 주장은 타당하지 않다. 그 누구도 외부의 실재 또는 진리에 접근할 특권을 가지고 있지 않다는 것이다.

고 서로 이해하는 사람들의 공동체로부터 만들어진 사회적 현상으로 고려하
도록 만든다. 산티아고 이론이 인간의 관찰로부터 독립된 현실이란 없다는
것을 함의하는 것은 아니다. (철학적 관점에서 유아론) 그 이론은 단지 인간
은 현실에 대해 확고한 진술을 할 수 없다는 것을 말한다.[36]

　이 이론은 학교 교육과 관련하여 어떤 의미가 있는가? 배우는 학생으로서
정답을 정확히 몰랐기 때문에 당신을 감동시켰던 교사를 떠올려라. 교사의
호기심은 당신에게 감명을 주었고 교사의 열정은 당신의 상상력에 불을 지
폈다. 교사는 당신과 함께 무엇을 배운다는 사실에 대해 들떠 있었고, 그리고
당신은 그런 선생님을 좋아했다. 당신은 그의 경험을 소중히 여겼다. 당신은
교사가 학습주제에 대해 생각을 많이 한 것을 알고 있고 교사의 생각에 관심
이 있었지만 교사는 당신에게 절대적인 사실인 양 '정답'을 주진 않았다. 교
사가 "이런 일이 있었다."라고 말할 때 이 말은 사실 "이건 여러 견해 중 하나
이고 따라서 생각해볼 여지가 있는 문제야."라는 의미였다. 당신의 질문은 확
립된 주장과 당신의 생각을 이어주는 유효한 연결고리로 간주되었다. 교사도
나름의 질문을 했고 당신과 교사가 공통으로 질문을 제기함으로써 궁극적으
로 교사와 당신은 동등해질 수 있었다. 반대로 순수 실재론은 배움의 결핍관점
과 딱 들어맞으며 미묘하게 강화해준다. 정답을 쥐고 있는 전문가인 교사는 아
이들이 결함을 가졌다는 의견을 구체화한다. 순수 실재론의 정답은 의심할 여
지가 없기 때문에 교사의 월등함과 학생의 열등함을 제도적으로 확립시켰다.

4. 배움은 원래 개인적인 것이며 경쟁은 배움을 촉진시킨다

　교사는 지식을 가지고 있고 학생은 그것을 얻도록 되어 있는 것으로 보기
때문에 지식은 개인이 소유하는 것이고 학습의 과정도 마찬가지로 개인주의

적인 것으로 보는 경향이 있다. 하지만 이건 지나친 단순화이다.

걷는 것을 생각해보라. 걷기를 배우는 것은 전형적인 개인 학습 과정으로 보일 수 있다. 하지만 정말 그런가? 부모나 형제 혹은 다른 아이들이 걷는 걸 모방하여 하는 것임을 생각해보라. 모국어를 배워야 모국어 공동체에 들어갈 수 있는 자격을 얻는 것처럼 걷기를 배운다는 것은 걷는 사람들의 공동체에 합류하는 걸 의미한다. 이렇게 생각한다면 배우는 과정은 개인적인 것일 뿐만 아니라 사회적인 것임을 알게 된다.

하지만 전통적인 교실은 오직 개인의 관점에만 중점을 둔다. 학습자는 과목을 학습하고 마무리해야 한다. 개인은 각자의 이해 정도를 시험받고 누가 잘하는지 정하기 위해 서로 경쟁한다.

경쟁이 본질적으로 나쁘다고 생각하지 않는다. 나는 경쟁을 즐기고 항상 남과 겨루는 스포츠를 좋아한다. 올바른 상황에서 경쟁은 학습을 향상시킬 수 있다고 믿는다. 그러나 미국과 같은 많은 현대 사회는 경쟁과 협력 사이의 건전한 균형 감각을 잃어버렸다. 경쟁과 협력은 공존할 수 있다. 실제로 이 둘은 거의 모든 건강한 생명 시스템에서 공존한다. 자연에서는 다른 종의 동물이 같은 음식을 두고 싸울 때 경쟁을 하지만 여러 동물들이 함께 사냥을 하는 등 서로의 생존에 도움을 줄 때 협력을 한다. 사실 생태계 전체가 어떻게 생존하고 사라지는지를 잘 알고 있는데 오늘날 개인적인 경쟁을 진화의 중심에 두는 것은 19세기에나 있을 법한 기이한 발상이다. 미생물학자 린 마굴리스 (Lynn Margulis)는 "생물들은 피에 굶주려 경쟁적이고 공격적이기보다는 평화롭고 협조적이고 느긋하다. 지구상에서 가장 성공한, 즉 풍부한 생물은 서로 협조하는 생물이다."라며 자신의 저서에 말한 바 있다. 예를 들어 식물과 곰팡이, 동물과 박테리아는 끊임없이 공생하며 존재한다.[37]

결국 과도한 경쟁의 결과는 누가 이기고 지는 것 이상으로 모든 이에게 영향을 준다. 우리는 경쟁력을 조직 환경의 기본적인 요소로 내면화한다. 이로 인해 업무를 추진할 때 외부 경쟁자와 경쟁할 때만큼 많은 에너지를 조직 내부의 동료와 경쟁하는 데 쓰게 된다. 모든 상황에서 우리는 이기기 위해 혹은 적어도 지지 않기 위해 끊임없이 싸우는 자신을 발견하게 된다. 이러한 상황은 진 사람만큼 이긴 사람에게도 사고방식이나 행동에 영향을 끼쳐 평생 동안 우리의 품행을 지배한다. 이를 크리스 아지리스(Chris Argyris)는 '방어적 습관(루틴)'이라 부른다. 그의 연구는 왜 똑똑한 사람들이 배우지 않는지에 대한 이유를 말해준다. 그들은 자신이 아는 것을 증명하고 모르는 것을 감추기 위해 애쓰기 때문이다. 이는 알피 콘(Alfie Kohn)의 유명한 구절 '상으로 벌 받기'이다.[38]

오늘날에는 확실히 과도한 경쟁을 염려하고 협력과 협동 작업에 가치를 부여하는 교육자들이 많이 있다. 그룹 프로젝트가 점점 더 보편화되고 있고, 어떤 학교에서는 여러 명의 선생님이 상호 연결된 주제를 일상적으로 가르치면서 서로의 관점을 강화하고 다양한 학생들과 더 친밀하게 생활한다. 학교와 학교 시스템이 서로 협력함으로써 교육의 성과를 높이도록 하는 것은 널리 알려진 바 마이클 풀란(Michael Fullan)의 교육 시스템 혁신 작업의 초석이 된다. "우리는 교육장이 다른 시스템에 집중하도록 하는 것처럼 교장이 다른 학교의 성과에 집중하도록 한다."라고 풀란은 말한다.[39]

하지만 교육 관행은 여전히 이 주제에 관해서 굉장히 양면적이다. 교육자들은 얼마나 철저하게 경쟁이 학교 내에 설계되어 있는지 보지 못한다. 많은 교사는 학생들이 너무 성적에 매달린다고 한탄하면서도 학교생활 내내 성적이 성공의 열쇠이며 좋은 성적을 받아야 대학에 진학할 수 있다는 신호를 지속적으로 보낸다.

　1990년대 초, 나는 '교육의 질적 관리'에 관심을 갖고 주립 학교 학과장 회의에 참석했다. 에드워드 데밍(Edwards Deming)이 기조 연설자였다. 그는 "우리는 경쟁의 강으로 팔렸다."로 발표를 시작했으며 팀 구성, 협력, 책임을 공유하는 데 있어 전 세계 선도 기업의 경험에 대해 발표를 계속했다. 그가 발표를 마치자, 주 지도자 중 한 명이 말했다. "데밍 박사님, 박사님은 우리 교육자들도 협력을 가치 있게 생각하고 있다는 것을 모르는 게 분명합니다. 협동학습 전략은 오늘날 미국의 많은 교실에서 활용되고 있습니다. 그리고 저는 가장 잘 이용하고 있는 학교에 보상을 해주는 것을 잘못된 것으로 보지 않습니다." 분명 이 교육 지도자는 협력이 학생들에게는 좋지만, 어른들에게는 좋지 않다고 생각하고 있다. 그는 공동의 지식을 구축하기 위한 교사들, 관리들 그리고 학교가 협력한다는 아이디어를 도외시해온 것이다.

■■ 산업 시대 모델 넘어서기

　학습자와 학교에 대한 산업 시대의 모든 가정들은 학교 안팎의 성취를 어떻게 평가할 것인가 하는 논란이 많은 하나의 주제로 모아진다. 지난 10년간 책무성을 높이라는 강한 외부의 압력과 더불어, 공교육에서 이보다 더 논란이 많은 주제는 거의 없었다. 이 책무성은 교사와 학생 모두에게 가해져온 성취 압력의 부정적인 영향에 대한 교육자들의 염려와 충돌하는 것이었다.

　다시 한번 언급하거니와 다소간 우리가 왜 과거의 방식을 답습해왔는지를 이해하는 데, 그리고 대안적인 방식을 어떻게 펼칠지를 상상하기 시작하는 데 도움이 된다. 우리가 학생들에게 오늘날 세계의 도전에 대처할 수 있도록 준비시킬 수 있는 학교를 만들어가고자 한다면 이 대안적인 방식은 지금 진정으로 필요로 하는 혁신을 지원할 수가 있을 것이다. 혁신의 관점에서 보면 지난 20여 년간 실시해왔던 평가운동－1990년대의 초기단계 평가와 2000년대의 고부담 시험(high-stakes test)－은 산업 시대 학교의 마지막 몸부림이었다.

전통적인 학교의 활동평가는 항상 모순된 목표로 인해 곤란을 겪어왔다. 평생학습을 위한 초석과 고등교육의 성공열쇠는 자신의 학습목표를 설정하고 과정을 평가하는 능력이다. 그러나 전통적인 학교는 교사 중심의 평가에 의존해왔다. 교사는 아동수준과 학업능력을 통제하고 선택할 수 있는 권위를 가지고 있다. 개별 교사가 얼마나 숙련되고, 유능하며, 마음씨가 좋은지는 상관없다. 이는 모순이다. 학교에서 아이의 오리엔테이션을 교사를 기쁘게 하는 방향으로 진행한다면, 교사와 아이는 객관적인 자기 평가에서 져야 할 부담으로부터 벗어난다. 즉 자신이 얼마나 잘하고 있는지 스스로 판단하는 능력을 잃게 된다. 그 결과 진정으로 의미 있는 삶을 살기보다는 남에게 인정받기 위해 커리어를 쌓는 성인이 될 수 있다. 이 결과를 지지하는 교육자는 거의 없겠지만 전문화와 통제 시스템은 일관되게 이런 교육결과를 산출한다.

// 319쪽 베나 칼릭(Bena Kallick)의 '학습으로서의 평가' 참조

이러한 외부 평가에 대한 의존은 성적을 기준으로 학교를 개선하려는 노력에 큰 영향을 미쳤다. 1980년대에 시작된 「위기에 처한 국가(A Nation at Risk)」와 같은 보고서들은 역사적으로 미국민 자존심의 원천이 되어왔던 학교 교육의 효과성에 큰 의구심을 불러 일으켰다. 1990년대 초 미국의 경쟁력에 대한 우려에서 기업을 중심으로 성장운동 모임이 생겨났는데, 이를 계기로 나중에는 컨퍼런스 보드(비영리 민간 조사 연구 기구) 및 기업원탁 회의

(The Business Roundtable)와 같은 기업 집단에 의해 일련의 중요한 모임들이 만들어졌다. 역설적이게도 성장 운동의 보편적인 권장 사항인 통찰력과 모순되게 '품질 운동'으로 바뀌었다.

1990년대 중반에 이르러 미국의 주류 재계에 뿌리를 둔 새로운 합의가 도출되기 시작했다. 실패하는 학교를 살리는 방법은 목표를 설정하고 설정한 목표 달성 여부를 측정하며 교육자에게 목표 달성에 책임을 지게 하는 데 있다는 것이었다. 측정 가능한 표준화된 시험은 초등학교부터 중등학교까지 일률적으로 시행되었다. 처음으로 학교 간 성적을 공개하고, 성적이 저조한 학교에게는 격차를 좁히도록 압력을 가했다.

이 접근법은 성적 향상이라는 명목으로 지지를 받았지만 기본 토대가 된 경영철학은 품질 운동을 내세운 많은 개척자에게는 저주였다. 이 운동의 철학적 지도자인 에드워드 데밍은 평점을 매기고 순위를 매기는 모든 형태의 경영을 비웃었다. 데밍에 따르면 표준화된 평가 방식은 미국 제조업 붕괴의 주요 원인이었던 기업 목표 추적 방법인 '목표별 관리'와 같다고 말했다. 나는 데밍이 1990년대 초반 뉴욕주 교육 지도자 모임에서 그 말을 하는 것을 들었다. 그러나 개혁은 시작되고 있었고, 무너진 학교를 바로잡고자 하는 열망을 지닌 국가는 해답과 더불어 그 해답의 열렬한 옹호자를 갖고 있었다.

이러한 학교 개혁 노력에 참여한 많은 기업가에게 있어서, 이 문제는 사업에서 직면한 것과 다르지 않았다. 즉 훌륭한 성취자와 빈약한 성취자가 있었으며, 그들은 빈약한 성취자, 즉 질 낮은 교사를 시스템 밖으로 밀어냈다. '등수 매겨 내쫓기(rank and yank)' 시스템은 기업에서 거의 효과 있게 실행되지 않았다는 사실을 간과했다. 사실 전문성이 갖춰진 환경에서는 빈약한 성취자가 대량으로 생겨나지 않는다. 문제는 훌륭한 성취를 어렵게 하는 장애물이 너무 많다는 것이다. 빈약한 성취자에 대해 적대적인 분위기를 조성하기보다는 교사의 지속적인 학습과 발전에 도움이 되는 환경을 만드는 일이 더 중요한다. 그것이 교사의 질을 높이는 것이다.

부시 행정부의 아동낙오방지법(No Child Left Behind) 프로그램을 통해 표준화된 시험은 더욱 집중적으로 실시되었다. 고부담 시험(high-stakes testing)은 새로운 표준이 되었다. 학생들은 중요한 시험을 통과하지 못하면 고등학교를 졸업할 수 없었다. 오래지 않아 신문사가 학교와 학교 시스템에 대한 시험 점수를 발표하는 것이 일반화되었다. 많은 경우 결과가 개선되었지만 때로 뜻하지 않게 상당한 부작용이 있었다. 2000년 보스턴 공립학교를 졸업한 학생들에 대한 종단 연구 결과 65%가 고등교육 기관에 진학했으며, 이는 1985년의 50%에 비해 엄청난 증가였다. 그러나 2007년에 이르면 2000년 졸업생 중 35%만이 대학교육 과정을 마쳤다. 나머지는 자격증을 받았지만 고등교육에 도전하지 못했다.[40]

이런 역사적 사실은 두 가지 측면에서 특히 주목할 만하다. 첫째, 개혁을 위한 많은 동력은 재계에서 나왔다. 산업 시대 초기에 교육자가 일자리를 위해 학생을 훈련시키기 시작한 이래 기업의 관점은 정치적 영향력을 끼쳐왔다. 둘째, 기업에서 영향력이 큰 사람은 혁신가가 아닌 주류 경영자이다. 목표 중심의 관리 패러다임은 경영자가 일해야 하는 방식과 일치했다. 대항마가 될 수 있는 품질 관리 및 학습 지향적인 기업 문화를 지원하거나 혁신과 지속적인 개선책을 가진 사람들은 학교 토론에 별로 영향을 미치지 못했다. 논쟁은 혁신이 아니라 성과에 관한 것이었다.

지금이 학교개혁에 관한 토론에서 혁신의 목소리를 들을 때이다. 대안적인 운영 패러다임을 간단하게 요약할 수는 없다. 그러나 성과를 내고 지속적인 혁신과 개선을 위해 실질적으로 필요한 절차를 심도 있게 이해하는 일, 그리고 이러한 이해에 도달할 수 있는 개인적, 집단적 역량을 구축하는 일에 초점을 두는 것부터 혁신을 시작할 수는 있다. 목표관리 관점에서는 측정과 인센티브를 통해 상황을 개선할 수 있다고 본다. 반면에 학습지향 관점에서는 인센티브가 주어진다고 해서 성취할 수 없는 것을 성취할 수 있다고 믿지는 않는다. 목표관리 관점은 순전히 하향식이다. 학습지향 관점에서는 중요한 목표의 설정과 더불어 이 목표를 꼭 달성하겠다는 참가자의 진정한 열의 또한 필수적이라고 본다. 목표관리 관점은 더 높은 점수와 같은 빠른 개선에, 학습지향 관점은 더 오래 걸릴지도 모르나 오래 지속될 수 있는 변화에 초점을 두는 경향이 있다. 물론 학습지향 관점에서는 중간 목표를 설정하여 점검을 하고 전략을 수정하는 것 역시 중요하게 본다.

나의 편견이기도 하지만 학습지향 관점이 학교현실에 적절하다. 학교를 기업처럼 관리해야 한다고 생각하는 기업가는 학교 특성을 무시하는 경우가 많다. 무언가를 제조하고 있는데 제품의 질을 떨어뜨리는 결함부품으로 만들어진 출하품을 받았다고 가정해보라. 이 상황에서 무엇을 할 것인지 묻는 질문에 기업가는 "고민할 필요 없어. 다른 부품 공급업체를 찾으면 돼."라고 말하면 그만이다. 그러나 이는 공립학교에서 할 수 있는 선택 사항은 아니다. 아이들은 결손 가정에서 학교로 들어오고 슬픈 일이지만 공부할 준비가 되어 있지 않아 불이익을 당하는 경우가 많이 있다. 그 아이들을 집으로 돌려보내야 하는가?[41]

이것은 기업과 교육현실 사이의 많은 근본적인 차이 중 단지 하나일 뿐이다. 이 차이들은 모두 동일한 결론을 시사한다. 말하자면 학교 현장의 입장에서 문제를 풀 수 있고, 가르치는 일과 배움을 지원하는 실질적인 과정을 개선하는 일에 정성을 쏟으며, 단기적으로는 학업성취도를 높이고 장기적으로는 혁신하고 끊임없이 개선하는 일에 관심이 있는 모든 이들이 역량을 지속적으로 함양하는 경영 체제가 필요하다는 것이다. 표준화된 시험 같은 도구가 중요하지 않다는 것을 의미하지는 않는다. 교육자와 학생들에게 의미 있는 정보를 제공할 수 있다. 그러나 처벌이 아닌 개선을 위해 사용될 필요가 있다. 그러나 표준화된 검사는 변화 전략을 세우도록 해주지는 않는다. 진정한 변화 전략을 위해서는 교육의 목적에 대해 분명하게 생각해야 한다. 그런 다음에라야 우리가 추구하는 것이 어떠한 종류의 성취이며 그것을 평가하고 그 목표에 도달하는 최선의 방법이 무엇인지를 알 수 있는 확실한 토대를 마련할 수가 있다. 우리에게 혁신은 필요하다. 그러나 무엇을 위한 혁신인가?

■ 혁신을 위한 조건

오늘날 많은 어려움이 있지만 학교혁신을 위한 조건이 무르익고 있다. 첫째, 공장식 학교의 개념과 과정에 전례 없는 몰락의 징후들이 있다. 하나의 징후는 전례 없는 스트레스이고 또 다른 하나는 양극화의 심화이다. 재정부담을 감당할 수 있는 사람들은 자녀를 사립학교에 더 많이 보낸다. 소규모 학급, 엘리트 학생들과 공부할 수 있는 환경, 근무 환경에 더 만족하는 교사들을 접할 수 있다. 어떤 사람들은 가장 빠른 성장률을 보이는 대학진학 사전교육인 홈스쿨링을 선택한다. 일부 보고는 2010년 현재 미국의 2백만 명이 넘는 아이들이 홈스쿨링에 참여한다고 추정한다.[42] 또한 차터 스쿨은 혁신 공간을 창조한다. 그러나 사립학교, 홈스쿨링 그리고 차터 스쿨은 대다수 가정을 위한 선택사항이 아니기에 공립학교의 사람들은 사회가 제공하는 혜택기회에서 점점 더 멀어지고 있다. 불평등 심화에 따라 사회적 불안과 소요가 증가하고 있다. 더욱이 나는 산업화된 세계에서 교육에 대한 관심이 최근 몇 년 전에 거의 상상할 수 없을 수준까지 성장해왔다고 믿는다.

둘째, 산업 시대의 학교가 의존해온 많은 사회 역사적 조건이 더 이상 존재하지 않는다. 일부는 인구 통계학적인 변화 때문이다. 오늘날 여성들이 추구하는 직업의 폭이 더욱 넓어짐에 따라 대다수 교사들을 끌어들이기 위해 학교가 의존했던 협소한 여성 노동 시장은 사라졌다. 더욱 문제가 되는 것은 전통적 학교들이 더 이상 존재하지 않는 전통적인 가족 및 공동체 구조에 의존한다는 점이다. 1960~70년대에 미국에서는 부모 중 한 명이 일하고 다른 한 명은 집에서 아이를 키우는 전통적 가족구조가 보편적이었다. 오늘날에는 맞벌이 부부나 편부, 편모 가족이 일반적이다. 전통적인 학부모-자녀 관계의 붕괴로 인해 학교는 보육 역할을 더 많이 맡았고, 학부모와 교사 간의 대화는 종종 아이들의 학습을 돕기 위한 상담보다는 부모의 스트레스 완화에 더 중점을 두기도 한다. 이러한 맥락에서 학습의 표준화는 더욱 어렵다.

커뮤니케이션 및 미디어 기술의 발전 덕택에 아마 학교는 정보 제공에 대한 독점권을 역사적으로 상실했다. 100년 전 아이들은 가정이나 학교에서 명시적으로 배운 것 외에 세계에서 어떤 일이 벌어지고 있는지 알지 못했다. 오늘날 전형적인 10대는 학부모와 교사가 알고 있는 이상으로 세상 지식에 접근할 수 있다. 또한 교실에서 활용되지 않는 소셜 미디어 및 모바일 컴퓨터 기술은 재미와 학습을 혼합하여 제공한다. 학습자는 그것을 제어할 수 있고, 학습자가 준비가 되었을 때 사용할 수 있으며, 흥미에 따라 또래와의 쌍방향 네트워크가 가능하다. 가족구조의 변화로 인해 이러한 미디어 기술은 특히 영향력 있는 것으로 나타났다. 대체로 부모의 빈틈을 미디어로 채우기 때문이다.

마지막으로, 이상에서 언급한 중대한 변화의 징후들을 차치한다 해도 분명한 사실은 직업 세계가 더 이상 산업 노동자를 찾지 않는다는 것이다. 다니엘 핑크(Daniel Pink) 같은 저자들은 일터가 정해진 매뉴얼을 따르는 '알고리즘식 작업(algorithmic tasks)'에서 실험과 혁신적인 사고를 요하는 상황에 효과적으로 작동하는 '휴리스틱 작업(heuristic tasks)*'으로 변화 중이라는 내용의 글을 썼다. 2005년 맥킨즈 앤 컴퍼니(McKinsey & Company) 연구에 따르면 현재 일자리 증가의 30%는 '알고리즘 작업'에서, 70%는 '휴리스틱 작업'에서 일어난다고 추정했다. 마찬가지로 컨퍼런스 보드(The Conference Board)의 CEO 조나단 스펙터(Jonathan Spector)가 2008년 하원 세출위원회(House Appropriations Committee)에서 증언한 바에 따르면, 1천 명이 넘는 미국기업 경영진을 대상으로 설문조사를 실시한 결과, 학교에서는 '창의력과 혁신, 비판적 사고, 문제 해결'의 필요성을 강조하는 것으로 되어 있다. 이 결과는 컨퍼런스 보드의 2006년 보고서 '그들은 일할 준비가 되어 있는가?'에 요약되어 있다.[43]

MIT 공과대 전 학장인 고든 브라운(Gordon Brown)은 "교사가 되려는 사람은 30~50년 후의 미래를 준비해야 하기 때문에 예언자여야 한다."라고 말하곤 했다. 교사 중심, 주입식 학습, 외적 통제로 산업 시대의 학교를 지탱하면서, 우리는 사라질 세상을 위해 학생들을 준비시키고 있다.

나는 우리가 교육의 기본 목적에 대해 새로운 공감대가 형성되기 시작하고 있음을 목격하고 있다고 믿는다. '그들은 일할 준비가 되어 있는가?' 같은

----

* 역자주 이용가능한 정보를 활용하여 실현가능한 의사결정이나 일을 하는 것으로 창조적이며 발견적인 행위이다.

연구에 따르면 세계 지식 사회에는 탈기계 시대 기술인 복잡한 문제 이해력, 협업, 불확실하고 애매한 상황에서의 결과 도출, 자기 주도, 공동체 지향 등의 고차원적 역량이 필요하다고 말한다. 비록 형성과정에 있기는 하지만 특히 공립학교에서 그러한 목표를 달성할 수 있다는 증거가 점점 많아짐에 따라 혁신을 위한 공감대가 커질 것이라고 믿는다.

∬ 424쪽의 '맥락과 참여' 참조

물론 산업 시대 학교를 변화시키려는 도전 앞에서 쉽게 의기소침해질 수도 있다. 특히 산업 시대 학교의 기본 가정들이 여전히 대다수의 사람 및 대다수 사회 기관의 사고방식과 일치한다는 점을 고려하면 그렇다. 그러나 이러한 반응은 중요한 점을 간과하고 있다. 사실 기계 시대 개념인 '해결책' 자체가 문제의 일부이다. 시모어 사라슨(Seymour Sarason)부터 다이앤 래비치(Diane Ravitch), 데이비드 티약(David Tyack), 래리 쿠반(Larry Cuban)에 이르기까지 학교 개혁에 관심을 가진 많은 역사학자의 지적에 따르면 잘 의도된 '해결책'이 문제를 악화시켜왔다. 학교는 고장나지 않았으며 뜯어고쳐야 할 대상도 아니다. 학교는 긴장 관계 속에서 스스로 진화해야 하는 사회 기관이다.[44]

마찬가지로 우리가 필요로 하는 것은 미래 학교를 위한 단일한 청사진이라는 의미에서 '해답'이 아니다. 그렇다. 필요하지 않은 것은 바로 그것이다. 대신에 우리가 진정 필요로 하는 것은 학교가 직면한 근본적인 문제를 바라보는 인식의 확장과 아울러, 많은 영역에 걸쳐 다양한 철학적 관점에서 실험하려는 의지이다. 연구에 따르면 새로운 산업을 창조하는 혁신은 일반적으로 여러 가지 신기술의 결합을 필요로 한다. 20세기 초 상업적인 항공산업의 탄생에는 엔진부터 날개 플랩에 이르기까지 항공기 설계 및 기술에 대한 많은 혁신이 있었다. 1940년대에는 제트 엔진과 레이더 개발이 필요했다. 일반적으로 기술혁신처럼 제도혁신도 다양하고 새로운 구성 요소 혁신이 모여 광범위한 응용 프로그램을 지원할 수 있는 새로운 아이디어와 접근 방식이 조화를 이룰 경우에만 발생한다. 이 혁신의 대부분은 현재 이 책에 있으며, 여러분은 이 책 전체를 통해 배우게 될 것이다.

이러한 통합을 위해서는 다양한 혁신을 통해 근본적인 변화를 추구하는 새롭고 전면적인 운동이 필요하다. 그렇다면 이 운동을 이끌어내는 것은 무엇인가? 해답은 새롭게 등장한 비유에 있다고 믿는다. 기계의 비유가 산업 시대 학교를 창안한 생각에 영향을 미쳤듯이 살아 있는 시스템에 대한 최근의 이해는 미래의 생각에 방향을 제시할 수 있다.

▪▪ 살아 있는 시스템으로서의 학교

지난 100년 동안 과학적 세계관에서 '시스템 혁명'이 일어났다. '시스템 혁명'이란 살아 있는 시스템에 대한 연구와 이해, 그리고 단순한 기계식 용어로는 이해할 수 없는 행동을 설명하는 능력으로 특징지을 수 있다. 시스템 혁명은 물리학에서 시작하여 점차 생물학으로 옮겨갔다. 이는 공학, 특히 다이내믹 피드백 시스템에 뿌리를 두고 있으며, 점차 인지과학 및 사회과학으로 확대되고 있다. 그러나 이 과정은 시작 단계에 불과하다. (비록 시스템 관점이 1900년경에 시작되기는 했지만 과학적 세계관의 근본적인 변화가 사회적으로 인식되기까지는 매우 오랜 시간이 걸려서, 이 세계관을 선호하는 사람들은 인내심을 기르는 법을 배웠다.)

∥ 174쪽의 '시스템사고' 참조

이 혁명적인 살아 있는 시스템의 관점이란 무엇인가? 실재(reality)의 근본적인 속성이 사물이 아니라 관계라는 것이다. 뉴턴주의자들은 세계가 사물들로 구성되어 있다고 말한다. 뉴턴의 원자는 작은 당구공과 같아서 충돌하고 에너지를 전달한다. 그러나 지난 100년의 과학은 모든 것의 99% 이상이 빈 공간이라고 말해준다. 나머지 1%조차도 양성자 및 전자와 같은 아주 작은 것(입자)일 뿐만 아니라, 그런 입자들이 아원자 공간에서 나타날 확률의 일종이다. 인간의 관점에서, 우리가 본체라고 부르는 이 '사물(thing)'은 실제로 물질적이지 않다. 발명자 벅민스터 풀러(Buckminster Fuller)는 손을 들어 올려서 "이게 뭐죠?"라고 물었다.

대부분의 사람들은 "그것은 손"이라고 대답했다.

그는 "아니오, 패턴이 있는 완전체입니다. 그것은 손을 생산할 수 있는 능력이며, 계속해서 손을 드러내는 관계의 구조입니다."라고 말했다.

풀러는 생물학자들이 지금 '자가생산(autopoiesis)'이라고 부르는 것, 즉 살아 있는 생명체의 자기생산 능력을 지적했다. 오래된 세포는 죽고 새로운 세포가 끊임없이 재생된다. 손에 있는 모든 세포를 대체하는 데 몇 달이 걸리지만 매일 완전히 새로운 신체를 얻는다. 그리고 전신의 세포가 대체되기까지는 몇 년이 걸린다. 그런 의미에서 당신의 몸은 손이나 발 또는 어떤 신체 부위를 가지고 있지 않다. 단지 계속해서 세포를 생산할 수 있는 능력을 가지고 있다. 이것은 "우리는 신체로 구성되었습니다."라는 사실을 표현하는 훌륭한 진술이다. 이것은 살아 있는 시스템의 본성이다. 신체는 강과 같아서 강물이 흘러가면서 물줄기를 구성하는 것처럼 신체도 새로운 물질이 계속 흐르면서 조직된다. 씨앗은 나무를 만들지 않는다. 그것은 나무를 창조하는 토대가 된다.[45]

새로운 혁명적인 관점을 지닌 과학자들은 살아 있는 생명체는 창발적 자기 조직(과거의 행동과 구조에 기초하여 예측될 수 없는 행동과 구조)과 환경을 이해할 수 있는 인지 능력을 특성으로 갖는다고 믿는다. 살아 있는 시스템에 대한 새로운 과학이 초기 단계이기 때문에, 우리는 생명과 관련된 속성을 충분히 이해하지 못해서 나무, 세상, 심지어 학교와 같은 사회 시스템까지도 생명이 없는 것으로 간주한다. 살아 있는 시스템은 사물로 만들어진 것이 아니다. 그들은 '사물성(thingness)'이 없다. 오히려 사물 자체는 현실에서 비롯된 근본적인 관계이며 살아 있는 시스템의 결과이다.

살아 있는 시스템은 스스로를 창조할 능력이 있다. 이것이 살아 있는 시스템과 기계의 근본적인 차이다. 기계가 외부의 사람에 의해 만들어지는 반면 살아 있는 시스템은 스스로 만들어진다. 우리가 이러한 방식으로 살아 있는 시스템을 더 많이 이해할수록, 산업화 시대에 구축된 정신 모델에 대해서 더 많이 이해하게 된다. 기계와 달리 살아 있는 시스템은 지속적으로 성장하고 진화하며, 새로운 관계를 형성한다. 그리고 시스템을 유지하고 스스로 재창조하려는 목표를 갖는다. 살아 있는 시스템은 어떤 면에서 기계와 유사하게 반복적인 행동을 하고 미래 발전에 영향을 받을 수 있다. 반면 예측할 수 없을 뿐 아니라 제어할 수도 없다. 또한 새와 포유동물은 간단한 도구를 만들고, 인간은 가장 정교한 기술까지 사용하여 기계를 만든다. 이런 의미에서 살아 있는 시스템 관점은 기계 관점에 반대하기보다는 기계 관점을 포함한다. 상대성이론이 서서히 받아들여지자, "아인슈타인은 뉴튼의 식물을 더 큰 화분에 옮겼다."라는 말이 돌았다. 기계 시대와 비교해서 살아 있는 시스템도 마찬가지이다. 기계 시대 그 자체가 아니라 기계 시대 렌즈를 통해 보기 때문에 세상을 제대로 보지 못하는 태도가 문제이다.

살아 있는 학교를 위한 비전

학교를 기계가 아닌 살아 있는 시스템으로 가치를 인식하고 조직한다면 어떻게 될까? 실제로 이 책의 나머지 부분은 이 문제를 다룬다. 그러나 몇 가지 심사숙고를 하고자 한다.

첫째, 학습내용을 암기나 해야할 것이 아니라 살아 움직이고 변화하는 존재로 다룬다면, 학습 과정은 살아 있게 된다. 생물학 주제를 생각해보라. 아이러니하게도 생명을 다루는 학습은 대부분의 학생들에게 관심조차 없는 지루한 주제이다. 나는 큰 아들과 이야기하면서 내가 수년 전에 배웠던 고등학교 생물학을 1990년에 배우고 있다는 사실을 알고 놀라움을 금치 못했다. 세포벽과 핵, 외배엽과 내피 세포 그리고 혈액 세포와 근육 조직 세포에 관한 사실 등을 끊임없이 암기해야 했던 생물학. 생물학은 학습자가 살아 있는 세포가 어떻게 기능하고, 스스로를 창조하고, 지속적으로 환경과 상호작용하여 내적 균형을 어떻게 유지하는가를 이해할 때 전혀 다른 주제가 된다.

더군다나 암기해야 할 과학적 사실로 배우는 대신 학습자가 세포를 만들고, 다른 상황에서 어떻게 생존하고 적응할 수 있는지 실험할 수 있는 컴퓨터 시뮬레이션을 통해 발견할 수 있도록 한다면 어떨까? 학습자는 암의 본질을 탐구할 수 있다. 암은 제어할 수 없는 세포의 과대분열에 불과하다. 학습자가 시뮬레이션에서 일반적으로 세포 분열을 제한하는 주변 조직의 신호를 발생시킬 수 있는 조건을 만들 수 있을까? 갑자기 학생들은 스스로의 힘으로 세포로 구성된 많은 생명체인 살아 있는 시스템의 원형을 발견할 수 있었다. 기계 학습 모델과 살아 있는 시스템 모델을 생물학적으로 대조할 때, 어느 것이 더 매력적이고 성취감이 있다고 생각하는가?

인문학을 배우는 것도 극적으로 다를 수 있다. 몇 년 전 나는 투손(Tucson)

빈곤 지역의 고등학교에서 영문학을 가르친 한 여성을 만났다. 그녀는 다음 날 무엇을 먹을지 궁금해했던 히스패닉 및 미국 아이들에게 셰익스피어를 가르쳤다. 산업 모델은 햄릿 이야기를 인물의 이름과 줄거리를 암기하는 정적인 방식이었다. 그러나 다른 학교의 과학 교사인 그녀의 남자 친구는 세포가 작동하는 방법을 컴퓨터 시뮬레이션 모델로 가르치고 있었다. 그녀는 햄릿을 시뮬레이션으로 만들기로 결정했다. 시뮬레이션은 햄릿의 분노와 원한의 성장, 이로 인해 왕과 여왕의 오해가 생겨나 비극적인 결과를 낳도록 했다.

갑자기 햄릿이 살아났다. 애들이 "폴로니우스가 커튼 뒤에 숨어 있지 않았다면 어떻게 될까? 햄릿이 그를 죽이지 않았다면? 다른 일을 했다면 어떡하지? 무슨 일이 일어났을까?" 등의 질문을 했다. 정적인 장면의 생소한 질문은 시뮬레이션으로 창조되어, 학습자가 스스로 햄릿과 상호작용하게 되어 살아 있는 장면이 되었다.

2년 후, 그 선생님과 만나기 전에 학교를 그만두려던 히스패닉계 학생인 라파엘(Raphael)의 이야기를 아이들과 함께 앉아서 들었던 것을 잊을 수 없다. 햄릿의 컴퓨터 시뮬레이션 모델이 그에게 의미하는 바가 무엇인지 말해 달라고 부탁했다. "제 뇌가 불쑥 열렸습니다."라고 라파엘이 말했다. 그는 학교에 다시 연결되어 성적이 향상되었고 졸업했다. 또한 그는 음악에 대한 사랑을 재발견했다. 우리가 음악가로서의 커리어에 대해 이야기할 때, 그는 자연스럽게 자신의 음악에 대해 토론하기 위해 인과순환지도(174쪽에 설명된 시스템사고)를 아이들과 함께 그리기 시작했다.

분명히 학생들이 살아 있는 것처럼 공부하는 것은 상당히 다른 무언가가 있다. 그러한 교육과정은 다음과 같다.

❏ 교사 중심 학습보다는 학습자 중심 학습하기

❏ 동질성보다는 다양성 장려하기 – 다양한 지능과 학습 스타일 포용하기

❏ 사실을 외우고 옳은 대답을 위해 노력하기보다는 상호의존성과 변화의 세계 이해하기

마찬가지로 학교를 기계가 아닌 살아 있는 시스템으로 취급하려면 다음과 같이 해야 한다.

❏ 교육과정에 참여한 모든 사람들의 이론과 실천을 지속적으로 성찰하기

❏ 다양한 교과를 어린이와 성인에게 의미 있는 학습 경험으로 통합하는 방법을 지속적으로 탐구하기

❏ 교사, 학생, 부모 등 학교를 구성하는 사람들을 커뮤니티로 보고 친구, 가족 및 다양한 기관을 연결하여 건강한 공동체를 구축하는 사회적 관계망 내에서 교육의 재통합을 시작하기

우리가 살아 있는 시스템으로서 학교에 있을 때, 학교가 항상 진화하고 있음을 발견한다. 우리는 다음과 같은 질문을 함으로써 진화에 참여한다. "왜 시스템은 이런 방식인가? 이러한 규칙은 왜 존재하는가? 이 규칙들은 목표를 달성하는 데 어떻게 도움을 주고 어떻게 방해하는가? 이 실천의 목적은 무엇인가?" "권력을 가진 사람들이 그렇게 만든다"라고 말하면 안심이 될지 모르지만 사실은 우리를 무력화시키는 것이다. 우리는 이런 생각에 안주하지 않을 것이다. 우리는 시스템의 일부분이라서 시스템 전체를 못보기 때문에 더 깊게 질문하고, 우리가 만든 가정과 습관적인 행동들이 현재 작동하고 있

는 시스템을 어떻게 만들고 있는지를 살펴봐야 한다. (의식있는) 학생, 교사, 학부모 및 교육 행정가들은 이런 질문을 끊임없이 던지고 있다.

가정을 확인하는 것은 좋은 출발점이 된다. 왜냐하면, 이 가정들은 구체적이지 않고 두리뭉실하기 때문이다. 각 가정들은 특정 상황에서 더욱 큰 영향을 미친다. 중요한 것은 관련된 모든 사람들이 스스로 생각하고, 함께 이야기하며, 이런 저런 가정들이 어떻게 그들 자신의 학교환경에서 스며드는지, 그리고 그들은 혁신 에너지로 뭘 하고 있는지 살펴보는 것이다. 그래야만 살아있는 시스템으로서 학교라는 아이디어가 실제로 생생해질 것이다.

이렇게 질문하는 것은 비판하려는 것이 아니라 학습하려고 하는 것이다. 관련된 모든 사람들을 위해 학습하는 환경을 만드는 것이다. 나는 매우 혁신적인 학교의 교장에게 그녀의 직업을 어떻게 정의했는지 물었다. 그녀는 "내 업무는 교사가 계속 학습하는 환경을 창조하고 있는 것"이라고 대답했다. 자신의 학습 과정에 깊이 관여하고 있는 교사는 필연적으로 학생들에게 더 나은 학습 환경을 조성할 수 있다고 믿었다.

마지막으로, 학교는 교실이 아니라 아이의 삶을 다시 학습의 중심으로 삼아, 사회 기관으로서의 위치를 재정립할 수 있다. 그런 학교의 예가 많이 있으며, 종종 주변 지역사회의 사람들을 끌어들인다. 주변 공동체 사람들은 학교의 일부로서 스스로를 보기 시작한다. 오리건주의 크레스웰 중학교(Creswell Middle School)에서는 매월 '어린이 날'을 수년간 운영했다. 학교를 공식적으로 휴교하여 학생들과 교육자, 지역사회 구성원이 비공식적인 대화를 나눌 수 있었고, 실제로 학교를 창조하고 있는 소셜 네트워크를 운영하도록 조직된 날이었다.

"대화 모임에 내가 특별히 좋아하지 않는 사람들이 있었습니다."라고 한 학생이 나중에 회상했다. "내가 그들을 싫어하는 것은 아니었지만, 나랑 관련이 없다고 생각했습니다. 그런데 우리들은 말하게 되었죠. 걔네들은 자신의 생각을 말했고 나는 들었어요. 이제는 내가 홀에서 그 친구들을 지나칠 때마다 걔네들이 나를 싫어한다고 생각할 이유를 못찾았어요. 이런 대화는 각 파벌에 있는 아이들 중 최소 한 명에게 이런 생각을 심어주었죠. '어쩌면 쟤는 우리와 별반 다르지 않을지 몰라. 그러니까 우린 그애를 존중해야 할지 몰라.'"

학습 과정이 학생들의 삶을 중심으로 지향될 때, 학교의 경계는 더 큰 지역사회에 개방되고, 교육은 기계적 과정이 아닌 사회적 과정이 된다. 뉴멕시코의 한 학교에서 학교와 지역사회를 연결하는 교육과정 혁신을 했다. 10학년 때, 학생들은 지역사회에서 누군가에게 배우고 싶은 것을 발표하고, 가르칠 멘토를 찾고, 이를 정규수업의 하나로 만들었다. 목공, 출판 또는 요리 등이었다. 그리고 학교는 간단한 심사 과정을 통해 멘토와 학생까지 평가하였다. 학생은 자신의 학습을 담당했을 뿐 아니라, 그들이 살았던 지역사회에서 학습하고, 시간이 지남에 따라 학교와 밀접하게 연결된 성인 멘토와 네트워크를 만들었다.

지역사회로 교사와 학습자를 끌어들이면 학교 벽에 영향을 미칠 수 있다. 예를 들어 한 학교에서 분수로 어려움을 겪는 4학년 학생들을 돕는 독창적인 방법을 발견했다. 이는 매우 일반적인 문제이다. 선생님은 이 학생들을 교내 식당에서 일하게 했다. 학생들은 대량으로 음식을 만들고 배식하기 위해 분수가 매우 실용적인 개념이라는 것을 알게 되었고, 이 어린 요리사들은 반 친구들을 가르칠 수 있었다.

어떤 학교는 지역 기반 조직인 워터스 재단의 도움을 받아 많은 학교의 골칫거리인 또래 집단의 폭력 문제를 해결할 수 있도록 도와주었다. 재단이 제작하여 널리 보급한 비디오에는 세 명의 6세 소년이 운동장에서 왜 싸웠는지를 이해하기 위해 그린 인과순환지도에 대해 이야기하고 있다. 도서관 테이블 주위에 앉아서 '좋지 않은 말'과 '상처 입은 느낌'이 서로의 감정을 악화시킬 수 있다는 것과 그런 후 '자신들이 시스템 안에서 서로 개입할 수 있는 다양한 방법'을 설명한다. "우리는 미안하다고 말하려고 했으나 실제로는 효과가 없었어요."라고 말하면서 그들은 스스로를 '루프에 갇혀 있다'고 느낄 때 시도한 것들을 설명한다. 그들이 찾은 대안은 인생은 배우는 삶이라는 아름다운 교훈이다. 최근 자료에서 7세가 된 한 아이는 "우리는 이제 가장 친한 친구예요."라고 이야기하고 있다.[46]

수년 동안 들은 이런 많은 이야기는 나에게 중요한 교훈을 가르쳐주었다. 나는 자녀의 삶에 더 깊숙이 관계를 맺고 있는 대부분의 성인들에게는 깊은 상실감이 존재한다고 믿는다. 아이의 삶에서 어른의 분리는 우리 사회의 심각한 상실의 근원이다. 우리가 부모나 교육자가 아니더라도 우리가 아이들을 멀리하고 그들을 전문적인 엘리트들의 책임이 되도록 내버려둘 수 없다. 인간은 선천적으로 깊숙이 아이들의 삶과 연결되어 있다. 아이들을 돌보는 것은 우리에게 깊이 뿌리 박혀 있다. 그것은 우리의 생물학적 유산의 일부이다.

자동차 부품보다는 나무와 같은 살아 있는 유기체로서 학교를 다시 생각하고, 공장보다 공동체를 닮은 사회 과정으로서의 교육은 이상주의적이거나 심지어 공상적으로 보일 수 있다. 그러나 이것이 우리 집단 역사의 대부분이 학교의 역사라는 것을 주목할 가치가 있다. 인류 사회는 산업 시대 오래전부터 수만 년 동안 아이들을 교육했다. 다니엘 퀸(Daniel Quinn)의 소설 '이스마엘(My Ishmael)'에서 그는 전형적인 부족 교육 시스템을 다음과 같이 묘사한다.

"13세에서 14세 사이의 어린시절을 졸업한 젊은이들은 기본적으로 지역사회에서 어른으로 기능하기 위해 필요한 모든 것을 배웠다. 사실 그들은 지역사회의 다른 부분들이 밤새 사라져버리면 최소한의 어려움 없이 살아남을 수 있는 방법을 배웠다. 그들은 사냥과 낚시에 필요한 도구를 만드는 방법을 알고 있었다. 그들은 어떻게 피난처와 옷을 만드는지 알고 있다." 그들은 모든 일들을 수행함으로써 어떤 학교도 없이 모든 일을 해냈다. 배우고 싶은 것을 알고 있는 사람들과 시간을 보냄으로써 또는 지역사회 구성원들을 관찰하면서 보고 배웠다. 종족 시스템에서의 '졸업'은 부족의 유산과 전통에 열중하고 고통을 견디며 스스로 해결해야 하는 어려움의 중요성을 배우는 통과의례를 필연적으로 요구한다. 졸업식을 마친 후, 그들은 지금 그들이 기여할 것으로 기대되는 지역사회의 성인 구성원으로 환영받는다. 우리는 오늘날 고등학생들이 그러한 공식적인 의례를 전수받지 않아 '지역사회 기여자'로서의 자리를 찾는 데 어려움을 겪고 있음을 기억해야 한다.[47]

물론 인생은 뒤로 가지 않는다. 우리는 부족사회로 돌아가지 않을 것이다. 그러나 수천 년 전부터 있었던 교육에 대한 접근 방식은 진지하게 받아들여지고 있다. 우리는 그것이 어떻게 작동하는지 이해하기 위해 살펴보려고 한다. 우리가 면밀히 살펴보면, 그것은 오늘날 친숙해질 수 있는 몇 가지 특성을 포함하고 있다. 아이들은 계속 배우고, 일상생활에서 학습이 일어나며, 학습을 지원하는 기관은 사회의 일로 통합되어 있다.

학습은 본성에 의해 지원된다. 그것은 모든 생명체가 발달을 추구하는 특성의 발현이다. 전환되거나 차단될 수는 있지만 발생을 막을 수는 없다. 우리 시대의 핵심 교육 과제는 자연 학습 과정을 대체하는 것이 아니라 도움을 주는 기관과 실천으로 진화시키는 것이다.

■▪ 누가 변화를 이끌겠는가?

왜 학교가 변화하기엔 상당히 어려운 교육 기관으로 여겨지는지, 가장 중요한 레버리지의 원천이 어디에 있는가에 대한 의견이 있다. 산업 시대의 학교는 다른 현대 기관과 달리 구조적으로 맹점이 있다. 이 맹점은 시스템이 실제로 어떻게 작동하고 있는가를 살피고, 그 의견을 반영할 줄 아는 유일한 사람은 시스템 운영에 대한 권한이 없는 사람이다. 보통 변화를 가져올 수 있는 의미 있는 피드백을 제공할 수 있는 힘이 없기 때문에 발생한다. 바로 그 사람이 학생이다. 학생들은 모든 수업, 놀이터 및 거리에서의 위험, 가정의 스트레스, 언론의 여러 왜곡된 보도 등 전체 환경을 볼 수 있다. 스트레스 수준이 너무 높거나 낮을 때, 아이들은 전반적인 학습량의 크기를 알 수 있다. 그러나 그들은 힘이 없어 시스템에 맞설 수 없다. 그들의 의견은 평가절하된다. 어쨌든 아이들은 어른들이 유익한 제도를 운영하고 있다고 믿는다.

이 어리석음을 보려면 회사의 노동자에게 규칙을 시행했다고 상상해보면 된다. 어떤 상황에서도 고객과 이야기할 수 없다면 우리는 그 회사가 오랫동안 생존할 것이라고 기대하지 않는다. 오히려 학생들의 목소리를 침묵시키는 것은 훨씬 더 치명적이다. 회사의 생산품을 수동적으로 구매하는 고객과 달리 학생들은 학교의 결과물을 공동 생산한다. 학생 참여가 없으면 학습도 없다.

그래서 나는 깊고 지속적인 학교의 진화는 학생들에게 달려 있다고 믿는다. 그들은 학교 일에 열정을 가지고 있다. 그들은 어른의 도움 없이 미래와 접한다. 오늘날에는 여러 면에서 더 큰 세상에 도전한다. 그들은 공식적인 교육과정으로 재구성되지 않는 것을 보는 상상력과 방법을 가지고 있다. 그들은 자신의 환경에 대해 더 책임감을 갖기 위해 울부짖고 있다.

그렇다고 학생 리더십만 필요한 것은 아니다. 학생들의 리더십이 없다면 희망이 없음을 의미한다. 나머지 사람들은 전체 삶을 위한 교육 시스템 내에 있었다. 우리는 산업 시대의 가정이라는 물속에 있는 물고기이다. 젊은 사람들은 세계가 그 가정들로부터 얼마나 극적으로 진화하고 있는지를 깊이 인식하고 있다. 그리고 젊은이들은 시스템이 적절하게 새롭기 때문에 암묵적인 규칙과 가정을 볼 수 있으며 나머지 사람들이 잘 볼 수 있도록 돕는다.

∬ 574쪽의 '청소년 리더십 포럼' 참조

모든 해답을 미리 해결할 필요가 없다. 그러나 새로운 사고와 새로운 실천의 우선순위를 정하고 이를 지지하고 지속시킬 수 있는 공동체의 역량을 가질 필요가 있다. 우리는 모든 분야와 상상 가능한 미래로 기꺼이 여행할 수 있는 모든 연령대의 다양한 지도자를 필요로 한다. 후기 산업 시대 교육은 인간이 이후 수십 년 동안 다르게 함께 살게 되거나 내지는 잘 살 수 없게 되던지, 그리고 젊은이들은 종종 변화를 앞두고 성인보다 깊은 직감을 가지고 있다는 것을 깨닫도록 요구한다.

다섯 가지 규율에 대하여
A Primer on the Five Disciplines

1. 학습하는 조직을 만들기 위한 환경 조성

당신이 교사라면, 끊임없이 일어나는 예상치 못한 문제를 다루느라 소진되고 있지 않은가? 관리자라면, 성과를 충분히 올리지 못해 안타까워하지 않는가? 부모라면, 자녀 성적표가 뭔가 잘못되어 있을 때, 어디 하소연 할 데가 없다고 좌절하는가? 학생이라면, 학교가 나의 세상, 나의 삶, 그리고 나의 인생 목표와 맞지 않다고 느끼지 않는가?

학습 규율은 이러한 여러 문제에 대한 답을 제공하고 나아가 일상생활에서 실천의 변화를 가져온다. 자신의 문제를 정기적으로 점검하고 조금씩 다르게 일을 한다면 바람직한 결과를 만드는 능력이 점점 강화된다. 이를 좀 더 원활히 하기 위하여 규율은 방법과 기술을 제공하는데, 이는 여러 가지 새로운 능력을 자연스럽게 함양하는 방법이다. (벅민스터 퓰러(Buckminster Fuller)는 사람들이 새로운 생각을 하도록 하려면 억지로 가르치려 하지 말고 도구를 알려주라고 하였다.)

교육자들은 다양한 학습 도구와 방법을 알고 있다. 교사들이 개발하고 서로 공유하고 있는 수천 개의 루브릭*과 수업 지도안을 참고로 하여 그러한 도구와 방법을 중심으로 교수 기법이 만들어진다. 이 책에서 말하는 학습 규율 역시 팀이나 조직 수준에서 학습이 이루어지도록 개발하고 다듬은 유용한 방법과 기술이다.

이 책은 우리에게 무엇을 먼저 해야 할지를 알려준다. 사람들의 요구가 다르기 때문에 단일한 처방은 없다. 그러나 『학습하는 학교』를 관통하는 기초가 되는 개념이 있다. 여기서부터 시작할 것이다. 그것은 다섯 가지 학습 규율과 그를 뒷받침하고 있는 이론과 원리이다.

■ 심층 학습 사이클

학교의 문제를 다루는 교육자나 사람들은 학습이 진행되는 과정에서 발생하는 인간적인 문제를 잘 알고 있다. 읽기를 배우고, 차를 운전하고, 악기를 다루고, 새로운 운동을 하고, 능숙하게 일을 처리하는 것이 우리의 삶에서 무엇을 의미하는지 알고 있다. 실제로 많은 사람이 강력한 학습 경험을 통하여 근본적인 변화를 겪기도 한다. 이는 단지 자신감, 행복감이나 정서적인 문제가 아니다. 그것은 눈에 띄지 않게 사람의 내면에서 일어나는 것이고 시간이 지남에 따라 점점 새롭게 행동하도록 하는 것이다.

때때로 이러한 과정은 새로운 도구나 기술에 의해 촉발될 수 있다. 예를 들어 '빙산'모형(178쪽)이나 고기잡이 게임(888쪽, 주14) 같은 시스템 지향 모의

....

* 루브릭(rubric)은 학습자가 과제를 수행할 때 나타내는 반응을 평가하는 기준의 집합이다. 보통 항목별·수준별 표로 구성되며, 표의 각 칸에는 어떤 경우에 그 수준에 해당되는지가 상세히 기술되어 있다. 1990년대에 미주 지역에서 기존의 지필 평가를 대체하기 위해 수행 평가가 등장하면서 루브릭이 개발되기 시작했다(출처 : 위키백과).

실험으로 학교에 영향을 미치는 왕따나 학업성취 또는 학교 운동장 인근 숲 관리 등의 문제들을 면밀히 살펴볼 수 있다. 이러한 도구를 사용하면 관계가 없는 것처럼 보이는 여러 문제 증상들 간의 인과 관계를 나타내고 해석할 수 있는 새로운 기술과 역량을 개발할 수 있게 된다. 그렇게 되면 이전과는 다른 방식으로 문제를 파악할 수 있는 지식과 감각을 얻게 된다. 이러한 문제들을 더욱 공개적으로 논하게 되면 새로운 믿음과 관점이 형성되게 된다. 쓸모가 있다고 생각되었던 해결책이 더 이상 작동하지 않게 되고 실현 불가능하게 보였던 것들이 가능성을 열어간다. 그러면 당신의 기술과 능력은 더욱 발전할 수 있게 된다.

97쪽 그림은 학습 조직이 어떻게 만들어지는지를 잘 보여준다. 오른쪽 뒷배경에 있는 사각형은 심층 학습 사이클로서 개인 내부에서 일어나는 변화가 조직 문화로 체화되는 과정을 보여준다. 학습은 다음 세 가지가 상호 강화되는 방향으로 영향을 주고 받을 때 일어난다. 새로운 기술과 역량(예를 들어 대화를 생산적으로 하는 기술과 시스템사고를 하는 역량), 새로운 인지와 감성(자신의 열망, 현실 세계, 자신의 정신 모델을 인지하는 것), 그리고 새로운 태도와 신념(세상을 바라보는 가치와 가정들) 등이 상호 상승 작용을 일으킬 때 학습은 이루어진다.

심층 학습 사이클이 작동하는 것은 신비로울 정도이고 일단 작동하면 돌이킬 수 없다. 하지만, 시작하기가 매우 힘들다. 한편 지속성은 떨어지지만 좀더 손에 잡히는 영역이 바로 왼쪽에 있는 '행동 영역'이다. 조직 내 어떤 수준에서도 팀이나 리더들은 나가가야 할 방향을 구체적으로 제시하고, 이 방향에 대해 계속 대화하며, 조직 혁신을 이뤄내고, 새로운 방법론과 기술을 규칙적으로 익힐 수 있다. 이를 위해서는 역량을 구축할 수 있는 다양한 이론이 필요하다.

　행동과 실천은 삼각형 영역이지만, 지속가능한 변화의 근원은 오른쪽 원 영역이다. 이 두 영역이 서로에게 영향을 미쳐서 다시 서로를 강화시킨다. 즉, 모든 요소들의 강도와 질이 증가하면 다시 서로의 강도와 질을 증가시키는 것이다. (이는 이 책 뒤에서 다루게 될 시스템사고에서 말하는 소위 강화 고리다.)

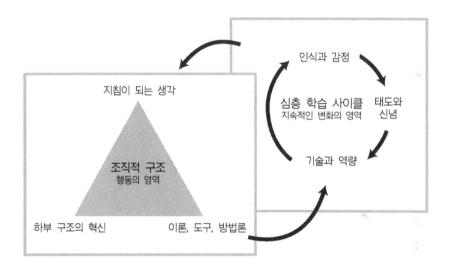

　복잡한 문제를 혼자 풀수 없다고 생각한다면 보다 많은 시간을 들여서 다른 사람과 반추하게 될 것이다. 이 과정에서 내면 깊게 있는 가정들과 학교 문제를 일으키는 변화 패턴을 이야기할 수 있다. 이러한 대화를 통해 스스로의 모든 집단적 행위들을 더욱 분명히 알 수 있게 될 것이다. 예를 들어 대화에서 어떻게 몇몇 사람들이 특정된 역할을 고수하는지, 어떻게 늘 그들이 성의 없이 단지 반대를 위한 반대를 하는지, 대부분의 사람들이 어려운 주제에 대해 얘기를 하고자 하는데도 이를 끊어버리는지를 알게 될 것이다. 이렇게 새로운 차원에서의 인지와 감성은 말 한마디로 대화 수준을 올릴 수 있도록 만든다. 예를 들어 다음과 같은 말을 할 수도 있다. "제 생각에는 우리 모두가 뭔가를 간과하고 있다고 말하는 것 같습니다."

그리고 인간 본성에 대한 관점을 다시 세울 수 있게 될 것이다. 우리는 많은 학생, 부모, 교사 또는 행정가들은 상대하기 어렵다고 생각할 수 있다. 그러면 이어지는 그들과의 대화에서 그들이 말하는 것을 진정으로 들을 수 없게 된다. 그저 그들의 말에 대응할 뿐이다. 그러나 일단 인식이 바뀌면 사람에 대한 태도와 신념이 변하게 된다. 이제는 학생들을 대하는 것이 어렵지 않게 된다. 오히려 그들은 원래 수줍음이 많아 좀 더 많이 활동할 필요가 있고, 학교에서 교사들과 교류가 별로 친밀하지 않다는 것을 알게 된다.

그렇게 되면 새로운 태도와 신념은 여러 사람들과의 성찰적 대화를 더 쉽게 만들고 더 많은 것을 알게 하며 새로운 이해의 폭을 넓혀준다. 그러면 내면의 학습 사이클인 심층 학습 사이클은 그 여세를 몰아가게 된다.

심층 학습 사이클은 시작하기가 어렵다는 것을 명심하라. 새롭게 사고하고 상호작용하는 기본적 방법을 익히는 데는 무술이나 악기 공부처럼 수년이 걸린다. 세상을 새롭게 느끼고 받아들이는 감성과 지각은 오랜 기간에 걸친 성장과 변화의 결과이다. 심오한 신념과 관점은 켰다 껐다 할 수 있는 전기 스위치와 같은 것이 아니다.

그래서 이러한 변화가 무리 없이 자연적으로 일어날 수 있는 공유된 환경을 만들어야 할 필요가 있다. 이는 학습이 촉진되는 학교 자체를 만드는 것과 다르지 않다. 그러나 이는 물리적 건물을 만든다고 하기보다는 시스템을 통해 학습을 촉진하는 조직적 요소를 만드는 것이다.

조직 학습의 세 요소

심층 학습 사이클이 효과적으로 작동하기 위해서는 갖추어야 할 세 가지 기본적인 요소가 있다.

□ **지침이 되는 생각** : (자유에 대한 관념이나 연방 헌법에 구현된 법 정신과 같이) 조직의 변화를 위한 철학적 기반을 제공하는, 심사숙고해서 규정한 심오한 언명, 학교나 지역사회 지도자들에게는 학교의 미래를 결정해나갈 수많은 지렛대가 있다. 학교의 지도자들이 사람들을 고무하여 함께 하게 하여 앞으로 나아가게 하는 몇 가지 지침들을 467쪽과 519쪽에서 알아보고자 한다.

□ **하부 구조의 혁신** : 지역사회나 건물에 길이나 복도, 다리, 도보, 에너지 연결망과 같은 기반시설이 있듯이 행위를 결정하는 데 큰 영향을 미치는 조직적 실천의 기반이 되는 구조가 있다. 여기에는 권위와 책임으로 연결되는 결정의 권한과 보고 체계를 포함하여 정보와 소통이 흐르는 정해진 통로가 있다. 또한 일정표, 세금 정책, 급여 그리고 다른 많은 고착화된 관계와 일들이 있다. 이러한 모든 것들이 더 나은 학습으로 나아가기 위해 혁신을 통해 다시 만들어질 수 있다. 예를 들어 근무 여건 개선, 매우 높은 수준의 자율성을 부여하거나 서로 배울 수 있는 전문적 학습 공동체 등이 모두 하부 구조의 혁신이라고 볼 수 있다.

□ **이론, 도구, 방법론** : 적응적 리더십에 대한 저서에서 로날드 하이페츠(Ronald Heifetz)는 춤추는 무대를 내려다보는 발코니를 비유로 들었다.[1] 우리는 대부분 매일매일 급하게 일을 처리하면서 시간을 보낸다. 그러나 하이페츠에 의하면 대부분의 뛰어난 지도자는 아마도 어려움 없이

멀리 위에서 바라보면서 그 역동성과 패턴을 본다. 우리는 사고의 확장에 도움을 주는 연구 및 기술을 활용할 수 있는 믿을 수 있는 동료들의 도움을 받아 실천을 통해 발코니에서 보는 것과 같은 관점을 가질 수 있다. 그렇다면 우리는 더욱 성공하고 일을 더욱 사랑하고 덜 소진된다.[2]

사람들이 이런 종류의 관점을 가질 수 있도록 우리는 이론으로 철저히 검증된 도구와 방법론을 사용할 것이다. 다섯 가지 학습 규율에 대한 믿음은 100년 이상 철저하게 연구된 '그룹 다이내믹스', '시스템', 그리고 '창조적 과정'에서 나온다.

■: 팀과 '다리 세 개가 있는 의자'

이 '다리 세 개가 있는 의자'는 학습 규율이 조화를 이루는 방법을 말한다.

경우에 따라 직장에서 우리는 '위대한 팀'의 구성원이 되기도 한다. 때로는 학교에서 그리고 스포츠나 예술 단원으로서. 어떤 경우이든 신뢰, 관계, 승인, 시너지 그리고 성취된 결과를 기억한다. 그러나 그러한 위대한 팀의 시작은 처음에는 그렇게 대단하지 않았다. 처음에는 그렇다 할 팀도 아니었다. 처음에는 보통 개인적인 모임으로 시작한다. 걷거나 자전거 타는 법을 익히기 위해서는 시간이 걸리는 것처럼 모임 전체가 작업하는 법을 익히려면 시간이 필요하다. 즉, 위대한 팀은 학습하는 조직이다. 조직의 구성원들은 시간이 지남에 따라 그들의 삶에서 진실로 이루고자 하는 바를 창조해내는 능력을 향상시키게 된다.

사람들은 종종 교육을 개인적인 노력으로 본다. 교사들은 교실로 들어가서 문을 닫고 혼자 가르친다. 학생들은 그들의 지식을 홀로 제시하거나 뭔가 잘못 말하고 있다고 여긴다. 그러나 수업 중에 랩톱 컴퓨터를 통해 페이스북에 자주 연결하여, 인터넷과 사회적 매체가 연결된 경우 그리고 지난 40여 년간 교수 행위가 점점 협동적으로 이루어짐에 따라 가르치는 직업의 정신 모델이 변한다. 학습 훈련은 개인이 혼자 할 때보다 팀으로 이루어질 때, 협력적 행위로 더 강해져 수업과 학교와 지역사회의 발전을 가져온다.

다섯 가지 학습 규율은 개인들 그리고 특히 팀을 발전시키는 데 도움이 되는 기술과 능력의 세 가지 형태로 나누어볼 수 있다. 이는 세 개의 다리를 가진 의자에 비유할 수 있다.

❐ **개인적 집단적 열망을 분명히 하기** : 단지 필요하기 때문이 아니라 원하기 때문에 진정으로 다루어 바꾸길 원하는 것에 집중하는 능력이다. 모든 학습 훈련 특히 개인적 숙련의 실행과 공유 비전을 세워야 이러한 능력이 생길 수 있다.

❐ **복잡성을 인식하고 다루기** : 복잡하게 얽혀서 작동하고 있는 시스템과 힘들을 보다 넓게 보고 이러한 관계들을 공개적으로 확인할 수 있게 만드는 능력이다. 시스템 전체를 일관성 있게 파악하려면 섬세하게 개념화할 수 있는 기술이 필요하다. 시스템사고 훈련은 이러한 기술을 개발하는데, 특히 정신 모델을 훈련하는 데 반드시 필요하다.

❐ **성찰적 사고와 생성적 대화** : 이는 한 사람의 깊숙한 내면에 있는 가치관과 행위의 유형을 개별적으로나 집단적으로 파악하기 위해 진지한 명상, 토론 그리고 대화를 활용하는 기술이다. 의미 있는 대화를 위한 능력을 개발하는 것은 전형적인 대화의 리듬과 톤을 바꾸는 것이다(376쪽 참고). 많은 사람은 상대방의 관점을 듣기도 전에 자신의 답변을 준비한

다. 이는 마치 상대방의 공을 받기도 전에 라켓을 휘두르는 테니스 게임과 같다. 이와는 대조적으로 생성적 대화는 그들 자신의, 그들 각자의 생각에 대해 성찰하도록 이끈다. 이러한 기술은 특히 정신 모델과 팀 학습을 훈련할 때 확실히 나타나게 된다.

열망을 분명히 하고, 복잡성을 인지하여 다루고, 생성적 대화를 하는 세 가지 역량은 결합되어 나타날 때 훨씬 효과적이다. 경험적으로 한 가지가 숙달되면 다른 기술 또한 향상된다. 따라서 은유적으로 사용한 의자의 세 다리는 어느 하나라도 없으면 안 된다.

2. 개인적 숙련

유치원 첫날, 다섯 살 꼬마가 교사에게 물었다. "읽기를 언제 배워요?"

그날 진행되는 일이 많아 그녀는 약간 방심하여 "일학년 때는 안 배워."라고 말하였다.

아이는 아무 말도 안 하였고, 한 시간 쯤 후에 아무도 모르게 가버렸다는 것을 그녀는 알았다. 아이는 교실을 나가 그리 멀지 않은 집으로 간 것이다. 놀란 엄마에게 아이는 "내년에 다시 갈래, 나에게 읽기를 가르치게 되는…"라고 말하였다.[3]

이 이야기는 열망과 학습이 분리될 수 없음을 보여준다. 학습은 학습자의 호기심과 흥미에 의해 촉발되지 않으면 지속될 수 없다.

개인적 숙련은 아이들과 성인 모두가 그들을 둘러싼 현실에 대한 앎을 증진시키면서 꿈을 유지시켜나가는 것이다. 여기서 생기는 긴장은 열망을 실현시킬 수 있는 강력한 힘이다.

개인적 숙련의 실천은 개별적인 문제다. 이는 통상 스스로 성찰함으로써 이루어진다. 다른 모든 훈련처럼 평생에 걸친 과정이다. 개인적 비전과 지금의 현실은 살아가면서 변하게 된다. 자라고, 학교를 졸업하고, 사람들과 관계를 맺고, 가정을 꾸리고, 직업을 얻고, 처음으로 집을 장만하고, 어떻게 어디서 살지를 선택하고, 가정생활을 만들어가고, 은퇴를 설계하는 이 모든 것이 선택이고 새로운 선택의 기회를 제공한다.

학교와 다른 조직들이 이러한 훈련에서 중요한 역할을 한다. 적절한 환경을 제공하여 각자의 비전에 대해 성찰하는 시간을 제공하고, 가능한 한 진리에 부합하는 어떤 조직적 과제를 부여하고, 그리고 다른 사람들이 당연히 하고자 하는 것과 세상에 대한 관점에 대해 명시적 또는 암묵적으로 의심하도록 한다.

교육계에 있는 사람들이 다섯 가지 규율에 대해 처음으로 학습하기 시작할 때, 종종 아이들이 개인적 숙련을 성취하도록 도우려 한다. 그렇게 해야 할 필요가 분명하기 때문이다. 학교에 있는 대부분의 학생들은 스스로의 목표가 없고 학교가 쓸모없다고 생각한다. 그때 다음과 같이 질문한다. "선생님은 무엇을 원합니까? 선생님을 어떻게 기쁘게 합니까?" 또는 나중에 "원하는 성적을 얻으려면 어떻게 해야 합니까?" 그러는 동안 모든 교사들은 너무 자주 자신의 열망을 포기하고 학교 관리자의 지시에 스스로 적응한다. 의존성을 강화시키는 이러한 유형의 산업 모델의 학교 교육으로 인해 학습의 열정은 곧 시들어버린다. 그러나 관심과 의도적인 노력으로 개인 숙련 훈련은 열정을 다시 불러일으킬 수 있다.

∥ 39쪽의 '산업 시대 교육 시스템' 참조

'mastery'라는 용어의 어원은 '더 크다'라는 의미를 가지고 있는 산스크리트어 *mah*에서 유래를 찾아볼 수 있다. 라틴어와 고대 영어에서는 다른 것에 대한 지배("나는 너의 주인(master)이다.")를 의미했다. 그러나 중세 프랑스어에서 다른 의미로 진화했다. *maître* 또는 'master'는 특별하게 능숙하고 숙련된 사람을 의미하는데 장인을 의미한다. 개인 숙련의 훈련은 이 두 번째 의미를 반영한다. 결과물을 만들어낼 수 있는 능력뿐 아니라 결과물을 만들어내는 원리까지도 'master'한다는 의미도 있다.

■■ 비전, 현실 및 전념

 열정은 대부분의 경우 학교 환경에서 저절로 나오지 않는다. 이 열정은 의도를 가지고 조심히 키워야 한다. 자신과 다른 사람 안에서 신중하게 키우는 것이 열정을 관리하는 규율의 핵심이다. 이러한 실천을 위해 가치 있는 많은 개념은 작곡가 겸 교육자 로버트 프리츠(Robert Fritz)에 의해 개발되고 체계화되었다. 그는 인생을 창조적으로 만들어가기 위한 3단계 과정을 설계했다.

첫 번째 단계, 당신은 당신의 삶에서 창조하고자 하는 소중한 열망에 대한 분명한 관점, 즉 개인적 비전을 분명히 한다. 당신은 그것을 가능한 한 풍부하게 한다. '여기가 내가 원하는 곳이다.'

두 번째 단계, 실현되지 않은 비전의 여러 면들을 포함하여 지금의 현실ㅡ'내가 있는 곳과 우리의 조직이 있는 곳'ㅡ을 명확하게 보는 데 집중한다.

'내가 되고 싶은 곳'과 '내가 있는 곳' 사이의 격차는 프리츠가 '구조적' 긴장이라고 부르는 일종의 긴장감을 필연적으로 일으킨다(『학습하는 조직』에서는 '창조적 긴장'이라고 함). 긴장으로 인해 해결책이 강구되기 마련이다.

그것은 당신의 비전과 현실의 두 극 사이에 고무 밴드가 걸려 있는 것과 같다. 밴드가 늘어나고 정상적인 모양으로 되돌아가면 현실과 비전이 더 가까워진다. 이런 일은 전적으로 의식적으로 일어나지도, 전적으로 직관적으로 일어나지 않는다. 두 가지를 통합하는 과정이다. 비전과 현실을 함께 고려할 수 있는 능력을 길러줌으로써 그들 사이의 경로를 조정할 수 있다. 당신은 당신이 놓쳤을 수도 있는 기회에 대해 알게 된다. 당신은 같은 방향으로 움직이고 있는 다른 사람들과 친밀감을 형성한다. 당신은 더 냉혹하게 도전을 해보고 그들을 극복하는 더 좋은 방법을 발견한다.

비전

현실

개인적 숙련의 창조적 긴장은 이 그림의 고무 밴드 그림처럼 나타낼 수 있다. 비전을 다듬고 현실에 대해 알게 되면 둘 사이의 긴장은 더 강해진다. 원래의 상태로 돌아가고자 하는 고무 밴드처럼 시스템은 긴장을 해소하려고 한다. 비전을 높게 유지할 수 있어 긴장이 세게 유지되면 비전과 현실의 괴리가 위협적이거나 당혹스러워도 현실이 비전으로 다가갈 것이다.

이 모든 것을 강화하기 위해 개인적 숙련의 실천은, 가장 바람직한 결과를 창출하기 위해 의식적으로 노력하는 세 번째 단계를 포함한다. 이것을 '내가 취해야 할 행동은 여기 있다.'라고 말하지만 '내가 하는 선택은 여기 있다.'라고 말하는 것이 더 효과적이다. 당신의 비전의 정확한 세부 사항을 결코 깨닫지는 못하지만 비전을 갖고 있기 때문에 당신은 강력한 것을 깨닫게 된다. 특별한 비전을 가지고 특별한 결과를 얻는 사람들에 대한 이야기가 많이 있다. 결과가 원래의 의도와 다른 경우이다. 프리츠가 말했듯이 '비전이 무엇인가의 문제라기보다는 비전 그 자체가 있었기에 일어난 일이다.'

우리의 경험에서 비전이나 결과가 중요하다고 확신하는 사람들, 그 결과에 도달하기 위해 자신의 삶을 변화시켜야 한다는 것을 분명히 알 수 있는 사람, 그리고 그 결과를 위해 전념하는 사람들은 실제로 부담을 느낀다. 그들은 단지 의식적으로뿐만 아니라 무의식적으로도 더 많은 행동을 비전을 통해 변화시킴으로써 비전을 동화시킨다. 그들은 그들 자신과 세상을 더 인내하며 그들 주위에서 일어나고 있는 것에 더 세심한 주의를 기울인다. 이 모든 것은 열정과 에너지에 대한 지속적인 감각을 만들어주며 결과적으로 가시적인 결과를 만들어 에너지와 열정을 강하게 만든다. 그리고 그들이 이 사고방식을 실천함에 따라, 그들은 더 유능하다는 생각과 자신감을 가지게 되고, 그러한 긴장은 일생을 통해 그들을 이끌어간다.

오늘날 학교의 많은 사람에게 비전과 현실의 차이는 중요하며 해결하는 데 시간이 걸릴 것이다. 한편 긴장감은 익숙하지 않고 때로는 불편하다. 프리츠는 그것을 '정서적 긴장'이라고 했다. 열렬한 열망을 불러일으키기에는 스스로를 가치가 없거나 힘이 없다고 생각하는 것이다. 당신은 목표를 낮춤으로써 가장 쉽고, 가장 빠른 방법으로 격차를 줄이기 위해 이러한 감정을 줄이려고 할 수 있다. 진정한 열망을 추구하는 대신에, 당신은 당신이 원하는 것을 얻는 데 결코 성공하지 않을 것이기 때문에, 당신은 더 적은 것에 만족해야 한다고 스스로 확신한다. 또는 당신은 일이 정말로 나빠질 때까지 기다려야 하며 그러고 나서 자신의 비전을 향해 나아갈 것이라고 생각하게 된다. 또는 어떤 비용을 치루더라도 전력을 다해 모든 장애물에 대해 밀고 나가려고 결심한다. 이 대처 전략은 옳다고 느낄 수도 있지만, 당신을 그 어떤 지속가능한 방법으로 당신의 열망에 더 가까이 가지 못하게 한다.

정서적 긴장은 또한 제도 수준에서 지도자에게 영향을 미친다. 학교에 대한 완전한 비전('모든 어린이가 배우는 곳')을 지키는 대신, 더 현실적인 것처럼 보이는 더 약한 방식으로('동기부여된 어린이가 배울 수 있는 곳') 표현할 수도 있다. 최소한 당신과 동료는 실패할 위험이 없다. 또는 위기만이 변화를 자극할 수 있기 때문에 참을 수 없는 사정이 생길 때까지 기다리기로 결정할 수도 있다. 또는 직원, 학생 또는 본인이 부담해야 할 비용에 대해 고려하지 않고 목표를 더 크게 잡을 수도 있다.

그러면 어떻게 정서적인 긴장에 효과적으로 대처할 수 있을까? 그것을 부정함으로써가 아니라, 그것을 보다 분명히 인식하고 그것이 우리 현실의 일부인지 이해함으로써 가능하다. 이것은 여행 자체가 보상을 주듯이 지속적으로 학습한다는 기분으로 기꺼이 살아갈 때만 가능하다.

■ 아이들의 개인적 숙련 육성

아이들은 특히 정서적인 긴장감을 받아들여 비전을 낮춘다. 그들은 진정으로 원하는 것을 결코 가질 수 없다고 말하는 성인을 믿을지도 모른다. 그러나 그들은 또한 창조적인 긴장에 맞추어져 있다. 그들은 자신이 원하는 것을 성취하는 데 자신의 주의를 집중하는 법을 알고 있다. 그래서 부모나 학교는 아이가 개인적 숙련을 배우도록 돕는 것이 가장 큰 선물 중 하나이다.

실제로 자녀들을 돌볼 때, 당신은 알든 모르든 *언제나* 개인적인 숙련의 훈련을 하고 있는 것이다. 당신은 일상생활에서 아이들을 위한 개인적인 숙련의 코치가 된다.

이 코칭은 당신이 그들을 바라보는 방식에서 시작한다. 그들의 잠재력을 보고자 하는가? 그들의 한계, 가족 배경 또는 장애물에 상관없이 그들이 어떻게 열망을 성취할 수 있는지를 보는가? 개인적인 숙련의 예를 직접 설정할 수 있는가? 미래에 원하는 것을 꿈꾸는 것에 대한 성찰적 대화를 자신과 하고 있다는 것을 보여주고, 자신의 세계를 분명하게 바라보며 선택한 미래를 창조한다는 사명을 받아들일 수 있는가? 이것을 하는 성인을 보고 있는 아이들과 학생들은 스스로 그것을 하는 법을 배울 가능성이 더 크다.

∬ 299쪽 로버트 프리츠의 '구조적 긴장 가르치기' 참조

불행하게도 대부분의 학교에서는 이러한 예를 충분히 제공하지 않는다. 그들의 지도자들은 학교 비전을 위해 적극적으로 움직이기보다는 압력에 반사적으로 반응하는 경향이 있다. 학업성취도 격차에서부터 괴롭힘, 예산 위기, 폭력에 이르기까지 모든 새로운 문제에 즉각적으로 대응해야 한다. 미래에 학교가 필요로 하는 것에 대해 생각할 시간은 거의 없으며, 그 학교 내의 개인들이 원하는 것은 말할 것도 없다.

그럼에도 학교는 사람들이 비전에 대해 생각할 시간을 가질 수 있는 환경을 제공하고 가능한 한 진리에 대해 조직적으로 전념하게 하고, 다른 사람들(어린이 포함)이 원하는 것이 무엇인지 또는 어떻게 세상을 바라보아야 하는지에 관한 입장을 (명시적 또는 암시적으로) 보류함으로써 개인적 숙련의 원칙에서 핵심적 역할을 한다.

예를 들어 교사 평가를 위해 폭넓게 사용되는 Praxis 프레임워크의 저자인 샬롯 다니엘슨(Charlotte Danielson)은 관리자가 체크리스트와 같이 평가를 전적인 유죄 판결 프로세스로 전환시키는 어떠한 프레임워크도 사용해서는 안 된다고 주장한다. 즉, 교사는 교사 자신의 열망과 분리된 목표에 대한 평가를 피해야 하는데, 관리자의 일은 기본적으로 엄격한 미리 결정된 기준을 충족시키지 못하는 사람들을 잡으려는 것이다.[4]

관리자는 감시 대신 선생님과 함께 비전, 현실 및 선택에 관해 이야기하기 위해 시간을 사용해야 한다. "이 수업에서 무엇을 하려고 했습니까? 수업을 어떻게 좋아하셨습니까? 어떻게 된 거지요? 다음번에 더 나아지기 위해 취할

조치는 무엇입니까?" 그러면 관리자는 한 단계 더 나아갈 수 있다. "우리가 함께해야 할 행동은 무엇입니까? 선생님 자신의 열망에 더 잘 다가 갈 수 있도록 어떻게 당신에게 제가 도움이 될 수 있습니까?"

그러면 이 접근법은 보다 광범위한, 심지어는 지역 전체 차원에서 다양한 의사 결정으로 전파되게 된다. 어떤 개발 과정이 제공됩니까? 어떤 회의가 각광을 받습니까? 일부 지역에서는 교사들이 다른 사람들로부터 직접 배우는 교수－멘토십 프로그램에 투자함으로써 이러한 의사소통을 만들어간다. 다른 지역에서는 교사들이 확인한 열망과 관련된 독서와 함께 책 읽는 모임을 구성했다. 그리고 다른 사람들은 의미 있는 대화를 중심으로 감독 과정을 재구성하므로 감독 대상을 기본적으로 판단 대상으로 보지 않는다. 대신에 원하는 미래를 창출할 수 있는 또 하나의 기회로 간주된다.

▮▪ 개인 비전 산출하기

이 훈련은 비공식적으로 시작된다. 당신의 열망(인생의 모든 면에서 창조하고 싶은 것들)에 관한 몇 가지 진술을 적어본다. 아무도 그것을 아직 볼 필요가 없다. 대답할 수 있는 '적절한' 방법은 없으며 달성했다거나 실패했다는 것을 측정할 방법은 없다. 장난기, 독창성 그리고 씩씩함은 모두 당신의 열망을 파악하는 데 도움이 된다. 당신 자신이 과거 어린이였을 때, "나는 자라면서 무엇을 하며 무엇을 하고 싶나?"라고 물었던 것을 생각해보라.

개인적으로 편안하게 앉을 수 있는 장소, 편안한 가구와 눈부신 조명 또는 기타 시각적 산만함이 없는 조용하고 편안한 공간을 택한다. 비교적 번거롭지 않은 시간에 최소한 한 시간씩 이 훈련을 위한 시간을 확보한다. 방문객을 맞이하지 않고 전화와 컴퓨터를 꺼놓는다.

1. 비전을 분명히 하기 위한 1라운드

목적 : 개인적인 비전을 정한다. 인생에서 가장 원하는 결과와 어떤 사람이 되고 싶은지, 교육자, 학부모, 학생 또는 누구에게나 이 훈련은 교사와 학습자로서 추구하는 목적과 바라는 바에 대한 열망을 불러일으킬 것이다.

자신의 마음을 성찰한다고 생각하고 시작한다. 심호흡을 하면서 숨을 내쉴 때 긴장을 풀어 편안하게 집중한다. 도움이 된다면, 의미 있는 이미지나 기억 - 자연 속에서 가장 좋아하는 장소, 소중한 사람과의 만남, 동물의 이미지 또는 어떤 특별한 일이 일어나고 있다고 느끼는 순간 - 을 회상하며 시작한다. 잠시 눈을 감고 그 이미지에 머문다. 그리고 눈을 뜨고 다음과 같이 한다.

당신의 삶에서 당신이 진지하게 원하는 결과를 얻는다고 상상한다. 이 연습을 위해 지금 당장 어떻게 해야 하는지 모를지라도 원하는 결과를 얻을 수 있다고 가정한다. 교육, 학교 또는 아이들과 직접적으로 관련이 없어도 된다. 배우고 싶은 것을 배우거나, 만족스럽지 못한 관계를 개선하거나, 자신이 소중하게 생각하는 것을 얻기도 한다. 또는 교실, 학교 또는 지역사회와 직접 관련된 것일 수도 있다.

이러한 결과가 당신의 삶에 충분히 나타난다고 상상한다. 현재 일어나고 있는 것처럼 현재 시제를 사용하여 상상한 경험을 그리거나 글로 기술한다.

☐ 그것은 어떻게 생겼는가?

☐ 그것이 어떻게 느껴지는가?

☐ 그것을 묘사할 때 어떤 단어를 사용하는가?

이 질문에 대한 당신의 답변은 부분적으로 학교라는 복잡계 내에서의 당신의 역할에 달려 있다. 학부모라면 자녀가 우등으로 졸업하거나, 좋은 사람이 되거나, 단순히 올해 읽기를 배우기를 원한다. 교사라면 지적 능력뿐만 아니라 운동, 음악, 예술 및 사회생활 방법 또는 학습의 즐거움을 경험하는 수업을 하는 훌륭한 교육과정을 만들고 싶을 수도 있다. 교육장은 최고의 교육구가 되기 위해 노력할 수도 있으며, 단순히 주 정부의 명령에 부합하는 것만 할 수도 있다. 당신이 지역사회의 일원이라면, 부동산 가격이 계속 오르도록 새로운 학부모들을 끌어들이는 것에 관심을 가질 수 있다. 그리고 학생은 당장 읽기를 배우길 원한다든지, 높은 보드에서 뛰어 내리고, 물건을 만들고, 음악을 연주하고, 친구를 사귀고, 아니면 단순히 자기 자신이 되는 것을 배우고 싶어 하는 등 자신이 배우고 싶은 것을 학습하고자 한다.[5]

그래서 적절하다고 생각하는 방식으로 그 질문에 대답한다. 그런 다음 잠시 멈춰서 대답을 다시 생각해본다. 당신이 실제로 원하는 것과 충분히 가까운 비전을 분명히 밝혔는가?

아마도 당신은 이 일을 하기가 어렵다는 것을 알았을 것이다. 정서적 긴장은 여러 형태로 나타날 수 있다. 당신의 비전이 충분히 실용적이지 않다고 걱정했을 것이다. 그것이 성취할 수 없다는 것, 다른 사람들(학부모, 관리자, 배우자)이 당신에게 원하는 것과 적합하지 않다는 것. 비전이 격변으로 이어질지 걱정할 수도 있다. 이 훈련을 마치고 삼림 감시원이 되기를 그만둔 교사처럼 될까 봐 우려할 수 있다. 또는 교사로 돌아가고 싶다는 사실을 깨달은 관리자처럼 임금 삭감을 감수하고 교실로 돌아온다.

이러한 모든 것들이 의미가 있을 수 있지만, 적어도 당신이 가장 간절히 원하는 것이 무엇인지를 더 분명히 분별할 수 있을 때까지 판단을 중지한다. 이것은 다른 사람이 모르게 당신의 비전을 분명히 하고자 하는 것이다. 이 훈련은 당신으로 하여금 뭔가를 완전히 이루도록 하는 것이 아니라 단지 인식을 증가시킬 수 있다. 그럼에도 불구하고, 이 훈련에서 당신 자신의 한계를 설정하는 것이 좋다. 뭔가 불안정한 주제를 중심에 두지 않는다. 동시에 당신이 어떤 것에 대해 불안해한다면 그 자체가 뭔가 배울 수 있는 단서가 될 수 있다. 나중에 당신은 재량껏 그 주제로 되돌아올 수 있다.

2. 맥락을 추가하고 넓히기

개인적 비전의 한 요소를 분명하게 하였다면 이제 다른 내용을 거기에 추가한다. 현재의 시제를 사용하여 원하는 미래가 이미 지나간 것처럼 다음 질문에 대한 답을 작성한다. (그럼으로써 쉽게 상상할 수 있다.)

- ❐ 당신의 이상적인 미래에, 당신은 당신이 되고 싶은 사람과 똑같다. 당신의 품성은 무엇인가?
- ❐ 당신은 어떤 자료들을 가지고 있는가? 당신의 이상적인 주거 환경을 기술한다.
- ❐ 건강, 운동, 스포츠 등 신체와 관련하여 무엇을 달성했는가?
- ❐ 친구, 가족, 연인 등 다른 사람들과 어떤 관계를 맺었는가?
- ❐ 이상적인 직업과 소명은 무엇인가? 가르치고 있다면 어떤 환경에서 가르치고 있는가? 그렇지 않다면 당신은 무엇을 하고 있으며 어디에 있는가?

❑ 선생님께 : 가장 원하는 미래에 어떤 선생님이 되어 있는가? 당신의 학생들은 당신을 어떻게 보는가? 당신의 노력은 어떤 영향을 미치고 있는가? 당신의 직업, 학생, 교육과정에 대한 당신의 개인적 목표는 무엇인가? 다른 선생님들 그리고 관리자들과 어떻게 상호작용하는가?

❑ 학부모님들께 : 당신의 이상적인 미래에, 어떻게 자녀가 자신 또는 당신의 열망을 깨닫게 되었는가? 언제 당신은 자녀를 학교에 보내고, 그곳에서 그들은 어떤 경험을 하는가? 부모로서 당신의 역할은 무엇인가? 당신은 아이들에게 훌륭하게 뭔가를 제공하는가? 행동 모델인가? 적극적으로 모니터링하고 멘토링하고 숙제를 돕고 있는가? 아니면 그러한 것들과 다른 역할을 하는가? 자녀가 나이가 들어감에 따라 양육 방식이 어떻게 변하는가? 자녀들이 자라면서 어떤 변화를 보게 되는가?

❑ 관리자들에게 : 가장 바람직한 미래에 선생님들과 어떻게 상호작용하는가? 다른 선생님들을 어떻게 감독하는가? 당신이 참여하고 있는 교육과정은 무엇이며 어떤 특질을 가지고 있는가? 당신이 창조한 학교의 분위기, 느낌, 환경, 구조는 무엇인가? 당신은 어떤 종류의 지도자이며, 어떤 종류의 지도자들과 일하고 있는가?

❑ 학생들에게 : 이제 무엇을 할 수 있는가? 무엇을 배우고 있는가? 어떻게 인정받고 있는가? 어디로 가고 있는가? 어떤 종류의 사람들과 함께하고 있는가? 너는 무엇이 되고 있는가?

❑ 모두에게 : 개인 학습, 여행, 독서 또는 다른 활동의 장에서 당신을 위해 무엇을 창조하고 있는가? 어떤 종류의 지역사회에 살고 있고 어떤 모임에 나가고 있는가? 당신의 인생의 다른 모든 분야에서, 다른 그 무엇이 가장 바람직한 성취 결과를 나타내는가?

3. 비전 다듬기

당신의 마음은 다른 사람들과 마찬가지로 이타심과 이기심이 혼합되어 있다. 사람들은 때때로 '다이아몬드로 치장하고 싶거나 고급 스포츠카를 소유하고 싶은 것이 합당한가?'라고 묻는다. 이것이 정말로 당신이 원하는 것들이면 그렇다. 그러나 당신이 정말로 그걸 원하는지 아니면 그러한 것들이 다른 어떤 더 심오한 욕망을 드러내는 것인지 스스로에게 물어볼 필요가 있다. 이 훈련의 목적 중 일부는 더 깊이 탐구하는 것이다. 이 비전들의 어느 면이 당신의 일차적이고 가장 큰 욕망에 제일 가까운가?

개인적인 비전을 구성하는 요소들의 목록을 내려놓고 각 항목에 대해 다음과 같은 두 가지 질문을 자신에게 해본다.

❏ 첫째, 지금 가질 수 있다면 실제로 가지겠는지?

과거 당신 비전의 일부 요소가 이 질문에 답을 하지 않았을 수도 있다. 다른 요소들은 조건부로 테스트를 통과했을 수도 있다. "예, 원하는 것입니다. 하지만 ~" 또 다른 요소들은 당신이 실제로 그렇게 하고 싶다는 사실을 깨닫게 될 것이다.

예를 들어 교사 또는 학부모인 경우 자신의 학교를 소유하고 싶다고 쓸 수도 있다. 그러나 누군가가 실제로 당신에게 그것을 관리하는 모든 책임과 함께 학교를 준다면, 당신의 삶이 더 나빠질 수 있다. 학교에 대한 책임이 있다고 생각한 후에도 여전히 학교를 받을 것인가? 아니면 당신이 원하는 바를 수정하겠는가? "편안한 행정적 지원을 받는 조직 안에서 나는 새로운 형식의 교수행위와 학습을 시도할 수 있는 기회를 원한다."라고. 그러면 당신은 자신의 학교가 필요하지 않을 수도 있다.

❑ 다음으로 지금 비전이 있다고 가정한다. 그것은 당신에게 무엇을 가져
　　다줄까?

이 질문은 당신의 비전에 대한 보다 풍부한 이미지를 보여주므로 그 근본
적인 함의를 보다 분명하게 볼 수 있다. 예를 들어 스포츠카를 원한다고 적어
두었을 수도 있다. 왜 그걸 원하나? 그것으로 인해 당신이 창조할 수 있는 것
은 무엇인가? "자유롭게 한다는 의미에서 나는 그것을 원한다."라고 말할 수
도 있다. "그런데 당신은 왜 자유로움을 원하는가?"

요점은 이렇게 당신의 비전을 헐뜯고자 하는 것이 아니다. 스포츠카를 원
하는 것도 좋다. 하지만 더 넓히는 것이 좋다. 자유의 의미가 당신에게 정말
로 중요하다면 어떻게 그것을 다르게 창조할 수 있는가? 그리고 만약 당신에
게 뭔가 다른 것을 가져다줄 수 있기 때문에 자유의 의미가 중요하다면 그 깊
은 동기는 무엇인가?

반추해보면 건강한 체격(자녀와 함께 밖에 나가거나 새로운 스포츠를 배
울 수 있는 자유)에서 비롯되는 자유와 같은 다른 형태의 자유가 필요하다는
것을 알 수 있다. 그런 후에 당신은 왜 균형 잡힌 몸매를 원하는가? 테니스를
더 잘하려고? 다른 사람들이 감탄하는 것을 보려고? 아니면 그냥 그 자체를
원해서? 이러한 것들이 당신이 말하는 이유라면, 그 모든 이유가 타당하다.

당신의 개인적인 비전의 모든 면을 고려하는 것은 시간이 걸린다. 그것은
모든 껍질이 가치가 있다는 것을 제외하고는 양파 껍질을 벗겨내는 것과 같은
느낌이다. 각 면을 벗겨내면서 다시 묻는다. 내가 가질 수 있다면 가져가겠는

가? 그리고 만약 내가 그것을 가진다면, 그것이 나에게 무엇을 가져다줄까?

이 연습은 신뢰할 수 있는 파트너 또는 코치와 함께 할 때 매우 효과적일 수 있다. 순서대로 돌아가면서, 각각은 질문을 통해 다른 하나를 이끌며 부드럽게 각자의 이해를 돕는다. "당신은 가질 수 있다면 그것을 갖겠는가? 그것이 당신에게 무엇을 가져다주는가?" 우리는 이 연습이 사람들로 하여금 상호 존중감과 친밀감을 느낄 수 있게 하는 경향이 있음을 발견했다. 그것은 아마도 다른 사람의 가장 깊은 소원을 듣는 데서 필연적으로 얻어지는 것이다.[6]

▎▎ 현실을 마주보기

개인적 숙련 규율은 비전이 만들어졌다고 그만두지 않는다. 현실을 면밀히 그리고 분명하게 바라보는 것은 쉽지 않은 일이며 다양한 방법으로 시작한다.

현실은 당신의 모든 면을 포함하지만 이 책의 독자로서 당신은 특히 현실의 다음과 같은 측면을 고려하기를 원할 것이다. 지역사회의 상태, 학교의 조건, 교실 환경, 이러한 시스템에서 이루어지는 학습의 질, 관련된 어린이들의 인구 통계 및 가족 상황, 지금 일어나고 있는 조직 변화의 수준, 관련된 사람들이 직면한 도전(또는 저항)과 변화의 질, 실패하거나 탈락하는 아이들의 수와 그들이 왜 실패하는 것으로 보이는지 관찰 가능한 이유, 이용 가능한 자원, 당신이 느끼는 단절이나 관계, 당신이나 다른 사람들을 겨냥한 떠도는 비난의 양, 교사, 학부모, 학생 또는 지역사회 구성원으로서 자신의 능력과 관심사, 지역사회가 학교에 보여준 지원.[7]

■ 선택의 과정*

개인적인 숙련 규율은 우리에게 선택을 요구한다. 당신이 지지하게 될 결과와 행동을 선택하는 것은 중요한 작업이다. 또한 정직하게 그리고 본격적인 개인 숙련 노력의 일환으로 선택하면, 그 이후의 행동에 영감을 불어넣고 강화하는 경향이 있다.

당신은 공식적인 '선택' 연습이 필요하지 않다. 어떤 의식이나 절차든 간에 최선을 다해 선택을 하라. 당신은 그룹, 다른 사람 또는 단순히 자신을 보고 선택할 수 있다. 비전의 요소를 기록한 메모를 보고 선택하는 것만큼 간단할 수 있다. "나는 ~을 선택한다."라고 공식적으로 자신에게 간단히 말하고 문장을 완성한다. 그렇게 선택을 하면 비전이 어디서나 당신을 이끌게 될 당신의 일부가 된다.

비전 자체가 정확히 동일할 때조차도 선택을 하는 것은 "나는 ~을 원한다."라고 말하는 것보다 훨씬 강력하다. 결혼, 자녀를 낳기 위한 결정, 새로운 직업 또는 개인적인 비전의 선택 등 삶을 변화시키는 선택은 뭔가를 소중히 지키려는 의식을 불러일으킨다. 당신은 당신이 선택한 비전의 종이 된다. 비전이 삶이 되게 만드는 과정에서 당신을 파트너가 되게 한다.

의식적으로 선택을 하면 모든 단계에서 당신이 맞닥뜨리는 기회들에 더욱 주의를 기울이게 된다. 당신은 위험을 더 기꺼이 감수하고 그 위험에 대해 더 분명하게 판단한다. 그리고 당신은 당신의 비전에 더 가까워지려고 한다.

당신이 선택한 비전에 더 가까워짐에 따라, 개인으로서나 학교, 지역사회 또는 자신보다 더 큰 조직에서, 개인적 숙련의 실천은 계속해서 당신의 기준

---

* 역자 주 선택은 포기의 개념도 포함하고 있음을 유념해야 한다.

을 더욱 높게 설정하게 한다. 계속해서 비전을 확대하고 심화시키며 자신에게 더욱더 도전한다.

3. 공유 비전

■ 공통 목적에 헌신하려는 분위기 조성하기

9월 개학날이었다. 유치원생의 부모님들이 자녀를 데리고 어느 문으로 들어갈까 머뭇거린다. 노련한 고등학생들은 새 옷이나 여름 일자리로 구입한 차를 자랑하고 있다. 새내기 선생님은 초조하게 수업 계획을 점검한다. 숙련된 관리자는 "2년이 지나면 은퇴할 수 있다."라는 생각을 한다.

이번 가을에는 3명의 새로운 학교 운영위원이 왔다. 한 사람은 신뢰할 수 있는 지역사회 대표이고, 또 한 사람은 주로 전문직인 학부모에 의해 선출되었고, 나머지 한 사람은 대부분 자녀들이 집을 떠난 지 오래 되고 이 지역에 장기간 살아온 주민을 대표하는 사람이다. 상공 회의소는 자녀를 위해 우선적으로 해야 할 일과 목표를 생각하는 수백 명의 부모가 학교를 내방하는 오픈 하우스를 후원할 준비를 하고 있다.

우리가 개인적 숙련의 규율에서 보았듯이, 이 모든 사람들은 각자 자신의 열망을 가지고 있다. 열망에 대해 생각해보라고 하면 열망이 있다고 할 것이고, 그들은 모두 자신의 방식으로 나타내 보일 것이다. 공유 비전의 규율은 이러한 서로 다른 목표와 진술을 모두 일치시키기 위한 일련의 도구와 기술이다. 그들은 이미 특정 학교 또는 학교 시스템과 연결되어 있다. 즉 하나의 중요한 요소를 공유하고 있다. 그러나 그들은 그들이 공유할 수 있는 다른 특성을 아직 모르고 있다. 그리고 비전 공유의 지침이 없으면 학교 시스템의 의사 결정권자는 압박감으로 편의주의적 습성으로 돌아가 그 누구도 원하는 것을 얻을 수 없게 된다.

공유 비전을 수립할 때, 당신은 함께 참여하는 데 필요한 중요한 가치, 그 길을 따라 우리가 달성하고자 하는 목표 그리고 우리가 채택할 것으로 기대되는 원칙과 지침에 따라 '우리가 함께 창조하고자 하는 미래'라는 이미지를 개발하기 위한 그룹의 노력을 이끌어간다. 이것은 일반적으로 학교의 미래에 헌신하는 사람들이 함께 어떻게 나아갈 것인가를 논의하기 위해 정기적으로 만나는 공식적인 과정을 통해 이루어진다.[8]

공유된 모든 비전이 같은 것은 아니다. 학교 시스템이 목표로 하는 것에 대한 의미에 더 깊게 다가선 비전은 열망을 불러일으킬 수 있는 독특한 힘이 있다. 이러한 비전의 실질적인 목표는 학교의 사람들, 특히 어린이와 학생에 대한 헌신을 지속적으로 새롭게 하도록 사람들을 이끌어간다. 많은 교육자는 학습과 교수에 대한 강한 열정을 가지고 시작한다. 그러나 시간이 지남에 따라 그러한 헌신은 위축되기 마련이다. 헌신은 점차 현실에 대한 순응, 그저 훌륭한 게으름뱅이가 되는 것으로 대체된다. 급료 또는 보상을 위해 명령을 따르게 될 뿐이다. 순응 그 자체가 나쁘지는 않다. 조직은 단순히 자신의 직무 요구 사항을 따르는 많은 사람의 활동으로 유지된다. 그러나 위대하고 훌륭한 학교 시스템 또는 조직은 살아 있는 시스템이라는 것을 명심해야 한다. 그러한 학교의 활력과 에너지는 사람들이 공유 비전을 만들고자 하는 헌신과 이에 투자되는 사람들의 생각과 정서로 만들어진다.

'비전'이 전적으로 최고 지도자의 일이라고 생각할 수도 있다. 학교에서 '비전'을 만드는 것은 일반적으로 교육장, 교장 및 운영위원회의 일이다. 학급의 비전은 교사의 일일 것이다. 그러나 권위만으로 만들어진 비전은 지속 가능하지 않다. 물론 위기를 통해 학교나 학교 시스템을 운영하는 데 성공할 수 있다. "교육장은 우리 모두가 이 예산 위기를 극복하기 위해 함께하기를 바란다." 그러나 위기가 끝나면 사람들은 분열되고 각자의 꿈과 희망으로 돌아간다. 그들은 학교, 교실 및 지역사회가 어떻게 나아가야 할지에 대한 공유 비전을 창조함으로써 달성할 수 있는 것을 결코 알지 못한다.

수년간 지속되어 사람들을 행동, 학습, 성찰의 계속되는 순환으로 추동하는 힘과 진화의 생명력이 없으면 비전은 실제로 공유되지 않는다. 이어서 이는 커뮤니케이션 전략을 필요로 한다. 공유된 비전은 개인적인 접촉을 통해 전파되는 방식이 있다. 여러 커뮤니티를 연결하기 위해 학교 시스템은 비공식적인 네트워크에 의존한다. 사람들이 쉽고 자유롭게 이야기하는 커뮤니케이션 채널, 추렴 만찬(potluck suppers) 모임(한 접시씩 가져와서 먹는 저녁 회식 모임), 참여 이벤트 및 기타 비공식 모임 등. 이메일, Skype(세계 최대 인터넷 전화), 페이스북 또는 기타 온라인 소셜 네트워크도 이러한 공동 작업을 지원할 수 있다. 아직도 인터넷은 오늘날 어느 때보다 더 소중한 커뮤니케이션 도구이지만 지역사회 구성원으로서 우리가 실제로 관심을 갖는 것에 관해 이야기할 때 종종 사람을 직접 만날 필요가 있다.

∬ 311쪽의 '학급을 위한 비전 공유 과정' 또는 498쪽의 '학교를 위한 공유 비전' 참조

공유 비전은 학교 및 학교 시스템과 같은 조직 수준에서 종종 생각해볼 수 있다. 그러나 그러한 공유 비전들은 교실과 지역사회에서도 중요한 역할을 한다. 교실에서 공유하는 경험과 대화는 다른 학생이 실패할 경우에만 성공할 수 있는 제로섬 게임으로 성과를 보는 대신 모든 학생이 다른 모든 사람의 성공에 기여한다는 분위기를 조성한다. 서로가 도움이 된다는 비전은 우리

가 통상적으로 생각하는 '승자'를 포함하여 한 그룹의 학생들을 혼자서 할 수 있는 것보다 훨씬 더 많이 이룰 수 있게 한다. 마찬가지로 비전을 공유하기 위해 시간과 노력을 기울이는 지역사회는 학교와 다른 기관을 최대한 활용하고 앞으로 나아가는 것을 저해하는 불화와 기득권을 극복할 수 있는 준비가 되어 있다.

교실, 학교 및 지역사회와 같은 모든 사례에서 공유 비전은 개인적 숙련에서 비롯되는 창의적인 긴장감의 세 가지 요소, 즉 현실에 대한 명확한 인식, 원하는 결과에 대한 명확한 진술('우리가 함께 창조하고자 하는 것'), 어떻게 진행할지에 대한 집단적 선택을 결합하고자 할 때 가장 효과적이다.

■ 학교에서의 공유 비전 구축

공유 비전 전략은 단계적으로 발달해야 한다. 살아 있는 시스템에서 이루어지는 것이니만큼 모든 단계의 과정이 시스템의 모든 구성원, 즉 위계적 학교 시스템의 최상위 사람(생성적인 대화를 만들고 육성해야 함)과 나머지 참가자(이 사람들의 헌신에 따라 비전 실현이 달라짐)의 리더십 역량을 구축하는 데 도움을 주어야 한다.

첫 번째 단계는 객관적으로 출발점을 진단하는 것이다. 모든 학교 시스템은 비전 공유를 위한 다섯 가지 준비 상태 중 어느 하나에 해당한다. 다음 다이어그램에서는 발달 순서로 정렬되어 있다. 왼쪽으로 갈수록, 조직은 공유 비전이 당연히 어떠해야 한다고 모든 구성원에게 지시하는 강력한 리더에게 의존한다. 오른쪽으로 갈수록 더 많은 리더십과 방향을 설정하거나 학습하는 역량이 있는 조직이다. 함께하는 창조가 이루어지는 협력과 능동적인 참여가 가장 많은 상태에서는 교육장이나 교장이 정답을 적게 제시할수록 옹골찬 실행을 만들어가게 된다.[9]

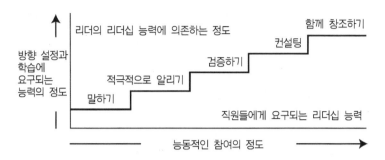

방향 설정과 학습에 요구되는 능력의 정도

리더의 리더십 능력에 의존하는 정도

함께 창조하기

컨설팅

검증하기

적극적으로 알리기

말하기

직원들에게 요구되는 리더십 능력

능동적인 참여의 정도

1단계 : '말하기'

교육은 다음과 같이 많은 것들이 '말하기'로부터 시작하고 이루어진다. 질문할 수 없게 만드는 숙제, 일정에 얽매인 규칙과 의견을 반영할 기회가 주어지지 않은 규율, 일련의 지시로 학습을 전락시키는 감당할 수 없이 들이대는 루브릭들. "추가 학점을 얻고자한다면 12, 13 그리고 14번 질문을 완성하시오." 교사 또한 같은 것을 요구받는다. "강의 계획서에 1장부터 30장까지 다루시오." 간단히 말해서, 지시가 명확하고 그 지시를 반드시 따라야 하는 권위적으로 이루어지는 상호작용이다.

일상적인 학교 상황에서 위기가 왔을 때 종종 '말하기'가 진행되기 마련이고, 이 경우 모든 사람들은 극적인 변화가 필요하다고 인식한다. 안전이 문제가 되면 교장이 명령을 내릴 것이라고 기대하고 선생님과 학생은 다른 기대를 하지 않는다. 그들이 다른 기대를 할 것이라고 생각하지 말아야 한다. 당신이 교장이라면, 안전을 위한 비전을 가장 효과적으로 설정하기 위해 직원회의를 소집하여 다음과 같이 말할 것이다. "권한이 없는 사람들이 건물에 입장하는 데 문제가 있어요. 우리는 더 많은 문을 잠그고 있어야 하며, 바깥쪽을 늘 살펴보아야 합니다. 적소에 이름표를 비치하고자 합니다. 이것은 우리에게 중요한 변화이지만 피할 수는 없습니다. 모두가 참여해야 합니다."

　어떤 학교 시스템은 상황에 관계없이 '말하기' 접근에만 반응한다. 교육장 (또는 교장)은 그렇게 오랜 기간 동안 그러한 방식을 그렇게도 완벽하게 설정 하여 조직의 질문 의지와 능력이 완전히 위축된 것이다.

　그러한 경우 지도자는 '비전' 회의를 개최하고 교육과정 변경 또는 기타 정 책에 대한 실행 과정을 마련하고 그에 대한 근거를 제시할 수 있다. 그 또는 그녀는 토론이나 다른 견해를 요구할 수도 있지만, 리더의 견해가 만연할 것 이라고 모든 사람이 알고 있다면 의미가 없다. 외부인에게, 결과로 나온 비전 은 현재의 모든 사람들이 비준한 것으로 보일 수 있다. 그러나 교육장이 그러 하듯이 최선을 다할 사람은 거의 없을 것이다. 압박이 가해지면 사람들은 방 해하거나 더 악화되면 수동적이지만 공격적으로 비전을 훼손한다. 그러면 교육장은 "다시 한번 이 지역의 사람들이 불평하는 데 모든 시간을 소비한다 는 것이 증명되었다. 그들은 무책임한 것이 분명하다. 나는 지금부터 우리가 해야 할 일을 그들에게 말해야 할 것이다."라는 말을 듣게 된다. 한편 부하 직 원들은 "이제 이 학교 시스템은 미래의 방향에 대한 우리의 의견에 관심이 없 음이 분명하다."라고 말한다.

　그럼에도 '말하기'에 의한 비전은 효과적으로 실행될 때 비전이 없는 것보 다 여전히 낫다. 우리는 교육장으로부터 온, 명확하고 솔직한 비전과 현실의 의미를 긍정적으로 묘사한 하향식 메시지를 보아왔다. 마찬가지로 교실에서 학생들이 교사에게 따라야 할 일련의 구체적인 과제와 함께 학습을 위한 명 확한 지침을 제시하기를 원하거나 필요로 하는 경우가 있다.

　말하기 방법을 마스터하기 위한 몇 가지 팁이 있다. 사람들에게 직접, 명확 하고 일관되게 알린다. 당신이 해야 할 말을 구체화하라. 듣기 어려울지라도 현실에 대해 진실을 말하라. 그런 식으로 당신은 창조적 긴장으로부터 오는 '끌어당기기'를 생성할 수 있다. 같은 이유로 긍정적 비전에 대한 당신의 메시지를 작성하는 데 유의하라. "우리의 비전은 나쁜 시험 점수가 나오지 않도록 하는 것이다."라고 말하는 대신 "우리의 비전은 모든 사람들이 볼 수 있게 모든 학생들이 진정한 학습의 문턱을 뛰어 넘는 방법을 찾는 것이다." '절망에 의한 비전'과 '열망에 의한 비전'은 매우 큰 차이가 있다. 마지막으로 비전을 너무 자세하게 작성하지 말라. 실천에 옮기는 것이 사람들이 비전을 자기 자신의 것으로 만들어야 하는 유일한 기회일 수 있기 때문이다. 세부 사항은 그들 스스로 만들어가야 한다.

∬ 102쪽의 '개인적 숙련' 참조

그러나 소통이 원활히 되고 실행이 되기 위해서는 '말하기' 전략만으로는 한계가 있다. 연구에 의하면 말로 소통하는 경우 사람들은 메시지의 약 25%만 기억한다고 한다. 수업을 할 때 그 비율은 더 낮아질 수 있다. 그리고 각 개인이 기억한 25%는 서로 다를 수 있다. 나아가 그저 '듣기만' 한 비전이라면 단순히 최소한만 따르고 할 뿐이지 그 비전에 전념하려고 하는 사람은 거의 없다. 말하기만 하는 지도자는 소통이 잘 안 되는 것으로 인해 결국 좌절하기 마련이다. "우리의 방향에 대해 분명히 말했지만 사람들은 여전히 받아들이지 않는 것 같다."

또한 '말하기' 전략은 사람들에게 더 많은 말을 기대하게 만들고 그러한 말들에 따라 행동하도록 길들인다. 교사들에게 어떤 의견이나 새로운 생각을 물어보면 불만을 제기하는데 이는 과거에 자신들의 의견이나 생각이 어떤 변화도 가져오지 않았다는 것을 경험했기 때문이다. 마찬가지로 학생들도 점수를 얻는 데 필요한 최소한만 하는 것이 편하다는 것을 배우게 된다. 구성원들은 자신의 생각을 말하는 것이 부질없다는 것을 알게 되고 다른 곳에 생각과 시간과 에너지를 쓰게 된다. 하고많은 것 중에 '말하기'만으로 비전을 설정하는 학교 시스템은 일반적으로 지도자가 아직 다른 일을 할 수 있는 능력이 없기 때문에 그런 경우가 많다. 비전을 수동적으로 받아들이는 사람들도 능력이 개발될 수 없다. 사람들을 조금이라도 더 참여시키기 위해서는 권위주의에서 벗어나 '적극적으로 알리기'로 나아가야 한다.

2단계 : '적극적으로 알리기'

이 단계에서 지도자는 가능한 한 많은 언질을 하면서 사람들로 하여금 새로운 무언가를 하도록 하기 위하여 노력한다. 교실에서는 교사가 어떤 목적을 위해 학생들을 참여시키려고 '적극적으로 알리기'를 사용하여 설득하는 경우가 종종 있다. "AP 수학을 정말로 하고 싶다면 이런 유형의 미적분을 배워야 한다." 또는 "이번 여름의 독서 목록은 6학년에 올라갈 때 정말 도움이 된다."

적극적으로 알리기는 단순한 순종 이상의 것을 원하는 것이기 때문에 지도자가 권위주의적 체제를 도입하는 데 매우 유용한 입장이다. 시스템은 책임을 져야 한다. 예를 들어 교장은 교사에게 "새로운 것을 시도해보십시오. 그것이 유용하다는 것을 아시게 될 것입니다. 쉬는 시간에 복도에 서서 걸어다니는 어린이들에게 인사해야 합니다."라고 말하는 경우가 있다. 교장은 계속해서 "계약상 선생님을 복도에 계시라고 명령할 수는 없습니다. 그러나 나는 아이들이 교사가 교실 문 근처에 서 있는 것을 보면 복도에서의 규율과 안전 문제는 줄어든다는 것을 알게 되었습니다. 복도에서 발생하는 사고로 인하여 어려움을 겪고 있지 않습니까? 사고가 발생하여 혼란에 빠지기 쉽습니다. 이 방법이 효과적입니다. 일단 해보시면 동의할 것이라고 봅니다." 잘 다듬어지면 이러한 주장은 효과를 보게 된다. 참여하지 않았을 사람들도 끌어들일 수 있다.

적극적으로 알리기를 제대로 하려면 반응을 알기 위해 대화를 유지해야 한다. 운영위원회에서 당신이 말한 것을 다시 확인해보면 얼마나 많은 사람이 따르고 있는지 알 수 있다. 적극적으로 알리기가 잘 실행된다는 것은 사람을 조정한다는 의미가 아니다. 사람들에게 어떤 비전을 따르도록 선택할 수 있는 기회를 제공하는 것이다. 사람들은 비전이 자신들에게 유익하다고 생각하면 신념에 반대되더라도 참여하는 경향이 있다. 결국, 지도자는 사람들이 공감하는 신념의 변화를 이끌어낸다.

당신이 리더라면 이 비전을 적극적으로 알릴 수 있는 능력은 당신이 마음을 움직이고자 하는 사람들과의 관계에 달려 있다. 암묵적으로 적극적으로 알리는 행위는 당신이 그들과의 관계를 소중히 여기며 그들이 정말로 원하지 않는 일을 강요하지 않을 것이라는 것을 말해준다. 그렇지 않다면 적극적으로 알리는 일은 어려울 것이다. 메시지를 분명하게 유지할 수 있는 쉬운 방법 중 하나는 지나치게 '우리'라는 말을 사용하는 대신에("이것은 우리가 하나의 학교 시스템으로 만든 비전") 일인칭 단수를 고수하는 것이다("이것은 학교를 위해 내가 제시하고자 하는 비전입니다."). 왜 이러한 변화가 당신에게 개인적으로 중요한지, 모든 사람들에게 어떤 특별한 가치가 있다고 생각하는지, 왜 모든 사람들이 그 변화에 헌신하기를 희망하는지에 대해 이야기하라.

적극적으로 알리기는 리더가 강력히 설득하는 과정일 수 있지만 한계 또한 있다. 많은 경우 그 설득을 당하는 사람인 운영자, 교사, 학생 또는 다른 사람들은 그들이 보상을 받을지(또는 적어도 처벌받지 않을지)를 알고 싶어 한다. 고분고분하게 "예" 하는 것은 종종 모든 사람들이 안전을 보장받기 위한 최선의 과정인 것처럼 보인다. "나는 그렇게 할 수 있다."라고 사람들이 말한다. "나는 그것을 시도해보겠다." 사람들이 하겠다고 한 것을 믿고 싶다면 "네"라는 말을 받아들이지만 썩 내키지는 않는다. 이 비전을 실현하기 위해 그 이상의 헌신이 필요하다면, 아마도 공유 비전 경로의 다음 단계인 '검증하기'로 이동해야 한다.

3단계 : '검증하기'

이 단계에서 지도자는 단지 사람들이 비전을 지지할지를 알아보기 위해서가 아니라 얼마나 그들이 열정적으로 찬성하고 그 비전의 어떤 면이 그들에게 관계가 있는지를 알아보기 위해 비전을 펼쳐본다. 그러한 결과를 다음 단계를 구체화하고 재설계하는 데 사용한다. 검증(test) 과정 자체가 반응을 북돋을 수 있다. 견해가 무엇이냐고 질문을 받게 되면 사람들은 제안된 비전에 대해 더 생각하고 토론하지 않을 수 없게 된다. 그러나 검증받은ㅇ 질문은 진지해야 한다. 묻는 행위는 응답에 주의를 기울이고 있다는 것이다. 아무런 지지도 받지 못하는 공유 비전은 암암리에 고쳐지고 재고되기 마련이다.

학급의 숙련된 교사는 관심을 유발하기 위해 이러한 유형의 검증하는 질문을 사용하는 방법을 알고 있다. "우리는 이번 달에 미국 지리를 살펴 있습니다."라고 교사는 말할 수 있다. "일반적으로 각 주별로 공부합니다. 올해 우리는 지역과 강 유역에 초점을 맞추어 살펴보면 어떨까 하고 생각했습니다. 어떻게 생각합니까 - 그리고 왜 그렇게 생각합니까?"

마찬가지로 교육과정 부교육장은 "우리는 5학년 지리 교육과정을 바꾸고 싶습니다. 여기에 제안된 교과서 3권과 각각에 대한 샘플 수업 계획이 있습니다. 어느 것이 제일 좋습니까? 그 이유는 무엇입니까?" 또는 학교 운영위원이 지역사회 사람들에게 "이러한 모금 방법 중 어떤 것이 가장 효과적이라고 생각합니까?"라고 물을지 모른다. 더 많은 사람이 제시된 선택지에 대한 의견만 특별히 요구받았을 뿐 다른 제안을 요청받은 것은 아님에 유의하라. 그러나 검증 과정에서 다른 아이디어가 나오면 리더가 주의를 기울일 것이라는 암묵적인 전제가 있는 것이다.

응답의 질을 향상시키려면 최대한 많은 정보를 제공하라. 모든 파급 효과 특히 당신이 보기에 모든 어려움이 나와 있는 옵션을 제시하라. 검증을 투명하고 편향되지 않게 하라. 옵션 A를 선택하고 그것이 자신들의 견해라고 생각하도록 설정하지 말라. 그들은 그것을 통해 세상을 볼 것이고 당신은 그들이 무엇을 생각하는지 알게 되는 기회를 잃어버릴 것이다. 같은 이유로 사람들의 사생활을 보호하라. 익명으로 답변할 수 있도록 검증 방법을 설계하거나 적어도 부정적 답변에 개의치 않도록 하라. 당신은 검증 과정에서, 예기치 않은 응답을 듣는 것, 또는 전에 등장한 적이 없는 문제들에 주의한다는 것을 거의 다 보장할 수 있다. 이러한 것은 당신이 앞으로 나아가기 위한 매우 가치 있는 것들이다.

교사, 학생 및 직원 모두가 당신이 제공하는 선택지가 다루지 않은 광범위한 아이디어와 우려를 가지고 있음을 발견하면 진행하는 검증과정이 한계가 있다는 것을 알게 된다. 이를 보완하기 위해 검증 과정 자체에 대한 질문을 추가할 수 있다. "이러한 질문에 대해 어떻게 느끼십니까?" 사람들이 더 깊이 자신의 의견에 대해 얘기하기 위해 이러한 질문을 사용하기 시작하면, 더 이상 검증하기 단계에 머무르지 않아도 된다. 학교 시스템은 컨설팅의 단계로 나아간다.

4단계 : '컨설팅'

컨설팅은 모든 답을 가질 수 없다는 것을 아는 교육자 및 학교 시스템 리더가 선호하는 단계이다. 이러한 리더들은 이 단계에서 교실, 학교 또는 지역사회 구성원을 시스템 컨설턴트로 초대한다.

여기서 일련의 옵션에 대한 피드백을 요구하는 대신 확산적 사고를 할 수 있는 질문을 던진다. 수업에서는 "우리는 이번 달에 아시아를 배울 것입니다. 어느 나라에 집중해야 한다고 생각하십니까?", 학교 시스템에서는 "새로운 안전 시책을 제안하고자 합니다. 올바른 5단계가 무엇이라고 생각하십니까? 모두들 제안을 해주면 시책을 고안하겠습니다."

학교 시스템의 교직원을 넘어 학부모, 학생, 지역사회 구성원 그리고 인터넷을 통해 전반적으로 조사하는 사람들을 확대할 수 있다. 그러나 조절하여 학교 시스템의 리더(또는 교실의 교사)가 최종 결정을 내린다.

컨설팅 모드를 마스터하기 위해서는 자연스럽게 일하는 관계를 맺는 팀으로서 이상적인 규모의 10~15명의 팀(비슷한 학년의 교사 또는 정기적으로 함께 일하는 사람들)을 모은다. 대규모 시스템에서 사람들의 팀은 다른 사람들을 탐구하기 위해 나누어질 수 있고 그런 후에 발견한 것을 다시 보고하기 위해 첫 번째 팀으로 돌아간다(이것을 '계단식' 과정이라고 한다). 참가자로부터 익명으로 서면 의견을 수집한다. 이를 통해 공개적으로 말하기를 원하지 않는 사람들의 의견도 들을 수 있다. 마지막으로 말과 컨설팅을 동시에 하지 않는다. 당신이 그들에게 당신이 보기에 '옳은' 비전을 말하면서 "이것에 대해 어떻게 생각합니까?"라고 물으면 지루하고 시시하다는 반응을 얻을 것이다. 대신 합리적인 영역에서 제안을 계속하기 위해 경계를 정할 수 있다. "어떤 비전도 현재의 안전 문제를 처리해야 하며 예산을 늘리지 않을 것이라

고 전제해야 합니다."

'말하기', '적극적으로 알리기', '테스트'와 같이 '컨설팅' 방법은 암묵적이고 보통 의심할 여지가 없는 전제에 의해 제한된다. 즉 그러한 과정의 목적은 전체 학교 시스템을 위한 어떤 비전을 창조하는 것이다. 그러나 경험에 따르면 비전들은 거의 언제나 특정 학교나 교실에 맞추어져 있는데, 이는 하나의 잘못된 전제이다. 그러나 그 벽을 뚫고 개별적인 비전을 결합하여 응집된 전체로 만들 때 공통된 비전은 가장 강력한 것이 된다. 이것은 다섯 번째 단계를 통해 달성될 수 있다.

5단계 : '함께 창조하기'

다른 사람들을 기쁘게 하기 위한 목표가 아니라 창조에 도움이 되는 일련의 목표를 위해 일한다는 것의 차이를 당신은 느낄 수 있다. 이러한 것에 대한 이해를 통해 비로소 학교 지도자, 교육자, 학생 및 교직원은 비전을 공유하는 과정에서 '함께 창조하기'를 통해 뭔가를 얻을 수 있다. 과정에서 이러한 방식은 학교 시스템의 모든 사람들로 하여금 창조로 나아가게 하고, 이를 통해 각 사람이 원하는 미래에 대한 선택을 하게 만든다.

예를 들어 함께 창조해가는 교실 수업을 생각해보자. 교사가 한 단어를 칠판에 쓴다. '해양학'이라고 하자. 이제 모든 학생들이 천천히 걸어 다니면서 해양학에서 발견한 흥미 있는 주제를 생각그물로 그린다(mapping). 주제 사이의 연결은 강의 계획의 구조이다. "당신은 바다에 대해 무엇을 압니까?" 교사가 질문한다. "과거에 무엇을 공부했습니까? 무엇을 배우고 싶습니까?" 학생들은 물고기, 상어, 스쿠버 다이빙, 침몰한 난파선, 지구 기후에 미치는 조류의 영향, 만류, 범선, 고래, 보글보글 스폰지 밥, 잠수함, 잠수기, 자끄 구스토(Jacques Cousteau)*의 삶 등등을 적는다. 그런 다음 교사가 "우리는 어떻게 이것을 조직화하여 우리가 관심 있는 것을 각각 연구할 수 있습니까? 또한 바다 전체에 대해 배울 수 있습니까?"라고 질문한다. 함께 4주 과정을 설계하고 과제를 나열하고 각자 고른다. 그들은 프레젠테이션을 하고 서로를 가르칠 것이다. 그들은 컴퓨터와 도서관을 이용하고, 이 지역의 지식 있는 사람들을 인터뷰하고, 아마 현지 수족관이나 해변을 견학할 것이다. 그들이 하는 모든 일은 집단적 사고와 디자인을 기반으로 하기 때문에 자신이 선택한 것처럼 느낄 것이다.

이러한 종류의 학습 활동을 하기 위해서는(그리고 꼭 그렇진 않지만 학교의 교육과정 요구 사항을 충족시키기 위해) 교사와 학생 모두에게 상당한 수준의 참여와 기술이 필요하다. 학교 시스템 또는 커뮤니티 수준에서 비전을 함께 창조하는 경우 비슷한 수준의 기술이 필요하다.

예를 들어 함께 창조하기를 통해 접근한 학교 안전 문제를 생각해보자. 학교 시스템에서 인정받는 지도자는 문제를 함께 해결하기 위해 교육자, 학부모, 지역사회 구성원 및 학생 그룹을 소집한다. 해결책이 충족시켜야 하는 몇 가지 기준이 있을 수 있다. 예를 들어 예산 내에서 충족되어야 하며 긴급한 문제를 해결해야 한다. 또한 궁극적인 목표를 달성하기 위한 합리적 기대를 제시해야 한다. 그러나 지도자는 옵션이나 제안을 하지 않는다. 그룹이 이를 개발한다. 구성원들은 어려운 질문들을 생각한다. "우리는 안전에 관해 무엇을 압니까? 우리는 무엇을 간과하고 있습니까? 이러한 해결책은 우리의 유권

---

* 자꾸이브구스토(Jacques-Yves Cousteau) : 스쿠버장비의 발명가이며 2차 대전의 영웅, 해저탐험가, 해저 다큐멘타리 영화 제작자, 극우환경주의자, 항해사, 해양생물학자, 저술가, 사업가, 수중우주 기기 건설과 실험의 성공자 등등(http://cafe.daum.net/FinsClub/2Xc4/61?q=Jacques%20Cousteau).

자들 각자에게 어떤 모습일까요?" 최종 결과는 일반적으로 각 사람들의 어떤 생각보다 나은 해결책이다.

함께 창조하기 공유 비전 과정을 마스터하기 위해서는 개인적인 비전부터 시작하라. 사람들에게 자신과 교육구를 위해 진정으로 창조하고자 하는 비전을 생각하고 분명하게 할 시간을 제공하라. 이것이 무정부 상태와 혼란으로 이어질까 두려워할지 모르지만 학교 시스템의 대부분의 사람들은 자신의 개인적인 비전을 큰 시스템의 비전에 연결하고 기여하기를 열망한다. 마찬가지로 합의가 아니라 조절하도록 하라. 사람들은 참여하는 모든 사람들을 존중하는 분위기 속에서 어떤 제한이나 방해물이나 보복 없이 자신의 마음을 말하고 진실한 열망 및 관심사를 펼칠 진정한 자유가 있음을 알아야 한다. 학교 관리자 및 지역사회 지도자들은 "우리는 비전에 제한을 두어야 합니다. 그렇지 않으면 통제가 불가능합니다."라고 두려워하지 말아야 한다. 신속한 해결에 도달하기 위한 유혹이 강해 차이점을 감추게 된다. 이것을 무시하고 그 대신, 생산적인 대화(정신 모델과 팀 학습, 135쪽 및 162쪽)를 사용하여 화해할 수 없는 견해를 가져온 전제와 해석에 대해 공개적으로 이야기하라.

함께 창조하기에 능숙해지려면 시간이 필요하다. 과거에 '말하기' 또는 '적극적으로 알리기'만 경험한 교사나 학생은 준비가 되어 있지 않을 수도 있다. 함께 창조하기는 의미 있는, 심층적인 대화에 의존하기 때문에 수업에 참여하는 학생의 경우 익숙하지 않은 언어로 인해 어려울 수 있다. 그렇기 때문에 우리는 종종 각 단계에서 능력을 키우면서 말하기에서부터 함께 창조하기에 이르는 모든 과정에서 신중하게 그리고 천천히 밟아나가는 것이 좋다고 생각한다. 이런 식으로 공유 비전 과정은 교실, 학교 또는 지역사회에서 지도자가 되고자 하는 사람들에게 발달 경로를 제공한다.[10]

■■ 공유 비전의 핵심 질문

　이 연습은 플로리다에 있는 학교 교육장 그룹을 통해 우리가 관심을 갖게 되었다. 그들은 그들의 학교 시스템이 2004년 허리케인으로 인한 황폐화에 대응한 방식에 대해 웅변적으로 말했다. 학교는 피난처가 되었다. 그 피난처를 위해 음식을 준비하는 사람들 중 일부는 자신의 집을 잃어버렸다. 지역사회는 단지 회복만의 문제가 아니라 그들의 가정과 자녀를 위한 새로운 열망에 대한 비전을 통해서도 이야기했다.[11]

1. 우리는 이 비전을 통해 우리가 만들어내는 결과에 대해 명확한 생각을 갖고 있는가?
2. 우리는 이러한 결과를 달성하기 위해 가능한 모든 일을 하고 있는가?
3. 우리는 마을, 지역 및 주 수준의 중요한 이해 관계자들과 조율하고 있는가?
4. 모든 교사와 교직원은 이 비전을 수립하는 데 자신의 역할을 알고 있는가?
5. 기존의 학교 표준은 무엇이며, 이 비전은 어떻게 그것을 능가하는가?
6. 학교 문화는 무엇이며, 어떻게 이 비전을 강화하는가?
7. 누가 학교 시스템의 비전을 '인지'하는가?
8. 우리의 비전은 내부 및 외부의 모든 이해 관계자의 견해를 반영하는가?
9. 우리의 비전은 앞을 내다보는 것인가, 아니면 과거를 답습하는 것인가?
10. 우리는 이 비전을 실현하기 위해 어떤 자원을 이용하는가?

이 프레임워크는 위기에서의 사용에만 국한되지 않는다. 그것은 광범위한 도전들을 다룰 때 도움을 줄 수 있다. 예를 들어 집단 따돌림을 종식시키기

위한 경우

1. '왕따를 종식한다'는 것이 무엇인지 명확하게 이해하는가?

2. 가능한 모든 일을 하고 있는가? 결과를 생각하면서 모두를 모으고 있는가?

3. 당신의 비전이 다른 주(많은 주에서 사용되는 DARE* 프로그램과 같은)
   와 일치하는가? 중학교라면 고등학교 및 초등학교에서 제시하는 비전
   에 부합하는가?

4. 참여하고 싶어 하거나 참여할 필요가 있는 모든 사람들을 참여시켰는
   가? 코치는 어떤가? 아니면 작은 리그 프로그램은? 걸스카우트 및 신뢰
   에 기반을 둔 커뮤니티는?

5. 괴롭힘에 대응하여 지금 당장 사용할 수 있는 좋은 자료는 무엇입니까?
   훌륭한 프로그램을 갖고 학교를 방문할 수 있는가?

6. 당신의 문화가 따돌림에 대한 새로운 태도를 반영하는가?

7. 계획을 세우고 팀원 세 명이 떠난다면, 누가 이것을 지속할 수 있겠는가?

8. 새로운 교사 그룹을 고용할 때마다 이것은 새로운 교사 오리엔테이션의
   일부가 되는가? 아이가 다른 아이를 계속 괴롭히는 경우 어떻게 해야 하
   는지 알 수 있도록 단계를 마련하였는가?

9. 왕따를 없애기 위해 단지 처벌을 강화하는가, 아니면 문제의 근본 원인
   을 생각해보았는가?

10. 실제로 이 일을 하기 위해 예산에서 주목해야 할 것은 무엇인가?

....

* 　역자 주 Drugs Abuse Resistance Education.

전반적인 방향과 세부적인 시행에 동시에 초점을 맞춰 이 질문들이 어떻게 구체화되는지 주목하라. 이것이 거대한 공유 비전의 특징 중 하나이다. 그것은 커다란 시스템으로서 당신이 창조하기로 약속한 것을 전달하고, 그 약속에 따라 숲과 나무 모두를 제시한다.

4. 정신 모델

▰▰ 우리 사고의 근원에 대해 더 알아보기

언젠가 학교 근처의 야구장이 업그레이드될 것이라고 상상해보라(현지 건설 회사가 호의로 기부). 노동자가 화석이 있는 사암 조각을 때린다. 그들이 돌을 치워버리면, 학생들은 흥분하면서 주위에 모이고, 다음과 같은 공룡 발자국 세트를 보게 된다(별첨 1 참조).[12]

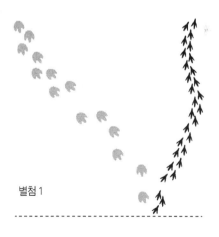

별첨 1

"여기서 무슨 일이 일어났던 것 같니?" 교사가 물었다. 모든 학생들이 열심히 추측을 한다. 두 개의 다른 공룡이 있었는데 하나는 큰 발, 다른 하나는 발이 작았다고 한다. 큰 놈의 보폭이 큰 것으로 보아 뛰고 있었다는 것이 틀림없다. 어쩌면 더 작은 것을 쫓고 있었을 것이다. 배가 고파서.

노동자들이 조금 더 많은 석재를 파내고 여기에 묘사된 것처럼 보다 완벽한 이미지를 보게 된다(별첨 2 참조).

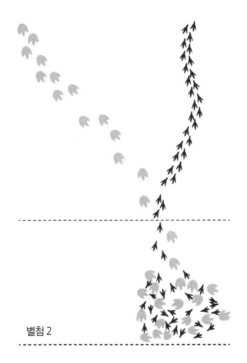

별첨 2

"두 놈이 싸웠다." 한 학생이 말했다. "아니야 그들은 같은 물웅덩이에서 마시고 있다." 다른 아이가 말했다.

그리고 나서 노동자들은 사암의 나머지 부분을 제거하여 다음 페이지(별첨 3 참조)와 같은 그림을 만든다.

"이봐." 한 학생이 호소한다. "작은 놈에게 무슨 일이 일어났지?" 지금까지 이 장면은 모든 학년에서 많은 수의 학생들의 주의를 집중시켰다. 중학생들은 이론을 가지고 있다. 큰 공룡이 작은 것을 먹고 멀리 가버렸다. 그러나 3학년 학생은 말한다. "아니, 그들은 친구야. 작은 놈은 큰 놈의 등에 타고 있다." 다른 어떤 학생은 그것이 옛날 동물이 태어나서 거꾸로 걸어간 것이라고 주장한다. 아니면 구애 행위? 결코 아니다. 더 작은 것이 날아가서 살아남았다

(어디서 그놈이 날아갔는지 보라?). 또는 익룡이 날아와서 낚아채간 것이다. 그 말을 건네받은 한 학생은 두 동물이 결코 만난 적이 없다고 제안한다. 더 작은 놈은 음식을 발견하고 멀리 날아갔고, 큰 놈은 15분 후에 나타났고 아무것도 발견하지 못하고 몰래 가버렸다. 그러고 나서 영리한 고등학생이 말한다. "잠깐, 그들은 아마도 수천 년의 세월을 떨어져 살았고, 우연히 같은 바위 조각에 새겨진 것이다."

공룡 발자취 세트의 그림이나 이미지를 찾고 아이들의 그룹과 함께 이 연습을 직접 해보고 가상의 노동자가 했던 것처럼 점차적으로 전체 이미지를 밝혀내보라. 부족함이 없이 다양한 해석들이 나오고, 많은 참가자는 그들의 해석이 옳다고 확신할 것이다.

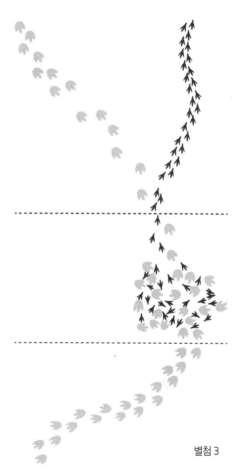

별첨 3

우리는 때로는 이 연습을 교수진이나 커뮤니티 그룹의 회의를 열 때 사용한다. 그런 다음 관련된 사건이나 학문적 문제 또는 예산관련 논쟁 등 현안을 다룬다. "여기서 무슨 일이 일어난 거야?"라고 처음에 공룡 연습으로 했던 것처럼 묻는다. 다시 한번, 모든 사람들이 그들의 전제와 태도를 밝힌다. 다른 지역에서 막 전근해온 1년 된 교사는 25년 된 베테랑 교사와 매우 다른 정신 모델을 가지고 있다. 세 명의 교육장이 교체되는 것을 보았던 비서는 다른 견해를 가지고 있으며, 관리인은 또 다른 견해를 가지고 있다. 점심 배식 줄에서 일하는 여성은 어느 한 가지를 설명하지만 매일 식당을 가로지르는 학급의 선생님은 동의하지 않는다. 그리고 그들은 공룡에 관한 이야기에 대한 서로 다른 관점을 안심하고 탐구했으므로 이제는 잠재적으로 보다 불안정한 현실 세계의 문제들에 대해 서로 들을 준비가 되었다.[13]

이 연습의 요점은 인간이 해석의 피조물임을 나타내는 것이다. 우리의 행동과 태도는 우리의 정신 모델, 즉 우리 자신, 다른 사람들, 기관 그리고 세계의 모든 면에서 우리가 마음속에 가지고 있는 이미지, 전제 및 이야기 등에 의해 형성된다.

정신 모델은 일반적으로 인식 수준 아래에 존재하는 암묵적인 형태이기 때문에 검증받지 않거나 조사되지 않은 경우가 많다. 정신 모델은 일반적으로 우리가 찾기 전까지는 보이지 않는다. 따라서 이 구절을 읽으면 공룡의 흔적을 쉽게 해석할 수 있지만, 다음 구절에 암묵적으로 담겨 있는 다른 전제를 알아챘을 수도 있고 아닐 수도 있다. 학교는 조경을 위해 돈을 지불할 여력이 없고, 조경 직원은 남성이며, 학생들은 (크리켓 대신) 야구를 하고, 모든 학년의 학생들은 같은 운동장을 사용하고, 화석은 (선사 시대 포유류와 새 대신에) 공룡을 자연스럽게 보여줄 것이며, 어른과는 달리 어린이들만이 발자국의 의미를 추측하기를 원한다는 것.

정신 모델의 차이점은 왜 두 사람이 동일한 사건을 관찰하고 다르게 묘사할 수 있는지 설명한다. 그들은 서로 다른 세부 사항에 주의를 기울이고 있다. 정신 모델 훈련의 핵심 과제는 암묵적 전제와 태도를 표면에 가져와서 사람들이 방어는 최소한으로 하면서 자신의 차이점과 오해에 대해 탐구하고 이야기할 수 있도록 하는 것이다. 이 과정은 자신의 세계 또는 학교를 더 완전하게 이해하고자 하는 사람들에게 매우 중요하다. 창문의 프레임 그리고 미묘하게 우리의 비전을 왜곡하는 것과 같이 우리의 정신 모델은 우리가 보는 것을 결정하기 때문이다. 어떤 새로운 경험에서, 대부분의 사람들은 그들이 갖고 있는 정신 모델을 강화하는 정보만을 취하고 기억한다.

얼핏 보면 정신 모델을 들여다 보는 일은 '실제 세계'와 거의 관련성이 없는 지적 연습으로 보일 수 있지만, 아마도 다섯 가지 규율 중에서 가장 실질적일 것이다. 그것은 학교에서 다루기 어렵게 보이는 꽤 많은 난제와 직접적인 관련성을 가지고 있다. 그것은 검증되지 않은 정신 모델이 사람들의 변화 능력을 제한하기 때문이다. 교육장들과 학교 운영위원회 위원들은 학교 개선을 위한 유일한 방법은 돈을 더 많이 투자하는 것이라고 암묵적으로 믿을 수 있다. 따라서 다른 가능한 접근법을 고려하지 않는다. 교사는 '반대 방향으로 치닫는' 학생들은 학교에 관심이 없다고 전제해버리고 교묘하게 배제한다. 관리자는 지역 교사 조합이 모든 혁신을 막을 것이라고 생각할 수 있으므로 가능한 한 많은 정보를 활용해 방어에 나서며 이는 이어서 조합의 지도자들을 더 방어적으로 만들고 관리자는 신뢰할 수 없다는 믿음을 더 다지게 만든다. 학교 개혁을 위해 노력하는 지도자들은 충분히 알지도 못하면서 부모가 자녀의 요구에 관해 진실로 많이 알지 못한다고 전제할 수도 있다. 그러므로 그들은 이유를 이해하지도 않고 부주의로 부모 그룹을 소외시킨다. 고등학교 졸업장을 받지 못했던 45세의 노동자는 자녀의 교사가 그를 업신여겼을 것이라고 생각하고 회의에 참석하기 위해 학교에 올 용기를 내지 못하며, 교사는 그가 학교에 대해 신경 쓰지 않는다고 생각한다. 지역사회 구성원은 많은 교사가 여성이기 때문에 많은 돈을 지불할 필요가 없다고 생각하여 투표에서 교사들의 임금 인상에 반대한다.[14]

검증되지 않고 드러나지 않은 정신 모델의 결과는 어린이에게 비극적일 수 있다. 통계에 따르면 왕따는 그 영향이 평생 간다고 한다. 교사들에 의해 다른 사람을 괴롭히고 있다고 인식된 중학생은 성인이 되어 중범죄를 범할 확률이 69%이다. 그러나 교사와 관리자가 그 아이를 괴롭히는 사람으로 생각하고 이에 따라 아이를 다루는 정신 모델을 가졌기 때문에 그렇게 된 것이라고 할 수 있을까? 또는 그 아이들이 괴롭힘이 문제를 해결하는 가장 효과적인 방법이라는 보이지 않고 말해지지 않은 정신 모델을 보유하고 있기 때문에, 그리고 지체 없이 설득력 있게 그러한 전제는 틀렸다고 말해줄 수 있는 조력자를 찾지 못해서 그런 것일까?

'정신 모델로 작업'하는 실천은 우리로 하여금 세상을 보는 은유적 프레임을 보도록 해주고, 우리를 더 향상시키는 새로운 정신 모델을 창조하게 함으로써 프레임을 다시 만들도록 도와준다. 이 실습의 핵심은 두 가지 유형의 기술이다. 성찰(사고 과정을 늦추어 정신 모델을 형성하는 방법을 알게 됨) 및 질의(공개적으로 견해를 공유하고 서로의 전제에 대한 지식을 개발하는 대화).

질의는 일부 교육자에게는 특히 새로운 기술이다. 많은 학교를 포함하여 많은 조직에서 사람들이 제공할 정답을 갖고 있지 않는 한 질문하지 말아야 한다는 불문율이 있다. 정신 모델의 훈련은 그러한 생각을 무시한다. 사람들은 자신의, 그리고 서로의 가장 깊숙한 태도와 믿음에 대해 더 많이 배우려고 하기 때문에 이 훈련의 연습에서 질문을 한다. 이 작업을 제대로 수행하는 방법을 배우려면 성찰과 대화의 실천이 필요하다. 여기에 기술된 연습 및 대화 도구는 많은 학교 시스템 및 정부 기관을 비롯한 다양한 장소에서 효과가 입증되었다. 이는 사람들이 단지 질문만으로 가르치려 하지 않고 답변을 통해 배울 수 있기 때문이다.

■ 추론의 사다리

우리는 검증되지 않은 채로 대부분 남아 있는 스스로 만들어지는 신념의 세계에 살고 있다. 우리는 이러한 믿음을 우리가 관찰한 것으로부터 추론된 결론과 우리의 과거 경험에 기반을 두고 있기 때문에 채택한다. 진정으로 원하는 결과를 얻는 우리의 능력은 다음과 같은 우리의 감정에 의해 침식된다.

- ❏ 우리의 신념은 진실이다.
- ❏ 진실은 명백하다.
- ❏ 우리의 신념은 실재 데이터를 기반으로 한다.
- ❏ 선택한 데이터가 실재 데이터이다.

예를 들어 나는 학과 회의에서 과학 교육과정에 제안된 변경 사항을 제시하는 교사라고 가정해보자. 경험 많은 교사이자 학과장인 도리스(Doris)는 테이블의 끝에 앉아 있는데 지루하게 보인다. 그녀는 흐리멍텅한 눈을 내게서 멀리하고 손을 그녀의 입에 대고 간신히 하품을 참는다. 내가 거의 다 마칠 때까지 그녀는 어떤 질문도 하지 않는다. "내년까지 기다려야 한다고 생각합니다."라고 드디어 말문을 연다. 이 학교에서는 이 말은 대개 "이 일을 잊어버리고 그냥 가자."라는 뜻이다. 모두가 서류를 챙기고 노트를 치우기 시작한다. 도리스는 분명히 나를 무능하다고 한다. 창피하다. 왜냐하면 논의하고 있는 것은 도리스가 제안한 일이고 그녀에게 필요한 일이기 때문이다. 내가 그렇게 생각하기 때문에 그녀는 결코 내 생각을 좋아하지 않았다. 분명히 도리스는 권력을 갈망하는 멍청이다. 내가 자리에 앉을 무렵 나는 결정을 내렸다. 나는 도리스가 포함된 어떤 그룹에 어떤 것도 다시 제안하지 않을 것이다. 그녀는 늘 나에게 상처를 줄 것이다. 학교 시스템에서 두드러지는 적을 가지고 있다는 것은 너무나 안 좋은 일이다.

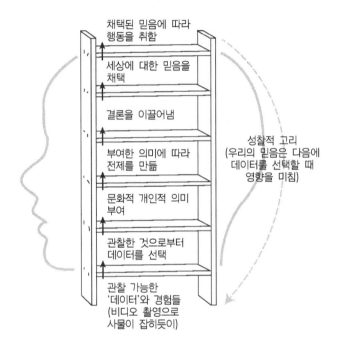

채택된 믿음에 따라 행동을 취함

세상에 대한 믿음을 채택

결론을 이끌어냄

부여한 의미에 따라 전제를 만듦

문화적 개인적 의미 부여

관찰한 것으로부터 데이터를 선택

관찰 가능한 '데이터'와 경험들 (비디오 촬영으로 사물이 잡히듯이)

성찰적 고리 (우리의 믿음은 다음에 데이터를 선택할 때 영향을 미침)

몇 분(또는 그 이하) 사이에 나는 정신적인 '추론의 사다리'를 만든 것인데, 이것은 종종 잘못된 신념에 이르게 하는 추상화의 공통적인 정신적 경로이다.[15]

❑ 관찰할 수 있는 데이터로 시작하였다. 여기서는 도리스가 한 말이다. 일반적인 경험이기도 하다.

❑ 도리스의 행동에 대한 몇 가지 구체적인 사항을 선택했다. 나로부터 눈길을 멀리하고 분명히 하품을 하였다. (나는 그녀가 전에 한 번도 열심히 듣는 것을 보지 못했다.)

❑ 그 구체적인 사항에 대한 해석을 추가했다. (도리스는 내가 서둘러서 끝

내기를 바랐다.)

❑ 도리스의 현재 상태에 대한 가정으로 빠르게 이동했다. (그녀는 지루해.)

❑ 나는 도리스가 일반적으로 나를 무능하다고 생각한다고 결론을 내렸다. 사실 나는 이제 도리스(그리고 내가 그녀와 관련된 모든 사람들)가 나에게 반대한다고 믿는다.

따라서 나는 사다리의 꼭대기에 도달하면서 내 믿음이 진실이고 진실이 분명하며 실제 데이터를 기반으로 한다고 결론을 내렸다. 그것 모두는 매우 합리적인 것처럼 보이며 그렇게 빨리 일어나 나는 그것을 했다는 것을 모를 정도이다. 게다가 사다리의 모든 가로대가 내 머릿속에서 일어난다. 다른 누구에게나 보이는 부분은 바로 아래에서 직접 관찰 가능한 데이터와 맨 위에 조치를 취하는 내 자신의 결정이다. 사다리 위로 올라가는 나머지 부분은 보이지 않고, 의문시되지 않고, 토론에 적합한 것으로 고려되지 않고 엄청나게 추상적이다. (이러한 사다리를 도약하는 것은 때로 '추상화의 비약'이라고도 한다.)

도리스는 내가 새로운 생각을 제기해도 나에게 반대할 것이기에 나는 말하지 않을 것이다.

도리스는 권력을 좇는 멍청이다.

도리스는 옳은 이야기를 해도 내 생각을 결코 좋아하지 않는다.

도리스는 내 말을 듣지 않는다.

도리스는 내가 말하는 동안 입에 손을 대고 있었다.

나는 아마도 이전에 여러 차례 추론의 사다리를 뛰어 넘었을 것이다. 도리스가 나를 싫어한다고 생각할수록 장래에 그녀의 악의적인 행동을 알아채는 경향이 강해진다. 이 현상을 '성찰적 고리(reflexive loop)'라고 한다. 우리의 믿음은 다음에 어떤 데이터에 집중할지에 영향을 준다. 그리고 도리스의 마음속에는 이 성찰적 고리와 짝이 되는 부분이 있다. 그녀가 나의 이상하게 적대적인 행동에 반응할 때, 그녀는 아마도 그녀 자신의 사다리 위로 뛰어 올라 나에 대한 나름의 결론을 내릴 것이다. 뚜렷한 이유 없이 머지않아 우리는 스스로가 쓰라린 원수가 되는 것을 발견할 수 있었다.

이제 내가 도리스와 그리고 다른 세 명이 학교 교육과정위원회에 있다고 상상해보라. 우리는 이러한 검증되지 않은 전제와 믿음을 가지고 있다. 구체적인 문제를 해결하기 위해 만날 때, 분위기는 오해, 소통 결렬 그리고 박약한 타협으로 가득 차 있다.

도리스는 나의 프레젠테이션에 참으로 지루했을 것이다. 아니면 그녀는 단지 종이에 있는 보고서를 읽기를 열망했을 것이다. 그녀는 내가 무능하다고 생각할 수도 있고, 그녀의 마음에 다른 것을 가지고 있거나, 나를 당황하게 할까 우려했을 수도 있다. 십중팔구 그녀는 내가 그녀가 무능하다고 생각했다고 추론했다. 결론을 확인하는 방법을 찾을 때까지는 알 수 없다.

불행하게도 전제와 결론은 검증하기가 어렵다. 예를 들어 도리스가 정말로 내가 무능하다고 생각하는지 알아내고 싶다고 가정해보자. 나는 그

우리는 진에게 동기를 부여하든지 떠나도록 할 방법을 찾기에 이르렀다.

진은 우리와 함께 일하는 것이 정말 재미없었다.

그녀는 강요에 의해 참석했고 그래서 가능한 한 빨리 가버린 것이다.

그녀는 회의가 재미없었나 보다.

사친회에서 진이라는 한 선생님이 먼저 자리를 떠났다.

녀를 옆으로 끌어내 그녀에게 "도리스, 내가 바보라고 생각하나요?"라고 물어보아야 할 것이다. 질문을 표현할 방법을 찾을 수 있다고 해도, 그녀가 아니라고 대답해도 나는 그녀를 믿어야 할까? 그녀가 "네"라고 응답하면 용서할까?

당신은 의미를 추가하거나 결론을 내리지 않고 당신의 삶을 살 수 없다. 살기에는 비효율적이고 지루한 방법이다. 그러나 성찰을 통해 그리고 추론의 사다리를 사용하여 소통을 향상시킬 수 있다. 예를 들어 도리스와 내가 추론

의 사다리 뒤에 있는 개념을 이해하면 우리는 당장 안심하고 대화를 중단하고 몇 가지 질문을 하게 된다.

☐ 누구나 실재한다고 동의하는, 관찰할 수 있는 데이터는 무엇입니까? 그 데이터에 근거하여 당신이 그렇게 말하였습니까?

☐ 모든 사람이 데이터의 성질에 동의합니까?

☐ 당신의 추론을 통해 나를 내몰 수 있습니까?

☐ 관찰 가능한 데이터에서 이러한 추상적 전제에 어떻게 도달했습니까?

개방형 방식으로 데이터를 요청할 수 있다. "도리스, 이 프레젠테이션에 대한 귀하의 반응은 어떻습니까?" 아니면 다음과 같이 의견을 말하면서 관찰 가능한 데이터를 간단히 테스트할 수 있다. "당신은 침묵했습니다. 도리스." 그녀는 다음과 같이 대답할 것이다. "나는 메모를 하고 있습니다. 나는 여기에 많은 잠재력이 있다고 생각합니다."

마틴, 너는 열심히 노력하지 않는다. 너는 낙제할 것이다.

마틴은 언제나 문제다.

마틴은 내가 그를 부를 때마다 안절부절못했다.

마틴은 오늘 안절부절못했다.

내가 그를 불렀을 때 마틴은 그의 자리로 뛰어 들어갔다.

다음과 같이 말하지 않았음에 주목하라. "도리스, 당신은 추론의 사다리 위로 올라왔다고 생각합니다. 내려가기 위해 당신이 해야만 하는 것이 여기 있습니다." 이 방법의 핵심은 도리스의 태도를 진단하는 것이 아니라 모든 사람의 사고 과정을 시각적으로 보여주고, 우리의 지각 속에 있는 차이점과 공통점을 알아보는 것이다. (당신은 "나는 내가 그리고 아마도 우리 모두가 추론의 사다리를 올라가고 있다는 것을 알아차린다. 여기에서 데이터는 무엇입니까?"라고 말할지도 모른다.)

이러한 사다리는 교직원 개발, 교실 및 다양한 학교 및 지역사회 모임에서 사용할 수 있다. 예를 들어 가르치는 경우, 학생들 사이에서 논쟁을 확대하는 대신 "실제로 듣고 본 결론에서 무엇을 보았습니까?"라고 물을 수 있다.

추론의 사다리는 교육구와 교육자들 사이에 겉으로 보기에는 화해할 수 없는 차이점을 해결하기 위해 종종 사용될 수 있다. 예를 들어 오늘날 교육자 및 전문가에서 많이 나타나는 세 가지 정신 모델이 있다.

1. 각 학생은 개별적이며 교육은 개인차를 고려할 때 가장 효과적이다('다양한 종류의 마음이 있다').
2. 학교는 손길 닿는 곳의 모든 아이들을 교육할 책임이 있다('어떤 어린이도 낙오되어서는 안 된다').
3. 학교는 높은 지렛대 효과를 나타내는 기관이다. 국가의 민주주의, 문화 및 경제의 질은 모두 공립학교의 질에 달려 있다.

이 세 가지는 그 자체로는 모두 합리적인 진술이다. 그러나 검증 없이 결합되었을 때, 그들은 어렵고 대립된 결론을 이끌어낼 수 있다. 교육에 관한 많은 논쟁은 이 세 가지 진술과 관련된 추론의 사다리를 뛰어 넘음으로써 이루어진다. 교육은 개인차를 고려할 때 가장 효과적이다. 그러므로 어떤 종류의 표준화된 '훈련과 실천'은 가치가 없다. 많은 젊은이가 문맹이거나 부적절한 교육을 받고 있다. 따라서 학교는 실패하고 있다. 공립학교를 비판하는 사람들은 민주주의에 대한 명백한 가치를 간과한다. 그러므로 그들은 숨겨진 의제를 갖고 있는 것이 분명하다.

이러한 결론 중 일부 또는 전부가 사실일 수 있다. 이 연습의 요점은 그것들을 폭로하는 것이 아니다. 오히려 연습의 요점은 우리의 생각을 밝혀 객관적으로 그리고 냉정하게, 종종 반대의 견해를 가진 사람들 안에서 그것들을 생각할 수 있게 하는 것이다.

■■ 타인에 대한 질문과 자신의 관점을 옹호하는 것의 조화

더 큰 협업적 통찰력을 이끌어내는 대화를 진행하는 것은 다른 많은 기술과 마찬가지로 해보기 전에는 쉬워 보인다. 그러나 약간의 실천으로 큰 성과를 거둘 수 있다. 그리고 그러한 실천은 기존 논의에 통합될 수 있다.

기본적인 기술은 간단하게 설명할 수 있다. 다른 사람들의 견해에 대해 질문을 제기하는 것과 자신의 견해를 옹호하는 것의 균형을 맞추는 것이다. 당신의 논의를 펼친 다음 다른 사람들이 그것에 도전하도록 격려하라. "여기 내 견해와 그러한 관점에 어떻게 도달하게 되었는지가 있다. 어떻습니까? 어떤 점이 이해가 가고 어떤 점이 이해가 안 됩니까? 내가 개선할 수 있었던 어떤 방법이 보입니까?" 사람들의 다양한 관점이 결합될 때 결말은 더욱 창조적이고 통찰력 있게 실현된다.[16]

자신의 주장 뒤에 있는 추론과 전제를 설명해야 다른 사람들의 진술 뒤에 있는 추론과 전제에 대해 더욱 힘 있게 질문할 수 있다. 일반적으로 자신의 관점을 표현할 기회가 있는데, 당신이 다른 사람의 의견에 대해 더 많이 배우고 다른 사람들은 당신의 것으로부터 더 많은 것을 배우는 맥락에서 표현하는 것이 중요하다. 이런 식으로 자신의 주장을 옹호하는 것은 '추론의 사다리를 천천히 걷는 것'으로 자신의 사고 과정을 볼 수 있게 만드는 것이다.

단호한 주장('이것이 내가 말하고자 하는 것입니다.')에서 질문('무슨 말씀이시죠?")으로 갔다가 다시 되돌아오는 식의 기계적 방식으로 하라고 권장하는 것이 아니다. 균형 있는 옹호와 질문은 옹호하고 탐구하고 통합하는 다양한 방법을 개발하는 것을 의미한다.

여기에 교사나 학생으로서 질문과 옹호의 균형을 잡는 기술을 배우도록 당신을 도울 수 있는 대화법이 있다. 대화에서 학습 기회를 제공할 때 – 예를 들어 모든 구성원의 정보와 참여가 필요한 난감한 상황을 해결하고자 할 때 – 마다 이를 사용하라.

| 옹호를 잘 하기 위한 실시 요강 ||
무엇을 해야 할지	무엇을 말해야 할지
당신의 전제(가정)를 밝히고 전제의 근거가 된 데이터를 설명하십시오.	"내가 생각하는 것은 이것입니다. 그런 생각을 하게 된 증거도 여기 있습니다."
추론을 분명히 하십시오.	"나의 결론은 이렇습니다. 왜냐하면~"
당신의 관점의 맥락을 설명하십시오. 당신이 제안한 것에 누가 영향을 받을까요? 그들이 어떻게 영향을 받을 것이며, 그 이유는 무엇입니까? 가설적이거나 은유라 할지라도 예제를 제공하십시오.	"당신이 이 학교에 들어오는 학생이라고 상상해보십시오(~ 또는 이 지역사회의 중소기업인 또는 은퇴하려고 하는 교사 등). 이 아이디어가 당신에게 어떤 영향을 미치는지 알아봅시다."
말하면서, 당신이 말하는 것에 대한 다른 사람들의 관점을 그려보십시오.	
당신의 결론과 전제를 공개적으로 검증하십시오.	"(당신의 관찰이나 데이터)가 나로 하여금 (당신의 결론을) 믿을 수 있게 했기 때문에 나는 이것을 제안하고 있습니다. 이것은 공정한 결론인가요?"
다른 사람들이 당신의 모델, 전제 및 데이터를 탐색하도록 격려하십시오.	"내가 방금 말한 것에 대해 어떻게 생각하십니까?' 아니면 '내 추론에 어떤 결함이 보이나요?"
당신이 생각하는 곳에서 가장 분명하지 않은 부분을 밝혀내십시오. 당신을 취약하게 만드는 대신에, 이것은 당신에 반대하는 옹호자들의 힘을 약화시키고 개선을 가져옵니다.	"여기 내가 ~~한 생각을 할 수 있게 당신이 도와줄 수 있는 한 가지 측면이 있어요."
당신의 견해를 옹호할 때조차도 듣고, 열어두고, 다른 사람들이 다른 견해를 제시하도록 격려하십시오.	"다르게 보입니까?"

질문을 잘 하기 위한 실시 요강	
다른 사람들에게 그들의 사고 과정을 가시화하라고 요청하기	
무엇을 해야 할지	무엇을 말해야 할지
사람들을 추론의 사다리로 부드럽게 데려가서 그들이 어떤 데이터를 사용하고 있는지 알아보십시오.	"그 진술에 어떤 데이터가 있습니까?" 또는 더 간단하게 "무엇이 당신으로 하여금 그렇게 말하도록 했습니까?"
특히 이러한 기술에 익숙하지 않은 사람들에게 비공격적인 언어를 사용하십시오.	"무엇을 의미합니까?" 또는 "증거는 무엇입니까?" 대신에 "여기서 당신의 생각을 이해하도록 도와줄 수 있습니까?"
그들의 추론을 이끌어냅니다. 그들이 왜 말하는지, 무엇에 대해서 말하는지 최대한 많이 알아보십시오.	"그것의 중요한 의미는 무엇입니까?" 아니면 "이 점이 당신의 다른 관심사와 어떤 관련이 있습니까?"
질문하는 이유를 설명하고 당신의 질문이 당신의 관심사항, 희망 및 필요와 어떻게 연관되는지 설명하십시오.	"나는 여기에 당신의 전제에 대해 묻고 있습니다. 왜냐하면~"

동의하지 않는 관점에 접했을 때의 실시 요강	
무엇을 해야 할지	무엇을 말해야 할지
다른 사람의 견해를 진정으로 이해해야 함을 명심하십시오.	"내가 당신을 바르게 이해했다면, 당신은 ~라고 말하는 것입니다."
탐색하고 듣고 공개적인 방식으로 당신의 견해를 제안하십시오.	"당신은 ~을 고려했습니까?"라고 물어본 다음, 당신의 관심사를 제기하고, 그러한 관심을 갖도록 이끈 것이 무엇인지 말하시오.

곤경에 처했을 때의 실시 요강	
무엇을 해야 할지	무엇을 말해야 할지
교착 상태를 받아들이고 현재의 생각을 각각의 입장에서 다루도록 하십시오.	"우리가 둘 다 알고 있는 그것이 사실입니까?" 또는 "우리 둘 다 알고 있는 그것이 진실이지만 아직 아무런 데이터도 갖고 있지 않습니다."
논의가 진전될 수 있는 정보를 찾으십시오.	"우리가 동의하는 것은 무엇이고, 동의하지 않는 것은 무엇일까요?"

새로운 정보를 제공할 수 있는 실험이나 조사를 함께 설계할 수 있는 방법이 있는지 물어보십시오.	
각 사람의 정신 모델이 큰 퍼즐의 한 조각이라고 생각하십시오.	"우리는 지금 매우 다른 두 가지 전제에서 시작하려고 합니까? 그 두 가지는 어디에서 온 것입니까?"
어떤 데이터 또는 논리가 그들의 견해를 바꿀 수 있는지 질문하십시오.	"대안을 고려하기 전에 어떤 일이 일어났던 것인가요?"
상황을 재설계하는 데 그룹의 도움을 요청하십시오.	"우리가 난관에 부닥치는 것처럼 느껴지고 더 나은 이해 없이 떠날까 봐 걱정됩니다. 우리의 생각을 명확하게 하는 데 도움이 되는 어떤 아이디어가 있습니까?"
'동의하지 않는다는 동의'로 대화를 중단시키지 마십시오.	"우리는 의견 차이를 뒷받침하는 전제를 이해하지 못합니다."

■ 타인에 대한 질문과 자신의 관점을 옹호하는 팔레트

학생들의 제안에 따라 이 도표를 포스터 크기로 만들어 교실 벽에 게시한 대학 교수가 있다. 그 후 수업할 때마다 마지막 몇 분 동안 학생들은 벽 그림을 보고 묻는다. "오늘 우리는 어디에 있었습니까? 우리는 숙련된 토론에 참여했습니까? 아니면 간단히 주장하고 철회했습니까?"

토론 중에 팔레트를 가까이에서 보면, '지금 뭔가 테스트 해보고 싶다.' 또는 '나는 바로 정치운동을 하고 있다는 것을 알았다.'는 인식을 불러일으킨다. 이렇게 하면 단순한 강의로는 결코 달성할 수 없는 방식으로 실행이 가능해진다.[17]

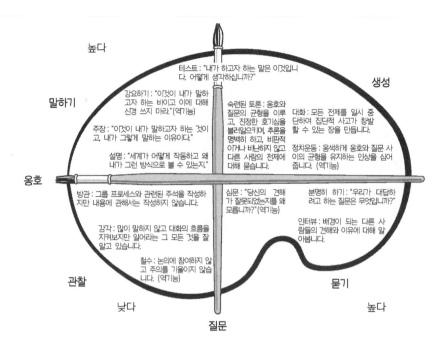

▪▪ 큐 라인

필 맥아더(Phil McArthur), 넬다 캠브론-맥카베(Nelda Cambron-McCabe), 아트 클라이너(Art Kleiner)

신호를 배우지 않았거나 흥분해서 잊어버린 배우들과 같이 선생님과 학생들은 때로는 방향을 바꿔서 이야기를 해줄 누군가를 원한다. 배우가 영화 세트에서 "다음 신호를 주세요." 하듯이. 예를 들어 대화의 초점이 흐려진다든지 사람들이 완강하게 버티고 있거나 화가 나거나 할 때 이러한 것을 느낄 것이다. 문제를 알아도 어떻게 해야 할지 모를 때가 있다. 학교 안팎에서 곤경에 처하거나 어려운 상황이 닥쳤을 때 몇 가지 대화를 풀어가는 신호를 제시해본다.[18]

이럴 때	이렇게 얘기한다
강력한 견해를 어떠한 추론이나 설명 없이 표현할 때	"당신 말이 맞을지도 모르지만 나는 당신을 믿게끔 한 그것에 대해 더 많은 것을 이해하고 싶습니다."
토론이 명백하게 궤도에서 벗어났을 때	"그것은 우리가 말한 것과 어떻게 연결되어 있는지 불분명합니다. 어떻게 그것이 관련 있다고 생각하시는지 말해주실 수 있습니까?"
당신이 본인 생각의 타당성을 의심할 때	"이것은 현재 적절하지 않을 수 있습니다. 그렇다면 제게 ~을 알려주시면 그것에 대해 좀 더 생각해보겠습니다."
한 번에 여러 가지 견해가 주장될 때	"우리는 지금 3가지 아이디어에 대해 논의하고 있습니다. (그것이 무엇인지 말한다) 한 번에 하나씩 다룰 것을 제안합니다."
다른 사람들의 부정적인 반응을 감지할 때	"당신이 말했을 때(사례를 든다), 나는 당신이 ~~라고 느끼고 있다는 것에 대해 감명받았습니다(감성을 풍부하게). 그렇다면 내가 말한 것이 왜 이런 결과를 가져왔는지 이해하고 싶습니다."
사람들이 입장은 취하지만 관심사가 무엇인지 밝히지 않을 때	"나는 그것이 당신의 입장임을 이해합니다. 나는 당신의 관심사를 이해하고 싶습니다. 당신의 입장이 당신의 관심사를 해결하는 최선의 방법으로 보십니까?"
주장이 있지만 그 요점은 분명하지 않을 때	"당신이 말하는 것을 나는 이렇게 이해합니다. (가능한 해석을 작성한다) 정확합니까?"
뭔가를 명확히 하는 말, 어법 또는 '감정적인 말'로 곤경에 처하게 될 때	"당신이 말했을 때(그 말을 제시한다), 저는 그것을 일반적으로 이러이러한(어떤 의미인지 제시한다) 의미로 사용합니다. 무엇을 의미하고자 하는 말씀입니까?"

■ 질문과 함께 이끌어가기[19]

목적 : 질문과 옹호의 균형을 잡는 능력은 정신 모델로 작업할 때, 가장 가치 있는 기술 중 하나다. 여기 더 심화된 대화와 다이얼로그로 나아가기 위한 방책을 제시한다.

생각해볼 만한 질문	실제 상황에서 말하는 것
어떤 것을 옹호할 때, 내 자신의 생각과 전제를 드러내야 하는가? 내 추론을 명백하게 하여야 하는가? (다른 사람들을 위해 내 추론의 사다리를 천천히 걸어가야 하는가?)	"이것이 나의 생각이고, ~~ 해서 그런 결론을 내린 것입니다."
내 결론과 분리하여 관찰 가능한 데이터를 공유하고 해당 데이터를 타인의 견해와 비교하여 테스트하는가?	"우리가 볼 수 있기 때문에 우리 모두가 동의할 수 있는 것들이 있습니다. 그렇지 않습니까?"

다른 사람들이 내 모델과 전제를 탐색하도록 권장하는가?	"내가 방금 한 말에 대해 어떻게 생각합니까?" "내 추론에 어떤 결함이 보입니까?" "내가 무엇을 놓치고 있습니까?"
나는 듣고 있으며 마음을 열고 있나?	"다르게 보입니까?" "어떤 식으로 영향을 받을 것 같습니까?"
다른 사람의 견해에 직면했을 때, 나는 그들이 말할 것을 알고 있다고 가정하지 않고 그들의 사고 과정을 보이도록 요청하는지?	"당신의 생각을 이해하도록 도와줄 수 있습니까?"
나는 추론의 사다리를 부드럽게 검토하면서 다른 사람들을 그들이 어떤 데이터로부터 추론하는지 알아보는가?	"당신이 그 말을 하는 이유는 무엇입니까?" "당신의 추론으로 나를 안내할 수 있습니까?"
내가 다른 사람들의 생각을 공개적으로 탐구하고, 내가 할 수 있는 만큼 그들이 왜 말하는지 무엇을 말하는지 알 수 있는가?	"그것의 의미는 무엇입니까?" "이것은 당신의 다른 관심사와 어떤 관련이 있습니까?" "나는 당신이 말하는 요지를 잘 모르겠습니다."
내 자신의 견해와 병합하거나 더 큰 맥락을 제공할 수 있는 더 큰 의미와 개념을 경청하는가?	"나는 당신에게 당신의 전제에 대해 묻고 있습니다. 왜냐하면 …" "당신의 제안은 어떤 식으로 영향을 미칩니까?" "이것과 … 이런 것과 비슷한 것입니까?" "전형적인 예를 설명해주시겠습니까?"
그들의 견해에 대해 내가 이해했는지 확인하는가?	"당신이 … 이렇게 말했는데, 맞습니까?"
난관에 처했을 때 앞으로 나아갈 수 있는 정보를 찾는가?	"우리는 무엇에 동의합니까? 그리고 우리는 무엇에 동의하지 않습니까? 왜 그런가요?"
각 개인의 정신 모델을 더 큰 퍼즐의 일부로 생각하는지?	"우리는 여기서 두 가지 매우 다른 일련의 가정에서 시작하고 있지 않습니까?" 또는 "우리의 의견 차이는 어디에서 오는 것입니까?"
우리의 전제들을 함께 테스트하기 위해 실험이나 조사를 함께 설계할 수 있는 방법이 있는지 요청하는가?	"우리가 함께 검토하려고 한다면 우리의 걱정을 가라앉히거나 확인할 수 있을 것입니다."
상황을 재설계할 때 그룹의 도움을 요청하는지?	"우리가 난관에 부닥치고 있는 것처럼 느껴집니다. 나는 더 나은 이해 없이 너무 멀리 갈까 두렵습니다. 우리의 생각을 명확히 하는 데 도움이 되는 아이디어가 있습니까?"
사람들을 깊은 대화로 안내하는 질문을 하는지?	"뒤로 물러서서 봅시다. 우리가 이 토론에서 가장 중요하게 생각하는 것은 무엇입니까?"
나는 기꺼이 영향을 받는지? 새로운 학습에 열려 있는지?	"납득이 가기는 하지만 내가 조금 더 이해해야 할 부분이 있습니다."

▚ 왼쪽 열

> **목적** : 많은 대화에 영향을 미치고 대화의 진전을 막는 암묵적 가정에 대해 더 잘 알고 그 암
> 묵적 가정에 대해 더 효과적으로 이야기하는 방법을 개발한다.
> **개요** : 미래에 보다 효과적으로 대응할 수 있는 기술을 개발하여 실제 변화의 기록에 반영

1단계 : 문제 선택

학교에서 행해지는 관리자 회의, 교사와 행정가, 교사와 학부모, 학생과 다른 사
람들 또는 지역사회 구성원 사이에 이루어지는 대화는 종종 어려운 순간을 겪는
다. 이러한 순간을 재현해보고 앞으로 발생할 비슷한 순간에 어떻게 대응할 것인
지에 대해 신중하게 생각해보는 것은 정신 모델로 작업하는 학습의 강력한 도구가
될 수 있다. 지난 한두 달 동안 당신이 관여했던 대인관계에서의 어려운 문제, 예를
들면 우리들 대부분이 무시하고 싶은 거친 관계에서 비롯한 문제를 골라라.

2단계 : 오른쪽 열(무엇을 말했는지)

이제 그러한 주제와 관련하여 당신이 이번 주에 만난 최악의 회의에 대해
생각해보라. 몇 장의 종이를 가져와서 각각의 가운데에 한 줄씩 그린다(또는
워드 프로세싱 프로그램에서 표 기능을 사용하여 두 개의 열을 만든다). 오른
쪽 열에 실제로 발생한 대화를 작성한다. 대화는 여러 페이지에 걸쳐 진행될
수 있다. 끝날 때까지 왼쪽 열을 공란으로 둔다.

3단계 : 왼쪽 열(생각한 것)

이제 왼쪽 열에서 당신이 생각하고 느꼈지만 말하지 않은 것을 적어본다.[20]

▉ 표본 사례

교사(짐 프록터)가 자신의 자녀를 불공평하게 채점한다고 생각하는 부모 (제인)와 마주하고 있다. 오른쪽 열에서 짐은 제인과의 마지막 대화를 쓴다. 왼쪽 열에서 짐은 자신의 생각을 회상한다. 당신은 이 글을 읽으면서 제인은 이 사건에 대한 자신의 기억, 그녀 자신의 잠재적인 '왼쪽 열', 그녀 자신의 전제와 질문의 기회를 갖고 있다는 것을 기억하라.

내가 생각했던 것	말한 것
6학년이다. 왜 수잔 자신이 나를 보러 오지 않는 것이야?	제인 : 프록터 선생님, 당신은 수잔에게 C를 주었고 나는 그것이 공평하다고 생각하지 않습니다. 나는 그녀가 A에 해당하는 수행을 했다고 생각하고, 당신은 그녀에게 너무 많은 숙제를 주고 있다고 생각합니다.
이번 분기에 4명의 학부모가 성적에 대해 문의하였다. 그것은 하나의 추세임에 틀림없다.	나 : 글쎄요, 나는 보고서를 정확하게 채점하려고 노력했습니다. 그녀의 기술은 이 수업의 'A' 학생들과 같은 수준이 아닙니다.
나는 그녀의 지난 번 선생님이 수잔에 관해 말한 것을 기억하지 못한다. 그러나 나는 사실이 모두 다르다고 의심한다.	제인 : 수잔의 지난 번 선생님은 그렇게 말하지 않았습니다. 그리고 수잔은 할 수 있는 만큼 열심히 했다는 사실을 알고 있습니다.
이것은 내가 생각했던 것보다 더 많은 시간이 걸릴 것이다.	나 : 이것은 단지 하나의 과제가 아닙니다. 나는 이상이 없다고 생각합니다. 나는 나의 견해가 바뀔 것이라고 생각하지 않습니다. 그녀는 정말로 전념하지 않습니다.
나는 모든 학생들을 공평하게 대우한다.	제인 : 당신이 수잔을 공평하게 대하고 있다고 확신합니까? 과거에 그녀는 항상 재능이 있다고 여겨졌습니다.
아마 나는 수잔을 위한 몇 가지 구제 방법을 추천할 수 있다. 나는 더 일찍 주의를 기울여야 했다. 어쩌면 집에서 뭔가 잘못되었을 수도 있다.	나 : 나는 수잔과 작업하지 않을 것이라고 말하지 않았습니다. 수잔이 기꺼이 앉아서 노력하면 나는 함께 즐겁게 작업을 할 것입니다. 그런데 왜 수잔 자신이 나를 보러 오지 않았습니까?

이것은 협박의 일종이다. 그것이 확대되기 전에 나는 이것에 관해 정말로 교감에게 이야기해야 한다. 그러나 나는 그녀에게 내가 걱정한다는 것을 알릴 수 없다.	제인: 아주 훌륭하긴 하지만 수잔은 등급이 불공평하다고 생각하기 때문에 등급을 먼저 바꾸지 않는 한 수잔이 와서 얘기할 것이라고 생각하지 않습니다. 나도 그렇게 생각합니다.
	나: 무엇을 하여야 할지 생각해보고 다시 연락 하겠습니다.

4단계 : 성찰 : 당신의 왼쪽 열을 수단으로

하나의 사례를 기록하고 일주일 동안 치워 놓았다가 다시 보는 행위 자체만으로도 당신은 많은 것을 배울 수 있다. 그 사례는 당신이 다른 누군가의 생각을 보고 있는 것처럼 자신의 사고를 조사할 수 있는 인공물이 된다.

성찰하면서 자신에게 물어보라.

- ❏ 내 의도는 무엇인가? 나는 무엇을 성취하려고 노력했는가?
- ❏ 의도한 결과를 달성했는가?
- ❏ 나의 의견이 그 어려움에 어떤 영향을 미쳤는가?
- ❏ 무엇이 나로 하여금 그 말을 하도록 했는가?
- ❏ 다음에는 대화를 어떻게 바꿀 수 있는가?
- ❏ 왜 나는 왼쪽 열에 있는 것을 말하지 않았는가?
- ❏ 다른 사람이나 사람들에 대해 어떤 전제를 하고 있는가?
- ❏ 이런 식으로 운영할 때의 이점은 무엇이었는가? 위험 요인은 무엇이었나?
- ❏ 나로 하여금 다르게 행동하지 못하게 한 것은 무엇인가?

단체 미팅에서 화가 나거나 좌절감을 느낄 때, 왼쪽 열은 귀중한 자원이다.

자신의 생각에 주의를 기울이고 혼란을 준 것을 알아내면 조용히 행동을 멈추고 "해야 할 중요한 일이 있다는 것을 알지만, 다시 한번 우리가 실제 문제에 집중하고 있다고 생각하지 않습니다. 내가 말하지 않았지만 생각하고 있는 것을 여러분에게 말하고자 합니다."라고 말할 수 있다.

다른 경우에는 대화 자체에 지렛대가 있다. 당신이 하고자 했던 이전 대화를 다시 쓰는 것으로 시작하라. 어떻게 하면 모든 사람이 참여하고 더 좋은 결과가 나오도록 생산적인 대화에 도움이 되는 방식으로 당신의 생각을 밝힐 수 있었는가? 다른 사람의 왼쪽 열에 무엇이 있었는지 알 수 있도록 하려면 무엇을 말해야만 했을까?

특히 대화를 다른 방향으로 나아가게 하려 했다면 어떤 질문을 할 수 있었을까? 어떤 질문으로 각 단계를 이끌어갈 수 있었을까?

예를 들어 어떤 학부모가 "그녀가 할 수 있는 한 열심히 했다는 사실을 알고 있습니다."라고 말하면 "당신으로 하여금 그렇게 생각하도록 한 것이 무엇일까요?"라고 물을 수도 있다.

사실 확인을 위해, (신뢰할 수 있고 열린 마음의 동료와 같은)제3자에게 다른 사례를 보여준다.

곧 맞이할 것으로 예상되는 대화에 이 연습을 적용할 수 있다. 생각할 것, 말할 것, 다른 사람이 말할지도 모를 것 그리고 당신의 생각을 이끌어갈 것 등을 적어본다. 이렇게 하면 자신이 갖고 있는 정신 모델 중 일부를 인식하고 빨리 검사하여 미리 어려운 대화를 준비하는 데 도움이 될 수 있다.

■■ 증폭

> **목적** : 핵심 그룹의 사람들과 다른 사람들 사이의 의사소통에 문제를 초래할 수 있는 정신 모델을 더 잘 이해하고 기대를 명확히 하는 방법을 모색하기 위하여. 이 연습은 홀로 성찰하기 또는 4, 5명의 교사나 관리자로 구성된 브레이크아웃 그룹에 사용할 수 있다. 교사와 관리자가 함께 대화할 때 특히 유용하다는 것을 알았다.

왕은 배반당했다. 영국의 12세기 통치자였던 헨리 2세는 그의 친한 친구이자 동료이자 군인인 부주교 토마스 베켓(Thomas A. Becket)이 캔터베리 대주교가 될 수 있도록 준비했다. 헨리는 이 방법으로 교회를 더 잘 통제할 수 있다고 생각했다. 그러나 새로운 대주교는 갑자기 배반했다. 그는 왕과의 연락을 끊고 궁전과 부유한 옷을 포기하고 성직자는 왕궁에서 재판을 받아야 한다는 헨리의 요구에 동의하지 않았다. 베켓이 국왕에게 충실했던 일부 주교를 파문했을 때, 그들은 헨리에게 가서 불만을 터뜨렸다. 1169년 어느 날 저녁 식사에서 왕은 "내 빵을 먹은 사람[베켓을 의미]이 나와 모든 왕국을 모독하니 내가 내 식탁에서 키운 게으른 종들 중 하나가[그의 기사와 조신을 의미] 이 모욕을 바로 잡도록 도와주지 않을 것인가?"라고 허공에 대고 불평하였다.[21]

기사 네 명이 헨리가 내뱉은 이러한 불평을 명령이라고 생각했다. 그들은 미끄러지듯 말을 타고 캔터베리로 달려가 대주교를 죽였다. 왕이 결코 분명하게 의도하지 않은 이 살인은 그가 가치를 둔 거의 모든 것을 희생시켰다. 그의 이전 친구(그가 화해하고 싶었고 몹시도 그리워했던), 교회와 함께한 지위(그는 즉시 파문당했다), 잉글랜드 사람들의 사랑(그 스스로 겸허하게 캔터베리 순례를 했음에도), 베켓의 수년간 노력으로 그에게 요구한 정치적 인정(이제는 더 이상 다툼 없이 그가 인정한), 그의 남은 생애 동안 지속된 일련의 전쟁에서 그를 위해 싸운 아들들의 존경 등. (그리고 불운한 기사들은 헨리에 의해 감옥에 갇히는 신세가 되었다.)

조직 이론가 찰스 햄든 터너(Charles Hampden-Turner)는 이런 종류의 현상을 '증폭'이라고 부른다. 사람들은 권력자의 위치에 있는 사람이 일어나기를 원하는 것을 인식(또는 추측)하는 것에 따라 행동을 취한다. 교장은 비록 자신이 심각하게 느끼지 못하는 상태에서 누군가가 언젠가는 시작하기를 원하는 프로젝트에 대해 언급한다. 그리고 3주 후에 누군가가 3일 동안 밤을 계속 새워 그의 책상 위에 올려놓은 것을 발견하게 된다. 어떤 교육장이 피터 센게(Peter Senge)의 『학습하는 조직』을 언급한 후 학교에 대한 교장의 생각에 정보를 주어, 교장은 그 책이 사람들의 책상 위에 있음을 알고 정신 모델과 시스템과 같은 문구를 자주 대화에 사용한다.

이러한 반응은 사람들이 높은 지위에 있는 사람들이 실제로 원하는 것을 모르기 때문에 발생한다. 그리고 여러 가지 이유 때문에 그들은 명확한 설명을 묻지 않거나 묻는 것을 두려워한다. 이는 회의 및 우연한 만남에서 그들이 알아차린 신호에만 의존한다는 것을 의미한다. 신호는 리더의 실제 의도 중 일부만을 나타낸다. 그들이 필요로 하는 의사 결정에 대한 지식이 부족하기 때문에 사람들은 추측에 의해 보상하는 경향이 있으며 때로는 잘못 추측하는 경향이 있다. 또는 그들은 어디에서도 얻지 않은 마음이 내키지 않는 모순된 결정을 내림으로써 얼버무린다.

어림짐작의 결과는? 때때로 그것은 단순히 헛수고와 실책일 수 있다. 그러나 때때로 그것은 훨씬 더 안좋다. 당신의 반 학생이나 학교 교사가 당신이 좋아할 것이라는 희망을 가지고 뭔가를 시도한다. 그러나 사실 당신의 의도를 잘못 읽은 것으로 나타나 당신이 비록 친절하게 안 된다고 반응을 나타내

160

면 그 개인은 결코 다시 시도하지 않을 것이다. 당신이 반응을 나타냈을 때 근처에 있었던 사람도 마찬가지다. (베켓 에피소드 이후에 헨리 2세의 어떤 기사도 분명 그랬을 것이다. 아마도 그렇기 때문에 그 이후 그의 군대는 제대로 된 전투를 치루지 못했다.) 이제부터 사람들은 당신이 과제를 확실하게 말해주기를 기다릴 뿐 자발적으로 하지 않는다. 왜냐하면 그들은 당신의 요구를 추측하는 능력에 자신감을 상실했기 때문이다. 시간이 지남에 따라 당신은 당신을 위해 일하는 사람은 누구도 스스로 생각할 능력이 없다고 믿을 것이다. 다른 사람들은 당신이 자기중심적이고, 자기 멋대로 하고, 멍청하다고 믿게 될 것이다.

어림짐작의 순환 고리를 정말로 중단하려면 왜곡되어 신호가 증폭되는 것을 줄여야 한다. 정치인, 외교관 및 정신과 의사는 듣는 사람들에게 커다란 영향을 미칠 수 있기 때문에 가장 평범한 발언조차도 극도로 조심해야 한다는 것을 오랫동안 알고 있었다. 선생님이나 학교 리더인 여러분도 비슷한 것을 하여야 한다. 이것은 당신이 무의식적으로 전달하는 메시지를 이제 더욱 의식적으로 전달하라는 것이다. 당신 스스로 향상된 새로운 행위자로서 사례를 만들어가라.

이 연습은 당신 자신이나 그룹에서 당신 주위의 오해를 알아보고 좋은 의도를 갖고 있는 개인들이 잠재적으로 파괴적인 노력을 하지 않도록 하는 방법을 찾도록 도와준다.

1. 당신의 의도가 증폭된 적이 있습니까?
   a. 당신의 의도는 무엇이었습니까?
   b. 그 의도를 어떻게 전달했습니까?

　　c. 다른 사람들은 당신의 의도가 무엇인지 알았습니까?

　　d. 오해에 대해 어떻게 알게 되었습니까?

　　e. 결과는 어떻게 되었습니까?

　　f. 당신이 끝끝내 알아내지 못한 사람들의 인식에 대해 일찍이 배우고 싶었던 점은 무엇입니까?

2. 누군가나 당신이 무엇을 하기를 원하는지를 '추측'하는 입장에 있었습니까?

　　a. 당신은 지도자의 의도가 무엇이라고 생각했습니까?

　　b. 이 결론을 이끌어낸 것이 무엇인지 보거나 들었습니까?

　　c. 이것이 지도자에게 중요한지 어떻게 알았습니까? 그 또는 그녀가 이 결론에 이르게 한 것은 무엇입니까?

　　d. 이 의사소통 후 어떻게 다르게 행동 했습니까?

　　e. 절대적으로 익명으로 할 수 있다면 리더에게 당신의 반응에 대해 무엇이라고 말하고 싶습니까?

3. 당신의 학교에서 누구의 주장이 가장 크게 증폭되는 것 같습니까? 그 이유는 무엇입니까?

4. 증폭에서 일어나는 '추측'을 줄이기 위해 어떤 전략을 사용할 수 있습니까?

　　분임과 함께 이 연습을 하는 경우 반응을 비교하라. 각 그룹에 대화에서 제기된 주요 포인트를 강조하도록 요청하라. 스마트 보드, 괘도 또는 OHP에 기록하라. 기록된 내용을 검토하고, 그룹이 그들의 환경에서 사용할 수 있는 전략의 목록에 우선순위를 매기도록 요청하라.

5. 팀 학습

팀 학습의 핵심은 시간을 두고 사람들로 하여금 팀을 구성하여 함께 생각하고 행동하도록 하기 위해 설계된 실행 연습이다. 팀원 모두 똑같이 생각할 필요가 없다. 실제로 그렇게 될 여지는 거의 없고, 그렇게 될 이유도 없다. 그러나 정기적인 연습으로 협력을 통해 뭔가를 효과적으로 이룰 수 있다는 것을 배우게 된다.

학교는 수많은 팀 활동으로 이루어져 있다. 교실은 공통의 목적을 달성하기 위해 서로를 필요로 하는 사람들로 구성된 하나의 팀이다. 팀을 구성하여 함께 역량을 발전시킨다. 이러한 팀에는 구성원으로 간주되지 않는 사람들이 은연중 포함된다. 교실에서 사용되는 주요 서적 및 자료 작성자, 학습이 이루어지도록 지원하는 직원, 자원을 제공하고 교실이 필요로 하는 것을 지원하는 관리자 및 참여를 통해 교실에 어떤 힘을 실어주는 학부모 등. 그러나 팀의 핵심은 교사와 학생들이다.

당신의 팀은 학교 및 지역사회 수준의 포개진 시스템을 오가면서 엄청나게 많은 작업을 수행한다. 선출된 팀에 의해 구성된 학교위원회, 교육장 및 각 팀의 최고 관리자들에 의해 정책이 만들어진다. 교육과정 팀, 현장 팀 및 교사 연수 팀 모두가 학교의 혁신 분위기를 조성한다. 단위 학교의 팀이 점점 더 중요시되고 있다. 예를 들어 국가 교육장 원탁회의는 자신들 각자의 단위 학교 시스템 안에서 조직적인 학습을 위한 역량을 구축하고 관련 기록을 비교하는 회의를 활발히 열고 있다. 이러한 역량들은 그들의 관리자 팀에 갖추어지기 시작했고, 개별 학교의 학교위원회는 종종 정신 모델을 적용함으로써 그러한 기술을 사용한다.[22]

많은 학교에서 팀 티칭, 팀 구축 및 집단 동역학을 경험함으로써 확실히 교사들은 이러한 훈련을 수년간 수행해왔다. 그러나 대부분의 경우 팀 구축을 하면서 의사소통 기술 향상을 위한다고 별도의 수련회 같은 것을 하는 경우가 있다. 그런 후에 그 팀은 돌아와서 여전히 비생산적인 방법으로 정해진 업무를 처리한다. 그와는 달리 팀 학습은 교사회의나 직원 개발 그리고 수업 자체를 통해서 주기적으로 일상적 의사소통 기술을 훈련한다.

팀 학습의 핵심은 살아 있는 생명체와 같이 반복적으로 집단을 만들어가면서 함께 생각하고 실천하는, 끊임없이 만들어지는 어떤 의지와 같은 것이다. 이것은 단순히 일회적인 결정을 하거나 정해진 역할을 설정하고 개별 작업을 수행하는 것을 의미하지 않는다. 그것은 이해하고 해결해야 하는 문제에 대해 심사숙고함으로써 지속적으로 의견을 나누는 것이다.

이러한 훈련은 우리는 어떻게 하여 전문가로서 교육에 참여하게 되었으며 왜 여기에 이러고 있는가, 우리는 아이들과 그들이 갖추고 있는 것에 대해 근본적으로 믿고 있는 것이 있는가, 우리 학교의 어떤 면이 변해야 하고 어떤 것은 지켜야 하는가 등의 근본적인 질문을 하게 만든다. 여러 관점이 있을 수 있고, 모든 것에 동의하지 않아도 된다. 그러나 팀이 조절될 필요가 있다.

■ 정렬

팀 학습은 정렬이라는 개념을 기반으로 하며 이는 '동의'
와 다르다. '선 위에 두다'라는 의미의 프랑스어 *aligner*에서
유래된 정렬 alignment은 흩어져 있는 요소들의 집단을 가지런하게 하여 그들로 하여금 공통성과 목적 그리고 현실적 실재를 지향하게 한다는 의미를 갖

고 있다. 사람들이 자신의 개성을 유지하면서 그들의 노력은 자연스럽게 공통된 방향으로 나아가게 된다. 그들은 서로를 더욱 완전히 이해하기 때문에 공통된 목표에 도달하는 데 소요되는 시간과 노력을 덜 낭비한다. 그들이 동의하지 않더라도, 그들은 서로를 잘 알고 있기 때문에 분명 어떤 사람이라도 집단 전체를 표현할 수 있다.

수업에서는 학생들이 개인 학습뿐만 아니라 공통적인 학습 노력에 참여한다고 느낄 때 정렬은 이루어지는 것이다. 학교 또는 지역사회에서 서로를 보고 존중하고 현실에 대한 어떤 공통된 정신 모델을 수립할 수 있는 능력과 함께 정렬이 이루어지기 시작한다.

■■ 학교에서의 다이얼로그

팀 학습에서 우리가 알고 있는 가장 효과적인 실천은 다이얼로그라는 대화 형식에서 나온다. MIT Dialogue Project 와 DiaLogos Institute의 설립자 겸 대표인 윌리엄 아이작스(William Isaacs)는 다이얼로그를 일상적인 경험과 우리가 당연한 것으로 받아들이는 것에 대한 지속적인 집단적 질문이라고 정의한다. 다이얼로그의 목표는 질문을 위한 여지와 장이라는 새로운 기반을 만드는 것이다. 즉 사람들이 자신의 경험을 둘러싼 맥락과 그 경험을 만든 생각과 느낌의 과정에 대해 더 잘 알 수 있게 하는 장치이다.[23]

다이얼로그의 실천에서 우리는 단어뿐만 아니라 행간에도 주의를 기울인다. 행동의 결과뿐만 아니라 그 행동이 적절한 시점에 이루어졌는지, 사람들이 말하는 것만 아니라 목소리의 음색과 어조에도 주의를 기울인다. 우리는 분리된 요소뿐만 아니라 질문이 어디로부터 왜 나오는 것인지 그 의미를 경청한다. 다이얼로그 과정에서 사람들은 공유된 문제를 분석하거나 공유된 지식의 일부를 창조한다는 의미에서뿐만 아니라 한 개인이 아니라 그들 모두에게 속하는 생각, 감정 및 행동이 집단적 정서를 차지한다는 의미에서 함께 생각하는 법을 배운다.

다이얼로그는 오래된 실천이다. 처음에는 익숙하지 않은 것처럼 보일 수도 있지만 일단 시작하면 대부분의 사람들에게 매우 자연스럽게 느껴진다. 그것은 일련의 제도화된 장벽에도 불구하고 근대적인 환경에서 왜 다이얼로그가 번성하고 있는지를 말해준다.

학교 또는 학교 시스템에서 중요한 주제에 대한 일련의 다이얼로그를 만들어나가면 사람들이 전체의 우선성을 경험하는 여지를 점차적으로 수립할 수 있다. 조급하게 결정을 하려고 하지 않으면서 사람들이 질문을 제기하도록 용기를 주는, 감정에 좌우되지 않는 분위기에서 노동조합 규칙이나 교육과정에 대한 의견 불일치와 같은 논란이 되는 문제에 관해 안전하게 말할 수 있다. 서로의 생각을 더 잘 이해하면 늘 똑같은 인위적이고 지루한 의사 결정 과정 없이 조정된 행동 패턴으로 나아갈 수 있다. 나무에서 새의 무리가 어떤 계획 없이 완벽하게 자연스러운 질서로 날아오르듯이 많은 경우, 모든 사람이 해야 할 실천 계획을 세울 필요가 없다.[24]

다이얼로그는 근대적 삶의 단편화와 고립에 대한 일종의 해독제로서 가치가 있다. 사람들은 세상을 범주로 나누고 이 범주가 역동적이고 끊임없이 진화한다는 것을 잊어버리고 신성불가침한 것으로 취급한다. 기업가와 교육자, 노사, 좌익과 우익 그리고 같은 가족 구성원 간의 분쟁은 모두 이러한 최면 증상이다. 이러한 것들은 토의나 토론을 계속 늘려가는 것으로 해결할 수는 없다. 사람들이 자신들 스스로에게 덮어쓴 장막을 넘어서 보도록 하는 대화를 통해서만 해결할 수 있다.

다이얼로그를 위한 설계

숙련된 촉진자는 집단의 에너지와 의미의 흐름이 강력하게 나타나는 것을 볼 수 있게 집단이 진화하도록 도울 수 있다. 외부 촉진은 또한 관점을 유지하는 데 중요하다. 누군가가 집단을 진정한 목적을 향하도록 되돌려놓지 않아 토의, 토론 또는 조작적인 합의 형성에 빠져들게 하기는 쉽다. 그러나 촉진자가 없어도 사람들은 몇 가지 기본 원칙을 따르면 더 깊은 다이얼로그형 대화를 할 수 있다.

❏ 초대로 시작하라. 사람들에게 참여할 기회가 주어져야 한다.

❏ 사람들이 올 때 전제와 신념을 일단 제시하라. 즉, 그것들을 다양한 각도에서 탐구하고, 명시적으로 나타내며, 상당한 비중을 두고 어디로부터 온 것인지 이해하려고 노력하라. 당신의 전제를 일단 제시함으로써 당신과 다른 사람들이 그 전제를 섬세하고 강력한 기술로 성찰하게 된다. 전제는 방 한가운데에서 볼 수 있게 해야 하고 이어서, 그것을 잡고 있는 사람을 포함해서 모든 사람들이 질문하고 탐구할 수 있게 해야 한다.

❏ 모든 세션의 시작 부분에 체크-인을 하고 끝날 때는 체크-아웃을 한다. 이것은 모든 참가자에게 자신이 생각하고 느끼고 지각하는 것에 대해 잠시 동안 간단히 말할 수 있는 기회를 주는 것을 의미한다. 개인적인 경험을 말하는 것의 가치를 강조하라. 모든 사람들이 자신들에게 말할 기회가 주어진다는 것을 알게 되면 긴장을 늦추는 경향이 있다.

∬ 373쪽의 '체크-인' 참조

❏ 의제와 정교한 준비를 피하라. 이러한 것들은 대화의 자유로운 흐름을 방해한다.

❏ 식사를 나누는 동안 서먹서먹함이 깨질 수 있지만, 이러한 유혹은 피하는 것이 좋다. 레스토랑 서비스와 식사는 산만해질 수 있다.

❏ 계속 진행할 것인지 아니면 해산할 것인지 결정하기 전에 집단으로 3개의 회의를 가질 것을 동의하라. 공정한 시도가 아닐 수 있다. 다이얼로그의 대화 형식으로 만들어지려면 시간이 걸릴 수 있다.

❏ 구성원 각자가 아닌 집단의 중심에 대고 말하라. 공통된 의미의 풀을 만든다. 두 사람이 서로 논쟁하기 시작하거나 그룹의 의도가 다른 방법으로 도용된 경우, 부드럽게 사람들의 관심을 전체 집단이 원하는 방향으로 나아가도록 한다.

❏ 각 사람마다 마무리를 짓고, 한 박자 멈춘 다음에 다음 사람이 말하도록 한다. 사람들로 하여금 각자 자신들의 필요에서가 아니라 전체 집단이 이어서 듣고자 하는 것에 대한 의견을 말하도록 제안하라.

이러한 기술이 계속되는 일련의 대화의 일부가 될 때, 그리고 자신들에게 중요한 사람들과 더 깊은 관계를 구축하는 것 외에 다른 의제가 없을 때, 매우 강력한 일이 일어난다. 예를 들어, 한 다이얼로그 세션에서는 특수 교육을 위해 학교 예산의 나머지 부분에서 얼마나 많은 관심과 돈을 끌어와야 하는지에 대한 문제를 다루었다. 다이얼로그에는 교사, 관리자, 부모, 사회복지사, 지역사회 종사자가 포함되었다. 방에 있는 모든 사람들은 장애인들과의 개인적인 경험, 교사로서의 경험 그리고 주 예산과 주 의회에 대한 감정에 기초

168

를 둔 확고한 태도를 취했다. 그러나 일단 모두가 진심으로 말하면, 다들 다른 사람들이 나름대로의 견해를 가진 이유를 알게 되었다. 이 문제는 예전에는 없었던 의미를 갖게 되었다. 마치 특수 교육의 거대한 가능성 자체가 집단 앞의 공중에 매달려 있는 것처럼 말이다. 아무것도 해결되지 않았다. 어떤 정책도 결정되지 않았다. 그러나 이러한 다이얼로그 이후에, 문제에 대한 논쟁은 마치 사람들이 한 몸의 구성원으로서 이 문제에 접근할 수밖에 없다는 것을 사람들이 인식함으로써 사라지는 것처럼 보였다. 나중에 다른 회의에서 결정이 내려졌다. 사람들은 그 결정으로 훨씬 행복해졌으며 다이얼로그가 없었더라면 몰랐을, 어떤 점이 중요한지에 대해 더 깊이 이해했다고 말했다.

■ 교육에서의 팀 학습

많은 훌륭한 교사는 이미 본능적으로 팀 학습을 실행한다. 예를 들어 미네소타 대학의 데이비드 존슨(David Johnson)과 로저 존슨(Roger Johnson)이 연구하고 개발한 협동 학습은 많은 학교에서 사용되는 효과적인 팀 학습 방법이다. 학생들이 두 개 이상의 그룹으로 작업을 함께하고 교사가 학생들이 서로의 아이디어를 촉진하고, 브레인스토밍하고, 요약하도록 훈련하거나 대화의 특정 관점을 받아들이도록 훈련시키고 역할을 전환하여 이전 집단에서 제시된 전제를 볼 수 있게 한다.[25]

팀 학습 방법은 특정 학교 구조에서 특별한 가치가 있다. 예를 들어, 여러 연령대의 학생들로 구성된 교실에서 학생들은 집단적 지식 기반으로부터 큰 이익을 얻는다. 4학년과 5학년으로 구성된 교실에서 역사 단원의 시작 부분에서 교사는 "신세계의 탐험가들에 대해 무엇을 이미 알고 있습니까?"라고 묻고 학생들이 말한 사실들을 칠판에 그린다. 5학년 학생들은 3학년 학생들이 아직 배운 적이 없는 지난 몇 년 동안의 사실을 기억할 수 있는 반면, 항해 선박에 매료된 4학년들은 다른 누구도 알지 못하는 많은 것을 알 수 있다. 그러나 이러한 것이 작동하려면 신체적으로 작고 어쩌면 주눅들은 어린 학생들에게는 모든 사람은 제공할 어떤 것을 가지고 있다는 공식 인정이 필요하다. 그리고 고학년 학생들은 그들이 집단의 지배자가 아닌 전체 집단의 일원으로 대우받을 것이라는 것을 알 필요가 있다.

팀 학습 기술은 교실 밖에서도 또한 유용할 수 있다. 예를 들어 특히 학생 대표가 있는 경우, 학교위원회에 필수적이다. 직원 개발 역시 팀 학습을 위한 자연스러운 수단이다. 전문적인 학습 공동체의 광범위한 활용은 교사들이 서로에게서 배우는 중요한 실천 분야를 제공한다. 핵심 가치와 신념에 관한 다이얼로그를 열 수 있다. "우리는 왜 여기에 있는가? 우리를 전문 직업인으로 교육에 이끌었던 것은 무엇인가? 무엇이 우리로 하여금 여기에 계속 있게 하는가?" 놀랍게도 그러한 대화를 많은 동료와 나눈 적이 있는 교사는 거의 없었다. 그리고 그러한 대화를 했는가 안 했는가는 큰 차이가 있다.

∬ 586쪽의 '일방적인 교직원 개발을 더 이상 하지 않기' 참조

보다 일반적인 포럼은 다이얼로그의 귀중한 환경이다. 학교에서 흔히 사용하는 다이얼로그를 위한 한 가지 발문은 "이 학교 자체가 아닌 일반적인 교육 환경과 관련하여, 교육에 대해 그 어떤 것을 바꾸고자 한다면 그것은 무엇일까요?" 마이애미 대학의 교육 리더십 부서의 교수진과 학생들은 스스로에게 이러한 질문을 던지면서 학제 간 인문학, 특히 권한을 갖고 있는 사람들의 학습 필요성에 대해 이야기하게 되었다.

이 모든 일은 부서의 방향에 대해 불일치가 걷잡을 수 없이 일어나는 가운

170

데 발생했다. 다이얼로그는 극도로 보수적인 것에서 맑스주의자에 이르기까지 생각할 수 있는 모든 관점의 사람들이 참여했다. 아무도 자신의 견해를 바꾸지 않았지만, 그들은 지도자 교육의 미래와 잘 준비된 리더십의 가치에 대해 함께 가지고 있는 이해관계에 대해 마주 앉아 애기했다. 이 다이얼로그를 통해 궁극적으로 이 분야에서 널리 알려지게 된 리더십에 관한 학제 간 교육과정을 개발하게 되었다.

∬ 513쪽의 '교육 리더십을 새롭게 하기' 참조

　　다이얼로그를 위한 또 다른 중요한 시작점은 간단하다. "교사는 아이들에 대해 무엇을 생각하는가? 교육자로서 우리 지역의 아이들에 관한 어떤 정신 모델을 갖고 있는가? 그리고 그 정신 모델은 어디에서 왔는가?" 일부 교육자들은 자녀의 학습을 위한 궁극적인 책임은 학교, 특히 학교의 지도자인 교육장에게 있다고 믿는다. 어떤 사람들은 부모에게, 어떤 사람들은 교사에게, 또 어떤 사람들은 어린이들 자신에게 궁극적으로 책임의 원천이 있는 것으로 분명하게 바라본다. 심층적인 다이얼로그를 통해 사람들은 이러한 다양한 태도가 갖고 있는 정책적 함의와 그들의 태도가 어디에서 비롯된 것인지 알 수 있다.

■■ 팀 학습을 위한 생각그물(Mind Map) 연습

　　팀이 직면한 가장 큰 과제 중 하나는 상호 이해의 환경을 설정하는 것이다. 연관 개념 다이어그램이라고도 하는 생각그물 기법은 많은 도움이 될 수 있다. 이 다이어그램은 열린 공간에서 집단의 모든 사람들이 함께 보고 얘기할 수 있도록 모든 사람들의 전제 및 그 관계를 알아본다. 이 생각그물은 또한 대화를 방해할 수 없도록 강렬하게 시각화하는 방법으로 집단의 사고를 포착하는 데 도움이 된다.

예를 들어 관리자가 학생을 정학할지 여부를 결정해야 하는 경우 관련된 학생의 학부모 및 교사를 회의에 참여하도록 할 수 있다. 학생의 이름과 네 가지 차원, 즉 학업 성적, 발달 과정, 소셜 네트워크 및 가정과 학교생활의 일관성을 보여주는 지도부터 시작한다.[26]

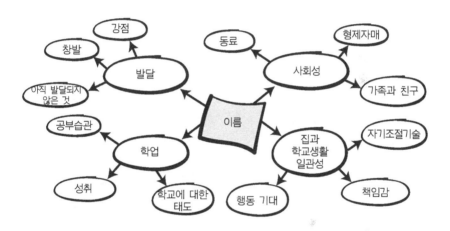

방에 있는 모든 사람들에게 작성을 요청한다. 예를 들어 부모님에게 형제, 자매 및 다른 어린이들과의 관계에 대해 이야기 해보라고 한다. "동네에서 그 아이는 나이가 많은 아이 또는 어린아이들과 노는가?" 교사들에게 점심시간이나 휴식시간에 또는 수업 시간에 그들이 본 것을 설명하게 한다.

그런 다음 학생을, 특히 강점이나 로버트 브룩스(Robert Brooks)가 '능력의 섬(island of competence)'이라고 한 아직 개발되지 않은 잠재된 재능과 자질이라고 한 발달적 관점에서 살펴본다. "당신의 자녀가 우리 학년에서 가장 어린

아이라는 것을 압니다."라고 말할지도 모른다. "그것이 그 아이에게 어떤 영향을 미칩니까?" 공부 습관, 수행 능력, 학교에 대한 태도 등 학업 문제를 다룬다. "아이가 학교를 좋아합니까? 아이의 성적, 점수 및 보고서는 어떻게 등락하였나요?"

그런 다음 집과 학교생활에서 어떻게 일관되게 나타나는지를 고려한다. "가정과 학교 모두에서 이러한 문제 행동이 어떻게 나타나는지를 표시해보는 것이 어떨까요? 어떻게 할 수 있을까요?"라고 말한다. 다이어그램의 관련 위치에 메모를 게시한다. 그래서 결국 다이어그램은 아이가 어떻게 위험에 처했는지 아이, 부모 또는 다른 누구를 비난하지 않고 보여준다.

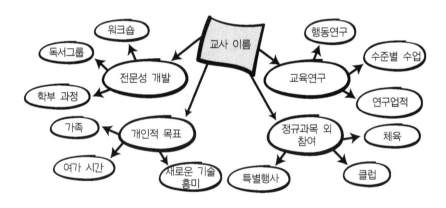

생각그물은 다른 상황에서도 동일한 효과를 낸다. 교사들에게 유사한 다이어그램을 사용하여 수업 시간에 각 어린이들을 가장 잘 묘사할 수 있는 특성과 함께 가장 변하고자 하는 한두 개의 특성과 함께 생각그물로 그리도록 요청할 수 있다. 교사들 역시 영향을 미치기 때문에 차트에 자신을 추가하도록 상기시킨다. 일단 그 학생들의 강점과 약점이 페이지에서 확인되면, 교사들은 그들에게 더 잘 맞추게 되고 더 반응을 하게 된다. 이것은 회의에서 학부모에게 유용한 다이어그램이 될 수 있다. 교사가 그들이 갖고 있는 전제를 확인하고 어려운 질문을 제기하는 것을 더 쉽게 만든다.

교사는 자신의 전문성 개발을 추적하기 위해 비슷한 생각그물을 만들 수 있다. 이것은 관리자와 대화하는 데 유용한 문서이다. 여기에는 개인의 목표나 학교 및 지역사회의 비전에 부합하는 내용 등 더 큰 문제와 관련하여 교사 각자가 이수한 과목의 이름과 같은 특별하고 구체적인 세부 사항이 포함될 수 있다. 이 생각그물은 해마다 구축할 수 있다.

■: 월드 카페

넬다 캠브론-맥카베(Nelda Cambron-McCabe)

후아니타 브라운(Juanita Brown), 데이비드 아이잭스(David Isaacs), The World Café Community, The World Café : 『중요한 대화를 통해 미래를 열어라(Shaping Our Futures Through Conversations That Matter)』(Berrett-Koehler Publishers, 2005); The World Café : 『중요한 대화를 개최하기 위한 리소스 가이드(A Resource Guide for Hosting Conversations That Matter)』(PDF)(2009, Pegasus Communications, http://www.pegasus.com); World Café 웹사이트, www.theworldcafe.com.

나는 시스템사고에 관한 회의에서 월드 카페(World Café)를 처음으로 경험했다. 이 과정을 고안한 후아니타 브라운은 수천 명 정도의 대규모 집단 다이얼로그에 대한 도발적인 질문을 제기했다. 조직과 세계를 변화시키기 위해 협력을 구축하라가 주제였다. 내가 호텔 볼룸에 들어갔을 때, 체크무늬 식탁보와 꽃이 달린 작은 카페 테이블 수백 개가 나를 맞이했다. 나는 이것이 특별한 경험이 될 줄 알았다. 다음 두 시간 동안 많은 사람이 테이블에서 테이블로 옮겼다. 다른 사람들은 대화가 바뀔 때마다 새로운 아이디어를 얻고 관찰을 했다. 2시간 후 나는 회의실에 있는 모든 사람들과 놀라운 연결 고리를 느꼈다. 우리가 방을 움직이면서 만들어가는 다이얼로그의 진화와 집단 지성 구축을 보면서 그러한 대화가 세상을 바꿀 수 있기를 희망했다.

후아니타 브라운의 간행물과 웹사이트를 통해 월드 카페 대화의 기본을 배울 수 있다. 나는 회의에서 고등 교육 교수진들과 함께했을 때뿐만 아니라 학교 시스템에서 작업할 때 이 과정을 사용했다. 리소스 가이드 전자 서적은 간결하게 의미 있는 다이얼로그를 이러한 형식으로 유지하기 위한 기본 원칙을 제시한다. 그것은 질문 개발에서부터 세팅의 실제까지 모든 것을 다룬다. 『월드 카페 : 중요한 대화를 통해 우리 미래 만들기(The World Café : Shaping Our Futures Through Conversations That Matter)』는 다양한 조직의 수많은 예와 함께 이론적, 철학적 기반을 제공하는 World Café 과정에 대한 단행본 수준의 책이다. 이 책은 카페 디자인을 만드는 데 특히 중요하다. 월드 카페 웹사이트는 많은 안내와 도구를 제공하며 그중 많은 부분이 무료이다. 세션을 열 때마다 나는 삶을 형성하는 데 필수적인 대화의 역할을 알게 된다.

6. 시스템사고

많은 학교 행정가가 위기에 빠져 있다. 교육장의 사무실에 앉아 들어오는 전화에 귀 기울이는 것, 교육장이 전화선을 끊어버리지도 못한다는 것 또한 어떤 의미에서 놀랍다. 각 사건에는 즉각적인 응답이 필요하다. 아이들이 학교 운동장에서 다치기 때문에 추가 감독자를 놀이터에 배치해야 한다. 주 입법부에서 다루기 전에 어떤 법안이 일부 학교 프로그램을 위한 수익을 차단하여 이를 해결하기 위해 주 수도로 출장을 가야 한다. 학부모의 자녀 성적에 대한 우려로 그 주에 회의가 예정되어 있다. 문제가 무엇이든, 교육장 또는 다른 직원이 가능한 가장 빠른 진단을 내리고 가장 즉각적인 해결책을 찾아야 한다.

그러나 이러한 빠른 대처 중 일부는 장기적으로 이익보다 해를 끼칠 가능성이 매우 크다. 게다가 각 사건에 즉각적으로 대응하고 문제가 발생했을 때 이를 해결하는 것은 학교 시스템에서 일종의 주의력 결핍 문화를 만들게 된다. 한 쟁점에서 다른 쟁점으로 신속하게 이동하면서 사람들은 위기를 예방할 방법을 찾지 않고 위기 해결에 능숙해진다.

시스템사고 훈련은 사건들을 고립된 것이 아닌 더 크지만 눈에 잘 보이지 않는 구조의 구성 요소들로서 서로 영향을 미치는 것으로 봄으로써 문제와 목표를 보는 다른 방식을 제공한다. 시스템을 이해하는 것은 이러한 상호 관계 및 그러한 상호 관계가 시간 경과에 따라 어떻게 다시 만들어지고 변화하는지 이해하는 것이다. 쉽게 만들 수 없는 사용 가능한 예산이나 학생 인구의 증가 또는 감소와 함께 건물 설계, 관습 및 그곳에서 일하는 사람들의 태도에서부터 국가 및 지역사회가 부과하는 정책 및 절차에 이르기까지 교육구는 여러 가지 상호 연관된 구성 요소가 있는 시스템이다. 이들이 어떻게 서로 영향을 미치는지 알게 되면 훨씬 효과적으로 행동할 수 있다.

System/Systems Thinking

시스템은 다양한 구성 요소들이 시간의 흐름에 따라 지속적으로 서로 영향을 미치기 때문에 얽혀 있다고 인지되는 구조이다. 'system'이라는 말은 원래 '함께 서 있어 원인이 되다'는 의미의 그리스어 동사 *sunistanai*에서 유래된 것이다. 이 어원에서 알 수 있듯이 시스템의 본질은 시스템을 관찰하는 인식마저도 포함한다.

시스템의 예로는 교육구 외에 인체를 포함한 생물체, 대기, 질병, 생태적 지위, 공장, 화학 반응, 정치 단체, 산업, 가족, 팀 및 모든 조직이 포함된다. 모든 교육구, 지역사회 또는 교실에는 주목할 만한 가치가 있는 수십 가지의 서로 다른 시스템들이 있을 수 있다. 교육구 관리 프로세스, 특정 정책의 영향, 노사 관계, 교육과정 개발, 학생 교육 연구 그리고 널리 나타나는 직원의 행태 등. 모든 어린이의 삶은 시스템이다. 모든 교육 실행은 시스템이다.

'시스템사고(Systems Thinking)'라는 규율은 시스템 구조와 행태를 연구하는 것이다. 이는 특히 강력한 컴퓨터의 출현 이후 지난 50년 동안 발전해온 일련의 도구와 기술로 풍부해졌다. 도구 및 기법 중 일부는 매우 간단하다. 물론 어떤 것은 컴퓨터 모델과 이를 사용하기 위한 교육이 필요하다. 그러나 모든 것이 다 활용 가능하다. 계속 사용하면 일상생활에서 다양한 '비선형'적 현상들을 이해하고 어떻게 대응할지 배울 수 있다. 비선형적인 현상은 원인과 결과가 대부분 사람들이 생각하는 대로 일어나지 않는다는 것을 의미한다. 시스템사고를 통해서 해당 시스템의 복잡성, 상호의존성, 역동적 변화는 물론 최소의 비용과 노력으로 최대의 결과를 얻을 수 있는 능력인 레버리지(지렛대 효과)에 대한 인식을 개발하게 된다. 그리고 자신이 선택한 삶의 의도하지 않은 결과에 대해 더 많은 것을 알 수 있다.

시스템사고의 도구와 기법은 처음에는 생소할 수 있으나, 누구나 기본 개념에 대해 깊이 공감할 수 있다. 예를 들어 대부분의 어린이들은 천성적으로 시스템사고를 한다. 그들은 자연, 타인, 감정, 생각 그리고 자신과의 상호 관계에 매우 잘 반응한다.[27]

■■ 교육에서의 시스템사고

시스템사고는 학교 시스템에서 흔히 발생하는 문제 유형 때문에 교육과 특히 관련이 있다. 『쉬운 대답이 없는 리더십(Leadership Without Easy Answers)』에서 로날드 하이페츠(Ronald Heifetz)는 시스템사고를 '적응하는' 문제라고 하는데, 이는 기술이나 특정된 답만으로 해결할 수 없다는 의미이다. 예를 들어, 간단한 감염은 기술적인 문제이다. 항생제나 기타 간단한 치료로 치료가 가능하며 기존의 의료 전문 지식으로도 문제를 해결할 수 있다. 그러나 암이나 당뇨병과 같은 복잡한 질병은 기술적인 해결책이나 단순한 치료 이상의 것을 요구한다. 진단은 확실하지 않으며 결과는 확실한 것보다는 추측에 가깝다. 해결책을 얻으려면 환자가 학습에 참여하고 행동을 변화시켜야 한다. 하이페츠가 말하는 적응성 문제가 이러한 복잡성과 불확실성으로부터 규정되는 것이다.[28]

교육 문제는 여러 가지 이유로 의료 문제보다 훨씬 복잡하고 불확실할 수 있다. 기간은 더 길어서 많은 나라에서 3세 또는 4세에 학교를 다니기 시작하고 22세 또는 그 이상이 될 때까지 학교를 그만둘 수 없다. 지식과 전문성은 의학보다 세분화되고 분산되어 있다. 효과적인 학교를 만드는 것에 대한 일반적인 합의가 나오고 있지만 대부분의 생물학 분야보다 훨씬 적게 의견이 일치하고 있다. 교사, 관리자 및 부모는 모두 각자 다른 사람들에게는 결핍되어 있는 지식을 가지고 있다. 교육과정 및 기타 우선순위는 교육구 밖에서 만들어진다. 어떤 면에서 학생만이 전체 시스템을 모두 보기 때문에 모든 면에서 학생이 가장 전문가이다. 마지막으로 양질의 의료와 마찬가지로 양질의 교육은 모든 삶의 선택과 그것을 만드는 법을 배우는 방법에 달려 있다.

따라서 시스템사고는 교육에 막대한 기여를 할 수 있다. 그러나 그것은 독방에서 이루어지는 훈련으로 취급해서는 안 된다. 어느 한사람의 관점이 완벽할 수는 없다. 혼자 작업하지 말고 공통적인 상황에 대해 이야기하기 위해 헌신적인 시범 집단을 구성한다. 다양한 시스템 도구를 통해 이를 고려한다. 작동하는 힘의 관계를 지도로 나타낸다. 시스템 원형과 구조에서 유사점을 찾는다. 또한 차이점을 찾는다. 다른 사람들의 문제에 대한 인식 차이에서 시스템에 대한 중요한 단서가 있을 수 있다.

178

자신의 행동이 전체 시스템의 일부라는 방식에 특히 주의한다. 교사, 부모, 학교, 정부, 지역사회, 기업 등 다른 누군가를 비난하는 경향이 있다면 그 상태를 만들었을 수도 있는 그 시스템에서 어떤 부분을 자신이 갖고 있는지 스스로에게 물어본다. 특히 자신이 하고 있는 것이 상황을 개선하기 어렵게 한다.

마지막으로 레버리지를 확인한다. 상대적으로 작은 행동이 비교적 큰 결과를 만들어낼 수 있는 곳. 그런 다음 작은 규모로 실험하고 그 결과를 보고, 동료 및 다른 파트너와 실험 및 그 결과에 관해 이야기한다. 이러한 방식으로 집단의 노력은 시스템의 자연스러운 부분이 되어 시스템 전체에 대한 피드백 양식과 시스템이 개선될 수 있는 촉매가 된다.

■ 빙산

목적 : 이 활동은 사건들을 분리해서 다루는 것에서 벗어나 시간적 공간적으로 광범위하게 흩어져 있는 여러 사건의 상호 연관성을 확인하는 데 도움이 될 수 있다. 사건들에 반응하거나 비난할 죄인을 찾는 대신, 당신의 팀은 직면한 도전의 근원이 되는 구조 및 사고에 대한 깊은 통찰력을 얻을 수 있다. 이 연습에 포함된 성찰 및 연구 과정은 시스템사고와 정신 모델의 규율이 어떻게 복잡하게 얽혀 있는지 설명하는 데 도움이 될 수 있다.

대서양 횡단 배 타이타닉이 처녀항해에서 빙산에 접근했을 때, 배에 가장 큰 위협은 사람들이 볼 수 있는 얼음이나 흘수선에 있는 것이 아니라 실제로 대낮에도 보기 어려운 빙산의 대부분인 수면 아래의 모양과 구조였다. 대부분의 사람들은 '빙산의 일각'이라는 문구에 익숙하다. 우리가 쉽게 보거나 묘사할 수 있는 것보다 더 많은 것이 표면 아래에서 진행되고 있음을 나타낸 것이다. 즉, 표면의 사건은 통상 더 큰 어떤 것의 증상이다.

물은 탁해 잘 보이지 않지만, 변화의 진정한 영향력은 수면 아래에 있다. 시스템 관점에서 보면, 빙산의 일각인 특정 사건에 초점을 맞추면 학교 조직의 복잡성을 보지 못하게 된다. 빙산 활동(The Iceberg Activity)은 문제를 이해하는 데 집단의 관심을 집중시킨다. 이 연습은 종종 사람들이 발견한 문제에 대한 해결책을 제시하는 데 궁극적으로 도움이 되지만, 일단은 문제를 이해하는 방법으로 생각하는 것이 좋다.

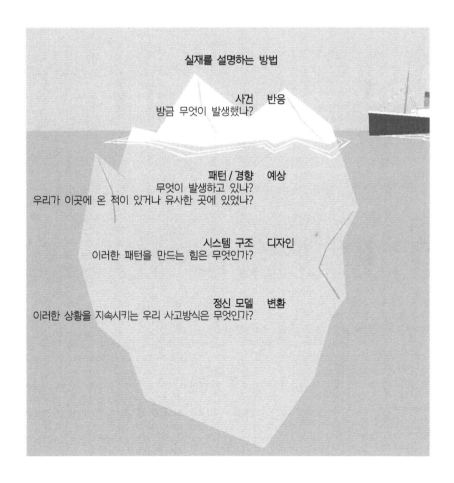

실재를 설명하는 방법

사건 반응
방금 무엇이 발생했나?

패턴 / 경향 예상
무엇이 발생하고 있나?
우리가 이곳에 온 적이 있거나 유사한 곳에 있었나?

시스템 구조 디자인
이러한 패턴을 만드는 힘은 무엇인가?

정신 모델 변환
이러한 상황을 지속시키는 우리 사고방식은 무엇인가?

1단계 : 사건

교실, 학교 또는 지역사회에서 발생한 중요 사건이나 문제의 이름을 기재한다. 사건에 대해 왜 문제가 되었는지 15분 내지 20분 정도 되돌아본다. 나와 다른 사람들이 이 사건에 어떻게 반응했는가? 어떻게 해결하려고 했는가?

예를 들어 얼마 전, 주정부 보고서 카드에 의하면 크로스로드(Crossroads) 공립 교육구는 전년도에 78%의 졸업률을 보여주었다. 졸업률이 지난 몇 년 동안 떨어졌음에도 불구하고, 비슷한 인구 통계를 가진 주에 있는 교육구가 95% 또는 그 이상을 나타내고 있어, 아무도 가장 최근 몇 년간의 졸업률 하락에 대비하지 못했다. 더욱이 불과 몇 년 전, 그들은 졸업률이 향상하는 것으로 나타났었다.

이것은 속상한 소식이었다. 학부모는 학교위원회 위원에게 연락하여 조치를 취할 것을 요구했다. 서로를 비난하는 분란이 일어났다. 교사들과 관리자들은 부모와 아이들이 단지 관심을 가지지 않았을 뿐이라고 주장했다. 부모들은 교육자들이 자녀들을 가르치지 않는다고 화가 나서 대답했다. 지역사회 사람들은 침묵을 지켰지만 다음에 운영비 징수에 투표할 때 통계 수치를 잊지 말자고 했다. 선출된 지도자들은 교육구에 신속히 대응하기 위해 새로운 책무성 측정 방법을 논의하기 시작했다.

그러한 반응은 전형적인 것으로 있을 수 있는 것이다. 그림에서 알 수 있듯이 사람들은 각 사건을 별개의 것으로 받아들이고 임의로 재단하여 반사적으로 반응하는 경향이 있다. 그러나 이 반응은 이해할 만하고 일반적인 것이지만, 모두 바람직한 것은 아니다. 그것이 무엇이든 간에, 빙산의 일각으로 사건을 보았다면 어땠을까? 빙산의 가시적인 부분은 거대하고 위협적이지만, 가장 위험한 부분은 바다 수면 아래 숨어 있다. 어두운 바다를 관통하여 눈에 보이는 일부를 떠받치고 있는 구조를 보지 않는 다면 주변을 탐색할 수 없다. 그러면 빙산의 일각 아래에 있었던 것은 무엇인가?

2단계 : 패턴과 경향[29]

두 가지 질문으로 시작한다. 무엇이 일어나고 있는가? 우리가 여기에 있었거나 전에 비슷한 장소에 있었는가?

1단계에서 설명한 사건의 내역을 살펴본다. 그래프를 통해 시간 경과에 따른 관련 사건의 진행 과정을 차트로 나타낸다. 나타나는 패턴은 무엇인가?

크로스로드 공립 교육구에서 직원이 학생의 특성, 교육구에서의 이동 및 졸업률과 관련된 것으로 보이는 기타 사건과 관련된 데이터를 수집했다. 그들은 다음과 같은 차트를 만들었다.

시스템 전문가는 이러한 다이어그램을 시간별 행태(Behavior-Over-Time)

다이어그램이라고 한다. 이 다이어그램에 묘사된 행태는 인간의 행동이 아니라 시스템의 행태, 즉 상승 및 하강하는 주요 변수의 패턴이다. 패턴이 나타나면 이전에 대부분 본 것이었음이 분명하다. 드물게 완전히 새로운 패턴이 나타난다. 그들은 완전히 똑같이 보일 수는 없지만 2년, 5년 또는 10년 전에 등장한 패턴과 확실히 유사하게 보일 것이다.

행태 패턴을 보면 처음에는 우울해 보일 수 있다. 이러한 패턴은 마치 운명이 냉혹한 것처럼 보인다. 당신이 어떻게 하든지 상관없이, 당신은 그 패턴에 빠지게 될 것이다. 그러나 그러한 태도는 역사 자체가 반복될 것이라는 잘못된 가정에 근거한 것이다. 경제에서 정부 정책, 인구 통계, 교육 동향에 이르기까지 교육에 영향을 미치는 주요 추진력은 현재 예측 가능하지 않다. 따라서 행태 패턴은 추세를 드러내지만 그것을 근거로 결정을 내리는 데는 부적합하다. 좀 더 깊이 살펴보려면 당신으로 하여금 여기에 있게 만든 패턴의 근본 원인을 고려해야 한다.

3단계 : 시스템 구조

어떤 힘이 2단계에서 설명한 행태 패턴을 만드는 것처럼 보이는가? 어떻게 이 시스템의 요소들이 서로 영향을 미치는가? 패턴을 변경하려면 학교의 어떤 기본적인 면을 바꾸어야 하는가?

행태의 각 패턴 뒤에는 시스템의 구조가 있다. 비록 시간적 공간적으로 멀리 분리될 수 있고 그들의 관계가 인식하기 어려워 관계가 없어 보이는 상호 작용하는 요소들의 집합이 이러한 구조를 이룬다. 연구해보면 이 구조가 엄청난 레버리지를 나타낸다. 레버리지는 반드시 최고 권위의 지점이 아니다.

원인과 결과의 뿌리 깊은 회로가 가장 많이 영향을 받을 수 있는 지점이다.

이러한 시스템의 대부분은 만성적인 문제에 대한 습관적 접근의 결과로 시간이 지남에 따라 발달된 것이다. 시스템을 재설계하려면 기존 구조와 관행에 대한 이해가 필요하다. 예를 들어, 크로스로드 공립 교육구의 감소하는 졸업률에는 어쩌면 점증하는 다양한 학생 인구 구성과 낮은 학업성취도를 가진 학생과 함께 일하는 직원 개발 지원이 결합되어 있을 수 있다. 학문적 우수성에 대한 과거의 명성으로 학교 시스템은 자녀에게 가능한 최고의 학교 경험을 제공하고자 하는 부모를 매료시켰다. 많은 학교 관리자들은 엘리트 대학 준비반으로서 자신의 학교에 대한 인식에 따라 계속해서 의사 결정을 한다. 그러나 지역사회가 커지면서 모국어로 영어를 사용하지 않는 부모나 학교가 준비하지 않은 다른 교육적 필요들이 만들어지게 되었다.

경제가 예산 절감을 강요함에 따라 졸업률 문제가 악화되었다. 그러나 학교 리더십의 교체라는 한 가지 주요 요인은 종종 간과되었다. 2000년부터 2005년까지 재임한 학교장은 학생들이 탈락하기 전에 이수해야 하는 대안 저녁 프로그램을 개발하고 홍보했다. 이 프로그램은 GED(대학입학자격검정시험) 학생들뿐만 아니라 성인 문맹 퇴치 수업을 필요로 하는 학생들에게도 도움이 되었으며 많은 프로그램과 마찬가지로 기금으로 어려움을 겪었다. 그럼에도 불구하고, 그 프로그램은 학생의 학습을 위한 따뜻하고 개별화된 기회를 제공했으며 활기차고 협력적이며 친절한 교사들이 이끌었다. 교장이 퇴직한 후에 프로그램은 중단되었다. 그 후 교육구는 인근의 대안 고등학교에 학생들을 등록시키고 보다 많은 독해 및 수학 교정 과정을 만들려고 했다. 그러나 그들의 성공률은 원래 저녁 프로그램보다 훨씬 낮았다.

이러한 원인과 결과의 패턴을 단어로 설명할 수는 있지만 원인과 결과를 나타내는 화살표를 사용하여 그 패턴을 그려내는 것이 훨씬 더 효과적이다. 만들어진 인과지도는 다음과 같이 나타낼 수 있다.

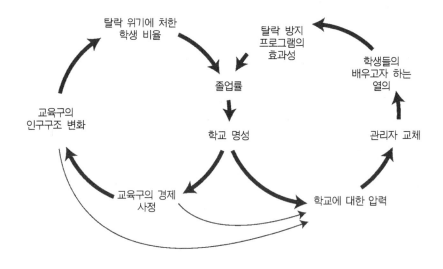

상호 관련된 요소의 수와 졸업률의 상승 또는 하강을 일으키는 요소의 결합 방식에 유의한다. 또한 어디서부터 시작이고 어디가 끝이라는 것이 없으며 모든 요소는 다른 요소에 영향을 미치고 다른 요소의 영향을 받는다. 이것이 시스템이 시간이 지남에 따라 진화하는 방식이다. 졸업률이 올라감에 따라 학교의 명성에 영향을 미치고 결국 지역사회의 경제 여건에 영향을 미친다. 이것들은 이어 학교의 효과성과 궁극적으로 졸업률에 영향을 미친다.[30]

∬ 199쪽의 '인과 고리 만들기' 참조

이 책을 통해 인과순환지도와 구조 모델링을 포함하여 시스템을 구성하는 상호관계 패턴을 명확히 하고 분별하는 데 도움이 되는 다양한 도구들을 사용한다. 또한 반복되는 패턴의 여러 가지 유형이 어떻게 예측 가능한 효과를 이끌어내고 어떻게 영향력을 발휘할 수 있는지를 알 수 있다. 또한 학습과 이해를 위한 보다 정확하고 세부적인 잠재력을 지닌 시스템을 이해하는 데 도움이 되는 컴퓨터 모델을 개발하는 방법을 보여준다.

그러나 항상 중요한 단계, 시스템에서 가장 중요한 시스템 구조와 서로 영향을 주는 방식에 주의를 기울인다. 즉, 다른 요소에 영향을 미치는 요소를 찾는다.

당신의 시스템 구조를 보다 명확하게 보기 위해 어디에 집중해야 하는가?

4단계 : 정신 모델

시스템의 구조가 당신이 해결하고자 하는 문제에 영향을 미치는 매우 깊은 인과 관계를 나타낼 수는 있지만, 더 깊은 수준이 있다. 그것은 처음에 이러한 시스템의 관계를 야기한 정신 모델이다. 시스템은 종종 그에 속한 사람들의 가치관, 태도 및 신념으로부터 자신의 모습을 만든다. 그것은 우리의 정신 모델, 즉 세상이 작동하는 방식에 관한 우리의 이론이 우리의 행동에 영향을 미치기 때문이며, 이어서 이것은 우리 시스템의 상호작용에 영향을 미친다.

예를 들어 학생들이 학교를 그만두는 정신 모델을 생각해보자. 교육구 사람들은 교장이 슈퍼 영웅이어야 한다고 생각하는가? 분명히 잘못된 것은 그들이 나쁜 사람을 선택했다는 징후라고 느끼는가? 그들은 그 또는 그녀가 철저히 정치적이며 사람들을 짜증나지 않게 하거나 성역을 건드리지 않을 것을 기대하는가?

그리고 교장은 지역사회에 대해 어떤 정신 모델을 가지고 있는가? 교사들에 대해서? 교사 노조에 대해서? 학생들에 대해서 그리고 얼마나 많은 학생이 졸업할 수 있을 만큼 충분히 능력이 있다고 생각하는가? 학습을 위한 최고의 모델에 대해서? 그리고 그 또는 그녀 자신에 대해서? 성공하고 잘 교육받은 사람으로서, 많은 관리자는 사람들의 지지로부터 오는 권력은 알고 있지만 질문에 익숙하지 않다. 그들은 갈등에 직면했을 때 더 격렬하게 논쟁하고 열정적으로 토론함으로써 이길 수 있다는 정신 모델을 유지하는 경향이 있다. 이런 식으로 그들은 그들 자신과 교사 또는 부모 사이의 반복적인 오해의 순환을 영속시킨다.

이제 차트 작성 문제를 생각해보자. 시스템 구조의 각 요소 뒤에는 일련의 태도와 신념이 있다. 그중 일부는 눈에 보이지 않기 때문에 오해의 소지가 있거나 비생산적인 경우라 할지라도 도전을 받지 않았다. 당신은 그러한 것들을 안전하게 표면으로 가져와서 그러한 것들에 대해 물을 수 있는가? 이러한 신념과 전제를 떠올려야만 시스템이 변환될 수 있다.

빙산의 사용

이 집단 연습은 모든 주요 문제에 대해 수행될 수 있다. 네 단계를 거치면서 대화는 '조급한 수정'이라는 해결책에서 벗어나 문제를 만든 태도에 대한 진정한 이해에 보다 가깝게 접근하여 더 높은 단계로 나아간다. 각 단계가 시작될 때 질문으로 이끌어간다. 사람들에게 해석을 제공하라고 요청하지 말고 질문을 하는 것으로 시작한다. 다음 세 단계를 거친다는 것을 명심하라. 해결책을 찾고 있는 것이 아니라 상황에 대한 더 나은 이해를 만들어가는 것이다. 더 깊은 이해로 인해 지속가능한 해결책이 생겨난다.

▓▓ 유령 정체

아트 클라이너(Art Kleiner)

유령 정체에 갇혀본 적이 있는가?

이것은 식별할 수 없는 원인에 의한 교통 체증이다. 고속도로 공사도 없으며 자동차와 트럭의 흐름을 방해하는 사고가 없고 차선도 합쳐지지 않는다. 그러나 갑자기 정체되어 제자리걸음을 하게 된다. 당신은 다른 차들과 함께 기어가고, 다시 알 수 없는 이유로 흐름은 다시 나아진다.

유령 정체는 시스템 구조이다. 그것은 형식적인 관계가 없기 때문에 하나처럼 보이지 않을 수도 있다. 그것은 단지 자동차들이고 고속도로 여행에서 각각 따로 운행할 뿐이다. 그러나 무언가가 함께 연결되어 있다. 유령 정체가 전 세계의 고속도로에서 계속 재발하기 때문에 분명히 무작위 관계가 아니다.[31]

원인은 항상 동일하다. 운전에 집중하지 않고 주변을 구경하며 가기, 바짝 붙어 주행하기, 너무 가깝게 따라 붙기. 사람들이 앞차와의 사이를 너무 좁히면 전파 주파수 진동 패턴이 발생한다. 앞에 있는 운전자가 브레이크를 가볍게 밟고 잠시 속도를 줄이면, 다음 운전자는 과도하게 반응하여 필요한 것 이상으로 제동한다. 세 번째 운전자는 브레이크를 더 세게 밟을 것이다. 약간의 과잉 반응을 일으키는 모든 자동차는 더 속도를 늦추지 않으면 안 되게 되고 교통 흐름은 결국 멈추게 된다.

많은 시스템 구조와 마찬가지로 중요한 상호관계는 유령 정체에 대한 다음 사실을 생각할 때만 명확해진다.

☐ 시간은 중요한 요소이다. 한 차와 다음 차 사이의 정지 지연은 모든 차이를 만들 수 있다. 일부 구조에는 많은 요소가 있다. 시스템 전문가가

말했듯이 미세한 복잡성이 있다. 그러나 가장 위험한 문제는 동적 복잡성을 갖는 경향이 있다. 요소들이 시간의 흐름에 따라 상호작용한다는 것을 알기 전까지는 그러한 성질을 이해할 수 없다.

☐ 사람들의 태도 또한 시스템의 일부이다. 운전자가 법이나 관습으로 인해 너무 밀접하게 운전하지 않는 국가에서는 유령 체증이 발생하지 않는 경향이 있다.

☐ 개인이 문제를 일방적으로 해결하는 것은 매우 어렵다. 당신이 유령 체증의 원인을 알았으므로 고속도로에서 운전할 때 다음 차 사이에 더 많은 공간을 남기려 할 수 있다. 그러나 당신 앞의 다른 운전자는 그냥 그렇게 하지 않을 가능성이 있다. 도로상의 차선 수와 같은 다른 용량의 한계는 아마도 당신이 변화에 미치는 능력을 초월할 것이다.

☐ 바쁠 때 바짝 따라붙는다는 가장 직관적으로 그럴듯하게 보이는 솔루션이 문제를 악화시키게 된다.

☐ 문제에 대한 많은 정보를 갖고 있는 사람은 거의 없다. 당신이 교통 체증에 빠졌을 때, 당신은 그것이 얼마나 오래 지속될 것인지 또는 그 원인이 무엇인지를 알지 못한다. 당신이 빠져나오기 전까지는 모를 것이다. 오히려 피칭 머신에서 쏜 공과 같이 다른 한쪽 끝으로 밀려나게 될 것이다.

☐ 마지막으로, 시스템은 그것을 바꾸려고 유인하는 것에 시스템 자체가 저항한다. 유령 정체에 갇혀 서두르고 있다고 상상해보라. 가다 서다를 반복하는 10분에서 15분간 문제의 원인을 열심히 찾게 될 것이다. 고속도로가 어떻게 더 잘 설계될 수 있는지, 새로운 차선을 만들거나 앞차를 따라 붙는 것을 제한하는 새로운 법을 만드는 것 등을 상상할 수도 있다. 그러나 시스템을 빠져나가자마자 그 모든 것을 잊어버릴 것이다.

여러 가지 면에서 유령 정체는 학교 시스템과 매우 흡사하다. 문제는 복잡하며 원인, 효과 및 그 지속에 대한 완전한 정보를 가진 사람은 거의 없다. 시스템 속에 갇혀 있는 학생들은 어떤 중요한 것을 바꾸고자 할 때 종종 무력감을 느낀다. 그들은 참고 견디며 어떻게 달라질 것인가를 상상할 뿐이다. 그러나 학교를 그만두자마자 그들은 교사가 되거나 자신의 자녀가 없는 한 거의 신경 쓰지 않는다. 그렇다 하더라도, 교사나 학부모가 되어도 같은 방식으로 신경 쓰지 않을 것이다.

유령 정체를 일으키는 시스템을 실제로 바꾸고 미래에 이를 제거하기 위해, 당신은 무엇을 할 것인가? 도로 설계부터 법률 및 정책, 관습 및 가치에 이르기까지 다양한 요인을 고려해야 한다. 명확하거나 간단한 답은 없으며 서로 다른 사람들이 많은 행동을 취할 것이다.

유령 정체의 역동성, 즉 도로상의 차량들 사이에서 창발하는 관계는 하나의 구조이다. 그리고 교통 체증이나 교실 또는 교육구든지 어떤 복잡계가 그 구조 안의 사람들의 행태를 결정하는 것은 작동하는 구조의 특성이다.

■ 학교에서의 구조

학교에 가장 큰 영향을 미치는 구조는 무엇인가? 초등학교, 중학교, 고등학교로 구분되는 계층적 관계 등이 있으며 이것은 하나의 구조이다. 학생들이 속하는 사회적 관계는 매우 중요한 구조이다(559쪽의 '고등학교의 거대한 게임' 참조). 영어와 수학이 서로 다른 지적 유산을 가지고 있다는 사실도 하나의 구조이다.

또 다른 구조는 많은 지역에서 자격을 갖춘 학교 지도자의 상대적 부족과

190

관련이 있다. 이것은 퇴직 연령, 학교 예산 및 관리자를 위한 교육 시스템과 관련이 있는 다른 구조에 의해 야기된다.

모든 구조가 공식적인 것은 아니다. 아마도 두 명의 이사진 간에 오랜 의견 차이가 있을 수 있다. 두 사람 모두 마을에 강력한 지지자를 보유하고 있으며, 두 사람이 잘 지내는 것은 사실상 불가능하다. 이것도 구조이다.

사람을 문제가 있다고 비난하는 것은 쉽다. 사람이 곤란하거나 잘못되었다고 비난하는 것이다. 그러나 문제의 배경에 있는 구조를 보면, 구조의 해당 위치에 있는 누구라도 똑같을 것이라는 것을 느낀다.

행동을 바꾸기를 원한다면 작동하고 있는 구조에 대한 인식을 심화하는 것으로 충분한 경우가 있다. 구조 변경을 시도하는 사람들의 참여를 요청해야 할 때도 있다. 그리고 때로는 피드백과 관련된 힘이 작용하고 있다는 것을 인식한다면, 새로운 행동을 수립하기 위해 새로운 구조를 이끌어낼 수 있다.

■: 시스템 기본 사항 : 피드백의 본질

시스템은 인과 관계의 순환 루프를 통해 지속적으로 신호를 자신에게 보낸다. 시스템사고자(systems thinker)는 이를 '피드백'이라고 한다. 왜냐하면 시스템의 피드백 효과가 종종 하나 또는 두 개의 중간 단계를 거쳐 되돌아와서 영향을 미치기 때문이다. 1950년대 중반부터 MIT의 제이 포레스터(Jay Forrester)의 연구를 시작으로 수학적 모델링, 컴퓨터 시뮬레이션 및 실제 시스템의 관찰을 통해 피드백 동작을 깊이 연구했다. 그 결과 포레스터가 '시스템다이내믹스(system dynamics)'라고 부르는 시스템 지도 그리기 및 차트 작성을 위한 일련의 도구가 만들어졌다.

ST

시스템다이내믹에 익숙하면 복잡한 사건에 대해 이야기할 수 있는 언어를 알게 된다. 오늘날 점점 더 많은 사람이 학교와 다른 곳에서 이 언어를 이해한다. 이제 그 문법에 대해 알아보자.

두 가지 기본 종류의 피드백 메커니즘이 있다. 그러한 것들에 대해 그리고 그러한 것들이 어떻게 분리되어 함께 작동하는지를 이해하면, 주위의 시스템에 대해 잘 알 수 있게 된다. 그것들은 가속화되고 성장을 제공하는 강화 과정과 파동과 안정을 제공하는 균형 잡기 과정이다.[32]

강화 프로세스 : 작은 변화가 큰 변화로

강화 프로세스는 자연 또는 인간의 문제에서 기하급수적인 성장 또는 감소로 이어지는 피드백의 한 형태이다. 식물이나 동물이 태어나면 그것은 필요로 하는 것을 무엇이든 섭취하게 된다. 더 많이 섭취할수록 빠르게 성장한다. 빠르게 성장할수록 더 빨리 섭취한다. 그것의 성장은 속도를 늦추기 시작하는 다른 힘에 맞서기까지, 더 빠르고 더 빠르게 가속화된다. 모든 강화 프로세스에서 작은 변화가 커진다. 높은 출생률은 더 높은 출생률을 가져온다. 산업 성장은 더 많은 산업 성장을 가져온다.

기하급수적인 성장에서 종종 나타나는 놀라운 결과를 파악하려면 이자가 붙는 은행 계좌를 생각해보면 된다. 처음에는 1년에 5%의 이자율이 발생할 때마다 몇 달러의 추가 금액만 발생한다. 그러나 당신이 이자를 그 계좌에 넣어두어 이자율이 오랜 기간 이자로 축적되기 시작하면 잔고 증가율이 늘어날 것이다. 5% 이자로 1년에 1000달러를 입금한 지 50년이 지난 후에, 돼지 저금통에 매년 같은 금액을 입금했을 때보다 4배 이상 많은 231,000달러가 넘게 된다. 그것은 결과가 나오기까지 오랜 시간이 걸리지만 하나의 선순환이다.

그러나 돈을 투자하는 대신에 점점 더 많은 빚을 짊어지게 되면 악순환에 빠져드는 것이다. 처음에는 이자로 적은 액수만 지불하는 것처럼 보일 것이다. 그러나 시간이 지남에 따라 갚아야 할 금액의 증가는 특히 금리가 5%를 넘어 15% 가까이 올라가면 가속된다.

강화 프로세스의 폭발적인 힘을 과소평가해선 안 된다. 선형적 사고가 존재한다면 문제가 될 수 있다. 예를 들어 학교에서는 꾸준히 점진적으로 교실 공간을 늘릴 필요가 증가할 것으로 가정한다. 그래서 새로운 시설이 도착했을 때 수요가 이미 새로운 책상 공급을 초과하고 있음을 발견하고 깜짝 놀란다. 공간 이용도가 높아짐에 따라 학생을 훨씬 더 많이 받아들이지 않을 수 없게 되는 것인데 실제로 그러한 일이 발생하고 있다.

누군가가 '끝이 없다.' 또는 '승승장구하고 있다.' 또는 '이것은 천국으로 가는 보증서다.'라고 말하면 그것은 그 사람이 원하는 방향으로 선순환되는 강화 프로세스가 진행되고 있는 것이 틀림없다. 사람들이 '갑자기 상황이 나빠지고 있다.' 또는 '우리는 추락하고 있다.' 또는 '우리는 망각의 소용돌이에 빠져 있다.'라고 말할 때 그들은 다른 종류의 강화 프로세스인 악순환 고리에 잡혀 있는 것이다.

얼마나 많은 정보를 활용할 수 있는가에 따라 강화 프로세스가 어떻게 진행될지를 결정한다. 시스템 전문가인 데이비드 크로이처(David Kreutzer)는 마하트마 간디의 영국에 대한 저항 운동 지지자 수가 기하급수적으로 증가한 이유는 그와 함께 저항하는 힌두교도 사이에 잘 만들어진 소통 통로 때문이라는 점을 지적하였다. 그들의 비폭력 무저항운동 실천은 계속해서 새로운 행동을 계획하고 모임을 열어가는 지속적인 포럼을 개최했다. 대조적으로

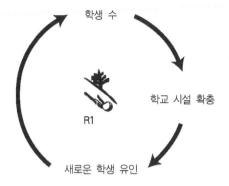

이 인과순환지도의 가운데에 있는 눈덩이는 강화 과정을 나타낸다. 늘 어나는 학생 인구를 감당하기 위해 학교는 시설을 늘리고, 그러면 지역 사회에 인구가 더 증가하게 되고, 학교는 시설을 더 확장하게 된다. 어떤 한계에 도달할 때까지 해당 교육구의 확장은 단지 지속되는 것이 아니라 가속화될 것이다.

1989년 중국 천안문 광장의 자발적 봉기에는 그 밑바탕에 피드백 루프가 없었으며 의사소통을 위한 구조가 없었다. 광장에 모인 사람들은 탱크가 항의 시위를 덮친 후에 모임을 계속할 정도로 서로에 대해 충분히 알지 못했다. 2011년 소셜 미디어를 통한 정보 접근은 튀니지, 이집트, 리비아 및 시리아에서 지속적인 정치적 반란을 일으킨 강력한 피드백 고리를 만들었다.

강화 프로세스는 당연히 끝나게 된다. 선순환이든 악순환이든 영원히 성장할 수 없다. 언제 어디에서일지 모르지만 적어도 하나의 장애물을 만나게 된다. 예를 들어, 교육구 인구가 급증함에 따라 결국 그들을 받아들일 수 있는 공간의 한계에 이르게 되거나 공급 면에서 보면 그곳에 정착하려는 새로운 사람이 더 이상 안 생길 수 있다. 이자부 저축 예금 계좌 역시 조만간 자녀의 대학 교육에 돈을 쓸 필요가 있게 되는 경우 한계에 도달할 수 있다. 어떤 한계는 일생 동안 나타나지 않을 수도 있지만, 나타날 수 있음을 확신해도 좋다. 무한한 성장 같은 것은 없다.

균형 프로세스 : 안정성 및 저항

균형 프로세스는 모든 시스템이 '자연스러운' 작동 범위에서 멀리 벗어나지 않도록 만든다. 인체의 항상성 유지, 생태계 포식자와 피식자의 균형, 회사의 자연적인 비용 등을 보면, 어떻게 방향을 바꾸거나 변화시키더라도 늘 그랬듯이 되돌아오는 경향이 있음을 알게 된다.

균형 프로세스는 종종 참가자가 좋아하든 그렇지 않든 자기 수정 및 자기 규제로 보이는 상황에서 발견된다. 사람들이 '롤러코스터 위에 앉아 있는 것' 또는 '요요처럼 위아래로 왔다 갔다 하는 것'에 관해 이야기하면 그들은 한 가지 유형의 균형 프로세스에 갇혀 있는 것이다. 또 다른 경우 '우리는 더 이상 진전이 없다.' 또는 '장벽을 넘을 수 없다.' 또는 '두더지 잡기 게임을 하는 것과 같다. 우리가 한 곳에서 문제를 처리하면 다른 곳에서 또 문제가 발생한다.'와 같은 것이다. 자주 발생하는 좌절감에도 불구하고 균형 프로세스가 원래 나쁘지는 않다. 예를 들어 그것은 보통 급격한 악순환 강화 소용돌이를 막을 수 있는 어떤 방법이다. 우리의 생존은 지구, 기후 및 우리 몸을 조절하는 많은 균형 프로세스에 달려 있다. 균형 프로세스는 시스템에 내장된 지능을 나타기도 한다. 시스템이 어떻게 섭동되든지 시스템을 동일한 안정적인 목표를 향해 계속 나아가도록 한다. 그것은 마치 시스템 자체가 뭔가를 알고 있는 것과 같은, 무엇을 해야 하는지를 아는 것과 같고 균형 상태로 돌아오기 위해 모든 것을 할 것이다.

균형 프로세스는 항상 시스템의 힘이 내재적으로 설정하는 지점 또는 목표와 결합한다. 현실이 균형 프로세스의 목표와 일치하지 않을 때마다 목표와 시스템의 실제 수행 사이의 차이로 만들어지는 결과로 인해 시스템에서 무시할 수 없는 어떤 압력이 발생한다. 간격이 클수록 압력이 커진다. 간격을 인식하고 그것을 움직이는 목표 또는 제약 조건을 식별하면 균형 프로세스의 행태를 이해할 수 있다.

따라서 균형 프로세스를 위한 인과 지도는 피드백 루프를 둘러싼 행태만 보여주는 것이 아니라 그것이 영향을 미치는, 통상 박스 안에 나타내는 외부 목표를 보여준다. 또한 일반적으로 시스템의 행태를 바꾸는 눈에 보이는 '지연'을 포함할 수 있다.

교육에서 균형 프로세스를 유지하는 일반적인 예로는 등급을 둘러싼 다년간의 긴장이 있다. 모든 사람들은 등급에 심각한 문제가 있다는 것을 이해한다. 즉, 학생들의 작업을 수치로 환원하는 애매함, 공부벌레에 의한 등급 인플레 현상 그리고 교사가 학생의 등급을 매겨야 하고 변화를 계량적으로 추적해야 하는 무덤덤한 노력 등. 가끔씩 성적에 대한 불만이 높아져서 개혁이 시작되기도 한다. 하지만 시스템의 균형 프로세스가 시작된다. 학생과 학부모 모두 그들이 한 일에 대한 평가가 필요하다. 대학 및 직장에 들어가려면 성적이 필요하다. 자연적으로 이루어졌던 사회적으로 만들어졌던 사람들의 경쟁은 작동한다. 바깥 세계와는 별도로 균형을 잡고자 하는 힘은 이러한 모든 것들에 대하여 작동하여 등급에 대한 개혁 노력이 중단된다. 다시 등급 문제는 되돌아온다. 모든 중대한 개혁 노력은 이러한 균형을 유지하는 힘을 다루어야 할 것이다.

지연 : 결국 언제 일이 발생하는가…

강화 및 균형 프로세스에서 영향력의 연쇄가 특히 오랜 시간 후에 작동하는 경우가 있다. 지연은 종종 변화가 흐름 속에서 일어나기 때문에 발생한다. 예를 들어 어떤 학교 시스템이 12학년이 300명, 유치원생이 800명인 경우 고등학교 관리자는 더 많은 교사를 고용하고 시설을 확장해야 할 필요가 있음을 계산한다. 그러나 당장은 아니다. 그러한 문제가 닥치려면 8년이 걸릴 수 있다.

지연은 시스템에 막대한 영향을 미칠 수 있으며, 종종 다른 힘의 영향을 강화한다. 이것은 보통 당연하게 여겨지거나 모조리 무시되거나 거의 언제나 과소평가되기도 하는 등 지연이 발생하는 미묘한 문제이다. 강화 프로세스에서 성장이 예상보다 빨리 오지 않기 때문에 지연은 우리의 확신을 흔들 수 있다. 균형 프로세스에서 지연은 시스템의 행태를 극적으로 바꿀 수 있다. 잘 모르는 지연이 발생하면 사람들은 성급하게 반응하여 대개 자신이 원하는 것을 얻으려는 노력을 배가한다. 이로 인해 불필요하게 격렬한 변동이 발생한다.

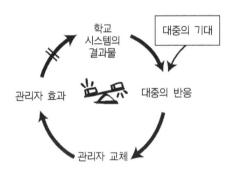

잦은 관리자의 교체와 지연 루프를 가진 균형 루프이다. 학교 시스템의 '결과물'(아이들의 성취도와 학습 결과)과 교육구의 학부모가 가졌던 공적인 기대 사이에 격차가 존재하는 것으로 시작한다. 그 격차가 너무 크면 대중의 반응으로 관리자가 퇴장하거나 자주 교체되게 된다. 이로 인해 관리자의 효과성이 (종종 더 나빠졌지만 항상 받아들일 수 있는 방식으로) 달라지고, (지연된 후에) 학교 시스템 결과물이 달라진다. (멘토링, 훈련 및 학교에서 가르치도록 하게 함으로써)관리자의 리더십 역량 및 기술 개발에 초점을 맞추면 훨씬 더 생산적일 것이다. 또한 학교에 대한 대중의 기대에 대해 공개적으로 이야기하는 것이 비용이 적게 들 것이다.

시스템을 이해하려고 할 때 시스템에서 가장 중요한 지연을 식별하는 것이 매우 유용하다. 예를 들어 새 관리자를 찾는 데 걸리는 시간을 생각해보자. 이것은 시스템이 정체되는 시간이다. 관리 기능이 빠르게 소모된다. 그러나 성과가 급속히 감소하기까지 시간이 걸리기 때문에 성과에 미치는 영향은 느리게 나타날 수 있다. 따라서 새 관리자가 이미 배치된 후에는 성과 위기가 드러날 수 있다. 새로운 관리자가 한 일이 효과를 발휘할 시간이 되기 몇 달 전에 모두가 실망해버릴 수 있다.

▓ 시간별 행태(Behavior-Over-Time, BOT) 다이어그램 사용하기

시간이 지남에 따라 시스템 행태의 패턴을 그려보면 어떤 유형의 시스템 프로세스가 작동하고 있는지 신속하게 확인할 수 있다. 이런 방식으로 현재와 과거의 시스템 성과에 대한 인식을 공유하는 데는 많은 강점이 있다. '이 문제에 대한 몇 가지 중요한 그래프는 무엇인가?'를 생각하면서 문제에 대한 당신의 전제에서 벗어나 현실적인 자료를 보게 된다. 마지막으로 이 장의 뒷부분에서 설명하는 원형들과 같이 고전적인 많은 시스템 행태는 그 행태의 뚜렷한 패턴을 보여주기 때문에 시간별 행태 다이어그램은 훌륭한 진단 도구가 될 수 있다. BOTg(behavior over time graph)에는 X축과 Y축이 있고, X(수평)축은 항상 시간을 나타낸다. Y는 시간이 지남에 따라 변하는 변수를 보여준다.

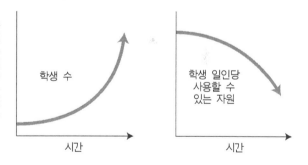

강화 과정 : 시간별 행태 다이어그램은 191쪽의 강화 과정에서 나타나는 행태의 패턴을 명확하게 보여준다. 학생 수가 처음에는 적었지만 극적으로 많아진다. 반면 각 학생에게 주어지는 자원은 처음에는 약간씩 감소하지만 나중에는 가파르게 감소한다. 이 다이어그램은 적어도 하나의 강화 과정이 작동하는 경우를 나타낸 것이다.

수업에서 BOTg는 모든 학년 수준에서 교육과정을 향상시킬 수 있으며 특별한 장비가 필요하지 않다. 대부분의 학생들은 이미 그래프를 몇 가지 형태로 보았으며 그러한 친숙함은 시스템사고 기법을 도입하는 데 좋은 기반을 제공한다. BOTg는 고급 도구를 사용하기 위한 첫 번째 단계일 수 있으며 또한 그 자체가 시간에 따른 변화 패턴을 학생들이 생각할 수 있도록 도와줄 수 있다.

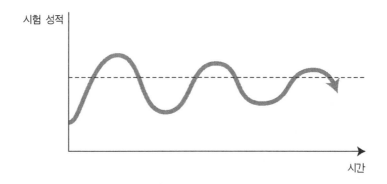

이는 학교에서 일반적으로 나타나는, 시험 성적을 올리는 것이 불가능하다는 균형 과정의 시스템 행태를 보여준다. 학업성취에 대한 압력이 강하면 강할수록 석차를 매기게 된다. 처음에 사람들이 관심을 갖고 달려들면 성적이 오르지만 새로운 시스템에 교사와 학생들이 적응하면 다시 내려간다. 그런 다음에는 매번 성취도에 대한 압력이 있을 때마다 조금씩 오르게 된다. 이러한 진동은 기대되는 자연스러운 상태에 도달할 때까지 계속된다.

예를 들어 매사추세츠주 칼라일의 3학년 학생들은 사회 시간에 빙하기에 대한 학습의 일환으로 교육과정 중심 활동인 '매머드 멸종 게임(Mammoth Extinction Game)'을 하게 되었다. 그들은 매머드의 출생과 사망을 나타내는 주사위를 굴렸다. 게임의 매 라운드마다 매머드 무리가 줄어들었다. 모든 그래프가 일반적인 하락 추세를 보여주었지만 각 그룹의 그래프는 달랐으며 살아 있는 시스템에 내재된 다양한 변화를 보여주었다.

∬ 405쪽의 '매머드 게임' 참조

마찬가지로 오리건주 포틀랜드의 10학년 영어 수업에서 윌리엄 골딩(William Golding)의『파리 대왕』을 읽으면서 학생들은 각 장의 사건이 전개될 때 등장인물의 권력 수준이 어떻게 변했는지 그래프로 나타내기 위해 집단을 구성하여 작업을 하였다. 그들의 교사 팀 조이(Tim Joy)는 "그들의 임무가 책의 줄거리에서 인물의 특징을 추적하는 것이었다."라고 했다. "그들은 집에서 다 해왔고 다음 날 왔을 때, 나는 개입할 여지가 거의 없었습니다. 그들은 서로 그래프를 보여주었고, 그들의 주장은 이미 펼쳐지고 있었습니다. 최상의 조건을 갖춘 심화반에서도 우리는 결코 그런 생생한 토론을 한 적이 결코 없었습니다. 나는 그들을 모아 그들의 합의점을 나타내는 그래프를 만들었습니다. 그것은 충격적인 뜻밖의 행운이었습니다. 그것은 숙제로 이어졌고 그들이 동의하지 않은 그래프를 골라 간단히 그들이 사례를 정리하였습니다. 참여도, 생각과 대화의 수준 등 학생들의 반응을 보고 저는 이것이 제가 계속 사용하고 싶었던 방법이라는 것을 알았습니다."[33]

■▪ 인과 고리 만들기

보통의 말하기 및 쓰기 언어는 선형적이다. 우리는 '원인을 일으키는' 한 요소에 대해 말한다. 'B의 원인은 A'이다. 그러나 시스템은 원형이다. 요인 A가 절대로 요인 B를 유발하지 않는다. 요인 A와 B는 계속해서 서로 영향을 준다. '인과순환지도(Causal Loop Diagram, CLD)'는 그러한 한 요소로부터 다른 요소로 그리고 다시 거꾸로 작용하는 영향을 화살표로 나타낸다. 가운데의 기호는 어떤 종류의 피드백이 관련되어 있는지 보여준다. 강화 프로세스의 경우 '눈덩이' 및 문자 R을 사용한다. 균형 프로세스에서는 '저울대' 및 문자 B를 사용한다.

수업에서는 많은 교사가 인과 지도에 매혹되어 원인과 효과를 그려내기 위해 어떤 직관적 감각을 개발한다.

간단한 강화 인과 지도에서 약물을 복용하면 할수록 중독성이 증가하고, 중독성이 증가하면 할수록 약물을 많이 복용하게 된다.

다이어그램은 어떻게 시스템의 여러 요소가 서로 영향을 주고받는지를 금방 시각화하여 유용하게 보여준다. 그리고 순환 피드백을 찾아낸다. 시스템의 다른 부분들이 서로 영향을 미치므로 원인이 효과가 되고 그것이 다시 원인이 된다. 이러한 이유로 BOTg가 시스템에서 '무엇이' 일어나는가를 기술하는 한편 인과 관계 루프는 '왜' 변화가 발생하는지를 기술하는 데 특히 중요하다.

CLD는 상당히 정교하고 복잡한 시스템을 묘사할 수 있지만 처음에는 단순하게 하는 것이 가장 좋다. CLD에 관해 이야기할 때 어린 학생들이 원래의 원인이 그 효과에 영향을 미치고 원래의 효과가 원인에 영향을 미치는 것이 반복된다는 생각을 이해하려면 몇 번이고 루프를 자세히 읽어야 한다. 세 개이상의 변수가 있는 루프에서는 각 변수에서 시작하여 루프를 자세히 읽으면 각 화살표가 인과 관계를 나타낸다는 생각을 확실히 하는 데 도움이 된다. CLD의 모든 변수는 증가하거나 감소할 수 있어야 하므로 올바른 언어를 선택하는 것이 중요하다. 학생들에게 명사인 변수를 선택하게 하고 각 요소에 대해 '그것이 증가한다고 말하는 것은 무엇을 의미하는가? 감소하고 있다는 것은 무엇을 의미하는가?'라고 질문을 하고 이야기를 나눈다.

CLD는 처음에는 매우 추상적으로 보일 수 있다. 초등학생들은 그려놓고 설명을 하면 이해할 수는 있지만 스스로 만들어낼 수는 없을 것이다. 6학년 수업에서도 일부 교사는 시스템에 대한 충분한 정보가 주어지면 학생의 약절반만이 올바른 피드백 고리를 만들 수 있음을 발견했다. 그러나 학생들은 기존의 CLD를 추가하거나 수정할 수 있었다.

독해력은 이 도구를 사용하는 데 매우 중요하며 신문, 잡지 또는 학생들의 행태 연구 자체 등 비교과 자료를 사용하는 경우 피드백 루프를 완성하는 데 필요한 정보를 찾기가 어려울 수 있다. 예를 들어 미국 독립 단원에서 조지아주 브런즈윅의 학생들은 인과 고리 그리기 수업을 시작하기 전에 몇 주 동안 읽고, 토론하고, 비디오를 보고, 체험 활동을 하였다.

마지막으로, 복잡해 보이지만 CLD는 상황에 대해 매우 단순화된 시각을 나타내므로 절대로 완전한 분석으로 착각해서는 안 된다. CLD는 시스템의 기본적인 역동성을 다른 사람들에게 보여주는 간단한 시각적 방법으로, 원래 의사소통 도구로만 개발되었다. 대화를 시작하는 훌륭한 방법이 될 수 있지만 반드시 학생들로 하여금 시스템을 깊이 있게 이해하도록 하지는 못한다. 많은 시스템 전문가는 이러한 형태의 연습에서 더 나

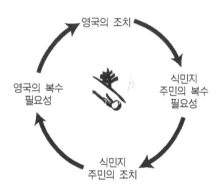

미국 혁명을 연구한 중학생 그룹(조지아주 브런스윅에 소재한 GIST 프로그램의 일부)은 영국 의회를 통과한 법률에 대한 식민지 주민의 항거가 단지 영국으로 하여금 더욱 구속하는 법률을 만들도록 촉진한다는 것을 보여주는 인과 지도를 만들었을 때 행동과 그에 대한 반작용이 상승작용한다는 것을 이해하게 되었다.

아가 변화율과 한 변화가 다른 변화에 미묘한 영향을 미치는 것을 더 전문적으로 다루기 위해 저량 유량 다이어그램(stock-and-flow diagrams)을 사용한다.

■ 자신만의 루프 그리기

시스템사고에 익숙하지 않다면 이 다이어그램에 겁먹을 수도 있다. 이를

극복하는 가장 좋은 방법은 자기 자신의 강화 및 균형 루프를 몇 개 그려보는 것이다. '옳은' 것인지를 진단하려 하지 말고, 새롭고 낯선 관점에서 오래된 동일한 문제에 대한 당신 자신이나 팀의 생각을 자극하려고 노력한다.

자신의 학교 또는 다른 곳에서 가속화되는 어떤 상황을 선택한다. 서로를 강화시키는 요인은 무엇인가? 루프를 만든다. 그런 다음 안정성을 높이기 위한 균형 루프 또는 시스템을 시도해본다. 다이어그램을 그리기 위한 몇 가지 지침은 다음과 같다.

- ❑ 시스템에 관련된 일부 요소를 설명하는 하나의 명사로 된 주요 변수로 시작한다. 그런 다음 질문한다. "그 변수에 영향을 미치는 다른 요소는 무엇인가?" 그 구조를 거꾸로 살펴본다. 각 요소에 대해 질문한다. "이 요소를 변화시키는 것은 무엇인가? 그것의 변화에 영향을 미치는 것은 무엇인가?"
- ❑ 문제가 생기면 반대 방향으로 생각해본다. "이 변수가 바뀌면 어떤 영향을 미치나?" "다른 요소가 바뀌는가?"
- ❑ 이동 방향을 나타내는 화살표를 그린다. 루프가 시계 방향으로 도는지 시계 반대 방향으로 도는지는 상관없지만 당신이나 다른 사람들이 쉽게 이야기를 따라갈 수 있도록 설정한다.
- ❑ 시스템이 급격한 성장 또는 감소 경향이 있는 경우 다이어그램의 중앙에 R 또는 눈 덩이를 넣고 어떤 종류의 목표 또는 안정성을 향해 진동하는 경우 B 또는 저울대를 중앙에 그린다.
- ❑ 루프를 단순하게 유지한다. 가능한 한 적은 수의 요소를 그린다. 각 요소를 가능한 간단하고 간결하게 이름 붙여 쉽게 인식할 수 있는 명확한

힘을 나타낸다. '인구 통계 동향', '평가와 운율학', '공감과 반발' 대신 '학생 인구', '시험 점수', '대중의 반응'과 같은 용어를 사용한다.

☐ 한 가지 방향의 변화만 있을 것이라고 예상하더라도 어느 한 방향으로의 움직임만을 미리 결정하지 못하는 일반적인 이름으로 가변 요소를 지정한다. 예를 들어 학생 수가 급증할 것으로 예상할 수 있지만, '학생의 수'는 '매년 더 많은 학생'보다 좋다. 왜냐하면 학생 수가 급증하지 않는 일이 발생하더라도 계속 써먹을 수 있기 때문이다.

☐ 적어도 부분적으로 당신의 영향하에 있는 요소를 포함하는 것이 특히 중요하다. '직원 개발에 투자한 금액'은 교사의 이직률에 영향을 주는 요소가 될 것이다. 그렇다면 당신이 직원 개발 예산을 관리하는 경우 시스템에서 어떤 영향력을 인식하는 데 도움이 될 수 있다.

☐ 루프를 대화의 시작점으로 사용한다. 시스템다이어그램을 그린 후에 다른 사람들에게 보여준다. 한 요소에서 시작하여 인과 관계의 전형적인 사슬을 기술함으로써 스토리를 통해 이야기한다. ('대중의 반응은 더 높은 수준의 관리자 이직으로 이어지고, 결과적으로 질이 떨어지며, 결과가 더 나빠지고 대중이 더 반발한다.') 어떤 요소가 빠졌고 전반적으로 스토리가 그럴듯한지 의견을 묻는다. 다른 사람으로 하여금 자신의 루프를 그려보도록 한다.

▪▪ 시스템 원형(System Archetypes)

시스템 원형은 CLD를 사용하여 시스템사고에 일반적인 스토리를 보여준다. 일반적인 패턴이나 구조는 여러 환경에서 반복적으로 나타난다. 이 중 약

12개가 수년 동안 확인되고 증명되었다. 그것들은 종종 시스템 문제에 대한 가능한 해결책에 빨리 도달하는 데 사용될 수 있다.

이러한 원형은 단순한 구조를 놓고 의견을 나누기에 매우 중요하지만 한 가지 위험이 있다. 사람들로 하여금 쉽게 과신하게 만든다. 버몬트주 트리니티 칼리지의 시스템다이내믹스를 위한 워터스 센터(Waters Center for System Dynamics) 부이사인 제프 포타쉬(Jeff Potash)는 쉬운 대답을 원하는 경향이 있는 사람들은 올바른 질문을 하지 않고도 원형으로 돌아갈 것이라고 경고한다. 질문에 대한 답을 중요시하는 학교 시스템에서 수년간을 보낸 학생들은 '옳음'이라는 것에 취해 자신의 탐구를 그저 끝내려는 유혹을 받을 것이다.

그러나 그러한 문제를 고려하면, 원형은 학생들 자신의 삶을 포함한 다양한 상황에서 반복적으로 나타나는 시스템의 패턴을 쉽게 인식할 수 있게 해준다. 학생들이 이 다이어그램에서 유사점을 인식하면서 일반 구조에 대한 대화가 자연스럽게 나타날 수 있다. 중학교 소년은 선생님과의 문제에 대해 관리자와 이야기를 나누면서 전년도에 공부했던 '에스컬레이션' 원형을 떠올려보았다. 에스컬레이션은 군비 경쟁과 광고 전쟁의 원형으로, 양측이 값비싼 경쟁으로 덫에 걸리게 된다. 그는 그와 교사가 둘 다 더 많은 불행을 낳은 말들을 계속해서 했다는 것을 깨달았다. 그들은 실제로 상처와 오해의 핵무기를 비축하고 있었다.

■ 시스템 원형의 예를 찾아보기

☐ **미봉책** : 예기치 않은 장기적인 결과를 가져오는 빠른 해결책 → 아래

☐ **성장의 한계** : 성장이 가속화되고, 멈출 수 없는 것처럼 보이지만 갑자기

멈추게 됨 → 『학습하는 조직』 144쪽

☐ **빈익빈 부익부** : 승자는 상황이 더 좋아지고 패자는 더 나빠짐 → 이 책의 546쪽

☐ **부담 떠넘기기** : 시스템은 무의식적으로 단기적이고 문제가 있는 중독성 해결책을 선호 → 이 책의 552쪽

☐ **공유지의 비극** : 관리되지 않는 공유 자원은 남용되고 소진됨 → 이 책의 802쪽

▪▪ 미봉책 : 강제된 변화

가장 흔한 원형이 '미봉책'이다. 간단히 말해서 복잡한 문제를 미봉책으로 처리하면 결국 장기적으로 심각한 결과가 초래된다는 것이다. 예를 들어 트로이의 말 이야기, 로미오와 줄리엣 그리고 미국 혁명과 대공황의 원인과 같이 역사와 문학 전반에 걸쳐 나타난다. 그리고 아마 학교 시스템에도 나타날 것이다.

뜻있고 재능 있는 교장이 교육과정 개혁을 시작한다. 교사들은 선택의 여지가 없기 때문에 받아들이고 교장은 세세한 면까지 관리한다. 암묵적으로 그는 "우리는 당신이 좋아하든 싫어하든 앞으로 나아갈 것입니다."라고 한다. 표면적으로 이러한 시도는 발생하는 좋은 일들로 인해 성공적으로 보인다. 변화는 때로는 매우 빠르게 발생하며, 교사는 그들이 배운 것을 인정한다. 그러나 변화는 명령받은 것이기 때문에 교사는 그것을 자신의 것이라고 생각하지 않는다. 그것은 그들의 것이 아니다. 따라서 엄청난 비용이 든다. 교사들은 '교장을 향하여'를 가르치기 시작한다. 그들은 학생들이 필요로 하는 것이 아니라 그들이 생각하기에 교장이 보고 싶어 하는 수업을 준비한다. 교

사들은 문을 걸어 잠그고 소통은 물론 사기와 혁신이 위축된다. 아이러니하게도 이러한 교장 중 일부는 자기 혼자서는 훌륭한 교육자이지만 관리자로서의 강력한 영향력은 훌륭한 교육과는 반대로 나아가게 된다.

'미봉책' 원형을 염두에 두고, 교장이 교육과정 개혁에 다르게 접근할 수 있다. 이 원형을 다루는 한 가지 전략은 의도하지 않은 결과에 대한 인식을 높이는 것이다. 즉, 조치가 증상을 완화하기 위한 첫 번째 노력일 뿐이며 아마도 공식적인 지침일 뿐이라는 것을 공개적으로 인정하는 것이다. 이것은 이상적으로 교사의 창의력과 열정을 이끌어내는 팀 기반의 과정을 통해 곧 순차적으로 진지하게 교사들이 교육과정을 설계하는 노력으로 나아갈 수 있다. 또 다른 전략은 조치의 심각성과 강도를 줄이는 것이다. 즉, 단계별 교육과정 개혁을 설정하여 사람들이 적응하고 자신의 것으로 만들 수 있게 하는 것이다. 마지막으로, 가장 효과적인 교육과정 개혁은 이러한 조치를 전혀 하지 않는 것이다. 교육과정 문제에 대한 공개적인 질문을 시작한다. 어쩌면 실제 문제는 교과의 문제가 아니라 수업 방식과 관련이 있으며, 강의와 함께 시뮬레이션이나 팀 프로젝트를 활용하는 새로운 수업 기술이 더 나은 결과를

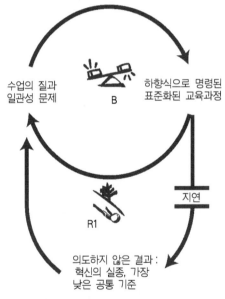

수업의 질과 일관성 문제

B

하향식으로 명령된 표준화된 교육과정

지연

R1

의도하지 않은 결과 : 혁신의 실종, 가장 낮은 공통 기준

교육과정 개혁에 적용된 '부담 떠넘기기' 원형 : 수업과 수업의 불일치 그리고 몇몇 학생들의 낮은 성취도와 같은 문제 증상을 보고 한 교장이 또는 한 주의 당국이 하향식 교육과정 개혁 프로그램을 마련하였다. 처음에는 즉각적인 효과가 나타났다. 교사들은 지침을 따랐고 수업은 향상되었다. 그러나 시간이 지나면서 의도하지 않은 결과가 나타났다. 교사들은 혁신에 대한 관심을 잃었다. 시간이 부족하다고 생각했다. 처음에 폭발적 향상이 이루어진 다음에 수업은 예전의 수준으로 돌아왔다. 뭔가 성취감이 시들면서 전반적인 성과가 하락했다.

얻을 수 있을지도 모른다.

저량 유량 다이어그램(Stock and Flow Diagram, SFD)

누적과 지수함수적 성장을 설명하기 위해서는 비선형 방정식이 필요하기 때문에 이러한 방정식은 초보 수준을 넘어, 조작하기에는 일반적으로 너무 복잡하기 때문에 시스템다이내믹스는 종종 컴퓨터 모델링과 시뮬레이션을 포함한다. 특히 수업과 학교에서 그렇다.

CLD는 강화 프로세스 등 드러나지 않은 보편적 구조를 잡아내지만 특정 상황의 고유한 특질을 말해주지는 않는다. 예를 들어, 학생 인구 증가를 보여주는 인과 관계 루프는 학교 활동에 대한 투자가 더 많은 학생이 들어올 수 있음을 보여줄 수 있다. 그러나 학교 시스템에 얼마나 많은 투자를 해야 문턱을 넘어 학생들을 유인하게 될 것인가? 새로운 학생들이 얼마나 빨리 해당 교육구로 유입될 것이며 그 속도는 무엇에 달려 있는가? 앞으로 시스템의 행태를 예측하려면 보다 정확한 상황을 조사해야 한다.

그것이 SFD의 가치이다. 그것은 명시적, 수학적 방법으로 시스템의 학생을 관계적으로 명시하는 데 도움이 된다. 다이어그램의 모든 화살표는 수식에 연결될 수 있고, 이 수식을 사용하면 관계의 기본이 되는 전제뿐만 아니라 한 요소가 다른 요소에 영향을 미치는 정확한 방법에 대해 설명할 수 있게 한다. 또한 SFD는 컴퓨터로 강화 프로세스를 시뮬레이션하는 데 필요한 다음 단계이다.

SFD는 가장 정성적이며 측정할 수 없는 상황이라 할지라도 5가지 다른 종류의 수학적 실체로 모든 상황을 해석한다.

1. '저량변수.'(직사각형으로 표시) 측정 가능한지 여부와 관계없이 어떤 양의 축적을 나타낸다. 이 그림에서 올해 교육구의 학생 수이지만, 사기의 정도 또는 부모가 학교에서 느끼는 만족도일 수도 있다.

2. '유량변수.' 어떤 양이 저량변수 안팎으로 흘러들어가는 비율을 나타낸다. 유량변수는 수도꼭지와 같으며 시간당 또는 일별로 저량변수인 욕조로 흘러가는 물의 양을 제어한다. 유량변수 또한 변할 수 있는데, 한 달 강우량은 저수지의 물의 양을 조절하는 흐름으로, 봄에는 많이 여름에는 조금 보낸다. 흐름의 패턴을 이해하는 것은 시스템의 지연을 결정하기 때문에 중요하다.

3. 하나의 저량변수에서 다른 저량변수로의 흐름의 비율에 영향을 미치는 요인을 나타내는 보조변수인 '컨버터.' 예를 들어 '교육구 내에서 유인해내는 연간 새로운 가정의 수'는 다른 요인들과 함께 '잠재된 역량에 대한 학교의 투자'에 의해 부분적으로 조절된다. 이어서 그것은 시스템에 들어가고 나가는 학생의 비율에 영향을 미친다.

4. 여기서 화살표로 표시된 세 가지 형태의 요소들 간의 상호 관계를 구현하는 '커넥터.' 예를 들어 교육구의 학생 수가 변함에 따라 학교 투자가 증가하거나 감소하는 방식을 명시적으로 정의하는 수학 공식을 커넥터는 갖고 있다.

5. '구름'은 흐름이 시작될 수 있거나 배출될 수 있는 시스템 외부에 가까이 존재하는 영역을 나타낸다. 이 그림에서 구름은 전국 다른 지역의 학생 수를 나타낸다.

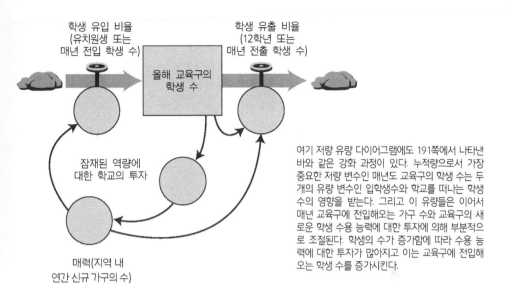

여기 저량 유량 다이어그램에도 191쪽에서 나타낸 바와 같은 강화 과정이 있다. 누적량으로서 가장 중요한 저량 변수인 매년도 교육구의 학생 수는 두 개의 유량 변수인 입학생수와 학교를 떠나는 학생 수의 영향을 받는다. 그리고 이 유량들은 이어서 매년 교육구에 전입해오는 가구 수와 교육구의 새로운 학생 수용 능력에 대한 투자에 의해 부분적으로 조절된다. 학생의 수가 증가함에 따라 수용 능력에 대한 투자가 많아지고 이는 교육구에 전입해오는 학생 수를 증가시킨다.

SFD는 주변의 상황을 모형화한다. 컴퓨터에서 프로그래밍할 수 있는 이 모형은 당신이 확실하다고 느낄 때까지 경험에 근거하여 테스트한다. 다이어그램 자체는 매우 다양하고 융통성이 있고 게다가 구체적이어서 젊은 사람들에게 특히 유용하다. 유입과 유출의 관점에서 생각하면 학생과 성인 모두의 생각이 근본적으로 바뀔 수 있다.

저량변수와 유량변수에 대해 배우는 한 교사 집단은 왜 정신과 병원의 인구가 계속 증가했는지 이해하기 위해 연구하고 있었다. 시스템다이내믹 전문가는 말하였다. "글쎄, 환자들은 어디로 갔나요? 어떻게 그들은 병원을 떠나게 되었나요?" 잠시 침묵이 흘렀다. 실제로 지역사회에 환자가 갈 곳이 없고, 외래환자 진료소나 수용 시설이 없었다. 따라서 유출이 없다.

학생들이 유입과 유출을 확인하는 것을 돕기 위해 교사들은 저량변수가

210

어떻게 만들어지고 변화하는지에 대해 질문할 수 있다. 누적되는 것은 무엇인가? 증가의 원인은 무엇인가? 감소 원인은 무엇인가? 미국 혁명에서 식민지인의 분노는 계속해서 증가하지 않았다. 영국인에 의한 어떤 조치는 실제로 분노의 저량을 낮추는 역할을 했다. 이 이야기를 통해 작업하는 아이들은 분노가 계속 쌓이기만 하는 것이 아니라는 것을 안다. 어딘가에 방출하는 밸브가 있어야 한다.

종이와 연필 또는 칠판만 사용하여 저량변수와 유량변수를 그릴 수 있다. 질문과 대화가 진행됨에 따라 교사는 옆에 있는 목록을 사용하여 시스템의 유량변수에 영향을 줄 수 있는 요인에 대한 정보를 찾아낼 수 있다. 그리고 잘 정의된 SFD를 그리면 컴퓨터 모델을 만드는 중간 정도에 도달한 것이다.

실제 세계 위기의 SFD 이해

저량-유량 분석이 변화를 일으킨 것 중 하나는 기후 변화에 대한 우리의 이해이다. 온실 가스의 주요 성분인 인위적으로 발생하는 이산화탄소 배출량은 산업 시대 전반에 걸쳐 기하급수적으로 증가했다. 오늘날 대기 중 이산화탄소 수준은 지난 50만 년 동안 어느 때보다 35% 더 높으며, 인간의 행동이 매우 위험한 지구 기후 경로의 주요 원인이라는데 과학자들은 인식을 같이 하고 있다.

중요한 구분은 매년 공기 중 CO_2의 저량과 새로운 배출의 유량 사이이다. 이 단순한 구별은 1997년 교토 의정서의 지시에 따라 배출물의 흐름을 안정시키는 것이 문제를 해결하기에 충분하다고 믿는 지도자 위치에 있는 사람들을 포함하여 많은 사람을 혼란스럽게 만들었다. 현재 전 세계의 이산화탄소 배출량은 매년 약 80억 톤에 이른다(과학적 관례는 등가의 탄소 톤으로 배출량을 측정한다). 이것은 나무, 식물, 플랑크톤과 같은 천연 바이오 매스에 흡수되거나 대양에서 용해되어 대기로부터 연간 제거되는 약 30억 톤의 2.5 배이다.[34]

대기 중 이산화탄소의 유입과 유출의 차이는 욕조의 물처럼 작용한다. 유입이 유출량을 초과하면 욕조가 계속 채워진다. 어느 시점에서 욕조가 넘칠 것이다. 다시 말해서, CO_2 수준은 기후 변화의 영향이 돌이킬 수 없고 인간과 다른 종에 치명적일 수 있는 문턱을 넘을 것이다. 욕조가 언제 넘칠지 정확히 알 수는 없지만 기후 변화의 속도(빙하와 얼음 덩어리가 녹고 기후 불안정성이 증가함)가, 비극적인 넘침은 이산화탄소 배출을 CO_2가 대기에서 제거되는 속도와 같거나 이보다 낮아지도록 2, 30년 내에 급속히 줄이는 것만으로 피할 수 있다는 과학자와 일부 비즈니스 리더 간의 합의를 이끌어내고 있다. 이를 달성하기 위해서는 20년 내에 전 세계 배출량을 60~80%를 줄여야 한다. 이것은 산업 사회가 직면하고 있는 '80 : 20 도전'이다.

■ 시뮬레이션 및 컴퓨터 모델

컴퓨터 시뮬레이션은 각각의 상호 관계를 정의한 방정식을 갖춘 SFD로 시작한다. 모델 내의 변수는 학생들이 시스템의 요소들이 어떻게 상호작용하는지 빠르게 배울 수 있도록 조절될 수 있다. 모델을 작성하는 것은 하나의 변수를 사용하여 변화가 출력 그래프에 미치는 영향을 실험하는 정도로 간단할 수 있다. 그러나 모델은 그 자체만으로 학생들이 프로그램을 진행할 때 질문을 하거나 정보를 제공하는 팝업 창을 가진 복잡한 프로그램이 될 수 있다.

212

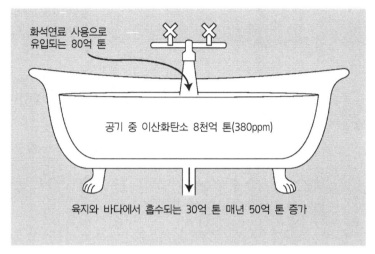

화석연료 사용으로
유입되는 80억 톤

공기 중 이산화탄소 8천억 톤(380ppm)

육지와 바다에서 흡수되는 30억 톤 매년 50억 톤 증가

이 욕조는 매년 이산화탄소가 유입되고 유출되는 대기를 나타내고 있다. 언제 욕조가 넘칠지, 언제 기후 변화가 불가역적으로 급격히 가속화될지는 아무도 정확히 모른다. 이산화탄소 1ppm은 탄소 21억 톤에 해당한다.

// 398쪽의 '교실에서 시스템사고를 실천하기 위한 안내' 참조

특정 시스템의 역동성에 대해 배우려면 기존 시뮬레이션을 작동해보는 것이 매우 좋다. '만약에 그렇다면…?'을 계속 해보는 시뮬레이션을 통해 학생들은 가능한 다양한 시나리오를 시험해보고 결과를 비교하고 전체 시스템에 대한 훨씬 더 강력한 이해를 발전시킬 수 있다. 이는 수업에서 많은 토론을 요구한다. 시뮬레이션을 실행하기 전에 확률 수치를 바꾸면 그래프가 어떻게 바뀔지 예측해보라고 학생들에게 질문하는 것이 중요하다. 그렇지 않으면 단순히 컴퓨터 게임을 하는 것이다. 그래프 형식의 실제 결과와 기대치를 비교하면 왜 시스템이 예상했던 것과 다른 방식으로 작동했는지에 대한 질문으로 나아가고 더 큰 의문이 생긴다.

모든 교사가 교육과정의 일부로 모델을 작성하는 것은 아니다. 소프트웨어에 익숙해지는 데는 시간이 걸리고 일부 지역에서는 컴퓨터 자원이 여전

히 제한적이다. 그러나 실천하는 사람들은 아이들이 할 수 있는 것을 보는 것에 대한 흥분과 만족으로 일반적인 경우보다 더 많은 것을 할 수 있다.

소프트웨어를 사용하면 새롭고 때로는 디버깅과 같은 예기치 않은 어려움이 나타난다. 수학 수업에서 시스템사고를 사용하는 것을 개척한 작가이자 교육자인 다이애나 피셔(Diana Fisher)는 학생의 컴퓨터 모델이 왜 작동하지 않는지 알아내려고 한 학생에게 한 주 반을 보낸 적이 있다. 결국 그들은 모델의 한 부분에서 킬로미터를, 다른 부분에서 미터의 일관성 없는 측정 단위를 사용하고 있음을 알게 되었다. 이것은 귀중한 교훈이었다. 그리고 그녀가 수업에서 지적한 대로, 그들은 허블 우주 망원경과 다른 값 비싼 프로젝트에서도 여러 번 뉴스를 통해 본 것이었다.

매사추세츠주의 하버드에 있는 브롬필드(Bromfield) 고등학교에서, 컴퓨터 모델링 프로그램인 STELLA를 거의 사용하지 않은 어떤 학생 집단이 그들의 지역사회에 대한 모형을 만들고 싶어 했다. 교장은 학교의 연간 예산 책정 절차를 검토할 것을 제안했다. 학생들과 함께 작업하는 과학 교사 래리 웨더스(Larry Weathers)는 학생들이 수정하고 만들 수 있는 '신뢰와 통제'를 위한 일반적인 모델을 찾아냈다. 모델을 작동하고 모델을 이해하고 나서, 그들은 예산 수립 과정에 참여한 다양한 당사자들의 관점을 들어야 한다고 결정했다. 그들은 관리자와 학교위원회 위원들에게 예산 책정 과정의 장애물에 관해 인터뷰했다. 학생들은 너무 많은 불신이 그러하듯이 너무 많은 신뢰가 성공적인 프로세스에 파괴적이라는 것을 발견했다. 너무 많은 신뢰는 불신을 낳는 결탁의 가능성을 갖고 있었다. 너무 신뢰가 적으면 함께 일하고 타협할 능력이 없게 된다. 균형 잡힌 신뢰와 감시로 양 당사자는 합의에 도달했다.

모델을 개발한 후 인터뷰한 사람들에게 모델을 보여주고 어떻게 작동하는지 설명했다. 어른들은 그것이 유효한 모델이고 아이들에게 감사한다고 동의했다. 그해 예산은 쉽게 만들어지고 통과되었다. 아무도 그 모델을 인정하지 않았지만 학생들은 어른들에게 그 과정에 대해 생각하게 한 기회가 그 모델과 관련이 있다고 생각하며 좋아했다.

■ 페가수스 커뮤니케이션

다니엘 김(Daniel Kim), 콜린 래넌(Colleen Lannon), 『Applying Systems Archetypes(1997)』; 다니엘 김, 버지니아 앤더슨(Virginia Anderson), 『System Archetype Basics(1998)』; 다니엘 김, 『Systems Thinking Tools : A User's Reference Guide(1994)』; 버지니아 앤더슨, 로렌 존슨(Lauren Johnson), 『Systems Thinking Basics(1997)』; 『The Systems Thinker』 등.

지난 22년 동안 기업가들이 인과 관계 루프 및 원형을 통해 시스템을 이해하는 데 도움이 되는 교육 자료를 만들었다. 그것은 『The Fifth Discipline』이 출판될 즈음에 설립된 회의 및 출판 기업인 Pegasus Communications에 의해 업데이트되고 출간되었다. 특히, 『Systems Archetype Basics』 시리즈는 포괄적이고 잘 쓰이고 잘 모아진 원형에 대한 사용자 안내서이다. 비즈니스 독자를 대상으로 하고 있지만, 학교 및 지역사회에서 체계적인 구조를 이해하려고 노력하는 학교 관리자 및 교육자에게 전적으로 권장할 것이다. 우리는 또한 발행 중인 뉴스 레터 『The Systems Thinker』를 추천한다. 모두 thesystemsthinker.com에서 받을 수 있다.*

----

* 역자주 원본에는 www.pegasuscom.com으로 되어 있으나 현재는 thesystemsthinker.com에서 서비스하고 있다.

7. 당신은 온도조절기보다 똑똑한가?

■ 학습을 학습하는 데 왜 성찰이 문제가 되는가

넬다 캠브론-맥카베(Nelda Cambron-McCabe), 제니스 더튼(Janis Dutton)

사람들은 행위와 성찰, 활동과 휴식 사이를 자연스럽게 움직이면서 주기적으로 학습한다. 이러한 주기를 통해 우리의 행동이 향상된다. 때때로 단일 루프 학습이라고 하는 이러한 주기에 우리는 다소 능숙하다. 우리는 전에 한 행위를 관찰하고, 우리가 한 것을 성찰하고, 그 관찰을 사용하여 우리를 변화시키는 방법을 결정하며, 그 결정을 다른 행동에 적용함으로써 우리의 행위나 조직의 규범을 개선해나간다. 하나의 사람과 조직이 자신의 역량을 향상시키는 가장 효과적인 방법 중 하나가 이 리듬을 의식적으로 그리고 의도적으로 활용하여 생각할 시간뿐만 아니라 여러 가지 다른 생각과 교실, 학교 및 지역사회에서 집단적 논의를 할 시간을 만들어나가는 것이다.

이러한 학습주기는 단순계에서 효과적이지만, 복잡계에서는 충분치 않다. 예를 들어, 당신이 개선하고 있는 행위나 규범이 당신이 직면하고 있는 변화를 다루기에 비효율적이거나 부적절한 경우가 있을 것이다. 당신이 얼마나 잘하고 있는지, 무엇을 하고 있는지가 문제가 아니라 처음에 당신이 무엇을 하려고 했는지가 문제라고 생각해보라. 당신이 찾은 답이 잘못된 질문에서 온 것이라고 생각해보라.

예를 들어, 남서 교육구는 능력에 따라 학생을 나누는 시스템이 문제가 많음을 인식했다. 영리한 아이들은 모든 좋은 교사를 차지하고, 평균 또는 평균 이하의 학생들은 나머지 교사가 가르친다. 교육구 지도자들은 모든 학생들에게 양질의 교육을 제공한다는 전반적인 목표가 훼손되고 있다고 생각했다.

그러나 그것은 항상 운영해왔던 방식이었고 교육청 정책이었다. 그래서 그들은 학력별 학급 편성 프로그램을 연구하고 새로운 프로그램을 계획하여 시행하였다.

처음에 교육구 지도자들은 새로운 프로그램에 대해 매우 자랑스러워했다. 그들은 트랙 수를 3개에서 5개로 늘렸고 교사들은 각 수준을 넘나들며 가르쳤다. 사실 그들은 주에서 가장 좋은 학력별 학급 편성 시스템을 가지고 있다고 믿었다. 그러나 그들은 여전히 모든 학생들을 위한 양질의 교육이라는 목표에 결코 도달하지 못했다. 어떤 아이는 가치 있고 어떤 아이는 그렇지 못하다는 파괴적인 메시지는 여전히 어린이, 부모 및 더 큰 지역사회에 큰 소리로 전달되었다. 교육구는 또한 '훌륭한, 영리한, 보통인 그리고 보통 이하인' 학생들의 필요에 부응하려는 시도에서 학력별 학급 편성 자체가 학생들의 능력을 나누는 데 심각한 역할을 하지 않았는지에 대해서는 결코 의문을 품지 않았다. 교육구는 가능한 한 높은 수준으로 성과를 향상시켰지만, 규범이나 무엇이 적절한 행위인가에 대한 전반적인 의미에 대해 의문을 제기하는 깊은 수준의 성찰에까지는 결코 나아가지 않아 목표에 전혀 도달할 수 없었다.

게러스 모건(Gareth Morgan)은 간단한 시스템의 한계를 설명하기 위해 가정용 온도조절기의 예를 든다. 자동 온도조절기는 설정 온도(또는 표준 온도)에서 벗어나는 상황을 모니터링하여 교정하는 단일 루프 주기를 따라 작동한다. 하지만 이 단일 루프로 작동하는 온도 조절 장치는 미리 설정된 온도가 사람이 있는 실내 온도에 적합한지 결정할 수 없다. 그리고 자동 온도조절기는 목표, 규칙 및 가치 등을 관리하기 위해 설정된 변수들이나 설정된 온도가 왜 중요한지에 대해 의문을 제기할 수 없기 때문에 행위를 바꾸거나 일을 보다 효과적으로 또는 책임감 있게 수행할 수 없다.[35]

방에 거주하는 사람들의 필요에 따라 온도를 변경하는 온도조절기와 유사하게 시스템에 대해 실질적으로 효과를 나타내려면 두 번째 학습주기가 만들어져야 한다. 이 두 번째 주기에서, 처음의 주기와 연결하여 조직의 규범은 비판적인 검토를 거치게 된다. 모건은 이렇게 2개의 주기로 접근하는 것을 '이중 루프 학습(double loop learning)'이라고 하고, 우리는 또한 이것을 '학습을 학습하기'라고 한다.

이중 루프 학습(또는 생각하는 방식에 대해 생각하는 것)의 통합에 대해 성찰할 시간을 만들어내고 자신의 규범, 태도 및 전제에 의도적으로 도전함으로써 사람들은 자신의 선택(의식과 무의식 모두)이 그들이 느끼는 좌절감이나 조직의 효율성에 기여할 수 있는 방법을 이해하기 시작할 수 있다.

이중 루프 사이클은 사람들이 당연시하는 규범에 의문을 제기하고 처음에는 불편함을 느끼는 새로운 선택으로 종종 나아가도록 하기 때문에 쉽게 외면된다. 모건과 조직 연구를 하는 다른 사람들에 의하면, 조직은 거의 이중 루프 학습을 하지 않는다. 사실 많은 조직의 관료주의가 실제로 이 학습 과정을 방해한다. 그러나 조직이 학습을 학습할 수 있게 하는 것은 이 성찰적이고 스스로 질문하는 능력이다.

어떤 프로젝트나 사업에서 자동 온도조절기보다 더 똑똑해지기 위해서는 이 쪽에 나와 있는 것과 같은 과정을 개발하면 된다. 다음 단계로 넘어가기 전에 각 단계에 신중한 주의를 기울여야 하며 필요한 경우 반복하거나 뒤로 갈 준비를 한다.[36]

관찰

당신이 취한 행위에 주의를 기울인다. 경험으로부터 학습하기 위하여 당신은 방금 완성된 프로젝트로 시작해야 할 것이다.

이러한 유형의 관찰은 과거의 행위를 뒤돌아보는 행위 성찰(reflection-on-action)로 알려져 있다. 얼마나 잘 됐니? 원래 생각했던 게 뭐야? 어떤 전제나 태도(어떤 정신 모델)가 거기에서 당신을 이끌었을까?

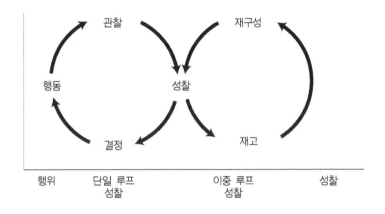

예기치 않은 무언가가 발생하고, 전개되는 상황이나 프로젝트의 결과에 당신이 아직 영향을 미칠 수 있는 동안 당신에게 과정 변경의 필요가 있을 때 행위 성찰(reflection-in-action)이 일어난다. 여기서 무슨 일이 일어나고 있는 거야? 그 밖의 무엇이 이상하게 보이는가? 이것이 왜 예상치 못한 것인가? 이것에 대해 어떻게 생각해봤나? 지금 무엇을 고려해볼 수 있을까?

행위에 대한 성찰(reflection-about-action)은 과거, 현재, 미래를 포괄한다. 왜 우리는 이 행위를 제안 하는가? 이 결정의 더 광범위하고 장기적인 결과는 무엇이었으며, 무엇이고, 무엇일 것인가?

성찰(이중 루프)

우리가 관찰한 의미를 생각해보고 그로부터 결론을 이끌어낸다. 주기의 이 단계는 운영 규범과 전제가 적절한지 여부를 묻는 새로운 아이디어와 행위의 가능성을 열어준다. 이중 루프 성찰은 적절성에 대한 질의를 구성하는 적어도 두 개의 뚜렷한 구성 요소를 포함한다. 각각 물어보아야 할 자신의 질문이 있다.

❑ **재고** : 기본 가정과 결론 그리고 그로부터 이끌어낸 추론을 재고함으로써 시작한다. 이것은 스스로에게 질문하는 형태이다. "이 프로젝트가 적절한가? 누가 이기고 누가 잃을까? 이것이 이 프로젝트를 수행하는 올바른 방법인가? 우리의 선택을 뒷받침하는 현실(정신 모델)에 대한 집단적 견해는 무엇인가? 새로운 접근 방식의 결과는 무엇일까? 우리가 소통하는 가치는 무엇인가? 우리가 옹호하는 이론(그리고 가치)이 지금 사용되고 있는가?"

⫻ 시스템사고의 도구. 특히 178쪽의 '빙산'이 여기서 도움이 될 수 있음

❑ **재구성** : 논의를 이끌어갈, 가능성 있는 새로운 아이디어를 분명하게 말하고, 그러한 것들이 당신의 역량을 신장시킬지 여부를 성찰한다. "어떻게 다르게 우리 프로젝트에 접근할 수 있을까? 올바른 프로젝트, 올바른 목적 및 올바른 목표인가? 누가 결정할지를 누가 결정할 것인가? 위험을 감수하지 못하게 하는 이곳의 조건은 무엇인가? 우리가 원하는 미래와 우리에게 가장 적합한 가치와 행위에 대해 어떤 이미지를 택할 수 있는가? 우리가 왜 이것을 하지? 어떤 목적으로? 우리는 이러한 이미지, 가치 및 행위를 만들어내기 위해 무엇을 해야 하는가?"

어떤 사람들에게는 이러한 유형의 성찰 공유가 새로운 경험이 될 것이다. 혼자서 또는 친한 친구들과 성찰하는 데 익숙하다 할지라도 그들은 이 수준의 깊이와 불확실성을 가진 문제에 관해 테이블에 마주 앉아 공식적으로 해본 적은 아마 없었을 것이다. 그 이유는 질문과 옹호하는 것이 조화를 이루고 추론의 사다리를 이용하는 생산적인 대화의 기술이 여기서는 가치가 있기 때문이다. 이러한 도구들은 제기되는 위험한 문제에 관해 사람들이 안전하게 이야기할 수 있도록 도와준다.

// 141쪽의 '추론의 사다리', 147쪽의 '타인에 대한 질문과 자신의 관점을 옹호하는 것의 조화' 참조

결정

결정을 한다. 에드워드 데밍(W. Edwards Deming)은 이 단계에서 '계획'이라는 단어를 사용한다. 그러나 우리는 선택한다는 것이 포함되어 있어 '결정'이라는 말을 사용한다. "여기에 우리가 선택하여 취할 수 있는 대안이 있고, 왜 그래야 하는지 이유가 있다." 이 단계에서는 집단 구성원들이 전체 프로세스에 영향을 미친다고 전제한다. 그것이 하나의 코스 또는 학교 또는 지역사회 팀이든지 그들이 '의견'이 있음을 보여주기 위한 것이 아니라 그들이 결정에 참여하는 것이 필요하고 중요하기 때문이다. 성찰을 기반으로 집단은 다음에 취할 단계의 성격을 함께 생각한다. "이제 무엇을 할 것인가? 누구를 다음 과정에 초대해야 하는가? 과거의 경험에 비추어볼 때, 어떤 종류의 일이 일어날 것인가? 그러한 것들을 예상하기 위해 우리는 어떻게 계획해야 하는가? 다음 단계는 어떤 모습일까?"

행동

가능한 한 실험적인 마음의 틀을 가지고 임무를 수행한다. 이제 당신은 창조하고 쓰고 생산한다. 이것은 팀 구성원들에 의해 개별적으로 만들어지지만 조화를 이루면서 시행된다. 모든 시간은 성찰을 통해 공유된 의미를 세우고 관찰하는 데 쓰이며 행위를 의미 있는 제안으로 함께 전환한다.

실천 주기 만들기

주기가 끝나면 공식적인 사후 검토와 함께 즉시 관찰 단계로 다시 이동한다. 얼마나 효과가 있었는가?

표준화 검사 점수를 높이기 위한 것과 같이 달성해야 할 엄격한 목표나 압박감이 있는 교육과정은 사람들로 하여금 주기를 거치지 않고 진행하게 할 수 있다. 자원들을 사용하면서 당신 자신의 길을 만들어가고자 할 때, 누군가 '관찰'하고 '성찰'할 시간은 갖는가?

그러나 관찰 및 성찰의 처음 두 단계는 순환의 가장 중요한 부분이다. 공유된 의미를 구축하는 데 충분한 시간을 할애하면 사람들은 왜 어떠한 활동이 중요한지 그리고 왜 그것을 하고 있는지에 대해 훨씬 명확하게 이해한다. 이러한 이해는, 예를 들어 하나의 훈련이 고통스럽고 결실이 없을 수도 있고 더 나은 결과로 이어질 수도 있는 것처럼, 모든 차이를 만들 수 있다. 실천의 '이중 고리' 부분은 시간을 절약할 뿐만 아니라 정기적으로 실천을 재검토하게 한다.

현재의 방침에 대한 이중 고리 성찰

아래 질문은 학생 평가에 대한 이중 고리 성찰을 위해 개발되었다. 학교 또는 조직의 어떤 문제를 성찰하는 데 수정하여 적용하는 것이 좋다는 것을 알 수 있을 것이다.[37]

- ☐ 예를 들어 학생의 향상을 측정하는 것과 같은 목표를 달성하기 위해 지금 하고 있는 일은 무엇인가? 왜 이 방법을 사용하고 있는가? 어떤 전제하에 그 방법을 사용하고 있는가?
- ☐ 현재의 행위가 교육적으로 의미가 있는가?
- ☐ 측정하고 있다고 생각하는 것을 측정하고 있는가?
- ☐ 현재의 접근 방식으로 누가 이익이 되는가? 누가 혜택을 받지 못하는가?
- ☐ 어떤 신념, 태도 및 가치가 다른 대안을 만드는 것을 가로막는가?
- ☐ 학생의 학습을 위해 당신이 열망하고 있는 것은 무엇인가?
- ☐ 현재 관행의 변화를 촉진하기 위해 사고의 어떤 면을 바꾸어야 하는가?

당신의 삶에 다섯 가지 규율을 가져오기

교실에서 이러한 모든 도구와 관행을 사용하는 것은 첫 단계일 뿐이다. 시스템에 대한 이해는 생애적인 관점과 역량의 근원이 된다. 정신 모델 및 팀학습에 능숙해지면 인생 전반에 걸쳐 구축된 다른 사람들과 더 강력하고 깊은 관계를 가질 수 있다. 개인적 숙련과 공유 비전 작업을 통해 당신의 포부를 명확히 하면 창조적인 적응을 하게 될 것이다. 당신의 운명에 반응하거나 운명을 통제하려 하지 말고 운명을 창조해나가는 것에 초점을 맞춘다.

이 책의 나머지 부분에서, 우리는 다섯 가지 규율 모두를 다양한 상황에서 활용할 것이다. 이러한 실천을 직장 생활 및 앞으로의 삶에 통합함으로써, 자신의 역량을 구축할 수 있다. 이것은 교실, 학교 및 지역사회 등 세 곳의 교육 시스템에서 능력과 역량을 향상시키는 데 기여할 것이다.

교 실

Classroom

교실 문 열기
Opening the Classroom Door

1. 학습하는 교실 만들기

새 학년의 첫날이다. 교사로서 당신은 마치 숨이 멎은 것처럼 조용한 방에서 학생들을 맞이할 준비를 하고 있다. 화이트보드에는 작년에 지워지지 않는 샤피(Sharpie) 펜으로 써놓은 낙서 하나를 제외하곤 아직 아무런 흔적이 없다. 당신은 당신의 교육 과제 스케줄을 들여다본다. 앞으로 몇 달 동안 되풀이하면서 OX를 표시하게 될 것이다. 새로 만난 아이들과 곧 친해져서 처음 만날 때의 서먹함을 기억하지 못할 것이다.

다음과 같은 질문에 체크해보자. 필요한 자료가 모두 있는가? 올해 만나는 학생들은 어떤 유형일까? 나는 학생들을 변화시킬 준비를 하고 있나? 어떤 아이가 반장이 될까? 열심히 공부하는 아이일까? 누가 어떤 문제를 제기할까? 당신은 번개가 치기 직전에 울리는 공기처럼 학생들이 곧 다가올 것이라고 느낄 것이다.

교실 밖에선 천둥번개가 치는 것처럼 많은 일이 발생했다. 여섯 명의 학부모가 전화를 해달라는 메시지를 남겼다. 지역 신문은 이 지역 모든 학교의 시험 점수를 공개했다. 부교육장은 교육과정 회의에서 아이디어를 잔뜩 갖고 돌아왔다. 만약 낮에 시간이 있다면 새로운 교육과정위원회에서 일하게 되어 기쁠 수도 있겠지만, 수업 준비 시간은 줄어들 것이다. 학교운영위원회는 새로운 교과서를 채택하고, 버스와 배식 시간표를 재정비했다. 그들은 예산을 더 확충하기 위해 각 반에 대여섯 명의 정원 외 학생들을 추가하였다.

만약 대학교의 교직원이라면 많은 강의시간, 행정 업무, 학생 상담, 채용, 혁신을 위한 시간, 지원의 부족, '학술지에 게재될 지 탈락할지'에 대한 불안감 등 다양한 압력에 직면할 것이다. 어쩌면 점점 더 늘어나는 시간 강사의 한 명으로 보수도 제대로 받지 못하고, 강의를 하도록 고용되었지만 보안은 지켜야 하고 지위에 맞게 행동하는 말 못할 고통을 갖고 있을 수도 있다. 당신이 어디서 가르치든지 사회적 압력과 준비되지 않은 학생들 그리고 제도적인 규제나 제약과 만난다. 많은 교사는 자신들의 고통이 근대 문화의 산물이라고 불평을 한다.

이 모든 것들에도 불구하고 노련한 교사들은 매년 새로워진 에너지와 열정을 갖고 교단으로 돌아온다. 새로운 사람들이 계속해서 그 전문적인 일에 참여한다. 가르쳐야 할 이유는 항상 더 깊어진다. 가르치는 것은 원래 훌륭한 일이며, 학생들이 잘 배워서 성공하면 교사는 기분이 좋아진다. 교실은 나의 헌신과 창의력으로 다른 사람들이 아주 빨리 직접적으로 발전을 이룰 수 있는 경험을 할 수 있는 몇 안 되는 일터 중의 하나이다. 하지만 교사들이 교실로 가져오는 내적 자원, 즉 창의성, 훈련방법, 능력 그리고 교육에 대한 사랑 등은 무한정 지속되지 않는다. 그렇다면 우리는 지속적으로 활력을 불어넣어 모든 학생들이 배움에 대한 열정을 지닌 교실을 설계하는 방법을 알고 있을까? 이 질문들이 이 책의 '교실(classroom)' 부분의 핵심이다.

학습 환경의 설계자인 교사

모든 교사는 뒤로 물러나 스스로에게 말하는 순간이 있다. "와우, 잘 가르쳤네. 오늘 뭔가 잘 된 것 같아. 그게 뭘까?" 주제가 흥미롭거나 토론이 잘 이루어진 경우, 이런 경험을 되풀이할 수 있다. 그렇지만 때때로 그런 일은 다시 일어나지 않을 것처럼 느끼기도 한다.

교실은 학생들을 규칙적으로 '자연스러운 흐름'의 상태로 유도하도록 설계될 수 있다. 이것은 성찰과 질의를 가르치는 연습, 시스템 이해를 조성하는 도구, 열망과 협력에 초점을 맞추기 위해 시간을 갖는 것의 가치를 의미한다. 교실에서의 일이 주로 학생들이 생각하고 상호작용하는 방법을 산출하게 하는 것이라면, 사고하기와 상호작용의 수준을 높이면 교실에서 진행하는 다른 모든 일을 더욱 힘차게 할 수 있다.

뉴욕시 P.S. 116의 초등학교 4학년 교실에서 독해력이 부족한 아이들이 동그랗게 모여서 이야기를 나누고 있다. 그들은 교사가 듣기 원하는 말을 되풀이 하지 않는다. 그들은 방안에 가만히 앉아 있지 않고 돌아다닌다. 그들은 책의 의미를 이야기한다. "나도 너희들 생각과 같아." 한 소년이 다른 아이들에게 말한다. "그렇지만 오늘은 그렇게 생각하지 않아." 한 소녀가 다른 아이에게 묻는다. "네가 새로운 무대라고 말했는데, 무대가 무슨 뜻이야?" 같은 학교의 다른 방에서 5세 유치원생은 다른 아이의 말을 듣고 '목말타기'를 하고 싶다고 말했다. 이런 대화는 자연스럽게 일어나지 않는다. 이는 새로운 대화식 수업을 집중적으로 설계하고 실행한 결과이다. 교사들은 대화를 나눌 수 있는 방법을 계획하기 위해 공식적인 교직원 개발 모임이나 비공식 방과 후 모임에서 정기적으로 만난다. 그들은 서로 먼저 가르치고, 그런 다음 아이들을 가르친다. 서로 경청하고, 독서에서 '핵심 개념'을 이끌어내고, 서로의 생각을 추켜준다. 4학년 교사인 낸시 베조네(Nancy Bezzone)는 "9월에서 10월 까지*는 공동체 생활에 엄격하게 적응하도록 했지요. 그 이후 아이들이 서로 개방하고, 더 많은 불편을 감수하며 서로의 능력을 나눌 수 있게 했어요."라고 말한다.[1]

교실 설계는 다른 형태를 취할 수도 있다. 2학년 교사는 학생들로 하여금 자신의 숙제를 바로잡게 한다. 학교장은 쉬는 시간을 계획하여, 초등학교 3 학년 학생들이 어른들에 의해 조정되지 않고, 그들만의 놀이를 구성할 수 있 도록 한다. 6학년 학생들은 학부모-교사 간담회를 이끌면서 활동에 대한 포 트폴리오를 발표하고 중학교 진학을 위한 목표를 칠판에 도표로 그린다. 중 학교 수학교사는 학생들에게 그에게 도전하라고 권유한다. 만약 학생이 일 련의 논리적인 숫자들을 생각해낸다면, 그는 그다음 수를 추측할 것이다. 매 일, 학생들은 주차장까지 쫓아가서 교사에게 도전할 것이다. 어떤 대학 강사 는 모든 학생들에게 학과 블로그에 자신들의 프로젝트를 읽고, 편집하고, 적 용하기 위한 글을 올려 달라고 요구한다. 또 다른 강사는 강의 첫 시간에 학 생들이 대화의 기본 원칙을 익히도록 한다.

여기에 나오는 이야기와 기법은 교사, 학생, 학부모들이 수업 시간에 생각 하고 상호작용하는 방식을 다시 설계함으로써 더 나은 능력으로 발전시키기 위한 방법을 보여준다. 그것들은 모든 종류의 학습 주제와 모든 종류의 학교 를 대표한다. 그것들을 하나로 모으기 위해 수십 명의 교육자들의 경험과 교 훈에 의존했다. 우리는 미리 규정하지 않았고 구체적인 도움이 되도록 노력 했다. 다음 장에서 학습하는 창조적 교실을 만들기 위한 유용한 도구와 방법

----

* 역자 주 미국은 9월에 새로운 학년을 시작하므로 9월은 학년 초라는 의미이다.

을 찾아내길 바란다.

모든 아이는 배울 수 있다

'모든 아이는 배울 수 있다.'라는 개념은 많은 교육 전문가가 동의하는 원칙이다. 이 원칙은 학습을 지원할 수 있는 조건이 된다. 개개인의 능력이 가치가 있을 경우, 모든 아동과 청소년 그리고 성인이 어떤 일을 의미 있게 성취할 수 있는 잠재력을 가지고 있음을 시사하는 인지적, 사회적 능력에 대한 연구에 의해 뒷받침된다.

그러나 이 원칙은 많은 맥락에서 적용되기 때문에 불완전하다. 이것은 '모든 아이들은 자기 방식대로 가치가 있다.'라는 의미로 쓰이는 경향이 있다. 이 원칙의 아이디어를 선포한 학교에서도 교육자와 부모들은 종종 인간 잠재력에 관한 암묵적인 정신 모델─'한번 만들어지면 굳어져서 변하지 않는다.'─에 사로잡혀 있다.

이런 정신 모델은 승자와 패자의 문화로 이어진다. 일부 아이는 '성취적'이라고 평가되고 가치가 있다고 느껴지는 반면, 다른 아이들은 '가르칠 수 없는', '불리하게 하는' 또는 단순히 '우둔한'으로 기술된다. 이러한 문화에서 성인들은 후자 그룹의 아이들이 변화할 수 있는 시간과 관심을 지속적으로 투여하지 않는다. 또한 이런 문화는 학생들과 교육자들에게 교실 및 학교의 중요한 목적인 학습 능력을 익히고 향상시키는 것 대신에 측정 가능한 단기 평가 및 목표에 집중하게 한다.

대조적으로 인간의 잠재력은 어느 시점에든 고정되어 있지 않다고 시사하는 증거가 더 많이 제시되고 있다. 신경 과학의 비교적 새로운 분야인 '신경 가소성(neuroplasticity)'에 대한 연구는 인간의 두뇌가 가소성이 있어서 생애를 통해 새로운 신경 경로를 만들 수 있음을 시사한다. 신경가소성은 새로운 사고와 행동에 의식적으로 주의를 기울임으로써 촉발되는 것처럼 보인다. 교실의 학생들이 매일매일 특정한 형태의 학습을 수행할 때, 교사를 포함한 모든 사람들의 뇌 구조와 기능에 영향을 미칠 수 있다.[2]

// 599쪽의 '인지 연구 그룹' 참조

학습하는 교실은 모든 아이가 배울 수 있다는 것을 이해하는 것뿐만 아니라 학생들이 다양한 방법으로 학습하고, 그들의 능력은 태어날 때 고정되어 있지 않으며, 배경이나 과거의 경험과 관계없이 어느 나이에서나 놀라울 정도로 기능과 능력을 획득할 수 있다는 것을 포함한다. 그런 수업에서 학생들은 모두 성취감을 가질 수 있다.

이는 학습하는 교실에서의 '교육'이 단순히 정보를 보급하는 '전수'를 의미할 수 없는 이유 중의 하나이다. 만약 모든 학생들이 서로 다른 방법으로 배운다면, 교사는 각각의 학생에게 맞게 지식과 기술과 능력을 개발하고 그들이 자신들의 세계에 참여할 필요가 있다고 인식할 수 있는 경험을 생각하고 만들어내야 한다. 학습하는 교실에서 교사는 학습자의 필요와 욕구를 비교적 쉽게 파악할 수 있다. 학습자는 빠르거나 느리거나 자신의 필요와 욕구를 명료하게 표현하기 위한 방법을 개발한다. 시간이 지남에 따라 둘 사이의 격차를 좁히는 공동 창작의 경험을 함께 한다. 교실 자체는 다양한 형태를 취할 수 있지만(이 책을 통해 볼 수 있듯이), 어느 경우든 공통적인 것은 상호 존중해야 하고 학습자의 목표와 필요에 관련이 있어야 하며 탐구의 정신을 가져야 한다.

모든 아이들이 학습할 수 있다는 생각에 대한 완전한 표현은 인간의 잠재력에 대한 깊은 인식을 내포한다. 이러한 생각을 포용하는 것이 인간 본성을 맹목적으로 외면하는 것을 의미하는 것은 아니다. 아이들은 실제로는 연령에 상관없이 파괴적이거나 매우 어려울 수 있다. 그들은 자신의 잠재력을 완전히 이해하지 못하거나 자신이 개발해야 하는 인내와 헌신을 전적으로 받아들이지 못할 수도 있다. 어려움을 겪고 있는 사람들과 상황에 대처하는 것은 유치원 이후부터 모든 교실과 교사, 모든 공동체 구성원에게도 중요한 과제이다. 성찰 없이 사용되는 '학습 조직' 도구(또는 그 문제를 해결하기 위한 모든 기술)는 이러한 문제를 해결하는 데 충분하지 않다. 우리는 일생 동안 내면의 모든 자원을 필요로 한다.

모든 아이들이 학습할 수 있고 모든 사람들이 새로운 미래를 창조할 수 있는 잠재력을 가지고 있다고 하는 개념은 모든 인간의 환경과 힘의 원천이 될 수 있다. 이 지침을 아이디어로 삼는 것은 아마도 학습하는 교실을 만드는 첫 번째 단계일 것이다. 희망은 우선 가르치는 많은 사람을 끌어모은다. 모든 아이들이 학습할 수 있다는 기억은 그 희망을 지속적으로 유지하는 데 도움이 된다.

 Classroom

'class'라는 단어는 소환장을 의미하는 로마 단어 'classis'에서 유래되었다. 그것은 분명히 '군대로 호출하는 것'을 의미하는 인도-유럽어에 기초한 qel ('call')에서 진화했다. 16세기에 영어 사용자들이 그것을 아마도 그 당시 새로운 교회 대학에서 함께 모여 공부하는 학생 집단을 언급할 때 사용했다. 'chamber' (방)'에 대한 옛 영어 단어는 cofa('보호된 은신처'란 뜻의 현대 영어 'cove'의 조상)이다. 그 당시에 'room'은 단순히 '열린 공간'을 의미했다. (비슷한 뜻을 가진 독일어 단어 'raum'도 마찬가지이다.) 지금도 여전히 개방성이라는 의미는 유지된다. 따라서 classroom(교실)은 계속해서 개방적이고 사람들이 그들 주변의 세계를 연구하기 위해 함께 모여 있는 곳이다.

2. 학습하는 교실을 설계하기

넬다 캠브론-맥카베(Nelda Cambron-McCabe)

PM
SV

목적 : 교사들에게 교실 설계자로 안내하는 가정(assumption)을 의도적으로 묻도록 하기.
개요 : 교육과정이나 시간 배정과 같은 기존의 설계를 따르는 대신 당신 마음에 있는 학습하는 교실의 이미지에서 시작하라.
참가자 : 동료 교사 또는 교사 모임. 이 연습은 교사로서 학습하는 교실을 만드는 데 참여하는 매우 효과적인 출발점이 될 수 있다.

우리가 교실에 관심을 돌릴 때 일반적으로 우리는 가르침에 관하여 첫 번째로 생각한다. 가르칠 내용은 무엇인가? 가르칠 방법은 무엇인가? 가르칠 대상은 누구인가? 그리고 누가 가르치는가? 두 번째 생각하는 것은 성과 및 성취와 관련이 있다. 성과는 일반적으로 어떻게 평가되는가? 학생들이 학년이나 과정을 이수하려면 무엇이 필요한가?

사람들이 이 두 가지 문제에 초점을 맞추는 것은 이해할 수 있지만, 여러분이 교사라면 배움의 양을 늘리는 것은 상대적으로 덜 중요하다. 당신이 가진 가장 큰 영향력은 학습 환경으로서의 교실을 설계하는 데 있다. 다음 연습은 당신의 존재, 대인 관계 그리고 모든 사람들의 학습 과정을 더 효과적으로 만드는 환경을 만드는 데 도움을 줄 수 있다. 다시 말해서 당신이 학습하는 교실을 만들기 시작할 수 있도록 도와줄 수 있다.

1단계 : "학습하는 교실을 갖고 있다면…"

1년 동안 사용할 교육과정과 평가 방법에 대한 권한을 포함하여 당신이 완벽한 자유와 권한을 갖도록 설계한 학습하는 교실에서 가르친다고 상상해보자. 마음으로 잘 생각해보고 그 교실 안에 있는 경험을 떠올려보자.

자신에게 물어보자.

- ❏ 학생들은 일상적으로 무엇을 하고 있는가?
- ❏ 어떤 구조와 실천 그리고 행동(본인과 학교 부분)이 학생들의 성공과 발달에 도움이 되는가?
- ❏ 수업 활동, 즉 수업과 과제 그리고 대화는 어떻게 구성되는가? 누가 조직하는가? 언제 멈추고 시작할지 결정하는 사람은 누구인가?
- ❏ 누가 학생들의 학습 목표와 기대치에 대해 필요한 결정을 내리고 – 일반적으로 어떻게 결정을 하는가?
- ❏ 교실은 어떻게 설정되어 있는가? 어떤 종류의 시설과 물품이 있는가? 어떻게 생겼는가? 학생들은 교실 안팎에서 얼마나 많은 시간을 보내는가?
- ❏ 학생들은 이 교실에서 어떻게 상호작용하는가? (서로의 문제 해결에 참여하고, 함께 노력하는가, 어떻게 서로 학습할 수 있도록 돕는가?)
- ❏ 교사와 어떻게 상호작용하는가?
- ❏ 교사로서 학생들에게 직접 전달할 수 있는 정보의 종류는 무엇인가?
- ❏ 책, 잡지, 신문, 비디오, 인터넷, 게임 그리고 기타 자원에서 얻는 정보는 무엇인가? 그들은 어떻게 이런 정보들을 찾는가? 어떤 안내서가 있다면, 그것을 이용하여 찾아보고 일을 하는가?
- ❏ 학습 경험(그리고 그들이 가지고 있는 여러 경험)에서 얻는 정보의 종류는 무엇인가?[3]

이러한 질문에 대한 답을 쓰거나 그림으로 그리거나 (녹음이나 녹화 장비를 이용하여) 구술하여 나중 단계를 수행할 수 있도록 하라. 장면을 더 생생하게 시각화하려면 현재 시제로 작성하라. ("학생들은 문제를 해결하기 위해 함께 일할 것이다."라고 쓰지 않고 "학생들은 문제를 해결하기 위해 함께 일한다."라고 쓴다.) 특정하라. 당신이 생각한 이미지, 가능성 그리고 혁신에 대하여 상세하게 표현하라. '옳거나 그른지' 또는 '실현 가능한지', '현실적인지' 혹은 '정치적으로 어색한지'에 대해 걱정하지 마라. 당신은 학습하는 교실을 설계하고 있으며, 나중에 이 연습을 다시 다듬을 기회를 많이 가질 것이다.

2단계 : 정의(definition)를 확장하기

이제 다른 교육자와 작가들이 학습하는 교실을 상상한 내용을 고려하여 생각을 넓혀보자. 이 목록에서 이미지를 찾아내고 그것을 추가(과정에서 변경할 수도 있음)하여 이상적인 교실 이미지를 더 발전시켜라. 만일 교사 모임에서 이 연습을 하고 있다면, 1단계에서 한 당신의 모든 개별적인 답변을 포함할 수 있으므로 서로의 생각을 토대로 정의를 확장할 수 있다.

　학습하는 교실에서…4

- ❏ "다양한 종류의 지능을 개발하며, 3Rs을 훨씬 뛰어넘는다. 아이들은 성공하기 위해 실제로 끌어낼 수 있는 모든 범위의 능력을 개발한다."

  — 다니엘 골맨(Daniel Goleman)
- ❏ "학생들은 도전할 만하고 자신들을 매료시킬 문제를 추구하며, 자신들이 따를 필요가 있는 지식과 기술을 추구한다."

  — 시무어 사라슨(Seymour Sarason)
- ❏ "학습자는 목적, 내용, 형식 그리고 학습 속도에 대한 실질적인 통제권

을 가지며 또한 충분한 학습이 이루어졌을 때 주요 판단자가 된다.”

— 피터 베일(Peter Vaill)

❑ “학생들은 인위적으로 엄격하게 구분된 주제보다 문제에 집중한다.”

— 넬 나딩스(Nel Noddings)

❑ “학생들은 자신의 삶을 패턴화하기 위한 모델로서 뛰어난 하나의 비전을 따르지 않는다. 진정한 도전 과제는 창조적인 상상력을 발휘할 수 있는 모든 자원에서 새로운 것을 모으는 것이다.”

— 메리 캐서린 베테슨(Mary Catherine Bateson)

❑ “우리는 부적절한 대답이라 하더라도 다른 맥락에서 적절할 수 있다는 것을 알 수 있다. 학생들의 질문 중에는 가장 창조적인 아이디어와 발견이 나오기도 한다.” — 엘렌 랭거(Ellen Langer)

❑ “학생과 교사 사이에는 성찰적 사고방식이 있다. 그들은 자신의 행동 결과에 대해 생각하면서 시간을 보내고, 어떤 노력은 효과가 있고 다른 것은 효과가 없는지 그 이유를 골똘히 생각한다. 그들은 현상 이후에 성찰할 수 있을 뿐만 아니라, 성찰적인 마음의 틀을 문제에 가까이 가져갈 수 있다.” — 로버트 스타래트(Robert J. Starratt) 도날드 쇤(Donald Schön의 이론을 토론할 때)

❑ “학생들은 지속적인 대화를 통해 공유된 이해를 형성하는 학습 공동체 일원으로 활동하면서 협력한다.” — 토마스 세르지오바니(Thomas Sergiovanni)

❑ “많은 조건이 심오한 학습을 촉진한다. 부적당함을 깨닫기, 자신의 문제에 집중하기, 위험을 감수하기, 유머, 다른 학습자들과의 협력하기, 연민, 모델링의 중요성, 도덕적 목적의 존재 등.”

— 롤랜드 바스(Roland Barth)

❏ "모든 학생들은 재능 있는 학생으로 취급되어야 한다. 왜냐하면 각각의 아이들의 재능을 찾고 인정해야 하기 때문이다." —헨리 레빈(Henry Levin)

❏ "우리는 서로의 이야기를 들어야 하고 우리는 각자의 삶의 저자이다."

—다니엘 핑크(Daniel Pink)

다른 사람들과 학습하는 교실을 설계하는 데 도움이 될 만한 인용문이 있으면, 이 문서에 추가하거나 대신 사용하라.

3단계 : "그것은 나에게 뭘 가져올까?"

당신이 작성하거나 선택한 각각의 진술들을 하나씩 고려해보아라. 이러한 진술에 대해 생각할 때 가장 흥미로운 요소는 다음과 같다.

❏ 결과적으로 어떤 혜택이 생길까?

❏ 학생들에게 무슨 일이 일어날까?

❏ 개인적으로 어떤 일이 일어날까?

❏ 지금 내가 가르치는 교실과는 어떻게 다를까?

4단계 : 상위 5개를 선택하고 다시 정의하기

3단계에서 검토한 내용을 바탕으로 당신에게 가장 끌리는 학습하는 교실의 다섯 가지 특성을 선택하라. 그중 어떤 것이 그럴듯하게 보이는지, 달성하기가 쉬운지, 다른 학교에서 칭찬을 받을 가능성이 높은지에 대해 걱정하지 마라. (5단계에서 이러한 염려를 과제로 삼을 것이다.) '적절하지만 여기서 아직은 할 수 없다.'라고 자극하는 한두 가지의 특징을 포함시켜라.

238

왜 다섯 가지인가? 이 숫자는 모든 특성을 마음에 담아 두기에는 작지만, 완전히 실현된 이미지를 상상하기에 충분하다.

이것은 어떤 추상 조건을 구체화하기에 좋다. 예를 들어 당신은 "학생들의 학습 욕구에 맞게 교실 조건을 만들 수 있다."라고 썼을지도 모른다. 어떤 종류의 교실 조건을 염두에 두고 있는가? 어떤 사례가 있을까? 특정 학생에게 필요한 학습을 어떻게 해결할 수 있을까? 그것은 일반적일까? 조용히 읽을 때, 교재를 이해할 수 없는 학생을 위해 문단을 나눌 수도 있다. 학생들이 이야기를 읽고 숙고하여 그것을 완전히 이해하기 위해서는 이야기를 나누어야 한다. 당신은 작은 규모의 토론 기회를 자주 만들 수 있다.

5단계 : "우리는 어떻게 해야 할까?"

설계자로서 비전의 각 요소를 달성하기 위해 해야 할 일은 무엇인가? 어떤 관례를 따르는가? 본인과 학생 모두 어떤 역량을 키울 수 있는가? 교실, 학교, 지역사회, 심지어 주정부 차원에서 어떤 정책을 시행할 것인가?

예를 들어 당신의 학교(또는 다른 곳)에서 교사가 보다 효과적으로 가르치고 싶을 때, 수업에 상당한 전문성을 가진 다른 교사를 관찰하도록 설계할 수 있다. 어쩌면 다른 교사의 코칭도 포함할 수 있다. 학교는 1~2주 동안 대체 강사를 제공할 수 있으므로 교사는 경험이 많은 실천 교사와 함께 공동 수업을 하면서 일하고 배울 수 있다.

6단계 : "어떤 방식으로 진행되는가?"

5단계에서 제기된 각각의 아이디어에는 어떤 종류의 장벽과 장애물이 있는가? 학생 자신, 학부모, 다른 교사, 학교 설립자, 지역사회 그리고 국가로부

터 마주할 수 있는 반대 세력들을 생각해보라.[5]

그런 다음, 변화를 만들어갈 때 자연스럽게 발생하는 본질적인 도전을 고려하라. 예를 들어 이러한 과제에는 열망을 실현시키기에 시간이 충분하지 못하다는 것, 당신이 필요한 도움을 받지 못하는 것, 이러한 변화가 학생들과 어떤 관련이 있는지 잘 알지 못하는 것, 큰 학교 시스템에서 다른 사람들의 반대 등을 내포하고 있다. 다양한 종류의 반대 세력은 기존의 관행이나 가치가 위협받는다고 생각할 때 당연히 생기는 결과이다. 이 반대 세력은 어디에서 왔을까? 그 반대를 자극하지 않고 어떻게 목표를 달성할 수 있을까?

7단계 : "진행 상황을 알아야 한다."

이 책의 나머지 부분에는 이 연습에서 당신이 설정한 목표를 달성하는 데 도움이 되는 다양한 전략과 방법이 포함되어 있다. 그러나 어느 정도 진행하기 전에 비전을 정의하기 위한 또 다른 단계가 필요하다. 당신이 이룬 진전을 어떻게 인식할 것인가?

4단계에서 선택한 다섯 가지 기본 특성과 6단계에서 설명한 장애 요소를 고려하라. 각 목록에서 하나 이상의 '지표'를 지정하라. 지표는 당신이 어떤 발전을 보였다는 증거가 된다. 어떤 지표는 학년 수준에서 더 많은 학생이 읽는 것과 같이 단순할 수도 있지만, 다른 지표는 덜 일반적이며 측정하기가 어려울 수 있으며 실제 변화를 더 많이 나타낼 수 있다. '교실 상황은 학생들의 요구에 보다 잘 반응한다.'라는 지표를 수립하는 것은 학생들이 정기적으로, 당신의 지시 없이, 공유할 수 있는 자신들의 자원-특별한 교실의 학습 경험에 연결되는 자신들의 이야기, 가족사진 또는 특별한 수집품-을 가져오는 것처럼 단순할 수 있다.

8단계 : 첫 번째 실험

대부분 학교에서 교사는 교실에서 학습 설계를 실험할 수 있는 여지가 있다. 따라서 이 연습의 최종 단계로 학습하는 교실을 창조적으로 만드는 데 효과적일 수 있는 실험을 직접 설계하라.

보다 생산적인 대화를 원한다면 다음과 같이 제안할 수 있다. "함께 수업에 참여할 수 있는 방법을 찾자. 예를 들어 다른 사람의 의견에 응답할 때 '예, 그리고'보다 '예, 그러나'라고 말하며 동의하는가? 여러분이 '예, 그러나'라고 말할 때, 여러분은 동의하고 있지만 말한 이의 입장을 부인하고 있다. 그렇게 하지 마라. 우리가 상호작용하는 방법을 알게 된다면, 우리는 자신의 관점대로 듣는 것보다 서로의 말을 듣는 것이 더 쉬워지기를 바란다."

그런 다음 2주 정도 작업을 시행 후에 정리한다. "우리는 '실험'을 하고 있는가? '예 그리고' 규칙에 따라 우리에게 어떤 변화가 있는가? 대화를 바꾸었는가? 그 경험을 바탕으로 수업 대화의 틀을 더 좋게 설계하기 위해 다른 지침을 추가할 수 있다.

▉▉ 교수 시스템인가, 학습 시스템인가?

넬다 캠브론-맥카베(Nelda Cambron-McCabe)

목적 : 모임에서 실시된 이러한 성찰은 교수와 학습에 대한 중요한 통찰과 학생들의 학습에 대한 함의를 제공한다.

성찰적 실천은 교육자 훈련의 필수적인 부분이어야 한다. 수업 시간에 학생들은 종종 개인적인 성찰을 하고, 특정 문제나 우려에 대한 대화와 성찰에 참여한다. 최근 몇 년 동안 나는 교사와 행정가 그룹에 다음 같은 질문이 중요하다는 것을 알게 되었다.[6]

- ❏ 교수 시스템과 학습 시스템을 어떻게 구분하는가?
- ❏ 교실에서 교수 시스템은 어떤 모습인가?
- ❏ 교실에서 학습 시스템은 어떤 모습인가?
- ❏ 예상되는 결과의 차이가 있는가?
- ❏ 교수 시스템에서 학생의 역할과 책임은 무엇인가? 학습 시스템에서는?
- ❏ 교수 시스템에서 어떻게 변화가 일어나는가? 학습 시스템에서는?
- ❏ 교수 시스템에서 성공을 이루는 것은 무엇인가? 학습 시스템에서는?
- ❏ 학교는 교수 시스템인가, 학습 시스템인가?

3. "허용적이고 안전해야 하며 배우고 싶은 것"

▪▪ 열정적인 학급 만들기

캐롤 앤 캐너선(Carol Ann Kenerson)

교사들은 "교실에서 이 '다섯 가지 규율'을 사용하기 시작할 때 어떤 일이 벌어질까?"라고 궁금해할 것이다. 교실에서 이 규율들을 폭넓게 사용하는 캐롤 캐너선 교사가 초판을 소개하는 글을 썼다. 이 개념들은 시간이 오래 지났음에도 불구하고 여전히 유효하다.

교사로서 나는 학생들과 나 자신을 성장시키고 활력이 넘치는 환경을 조성하기 위해 다섯 가지 규율을 사용하였다. 이 규율들은 내가 가진 교수방법을 확장하고, 교실을 학습과 존중, 창의력이 넘치는 공간으로 만들 수 있는 의도적이고 명시적인 틀을 제공했다. 나는 이 규율들이 모든 학급에서 효과적이라는 것을 알고 있다. 규율들이 교실 깊이 스며들 때, 학생들은 더 높고, 더 참다운 수준에서 학습하기 시작하고, 전적으로 새로운 방법으로 참여한다. 교실에 잘 맞춰진 다섯 가지 규율은 학습에 대한 열정으로 가득 차게 한다.

나는 공립 고등학교의 영어교사로 시작했다. 그 뒤 기숙학교로 옮겨 글쓰기를 가르쳤다. 대다수 학생들은 심각한 학습 장애와 정서적 결핍을 갖고 있었다. 그들은 다양한 학대와 소외 때문에 고통을 받고 있었다. 이들은 13~18세의 남녀 아이들로 읽기 성적이 매우 낮았다. 대부분 아이들은 기능적으로 문맹이었다.

나는 이 학생들이 학습 규율에 뿌리를 둔 환경에서 잘 성장한다는 것을 발견하였다. 대화 서클은 일부 아이들에게 12단계 미팅(twelves step meeting)* 또는 치료모임을 상기시켰기 때문에 편안하고 자연스러웠다. 반대로 '심화과정'에 있는 많은 학생은 학습 과정보다 성적에 더 관심을 가졌다. 이런 현상은 그들의 모험심을 흐리게 하는 경향이 있다. 그들의 활동은 대체로 철저하고 창의적임에도 불구하고 간혹 중심을 잡지 못한다. "제발, 제가 A학점을 유지할 수 있도록 4점 이상을 주세요."라고 애원할 때 나는 슬프다. 학생들이 "이것은 너무 재미있어요.", "정말 많이 노력했어요."라고 말할 때, 모든 참가자들은 매우 즐거워하고 영감을 더 많이 받는다.

....

*   역자주 중독자를 치료하기 위한 12단계 프로그램.

개인적 숙련

교실에서 개인적 숙련의 활용은 아이들이 하는 일에 대하여 옳고 그름을 판단하지 말고 그들의 열정을 이해하며, 일의 가능성을 모색하고 탐구하려는 그들의 용기를 키울 수 있도록 돕는 것이다. 이런 교실은 흥미와 욕구 그리고 재능으로 가득 찬다. 교사로서 나의 목표 중 하나는 이러한 에너지의 원천을 활용하는 것이다. 그래서 나는 학생들이 개인적 비전을 탐구할 수 있는 수업을 정기적으로 개설하였다. 문학작품의 특정 부분 또는 연구 주제의 맥락에서, "여러분이 실행방법을 알고 싶지만 이제까지 노력하지 않았던 두 가지 그리고 다른 사람을 가르칠 수 있는 두 가지 일을 써라."라고 학생들에게 요구하였다. 그들의 답변에서 우리가 공유하고 탐구할 단일한 작업 목록을 만들었다. 마지막에는 학생들이 파트너를 선택하고 가르침과 배움의 욕구를 통합시킨 프로젝트를 만들었다.

어떤 학생이 "저는 글쓰기와 신문 편집을 정말 잘 해요. 하지만 난 사진을 잘 찍는 방법을 꼭 배우고 싶어요."라고 말했다. 그녀는 카메라를 소유하고 연구 능력을 강화하고 싶은 사람과 연결되었다. 두 사람은 우리가 공부하는 소설의 사건과 등장인물 그리고 사회적 맥락과 직접 관련이 있는 짧은 신문을 발간하였다. 다른 팀들은 각각 혁신적인 에세이와 관련한 인물을 인터뷰하고 녹화하기, 서사시의 주제에 기초한 랩송 만들기, 이야기 흐름을 설명하기 위한 작품 전시 등을 했다. 내가 학생들에게 제시한 단 하나의 지침은 프로젝트가 허용적이고 안전해야 하며, 배우고 싶은 것을 기반으로 해야 한다는 것이었다.

학생들에게 이런 자유를 허용하면 교사는 신뢰를 얻는다. 그러나 내가 알고 있는 가장 좋은 방법은 학생에게 자신의 강점을 알게 하고 호기심을 불러

일으키는 일을 인식하게 하는 것이다. 나는 이런 프로젝트를 발표할 때 즐거웠고, 학습자들 사이에서 나 또한 학습자의 자세를 취하였다.

때로는 그들의 연설이나 이야기, 예술 작품의 일부는 학교에 다소 적합하지 않아 보였다. 그것은 살인, 마약, 질병 그리고 고등학생 임신 등의 주제에 근거하였다. 그러나 이것은 학생들의 삶과 두려움의 모든 측면을 반영한다. 학생들이 그들의 목소리로 말하고 작품을 만들 수 있을 때, 통찰력과 배움은 무한하다. 나는 여러 번 교무실로 돌아와 흐느껴 울었다. 다른 사람들이 "뭐가 잘못되었나요?"라고 묻곤 했다. "여러분은 교실에서 무슨 일이 일어났는지 믿을 수 없을 거예요! 아이들은 내가 내준 과제를 뛰어넘는 프로젝트와 보고서를 만들었어요. 정말 놀라워요!"

시간이 지나면서 내 삶뿐만 아니라 학생들의 삶에서도 명상을 통한 이완의 중요성을 알았다. 조용히 앉아 성찰하면서 시간을 보내는 것은 개인적 숙련을 교실로 끌어들이는 효과적인 방법이다. 대부분의 학생이 이 명상활동에 참여하지만 필수 조건은 아니었다. 다만 다른 일을 하거나 낙서를 하거나 책을 읽는 경우에도 그들은 방 안의 침묵을 존중해야 했다. 우리는 조명을 끄고 눈을 감고 간단한 시각화를 통해 학생들과 이야기하곤 했다.

이런 활동을 몇 번 하고 나면, 학생들은 수업을 시작하고 5분 동안 긴장을 푸는 명상을 하자고 요청한다. "할 일이 너무 많아서 집중할 수가 없어요." 그들은 명상을 한 후 더 열심히 일할 것을 약속한다. 나는 그들 스스로 자신들이 무엇을 필요로 하는지 알고 있다고 믿었고 종종 그 요청을 받아들였다. 나는 결코 그런 활동이나 믿음을 후회하지 않았다. 이러한 명상으로 시작한 학급들은 창의성이 풍부하고 학습이 풍요로웠다.

어떤 환경에서 명상은 다른 것보다 더 어려울 수 있다. 예를 들면 기숙학교의 (다양한 학대를 경험한) 일부 학생들은 무방비한 장소에서 눈을 감는 것을 두려워했다. 그래서 우리는 명상 대신 부드러운 음악을 배경으로 조용히 앉아 있었다. 모든 상황에서 나는 학생들의 필요에 맞게 실행했다. 그들이 아침부터 두 차례의 시험을 치렀을 때 자신들을 중심에 다시 세울 수 있는 공간을 갖겠다는 요구를 나는 이해했다.

정신 모델

추론의 사다리(141쪽)는 매우 강력한 교실 도구의 하나이다. 이것은 문학, 역사, 심지어 과학과 수학에 관한 대화나 수업을 하는 동안에도 언급될 수 있다.

존 스타인벡(John Steinbeck)의 『생쥐와 인간(Of Mice and Men)』의 일화를 통해서, 나는 학생들에게 "레니가

조지는 그의 임금을 가져갈 것이다.

조지는 꾀가 많아.

조지는 사장을 속이려 할 것이다.

조지는 레니가 자신에 대하여 말하지 않게 할 것이다.

조지는 레니가 말할 때 방해한다.

- 존 스타인벡의 『생쥐와 인간(Of Mice and Men)』, 1장에서 가져온 '추론의 사다리'

무엇 때문에 사다리를 올라가려고 할까?" 또는 "조지는 어떤 가정을 하고 있을까?"라고 질문하곤 한다. 또한 당신은 작가의 정신 모델과 아이들이 독자로서 이해하는 사실에서 비롯한 그들의 불일치에 대하여 물을 수 있다. 사다리는 추상적으로 들리겠지만, 실제로 가르치기 쉽다. 아이들은 이러한 '추론의 도약'의 존재를 알고 있지만, 아무도 그들에게 다양한 수준의 생각을 명확하게 표현할 수 있는 방법을 알려주지 않는다. 만일 누군가 수업 시간에 어떤 주장을 했을 때, 다른 학생은 "실제로 일어난 거야? 아니면 어떤 일이 일어났다고 들은 거야?"라고 물었을 것이다.

캐너선 선생님은 해고될 거야.

그녀는 늘 이 학교에서 곤란을 겪거든.

캐너선 선생님이 틀림없이 뭔가 잘못했을 거야.

교장선생님은 꽤 화가 났어.

교장선생님이 들어와서 말했어. "나는 지금 당장 복도에서 당신과 이야기해야겠어요."

나는 이 자료를 소개하고 실행하는 다양한 방법을 찾았다. 교장이 내 방으로 들어서면서 "캐너선 선생님, 지금 복도에서 당신과 이야기해야겠어요."라고 말한다. 나는 잠시 후 눈에 띄게 혼란스러운 모습을 하며 복도에서 돌아올 것이다. 나는 학생들에게 무슨 생각이 일어났는지 묻는다. 모든 사람은 자신만의 이론을 갖고 있다. 나는 그들에게 추론의 사다리 구조를 안내하고, 이 사건에 대해 생각하게 한 다음 "여러분은 교장선생님이 나에게 말하고 싶었던 이야기를 서로 다르게 표현하겠지? 그 근거는 무엇일까?"에 대한 물음을 검토하게 할 것이다.

이런 형태의 수업환경을 만들려면 교사가 완전히 참여해야 한다. 완전한 참가는 어떤 면에서 매우 힘들지만, 교탁 앞에 머물러 있는 일이 줄어들기 때문에 길게 보면 더 즐겁고 영감을 받을 수 있다. 시간이 지남에 따라 교사의 제재는 줄어들고 창의력 수준은 높아지며 집단적인 존중이 교실에 스며든다.

팀 학습

내 목표 중 하나는 수업 시간에 대화할 수 있는 환경을 만드는 것이다. 나는 학생들에게 말하기 위해 손을 들라고 하지 않았다. 대신 우리는 둥글게 또는 각자가 편안하게 느낄 수 있는 방식으로 앉아 대화를 나누었다. 시간이 지나고 지속적인 연습을 통해 학생들은 끼어들기 전에 다른 사람이 생각을 다 말할 때까지 기다리는 것이 옳다는 것을 배운다. 교실의 대화가 하나의 패턴이 될 때까지 대화를 시작할 때 공과 같은 물건을 '발언 막대(talking stick)'로 사용하는 것이 효과적이다.

시넥틱스(Synectics)사의 조지 프린스(George Prince)가 개발한 '무시 복수 사이클(discount revenge cycle)'은 교실 대화를 고려할 때 가볍게 볼 수 없는 개념이다. 나는 사람들이 몸짓 언어 혹은 말로써, 예민하거나 그렇지 않거나, 서로를 깎아내리는 방법을 많이 사용하고 있음을 발견했다. 예를 들면, 어떤 학생들은 다른 사람이 이야기를 할 때 속삭이거나, "맙소사, 그걸 믿는단 말이야?"라고 중얼거리거나, 단순히 눈을 굴리고 하품을 한다.

프린스가 지적하듯이 누군가 무시를 당했다고 느낄 때마다 복수가 따를 것이다. 오늘 내일은 아니더라도 사이클은 계속되고, 복수가 실행될 것이며, 반드시 또 다른 무시가 뒤따를 것이다. 나는 대화를 통해 이 파괴적인 패턴을 정중하고 명료하게 공개하고 이 일에 집중하여, 학생들이 값비싼 비용으로 인식하도록 하였다. 이는 교사가 아이들뿐만 아니라 서로의 대화에 참여해야 하는 중요한 이유이다. 가르치는 가장 강력한 방법 중의 하나는 우리가 제시하는 방법을 실천하고 시범을 보이는 것이다. 교사는 서로 다른 학생들로부터 다르게 듣는다. 우리는 그들이 이야기할 때 생각할 기회를 허용하고, 다른 사람이 끼어드는 것을 막는다. 대화의 실천은 모든 사람의 말을 깊이 그리고 진정으로 듣는 능력을 구축하고 육성하는 데 도움이 된다.[7]

∬ 373쪽의 '체크-인' 참조

학습하는 교실에 대한 도전

이러한 규율을 실천하고 시범을 보이는 것이 투쟁처럼 느껴지는 순간이 분명히 있을 것이다. 그 하나의 경향성은 옛 방식이나 습관으로 되돌아가는 것이다. 그러나 나는 서서히 나아가기를 계속하면 크나큰 보상과 선물이 뒤

따라올 것이라고 굳게 믿는다.

당신은 6월에 학생들에게 작별인사를 할 때 슬픔을 느낄 수 있을 것이다. 학생들은 다른 선생님을 만난다. 그들은 같은 방식으로 가르치지 않을 수 있다. 또는 당신과 학생들이 함께 능숙하게 다루었던 규율이나 도구를 알고 있는 선생님을 만날 수 있다. 또한 일부 학생들은 규율이 가정생활을 더 어렵게 한다는 것을 볼 수 있다. 한 학생은 내 영어 수업에서 'good'과 'well'의 차이를 배운 뒤 집으로 돌아가 저녁 때 아버지의 잘못된 사용에 대해 말씀드렸다. 그는 아버지보다 더 뛰어나다고 생각했기 때문에 아버지로부터 야단을 맞았다. 나는 이 학생의 경험을 듣고 엄청난 죄책감을 느꼈다. 학교가 아무리 시스템사고를 하고 소통을 잘 해서 몸과 마음에 스며들게 하더라도, 아이들을 둘러싸고 나타날 수 있는 모순을 어떻게 관리할 수 있을까? 교사들과 함께 학습한 것을 그들의 일상적인 삶에 어떻게 통합시킬 수 있을까?

내가 처음 가르치기 시작했을 때 한 학생이 어려운 질문을 했다. 나는 "난 잘 모르겠다."라고 말했다. "오늘밤 집에 가서 좀 더 조사할게. 너도 집에 가서 찾아보지 않을래. 내일 우리가 노트를 비교하면 해답을 찾을 수 있을 거야." 나보다 경험이 많은 협력 교사는 크게 당황했다. 그녀는 내가 몰래 답을 찾아보거나 순간적으로 어떤 답이라도 만들어야 한다고 말했다. 나는 결코 그러하지 않았고 답을 알지 못한다고 인정하기조차 했다. 이것은 교사로서 노력하게 된 최초의 계기였다. 나는 무엇이나 다 알지 못한다고 인정할 수 있는 권리를 위해 노력했다. 답을 갖고 있지 않다는 것은 진정한 해결책에 도달할 수 있는 가장 좋은 방법 중의 하나이다.

내가 진실이라고 여기는 것 중의 하나는 내가 가르친 바대로 모델이 되거나 삶을 지속해야 한다는 것이다. 내가 강의에서 제시하는 것과 일상생활에서의 실천 사이에 경계가 없다. 이런 규율이 도구, 방법 및 과정에 대해서 내가 가지고 있는 목록에 더해지는 것은 이미 지나치게 가득 찬 나의 수업 일정에 추가하는 요구 사항이 아니라, 교실과 나의 인생에서 존재 방법 중의 하나라고 믿는다.

『가르칠 수 있는 용기』

The Courage to Teach : Exploring the Inner Landscape of a Teacher's Life, by Parker J. Palmer(Jossey-Bass, 1998)*

"우리는 우리의 자아를 가르친다." 이 간단한 문장에서 파커 파머는 교육계에 있는 우리에게 가르치는 삶에 대한 성찰을 요구하고, 교직이 단순한 직업이 아니라 소명으로 생각하라고 주장한다. 이 책은 가르치는 행위와 배우는 행위를 할 때 늘 개인적인 삶과 공적인 삶의 경계선에서 고민하게 만든다. 잘 가르친다는 것은 단순히 도구와 기술이 아니라 교사들의 진실성과 정체성으로부터 나온다는 파머의 전제를 성찰하는 개인 독자나 학습 모임에 강력한 도구를 제공한다.

당신은 개인적 숙련의 경지에 이르기 위해 이 책을 읽을 수 있다. 『The Courage to Teach(가르칠 수 있는 용기)』는 당신의 온전한 자아가 당신이 가르치는 주제와 당신의 학생들에게 완벽하게 활용되기 위하여 당신이 평생학습에 전념하도록 돕는다. 당신이 누구인지를 이해하면 당신의 모든 재능을 활용하여 더 의미 있게 더욱 풍부하게 세상에 참여할 수 있다.

– 폴 맥(Paul Mack)

---

* 　역자주 한글 번역본(파커 J. 파머 저, 가르칠 수 있는 용기[개정 증보판], 한문화, 2013).

『에스메이의 일기』

Educating Esmé : Diary of a Teacher's First Year, Expanded Edition, by Esmé Raji Codell
(Algonquin Books, 1999, 2009)*

현재 도서관 사서이자 아동문학가인 에스메이가 이 책을 처음 썼을 때, 그녀는 시카고 시내의 초등학교에서 5학년을 가르치는 열정적인 24세의 교사였다. 『Educating Esmé(에스메이의 일기)』는 첫 해의 경험을 솔직하게 쓴 일기이다. 그녀는 교장이 권위를 행사하려고 할 때 그를 비판했다. 아이들이 수학에서 실패한 이력을 가진다는 느낌을 갖지 않도록 수학을 '수수께끼'와 같이 이름을 바꾸고, '걱정 바구니'(373쪽의 체크-인 사례 참고)에 그들의 걱정거리를 모았다. 방과 후에 아이들을 위한 스토리텔러 워크숍을 만들었다. 그녀는 다루기 힘든 아이에게 하루 동안 그녀 대신 가르치게 했다. 그리고 미국 공영 방송국에서 그녀의 경험을 설명했다. 이 책의 핵심은 에스메이를 모든 교사들의 모델로 삼지 않는다는 것이다. 왜냐하면 많은 사람이 이런 종류의 일을 한다. 그러나 『에스메이의 일기』는 어느 누구에게도 눈치를 보지 않는 솔직함의 상징이고, 목석 같은 사람에게도 공감할 수 힘을 일으키는 신비한 약병이며, 필요할 때 자신의 내면에 있는 에스메이를 불러내는 창구로 읽혀질 수 있다. (1965년, 『Up The Down Staircase(내려가는 계단을 올라가며)』**에서 비슷한 내용을 소개한 작가 벨 코프먼(Bel Kaufman)이 이 책의 추천사를 썼다.)

– 아트 클라이너(Art Kleiner)

....

* 역자주 한글 번역본(에스메이 라지 코델 저/ 공경희 역, 에스메이의 일기[개정판], 세종서적, 2012).

** 역자주 학교의 모습을 담은 벨 코프먼의 소설은 영화와 연극으로 제작되기도 하였다. 유튜브에서 볼 수 있다.

04

학습자 살펴보기
Seeing the Learner

1970년대 중반부터 학습 방법에 대한 연구가 눈에 띄게 발전하였다. 그 중 하나는 다중 지능과 학습 방법에 대한 인식이 증가하고, 지능은 고정되어 있지 않고 측정하기 쉽지 않다는 깨달음이다. 학생과 학교는 아직도 표준화 시험 점수에 따라 서열화하거나 등급화하고 있지만, 누구도 이 점수가 실제 능력이나 잠재력의 일부분 이상을 반영한다고 (타당도와 함께) 주장할 수 없다.[1]

이 장은 여러 가지 학습 방법에 대한 인식을 교실 현장에 통합하려는 다양한 노력을 포함한다. 그러나 거기서 멈추지 않는다. 사람들이 어떻게 배우는가 하는 지금의 이해는 계속 창발하며, 그것은 점점 더 매력적이고, 의미 있는 질문으로 떠오른다. 만일 IQ 테스트가 학습 능력을 측정하지 못한다면, 어떤 종류의 평가를 해야 하는가? 어떤 형태의 지능과 학습 방법이 아동의 발달에 투입할 만한 가치가 있는가? 그리고 성인들에게는? 수업에서 어떤 교수-학습 방법이 소통을 무너뜨리는가? 어떤 형태의 지능이 학습 규율의 실행을 위한 전제조건으로 설명될 수 있는가? (예를 들면, 공유 비전은 선천적인 공간 시각화 능력을 필요로 하는가?) 개인처럼 팀과 그룹들은 여러 종류의 지능을 변화시키고 있는가? 그리고 이 지식 체계는 교육과정, 학교 또는 공동체의 설계에 어떤 차이를 만들어내는가?

우리는 포괄적인 노력을 기울이기보다는 가치 있고 흥미로운 출발점을 제공하기 위해 노력한다. 우리의 기본 원칙은 모든 학습자를 소중히 여기며 존엄하게 대우하는 것이다. 학습에 대한 당신의 정신 모델은 무엇이며, 주위 사람들과 어떻게 다른가? 교사로서, 학습자로서 당신의 재능은 무엇인가? 당신의 덜 숙달된 학습 능력은 무엇인가? 주위 사람들의 재능은 무엇인가? 서로에게서 무엇을 배울 수 있는가? 이런 질문이 이 장에 있는 문서와 연습 그리고 자료의 목적이다.

∬ 599쪽의 '인지 연구 그룹' 참조

1. 아이의 존엄성

팀 루카스(Tim Lucas)

안나(Anna)는 3학년이다. 대부분의 여덟 살 아이들처럼 활기가 넘친다. 오늘 아침 그녀는 버스 정류장으로 뛰어가 친한 친구와 함께 웃으면서 학교 버스에 올라탔다. 학교에 도착했을 때 일이 잘못되었다는 것을 알았다. 어젯밤에 끝마친 수학 숙제가 가방에 없었다. 그녀가 선생님에게 숙제장을 찾을 수 없다고 말씀드렸을 때 선생님은 뒷짐을 진 채, "숙제를 또 잊었어? 너는 정말 엉망이야!"라고 말했다.

그날 아침, 그 반은 강당에서 하는 조회에 참석했다. 교실로 돌아오는 길에 두 명의 여자 아이가 안나를 벽으로 밀어붙이고 넘어뜨렸다. "너는 정말 엉망이야." 그들은 교사를 흉내 내며 조롱했다. 두 소년이 손가락질하며 웃었다. 교사가 그들에게 조용히 하라고 말했을 때 그들은 안나의 잘못 때문에 자신들이 야단을 맞았다는 듯 그녀를 노려봤다. 아이들이 수학 숙제를 검사받는 동안 안나는 교실 뒤에서 손만 내려다보고 있었다. 그녀 옆에 앉은 여자 아이는 모든 사람이 들을 수 있을 만큼 큰 소리로 말했다. "너는 의심할 필요 없이 정말 바보야." 선생님은 그것을 무시하고 수업을 계속했다. 점심 때 안나는 배가 아파서 많이 먹을 수 없었다. 그럭저럭 시간은 흘러 하루가 끝나가고 있었다. 그녀는 학교버스를 타고 귀가할 때 아무 말도 하지 않고 우울하게 앉아 있었다. 주변의 아무것도 그녀의 눈에 들어오지 않았다.

나는 학교 협의회 때 안나의 이야기를 종종 한다. 먼저 나는 '나는 존엄성을 가진 사람이다'라고 적힌 큰 종이를 들어 올린다. 나는 학생들과 교사들에게 종이를 안나의 존엄성－그녀가 자신을 보는 방법－이라고 생각하도록 부탁한다. 나는 이야기의 각 사건마다 아주 작은 조각만 남을 때까지 매번 종이 한 조각씩 떼어내며 종이를 작게 만들어간다. "매번 여러분은 안나의 존엄성을 한 조각씩 떼어냈어요." 나는 말한다. "그녀는 진짜 자아보다 못하다고 믿고 있어요. 여러분은 어떻게 안나의 상처를 고쳐줄 수 있을까요? 한번 말해버린 낱말들을 되돌릴 수 있나요?"

우리는 모두 안나와 비슷한 이야기를 들었다. 우리들 대부분은 학교 교육을 받는 동안 언젠가 안나가 된다. 만일 우리가 초등학교 시절에 존엄성에 상처를 입지 않았다면 청소년기, 고등학교, 대학교 때에 상처를 입었을 것이다. 자신의 가슴에 대해 이야기하는 어른들의 농담 때문에 피곤한 한 소녀는 애써 무시하고 다른 곳으로 자리를 옮겼다. 어떤 대학 디자인과 학생은 교수로부터 "다음에 그림을 그릴 때, 손으로 해라."라는 말을 들었다. 어떤 교장은 6학년 학생 일부를 그들이 원하는 과목에서 배제시켰다. 그는 이 학생들이 그 과목을 다룰 수 없기 때문이라고 말했다. 교사가 별생각 없이 "그 누구도 너와 함께 어떤 일도 할 수 없을 거야."라고 말하는 것을 듣고 상처를 받는다. 이런 경우처럼 우리는 수없이 가치 없다는 말을 듣는다. 우리는 그런 예언을 실현시키면서 나머지 인생을 보낼 수도 있다. 우리는 살아가는 내내 자신의 존엄성에 가해진 이러한 공격들을 아주 상세하게 기억할 것이다. 아이들에게 놀림을 당하거나 괴롭힘을 당했던 시간에 대해서 글을 쓰게 하면, 아주 생생하고 자세한 내용을 볼 수 있을 것이다.

괴롭힘은 학교현장에서 오랫동안 전국적인 관심사항이다. 최근 몇 년 동안 사이버 괴롭힘이 널리 퍼지고 대중매체의 관심을 받으면서 더 예민하게 다루어진다. 그러나 우리는 자신이 가르치는 아이의 자존심에 대하여 공개적으로 성찰하는 교육자나 또 다른 사람에 대하여 들어본 경우가 거의 없다. 그들은 교육과정 내용, 교수법, 발달 단계 또는 다양한 학습 방법과 관련한 새로운 연구에 대하여 이야기한다. 그러나 그들은 학생 개개인이 가치 있고 존경받을 만하다고 얼마나 이야기하는가? 그들은 학습이 학생들이 받아야 하는 존경심과 학생들 자신의 가치관을 옥죄고 있는 현상에 대해 얼마나 자주 이야기하는가? 존엄성이란 렌즈를 통하여 아이들을 얼마나 자주 바라보는가?[2]

학교와 관련된 사람으로서 우리는 뒤로 물러나서 아이의 존엄성의 의미에 대해 반성해야 한다. 많은 교육자와 부모는 원리가 분명하다고 믿는 것 같다. 특히 많은 학교에서 자긍심을 현저히 높이는 것에 주목한다. 불행하게도 그것은 사실이 아니다. 만일 아이들의 존엄성이 제일이라는 원리에 대해 모든 사람들이 동의한다면, 우리는 아이들이 자기 자신을 인식하는 렌즈를 통하여 그들을 보게 될 것이다. 그러면 '위험에 직면한', '거친', '특별한', '방해하는' 등과 같이 아이들에게 붙이는 낙인은 훨씬 줄어들 것이다.

아이들의 존엄성을 통하여 그들에게 참여하기

나는 과학교사로서 2년이 되던 해에 이 개념을 처음 알았다. 나는 아이들에게 다가가고 있었지만 어느 순간 아이들에게 더 이상 다가가지 못하는 이유를 이해할 수 없었다. 그런데 나는 운이 좋았다. 나는 트루디 크리드(Trudy Creede)와 같은 건물에서 가르쳤다. 트루디는 훌륭한 교사이자 멘토이다. 연약하고 나이가 많은 그녀는 대부분 교사가 '위험에 처해 있는' 혹은 '문제 있는' 학생이라고 낙인을 붙인 12~14세 아이들에게 사진을 사용하여 읽기를 가르쳤다. 이는 일반적으로 미국 교육의 힘든 시기라고 불리는 1970년대 중반에 일어난 일이다. 우리 중학교는 600명을 수용할 수 있는 건물에 1,200명을 수용하고, 우리처럼 '과밀한' 고등학교와 교실을 공유해야 했다. 마리화나의 사용이 빈번하였고, 지역경찰이 종종 학교를 방문했다. 그러나 어느 누구도 학교 화장실에서 어떻게 흡연을 하는지 알지 못했고, 학교에서 혼자 마약하는 것을 방치하였다.

나는 범상치 않은 8~9명의 젊은 교사 그룹의 한 명이었다. 우리는 미혼이며 곧잘 우리가 가르치는 학생보다 조금 덜 거칠게 보였다. 우리는 긴 머리를 하고, 일하러 갈 때 모터사이클이나 자전거를 탔으며, 학생에게 다가가기 위해 정통적이지 않은 수업 방법을 자주 사용하였다. 다른 교사들은 때때로 우리에게 불평을 제기하였다. (한번은 토양 샘플을 채집하기 위해 바깥에서 과학 수업을 하려고 할 때, 다른 과학교사가 불평하였다. "바깥에서 수업하지 말아요. 우리 아이들이 창밖으로 당신을 보았을 때, 당신 수업이 내 수업보다 더 재미있다고 생각해요. 정당하지 않아요.")

트루디는 한 달에 한 번 우리 모두를 초대해 그녀 부부와 함께 저녁을 먹도록 했다. 우리는 그녀가 '제멋대로인' 아이들을 데리고 성공한 것에 대해 오랫동안 이야기를 나누곤 했다. 트루디는 사진을 찍고, 인화하고, 글을 쓰고 그리고 서로의 이야기를 읽으면서 학생들에게 다가갔다. 그녀 학급 졸업생들은 결국에 성공하였다. "어떻게 그렇게 했어요?" 그녀에게 물었다.

"그건 그들의 존엄성에 대한 거예요, 팀." 그녀는 학생들이 사춘기 이전의 사고방식으로 쉽게 되돌아가려 할 때, 발달 단계의 문제에 직면하고 있음을 알고 있었다. 그러나 그럴 때마다 그녀는 스스로 말하곤 하였다. "아이는 내면에 옳게 형성된 존엄성을 갖고 있어. 이미 있어. 우리가 거기에 넣어줄 필요는 없어. 우리가 할 일은 그것을 인정하고 그것과 함께 일하는 거야."

트루디에게 이런 아이들은 '사례'가 아니다. 그들은 믿을 수 없을 정도로 복잡한 유기체이며, 아주 잘 다뤄야 하는 존재들이다. 그녀는 한발 물러서서 생각하고 아이들을 인격체로 보고, 그들이 일하고, 움직이고, 생각하고, 말하고, 정보를 처리하는 방식을 알아보는 재능을 갖고 있다. 그녀는 결코 그들에 대한 경외심과 그들에 대한 존경심을 잃지 않았다. 그녀가 우리에게 설명했듯이, 그녀는 ─ 그녀가 당연히 데려가고 싶은 만큼의 ─ 선택권이 없었다. "나는 할 수 없어요. 그곳에 그들이 있고, 그들은 사람이기 때문입니다."

당신이 거리 또는 체험학습에서 손을 잡고 걷는 여덟 명의 유치원 원아를 보고 말할 때, 아이 존엄성을 인식하는 것은 쉽다. 그러나 그 여덟 명의 아이가 9년 후에 갱처럼 보이기 쉬울 것이다. 특히 그들이 '나쁜' 배경 출신일 경우.

모든 아이는 나이 열다섯에 때때로 도전적이고 혼란스럽게 보인다. 그것은 그들의 발달 단계에서 자연스럽다. 트루디는 나에게 좋은 아이도 나쁜 아이도 없음을 가르쳐주었다. 그냥 아이가 있다. 이 약한 여성은 존엄성을 이해하고 학생에게 돌려주었기 때문에 함께 수업할 수 있었다. 당신은 그것을 어떻게 해야 하는지 강의로 사람들에게 가르쳐줄 수 없다. 당신은 그들을 위해 그것을 모델로 보여야 한다.

존중감으로 교육하기

나는 그 당시에 알고 있던 교사들과 아직도 이야기를 나누고 있으며, 모든 아이는 존엄성을 갖고 있다는 생각과 트루디가 그 신념을 모델화하고 그것에 대해 이야기하는 방식에 대하여 종종 이야기한다. 나는 교장, 교육장 그리고 대학 교육자로서 역할을 바꿔 갔을 때에도 그러한 교훈을 지니고 있었다. 그 것은 내 비전의 일부이다. 만일 아이가 사랑스럽고 능력이 있다고 믿는다면, 아이가 있는 곳에서 그를 만날 때 그의 존엄성을 존중하는 것은 내 책임이다.

내가 뉴저지주의 호호쿠스(Ho-Ho-Kus)의 교육장으로 재직할 때의 일이다. 우리의 학습 컨설턴트가 입학하려는 유치원생을 선발할 때 부모와 함께 아 이를 면담했다. 교육위원회가 비용이 들어간다고 걱정했을 때, 나는 개학날 에 있었던 한 사건에 대하여 이야기를 했다. 내가 유치원생들이 집으로 가져 갈 풍선을 불고 있을 때, 우리의 학습 발달 전문가는 "제가 이번 여름에 풍선 을 끔찍하게 두려워하는 아이를 발견했어요. 만일 당신이 20개의 풍선을 가 지고 유치원 방에 들어간다면, 이 여자 아이는 질릴 거예요."

만일 우리가 미리 살피지 않았다면 그런 사실을 전혀 알 수 없었을 것이다. 우리는 그 아이를 난처하게 하고 두렵게 하며 첫날부터 모든 아이에게 학교 에 대해 나쁜 인상을 줬을 것이다. 대신에 상담사는 개학식을 시작하기 전에 그 아이를 한쪽으로 데려갔다. 그녀는 "교육장이 풍선을 줄 예정인데 그것을 집으로 가져가지 않아도 돼. 네가 원한다면 그 시간 동안 우리들이 함께 방을 나가서 학교 주변을 걸을 수 있어."라고 그 아이에게 말했다.

"괜찮아요."라고 그 아이가 말했다. "하나도 가져갈 필요가 없어요." 남은 시간 동안 학교에서 그녀는 우리가 그를 존중하고 있다는 것을 알고 있었다. (그리고 다른 아이들도 알고 있었다.)

매일 실제로 아이들을 존중하는 것은 당신이 다루어지길 바라는 대로 다른 사람들을 다루는 것만큼 간단하다. 교사이자 관리자인 나는 복도에서 이름을 불러주며 아이들과 인사하였다. 왜냐하면 어떤 사람(아이 또는 어른)과 걸을 때 그를 알아차리지 못한다면, 그에게서 존엄성의 한 조각을 빼앗은 것이라는 것을 나는 믿기 때문이다.

내가 아는 최고의 교육자들은 아이들을 알아가기 위해 많은 관심을 기울인다. 교사들은 학생들이 비난받거나 괴롭힘을 당하지 않고 그들의 취미나 가정환경을 자유롭게 이야기하도록 수업을 신중하게 구성한다. 당신이 아이들에 대하여 그런 지식을 갖는다면 - 그들이 무엇에 관심을 갖는지를 정말로 볼 수 있다면 - 그들을 위해 더 많은 것을 할 수 있을 것이다.

당신은 '이것은 아이 존엄성을 높일 수 있는가, 혹은 제거하는가?'라는 질문에 의해 당신 행동과 습관을 개선할 수 있다. 아이 존엄성을 중요한 가치로써 이야기하는 것은 공유 비전을 세우고 그 비전에 부합하는 교직원 개발 프로그램의 강력한 출발점을 제공한다. 그것은 교실에서, 회의에서, 점심식사 자리에서 교사 상호 간에 이야기하는 방법에 영향을 미친다. 당신은 다중 지능과 학습 방식에 관한 연구를 당신의 수업에 신중하게 통합하고, 교실의 다양한 저마다의 학습 방식에 따라 극복해야 할 과제들을 풍부하게 만들어낸다. 학생들이 태생적 한계를 넘어설 수 있도록 도전하게 하고, 우리가 그들의 강점과 한계를 인식하고 있음을 그들에게 보여주면서, 자신들이 누구인지 바라보는 습관을 가지게 할 수 있다. 최종 결과는 아이들과 지속적으로 소통하는 시스템이다. "우리는 오늘 여러분의 삶에 가치를 더할 것이고, 내년에도 여러분의 선생님들이 여러분에게 가치를 더할 것입니다. 왜냐하면 우리들은 여러분이 그만한 가치가 있다는 것을 알고 있기 때문입니다."

∬ 292쪽의 '당신은 어떤 신호를 보내는가?' 참조

나는 내 경력에서 매우 일찍 아이의 존엄성에 관한 아이디어와 만나게 된 것을 행운이라고 생각한다. 그것은 다양한 유형의 학습자와 그들의 다양한 강점에 대한 새로운 연구들을 계속 학습할 수 있게 하고 그러한 차이점을 기리며, 사고하고 상호작용하는 다양한 방법을 촉진하도록 동기를 부여해주었다. 자신의 존엄성을 강하게 인식하는 학생만이 위험을 감수할 수 있고 사소한 실패를 처리하며, 다른 사람들의 존엄성을 보호할 수 있는 성인으로 성장할 수 있다.

일부 학교에서는 교사들과 관리자들이 이에 대해서 공개적으로 이야기한다. 누군가가 어떤 무리의 아이들에 대하여 결정을 내리고 싶을 때, 그들은 질문한다. 우리는 위대한 아이들이 하는 방식을 살펴보기 위해 뒤로 물러났는가? 우리들은 이 아이들의 잠재력을 보았는가? 아니면 우리는 그들을 단념하지 않았는가? 결국 아이의 존엄성을 인지한다는 것은 모든 아이들의 학습이 때로는 갑자기 촉발될 수 있는가 하는 — 예를 들면 거리의 표지판을 처음 읽었을 때, 혹은 완전한 문장을 만들었을 때 — 원초적 궁금증에 다시 연결하는 것을 의미한다. 당신은 그러한 일화를 당연한 것으로 여기지 말고 존중의 렌즈를 통하여 모든 아이를 볼 수 있도록 학습해야 한다. 그러면 '아이들의 존엄성'에 대한 이론은 더 이상 이론이 아니다. 그것은 단순히 당신이 보는 방식이다.

하워드 가드너와 다중 지능

 The Disciplined Mind : Beyond Facts and Standardized Tests, the K-12 Education That Every Child Deserves(Penguin, 2000), Five Minds for the Future(Harvard Business Press, 2009), Multiple Intelligences : New Horizons in Theory and Practice(Basic Books, 2006), Truth, Beauty, and Goodness Reframed : Educating for the Virtues in the Twenty-First Century(Basic Books, 2011). * 모두 하워드 가드너(Howard Gardner) 지음

하버드 대학의 심리학자 가드너(Gardner)는 다중 지능, 창의력 그리고 리더십에 대한 연구 및 저술에서 전통적인 교수법과 학습 방법에 대하여 강력하게 의문을 제기했다. 그는 조직 학습의 다섯 가지 규율을 다루는 데 직접 관여한 적은 비록 없지만 다중 지능 이론은 다섯 가지 학습 규율과 놀라울 정도로 같은 맥락을 다룬다. 그의 이론의 핵심은 인지와 감정의 다양한 강점을 다음과 같이 분류한 것이다. 즉 언어, 논리수학, 공간(미술), 신체운동, 음악, 자연친화(환경에 대한 인식과 민감성), 대인 관계, 자기 이해(성찰) 등이다. 사람은 어린 시절부터 일생 동안 삶의 문제에 직면할 때마다 자신만의 강점에 집중해야 한다고 가드너는 말한다. 모든 사람은 서로 다른 강점 지능 조합을 갖고 있다. 따라서 여러 사람들이 모여서 사회적 환경의 맥락에 맞게 부족한 기능과 지능을 보완해야 한다.

가드너의 연구는 학교에 관해서 미묘하지만 굉장히 널리 퍼져 있으며, 파괴적인 정신 모델 중의 하나를 뒤집었다. 그것은 다중 지능 중에서 지적 능력을 가장 많이 담당하는 지능(언어, 논리-수학)을 성취도에 연결하고, 다른 형태의 지능을 평가절하 하는 사람들의 정신 모델을 재구성한다. 지능에 대한 이러한 기존의 관점(따라서 사람의 가치에 대한 관점)은 천부적 재능을 갖고 있는 아이들을 학교가 무시하고 간과하게 만들기 때문에 매우 많은 아이가 치명적인 영향을 입는다. 이는 성인 사회에서도 마찬가지이다. 사회 리더들은 신체, 사회, 생태, 성찰, 대인관계 능력이 필요한데, 이런 능력(지능)을 키우려고 노력하지 않고 '책 똑똑이(book smart)'만 되려고 한다.

가드너의 저서들은 이 작업을 확장하여 종종 새로운 차원으로 가져간다. 교육자를 위한 『The Disciplined Mind』*는 아마도 최상의 출발점이다. 2000년에 출판이 된 이 책에는 가드너가 1990년대에 이룬 학교 개혁 작업에 대한 정보가 많이 담겨 있다. 그는 의도적으로 특별한 프로그램을 개발하지는 않았지만('가드너 학교'

---

* 역자주 한글 번역본(하워드 가드너 저/ 류숙희 역, 인간은 어떻게 배우는가? : 인지과학이 발견한 배움의 심리학, 사회평론, 2015).

가 없음), 다양한 학습과 존재 방식을 담은 교육과정과 교실들을 설계하는 것에 대해 명백하고 설득력 있게 글을 쓰고 있다. 그는 또한 학교의 목적에 대해서도 또 다른 관점을 제시한다. 예들 들면 학교는 학생들이 과학적으로, 역사적으로, 예술적으로, 윤리적으로, 수학적으로 그리고 음악적으로 사고하도록 이끌어주기 위함이다. 심지어 직관과 상치되고 처음에 어려워 보일지라도 함께 작동하도록 해야 한다. 예를 들면 그는 진화론(과학), 홀로코스트의 역사(역사와 도덕), 모차르트의 음악(예술)이라는 세 가지 소재를 사용한다. 다양한 지능들이 때로는 이 주제로 때로는 저 주제로 옮겨 다니면서 지식을 더 풍부하고 실용적으로 만들 수 있도록 이끌어준다.

2006년에 업데이트된 『Multiple Intelligences』*책에서 가드너는 그만의 분류 체계로 기본 이론을 펼쳤고, 유용한 입문서 역할을 한다. 2007년에 출판한 『Five Minds for the Future』**에서는 다중 지능을 훈련할 수 있는 다양한 방식을 제공하고 있다. 이를 통해서 사람들은 향후 50년 동안 계속 훈련할 수 있고 훈련해야 한다고 그는 주장한다. 사실상 이것은 그만의 학습 규율이라 할 수 있다. 기술과 이해를 향상시키기 위해 꾸준히 노력하기(훈련된 마음), 여러 출처의 정보를 종합하기(종합하는 마음), 새로운 규칙으로 시작하기(창조하는 마음), 남을 이해하기(존중하는 마음) 그리고 목적과 가치를 더 이해하도록 이끌기(윤리적인 마음) 등을 포함한다. 2011년에 간행된, 『Truth, Beauty, and Goodness Reframed』***는 위대한 플라톤이 말하는 세 가지의 덕목과 오늘날 그것들을 수련할 수 있는 방법에 초점을 맞춘다.

- 아트 클라이너(Art Kleiner)

---

* 　역자주 한글 번역본(하워드 가드너 저/ 문용린 등 역, 다중 지능, 웅진지식하우스, 2007).
** 　역자주 한글 번역본(하워드 가드너 저/ 김한영 역, 지능교육 넘어 마음교육, 사회평론, 2017).
*** 역자주 한글 번역본(하워드 가드너 저/ 김한영 역, 진선미 : 되살려야 할 인간의 가치, 북스넛, 2013).

로버트 스턴버그

Robert Sternberg, Successful Intelligence : How Practical and Creative Intelligence Determine Life(Simon & Schuster, 1996), Robert Sternberg with Elena L. Grigorenko, Our Labeled Children : What Every Parent and Teacher Needs to Know About Learning Disabilities(Perseus Books, 1999).

오클라호마 주립대학의 심리학 및 교육과 교수인 로버트 J. 스턴버그 (Robert J. Sternberg)는 현재 학습이론 분야에서 중요한 목소리를 낸 다. 그는 장애 낙인뿐만 아니라, 협소하게 '요소적 지능'*(언어 및 논리 수학 능력)에 초점을 맞춘 완고한 학교의 관행에 도전한다. '창의적 지 능'과 '실제적 지능'은 사회를 위해 중요할 뿐만 아니라, 사람들의 성공에 결정적 요인이다. 이들 능력은 대부분 학교에서 발달할 수 있는 기회가 거의 없다. 그의 다중 지능 분류는 하워드 가드너와 다르지만 반대는 아니다. 스턴버그는 인지 심리 학, 창의성, 가르침에 관한 책을 광범위하게 출간했다. 위 두 권의 책은 이러한 공 부를 하는 사람들이 시작하기에 좋은 책이다.　　　　　-제니스 더튼(Janis Dutton)

2. 학습자 드러내기

팀 루카스(Tim Lucas)

목적 : 부모 또는 교사들과 함께 작업하는 학생들이 자신들의 개인적 강점과 개발할 필요가 있는 영역을 알게 하고, 다른 사람들이 교실에 가져오는 서로 다른 강점과 기능을 가 치 있게 하는 것을 돕기 위해
개요 : 소그룹에서 학생들은 지능, 그들이 발생시키는 다른 종류의 '영리함' 그리고 그들 자 신의 영리함에 대한 상을 개발한다.
참여자 : 세 그룹으로 나눈 학급의 학생들
자료 : 각 참가자를 위한 다중 지능의 설명 및 원형 차트
환경 : 두 그룹의 토의와 소그룹 활동을 위한 공간

....

*　역자주 스턴버그는 삼위일체 지능이론을 제시하였는데, 세 가지 상이한 영역이 지능을 구성한다 는 의미에서 삼위일체라는 용어를 사용한다. 삼위일체 지능은 분석적(요소적) 지능, 창의적 지능, 실제적 지능을 말한다(위키피디아에서 요약함).

놀이터에 있는 한 무리의 학생들에게 게임을 위해 팀원을 선택하라고 요청해보자. 가장 재능 있는 운동선수가 항상 먼저 뽑힌다. 모든 아이들은 그 사람이 누구인지 안다. 만일 같은 아이들이 과학 포스터를 그릴 팀원을 선택해야 한다면 가장 재능 있는 화가가 항상 먼저 뽑힐 것이다. 만일 지리 혹은 철자법 쓰기 대회(spelling bee)가 의제라면, 다른 어떤 사람이 항상 일관되게 '첫 번째로 선택된다.'

이것은 처음 선택되는 사람들에게는 훌륭한 시스템이다. 우리의 대부분은 전형적인 기대감에 익숙하고, 얼마나 빨리 우리를 골라낼까 궁금해하면서 중간쯤 어디에선가 선택되는 것에 대해 안심하거나 실망한다. 우리는 또한 우리들의 특별한 재능이 오늘의 활동에 맞지 않기 때문에 실제로 '가치 없음'으로 낙인찍혀 마지막으로 뽑히는 곤혹스러움을 안다.

첫 번째 선택 마인드세트(first-pick mindset)는 우리 안에 아주 깊이 뿌리 박혀, 깰 수 없는 것처럼 보인다. 그러나 다음의 연습이 도움이 될 수 있다. 나는 8~9세 사이의 어린아이들에게 사용하였지만, 중학교 아이들에게 효과적이다. 왜냐하면 아이들이 유사점과 차이점을 잘 인식하고 있고 자신들의 타고난 자존감을 지키기 위해 실망감을 다루는 방법을 배울 필요가 있기 때문이다.

1단계 : 기술과 능력을 돌아보기

그룹 대회나 프로젝트에서 무슨 일이 일어났는지 생각해보도록 학생들에게 질문해보자.

"여러분은 함께 일하기를 원하거나 먼저 선택할 사람을 어떻게 결정하니?"

"그들이 이 일에 능숙하다는 것을 어떻게 알 수 있니?" 이러한 활동에 도움이 될 수 있는 다른 기능 그리고 대부분 사람들이 다른 활동보다 어떤 활동에서 더 잘한다는 기능에 대해 토론해보라.

사람들이 서로 다른 재능의 조합을 갖는 이유에 대한 이야기로 옮겨보라. "사람들은 특정 기능을 어떻게 개발할 수 있을까? 그들은 원래 그렇게 타고났을까? 아니면 그들은 더 많은 기회와 경험을 가졌을까?" (예를 들어 어떤 사람은 원래 그렇게 지리학에 능숙하게 태어났을까 또는 더 많이 여행을 했을까? 음악가들은 음악 선생님과 함께 연습하고 공부해야만 할까?)

2단계 : 아홉 가지 지능 소개하기

나는 일반적으로 다중 지능에 대한 짧은 강의로 이동한다. "집단에서 우리는 모든 분야의 기능을 갖고 있지만 누군가는 다른 사람보다 어떤 분야에서 더 능숙하다. 문제는 여러분 각자가 똑똑한지 여부가 아니라 얼마나 똑똑한가이다."

그런 다음 우리는 초중학생들이 구분할 수 있을 정도로 쉽게 만들어진 언어로 표현된 아홉 가지 유형의 인간의 지능을 살펴본다.

- 만일 당신이 똑똑하게 말한다면(높은 언어지능), 당신은 언어, 쓰기, 시 창작, 스토리텔링에 능숙하다.
- 만일 당신이 논리적으로 똑똑하다면(높은 논리－수학 지능), 당신은 문제해결, 귀납적이고 연역적인 사고, 기호 작업, 패턴 인식에 대한 강한 기술을 갖고 있다.
- 만일 당신이 그림을 잘 그린다면(높은 공간 지능), 당신은 시각 재능(드로잉, 그림, 조각)과 조립 재능(일을 어떻게 해야 하는지 이해하고, 분리하거나 함께 모으기)을 갖고 있다.
- 만일 당신의 신체가 민첩하다면(높은 신체－운동 지능), 당신은 스포츠,

게임, 댄스, 활동, 움직임을 위한 신체 조절 능력을 능숙하게 사용할 수 있다.

☐ 만일 당신이 음악을 잘한다면(높은 음악 지능), 당신은 톤과 리듬, 음감, 악기와 환경의 소리를 인식하는 재주가 있다.

☐ 만일 당신이 자연친화적이라면(높은 자연 지능), 당신은 당신 주위의 환경에 대한 인식과 감수성이 잘 발달되어 있고, 식물, 동물, 자연적인 서식지에서 효과적으로 일할 수 있다.

☐ 만일 당신이 사람들과 잘 지낸다면(높은 인간친화 지능), 당신은 다른 사람들과 일을 잘 하는 법을 알고, 그들의 기분과 의미를 해석하며, 그들이 다음에 무엇을 할 것인지 예상한다.

☐ 만일 당신이 자의식이 강하다면(높은 자기이해 지능), 당신은 자아 인식, 초인지, 내적 성찰을 깊이 할 수 있다.

☐ 만일 당신이 철학자와 같이 똑똑하다면(높은 실존 지능), 당신은 추상개념에 쉽게 참여하고, 인간의 존재 의미와 다른 복잡한 문제에 대하여 깊은 성찰을 할 수 있다.

3단계 : 지능 연상하기

2~3명으로 이루어진 그룹에서 각 유형의 지능이 높은 사람들에 대한 설명을 작성하자. 그들이 좋아하는 취미는 무엇인가? 학교에서 가장 잘하는 과목은 무엇인가? 그들이 얻을 가능성이 있는 직업은? 그들에게 좋은 휴가 장소는? 역사 속의 어떤 사람이 이 특성을 보여주었는가? TV나 영화 속의 어떤 인물이 그것을 구현하는가? 어떤 노래의 가사가 그것을 연상시키는가?

266

4단계 : 개인적 성찰

이전 토론을 마치고 수업은 이제 다음 질문을 성찰하면서 답변을 작성할 준비가 되어 있다.

- ❑ 당신의 가장 강한 세 가지 지능형은 무엇인가? 그 세 가지를 선택한 이유를 설명할 수 있는 일상생활의 예를 들어보라.
- ❑ 만일 더 좋아지길 원하는 두 가지 지능형이 있다면 무엇이며, 그 이유는?
- ❑ 당신 가족은 어떤 지능이 강한가? (그들의 직업, 취미, 일상의 일에 대하여 생각하라.) 생각을 뒷받침하는 예를 들어라.
- ❑ 왜 한 사람이 한꺼번에 아홉 개의 모든 지능에서 뛰어날 수 없는가?
- ❑ 학교(그리고 이 교실)는 아홉 개의 모든 지능을 향상시키기 위해 어떤 도움을 줄 수 있을까?
- ❑ 때로는 어린아이가 '뮤지컬'처럼 한 영역에서 정말 강하다면, 그 부모는 집중적으로 음악을 교육하는 특수한 학교에 보낼 수 있다. 이러한 아이들은 10대 초반에 재능 있는 배우가 된다. 올림픽 체조선수들은 특수한 초등학교에 간다. 아역배우는 튜터를 이용한다. 이에 대한 당신의 견해는 무엇인가?[3]

다른 활동을 위한 기초로서 이 연습을 사용하기

'학습자 드러내기'를 통해 진행된 수업은 어느 누구도 예외 없이 사람들 사이의 차이에 대해 이야기할 수 있는 언어이다. 예를 들어 당신은 다른 사람들과 다르게 보이는 사람에 대해 좀 더 냉정한 방법으로 말할 수 있다. 그들은 명백한 약점, 심지어 장애를 가진 것처럼 보일 수 있다. 하지만 그들의 강점

은 무엇인가? 단순히 "어떤 것에는 모두가 훌륭하다."라고 말하기보다 방안
의 다른 사람들이 잘하는 것에 대하여 이야기를 시작할 수 있다.

당신이 교사라면 이 연습은 학생들과 함께 학습하며 자신의 학습방법과
정보 처리 방법을 더 잘 이해하도록 도와준다. 그 결과 '강한' 지능을 실행하
려는 학생들과 '약한' 기능을 향상시키려는 다른 학생들의 다양한 경험에 맞
추려는 당신을 도와줄 수 있다.

∬ 269쪽의 '4MAT SYSTEM' 리뷰 참조

이 연습은 또한 학교 변화를 주도적으로 기획하거나 증진시키기 위해 노
력하는 직원 그룹과 같은 성인 팀에도 중요할 수 있다. 예를 들어 교사 두 명
이 서로 다른 의견의 출처를 깨닫지 못하고 편안하게 '지능'에 기반을 두고
무의식적으로 같은 아이에 대해 다른 견해를 채택할 수 있다. 대인관계 지능
이 강한 첫 번째 교사는 아이를 돕기 위해 팀을 소집할 수 있다. 언어 지능이
많이 발달한 두 번째 교사는 읽기 혹은 쓰기를 통하여 아이에게 접근할 수 있
다. 누구의 접근이 '옳은가?' 노련한 교사나 심지어 아이의 장점을 알고 있는
교사일 필요는 없다. 그것은 아이의 타고난 강점에 무의식적으로 가장 동조
하는 교사일 것이다.

학부모, 학교 문제를 바라보는 지역사회의 사람들 그리고 교직원 사이에
서도 유사한 차이가 나타날 수 있다. 우리가 교직원 개발 워크숍, 학교와 지
역사회의 모임, 심지어 가족모임에서 이 연습을 적용하는 것은 중요하다. (아
이들은 집으로 가서 부모와 형제자매와 함께 이 연습을 한다.) 그러면 '우리
는 모두 같은 형태의 재능을 갖고 있는 것은 아니다'라는 인식에 마음을 연
다. 그리고 우리가 이런 인식을 알게 될 때까지 차이를 보기란 쉽지 않을 것
이다.

『당신의 아이는 얼마나 똑똑한가』

How Your Child Is Smart by Dawna Markova(Conari Press, 1992)

도나 마르코바(Dawna Markova)의 저술은 다양한 두뇌 활동 상태에 대한 임상 연구에 근거한다. 우리 중의 일부는 시각적 탁월성(보는 것에 주의를 많이 기울임)에, 일부는 청각 학습(듣는 것에 초점을 두는 것)에, 또 다른 이는 운동 감각 지식(몸과 움직임을 통하여 배우는 것)으로 의식적으로 지향한다. 예를 들어 내 딸은 현저하게 운동 감각적이다. 딸이 학교에 있을 때, '조용히 앉아서 집중하라'는 요구를 따르기 위해서 그녀의 모든 에너지와 의지력 그리고 주의력까지 모두 동원해야 했다. 그래서 딸은 아무 말도 들을 수 없었다. 나는 교사들에게 딸의 이런 특성을 이야기하고, 딸애가 공부할 때 손에 꽉 쥘 수 있는 작은 고무공들을 갖고 있도록 허락해달라고 했다. (딸은 자기가 공을 갖고 있으면 반 친구들을 방해하지 않는다는 것을 이해했다.) 교사들은 내 딸이 조용히 앉아 잘 들을 수 있도록 많이 도와주었다. 그리고 공을 만지작거리는 것을 허용했을 때 그녀가 학습 내용을 훨씬 더 많이 기억한다는 것에 대해 놀라워했다.

『How Your Child Is Smart』는 직접적으로 부모 - 자녀의 학습 스타일을 고려하면서 더 큰 동기를 갖는 사람들 - 를 위해 지은 책이다. 이 책은 아이들이 잘 학습할 수 있도록 아이들의 마음에 갖고 있는 의식, 잠재의식, 무의식의 마음을 자극하는 방법에 대해 설명한다. 또한 마르코바가 이 책에서 묘사한 방식으로 아이들에게 경청하는 방법을 깨닫기 전의, 즉 자신의 경력이 일천했을 때의 교사로서의 자신의 이야기도 고백한다.[4]

– 조지 로스(George Roth)

『인간 역학』

HUMAN DYNAMICS : A New Framework for Understanding People and Realizing the Potential in Our Organizations, by Sandra Seagal and David Horne(Pegasus Communications, 1997).

시걸(Seagal)과 혼(Horne)은 『Human Dynamics』에서 인간 역학을 정신 중심, 신체적-정신적, 신체적-감정적, 감정적-객관적, 감정적-주관적 등 각각의 단서와 능력을 가진 다섯 가지로 구분하였다. 각 영역에 속한 사람은 타인과 상호작용하고 과제를 수행하는 방식이 다른 영역에 속한 사람과 매우 다르다. 인간 역학은 어떤 사람이 당신에게 적용하는 이름표가 아니다. 당신은 자신이 속하고 싶은 영역을 결정할 수 있지만 선택 사항은 아니다. 당신이 성찰을 통해서 그것을 발견하는 것이다.

– 제니스 더튼(Janis Dutton)

THE 4MAT SYSTEM

교육자 버니스 매카시(Bernice McCarthy)와 많은 동료와 교사들은 학교의 학습 형태에 대한 독창적인 접근법을 개발했다. 4MAT 소프트웨어는 매우 저렴하며 웹사이트 www.aboutlearning.com에서 실행할 수 있다. 그들은 모든 유·초·중·고 수준과 교사 훈련 및 개별화 교육을 위한 모듈 등 300개 이상의 수업 샘플을 갖고 있다. 또한 학생, 교사, 학부모를 위한 진단 테스트도 갖고 있다. 매카시는 네 개의 주된 학습 스타일이 좌뇌와 우뇌의 구성 요소를 갖고 있어 여덟 개의 서로 다른 수업 형태로 이어지고, 각각은 학생들의 서로 다른 강점에 따라 다른 방법으로 조율한다고 제시한다. – 팀 루카스(Tim Lucas)

교실에서 학생들을 참여시키고 동기를 부여하는 기술은 성인을 위한 작업에서도 잘 되는 것 같다. 나는 관리자로서 버니스 매카시의 리더십 설문을 사용하여 학교 팀이 스스로를 평가할 수 있도록 도왔다. 우리는 학년 팀들과 함께 교육과정과 수업 방법을 계획하고, 우리가 이끌어낼 여러 강점과 기술을 이해하고자 했다. 교육에서의 4MAT 연구에 대한 매카시의 책은 성공적인 교직원 회의를 진행하기 위한 구성 요소에 관한 섹션도 포함한다.

– 빅코리아 니웰(Victoria Kniewel)(뉴저지주 West Windsor-Plainsboro 지역 고등학교구의 교육장)

---

3. 불합리를 극복하기

▪▪ 신체 그리고 일상생활의 장애를 극복하려는 학생들을 돕기 위한 '전체 시스템' 접근

테리 오코너(Terry O'Connor), 데어드레 뱅햄(Deirdre Bangham)

이 책의 초판 당시, 테리(Terry, 2008년 사망)는 인디애나주의 테레 오트(Terre Haute)에 있는 인디애나 주립 대학의 '가르침과 배움을 위한 센터(Center for Teaching and Learning)'의 소장이었다. 데어드레(Deirdre)는 이 이야기의 대부분이 일어난 아일랜드의 브레이(Bray)에 있는 Festina

Lente(http://www.festinalente.ie) – 예전에는 '국립 전문 승마 훈련 센터 (National Specialised Equestrian Training Centre)' – 의 이사였다. 이 문서는 표면상 장애를 가진 학생들에 의해 드러난 교육적 문제에 관한 것이지만, 실제로는 모든 교사를 위한 교직원 개발과 모든 학생들을 위한 더 나은 학습 환경을 만드는 것에 대한 것이다. 우리는 모든 학생들에게 말 (horse)이 필요하다고 제안하지 않는다. 그러나 모든 교사들은 장애를 가진 학생들과 몇 가지 작업을 하면서, 그리고 다음에 이어지는 연습으로부터 확실하게 도움을 받을 것이다.

사람들이 매일 버스를 바꿔 타는 니얼(Niall)을 보았던 장소의 근처에서 심각한 범죄가 발생했다. 니얼은 외모 때문이 아니라 그의 버릇 때문에 사람들 눈에 띄기 쉬웠다. 그는 관대하고 친절하지만 자신이 압박을 받고 있다고 느끼면 불안감을 표시한다. 그의 사회적 감각은 자신의 사고방식에 맞춰져 있다. 만일 그가 당신을 모른다면 그는 경계한다. 만일 그가 당신을 알고 있다고 생각한다면 당신은 즉시 가장 좋은 친구가 된다. 그는 많은 낱말을 알고 있지만 말을 일관되게 하지 않는다. 명확한 이유나 단서 없이 주제를 바꿔버린다. 누구든 이 '수상쩍은' 사람을 경찰이 주목한다고 떠올리는 것은 그리 오래 걸리지 않았다.

경찰은 그를 잡아서 두 시간 동안 심문했다. 니얼은 그들과 조심스럽게 농담을 주고받았다. 그는 즉시 대답하지 않았고 경찰들은 자신들이 묻는 질문을 회피한다고 생각했다. 그래서 그들은 그의 태도를 깨기 위해 심문의 강도를 높였다. 그러자 니얼은 '특수 승마 훈련 센터(Specialised Equestrian Training Centre, SETC)'에 다녔다고 말했고, 그 즉시 경찰관 한 명이 이해했다. SETC의 학생들은 다양한 장애를 갖고 있었지만, 그들은 지역사회에 살아가고 일하기 위해 거기서 배운다. 니얼에겐 운이 좋게도 그를 이해하는 경찰관이 심문의 방향을 돌렸다. 그렇지 않았으면 이 사건은 공공장소에서 책임 있게 살아가기 위해 아주 최근에 기본 기술을 익힌 한 젊은이를 비인간적으로 대할 뻔했다.

우리가 니얼과 같은 사람을 생각할 때 종종 20세기 중반 사람들의 당혹감, 소외, 절망의 감정을 탐구하는 연극 운동인 '불합리한 극(theater of absurd)'을 생각나게 한다. 이런 전통에서 가장 잘 알려진 극작가의 한 명인 유진 이오네스코(Eugene Ionesco)는 자신들의 검증되지 않은 습관에 의해 위조된 비참한 수용소 안에 갇혀 있는 대화에 그의 등장인물을 배치했다. 그의 연극은 우리들 대부분이 관련될 수 있는 진실을 묘사한다. 우리 모두는 때때로 우리 자신이 소외당하고, 의미 없는 상황에 있음을 발견한다. 우리는 수십 년 전에 만들어져서, 아무도 바꾸려고 애쓰지 않는 규칙과 규정이 적합하지 않은 곳, 사람들이 진정한 방법을 이야기하지 않고 타개책이 없는 곳에서 일할 수 있다.

장애를 가진 사람들의 삶은 길게 펼쳐진 한편의 불합리한 극이다. 그들을 수용하는 제도는 완충작용을 하는 매트리스와 같이 이치에 맞지 않는 일상 속에 그들을 가두거나 그들을 다른 사람들로부터 격리시키고 그들을 둘러싸고 있는 전반적인 시스템에 대한 이해를 못하게 함으로써 불합리를 확대시킨다. 그러나 학생들이 불합리함으로부터 탈출하기 위해 배우는 것을 돕는 장애인을 위한 학교를 설계하는 것은 또한 가능하다. 이렇게 당연히 받아야 하고, 호응을 보이는 학생들을 위해 우리들의 맹목적인 교육적 관습을 고쳐 씀으로써, 우리는 모든 학생들이 배움의 기쁨과 힘을 복원하기 위한 근본적인 방법을 발견할 수 있다.

272

승마센터의 안에서

최근까지 아일랜드에서 장애인을 위한 대부분의 훈련 프로그램은 학생들이 평생 동안 평생보육시설에 남아 있을 것으로 기대했다. 예를 들어 요리 학교의 졸업생들은 장애인을 위한 기관에서 요리하고 살 것이다. 그들의 교육은 그들이 단순한 육체적 작업을 수행하기 위해 훈련하는 정도로 협소하였다. 그들의 학교는 불합리함을 넘어 도달해야 할 시적(詩的), 사회적, 운동적 그리고 다른 잠재적 기능들은 안중에 없었다.

SETC는 다른 목표를 갖고 있는데, 학생들이 지속적인 보호를 벗어나 실생활에서 활동하기 위해 받아들여야 하는 사회적, 작업, 학문적 기술을 그들에게 가르치는 것이다. 대학에 다니는 24명의 학생들은 18세에서 20세까지이며 다양한 장애를 갖고 있다. 적어도 그것은 공인 기관에서 그들에게 인정한 라벨이다. 학교는 학교 안에서 그들에게 붙어 있는 이러한 라벨을 허락하지 않는다. 대신에 그들을 자신들의 학습을 방해하는 다양한 제약조건을 경험한 사람으로 본다. 그들은 장애로 인해 판단, 비평, 학대에 취약해졌다. 그들은 그들의 가족, 학교 또는 이웃들이 작성한 심신을 약화시키는 시나리오로 인해 고통받고 어려움을 겪었다.

그 학교에서 학습 방법은 모든 사람들을 고려한다. 그것은 학생들의 결함에 초점을 맞추기보다는 그들의 성공과 잠재력을 토대로 한다. 학생들은 존중과 존엄성을 약속받는데, 이는 대부분 새로운 경험이고, 성공을 향해 도전한다. 아마도 그들의 생애에서 처음으로, 만일 어떤 일에서 실패할 경우에, 그들은 멍청하다거나, 썩 훌륭하지 못하다거나, 그들에게 허물이 있다고 느끼지 않을 것이다. 그들은 그들이 성공할 때까지 반복해서 선생님과 함께 일할 것으로 기대된다. 수년간의 소외를 경험한 후, 그들은 목적의식, 학습의 즐거움 그리고 성공의 자부심과 연결되기 시작한다.

그곳은 말이 있는 곳이다. 학생들은 말을 돌보고, 타고, 마구간과 승마경기장을 관리하면서 말 산업에서 일하도록 훈련을 받고 있다. 교사들은 학생들이 먼저 동물들과 함께, 다음에 서로에게 신뢰와 공감을 개발하도록 도왔다. 수학, 읽기 혹은 다른 전통적인 '과목'의 수업은 그들이 자신들의 일을 하는 데 필요한 기능과 연관되어 있다.

헬렌(Helen)은 결코 읽기를 배울 수 없다고 단언했지만, 말을 다루기 위해 필요한 낱말인 곡식가방의 'oats(귀리)'라는 낱말을 읽어야 했고, 마구간에서 서로 다른 말들의 명패를 구분할 수 있어야 했다. 밤에 접시 닦기에 바쁜 한 교사가 말 잡지에서 어떤 것을 찾아달라고 요청하였다. "내 손이 너무 젖었어." 교사는 말했다. "자, 10쪽을 펴서 너의 말을 돌보는 것에 대해 뭐라고 이야기하고 있는지 내게 말해줘." 헬렌은 결코 그것을 읽는다고 생각하지 않았다. 그녀는 단지 도울 뿐이다. 얼마 지나지 않아 그녀는 요란한 과시 없이 기분 좋게 읽었다.

내가 학교를 방문했을 때 장애를 넘어서는 방식으로 학습하고 성공하는 학생들의 능력에 감동하였다. 매기(Maggie)는 정규 고용을 하기에는 너무 자폐적이라고 간주되었다. 내가 처음 그녀를 만났을 때 그녀는 사람들에게 잘 주목하지 못했다. 만일 누군가 마구간에 들어왔다면 매기는 그녀의 신발을 보거나 질문에 대답하기를 거절했을 것이다. 3년 후에 새로운 강사가 학교에 도착했을 때 매기는 그에게 앞으로 나가서 손을 내밀어 인사를 했다. 그것은 적지 않은 행동의 변화이다.

학습의 미학

거의 모든 교육자들은 학습을 방해하는 요인들이 많다는 것을 인정하지만 항상 쉽게 식별할 수 있는 것은 아니다. SETC에서 교사들은 어떤 학습자든 성공을 뒷받침하기 위해 복잡하고 다양한 요구에 부응하는 학습 환경을 만들었다. 그들은 지적, 정서적, 신체적, 정신적인 학습의 네 가지 측면에서 균형을 맞추고 있다.

콜름(Colm)은 필사적으로 피하고 싶은 승마학교와 보호된 일터라는 단지 두 개의 옵션만 갖고 있다는 것을 알았다. 불행히도 그는 말에 흥미를 느끼지 못하고 관심도 없었지만 그는 그 사실을 감췄다. 그는 모든 사람을 속이고 인정받았다. 속였다는 것은 우리가 나중에 발견한 것이지만, 그의 대처 전략 중의 하나였고 아주 능숙하였다. 그러나 그는 그것을 계속하지 못하였다. 콜름이 학교에 적응하지 못한다는 것이 명확해졌을 때, 학교는 딜레마에 직면했다. 콜름에게 다른 진로 방향을 추천하는 것은 그가 필사적으로 피하고 싶었던 조립라인 작업을 그에게 선고하는 것처럼 보일 수 있었다. 그러나 그의 훈련 자금을 사용하도록 꾸준히 격려하면서, 자신이 선택하지 않을 수도 있는 직업을 준비시켰다. 직원은 콜름이 오래된 트랙터에 관심을 가지고 있음을 관찰하였다. 그들이 말 대신에 트랙터, 자동차 그리고 다른 기계 용품들을 중심으로 그의 프로그램을 재구성하였을 때, 그들은 콜름이 적응하지 못하는 것은 콜름 자신 때문이 아니라 말과 관련된 부분에 있음을 알았다. 그는 곧 새로운 기술을 즐겁게 배우고 졸업하여 그것들을 사용하는 직업을 구할 수 있었다.

학습의 목적이 없는 학생들은 생명이 없는 학습자들이다. 어느 교육자에게나, 도전과제는 학습자에게 동기를 부여하고 이끌어가는 개인적 비전을 확인하는 것이고, 그 비전과 학습의 학습을 연결할 수 있도록 도움을 주는 것이다. 이런 방법 중의 하나는 학생들의 얼굴을 밝게 하는 학습의 순간 - '아하' - 을 알아채는 것이다. 도널드 안스틴(Donald Arnstine)은 이것을 학습의 '미학(aesthetics)'이라고 부른다. SETC에서 이러한 미학은 SETC의 성공의 열쇠를 의미한다. 그들은 관련성이 없을 것 같은 목적과 실제 사이를 연결하였다.

학습의 미학은 학습의 즐거움으로부터 학생과 교사를 고립시키고, 따돌리고 그리고 관계를 끊어놓기를 지속하는 학교의 '불합리한 극'이라는 본성에 맞서서 행동해야 하는 사람들에게 유일한 방법일 것이다. 학교가 모든 학생에게 말(horse)을 제공할 필요는 없다. 그러나 학교는 학생들에게 자신의 고유한 가치에 대한 믿음을 주는 환경을 제공해야 한다. 발달 능력을 넘어서는 작은 경멸, 낙인찍기 그리고 성급한 기대가 신념을 훼손하고 실패로 이어질 수 있다. 많은 교사(또한 다른 사람들)는 모든 학생들이 가치 있다는 추상적인 목표에 동의하면서도, 이런 작은 경멸과 낙인찍기를 무의식적으로 조장한다.

이 프로그램은 장애를 가진 학생으로 제한하지 않는다. 우리는 모두, 우리들의 재능을 무시한 채 우리를 가르쳤던 학교에서의 불합리한 시간을 기억할 수 있다. 내가 3학년일 때, 선생님은 우리들의 가창능력이 무디다고 평가하였다. 나는 노래를 포기하는 것을 배웠고, 30년이 지난 지금에야 그녀의 충고에도 불구하고 나는 포기했던 즐거움인 노래를 부르기로 결심했다. '불합리한 교육'의 결과는 아이들의 내부에서 점점 커져, 대개는 고등학교 때 표면의 거품이 터지면서 저항이 드러난다. 학생들은 그들의 상황이 부조리함을 깨닫지만 어떻게 반응해야 할지 알지 못한다. 학교에서 구하고자 하는 연결을 찾지 못하면 그들은 적절하거나 안전하지 않거나, 장기적인 이익과 부합하지 않은 방법으로 학교 밖에서 찾는다.

결국 어느 누구에게나 있을 수 있는 가장 중요한 장애는 학습을 계속할 수 없다는 것이다. 학교들이 불합리한 방법으로 학습을 계속할 때, 마침내 의지가 매우 높은 학생들조차 의미 있는 참여로부터 지혜롭게 물러날 것이다. 이를 방지하는 유일한 길은 학습의 미학인 즐거움에 계속 연결하는 것이다.

■ 학습의 미학에 다시 연결하기

테리 오코너(Terry O'Connor)

> **목적** : 교사로서 여러분이 학생들의 존엄성을 존중해주고, 신뢰를 구축하고, 학습 문제를 해결하는 데 도움을 주기 위해 그들의 감정적 상태에 스스로 예민해지기
> **개요** : 당신과 학생의 학습의 순간을 연결하는 일련의 성찰적 질문

1. 3~5개의 미학적 학습의 순간을 설명하라

이런 것은 학교 안팎의 학습에서 당신 자신의 열망을 두드리고, 당신이 연결의 책임을 느끼는 순간이다.

당신이 느낀 몇 가지 방법은 무엇인가? 그것들을 형용사와 비유를 사용해서 설명하라. 만일 가치 있거나 가치 있을 것이라고 느꼈다면, 당신이 그것을 기억할 때의 느낌이나 경험을 설명하라.

다른 사람들과 당신의 통찰력을 공유하고, 미학적 학습의 순간에서 발견한 특성들의 목록을 작성하기 시작하라. 당신의 수업을 위한 지침 목록으로 만들어라.

2. 3~5개의 불합리한 학습의 순간을 설명하라

이러한 순간에 당신은 당황, 소외, 자포자기의 상황으로 밀려들어간다고 느꼈을 것이다. 다시, 당신이 느낀 몇 가지 방법은 무엇인가? 만일 당신이 작아지거나 절망하거나 화가 난다고 느꼈다면 그것을 기억할 때의 경험을 설명하라.

다른 사람들과 이런 통찰력을 공유하고, 불합리한 학습의 순간에서 발견한 특성들의 목록을 작성하기 시작하라. 당신의 수업을 위한 경고 신호의 목록으로 만들어라.

3. 학생들은 어떻게 당신과 함께 학습에 접근하는가?

학생들이 어떻게 느끼는지 보려면 당신의 지침과 경고 목록을 사용하라. 학생들의 학습이 미학적 순간으로 채워졌는가? 불합리한 순간으로 채워졌는가?

그들은 관심을 갖고 흥미 있게 도전하고 방심하지 않고 있는가? 그들은 둔하고 생기가 없지 않는가? 지루해하고 불안해하는가? 어떤 규칙이나 관계, 추측이나 학습 패턴이 당신의 성공과 당신의 불합리에 기여했는지 성찰하라.

4. 학습에 연결되지 않은 학생들의 신호는 무엇인가?

아주 오랫동안 불합리의 영역에 잡혀 있는 학생들을 보았을 때, 당신은 어떤 행동을 보았는가? 이 학생들은 어떻게 말하거나 행동하는가? 그 밖의 무엇을 알 수 있는가?

5. 어떻게 하면 그들이 실제 학습에 연결될 수 있도록 도울 수 있을까?

그들에 대해 더 많이 알 수 있는가? 그들의 열정은 무엇인가? 그들의 학습 행위가 이러한 중요한 목적에 연결되도록 수업을 어떻게 조정할 수 있을까?

학습 장애(LEARNING DISABLED)

 '학습 장애'란 용어는 가정 또는 학교에서 외부 환경이 아닌 학생의 어떤 내적인 요소로부터 유래하는 '학습 기능' – 말하기, 언어, 읽기, 철자, 쓰기 또는 셈하기 – 의 결함으로 정의하고 있다. '학습 장애'(또는 이에 상응하는 문구)라는 브랜드는 종종 특별한 서비스 또는 상담을 위한 전제 조건이다. 서비스가 가치가 있다 하더라도, 그들을 받아들이는 수업 혹은 정상적인 연구 공간에서 눈에 띄게 나타나고, 그것은 그 사람에게 뭔가 잘못이 있고, 당장 진단과 치료를 진행해야 한다는 것을 의미한다.

너무 많은 경우에 '학습 장애', '주의력 결핍 장애', '난독증', '달리 지정하지 않은 학습 장애LDNOS(learning disorder not otherwise specified)'와 같은 라벨은 다중 지능과 학습 스타일의 문제를 빨리 치료하는 것 – 아이들을 산업 모델의 학교에 맞추는 방법 – 으로 대신한다. 많은 아이는 '장애'나 '산만' 혹은 '결핍' 때문이 아니라, 그들이 배워야 하는 방법이 그들의 학습 방법과 호환되지 않기 때문에 학교에서 어려움을 겪는다. 그들은 학교의 프로세스에 쉽게 맞추지 못한다. 학생의 결핍과 일치하지 않는 학교의 방식 또는 사회의 방식에 라벨을 붙여야 한다. 부족함은 실제로 시스템에 놓여 있다.

더구나 '학습 장애'라는 라벨이 진짜 뇌 손상이나 장애를 가진 학생들과 단순히 '다른 능력을 가진' 아이들을 구별하는 것을 더 어렵게 만든다. 그리고 이 라벨은 상황이 아니라 비용, 낭비 및 위험을 유발할 수 있는 끔찍한 가능성을 가진 학생으로 취급한 처방전(의학적 혹은 사회적)으로 연결된다. 이런 결과 때문에 생긴 또 하나의 현상은 특정한 경제 계급과 민족에게 부정확하고 불평등하게 붙여진 라벨의 유포이다.

일부 교육자들은 보다 더 정교해지고 있다. 다양한 학생들을 위한 학습 관리에 대한 인식과 능력이 더 커지고 있다. 그들은 때때로 자신의 발언과 행동을 통해서 '학습 장애'라는 라벨은 판단이 아니라 행정적 편의라는 것을 보여주기 위해, 학생들에게 라벨(정신 지체 장애, 자폐 혹은 또 다른 장애)을 붙이지 않고도 그들에게 자금이나 서비스를 받을 자격을 부여하는 방법을 제시한다. 그러나 이런 눈속임의 유행과 아직도 많은 사람(학생들 자신을 포함하여)에 의해 라벨이 부착된 오명은, 학생들의 학습 스타일과 경향성 그리고 배경이 무엇이든, 모든 학생을 위한 가치와 학습 경로를 인식하는 학교를 갖기까지 갈 길이 너무 멀다는 것을 보여준다.[5]

– 제니스 더튼(Janis Dutton)과 아트 클라이너(Art Kleiner)

4. 우리는 함께 춤을 춘다

캔디 배이스포드(Candee Basford)

사람들은 다르게 배우는 사람들에게 빨리 라벨을 붙이고, 직접적으로 접촉하거나 관계를 맺기 전에 라벨로부터 빨리 결론을 내린다. 이 글은 예술가, 컨설턴트 및 성인 교육자인 캔디 배이스포드가 다운증후군을 가진 그녀의 딸 케이티(Katie)를 돌보던 경험을 묘사한다. 딸의 대부분 생애 동안 캔디(궁극적으로 케이티 그 자신)는 케이티의 능력과 가능성에 대한 편견을 받아들이지 않았다. 이는 그들 두 사람을 전통적인 사고 방식과 상호작용에 맞서 끊임없이 도전하도록 이끌었다. 이런 경험은 캔디를 "그것은 누구의 장애인가, 사람인가? 시스템인가?"라는 문제를 제기하면서 광범위한 문제와 관련한 지역사회의 활동가로 변신하게 하였다.

동물원으로 현장학습을 떠나는 5학년 학생들과 함께 학교 버스에 타는 것은 팝콘 기계 속에 있는 것과 같았다. 아이들은 버스 안에서 맘대로 흩어지고, 시트에서 방방 뛰면서 떠들고 환호하였다. 나는 딸 케이티와 그녀 친구의 손을 잡고 떠날 준비를 하면서 사진을 찍었다. 그리고 나는 그들 모두가 얼마나 흥분하고 있는지 알았다. 우리는 동물원으로부터 꽤 먼 거리에 산다. 그래서 많은 아이에게는 드문 기회였다. 나는 케이티와 다른 아이와 함께 앉았다. 버스가 움직이기 시작했을 때 모두 환호했다.

그러나 버스가 고등학교 앞에 멈추고, 그리고 특수 교육 학급의 가벼운 발달 장애아들이 교사와 함께 나타났다. 환호는 탄식의 소리 "오, 안 돼, 쟤들은 아니야."로 바뀌었다. 다른 보호자조차 탄식했다. 버스 안의 모든 아이들은 그러한 아이들과 함께 앉을 필요가 없다면서 일어나서 뒤로 이동했다. 그리고 케이티는 다운증후군을 가진 아이로서 버스에 탑승하려는 다른 아이들보다 훨씬 심각한 장애를 가졌음에도 불구하고 그녀도 뒤로 이동했다.

케이티의 반 친구들은 아마 다른 아이들이 특수 교육 학급에 있고, 그들이 다른 건물에서 나온 것을 제외하고는 그들에 대해서 잘 알지 못했을 것이다. 역시 다른 보호자들도 몰랐다. 그 순간 나는 사람을 분리할 만한 차이도 없고, 심지어 차이의 정도(장애의 수준)도 없다는 것을 깨달았다. 그것은 사람이, 종종 권력이 있는 자리의 그들이, 자신들의 마음속에 새겨진 라벨에 기반을 두고 지위를 매겨버리는 방식이다. 이러한 자리매김은 결과적으로 다른 사람들과 긍정적으로 상호작용할 기회를 줄어들게 한다. 사람들과 시간을 보내면 – 차이가 있는 그들과 근접해서 살아보면 – 라벨과 가정들을 무너뜨릴 수 있고, 관계를 발전시킬 기회를 가질 수 있다.

케이티의 반 친구들은 그녀와 매일 상호작용했기 때문에 그녀를 잘 안다. 그녀는 그들의 친구였고, 그들 공동체의 일원으로서 받아들였다. 그들은 그녀가 다르다는 것을 알고 있으나, 그들은 그녀를 학급의 일원으로써 보았고, 그녀도 자신을 같은 방식으로 보았다. 그 학급에서 아이들은 교육과정 이상의 것을 배우고 있었다. 그들은 함께 서로로부터 서로에 대해 배우고 있었다.

결함에서 재능으로

케이티가 다운증후군으로 진단받기 전에 그녀의 미래는 가능성으로 가득 찬 것처럼 보였다. 진단 이후 그녀의 미래는 어둡고 알 수 없는 것처럼 보였다. 나는 무엇을 기대하고 무엇을 해야 할지 알지 못했다. 나는 어떻게 이 아이를 기를 수 있을지 생각하기 어려웠다.

케이티가 두 살 때 백위 안에 드는 전문가는 나에게 몇 살 때 그녀가 처음 걸었는지 물었고, "우리 아이가 18개월 때 열에 아홉은 열 걸음 정도 걸을 수 있었어요. 그리고…" 나는 말하다가 갑자기 멈췄다. 나는 내가 어머니가 아니라 객관적인 양육자로서, 심지어 거리를 둔 사람처럼 대답을 하고 있다는 것을 깨달았다. 그 인식이 숨을 막히게 했다.

나는 나 자신의 편견을 점검하기 시작했다. 나는 인간의 어떤 특성－재능, 업적, 성공 그리고 돈－에 가치를 부여하며 나를 사회화시키고 있다는 것을 깨달았다. 이러한 특성들은 우리가 '정상'이라고 부르는 어떤 낱말로 묶였다. 나는 내 아이가 결함이 있고 정상보다 낮으며 가치가 없다고 믿게끔 사회화되어 가고 있었다. 나는 딸을 너무나 사랑했기 때문에 더 이상 그것을 믿지 않았다.

전문가의 조언과는 반대로, 우리는 장애아를 위해 설계된 학교에 케이티를 입학시키지 않았다. 대신 우리는 지역사회의 유치원을 선택했다. 그것은 내가 처음 케이티의 학습을 다른 학생들과 관계 속에서 보고, 그들도 또한 케이티로부터 배운다는 것을 보았을 때였다. 나는 케이티가 개별 학습자가 아니라, 다른 학생들과 함께 학습할 때 더 많이 배운다는 것을 깨닫기 시작했다. 나는 딸의 잠재력이 관계 속에 묶여 있다는 것을 확신하게 되었다.

존 맥나잇(John McKnight)은 당신이 결함과 간호의 필요를 보았을 때, 당신은 그에 필요한 서비스를 만들고, 당신의 서비스를 받은 사람들은 시스템의 민원인이 된다고 말했다. 그러나 당신의 초점을 사람들이 무엇을 잘 못하는지 찾는 것에서 그들의 재능과 능력 그리고 그들이 기여해야 하는 것으로 옮긴다면, 당신은 시민을 만드는 것이다. 이것의 강력함을 이해하면서 나는 강력하게 변하였다.[6]

그 학교의 희망과는 반대로 케이티는 유치원에 입학했다. 그들은 그녀가 거기에 가는 것을 원하지 않았다. 나는 더 많은 학교 지도자가 그들이 하는 일과 그들이 만들어가는 지역사회의 수준 사이의 관계에 대해 살펴보길 바란다. 학교는 선택권이 있다. 그들은 시민 또는 민원인을 만들 수 있다. 시민을 만드는 학교는 공동체 세우기를 대단히 중요시하는 학교이며, 관계를 구축하고 친구가 되는 법을 배우는 학교이다.

칠레의 생물학자 움베르토 마투라나(Humberto Maturana)는 사랑은 지능을 확장하고 창조성을 가능하게 하며, '사랑의 감정이 있을 때, 시야는 넓어진다.'라고 말한다. 나는 이 생각에 확실하게 동의한다. 자신의 삶에 대한 비전을 갖기 시작한 케이티에게 내 사랑의 초점을 맞추는 것은, 그녀와 같은 사람들을 돕기 위해 설계된 시스템에서 생각해낸 목표보다 더 높게 가지는 것이라고 나는 생각한다.[7]

전문가들이 필수적으로 설정한 목표들은 잠자리를 만들고, 아날로그 시계의 시각을 말하고, 거스름돈을 셀 수 있도록 학습하는 것이다. 그들은 케이티가 기관이나 보호작업장에서 일하게 할 준비를 하고 있었고, 그들은 낮은 기대치를 설정하였다. 더 무서운 것은 너무 많은 사람이 케이티의 삶은 다른 사람들과 다를 것이므로 그녀가 겸손한 목표를 필요로 한다고 생각했다는 것이다. 그들은 내 아이가 일할 수 없거나 우리가 하고자 원하는 모든 일을 하지 않을 것이라고 가정하였다. 세상에 대하여 배우고, 수학과 과학을 배우는 것은 케이티에게 중요하지 않을 것으로 간주되었다. 그녀의 친구가 되는 것은 아무도 그녀를 그렇게 생각하지 않았기 때문에 적절하게 보이지 않았다.

다른 사람들이 중요하다고 생각하지 않더라도 세상에 대하여 배우는 것은 케이티에게 매우 중요하였다. 케이티에게 기회가 있다는 것이 중요하였다.

어느 날 나는 케이티가 배우는 1학년 교실을 방문하여, 케이티를 제외하고 자신들의 자리가 아닌 독서 원탁에 앉아 있는 아이들을 보았다. 케이티만 연필과 종이를 가지고 자신의 책상에 있었다. 나는 교사에게 케이티가 독서 그룹에 있지 못하는 이유를 물었다. 교사는 아이들이 독서 그룹에 합류하려면 ABC(알파벳)를 A에서 Z까지 한 글자도 빠뜨림 없이 모두 암송해야 한다는 규칙이 있다고 말했다. 그때까지 그들은 그들의 자리에 앉아 있어야 했다. 나는 독서를 가르치는 데 있어서 내가 전문가는 아니지만, 케이티가 독서를 배우든, 그렇지 않든 독서 그룹에 있는 것이 도움이 될 것이라고 생각했다. 케이티가 다른 아이들과 함께 있고 이야기를 들으면서 뭔가를 배울 수 있다는 것을 알고 있었다. 나는 교장선생님에게 도움을 요청했고, 케이티는 독서 그룹에 들어갔다.

교사로서의 학습자

결국 케이티는 읽기를 매우 잘 배웠고, 아직도 알파벳을 낭송할 때 머뭇거리지만, 고등학교를 졸업했다. 어느 날 우리가 아직도 알파벳을 연구하고 있다는 것을 생각할 때 나는 매우 놀란다. 케이티가 읽는 것을 배우고, 세상에 대해 더 많이 알 수 있기까지 우리는 학교에서 10년을 보내야 했다.

케이티가 처음으로 대학에 가기를 원한다고 말했을 때, 나는 쉽게 동의하지 못했다. 솔직히 말하면, 나는 그녀가 수년 동안 공립학교에 출석하고 참여하는 것을 지켜보느라 지쳤다. 나는 또한 그녀가 학과를 청강만 할 수 있을 것이라고 생각했다. 나는 케이티가 엄청난 역경을 직면하면서 이미 성취한 성공 혹은 성공할 더 많은 기회를 주는 것에 대하여 진짜 생각하지 못했다. 그러나 케이티는 비전을 갖고, 또 다시 나에게 교훈을 가르쳤다. 그녀는 장애의 무게에도 불구하고, 우리 지역의 지역사회 대학에서 해부학, 물리학, 미생물학 그리고 예술 등의 코스를 수료했다. 그녀는 평균 3.0 학점을 받았다. 초등학교부터 고등학교까지의 그녀의 친구들은 여전히 그녀를 보러 온다.

케이티는 미래를 위한 자신만의 꿈과 비전을 가지고 있다. 그녀의 비전은 그녀에 대한 나의 비전을 확장하도록 도왔고, 부분적으로는 내가 불가능하다고 생각한 일을 시도할 수 있도록 하였다. 케이티는 준학사 학위를 마치고 실험실의 조교로 일하고, 결혼하고, 록밴드에 가입하고, 책을 쓰고 싶어 한다.

케이티는 헤아릴 수 없을 만큼 많은 방법으로 나의 생각을 변화시켰다. 나는 아직도 광범위하게 책을 읽고, 지역사회에서 더불어 사는 삶에 대하여 대화를 나누는 사람들과 전국적으로 네트워크한다. 나는 지역사회에서 다른 사람들과 함께 배우는 것이 의미가 있음을 안내하고, 부모들의 모임에서 그들 자녀의 재능에 대한 이야기를 하고 포트폴리오를 만들도록 촉진한다. 나는 사람들 사이에 서로 다른 점이 있을 때, 무엇이 잘못되었는지 결정하는 데 많은 시간을 소비하고, 그들의 재능과 잠재적 기여를 이해하는 데 아주 적은 시간을 사용한다는 것을 알았다. 사실 '정상적'이거나 심지어 '정상 이상'이라고 라벨이 붙은 사람들의 재능이나 능력을 보는데도 너무 적은 시간을 썼다고 생각한다.

나는 케이티가 나의 가장 강력한 교사 중 한 명이 될 것이라고 전혀 기대하지 못한 것 같다. 케이티에 대해 알게 되면서 불확실성이 무엇인지, 또 지금까지 당연하게 생각하지 못했던 것이 무엇을 의미하는지 알게 되었다. 케이티는 나에게 모호함의 중요성—세상을 어떻게 구조화해야 하는지 모르기 때문에 가능성을 다시 학습하거나 아마도 다시 생각할 필요가 있다는 중요성—을 가르쳐주었다.

케이티와 함께 한 나의 학습은 상향하는 나선형이며, 각각의 사이클은 그녀가 제공하는 인식과 재능을 더 깊게 이해하도록 이끈다.

최근에 나는 케이티에게 꿈을 이루기 위해 사람들이 그녀를 도우려면 무슨 일을 할 수 있는지를 물었고 케이티는 "춤을 추면 돼요."라고 대답했다.

"내가 춤을 추면 네가 꿈을 이루는 데 어떤 도움이 되지?"라고 내가 물었다.

"그건 나에게 나도 역시 춤출 수 있다고 말해요. 나는 동작과 스텝을 따라할 수 있어요. 엄마가 춤을 추면 나는 동작을 느낄 수 있어요."라고 케이티는 대답했다.

"좋아, 너를 이해해. 만일 내가 춤추면, 우리 모두 춤추고, 그다음…"라고 말했다.

케이티는 말했다. "우리는 함께 춤을 춰요."

『우리는 함께 춤을 춘다』

We Dance Together : A Painted Essay About My Education with Katie, by Candee Basford(Candee Basford, 2005). https://candeebasford.wordpress.com/

캔디 배이스포드(Candee Basford)의 인생은 딸 케이티(Katie)가 다운증후군으로 태어났을 때 크게 바뀌었다. 그녀는 26년 동안 발견과 변화의 여정에서 케이티가 그녀의 가장 감동적인 교사 중의 한 명이 되리라고 결코 예상하지 못했다. 짧은 에세이와 함께 한 그림책 『We Dance Together』에서 작가는 그녀의 경험을 반영한다. 내가 다른 사람과 이 책을 공유했을 때 그들은 종종 눈물을 보이곤 했는데 슬픔보다 영감과 약속 때문이었다. 이 책은 쉽게 대답할 수 없는 질문을 제기하면서 교육자들, 부모들, 커뮤니티 구성원 사이에 대화를 발생시키는 유용한 도구이다. 다른 사람들과 공동체에서 일하고 배운다는 것은 무엇을 의미하는가? 장애를 가진 사람에게 우리가 갖는 편견은 무엇인가? 아니면 그냥 다른 사람을 향해? 어떤 면에서 편견은 사람들이 가지고 있는 재능을 보지 못하게 하는가? 우리는 케이티로부터 무엇을 배울 수 있는가? − 제니스 더튼(Janis Dutton)

286

나는 어머니가 수채화와 낱말로 이 책을 만드는 방법을 사랑한다. 그녀는 매우 창의적이다. 그녀는 무지개를 써서 나의 눈을 반짝이게 한다. 내 어머니 캔디는 자연을 품은 영혼이다. 그녀는 항상 아이들을 사랑한다. 어머니는 나를 사랑한다. 우리는 함께 회의에 참석하고, 쪽지를 주고받곤 한다. 쪽지의 몇 장은 이 책의 그림이 되었다. 나는 어머니를 사랑한다. 그녀는 나를 지지하고 보살피며, 달콤하고 사랑스럽다. 나는 어머니처럼 늘 학습하고 창의적이고 싶다. 나는 내 책을 쓰고 싶다. 내 책의 제목은 『Facing the Future』라고 불릴 것이다. 다음에 내 책을 찾아보라.

- 케이티 배이스포드(Katie Basford)

■ 자녀의 재능에 대한 책 만들기

캔디 배이스포드(Candee Basford)

목적 : 아이들의 결손이나 지체에 대한 초점으로부터 그들의 재능, 능력, 공동체에 기여를 축하하고 공유하는 것으로 옮기기
설정 : 책을 만들기 위한 책상이 있는 방, 의자를 둥글게 놓은 방, 그림들을 걸어놓고 공유할 벽 공간
참가자 : 15명 이상
시간 : 각 2시간씩 두 세션
재료 : 플립 차트와 마카, 그리기 도구, 잡지 혹은 자를 수 있는 다른 출판물, 개인 사진. 컬러로 장식된 종이 모음. 표지를 집어넣기 위해 외부에 재킷이 있는 1과 1/2인치 3구 링 플라스틱 바인더. 바인더를 넣을 수 있는 플라스틱 페이지 보호대. 얼굴 화장지

장애를 가진 자녀를 둔 많은 부모에게 그들의 아들이나 딸에 대하여 설명하라고 요청하면 시각, 청각, 행동 그리고 인지적 문제를 포함한 결손의 긴 목록을 자주 접할 것이다. 결손과 지연에 라벨을 붙이는 데 너무 많은 시간을 써버려, 마침내 라벨만 인계받는다. 이런 식으로만 아이들을 보는 것은 사람들로 하여금 자녀의 재능과 가능성을 간과하게 만든다. 포트폴리오는 그 관점을 바꿀 수 있는 방법, 아이의 재능과 능력을 기억할 기회, 지역사회에 그

의 공헌을 다른 사람들에게 공개하고 공유할 수 있는 기회가 될 수 있다.

이 연습은 장애를 가진 아동의 부모가 '실제로 당신의 자녀는 누구입니까?'라는 질문을 탐구하기 시작한 일련의 워크숍에서 나왔다. 시간이 지나면서 '장애' 라벨이 부착하지 않은 부모들도 참석하기 시작했고, 종종 다른 부모들보다 많은 눈물을 흘린다. 슬프게도 성취도 평가, 등급, 스포츠에서 수행을 너무 많이 강조하여 매우 많은 부모는 자녀의 진짜 모습에 대하여 멈춰서 생각할 기회를 갖지 못하는 것처럼 보인다.

재능과 공헌에 관련한 행동을 창출하면 아이들에 초점을 맞추든, 방에 있는 어른이든 관계없이 연결하고 공동체를 형성할 수 있다.

■▪ 첫 세션 : 책 시작하기

1단계 : 상상하기

커뮤니티에 대한 대화로 시작하라. 우주에서 온 외계인이 당신의 뒤뜰에 상륙해서, 가장 좋은 커뮤니티로 자기를 데려다 달라고 부탁받았다고 상상하라. 그를 어디로 데려가겠는가? 이유는?

그런 다음 질문을 하라. 모두가 선택하는 장소의 공통 주제는 무엇인가?

당신은 의심할 여지없이 각각의 이야기가 새로 온 사람에게 무엇인가를 줄 수 있는 한 사람 혹은 하나의 그룹에 대한 것이라는 것을 발견할 것이다. 재능의 개념에 대해 토론하라. 어떤 사람은 사람을 행복하게 하거나 환영할 수 있는 재능을 갖고 있다. 당신 자신의 재능과 지금 당신의 재능으로 커뮤니티를 강화시킬 방법을 고려하라.

2단계 : 기억하기

　당신의 자녀의 재능과 공헌에 대하여 생각하라. 자녀가 세상에 가져온 것은 무엇인가? 이 대화는 큰 그룹에 공유하기 전에 먼저 두 그룹으로 나눌 수 있다. 파트너는 서로 인터뷰한다. 한 사람은 자신의 아이에 대한 이야기를 하고, 그동안 다른 사람은 듣고, 격려하며, 그 이야기에서 발견한 아이의 재능과 강점을 기록한다.

　질문할 수 있는 몇 가지 예는 다음과 같다. 당신 딸의 미소는 재능인가요? 당신 아들은 사람들을 행복하게 만드나요? 그녀는 공룡이나 다른 주제에 대하여 많이 알고 있나요? 그는 노래를 부르나요?

　장애 아동의 부모에게 이것은 항상 쉬운 일이 아니다. 자폐증 아이를 둔 어머니는 워크숍 내내 울었다. 최근 아들의 난처한 행동은 그의 재능에 대한 그녀의 생각을 텅 비게 하였다. 그러나 이 그룹의 다른 구성원이 이 작은 소년 - 놀이터에서 일어난 어떤 좋은 일 - 에 대해 이야기를 시작했다. 그것은 변화를 일으켰고, 그리고 그녀는 아들의 재능과 강점을 기억했다. 나중에 그 세션을 되돌아보면서, 그녀는 아들에 대한 생각의 변화가 그녀의 인생과 그의 삶을 심오한 방법으로 변하게 하였다고 말했다.

3단계 : 꿈

　이제 같은 파트너와 당신의 꿈을 논의하라. 자녀의 미래를 위해 가장 원하는 다섯 가지 일은 무엇인가?

　그런 다음 방 안의 사람들과 당신의 생각을 공유하라.

　누군가가 비전과 꿈의 목록을 기록하게 하라.

　무엇이 사람들을 놀라게 하였는지, 놀라움이 어떻게 그들 자신의 사고를 확장시키거나 확증시킬 수 있었는지 질문하라.

당신이 만들 포트폴리오에서 이 모든 것을 어떻게 설명할 수 있는지에 대하여 생각하라.[8]

4단계 : 만들기

자녀의 재능 포트폴리오를 위한 페이지를 만들기 시작하라. 최종적으로 책을 만들기 위해 나중에 다시 사용하거나, 고쳐서 쓸 수 있는 페이지를 하나 이상 완성하라. 이미지, 단어 혹은 둘 다를 사용하라. 당신은 출판물에 자신의 그림을 그리거나, 가족사진이나 이미지를 사용하도록 선택할 수 있다. 당신은 산문, 시 혹은 개별 단어를 사용하여 자녀의 재능과 꿈을 묘사할 수 있다. 자녀를 위한 꿈과 비전을 반드시 포함시켜라.[9]

▪▪ 세션 2 : 성찰

5단계 : 공유하기

두 세션 사이의 책에 대해 작업하라. 그런 다음 그룹과 공유하기 위해 만든 것을 가져와라. 그것은 완전하지 않아도 된다. 아이들처럼 그것은 진행 중인 작업이다.

그룹 대화를 플립 차트에 기록하기 위해 누군가를 지명하라.

이 포트폴리오를 만드는 것은 어떠했는가? 이 이야기들을 기억하는 것은 어떠했는가? 어려움과 문제는 무엇이었는가? 자녀 또는 자신에 대해 어떤 통찰력이나 놀라움을 발견했는가?

포트폴리오를 만들 때 또 누가 참여했는가? 다른 사람과 공유할 때 어떤 일이 일어났는가? 이 포토폴리오를 누구와 공유하겠는가?

우리는 서로에 대하여 무엇을 배웠는가?

우리는 공동체에 대하여 무엇을 배웠는가?

6단계 : 집으로 가져가기

세션이 끝난 후 자녀의 포트폴리오를 가족과 이웃에게 공유하라. 자녀의 현재와 미래의 교사들을 잊지 마라.[10]

■■ 변형 : 하나의 이야기에 초점 맞추기

이야기를 하는 당신 자녀의 사진을 찾아라. 그 시간의 그 이야기를 생각하고 그 이야기에서 드러난 재능에 대하여 이야기하라(또는 써라).

■■ 변형 : 더 긴 이야기를 위한 하나의 프레임

이것은 오랜 기간 동안 만나는 모임을 위한 것이다. 각 모임에서 참석자들은 자녀와 관련된 재능 및 그들 자신의 재능에 대해서 이야기하고, 그것들을 그림으로 그린다. 이 그림들은 커다란 벽 차트의 가장자리 주위를 한 번에 하나씩 붙이고, 실제 공동체가 시민들의 재능에 의해 둘러싸인다는 아이디어를 보여준다. 차트의 중심은 지금은 재능에 의해 둘러싸이지만, 나중에는 그들이 꾸준히 만남으로써 모임이 공유하게 될 이야기들로 채워진다.

『자폐아와 함께 한 50년』

 50 Years with Autism : A Mother and Advocate Looks Back on the Personal and Social Challenges of an Autistic Disability, by Irene Slovak Kleiner with Edward Kleiner(Spyral Publisher, 2011).

책을 스스로 출판하는 것이 쉽고 저렴해짐에 따라 점점 더 많은 사람이 특별한 필요를 가진 아이들을 양육하거나 교육시킨 경험을 회고록으로 내고 있다. 이 이야기는 내가 개인적으로 알고 있는 것이다.

1960년대 초에 자폐증을 가진 소년이 성장한다. 그의 부모는 진단과 지원 그리고 도움의 부족으로 어려움을 겪는다. 그들은 아이가 정상적인 삶을 누릴 수 있는 기회가 있을 것이라고 판단한다. 그들의 아들 에드워드(Edward)는 자신의 길을 만들어가고 다른 사람의 라벨의 한계를 받아들이지 않기로 결심한다. 그는 처음에는 결과를 강력하게 격려받으면서, 다음에는 교육구의 정책이 그와 반대로 변하면서 비통한 마음으로 공립학교를 다닌다. 그가 여지없이 무자비하게 왕따가 될 수 있기 때문에 일반 교실에 넣는 것은 만병통치약이 아니다.

나중에 1970년대에 그는 일련의 사립학교에 다닌다. 어떤 사람들은 부모가 다른 옵션이 거의 없다는 것을 알고 있기 때문에 법을 위반할 정도로 태만하다. 다른 경우는 진정한 학습 조직으로서 전체 커뮤니티가 특별한 종류의 교육적 요구에 대하여 더 많이 이해하고 있는 것으로 보인다.

에드워드에게 가장 큰 문제는 내부에서 비롯한다. 1970년대 후반 30세가 되어 수용 시설에서 떨어져 나올 때 그는 자신의 삶에 책임질지, 부모에게 계속 의지해야 할 것인지를 결정해야 한다. 그는 자기 스스로 살아가고 싶지만 실질적으로 어렵고 하기도 힘들다. 그러나 그는 부모보다 오래 살 것이 확실하기 때문에 의존은 선택사항이 아니다.

그것이 이 회고록의 도덕률이다. '다루기 힘든' 어린아이들은 늘 제쳐놓고 싶다. 그러나 그들이 시민이나 민원인 또는 기여자나 짐 덩어리 중에서 선택할 수 있는 순간을 맞이할 수밖에 없다는 진실이 있다. 문제는 때가 되었을 때 그들이 그런 선택을 할 수 있도록, 수년간 그들에게 충분한 기술과 지원을 제공해야 한다는 것이다. 왜냐하면 그들은 항상 어린이일 수 없다. 오늘날 자폐아를 위한 더 많은 기회가 있지만, 그들은 아주 오래전에 나의 형제가 겪었던 많은 문제에 여전히 직면하고 있다.

－ 아트 클라이너(Art Kleiner)

Educating All Students Together : How School Leaders Create Unified Systems, by
Leonard C. Burrello, Carl A. Lashley, and Edith E. Beatty(Corwin Press, 2000).

나는 종종 한계가 있는 우리 교육 체제에서 점점 더 많은 학생의 교육
적 요구를 충족시키기 위해 분투한다. 이 학생들은 인종, 민족 또는 능력의 차이,
빈곤, 언어적 차이를 갖고 있다. 이런 학생들은 너무나 자주 '특수한' 혹은 '대안'프
로그램 등 요컨대 병렬 시스템에 배치된다. '정규' 프로그램에 포함되더라도, 그 학
생들은 일반적으로 다양성을 존중받거나 그들이 교실 수업에서 드러내는 것을 토
대로 한 학습 환경을 경험하지 못한다.

브렐로(Burrello)와 라슬리(Lashley) 그리고 비에티(Beatty)는 『Educating All
Students Together』를 통해 학습자 중심의 '통합' 시스템으로 이동하기 위한 개념
적 틀과 과정을 개발하여 제시한다. 시스템 접근법을 사용하여 그들은 그 과정이
학교에 대한 지역사회의 비전과 현재의 현실 사회의 불일치에 마주해야 한다고 주
장한다. 이를 통하여 학교의 목적과 지역사회가 그들의 아이들을 위해 필요로 하
는 교육의 종류에 대하여 대화하고 조사할 수 있는 토대를 형성할 수 있다. 통합
시스템을 만들기 시작하는 교육자들을 위해 저자들은 조직구조, 교육과정, 수업 전
달, 프로그램 평가에 대한 지침을 제공한다.

- 넬다 캠브론-맥카베(Nelda Cambron-McCabe)

5. 당신은 어떤 신호를 보내는가?

■■ 아이들이 사용하는 언어로 메시지를 풀어내기

제니스 더튼(Janis Dutton), 넬다 캠브론-맥카베(Nelda Cambron-McCabe), 팀 루카스(Tim Lucas),
아트 클라이너(Art Kleiner)

아담(Adam)은 지적이고 예민한 7학년 학생이다. 어느 날 선생님이 그를 옆
으로 당기며 말했다. "아담, 네가 한 마지막 역할은 기막히게 멋졌어. 그 수업
에서 최고라고 생각해." 그날 오후 그는 학교에서 집으로 돌아오자마자 곧바

로 숙제를 시작하고, 손쉽게 끝마쳐서 부모를 깜짝 놀라게 했다. "오늘 학교 가 좋았어요."라고 그는 부모님께 말씀드렸다. "모든 수업에서 아주 많은 것을 배웠고, 딴 생각 없이 저의 일을 모두 했어요. 존스 선생님은 정말 제 과제를 좋아했어요. 학교가 그렇게 재미있을 수 있다는 것을 이제 알았어요."

그동안 아담에게는 불행하게도 학교가 거의 재미없었다. 그는 7년 동안 어리석다고 생각했는데, 한 명 이상의 교사가 그와의 상호작용을 통하여 그런 인식을 전달했기 때문이다. 아담의 어머니가 글쓰기 교사에게 칭찬의 효과에 대해 말했을 때, 교사는 "제게 이야기해줘서 고맙습니다. 저는 제 성격이 오히려 무뚝뚝하고, 때때로 너무 바빠서 제가 말하는 것에 대해 자주 생각하지 못해요. 저는 아담에게 다가가기 위한 길을 찾고 있어요. 저는 아담이 한 과제가 정말 자랑스러워요. 아담을 격려할 수 있는 더 많은 기회를 찾을게요."

종종 사람들은 다른 사람들보다 권력을 가진 위치에 있을 때, 그들의 적절치 않은 언어―다른 사람들이 결함이 있다거나 불완전하다고 전달할 수 있는 언어―의 사용은 그들이 인식하는 것보다 훨씬 장기적으로 영향을 미친다. 많은 아이가 사회적 상황을 잘 읽을 수 없지만, 교사에 의한 부정적 메시지는 수년간 크고 또렷하게 오래 남아 있으며, 수업보다 훨씬 더 생생하다. "노래 부르지 마라, 제군들…오로지 입속의 말로", 학급 놀이를 위해 리허설을 하던 도중에 교사가 말했다. 그 후 사람들은 노래하기 위해 모였을 때 언제나 침묵한다. 또는 "너는 항상 마지막에 선택되는구나. 그렇잖니?"라고 경기장에 있는 코치가 말하면, 아이들은 영원히 스포츠로부터 발길을 돌릴 것이다. 교사는 아이들에게 상처를 입힐 의도는 없다. 교사는 아마도 자신이 보내는 신호, 그가 아이들을 무시하는 방법을 인식하지 못했을 것이다. 하지만 그러한 경험은 피해를 준다.[11]

교사들은 또한 비언어적으로, 예를 들면 그들이 숙제를 평가하는 방법으로 신호를 보낸다. 과제에 빨간색으로 크게 'X' 표시를 하면서 판단과 비난의 신호를 보낸다. 가장 높은 점수에서 가장 낮은 점수 순서대로 숙제를 나눠주거나, 학생에게 서로의 과제에 대하여 점수를 매기라고 요구하는 것은 파괴적인 신호이다. 이것의 보잘것없는 결과는 대중에게 잘 알려져 있다. 우리가 알고 있는 교장이 이러한 방법으로 학생들을 난처하게 한 교사에게 이야기했을 때, "글쎄요. 나는 이런 과제들을 전부 채점할 시간이 없어요."라고 그녀가 말했다. 그녀의 수업에서 효율성 때문에 학생들에 대한 존중을 무시했다.

긍정적 메시지는 오래 남는다. 이 책의 저자 중 한 명은 중학교 교감으로부터 "여러분은 여러분이 되고자 원하는 무엇이든 될 수 있어요."라는 이야기를 한 번 들었다. 그 메시지는 지속적으로 기억되고, 어려울 때 의지가 되었다. 비슷한 이야기가 밥 그린(Bob Greene)이 몇 해 전에 쓴 기업연합 칼럼에도 나타났다. 특별히 좋은 학생이 아닌 어린 소년이 "참 잘 썼다(This is good writing)."라고 표시된 영어 과제를 돌려받았다. 그 문장은 그의 인생을 바꿔놓았다. 그는 항상 글쓰기를 좋아했지만 충분하다고 생각한 적은 없었다. 그 문장은 중요했는데 왜냐하면 그의 자신감을 세워줬을 뿐만 아니라 자신이 좋은 글을 쓰고 있다는 사실을 갑자기 알았기 때문이다. 오늘날 그는 전문 작가이다.[12]

교사, 부모, 교장, 상사, 동료 등 권한이 있는 바쁜 사람들은 종종 자신들이 사용하는 언어가 그들이 생각하는 방식과 달리 다른 사람들이 그들의 메시지를 해석하는 방식에 어떤 영향을 미치는지 알지 못한다. 예를 들면, '위험에 처한 학생들(at-risk students)'이라는 문구를 사용하는 교사들은 인격적, 성격적으로 또는 배경에서 학생들에게 자신의 결함이 자신들을 위험에 빠뜨리고 있다는 믿음을 무의식적으로 강화시켜준다. 그러한 결함은 사라지지 않기 때문에 학생들은 항상 위험에 처할 수 있다는 것을 추론할 수 있다. 반대로 '위험에 처한 상황(at-risk situation)'에 있는 학생들에 대하여 이야기하는 교사들은 상황이 바뀔 수 있거나 바꿀 수 있다고 다른 사람들과 자신들을 일깨운다. 이것은 교사들이 학생들을 비난하지 않고 학생들의 문제에 대한 근본적인 해결책을 더 찾도록 이끄는 데 도움이 된다.[13]

당신이 말할 때	그들은 ~로 들을 수 있다.	그러나 당신은 아래와 같이 뭔가를 말함으로써 학습을 위한 기회로 바꿀 수 있다.
"너는 그것을 못하고 있네."	"너는 그것을 얻을 능력이 없어."	"이 방식으로 그것을 찾아보도록 시도해보았니?"
"또 다시 숙제를 잊어버렸구나."	"너는 무책임해."	"네가 숙제를 제시간에 제출할 수 있도록 우리가 어떤 전략으로 너를 도울 수 있을까?"
"너는 너무 느려!"	"너는 얼간이야."	"너에게 맡겨진 이 부분을 좀 도와줄까?"
"아니, 네가 틀렸어."	"너는 얼간이야."	"그 대답으로 너를 이끌고 간 것은 무엇일까? 그것이 어떻게 좋은 답이라고 생각하니? 또 다른 것을 어떻게 찾을 수 있을까? 또는 그것은 정말 좋은 답이지만, 우리가 바로 여기서 묻는 질문에 조금 부족해."
"너는 열심히 노력하지만 여전히 'A'를 얻을 수 없어."	"너는 항상 얼간이야, 어떻게 노력하든 말이야."	"나는 네가 정말로 진전을 보이는 것에 주목하고 있어. 나는 네가 얼마나 많이 실행했는지 보고 행복해."

그러면 우리는 아이들의 학습에 간섭하는 대신 지원하는 언어를 어떻게 사용할 수 있을까? 권력이나 지도자의 위치에 있는 사람이라면 누구나 의료 행위의 첫 번째 기본원칙인 '아무런 해를 끼치지 않는다.'에 따라서 잘할 수 있다. 부모와 자녀 혹은 교사와 학생 간의 효과적인 의사소통을 위한 하임 지노트(Haim Ginott)의 지침은 성격이나 인격이 아니라 상황에 대하여 이야기

294

하는 것이다. 앞의 표는 '넌 뭔가 잘못 됐어.'라는 신호를 보내는 사려 깊지 못

한 진술의 예와 더 유익한 학습으로 문호를 열어 놓은 대안이다. 각 대안에

대한 기본 원칙은 '학생에 대해 뭔가를 설명하는 대신 학생에 대해 관찰한 것

을 기술하라.', '학생이 다음에 무엇을 할 것인지 생각하는 데 당신의 파트너

가 되게 하라.' 등이다.[14]

// 147쪽의 '타인에 대한 질문과 자신의 관점을 옹호하는 것의 조화' 참조

학습 연구 개발 센터(LRDC)

학습의 본질과 개선 방법에 대해 통찰하고 싶은 사람들을 위해, 'Learning Research And Development Center(학습 연구 개발 센터, 이하 LRDC)'는 특별한 가치가 있다. 피츠버그 대학교에 터전을 둔 이 센터는 교육 방법부터 직장에서의 학습, 어린이 박물관에 이르기까지 다양한 주제에 대해 연구를 지속하고 있다. 그들은 교육자와 부모 그리고 공동체 구성원들이 자료를 쉽게 얻을 수 있도록 포괄적인 웹사이트와 간행물 그리고 다른 매체를 운영한다. 그들은 광범위하고 유연하지만 학교의 일상 활동과 관련이 있다. 그리고 그들은 부모의 삶과 작업환경 그리고 학교의 사회적 네트워크를 포함하여 아이의 학습에 영향을 미치는 전체적인 시스템에 주의를 기울인다.

LRDC 소속의 'Institute for Learning(학습 연구소)'는 교육자와 학교를 동반자관계로 설정하고, 인지 학습 원리와 노력 중심 교육 프로그램의 개발을 기반으로 전문적인 개발에 초점을 맞추고 있다. 로렌 레스닉(Lauren Resnick) 감독은 규준 참조 검사 결과(한 학생을 다른 사람과 비교한 '종형 곡선' 형태의 결과)의 타당도에 도전하는 연구로 가장 잘 알려졌다. LRDC의 새로운 표준 프로젝트(National Center on Education and the Economy와의 공동 프로젝트)는 표준 기반 개혁 노력*으로 국가를 이끌고 있다. 레스닉과 동료들은 학생들이 높은 수준에서 배울

....

* 역자주 학교와 학생에게 명확하고 측정 가능한 표준을 제시하고 이 표준에 도달하도록 요구하는 정책. 이를 수행하기 위해 엄격한 성취도 평가를 도입하고 아동낙오방지법 등을 시행하였다(참고 http://psychology.wikia.com/wiki/Standards-based_education_reform).

수 있기 위해서는 좋은 출발점이 있어야 한다고 확인하였는데, 좋은 출발점은 다음
과 같은 아홉 개의 포괄적인 학습 원리이다. 즉 노력, 명확한 기대, 성취에 대한 인
식, 공정하고 믿을 만한 평가, 사고하는 교육과정의 강점, 책임 있는 대화, 사회화
지능, 학습의 자기 관리, 도제 학습 등이다.[15]

- 넬다 캠브론-맥카베(Nelda Cambron-McCabe)

『감성 지능』

Emotional Intelligence : Why It Can Matter More Than IQ, by Daniel Goleman(Bantam, 1995).*

골먼(Daniel Goleman)이 말했듯이, "감성 능력은 가족과 경제적 힘
을 뛰어 넘는 역할을 한다. 가난 혹은 아동 학대 등과 같은 어려움을 겪
은 아동이나 청소년이 어느 정도까지 벗어났는지를 결정하거나, 그들이 살아가기
위해 회복탄력성의 핵심을 발견하는 정도를 알아내는 데 결정적일 수도 있다." 대
부분의 대중적인 심리학 서적과는 달리 『Emotional Intelligence』는 인지 과학자
와 교육연구자가 작업하여 구축한 자료이며, 마지막 장에 학교가 학생들에게 감성
지능을 촉진할 수 있는 방법을 제안한다.

메어리 라이커(Mary Leiker)가 미시간의 켄트우드(Kentwood) 교육구의 교육장
으로 재직하는 동안 교육구에 있는 37명의 행정가와 7명의 학교운영위원들과 함께
이 책을 읽고 토론했다. 그들은 매달 만나서 장별로 감성 지능의 의미에 대해 토론
했다. 라이커에 따르면 "예를 들어 학생들이 유예(정학)에서 돌아왔을 때, 우리는
'그 추가 단계로 이동'을 시작하고 그들과 함께 그들의 정서적 상태 - 학습 기회를 정
지하게 만든 - 의 이유에 대하여 논의하며 유예(정학)를 학습 기회로 만들었다. 나는
또한 우리들의 양육기술에 관한 프로그램의 시작점으로서 감성 지능을 사용한다."[16]

- 넬다 캠브론-맥카베(Nelda Cambron-McCabe)

∬ 640쪽의 '학생을 포기하지 마라' 참조

---

*   역자주 한글 번역본(대니얼 골먼 저/ 황태호 옮김, 감성지능 EQ, 비전코리아, 1997), 10주년 기념판
    번역본(대니얼 골먼 저/ 한태호 옮김, EQ 감성지능, 웅진지식하우스, 2008).

나는 성인들에게 감성 지능을 매우 효과적으로 사용한다. 특히 하나의 통찰력인 '편도체 납치(the amygdala hijack)'는 매우 유용하다. 그것은 특정한 감정적 자극을 받았을 때, 우리 뇌의 반사 부분을 통해, (전두엽의) 통제 범위를 벗어나는 것을 말한다.* 모든 사람은 그럴 수 있다. 사람들은 그것을 인식하면서 평범하고 쇠약해지는 상태에 대해 인간애가 발동하고 동정한다. 당신이 추론의 사다리를 올라가는 것을 지켜보는 것처럼 당신은 자신이 '납치당한' 것을 깨닫는 것을 배우거나, 분노와 불안의 전율을 느끼며 단순히 다르게 반응하는 방법을 배울 수 있다. 나는 이것을 은행가 그룹을 돕기 위해 사용했다. 만일 그들이 긴장을 푸는 것을 배울 수 있다면 누구든지 할 수 있다. — 브라이언 스미스(Bryan Smith)

∬ 599쪽의 '인지 연구 그룹' 참조

....

* 역자주 전두엽이 편도체를 통제하지 못하면, 분노나 감정을 조절하는 능력이 약해진다.

05
실 천
Practice

1. 구조적 긴장 가르치기

로버트 프리츠(Robert Fritz)

개인적 숙련의 실천은 성인이 성찰할 수 있는 가장 중요한 질문들 중 몇몇에 초점을 맞추고 있다. 즉 당신의 삶에서 무엇을 진정으로 노력해서 창조하려고 하는가? 지금 당신의 현실은 무엇인가? 당신은 무엇을 선택할 것인가? 그 실천은 탁월한 방법으로, 아직은 사무적인 방법으로, 창조적인 모든 사람이 인식하고 막상 실천하려면 어렵고 말로 표현하기도 쉽지 않은 방법으로 작동한다.

개인적 숙련의 실천이 성인들에게는 잘 작용하지만 어린이들에게는 얼마나 잘 작용할까? 개인적 숙련 개념을 정립한 로버트 프리츠에게 질문해본다. 작곡가이자 영화제작자인 프리츠는 1970년과 1980년대에 창조적 과정에 관한 그의 이론들을 정립했는데, 그때 피터 센게(Peter Senge) 그리고 찰스 키퍼(Charles Kiefer)와 함께 『학습하는 조직』의 부분적 토대가 된, 독창적인 리더십과 숙련 과정을 함께 고안했다. 프리츠는 본래 '구조적 긴장'이라 불리던 '창조적 긴장'이란 개념을 발달시켰다.

// 102쪽의 '개인적 숙련' 참조

무엇이 교육의 핵심인가? 젊은이를 사회화시켜서 사회에 잘 적응하도록 하는 것이 교육인가? 작업능력을 훈련시키는 것이 교육인가? 젊은이에게 보다 큰 삶의 가능성을 안내하는 것이 교육인가? 이 질문들은 모두 타당하며 옳은 답이다. 그렇지만 이 질문에는 교육의 가장 심오한 목적이 누락되었다. 그 목적이란 젊은이들이 진정으로 만들어가고자 하는 삶을 어떻게 창조하는지 배우도록 돕는 것이다.[1]

왜 어른들은 젊은이가 진정으로 원하는 것을 어떻게 창조하는지 가르치지 않고, 젊은이가 창조하고 싶어 하는 것을 어떻게 창조할 것인가 배우려고 하지 않는지에 대한 몇 가지 흥미로운 이유가 있다.

우선 대부분의 교사는 창조적인 과정을 가르치는 기술을 훈련받지 못했다. 이 주제가 마치 밴드나 영화 동아리처럼 방과 후 수업에 더 가까이 속한 것처럼 보인다. 즉 그 기술이 수학, 과학 또는 언어 활용 능력 같은 주류 교육의 중심을 차지하는 존재가 아닌 것처럼 들린다. 그러나 그 창조적인 과정은 문명사에서 성취를 위한 가장 성공적인 과정이다. 창조적 과정은 모든 예술, 대부분의 과학과 기술, 대중문화 그리고 문학을 창조해왔고 사업 그리고 조직 분야에서 발명과 혁신을 북돋았다. 창조적 긴장을 교사, 학부모, 학생들은 이해할 수 있을까? 그것을 가르칠 수 있을까? 다행스럽게도 이 두 질문에 대한 답은 '그렇다'이다. 그러나 우리가 가르치고 학습하기 전에 우리의 목표, 현실에 대한 이해 그리고 그 목표에 도달하게 할 근원적인 과정들을 창발하는 능력 그리고 성공 또는 실패와의 관계, 규율과 계기의 본질에 대해 다르게 생각할 필요가 있다.

구조적 긴장 : 열쇠

창조적 과정에 이르는 열쇠는 구조적 긴장이다. 우리가 긴장 분위기를 만들면 그 긴장은 해결을 부른다. 구조적 긴장은 욕망하는 상황(희망, 열망, 욕구)과 이런 목표들과의 관계에 있어서 현실과의 격차에 의해 형성된다. 목표와 현실을 일치시키고자 하는 우리의 행동에 의해 긴장의 해결에 가까워진다. 궁극적인 해결이란 우리가 목표를 달성했을 때를 말한다. 목표를 향해 가는 것이 간단한 것 같지만 많은 기술을 발달시켜야 가능하다.

규율

모든 규율은 자연스러운 것이 아니다. 그것이 규율인 이유이다. 가려울 때, 긁는 것은 자연스럽다. 긁지 않으려면 규율이 필요하다. 스키를 배울 때 학생은 먼 아래 계곡을 내려다보면서 산 정상 위에 선다. 초심자의 자연스러운 본능이라면 뒤로 기댈 것이다. 그러나 강사들은 "산 아래를 바라보라."라고 말한다. 스키가 고안된 방법인 아래쪽에 힘을 쏠리게 한다는 것은 스키의 브레이크를 잡는 것과 같다. 반면에 등 쪽에 힘을 두는 것은 가속 페달을 밟는 것과 같다. 우리의 본능과 정반대로 아래에 무게 중심을 두기 위해서는 훈련이 필요하다. 이것은 스키를 타는 사람이 반드시 배워야 하는 것이다.

구조적 긴장을 형성하는 데 우리가 창조하고자 하는 최종적 성과를 규정하는 훈련과 가정, 이론, 개념의 왜곡에서 벗어나 현실을 객관적으로 규정하는 규율이 필요하다. 좌절, 실망, 차질로 가득 찬 순간과 직면하는 데도 규율이 필요하다. 우리와 다른 사람들의 실수와 성공으로부터 배우기 위해서도 규율이 필요하다.[2]

음악, 영화제작, 의학, 운동경기 같은 매우 힘든 직업에 종사하는 사람들은 극단적인 신체적 정신적 압박을 받고 엄청나게 경쟁하며 싸울 수밖에 없다. 구조적 긴장을 세우고 유지하기 위한 규율 없이, 어떤 대단한 숙련도 완수하기란 매우 어렵다. 불편한 상황이 올 때마다－예를 들어, 거절당하면－당신은 포기하려는 경향을 보일 것이다. 반대로 당신이 진정으로 원하는 것을 토대로 훈련한 대로 대처하면 실망감을 느낄지라도 당신은 포기하지 않을 것이다. 오히려 실망이 당신을 단련시켜서 계속 앞으로 나아가도록 돕는다.

우리가 원하는 것을 생각하기

선의를 가진 사람들은 학생들이나 자녀에게 그들이 원하는 대로 하게 했다고 생각한다. 그렇지만 실제로는 그렇지 않다. 그들은 미묘하게 틀어서 자녀나 학생들에게 질문한다. 즉 "우리가 너에게 제공한 것들 중에서 네가 원하는 것이 무엇이니?"라고 말이다.

그 차이를 보자. "무엇을 창조하기 원하니?"는 젊은이에게 그들의 최종적 삶의 목표, 가치, 열망 그리고 꿈을 고려하도록 하는 질문이다. 더 통제적인 양식은 수용될 수 있는 가능성의 메뉴를 제공하면서 "너에게 허용된 선택사항 중에서 무엇인가 골라라."라고 말한다. 만약 그 선택 목록 중에 그들이 진정으로 원하는 것이 없다면? 그러면 어린이나 청년은 운이 안 좋은 것이다. 그러면 너는 환경에 의해 지배를 당하는 것이고, "너희는 순응하는 법을 배우는 게 나을 것이다."라고 말하는 것이다. 이 생각이 내 첫 저서 『최소 저항 경로(The Path of Least Resistance)』에 나오는 '반발 반응 지향성'이 되었다. 나는 "당신의 열망을 이성적인 것에 한정하라."라고 말하는 것 같은 인생관에 갇히는 사람들의 방식을 내 저서에 기술해왔다. 거기에는 또 다른 지향성이 있다. 즉 개인의 선택이 그들의 삶 안에서 신조를 체계화하는 창조적인(또는 자

기 생성적) 지향 말이다. 그 지향 안에서는 개인의 선택이 그들의 삶을 조직
하는 원리들이 된다.

1970년대에 내가 동료와 함께 성인들에게 창조적인 과정을 처음 가르치기
시작했을 때, 많은 사람이 "무엇을 원하는가?"라는 간단한 질문에 답하는 데
어려워했다. 실제로 그들은 원하는 것 대신에 원해야만 한다고 생각하는 것
을 말하거나, 원하는 것을 말할 때 문제가 없었으면 좋겠다고 말하거나, 모호
한 표현을 사용하거나, 그 과정의 결과 무엇이 만들어지느냐가 아니라 그저
과정에 대해 생각하였다.

눈에 띄는 것이 명백해질 때까지 그 상황은 처음에는 훨씬 헷갈린다. 즉 많
은 사람이 자신이 원하는 것이 무엇인지 어떻게 생각해낼지 알지 못한다. 그
들은 주제를 머리로부터 너무 동떨어지게 갖고 있어서 마치 적절한 질문을
할 줄 모르기에 특정 아이디어에 대해 생각할 수 없는 것처럼 보인다. 많은
청년이 의미 있는 목표들을 추구해보기도 전에 꿈을 포기하도록 학습되어왔
다. 이 청년들은 야망을 이루는 것이 불가능하다고 학습되었다. 이런 일은 역
설적으로 아이들을 사랑하기 때문에, 그리고 그들이 고통받는 것을 원하지
않기 때문에 일어난다. 우리는 아이들이 실망으로부터 비롯된 감정의 격변
상태로부터 안전하게 방어하고 통제하려고 하는 경향이 있다. 아이들이 실
망하는 일이 없도록 하기 위해 어른들은 어린이가 자신에게 중요한 문제가
될 수도 있는 것을 창조하려 하는 것을 검열할 뿐만 아니라 심지어는 시도하
려고 생각하는 것까지도 무의식중에 검열한다.

우리가 이런 경험을 하는 것을 막기 때문에, 청소년이 삶의 근육을 강화하
고 형성할 기회를 갖지 못하게 한다. 소년들은 필요에 따라 조금 더 가기 위
해 더 숙련될 기회가 전혀 없다. 어떤 어려움이든 이겨나가는 데 필요한 특성

또는 진행 중인 학습 기술을 개발할 때 아주 중요하고 완벽한 전문성을 학습할 기회가 전혀 없다.

그것은 하나의 질문에서 시작된다

창조하는 과정은 "무엇을 창조하기를 원하니?"라는 거짓말처럼 간단한 질문에서 시작한다. 우리는 청소년에게 이 질문을 할 수 있을까? 처음에 청소년은 어떻게 답해야 할지 모를 것이다. 그들은 어른이 듣고 싶어 하는 것이라 생각하는 것을 말하려고 할 것이다. 그렇지만 만약 우리가 계속 질문하면, 점차 그들은 우리들에게 말해주기를 원했을 것이라고 생각한 답이 아니라 그들 자신의 답을 진정으로 듣고 싶어 한다고 깨닫게 될 것이다.

우리가 목표, 비전, 열망을 규정하는 것이 습관화될 때 배워야 할 진짜 기술을 배우고 있는 것이다. 청소년이 삶의 형성 과정을 숙련할 때 배워야 할 진짜 기술 말이다. 청소년이 삶에서 창조하고자 하는 것이 무엇인지 알지 못할 때 교육 활동은 그들에게 독단적일 수 있다. 그들이 원하는 것이 무엇인지를 알 때가 되어서야 교육의 초점과 목적이 명백해진다. 즉 적어도 청소년의 장기 목표를 지지한다는 정도까지.

목표를 정하는 것은 제자리에 있어야 할 좋은 시작이지만 단지 시작일 뿐이다. 다음 단계가 청소년과 어른들 모두에게 더욱 어렵다. 그것은 현실을 정확하고 객관적으로 기술하는 것이다.

오롯이 사실들만

대부분의 사람들은 실제를 왜곡하는 것을 배운다. 실제는 종종 그들이 좋아하지 않는 것들을 포함하기 때문에 왜곡한다. 어린이들은 여러 가지 이유가 있어 거짓말을 한다. 비난을 피하고 벌을 받지 않기 위해 거짓말한다. 어린이들은 거짓말이 사회적으로 허용된다는 것을 알기 때문에 거짓말한다. 전제, 개념, 이론, 세계관 그리고 추측이라는 왜곡의 렌즈 없이 실제를 보기가 어렵기 때문에 거짓말을 한다.

로살린드(Rosalind)와 나는 내 아이들에게 항상 정직했었다. 그렇지만 내가 아는 많은 다른 사람은 정직하지 않았다. 내 딸 이브가 4세 때 유모가 그 아이에게 종종 거짓말을 했는데, 이를테면 사탕이 있는데도. "사탕은 이제 없어."라고 말한다. 우리 부부라면 이브에게 "사탕이 더 있어. 그렇지만 지금은 안 줄 거야."라고 말했을 것이다. 그 유모가 이브에게 "오늘 학교 가고 싶니?"라고 물으면 마치 이브가 안 갈 수도 있음을 암시하게 되는 것이다. 이브에게는 선택권이 없다. 다시 말해 학교에 가야만 한다. 그래서 우리는 이브의 유모에게 간단하게 들리지만, 실제로 처음에는 그녀가 매우 힘들어할 수도 있는 다음 훈련을 시켜야만 했다. 즉, 이브에게 진실만을 말해 달라는 것이다.

만약 청년에게 거짓말을 하면 그들은 현실을 왜곡하는 법을 배운다. 그들은 다른 사람에게 현실을 잘못 제시할 뿐만이 아니라, 더 심하게는 자신들에게도 그러기 시작할 것이다. 현실에 토대를 두지 않는다면 청년들은 그 현실에 비추어 그들의 목표를 어느 정도 달성했는지 알 수 없을 것이다.

학습하려면 우리들의 행위를 평가하는 능력이 있어야 한다. 즉 잘 되었나? 잘 안 되었나? 우리는 두 근본적인 포인트인 현재 상태와 희망하는 성과의 핵심들을 고려해야 한다. 우리가 보게 될 것을 좋아하지 않을 때 현실을 왜곡하기 쉽기 때문에 실제 상황을 평가하는 기술은 정교하게 개발되어야 한다. 이 기술을 개발하기 위해 젊은이들은 실망과 좌절을 인내해야 하며 이런 어려운 경험들로 인해 포기해서는 안 된다. 이런 느낌들을 극복하기보다는 크게 낙담하거나 실망하여 포기하지 않고 잘 받아들여야 한다. 왜냐하면 젊은이들이 무엇인가 새로운 것을 배울 때는 처음에는 잘하지 못하는 것이 자기가 능력이 안 되어서라고 생각하며 마음이 상할 수 있다. 젊은이들은 자신이 누구인가를 자신이 무엇을 하는가와 분리할 수 있어야만 한다.

자존감 올가미

최근 20년간 인기를 끌었던 개념 중 하나가 인생에 성공하기 위해 사람은 높은 자존감을 가지고 있어야 한다는 생각이다. 지금 말하려는 것이 단순하게 바로 그 경우는 아니다. 역사상 성공한 사람들의 전기를 읽어보면, 대부분은 자신에 대해 확신하지 못했지만 그들의 열망을 달성하고 세상에 영향을 미쳤다. 이 자존감은 가장 중요한 것을 창조하는 것과는 별개다.

그 두 가지 이유는 다음과 같다.

☐ 어디에 집중하는가. 우리가 무엇인가를 창조할 때, 우리는 다음 두 개 중 하나에 중심을 둘 수 있다. 즉, 우리 자신, 아니면 우리가 창조하는 대상에 중심을 두는 것이다. 이들 중 어디에 중심을 두느냐는 아주 다른 가능성들로 이어진다. 만약 우리에게 집중한다면, 우리 수행은 우리 자신의 정체성에 대한 성찰이 된다. 그리고 우리의 가치는 우리가 얼마나 잘 했는가에 달려 있다. 어떤 행위의 의도는 '그 의도가 내가 목표한 바를 성취하도록 얼마나 잘 도왔나'가 아니라, 그것이 '나에 대해 말해주는 것'이 된다. 그러나 현실에서 학습은 능숙해지기 전에는 상당히 서툰 상황을 거친다. 만약 자기 자신에게 집중한다면 젊은이들은 새로운 기술과 능력을 학습하는 방법에 서툰 상황을 어떻게 인내할 수 있을까?

만약 동시에 자존감을 유지하려고 노력한다면 학생들이 어떻게 하면 현실을 객관적으로 대하고 정직해질 수 있을까? 대부분의 성공한 사람들은 그들 삶에서 중요한 것을 창조할 때 자존감과 자기 평가는 완전히 무관하다는 것을 배운다. '자기 자신이 아니라, 당신이 하는 것을 선택하라, 진지하게 생각하라.'는 종종 인용되는 구절이다.

어떤 사람은 무엇인가를 완수한다는 것의 핵심은 그 사람이 그것을 했기 때문에 오는 만족감에 있다고 주장할 것이다. 습관이나 오락에 대한 것이라면 분명히 그 말이 맞다. 그러나 만족감보다 더 중요한 무엇인가를 추구하려 노력하는 유형의 사람들도 있다. 우리가 학부모라면 우리 아이들을 무용, 스케이트, 축구 또는 음악 교습소로 데려갈지도 모른다. 그 일을 자신을 축복하거나, 지역사회에서 좋은 학부모라는 평판을 얻거나, 아이들이 고마워하기를 바라며 하는 것은 아니다. 그보다 훨씬 좋은 이유, 즉 아이들을 사랑하기 때문에 하는 것이다. 그들의 성장과 복지를 돕기 위한 것이지 우리 자신을 위한 것이 아니라는 것이다. 이것이 창조적 과정 안에서 가장 보편적인 지향인 것이다. 행동하는 이유는 우리가 관심 갖는 성과가 나오는 것을 보고 싶어서이다.

❏ 생성적 사랑 : 대부분의 사람들은 사랑에 반응이 있는 것으로 생각한다. 즉, "그들은 만났고, 사랑에 빠졌다." 상황이 먼저이고 사랑은 나중이다. 그렇지만 창조적 과정에서는 그 반대이다. 창조하는 사람은 그 창조물이 존재하기 전에 사랑에 빠진다. 영화감독은 그 영화 제작을 시작하기 전부터 그 영화를 사랑한다. 화가는 그 그림이 캔버스에 모양을 드러내기 시작하기 전부터 그 그림을 사랑한다. 건축가는 땅을 파헤치기 전부터 건물을 사랑한다.

요즈음 젊은 세대에 대한 흔한 불만은 그들은 무관심하고, 잘 참여하지 않는다고 한다. 이것이 사실이라면, 젊은이들이 하기를 원하는 그 무엇이 없기 때문이고, 그들이 배울 필요가 있는 무언가를 배우지 못하기 때문이고, 그들의 목표를 이루기 위해 바꾸어야 될 것을 바꾸지 못하기 때문일 것이다.

그러나 우리가 만약 교육을 생성적 사랑 가르치기로 생각한다면 교육에 새로운 의미를 부여할 수 있다. 그의 현재 능력을 훨씬 뛰어넘어야 한다는 뜻인데도 불구하고 개인은 무엇을 생성시킬 수 있을 만큼 충분히 사랑할 수 있을까? 언제 그 질문에 답이 나오며, 학습 태만, 몰개성 그리고 반항이 헌신적이며 협력하고 배려하기로 전환될까? 생성적 사랑은 최고 감각에서 진정한 숙련으로 이어진다. 생성적 사랑은 먼저 우리로 하여금 어렵고 절망스러울 수 있는 것을 학습하게 한다. 열망을 위해 행동하는 가장 최고의 이유이다.

행동의 교훈

일단 우리가 달성하기를 원하는 성취 결과와 우리가 처한 현실을 설정하면, 다음의 자연스러운 단계는 행동하는 것이다. 구조적 긴장이라는 맥락에서 우리가 행동하면 치고 들어오는 피드백 체계라는 것이 있다. 행동은 평가되는 결과를 산출하고(이 행동이 우리를 얼마나 목표에 가깝게 가게 했나?), 그 평가는 앞으로의 행동에 영향을 미친다. 이 피드백 체계는 목표가 달성될 때까지 계속된다. 추구하는 실제 목표와도 관련 있고, 학습할 필요가 있는 것을 배울 수 있는 일반적 이해와도 연결되기 때문에 최선의 생애 학습들이 이렇게 행동과 피드백이 연쇄적으로 일어나는 맥락 안에서 이루어진다.

행동은 곧 선택이다. 선택에는 세 가지 유형이 있다. 근본적 선택, 첫 번째 기본적 선택 그리고 두 번째 선택. 근본적 선택은 우리의 근본 가치와 삶의 해법에 관한 것이다. 예를 들어 금연하겠다는 근본적 선택을 하지 않으면, 흡연을 단호히 끊는 과정은 없다. 만약 그 근본적 선택을 하면, 어떤 방법이든 선택해서 하게 된다. 젊은이에게 가장 많은 근본 선택 중 하나는 그들의 삶에서 번성하는 창조 세력이 되는 것이다. 이 선택을 한다는 것은 갑자기 그들이 원하는 모든 것에 창조적이라는 것과 그 창조적 세상이 그들 주변을 둘러쌀 것이라는 것이 아니라, 그들 자신의 삶에 책임질 준비가 된다는 것을 의미한다.

젊은이가 할 수 있는 첫 번째 기본적 선택도 있다. 이 기본적 선택은 그들 삶에서 주요한 결과들에 관한 것이다. 이 기본적 선택은 목표, 열망, 야망에 관한 선택을 포함한다. 이 목표, 열망 그리고 야망은 구조적 긴장의 형성에서 발견되는 목표들이다.

일단 첫 번째 기본적 선택이 되면, 이 선택을 지원하기 위해 다른 선택들을 해야만 한다. 종종 이 두 번째 선택은 하고 싶지 않아도 기본적인 선택을 지원하기 위해 할 필요가 있는 것이다. 기본 선택을 지원하기 위해 두 번째 선택을 하면 젊은이는 그들의 단기 행동들을 관리함으로써 자신의 최우선 장기 관심사에 부합되게 행동하는 것을 배운다. 예를 들어 긴 시간 숙제를 하는 것을 좋아하지 않겠지만, 생물물리학자가 되겠다는 기본적 선택을 했다면 숙제를 몇 시간이라도 하는 것이다. (또는 고등학교를 졸업하고 대학에 가는 데 필요한 무엇이든 한다.)[3]

선택을 하는 역량을 개발하는 것이 실제로 필요하다. 젊은이가 더 많은 선택을 할수록 그들은 그 선택으로 인한 인과들을 더 많이 보게 된다. 그러나 대개 어른들은 젊은이들이 그들 자신의 길을 선택하도록 내버려두지 못한다.

우리 가족은 우리가 '거래'라고 부르는 실천으로 그 상황을 잘 조절해왔다. 그 거래란 다음과 같은 것이다. 우리 아이들이 자신을 어떻게 보호하는지를 배우는 일을 하는 동안 우리가 그들을 돌본다. 그들이 나이 들수록 자신의 일에 대해 더 많은 선택을 할 수 있게 되리라. 그들이 가장 끌리는 흥미에 따라 선택할 수 있다는 것을 증명할 때 우리는 아이들에게 선택권을 이양하게 되리라는 것을 모두 알고 있었다. 곧 우리 아이들은 옷, 취침시간, 음악, 여가 시간 보내기 그리고 그들 삶의 다른 측면들에 관한 그들만의 선택을 하게 되었다. 우리는 그들의 최선의 흥미에 관한 심사자였지만 우리의 판단 근거는 아주 명확했다. 누군가가 늦은 시간까지 자지 않고 만성적으로 그의 건강과 몸의 기력을 위험하게 한다면 분명히 그는 언제 잠자리에 들어야 할지 결정할 준비가 되지 않은 것이다. 그 거래의 마지막 부분은 이것이다. 즉 스스로 결정할 준비가 되지 않은 어느 지점에서건, 어떻게 해야 좋은 결정을 내리는지를 가르쳐서 가능한 빠르게 스스로 결정을 내릴 수 있도록 도와주는 것이 우리 어른의 일이다. 우리 가족 안에서 그 거래는 잘 이루어졌다. 왜냐하면 공정했기 때문이다.

그 거래의 기본적 통찰은 어른과 아이들의 역할을 이해하는 것이다. 아이들은 어른들의 보살핌을 받으며 세상에 태어난다. 젊은이의 일은 시간을 거쳐 자신을 책임질 수 있는 방법을 학습하는 것이다. 누가 인생에서 최선의 선택을 하는 가장 좋은 기회를 갖게 될까? 즉 수천 가지 선택 중에서 수천 가지의 선택을 경험한 사춘기 청소년일까 아니면 선택의 경험을 거의 하지 못한 아이일까? 성생활, 약물, 안전에 관해서는 젊은이가 다양한 선택을 하도록 도움으로써 그들이 선택한 결과에 대해 직접적 경험을 할 수 있게 된다.

2. 학급을 위한 비전 공유 과정

팀 루카스(Tim Lucas)

개학한 첫날 "여러분은 우리 학급이 어떤 학급이었으면 하나요? 선생님과 다른 친구들에게 어떻게 대우받았으면 좋겠어요?, '이 학급 정말 좋았어'라고 회고하려면 무엇이 필요할까요?"라고 질문함으로써 토의를 시작한다.

이렇게 함으로써 선생님은 학생들이 일반적으로 학교와 학급에 원하는 것이 무엇인지를 적극적으로 말하도록 이끌어낸다. 전에는 학생들에게 그런 질문을 결코 하지 않았다. 매년 학생들을 이런 과정으로 이끈다면 그들을 위해서 학교가 무엇을 해주었으면 할지에 대해 학생 스스로 생각하는 법을 배울 것이다. 그러면 학생들은 학교가 교사, 행정가, 상담사 그리고 학부모들에게 학생들을 위해 어떻게 존재해야 할지에 대해 스스로 결정하는 과업을 회피하지 않을 것이다.

학급의 첫 토론 시간에 학생들은 무어라고 할까? 몇몇은 전에는 전혀 자신이 발언하지 못했던 과거의 싫은 기억들을 말할 수 있다. "우리가 무엇인가 할 때 다른 사람이 다가와서 내 책상의 물건을 가져가지 않았으면 좋겠어요" 또는 "선생님이 나를 정중하게 대해 주셨으면 좋겠어요", "선생님이 괴롭히지 않았으면 해요" 또는 "만약 제 답이 틀렸더라도 그것을 교실에서 공개하지 않았으면 해요", "내 점수가 공개되지 않았으면 좋겠어요", "다른 사람 옆에 앉는 것은 좋지만, 1년 내내 같은 친구와 짝하기는 싫어요" 등.

개인 숙련 용어들로 표현하자면, 이런 것들은 주로 부정적인 전망들이다. 무엇인가 피하고 싶은 어떤 것에 대한 이미지들이기 때문이다. 학생들로부터 긍정적인 전망들을 드러내게 하기 위해 그들에게 무엇인가를 더 말하게 이끌어내는 것은 선생님에게 달려 있다. 선생님은 이렇게 물을 수 있다. "네가 괴롭힘을 당하는 것을 싫어한다고 말하면, 그것은 네가 원하지 않는 것을 제시하는 것이다. 그런데 네가 하기를 원하는 것에 관해 생각해볼 수 있겠니? 교실 안에서 네가 가장 좋아하는 것, 아니면 가장 좋은 교실에서는 네가 상상할 수 있는 어떤 일이 일어날까?" 만약 좀 더 유도를 해야 한다면 선생님은 이렇게 말할 수 있다. "발표할 때 손을 들어야만 한다고 생각하니?" "우리가 수학 공부할 때는 어때? 그때는 어떻게 대우해주었으면 해?"

학생마다 다른 사항들을 말할 것이다. 어떤 학생들은 무엇을 말할지 전혀 모를 것이다. 그러나 적어도 한 가지 메시지는 전달될 것이다. "제가 말할 때, 잘 들어주었으면 해요." 그런 절차를 거쳐서 교실에서 지켜야 할 예의에 대한 희망 사항과 학급 학생들이 어떻게 대우받기를 원하는지, 그리고 원하는 수업 진행 절차가 도출된다.

그들이 협력해서 만들어낸 학급 규칙을 지속적으로 되돌아보며 언급함으로써 남은 학기 동안 이 희망사항(비전)을 생생하게 유지할 수 있다. 이제부터는 훈련은 교사의 손에만 있지 않다. 위반사항이 있을 때 학급 구성원들은 그것이 심각한지 또는 심각하지 않은지, 그리고 그것에 어떻게 대응할지에 대해 안다. 만약 보조교사가 학생들이 소란스러웠다고 보고한다면 교사는 그 희망사항을 근거로 활용할 수 있다. "좋아, 너희 모두 이 희망사항을 지켜야 돼. 어제 무슨 일이 있었지? 이 희망사항 중 어떤 것을 위반했지? 다음에는 어떻게 대처하고 싶어?" 이렇게 자기규율이 작동하기 시작한다.

3. 숙제 : 야수

베티 퀀츠(Betty Quantz)

> 베티 퀀츠는 특파원이자 몇몇 모임의 지정된 '비평가 동료'이자, 이 책의
> 저자들 중 한 명과 프로젝트를 같이 한 사람으로서 이 책의 저술 과정에서
> 여러 역할을 하였다. 그 과정에서 그녀는 다섯 가지 규율 방법, 특히 비전
> 의 공유가 학생, 학부모 그리고 교사 사이의 상호작용에 미치는 많은 방법
> 에 관한 여러 대화에 참여했다. 그녀는 학부모와 교사 관점에서의 숙제에
> 대한 성찰을, 1999년에 책으로 썼고, 그 내용을 이 책을 위해 수정했는데,
> 헌신 대 순응이 학생만의 문제가 아니라 모든 사람의 문제인 것인지에 대
> 한 질문을 제기한다. 그녀의 딸이 친구들과 이 글을 읽고 우리는 (이 문제
> 를) 누군가가 알거나 신경 쓴다는 것을 몰랐었다는 반응을 보였다.

숙제는 너무 고통스럽다! 이런 말은 교사, 학생 또는 학부모가 할 수 있을
것이라고 생각한다. 학교에서 숙제가 얼마나 많은지 생각해보면 얼마나 많
은 사람이 그것을 싫어하는지 생각하게 된다. 몇몇 과제를 제외하고는 내 아
이들은 숙제를 지루한 것이고 시간 낭비라고 생각한다. 선생님들은 숙제를
채점하는 시간이 많이 필요한 것에 대해 지속적으로 불평한다. 숙제를 지도
하는 부모로서 나는 분노와 슬픔을 오간다.

만약 학생들이 견딜 수 없게 싫어하고, 교사가 채점하는 것을 좋아하지 않
으면서, 학부모가 감독하는 것을 좋아하지 않는다면 왜 우리들은 여전히 이
숙제라는 야수와 싸우는 것일까?

1년 동안 한 교사와 상담하는 과정에서, "왜 당신은 숙제에 점수를 매기느
냐?"라고 물었다.

"그것이 학생들에게 숙제를 하게 하는 유일한 방법이기 때문이지요."

하나의 그림이 도출되기 시작했다. 즉 학교에서는 교사가 숙제를 하게 하기 위해 낮은 점수, 방과 후 나머지공부, 쉬는 시간 몰수라는 벌을 준다.

숙제와 함께 학생들은 다음과 같은 이중의 타격을 받는다. 즉, 학교에서는 성적표 위협을 받고 집에서는 특권박탈 위협을 느낀다.

"그래서 학교 수업을 이해하지 못한 학생들은 여전히 숙제에서 낮은 점수를 받지요?"

"예." 그녀는 말했다. "그렇지만 그들을 돕기 위해 더 많은 학습지를 배부하고 추가 숙제를 내줍니다."

교사의 관점에서 더 많은 과제는 학생들을 숙련에 가깝게 하는 것이다. 그러나 나는 심지어 학생들과 부모들이 숙제를 하는 동안 견뎌내야 할 고통과 좌절을 상상하지도 못했다. 학생들은 배우는 속도는 각기 다르다. 그러니 새로운 개념을 익히기 위해 시간이 더 필요한 학생은 숙제에 점수를 매길 때 낮은 점수라는 벌을 받는 것이다. 실상 이런 실행과 반복은 이해가 느린 학생에겐 자신에 대한 오해를 강화시키고 그 학생들에게 더 심한 좌절을 가져다준다. 그 과제를 이미 알고 있는 우수한 학생은 처음에는 그 숙제로 개념을 강화시킬 수 있겠지만 다음에는 지루해지기 시작한다.

불행히도 어떤 사람들은 학생들이 매일 저녁, 그것도 많이, 숙제를 하지 않으면 학생들은 배우고 있는 것이 아니며 교사들은 일을 잘 하고 있는 것이 아니라고 믿는다. 더욱이 학교를 줄 세우기 위한 표준화검사가 중시될 때 숙제는 앞으로 있을 시험을 준비하기 위해 학생들에게 예제를 푸는 수단으로 바뀌어 학생들에게 다음 시험을 준비시키게 된다.

국어 교사로서 나 역시 숙제라는 야수와 맞닥뜨렸다.

이렇게 반복되는 숙제에 점수 매기는 것이 나에게는 악몽이었다. 내가 채점하면서 지루해졌을 때, 나는 학생들이 생각하는 것이 아니라 겉핥기로 읽으면서 자동반복적인 숙제를 했다는 것을 알았다. 대학 입학 후 모교를 방문한 학생들은 나에게 대학 1학년 때보다 더 많은 숙제를 고등학교 시절에 했다고 말했다.

교사로서 나는 적게 가르치는 것이 더 많이 배우게 하는 것이라고 생각한다. 숙제의 양은 줄이고 질은 높임으로써 학생들의 중요한 장점과 학교에서의 성공을 발견할 수 있을 것이다. 질적으로 좋은 숙제는 생각과 대상에 대한 평가, 종합, 분석(다시 말하면, 블룸의 분류학4에서 고차원적 단계들) 등의 특징이 있다. 숙제를 완수하기 위해 필요한 사고의 수준이 숙제의 질을 결정한다. 좋은 숙제는 학생들에게 생각 없이 무기력한 시도만 하게 하지 않고 고차원적 사고역량을 활용하게 할 수 있다.

내가 지금 가르치고 있는 대도시 공립학교의 65%의 학생들이 무료급식을 제공받는다. 약 3분의 1은 생활보호 대상자이다. 우리 학교 하반 학생들은 그들이 하반에 배치된 주요 이유 중 하나가 숙제를 못해서라고 직설적으로 고백할 것이다.

나는 2~3주 사이에 완성할 수 있도록 학생들에게 숙제를 내준다. 그 숙제는 다음 영역으로 구분된다. 그중 하나는 항상 구술 발표이며 다른 하나는 항상 글쓰기이다. 이 두 영역 안에는 다양한 학습 스타일과 능력 수준을 고려하면서 혼자 또는 협력해서 할 수 있는 2~3개의 선택 사항이 있다. 창의성의 발현은 권장되고 보상된다. 예를 들어 내가 가르치는 고학년 학생들은 존 스타인벡(John Steinbeck)의 『분노의 포도(The Grapes of Wrath)』를 읽고 '전국 읽기 대회(The Big Read)'라는 장학 기금 수여 인문학 프로그램에 참가하였다. 대도시의 고등학교 학생들에게 1939년을 배경으로 하는 스타인벡의 소설에 등장하는 '오키이들(Okies)'을 내가 어떻게 알릴 수 있겠는가? 나는 학생들의 다양한 흥미와 능력의 영역을 드러낼 수 있게 하기 위해, 교실에서 학생들이 토의하며 생각을 확장시키고, 인터넷 사용을 해야 더 좋은 숙제가 되도록 숙제의 선택 폭을 넓혔다. (아래 '분노의 포도 숙제' 참고) 운 좋게도 우리학교는 도서실을 방과 후에도 개방했다(도서실 개관을 위한 기금이 점점 줄었기 때문에 자원봉사 선생님들이 담당함). 컴퓨터가 없거나 집에서 인터넷에 접속하지 못하는 학생들은(우리 학생들의 약 70%에 해당) 방과 후에 모두 이 도서실에서 인터넷에 접속했다. 학생들은 도서실에서 책도 읽고 이 기간 동안 숙제로 학급 토론을 준비하였다.

가끔 학생들은 토론 중에 그들의 관심을 끄는 무엇인가를 찾고 그들만을 위한 숙제를 제안할 것이다. 나는 이 과제들이 야수와의 전쟁에서 거둔 진정한 승리라고 생각한다. 이제 아이들은 그들의 지식과 흥미를 성장시키기 위한 방법들을 찾고 있다. (세상에!) 이런 과제들이 수업 중 토론들과 학습을 얼마나 향상시켜줄 것인가!

분노의 포도 숙제

글쓰기 영역
1. '먼지 구덩에서 생존하기' 라 불리는 PBS 시리즈를 시청하고 자신의 의견을 쓰시오.
2. 지역 온라인 신문과 기사를 근거로 우리 지역의 압류 및 관련 가족의 이야기를 문서화하시오.
3. 1930년대 여성 역할을 조사하시오.

구술발표 영역
1. 이주자들의 주요 이동 경로였던 캘리포니아 국도 66번을 따라가시오.
2. 자신이 이주자촌 관련 취재거리를 찾는 탐사 리포터가 되어 이주자에 대해 발표하시오.

예술 영역
1. 우디 거스리(Woody Guthrie)와 같은 예술가들의 작품을 조사하고, 그들이 현재 음악에 끼친 영향들을 설명하시오.
2. 도로시 랭(Dorothea Lange)이나 그 시대의 다른 사람이 찍은 사진 세 개를 선택하고, 그 사진에 나타난 사람들과 장소에 대해 발견한 것들을 발표하시오.

좋은 숙제를 위한 자원들

thinkfinity.org*와 webenglishteacher.com

나는 종종 숙제 아이디어를 얻기 위해 온라인에 탑재된 수업지도안들을 탐색한다. 다음 두 곳은 필수적이다. webenglishteacher.com은 풍부한 수업 아이디어들이 있다. 만약 당신이 교실 포털 thinkfinity.org에 들른 적이 없다면 세상에서 가장 우수한 브레인스토밍 자료들을 놓치는 것이다. 나는 고등학교 자료뿐만 아니라 초등학교와 중학교 수준의 자료도 찾는다. 내 학급에 여러 수준의 학생들이 있기 때문에 나는 초등학교 선생님들의 지도안에서 영감을 발견하고 그 아이디어들을 내 학생들의 필요에 맞추어 수정한다. - 베티 퀸츠(Betty Quantz)

■■ 숙제를 의미 있게 만들기

베티 퀸츠(Betty Quantz)

> **목적** : 당신을 조정하는 정신 모델을 분석하기 위한 것이며 숙제 배정 및 학생 학습 증진을 위해 개입할 수 있는 곳을 평가하기 위한 것이다.

당신이 부과한 숙제 중 하나를 선택해서 '예' 또는 '아니오'로 솔직하게 답하시오.

1. 학생 편에 집으로 보내는 숙제장에 숙제의 의도가 분명하게 언급되어 있나? 숙제를 내주는 의도를 숙제 학습지에 명시하라. 만약 모든 교사가 의도를 잘 밝힌다면 부모들이 자녀들을 돕는 동안 "선생님이 왜 이것을

---

*   역자 주 thinkfinity.org는 존재하지 않는다.

시키지?"라는 의문을 더 이상 품지 않게 될 것이다.

2. 학생 중심의 목표들이 숙제 학습지에 분명하게 제시되었나? 어떤 기능
   을 강화하고 싶은가?

3. 그 숙제는 교실에서 했던 학습을 확장하는 것인가? 아니면 단지 그 활동
   을 반복하는 것인가?

4. 그 숙제에 여러 학습 스타일과 흥미들을 고려하였나?

5. 채점할 때 생각하면서 해야 할 것인가, 훑어볼 것인가, 핵심어를 찾을 것
   인가? 학생들의 대답이 흥미로운가 아니면 지루한가?

6. 한 개의 목표만 다루고 있나 아니면 두 개 혹은 그 이상의 임무를 수행하
   고 있나? 예를 들어 나는 '분노의 포도' 학습에서 쓰기 목표들뿐만 아니
   라 지식 기반 목표들과 구술 발표 목표들을 다룬다.

7. 이 숙제가 왜 관련이 있나? 숙제가 학생들과 과거의 경험, 그리고 현재
   의 삶 사이를 어떻게 연결해주고 있나?

8. 각 과제의 질에 대해 생각하고 학생 학부모와 함께 학습의 목적에 관한
   대화를 시작하라. 학생들(또는 학부모)이 과제에 대해 말하는 것을 경청
   하고 있나? 그들은 "나는 이런 숙제를 백만 번 했어요."라고 말했는가,
   아니면 이 숙제를 하면서 "난 ~라는 것을 기억했어요."라고 했는가.
   "나는 ~에 대해 생각했어요." 또는 "~대해 질문 있어요."라고 말했는
   가. 숙제는 학생들이 대답하는 것보다 더 많은 질문을 생성해야 하고 또
   한 생성할 수 있어야 한다.

『숙제 신화』

The Homework Myth : Why Our Kids Get Too Much of a Bad Thing, by Alfie Kohn(Da Capo Press, 2007).

유창해지기 위해서는 1만 번 연습할 시간이 필요하다는 말콤 글래드웰(Malcolm Gladwell)의 주장은 유명하다. 알피 콘은 학습 정신을 죽이는 것은 연습하도록 몇 시간만 강요하면 충분하다고 응수할 것이다. 『The Homework Myth』에는 숙제가 학생들의 학습을 돕지 않는다는 것을 보여주기 위해 상당히 탄탄한 연구 결과를 포함하여 논쟁을 정리한다. 숙제는 반항, 언쟁, 억지 순응 그리고 외적인 동기부여를 촉진한다. 이 문제 많은 숙제에 대한 대안이 될 수 있는 것은 '수업 중에 행하기', '짝의 도움받기', '적극적으로 참여하는 환경'인 것이다.   – 아트 클라이너(Art Kleiner)

4. 학습으로서의 평가

■■ 우리는 알 필요가 있는 것을 평가하고 있는가?

베나 칼릭(Bena Kallick)

교실에 평가가 존재한다는 것은 본질적으로 잘못된 것은 없다. 잘 설계된다면 학습과 앎을 위한 매개체가 될 수 있다. 정말로, 학습과 앎은 평가가 없다면 훨씬 어렵다. 베나 칼릭은 코네티컷에 살면서 예일 대학과 페어필드 대학의 교직원이었고, 지역사회 운동가였고, 어린이 박물관 공동설립자였고, 교사 센터 공동기획자였다. 코네티컷, 뉴저지, 남뉴욕 주 등 혁신적인 세 주에서 교육 개선 활동을 하는 자문관이기도 했다. 그녀는 학생들의 학습에 관한 교사의 지식을 관리하고 창조하는 일에 전념하는 회사인 Technology Pathways and Performance Plus를 포함한 여러 스타트업 기업에서 일했고 현재는 전문 작가들과 교사들 사이에 사회적 학습을 혼합시킨 온라인 학습을 설계하는 회사인 에듀플레닛

(Eduplanet)사에서 일하고 있다. 이런 노력을 하면서 그녀는 자신이 학습 평가 문제를 반복적으로 다루고 있다는 것을 발견한다. 학생들(또는 학교 또는 학교 안의 혁신그룹)의 역량이 진정으로 강화되었다는 것을 어떻게 알 수 있을까? 우리는 학습 말살이 아니라 학습 육성 방법이라는 면에서 평가의 가치를 인정하는 사람들에게 도움이 되게 이 평가 문제를 솔직하게 다루어달라고 그녀에게 요청했다.

운전면허증을 취득할 10대의 자녀가 있고, 그래서 약간 불안해하고 있다고 상상해보자. 당신은 주 운전면허법에 따라 선다형 시험을 치르게 하기 위해 자녀를 면허시험장에 태우고 간다. 자녀가 큰 미소를 지으며 시험을 잘 보았다고 당신에게 말하려고 돌아왔을 때 당신은 기뻐하고 안심한다. 최소한 당신의 자녀는 정지신호표지판 모양을 알고, 학교구역 속도제한이 얼마인지를 알고, 보행자에게 양보해야 한다는 것도 안다. 당신의 자녀는 이 공식적 지식을 학습했음을 증명했다. 그는 모든 전문가들이 정통해야 하는 학문 그리고 명시적이고 코드화된 사실을 알고 있다. (또는 어디서 찾아야 하는지를 안다.) 그렇지만 자녀에게 자동차를 운전하게 할 것인가? 아마 아닐 것이다. 필기시험에 통과했다는 것만으로는 자녀가 자신의 운전 지식을 잘 적용하는지 알 때까지는 충분하지 않다. 평행 주차를 잘할 수 있을까? 교차로에 들어서기 전에 양방향을 보는가? 백미러를 잘 활용하는가? 주의를 기울이는가? 실제로 주행 연습을 몇 시간 더 해야만 자녀는 운전 시험 전 과정을 통과한다. 그는 임시 운전면허증을 자랑스럽게 집에 가져온다. 그는 실제에 적용할 수 있는 지식을 증명한 것이다. 즉 지식을 행동으로 옮기는 능력, 예측하지 못한 상황에서도 적용할 수 있는 지식의 적용 능력 말이다. 다양한 상황하에서 그는 결과를 내기 위해 필요한 숙련도를 습득한다.

자녀에게 축하 인사를 하고 그 자녀는 즉시 자동차 키를 달라고 할 것이다. 당신은 어떻게 할 것인가? 필기시험과 주행시험 모두 그 자체로는 부족하다. 자녀들이 증명한 것은 그 시험에 통과하는 법을 알고 있다는 것이다. 자동차 열쇠를 주기 전에 필연적으로 그 자녀가 전에 어떻게 했는지 생각할 것이다. 책임감이 있었나? 자기 통제는 잘 했었나? 밤 운전을 금하거나, 동승자 수를 제한하거나 집 또는 학교로부터의 운전 거리를 제한할 필요가 있는가? 최종적으로 자녀가 얼마나 역량이 있는지 당신은 알만큼 충분히 잘 알고 있는가? 즉 자녀가 어떤 시험으로도 예상할 수 없는 상황을 얼마나 잘 처리할 수 있을지 당신은 알고 있는가?

공식 시험은 그 시험이 잘 구성되었더라도 학습을 실제적으로 평가하기에는 충분하지 않다. 당신의 자녀가 스스로 차를 운전할 수 있기 전에 (경험으로 축적된 여러 증거가 되는) 오랜 시간에 걸쳐 지식의 여러 징조들을 보여주어야만 한다. 즉 시간이 지남에 따라 지속적으로 개선되는 방향으로 효과적으로 행동하는 기본 능력, 효과성 그리고 혁신 말이다. 어떤 과목의 학생이 단순히 학생으로서가 아니라 이 기술의 신뢰할 수 있고 신중하며 유능하고 훌륭한 실천가가 되는 것으로 진화할 수 있을까? 만약 그렇다면 당신의 그 학생을 적절한 평가가 있은 후에 신뢰할 것이다. 그리고 만약 당신이 잘못 평가하여, 학생에게 실제로 있지도 않은 지식이 있다고 믿는다면 당신은 잠재적으로 무서운 결과들에 직면하게 될 것이다. 즉, 어설픈 과제, 과제 빼먹기, 자신감 없는 결과, 관계의 파괴 그리고 상상컨대 부서진 자동차 등 말이다.

학생을 위한 학습으로서의 평가

많은 학교 그리고 교육 부서들은 학생들의 진보를 평가하기 위한 전통적이고 표준화된 지필시험이라는 단 한가지의 수단에 의존해왔다. 대부분의 주 단위 시험을 포함해서 이런 시험들은 자동차의 필기시험과 같다. 그 시험들은 단지 형식적인 지식을 측정한다. 훨씬 나쁜 점은 수개월 지연된 후에 시험 결과가 전달된다는 것이다. 심지어는 학생이 상급학년에 진학한 후에 오기도 한다. 학습의 지침으로서 의미 있기에는 이 결과가 늦어도 너무 늦게 통보된다. 이 시험 결과에는 한 개 또는 두 개의 고도로 집계된 점수만 표시되므로 학생들 수행에 관해 아주 제한된 정보밖에 주지 못한다. 각 학생이 잘못한 항목의 비율만 보여줌으로써 미묘하게 학생들의 기술이 부적절하다는 것을 느끼게 이끈다. 이 방식은 사실상 우리가 학습이라고 알고 있는 것의 결실에서 벗어난 것이다. (당신은 평가결과를 언급할 때 학생 활동의 장점에서 시작해서 개선이 필요한 부분을 언급하는 것으로 이행해가야 한다.)

2011년 현재 평가 경향은 우리로 하여금 학생이 배운 것을 얼마나 잘 재생산하는지 비용대비 효과성과 효율성이 높은 평가를 기반으로 의사 결정을 내릴 수 있게 하였다. 그렇지만 대부분 시험들은 학생들이 배운 것을 실제 상황에 잘 적용할 수 있는지 여부를 알려주는 충분한 정보를 제공하지 못한다. 그래서 교육자가 학생들이 시험에서 좋은 성적을 올리게 도와주는 데 주력할 때 인생에서 만나는 여러 과제들을 풀어나가도록 돕는 데에는 도움이 되지 않을 수 있다. 우리는 고등 교육과 직업의 세계에 성공적으로 있어야 하는 것을 진정으로 이해하지 않고 대학이나 직업 준비에 관해 학생들에게 이야기한다.

2010년에 미국 여러 주정부들이 시작한 공통 핵심 성취기준 제도는 이런 측면에서 고무적이다. 이 성취기준은 학생들이 보다 높은 수준의 참여로 학습에 임하고, 보다 자율적으로 행동하고, 보다 효과적인 문제 해결자가 될 때 여러 다른 과목들을 통합하여 어떻게 공부하는지를 배울 필요성을 외현화한 것이다. 그 공통 핵심 성취기준을 채택한 주정부들이 풀어야 할 과제는 학생들에게 보다 높은 수준의 증거들을 보일 기회를 제공할 평가를 개발하는 것이었다. 이 공통 핵심 성취기준을 사용하는 모든 주에서 활용할 수 있는 공통 평가 세트가 있는지 연구하는 연구 연합체가 있다.[5]

　그렇지만 교육자들은 이런 평가들이 등장하는 것을 기다릴 필요가 없다. 비슷한 평가는 지역적으로 설계될 수 있다. 교육자들은 학생들의 진보를 제공하는 자료를 학습에 관한 평가, 학습을 위한 평가, 학습으로서의 평가라는 세 가지 관점에서 고려해야만 한다.

　□ **학습에 관한 평가**는 총괄적이다. 이 평가는 특정 시점에서 학생들이 얼마나 잘 수행하고 있는지에 관한 자료를 제공한다. 학기말 고사, 중간고사, 표준화 주 시험들은 총괄평가의 예들이다.

　□ **학습을 위한 평가**는 형성적이다. 이 평가는 보다 나은 안내를 하기 위한 시도로 학생들이 얼마나 잘 수행했는지에 대해 교사, 학부모 그리고 학생들을 위해 정보를 제공한다. 대부분의 경우에 형성평가는 등급이 매겨지지 않는다. 오히려 점수를 매긴다. 이것이 중요한 차이이다. 보고서나 학생의 과제를 등급화하여 채점하면 학생들이 그 시점에 그들이 하고 있는 일에 대한 피드백을 준다. 그러나 학생 작품에 점수를 매기면 피드백을 제공하고 코칭 팁 및 총괄평가로 진행함에 따라 계속해서 학습을 증명할 수 있는 기회를 제공한다.

　□ **학습으로서의 평가**는 평가가 곧 수업으로 통합되도록 설계된다. 교사가 피드백을 제공함에 따라 학생들은 개선 방법에 대해 스스로 학습하게 된다. 예를 들어 교사가 채점 기준을 활용하여 잘 쓴 답안과 못 쓴 답안

324

의 차이를 보여주면 최고의 답안을 쓰지 못한 학생에게 다시 기회가 주어진다. 그들은 배운 것을 고려하고, 지루해 보이지 않는 정도로 자세하게 설명하면서 자신의 과제를 다시 작성할 기회를 갖게 된다.[6]

평가가 학습의 일부분으로 간주되는 체제 안에서 학생들은 자신들의 자료에 접속할 수 있다. 그들은 그들이 하고 있는 일과 개선되어야 할 것에 대해 잘 알고 있으며 그들의 학습에 더 많은 책임을 질 수 있다. 그들은 자신의 자료에 기초해서 목표를 세우고 그들 자신의 향상을 점검한다. 이런 체제에서 그들은 자기 주도적 되기를 배우고 보다 자기 평가 능력을 내면화하기 시작한다.

■■ 학습을 위한 평가의 질

목적 : 교육자가 학습을 위한 평가에 비추어 채점, 피드백 및 평가 접근법을 다시 생각하게 도와준다.

비난하거나 순위 매기거나 인증을 위해서가 아니라 학습을 돕기 위한 평가를 고안할 필요가 있다. 그러려면 시험과 학습에 대한 학부모, 교육자 그리고 학생 자신의 태도에 깊은 변화가 있어야 한다. 태도의 변화가 일어나고, 괄목할 만한 전환과 새로운 역량들의 성장을 관찰할 수 있는 지점들이 있다. 여기 이 변화를 가능하게 하는 원리와 실천 몇 가지를 소개한다.

더 논의를 발전시키기 전에 등급, 피드백 또는 시험 등 평가가 실제로 당신의 학습에 도움이 되었을 때를 생각해보라. 무엇이 이 경험들 중 공통적인 특징이었나?

나는 워크숍에서 이 질문을 여러 번 했었다. (실제로 교사들과 행정가들이 토의하기에 아주 좋은 질문이다.) 학교에서는 이런 최고의 평가들이 존재하지 않을 가능성이 있다. 내 개인적으로 가장 좋아하는 평가는 (내가 공연에 참여했던)레퍼토리 극장에서 있었다. 훌륭한 감독이 나와 다른 배우들에게 우리 공연의 뉘앙스들에 관해 깊이 있게 그리고 지속적인 피드백을 제공하며 핵심 있는 안내를 했었다. 다른 사람들은 비슷한 역할을 한 운동 코치들을 종종 기억한다.

우리는 이들 워크숍에서 사람들이 기억하는 평가의 특징으로 동일한 특성이 반복해서 도출되는 것을 발견한다.

적시성

적시성의 중요성은 즉각적인 만족감의 시대에 특히 중요하다. 만약 학생들이 시험 치르고 수주 뒤에 자신의 과제에 대해 피드백을 받는다면, 다른 과제를 하고 있어서 그 전에 했던 과제에 대해서는 더 이상 집중하지 못할 것이다. 그것이 표준화 시험이든, 학급 수행평가이든 학생들이 피드백을 빨리 받을수록 그 피드백은 더 의미가 있다. 교사들이 고등학교에서 120명 정도를 가르친다면, 적시 피드백은 아주 어렵다. 학교 일정은 교사들이 학생들과 과제에 관하여 검토하고 피드백을 주기 위해 정기적으로 학생들과 회의 시간을 가질 수 있도록 설계되어야 한다.

정직함

평가는 평가 자료에 기초해서 학습자들에게 변화를 요구한다. 그런데 때때로 이 자료를 접하기가 어렵다. 결국 사람들은 그것을 진지하게 받아들이

지 않으면 변화할 필요를 느끼지 않게 될 것이다. 그러나 정직한 평가는 사람들을 변화의 필요에 직면하게 만드는 인지 부조화 또는 불평형 감각을 형성하는 경향이 있다.

나는 '더 높은 학력 기준'을 추구하는 캘리포니아의 한 학교 시스템을 알고 있다. 그 주에서는 학업성취기준을 상향조정하고 학생들이 그 기준에 도달하도록 채근했다. 시험 성적이 결국 향상되었지만 역시 그 벌어진 틈새로 주기적으로 실패하는 일군의 학생들도 등장했다. 마지막 남은 이 문제를 '해결하기' 위해 교사 그룹이 교육 향상 보조금을 신청했다. 그 재단에서는 왜 돈이 필요한지 물었다. "학생들은 대부분 잘하고 있지 않나요? 어떤 학생들이 잘하지 못하나요?"

교사들은 처음에는 답하지 못했다. 한 번도 말하지 않았던 그 답은 그들을 불편하게 만들었다. 지금까지도 그 답에 주목하기를 원하지 않았었다. 학교에서 가장 학업성취도 낮은 학생들은 미국 흑인 남학생들로 판명되었다. 자료를 본 교사들은 그들이 전에 전혀 고려하지 않았던 어떤 것을 하기로 결정하였다. 학생들이 원하는 것이 무엇인지 알아보기 위한 학생들과의 인터뷰 말이다.

학생들 역시 대단히 좌절했다는 것이 밝혀지면서 선생님들은 놀랐다. 학생들은 학교가 더 높은 성취도를 기대한다는 것을 알고 있었고, 열심히 이 목표에 도달하기를 원했지만 그 방법을 알지 못했다. 학교는 '숙제로 가르칠 수 있다.'라는 것을 전제로 일해왔다. 만약 도전과제를 지정하면 학생들은 자연스럽게 그것을 성취하기 위해 분발한다. 학생들은 그들이 원하는 것이 무엇인지 안다. 학생들은 더 쉬운 초보 읽기 자료를 원했다. 그들은 어른들과 같이 읽기를 원했고, 뛰어난 학생들에게 주눅 들지 않고 그들이 읽은 것에 대해 토의할 수 있는 '책 말하기' 시간들을 열렬히 원했다. 그들은 부모들이 학교의 새로운 의무를 이해하지 못하고 있다고 생각했으며, 부모들이 학교에 와서 교사들과 보다 긴밀하게 일하기를 원했다. 그리고 그들은 힘든 과업을 어떻게 수행하는지 보여줄 수 있는 성인 롤 모델을 원했다. 기본적으로 그들은 성취도 높은 학생들이 이미 알고 있는 것처럼 보이는 학습 전략을 그들에게 보여줄 누군가가 필요했다.

학생들과 교사들이 앉아서 그들의 접근 방식을 함께 다시 생각했다. 그들은 보조금에 대한 제안서를 작성하면서 시작했다. 그러나 이제 그들은 장기적인 교육 실천들의 변화를 제안하였다. 즉 그들이 서로에게서 배울 수 있는 '불쾌감을 주는' 자료에 관심 갖지 않았다면 결코 고려하지 않았을 변화를 제안했다.

성찰

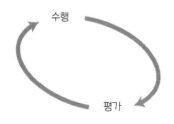

교육자들은 종종 왼쪽과 같이 평가 '피드백'을 일회성의 순환틀(루프)이라고 생각한다.

그러나 그것을 나선형으로 그리는 것이 더 정확하며 피드백을 받은 학습자는 계속해서 같은 위치로 돌아가지 않는다.

한 워크숍에서 이 나선형 도표를 보여주자 한 교사가 말하기를 "우린 이게 마음에 들어요. 왜냐하면 '할 만한 가치가 있는 것은 무엇이든지 처음에는 형편없더라도 그 일을 할 만한 가치가 있다'라는 우리의 믿음과 일치하기 때문이지요."[7]

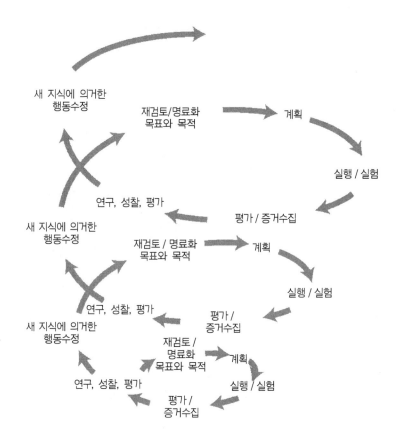

나는 "좋아요, 그러나 당신이 무엇이 미흡한지 언제 배울 예정인가요?"라고 말했다. 극히 소수의 교사들만이 학생들이나 그 자신들을 위해서 평가결과를 점검해볼 시간을 정해놓았다. 이런 시간이 없다면 "좋아, 지난 2주 동안 수업에서 무엇을 얻었지?"라고 거리를 두고 함께 말하는 메타인지 작업을 하지 못한다는 것을 의미한다.

모든 교사는 학생들이 자기 자신을 평가하게 하는 시스템을 만들 수 있다. 이 시스템은 여전히 교육 시스템을 통해 발전하기 위한 사회의 준거를 따르게 된다. 그러나 각각의 교실은 다른 디자인이 필요하다. 교사들은 다음 세 가지 주요 질문들을 고려하여 시작할 수 있다.

❏ 자기 관리 : 학생들은 어떻게 자신의 학습을 계획하고 조직할 수 있나? 그들은 어떻게 목표를 설정하고 도달할 것으로 예상되는 기념적인 종 착점에 이름을 붙일 수 있을까?

// 311쪽의 '학급을 위한 비전 공유 과정' 참조

❏ 자기 평가 : 학생들은 어떻게 자신의 작품을 평가하고 비평할 수 있을 까? 어떻게 동료의 작업을 비평하고 인식의 차이들에 관해 성찰할 수 있을까?

❏ 자기 적응 : 학생들은 받은 피드백에 따라 어떻게 자신의 작업 방법을 수정할 수 있을까? 그들은 어떻게 학습할 준비를 가장 잘 할 수 있을까?

교사들은 개별적으로 또는 학생들이나 학부모와 함께 한 회의에서 이런 성찰이 이루어질 수 있을 것이다. 시간을 내는 것은 쉬운 부분이다. 어려운 부분은 학생들의 말에 철저히 주의를 기울임으로써 교사들이 수업 구안을 위한 정보로 활용하는 데에 있다.

지금까지 성적은 교사의 권위에 따른 판단의 한 형태였다. 학생들은 교사 를 기쁘게 함으로써 좋은 성적을 얻는 법을 배웠다. 사실상 교사가 학생들에 게 배웠는지 배우지 못했는지를 알려주었다.

그러나 학생들이 스스로 평가할 때 등급은 평가의 과정이 된다. 학생들은 자신의 진보에 관한 자신의 판단을 관리한다. 결국 이 상황이 교사들에게 스 트레스를 훨씬 덜 주지만 익숙해지는 데 많은 시간이 필요하다.

아이가 17세 무렵에는 부모에게 성적표, 결과물 그리고 학습 목표들 등 평가와 관련된 것을 보여줄 책임이 있고 또 능숙해야 한다. 그것은 선생님, 부모 그리고 학생 모두에게 평가가 책무성을 위한 것뿐인 것이 아니라 배우는 과정이라는 것을 의미한다. 이 기술을 익히는 학생들은 평가과정과 결과에 대해 학생과 상호작용하며 공개적으로 평가하지 않는 교사들로 인해 제지될 필요가 없다. 예를 들어 당신이 낭만주의 시에 관한 에세이를 쓰고 있는 16세의 고등학생이며 독창적인 생각을 표현하기 위해 안달이 났다고 가정해보자. 당신은 단지 두 개의 평가 결과를 받는다. 즉 'B⁺' 등급과 아무 추가 설명 없이 −12점, 즉 감점된 점수(귀퉁이 기록). 수년간 자기 평가의 경험을 쌓은 후 당신은 교사에게 가서 "어디에서 12점이 감점되었는지 알려주시겠습니까?"라고 물을 수 있다. 만약 교사가 그것을 분명하게 설명하지 못하면 당신이 마치 교사인 것처럼 12점이 감점된 이유를 찾아내기 위해 그 시험지를 스스로 점검해볼 능력이 있다. 그러는 동안에 선생님은 당신이 A라는 점수를 받고 싶어 그러는 게 아니라 진정으로 '알기'를 원한다고 생각할 것이다.

비슷한 과정은 교사들이 자신의 교수행위를 되돌아볼 수 있도록 도울 수 있다. 교사들과 일할 때 나는 세 가지 질문에 많은 시간을 할애한다. 그 각각의 질문은 그들의 전공 분야와 교수방법에 관한 다른 유형의 지식을 훨씬 진전된 방향으로 이끌어내도록 고안되었다. 이 성찰과정도 역시 나선형으로 생각해볼 수 있다. 먼저 교사는 학생 수행을 평가하는 방법을 포함하여 교수 실습을 계획한다. 그런 다음엔 실제 교수행위 다음에 교사들은 평가 결과를 놓고 연구하고 성찰한다. 예를 들어 교사는 학생들의 특정 문제들을 분석하기 위해 평가 기준표를 사용할 것이다(또는 다른 다차원적인 방법). 어떤 경우에는 추리력의 결여로 인해 학생이 수학교과에서 틀린 답을 얻는 것을 발견할 수 있다. 이 경우는 교육을 위한 새로운 계획으로 이어질 것이다. 예를 들면 학생들이 추론 장애를 극복하도록 돕기 위해 더 간단한 문제를 만드는 방법을 가르치는 것이다. 교사가 학생들이 개별적으로 놓치고 있는 것이 무엇인지 더 정확하게 분석할수록, 다음에는 그 교사들이 더 효과적인 교수법을 만든다. 그것이 이 나선형 주변을 돌아다니는 과정에서 교사가 알고자 하는 사항들을 드러내고 있는지 여부를 판단하고, 루브릭 및 대안적 채점 방법을 다시 생각하기 위해 강의뿐만 아니라 평가를 평가하는 중요한 이유이다.

형성적인(도움이 되는) 안내

나는 때때로 갈겨쓴 손글씨, 철자법 오류, 대문자와 문법 오류가 가득한 초등학교 학생들의 작문 더미를 들여다보기 위해, 유치원에서 12학년까지 모든 학년의 교사들을 모은다. 고등학교 교사 중 많은 사람이 "전 이 글을 읽을 수 없네요."라고 즉시 말한다. 나는 그들에게 무엇(콤마나 띄어쓰기)이 빠졌는지 보지 말고 오로지 있는 것을 읽으라고 말한다. 어린 학생들이 쓴 것이 무엇인지를 읽을 수 있게 되기까지 3~4회의 시험적 읽기가 필요하다. 갑자기 그들은 그 글에서 학생들의 목소리가 들려오는 것을 보게(또는 듣게) 된다. 선생님들은 그 글을 쓴 학생에게 주목한다.

모든 교사에게 이 연수는 소중한 연습이다. 다시 말해, 이런 작업은 어떻게 마음 프레임을 결함을 찾는 것에서 강점을 찾는 것으로 전환시키는지 보여준다. 이것을 이해하는 교사들은 학생들의 시험지를 매우 다르게 평가하는 경향이 있다. 그들은 더 이상 학생이 옳게 하지 않은 것들 각각에 붉은 동그라미로 둘러 표시하지 않는다. 대신 그들은 학생이 해낸 것을 분명하게 말하고 다음 단계에 학생이 발전을 위해 무엇을 더 해야 할지에 관해 초점 맞추어 평가기록을 남긴다. 학생들은 "다음에 해야 할 일은 무엇입니까?"라는 한 가지 질문에 대한 답을 계속 찾기 때문에 그 답을 얻는다.

또한 이 방법으로 평가받은 학생들은 그들이 할 수 없는 것보다는 할 수 있는 것을 참조하는 법을 배운다. 그들 선생님의 도움을 받아 다음과 같은 "나는 할 수 있다"는 일련의 진술들이 개발된다.

"나는 쉽게 큰소리로 읽을 수 있다."

"나는 내가 읽은 이야기에 대한 질문에 상세한 정보를 담아 답할 수 있다."

그 각각의 "나는 할 수 있다."라는 진술이 곧 하나의 성취기준에 해당함을 주목하라. 따라서 학생들은 자신의 역량을 따라 할 뿐만 아니라, 그들 수업에 필요한 기준을 충족시키는 방법을 배우고 있다.

초점

몇 년 전에 메릴랜드주의 한 고교에서, 행정가들이 모든 학생들에게 교복을 입히자고 제안하였다. 교사들은 그 생각에 찬성했다. "우리는 학생들이 학교에서 모자를 쓰고 허리 아래로 내려가는 바지를 입는 것이 보기 안 좋아요." 그다음에 그들은 결정적인 주장을 했다. "교복이 품행과 시험 점수에 좋은 영향을 준다는 많은 증거가 있어요."라고.

그들은 다른 학교에서도 자신의 주장을 입증할 증거가 되는 평가 결과들을 발견했다. 의심할 여지없이 학교에 교복을 도입했을 때, 행동 점수들(무단결석률 같은)은 향상되었다. 애석하게도 여기에 아무런 정성적인 정보가 없었기 때문에 그 향상이 교복 그 자체로 인한 것인지 아니면 교복은 하나의 증상일 뿐이고 다른 요인인, 예를 들어 보다 큰 일관성과 균일성에서 온 것인지 분명하지 않았다.

이것을 시험하기 위해 두 번째 일군의 비교 학교들, 즉 아트 코스타(Art Costa)와 내가 주도한 마음의 습관에 관한 연구 협력학교에서 동등한 평가 결과를 고려해보라고 요청했다. 이 학교에서는 결과에 대해 교사, 학생, 심지어 학부모가 그룹별로 토론을 했다. 그리고 이 학교 전체가 최선을 다해 그들과 함께 했다. 이 학교들은 행동 점수에 큰 도약이 있었고, 그 학교가 속한 주에서 가장 높은 수학능력평가 점수를 올렸다.

// 347쪽의 '지성적인 행동' 참조

교복을 입은 학교들은 더 나은 훈육에 집중했다. 16가지 마음의 습관 학교*는 학습 향상에 중점을 두었다. 이 두 학교군은 각각 목적했던 대로 학생들의 학력을 향상시켰다. 평가에서 초점을 주의 깊게 선택하라. 그러면 어떤 평가에서든지 좋은 결과를 얻게 될 것이다.

부모의 역할

역설적으로 부모는 자녀의 과제 수행물이 평가되는 방식에 변화가 오는 것에 가장 저항적이다. 나는 대부분의 부모가 성적과 시험 점수가 자녀의 학습을 반영하지 않는다는 것을 알고 있다고 생각한다. 그러나 부모는 학창시절부터 겪어왔던 평가체계에 익숙해져서 여전히 그 평가 방법에 중점을 둔다. 그들은 자녀가 이웃의 자녀와 어떻게 비교되는지, 할머니에게 무엇을 말할 것인지, 자녀가 경쟁력 있는 대학에 입학할 수 있을지 걱정한다. 그들은 또한 자녀의 느낌에 대해 걱정하여 종종 성적 문제에 개입한다.

....

* 역자주 이 글의 저자 베나 칼릭과 동료 아트 코스타는 마음의 습관을 가르치는 학교에 어렵고 혼란스러운 딜레마와 불확실성에 대처하는 마음의 습관 16가지 방법을 제시하였다.
https://www.goodwin.edu/enews/what-are-the-habits-of-mind/

그런 개입은 역효과를 낳는다. 부모가 개입하면 교사는 부모가 시험(점수)의 향상에만 관심 있다고 생각하게 된다. 교사들은 마음속으로 신음한다. ("여기 워커 씨가 다시 왔네, 나는 그럴 시간이 없어."). 학부모를 달랜다. ("예, 나는 당신이 말을 이해합니다.") 하고 '문제' 학부모를 피하는 것에 집중하게 된다. 그 교사는 학생에 관해서는 알게 되는 것이 없다. 학생들의 학습 과제물(그리고 평가)은 변하지 않는다. 그리고 학부모들은 다시, "아무것도 변하지 않을 거야."라고 생각하며 떠난다.

교사들이 사례를 말하기 전에 학부모들이 먼저 그리고 길게 말할 수 있게 하면 그리고 그들의 말을 진정으로 들어준다면 변화를 만들 수 있다. 그러나 가장 효과적인 방법은 학생들에게 그 교사 학부모 상담을 진행하게 하는 것이다. 학생들은 그냥 참여만 해서는 안 되고, 대화를 조절하고 비판적인 질문을 제기해야만 한다. 한 학생이 교사에게 자신의 논술문에서 왜 감점되었는지 설명해줄 것을 직접 요청했을 때나 또는 다음 과제에서 어떻게 하면 실수를 줄이고 잘할 수 있을지 묻는다면, 그 학생이 실제로 학습에 흥미를 가지고 있다는 것을 모든 사람에게 보여주는 것이다.

결국 자녀를 위하는 학부모의 가장 강력한 도구는 자녀들이 선생님들에게 필요한 질문을 하도록 교육하는 것이다. 교사들은 보다 주의 깊게 듣고, 학생들은 그들이 어른으로서 갖게 될 가장 가치 있는 생애 역량을 배운다. 자신의 학습을 스스로 관리하는 것이다. 어린이들은 이미 성인 세계가 자신의 학습에 관해 자신들만큼 알지 못한다는 것을 알고 있다. 그들에게 자기 관리 프로세스를 제공함으로써 그들이 과제에 대해 더 비판적으로 행동하는 방법을 배우고, 피드백에 근거하여 수정하며, 그들이 하는 일에 대한 책임을 지고 그들 노력의 질적 수준을 유지하려는 조건들이 만들어지는 것이다.

학교를 위한 평가

학교 차원에서 진정으로 유용한 평가 시스템은 학교 지도자들이 학부모, 교사 및 지역사회 구성원들에게 정직하게 이야기할 수 있도록 종합적이며 완전해야 한다. "이것은 다양한 평가에서 나온 데이터에 기초하여 학교가 움직이는 방식입니다. 이것이 의미하는 것은 다음과 같으며 우리는 이 프로그램을 이렇게 운영할 것입니다." 교육위원회는 학교가 진정으로 가치 있다고 생각하는 것을 평가하고 있다고 확신하도록 장려할 만큼 수준이 높아질 것이다. 지금은 그러한 자질을 갖춘 평가가 거의 없다. 교육구의 대부분 학교 시스템에서 시험 결과는 학교 리더에게 개선을 위한 정보를 제공하기에는 불충분하다.

더 나아가 시험 점수가 신문에 게시된다. 이것은 부모, 부동산 중개인 및 정치인 등에게 학교가 얼마나 효과적이며 근처의 다른 학교와 어떻게 비교되는지에 대한 어떤 인상(정확한 인상이든 아니든)을 준다. 당연히 사람들은 점수가 낮으면 학교가 잘 가르치지 못했고, 점수가 높으면 잘 가르쳤다고 추측한다. 그들은 그에 따라 학교를 비난하거나 칭찬한다. 교육자들은 덜 '비판적인' 형태의 평가를 요구하거나 평가 자체를 불신함으로써 스스로를 방어하려고 노력한다. 그러나 정의(definition)에 의하면 평가의 목적은 판단이다. '평가'라는 단어는 '결과에 가치를 부여하는 것'을 의미한다. 우리는 더 적은 판단이 아니라 더 많은 정보에 근거한 판단이 필요하다. 우리는 평가를 적시에 제공해서 효과적인 변화를 이끌고 사람들의 역량을 발휘하게 할 필요가 있다.

336

학습하는 조직에서의 평가

Assessment In The Learning Organization : Shifting the Paradigm, edited by Arthur L. Costa and Bena Kallick(Association for Supervision and Curriculum Development, 1995).

학생에 대한, 교수학습 방법에 대한 그리고 학교를 변화시키기 위한 시도들에 대한 평가를 개선하기 위한 도전 과제를 기꺼이 받아들일 교육자라면 아마 『Assessment In The Learning Organization』을 책꽂이에 먼지 쌓이게 꽂아 두지만은 않을 것이다. 이 책은 다양한 학과 및 학년의 교사들이 전통적인 형태의 평가를 다시 생각해보기 위한 경험과 전략의 사례들을 제공한다. 관리자들은 그들이 획득한 통찰력과 기술의 실용적인 예를 공개한다. 현장지침서 형태의 각 장에서는 - 작품집, 나선형 피드백, 학생들의 자기 평가, 새로운 형태의 성적표, 비전 공유하기 실습 - 등과 같은 유형의 생생한 기술과 도구들을 다루고 있다. 데밍(Deming)과 센게(Senge)가 주장하는 이론들과 실천들이 어떻게 학교와 평가 영역에서 옹호되었는지에 대한 분명한 논의들이 이 책에 전반적으로 얽혀 있다. 이 책이 학부모를 염두에 두고 쓴 것은 아니지만, 편집자가 다섯 가지 학습 규율을 토대로 쓴 각 장의 설득력 있는 서문은 학습하는 조직으로서 학교에 관심을 갖는 누구라도 읽을 만하다.

- 제니스 더튼(Janis Dutton)

『보상에 의한 벌』

Punished By Rewards : The Trouble with Gold Stars, Incentive Plans, A's, Praise, and Other Bribes, by Alfie Kohn(Houghton-Miffiin, 1993)

『Punished By Rewards』는 흔한 가정(假定) - 부모와 교육자로서 우리는 학습을 잘 하도록 동기부여를 하고, 등급을 준다. - 에 대하여 참을성 있게 풀어낸다. 콘(Alfie Kohn)의 다음과 같은 지적은 옳다. 즉 등급은 진정한 동기를 부여하기에 빈약한 대용물일 뿐만 아니라 실제 학습에도 역효과를 낳는다. 이것이 너무 반직관적으로 보인다는 사실은 우리가 얼마나 생각을 재구성해야 하는지를 증명할 뿐이다. 우리 모임들은 내가 몸담고 있는 기관의 점수 부풀리기 현상이 문제인지 또는 점수들이 문제인지에 대해 문제를 제기하고 있다. 콘은 모든 학습자는 성장하기 위해 피드백을 받아야 하지만 등급은 실제로 파괴적이라고 말하며 등급과 평가를 분명하게 구분한다. 이 책은 읽기 쉬운 비학문적 방식으로 쓰였는데 나는 콘이 그의 주장들을 뒷받침하기 위해 사용한 연구의 양을 보고 놀랐다.

- 토마스 A. 더튼(Thomas A. Dutton)

5. 평가와 책무성

▦ 교육장의 관점

스티브 프라이스(Steve Price)

　　미국 공립학교들의 책무성을 강조하는 압력이 증가되고 있다는 것은
학생의 수행 측정을 중요하게 생각하고 있다는 것을 보면 명백하다. 성
취도가 낮은 학교들은 징벌적 해결책과 공공의 비난을 감수해야 한다.
이 모든 소동과 주목에도 우리는 학생 그룹들 사이의 성취도 차이를 줄
였다거나, 모든 학생의 학습력이 결과적으로 향상되었다는 것을 보여주
는 결과를 거의 보지 못했다. 미주리주의 헤이즐우드 교육구(Hazelwood
School District)의 교육장이며 전 오하이오주의 미들타운시(Middletown
City Schools) 교육장이었던 프라이스 박사는 현재의 징벌적 시험에 의
존한 책무성 측정의 예기치 못한 연쇄 고리에 대해 의문을 제기하면서
미들타운과 헤이즐우드에서의 학습을 위한 평가와 관련된 그의 활동을
소개한다.

　2007년 추운 1월 아침, 워싱턴 D.C.의 지하철에서 45분간 바흐의 5곡을 바
이올린으로 연주하는 사람이 있었다. 그가 연주하는 동안 약 2,000명의 사람
들이 그 역을 지나쳐 갔고, 그들 대부분은 일터로 향하는 중이었다. 단 6명의
어른이 연주되는 음악을 감상하기 위해 아주 짧은 시간 동안 걸음을 멈추었
고, 그리고 금방 가던 길을 가버렸다. 많은 아이가 음악을 듣기 위해 걸음을
늦추면 예외 없이 부모들이 빨리 가자고 재촉했다. 이 짧은 음악회가 끝나고
이 사나이는 약 20명으로부터 32달러를 앞에 놓아둔 모자에 거두어들였다.
그가 연주를 멈춘 것을 아무도 몰랐고, 그 음악은 바쁜 기차 정거장의 둔한

잡음으로 교체되었다. 아무도 환호하지 않았고 어느 누구도 인식하지 못했다.

그날 정거장에서 갈 길이 바쁜 통근자들에게 알려지지 않았지만, 워싱턴 포스트 지는 하나의 사회적 실험을 하고 있었다. 그 바이올린 연주자는 조슈아 벨(Joshua Bell)이었고, 그는 세계에서 가장 유명한 음악가 중의 한 사람이다. 그는 350만 달러 가치가 있는 바이올린으로 지금까지 작곡된 곡 중에서 가장 난해한 작품 중 몇 곡을 연주했다. 그 이틀 전에 조수와 벨은 보스턴에서 평균 100달러라는 고가의 티켓이 전석 매진된 공연을 했었다.[8]

그 신문은 그날의 연주 광경을 놓고 몇 가지 질문을 제기했다. '적절하지 않은 시간'에 매일 보통 환경의 교실에서 우리는 학생들의 재능과 재주라는 아름다움을 인식하는가? 우리는 '예상하지 못한 맥락(표준화 시험을 통해서가 아닌)'에서 재능을 인식하는가? 이 질문들은 학교의 효과성을 측정하려고 할 때 제기되는 것들이다. 협소하게 규정된 성취기준들에 토대를 둔 교육과정과 그 교육과정에 따라 치러지는 평가에 지나치게 의존하는 것이 예상 가능한 맥락이 되었고, 교육자들이 그 맥락을 넘어서서 재능을 인식하는 것을 어렵게 만들었다. 이런 현상은 전국적으로 낮은 학업성취율을 보이는 학교들의 경우 특히 그렇다.

요약하면 협소한 평가에서 특정한 학업성취 정도를 확인하려고 할 때, 학교 — 우리 학생들의 재능을 양육하고 발견해야 할 바로 그 장소 — 는 '예상하지 못한 맥락' 또는 '부적절한 시간'이 되는 것이다.

성공에 대한 협소한 정의

대부분 도심과 사회경제적으로 수준이 낮은 지역사회에 위치하고, 학업성취도 낮은 학교에서 가르치는 많은 선생님이 교실 세계를 보는 맥락을 고려해보라. 그 선생님들은 표준화된 책무성 시험에서 자신의 학생들이 좋은 성적을 받아야 한다는 어마어마한 압력에 직면한다. 교육과정은 곧 (그 학교의 학생들이 학교에서 경함할 수 있는 모든 풍부한 경험들의 중요성을 소거하고 핵심 과목 내용만을) 평가할 성취기준들을 우선적으로 포함한다. 내용을 다 다루기 위해 수업은 종종 대본에 의해 진행되고, 즉석에서 하는 것이나 영감을 얻기 위한 여유는 거의 없다. 그것으로도 안 되면, 종종 교사들을 좌절시키는 인종, 계급 그리고 언어문제들 때문이라고 한다. 그처럼 교사들은 학생들을 교정하고 치료해주어야 할 문제들로 보고, 자신만의 재능과 재주가 있는 유일무이한 개인들로 보지 않는다. 이런 상황에서 학생들은 만족스러운 수준을 학습하지 못해서 비난받는다. 그 시스템은 '희생자를 비난'하는 사고방식을 취한다.[9]

만약 재능과 재주가 분명하지 않고 '기대한 상황까지' 발전하지 못하면 우리는 학생들을 교정하고 고치는 기본 모델을 계속 사용할 수밖에 없을 것이다. 그렇게 함으로써 우리가 도와야 한다고 지나치게 신봉하는 바로 그 학습부진 학생 공동체 내에 존재하는 기회와 가능성의 풍부함을 놓치게 될 것이다. 현재의 학교 교육 모델은 교사와 행정가가 문제를 정의하고, 빠른 해결책을 찾고 비난하도록 권장한다. 나는 많은 교실에서 이 '예상 상황'이 성적이 저조한 학생들의 재능과 재주를 보이지 않게 만들었다는 것이 두렵다.

학교 교육의 기능이 학생들이 높은 시험 성적을 얻고 학교에서 더 잘하게 하는 데 있다고 믿는다면 이 나라의 가장 우수한 학교는 그 결과를 얻기에 완벽하게 설계되었으며 현재의 책임 시스템하에서 성공한 것으로 간주될 것이다. 불행하게도 이 시스템은 점점 더 많은 학생에게 잘 맞지 않는다. '빈익빈부익부' 원형처럼 주 시험에서 성공한 학교는 자원의 보상을 받게 되며 실패한 학교는 계속해서 어려움을 겪는다.

∬ 549쪽의 '빈익빈 부익부를 위한 전략' 참조

소규모 도시 교육구인 미들타운시(Middletown City) 교육장으로 7년 동안 일하며, 나는 우리 지역청 학생들과 학교들이 성공할지 실패할지 판단하는 데 활용된 오하이오주의 고부담 평가 시스템을 시행해야 했었다. 나는 학교가 지역사회에 책임을 져야 할 필요성을 충분히 이해하고 지지했다. 그러나 동시에, 실패 학교로 낙인찍히는 것을 두려워하는 관리자들과 교사들에게 부가되는 중압감을 목격했다. 필연적으로 이 압력으로 인해 시험 문제에 나오는 것을 강조하고 가르치는 데 중심을 둠으로써 교육과정이 편협해질 수밖에 없었다. 교실 평가는 본질적으로 더 총괄적인 것이 되었고 형성적 가능성은 훨씬 낮아졌다. 나는 이 평가와 학교 책무성의 연결이 교직원들의 관심이 학생들의 실제 학습 요구를 평가하는 것에서 더 멀어지게 한다고 생각했다.

매년 교직원과 나는 주 시험 결과 자료를 교육과정 내용 가닥으로 분류하여 효과적인 교육과정과 더 개선되기 위해 주의해야 할 교육과정 영역이 무엇인지 확인하였다. 종종 빠르고 신속한 해결책으로 새로운 수학과 읽기 프로그램, 주기가 짧은 평가 또는 실패 학교들을 호전시킬 것을 보장하는 몇몇 다른 평가 형태가 고안되었다. 그러나 그 빠르고 간단한 해결책은 우리가 우리 조직에 대해 깊이 있게 탐구ー안 좋은 시험 결과를 뒷받침하는 바로 그 생각을 드러낼 연구ー하는 것을 방해했다. 대신에 시험 결과가 실망스러울 때, 새 프로그램과 이 프로그램 변화를 구현할 책임이 있는 담당자를 비난하게 되었다.

또한 교정 지원이 필요한 학생을 확인하기 위해 학생 하위 그룹(인종, 성별, 사회경제적)별로 데이터를 분리함으로써, 문제가 시스템에 있다고 보는 대신 우리 학교의 특정 학생 그룹에 문제가 있다고 의견을 모으게 된다. 이런 비난 대상의 이동은 주 시험의 미니 버전이었던 교실 총괄평가에 의해 더욱 강화되었다. 교사와 학생들은 릭 스티킨스(Rick Stiggins)가 옹호한 학습을 '위한' 평가-평가적이지 않고 학생들의 학습을 위한 중요한 비계를 만드는 시기적절한 정보를 제공하는-를 드물게 경험했다.

// 552쪽 '부담 떠넘기기' 참조

학생들의 성공을 협소한 용어로 정의함으로써 많은 지역사회에서 교실 밖의 삶이 멀어졌다. 교육자, 지역사회, 부모 그리고 학생은 제한된 핵심 내용 성취기준을 측정하는 '고부담 표준화 검사'를 통과하는 것이 가장 중요하다고 믿게 되었다. 우리 학생들은 연례적 시험을 잘 보기 위해 분류되었고 이것으로 진정한 재능과 재주를 서로 드러내고 발견하는 것이 사실상 불가능해졌다. 교실 평가 시스템은 종종 주 시험을 잘 보기 위한 필요를 반영하고, 우리 교사들이 활용할 수 있는 모든 풍부하고 충분한 분량의 평가들을 활용하지 못한다.

간단히 말해서 시험에 주로 의존하는 우리의 현재 책무성 실행은 무의식적으로 모든 학생들을 위한 학습을 좁히는 시스템을 강화한다. 나는 표준화 검사를 없애자고 주장하는 것이 아니라 교육과 학습을 향상시키는 양질의 교실 평가에 대해 더 강조하고 투자해서 균형을 맞추자는 것이다. 앨리엇 아이즈너(Elliot Eisner)가 말했듯이, 학교 교육의 기능은 학생들이 삶에서 더 잘할 수 있게 하게 하는 것이다. 학생들이 학교에서 배우는 것은 학교 프로그램의 한계를 넘어서야만 된다.[10]

학습을 위한 평가

현행의 고부담 시험과 효과적인 교실 평가 간의 균형을 유지하기 위해 투자해야 한다. 교육자가 평가에 능숙하게 될 수 있도록 돕는 것이 첫걸음이다. 우리는 주(州)의 고부담 책무성 시험에서 측정되는 좁은 범위를 넘어선 훨씬 더 광범위한 범위의 학습 목표를 가르치고 평가하는 수단을 제공할 필요가 있다. 교수, 학습 그리고 평가가 교실에 자연스럽게 통합된 하나의 시스템을 도입하는 것이 중요하다.

미들타운 학교 시스템에서 우리는 릭 스티긴스(Rick Stiggins)의 평가 개념을 사용하여 우리의 작업을 안내했다. 릭은 우리가 그 점을 이해하도록 도왔다.[11]

> 학습을 위한 평가는 교실 평가 과정과 그 결과를 단지 학생 학습을 점검하는 것이 아니라 향상시키도록 고안된 교수법으로 변화시킨다. 이 평가에서는 교사와 학생이 팀으로 만든 교육적 결정이 결정적으로 중요하다. 이 학습을 위한 평가는 그들이 노력하면 성공할 수 있다고 믿도록 해서 학생의 성공을 돕는다.[12]

스티긴스는 현재의 평가 시스템을 보상과 처벌에 기반을 둔 시스템으로 설명한다. 학생들은 학교생활 전반에 걸쳐 시험을 잘 치르기 위해 열심히 공부해야 한다고 배운다. 시험을 잘 보면 좋은 성적을 얻을 수 있다. 만약 성적을 잘 받으면 좋은 대학에 갈 수 있다. 좋은 대학을 나오면 좋은 직업을 찾을 수 있다. 그 반대도 가능하다. 열심히 공부하지 않으면 시험 성적이 좋지 않고 성적이 떨어진다. 좋은 대학에도 가지 못할 것이며 나쁜 일이 있을 것이다. 눈을 감고 우리 학창 시절과 시험보기 직전의 느낌들을 회고해보면, 우리 중

대부분은 따뜻하고 자신감 있는 느낌이 상기되지 않는다. 우리는 주로 가슴이 답답한 두려움과 좋지 않을 경우 부정적 결과가 있을 것이란 생각들이 연속되던 것을 기억해낸다. 이런 보상과 징벌 그리고 두려움의 시스템은 어떤 학생들에게는 통하지만 점점 더 많은 학생들에겐 무력감을 느끼고 노력을 포기하게 한다. 그들은 성공이 그들이 도달할 수 있는 곳에 있다고 믿지 않는다.

학습을 위한 평가는 다음과 같은 점을 염두에 두고 시작된다. 우리 학생들이 과정, 학년을 마쳤을 때 그리고 최종적으로 졸업하기 전에 학생들에게서 보였으면 하는 명확한 비전은 수업이 시작되기 전에 만들어져야 한다. 이렇게 원하는 학생의 그림은 우리의 표준화 검사로 측정할 수 있는 기술과 지식을 포함하지만 다재다능하고 기능을 발휘할 수 있는 우리 사회의 일원이 되기 위해 우리가 가치 있다고 여기는 다른 많은 풍부한 목표들 역시 고려해야만 한다. 지역사회, 학부모, 교직원 그리고 학생들과 관련된 협력 과정을 통해 학생들이 얻고자 하는 지식, 기술, 성향(기질) 및 성과 목표를 파악해야 한다.

이 과정에서 학생들을 동반자로 만드는 것이 특히 중요하다. 학습 목표가 어른과 학생들에게 각각 친숙하게 표현된 교육과정 지도로 변환되면 학생들은 그들이 책임지고 있는 학습 내용과 순서에서 다음에 오는 내용을 명확하게 이해할 수 있다. 너무 흔하게 학생들은 그들이 배우는 것이 무엇인지 대해 이해하지 못하고 분명하게 알지 못하면서, 그리고 그들의 삶과 연관성 없이 배운다.

시험으로 인해 학생들이 잘하고 있다고 확신하고 시험을 어서 치르고 싶어 하게 하고, 동기를 부여하는 평가를 활용할 수 있을까? 학생들이 학습할 때 삶과 연관성 있음과 배우는 것이 무엇인지 잘 알 수 있는 평가를 활용하는 것이 가능할까? 그 대답은 "그렇다."이지만 현재 시스템을 뒷받침하는 사고와 관행을 바꿀 수 있는 헌신적인 노력과 시간이 필요하다.

평가에 능통한 전문가들은 그들이 관리하는 평가의 목적을 먼저 인식한다. 평가 결과의 사용뿐만 아니라 사용자도 목적을 규정한다. 미들타운 교육구에서는 수업 수준, 지도력 및 지원 수준 그리고 정책 수준이라는 세 수준에서의 정의가 있다.

수업 수준에서 평가결과 활용자는 학생, 교사 및 학부모이다. 학습을 위한 평가는 이 수준의 사용자와 밀접하게 연관되어 있다. 이 단계에서 주어진 평가 정보는 지속성을 기반으로 평가에서 요구된 소재에 개인이 숙련되었는지 측정한 것이다. 이러한 평가는 학습의 다음 단계와 도움이 필요한 부분이 무엇인지 알려준다. 이 평가는 개인의 성공과 개별 요구 사항 추적, 수업 평가와 성적 부여에 사용된다.

이러한 평가가 학습 진보의 다음 단계에 대한 지도인 학생 학습을 위한 비계를 제공한다는 것이 아주 중요하다. 교사는 학생들에게 잘 쓴 글을 판별할 수 있는 능력을 가르치기 위해 못 쓴 글, 보통 글, 잘 쓴 글 세 종류의 예시 글을 분석하게 할 것이다. 교사는 학생들의 성장을 돕고 지속적으로 개선되는 글쓰기 샘플에 평가가 아닌 (점수를 매기지 않고) 피드백을 제공하기 위해 이 연습을 활용한다. 무엇이 작품을 볼품없게 하고 우수하게 만드는지 학생들이 배우면서, 학생들은 수준 있는 글쓰기에 대한 이해를 내재화하기 시작한다. 그들은 이 이해를 자신의 작문에 적용하게 되고 그들 스스로 자신의 작문이 언제 높은 수준에 도달하는지 알게 된다. 우리는 학생들이 신속하게 학습과 평가의 동반자가 되었다는 것을 발견했다.

수업 리더십과 지원 수준에서, 평가의 활용자는 학교 관리자들, 심리학자들 그리고 교육과정 담당자들이다. 평가 정보는 프로그램의 효과성을 평가하고, 교사를 평가하고, 학습 장애아들을 판별하며 자원들을 할당한다. 이 자료들은 우리들에게 수업의 질과 희망하는 결과에 대한 정보와 가능한 전문성 신장과 보충 지원이 누구에게 필요한지에 관한 정보를 준다. 우리는 그룹 성취에 관한 주기적 평가를 통해서 이 정보를 얻었다.

정책 수준에서 평가 결과의 활용자에는 교육장, 학교의 각종 위원회들, 교육부, 입법자들 및 시민들이 포함된다. 필요한 정보는 한 학교, 지역교육청 및 주 교육과정 성과에 대해 주기적으로 평가해야 얻을 수 있다. 이 수준의 평가로 교육장 등은 공적 책무성을 느끼며 프로그램과 교육과정에 효과성이 있는지 점검하게 된다.

우리들은 자신이 측정하려고 하는 목표들을 명확하게 이해하는 평가 전문가를 양성하기 위해 노력했다. 그들은 다양한 종류의 지식, 추론, 기술, 제품 그리고 학생들이 숙련될 것으로 예상되는 목표 성향들의 여러 다른 유형을 이해할 수 있어야 한다. 그것은 전문가가 어떤 평가 옵션이 원하는 목표를 측정하는 데 최선인지 알 수 있는 그때뿐이다. 전문가는 측정하려는 성취기준에 맞게 선다형 문항, 에세이, 수행평가 또는 개인 의사소통 평가 등 평가 옵션을 사용할지 결정한다. 그들은 평가를 위해 적절한 표본 크기를 선택하는 방법을 알고, 특정한 평가 옵션에 존재할 수 있는 편견들을 어떻게 최소화하는지 안다.

내가 미들타운시 교육구에서 미주리주의 헤이즐우드 교육구로 옮기면서 평가 전문가인 나의 업무는 계속되었다. 조직 변화에 관해 미들타운에서 얻은 교훈은 헤이즐우드에서 사업을 발전시키는 데 도움이 되었다. 빙산과 추론의 사다리 같은 시스템 도구를 사용하여 직원들이 현재 평가 방법을 뒷받침하는 신념과 정신 모델을 식별하고 더 잘 이해할 수 있었다.

작년에 평가 문해력 운영위원회는 교육구 전체에서 여러 가지 회의를 소집하여 학생 평가에 대한 다른 비전을 공유했다. 그 비전은 (피해자에 대한 비난, 결점 생각하기 그리고 무엇이 학습을 구성하는지에 대한 좁은 정의) 등 우리 교육청에 존재하는 현재의 평가에 관한 정신 모델과는 현저히 다른 것이었다. 초청 범위는 학생들의 학습 증진을 위한 평가에 대해 더 배우고자 하는 모든 사람들에게까지 확대되었다. 250명 이상의 교사가 평가 문해력에 관한 전문 개발 활동에 참여자로 선정되었다. 첫 번째 자원봉사자의 물결이 그들 자신의 학교에 돌아가서 그 과제의 전파자와 지지자가 되었을 때 참여자 수를 더 늘리겠다는 계획을 세웠다. 평가 방식이 넓어짐에 따라 교실은 현재의 성공에 대한 협소한 정의보다 더 많이 성찰할 것이며 학생들이 매일 교실에 입실하며 가져오는 수많은 재능과 재주를 발견하는 장소가 될 것이다.

이 모든 것이 처음에 강력하게 들리겠지만 전 세계의 교육자들은 매일 이런 변화를 겪고 있다. 이 변화는 우리 학생들에게 그들 자신의 삶과 연관성 있는 풍부한 교육적 경험을 할 수 있다는 희망을 갖게 한다. 이 여행은 전문가에게 보상을 받게 하며 종종, 시험 압박과 좁게 정의된 교육과정과 주 시험의 압박으로 인해 훼손된 교육에 대한 흥분과 열의를 회복시켜준다. 우리는 이 노력을 우리 학생들과 우리 직업에 기울여야 한다.

▪▪ 평가의 목적 평가하기

목적 : 이 성찰적 질문들은 우리가 교사 또는 교육자 집단으로서 교실과 학교에서 하는 평가 실재를 면밀하게 검토하는 것을 도와준다.

- □ 당신 학교와 학급에서 활용한 평가 목록을 만들라. 각 평가의 목적을 표기하라.
- □ 그 목록의 평가로부터 얻어질 자료를 어디에 활용할지, 주로 누가 활용할지 규정하라.
- □ 그 평가 구조가 교사와 학생, 둘의 기대치를 어떻게 규정하는가?
- □ 어떤 평가가 학습을 위한 평가 – 교실에서 학생의 학습을 위한 효과적인 비계를 제공하는 평가 – 인가?
- □ 당신이 학생 학습에서 바라는 것은 무엇인가? 학생들이 그들 자신의 학습에서 바라는 것은 무엇인가?
- □ 기존 평가가 학생들이 그러한 열망을 어떻게 충족하도록 도울 수 있는가? 그들이 어떻게 방해가 되는가?
- □ 학생들의 학습에 대한 당신의 열망을 다루기 위해 교실에서 추가적으로 필요한 평가는 무엇인가? 이 평가를 수업에 통합하기 위해서 무엇이 필요한가?
- □ 현재의 관행의 변화를 촉진하기 위해 어떤 생각을 바꿔야 하나?

6. 지성적인 행동

아트 코스타(Art Costa)

아트 코스타는 지성적인 행동과 사고 습관에 관한 그의 잘 알려진 연구에서 교사와 학부모들을 위한 실습으로, 이 책의 많은 지침 아이디어인 다중 지능, 시스템 이해의 가치, 학습 공동체의 중요성 등을 강조한다.

348

이 16가지 행동은 지금까지 해왔던 평가에 대해 직설적이고 효과적이며 심오한 대안을 제시한다. 16가지 지성적인 행동은 학생과 어린이, 그리고 우리 자신의 지적 발달을 판단하는 준거로써 사용되기 때문에 학습 스타일과 뚜렷하게 구별된다. 시스템사고, 학습하는 조직, 공유 비전이 실천되면 이 행동들이 적용된다. 세크라맨토에 있는 캘리포니아 주립대학의 교육학과 명예 교수인 코스타는, 코네티컷의 웨스트포트에 있는 마음 습관 연구소를 공동 운영한다.[13]

우리가 사람들에게 생각하도록 가르칠 때, 우리는 그들이 알고 있는 답에만 관심을 두는 것은 아니다. 오히려 그들이 답을 모를 때 그들을 면밀히 관찰하고 싶어 한다. 알려지지 않은 도전적인 문제를 해결하기 위해 우리는 지능이라고 생각하는 모든 역량, 즉 전략적 추론, 통찰력, 지적인 인내, 창의력 및 장인정신을 동원한다.

∬ 876쪽의 7장 미주 16번 베리 리치몬드의 '시스템사고의 기술' 참조

따라서 학생 성장의 증거를 수집하는 가장 좋은 방법은 학생들을 직접 관찰하는 것이다. 학생들이 학교와 집, 운동장 그리고 혼자 또는 친구들과 함께 겪는 실제 생활의 일상적인 문제와 상호작용할 때 그들은 그들의 지능이 발전하고 있음을 증명해 보인다. 만약 당신이 학생들에 대해 알고 싶다면 표준화 검사 결과에 의존하지 말라. 학생들의 지속적인 행동에 관한 기록을 남기고, 일화와 작문 또는 시각적 표현 사례들을 수집하라.

그러나 무엇을 관찰해야만 하는가? 창의성과 지능에 관한 주요 연구자 6명 정도의 연구 결과에 따르면, 교사와 부모가 관찰하고 기록할 수 있는 지적 성장에 관한 약 16개의 주요 특성이 있는 것 같다. 이 목록의 특성은 성공적인 기술자, 교사, 사업가, 영업사원, 부모 그리고 각계각층의 삶에서 사고 능

력을 개발해온 사람들에게서 반복되는 것처럼 보인다.[14]

1. 끈기 있음

학생들은 종종 구하는 문제의 답이 즉시 드러나지 않을 때 절망해서 포기한다. "난 이것을 할 수 없어." "너무 어려워."라고 말하며 답안을 구기고 던져 버린다. 또는 가능하면 빨리 그 시험을 마치려고 어떤 답이든 쓴다. 그들은 문제를 분석하고 공략하기 위한 전략을 개발하는 능력이 부족하다.

학생들이 끈기를 습득하면 문제 해결을 위한 대안 전략을 사용하기 시작한다. 만약 한 개의 전략이 먹히지 않으면 그것을 대신할 다른 전략을 선택하고 필요하면 처음부터 다시 시작한다. 그들은 반복해서 문제를 분석하기 위한 체계적 방법을 개발한다. 그들은 문제에 대해 더 많이 알기까지 싫증내지 않고 어떻게 시작하고 어떤 단계를 수행해야 하는지, 어떤 자료를 만들거나 모아야 하는지, 어떻게 계속 진행해야 하는지를 알고 있다.[15]

2. 충동 관리

종종 학생은 생각나는 첫 번째 답을 무심코 말한다. 때때로 충분히 이해하지 못하고 과제를 수행하거나 그 답을 외친다. 그들은 그들에게 주어진 첫 번째 제안을 택하거나 머릿속에 떠오르는 첫 번째 생각들에 따라 행동할 수 있다. 그러나 지능을 습득하게 되면, 몇 가지 가능한 결정의 대안과 결과를 고려하는 법을 배운다. 과제를 수행하기 전에 더 많은 정보를 모으고, 말하기 전에 충분히 답에 대해 생각하고, 과제를 시작하기 전에 방향들을 이해했는지 확인하고, 문제 풀이 전략에 대한 계획을 세우고, 대안적 견해를 경청하면서 답안에 지운 흔적을 더 적게 남기게 된다.[16]

3. 이해하고 공감하는 마음으로 듣기

일부 심리학자는 다른 사람의 견해를 이해하고 공감하는 마음으로 경청하는 능력이 가장 차원 높은 지적 행동이라고 믿는다. 경청 행동의 척도는, 다른 사람의 생각을 자기 말로 옮기는 능력, 감정이입(언어적이고 신체적 의사 표현에서 느낌과 정서 상태의 단서를 감지하기 위해), 다른 사람들의 개념, 정서 문제들을 정확하게 표현하는 능력을 포함한다. 피아제는 이 능력을 '자기중심성의 극복'이라고 불렀다.

이런 형태의 지능이 잘 발달되지 않은 학생은 다른 사람들의 생각을 조롱하거나 비웃고 무시한다. 우리는 학생이 다른 사람의 생각과 느낌을 정확하게 자신의 말로 표현함으로써 그들이 잘 이해했다는 것을 입증할 수 있을 때 이 경청 기술이 향상되고 있음을 안다. 우리는 "셸리의 아이디어를 활용해볼게요." 또는 "먼저 지나가 어떻게 문제를 풀었는지 설명하고, 그다음에 제가 그 문제를 푼 방법을 설명할게요."라고 말하는 학생을 찾아야 한다.[17]

4. 유연하게 생각하기

어떤 학생들은 대안적인 관점을 고려하는 데 어려움이 있다. 그들이 생각한 방식만이 문제를 해결하는 방법이다. 그들의 답만이 단 하나의 정답이다. 답을 찾는 과정에 도전하기보다 자신의 답이 정답인지 아는 데 더 관심이 많다. 시간을 들여 문제를 해결하는 과정은 견디지 못하고, 모호한 상황을 피한다. 확실함에 대한 요구가 의심하려는 경향보다 크게 작용한다. 그들의 신념에 반하는 추론이나 자료에 영향받는 것에 대해 저항하고 마음은 굳건하다.

학생들이 보다 유연하게 생각할 때 다른 사람들의 관점이나 근거를 숙고하고 표현하면서 듣거나 요지를 자신의 말로 표현하며 들을 수 있다. 그들은 문제를 푸는 여러 방법을 제안할 수 있고, 그 방법들의 장점과 결과들을 평가할 수 있다. '그러나' '다른 한편' '만약 다른 방법으로 생각해보면' 등과 같은 단어와 구절을 사용한다. 그들 자신의 행동을 주관하기 위한 도덕적 원리들의 모음을 점진적으로 발전시키는 동안, 그들은 자료와 주장과 근거들을 고려하여 마음을 수정할 수 있다. 이 능력은 학생들이 절충을 통하여 갈등을 해결하고, 다른 사람의 생각에 개방성을 표현하고, 합의를 얻기 위해 애쓰도록 돕는다.[18]

5. 메타인지(우리 자신의 사고에 대해 사고하기)

어떤 사람은 그들 자신의 사고 과정에 대해 잘 인식하지 못한다. "그 문제를 어떻게 풀었니?"라는 질문을 받으면 그들은 "잘 모르겠다. 그냥 했어."라고 답한다. 그들은 그 문제를 푸는 데 그들이 움직이도록 이끈 정신적 단계들이나 다음에 어떤 단계로 진행할지에 대해서도 설명하지 못한다. 그들은 자신의 마음속에 간직한 시각적 이미지들을 말로 표현하지 못한다. 그들이 계획 세우고, 성찰하고, 그들 자신의 사고 기술이나 전략의 질을 평가하는 것은 어렵다.

학생들이 그들 자신의 사고에 관해 더 잘 알게 될 때 그들은 그들의 머리 안에 무슨 생각이 있는지, 그들이 알고 있는 것과 더 알아야 할 것의 대비, 어떤 자료가 부족한지와 그 자료를 만들기 위한 계획을 기술할 수 있다. 그들이 문제를 풀기 전에 그들의 행동 계획을 기술할 수 있고, 단계를 나열하고, 그들이 그 연속과정에서 어디에 있는지 말할 수 있다. 반대로 생각해보며 문제해결 솔루션까지 지나온 보이지 않는 길을 되짚어갈 수 있다.

학생들은 "나는 ~라고 가정한다." 또는 "내 이론은~" "내가 이러한 관점

들을 비교하면" "요약하면" 또는 "내가 가정하고 있는 상황은"이라는 용어와 구절을 사용하게 된다.[19]

6. 명확함과 꼼꼼함을 위한 분투

학생들이 완성된 과제를 제출할 때 종종 부주의하다. 보고서를 검토했는지 물으면 그들은 "아니요, (하지만) 다했어요."라고 답할 것이다. 그들은 그들 보고서가 정확하게 작성됐는지 살펴보거나 완성본에 자부심을 가지거나 숙고하려는 의향이 적은 것 같다. 얼른 끝내고 싶은 생각에 꼼꼼한 솜씨에 대한 관심은 적다. 정확함에 대한 욕구가 커질 때 시험문제나 답안을 검토하는 시간을 더 많이 가진다. 꼼꼼함과 명확함에 대한 세심함을 더욱 키운다. 완성한 과제의 질을 확인하기 위해, 그들이 준수한 원래의 규칙과 그들이 채택해야 했던 준거들을 다시 검토해볼 것이다. 즉, 그들이 그 문제에 관해 문자로 잘 표현했을 뿐만 아니라 그 정신도 이행했나?의 문제 말이다.[20]

7. 질문과 문제 제기

사람을 다른 생명체와 구분하는 특징들 중의 하나는 풀어야 할 문제를 발견하는 성향과 능력이다. 그러나 학생들은 종종 다른 사람이 그들 대신 질문해주는 것에 의존한다. 종종 무지를 드러내는 것이 싫어서 질문하는 것을 주저하기도 한다. 시간이 지나면 학생들의 지능이 발달하면서, 처음에는 선생님에게서 나오던 질문과 문제들이 학생에게서 나오는 변화가 눈에 뜨인다. 게다가 학생들의 질문의 유형이 보다 특수해지고 깊어진다. 예를 들어 다른 사람의 결론과 전제들을 뒷받침하는 자료들을 요청하기도 한다. 즉 "네 주장의 근거가 무엇인가?" "진실임을 어떻게 증명하지?"와 같이 말하면서. 더 가정적인 문제들이 제기될 것이다. " 만약 ~라면 당신은 어떤 일이 일어날 것이라 생각하는가?" 또는 "그것이 참이라면, 그다음에는~ ?"

우리는 학생들이 그들을 둘러싼 환경 안에서 불일치와 현상들을 인지하고 그 원인들을 탐구하기를 원한다. "왜 고양이들이 가르랑거리지?" "새들은 얼마나 높이 날지?" "내 머리카락은 왜 그렇게 빨리 자라지? 팔과 다리의 털은 천천히 자라는데" "만약 바닷물고기를 민물 수족관에 넣으면 어떻게 될까?" "전쟁을 제외하고 국제 간 분쟁들의 대안적 해결법에는 어떤 것이 있을까?"[21]

8. 과거의 경험과 지식 활용하기

너무 자주, 학생들은 맨 처음 하는 것처럼 새로운 과제들을 시작한다. 교사가 학생들에게 과거에 유사한 문제를 어떻게 풀었는지 떠올리도록 이끌지만, 그 문제를 전에는 들어본 적이 없는 것처럼 기억하지 못할 때, 교사들은 여러 번 실망한다. 대조적으로 생각하는 학생들은 경험으로부터 배운다. 학생들은 한번 경험하면 그 의미를 추상화하고, 기억하고, 다음 번 경험에 적용한다. "이것은 나에게 ~을 생각나게 한다." 또는 "이것은 내가 ~ 하던 때와 같다." 라고 말할 때, 학생들의 이런 능력이 성장하는 것이 관찰된다. 과거의 경험들에 대한 분석과 언급은 그들이 하는 설명의 한 부분을 차지한다.

아마도 교수행위의 궁극적 목표는 학생들의 학교에서 배운 지식을 실제 삶의 상황에 적용하고 다른 내용 영역들에 적용하는 것이다. 그러나 예를 들면 수학과목 자격시험을 통과하는 동안에도 학생들은 슈퍼마켓에서 동일 상품을 2달러 39센트에 여섯 개 살지 아니면 2달러 89센트에 일곱 개 살지 결정하는 데 어려움을 느낀다.

부모와 교사가 학생들이 학교에서 배운 지식을 집에서나 다른 과목에 적용하는 것을 보았다고 보고하면, 우리는 학생들이 지식을 전이시키고 있다는 것을 알게 된다. 예를 들어 부모들은 파자마 파티에서 딸이 그들이 좋아하는 놀이와 게임을 '브레인스토밍'하기 위해 친구들을 초대했다고 보고한다. (이 행위는 그녀가 학교에서 브레인스토밍 기술을 배운 뒤에 있었다.) 유사하게 목공 교사는 한 학생이 나무 조각을 자르기 전에 정확하게 측량하기 위한 계획을 어떻게 자발적으로 세우는지 기술했다. "두 번 측정하고 한 번 자른다."—수학 시간에 배운 공리.[22]

9. 창조하기, 개혁하기, 조직하기

　　모든 인간은 그 역량이 개발되기만 하면 기발하고 독창적이고 명석하거나, 기발한 생산물, 해결책 그리고 기술을 산출하는 역량이 있다. 창의적 인간은 많은 각도에서 대안이 되는 가능성을 조사하면서 문제해결을 다르게 생각해 내려고 노력한다. 그들은 분석하고 비전을 가지고 시작하고, 거꾸로 일하고, 그들이 고려되어야 할 대상이라 상상하면서 그들 자신을 다른 역할 속에 투사한다. 창의적 인간은 위험을 감수하고, 자주 그들 자신의 한계의식 경계를 밀어낸다. 그들은 물질적 보상을 바라서라기보다는 심미적인 도전의식으로 일하면서 외재적 동기보다는 내재적 동기를 부여받는다. 창의적 인간은 비평에 대해 열려 있다. 그들은 그들의 산출물을 다른 사람의 판단을 구하기 위해 드러내 보이고 기술을 개선하기 위한 피드백을 요청한다. 그들은 현상유지를 불편하게 생각한다. 그들은 지속적으로 보다 나은 유창함, 정교함, 독창성, 절제, 단순함, 장인정신, 완벽함, 미, 조화 그리고 균형을 얻기 위해 노력한다.[23]

10. 명료하고 세심하게 생각하고 전달하기

어떤 학생들의 언어는 혼돈되고 모호하고 정확하지 않다. 그들은 대상이나 사건을 '이상한' '좋은' 또는 그냥 '괜찮은'이라고 언급한다. 또 그 대상이나 사건들을 그냥 '그것들' '덩어리' 그리고 '물건들'이라고 한다. 모호한 명사들과 대명사들을 사용한다. ("그들이 말한다." "모두가 다 가지고 있다.") 그리고 비교 대상 없이 미완성의 비교를 한다. ("이 소다가 더 나아." "나는 그것을 더 좋아해.")

학생들의 언어가 점점 자세해지면 속성을 구별하기 위해 더 기술적인 단어들을 사용하게 된다. 학생들은 분석하며 사물과 사건을 말한다. '초승달 모양의', '나비넥타이 모양의'라고. 그들은 한 대상을 다른 것보다 더 낫다고 생각하는 이유를 분명하게 말하면서 가치 판단을 위한 기준들을 제시한다. 완전한 문장 형식을 갖추어 말한다. 즉 그들의 생각을 뒷받침하는 근거들을 스스로 제시하고, 그들이 사용한 용어들을 정교하게 조작적으로 정의한다. 구두 표현과 필기 표현은 간결해지고 기술적이 되며 응집성도 높아진다.[24]

11. 모든 감각을 동원하여 자료 수집하기

정보는 우리의 감각 통로를 통해 두뇌로 입력된다. 와인을 알기 위해서는 마셔보아야 한다. 역할을 알기 위해서는 그 역할을 해보아야 한다. 게임을 알려면 게임에 몰두해야만 한다. 춤에 대해 알려면 춰 봐야 한다. 목표를 알기 위해서는 면밀하게 검토해야만 한다. 이 감각 통로들이 개방되고, 예민하고, 경각심이 있으면 시들고 깨닫지 못하고 무감각한 사람보다 환경으로부터 더 많은 정보를 흡수한다.

어린이들은 주위를 둘러싼 대상들을 만지고, 느끼고 문지를 때 모든 감각을 활용하고 있는 것이다. 입에 넣기도 한다. "그 이야기 책 읽어 줘."라고 반복적으로 말한다. 같은 열정으로 그들이 가지고 노는 물건이 '되기' 위해 역할을 수행해낸다. 즉 물고기, 트럭이나 아버지가 된다. "보여주세요."라고 그들은 애원한다. "그걸 느끼고 싶어요. 할 수 있게 해주세요. 잡아보게 해주세요."

성숙해질수록, 문제를 푸는 과정에서 그 감각들을 이용하는 것을 보면 그들의 지능이 드러난다. 관찰하고, 자료를 모으고, 실험하고, 조작하고, 검사하고, 인터뷰하고, 시각화하고, 역할놀이하고, 그림 그리고, 모델을 만든다. 그들은 다음과 같은 일련의 감각적 단어들을 사용한다. "나는 마치 ~처럼 느껴요." "그게 나를 ~하게 감동시켜요." "이게 ~라는 너의 생각이지?" "이것은 내 입에 ~ 맛이 좋지 않은데." "이해되시나요?"[25]

12. 유머 감각 보여주기

미소와 웃음은 특이한 인간 반응이다. 생리학적으로 그 미소와 웃음은 맥박을 떨어트리고, 엔도르핀을 분비하고, 혈액의 산소량을 증가시킨다. 창조성을 자유롭게 하는 고차원적 사고를 촉진한다고 알려져 있다. 어떤 학생들은 이 유머감각이 충분하게 발달되지 않았다. 그들은 아마 다른 사람이 우스꽝스럽게 굴 때나 '슬랩스틱 스타일'의 시각화된 유머에는 웃을지 모른다. 그렇지만 그들은 이야기 속의 유머를 감상할 능력이 없거나 사람의 사정에 대해 인지하지 못한다.

지적으로 행동하는 사람은 때때로 유머 있고, 원래 고급스러운 점에서 상황을 감상하는 능력도 있다. 그들은 유머감을 유지하는 데 보다 많은 가치를 두고, 다른 사람의 유머를 더 잘 감상하고, 상황 안에서 유머를 느낀다. 그들은 부조화를 발견하려고 애쓰며, 그들에게는 창조적 문제해결자의 예측할

수 없는 마음 특성 프레임이 있다.[26]

13. 경외감으로 반응하기

어떤 어린이와 어른은 문제 상황을 회피한다. "나는 퍼즐 맞추기는 잘 못해."라고 말한다. 그들은 필수 과정을 이수한 뒤에는 수학 수업이나 어려운 학문적 과정에는 등록하지 않는다. 그들은 사고하기를 노역으로 여기고, 너무 어려운 상황이라고 간주되는 상황에서 벗어나고자 한다.

지적으로 행동하는 학생들은 사고하는 기술을 사용하는 능력에서 성장할 뿐만 아니라 문제를 푸는 것을 즐기는 면에서도 성장한다. 그들은 문제를 풀기 위해 찾는다. 그들은 문제를 준비하고, 다른 사람들로부터 구하고, 점점 어른들의 도움이나 개입이 없이 독립적으로 그 문제를 풀려고 한다. "답을 말하지 마세요, 제가 계산해볼게요."라는 말들이 자율성이 성장하는 것을 알려준다. 이 학생들이 평생학습자이다.

여기에서 중요한 행동은 놀라움과 개방적인 감각으로 세상에 접근하는 것이다. 구름의 변화하는 형태를 알아차리는 어린이를 보았나? 꽃봉오리의 개화에 매혹당하면서? 수학적 순서의 논리적 단순함을 감지하면서? 거미줄의 기하학이나 종달새 날개에 깃든 유쾌한 기분에 관심 갖는 것을 발견하면서? 화학적 변화의 질서정연함이나 무지개의 빛을 인지하거나 먼 별자리의 평온함을 인지하면서?

그들이 고학년에 올라갈수록 이런 인지적 행동특성을 보이는 어린이들은 생각하면서 보다 많은 기쁨을 느낀다. 그들이 직면하는 문제가 복잡할수록 그들의 감각은 더 많은 리듬, 패턴, 모양, 색 그리고 우주의 조화를 감지한다. 그들의 호기심은 더 강렬해진다. 그들은 다른 인간의 가치와 역할에 보다 많은 존경을 표현하고, 다른 생물체에 대해서는 열정적인 행동을 전개한다. 그들은 접하는 모든 사람과 사물의 민감한 가치와 유일성을 인지한다. 경이감, 두려움, 열정, 이 삼자는 고차원적 사고의 전제들이다.

14. 상호의존적으로 생각하기

우리는 사회적 존재이다. 우리는 무리 지어 모이고, 긴장을 푸는 데 도움이 되는 것에 경청하는 존재를 찾고, 서로에게 에너지를 얻고, 상호호혜를 추구한다. 아마 21세기와 그 이후의 시민들을 위한 가장 지적인 행동은 다른 사람과 협력하여 생각하는 고양된 능력이 될 것이다. 문제 해결은 너무 복잡해서 어느 누구도 혼자 문제를 해결할 수 없다. 중요한 결정을 하는 데 필요한 모든 자료에 접근할 수 있는 사람은 아무도 없다. 복수의 사람이 만들어낼 수 있는 만큼 많은 대안을 한 사람이 고려할 수는 없다. 그룹으로 일할 때는 생각을 정당화하는 능력과 다른 것에 대한 해결 전략 도입의 가능성 여부를 시험할 수 있는 능력이 필요하다.

학생들이 집단을 이루어 효과적으로 일하는 방법을 알고 학교에 올 필요는 없다. 그들은 경쟁심, 좁은 관점, 이기주의, 지역중심주의 그리고 다른 사람의 가치, 정서, 신념에 대한 비판을 드러낼 것이다. 협력 기술은 직접 가르칠 필요가 있고 반복적으로 연습되어야 한다. 경청, 합의 모색, 다른 사람의 생각을 취하고 자신의 생각을 포기하기, 공감하기, 열정, 지도력, 단체 노력에 기여하는 법 알기, 이타주의, 이 모든 것들은 지적인 인간임을 가리키는 행동들이다.[27]

15. 책임질 수 있는 위험 감수하기

지성적인 사람들은 한계 너머로 가고자 하는 거의 조절하기 어려운 충동이 있다. 그들은 편안한 것이 쉽지 않다. 그들은 역량의 한계를 계속 알고자 한다. 그들은 그들 자신을 어떤 결과가 올지 모르는 상황에 위치시킨다. 그들은 혼란, 확실하지 않음, 실패에 대한 보다 높은 위험을 생의 정상적인 부분으로서 받아들인다. 그들은 실패를 재미있고 어렵고 그리고 성장을 가져오는 것으로 보는 것을 배운다.

그러나 그들은 충동적으로 행동하지 않는다. 그들의 위험은 교육되어 있다. 그들은 과거 지식을 고려하고, 결과들을 깊이 생각하고, 적절함을 감지하는 훈련이 잘 되어 있다. 그들은 모든 위험이 감수할 만한 것이 아니라고 알고 있다. 그들은 직감, 과거 경험 그리고 새로운 도전을 만나는 의미가 교차하는 지적인 위험을 감수하는 역량을 개발한다.[28]

모험과 도전이라는 두 가지 유형의 위험이 있다. 대부분의 모험적인 자본가는 새로운 사업에 투자하는 위험을 감수하는 데 직면할 때 방심하지 않는다. 그들은 시장을 보고, 생각들이 얼마나 잘 정리되었는지 생각하고, 경제의 전망을 공부한다. 만약 그들이 최종적으로 위험을 감수하기로 하면, 그 위험 감수는 매우 사려 깊은 경우이다. 그것이 모험적인 방법이다.

도전에 나서는 길은 자발적으로 그 순간의 기회를 잡겠다는 의향과 관련되어 있다. 도전하는 사람은 과거 역사 또는 현재 속한 그룹의 지원을 토대로, 이 도전이 삶을 위협하지 않거나 위험으로부터 충분히 보호받는다는 것을 알 때 이 기회를 잡는다. 이런 방법으로 고위험 경험을 하는 사람들은 전에 그들이 할 수 있다고 믿었던 것보다 더 많은 행동을 종종 할 수 있는 능력을 개발한다.

어떤 학생들은 위험을 전혀 감수하지 않으려고 한다. 그들은 게임, 새로운 학습 그리고 새로운 우정으로부터 한발 물러선다. 왜냐하면 실패의 두려움이 모험과 도전의 경험보다 훨씬 더 크기 때문이다. 그들 안의 정신적 소리는 만약 그걸 시도하면 잘못될 거야, 너는 바보가 될 거야라고 말한다. 네가 만약 그걸 시도하지 않으면, 너는 결코 알지 못할 것이라는 목소리는 두려움과 불신 안에 갇혀버린다.

어떤 사람이 위험을 감수하지 않으려 하면, 그들은 지속적으로 기회를 놓치는 것이다. 그렇지만 보다 모험적이 되면서 그들은 다른 존재가 될 수 있고, 평범한 사람들이 거둔 성과와 크게 대조가 되며, 새로운 생각을 하고 그리고 그들 자신을 교사뿐만 아니라 동료와 함께 평가할 수 있다. 반복적인 경험을 통해 위험을 효과적으로 감수하는 법을 배우기 때문에 그들은 혁신과 불확실성의 시대에 더 성공할 가능성이 있다.[29]

16. 지속적으로 학습하기

지성적인 사람들은 지속적으로 학습하는 상태에 있다. 그들은 자신감과 호기심을 가지고 새롭고 더 나은 방법을 찾아나간다. 그들은 항상 완벽을 추구하며, 항상 성장하고 항상 배우고 항상 자신을 수정하고 개선하려고 노력한다. 그들은 문제, 상황, 긴장, 갈등 및 여러 환경을 배울 수 있는 귀중한 기회로 포착한다.

인간에 대해 가장 큰 의문은 우리가 종종 신기함이나 경이로움보다는 두려움을 느끼면서 학습할 기회에 직면한다는 것이다. 우리는 배울 때보다 알 때 더 편안함을 느낀다. 우리는 알려지지 않은 것, 창의적인 것, 영감을 주는 것보다는 지식의 편견, 신념 및 지식 창고를 방어한다. 의심스러움과 개방적인 것에는 두려움을 느끼는 반면에 확실하고 닫힌 것에는 편안함을 느낀다.

아마도 이것이 전통적 가정 교육과 학교 교육의 결과일 것이다. 어린 나이부터 파편화, 경쟁 및 반응의 교육과정을 사용하여 학생들은 효과적이고 사려 깊게 행동하기 위한 능력을 개발하기보다는 진실을 밝혀내는 것이 깊은 학습이라는 것을 믿도록 훈련되었다. 그들은 탐구하기보다는 정답을 말하는 것이 가치 있다 여기고, 대안을 모색하기보다는 어떤 선택이 정답인지 알도록 배워왔다.

우리의 바람은 배우기를 강렬히 원하는 창의적인 학생들과 사람들을 위한 것이다. 그것은 우리가 알지 못한다는 것을 아는 겸손함을 포함하는데, 이것은 우리가 지금까지 배울 가장 높은 사고 형태이다. 역설적으로 이 겸손함에서 시작하지 않으면 당신은 어디에도 도달할 수 없다. 그러니 첫 단계로, 당신은 모든 학습에서 궁극적으로 최고의 영광이 될 것, 즉 당신이 알지 못한다는 것을 알고 받아들이는 겸손함과 그 다음에 발견하는 것을 두려워하지 않는 겸손을 이미 갖고 있어야 한다.[30]

루벤 퍼스틴과 도구적 심화

책과 비디오 참고 http://feuerstein-global.org/

인지심리학자인 루벤 퍼스틴(Reuven Feuerstein) 박사는 제2차 세계대전 초기에 루마니아의 수도 부쿠레슈티(Bucharest)에서 정신 장애 아들을 가르치기 시작했다. 후에 그곳을 탈출하고 팔레스타인으로 가서 홀로코스트에서 생존한 수천 명의 아동들에 대해 연구하였다. 전쟁 트라우마 때문에 그 어린이들의 인지과정 발달에 심각한 장애가 있었다. 퍼스틴은 이 아동들의 강점을 드러내고 그들에게 부족한 기술들을 교육하기 위해서 학습 과정을 평가하고 중재하는 데 도움을 주는 자료들과 기술을 개발했다.

퍼스틴의 도구적 심화(Instrumental Enrichment, IE) 프로그램은 메타인지 – 즉 생각을 생각하기 – 와 지식 구조 및 처리 전략 개발에 중점을 둔다.

하나의 초석은 충동성을 줄여야 한다는 것이다. 퍼스틴의 구호는 "잠깐만, 생각해보게"이다. 잠깐 생각하기는 교사에게든, 주의력 결핍 아동이든, 학습 장애로 진단받은 사람이든 잠시 멈추고 성찰하도록 하라는 것이다. IE 매개 학습은 인간 사고의 흐름을 설명하는 33개의 방식을 교육하여 자신의 인지적 패턴과 스타일에 대해 더 잘 알게 한다. 개인적으로 선호하는 것은 "나는 실재를 일화적으로 이해한다."와 같은 것이 있다.

그의 수상작 다큐멘터리 비디오 「The Mind of a Child」는 빈곤, 인종주의, 전쟁의 피해를 본 아이들과 그리고 퍼스틴 방법을 사용하여 연구하는 성인들에 대한 가슴 아픈 이야기를 전한다.

퍼스틴은 '국제 학습 잠재력 강화 센터(International Center for the Enhancement of Learning Potential)'와 캐나다 연구소인 '하다사(Hadassah– WIZO–)'를 이스라엘에 세웠다.   – 팀 루카스(Tim Lucas)와 제니스 더튼(Janis Dutton)

---

7. 지식과 힘

■ 사회 정의를 위한 교육

넬다 캠브론-맥카베(Nelda Cambron-McCabe), 제니스 더튼(Janis Dutton)

고등학교 경제 교사가 칠판 앞에 섰다. 변화 없는 어조로 일말의 열정도 전혀 없이, 무표정한 전달, 빈칸 채우기 강의를 하면서 학생들에게 연설한다. "1930년대에" – 말을 시작하며, "공화당은 '이것'을 완화하기 위해 하원을 컨트롤합니다." "누구, 대답할 사람? 아는 사람?" 아무도 대답이 없다. 그 자신이 빈칸을 채운다. ' – 대공황 – ' 그리고 그 문장을 계속한다. "통과시켰다. 누구 답할 사람? 아는 사람 없니? 관세법안" 책상에 앉아 있는 학생들은 눈은 게슴츠레하며 혼수상태이고, 지루해 보이며 흥미 없거나 잠자고 있다. 이 교실 패러디는 영화 「페리 불레어의 연가」의 한 장면으로 만화처럼 과장되었지만, 사람들의 유사한 경험이나 믿음을 소재로 하고 있다. 우리는 이 영화를 보며 아주 우습다는 반응으로 진짜 저래!와 같이 말을 하지 않는 10대들을 본 적이 없다.[31]

　안타깝게도 우리들 중 많은 사람이 고등학교나 대학, 직장직무훈련, 지역사회 강의 또는 전문가가 우리가 알아야 한다고 생각하는 것을 우리에게 '말'하는 컨퍼런스 기조연설을 막론하고 이 교사 중심 전달 교수법과 연결되어 있다. 페리 불레어의 교실에서처럼, 강사와 수강생들은 마치 가르치고 배우는 것이 치아를 갈아내는 것이 재미있다는 것처럼 그 고통스러운 경험에 대하여 마취된 것 같다. 치과병원의 의자에 있든, 강의실에 있든 이 두 경험은 아무 힘도, 행위능력도 없는 상태에서 능동적인 역할을 하는 다른 사람이 무엇인가를 수동적인 당신에게 하게 한다. 이 영화 장면의 유머는 그 상황이 우리의 일상 경험이라는 것의 인지에만 있는 것이 아니라, 민주주의를 배우는 교실이 권한을 박탈하는 곳이라는 아이러니에도 깃들어 있다.

// 39쪽의 '산업 시대 교육 시스템' 참조

　교실에서, 직장에서 전문성을 향상시키는 많은 교수학습 실천이 이런 일방전달식 접근법에서 과목의 탐구, 실험, 주제 발견 과정의 학습자 코칭으로 방향 전환을 하고 있는 중이다. 구성주의, 협동 학습, 협력 학습, 학생 참여형 그리고 다른 학습법의 이론과 방법을 포괄하면, 이 실천들은 학생들 스스로 내용에 대한 더 깊은 이해에 도달할 것이라는 믿음과 스스로 경험하면서, 주제 관련 문제와 상호작용하면서, 동료, 교사, 촉진자 또는 지역사회 인사들을 포함한 다른 사람들과 상호작용하면서 더 잘 배운 것을 더 잘 유지한다는 믿음에 근거하고 있다.

그런데 한번 지식을 획득하면 그 지식으로 무엇을 하는가? 사람은 어떤 목적으로 교육받을 것인가? 왜 이 특별한 내용인가? 어떻게 이것이 보다 넓은 맥락과 연결되는가? 어떻게 이 내용과 분산은 힘의 문제와 관련되는가? 그 지식은 애초에 어떤 지식을 정량화한 바로 그 과정의 의문을 제기하는 데 유용한가?

그것이 우리가 유명한 교육과 비판적 교육학에 매력을 느끼며 다섯 가지 규율을 통해 우리 실천에 가져오는 힘에 영감을 받는 이유이다. 우리는 그 다섯 가지 규율이 사람들이 우리 기관－특히 학교들－에 중요하고 지속적인 변화를 만들어나가는 것을 도울 것이라고 믿는다. 그 변화는 다섯 가지 규율을 통해 학교 교육의 본질과 학습의 사회적 구성에 관한 태도와 믿음, 그리고 어떻게 지식이－어느 조직에서나－항상 사회적 행위를 위한 기초를 형성하는지에 관한 태도와 믿음에 근본적인 변화가 생기면서 온다.

힘(power)

'힘'이라는 단어에는 긍정적인 함축과 부정적인 함축이 동시에 있다. 당신은 발전기를 충전할 수도, 엔진으로부터 동력을 받을 수도, 집중할 힘을 갖게 될 수도, 완수할 힘 또는 다른 사람에게 영향을 행사할 힘을 가질 수도 있다. 어떤 힘, 예를 들면 확대, 말의 힘, 전기, 에너지의 힘은 측정할 수 있고 정확하게 조절할 수 있다. 인간의 행동을 움직이는 내적인 힘은 쉽게 측정하지 못하지만 그 존재나 부존재의 효과는 꽤 쉽게 알 수 있다.

'힘'이라는 단어는 라틴어의 '할 수 있는'이라는 의미의 단어 posse에서 왔다. 프랑스어 pouvoir가 되었다가 '무엇인가 할 수 있는 능력'의 의미인 영어 명사가 된 것이다. 이 어원은 역시 '가능한'과 '잠재적인'이라는 단어를 연상하게 한다. 힘은 지배와 권위에 관한 것만이 아니다. 즉 우리는 우리들의 힘을 역량을 증가시키기 위해 쓸 수 있다.

그러나 여러 경우에 힘(그리고 그 변이형인, '권한이양' 같은 것)은 한 방향 행동의 의미로 발전되어왔다. 예를 들어 우리는 사람들에게 힘을 부여해야 한다고 말하는 대부분의 사람들은 미묘하게 그 힘을 부여받은 사람에게는 외부로부터 주어진 힘만 있고 지식, 권위 그리고 통제력을 가진 외적 대리인이 합법성을 부여했을 때에만 내적 힘들이 유효하다고 암시하고 있는 것이다. 이 책에서 우리가 언급하는 힘은 외부(개인, 그룹, 조직과 같은)로부터 오는 것이고, 특히 보이지 않고 깨닫지 못할 때 종종 사람들을 그들에게 내재하는 잠재적인 힘과 단절시키는 것이라는 인식을 유지할 것이다.

– 제니스 더튼(Janis Dutton)

민중 교육이라는 용어는 1960년대에서 1970년대 사이에 라틴 아메리카에서 일어난 교육 대중화 운동에서 시작되었다. 이 운동은 국제적으로 유명한 옹호자로 고인이 된 브라질 교육자 파울로 프레이리의 활동을 통해서 북아메리카에 전달되었다. 그는 20세기 후반 교육 분야에서 가장 영향력 있는 사색가로 알려져 있지만 북아메리카에서만 거의 주목을 받지 못했었다. 그 용어는 '민중의 교육'을 의미하지, 사람들이 생각하듯이 인기가 있거나 보편적으로 수용되는 교육을 말하는 것이 아니다. 민중 교육은 영국에서는 비형식적 교육으로 알려져 있고, 다른 나라에서는 억압받고 억눌린 그룹의 사람들이 정치적인 자기 인식을 고양하고, 공동체를 형성하고, 그들 사회 조직을 변화시킬 행동을 할 환경을 만들고 기회를 창조한다는 의도를 표현하고 있다. 이 해방 교육은 모든 사람의 복지를 위한 작업 원리들에 의해 이끌어진다. 그 원리에는 인간 개개인의 유일무이한 가치와 권위 존중하기, 대화, 평등과 정의 그리고 민주주의와 자신의 삶에 영향 미치는 문제들에 구성원들이 적극적으로 참여하기가 포함되어 있다.

민중 교육의 실천은 현재의 상황에 동화되거나 적응하면서 무기력을 강화하는 제도화된 학교 교육이나 훈련들과 극명한 차이를 보이면서 그 정규 기관들 밖에 존재한다. '하이랜더 교육과 연구 센터(Highlander Education and Research Center)'라고 알려진 기관을 공동으로 설립했으며 지금은 고인이 된 마일스 호튼(Myles Horton)은 "'있는 것'보다는 '있어야 하는 것'이 하이랜드 사람의 신념이다."라고 말했다. '있어야 하는 것'과 '있는 것', 이 두 단어로부터 사람들이 학습하고 행동하게 하는 긴장이 발생한다. 민중 교육은 여러 가지 의미로 현재의 현실을 분석하기 위해서 그리고 바라는 미래를 창조하기 위한 생산적인 대화에 참여하려고 다섯 가지 규율에 참여하는 사람 같다. 그러나 핵심적인 부분에서는 다르다. 민중 교육에서 교육과 교육자는 본질적으로 정치적이다. 호튼에 의하면 교육에 중립 같은 것은 없다. 교육은 현존하는 시스템에 맞추는 암호문자(Code word)이다.[32]

교육학(pedagody), 비판적 교육학[33]

'Pedagogy'라는 단어는 그리스어 paideutike, '젊은이를 가르치는 예술'에서 유래하였다. (영어 단어 'Ethics'는 보다 오래된 그리스어 단어 'Child'라는 의미의 paido에서 왔다.) 오늘날 'Pedagogy'라는 단어는 전형적으로 '교사가 하는 것' 또는 심지어는 '가르치는 기술'이라는 보다 좁은 의미에 적용된다. 그러나 교육은 생애에 걸친 경험이고 교사들은 단지 학습하는 기관에만 존재하는 것이 아니라 모든 곳에 아주 많은 모습으로 존재할 수 있다. 많은 어른이 비록 '선생님'이라고 호칭되지는 않지만 교육적인 역할을 수행한다. 이런 관점에서 사람들이 아는 것과 사람들이 어떻게 그것을 알게 되었는지 구성하는 실천과 과정들 모두를 포함하여 교육학이라 정의할 수 있다. 이 과정들과 실천들은 학교뿐만 아니라 어떤 조직 또는 사회적 상호작용에도 내재한다.[34]

비판적 교육학 실천과 이론들은 숨겨진 동기들과 사회적으로 구성된 지식 뒤에 감춰진 교육과정을 전면에 드러내준다. 항상 지식은 조직, 지역사회 또는 학교 안에서 힘 있는 쪽이 목소리를 내며 그들의 특별한 목적을 이루기 위해 생산되고 배포된다. 특히 학교는 결코 중립 지대나 자유의 공간이 아니다. 학교들이 내외적인 정치의 갈등 밖에 존재하는 척할 수 있을지는 모른다. 그러나 그들은 항상 그들 주변의 정치적인 구조에 의해 모양이 만들어진다. 다른 조직처럼 학교들은 의미, 가치, 전제, 지식의 형성과 보급(무엇을 가르칠지 누가 정하지?), 교실 실천(누가, 어떻게 가르칠지 정하지?) 그리고 교직원, 학생 그리고 지역사회 밖 인사들 사이의 대인 관계(누가 결정할지를 누가 정하지?)들에 갈등이 항상 존재하는 장소이다. 비판적 교육학의 렌즈로 들여다보면 왜 어떤 학생들과 학교들은 성공하고 왜 다른 학교나 학생들은 강력한 압력에 저항하여 성공하기 위해 안간힘을 써야만 하는가에 초점 맞출 수 있다.[35]

비판적 교육학의 분야는 때때로 변형 교육학으로 불리며, 파울로 프레이리가 발전시켰고 민중 교육 원리들의 초점을 교실과 학교 안으로 되돌려 맞추고 있다. 프레이리는 은행 저축식 개념으로 설명되는 주입식 교육을 비판했는데, 그에 의하면 정규 학교에서는 전문가가 지식을 수동적인 학생에게 맡기는데, 이 학생이 세상을 변화의 가능성이 거의 없는 그 상태로 받아들이도록 가르친다. 프레이리는 문해력이 민주주의에 중요하다고 믿었고 어린이와 어른 학습자 모두의 '세상 읽기' 능력, 즉 문해력은 직접적으로 '세상을 읽을 수 있게 됨'과 묶이는 것이라고 느꼈다.

프레이리는 초기에, 팀 동료들과 함께 가난하며 문해력이 떨어지는 마을 사람들과 만났고, 그들의 삶 그리고 희망과 관련된 문화적 서클에 관여했다. 이 대화를 통해 읽기 위한 학습(문해력을 위한 학습)의 도화선이 되는 보편적

소망의 말들을 청취할 수 있었다. 그러나 더 중요한 것은, 마을 사람들이 그들의 삶과 상황이 절대적이라기보다는 사회적으로 만들어진 것이고 그들이 침묵한다면 그들 자신은 사회에서 힘없는 존재에 머물게 될 것이라는 것을 알기 시작했다는 것이다. 그들이 자신의 세계를 만들어나갈 힘이 있다는 것을 깨닫게 되자 기능적인 문해력을 획득하는 데는 단지 30시간만 걸렸을 뿐이다.

1960년대 브라질에서 프레이리가 거둔 전국 성인 문맹퇴치 운동의 성공은 전 세계의 문맹 탈출 운동에 영향을 주었다. 불행하게도 너무 종종, 특히 북미에서 사람들은 프레이리의 방법들을 수입하고, 그 방법들을 탈정치화하고 그리고 그것들을 단지 '기술'로 축소시킨다. 그리고 그의 이론과 원리들은 안중에 없었다. 놀랄 것 없이 그들의 노력은 성공하지 못했다.

문해력

'literacy(문해력)'라는 단어는 '문자'라는 의미의 라틴어 littera에서 왔다. 그 어근에서 문자에 대한 지식을 갖는 것이라는 의미의 literatus가 파생되며 이 단어가 현재는 '교육된(educated) 학습된(learned)'이다. 그러나 오늘날 '문해력'이라는 말은 읽고 쓰는 능력 이상의 여러 기능들을 표현할 때 사용된다. 읽기와 쓰기는 의문의 여지없이 중요하지만 다른 문해력들도 중요하다.[36]

하워드 가드너가 다중 지능을 주장했듯이 다중 문해력에 대해 할 말이 많다. 정서적, 컴퓨터, 문화적, 환경적, 시각적, 재정적, 기능적, 음악적, 사회 그리고 시스템 문해력을 말할 수 있겠다. 그 각각은 하나의 힘의 형태를 표현한다. 사물과 생각에 이름을 짓거나 정의하는 힘 그리고 그 사물, 생각들과 또는 사물, 생각들에 대해서 의사소통할 수 있는 힘 말이다. 우리 관점에서 각각의 문해력은 상징의 의미를 성찰하고, 그 상징에 대한 우리의 느낌과 행동 그리고 그 상징들이 다른 것에 미치는 영향에 관하여 성찰하는 능력을 포함하고 있다. 문해력은 지렛대 같은 것이다.[37]

다섯 가지 규율을 위한 가능성

그렇다면 민중 교육과 비판적 교육학은 학습 규율에 관한 어떤 가치를 현장의 전문가들에게 제공하는가? 최소한 민중 교육과 비판적 교육학은 학교가 어쩔 수 없이 정치적인 곳이라는 것을 이해하게 한다. 어떤 교수학습 또는 정책 결정 내용이나 과정도 정치적으로 중립적일 수 없다는 것을 알게 한다. 그러나 보다 중요하게, 이들은 우리들이 이 다섯 가지 규율 역시 중립적이지 않다는 것을 이해하게 한다.

학교와 다른 조직 안에서 사람들은 종종 그들의 의도나 조직의 본질, 공유하는 가치 그리고 목표에 관하여 깊이 있는 대화를 할 팀을 만든다. 그러나 그들은 그들을 둘러싼 시스템을 만드는 정치적, 사회적 힘을 인지하지 못하고, 침묵이 그들을 곤란하게 만드는 상황을 더욱 악화시키는 것이라는 것을 인지하지 못한다. 이런 무지가 지렛대를 사용해야 하는 행동이나 무행동의 상호 연결을 바로 보는 것을 어렵게 하고, 심지어는 그 상호 연결이 시스템을 만드는 한 부분이라는 것을 잘 알지 못하게 만든다.

호튼에 의하면 두 가지 종류의 교육이 있다. 그 하나는 사람들을 현존하는 시스템에 얽매이게 하는 교육이며, 다른 하나는 자신의 삶에 대해 결정할 힘을 가지고 사회를 변화시키기 위한 도구들로서 지식을 획득하도록 사람들을 자유롭게 해주는 교육이다. 그래서 어떤 팀들이 규칙적으로 시스템사고와 비전에 관해 말한다고 해도 정치적이고 사회적인 힘들—그들 시스템을 만든—에 관한 정신 모델, 그들 자신의 정신 모델과 권위를 가진 사람들의 정신 모델을 진지하게 정의하려고 시도하지도, 비판적 의문을 제기하지도 않는다. 그것은 큰 무지의 순환고리를 강화시키는 것으로 이어질 수 있다.

민중 교육과 비판적 교육학을 옹호하는 사람들은 교실, 학교, 지역사회 민주주의 안의 힘과 학습 목적에 중점을 두도록 사람들을 이끄는 질문을 지속적으로 제기한다. 진정한 학습이라면 이런 의문과 논쟁거리가 종종 생긴다.

// 215쪽의 '당신은 온도조절기보다 똑똑한가?' 참조

파울로 프레이리와 마일즈 호튼은 (그들 시대의 토마스 제퍼슨과 벤자민 프랭클린이 그러했던 것처럼) 종종 혁명가로 분류된다. 그들에게 교육은 그 자체로 종착지 또는 취업을 위한 수단이 아니었다. 그들은 학교를, 사람들을 더 강렬한 민주주의 또는 더 나은 미래를 만들기 위해 정보화된 정치적인 참여를 배우도록 하는 곳이거나 또는 참여하게 되는 것을 방해하는 곳으로 보았다. 프레이리와 호튼은 민주주의와 평등을 믿었고 어떻게 힘과 정치에 의해서 민주주의나 평등이 가능하거나 가능하지 않게 되는지 설명하는 것에 주저하지 않았다.

프레이리는 "인간주의 교육은 남녀가 세상에서의 그들 자신의 존재를 인지할 수 있게 되는 길이다. 그 길에서 그들은 자신의 필요와 타인의 열망 모두를 고려하면서 그들의 역량을 개발할 때 행동하고 생각한다."라고 말했다. 우리 관점에서 어린이, 학교 그리고 지역사회의 보다 나으며 지속가능한 미래를 창조하기 위해서, 그 첫 발걸음은 민주주의, 평등 그리고 사회정의에 관한 관심의 표면에 지식과 학습에 관한 정신 모델을 가져오는 것이다. 이런 것들이 불안정한 것으로 간주되거나 심지어는 혁명이라면, 바로 그런 것이다.

파울로 프레이리(Paulo Freire)와 마일즈 호튼(Myles Horton)

 The Paulo Freire Reader, edited by Ana Maria Araújo Freire and Donaldo P. Macedo (The Continuum Publishing Company, 1998), The Myles Horton Reader : Education for Social Change, edited by Dale Jacobs(The University of Tennessee Press, 2003), We Make the Road by Walking : Conversations on Education and Social Change, by Paulo Freire and Myles Horton(Temple University Press, 1990).

누군가가 파울로 프레이리나 마일스 호튼의 책 중에서 어떤 것을 가장 먼저 읽을까요?라고 물으면 나는 첫 번째와 두 번째 책을 먼저 읽고 그들 사이의 대화, 즉 세 번째 책을 그다음에 읽으라고 권할 것이다. 예를 들어 프레이리는 다작했기 때문에 자신의 학습과 의사소통에 관한 성찰 – 행동 순환 써클에 참여할 수 있었다. 『The Paulo Freire Reader』는 그가 변해가는 것을 일견할 수 있게 기록해놓았다. 프레이리의 가장 날카로운 글들의 모음은 그의 '은행 저축식 교육 개념'을 포함한다. (그는 주입식 전달 교육의 지배적이고 권위적인 영향에 대해 그 책에서 논쟁하고 있다.) 레시페(Recife) 마을 주민과의 대화는 도시 지역 교육에 대한 도전이며 '세계 읽기'에 관한 그의 탐험이다. 만약 이 책에 기록한 내용을 한 마디로 요약한다면 나는 '희망의 교육학'이라고 하고 싶다.

『The Myles Horton Reader : ~』는 하이랜더 포크 학교(Highlander Folk School)를 시작하도록 호튼에게 영향을 미친 생각들과 사람들에 대한 글, 연설문 그리고 인터뷰 모음이다. 노동과 시민권리 운동을 통해서 하이랜더가 직면한 성공과 도전들 그리고 호튼의 교육 철학 부분에 관한 글이다. 나는 특히 다섯 규율들과 함께하는 '왜 개혁을 개혁하지 않나'라는 1972년 연설문 속의 구절에 끌린다. 진정한 개혁이 '여기저기를 변화시키려고 노력하는 선의의 좋은 사람으로 존재하기 그리고 우리가 발전시킬 것'이라는 생각에 대해 재고해야 할 필요가 있다는 구절에도 관심이 간다.

프레이리와 호튼이 여러 해 동안 서로 알았고 짧게 만나기도 했지만, 1987년 '한 책에 관해 대화하기' 위해 일주일 동안 함께 만날 기회가 있었다. 그리고 2년 뒤에 다시 그들의 대화를 성찰하기 위해 다시 만났다.

『We Make the Road by Walking』*은 이 두드러진 대화를 포착하고 독자들을 그들 철학의 유사성과 차이점을 통해, 역사와 라틴 아메리카와 남미의 맥락을 통해 안내하는 것이다. 프레이리는 학교 안에서, 호튼은 학교 밖에서 일하기를 택했다. 그리고 나는 이 책이 학교 안과 밖이 둘 다 어떻게 필요한지 보여준다고 생각한다. 두 사람이 교육과 조직하기 차이점을 토론한 내 소장본 여백들에는 읽을 때마다 늘어가는 내가 스스로 제기한 많은 질문 메모가 여러 색의 잉크로 기록되었다.

- 제니스 더튼(Janis Dutton)

---

* 역자주 한글 번역서(파울로 프레이리, 마일스 호튼 공저/ 프락시스 역, 우리가 걸어가면 길이 됩니다, 아침이슬, 2006)

『비판적 교육학』

Notes from the Real World, by Joan Wink(Longman, 1997)

이 책(『Critical Pedagogy』)은 한 숨의 신선한 공기이고 하나의 영감이다. 저자인 윈크는 교사로서 '위기에 처한', '소수의', '영어사용이 서툰', '문제적' 학생들을 가르치고 탐구한 경험의 성찰을 통해 비평적 교육의 이론들과 실천들에 대해 접근할 수 있게 한다. 그녀는 이런 분류가 금방 싫어졌다. 왜냐하면 그 분류는 어린이들과 그들 뒤에 있는 가족들을 고려하지 않고 그들의 가능성을 제한하기 때문이다.

몇몇 비판적 교육학에 관한 책들은 꽤 두껍다. 저자인 윈크는 독자들에게 교사로서 했던 일을 이해하고 서술하는 데 중요한 비평적 교육학 언어로 독자들을 안내하면서 그녀의 노력들을 써나가고 있다. 그녀는 이야기를 하고, 경험과 도구를 제공하고, 이론을 가르치고, 이해하기 쉬우며 심지어 재미있는 스타일로 이론의 역사를 써나간다.

－제니스 더튼(Janis Dutton)

06

생산적 대화

Productive Conversation

1. 체크-인

캐롤 케너선(Carol Kenerson), 마카 파어스타인(Micah Fierstein), 제니스 더튼(Janis Dutton)

목적 : 수업시간 전에 잠시 시간을 내어 학생들이 함께 참여할 수 있는 기회를 제공하는 것
참가자들 : 2명 이상의 그룹. 회의나 교실에서뿐만 아니라 집 안 저녁 식탁에서 이용하기도 함
시간 : 한 사람당 몇 분(혹은 더 적게). 교실 수업 50분에서 일주일의 시작이나 끝에 체크-인을 하는 것이 유용함

수업에는 많은 다양성과 몇 가지 규칙들이 나타난다. 몇몇 학생들은 1분 동안 침묵을 지키다가 집중해서 간단하게 "여기 있습니다."라고 말한다. 어떤 학생들은 그들의 견해에 대한 간단한 이야기만 하는 반면 또 다른 학생들은 그들의 최근 고민이나 성공한 일들에 대해 이야기할 것이다. 매일 이것을 할 필요는 없지만 월요일과 금요일에 '체크-인(Check-In)'을 하는 것은 일주일 수업의 시작과 마무리를 안정적으로 만든다. 말할 기회는 모든 사람에게 주어진다. 학생들은 학생 전체에게 말을 한다. 수줍거나 말하기 싫은 학생들은 말하기를 강요받는 대신 "패스"라고 말할 수 있다. 하지만

그들은 패스하는 것을 다른 사람들이 들을 수 있도록 크게 말해야 한다.

무엇이라고 말해야 할지 걱정하지 않고 다른 학생들의 말에 집중할 수 있는 학생들은 다른 학생들을 더 잘 이해하게 된다. 수업 시간이 빠듯할 때 '한 단어 체크-인'을 하면 몇 분밖에 걸리지 않는다. 돌아가면서 각 개인에게 '보라색', '달리기', '농구'와 같은 한 가지 단어를 제시하도록 한다. 몇몇 학생들은 그들의 순서가 언제 돌아오는지 알고 싶어 한다. 어떤 학생들은 모두가 말을 다하고 나서야 비로소 체크-인을 하고 싶어 한다. 두 가지 과정 모두 교실 안 누군가에게는 스트레스가 될 수 있겠으나 이것은 개별 학습자들의 욕구와 취향을 알 수 있다는 점에서 훌륭한 지표이다.

교사로서 체크-인을 하기 위해 무엇이 필요한지 보여주려고 당신이 읽은 책이나 머릿속에 있는 것을 제시하면서 수업을 시작할 수 있다. 또한 체크-인을 정말 편하게 할 수 있도록 만들어야 한다. 예를 들어 교실의 학생들은 "오늘 제가 늦게 일어나서 서두르느라 조금 지쳤어요. 그래서 처음 5분 동안은 이 상황에 적응하지 못할 수도 있어요."라고 말해도 된다는 것을 알고 있어야 한다. 다른 학생들은 이를 충분히 이해할 것이다.

체크-인은 집단을 변화시킨다. 평소에 체크-인으로 수업을 시작하던 한 고등학교 교사는 한 주의 일정이 빠듯했을 때 "오늘은 체크-인을 안 하겠습니다."라고 말했다. 그러자 학생들은 격렬하게 반대했다. 한 학생은 "전 제가 생각했던 걸 말하기 위해 하루 종일 기다렸어요."라고 말했다.

체크-아웃

'체크-인'이 학생들이 수업에 참여하게 되었음을 느끼게 했다면 '체크-아웃'은 수업이 끝나는 기분을 느끼게 할 수 있다. 수업의 마지막에 모든 학생

들이 말할 기회를 주어라. (학생들이 원한다면)

☐ 무엇이 특별히 재미있었는가?

☐ 무엇에 대해 더 알고 싶은가?

☐ 헷갈리던 것이 해결되었다면 다른 이에게 어떻게 설명할 것인가?

☐ 아직 헷갈리는 것이 있는가?

2. 첫 수업

넬다 캠브론-맥카베(Nelda Cambron-McCabe)

수업을 시작할 때 '정신 모델'을 소개하는 것은 수업 내내 신뢰와 궁금증의 분위기를 만들 수 있다. 나는 내가 가르치는 대학 세미나에서 직접 확인했다. 내 제자들은 그들이 다니던 고등학교와 초등학교 교실에 가져가서 적용해보고 똑같은 효과를 보고했다. 나는 이것을 학기의 첫 수업에 시작한다. 학생들에게 정신 모델의 개념, 추론의 사다리(141쪽), 시스템사고의 빙산 모형(178쪽) 그리고 질문을 찾고 주장을 옹호하는 데 균형을 맞추는 것의 필요성(147쪽)을 찾도록 한다. 수업의 전체적인 구조와 읽을거리가 한 학기 동안 함께 나눌 대화의 영역을 만들기 위해 마련되는 것이라고 설명한다. 나는 파커 파머의 말을 인용한다. "[교실] 공간은 [동시에] 제한되어 있으면서 열려 있어야 한다."[1]

우리가 함께 수업시간에 배우고자 한다면 이 수업은 다른 곳에서는 이야기하기 힘든 문제들을 제기할 수 있는 편한 분위기가 조성되어야 한다고 강조한다. 대부분의 교육 기관처럼 우리 대학에서도 문화·인종·계층·성별에 대한 관심이 많다. 이 수업에는 이러한 문제들에 대한 논의가 이루어지고 있다. 나는 학생들이 교수에게 발표를 하는 것이 그들의 역할의 모두가 아니라고 말한다. 나의 역할은 그들에게 정보만 주는 것이 아니라 다 같이 배울 수 있는 구조를 만드는 것이다. 모든 목소리는 수업에서 가치 있는 것이며 나도 그들에게서 배움을 얻기를 기대한다.

이 수업 환경은 학생들에게 지금까지와는 다른 것을 요구한다. 심지어 대학원 수업에서도 학생들은 여전히 교사가 지식과 정보를 제공해주기를 기대한다. 학생들은 많은 양의 지식이 투입되지 않으면 교사가 학생들에게 지식 전달을 잘 하지 못한 것이라고 생각한다. 그래서 우리는 이것에 대해 첫 번째 시간에 이야기할 것이다. 그리고 나는 이렇게 말한다.

> "우리의 대화를 위해 몇 가지 구조를 만들 겁니다. 여러분들처럼 저도 그 구조에 집중하려고 합니다. 교실 전체 수업에 대화의 수준을 깊게 하기 위해 서로를 촉진시키고 지원해야 합니다.
> 첫 번째, 우리는 다른 사람들이 말하는 것을 집중하여 듣습니다. 우리는 그저 자신의 차례가 돌아오길 기다리며 우리 생각을 머릿속에 갖고 있는 것이 아닙니다. 내 생각을 잠시 유보하고 다른 생각도 경청해야 합니다. 우리는 그 발언 뒤에 다른 말을 덧붙이거나 질문을 할 수도 있습니다.
> 두 번째, 우리는 침묵의 중요성을 알고 있습니다. 성찰할 시간이 있어야 합니다.
> 세 번째, 그 누구도 방해하지 않아야 합니다. 우리는 서로가 끝낼 때까지 기다려 줍니다.
> 네 번째, 우리는 다른 사람들의 의견을 "맞다", "틀렸다", "똑똑하다", "멍청하다"라고 비판하지 않습니다.
> 다섯 번째, 우리는 "맞아, 하지만(YES-BUT)"이라는 말 ─ 무의식적으로

이전의 발언들을 무효로 만드는 말 − 을 금지합니다. 대신 우리는 (말을 한 사람이) 기여한 것을 유효하게 만들고 확장하는 "맞아 그리고(YES-AND)"를 사용해야 합니다.[2]

내가 처음 이런 식으로 수업을 시작했을 때부터 학생들의 평가서를 볼 때까지 이러한 수업이 그들에게 얼마나 영향을 주었는지 깨닫지 못했다. 한 학생은 "선생님께서 이러한 대화의 구조를 만드신 건 처음이었습니다. 선생님께서는 단순히 그것에 대해 말씀만 하신 것이 아니라 만드신 겁니다."라고 적었다. 그녀는 또한 "저는 선생님께서 어떻게 저희가 과제를 마치는 것뿐만 아니라 실제로 그날의 주제와 관련 없어 보이는 대화까지도 이끄는 것을 보고 놀라곤 했어요. 하지만 나중에서야 이 전략의 중요성을 깨닫게 되었습니다. 이러한 대화를 통해 소재가 풍부해지고, 배움과 우리의 삶 사이의 연계성을 갖게 되었기 때문입니다."라고 덧붙였다. 그녀는 "수업 과정에 대한 믿음이 없었다면 결코 이 수업 방식을 따라하지 않았을 겁니다. 하지만 그 어떤 것도 관련이 없는 것은 없었으며 이 방식으로 수업은 훨씬 더 효과적이었습니다."라고 결론을 내렸다.

학생들은 특히 "맞아 그리고(YES-AND)" 기술에 대해 많은 의견을 남겼다. 대부분의 사람들은 다른 사람들의 생각에 대해 비판만 한다. 그러나 그들의 반응은 비판하기 전에 다른 사람의 관점을 진정으로 경청하고 생각했다는 것을 보여준다.

∬ 135쪽의 '정신 모델'에서 생산적인 대화를 위한 도구 참고

3. 학부모 – 교사 간 협의회 구성하기

만약 교실이 교사·학생·학부모를 포함한 시스템이라면(19쪽) 교사와 학부모 간의 관계가 그 시스템 속에서 가장 약한 관계일 것이다. 의사소통은 하루 종일 교사와 학생 사이에서 일어난다. 저녁 시간과 주말에는 학생과 학부모 간에 소통이 지속적으로 일어난다. 하지만 교사와 학부모 사이에는 그저 분기별로 한 번씩 편지나 성적 통지표의 숫자들에 대한 의견 적기나 여백 공간에 휘갈겨 쓴 글자들로 대화를 할 수 있다. 이 체계 안에서는 중요한 사실이 효율적으로 공유되지 않고 있다.

학부모 – 교사 협의회는 이 관계를 개선하기 위해 만들어졌다. 하지만 이것은 학습 경험이라고 하기 어렵다. 교사는 학생의 장점과 단점에 대한 노트 파일을 갖고 있다. 학부모는 정해진 15분 동안 그 노트를 읽어 내려가는 교사의 말을 듣는다. 가끔 교사는 학부모가 불만을 표출하는 것을 듣고 있다. 이러한 협의회는 양쪽에 흥미로워야 하지만 대부분 맥 빠지고 불만스러운 대화로 끝이 난다. 1~2년 후 많은 학부모는 더 이상 상담에 가지 않게 되고 몇몇 교사들도 마찬가지로 그러길 바란다.

물론 모두가 다 그런 것은 아니다. 모든 학생들과 선생님들의 상황은 각기 다르기 때문이다. 몇몇 교사는 한 학기 동안 각각의 학생에 대해 짧게는 30분 또는 길게 관심을 쏟을 수 있다. 일부 교사들은 약간의 시간밖에 없다. (그리고 그에 맞춰 만들어져야 한다.) 이 프로그램의 가능성은 다섯 가지 규율에 바탕을 둔다.

1. 개인적 숙련 – 현재 상황에서의 장점과 단점에 대해 정직해지고 아이의 열망에 따라 교육하는 것

2. 정신 모델－교실에서, 가정에서, 아이의 발달 단계에서 무엇이 일어나고 있는지에 대한 추정을 나타내는 것

3. 공유 비전－교사·학부모·학생의 목표에 대해 이야기하는 것

4. 시스템사고－학생 삶의 복잡성을 고려해볼 때 학문적 성과를 이해하는 것

5. 팀 학습－교사·학부모·학생들은 모두 그 해에 각각의 학생이 가능한 한 최고의 학습 경험을 성취한다는 같은 목적을 갖고 있다. 각각의 팀원들은 독특한 지식과 다른 사람들이 부족한 것에 대한 이해를 하고 있다. 각각은 그들의 환경 속에서 행동할 수 있는 능력을 갖고 있다. 교실 속에 교사, 가정 속에 학부모, 어느 곳에서나 학생이 그렇다. 그리고 그중 아무도 전체 상황을 통제할 수는 없다.

협의회는 개인의 영향이 존재해야 하며 학생들을 포함한 참가자들의 견해가 똑같이 유효해야 한다. 결국 팀 학습은 각 팀원들이 무엇을 알고 있는지를 보는 과정이므로 개개인의 행동의 단순한 합계보다 팀 전체가 더욱 효과적인 행동을 보인다.

학부모들과 교사들에게 던지는 질문

시간이 없더라도 학부모나 교사는 현재 상황에 대한 공통적 이해를 구축하기 위한 질문을 함으로써 효과적으로 학부모－교사 (학부모－관리자) 협의회를 재구성할 수 있다.

교사는 이렇게 물어볼 수 있다.

☐ 자녀에게 어떤 장점이 있는가?

☐ 자녀가 학교에 대해 어떤 말을 하는가?

□ 자녀가 학교나 다른 곳에서 하는 활동 중 어떤 것에 가장 좌절을 느끼는가?

□ 어떤 종류의 활동이 자녀를 신나게 하는가? 그들은 무엇을 하고 놀고 있는가?

□ 자녀의 친구나 사회적 관계에 대해 말해 달라. 학교 밖에서 누구와 어울리는가?

□ 자녀가 집 안에서 어떠한 책임을 맡고 있는가?

□ 학부모는 자녀에 대해 어떤 목표를 갖고 있는가?

□ 자녀는 어떤 목표를 갖고 있는가?

□ 자녀가 좋아하는 주제나 활동은 무엇인가?

□ 자녀에 대해 무엇을 알기를 바라는가?

학부모는 이런 질문을 할 수 있다.

□ 우리 아이가 선생님이나 다른 어른들과 어떻게 교류하는가?

□ 우리 아이가 반 친구들과 어떻게 교류하는가?

□ 어떤 활동이 수업에서 우리 아이를 괴롭게 하거나 좌절시키는가?

□ 우리 아이는 쉬는 시간에 무엇을 하는가?

□ 우리 아이가 가장 오랫동안 관심 갖는 활동은 무엇인가?

□ 우리 아이는 팀에서 어떻게 역할을 하는가?

□ 누구와 함께 팀을 구성하는가? 그 이유는 무엇인가?

□ 우리 아이와의 경험을 바탕으로 내년에는 어떤 종류의 교실 구조나 수업 스타일을 추천해줄 수 있는가?

□ 우리 아이의 장점은 무엇인가?

☐ 개선해야 할 부분은 무엇인가?

아이의 현실을 지도로 그려보기

시간이 허락한다면 지도로 그리는 것은 교사·학생 그리고 학부모에게 매우 효과적인 도구이다. 목표를 갖고 모니터링하며 지속적으로 팀 학습을 문서화하기 위해서 그 누구든 이 과정을 시작할 수 있다. 집과 학교에서는 지도로 그린 것을 보관한다. 또한 지도 그리기는 교사들과 관리자들이 어려움에 처해 있는 아이의 전체 삶의 상황을 고려하는 데에 도움을 줄 수 있다. 문제가 발생하거나 학생에게 폭넓은 기회를 찾아주고 있다면 당신은 다시 돌아가서 이렇게 질문해보아라. "우리가 이 아이에 대해 어떤 것을 알고 있습니까?" 그리고 당신이 시간을 내어 참여할 수 있다면 지도로 나타내는 것은 학부모-교사 협의회를 공유된 비전을 시작하는 것으로 바꾸는 데 도움을 줄 수 있다.

종이 한 장에 학생의 이름을 적어보아라. 그리고 중앙에서부터 확대해서 원을 그린 곳에 아이의 삶의 측면을 나타내는 것을 생각나는 대로 모두 적어보아라. 맵의 요소를 만드는 것을 돕기 위해 이 글에서 제안한 '학부모'와 '교사'의 질문을 이용해도 된다. 모든 사람들의 생각이 같은 맵에 반영되기 때문에 그들 스스로는 만들 수 없는 통찰력에 다다른다. 학부모는 "우리 가족은 지난 5년 동안 4번 이사를 했는데 우리 아이는 친구를 쉽게 사귀지 못합니다."라고 말할 수 있을 것이다. 교사는 이에 다음과 같이 대답할 것이다. "저는 당신의 아이가 앉아서 활동에 참여하지 않고 옆에서 지켜보는 것을 봤습니다. 이제 저는 무엇을 관찰해야 할지 더 잘 이해가 되고 이것을 해결할 수 있는 몇 가지 방법을 생각하고 있습니다."

만약 학부모가 '추론의 사다리'에 올라가서 아이와 학교에 관해 광범위하게 일반화를 하게 되면 교사는 이렇게 말할 수 있다. "그것에 대해 더 이야기 해봅시다. 학부모님께서 무엇을 보셨는지 알려주세요. 그것을 맵에 정확하게 기록하려고 하기 때문입니다." 학부모도 똑같이 할 수 있다. 만약 교사가 "그 아이는 훌륭해요."라고 말한다면, 학부모는 "음, 어떤 면에서요? 맵에서 어떤 다른 것과 '훌륭한 아이'가 연결될 수 있나요?"라고 말할 수 있다. 어떤 맵에서는 4학년 학생들이 자신보다 어린아이와 매우 친밀한 관계를 갖고 있다는 것을 보여줬다. 교사는 그들이 1학년 반을 방문해 그곳에서 가끔 학생들을 가르치도록 했는데 그 과정에서 아이들은 스스로의 능력에 대해 많이 깨닫게 되었다.

만약 지도를 9월 또는 10월에 그린다면 학부모와 교사 둘 다 그린 것을 갖고 있을 수 있다. 문제는 일 년 내내 발생하기 때문에 맵을 보면서 아이에 대해 알고 있는 것을 다시 생각해보고 추가할 수 있다. 아이들의 학년 수준이 올라가면서 맵이 성장하고 바뀌는 것을 보는 것은 항상 흥미롭다.

∬ 170쪽의 '팀 학습을 위한 생각그물 연습' 참조

4. "피자를 먹지 마⋯"

■■ 교실 경험을 쌓기 위한 활동

브라이언 스미스(Bryan Smith), 넬다 캠브론-맥카베(Nelda Cambron-McCabe), 팀 루카스(Tim Lucas), 아트 클라이너(Art Kleiner), 제니스 더튼(Janis Dutton)

목적 : 아이들과 학생들이 자신의 교실 경험을 축적하고 다른 사람들을 위해 성찰적 이야기를 작성할 수 있는 다양한 방법

때때로 일부 중학교에서는 고등학교에 진학한 졸업생을 연사로 초청하여 곧 졸업할 예정인 8학년 후배들에게 강연을 하게 한다. "고등학교는 어떤지 말해줄게. 나는 너희가 기하학을 더욱 완벽하게 배웠으면 좋겠어. 고등학교에 와서 정말 필요하거든." 우리 중 한 명이 4학년·5학년들과 만나고 온 3학년 패트릭에게 무엇을 배웠는지 물었다. 그 아이는 "식당에서 피자를 먹지 말라고 했어요."라고 말했다. "그 안에 벌레가 있대요."

학교 경험을 쌓는 것이 학생들이 성찰하고 그들의 성찰을 다른 사람에게 전달할 수 있는 가장 가치 있는 일 중 하나가 될 수 있다. 이것은 아주 어린 나이에 시작할 수 있다. 대부분의 유치원에서 1학년으로 올라가며 크게 달라지는 것 중 하나는 점심을 포함해서 하루 종일 학교에 있는 것이다. 1학년 학생들은 그들의 후배에게 할 말이 많을 것이다. "점심 도시락 가방에는 이름을 적어야 하고 밖에서 하는 활동이 많기 때문에 날씨가 추울 때는 장갑을 끼는 것을 잊으면 안 돼."

타임캡슐

매년 또는 매 학기 말에 학생들은 다음 학생들을 위해 조언과 의견의 "타임캡슐"을 만든다. 이 타임캡슐은 다음 학급에게 쓴 편지나 서로를 인터뷰한 영상이나 녹음 파일의 형태를 취할 수 있다. 웹사이트는 이를 위한 괜찮은 매체이다. 좋은 계획은 다음과 같다. '겨울 방학 직전에 테이프를 만들고 검토한 후 봄에 추가해서 다음 가을에 오는 학생들에게 제공해라.'

타임캡슐을 만드는 학생들이 아무리 어리다고 하더라도 매년 학년마다 올라오는 학생들을 도우려고 자신들의 입장을 밝히는 것이다. 이러한 이유로 당신이 만약 교사라면 당신의 개입은 최소한이어야 한다. 개인적인 생각을 단념하고 편집하라. (당신 자신에 대한 것을 포함해서) 구조적 평가는 제공하되 내용에 변화를 주는 것은 배제하라. 이것은 아이들을 위한 아이들에 의한 활동이다.

질문할 거리 :

- ❏ 시작할 때 무엇을 기대했니?
- ❏ 너를 놀라게 한 것은 무엇이니?
- ❏ 시작하기 전에 누군가가 너에게 말해줬으면 했던 것은 무엇이었니?
- ❏ 너가 공부하게 되어 기쁜 것은 무엇이며 그 이유는 무엇이니?
- ❏ 무엇을 덜 공부했다면 좋았을까? 그리고 그 이유는 무엇이니?
- ❏ 1년 전에 했던 것과 어떻게 다르게 생각하게 되었니?
- ❏ 너가 더 많은 도움을 얻었으면 했던 힘든 시간은 무엇이니?
- ❏ 내년에 무엇을 하고 싶니?

되돌아보기

수업의 분기나 일주일이 끝날 때 이러한 질문들은 사람들이 자신의 학습 능력을 되돌아볼 수 있도록 도와준다.

- ❏ 다른 사람들의 생각에 열린 태도로 접근했는가?
- ❏ 지금보다 더 나은 상황으로 변화시킬 만한 생각들을 표현했는가?
- ❏ 모든 사람이 말할 기회를 가졌는가?
- ❏ 우리의 공통 목표를 향해 나아갔는가?
- ❏ 다른 학습 스타일이나 성격, 말하기 능력의 수준에 열린 태도로 받아들

였는가? 침묵하는 사람들을 말할 수 있도록 이끌어냈는가?

☐ 우리가 생산하고자 하는 행동을 모델링했는가?

☐ 우리는 '흐름' 속에 있었는가? 우리의 대화가 창조적인 추진력을 갖고 앞으로 나아가는 것을 느꼈는가?

☐ 우리가 조정된 것처럼 느껴졌는가? 서로의 태도가 다른 사람들이 왜 그 것들을 고수하는지 다음 단계에 어떤 영향을 미쳤는지에 대해 이해했 는가? 우리가 서로 동의하지 않는다는 것을 알면서도 함께 일할 수 있 었는가?

☐ 나의 행동이 그룹을 돕거나 방해했는가?

☐ 그들의 존엄성을 위해 그들을 존중해주었는가?

☐ 우리는 반성적 학습을 모델링했는가?

▪▪ 교실 반성 일기

넬다 캠브론-맥카베(Nelda Cambron-McCabe)

수업에서 교사들이 스스로의 배움을 이해하는 것을 돕기 위한 모든 형태의 점검은 가치 있다. 마이애미 대학의 교육 대학원 세미나에 서는 학생들에게 계속해서 반성 일기를 쓰라고 요구한다. 그들은 학급 토론, 그들이 쓰는 페이퍼, 수업 과정에서 어떤 반응을 했는지 깊이 생각하며 일주 일에 1,000단어 정도를 써온다. 그것은 자신에 대한 성찰을 한 것을 나타내므 로 나는 그것을 계속해서 요구한다. 그것이 자신의 학습뿐만 아니라 그들의 학습의 질까지 향상시키기 때문이다.

처음에는 모두가 이 과제를 싫어한다. 제출해야 할 분량이 한 주에 3~5페이지나 되어 가장 부담이 가는 과제였던 것이다. 하지만 결국 그들 모두는 그 과정에서 가장 많은 것을 배웠다고 이야기한다. 셋째 또는 넷째 주에 이르자 대부분의 학생들은 수업이 끝난 후 그들의 생각이 생생하게 남아 있을 때 일기를 쓰는 습관을 갖게 되었다. 며칠 후 자신의 생각을 검토할 시간을 가질 때 그들이 쓴 것을 수정한다. 일기는 그들이 전념해온 과정을 나타낸다. 그들이 세미나의 복잡한 아이디어를 받아들이고 그들 스스로의 삶에 연결시키는 방법이다.

그 대가로 나는 그들에게 일기를 비평하거나 평가하지 않겠다고 약속했다. 단지 나의 생각을 추가해주겠다고 했다. 그리고 일기를 절대적으로 비밀로 하겠다고 했다. 학생들은 자유롭게 약간의 개인적이고 고통스러운 일들을 적기도 한다. 그것들을 읽는 사람은 나밖에 없다는 것을 알기 때문이다. 한 젊은 미국 흑인의 박사 과정 학생은 조직 학습의 과정이 그에게 매우 고통스러웠다고 적었다. 그는 "나는 왜 학교에서의 권력과 불공평에 대해 의문을 갖게 하는 과정을 고등학교나 대학교에서 듣지 않았는지 궁금합니다. 왜 모든 학습은 이렇지 않은가요?"라고 적었다.

교사가 되기 위해 계속 성찰해나갈 학생들을 위해 반성 일기는 누락된 부분을 알려준다. 학습에 관한 다양한 관점의 경험은 실제에서 훨씬 더 잘 돌보고 헌신적인 교사가 될 수 있게 한다. 학기가 끝날 때 박사 과정의 학생들은 자신의 학습 성장을 이해하는 데 매우 유용하다는 생각이 들어서 그들이 정기적으로 평생 반성 일기를 쓰기로 했다고 말하곤 한다.

∥ 604쪽의 '가르치는 것을 학습하기' 참조

비판적 성찰과 관련한 BROOKFIELD 시리즈

Becoming a Critically Reflective Teacher(Jossey-Bass, 1995).
The Power of Critical Theory : Liberating Adult Learning and Teaching(Jossey-Bass, 2004).
The Skillful Teacher : On Technique, Trust, and Responsiveness in the Classroom Jossey-Bass, 2006).
Teaching for Critical Thinking : Tools and Techniques to Help Students Question Their Assumptions(Jossey-Bass, 2011).
* 모두 스테펀 D. 브룩필드(Stephen D. Brookfield) 지음.

내가 학과장일 때 내가 갖고 있는 『Becoming a Critically Reflective Teacher』에 대하여 이야기를 나눈 후 교수들을 위해 15권을 구매했다. 브룩필드(Brookfield)는 성인 학습 분야의 전문성과 결합한 대학에서의 경험을 쓴다. 유머러스한 이야기로 가득 찬 이 책은 학문적 언어로 쓴 것이 아니다. 모든 학교의 교사와 학습자는 그가 묘사한 실제 사례를 통해 교수법을 향상시킬 수 있다. 브룩필드는 교사가 네 가지 다른 렌즈 – 자기 자신, 학생의 눈, 동료의 인식, 이론적인 문헌들 – 를 통해 자신의 실천을 살펴볼 것을 제안한다. 사회 과학에 경험이 적은 사람들은 소중한 교육 이론이 자신의 교수법을 향상시키는 데 도움이 된다는 것에 놀랄 수 있다. 모든 교육 기관이 비판적으로 성찰하는 교수법을 지지할 수 없으므로 브룩필드는 보다 지지적인 문화를 창출하기 위해 몇 가지를 제안한다. 『The Power of Critical Theory』는 성인 교육에 동일한 원칙을 적용한다. 『The Skillful Teacher』는 특히 대학 교육자에게 유용하다. 『The Teaching of Critical Thinking』은 교실에서의 질문 기술에 중점을 둔다.

– 넬다 캠브론-맥카베(Nelda Cambron-McCabe)

----

*   역자주 한글 번역본(스테펀 브룩필드 저/ 기영화, 김선주, 조윤정 공역, 성인 학습을 위한 비판 이론, 학지사, 2009).

교실에서의 시스템사고
Systems Thinking in the Classroom

이 책은 과거 10년 동안 시스템사고 기술을 초등 및 중등 교육에 도입하기 위해 헌신적으로 노력해온 교육자 그룹 덕분에 출판될 수 있었다. 수년 동안 교실에서의 시스템사고 커뮤니티는 복잡한 것을 명확하게 해주는 효과적인 이론과 방법에 관한 일련의 도구들을 개발해왔다. 시스템 작용방식은 단독으로 진행되지 않기 때문에 매우 강한 영향을 미치고 있다. 그것은 이 장에서 다루는 학습법과 교수법의 이해도에 따라 다른 통찰력을 강화하거나 그것에 의해 강화되기도 한다.

일부 사람들은 시스템사고가 어렵다고 여긴다. 하지만 교사(또는 부모나 학생)들은 시스템사고를 통해 유익한 결과를 거둘 수 있는 방법을 제시할 것이다. 이 책은 특정한 학파(party line)를 따라가지 않는다. 컴퓨터 모델링이 시스템 인식에 필수적이라고 주장하는 학자들도 있지만 "아메리카 인디언들이 노트북을 어디에 연결했습니까?"라고 묻는 제니스 더튼(Janis Dutton)처럼, 다른 의견을 가진 학자들도 있다.

이 분야의 저명한 개척자인 애리조나주 오렌지 그로브 중학교의 교장인 메리 스케츠(Mary Scheetz)는 '시스템사고는 항상 존재해왔다.'라고 말한다. "결국 세계는 역동적인 시스템으로 구성되어 있다. 시스템 관점으로 생각하고 풍부한 이해와 더 큰 질문을 할 수 있는 능력을 키우는

방법은 여러 가지가 있다. 우리가 만든 시스템다이내믹스 컴퓨터 모델
은 그러한 목적을 위한 강력한 방법이다. 그렇지만 나는 이것이 유일한
방법이라고 생각하지 않는다." 우리는 이 단원에서 여러분이 원하는 것
을 얻는 데 충분하고 어렵지 않은 여러 가지 도구를 살펴볼 것이다.

1. Long-Term에 관한 시스템 연구

제이 W. 포레스터(Jay W. Forrester)

MIT 슬론 경영대학원의 명예교수인 제이 포레스터(Jay W.
Forrester)는 시스템다이내믹스 개념이론을 수립하였으며
이 이론의 개념화, 맵핑 및 모델링 방법론 그리고 시뮬레이
션을 위한 소프트웨어를 개발했다. 오늘날에도 거의 모든 컴퓨터가 사
용하는 기술인 자기 코어 메모리 기술이 개발된 1950년 이후에 더 복잡
한 시스템 행동을 이해하기 위해 제이 포레스터(Jay W forster)는 컴퓨터
디자인 업계를 떠났다. 그 이후로 그는 피터 센게(Peter Senge)를 포함한
여러 세대 연구자들의 조언자이자 멘토 역할을 수행해왔다. 그의 중요
한 연구 업적인 산업 동역학(Industrial Dynamics), 도시 동역학(Urban
Dynamics), 세계 동역학(World Dynamics)은 기업 전략, 도시 재생, 인
구－자원－환경의 범지국적 상호작용에 대한 기존의 담론에 획기적인
변화를 만들었다. 제이는 1980년대부터 시스템사고 교육을 강조하기 시
작했다. 그는 시스템다이내믹스의 도구와 개념을 이용해 학습자 중심
학습법을 발전시킨 MIT 시스템다이내믹스 학생교육 프로젝트의 책임
자이다.[1]

일반적으로 보통 사람들은 인생에 대하여 단기적인 견해를 가지고 있다고

주장하지만 이것은 일부만 사실이다. 사실 사람들은 그들의 자녀나 후손들이 행복한 미래를 갖기를 바라지만 주변에서 작동되고 있는 시스템을 온전히 이해하지 못하고 장기적인 목표를 위협하는 단기적인 결정을 내리게 된다. 예를 들면 그들의 미래세대가 경제적 또는 환경적으로 어려운 상황에 처하게 된다는 것이다.

지난 수십 년 동안 나는 사람들이 이런 패턴에서 벗어나는 법을 배울 수 있다고 믿게 되었다. 그러기 위해 많은 사람은 일찍부터 시스템사고를 배워야 한다. 또 시스템 개념에 대하여 이야기하는 것 이상의 것이 필요하다. 그들은 실용적인 도구 즉 컴퓨터 기반 시뮬레이션을 사용할 시간이 필요하다. 이 시뮬레이션은 복잡한 실제 생활의 시스템 모델을 실험하여 자신만의 모델을 설계할 수 있게 해준다.

전 세계적으로 컴퓨터 기반 모델을 사용하여 시스템을 공부하고 있는 유·초·중등학교가 수백 개 있다. 이들 중 적어도 십여 개의 학교는 주도적으로 우수한 성과를 보이고 있다.

그들은 수학·물리학·사회학·역사학·경제학·생물학 및 문학에 시스템다이내믹스 모델링을 적용했다. 이 학교들에서 시스템다이내믹스는 프로젝트 접근 방식과 결합된다. 학습자 중심의 교육 방식에서 교사는 지식을 전달하거나 권위를 부리는 존재가 아니다. 교사는 어쩌면 학생들이 교사의 경험을 뛰어넘는 프로젝트를 만드는 과정에서 조언자와 코치가 된다. 이와 같은 방식으로 운영되는 중학교 교실은 대학 연구실과 매우 유사하다. 학생들은 프로젝트를 완수하기 위해 알아야 할 것들을 배워가며 현실적인 프로젝트를 수행하고 있다.

우리는 대부분의 학생들이 시스템다이내믹스 모델을 구축하기 위해 컴퓨터와 함께 일생을 보낼 것이라고는 생각하지 않는다. 그렇다면 시스템 교육의 결과는 무엇이 되어야 하는가? 시스템다이내믹스 교육의 목표는 다음의 세 가지로 분류될 수 있다.

1. 시스템의 본질 이해

시스템다이내믹스는 학생들에게 주변의 복잡한 세상을 해석하는 효과적인 방법을 제공한다. 그것은 우리가 세상에 대해 가지고 있는 직감적으로 '명백한' 정신 모델을 잊어버리는 데 도움을 주는데 이러한 모델은 대부분 사람들이 효과적으로 행동하지 못하게 한다. 이런 정신 모델은 어릴 때부터 획득되는데 종종 우리가 가장 이해하기 쉬운 경험을 통해 모델을 얻게 된다. 아이 손이 뜨거운 난로에 닿으면 손의 여러 부분이 고통을 느끼게 된다. 이러한 사고가 여러 번 일어나면 아이는 그 원인과 행동이 시공간적으로 밀접한 관계가 있음을 이해하고 문제의 원인이 결과주변에 있으며 결과가 나타나기 직전에 원인이 있어야 함을 이해하게 된다. 그러나 이 아이가 성인이 되어서 복잡한 시스템을 직면하게 되면 과거의 교훈에서 도움을 받을 수 없을 것이다. 대부분의 시스템에서 관찰되는 결과는 완전히 다른 시스템의 부분에서 기인할 수 있으며 시간적으로도 오래 걸린다. 결과와 밀접해 보이기 때문에 '명백한'것처럼 보이는 해결방안은 사실 실제 문제와 관련이 없거나 심지어 사태를 더 악화시킬 수도 있다.[2]

나는 이러한 상황을 1960년대 후반, 도시개발에 대한 시스템 시뮬레이션을 수행했을 때 처음 보았다. 이 모델은 가장 '명백하고' (또한 인기 있는) 시 정부의 정책이 도시 전체와 저소득 실업 거주자 모두에게 애매모호하거나 매우 해로운 것으로 나타났다. 저소득층을 위한 주택 건설이 많은 도시 공무원들에게 주택 문제의 자연스러운 해결책인 것처럼 보였다. 그 방법을 통해 가난한 사람들이 더 쉽게 편안히 살 수 있는 장소를 찾을 수 있을 것처럼 보였다. 그러나 저소득층을 위한 주택사업은 결과적으로 도시붕괴를 가속화시켰다. 그 사업은 일자리를 창출하는 사업조직을 위해 사용될 땅을 점유했고 일자리 찾기가 어려웠던 지역에서 비교적 미숙련노동자가 저임금 일자리를 놓고 경쟁하도록 유인했다. 그렇지만 그 지역에서는 그러한 일자리를 찾기가 어려웠다. 더 많은 집을 짓는 인도주의적 정책은 실제로는 경제적인 기회가 줄어든 지역으로 사람들을 끌어 들였고 경쟁하게 되어 오히려 빈곤을 조성했다.

이와 같은 복잡한 시스템에서 원인과 결과에 대한 주장은 여러분이 기사를 통해 읽을 때에는 그리 중요해 보이지 않을 수 있다. 어쨌든 누구든 인과관계가 존재한다고 주장할 수 있다. 그러나 학생들이 그런 행동을 하는 모델을 가지고 반복적으로 학습하면서 실제 관찰을 다양하게 통합하여 테스트하고 다른 실제 시스템에서 같은 종류의 행동을 관찰하게 되면 아이디어는 내면화되어서 정상적인 사고의 일부가 된다. 학생들은 복잡한 문제와 상황을 다루는 데 더 잘 숙련된다.

이러한 모델 자체는 때때로 실제 삶에 대해 놀라울 정도로 새로운 통찰력을 준다. 나는 어느 주말에 도시 다이내믹스 프로그램으로 직업훈련 프로그램을 만들었다. 그것은 '완벽한' 직업훈련 프로그램이었는데 '비숙련' 범주의 노동자들을 아무런 조건 없이 '숙련'의 범주로 바꿨다. 이 완벽한 프로그램은 실업률을 높이는 원인이 되었다. 굉장히 놀라운 결과였으며 이 모델이 어떤 영향을 미쳤는지 알아내는 데 하루가 걸렸다. 다른 직업 훈련을 위한 노력이 감소되었고(직업 훈련이 더 이상 필요하지 않았기 때문에) 숙련 노동자의 수가 증가되었다(따라서 숙련 노동자의 실업률이 증가되었다). 그리고 다른 도시로부터 미숙련 실업자들이 오게 되었다. 나는 컴퓨터를 보스턴의 정치인들과 경영진들에게 가져갔다. 그들은 몇 분 동안 조용히 실업률이 증가하는 것을 보았으며 마침내 그들 중 한 사람이 "아! 디트로이트는 미국 최고의 직업 훈련 프로그램을 갖고 있지만, 실업률이 급격하게 증가하고 있군요."라고 말했다. 이 모델에 대해서 아직 나는 확신을 가지고 있지 않았지만 직업 훈련 전문가들에게 그들의 일로 인해 실업률이 증가할 수 있는 가능성에 대해 알고 있느냐고 물었다. 나는 그들이 이 아이디어를 비웃을 거라고 생각했다. 하지만 그들은 이렇게 대답했다. "그런 일이 생기면, 우리는 다른 도시로 갑니다."

새로운 지식은 대학과 유·초·중등학교 수준에서 창출될 수 있으며 종종 그들 분야 바깥에서 일하는 사람들에 의해 만들어지기도 한다. MIT 대학의 한 학생은 다양한 분야의 당뇨병에서 포도당과 인슐린의 관계를 모델화했다. 그는 컴퓨터 '환자'로부터 의학문헌에서는 보고된 적이 없는 결과를 얻었다. 그는 이 모델에 문제가 있던 것을 확인하기 위해 당뇨병 연구를 하고 있는 의사들에게 결과를 보여줬다. 그들은 "우리도 그런 환자를 관찰한 적이 있었지만 항상 검사 과정에서 실수가 있다고 생각했다."라고 대답했다. 이러한 과정을 통해 새로운 의학 증후군을 확인할 수 있었다.

2. 개인적인 기술의 발달

시스템모델링은 일반 언어를 말하거나 쓸 때는 필요하지 않은 명시적이고 일관성 있는 규칙을 부여한다. 일상 대화에서 사람들은 종종 모호하고 불완전하며 심지어 비논리적인 진술을 구사한다. 이를테면 "사람들이 반응하는 방법은 상황에 달려 있다." 이러한 현상을 설명하고자 하는 시스템 모델러는 누가 참여하고, 어떤 종류의 응답이 있으며, 정확히 어떤 조건이 특정한 행동을 이끌어내는지를 명확히 할 필요가 있다. 그렇게 하지 않으면 일반적인 상호작용을 시뮬레이션 모델 내부의 명시적인 진술로 전환할 수 없다.

또한 중요한 것은 역변환(reverse translation)을 만드는 능력이다. 모델을 구축하고 사용함으로써 정확한 이해를 전달하고 명확한 진술을 말하거나 쓸 수 있다. 애매하지 않고 명확해지려면 용기와 기술이 필요하다. 하지만 이러한 능력을 개발함으로써 학생들은 자신의 추측을 비평하는 법과 그것을 향상시키는 법을 배운다. 그들은 더 깊이 생각하고, 즉각적인 상황 이상의 것을 보고, 근시안적이고 근거가 명확하지 않은 대다수의 의견을 거부하는 판단으로 발전시킬 수 있다. 문제를 해결할 때 그들은 '직관적으로 명백한' 첫 번째 해결책보다 더 광범위한 대안들을 모색한다. 또한 그들은 고립되고 불규칙적으로 보이는 사건의 의미를 부여하는 상호 연결이 얼마나 중요한지 잘 이해한다.

최근 얼마 전, 대학을 졸업한 학생에게 시스템다이내믹스 연구에서 무엇을 배웠는지 물었다. 그는 "신문을 완전히 다르게 읽는 방식을 배웠다."라고 대답했다. 그는 다른 사건들 사이의 관계를 이해하게 되었으며, 오늘 뉴스와 지난 주 또는 지난해 일어난 일 사이의 관계를 이해했고, 이야기의 일부분이지만 보도되지 않은 것 사이의 행간들을 이해하게 되었다.

3. 21세기 전망

시스템 교육은 학생들에게 자신의 미래를 스스로 결정할 수 있는 자신감을 준다. 특히 유·초·중등교육 시스템다이내믹스 맥락은 이전의 세대들이 이해하기 어려워했던 사회적 문제들을 개인별로 이해할 수 있는 낙관적인 전망을 제시한다. 인플레이션, 전쟁, 무역 불공정, 환경 파괴는 대중이 그 원인을 이해하지 못하는 채로 수백 년 동안 지속되었다. 그러한 문제는 전문가를 자처하는 사람들에게만 맡길 수 없을 만큼 너무나 중요하다. 시민들 스스로가 그러한 중요한 문제에 관한 토론에 참여할 수 있는 통찰력을 획득해야 한다.

학생이 성장한 후 스스로 모델을 구성하지 않더라도, 그들은 경제와 사회 정책에 있어서 변화를 꾀하는 사람들이 시스템다이내믹스 모델을 구축할 것을 기대한다. 모델은 대중에 의해 검증될 수 있어야 한다. 시민들은 참여를 통해 그러한 모델의 성격을 파악하고 그 모델에서 가정하는 상황을 평가해야 하며, 모델 제안자에게 그들의 가정을 밝히고 결론에 이르는 근거를 제시하라고 촉구하는 것을 쉽게 여겨야 한다.

이러한 이해는 점진적으로 이루어진다. 시스템 교육 프로그램에서 일하는 한 TV 프로듀서는 중학생에게 "이 시스템이 무엇을 의미하나요?"라고 질문했다. 소년은 즉시 이렇게 대답했다. "저와 어머니의 사이가 좋아졌어요." 하지만 시간이 흘러 시스템 교육을 받은 학생들이 첫 직업을 가지게 되자, 그들은 놀랄 만한 통찰력을 갖게 되었다. 미국 에너지파트에서 일하는 MIT 졸업생 중 한 명은 아주 간단한 2단계 시뮬레이션을 사용하여 요점을 파악했다. 그는 이 모델이 그를 둘러싼 사고에 아주 많은 영향을 준 것에 놀랐다. 심지어 단순한 시스템조차도 중요한 정책적 위치에 있는 사람들이 기존에 가지고 있던 생각을 훨씬 뛰어 넘는 경우가 많았다.

마지막으로, 시스템 교육은 학생들의 성격에 영향을 준다. 시스템 교육은 학생들의 혁신마인드를 강화하며 이러한 혁신마인드를 권위적으로 바꿔버리는 사회적 압력을 저지한다. "왜가 중요한 게 아니라 일 하는 것이 중요하다. 그렇지 않으면 죽는 거다."라고 생각하는 매우 권위적인 성향을 가진 사람들은 사건의 원인에 관심을 갖지 않으며 원인을 찾을 생각도 하지 않는다. 반대로 혁신마인드를 가진 사람들은 원인이 알려지지 않은 경우에도 원인이 존재한다고 생각한다. 그것에 더하여 그들은 원인을 찾아볼 필요가 있다고 생각하는데, 누군가가 원인을 이해한다면 상황을 바꾸거나 개선할 수 있기 때문이다.[3]

나는 아기들이 혁신성(innovative personality)을 지니고 태어난다고 믿는다. 그들은 탐험을 좋아하고, 새로운 것을 이해하기 원하며 사건들이 어떻게 일어나는지 그리고 주변 환경을 어떻게 다스리는지 알기를 원한다. 그러나 사회화 과정은 이러한 탐험과 질문을 막아버리게 만든다. 아이들은 계속해서 "들은 대로 하렴." 또는 "그만 묻고, 내 말을 들으렴." 또는 "다 너에게 좋으니까 이걸 공부하라고 하는 거야." 등의 말에 직면하게 된다. 이렇게 혁신성을 가로막는 일이 반복되면 그들의 성격은 점차 권위적인 틀에 갇히게 된다.

시스템다이내믹스 모델링 교육과정은 학생들이 학습 중인 행동을 유발하는 구조와 행태를 공식화함으로써 혁신적인 전망을 보존하고 재구성하는 데 도움이 된다. 혁신마인드를 갖기 위해서는 원인과 개선책을 찾는 과정에서 실수를 저지르는 것을 두려워하지 말아야 한다. 컴퓨터 시뮬레이션 모델링은 반복적인 시행착오 과정이다. 학습 과정은 탐험과 실수를 통해 이루어진다. 권위적인 성격은 실수를 두려워하게 만들며 새로운 것을 시도하지 못하게 한다. 독창적인 성격은 실수가 더 나은 이해를 위한 발판이라는 것을 안다.

시스템 교육의 이로운 점

시스템사고 및 시스템모델링 교육과정을 수용해야 하는 깊은 교훈은 저절로 주어지는 것은 아니다. 심지어 신뢰성이 높고 잘 구축된 모델조차도 그에 따라 세워진 가정을 테스트할 수 없다. 이러한 가정은 오직 모델을 따르는 활동의 궁극적 가치인 실용성에 의해서만 판단된다. 만일 모델의 가상과 현실 사이에서 일어나는 효과의 불일치가 있을 경우, 학생들은 이러한 불일치를 확인해서 시뮬레이션 기반의 정신과 컴퓨터 모델을 개선해야 한다. 그들이 배우는 것을 가족, 지역사회 그리고 학교에서 이미 알고 있는 시스템들과 관련시켜야 한다. 또한 가능한 한 일찍, 학교는 학생이 사용하도록 미리 준비해 놓은 케케묵은 모델에서 벗어나야 한다. 대신에 학생은 자신의 모델을 만들고, 단점을 조사하고, 개선하는 법을 배워야 한다.[4]

다른 '시스템사고' 방법(시스템 특성, 시스템 원형에서 오는 통찰, 시스템에서 사람들이 가지고 있는 경험을 연관시키는 법)들은 모두 더 깊은 논의를 시작하기 위한 좋은 시작점이 된다. 그러나 이러한 '시스템사고'는 유용한 시스템 교육의 5%를 넘지 않는다. 이 방식은 학생들이 미래 의사 결정에 활용할 정신 모델을 거의 바꾸지 않는다. 능동적인 시스템다이내믹스 시뮬레이션 모델링에 몰두하는 것만이 정신 모델을 변경할 수 있는 방법이다.

궁극적으로, 향후 수십 년 동안 우리가 직면해야 할 커다란 도전은 20세기에 걸쳐 물리적 세계에 대해 이해해온 것처럼 사회 시스템에 대한 이해를 증진시키는 것이다. 이것은 사회 시스템 내부의 상호 관계가 개인의 행동에 강한 영향을 미친다는 사실을 받아들이는 것을 의미할 수 있다. 이 문제를 더 솔직하게 말하자면, 인간사회 시스템이 진정한 시스템이라면 사람들은 사회적이고, 경제적인 기계를 구성하고 있는 톱니바퀴의 부분이라고 할 수 있다.

비록 이 견해가 사람들의 자유 의지에 따라 결정을 내린다는 중요한 환상과는 어긋나지만, 나는 우리 생활의 시스템이 실제로 존재한다고 믿고 있다. 사회적, 정치적 시스템의 '재설계'는 기계적이거나 권위주의적인 것처럼 들릴 수 있다. 그러나 모든 정부의 법과 규정, 기업정책 및 기타 사회 시스템은 때때로 설계의 기본 가정에 대해 의문을 제기하지 않고 설계되었다. 이러한 설계는 장기간 영향을 주는 모델링이나 소규모의 파일럿 실험도 없이 사람들과 실제 공동체에서 '실험적으로' 테스트 된다. 21세기에는 모든 곳에서 더 나은 시스템 교육을 통해 더 좋은 시스템 설계가 가능하게 되기를 희망한다.

2. 교실에서 시스템사고를 실천하기 위한 안내

수집 및 편집 : 리스 스턴츠(Lees Stuntz)와 나나 크루슈위츠(Nina Kruschwitz)

> 이 부분은 이 책의 마지막 판에서 개정되었으며 실제 실무자들의 경험과 지혜를 담고 있다. 리스 스턴츠는 이 분야 연구와 개발의 원천 중 하나인 Creative Learning Exchange(421쪽)의 책임자이다. 나나 크루슈위츠는 '학습하는 조직 현장지침서(Fifth Discipline Fieldbook)' 프로젝트와 MIT Sloan Management Review의 편집장이다. 그녀는 MIT의 조직학습센터(Organizational Learning Center)에서 시스템사고 도구와 기술을 배웠다.[5]

1980년대 이후로 유·초·중·고 교실에서의 시스템사고와 시스템다이내믹스가 사용되어왔다. 여러분이 교사라면 이러한 점에 흥미를 느낄 것이다. 어디서부터 시작을 해야 하는가? 내 교실에서 이 시스템을 적용하기 전에 이 분야에 대해 얼마나 알고 있어야 하는가? 어디서 도움을 청할 수 있을까? 학생들에게 무엇을 기대할 수 있는가?

시스템을 도입하기 위한 유일한 방법은 없다. 사람들은 넓은 분야에서 다양한 경험을 가진 채로 이 영역에 입문하게 된다. 여러분과 여러분의 학생들은 기존 교과과정에 대한 새로운 시각을 얻기 위해 시스템사고를 활용하는 데 만족할 수도 있으며 또는 여러분만의 컴퓨터 모델을 개발할 만큼의 충분히 학습하기를 원할 수 있다. 그러나 출발점이 어디이든 또한 얼마나 먼 길을 가야 하는지와 무관하게, 여러분이 직면할 것이라고 예상할 수 있는 일, 시도해봐야 할 활동, 피하고 싶어 우회하는 것들 그리고 여러분이 가치 있게 여길 자료들이 있다.

왜 수업에서 시스템사고를 사용하는가?

시스템사고는 우리를 둘러싸고 있으며 우리가 포함되어 있는 복잡하고 역동적인 시스템 안의 상호작용 관계를 이해(때때로는 예측)하는 능력이다. 몇몇 시스템(인구 증가, 토지 이용, 기후, 농업 생산, 혁명의 원인, 교통 패턴)은 이미 수업에서의 시스템사고와 도구를 적용하고 있으며 시스템 연구의 대상이 되고 있다.

시스템사고 능력은 새로운 것도, 신비한 것도 아니다. 한 교사가 입문 과정을 마친 후 "이건 다 상식이잖아요!"라고 했을 때 많은 사람이 동감했다. 그것은 여러 면에서 사실이다. 시스템사고는 큰 그림, 그것을 구성하는 세부 사항, 그 부분들이 시간이 흘러가며 서로 상호작용하는 방법을 볼 수 있게 하며, 우리가 항상 보지만 거의 설명하지 않는 행동 패턴들을 명확하게 만든다.

시스템다이내믹스의 도구들 - 시간별 행태(Behavior-Over-Time, BOT) 그래프, 저량 유량 다이어그램, 인과 관계 루프, 컴퓨터 모델, 시뮬레이션, 원형-이 모두가 시스템다이내믹스 패턴을 효과적으로 이해하는 데 도움이 되는 방법이다.

// 174쪽의 '시스템사고'의 일반적인 소개 참조

학생들은 기존 교과 과정을 향상시키는 도구를 사용하여 시스템이 성장하고 안정화되도록 하는 정확한 유형을 명시하고 계량화하는 방법을 배우며, 다양한 가정 아래 시간 경과에 따라 시스템의 동작을 관찰하기 위해서 그 영향들을 시뮬레이션을 한다. 학생들은 실습을 통해 정의된 시스템 부분을 확인하고, 시스템 간 상호의존성을 만드는 조건과 시간 및 공간에 미치는 영향을 분석하고 이해하는 법을 배울 수 있다. 여러 도구들은 각각 다른 작업에 적합하며, 교사와 학생 모두 특정한 도구를 어느 경우에나 사용하는 경향이 있다. 그러나 수업에서 이러한 도구를 사용하는 경험이 많아지면서, 도구를 함께 사용하면 학습 이해력이 크게 향상된다는 사실을 알게 되었다.

싱가포르의 교육자 그룹이 오리건주 포틀랜드(Portland)에 있는 터브먼 중학교(Tubman Middle School)의 7학년 수업을 방문했다. 한 학생은 자신이 만든 모델의 장점에 대해 설명하면서 "저는 이 도구들을 어디서나 사용해요. 제 수업 전체에서 시간에 따른 행동 그래프를 쓰는 것처럼요. 하지만 제가 제일 좋아하는 건 인과 관계 루프예요."라고 말했다. 이 소녀가 한 말은 근처에 같이 서 있던 교사들에게는 일종의 승리와도 같았다. 지적인 도구에 대해 이러한 친숙함, 자신감 및 주인의식을 가지는 경우는 매우 드물다. 이상적으로는 학생들이 대수학, 문장 다이어그램 등 학교에서 배우는 모든 지적 도구에 대해 같은 느낌을 가져야 한다. 학생들은 교수법 때문에 이런 주인의식을 갖지 못하는 경우가 종종 있어왔다. 시스템사고를 하면, 교사는 학교생활과 학교 밖에서 평생 동안 우위를 제공할 수 있는 지적 도구들을 학생들에게 제공할 수 있다. 수학 교사 다이애나 피셔(Diana Fisher)가 시스템사고와 컴퓨터 모델링을 처음 알게 되었을 때, 그녀는 평생 찾고 있었던 도구를 발견한 기분이었다.

그녀는 학생들에게 '실제 세계가 어떻게 작용'하는지 가르치는 방법을 발견했다. "방정식은 대부분의 사람들이 이해하기 쉬운 것이 아니죠." 그녀는 이렇게 말했다. "제가 받은 교육과 수학 교육에서의 경험에도 불구하고, 처음 보는 형태의 방정식 문제를 보면 '어휴, 앉아서 하나하나 살펴봐야 되겠네.'라는 생각이 들죠. 하지만 다이어그램은 특유의 시각적 특징 덕분에 이야기를 보여주는 데 매우 용이해요. 우리가 시작도 못할 만큼의 대단한 분석 능력을 가진 학생들이 있죠. 그런 학생들에게 STELLA와 같은 도구를 주면 그 학생들은 아주 뛰어난 능력을 보입니다. 우리는 전에 결코 본 적이 없는 학생들을 만날 수 있죠."

■ 초등교육에서의 시스템사고

세리 마린(Sheri Marlin), 수업은 보턴(Borton) 초등 마그넷 학교에서 바바라 카사노바(Barbara Casanova)가 함

돌 수프, 수프 냄비, 저량 유량 다이어그램

수프용 냄비는 주로 수프를 만드는 데 사용된다. 하지만 이것은 또한 유치원생들에게 무엇이 시스템에 변화를 일으키는지, 그리고 어떻게 그 변화를 기울기로 측정할 수 있는지 가르치는 데 쓰이는 유용한 도구가 되기도 한다. 수년간 어린 학생들에게 시간별 행태 그래프를 사용해보고 또 이 도구의 시각적 특성이 어떻게 학생들의 사고를 정립할 수 있게 돕는지 관찰한 후, 교사들은 저량 유량 다이어그램의 활용 가능성에 대해서도 기대하기 시작했다.

유치원교사 바바라 카사노바는 일반적인 가을학기 레슨을 받은 뒤 저량 유량 다이어그램이 어떻게 작용하는지를 학생들에게 쉽게 설명해주는 기회를 가지게 되었다. '돌 수프'라는 동화는 어느 젊고 영리한 젊은이가 자신이 돌로 수프를 만들 수 있다고 할머니를 속여서 수프를 만들게 하는 내용의 민간 설화를 바탕으로 한 이야기다. 그는 실제로 돌로 수프를 만들지만 양파, 당근, 쇠고기 뼈, 소금, 후추, 보리 및 버터를 넣은 후에 한다. 바바라의 교실에서, 학생들은 그들만의 '돌 수프'를 만든다. 아이들은 근처 시장에서 맛있는 야채들을 사고 학교로 가져와서 씻고 손질해서 수프 만들 준비를 한다. 이것이 시스템사고가 시작되는 시점이다.[6]

어린이들은 취향에 따라 수프에 1/4컵, 1/3컵 또는 반 컵의 야채 중 얼마만큼을 넣을지 정한다. 동시에 학생들은 냄비가 얼마나 찼는지 표시한다. 학생들은 또한 종이 수프냄비, 그리고 수프에 들어가는 야채를 종이로 만든다. 이 종이 수프냄비는 학생들이 일 년 동안 저량－유량 지도를 만들 때 다이어그램 중간에 있는 사각형의 누적을 의미하는 것을 기억하게 해준다.

냄비가 가득 차면 요리가 시작된다. 한 교실에서는 냄비 가득 수프를 요리하고, 한 학생이 빈틈없이 냄비에서 수증기가 새어 나오는 것을 관찰하며 그 수증기는 저량의 변화로 기록된다.

마지막으로 수프를 먹을 시간이다. 학생들은 친구나 가족을 초대해서 관대하게 그들의 수프를 나눈다. 수프를 다 먹으면 학생들은 컵과 그릇의 숫자를 기록한다. 그들은 큰 그릇이 수프 양의 변화 흐름에서 좀 더 가파른 경사를 만든다는 것을 알게 된다. 시간별 행태 그래프에 익숙해짐에 따라 학생들은 그래프에 그리는 선의 경사를 예측하게 된다. 그들은 수프를 준비하고, 요리하고, 서빙하고, 먹는 과정에서 무슨 일이 일어났는지에 대한 결론에 도달하게 된다.

수프는 그 자체로는 복잡한 시스템이 아니다. 하지만 5세 아이가 누적을 설명하고 평가와 기울기라는 용어를 사용하고, 그리고 누적되는 다른 시스템에 이 정보를 전달하는 능력은 중요하다. 더 대단한 것은 이 유치원 아이들이 수업 몇 주 뒤에 다시 모델로 돌아가서 정확하고 명확하게 개념들을 설명한다는 것이다. 어린아이들은 깊이 생각하고 심지어 추상적으로 생각할 수 있다. 아이들에게 시각적 도구를 제공해주면 오개념을 바로잡을 수 있으며 정확하게 생각을 하게 된다. 수프냄비는 학생들이 가장 좋은 생각을 해내도록 도와주는 명확한 비유를 만들어주는 확실한 예시이다.[7]

누적의 개념을 분명하게 하는 동물원 방문

어린이들은 구체적인 예를 들어줄 때 추상적인 사고를 할 수 있다. 그러므로 유치원 교사 바바라 카사노바는 저량-유량 모델이 어떻게 작용하는지 가르치기 위하여 동물원 방문의 예를 사용해서 학생들을 도왔다.

동물원에 가는 것은 유치원 어린이들에게 상당히 친숙한 야외 수업이다. 바바라의 반 학생들은 동물에 대해서 공부할 뿐만 아니라 동물원 출입 시 교통 흐름이 동물원 관람객들의 경험에 어떤 영향을 미치는지도 공부하게 된다. 아이들은 사람들이 동물원에 들어가고 나오는 것에 영향을 미치는 요소들을 조사한다. 예를 들어 사람들은 배가 고프거나 동물을 다 봤거나, 피곤하다면－'아기가 낮잠 자야겠네'라고 생각하면－동물원을 떠나게 된다. 아이들은 또한 새로운 아기 동물의 탄생 같은 이벤트가 입장객의 숫자에 영향을 미친다는 것도 알게 된다.

바바라는 동물원에 가는 사람들의 누적을 나타내기 위해 교실에 커다란 사각형을 붙여 놓는다. 학생들은 커다란 이야기책을 만든다. 각각의 페이지는 하루의 한 시간을 나타내고 학생들은 각자 동물원 출입을 하는 시간을 고른다.

바바라는 커다란 시계로 동물원의 시간을 잰다. 오전 9시, 네 명이 입장한다. 10시에, 6명이 입장한다. 11시에 5명이 입장하고 3명이 퇴장한다. 사람들이 모두 동물원을 나가는 시간인 오후 4시까지 이것을 저량 유량 다이어그램에 기록한다.

이 수업은 저량 – 이 경우에는 동물원 관람객 – 이 누적이라는 개념을 심어준다. 커다란 사각형의 안과 밖으로 실제로 움직여보면서 학생들은 저량 누적과 변화율을 시뮬레이션하게 된다. 이렇게 몸을 사용하면서 학생들은 동물원 출입에 영향을 미치는 요인들을 분석할 수 있게 된다.

동물원 게임에서 사용된 저량의 물리적 표현은 유치원 교육과정의 일부인 수학 게임과 유사하다. 이 수학 게임에서 학생들은 숫자 +1, +2, +3, −1, −2, −3이 쓰인 주사위를 굴리게 된다. 3부터 시작해서 학생들은 주사위를 굴려서 나온 숫자만큼 물체를 박스에 넣거나 빼내야 한다. 이 게임의 목적은 간단한 수 세기와 덧셈과 뺄셈의 기초를 배우는 것이다. 물체 대신 사람을 사용하므로, 바바라는 학생들이 상응하는 문제를 해결할 때, 동물원 이야기를 시뮬레이션하게 했다. 바바라교사는 이런 식으로 아주 간단한 저량 – 유량 다이어그램과 수학을 연결시켜 강화하고 있다.

수학 활동을 신체를 사용하는 동물원 저량 – 유량 게임과 연결 지으면, 학생들은 연결하고 두 활동 모두에 더 깊은 의미를 부여하게 된다. 동물원 저량 – 유량 게임은 시스템사고 도구를 이용해서 학생들이 활동을 완성하는 데 필요한 사고력을 향상시키고 기존의 학업성취기준에 달하는 교육의 수준을 향상시킨 좋은 예이다.

매머드 게임[8]

매사추세츠주의 칼라일(Carlisle)학교 3학년 학생들은 사회 시간에 매머드 게임을 통해 빙하기에 대해 공부했다. 학생들은 주사위를 던져서 매머드의 출생과 죽음을 나타내는 시간별 행태 그래프를 만들었다. 매 회마다 그룹의 무리는 줄어든다. 전체 무리의 수를 매년 기록하면, 그림이 만들어진다. 이 그래프에 나타난 패턴을 읽을 수 있게 돕는 것이 중요하며, "무엇이 변화하고 있나요? 어떻게 변화하고 있나요? 왜 변화하고 있나요?"와 같은 질문을 통해 대화를 유도할 수 있다. 급격한 그래프의 기울기는 개체 수의 급격한 감소를 나타내며 완만한 하강 곡선은 감소율의 저하를 나타낸다.

교사와 학생들은 개체 수와 출생과 사망 사이의 관계를 파악하기 위해 두 개의 서로 다른 시스템사고 도구를 사용하였다. 우선 그들은 인과 고리(causal loop)를 이용해서 피드백 고리의 특징에 대해서 이야기하였다.

매머드 학습법이 개발되고 작성된 칼라일 학교의 교사들은 8학년과 9학년 학생들이 지수 감소에 대해 잘 이해하는 것을 보고 놀라워했다. 그들이 멸종－매머드의 총 개체 수는 사망이 출생보다 많을 때 소멸한다.－에 대해서 다루던 중 한 학생이 매머드 100마리에서 시작하는 대신, 1,000마리부터 시작하면 어떤 다른 점이 있는지 질문했다.

교사를 포함해서 아무도 정확한 답을 알지 못했다. 어떤 학생들은 만약 10배 더 많은 숫자에서 시작한다면, 매머드가 10배는 더 오래 유지될 것이라고 예측하였다. 반면 다른 학생은 만약 매년 1/3의 개체 수가 사라진다면, 무리는 같은 비율로 줄어들 것이고 결국 같은 시간 내에 멸종할 것이라고 말하였다. 학급은 간단한 STELLA 모델을 시뮬레이션해보았고, 그 학생이 옳았다. 수업이 끝날 즈음에 추가 토의를 거쳤고, 대부분의 학생들은 지수 감소와 반

감기에 대해 이해하게 되었다. 학생들은 교사가 수업의 마지막에 그 어휘들을 소개하자마자 이해했다.

이러한 인과 고리는 학생과 교사들이 같은 것들을 통해 하나의 시스템 안의 서로 다른 요소들이 어떻게 서로 영향을 미치는지 파악하게 돕는다. 더 중요한 것은 이 과정을 통해 순환 피드백(circular feedback), 즉 시스템의 다른 부분들이 서로 영향을 줄 때 원인이 결과가 되고 그 결과가 다시 원인이 되는 것을 인식하게 된다. 시간별 행태 그래프가 시스템에 '무엇'이 발생했는지 설명한다면, 인과 고리는 '이유'를 말해준다. 많은 교사는 인과 고리에 이끌리게 되었고 원인과 결과를 파악하는 직관적 감각을 발전시키게 된다. 이 다이어그램은 복잡한 영향력의 패턴을 한눈에 보기 쉽도록 시각적 정보를 제공하는 데 유용하다. 여러 복잡한 고리를 사용해서 매우 정교하고 복잡한 시스템을 묘사하는 인과 고리를 그릴 수도 있지만, 가장 좋은 것은 간단하게 나타내는 것이다.

다음으로 칼라일 교사들은 매머드 게임에 저량 유량 다이어그램을 사용한다. 저량 유량 다이어그램은 인과 고리보다 훨씬 다양한 용도를 가지고 있으며, 어린 학생들에게 특히 가치가 있음이 분명하다. 학생들(또는 성인들)이 유입과 유출이라는 개념에 대해 생각하기 시작할 때, 이 다이어그램은 그들의 사고에 궁극적인 변화를 가져올 수 있다. 학생들은 그들이 게임에서 언급했던 실제 숫자에 대해서 의논하게 되고 그것들을 누적과 유동이라는 개념으로 연결시킬 수 있게 된다.

저량-유량은 종이와 연필 혹은 칠판을 가지고 다이어그램으로 만들 수 있다. 질문과 대화가 진행되면, 교사는 옆에 있는 목록에 가능한 투입, 산출 그리고 흐름에 대한 영향 등을 따로 기록할 수 있다. 이것들은 도표가 복잡하게 발전될 때 유용하게 활용할 수 있다.

하지만 저량 유량 다이어그램이 항상 독립적으로 만들어지는 것은 아니다. 가끔은 시뮬레이션이나 모델을 만드는 과정 중에 그려지기도 한다.

사실 여러분이 잘 정의된 저량 유량 다이어그램을 그려냈다면, 컴퓨터 모델의 절반은 만든 것이다. 많은 교실에서 이루어지는 마지막 단계는 매머드 게임에서 한 것처럼 간단한 컴퓨터 모델을 프로그램하고 그것을 실행시켜서 그래프의 패턴을 읽는 것이다.

- 랍 콰든(Rob Quaden), 알란 티코츠키(Alan Ticotsky), 데브라 리니스(Debra Lyneis)

■ 중학교에서의 시스템사고

교실에서 시스템사고의 중요한 용도 중 하나는 우리 시대의 중요한 이슈를 이해하고 그것들을 어떻게 다룰 수 있는지에 대한 이해를 발전시키는 것이다. 그러한 이슈 중 둘을 꼽자면 우리가 사는 지구의 지속가능성과 끔찍한 전염병이 일어날 가능성이다. 다음에 소개하는 두 중학교에서 이 두 가지 이슈를 명확히 다루고 있다.

콩 게임

대부분의 사회, 과학, 환경 교육 교육과정은 제한된 자원, 인간과 자연의 상호작용의 영향, 수용 한도, 결핍과 선택의 관계 그리고 자연자원의 배분과 같은 개념들을 공통적으로 다루고 있다. '워터스 재단의 학교에서 시스템사고(Waters Foundation's Systems Thinking in Schools)'의 세릴 다우(Cheryl Dow)와 트레이시 벤슨(Tracy Benson)은 학생들이 이러한 필수적인 개념들을 경험할 수 있도록 돕는 역할극 시뮬레이션을 만들었다. '콩 게임(Bean Game)'은 다세대 가정의 각 세대들(고조부모, 중조부모, 조부모, 부모 그리고 아이들)이 건강하고 풍요롭게 살기 위해 어떤 자원을 선택했는지에 따라 어떤 영향을 받았는지 알기 위해 각 세대를 추적한다.[9]

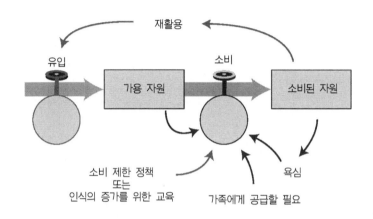

이 게임은 각 세대가 그들이 세계의 자원을 의미하는 커다란 용기에 담긴 자원을(강낭콩으로 표현됨) 서로 다른 소비용 용기(수저, 작은 컵, 족집게 등)를 이용해 접근하고 소비할 수 있도록 만들어져 있다. 이 게임은 재생 가능한 자원을 포함하지 않기 때문에, 학생들은 매우 빠르게 자원이 고갈된다는 것과, 정신 모델, 탐욕 그리고 용기 종류가 세계 자원의 빠른 감소에 어떤 영향을 미치는지를 본다. 일반적으로, 첫 세대는 경쟁적인 성향을 띠며 가능한 많은 콩(자원)을 가지려고 한다. 많은 콩을 담을 수 있는 그릇(작은 컵)을 가진 가정과 명백한 한계(족집게)를 가지고 있는 가족 사이에 재미있는 적대감이 생긴다. 시뮬레이션의 끝에 다다르면 가장 어린 세대는 자원 고갈 상태에 직면하게 되고, 그러므로 생생한 보고(debriefing)를 하게 만드는 감정적인 반응이 일어난다.

-트레이시 벤슨(Tracy Benson, 워터스 재단)

어떻게 감염이 번지는지 중학생들이 알도록 돕기[10]

　　종종 중학생들은 최근의 질병의 확산에 대한 과학수업보다는 최근 친구들 사이에서 벌어진 일들에 대한 뉴스에 더 관심이 있는 것 같아 보인다. 하지만 이 두 가지의 시스템은 학생들이 알고 있는 것보다 실제로 훨씬 비슷하다.

　　학생들은 루머가 얼마나 빨리 확산되는지 잘 알고 있다. 모든 사람들이 아주 짧은 시간에 그런 루머를 듣는 것처럼 보인다. 이러한 삶의 실제 경험과 연결하여, 시아 반 로즈(Shea Van Rhoads)와 나는 시아의 과학 수업을 듣는 8학년들에게 HIV(에이즈 바이러스)와 같은 질병들이 매우 유사한 방법으로 확산된다는 점을 가르쳤다. (이 게임은 보건수업에서도 사용되었다.) 학생들은 직접 몸을 움직이며 교실을 한 바퀴 돌면서 악수를 하는 게임을 하였다. 때로는 악수를 통해 가상의 '감염'이 전염되기도 하고 때로는 전염되지 않기도 했다. 한 바퀴를 돌 때마다, 학생들은 그들의 감염 상태를 건강 혹은 전염됨으로 기록했다.

　　처음에는 단 한 명의 학생만이 가상의 질병에 걸려 있었으나, 시간이 지나자 모든 학생들이 감염되었다. 학생들은 그들의 데이터를 시간에 따른 총 감염수를 나타내는 그래프로 옮겼다. 일반적인 S자 성장 패턴은 감염이 초기에는 아주 천천히 확산되다가 이후 더 많은 학생에게 감염이 가속화되는 양상을 잘 보여준다. 결국에는 모든 학생이 감염되고 그래프는 안정상태가 된다.

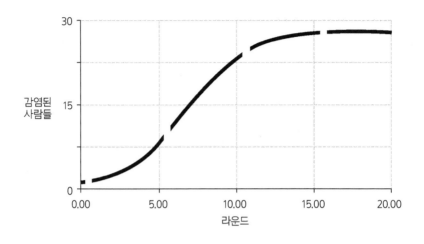

이 그래프를 사용해서 학생들은 이 성장 패턴을 만드는 근본적인 구조에 대해 이야기하였다. 그 뒤 다른 시스템 요소들을 포함하여 (예를 들어 감염된 개체 수, 건강한 개체 수, 그들 간의 접촉 빈도) 컴퓨터 소프트웨어 모델을 만들었다. 매우 간단한 모델을 이용해서 그들이 직접 경험한 것과 유사한 S자 패턴을 생성하였다. 이후 학생들은 무엇이 감염의 확산을 유발했는지 혹은 무엇이 감염을 막을 수 있었는지 등의 여러 이론들을 시험해보는 데 이 모델을 사용하였다.

감염이 어떻게 확산되는지 일반적 개념을 얻은 후에는 학생들은 과학 시간에도 배우는 에이즈라는 특정 질병을 살펴본다. 학생들은 HIV의 역동성을 확인하기 위해 시뮬레이션을 가동한다. 이때 감염이 잠비아, 미국, 보츠와나 같은 특정 국가들에 미친 영향과 같은 통계 수치를 이용한다. 각각의 나라들은 시뮬레이션 초기에 감염된 인구비율, 의료적 처치가 가능한 수준, 바이러스에 노출된 인구비율 등의 요소들이 다르기 때문에 서로 다른 감염 패턴을 가진다. 학생들이 플레이한 원래의 가상의 감염 게임은 회복 또는 사망이라는 두 가지 가능성을 포함하지 않기 때문에, HIV확산 패턴은 악수 게임과 다소 다르게 나타났다. 시간이 흐르면서 질병이 감소하는 것이 가능하였다.[11]

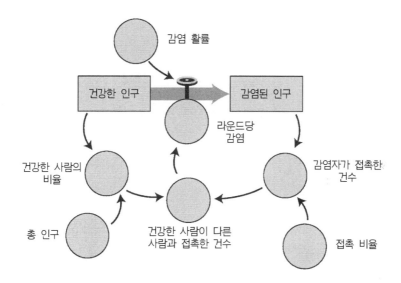

서로 다른 나라들의 시뮬레이션 조건에 기반을 둬서, 학생들은 일정 기간이 지난 후 나라들의 인구에 나타날 변화를 추측했다. 시뮬레이션을 해본 후, 학생들은 경제, 정치, 문화적 의미에 대해 이야기를 나누었다. 그들은 또한 바람직한 변화를 일으키기 위해 영향력을 행사하는 방법과 정책 결정의 장기적 효과라는 어려운 문제들에 대해 질문과 탐구를 하기 시작했다. 예를 들어 "만약 예방법에 의해 모든 새로운 감염이 제거될 수 있다면 어떻게 될까?" 혹은 "예방 조치가 동시에 취해지지 않는 상황에서 감염된 사람들의 생명 연장과 질병 확산 속도에 약물치료가 어떤 영향이 있을까?" 등이다.

루머 확산과 HIV의 확산 간의 관계를 들여다보는 것과 비슷한 방식으로, 학급은 매우 다양한 맥락에서 이런 성장 패턴을 탐구하였다. 이는 흑사병, 새로운 생각이나 혁신의 확산, 패션이나 제품 유행의 변화 등을 포함한다. 학생들은 자신만의 모델을 구축했고, 직접 몸을 사용하여 시뮬레이션을 경험했고, 저량-유량 표현을 만들었으며, 시뮬레이션 상황의 환경을 탐구해보았다. 이러한 다양한 경험을 통해서, 학생들은 이런 일반 성장 패턴을 이해하게 되고 실제 세상의 다양한 맥락을 인식할 수 있게 된다. 학생들은 또한 전 세계와 역사를 통틀어 이러한 문제들을 겪었거나 겪고 있는 실제 사람들에 대해서도 인지하게 된다.

-앤 라빈(Anne LaVigne, 워터스 재단)

■ 고등학교 수준에서의 시스템사고

시스템사고 도구는 수학이나 과학 수업에서만 사용할 수 있는 것이 아니다. 10학년 영어 시간에 학생들은 『파리 대왕(Lord of the flies)』을 읽으면서 그룹을 이루어 각 장의 사건이 전개될 때 인물들의 힘의 수준이 어떻게 변화했는지 그래프로 나타내었다. 결과를 비교하면서, 학생들은 심도 있는 참여를 유도하는 질문을 하고 토론을 나누었다. 각 그룹의 그래프가 달랐기 때문에 각 그룹은 '현실'의 성격에 대한 서로 다른 전제에 대한 논의부터 시작했다.[12]

// 198쪽의 '파리 대왕'시뮬레이션 설명 참조

교사인 팀 조이(Tim Joy)는 이렇게 말한다. "시간별 행태 그래프에 관한 내용을 읽기는 했습니다. 하지만 제가 이 일을 해낼 수 있을지는 알 수 없었어요. 학생들의 과제는 책을 읽는 동안 인물들을 추적하는 것이었죠. 그들의 과제는 책에서 겪는 인물의 행동을 추적하는 것이었습니다. 학생들은 그 과제를 집에서 했고, 저는 다음 날 간신히 참관을 할 수 있었어요. 그들은 벌써 서로 그래프를 보여주고 있었고 이미 논쟁을 펼치고 있었어요. 우등반의 학생들이 가장 컨디션이 좋은 경우에도 그런 활발한 토론을 한 적이 없었습니다. 저는 그들이 함께 모여 합의점을 나타내는 그래프를 만들게 했습니다. 그것은 매우 좋은 결과를 가져왔는데, 왜냐하면 그렇게 하자 그들은 개요에서 직접 과제로 그려온 그래프 중 동의하지 않는 것을 고르고 자신의 견해를 언급했기 때문입니다. 학생들의 반응－참여도, 사고력과 대화의 수준－을 보고는 이 도구가 바로 내가 계속 찾아왔던 도구라는 걸 알았습니다."

팀은 수업을 계속 진행하면서 저량 유량 다이어그램과 최종적으로 각각의 상호 관계를 정의하는 방정식과 컴퓨터 기반 시뮬레이션 모델을 구성했다. 모델 내의 변수들은 학생들이 시스템 내부의 요소들이 어떻게 서로 상호작용하는지를 빠르게 배울 수 있도록 조작되었다.

특정 시스템의 다이나믹스 학습을 하기 위해 기존 시뮬레이션을 사용하는 것은 알아보는 데 많은 가치가 있다. 학생들은 '만약에 ～하다면…?'과 같은 시뮬레이션을 통해 다양한 가능한 시나리오를 시도하고 그 결과를 비교하며 전체 시스템에 대한 훨씬 더 확실한 이해를 할 수 있다. 심지어 초등학생의 경우에도 많은 시뮬레이션이 가능하다. 매머드 게임(Mammoth Game)은 출생 및 사망률이 변할 때 또는 사냥꾼이 게임에 도입될 때 일어나는 일을 보여준다. 주사위를 사용하는 '보드 게임'은 컴퓨터가 수분 내 시연할 수 있는 만큼의 '실행'하기 위해 며칠이 걸릴 수도 있다.

수업에서 시뮬레이션 활용은 많은 토론을 필요로 한다. 시뮬레이션을 '실행'하기 전에 학생들에게 입력 변수가 바뀔 때 그래프가 어떻게 바뀌는지 예측하게 하는 것은 중요하다. 그렇지 않으면 그들은 단지 종합이나 이해 없이 단지 컴퓨터 게임을 하고 있는 것이다. 그래프 형식의 실제 결과와 그들의 예측을 비교하면 왜 시스템이 예측한 것과 다른 방식으로 작동했는지에 대한 질문 그리고 더 큰 질문에 이르게 된다. 왜 매머드는 아직까지 살아남지 못했을까? 충분한 음식이 없었을까? 사냥꾼의 수가 너무 빨리 증가했었나? 모든 그래프에서 이야기를 찾을 수 있다.

어른들은 젊은 학생들이 컴퓨터 시뮬레이션 작업을 얼마나 빨리 실행하는지 알면 놀랄 것이다. 교사는 교실에서 컴퓨터를 사용하는 것에 익숙하지 않을 수 있기 때문에, 너무 많은 설명을 하는 실수를 할 수 있다. 간단한 설명을 하고 학생들이 15분에서 20분 정도 직접 작동을 해보게 하는 정도면 충분하다. 비디오 또는 컴퓨터 게임에 익숙한 아이들은 아마 모델의 한계를 테스트해서 컴퓨터를 이기기를 원할 것이다. 시뮬레이션 조작을 겁내거나 두려워하는 경우는 거의 없고, 대부분의 학생들은 바로 이 시뮬레이션에서 모델을 제작하려고 한다.

모델의 구성 방법을 이해하고 난 뒤 팀 조이의 파리 대왕 시뮬레이션을 조작해본 고등학생들이 문제를 제기하기 시작했다. 그 모델은 소설에 나오는 인물들의 몇몇 관계를 포함하지 않았고 어떤 학생들은 모델을 수정하기 위해 집으로 가져갔다.

"그들은 약간의 저량(stock)을 더했고 그에 따라 유입(inflow)에 약간의 문제가 있었지만, 이미 좋지 않은 모델조차도 전통적인 교수 도구보다 낫다는 것이 명백해졌습니다. 이 방법을 쓴 덕분에 학생들의 사고 과정과 그들이 묻고자 하는 질문이 아주 명확해졌습니다."라고 팀은 말했다.

　　모든 교사가 교육과정의 일부로 모델을 만드는 것은 아니다. 교사가 소프트
웨어와 친숙해지는 데 시간이 걸리고, 여러 지역에서 여전히 컴퓨터는 제한적
인 자원이다. 그러나 아이들이 무엇을 할 수 있는 것을 알아가는 것에 대한 흥
분과 만족은 교사들이 기울여야 하는 수고를 충분히 보상하고도 남는다.

　　아이들에게 모델링을 배우고 가르치려는 노력이 기대 이상의 성과를 거둘 수
있다고 생각할 수 있는 이유가 있다. 매사추세츠주 노스햄프턴(Northampton)의
물리학 교사였던 마사 라인즈(Martha Lynes)는 몇 년 전에 고등학생들이 물로
켓을 만드는 교육과정을 개발했다. 처음에는 시간별 행태 그래프와 저량 유
량 다이어그램을 도입한 다음 예비 모델링을 실시했다. 물론 가장 재미있는
부분은 학교 근처에서 직접 로켓을 만들고 발사하는 것이었다. 그들은 로켓
의 비행을 비디오로 기록했고 나중에 비디오 스크린을 비닐로 덮어서 차트
로 그렸다. 학생들은 팀으로 나뉘어서 비행경로를 설명하는 모델을 만들고
수업에서 발표를 했다.

　　마사의 학생 중 한명이 졸업한 후 스탠포드 대학에서 마사에게 편지를 썼
다. 그는 그곳에서 물리학 수업을 들으면서 특별한 학교에서 수년 동안 미적
분 물리학을 전공한 학생들이 많다고 했다. 하지만 그들 중 많은 수는 그와
다르게 개념에 대한 이해가 부족했고 결국 시험에서 그처럼 좋은 점수를 얻
지 못했다.

　　몇 년 후, 그는 자동차 연구 기관의 인턴십 프로그램에 참가하는 와중에 그
녀에게 다시 편지를 썼다. 그는 에어백의 현실적인 컴퓨터 모델을 개발하기
위해 노력하고 있었는데, 그것은 그에게 물로켓 모델을 다시 한번 상기시켰
다. 그는 '다른 고등학교 수업보다 몇 년 앞선' 수업을 들은 점에 대해 다시 그
녀에게 감사했다. 그의 편지를 보면 만약 충분한 학생들이 비슷한 수업을 들

을 경우, 기술이 더욱 발전되는 것뿐만이 아니라, 다양한 인간적인 시각으로 더 풍부해질 것이라는 점이 분명하다.

법의학 수업을 들은 상급생들은 오리건주의 포틀랜드의 학생 발표회에서 검시관들이 시체의 사망 시점을 알아내는 과정에 대한 발표를 했다. 그들은 인터뷰할 검시관을 알아냈고, 그 검시관은 학생들에게 그의 학술지 기사의 원본을 보여줬다. 학생들은 사망 시점에 대한 실마리를 제공하는 세 가지 변수, 즉 주변 온도, 체중 그리고 옷의 상태(젖었거나, 건조하거나 또는 사라짐)를 선택했다. 그들은 처음 두 변수를 큰 어려움 없이 모델링할 수 있었지만, 의류는 문제를 야기했다. 모든 변수를 단 하나의 공식에 어떻게 표현할 수 있을까? 학생들은 세 개의 우유팩에 화씨 98도의 물을 채운 뒤 하나에는 젖은 수건을 둘렀고, 두 번째 우유팩에는 수건을 두르지 않고, 세 번째 우유팩에는 마른 수건을 둘렀다. 그 후 몇 시간 동안 그들은 온도의 변화를 알기 위해 매 15분마다 물의 온도를 측정했다.

학습자 중심의 교육

모든 학년에서 드러나는 시스템사고 도구의 한 가지 이점은 교사가 학생들을 짝 활동 또는 그룹 활동으로 학습하게 조직한다는 것이다. 예를 들어 STELLA 모델을 만들기 위해 학생들이 짝을 이루어서 서로 질문하고 생각을 테스트하게 할 수 있다. 8학년 수학 수업에서 STELLA를 사용해서 간단한 방정식을 그래프로 나타나게 한지 거의 일 년 뒤에도 학생들은 이런 질문을 했다. "변수를 5로 변경하면 어떻게 될까?" "일관성 있는 단위 척도를 어떻게 세우는지 기억나?" "이건 사회 수업에서 했던 것과 같은 종류의 문제인가?" "여기에 대해 어떤 공식을 세웠었지? 같은 방법을 쓸 수 있을까?"

이런 환경에서 함께 공부하는 학생들은 정답을 맞추는 데 집착하기보다는 문제를 해결하기 위해 새로운 질문을 하려 할 가능성이 훨씬 더 크다. 그들이 비록 주제에 계속 머무르기 위해서는 지도를 해야 할지도 모르지만, 질문하는 것은 학생 자신 또는 교사가 기대했던 것보다 더 많은 것을 이끌어낼 수 있다.

도로시 존슨(Dorothy Johnson)의 학생들은 로미오와 줄리엣을 배우면서 짧은 에세이를 작성했다. 그녀는 원한다면 학생들이 팀을 이룬 뒤 스스로 이야기를 선택해서 저량−유량 모델을 작성하고 STELLA 모델을 개발할 수 있게 했다. 그녀는 학생들에게 간단히 할 것을 제안했다. 그녀는 어떤 학생도 이 수업을 선택하지 않을 것이라고 확신했기 때문에, 모든 학생들이 단순한 동화에서부터 존 스타인벡(John Steinbeck)의 『생쥐와 인간(Of Mice and Men)』까지 다양한 이야기를 모델을 만들기 위해 선택한 것을 보고 매우 놀랐다. 많은 학생은 그 작업을 하기 위해 방과 후에 학교에 오기도 했다.

버몬트주의 교사인 윌 코스텔로(Will Costello)는 고등학생을 위한 모델링 수업을 공동 지도했다. 그의 과학 수업을 들은 두 명의 학생은 남북전쟁이 피할 수 없는 것이었는지에 대해 관심을 갖게 되었다. 그들은 농장 증가에 따른 토지 수요의 증가를 이해하기 위해 면화 재배에 대한 조사하기로 결정했다. 그들은 도서관에서 찾고자 하는 정보를 찾을 수 없었기 때문에 근처에 있는 대학의 농학과로 갔다. 그들은 그곳에서 매우 다행히도 12년간 남부 지역의 면화에 대해 연구한 교수를 만났고, 그는 모델 구축에 필요한 변수를 이해하도록 도와주었다.

코스텔로는 이렇게 말한다. "얼마나 대단한 방법인지 이해하실 수 있을 겁니다. 적어도 특별한 역사 애호가가 아닌 한, 고등학생들이 이전에 한 번도 다뤄보지 않은 문제에 대해 이런 통찰력을 발휘하는 일은 거의 불가능했을 겁니다. 이 학생들은 토양 고갈−면화는 2년 만에 토양의 양분을 고갈시킵니다.−과 남부의 대농장들이 가질 수 있었던 경작지의 제한된 공급과 상관이 있다는 것을 알아냈습니다. 학생들은 스스로 수행한 연구를 통해 남부가 전쟁에 나선 경제적 이유가 있음을 발견했습니다. 나는 학생들이 적합한 도구와 격려를 받으면 우리가 상상할 수 없는 수준을 배우고 또 연구를 수행할 수 있다고 생각합니다."

과목 사이를 이어주기

학생들이 시스템의 개념을 이해하고 참여의 즐거움을 알고 흥미를 가지게 되면, 다른 환경에서도 자연스럽게 시스템사고를 적용하려고 한다. 가톨릭 고등학교의 영어 수업에서 『파리대왕(Lord of the Flies)』*을 읽은 학생들은 종교 교과 수업에서 순수성의 상실에 대한 토론을 계속 진행했다. 학생들이 선과 악에 대해 열심히 토론하고, 친숙하지 않은 다이어그램과 용어들을 사용하는 것에 감명받은 종교 교사는 무슨 일이 일어났는지 영어 교사에게 물어보았다. 그는 아이들이 만들어낸 그래프를 본 뒤 아이들이 윌리엄 골딩(William Golding)에 관해 계속 토론을 하도록 지도했다. "인간이 선천적으로 악한 본성을 가지고 있다는 작가의 생각은 가톨릭교회의 가르침과 상충됩니다."라고 이 종교 교사는 말했다. 이러한 생각은 원죄와 구속에 관한 깊이 있는 대화의 시발점을 제공했다.

종교 교사는 이전에 시스템사고와 시스템다이내믹스 도구에 관하여 들은 적이 있었지만 그것이 너무 기술적이고 수학과 과학에 초점을 맞춰져 있다

* 역자주 한글 번역본(윌리엄 골딩 저, 유종호 옮김, 파리대왕, 민음사, 1999).

고 생각했기 때문에 자신의 수업에 도입하는 것을 원치 않았다. 한 학기가 지난 후, 종교 과목의 선생님들은 시스템 도구를 선택했다. 몇 년 후가 지난 지금, 종교 수업을 듣는 학생들은 주교가 학교 주변의 강을 '신성한 물'로 지정한 것에 따라 그 강에 댐을 건축할 경우 연어의 개체 수에 어떤 영향을 주는지 알기 위해 시스템 도구를 사용하고 컴퓨터 모델을 구축하고 있다.

추상적인 시스템을 모델링하기

때때로 교사들은 순수성, 행복 또는 자신감과 같은 '감성적인' 변수들을 수학적 가치로 변환하는 것이 너무 어려울 것이라고 생각한다. 그것들을 측정할 수 없다면 어떻게 모델로 만들 수 있을까? 그러나 학교 행정가의 불신부터 로미오의 격렬한 감정까지 모든 것은 모델링할 수 있다.

이러한 항목(예 : 열정)에 비교를 위한 양을 나타내는 숫자를 지정해서 모델링을 할 수 있다. STELLA 모델링 소프트웨어를 개발한 배리 리치몬드(Barry Richmond)는 측정할 수 없는 많은 특성도 수치로 바꿀 수 있다고 강조한다. 수치화한다는 것은 단순히 그것을 평가하고 숫자를 매기는 것을 의미한다. 감정이나 집단의 태도와 같은 '감성적인' 변수를 수치화하는 것이 어려워 보일 경우, 이러한 감정이 투명하게 드러나지 않아서 수치화된 변수를 신뢰하기가 어렵다고 느끼는 경우일 수 있다. 예를 들어서, 맥베스가 자신 또는 자신의 아내가 모욕을 받을 때마다 살인을 저지를 가능성을 두 배로 높이는 수식을 만들 수 있다. 그러나 이러한 상관관계를 증명할 수 있는가? 왜 두 배로 높아져야 하는가? 모욕감 또는 야망 중 어떤 것이 맥베스가 살인을 하게 만드는 더 큰 요인이 되는가? '감성적인' 변수들을 어떻게 수치화할지 결정하기 위해서는 '감성적인' 변수와 시스템 안의 다른 변수들의 관계에 대해 토론을 하고 열심히 생각하게 만들 수 있다. 어떤 사람들은 이것들이 '수사학적으로 (rhetorical)' 가치가 있다고 한다. 당신이 한 수치를 선택하면 그 수치를 취해야 하는 이유를 지지하는 이야기를 함으로써 그 수치를 방어하는 입장을 취하게 된다.

세상을 바꿀 수 있을까?

점점 증가하는 복잡한 세계의 이슈들과 도전들을 다루기 위해서 우리와 우리의 학생들에게는 적절한 도구가 필요하다. 시스템사고 도구는 특히 이러한 목적을 위해 만들어졌다. 지속가능성 문제, 사회 시스템 및 국제 시스템은 이러한 지적 도구의 사용이 얼마나 중요한지 강조하고 있다.

다이애나 피셔(Diana Fisher) 교사가 오리건주 포틀랜드의 윌슨(Wilson) 고등학교에서 시스템다이내믹스 수업을 활용한 내용은 이러한 도구들이 얼마나 다양한 주제를 다룰 수 있는지 보여준다. 세계 시스템다이내믹스 학회 학술대회(International System Dynamics Conference)에서 그녀의 학생 네 명이 다음과 같은 다양한 주제에 관한 프로젝트를 발표했다. "자동차 생산 기업은 하이브리드 가솔린 – 전기 자동차 수요의 증가에 대처할 수 있는가?", "외래 유입 종이 안정적인 생태계에 도입될 때 어떤 일이 발생하는가?", "생산자에서 소비자로 우유를 운송하는 과정에서 우리는 지구 온난화에 어떤 영향을 미치는가?", "지구 온난화, 우리에게는 시간이 얼마나 남아 있는가?"

학생들이 이와 같은 질문에 대해 현실을 만드는 상호 관계에 대한 자신의 이해에 근거한 생산적이고 통찰력 있는 답변을 만들 수 있다면, 실제로 우리의 세계를 변화할 수 있을 것이다.

// 822쪽의 피터 센게의 에세이 '시스템 시민' 참조

'Creative Learning Exchange' 사이트

http://www.clexchange.org에서 교육과정을 직접 사용할 수 있다.
* Lees Stuntz 연락처 : 27 Central Street, Acton, MA, 01720; stuntzln@clexchange.org.

'Creative Learning Exchange(이하 CLE)'는 교사(또는 일반인)들이 유·초·중등학교에서 시스템다이내믹스, 시스템사고 및 학습자 중심 교육을 활용하도록 도와준다. 연구는 시스템사고를 설명하는 방법부터 교육과정까지 모든 것을 다루고 있다. 다양한 사례와 격려가 수록된 뉴스레터가 연간 4, 5회 발행된다. 또한 매년 실제 경험을 한 교사부터 시스템다이내믹스 분야의 세계 최고의 전문가들까지 함께 모이는 학회가 격년으로 열린다. 가장 중요한 것은 CLE 네트워크가 전화와 이메일 지원을 포함하여, 교육자들이 새로운 기술에 익숙해질 때까지 접속할 수 있는 여러 종류의 커뮤니티를 제공하는 것이다.

CLE의 가장 가치 있는 서비스 중 하나는 교육 목적으로 무료로 다운로드해서 사용할 수 있는, 교사가 직접 만든 시스템사고 교육과정이다. CLE 자료는 '개방형 소프트웨어'와 유사한 면이 있다. 교사와 학생들은 계속 노력하고 서로의 노력을 계속 새로 평가하며 이에 따라 교육과정은 계속 발전하고 있다. 수업에는 '우정 게임'(학생들이 친구를 대하는 방법과 친구의 수 사이의 강화 과정을 묘사한다), 중학생들이 자신의 인형을 가져와서 번지 점프를 시키고 그래프를 그리는 방법과 모델링 기술을 배울 수 있게 하는 '바비 만세(Banzai Barbie)', 아프리카 사헬 지역의 원조 활동 시뮬레이션을 통해 원조가 어떻게 문화를 파괴하고 역효과를 부를 수 있는지에 대해 보여주는 '사헬의 비극에 대한 이해(Understanding the Tragedy of the Sahel)' 그리고 『파리 대왕』의 주인공들이 야만적으로 변해가는 내용에 근거한 '순수함의 상실 시뮬레이션(Simulating the End of Innocence)'이 포함된다.[13]

– 니나 크루슈위츠(Nina Kruschwitz)와 팀 루카스(Tim Lucas)

다이애나 피셔의 수학 및 모델링 안내서

Modeling Dynamic Systems : Lessons for a First Course(iSee Systems, 2005).
Lessons in Mathematics : A Dynamic Approach(iSee Systems, 2001).
*두 권 모두 다이애나 피셔(Diana Fisher)가 지은 것으로 STELLA 프로그램과 함께 번들로 제공한다.

다이애나 피셔(Diana Fisher)는 포틀랜드 공립학교에서 5년간 시스템다이내믹스 모델링을 가르친 후『Dynamic System Modeling』의 초판을 저술했다. 이 책은 고등학생들에게 모델링에 대해 가르치는 방법에 대한 실제적이고 자세한 단계별 수업 계획을 제공한다. 관심이 있는 성인 또는 학생들은 이 책을 사용해서 자기주도 학습을 할 수 있다. 교사가 시스템다이내믹스 모델링 경험이 있다면 이 책을 활용해서 일반 교육과정을 개설하거나 방과 후 수업을 개설할 수 있다.

『Lessons in Mathematics』는 시스템다이내믹스를 기존 교육과정에 통합하는 방법을 설명한다. 시스템다이내믹스는 정규 수학 교육과정에서 배울 수 없는 개념을 설명하는 데 매우 용이하기 때문에, 다이애나는 이제 시스템다이내믹스가 없이는 수학을 가르칠 수 없다고 주장한다.[14]
　　　　　　　　　　　　　　　　　　　　　　　　　　　－리즈 스턴츠(Lees Stuntz)

INSPIRATION

Inspiration Software 발매 : www.inspiration.com

이 개념 지도 소프트웨어는 컴퓨터 화면 위에서 자유롭게 브레인스토밍을 하고 작업 공간에 원하는 포인트와 링크를 자유롭고 쉽게 추가할 수 있는 기능을 제공한다. 대형 스크린에서 컴퓨터 프로젝트 능력은 수업토론을 가능하게 한다. 학생은 차례로 문제 또는 주제의 개념을 설명하고 모든 관련된 것의 시각적 정의에 관한 설명이 기대된다.

∬ 170~172쪽의 Inspiration에 의해 만들어진 사례 참조

교사는 반시간 과외 또는 2시간의 실험 후에 'Inspiration'을 얻어 속도가 빨라질 수 있으며, 어린이들은 2학년부터 이것을 할 수 있다. 소프트웨어는 계속 업데이트된다. 최근 버전을 사용하면 자신의 기호를 추가하고 다이어그램을 웹에 내보내는 것이 더 쉬워진다.
　　　　　　　　　　　　－리차드 랭하임(Richard Langheim, 뉴저지, Ramapo 대학의 교육학 부교수)

STELLA

iSee Systems 발매 : www.iseesystems.com

　STELLA는 제이 포레스터(Jay Forrester)가 개발한 시스템다이내믹스 컴퓨터 언어로, 교육자들을 위해 설계된 매우 우아한 도구이다. (유사한 프로그램인 iThink는 비즈니스 목적으로 만들어졌다.) STELLA 모델을 만들려면 '저량과 유량'(207쪽 참조)과 이들 간의 상호 관계를 정해야 한다. 저량으로 들어가는 유량을 '물'이라고 한다면 같은 저량에서 나가는 유량을 '에너지'라고 할 수 있다. 하지만 학생들은 이런 문제를 해결하면서 문제를 더 깊이 이해하게 된다. 마지막으로, STELLA를 사용하면 인터페이스를 디자인할 수 있기 때문에 다른 사람들이 모델의 내부 구조를 모두 보지 않고도 당신이 만든 모델을 간단히 테스트할 수 있다. (하지만 원하는 경우 모델의 구조를 볼 수 있다.)

　초등학생은 STELLA 모델을 사용하여 저량과 유량을 이해할 수 있다. 그러나 모델을 만드는 작업은 중학교부터 시작할 것을 권장한다. 교사는 STELLA를 수업에 소개할 수 있을 만큼 충분히 배우기 위해 며칠간 자습을 해야 한다. 내 경험에 비추어 볼 때, 중학생 또는 그 이하의 학생들은 STELLA를 이용해 모델을 만드는 데 필요한 정도의 수학이 가능하다. STELLA를 사용해서, 문장으로 설명된 문제를 다이어그램으로, 다시 그 다이어그램을, 수학 공식으로 바꾸는 방법을 가르칠 수 있으며, 역사, 생물학, 문학 및 기타 모든 분야에 적용되는 시스템 원칙을 이해하도록 가르칠 수 있다.

　이 세 가지 프로그램을 사용하려면 겉으로 보이는 표면 아래를 바라보는 습관에 익숙해져야 한다. 이 지도(map)와 시뮬레이션을 사용해서 이런 질문을 할 수 있다. "이것은 어떻게 작동하는 것일까? 그리고 무엇을 의미하는 것일까?" 답을 모두 적어 놓은 표를 보고 2 더하기 2가 4라는 사실을 알 수도 있지만, 지도 또는 시뮬레이션은 덧셈(또는 다른 주제)이 왜 가능한지, 어떻게 작동하는지, 왜 중요한지를 묻는다.

－ 리차드 랭하임(Richard Langheim)

3. 맥락과 참여

피터 센게(Peter Senge)

ST

1988년에 애리조나 투손의 오렌지 그로브(Orange Grove) 중등학교에서 당시 교장이었던 메리 쉬츠(Mary Scheetz)의 격려와 과학교사 프랭크 드래퍼(Frank Draper)의 주도하에 첫 시스템사고 수업이 시작되었다. 나의 아내 다이앤(Diane)과 내가 1991년에 처음 프랭크의 8학년 과학 교실을 방문했을 때, 보통의 교실과는 무언가 다르다는 것을 발견하기란 어렵지 않았다. 가장 먼저 어디에도 프랭크가 보이지 않았다. 사실 교실에는 선생님이 없었다. 일부 학생들이 도서관 조사에 대해 궁금한 점이 있었고, 프랭크가 그들과 함께 도서관에 가 있었던 것이다. (인터넷이 있기 전, 도서관에 직접 걸어가야 했던 시절이다.) 그러나 놀랍게도 그 교실은 혼란스럽지 않았다. 대신 약 서른 명의 학생들은 두 명당 한 대의 매킨토시 컴퓨터 앞에서 대화에 깊게 몰두하고 있었다.[15]

우리는 프랭크와 그의 동료 마크 스완슨(Mark Swanson)이 그들의 학기 과학 교육과정을 실제 사례 ─ 투손(Tucson) 북부에서 개발되는 새로운 주립공원 ─ 와 연관해서 설계했다는 것을 알았다. 공원과 환경보전지역 경영과 관련해 일어날 수밖에 없는 분쟁들을 연구한 뒤 그들은 다양한 결정들의 영향들을 보여주는 STELLA 시뮬레이션 모델을 연구하고 있었다. 그들은 공원 개발을 위한 전반적인 예산과 환경, 경제, 휴식과 교육 등의 각 부문에서 목표를 설정했다. 그 당시에 학생들은 공원의 경로 시스템을 디자인하고 있었다. 그들이 경로를 제안하면 시뮬레이션 모델이 환경적 및 경제적 효과를 계산했고 다른 옵션들과 비교하는 토론을 하게 했다.

우리는 그저 몇 분 동안 교실의 뒤편에 서 있었는데 몇 명의 어린 남자아이들이 우리에게 다가왔다. 조(Joe)라는 아이가 이렇게 말했다. "이것 좀 봐주세요. 빌리(Billy)와 저는 다른 경로를 제안했어요. 빌리는 자신의 길이 많은 수익을 낼 수 있기 때문에(등산객들이 가장 멋진 경관을 볼 수 있어서) 좋다고 생각해요. 하지만 그 길은 환경을 심하게 파괴해요. 제가 제안한 길은 환경적 손상은 적지만 빌리는 그 길이 인디언 묘지에 너무 가깝고 시위가 일어날 거라고 생각해요."

우리는 그 두 남자아이들이 그들의 다른 길을 설명하고 우리에게 몇 개의 시뮬레이션 결과를 보여주는 것을 잠시 듣고 있었다. 확실한 정답은 없었지만, 이 학생들이 계획과 의사 결정에 관해서 이해하고 있다는 것은 분명했다. 수업이 끝났다는 뜻의 종이 울렸고, 그들은 작별인사를 나누면서 주말에 있을 나머지 수업에서 발표하게 될 제안에 동의할 수 있는지를 이야기하기 위해 방과 후에 다시 모이기로 했다. (학생들의 제안과 분석은 학기말에 있는 실제 공원계획 위원회에서 발표되었다.)

그 학생들은 시스템 지도를 그리고 공원의 구성 요소들의 상호의존에 대해 그들이 이해한 바를 표현하고 타인과 소통하기 위해 사용할 수 있는 다양한 개념적 도구들에 대해서도 배웠다. 오늘날 이 학교에서는 시간별 행태 그래프, 원으로 연결하기, 인과 고리 다이어그램, 저량-유량 지도그리기 그리고 시스템 원형과 같은 도구들이 유치원 단계부터 소개된다. 이 어린아이들은 어떻게 친구관계에서 신뢰가 형성되거나 악화되는지, 또는 나쁜 습관을 없애는 과정에서 어떤 일이 일어나는지와 같은 일상의 경험들을 살펴본다. 학생들이 나이가 들어가면서 그들은 자연스레 이러한 도구들을 더 복잡한 과제들로 확장하며 그들 스스로의 시뮬레이션 모델들을 발전시킨다. (211~

214, 389~423쪽 참조) 이 과정은 내용적으로 깊은 지식뿐만 아니라 매우 다른 다양한 상황들의 기저에 어떻게 공통적인 시스템다이내믹스가 있는지를 생각하는 기술들을 발달시킨다.

프랭크 드래퍼는 이렇게 말한다. "우리의 연구는 아이들이 세계를 복잡한 상호의존적 시스템들로 생각하도록 하기 위한 것입니다. 추상적인 학습 대신에 우리는 시뮬레이션을 이용해서 학생들이 특정한 실제 상황 속에서 이 상호의존적 세계를 직면하게 했으며, 이러한 시스템들이 어떻게 다른 시스템들과 연관되는지 가르쳤습니다."

참여의 근간

오렌지 그로브(Orange Grove)의 주립공원 문제에서는 학생들의 참여가 매우 두드러졌다. 무엇이 그들을 그렇게 열중하게 만들었을까?

첫째, 학생들은 교실에서 만들어진 인공적인 문제가 아니라 실제 세상의 문제들을 해결하려고 애썼다. 그들은 새로운 주립공원을 개발하는 데 수반되는 문제들뿐 아니라 공원을 잘 계획했을 때 누릴 수 있는 장점들도 알 수 있었다.

둘째, 학생들은 그들 스스로 생각했다. 그들은 자신들이 직면한 문제에 옳은 답이 단 하나만 존재하지 않는다는 것을 알았다. 궁극적으로 그들은 만약 다른 결정을 내렸을 때 어떤 일이 일어날지 더 명확하게 이해해야 했고 초래되는 결과들을 적절히 조정해야 했다. 교사는 단 하나의 옳은 답을 제시하지 않았다. 대신, 학생들은 실제 문제에 대한 자신들의 견해를 분류하고 다른 제안들을 살펴봐야 했고 궁극적으로 그들만의 결론을 내야 했다.

셋째, 교사들은 강사가 아닌 멘토로서 일했다. 교사들의 역할은 미리 정해진 방법을 학생들에게 알려주거나 미리 정해진 정답으로 이끌어가는 것이 아니었다. 교사들은 실제로 최상의 결과를 알지 못했으며 학생들과 함께 배워나갔다. 그러나 교사들의 역할 역시 중요했다. 그들은 학생들이 다른 시나리오들의 결과를 이해할 수 있게 도와줘야 했다. 교사들은 컴퓨터 시뮬레이션을 개발하는 데 참여하면서 이 문제에 대한 중요한 지식을 얻게 되었지만 간단한 답을 알게 된 것은 아니었다. 복잡한 역동적 상황모델은 시간이 흐르면서 다른 피드백 상호작용이 발생하기 때문에 상황이 변화하는 경우 개발자들이 예측하지 못한 방향으로 종종 반응할 것이다.[16]

이러한 전체 과정은 교사들과 학생들 모두가 복잡한 영역에서 상호적 학습활동에 참여하도록 했다. 그들은 모델을 함께 다루면서 그들의 관점이 불완전하다는 것을 알게 되었다. 교사들의 역할 중 하나는 학생들이 모델이 근거하고 있는 가정을 묘사하게 하고, 그 가정들을 비평하고 대안이 될 수 있는 가정들의 결과를 고려하게 함으로써 매우 중요한 과학적 사고방식에 익숙해지게 하는 것이었다.

∬ 422쪽의 사례, 다이애나 피셔(Diana Fisher)의 '수학 및 모델링 안내서' 참조

넷째, 파트너와 함께 일하는 것은 학생들을 공동의 연구로 끌어들였다. 이것은 학생들이 서로를 알아가는 것을 가능하게 했을 뿐 아니라 그들이 계속해서 대안적인 관점과 가정들을 검토하도록 만들었다. 이것은 학생들이 과거 경험들과 가정들을 이용하면서 행동을 이끌어낸 결론을 도출하기 위해 대안적인 관점과 가정들을 자연스레 다시 검토하게 했다. 다른 이들과 함께 이것을 인식하는 것은 학생들이 자신의 생각을 더 열린 마음으로 시험하게 했다.

물론 인간은 항상 이러한 사고 과정을 늘 따르지만, 자신의 논리는 종종 '투명'하거나 자기 자신에게 보이지 않기 때문에 가끔은 다른 사람이 그 논리

428

를 어떻게 작용하는지 살펴보는 것이 더 용이하다. 교육자들은 고차적인 능력을 발전시키는 것에 있어서 자기 성찰(예를 들어 자신의 가정과 추리를 검토하는 방법을 배우는 것)의 중요성을 이해하지만 이것은 달성하기 힘든 교육적 목표이고 전통적인 학교 교육에서는 거의 무시한다. 설교하는 식의 교육은 그것을 완전히 무시하고 있다. 학생들이 직접 생각하게 하려는 교사들의 노력들은 학생들이 정답을 찾도록 프로그램화된 교사의 지도법과 공식적인 힘에 의해 쉽게 약화된다. 쉬츠(Scheetz)가 말한 것처럼 이러한 자기 성찰은 공동 연구 환경의 혜택인 안정성을 필요로 한다. 이런 의미에서 학생들이 서로 생각하도록 돕는 방법은 교사 중심의 전략을 넘어서는 강력한 접근이다.

예를 들어 조(Joe)와 빌리(Billy)가 그들의 공원 길 시스템을 두고 나눈 다음의 (약간은 양식화된) 상호작용을 고려해보아라.

빌리 : "너의 공원길시스템은 나쁜 아이디어야. 왜냐하면 너무 인디언 묘지에 가깝기 때문이야. 넌 그러면 안 돼."

조 : "누가 그래? 우리가 그래서 안 된다는 규칙은 없어. 공원길시스템은 너의 것들보다 훨씬 환경 파괴를 덜 해."

빌리 : "그래, 내 생각에는 문제가 있어. 그런데 뭐가 더 문제일까?"

조 : "나는 묘지에 대해서는 딱히 생각하지 않았어. 묘지들을 피하고 또 환경 파괴를 덜 하는 방법이 있지 않을까?"

빌리 : "응 그럴 수 있겠지. 그런데 나는 그럴 경우 우리가 수익을 얼마나 포기해야 할지 궁금해. 공원이 계속 열려 있으려면 충분한 수익을 창출해야 해. 다른 길들을 시도해보자."

오늘날 많은 교육자는 교육에서 "시스템 관점"을 지지하지만 이 간단한 상호작용인 대화의 중요성이 종종 누락되는 요소를 보여준다. 이 두 남자아이들은 시스템의 구체적인 특징들이 대안적 행동들에 대해 시간이 흐르면서 상호작용하는 방법에 대해 토론하고 있다. 예를 들어 길의 위치가 방문객들이 취하는 경로 패턴, 환경에 미치는 영향 그리고 공원 수익에 어떻게 영향을 주는가 등이다. 그들은 한발 물러서서 어떻게 특정한 선택이 많은 효과를 낼수 있는지 살펴본다. 그들은 그들이 내린 선택들의 결과로서 시스템 상호작용의 여러 부분들을 보고 이에 맞춰 그들이 내린 선택을 조정한다. 이것은 작고한 선구적인 교육자 베리 리치몬드(Barry Richmond)가 이야기한 '조작적 사고(operational thinking)'라는 것이다. 이것은 그가 매우 중요하다고 주장한 8가지의 상호의존적인 시스템사고 능력 중 하나이다. 또한 다른 능력들도 분명히 보였다. 학생들은 다이나믹한 사고를 드러내면서 시간의 흐름에 따라 상이한 행동의 패턴 같은 변화 ─ 어떻게 공원의 길 시스템이 펼쳐졌는지의 결과 ─ 를 보기 위해 학습했다. 그리고 그들은 가설 ─ 그들이 다양한 변화로부터 예상했던 결과들 ─ 을 세우는 방법과 그들의 기대를 그 시스템의 공식적 모델에 대항하여 시험해보는 방법을 배웠다. 그들은 이렇게 하여 과학적인 사고에 참여했다.[17]

조작적 사고는 학생들이 전반적인 시스템 행동에 대한 다른 행동들의 효과들을 시뮬레이션하고 분석하기 위해 상호작용을 하는 모델들을 사용할 때 효과가 매우 높아진다. 어린 학생들도 과학적 사고 ─ 모델의 가정들을 분명하게 만들고 문제로 만듦 ─ 를 사용해서 정확하고 타당한 매우 수준 높은 과정에 참여할 수 있다.

그 교환은 또한 협력하는 연구, 즉 복잡한 문제를 놓고 함께 사고하는 모습을 분명히 보여준다. 이 아이들은 당면한 문제에 대한 서로의 아이디어를 분석하고 그 과정에서 자신들의 생각을 더 명료하게 발전시킨다. 이런 방식으로 협력과 성찰은 상호 학습에서 꼭 필요한 요소가 된다. 그들은 서로를 돕는다. 둘 중 누구도 명백하게 옳거나 틀리지 않았다. 둘 모두가 함께 학습하는 것이다. 조는 인디언 묘지를 제약으로 생각하지 않았으며, 그의 가정에서 고려하지 않았던 점이었다. 그와 마찬가지로, 빌리는 도보여행자들의 통행과 공원 수익에 집중했기 때문에 그가 제안한 경로가 환경에 입힐 손상에 많은 관심을 두지 않았다. 두 학생 모두 그들이 가정을 확장시킨다면 전반적으로 더 나은 계획들이 있을 것이라고 결론지었다. 요약하자면 이 소년들은 함께 아이디어들을 충분히 생각하면서 그들이 당연시 했던 가정들에 대해서 더 잘 알게 되었다.

바로 이러한 이유 때문에 쉬츠와 같은 교육자들은 시스템사고 도구의 이점을 실현시키기 위해서는 깊고 광범위한 학생들의 참여가 반드시 필요하며 결국 이것은 전반적인 학교 환경에 달렸다고 말한다. 쉬츠는 이렇게 말한다. "학습이 용이한 환경은 안전하고 안심할 수 있으며 위험을 감수해도 문제가 없는 환경이다."

『세계적 성취의 격차』

The Global Achievement Gap : Why Even Our Best Schools Don't Teach the New Survival Skills Our Children Need-And What We Can Do About It, by Tony Wagner(Basic Books, 2008).

이 책은 사람들이 세계에서 성장시킬 필요가 있는 일곱 가지의 능력에 대해 서술한다. 비판적 사고 및 문제해결 능력, 네트워크를 통한 협력과 영향, 민첩성과 적응력, 진취성과 기업가 정신, 효과적인 말하기와 쓰기를 통한 의사소통, 정보에 접속하고 분석하기 그리고 호기심과 상상력. 바그너는 이러한 기술들을 발전시키기 위해 어떻게 학교가 진화할 수 있는지 서술한다. 트레이시 벤손(Tracy Benson)은 이 책을 높게 평가하면서 21세기를 위해 학생들을 준비시키고 있는 많은 학교가 교육과정과 교수법을 발전시키기 위해 이 책을 사용하고 있다고 언급했다.

－아트 클라이너(Art Kleiner)

4. 위험과 기술

■ 강력하고 동정심이 있는 시스템사고 실습을 위한 수칙

마이클 굿맨(Michael Goodman)

Arthur D. Little/Innovation Associates에서 시스템사고 실습의 책임자로 일하고 있는 마이클 굿맨은 현장 지침서(Fieldbook) 프로젝트에 가장 크게 기여한 사람 중 한 명이다. 그는 『The Fifth Displine Fieldbook』의 시스템사고에 대한 부분을 감독했는데 그 부분은 지금까지도 조직의 시스템사고 실습을 위한 가장 훌륭한 안내서의 하나로 여겨진다. 그는 소통의 도구로서 지도(map)를 그리는 것부터 시뮬레이션 계획과 사용을 포함한 매우 다양한 기술들에 대하여 매우 잘 알고 있다.

그는 시스템다이내믹스와 시스템사고 도구들을 교실의 교사들에게 가르쳐왔다(Boston의 Lesley College). 또한 그는 시스템사고 연습이 잠재적인 위험성을 가지고 있다는 점을 잘 알고 있다. 교사들을 위해 디자인된 이 안내서의 목표는 그들이 위험들을 피하고 학생들(또는 동료들)이 목표까지 도달할 수 있는 모델 또는 지도를 개발할 수 있도록 돕는 것이다.

다양한 학습자들을 인정하라

사람들은 그 밖의 모든 것처럼 서로 다른 방법으로 시스템을 배운다. 어떤 사람들은 모델이나 모의실험보다 지도를 더 쉽게 이해한다. 어떤 사람들은 저량-유량을 직관적으로 이해하지만 인과 관계는 다르다. 어떤 사람들은 시스템적인 이야기를 말로 풀어내는 것을 더 선호한다.

'시스템사고' 수업은 모두가 시스템다이내믹스 모델을 자주 사용해서 같은 방법으로 주제에 접근하기를 요구한다. 그러나 그렇게 하려면 기본적인 수학 실력이 필요하다. 만약 학생들에게 수준 이상의 자신감을 강요한다면 학생들은 좌절할 것이며 '이해'를 못하기 때문에 그들 스스로 부적절한 학생이라고 생각할 것이다.

교사들도 같은 상황을 겪는다. 교육자 낸시 로버츠(Nancy Roberts)가 1980년대 중반에 교실의 교사들에게 처음으로 시스템다이내믹스 모형을 소개했을 때, 교사들은 DYNAMO라고 불리는 마치 포트란 같은 프로그램 언어를 사용해야 했다. 나는 교사들이 이것을 얼마나 어려워하는지에 대해 충격받았으며 낙담했다. 오늘날 사용하는 STELLA는 훨씬 배우기 쉽지만, 그것은 여전히 프로그래밍과 시뮬레이션을 하는 도구이며 내 견해로는 교실 교육자들에게 도입하기에는 여전히 맞지 않는 도구이다.

인과 고리 다이어그램은 모델들보다 훨씬 덜 복잡하다. 그것이 우리가 그것들을 발전시킨 이유이다. 그러나 그것 또한 한계가 있다. 예를 들어 어떤 독자들은 『The Fifth Discipline Fieldbook』과 『The Dance of Change』에 '너무 많은' 시스템사고가 있다고 불평한다. 그들은 그 부분들을 간과하였다. 예를 들어 시각적인 사고에 익숙하지 않은 독자들은 다이어그램을 이해하기 어려워하고 그 부분을 다룰 때 소외되었다고 느낀다는 것을 발견했다. 학생들은 안타깝게도 이 매우 강력한 개념과 도구들에 대한 흥미를 잃어버린다.

당신은 당신의 모델과 관련된 이야기들을 다양한 학습 스타일을 가진 학생 모두가 이해하도록 설계해본 적이 있는가? 당신은 학생들이 모델을 살펴보면서, 또는 지도(map)나 고리(loop)를 고려하거나 이야기를 통해서 대화에 참여하도록 유도하는가? 그렇지 않다면, 여러분은 바보처럼 보일까 봐 두려워서 이해하지 못했다고 절대 이야기하지 않는 많은 학생을 무시하는 함정에 빠질 수도 있다.

// 260쪽의 '하워드 가드너와 다중 지능' 참조

바른 목적을 위해 알맞은 도구를 사용하라

가끔씩 교사들은 사실상 "여러분이 컴퓨터 시스템 모델을 개발하지 못한다면, 시스템사고를 사용하는 것이 아니다."라는 말을 듣는 것처럼 느낀다. 이들은 시스템사고에 대해 배우기를 싫어하게 되고 두려워하게 된다. 내가 생각하기로는 모든 종류의 시스템사고는 특정한 목적에 맞으며, 그 분야에 모두 믿을 만한 것들이다. 시스템사고를 가장 잘 사용하는 사람들 중 일부는 일상생활에서 시스템사고를 사용하기 위해 인과순환지도를 그리거나 컴퓨터를 켜지 않는다.

만약 여러분이 명백한 해결책이 없는 어려운 문제를 가지고 있다면, 컴퓨터 모델처럼 엄격하고 분석적인 방법이 필요하다. MIT 교수 존 스터맨(John

Sterman)이 이야기한 것처럼 인과순환지도는 이른바 '자전거 보조 바퀴'와 같은 존재이다. 이것은 이해를 돕는 것만큼이나 오해를 부를 수 있다. 초중등 학교의 교육자들은 종종 저량-유량 모델을 선호하는데 그것이 인과 다이어그램을 종종 무시하는 비평적 대조에 대해 학생들이 생각해보도록 하기 때문이다.

만약 더 많은 사람이 시간을 내서 컴퓨터 시뮬레이션을 열심히 배운다면, 모두가 더 나은 결정을 내리게 될 것이다. 그러나 그렇게 될 가능성은 매우 적다. 그렇기 때문에 인과순환지도 또한 높은 가치를 지니며 더 많은 사람에게 도움이 된다. 학교 변화 계획에 관련된 사람들뿐만 아니라 컨설턴트와 지도자들 역시 저량-유량을 배울 만큼의 참을성을 가지지 못한 사람들에게 다른 방식으로는 보일 수 없는 주장들을 보여주기 위해 인과순환지도를 사용한다. 만약 여러분의 목적이 정신적인 모델들을 보여주고, 갈등을 파악하고, 분명한 차이들을 분석하는 것이라면 인과순환지도는 매우 효과적이다.

마지막으로, 제이 포레스터(Jay Forrester)가 언급했듯이 시스템 지도와 모델들은 유효성이 아니라 그것들의 유용성, 통찰력 그리고 관련정도에 따라 평가받아야 한다. 나는 아이들 또는 간부들과 함께 단 15분 만에 악순환 고리를 그릴 수 있다. 그리고 "이것은 함정입니다. 누군가가 이 함정에 걸려 있습니다. 그들이 무엇을 할 수 있을까요?"라고 말할 수 있다. 이런 시작 토론은 내가 5일에 걸쳐 프로그래밍한 모델을 보여주는 것부터 시작된 논의와 마찬가지로 가치가 있다. 어떤 방법을 선택할지에 대한 결정은 관련된 제한점, 기술, 그 문제의 복잡성과 위험도 그리고 얼마나 정확한 답을 찾아야 하는지에 대한 학생들의 필요와 기대에 따라 달라져야 한다.

'닌텐도 효과'를 주의하라

모의실험들은 매혹적이고 흥미롭다. 숫자들을 연결하면 당신은 시간의 흐름에 따른 시스템 행동의 일관성 있어 보이는 그래프를 만들게 된다. 불행히도 그 그래프는 모델의 가정이 맞는지를 말해주지 않으며, 여러분은 결국 모델이 만들어낸 실제 답과는 무관하고 심지어는 엉뚱한 '해결책'을 가지게 될 수도 있다. 결과가 정확해 보이지 않을 때, 시간별 행태 그래프가 맞게 나오고 모델에 적힌 가정에 대해 이해하려 노력하거나 의문을 품지 않고도 '이기기' 위해 계속해서 다른 숫자들을 연결해서 시뮬레이션을 다시 '플레이' 하고 싶은 유혹을 느끼게 된다.

이러한 이유로 학생들이 키보드에 손을 얹기 전에 먼저 그들이 예상하는 바에 대해 말해보고, 종이와 연필로(또는 칠판에서 같이) 시스템에 대해 써 보는 것이 매우 중요하다. 여러분이 창조하는 가장 중요한 것은 모델이 아니라 사고하는 과정이다. 특히 다른 사람의 사고와 가정에 대해 의문을 가질 수 있는 그룹에서는 더욱 그러하다.

당신의 시스템 작업을 끝이 아니라 시작점으로 사용하라

컴퓨터로 만들어졌든 종이 위에 그려졌든, 시스템 모델들은 그것들을 사용하거나 만든 사람들에 의해 진리와 권위의 무게를 부여받는다. 그러나 모델은 한순간에 작성된 한 사람(또는 사람들의 집단)의 가정과 신념을 나타낼 뿐이다. 만약 모델 설계자가 마음을 바꾸거나 새로운 데이터가 들어오면 그 모델은 구식이 되어버릴 수 있다. 최고의 모델 설계자들은 이 점을 알고 있다. 그들은 항상 새로운 정보, 새로운 관점, 새로운 학습의 기회가 있을 것이기 때문에 그들의 모델을 만드는 일이 절대 끝나지 않을 것이라는 것을 알고 있다. 이것이 교실에서의 시스템사고 사용이 다른 사람들의 연구와 질문에 대해 열려 있어야 하는 이유이다. 대부분의 시스템 모델 설계자들은 그들의 모델이 단지 연구의 첫걸음이라고 말할 것이다. 그들은 모델의 구조와 형식에 대한 비평을 환영할 것이다. 그러나 실제로 모델 계획자들은 자만과 애착의 함정에 빠지기가 매우 쉽다. 그들은 단순히 모델들을 직접 창조했기 때문에 이 모델이 '진실'하다고 생각하게 된다. 이것을 막기 위해서 모델들은 개방적으로 디자인되어야 하며 (또 비밀번호로 보호받지 않으며) 학생들이 '내부의 핵심'을 살피고, 모델의 구조에 대해 살펴보고, 왜 모델이 이런 특정한 방법으로 만들어졌는지 물어보게 해야 한다.

모델을 시험과 실험의 시작점으로 이용하라

정의에 따르면, 모든 모델들(정신적인 모델 또는 컴퓨터 모델)은 단 하나의 '완벽한 모델' 즉 실제 세계를 어설프게 단순화한 것이다. 그러므로 모델이 특정한 행동을 제안한다면, 조직이든 교실에서든 실험해봐야 하며 그것이 과학적 사고방식의 가치이다. 모델은 한계를 가진 움직이는 가설이다. 당신이 밝혀낼 수 있는 문제점들은 무엇이 있는가? 당신의 테스트는 가설, 미래에 수행할 실험, 또는 모델 그 자체의 수정에 대해서 무엇을 알려주는가? 점점 정교화되는 모델들은 조작과 제어를 정당화하기 위해 사용될 수 있다(또는 그럴 것이다)는 것에 대한 우려가 있다.

거기에 대한 해결점은 열린 학습 그리고 실험을 계속해서 강조하는 것이다. 모델을 만드는 학생들은 그들에게는 이해하기 쉽지 않은 방식의 질문을 받을 것이다. 그들이 질문에 대해 이해하려면, 그 질문들에 대해 이야기할 수 있는 시간, 공간 그리고 연구와 생산적인 토론을 수행하기 위한 기술이 필요하다.

5. 점을 연결하는 것을 배우기

■■ 어린이들의 자연적인 읽기 능력을 양성하고 발전시키기

린다 부스 스위니(Linda Booth Sweeney)

> 부모들은 어떻게, 일상적인 대화와 활동 속에서 아이들이 시스템 용어
> 로 생각할 수 있는 수용 능력을 양성할 수 있을까? 교육자들은 어떻게
> 아이들이 그와 같은 패턴 속에서 차이를 인식할 수 있는 환경을 만들 수
> 있을까? 이 논문에서 교육자이자 작가인 린다 부스 스위니(Linda Booth
> Sweeney)는 시스템에 대해 생각하는 것은 곧 우리 주변의 상호관계, 패
> 턴 그리고 변화에 관심을 갖는 것이라는 점 그리고 아이들은 자연적으
> 로 이것에 적응한다는 점을 지적한다. 시스템의 읽기 능력을 기르면, 당
> 신 삶의 아이들이 함께 통합적인 사고방식을 하는 면을 자연스럽게 이
> 해할 수 있다.

로터리 주변 도로건설 프로젝트가 1년 이상 진행되고 있었다. 결과적으로
도시 전체가 신경이 곤두서 있었다. 어느 오후, 아들과 나는 5시 직전에 집에
가고 싶어서 짜증이 나 있는 통근자들 속에서 로터리로 운전을 하고 있었다.
신경이 곤두서 있었고 차의 경적 소리가 시끄럽게 울렸다. 당시 4세였던 내
아들은 우리 앞의 엉킨 교통을 가리키며 이렇게 물었다. "엄마, 만약에 모든
사람들이 '내가 먼저야!'라고 말하면 무슨 일이 일어나요?"

아들은 내게 자주 질문을 하곤 했다. 잭(Jack)은 특히 분류에 대한 질문 (동
물들은 사람이 아니죠, 그렇죠?)이나, 어떤 것들의 작동 원리에 대해 (벌들은
왜 꽃들에게 키스를 해요?) 또는 사실 관계에 대해 (지구의 중심은 얼마나 뜨
거워요?) 질문하곤 했다. 하지만 이 질문은 달랐다. 이것은 원인과 결과에 대

한 것이었다. 나는 그에게 모두가 구성원의 이익을 최대화하는 것에 대해 이야기해주려 하다가 멈추고는 이렇게 물었다.

"너는 만약 모든 사람들이 '내가 먼저야!'라고 하면 무슨 일이 일어날 것 같아?" 아들은 코를 창문에 댄 채로, 잠시 멈춘 뒤 말했다. "음, 아마 사고가 많이 일어날 것 같아요. 커다란 충돌이 생길지도 몰라요!"

"모든 사람들이 또 어떤 상황에서 '내가 먼저야!' 하고 말하게 될까? 다른 상황들을 생각할 수 있겠어?" 나는 고출력차(gas-guzzler)*, 냅스터(Napster)** 그리고 우리의 혼잡한 공동체에 대해 생각하고 있었다.

잭은 대답했다. "엄마는 우리가 이를 닦을 때 수도꼭지를 계속 틀어 놓지 않는 게 좋다고 하셨던 거 기억하시죠? 만약 모든 사람들이 그런다면 저수지의 물이 다 떨어질 테니까요. 음, 뭐 그런 거랑 비슷한 것 같아요."18

겨우 4세의 나이에 잭은 중요한 관찰을 해냈다. 교차로와 저수지는 공유자원이었다. 물, 공기 그리고 놀이터처럼, 공유자원은 그 어떤 개인도 혼자서 소유할 수 없는, 다시 말해 많은 사람이 함께 이용하는 자원이다. 게다가 "만약 모든 사람들이 내가 먼저야!라고 하면 어떤 일이 일어나요?"라는 질문을 함으로써 내 아들은 각각의 사람들이 내린 판단이 공동체에 어떤 영향을 미치는지에 대해 궁금해했다. 모르고 그랬겠지만, 그는 연결된 문제들의 가장 큰 딜레마 한가운데로 뛰어든 것이다. 각각의 개인이 내리는 행동은 변호할 여지가 있을지 모르지만, 그것들이 뭉치면 큰 공동체를 황폐화시킬 수 있다는 것이다.

....

* 역자주 많은 양의 연료를 사용하여 과도한 출력을 내는 차량을 의미한다(참고 : 위키피디아).
** 역자주 인터넷에 있는 MP3형식의 음악 파일을 자기 컴퓨터에 복사하기 위해 사용하는 소프트웨어(출처 : Naver IT용어 사전).

많은 아이는 잭처럼 시스템의 본질을 직관적으로 이해한다. 그들은 물이나 공기, 땅, 공수로, 어장, 에너지 그리고 광물과 같이 흔하면서도 무한하지 않은 자원들이 과도하게 많이 사용되는 것과 그로 인해 모든 사람들의 이익이 감소되는 것을 인식할 수 있다. 하지만 그들은 자기 삶을 윤택하게 해줄 시스템들을 인지하기 위한 통찰력을 기를 수 있는 기회를 자주 접하지는 못한다. 부모들, 교육자들 그리고 다른 어른들은 아이들이 '점을 연결하는 법'을 배울 수 있도록 도와줄 수 있다. 아이들이 표면 너머로 볼 수 있도록, 다시 말해 사람들, 장소들, 사건들 그리고 자연의 상호관계와 변화를 알 수 있도록 그리고 그러한 상호관계를 그들의 세계를 발전시키기 위해 어떻게 이용해야 하는지 생각을 할 수 있도록 말이다.

우리 아이들은 어디서 이런 식의 생각하는 방법을 배우는가? 여러분은 아이의 시스템에 대한 자연적인 사고력을 기르고 시스템을 읽을 수 있도록 하기 위해 어떻게 돕고 있는가? 당신은 아이들이 이미 알고 있는 것을 확신할 수 있도록 어떻게 도울 수 있는가? 세계는 서로 연결되어 있고 역동적이고, 거미줄처럼 단단히 엮여 있으며, 여러 요소와 절차가 상호작용한다는 것 그리고 이런 것들이 의미가 있다는 것을, 그리고 이러한 통찰력이 어떻게 그들의 삶을 계획해나갈 수 있는 기초적인 학습의 미학이 될 수 있을까?

시스템 활용능력이 중요한 이유

요즈음 아이들은 기름 유출, 지구 온난화, 경제난, 식량불안, 대규모 불법행위, 생물 다양성의 감소, 분쟁의 증가가 뉴스 헤드라인에 보이는 것이 당연한 세계에서 자라고 있다. 이러한 재앙을 이해하기 위해서는 가족, 지역 경제, 환경 그리고 다른 것들을 포함한 서로 연결된 시스템 늪의 원인과 결과에 대해 알아야 한다. 이상적으로, 우리 아이들이 이디스 콥(Edith Cobb)이라는 작가가 '망상 접근법'(그물이나 망상 조직을 닮은)이라고 부르는 행위를 지식과 감각 함양을 위해 받아들이기를 바란다.[19]

잘 알게 된다는 것은 외국어나 수학과 같이 특정 과목에 대해 교육을 잘 받고 이해를 하는 것을 뜻한다. 많은 분야에서 지식은 그것을 충분히 활용할 수 있을 만큼 포괄적이어야 한다. 시스템 사용 능력은 복잡한 상호관계에 대한 지식수준을 나타낸다. 그것은 개념상의 지식(시스템의 원리나 성격에 대한 지식)과 사고 능력(예를 들어, 상황을 더 넓은 맥락에 적용하는 능력, 시스템 내에서 여러 레벨의 다양한 관점을 보는 것, 복잡한 상호관계를 추적하는 것, 내재되어 있거나 '시스템 — 내부'의 원인을 찾아내고, 시간에 따라 변화하는 성격을 깨닫고, 그리고 넓고 다양한 시스템 내부에 존재하는 되풀이 되는 패턴들을 알아내는 것)을 함께 사용한다.

만약 사람들이 시스템들에 대해 지식을 가지고 있지 않다면, 인간의 활동 중 상당수는 마치 로터리에 꽉 막힌 차들과 같을 것이다. 그 차들은 연결되는 패턴에 대해 자각하지 못하며 그에 따라 착취적이고 파괴적인 결과를 가져올 것이다. 시스템 활용 능력은 사람들이 상호 연결된 세상에서 느끼는 열망을 실현하기 위해 꼭 필요하지만 단편적인 관점에서 보면 달성하기 불가능한 것 같다. 시인이자 작가 겸 평론가인 웬델 베리(Wendell Berry)가 말하듯이, '우리는 오랫동안 부분적인 것에만 제대로 대응하면 전체적인 큰 그림은 내버려 두어도 괜찮다는 가정 아래 살아왔다. 하지만 지금 우리는 흩뿌려진 이 조각들을 모으는 것을 시작해야 한다. 그것들이 어디에 속하는지 알아내고 그것들을 다시 제자리에 놓아야 한다. 부분들은 오직 그들이 속해 있는 전체의 패턴 속에서만 조화될 수 있다.'

아이들이 시스템에 대해 배우고 시스템들을 더 명확히 이해하게 되었을 때, 그들의 세계관은 변한다. '변화하기 위한 힘'에서, 스테파니 페이스 마셜 (Stephanie Pace Marshall)은 시스템 활용능력을 기르는 것의 가치는 '다른 세계관의 힘'에서 기인한다고 설명한다. 그녀는 이어서 말한다. "우리가 전체를 지각하고 경험하면, 우리는 변한다. 우리는 더 이상 자연, 사람, 사건, 문제 또는 우리 자신을 개별적이고 연결되지 않은 존재로 여기지 않는다."

자연적인 하나의 결과는 다른 사람들에 대한 큰 공감을 부른다. 많은 문화에서는 이것을 억압하려는 분위기가 퍼져 있지만, 경험과 학습을 통해 드러낼 수도 있고 도출할 수도 있다. 아이들은 자신과 다른 사람, 장소, 사건 그리고 다른 종과의 연결 점을 찾으면 그들은 다른 사람들의 세계를 들여다보는 외부인과 같은 감정을 더 이상 느끼지 않는다. 그들은 이제 내부자들이다. 마치 농부가 토지와 연결되어 있고 연어가 강물과 연결된 것처럼 '다른 것'과의 연결을 경험한다.

다른 결과는 아이들이 스스로를 자연 바깥에 있다고 생각하지 않고, 자연 속에 포함된 일부로 보기 시작한다는 것이다. 교외의 마을에 살고 있는 12세의 아이에게 잔디밭 사진 두 장을 보여주었다고 상상해보자. 첫째 사진은 야생화로 가득 차있고 다소 지저분하고 정리가 안 된 것처럼 보인다. 둘째는 숲이 우거져 있고, 푸르고, 깔끔하고, 잘 정돈되고 또 비옥해 보인다. 어떤 것이 더 아름다운가? 당연히 둘째 이미지가 많은 사회에서 보여주기를 원하는 아름다운 잔디밭의 모습을 대표하며 12세의 많은 아이는 그 사진을 고를 것이다. 하지만 높은 수준의 시스템 활용능력을 가진 학생은 정돈되지 않은 잔디밭을 선호할 가능성이 높다. 그는 그 잔디밭이 자연 현상의 과정과 조화를 이루고 있다는 것을 알 것이다. 그 잔디밭이 다양한 종류의 동식물들이 자랄 수 있는 환경이며, 생태계 균형을 유지하고 그 주변의 생태계에 불필요한 것들을 조금 혹은 아예 더하지 않는다는 것을 말이다.

반면에 정돈되고 가지런하고 손질된 잔디밭은 자연현상과 충돌할 때만 살아남을 수 있다. 그것은 지속적인 관리를 필요로 하며, 그렇게 계속 관리하다 보면 의도치 않은 여러 부정적인 결과가 초래될 것이다. 잔디 깎는 기계에서 나오는 온실가스 방출, 화학 비료를 만들기 위해 화석 연료를 사용하는 것, 농약으로 인한 이로운 곤충들의 죽음, 잔디밭의 공급과 유지를 위한 추가적인 경제적 비용과 이것이 가계 예산에 주는 부담, 특정 식물을 제거함으로써 발생하는 생태계 교란(잠재적으로 더 많은 농약의 필요를 불러일으킨다), 그리고 화학물질이 지역의 물 자원에 끼칠지 모르는 알 수 없는 영향 등 말이다.

아이들이 자라며 경제, 기후, 교육, 에너지, 빈곤, 낭비, 질병, 전쟁, 평화, 인구학, 지속성에 대해 배우게 되면, 시스템 활용능력을 가진 아이들은 이 모든 것들을 서로 관계가 있는 것으로 볼 것이다. 시스템의 관점에서는 그 어떤 것도 독립적인 것이 아니다. 내가 겪는 기후는 네가 겪는 기후이며, 네가 겪는 질병은 나의 질병이며, 네가 겪는 식량부족은 나의 식량부족이다. 시스템 활용 능력을 기르면 사람들은 힘든 일이나 문제들에 대해 단 하나의 원인을 탓하지 않게 된다. 대신, 넓은 범위의 시스템에 존재하는 반복되는 패턴들을 살펴보게 하는 습관을 만들고, 상호 연관된 원인들의 지표를 찾으며(매우 복잡한 원인들이 믿지 못할 만큼 간단한 단서를 남길 수 있다는 것을 알며), 그리고 만약 부분이나 과정이 변화된다면 전체 시스템이 어떻게 변할 것인지 예측하기 위해 머릿속으로 그 과정을 상상하게 한다. 시스템 틀에서 생각하는 사람들은 큰 행위가 작은 결과를 낳는다는 것을 안다. 그 반대도 말이다.[20]

그들은 생활 방식의 다양성, 복잡성 그리고 건강하고 활력 있는 종이 다양성에 의존하고 있다는 것을 알고 다양성을 추구한다. 그들은 한 자원에서 나온 폐기물이 '음식'이 될 수도 있는 수요와 공급의 순환을 찾는다. 그들은 더 큰 것이 항상 낫다는 가설에 의문을 던진다.

생활 방식에 관심을 가지는 것은 또한 빠르고 기계적인 변화 속도를 보이는 기술의 페이스와는 현저히 대조되는 지구의 (혹은 생물권의) 변화 속도를 인지하게 한다. 시스템 활용능력은 물, 공기, 땅, 물고기뿐 아니라 우리사회 내에서 함께 기울이는 노력에는 우리가 책임감을 가지고 담당해야 한다는 공통점을 더 쉽게 볼 수 있게 한다.[21]

시스템, 특히 우리가 사는 시스템에 대해 배우는 것은 아이들이 아름다운 것, 평화로운 것 그리고 중요한 것에 대해 더 깊게, 동정심을 가지게, 더 정확하게 그리고 더 지속적인 감수성을 가지게 한다.

배움의 미학을 바꾸는 것

우리가 학생들에게 간단하고 일차원적인 원인의 설명 너머를 보라고 하는 것은, 그들에게 시스템에 대해 알기를 요구하는 것이다. 산업과 정부 지도자들을 포함한 대부분의 미국 성인들은 시스템의 복합적인 원인, 영향, 의도치 않은 효과를 온전히 이해하는 기술을 완전히 배우지 못했다. 그 대신, 사람들이 대상을 이해하는 최고의 방법은 그것을 관찰하거나 부분으로 나누는 것이라고 배웠다.

이것은 흥미로운 기회이다. 시스템 활용능력을 발전시키는 면에서, 대부분의 성인들은 그들의 자녀들과 함께 배우고 있다. 이것은 아이들의 배움에 방해물이 되기보다는, 중요한 자산이 될 수 있다. 대부분의 학생들에게 공동학습은(부모, 교사, 동료와의 학습) 활동적인 역할을 맡을 수 있는 기회를 주고 비판적이고 확산적인 사고, 관찰, 합성, 문제 해결과 같은 고차원적인 기술들을 개발할 수 있게 한다.

세상이 점점 더 복잡해짐에 따라, 많은 교실에서는 실생활의 문제들을 여러 개의 교과 과정으로 나눈다. 한 수업에서는 과학을 가르치고, 다른 수업에서는 수학을, 또 다른 곳에서는 영어를 배운다. 자연 과학의 교과 과정은 물질계에 집중하는 반면 사회과학은 사회적인 세계에 집중하고, 그 두 수업 모두 두 개의 세계가 서로 강하고 지속적으로 영향을 미치는 점에 대해서는 말하지 않는다. 우리가 아이들에게 기후 변화, 테러, 물의 이용에 대해 말한다면, 우리는 그들의 물질계와 사회적 세계에 대한 인식뿐만 아니라 역사, 생태학, 문학 그리고 일반 시사에 대한 통찰력도 향상시킬 수 있다. 가장 중요한 점으로, 우리는 아이들이 이미 가지고 있는 경험과 통찰력에 대해 더 잘 이해할 수 있다.

프리초프 카프라(Fritjof Capra)와의 대화는 내가 자연과학과 사회과학 사이의 경계를 명확하게 할 수 있도록 도와주었다. 카프라에 의하면, "이러한 구분은 더 이상 가능하지 않을 것이다. 왜냐하면 새로운 시대의 사회과학자들, 자연과학자들 그리고 다른 사람들 모두는 생태학적으로 지속가능한 공동체와 기술, 사회 기관들, 즉 물질적 사회적 구조물들을 만들어야 할 것이며, 이것들은 항상성을 유지하는 자연의 능력을 방해하지 않을 것이기 때문이다." (Capra의 책, Hidden Connections : A Science for Sustainable Living [Doublebay, 2005] p.xix을 참조하라.)

스위스 심리학자 장 피아제(Jean Piaget)가 한 가장 유명한 실험 중에는 줄리아(Julia)라는 5세 여자아이와 나눈 대화가 있다.[22]

피아제 : 무엇이 바람을 만들지?

줄리아 : 나무들이요.

피아제 : 그걸 어떻게 알았어?

줄리아 : 나무들이 팔을 흔드는 걸 봤거든요.

피아제 : 그게 어떻게 바람을 만들어?

줄리아 : 이렇게요(피아제의 얼굴 앞에서 그녀의 손을 흔든다). 근데 그
　　　　게 더 커요. 그리고 많은 나무가 있잖아요.

피아제 : 바다에서의 바람은 어떻게 만들어져?

줄리아 : 땅에서부터 불어요. 아니다, 파도들이 만들어요.

세계가 어떻게 돌아가는지에 대한 그 아이의 가설에 대해 피아제는 매우 흥미로워 했다. 우리는 기압, 해수의 온도 그리고 태양열에 대해 이야기할 것이다. 이 모든 것들이 바람을 불게 하는 원인이다. 하지만 나무가 바람을 만들지 않는다고 하는 말도 완전히 옳은 것은 아니다. 나무들은 온도 조절의 역할을 한다. 그렇게 나무들 또한 바람을 만드는 시스템의 일부가 된다. 파도 또한 마찬가지이다. 그것이 바로 숲, 바다 그리고 사막에서의 바람이 모두 다른 이유 중 하나이다. 어른으로써, 당신은 아마 나무들이 바람을 만든다고 하는 아이의 말에 동의를 하지 않을 것이다. 또한 나무들이 아무런 역할도 하지 않는다고 말해버려서 그 대화를 끝내고 싶지도 않을 것이다. 두 접근방식 모두 아이의 환경에 대한 통합적이고, 시스템적인 관점을 의도치 않게 억제할 수 있다. 그 대신, 당신은 연관되어 있는 여러 요소들과 그들의 관계에 대해 이야기하고 아이와 함께 답을 찾아나갈 수 있다.

시스템 활용능력을 향상시킬 수 있는 기회들은 수확하기에 알맞은 낮게 매달려 있는 과일과 같다. 점점 더 많은 교육자가 학교나 공동체에 시스템적 사고 또

는 그와 비슷한 사고들, 즉 생태소양(Ecoliteracy), 탈중심적 사고(decentralized thinking), 생태논리(eco-logic) 그리고 통합적 사고(integral thinking)를 도입하고 있다. 하지만 지금 바로 시스템사고 능력을 키울 수 있는 아이들에게 교육개혁이 다다를 때까지 기다릴 필요가 있는 것은 아니다.

시스템 활용능력을 촉진하는 일상 방법

시스템이 이해하기 어려운 비선형적인 방식으로 움직이기 때문에 때때로 논쟁이 발생한다. 그렇기 때문에 시스템사고는 복잡한 시스템 이론, 역학 그리고 에이전트 기반 모델링을 포함한 고급 교육을 요구해왔다. 분명하게 이러한 연구는 시스템에 대해 자연스럽고 직관적으로 이해하는 것을 넘어서 보다 전문적인 수준의 시스템 지식을 얻도록 도울 수 있다. 동시에 많은 학생이 어떤 형식적인 정식교육 없이, 그리고 대학원에 진학할 준비가 되기 오래전에, 자연과 사회 시스템 모두에 대해 직관적으로 '시스템에 대한 사고'를 하고 있음을 보여주는 연구(10세와 11세의 내 아이들에 대한 연구를 포함)가 늘어나고 있다. 4세나 5세 정도의 어린아이들도 시스템 행동을 이해할 수 있는 능력을 보여주는데, 이는 시스템사고가 어린아이들이 가지고 있는 타고난 지능의 일부분이며, 이러한 능력이 나중에 현상을 분류하는 법을 스스로 배워버린 어른들에 의해 '교정'될 수도 있음을 암시한다.[23]

로버트 W. 케이츠(Robert W. Kates)와 신디 케이츠(Cindi Katz)는 3∼5세의 아이들이 가지고 있는 물의 순환에 대한 이해를 연구했다. 이 연구자들은 4세의 아이들이 '어느 정도의 순환(예를 들면, 내부 물 순환과 구름−비 순환)'을 이해하는 반면, 5세의 아이들은 '조금 더 복잡하고 광범위한 수리학'이라고 표현한다는 것을 알게 되었다.[24]

오스트리아의 생물학자 루드비히 폰 베르타란피(Ludwig von Bertalanffy)
의 '개방형 시스템' 개념에 익숙했던 피아제는 관찰 이후 이러한 자연스러운
시스템적 지성을 인정했다. "아이에게는…모든 것이 모든 것과 연결되어 있
고 그 모든 것이 모든 것에 의해 설명될 수 있다는 자발적인 믿음이 있었다."

어린아이들은 던전 앤 드래곤(Dungeons & Dragons) 같은 롤플레이 게임이
나 주타이쿤(Zoo Tycoon)과 심시티(Simcity) 같은 컴퓨터 게임을 할 때 이런
자연적인 지성을 보인다. 그들이 '플레이'를 가장 활발하게 할 때, 아이들은
수많은 상호의존성을 파악하고, 많은 양의 데이터를 관리하며, 의도하지 않
은 결과들을 예측한다. 게임을 하면서 그들은 시스템사고 능력을 유연하게
한다.[25]

아이들이 시스템 활용 능력을 발전시킬 수 있는 기회들은 교실, 놀이터, 차,
도서관, 저녁 식탁, 욕실, 식료품점을 포함한 우리 주변 도처에 있다. 예를 들
면, 안내를 잘 해줄 경우 훌륭한 야외 수업은 상호 연관성과 생태학에 대해
훌륭히 이해를 할 수 있는 교실을 제공한다. 나비의 생의 순환에 사로잡힌 7
세의 아이에게 다른 '생명의 순환들'에 대해 생각해보도록 하는 것은 어떠한
가? 10세의 낚시광에게, 정원의 지렁이가 어떻게 그의 다음 낚시여행에 유용
할 뿐 아니라 땅을 비옥하게 하고 배고픈 울새에게 좋은 음식이 될 수 있는지
에 대해 관심을 가져보게 하는 것은 어떠한가?[26]

이런 방법들로 우리는 아이들에게 순수한 자연의 직접적인 경험을 줄 수
있으며, 『The One-Straw Revolution*』의 저자이자 농부인 마사노부 후쿠오카
가 말하는 것처럼, 아이들은 '자연의 과정들과 조화를 이루어서 무엇을 해야

....

* 역자주 한글 번역본(마사노부 후쿠오카 저/ 최성현 역, 짚 한오라기의 혁명, 녹색평론사, 2011).

하고 무엇을 하지 말아야 하는지 본능적으로 이해'하게 될 수 있다.[27]

여기 어린아이들이 시스템을 해석할 수 있게 도와주는 대화와 활동들의 다른 예시들이 있다.

- **단순히 사물만 언급하는 것이 아니라 사물들 간의 관계를 예를 들어라.** 간단히 "그건 갈색 닭이야."라고 말하는 것보다는 그 닭이 알을 낳고 농부의 뜰에 있는 벌레를 먹는다는 것을 지적해라. 원인과 결과 사이의 가능성 있는 관계를 보는 아이의 자연스러운 경향을 찾아내고 격려하라. 아이에게 차들, 공기, 식물들 그리고 사람들 사이에서 본 연결점들을 묘사해보라고 말해보라.

- **근본적으로 시스템다이어그램을 사용해서 만성적인 문제에 숨어 있는 구조 패턴을 드러내라.** 예를 들어 계속되는 가족 간의 다툼에 대해 생각해보자. 아마도 당신의 아들은 방 치우는 것을 싫어할 수 있다. 당신은 그에게 방을 치우라고 말하기를 싫어한다. 한 주 내내 당신은 그에게 방 치우기에 대해 언급한다. 당신의 아들은 저항한다. 주말에 당신은 결국 폭발해버린다. 마침내 당신은 한 주 동안 TV를 보지 못하게 하겠다고 협박한다. 아들은 결국 수그러들고 그가 방을 치우자 당신은 행복해진다. 그러나 다음 날, 압박이 줄어듦과 함께 아들은 서서히 오래된 버릇으로 돌아가기 시작한다. 그 주의 중간이 되자 당신은 당신의 불만이 다시 커짐을 느끼는데 그때 느끼게 되는 압박감은 한층 더하다.

  이 딜레마에서 벗어나는 한 가지 방법은 당신과 당신의 아들이 함께 앉아 당신이 그걸 보는 것처럼 그 상황을 보여주는 간단한 다이어그램을 각각 그려보는 것이다. 단편적인 사실에서 결론을 도출함으로써 당신과 당신의 아들은 자신들이 폐쇄적인 인과 고리, 즉 '균형 피드백 프로세스'에 사로잡혔다는 것을 볼 수 있다. 당신의 아들은 당신의 압력이 있을 때만 청소한다.

일단 이 패턴을 찾으면 이것을 깰 방법들을 찾을 수 있다. 예를 들어 그 균형적인 피드백 과정은 목표 추구형이라는 것을 알 것이다. 한 가지 전략은 목표를 다시 설정하는 것이다. 아마도 부모로서의 당신의 기준은 매우 높을 수도 있다. 당신은『House and Garden』에서나 나올법한 완전 새 것 같은 아이의 침실을 원하는 반면, 당신 아이의 목표는 너무 낮았다. 부모와 아이가 동의할 수 있는 '유지 가능한' 목표를 설정하는 것은 가능한가?

단지 그것만으로는 몸에 깊게 밴 시스템 구조를 극복하기가 충분하지 않을 수도 있기 때문에, 당신은 또한 그 유지 가능한 목표를 성취하기 위해 시스템에 대한 연결점(일주일에 두 번 청소 시간을 계획하기)을 추가하는 것은 어떠한가?[28]

❑ **점들을 연결하도록 아이들을 도와줘라.** 아이들의 주의를 하나의 점(또는 사건)으로부터 당신이 여러 사건들을 함께 묶을 때 보이는 상호 연관성의 패턴으로 돌려라. 예를 들면, 청소년인 딸이 이렇게 말할지도 모른다. "엄마, 몇몇 선생님들이 내가 숙제를 더 많이 할수록 공부를 더 잘할 거라고 했어. 하지만 숙제가 너무 많으면, 나는 절대로 이것을 끝낼 수 없다고 생각해서 결국 좌절하게 돼."

이 문제에 대해 이야기하면서 '너무 많은 숙제'를 하나의 사건만이 아니라, 큰 패턴의 부분으로 생각해보기를 독려해라. 예를 들어 이렇게 물어볼 수 있을 것이다. "좌절하게 되면 그다음에는 무슨 기분이 드니?"

그녀는 아마 이렇게 말할 것이다. "음, 압도당한 기분을 느끼고 더 이상 집중할 수가 없어요. 포기하고 싶어지고, 그것이 내 성적을 더 나쁘게 만들어요." 당신은 좌절이 그녀의 역량에 영향을 미친다고 지적할 수 있다. 브레인스토밍을 시도해봐라. 당신은 어떻게 숙제와 좌절 사이의 연결점을 수정할 수 있을까? 그것에 대해 뭘 할 수 있을까?

여기 중학교 선생님의 희망적인 제안이 있다. "만약 선생님이 우리에게 주말에는 숙제를 덜 주거나 아예 주지 않는다면, 우리는 뒤지지 않을 것이고 기분이 많이 나빠지지는 않을 거야. 우리는 수업에 집중할 수 있고 전반적으로 성적이 더 좋아질 거야." 당신은 부모로써 선생님들에게 혹은 학교에 요청해볼 수 있는가? 만약 결과를 얻지 못할 거 같다면 다른 해결책들은 존재하는가? 딸의 스케줄을 다르게 짜보는 것은 어떠한가? 숙제 중 일부를 미리 하거나, 그룹으로 하거나 또는 딸이 흥미를 두고 있는 것과 연관시켜서 좌절을 덜 느끼게 할 수 있는가?[29]

∬ 313쪽의 '숙제 : 야수' 참조

❑ **시간에 따른 변화를 이야기하라.** 하루, 달, 해를 지나면서 생기는 시공간적 변화들을 추적하고 예측하라. 예를 들어 아이가 공원이나 뒷마당에 쓰러진 나무가 천천히 부패하는 것이나 상태의 변화, 또는 닭들이 자유롭게 돌아다는 초원의 변화를 눈치 챌지도 모른다.

당신은 아이와 함께 몇 주 또는 몇 달 동안의 넘은 행동을 추적하는 간단한 선 그래프를 그릴 수 있다. 학교에 있을 때의 행복 지수, 당신의 통장에 있는 돈, 연못에 있는 비버의 수를 포함한 모든 것으로 그렇게 할 수 있다. 일단 당신이 그래프를 그리면, 떠오르고, 지고, 진동하는 행동들을 볼 수 있다. 거기에 대해서 이렇게 물어볼 수 있다. 어떤 상호 연관성이 이런 행동을 일으킬까?

시간에 따른 변화에 대해 매우 효과적인 설명을 위해, 아이들이 몇몇 야외현상이 어떻게 변화하는지 정기적으로 집중할 수 있는 '앉는 장소'를 찾도록 하라. 예시들은 아마도 잎의 색깔이 변하는 나무, 수위가 올라갔다 내려갔다 하는 연못, 또는 지표계와 온도계가 될 수 있을 것이다. 그들이 시간이 지나면서 관찰한 변화들의 흔적을 저장할 수 있도록 그들의 '앉는 장소'에 작은 노트를 남겨놓게 하라.

❑ **시스템들에 걸쳐 존재하는 패턴들을 인지하라.** 아이가 로터리에서 운전자의 행동과 양치할 때 물을 흘려보내는 것이 비슷하다고 관찰하거나, 학교에서 두 아이 간의 갈등이 커지는 것과 두 나라간의 갈등이 악화되는 것이 비슷하다고 할 때 이 패턴들을 함께 비교하라. 당신이 보는 패턴들에 별명들을 붙여 보아라. 예를 들어 당신은 악화되는 갈등을 '눈덩이'라고 부를 수도 있다. 그래서 집에서 형제들 간의 싸움이 커질 때 "지금 너희들끼리의 문제가 눈덩이처럼 커지고 있니?"라고 말할 수 있을 것이다.[30]

❑ **같은 '시스템'을 다른 관점으로 살펴보라.** 학교에서 괴롭힘 문제가 생긴다면, 공격자, 피해자, 선생님들 그리고 구경꾼들의 관점들에 대해 이야기해보라. 역할놀이를 통해 학생들이 그 상황 또는 문제를 다른 관점들로 실연할 수 있도록 하라. 몇몇의 상황적인 요소들─그들이 그 이야기를 할 때 얼마나 그들이 서로 가까이 있었는지─을 바꿀 때 어떤 새로운 생각과 영감들을 얻게 되는가?

❑ **저량과 유량의 차이를 이야기하라.** 나무, 물고기, 사람들, 상품들, 좋은 의지, 돈의 축적은 저량(stock)이다. 저량의 변화 비율은 유량(flow)이다. 세탁물 더미를 생각해보자. 세탁물 더미의 유입량(flow into)에 영향을

미치는 것은 무엇일까? 얼마나 빠르게 세탁물 더미가 쌓일까? 세탁물 더미의 유출량(flow out)에 영향을 미치는 것은 무엇일까?

저량과 유량 사이의 혼란은 우리가 직면하는 몇몇 가장 복잡한 역학적 문제들을 발생시킨다. 예를 들어, DDT에 대한 연구는 DDT가 식물과 건물의 표면에서 6개월이 지나면 증발하지만 그것이 물고기의 조직에는 50년까지 남아 있음을 보여줬다. 물고기 조직에 쌓인 DDT는 저량이며 매우 천천히 유출된다. 같은 차이들은 세계 기후 변화(대기 중에 이산화탄소의 양은 저량이다) 또는 국가 부채(부채는 저량이며, 적자는 유량이다)를 설명하는 데 사용할 수 있다.

∬ 자세한 것은 210쪽의 '세계 기후 변화' 참조

❏ **시스템 안에 있는 행위자들의 영향력을 살펴보라.** 예를 들어 교통 정체에 갇혀 있을 때 이렇게 물을 수 있다. "우리가 이 문제를 어떻게 해결하도록 도울 수 있을까?" 간접적인 영향들 또한 찾으라. "우리가 운전을 하면 북극곰의 삶에 영향을 미칠까?" 이런 질문은 그저 화만 내는 것이 아니라 시스템 구조에 대해 이해하도록 초점을 변화시킨다.

∬ 교통정체의 시스템적 요인에 대해서 187쪽의 '유령 정체' 참조

❏ **의도하지 않은 결과들을 예상하기 위해 앞일을 내다봐라.** 아이들에게 사회학자 엘리스 보울딩(Elise Boulding)이 말한 '확장된 현재'를 적용해보라고 요청했다. 지금부터 앞뒤로 50년에서 200년만큼 시간의 관점을 확장해보라. 예를 들어 일회용 기저귀들은 분해되는 데 100년에서 500년이 걸린다. 사실 분해되는지 얼마나 길게 걸릴지에 대해 정확히 아는 사람이 없는데, 왜냐하면 누구도 그것이 분해될 만큼 오래 살지 않았다는 사실에 대해 이야기할 수 있다. 현재에 대한 확장된 감각은 특히 활동하

고 있는 시스템에 적절한데 왜냐하면 자연적이든 사회적이든 많은 활
동하고 있는 시스템이 짧은 시간 동안 완전한 순환을 하지 않기 때문이
다. 예를 들어 만약 당신이 하루 또는 이틀 동안 정원을 관찰한다면 정
원에서 이루어지는 계절적인 순환을 이해하지 못할 것이다.[31]

☐ **시스템의 부분 대신에 하나의 시스템으로 연결된 점을 강조해라.** 시스템
에는 필수적인 부분과 과정들이 있으며 이런 부분들이 배치되는 방식
은 매우 중요하다. 당신은 아마도 아이가 이렇게 말할 때 이 점을 이해
했다는 것을 알 수 있다. "엄마가 아프면 모든 것이 제대로 돌아가지 않
아." 또는 "거미들을 없애지 마! 걔네가 파리를 먹어." 만약 그러한 요소
들 중 하나가 제거된다면 어떻게 될지 얘기해보자. 예를 들어 만약 몸으
로부터 열이 없어진다면, 부분(심장)뿐 아니라 시스템(몸)이 작동하지
않을 것이다. 축구팀이나 교실에서도 마찬가지의 일이 일어나는가? 그
러한 요소들이 어떻게 배치 되느냐도 중요하다. 4세 아이들에게 이런
질문을 했다. 네가 소를 반으로 자른다면 너는 소 두 마리를 얻는 것일
까? 그들은 모두 "아니요!"라고 대답할 것이다. 왜일까? 그 아이들은 본
능적으로 소의 몸이 기능하려면 몸의 두 부분이 모두 필요하다는 것을
안다.

☐ **비선형적 행동에 대해 소개하라. 아이들에게 결과들이 항상 행동에 비
례하지 않는다는 것을 보여주라.** 예를 들어 한 아이가 다른 아이를 괴롭
힐 때, 이 문제는 매우 작아 보인다. 그러나 30번 또는 40번 이러한 일이
반복된다면 그 아이가 반격할 수도 있고 누군가가 다칠지도 모른다. 반
면에 누군가는 크고 힘차게 소리 지르지만 큰 영향이 없을 수도 있다.
작은 변화가 큰 영향을 주거나 큰 변화가 영향을 주지 않는 예를 찾아

보자. 교통 혼잡, 날씨 변화 그리고 전염병들은 모두 비선형적 패턴의 예가 된다.

　속담들은 비선형에 대해 생각하는 것에 유용할 수 있다. 지푸라기가 낙타의 등을 부러뜨릴 수 있다는 속담을 이야기하자. 낙타의 등에는 1,000개의 지푸라기가 있었다. 그 각각의 지푸라기들은 낙타에게 작은 영향을 끼쳤다. 만약 낙타로서의 시스템이 선형적인 행동을 보였다면, 마지막 지푸라기는 나머지 999개의 지푸라기와 같은 영향을 끼칠 것이다.

인지에서 행동까지

　성인들의 도움으로 시스템에 대한 아이들의 이해는 문제 해결을 위한 모델로 더 발전될 수 있다. 이것은 그들이 잘 알고 있는 방식으로 분석하고 행동하게 한다. 되풀이되는 패턴을 알면 그들은 본능적으로, 비효과적으로 반응할 가능성이 줄어들고 행동의 패턴들을 이해할 가능성이 높다. 그들은 이 이해를 통해 그들의 행동을 고치고, 의도하지 않은 결과를 예측하며 다른 이들이 더 효과적으로 일할 수 있도록 돕는 데 사용할 수 있다.[32]

　아이들의 시스템 활용 능력이 높았다면 그들의 부모들 또한 배우도록 도울 수 있다. 예를 들어 공통의 딜레마, 즉 모두가 상호적으로 책임을 지고, 함께 공유하는 자원 주변에서 일어나는 갈등에 대해 이야기하고 그러한 딜레마를 가시화할 수 있다.

　로터리에서 이야기를 나눴던 나의 4세 아이는 이제 건장한 13세이다. 얼마 전에 그 아이는 그의 형제와 그저 장난만은 아닌 눈싸움을 했다. 나는 어떤 일이 일어났는지 알기 위해 각각의 입장을 들었다. 그들은 모두 비슷한 이야기를 했다. 한 명이 먼저 비꼬는 말을 해서 다른 아이도 비꼬는 말을 했고, 결국 한 아이가 놀렸고, 두 번째 아이가 반격을 하고 결국 완전한 싸움이 시작되었다. 이것은 상승작용(escalation)이라고 불리는 일반적인 패턴이었다. 재치가 바닥나는 것을 느끼면서 나는 그들을 재빠르게 앉히고 이렇게 생긴 도표를 그렸다.

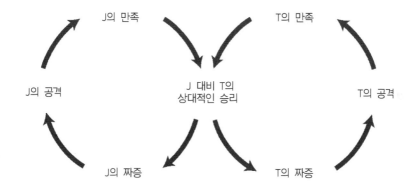

"봐봐", 잭(Jack)이 말했다. "이것은 8자 모형이 옆으로 누운 거야. 이건 무한을 뜻하지. 이것은 영원히 지속될 수 있어."

"그리고 계속 나빠지지." 그의 동생이 짜증을 냈다.

우리가 계속 이야기하면서, 아이들이 '더 멋있어지려고' 하거나 '이기려고' 할 때 갈등이 증가했다는 것을 깨달았다. 한 아이가 더 '멋진' 행동을 하면 다른 아이는 더 그것을 짓누르고자 했다. 갑자기 그들은 자신을 떨어진 개인이 아니라 '시스템'의 일부로 보았다. 그들은 서로를 탓하는 것이 문제를 해결하지 않을 것이라는 점을 깨달았다. 그들은 간단한 그림의 도움으로 그런 행동이 다른 이의 행동을 부추기는 것이라는 것을 보게 되었고, 그제서 어떻게 그 순환을 깰 수 있을지에 대해 이야기할 수 있었다. 내가 그들에게 어떻게 다르게 행동할 수 있을지 물었을 때, 그 답은 쉽게 나왔다. 놀리는 아이가 심하지 않게 놀렸다면 반격을 한 아이가 그렇게 심하게 반격을 하지 않았을 것이다.

그 로터리는 당연하게 오래전에 고쳐졌다. 교통 혼잡은 정상으로 돌아갔다. 우리 집에서는 평범한 문제 해결을 위해 각자 자신의 역할을 하려고 노력한다. 여전히 축구연습을 하러 가기 위해 자동차를 이용하지만 우리는 식료품점을 가기 위해 걷고, 우리의 닭에게 얻은 달걀을 이웃과 나눈다. 우리는 일상 상황에서 점들을 쉽게 연결하기 위해 많은 방면으로 이야기하려고 노력한다. 요즘에 우리 집에서는 이런 말을 흔히 한다. '만약 모든 사람이 그렇게 행동한다면?' 이 말은 개인의 행동의 결과를 확대해서 더 광범위한 영향을 상상할 수 있게 한다.

모든 사람들은 활동하는 시스템에 대한 타고난 이해를 가지고 태어난다. 조금의 노력만으로 당신은 그 타고난 지성을 젊은 사람들에게 장려하고 그들의 세상이 상호 연결되어 있고 역동적인, 상호작용하는 요소들과 과정들이 단단히 짜인 거미줄이라는 것을 상기시킬 수 있다. 이것은 의미 있는 목표이다.

■ 숨겨진 연결 관계들

목적 : 이 간단한 활동은 상호의존성에 대한 사고를 북돋을 수 있다.

여행을 갈 때나 새로운 장소에서, 학생들에게 물건을 하나 고르라고 하고 물어보라. "우리가 이것으로 얼마나 많은 연결 관계를 만들 수 있을까?" 그들이 연필과 종이를 사용하여 메모하거나, 단어나 그림들을 이용해서 상호연결성과 인과 관계를 설명하는 간단한 개념 지도를 만들도록 격려하라. 농장에서는 그 물체가 닭, 트랙터 또는 신선한 우유 한 통이 될 수 있다. 해변에서는 그것이 그물, 게 또는 조개껍데기가 될 수 있다. 도시에서는 배수관이나 건축 크레인이 될 수 있다. 가능한 곳이라면 어디서든 지역의 '전문가(정보원)' 즉 매일 이러한 물체를 가지고 일하는 사람들의 이야기를 들어서 학생들이 작업을 수월히 하도록 도우라.[33]

농부와 학생들의 대화는 이런 식으로 진행될 수 있다.

학생 : "음, 아저씨는 닭들에게 먹이를 주고, 또 물을 줘요." (학생들은 닭과 농부와 먹이와 물을 그린다.)

농부−교육자 : "먹이는 어디에서 올까?"

학생 : "그것을 사러 가게에 가지요."

농부−교육자 : "내가 가게에 가기 위해 무엇을 사용할까?"

학생 : "밖에 있는 트럭이요. 그리고 아저씨는 트럭에 넣을 기름이 필요해요."

(학생은 그의 그림에 트럭과 기름을 그려 넣는다.)

또 다른 학생 : "그럼, 그 닭들이 알을 낳고 아저씨가 그 알들을 먹죠. 또 아저씨는 길 아래 있는 농장에 그 알들을 팔구요."

또 다른 학생 : "그리고 아저씨는 닭들을 위해 먹이를 사야해요."

또 다른 학생 : "그리고 닭똥으로도 무언가를 해요."

∬ 시스템 지도 그리기에 대한 대한 추가 정보는 190쪽부터 참조

■■ 아이들을 위한 시스템 이야기

린다 부스 스위니(Linda Booth Sweeney)

피드백의 균형을 유지하고 강화하는 훌륭한 예들을 보여주거나 시스템 원리들과 원형들을 보여주는 어린이 대상 책들이 늘어나고 있다. 다음은 그런 사례를 담은 책들 중 일부를 소개한 글이다.[34]

『당신이 쥐에게 쿠키를 준다면』

If You Give A Mouse A Cookie By Laura Joffe Numeroff, illustrated by Felicia Bond(HarperCollins, 1985)

『If You Give A Mouse A Cookie』는 배고픈 작은 쥐에게 쿠키 하나를 주는 일의 뜻밖의 결과에 대한 이야기다. 너무 순수한 이야기로 보이는가? 그러나 그다음 이야기는 그 에너지 넘치는 쥐가 우유 한 잔을 바랄 것이라는 것이다. 그리고 그는 콧수염 모양의 우유 자국이 생기지 않았다는 것을 확인하고자 거울을 보고 싶어 할 것이다. 그리고 그는 자신을 다듬기 위해 가위 한 자루를 찾을 것이다. 이 매력적인 책에서 쥐가 부리는 말썽은 도미노처럼 이어지다가 그 말썽이 시작된 지점인 다른 쿠키를 요구하는 지점에서 끝난다.

이것은 원인과 결과의 관계를 쫓아서 하나의 사건(쥐에게 쿠키 하나를 주는 것)이 어떤 영향을 주는지 보게 하는 능력을 연습시키는 데에 좋은 이야기이다. 아이들이 생각해낼 수 있는 것이 결국에는 사건 자체에 영향을 주는 것, 또 어떤 연속적인 사건들이 있을까? 그리고 더 나아가 많은 아이에게는 일상적인 행동들이 어떤 의도하지 않은 결과를 부를 수 있는가? (예를 들어 도시 계획자가 붐비는 고속도로에 추가 차선을 더했다고 가정하라. 이것이 교통체증을 줄이겠는가? 늘리겠는가?)

"이 책은 내가 아주 어린아이들에게 시스템의 기초를 가르치기 위해 찾아낸 최고의 책들 중 하나이다." 팀 루카스(Tim Lucas)가 말했다. "여기서 아이들에게 이렇게 물어볼 수 있다. '이런 경우를 또 생각해낼 수 있겠니?' 그들의 아이디어로 만화를 그려보게 해라 그리고 그 종이의 끝을 붙여 끝나지 않는 고리를 만들어보라. 어디가 시작이지? 어디가 끝이지? 나는 교사들이 이 아이디어를 확장해서 사건들이 패턴으로 모이는 것에 대해 이야기해보는 것을 보았다. 어떤 패턴들은 순환한다. 그리고 우리는 시작한 곳에서 끝나지 않으며, 항상 다시 돌아가게 된다."[35]

『스니치들과 다른 이들의 이야기』

The Sneetches And Other Stories by Theodor Geisel(Dr. Seuss), (Random House, 1961)

수스 박사(Dr. Seuss)의 보석 같은 책, 『The Sneetches And Other Stories』를 통해 우리는 어떻게 고급스러움에 대한 편견과 욕구가 에너지의 낭비와 자원 고갈로 이어지는지를 보게 된다.

'별 모양 배 스니치(Star-Belly Sneetch)'는 배 가운데에 형광색의 녹색 별들이 있는 보송보송한 털을 가진 초록색 동물이다. '민둥배 스니치(Plain-Belly Sneetches)'는 별이 없다. 나팔바지, 미니스커트, 아이조드 셔츠 그리고 타미힐피거가 많은 경우 학생에게 우월감을 느끼게 한 것처럼 작은 녹색 별을 가진 스니치들은 자랑을 했다. "우리는 이 해변 최고의 스니치야." 그리고 사업 수단이 좋은 악동이 돈을 벌고자 한다. 동전 조금만 내면 악동의 특이한 기계로 민둥배 스니치의 배에도 별을 달 수 있다. 갑자기 어디에나 녹색 별들이 있게 된다. 특별함을 유지하기 위해 별 모양 배 스니치들은 꼬마 악동의 "별떼기 기계"에 들어간다. 이 순환은 그들이 돈을 탕진할 때까지 계속된다. 결국 악동보다 한 수 앞서서 스니치들은 그들 사이의 차이와 그들 자신을 인정하는 법을 배운다.

이 스니치들은 간단히 말해서 근본적이지만 어려운 해결책(그들의 차이를 인정하고 포용하는 것을 배우는 것)에서 쉽지만 엄청난 비용이 드는 "빠른 방법"(별 모양의 문신을 하는 것)으로 "부담을 옮겼다."

이런 질문들을 할 수 있다. 스니치들이 무슨 일이 일어나는지 깨닫는 것을 더 어렵게(또는 쉽게) 만드는 어떤 다른 결과나 부작용이 일어날 수 있었을까? 너희가 스니치들을 만난다면 너희는 그 악순환을 깨려고 노력했을까? 어떻게 했을까?[36]

∬ 554쪽의 '부담 떠넘기기' 참조

『안노의 마법 씨앗』

Anno's Magic Seeds by Mitsumasa Anno(Philomel, 1992)

이 일본의 동화, 『Anno's Magic Seeds』에서 마법사는 잭이라는 농부에게 두 개의 신비한 금색 씨앗을 준다. 그는 잭에게 그를 1년 동안 배부르게 해줄 씨앗 하나를 먹고 나머지 하나를 심으라고 지시한다. Jack은 그 말을 따르고, 씨앗은 자란 뒤 두 개의 씨앗을 맺는다. 그다음 해에 Jack은 두 개의 씨앗을 심는다. - 그리고 그 식물은 4개의 씨앗을 맺는다. 그는 하나의 씨앗을 먹고 또 다른 세 개의 씨앗은 심는다. - 그리고 다음 해에 6개를 거둔다. 해가 지날수록 그는 계속해서 하나를 제외한 모든 씨앗을 심고, 그의 씨앗의 작물들은 매해 두 배로 늘어난다. 그는 결혼을 하고, 가정을 꾸리고, 많은 작물을 심고, 홍수를 견뎌내고 그리고 그의 가족들을 먹일 충분한 씨앗들을 남기고 작물심기를 다시 시작한다.

이것은 지수 성장, 즉 배가 시간이 계속되는 상황에 대한 이야기이다. 그러나 영원히 자라는 것은 없으며, 이 이야기에서도 또한 폭발적인 성장과 파산의 과정이 나온다. 피할 수 없는 어떤 한계점(예를 들면 홍수)은 성장을 중단시키고 심지어 거의 멸망에 가까운 것을 초래한다. 만약 잭이 마법사의 지시를 따라 계속해서 오직 한 개의 씨앗만 심었다면 무슨 일이 일어났을까? 만약에 홍수가 오지 않았다면 어떻게 되었을까? 세상이 씨앗으로 넘치기까지 얼마나 오랜 시간이 걸렸을까? 이러한 폭발적인 성장을 또 어디서 볼 수 있을까?[37]

『누가 늑대를 대변할까?』

Who Speaks For Wolf? by Paula Underwood, Illustrations by Frank Howell(A Tribe of Two Press, 1991).

『Who Speaks For Wolf?』는 할아버지에게 어떻게 그의 가족이 늑대들과 어울려 살게 되었는지 묻는 8세 남자아이에 대한 이야기이다. 우리는 그 부족이 늑대공동체의 '중심 장소'에 들어갔을 때 생긴 딜레마들과 의도하지 않은 결과들을 듣는다. 당신은 이 아이가 이 '늑대가 불을 보는' 이야기로부터 무엇을 알게 되었을 것이라고 생각하는가? 그 남자아이와 그의 공동체가 그들의 결정에서 늑대 공동체를 어떻게 고려했을까?

『연결된 지혜』

Connected Wisdom : Living Stories About Living Systems, by Linda Booth Sweeney(SEED [Schlumberger Excellence in Educational Development], 2008).

린다 부스 스위니(Linda Booth Sweeney)는 시스템사고 원리들을 설명하기 위해 많은 문화에서 설화들을 선택했다. 그 설화들은 매우 매력적이고 가이 빌아웃(Guy Billout)이 삽화를 그렸다. 교육자들과 부모들은 이 『Connected Wisdom』* 이 아이들 그리고 다른 성인들과 시스템을 배우고 연습하기에 매력적인 방식이라는 것을 알게 될 것이다. 모든 이야기의 끝에서, 이야기에서 보여준 구체적인 시스템 이슈들에 대한 대화를 시작하기 위한 논평과 질문들이 제공된다. 내가 가장 좋아하는 이야기 중 하나는 독립에 대한 발리의 우화인 「도마뱀붙이의 항의」이다. 도마뱀붙이는 촌장에게 반딧불이가 그의 잠을 방해한다고 항의한다. 이 연속적인 이야기에서 우리는 반딧불이, 딱따구리, 개구리, 딱정벌레, 물소 그리고 마침내 비를 만난다. 이 모두가 또 다른 등장인물과 연관이 되면서 이야기가 진행되자 마침내 도마뱀붙이가 모기를 먹기 위해 비에 의존하고 있다는 것을 알게 된다. 거기에서 촌장은 도마뱀붙이를 불러 항의하는 것을 멈추고 모든 그의 이웃들과 평화롭게 지내라고 명령한다. 이 풍부한 이야기는 이 책의 다른 이야기들처럼 많은 질문을 만들어내고 당신의 이해력을 깊게 만들어준다.

- 넬다 캠브론 맥카베(Nelda Cambron-McCabe)

---

*   역자주 한글 번역본(린다 부스 스위니 저, 김옥수 역, 생명의 지혜, 다산 기획, 2012)

학교
School

학교로 들어가기
Entering School

1. 학습하는 학교 만들기

조안(Joan)은 25년간 1학년을 가르치고 있다. 그녀는 소규모 지역에서 매우 열성적으로 교육에 전념해온 교사이다. 어느 날 한 이웃이 그녀를 옆으로 데리고 가서는 학교에 대해서 물었다. "나는 고등학교 선생님들이 그렇게 의욕이 넘친다고 생각하지 않아요. 나는 내 아이들이 학교생활을 잘할 수 있도록 도와주기 위해 선생님들을 만나고 싶은데 선생님들이 만나 주시지 않을 것 같네요. 어떤 선생님은 마치 참호 속에서 나오기를 두려워하는 것처럼 행동해요. 또 어떤 선생님은 우리 아이들의 문제가 우리 부모들의 잘못이며, 자신들이 우리를 도울 책임이 없다고 생각하는 듯해요. 그래서 나는 앞으로 무엇을 해야 할지 모르겠어요."

몇 년 전 조안의 자녀들도 고등학교에서 비슷한 문제를 겪었다. 그래서 조안은 이웃에게 말했다. "나는 교사들에게 문제가 있다고 생각하지 않아요." 조안은 몇 년 전에 수학 교과 과정을 재구성하기 위해 두 명의 교사와 시작했던 프로젝트에 대한 이야기를 해주었다. 그 이야기를 하는 동안 조안은 그녀가 그 당시 느꼈던 감동을 다시 느낄 수 있었다. 그녀의 눈은 또렷해지고, 손은 말의 리듬을 타고 활기 넘치는 음악을 연주하듯 했다. 당시 교장도 많은 지지를 보냈고, 교장 스스로도 몇 가지 아이디어를 내기도 했다. 그러나 교장은 교육장의 허락을 받아야 한다고 말했다.

조안의 어깨가 갑자기 축 처지고, 눈은 초점을 잃었다. 그리고 말했다. "교육장이 말하는 것은 모두 그것이 수행될 수 없다는 이유들뿐이었어요. 그는 자신이 이미 모든 것을 경험했다고 말했어요. 부모가 항의할 것이고 교육위원회는 승인하지 않을 것이고 주정부도 또한 그것을 허락하지 않을 것이래요. 물론 교육장도 지역 아이들의 교육에 관심이 있어요. 그러나 그가 초점을 맞춘 점은 '안 되는 이유들'이었어요. 그리고 그의 지지가 없으니 우리의 계획은 사장되었지요." 조안도 파트너도 그때부터 지금까지 교실 문턱을 넘어서는 혁신을 시도하지 않고 있다.

물론 조안과 교육장이 이에 대해 직접 만나서 이야기한 적은 없다. 그리고 교육장은 오랫동안 자신이 한 말을 잊고 있다. 그는 그 같은 일을 너무 많이 겪는다. 진정으로 자기 교육구가 개선되기를 바라고, 변화해야 한다는 것을 알고 있다. 그러나 그는 자기 스스로를 파트너들이 지니는 최악의 경향들과 끊임없이 싸워야 하는 존재로 여긴다. 주 규제 당국이 완고할 수도 있다. 교육위원회는 섬세한 점까지 관리하는 경향이 있다. 어떤 부모들은 비타협적이다. 노조는 과거에는 혁신적인 조치에 투표권을 행사했지만, 교사노조 지도자들은 종종 믿을 수 없다. 그는 자기 자신을 지역의 요구 사항을 전체적으로 볼 수 있는 유일한 사람으로 여기기 때문에, 마음속에서 자신의 직업을 여러 방면에서 계속적으로 싸워야 하는 직업으로 규정한다. 때때로 그는 자신이 더 많은 지지를 얻을 수 있기를 바라고 있지만, 결코 그것을 기대하지도 않고 요구하지도 않는다. 왜냐하면 누군가가 그에게 지지를 보내줄 것이라고 생각할 어떤 이유도 없기 때문이다.

한편 교육위원회 위원들은 지역사회로부터 많은 압력을 느낀다. 그들은 지역 사람들이 더 이상 세금을 부담하지 않으려는 것을 알고 있다. 노조 지도자들, 교장들, 직원들, 지역사회 구성원들, 교사들 그리고 학생들은 모두 자신들의 이야기만 한다. 그들의 관점이 조금씩 다를 수는 있지만, 두 가지 점에서 공통점이 있다. 첫째, 그들은 모두 똑같은 목표를 가지고 있다. 즉 학교가 더 효과적이고 보다 온정적으로 작동하고, 조안 이웃의 자녀 같은 학생들이 이런 식으로 기회를 놓치지 않도록 하는 학교 시스템을 바라고 있다. 둘째, 그들은 모두 완전히 혼자라고 느낀다. 조안과 그녀의 이웃이 그랬듯이, 그들이 의견을 교환할 때조차도 그들은 함께 행동할 것을 생각하지 않는다.

그러나 그들 모두가 대화할 수 있는 방법이 있었다고 가정해보자. 한 번이 아니고, 되풀이하여 계속해서 그들 모두가 학교와 아이들의 최선의 이익을 염두에 두고 있다는 가정에서 시작해보자. 그러면 학교 시스템은 서로 연동하지만 흩어져 있는 복잡한 유권자 무리에서 공통의 목적을 위해 함께 학습하는 사람들의 집합체로 전환되기 시작할 것이다.

Learning School

'school'이라는 단어는 원래 여가를 의미했던 그리스어 *skholé*에서 비롯되었다. 점차 진화하여 (라틴어 *skola*를 통해) '학습 또는 지적 논증에 헌신하는 여가'를 의미하게 되었다. 이로부터 이 단어에 대해서 오늘날 우리가 사용하는 많은 의미가 나왔다. 예를 들면 교육적 집회를 위한 물리적 공간('학교 건물'), 교육과정('학교 교육'), 일반적인 학습 경험('평범한 일상의 경험') 그리고 세상을 보는 공통의 방식을 학습하는 집단('학파') 등이다. 무리지어 움직이는 물고기 떼라는 의미도 있는데 그 의미는 다른 뿌리에서 파생된다. 즉 '쪼개다(split)' 또는 '분할하다(divide)'를 의미하는 독일어 어원 *skulo*에서 나온다. 이 모호성은 적합하다. 학교는 물리적인 장소이다. 사람들은 '학교에 간다.'라고 말한다. 그러나 학교는 건물에 완전히 얽매여 있지 않다. 이 책에서 이 용어는 교육을 위한 장소와 기회를 제공하기 위해 만들어진 공식적인 환경을 의미한다 – 방 한 칸의 초등학교에서부터 전체 도시의 교육 지구에 이르기까지 모든 것을 망라한다. 이 단어는 대안 회의 장소들을 이용하는 지역 전문대학으로부터 대규모의 종합대학교에 이르는 성인 학습 기관을 가리킨다. 점차적으로 사람들은 지역사회의 학습 환경을 언급하기 위해 '학교(school)'라는 단어를 사용한다. 그러므로 학교라는 개념은 계속해서 진화하고 있다 – 그리고 아마도 그것은 언젠가는 다시 '여가'를 의미할 것이다.

이 책에서 알게 되겠지만 정책과 관행뿐만 아니라 학교에서 사고하고 상호작용하는 방식에서의 변화 같은 심오한 변화가 일어나기 시작하는 곳들이 점점 늘어나고 있다. 절대 쉬운 일은 아니지만 언제나 보상이 이루어지고 있다. 지금까지의 경험에서 보면 성공을 위한 몇 가지 핵심 원칙이 있는 것 같다.

❑ **변화는 작게 시작되고 유기적으로 성장한다.** 우리는 어떤 성공한 학교의 프로그램을 신속하게 '다량으로 복제하여' 지구 내 다른 학교로 보급하려고 시도하는 교육구에 대해 자주 듣는다. 그러나 조직의 지속가능한 변화는 모든 생명체들의 생물학적 성장과 같다. 자연적으로 모든 성장은 동일한 패턴을 따른다. 작게 시작하고, 가속화하고, 그런 다음 '완전한' 성체 크기에 도달 할 때까지 점차적으로 느려진다. 이 패턴은 성장을 강화하는 힘과 그것을 제한하는 제약 사이의 상호작용을 반영하기 때문에 계속 반복된다.

학교의 변화가 이와 비슷한 성장 패턴을 따른다면 어떨까? 그러면 변화를 만들어내고자 하는 사람들은 무엇보다도 그들 주변에서 제한하는 과정들을 이해하는 데 집중할 것이다. 마치 정원사가 식물을 세워두고,

"성장해라! 더 노력해라! 너는 할 수 있다!"라고 재촉하지 않듯이 말이다.

그들은 학교의 전체 교직원들이 변화하기를 재촉하면서 그들의 주위를 맴돌지는 않을 것이다. 성공적인 변화를 이끌어내고자 하는 행위자들은 칠레의 생물학자 움베르토 마투라나(Humberto Maturana)가 말한 "모든 운동은 그것이 발생하는 대로 억제되고 있다."라는 진술을 배워야 할 것이다. 그들은 절박함과 인내심 사이의 균형을 나타낼 것이고, 그래서 그들은 작게 시작하고, 적절하게 가속화하고 그리고 다음 단계로 넘어가기 전에 각각의 새로운 성장을 반영할 수 있다. 그들은 권고나 명령을 통해서가 아니라 세심한 돌봄과 지속적인 숙고를 통해 혁신을 일으킬 것이다.[1]

☐ **지속적인 학습을 위해서는 개인적인 헌신이 필요하다.** 권력을 쥐고 있는 사람－교육장, 교육위원회 의장, 교장, 장관 또는 입법자 등－이 사람들에게 학교를 개혁하는 데 분발하고 열심히 참여하라고 무조건 강요할 수 없다. 그와 같은 강요는 기껏해야 사람들로 하여금 그 변화들에 대한 어떤 헌신의 느낌도 없이 변화에 순응하게 할 것이다. 변화해야 할 필요가 사라질 때, 그것에 대한 관심도 사라질 것이다. 사람들은 스스로 선택하여 헌신하고 그리고 이런 종류의 학습 지향이 주도적인 삶(그리고 학교)을 통하여 계속될 때에만 관심을 유지할 것이다.

하지만 헌신을 강요할 수 없다면 무엇을 할 수 있을까? 당신은 교사가 학생과의 성실한 학습을 촉진하기 위해 할 수 있는 것과 유사한 것들을 시도할 수 있다. 당신은 여기서 조금씩 주위를 끌 수 있고, 저기서 조금씩 영감을 불러일으킬 수 있고, 역할 모델을 제공할 수 있다. 당신의 주요한 영향력은 당신이 만드는 환경에 있다. 즉 자각과 성찰을 고무하

고, 그래서 사람들에게 그들이 필요로 하는 도구들과 훈련에 접근할 수
있게 하고 그리고 그들이 스스로 선택할 수 있는 능력을 발전시킬 수 있
는 환경에 있다.

☐ **돈이 최상의 자원은 아니다.** 물론 적절한 예산을 확보하는 것은 중요하
지만 재정적 자원보다 더 중요한 다른 요소들이 있다. 학습 분야에서 최
상의 실적을 내고 있는 학교들은 상대적으로 저소득층 지역이나 예산
이 매우 빈약한 지역들에 위치하고 있다. 많은 학교에 시스템사고를 소
개한 워터스 재단(The Waters Foundation)은 점심식사 보조금을 많이 받
는 학교에 집중했고, 그 결과 성공은 형편없는 학교로 취급되었던 학교
들을 포함하여, 다양한 환경에서 발생할 수 있음을 보여주었다. 아마도
혁신에서 가장 중요한 요소는 사람들이 서로를 신뢰하고 효과적으로
함께 일할 수 있는 환경을 조성하는 방법을 아는 것이다.

☐ **조직 학습은 다른 대안보다 시간이 덜 소요된다.** 새로운 유형의 학교 개
혁을 열망하는 관리자와 교사는 종종 "우리는 이러한 학습하는 조직 역
량에 할애할 시간이 없다."라고 말한다. 그러나 실제로 그들은 다른 접근
방법에도 할애할 시간이 없을 것이다. 30년간 시간 압력을 연구해온 MIT
교수인 롯데 베일린(Lotte Bailyn)은 "시간이 부족하다는 인식은 종종 작
업이 조직되는 방식에 기인한다."라고 지적한다. 융통성 없이 지나치게
구조화된 수업 시간이나 혹은 매우 정치적인 작업 환경은 불필요한 일
들을 너무 많이 양산한다. 불필요한 실수들을 회복하느라고 그리고 학
교 시스템의 다른 분야에 있는 사람들이 서로의 노력을 훼손하고 있다
는 사실을 깨닫지 못해서 생긴 문제들을 다루느라고 헛된 노력에 시간
을 허비한다. 조직 학습 계획은 처음에는 시간이 많이 필요하지만 결국

에는 시간에 대한 압력을 훨씬 덜어줌으로써 이러한 유형의 문제를 해결하는 경향이 있다.[2]

☐ **파일럿 그룹은 변화를 위한 인큐베이터이다.** 위대한 모든 것들은 작은 것에서 시작된다는 것을 이해한다면, 사람들은 자연스럽게 '파일럿 그룹'에 관하여 생각하게 될 것이다. 이 그룹은 교사 2명의 규모만큼 작을 수도 있고, 수백 명의 사람들로 구성된 전체 교육구가 주도할 만큼 클 수도 있다. 그들은 교육장과 교육위원회에 의해 정식으로 임명될 수도 있고 또는 어떤 위계적 권위나 명령 없이 구성원들의 신뢰와 헌신에 토대를 둔 영향력 있는 비공식적인 점심모임을 통해 구성될 수도 있다. 성공적인 파일럿 그룹에서 볼 수 있는 변함없는 유일한 사실은 실용적인 호기심을 향한 경향성이다. 구성원들은 교실 또는 커뮤니티 그룹에서 성공을 거두며, 흥미를 갖게 된다. 그들은 혼자서는 그 아이디어를 추구할 수 없다는 것을 알고 있기 때문에, 비슷한 흥미를 갖게 된 다른 사람들에게 저절로 끌리게 된다. 파일럿 그룹은 그와 같은 충동에서 나온다. 많은 파일럿 그룹에서 사람들은 압도적인 압박에서 분리된다. 사람들은 파일럿 그룹의 도움으로 그들 자신의 목적과 학습을 위한 추진력과 아이들을 위해 모험을 받아들이는 의지를 다시 연결할 수 있다.

☐ **조직 학습은 다층적인 리더십을 통해 이루어진다.** 기업에서 '영웅적인 CEO'의 신화처럼 (불평등에 맞서서, 어려운 학습 환경을 호전시키기 위해 움직이는) '영웅적인 학교 지도자'의 신화는 대개 실제 변화를 더 어렵게 만든다. 그것은 사람들을 분발시키기보다는 기술, 야망, 비전, 카리스마 등을 지닌 소수의 특별한 사람들에게 의존하려는 감정을 느끼게 만든다. 영웅의 거대한 전략들이 실행되지 못하고 실패할 때, 사람

들은 대개 습관적인 방식에 매달리게 된다.

대조적으로 성공적인 학교 변화는 다층적인 리더십 역할을 필요로 한다. 교실에서, 학교에서 그리고 지역사회 수준에서, 공식적이고 비공식적인 지도자들은 각자 어떤 조직 학습 활동에 대해 서로 다른 자원을 제공한다. 특정 결과에 대해 책임을 질 줄 알며, 교실과 학년 및 학교에 영향을 미치는 그들 자신의 프로젝트를 수행할 수 있는 풍부한 상상력과 헌신적인 태도를 지닌 지역과 교실의 지도자가 필요할 것이다. 시스템 전체의 사람들이 아동과 시스템과 서로서로의 청지기(steward)가 될 때, 변화를 위한 상황이 제공될 것이다.[3]

❏ **도전은 조직 학습의 자연스러운 요소이다.** 이것은 마치 청소년기에 직면한 도전들이 어린이들의 성장에 자연스러운 요소인 것과 같다. 도전은 강력하고, 모든 성공과 만족에는 항상 도전이 있기 때문에, 이러한 '학습 조직' 작업은 쉽게 실패와 좌절, 반동으로 이어질 수 있다. 일부 학습 기획은 결코 진척되지 않는 것처럼 보일 것이다. 어떤 경우에는 보상과 승진을 기대했던 혁신가들이 오히려 그들의 직장을 잃기도 한다. 또는 그들의 아이디어에 보다 열려 있는 학교 시스템을 찾아다니면서, 그들은 그저 움직일 뿐이다. 성공 이후 수년이 지났음에도 불구하고, 학습 지향 문화는 끊임없는 공격을 받을 수 있다.

그러나 학생들의 가치에 대해 올바로 평가한다면, 기대했던 성과를 올릴 것이다. 강력한 성공 사례 중 하나는 투손(Tucson)의 한 턴어라운드학교(turnaround school)에서 나왔다. (표준화된 시험에서 너무 형편없는 성적을 거둬서 이런 학교로 지정되면, 주법에 의해 의무적으로 전체 직원을 이직시킨다.) 교사, 행정관, 교직원 등 학교의 모든 성인은 해고

되었고, 그리고 약 25%만 다시 고용되었다. 새로 부임한 교장(이전에 인디안 보호구역에 있는 학교의 교사)은 강해 보이고 솔직한 여성이었다. 부임한 지 일년이 지날 무렵, 그녀는 그들이 직면했던 도전들에 대해 되새기면서 "모든 사람들은 당신들이 처음부터 시작했다고 생각합니다. 그러나 그렇지 않습니다. 그 건물에는 유령이 있습니다."라고 말했다.

상세하게 설명해달라는 요청에 그녀는 다음과 같이 대답하였다. "그들은 모든 성인들을 해고했지만, 아이들은 여전히 그곳에 있습니다. 이 턴어라운드 학교는 선생님 모두가 해고 되었고 그것은 결과적으로 아이들을 패배자로 인정한 것입니다. 그게 아이들한테는 어떨지 생각해 보세요. 그것은 아이들이 이미 알고 있는 것을 최종적으로 확인한 것입니다. 그들은 맨 밑바닥에 있습니다. 그들에겐 기회가 없습니다."

그러나 학생들과 학교는 견디어냈다. 교장이 이런 이야기를 할 때, 최근에 장기자랑을 열었었다. "나는 중학교 다닐 때 아주 여러 번 장기자랑에 나갔습니다."라고 그녀는 말했다. "사람들은 잔인합니다. 아이들이 실수를 하면, 야유하고, 우우하는 비난소리도 냅니다." 그러나 이번 장기자랑에서 아이들이 실수를 할 때마다 관중들은 그들을 응원했다. "나는 우리가 그걸 만들었다고 생각합니다. 나는 첫해에 오직 하나의 목표를 가졌습니다. 즉, 아이들은 패배자가 아니라는 것입니다."라고 그녀는 말했다.

어려운 도전들은 소모적일 수도 있지만 또한 당신에게 확신을 줄 것이다. 그 도전들은 당신이 성과를 가져올 수 있다는 신호이다. 도전들이 당신이 어떤 발전도 이룰 수 없다는 신호는 아닐 것이다.

■ 학교의 목적은 무엇인가?

교육 환경에서 이루어지는 의미 있는 조직 학습 계획은 근본
적인 질문을 제기한다. 우리는 무엇을 위해서 여기에 있는가?
머지않아서 학교 공동체 구성원들−학부모, 교사, 관리자, 학
생, 교직원 등−은 자신의 가치관과 지역사회에 대한 기여도 및
그들의 정체성을 다시 생각하기 시작할 것이다. 학교의 목적에 대한 심오한
질문에 대해서는 거의 합의가 없기 때문에 생각해야 할 것이 많다. 그러나 나
름의 강력한 지지를 받고 있는 많은 해결책이 있다.

❑ 학교는 특수한 재능이 있는 사람들을 공급해야 하는 경제적 목적을 가
   지고 있다. 즉 고용주가 필요로 하는 숙련된 노동자를 준비해야 하는 목
   적을 가지고 있다. 그러나 그들이 준비 중에 있는 직장은 어떤 직장인
   가? 올해의 유치원생들이 학교에 들어가는 2012년의 직장은 어떤 모습
   일까? 그들이 아마도 고등학교를 졸업하게 될 2025년의 직장은? 그들이
   고용되기 시작할 2030~2040년의 직장의 모습은? 현재의 유치원생들
   중 몇몇만이 사회를 주도하게 되고 오늘날의 작업장과는 너무 달라서
   현재 이루어지고 있는 직접적 준비들이 전혀 의미가 없게 될 2050년대,
   2060년대, 2070년대의 직장은 어떤가?

❑ 학교는 또한 개인적, 경제적 성공과 연결되어 있다. 즉 학교는 학생들이
   직업을 잡고 성공하기 위해 필요한 기술들을 제공함으로써 더 나은 삶
   을 누릴 수 있게 한다. 그러나 경쟁력 있는 기술에 대한 누구의 견해로
   학교가 제공하는 선택들과 신설된 과목들을 안내해야 하는가? 학생의

견해는 경험이 부족하다는 이유로 제한되어야 하는가? 교수진의 견해는 미래에 필요한 기술들보다도 과거에 필요한 기술들에 익숙하지 않을까? 부모들의 시각은 그들의 자녀들에 너무 접근되어 있거나 그들의 경험상 너무 편협하여 다른 선택들의 가치를 분명하게 볼 수 없지 않을까? 또는 외부 전문가의 경우 좀 더 넓은 사야를 가질지는 모르지만, 개별 학생들 자체에 대한 통찰이 부족하거나 아예 없지 않을까?

❑ 또한 학교의 목적이 기술과 지식 그 자체를 주입시키는 것이어야 하는가? 그렇다면 어떤 기술과 지식이 필요한가? 읽고 쓰는 능력, 과학, 수학과 같은 것들이 상대적으로 주류가 되어야만 하는가? 그것들은 오늘날 세계에서 결정적으로 중요한 기술들, 예를 들면 컴퓨터 모델링, 신체 운동과 건강 인식, 금융 능력 혹은 미디어 인식 등으로 확대되어야만 할까? 학교가 이러한 지식을 계몽하거나 그것을 완성하기 위해 존재해야 하는가, 그리고 학교가 자격을 갖춘 소수의 사람들만이 전문가로서 종사할 수 있는 자격증을 따도록 보증해야 하는가?

❑ 학교의 목적은 사람들이 어디서나 공통된 지식과 역량을 가질 수 있도록 능력을 표준화하는 것을 가정하기 때문에, 학교는(무의식적으로, 때때로) 척도화된 지식에 관한 지시를 따른다. 그렇지 않으면 모두의 독특한 차이점을 뚜렷이 나타내기 위해서, 교육 기관들이 차별화를 추구해야 하는가? 학교가 소수의 엘리트를 길러내고 사회에 봉사할 수 있도록 그들에게 큰 기회를 제공하는 데 중점을 두어야 하는가? 아니면 특권층 아이들의 성장을 위해 자원을 쓰고 관심을 갖듯이, 모든 사회 경제적 집단의 아이들의 성장을 위해서 자원을 쓰고 관심을 가져야 하는가?

❑ 또한 학교는 일차적으로 사회적이고 정치적인 목적에 헌신해야 한다.

존 굿래드(John Goodlad)가 지적했듯이, 학교는 독립선언서와 헌법이 그렇게 유창하게 말하고 있는 정의와 공정성, 책임감 그리고 상호배려에 대해 논의하면서 각 개인적 자아의 본질을 발전시키기 위해 헌신해야만 한다. 그러나 어떤 사회 정치적 목적이 옳은 것인가? 학교는 민주주의에 충분히 참여할 수 있는 자각이 있고 양심적인 시민들을 배출해야만 하는가? 학교는 능력, 지위 및 특권의 차이를 줄여 기회를 넓히고 사회적 형평성을 높이는 목표를 진전시키는 데 도움을 주어야 하는가? 제이미 클라우드(Jaimie Cloud)와 피터 블록(Peter Block)이 제안한 바와 같이, 학교는 지속가능성이나 공동체의 목표를 추구해야 할까? 학교는 지역 공동체가 미래에 투자하는 매개체인가? 아동들을 단지 경제적으로뿐만 아니라 생태적으로, 인간적으로, 더욱이 사회적으로 부모가 살았던 것보다 더 잘 살게 할 수 있는가?[4]

∬ 700쪽의 피터 블락이 쓴, '대화를 통해 시민권을 되찾다', 790쪽의 제이미 클라우드의 '마을을 발전시키려면 어린아이를 가르쳐야 한다' 참조

❏ 또는 학교가 주로 개인의 목적을 위해 존재해야만 하는가? 즉 학교가 각 개인을 도와서 학습자로 성장케 하고, 무엇이든지간에 그들 자신의 핵심 열망에 더 가까이 다가갈 수 있도록 도와주기 위해 존재하는가? 성공을 위해 행운에 의존하여 운의 게임을 하는 주사위 도박꾼과는 달리, 게임을 개선하기 위해 끊임없이 노력하는 'bowlers(투수들)'(스탠포드대학 교수인 메리 버드 로우(Mary Budd Rowe)가 그렇게 불렀듯이)처럼 되도록, 학교는 학생들이 자아의 각성을 키울 수 있게 도와야만 하는가? 아니면 학교의 목적이 자기 규율을 습득하고, 어려운 난관들을 냉철하게 뚫고 나가고, 충동을 제어하는 법을 배워서 '성장하는 것'을 돕

기 위한 것이어야 하는가?

　❏ 또는 학교의 목적이 학교에 다니는 아동들, 실제로는 학교 안에 있는 모
　든 사람들을 위해서 단순히 존재하는 것인가?

　마지막으로, 학교가 모든 목표와 우선사항을 동시에 충족시킬 수 있는 방
법이 있는가? 아니면 교육이 그중 일부는 승자로 선정되고 나머지는 패자가
되는 제로섬 게임인가? 학교 구성원들의 일부를 위한 성공이 모두를 위한 성
공을 강화하도록 학교를 설계할 수 있을까? 그리고 학교를 위해 어떤 목표들
이 선택되든지 간에 우리(학교 지도자들과 지역 구성원들)는 왜 우리가 그 목
표들을 원하고 있는지 알고 있는가?

　대부분의 학교 시스템 지도자들은 이 질문을 분명하고 의미 있는 방식으
로 제기하지 않았다. 그리고 명확한 답이 없을 때, 권력을 가지고 있는 사람
들은 종종 가장 편리한 목표에 의지한다. 학교 시스템에서 이러한 사실은 실
제로 목적이 세 가지라는 것을 의미한다. 세 가지 목적은 교육 기관의 운영을
유지하는 것, 핵심 지표(표준화된 테스트들 같은 것)에 대해 '합격' 점수를 가
능한 한 많이 제공하는 것 그리고 인지된 요구와 학교 시스템의 중요한 이해
관계자들(가장 영향력 있는 교사들, 부모들, 행정가들 그리고 정치적으로 영
향력 있는 사람들)의 우선 사항을 이행하는 것이다.

　대부분 학교의 시스템인 상명하달식 위계체계(예를 들면 이런 체계에서
예산은 지역의 교사나 교장에 의해 결정되는 것이 아니라 중앙 부서에 의해
결정된다)는 이러한 편의적인 노력을 강화한다. 따라서 대부분의 교육구에
서는 정치적으로 형성된 통치가 이루어지고, 그런 통치에서는 협소한 목표
를 달성하기 위해 압력 집단이 쉽게 형성될 수 있지만 광범위한 변화는 불가

피하게 저지당하게 된다. 우리가 학부모, 지역사회 지도자 또는 교육자로서 학교와 관련된 성인인 경우에, 이를 분명하게 생각할 수 있는 능력은 학교에 대한 우리 자신의 과거 기억들을 가져와서 그 기억들을 다가올 학교의 형태를 결정하기 위한 모형으로 이용하려는 인간의 자연적인 성향에 의해 역시 곤란하게 된다.

또는 『Fifth Discipline Fieldbook』의 공저자인 샬롯 로버트(Charlotte Roberts)는 최근 한 교육자 그룹에 다음과 같이 물었다. "우리는 어린 시절부터 기억하던 학교를 다시 만들기를 원합니까? 학교는 교육학자들이 적합하게 잘 만들었다는 이유로 변화의 흐름을 멈추고 학교 교육을 정체된 웅덩이로 만들기를 원합니까?"

이 책의 저자로서 우리는 더 근본적인 목표를 제안하고자 한다. 즉, 어린이, 부모, 교육자 및 지역사회 전체가 필요한 모든 것이 갖추어진 학교 시스템을 위해 노력하는 것이다. 우리는 그것 모두를 원한다. 우리는 다음과 같은 학교를 원한다. 즉 모든 학생들을 저렴한 비용으로 교육하는 학교, 모든 어린이의 내적인 잠재력을 이끌어내는 학교, 가르치는 것이 즐겁고 배우는 것이 기운나는 학교, 학생들이 표준화 시험을 쉽게 통과하도록 하는 학교, 건물 안에서 누구나 손발 등을 한껏 뻗을 수 있는 학교, 아이들과 어른들이 시스템을 이해할 수 있도록 돕는 학교, 우리가 직면한 어려움에 대비할 수 있는 유능하고 헌신적인 사람들을 배출하는 학교, 그러한 학교들을 원한다. 마지막으로, 우리는 우리 자신의 집단적 능력과 인식을 형성하는 방식으로 함께 생각하고 행동하면서 이런 것들을 의식적으로 성취하기를 원한다.

이러한 목표는 달성하기 불가능한 것처럼 보일 수도 있는데, 아마도 대부분의 학교 문제에 신속한 해결책이 없다는 것을 상기할 때, 특히 그렇다. 그

해결책들은 너무 복잡하고 심오하다. 그러나 이 장에서 기술, 개념 및 실천을 탐색할 때, 강력한 비전의 중요성을 기억해라. 현실에 대한 명확한 관점을 모색할 때조차도, 우리의 목표가 손상되지 않도록 하는 것이 중요하다.

// 102쪽의 '개인적 숙련', 299쪽 '구조적 긴장 가르치기' 참조

마지막으로, 희망의 근거가 있다. 2011년에 이 책을 개정하면서, 우리는 우리가 알고 있는 많은 학교가 과거 상태보다 더 좋아졌고 여전히 좋아지고 있다고 결론 내렸다. 즉 객관적인 척도들에 의해 혹은 그 학교 내의 사람들의 열정과 헌신(이것이 더 중요하다)에 의해 판단해보면서 그런 결론을 내렸다. 사람들은 좋은 학교를 만드는 이유와 학습 기관을 학습 조직으로 바꾸어내는 방법에 대해 더 많이 알고 있다. 교육을 개선하려는 노력들은 사람들이 느끼는 열정을 불러일으킨다. 단지 학교와 학습에 대해서 느끼는 열정뿐 아니라 사람들이 배우기 위해 모이는 장소로서의 학교에 대해서 느끼는 열정을 불러낸다. 우리는 이 점에서 용기를 얻고 있으며, 그리고 학교에 관여되는 많은 다른 사람들-교육자들, 학부모들 및 학생들 스스로-도 똑같이 용기를 얻을 수 있다고 믿는다.

'핀란드 현상'

The Finland Phenomenon : Inside the World's Most Surprising School System, directed by Robert Compton(Broken Pencil Productions, 2010). www.2mminutes.com.*
여기에 신뢰를 기반으로 구축된 학교 시스템에 대한 한편의 영화가 있다. 관리자들이 교사들을 신뢰하고, 교사들이 학생들을 신뢰하며, 학생들은 그 학

....

* 역자주 youtube.com에서 '핀란드 현상'으로 검색하여 시청 가능하다.

교 시스템을 신뢰한다. 전 세계 교육 혁신에 대한 연구들로 유명한, 'Harvard Technology and Entrepreneurship Center'의 토니 바그너(Tony Wagner)는 이 영화, 「The Finland Phenomenon」의 내레이터이자 연구원으로 핀란드 전역의 학교들에서 성취한 놀라운 성과들에 대해 설명한다. 전통적인 척도들에 의하면 그 학교들은 부족하다. 아이들이 학교에서 지내는 시간은 다른 곳보다 20~30% 적다. 학교 수업은 압축되었다. 표준화된 시험이나 숙제는 없다. 그러나 결국 이 나라의 학생들은 대부분 다른 나라(그 나라가 아무리 학습량이 많은 나라일지라도)의 학생들을 능가한다.

그것은 우연히 또는 핀란드의 사회적 또는 문화적 동질성 때문에 발생하는 것이 아니다. (핀란드의 인구는 530만 명으로 콜로라도 인구보다 많으며, 15%는 소수민족이고, 그중에는 핀란드어보다 다른 언어를 사용하는 사람들이 많다). 그것은 교사들을 채용하고 처우하는 방식(즉 최고의 대학 졸업생을 교사로 채용하고, 매우 존경받는 전문가로 대우하는 방식)에서 시작한, 핀란드 지도자들에 의해 만들어진 일련의 결정들 때문에 발생한다. 그들은 아이들의 발달에 집중하고 스트레스와 노력을 매우 조심스럽게 관리한다. 비록 60분짜리 영화이지만, 이 영화는 인상적인 발언의 단편들을 결합하여 구성한 단순한 몽타주가 아니다. 영화에는 교육자와의 폭넓은 인터뷰와 교실 수업 시연이 포함되어 있다. 이러한 영화는 글로벌 대화의 시작이 될 수 있다. 사람들이 이 영화에 내재하는 가정들을 고찰한다면, 학교들은 산업 시대의 표준을 벗어날 수 있다.

- 피터 센게(Peter Senge)

『위대한 미국 학교 시스템의 죽음과 삶』

The Death And Life Of The Great American School System : How Testing and Choice are Undermining Education by Diana Ravitch(Basic Books, 2010).*

뉴욕 대학교의 교육학 교수인 다이안 래비치(Diane Ravitch)는 오랫동안 더 많은 시험 및 차터 스쿨의 전통적 지혜를 옹호했다. 그러나 이러한 접근법의 비효율성에 대한 증거들이 늘어나자, 그녀는 학교 개선이 기존의 합의에 의해 잘 수행되지 않았다고 확신하게 되었다. 『The Death And Life Of The Great American School System』에서 래비치는 만약 국가가 세계 경쟁에서 뒤처진다면, 경제가 혼란 상태에 빠진다면, 빈곤이 지속된다면, 미국 어린이들이 다른 나라의 어린이들이 하는 만큼 자신들의 공부에 진지하지 않다면, 매우 많은 사람은 학교가 비난받아야 된다고 생각할 것이라고 주장한다. 세계화, 산업능력의 저하, 빈곤

---

* 역자주 다이앤 래비치, 미국 공교육 개혁 그 빛과 그림자, 지식의 날개(2011)로 번역 출판됨

480

또는 우리의 교양 없는 대중문화 또는 약탈적인 금융 관행은 비난의 대상이 아니다. 비난의 대상은 공립학교, 공립학교 교사들 및 교사노조이다. 래비치는 학교와 교사를 비난하는 것은 매우 지나치게 단순화된 것이라고 반박한다. "리더십은 교사들을 비난하라고 요구하지 않습니다."라고 래비치는 결론을 내린다. 그녀는 (대표적으로 국제 평가 결과가 가장 높은 서양 국가인) 핀란드의 사례를 따르라고 권고 한다. 우수한 교사를 양성하고, 지원하고 유지하는 데 투자할 것을 권장한다. 필요한 국가 교과 과정을 수립하고, 아동 및 가족을 위한 사회 복지 프로그램을 크게 개선할 것을 권고한다.
                                                                                    – 제임스 하비(James Harvey)5

2. 윤리적 노력으로서의 학교 교육

넬다 캠브론 맥카베(Nelda Cambron-McCabe)

마이애미 대학의 교육 리더십 박사 과정 학생 한명이 그 과정을 마친 후에, 좌절감에 차서 나에게 다가왔다. 그가 말하길 "저는 훌륭한 교사가 되고 훌륭한 학교 행정가가 되기 위해 열심히 공부했어요. 그렇기 때문에 이 프로그램은 나에게 너무 고통스러웠어요. 그러나 이 모든 시간이 끝난 지금에 와서 저는 제가 문제의 일부라는 것을 깨달았죠." 그는 학교의 많은 교육적 관행과 조직적 구조들이 일부 어린이들에게는 문제가 된다는 것을 알게 되었다고 말했다. 그러나 그는 그 관행들에 거의 의문을 품지 않았다. 그는 그러한 관행과 조직들을 그 시스템 안에 주어진 것으로 받아들였다. 그는 "제가 분개하는 것은 나의 전문가적 삶에서 좀 더 일찍 나에게 이런 종류의 질문을 제기할 준비가 된 사람이 없었다는 것입니다. 지금 나는 나 자신과 다른 사람들에게 어려운 문제들을 질문하지 않음으로써 그저 현행 학교 시스템을 유지하기 위해 공모한 것처럼 느껴집니다."라고 말했다.

모든 직업에서 반성적으로 '질문하기'의 형식이 필요하지만 그것은 특히 가르치는 일(teaching)에서 중요한데 왜냐하면 가르치는 일, 즉 교수는 도덕적인 수행이기 때문이다. 교수는 단순히 대기 중인 학생들에게 지식을 알려주는 일단의 전문적인 기술이 아니다. 그것은 아이들을 돌보는 일, 복잡한 민주 사회에서 그들의 발전을 책임지는 일 등을 포함하고 있다. 다시 말해서 교사는 가르치는 '수단'뿐만 아니라 그들이 가르치고 있는 '목적'에 대해서 생각할 필요가 있다. 그렇게 하는 것은 교사들, 특히 주법(state laws)이 학생들을 출석하도록 강요하는 공립학교의 교사들에게 무거운 의무를 지우는 것이다.

그러나 도덕적 책임(responsibility)에 대한 생각은 일반적으로 대부분의 교육 준비 프로그램에서 제기되지 않는다. 또한 그것은 누군가가 교육 현장의 일원이 될 때도 논의되지 않는다. 오히려 교육자들이 책임에 대해 이야기할 때, 그들은 (학생들의 지식과 주요 교과에 대한 이해를 높이고, 학생들이 학업과 직장에서 성공할 수 있는 높은 수준의 기술을 갖추게 하고, 엄격한 교육과정을 설계하고, 그리고 높은 수준에 도달하라고 학생들을 고무하는) 직업상의 책무(accountability)에 초점을 맞추는 경향이 있다.

이렇게 교수의 기술적 측면('수단들')에만 주의를 기울이는 것은 교사와 행정가의 과업을 인도해야 하는 가장 중요한 도덕 원칙들을 무시한다. 예를 들어 교사는 독서 교육에 대해 고도로 숙련된 전문가일 수 있다. 몇 가지 교육적 요구는 기본적인 문해력, 즉 독서가가 되는 것만큼이나 개인의 삶에서 중요하다. 그러나 몇몇 학문적인 문제들은 복잡하게 존재한다. 독서 및 문해 연구법을 둘러싼 격렬한 경쟁과 분열적인 논쟁에서 어느 접근 방식을 취했는지에 상관없이, 독해 전문가는 광범위한 기술적인 기능(독해 과정, 총체적

언어, 음소 인식, 문헌 중심, 부호화 또는 철자, 어휘 이해)을 가지고 있다. 그들은 어린이들을 가르치기 위해, 충분히 숙고하지 않은 채, 자신의 레퍼토리에서 다양한 기술을 끌어올 수 있다. 그리고 바로 거기서 문제가 발생한다. 어떤 어린이들이 읽기를 배우지 않으면, 독서 전문가는 그 어린이들이 단순히 읽을 수 있는 능력이 부족하다고 결론 내릴 수도 있다. 결국 전문가는 모든 도구들과 기술들로 검사한다.

이런 전문가가 그런 기술적 접근 방식의 토대가 되는 가정들이나 그들이 문제를 짜 맞추는 방식에 대해 의문을 제기할 수 있는 기회가 여기에 존재한다. 어린이의 관점에서 이루어지는 빈약한 독서 수행을 검토함으로써, 전문가는 윤리적인 차원에서 질문을 제기할 수 있다. 어려움을 겪고 있는 어린이는 누구인가? 그들은 가난한 가정이나 소수 민족 출신으로 불균형하게 존재하는가? 교육이 그들이 교실로 옮겨오는 '결핍(deficit)'에 초점을 맞추고 있는가? 민족적인, 문화적인 또는 결핍 때문에 나타나는 차이들에 적응된 학습 스타일이 존재하는가? 그들이 가진 중요한 기술과 지식은 무엇인가? 교육은 그들이 교실로 가져오는 지식과 기술에 어떻게 관련할 수 있는가? 우선 맨 먼저 독서를 가르치는 목적은 무엇이며, 소개해야 할 독서 자료에는 어떤 것이 있는가? 반성적으로 질문하기를 통해, 교사는 학생과 관계를 맺고 그 학생들이 지식에 접근할 수 있게 연결함으로써 교사는 도덕적 차원의 학교 교육에 의식적으로 관여할 수 있다.

학교에서 하나의 가치가 다른 가치보다 더 우월한 것은 아니다. 민주 사회에서 사람들은 학교가 정의, 처우의 공평성, 자유, 정직, 자원 분배의 형평성, 차이에 대한 존중과 같은 도덕 원칙들에 인도되기를 기대할 권리가 있다. 교육자로서, 우리는 매일 우리의 돌봄 속에 있는 학생들에게 엄청난 도덕적 함의를 가지고 결정을 내린다. 우리는 교실에 있는 학생들 사이에서 우리의 시간과 관심을 어떻게 나누는가? 우리가 그룹으로 나누어 교육하는 관행은 교실 내에서 그리고 학교 전체에서 어떤 영향을 미치는가? 우리는 교실 안의 상호작용에서 누구를 인정하거나 무시하고, 격려하거나 낙담시키는가? 우리가 강조하거나 혹은 왜곡하기 위해 어떤 지식을 선택하는가? 공인된 전문가인 교사들이 어떤 교실이나 어떤 학교에 배정되는가?

이 질문들은 무엇보다 먼저 윤리적 문제이다. 대부분의 교사들은 말로 답하는 것이 아니라 교육적 실천으로 답하는 것이므로 우리가 선택한 교수법과 학교 디자인은 윤리적인 결정이기도하다. 어떤 교육 관행은 도덕적이며 또 어떤 것은 비도덕적이다. 공립학교든 사립학교든 교실에서의 우리의 행동은 우리의 돌봄 속에 있는 학생들에게 권한을 줄 수도 빼앗을 수도 있다. 우리가 가르치는 방법이 어떤 학생들에게는 유효하나 다른 어떤 학생들에게는 유효하지 않을 수 있다. 학생들이 어떻게 등급이 매겨지고, 그룹화되고, 보상되느냐에 따라 일부 학생들은 심각한 위험에 빠질 수 있다.

또한 우리를 위해 이러한 딜레마를 자동으로 분류할 수 있는 가이드북이나 목록이 없으며, 있을 수도 없다. 즉 모호한 해석과 정신 모델에 대한 불완전한 인식의 세계에는 그런 것이 있을 수 없다. 교육자로서 우리는 오로지 연구, 반성 및 탐구를 통해서만 우리 결정들에 대한 영향을 이해할 수 있다. 교육자로서 우리 행동의 도덕적 본질과 결과에 대한 그런 종류의 탐구를 수행하는 데 실패한다면, 그때 우리의 실천들은 여전히 의심의 여지가 없는 채로 있게 된다. 특정 학생에게 치명적인 결과를 초래하는 사례조차도 의심의 여지가 없이 계속 될 것이다. 우리는 그러한 실천들이 중립적이며 우리의 통제(간단하게 말해 학교가 작동하는 방식)를 넘어서 있다고 믿을 것이다.

484

우리는 우리 업무에 내재하는 도덕적 의무에 대해 명시적으로 질문하지 않으며, 학생들이 우리의 결정으로 고통 받을 수 있는 어떤 부정적인 결과들에 대한 개인적인 책임에서 우리 스스로를 분리시킨다. 따라서 우리는 행동을 취하기 위한 부담에서 벗어난다. 우리가 늘어나는 아동들을 위해 일하지 않는 학교 시스템의 구성원이라면, 이러한 분리는 우리로 하여금 우리 자신의 역할에 대해서 생각게 하기보다는, 남(행정부, 부모, 주, 정책 입안자, 지역사회, 아동낙오방지법 등)을 비난하게 한다. 그러나 우리 자신의 도덕적 책임을 받아들이면 우리는 스스로에게 다음과 같이 질문하게 된다. "나의 어떤 생각들이 아이들의 학습을 방해하는가?" "나는 아이들이 있는 곳에서 그들을 지키기 위해 무엇을 하고 있는가?" 이러한 어려운 질문이 없다면, 이 책에 있는 '다섯 가지 규율'의 개념은 학교에서의 노력에 대해 단지 피상적인 변화만 가져올 것이다. 학습 규율의 이용은 또한 윤리적 차원을 가지고 있다. 질문이나 대화의 디자인이 다른 학생들보다 몇몇 학생에게 우호적인가? 시스템 모델에는 어떤 가정이 내장되어 있는가? 현실에 대한 이야기가 너무 정곡을 찌르거나, 너무 왜곡될 때, 그것을 계속 허용해야 하나, 아니면 중단해야 하나?

학교 교육의 도덕적 차원들

학교와 관련된 도덕적 책임에 대해서 통찰하려면 어디에서 시작해야 할까? 존 굿래드(John Goodlad)의 저서는 도덕적인 노력으로서의 학교 교육의 이념을 형성하는 데 도움이 된다. 굿래드는 다음과 같이 말한다. "우리는 본래 우리의 문화 복지에 대한 관심에서, 특히 종교적, 정치적 가치의 보전과 관련하여 학교를 만들었습니다. 우리는 효과적인 시민, 부모, 노동자 및 개인을 발전시키는 전 과정을 포함할 때까지 오랜 시간 동안 조금씩 그 목적들을

넓혀왔습니다. 이 목적들이 현재 우리나라뿐만 아니라 우리 지역의 교육 목
표들입니다. 학교는 학교 자체와 우리 사회의 미덕과 결함을 판단하는 것에
머무르지 않고, 진리, 아름다움, 정의 등에 대한 이해를 습득하는 교양인을
성장시키는 중요한 역할을 수행하고 있습니다. 이것이 도덕적 책임입니다."
굿래드가 제시하는 네 가지 도덕적 차원의 학교 교육은 다음과 같다.[6]

1. **정치·사회적 민주주의로의 문화화** : 최소한 민주주의 국가에서는, 학교
   가 청소년들을 헌법체계와 대의 정치의 본질에 대해 이해할 수 있도록
   문화화 시켜야 한다는 생각에 모두 동의할 것이다. 그러나 많은 학교에
   서, 민주주의에 대한 연구는 '다수결 원칙'에 입각한 정부의 구조와 과정
   에 대한 설명에 국한되어 있다. 그러나 사회 민주주의는 보다 복잡하고
   어려운 이념을 표현한다. 모든 시민과 민주주의 제도들이 자유(freedom,
   liberty)*, 정의, 평등 그리고 공정성 등의 광범위한 민주적 원칙들을
   준수해야 한다. 즉 공동선에 대하여 개인의 권리들이 균형을 유지해
   야 한다.

   몇몇 동료들과 나는 우리 저서에서 "민주주의는 과정과 목적 둘 다를
   함축하며, 그 두 가지는 종종 모순되기도 하지만 분리될 수는 없다. 민
   주적 과정이 비민주적인 결과를 정당화할 수 없다. 예를 들어, 우리는
   대다수가 투표했다는 사실에 근거하여 인종적이고 성적인 불평등을 정
   당화할 수 없다. 민주주의에 대해서 이러한 두 가지 기준(과정과 결과)

---

* 역자주 일반적으로 freedom으로서의 자유는 문화나 경제의 영역에서 언급되고, liberty로서의 자유
  는 정치나 법의 영역에서 언급되지만 양자는 밀접하게 관련되어 있음과 동시에 그 의미가 다의적
  이다(출처 : 네이버 지식백과).

을 다 통과해야 한다(이중 기준검사법, dual-referenced test)는 사실은 단순하지도 명쾌하지도 않으며, 그리고 종종 민주주의라는 이름으로 두 가지 양립 불가능한 선택 가운데 하나를 선택할 것을 요구하지만 우리는 민주주의에 도달할 수 있는 어떤 다른 방법도 생각할 수 없다."라고 주장했다. 청소년들을 이러한 사회·정치 민주주의 원칙으로 문화화하는 것은 우리가 중시하는 시민 사회의 핵심이며 사회에 대한 학교의 도덕적 책임의 핵심이다. 과정과 결과의 실현을 통해서만 우리는 민주적인 삶의 방식을 보장할 수 있다.[7]

2. **지식에 대한 접근 :** 굿래드는 "학교는 우리 사회에서 인간 대화의 모든 주제들(즉 물리·생물 시스템으로서의 세계, 평가 및 신념 체계들, 통신 시스템들, 지구촌을 구성하는 사회·정치·경제 시스템 그리고 인간종 그 자체)을 다루는 훈련된 만남을 젊은이들에게 제공할 것을 특별히 책임을 지고 있는 유일한 기관이다."라고 지적한다. 우리 사회의 대부분 사람들은 지식의 접근과 참여를 교육의 주요 목적으로 인정할 것이다.

그러나 학교 교육에서 가장 큰 불공평한 사태 중 일부는 지식에 접근할 때 발생한다. 굿래드는 우리에게 "학교에 의해 발전된 교육과정들은 단순한 정보 요약하기를 넘어서야 한다… [교육자]는 어떤 태도, 신념 또는 실천이 학생들이 필요한 지식에 접근하는 것을 금지하지 않도록 하는 일에 부단히 노력해야 한다."는 것을 일깨워준다. 학교의 반복된 공부들이 지식의 접근이 용이하지 않은 빈곤층과 소수 민족 학생들에게 지식을 차등 분배하는 것으로 귀착된다면, '가르치기 쉬운 수업, 교사들의 편이성, 부모의 선호도, 심지어 성취도 등'과 관련된 그 어떤 논쟁도 도덕적으로 잘못되었다.

3. **육성 교육학(Nurturing Pedagogy) :** 육성 교육학은 모든 아동이 발달 단계의 여러 수준에서 학습을 촉진할 수 있도록 자양분과 지원 및 격려를 제공하는 가르침의 예술이자 과학이다. 굿래드는 다음과 같이 주장한다. "가르침의 인식론은 가르침의 기술을 훨씬 뛰어넘는 교육학을 포괄해야 한다. 그것은 보편화할 수 있는 교수 원리들, 특정한 교과 교육, 보편적인 인간의 자질과 잠재력에 대한 감수성 그리고 '이끌어내기'와 문화화시키기가 동시적이라는 것이 의미하는 바에 대한 완전한 자각을 결합시켜야 한다." 교사가 지적으로 반성하는 교실, 학습에 참여하는 교실을 창출하는 데 실패하는 것은 단순히 실패의 문제로 끝나는 것이 아니라, 부도덕한 일이 된다. 특히 수강의 취소를 선택할 수 없는 학생에게는 더욱 그렇다.

4. **책임 있는 학교의 책무 :** 모든 학생들의 요구를 충족시키는 우수한 학교를 만드는 책임은 누구에게 있는가? 굿래드는 교장과 더불어 교사들에게 도덕적인 청지기로서의 책임이 있다고 지적한다. 많은 사람이 논쟁하듯이, 만약 학교 현장이 실질적인 재건을 위한 변화의 중심지라면, 그것은 교사들이 단순히 교실에서의 노력을 향상시킨다고 되는 것이 아니라, 학교 전체의 변화를 창출하고 유지하는 데 참여해야만 달성될 수 있다. 이러한 적극적 참여는 교사가 건물 전체의 모든 교실에서 교육의 역동성을 그들의 책임으로 통찰한다는 것을 의미한다. 굿래드는 "교사들은 비판적으로 질문하는 학교의 청지기가 되어야 한다."라고 주장한다.

청지기가 된다는 것은 학교 개선에 관해 함께 이야기하는 것 이상을 포함한다. 즉, 항상 도덕적으로 명확한 맥락에서 반성하고, 연구하고, 발명하고, 재고하는 자세가 필요하다. 예를 들어 최근 몇 년 동안, 기술

합리주의자들이 교육 정책 분야를 지배하고 있다. 그들은 이념이 무엇이든 상관없이 실용적인 해결책이 효과가 있으며, 대부분의 교수법은 '가치중립적'이라고 주장한다. 이런 사유의 영향을 보려면 일차적으로 '학교를 고치는 방법'을 안내하는 학교 개선을 다룬 방대한 출판물을 보기만 하면 된다. 국가는 표준을 수립하고 시험을 통해 학생 성과를 측정하는 것에 몰두하게 된다. 교육자들은 종종 정책 입안자의 의무에 부응하기 위해 기술 및 전략에 관심을 집중하고, 그래서 종종 교육과정은 협소화되고 기계적인 학습에 대한 강조는 증가한다.

기술적 합리주의에 반대하는 교육자들이 그것은 긴 안목으로 보면 효과적이지 못하다는 주장을 할 수 있다. 사실 기술적 합리주의에 반대하는 기술적 논쟁들을 할 수 있다. 그러나 청지기는 기술적 합리주의가 본질적으로 부도덕한 것이므로 반대할 것이다. 현존하는 시스템에 의해 이미 불리한 처지에 빠진 학생들은 능력평가시험을 통과하거나 혹은 졸업을 위해 필요한 보다 엄격한 교과학습을 완료할 가능성이 없다는 것을 이미 알고 있다. 많은 학생이 쉽게 그 시스템을 떠나고 있다. 빈곤율이 높은 학교와 학군은 자격을 갖춘 교사를 고용하기 위해 애쓰고 있다. 보충이 가능하더라도 수업 공백은 곤란하다. 이러한 문제를 제기하기 위해서는 교육적 책무(예를 들면 학생들이 교육적 성공을 이루기 위해서는 더 나은 기회를 보장하는 고도의 표준이 중요하다고 인식하는 것, 그러나 학교의 사명, 비전 및 역량의 맥락에서 표준이 설정되어야 한다고 주장하는 것)가 필요하다. 사고와 추론을 촉진하고 자격을 갖춘 교사가 가르치는 복합적인 교육과정이 없다면, 합리주의적 표준은 가장 큰 필요를 가진 학생들을 불리하게 할 것이다.

　　굿래드는 육성 교육학(Nurturing Pedagogy)과 책무(stewardship)는 교사들이 개인적 실천에 탁월해야만 하는 경기장을 상징하지만 '문화화시키기'와 '지식에의 접근'이라는 처음 두 가지 차원들은 일차적으로 학교가 책임져야 할 것으로 이해한다. 청지기로서, 교사는 그들의 과업을 학교 교육의 다른 세 가지 도덕 차원에 초점을 맞춘다. 즉 아이들을 사회 정치적 민주주의로 문화화시키고, 모든 학생들이 지식에 접근할 수 있도록 보장하고, 육성 교육을 실천하는 것에 중점을 둔다.

반성을 위한 질문들

　　당신이 이 책과 그 실천을 다룰 때, 학교 교육의 도덕적 측면에 대한 분명한 문제제기는 학교와 학생들의 가능성에 대해 깊이 새겨진 정신 모델을 마주할 기반을 조성할 것이다. 도날드 쇤(Donald Schön)은 자신의 저서 『The Reflective Practitioner(반성적 실천가)』에서 불확실성, 독창성 및 가치 충돌과 관련된 문제를 다룰 때 기술적 합리성에 의존하는 태도의 한계를 상기시킨다. 종종, 교육자들이 직면하는 문제는 기술적인 지식에 의존해서는 해결할 수 없는 갈등 프레임과 가치의 충돌을 수반한다. 그러나 이러한 불확실한 실천 영역은 전문직에서 가장 핵심적인 부분이다.[8]

　☐ **나는 내 수업, 내 학급 및 내 학교를 어떻게 비평할까?** 우리가 자주 경험하는 무력감은 조직에 대한 우리의 가정과 믿음에서 비롯된다. 우리는 조직들을 사회적으로 만들어진 것으로 보지 않고, 스스로 자생하는 것으로 본다. "학교는 항상 이런 식으로 보입니다. 모든 학교 시스템에서

교실은 이런 식으로 기능합니다." 그러나 우리는 매년 아이들이 균열을 겪는다는 것을 알고 있다. 우리는 우리 자신의 교실에서 모든 아이에게 손이 미치지 못한다는 것을 알고 있지만, 다른 교사들도 마찬가지라는 것을 안다. 그래서 우리는 그것에 대해 죄책감을 느낄 필요가 없다. 왜냐하면 우리는 우리가 할 수 있는 일을 하고 있고, 우리에게 기대되는 것을 하고 있기 때문이다.

그러나 만약 당신이 우리의 윤리적 책임을 고려한다면, 어떤 행동을 취하겠는가? 한 학교에서, 교사들 사이에서 "이런 구태의연한 방식에서 벗어나야 합니다."라는 말이 나왔다. 그리고 교사들은 한 해의 과정 중에도 많은 아이가 전입 전출하지만 이 학생들에 대한 상세한 기록이 있다면 초등학교에 재학하는 동안 각각의 학생들을 지켜볼 수 있다는 결론을 내렸다. 예를 들어 한 어린이가 2학년에서 3학년으로 올라갈 때, 교사는 그 아동이 다음 학년 수준으로 넘어가고 있음에도 불구하고 특별한 주의가 필요한 약점이 있음에 주목한다. 이 기록에는 이전의 모든 평가 결과에 대한 철저한 분석이 포함되어 있다. 이 분석은 단지 양적 데이터가 아니라 성공한 교육전략 및 강점과 약점을 설명하는 정보이다. 이러한 실천은 교사들이 실행한 기술만은 아니다. 그것은 학교의 모든 학생들에 대한 집단적 관심에서 성장한 과정이다. 요즘 신학년초 몇 주간, 심지어 몇 달 동안 수업을 통해 학생들의 학업상 요구들이 무엇인지를 알아내려고 노력하는 교사들이 있기 때문에 학생들은 더 이상 다음 학년으로 단순히 진급만 하는 것이 아니다.

개별 교사로서 우리는 종종 학교 학생들을 위한 전반적인 학습 조건을 면밀히 검토하지 않는다. "우리는 다른 학생들에게 다른 것들을 가르칩니다."

'교육 트러스트(Education Trust)'의 회장인 카티 해이코크(Kati Haycock)가 지적한다. 그녀의 비영리 조직은 학교에서의 불균형에 대한 놀라운 데이터를 축적해왔다. 저소득층 고등학생은 대학 예비 과정에 등록 할 가능성이 적다(고소득층 고등학생들 65%에 비교하여 28%에 불과하다). 저소득층이 다수인 고등학교에서는 대부분 자격미달 교사들이 수업을 가르치고 있다. 예를 들어 아프리카계 미국인 고등학교 졸업생의 경우 고급 수학 및 과학 과정을 거의 이수하지 못한다. 소수 민족 학생들의 비율이 높은 학교에서의 수학 및 과학 수업은 대부분 자격미달 교사들이 가르친다. 그녀의 데이터에는 광범위한 통계가 포함되어 있지만 또한 고등학교 수업에 대한 많은 관찰도 포함되어 있다. 그녀는 한 고등학교에서 이루어진 두 가지 영어 수업에서의 차이점에 대해 말한다. 한 수업에서는 높은 능력을 가진 수업으로, 학생들은 복잡한 서적을 읽고 저자의 이미지, 글쓰기 스타일 등에 대한 심층적인 분석을 쓰고 있었다. 저급 섹션인 다른 클래스에서는 학생들이 서적 보고서를 위한 포스터를 그리는 중이었다. 두 번째 그룹의 학생들은 글쓰기와 사고 능력을 개발할 기회가 없기 때문에 고등 교육에 입학하거나 성공할 기회가 거의 없다.

비판적으로 우리는 다음과 같이 묻는다. "누가 현재의 구조로 이익을 얻는가? 누가 그것에 의해 손해를 보는가? 그것은 어떤 가치를 지지하는가?" 이 질문들은 모든 참여자들의 목소리를 약화시키는 매우 관료적인 학교 구조에 도전한다. 그와 같은 비판을 학교 조직들에 가져오면 우리는 특정 관행이 어떻게 정당화되고 유지되는지를 알 수 있다. 그것은 많은 특권과 권리의 불평등한 분배를 둘러싼 도덕적 문제에 직면하게 만든다. 우리는 교육과정을 규정하는 결과들을 학생의 수요의 관점이라기보다는 구체적인 수행목표들의 관점에서 이해하게 된다. 평등과 사회 정의 문제가 분명해진다.

당신은 이 비판을 여기에서 제기된 몇 가지 문제로 시작할 수도 있고 혹은 당신 자신의 문제로 시작할 수도 있다. 그 효과는 무엇인지, 누구의 이익에 도움이 되는지 고려해라. 그리고 석차를 매기는 현재의 평가 방식, 학생들에 대한 생활지도 정책, 학생들의 계열 나누기, 표준화된 시험, 학교 기금수준, 과외활동과 같은 것들이 누구의 이해에 기여하는지 생각해라.

∬ 252쪽의 '아이의 존엄성', 292쪽의 '당신은 어떤 신호를 보내는가?' 참조

❏ **나는 학교의 학습 조건을 변화시키기 위해 노력하는가?** 도덕적 목적에 대한 비판은 교사가 자신의 역할을 보다 더 넓은 학교라는 맥락에서 규정하는 방식에 있다. 공동저자들과 함께 이 책에 대한 공동 작업을 했을 때, 우리는 학생의 학습에 대한 교사의 헌신이 교실, 학교와 지역사회 수준에서 작용한다는 관점으로 계속해서 되돌아갔다. 이 헌신은, 많은 학생이 교실에 있든, 학교 건물에 있든 또는 지역사회 전체에 있는지와 상관없이, 그들을 방치할 수도 있는 정책들과 실천들을 적극적으로 바꾸는 것을 의미한다.

어디서부터 시작해야 하는가? 한 고등학교 영어 교사는 평판이 매우 좋고 인종이 다양한 도시 고등학교로 옮겼다. 모든 신입생은 100명의 학생들로 구성된 팀에서 배웠고, 6단계 수준으로 배정되었다. 처음 며칠 내에, 그녀는 아프리카계 미국인 학생들이 최고 능력의 팀에 배정되지 않았으며, 능력이 가장 낮은 팀은 거의 아프리카계 미국인 학생이었다는 사실을 절실히 깨닫게 되었다. 그녀는 동료들에게 "여기 뭔가 잘못되었다고 생각하지 않습니까?"라고 물었다. 그들은 "그것은 학교에서 항상 일했던 방식입니다."라고 대답했다. 최고의 교사가 가장 똑똑한 아이들만 가르치고 그들의 수업에는 소수 학생들이 참여한다는 사실을 깨달았을 때 그녀의 좌절감은 증폭되었다. 그녀는 "도덕적로나 윤리적으로, 우리는 가장 어려운 학생들에게 최상의 선생님을 배치해야 할 의무가 있습니다. 개인의 학습 장애를 해결하기 위해서는 소규모 학급이 절대적으로 필요합니다."라고 주장했다.

몇 년에 걸쳐 폭넓은 대화를 이어가면서, 그 학교는 팀 구조를 재검토하여 모든 교사가 모든 능력 수준을 가르치도록 했다. 이 교사는 다음과 같이 지적한다. "대부분의 팀은 여전이 균질하게 구조화되어 있습니다. 그러나 우리는 교사와 학생들을 주의 깊게 연결하여, 팀 과제를 계속해서 개선하고 있습니다. 몇몇 교사들은 여전히 새로운 배치가 최고 수준의 학생들을 가르칠 권리가 있는 선배 교사들에게는 공평하지 못하다고 탄식합니다. 그러나 우리는 그 우려를 넘어서 움직이고 있습니다. 우리에게 가장 중요한 점은 우리가 만든 불평등을 더 이상 무시하지 않는다는 것입니다."

학교 전체의 관행에 대해 개인이 책임을 지지 않는다면 많은 일상적인 결정이 어떤 학생들에게 나쁜 영향을 미칠 수 있도록 허용하는 것이다. 규모가 큰 이스트 코스트(East Coast) 고등학교의 상담사는 두 명의 학생이 학년 중반에 전입한 일을 설명했다. 한 명은 엘리트 예비 학교에서 성적 불량으로 퇴학을 당하고 시험 점수가 낮은 백인 학생으로 대학 예비 과정에 배정되었다. 다른 한 명은 평균 점수가 높고 성적이 높은 아프리카계 미국인 학생으로 일반 교육과정에 배정되었다. 상담사가 이러한 배정에 대해 이의를 제기했을 때, 그러한 배치는 학생들의 수가 그 수준 전체에 어느 정도 균등하게 배분되어 유지하기 위해 필요하다는 것과 그리고 백인 학생의 부모들이 그들의 자녀가 일반 수준에 배정되는 것을 결코 용납하지 않을 것이라는 이유를 들었다.

교육 트러스트의 데이터에 따르면 그러한 경우는 드문 일이 아니다. 성과와 능력 척도에 의존하려는 고유한 문제가 있더라도, 이것이 프로그램에 대한 학생들의 접근에 관한 결정을 내릴 때 항상 중립적으로 이용되는 것은 아니다.

이 두 고등학교의 사례는 모두 오늘날 교사들이 직면한 도덕적 딜레마를 가슴 아프게 표현한 것이다. 우리는 존재하는 시스템을 그대로 받아들이거나 도덕적인 힘을 발휘해서 모든 학생들의 이익을 적극적으로 보호할 수 있다.

□ **나는 학교 교육의 목적에 대해서 질문하는가 아니면 그저 학교 교육의 수단에 관해서만 질문하는가?** 피터 베일(Peter Vaill)은 학교 교육의 '목적 이야기'를 알고, 이해하고, 참여하는 모든 조직의 중요성에 대하여 말한다. 이 이야기는 우리가 무엇을 하는지를 계속해서 상기시켜주고 그래서 우리 조직의 학습에 대한 중대한 의미를 지니고 있다. 교사들에 있어서, 목적 이야기에 참여한다는 것은 "왜 학생들은 학교에 있습니까? 어떤 목적을 위해서?"와 같은 물음에 대해 진지하게 탐구한다는 것을 나타내는 것이다. 닐 포스트만(Neil Postman)은 목적들로부터 수단들을 구별하기 위해서 흥미로운 은유를 사용한다. 포스트만은 "열차가 정시에 운행되도록 할 수는 있다. 그러나 그 열차들이 우리가 원하는 곳으로 가지 않는다면, 왜 신경써야 하는가?"라고 주장하면서 다음과 같이 덧붙

였다. "만약에 우리가 그 열차들이 가고자 하는 곳을 알지 못하거나 그들이 갈지도 모르는 곳에 대해 깊게 신경 쓰지 않는다면 왜 걱정을 하는가?"[9]

❏ **나는 지속적인 탐구에 참여하는가?** 탐구는 사려 깊고, 반성적이고, 자신의 실천에 관한 해박한 숙고이다. 나는 행동할 때 왜 교실에서 상호작용을 구성하는가? 그것은 학생들에게 어떤 영향을 미치는가? 내 실천의 어떤 데이터가 이것을 가장 좋은 방법이라고 믿게 하는가? 나는 어떤 다른 대안을 고려해야 하는가? 이러한 숙고에서 누가 나를 도울 수 있는가? 동료들과의 집단 탐구를 어떻게 지속할 수 있을까? 탐구 과정은 비공식적이거나 꽤 형식적임과 동시에 그것은 항상 체계적이고 연속적이다.

사망하기 전에 워싱턴 대학의 교육 리더십 학부의 교수였던, 케니스 시로트닉(Kenneth Sirotnik)은 교육자들이 그들 자신의 탐구에 대한 깊이와 정도를 평가하기 위해 사용할 수 있는 몇 가지 질문을 제안했다. 이 질문들은 당신 자신이 반성하거나 동료와 대화를 할 때, 출발점을 제공한다.

❏ 조직 문화는 탐구자로서 당신이 하는 일에 대해 어느 정도 지원하는가? 그리고 어떻게 하면 더 잘할 수 있을까?

❏ 당신은 학교 교육의 조건, 활동 및 결과를 향상시키기 위한 대화와 행동에 어느 정도 능숙하게 참여하는가?

❏ 당신은 학생들에 대해 관심을 가지는 (또는 관심을 가져야만 하는) 것과 마찬가지로 당신 자신과 서로에 대해 어느 정도 관심을 갖는가?

❏ 당신은 학교가 무엇을 위한 것이며 교수행위와 학습이 어떻게 이러한 비전과 양립할 수 있는지와 같은, 근본적으로 중요한 교육학 문제들에

확실하게 참여하기 위해서 어느 정도로 권한을 부여받고 있는가?[10]

『왜 흑인 아이들은 모두 카페테리아에 함께 앉아 있는가?(Why Are All the Black Kids Sitting Together in the Cafeteria?)』라는 베버리 타툼(Beverly Tatum) 의 책에서, 그녀는 우리 개인의 윤리적 책임에 대한 강력한 교훈을 이야기한 다. 그녀는 북 투어 여행을 하는 동안, 한 백인 인터뷰어는 변화의 부족과 인 종 관계와 경제적 불평등의 악화 상태에 대한 절망을 표했다. 그 인터뷰어는 인종적으로 혼합된 자신의 공동체를 예로 들었다.

타툼은 그와 오고간 대화를 이렇게 묘사한다. "이곳은 유색인들과 백인들 이 이웃으로 함께 살았지만 인종적인 경계를 넘어선 의미 있는 상호작용은 거의 없었던 장소이다. 어떤 대화도 일어나지 않았다. 그 인터뷰어는 '우리에 게는 과거 우리가 가졌던 지도자가 없다. 우리가 필요로 하는 지도자는 없 다.'라고 탄식했다. 나는 잠시 멈추고 '글쎄, 만약 당신이 대화에 관심이 있다 면, 누군가를 당신의 집에 초대하여 이 문제에 관해 이야기 해보았는가? 당신 은 영향력을 가진 사람이다. 당신은 상황을 다르게 만들기 위해서 그 영향력 을 어떻게 이용하고 있는가?'라고 물었다." 타툼은 간디를 인용하여 결론을 내린다. "우리는 우리가 보고 싶은 변화가 되어야 한다."[11]

교육자로서, 우리는 우리 주변의 학교 환경을 새롭게 하기 위해 개인으로 서 무엇을 하는지 알아야 한다. 우리는 다른 사람들이 변화를 이끌어주길 기 다리고 있는가?

『조직의 이미지』

Gareth Morgan 저, Images Of Organization(Sage Publications, 1986, 1997).

우리는 학교 시스템 자체를 위해 일하는 것이 아니라, 학교 시스템에 대한 우리의 인식의 변화를 위해 일한다. 요크(York) 대학교의 가레스 모간(Gareth Morgan) 교수는 조직(기계, 생물, 뇌, 문화, 정치 시스템, 심리적 감옥, 유동(flux)과 변화, 지배로서의 조직)에서 사람들이 행동하는 방식에 영향을 주는 일곱 가지 정신 모델을 묘사한다. 조직 이론을 가르칠 때, 나는 항상 이 책을 선정한다. 학생들은 이러한 은유들을 삶에 접목시키고, 그 은유들을 망각하지 않는다. 그들은 실제 학교 시스템에서 일할 때 그 은유들을 창조하고 재창조하며, 그리고 (그 책의 기본적인 목적인) 은유에서 은유로 옮겨가면서 늘어나는 재능은 그들이 일하는 어떤 종류의 조직에서든 그들에게 훨씬 더 강한 존재감을 제공한다. 조직의 이미지를 통해 발전하고 사고하는 것은 정신 모델을 바꾸는 작업*이다.

- 넬다 캠브론-맥카베(Nelda Cambron-McCabe)

『문화적 진보』와 『문화적으로 숙련된 리더십』

Randall B. Lindsey, Kikanza Nuri Robins, Raymond D. Terrell 저, Cultural Proficiency(Corwin Press, 2nd Edition, 2003).
Raymond D. Terrell, Randall B. Lindsey 저, Culturally Proficiency Leadership : The Personal Journey Begins Within(Corwin Press, 2009).

"왜 우리는 다양성에 관한 더 많은 교과서를 읽어야 합니까?"라고 거의 반항적인 톤으로 대학원생이 질문했다. 이 책의 저자들이 서술한 것을 가르칠 수 있는 순간들 중 하나였다. 나는 "당신은 왜 텍스트가 다양성에 관한 것이라고 생각합니까?"라는 또 다른 질문으로 대답했고 우리는 교수활동과 학습에 대한 한 학기 동안의 긴 모험을 시작했다.

다양성의 요소가 예제들에 나와 있음에도 불구하고, 이 책들은 본질적으로 다양성에 관한 것은 아니다. 이 책들은 학교 지도자들, 미래의 학교 지도자들을 도와주기 위한 것이며, 개인적이고 조직적인 변화를 달성하고, 우리와 다른 사람들에게 효과적으로 대응하고 있다. 저자들이 우리에게 상기시켜주듯이, 눈에 보이는 것은 아니지만 우리는 모두 근본적으로 서로 다르다. 도구들 중 하나인, '문화적 연속체(cultural continuum)'는 습관과 행동을 표현하는 공통어를 설명한다. 이 공통어의 토대가 개인적 무례함을 넘어서서 문화적 관습과 문화적 차이의 변화하는 힘을 더 깊이 이해할 수 있는 구조를 제공한다는 사실을 나는 일관되게 확인하고 있다. - 엘렌 부에쉘(Ellen Bueschel)

---

* 　역자 주 원문 'soul work'를 '정신 모델을 바꾸는 작업'으로 의역하였다.

학교 비전
School Vision

1. 학교를 위한 공유 비전

브라이언 스미스(Bryan Smith), 팀 루카스(Tim Lucas)

고등학교 강당에서 조명은 꺼지고, 학교 오케스트라는 연주를 멈추고, 학교장이 무대에 올라간다. "우리는 열심히 했습니다. 우리는 여러분들의 모든 관심사항을 고려했습니다. 그리고 올해 그리고 미래의 우리 교육구 비전이 여기에 있습니다."라고 교장은 말한다. 슬로건이 부착된 커다란 천 현수막이 펼쳐진다. 그 단어들은 교사 구성원들과 마찬가지로 이 공동체의 구성원들이 가진 관심사를 상징하는 것 같다. 그 단어들은 교장과 세심하게 엄선된 팀에 의해 이틀간의 합숙 과정 동안 신중히 검토된 것이다.

관객 모두가 박수갈채를 보낸다. 교장은 관객에 대한 감사와 함께 생각에 잠겨 바라본다. "자, 우리는 우리의 비전을 공유했습니다. 이제 우리가 할 수 있는 것을 보여줄 것입니다."

그러나 2일간의 합숙과 2시간의 집회 같은, 간단한 과정이 진정한 공유 비전(학교 혹은 학교 시스템 전반에 걸쳐 사람들의 책무를 뽑아내는 비전)을 이끌어낼 수 있을 것 같지는 않다. 그 집회가 끝난 다음 해에, 당신은 교장이 다음과 같이 말하는 것을 들을 수도 있다. "다시 한번, 우리는 사람들이 모든 시간을 불평하며 지낸다는 사실을 입증했습니다. 그들은 분명히 그 어떤 것도 하는 것에 관심이 없습니다. 우리는 지금부터 모든 것을 본부에서 결정해야만 할 것입니다." 당신은 또한 교사들, 부모들 그리고 교직원 구성원들이 다음과 같이 말하는 것을 들을 수 있다. "교육구는 자신의 생각 이외의 그 어떤 것에도 관심이 없는 것이 분명합니다." 이러한 태도들 모두는 공유 비전 프로세스에 대한 어떤 의도적이고 전략적인 설계도 발생하지 않았다는 사실을 말해준다.

그러나 지금 동일한 강당에서 동일한 청중과 함께 동일한 현수막 및 동일한 오케스트라가 연주하는 집회가 열린다고 상상해보자. 그러나 이번에는 무대에서의 시간이 1년간의 집중적인 회의와 대담의 완성을 나타낸다. 관객 모두는 적어도 한 개의 관련 세션에 참여하여 지역 어린이들에 대한 열망에 대해 이야기한다. 그 결과 나타나는 비전은 드러난 모든 것의 창조적인 종합이다. 그것은 매우 다양하게 깎은 면들을 지닌 다이아몬드와 같고 청중의 각 구성원은 거기에서 자신들의 열망이 반영되어 있음을 본다.

6개월 후 프로세스가 계속된다. 교육구 전체의 사람들은 소규모 그룹 및 팀에서, 때로는 학교 시설에서, 때로는 서로의 집에서 계속해서 만난다. 모든 그룹은 교사, 학부모, 교직원, 관리자 및 외부 커뮤니티 회원을 포함한다. 많은 그룹이 학생들도 포함한다. 그들은 비전을 향해 나아가기 위해 개별적으로 또는 팀 단위로 할 수 있는 것에 초점을 두고 대화한다. 그들이 느끼는 자부심, 에너지, 헌신은 6개월 전 강당에서 있었던 것보다 더욱 분명하다.

이것은 학교를 위한 본격적인 공유 비전 프로세스(학교 시스템의 미래를 결정하고 발전시키는 데 모두를 함께 참여시키는 과정)의 힘이다. 그것은 사람들의 의견을 듣고, 그중 일부를 선택하고, 나머지를 버리는 것을 의미하지 않는다. 이는 사람들이 학교의 미래 방향을 세우기 위해 함께 일하는 일련의 포럼을 수립하는 것을 의미한다. (교장을 포함한) 모든 참가자가 정확한 모양으로 원하는 모든 결과를 얻을 수는 없다. 그러나 모두는 그들이 고려하고 헌신할 수 있는 결과를 얻을 것이다. 또한 잘 설계된 과정에서, 연관된 선택들은 가장 유능한 교장이나 교육위원회의 어떤 개인이 자기 자신의 생각으로 제안할 수 있는 선택들보다 더 나은 것이다.

∬ 133쪽과 311쪽의 공유 비전 과정에 대한 자세한 내용 참조

전반적인 과정 설계

훌륭한 공유 비전 과정 설계는 세 가지로 구분되어 있지만 그 목적들은 서로 연관되어 있다. 첫째, 현재의 문제와 관심에 대한 억눌린 긴장을 이야기한다. 개인적으로나 집단적으로, 사람들은 시스템이 결정적으로 그들의 문제와 관심에 대해 발언할 수 있는 권리를 줄 때 엄청난 위로를 경험한다.

둘째, 공유 비전 과정은 생성적이어야만 한다. 사람들은 자녀와 공동체에 대한 그들의 가장 큰 희망과 소망에 대해 이야기할 수 있어야 한다. 그런 다음에야 그들은 서로의 소망의 원천을 알 수 있으며, 힘과 상호 신뢰가 충분히 나오게 된다.

셋째, 그 과정은 행동으로 이어진다. 사람들은 과거에 신뢰하지 못했던 사람들의 지원을 포함하여 서로 서로의 지원을 받아, 학교를 함께 다시 만드는 일에 대해 내재된 만족감을 가져야 한다.

학교는 사실상 교사, 입법자, 부모 그리고 지역사회 구성원들(이들 모두는

이미 자율적으로 행동한다)로 둘러싸여 있는 협력체이다. 따라서 학교에서의 공유 비전 노력은 이미 가지고 있는 힘으로, 그들에게 중요한 문제들에 관해서, 사람들이 함께 생각하고 행동하도록 이끌어내는 것으로 시작해야만 한다.

　공식적인 지도자이든 주요 참가자 중 한 명이든, 이 과정의 지도자라면, 공유 비전 과정이 시작되기 전에 개인의 비전과 개인적 숙련에 대한 작업을 장려할 수 있는 일은 무엇이든 해라. 이 과정의 리더로서 자신의 강점과 약점을 냉철하게 보아라. 어떻게 가장 잘 소통할 수 있을까? 당신은 어떤 압력을 받고 있으며, 그러한 압력에 어떻게 대응할 것인가? 사람들이 당신에 대해서 어떤 신뢰를 가지고 있으며, 그 신뢰는 무엇에 근거하고 있는가? 당신은 이러한 노력을 하기 위해 얼마나 많은 시간을 사용할 수 있는가? 그것은 충분할까? 학교 시스템 전반에 걸쳐 사람들의 비전, 목표 및 느낌을 이미 알고 있는가 그리고 알지 못하는 것을 발견하는 것이 얼마나 흥미로운지 알고 있는가? 가장 중요한 사항인데, 학교 시스템에 대한 당신의 개인적인 비전은 무엇인가? 학교를 위한 비전을 만드는 것에 대해 이야기하기 시작할 때, 당신은 학교 비전이 당신을 위해 가지는 개인적 의미와 그것에 대한 당신의 헌신에 관해서 진실되게 말하도록 요청받을 것이다.

// 109쪽의 '개인 비전 산출하기' 참조

■■■ 올해 학교의 세 가지 이미지

팀 루카스(Tim Lucas)

목적 : 공유 비전 프로세스에서 부모, 학생 및 교육자 간의 대화를 하도록 돕는 것

활동을 시작하기 전에, 세션 지도자는 (적절한 학년)학생들에게 사전에 다음과 같은 조사를 한다. 올해 학교에서 무엇을 배우고 싶은가? 어떤 종류의 일을 해야 좋은 학년이 될 수 있을까? 그런 다음 교사들에게 다음에 대해 묻는다. 당신의 학급이 올해 무엇을 성취하기를 원하는가? 답안을 차트 페이지에 기록하고 그리고 1단계 동안 그 페이지들을 숨겨라.

1단계 : 부모들

부모들에게 다음과 같은 질문에 대하여 그들의 희망을 답하도록 해라. 올해 자녀가 학교에서 무엇을 배우기를 원하는가? 자녀들이 어떤 경험을 하기를 원하는가?

2단계 : 학생들

이제 이전에 자녀의 기대치를 기록한 플립차트를 공개해라. 이 순간은 재미있으면서 신랄할 수 있다. 부모와 그들의 자녀가 학교에 대한 정신 모델을 어떻게 다르게 갖고 있는지 보여주기 때문에, 종종 부모들은 무장 해제된다.

3단계 : 교사들

이제 미리 준비된, 교사와 직원이 지니고 있는 정신 모델의 세 번째 차트를 공개한다. 여기에서 다시 당신은 다른 관점을 볼 수 있다(미주 1번 참조). 이러한 견해는 교사의 훈련, 학교와 교육구의 구조들 그리고 교육구와 주에 의해 설정된 목표들에서 비롯된다.

4단계 : 연결 만들기

사람들이 벽에 걸린 학습의 세 가지 이미지들을 인식할 때 충분히 이해되는 차이점들과 유사점들을 볼 수 있도록 세 가지 정신 모델 모두를 게시하라. 가능한 한 많은 유사점을 확인해라. 이것들은 공통 목표를 만들기 위한 출발점을 나타낸다.

그런 다음 차이점들을 보며 이야기해라. 무엇이 아이들이나 교사들로 하여금 성공적인 유치원 시절을 그렇게 다르게 보이도록 이끄는가? (일부 통찰력을 여기서 제공받을 수도 있다.)

그룹은 대개 자체 목록에 새 항목을 추가할 것이다. 만약 각각의 모델이 그 새로운 항목들을 자체목록에 추가하는 사람들에게 타당하다면, 부모님이 다르게 행동할 수도 있다는 것은 무엇을 암시하는가?¹

변형 : "어린이들에 관한 진실은……."

이전 활동을 이미 마친 부모의 경우, 이 변형은 더 흥미로울 수도 있다. 우리 교육구에서 이것은 보통 우리와 밀접하게 일하는 지역사회 복지사에 의해 관리된다. 사회복지사는 다음의 진술이 담긴 '아이들에 관한 진실'이 인쇄된 일련의 카드를 가져 온다.

❑ "그들은 모든 것에 대해 논쟁하기를 원한다."

❑ "그들은 당신이 생각하는 것보다 더 많이 이해한다."

❑ "그들은 당신이 말하는 것을 하지 않고, 당신이 행동하는 것을 한다."

❑ "그들은 자연스럽게 시스템사고를 한다."

❑ "그들은 그들이 '아니오'를 의미할 때조차도 당신에게 '예'라고 말한다."

❑ "그들은 누군가가 보고 있을 때 더 잘한다."

❑ "그들은 나누는 방법을 알지 못한다."

504

카드들을 무작위로 부모에게 배포한 다음 "이것들은 사람들이 아이들에 관해 작성한 진술입니다. 당신이 크게 읽고 그것에 대해 원하는 진술들을 작성해주시겠습니까?"라고 말해라.

첫 번째 학부모가 읽을 것이다. "그들은 발탁되는 것을 좋아하지 않습니다." 그리고 그녀는 말할 것이다. "글쎄, 그건 내 아이에게는 사실이 아닙니다. 내 아이는 항상 어떻게든 무대에 올라서려고 노력하고 있거든요." 그러나 그 밖에 누군가는 말할 것이다. "하지만 그건 내 아이에게는 사실입니다."

그리고 그때 촉진자가 '학교의 요구들에 대해서 무엇을 제안할 수 있을까요?'라고 말한다. 방을 돌아다니면서 부모들은 학교운영방식에 대해서 이야기하게 되는데, 그들은 자연스럽게 자신들의 학창시절 경험에 의존하여 대화할 수밖에 없다. 그들을 이러한 태도에서 벗어나게 할 수 있는 최선의 방법 중 하나는 오늘날 아이들의 다른 성향에 대해 생각해보라고 그들에게 요구하는 것이다. "당신의 인생은 당신 아이의 삶처럼 계획적인가요? 만약에 당신이 나와 같다면, 당신은 혼자서 더 많이 놀곤 했을 겁니다. 아이들은 구조화하는 데 더 익숙합니다." 등등.

■■ 공동체 비전 회의

팀 루카스(Tim Lucas), 브라이언 스미스(Bryan Smith)

목적 : 관계를 구축하고 학교 및 그 지역사회를 위한 공유 비전 프로세스에 문을 열어주는 것
개요 : 1일 또는 2일간의 연례 학교 공동체 모임
참가자 : 이 대규모 대화에는 학교 지도자 그룹과 함께 80~100명의 부모가 참여할 수 있다. 별도의 테이블에서 휴식 시간을 보낼 수 있도록 충분한 공간을 갖춘 대형 회의장. 이 세션의 디자인은 1990년대 뉴저지주, 릿지우드(Ridgewood)에 있는 윌러드(Willard)초등학교에서 열린 공동체 비전 회의에서 유래되었다.

이러한 회의에는 많은 계획과 설계가 필요하지만 부모, 학교 지도자와 지역사회 사이에 관계가 형성된다는 점에서 그 가치는 엄청나다. 이질적인 사람들이 옆자리에 앉을 수 있게 테이블을 조정하면서, 사전에 자리를 미리 지정해라. 예를 들면 그 건물에서 새내기인 유치원 학부모는 아마 자녀 중 가장 큰 아이가 이미 대학에 다니고 있는 5학년 학생의 학부모 옆에 앉을 수 있을 것이다. 각각은 서로에게서 배울 무언가를 가지고 있다. 나이가 많은 아이의 부모는 모든 것이 잘 될 것이라고 나이가 어린 아이의 부모를 안심시킬 수 있다. 교대로 어린 자녀의 부모는 나이든 아이의 부모에게 그들이 몇 년 전에 그들의 가족을 이해했던 방식을 상기시켜준다.

각 테이블은 함께 작동한다. 첫째, 사람들은 자신을 소개하고 테이블을 돌아다니며 학교와 아이들에 관한 모든 문제, 생각과 관심에 대해서 브레인스토밍 한다. 그들의 목록에는 테이블당 20~30개의 아이디어가 포함될 수 있다. 다음으로, 테이블 팀 구성원은 가장 중요한 다섯 가지 개념을 선택하여 각 개념을 별도의 카드 또는 큰 붙임종이에 작성한다. 그런 다음 다른 카드 세트에서, 다섯 가지 주요 아이디어 각각에 대해서 다음의 두 가지 질문에 답한다. 이 문제를 해결하기 위해 학교의 역할은 무엇이 되어야 하는가? 부모의 역할은 무엇이 되어야 하나?

45분간 토론한 후에 테이블 팀들에게 전체 아이디어를 발표할 것을 요청하고, 모든 사람들이 볼 수 있도록 그것을 게시해라. 테이블마다 7~8가지 개념이 되풀이 되어 제기된다는 것이 곧 명확해질 것이다. 전체 그룹이 토론할 수 있도록 이것들을 확장해라. 이것들은 교과과정, 방과 후 활동, 사회적 지위 ('내 아이가 계속해서 선택할 것이다'), 안전, 과제, 교수법 등에 대한 관심을 포함할 것이다. 관심 사항이 모두 게시되면, 유사한 주제를 다루거나 혹은 모순되는 것처럼 보이는 카드들을 함께 움직이면서, 아이디어와 관심사의 상호 연관성을 찾아낼 수 있다. 한 그룹이 '향상되는 기술에 대한 접근성'이라고 카드를 작성한 반면에, 다른 그룹은 '우리 자녀는 글로벌 시민이 되어야 한다.'라고 썼을지도 모른다. 이러한 아이디어들은 자연스럽게 페이스북과 같은 소셜 미디어에 대한 학교의 접근법에 대한 질문으로 이어진다. 만약에 여러 그룹이 공통된 주제를 내놓았다면, 그 관심사는 더 많은 무게를 지니고 있으며, 그 카드는 꾸며지고, 그룹화되고, 강조되어야 한다.

이제 그 그룹 전체는 문제들과 위기들에 대해서 서로의 우선순위에 대한 판단을 가지고 있다. 리더는 자신의 테이블에서는 나오지 않았지만 과정 1에서 나타나는 다른 문제들과 이슈들을 소개할 수 있다. 현재에 관해 이야기하면서, 사람들은 어떤 답답함을 느껴야 한다. 그들은 다음에 무엇이 올지는 모르지만 비판적인 관심이 고조되었음을 알고 있다. 그들은 학교 시스템에 대한 공유 비전에 관해 이야기할 준비가 되어 있다.

지금까지의 세션은 하루 종일 또는 저녁 내내 이루어진다. 이제는 각각의 세션에서 동일한 그룹으로 돌아와 다시 테이블 팀들(되도록이면 다른 팀들)로 분류하고, 각각 테이블 팀의 구성원들에게 지금부터 3년 후에, 그들이 가장 원하는 학교 시스템을 만든다고 상상해보라고 요청해라. 그들에게 아래 질문을 하나씩 차례로 생각해보고, 지금까지에서 좀 더 명확하게 공유되는 비전을 그리도록 해라.

이러한 이상적인 학교에 다니는 어린이들을 묘사해라. 전형적인 하루 동안 어떤 종류의 일이 발생하는가? 어떤 영역의 과목들이 가르쳐지는가? 그 과목들이 어떻게 가르쳐지는가? 어떤 특정한 연령 수준에서 어린이는 무엇을 알고 있는가? 교사는 어떤 지식을 가지고 있는가? 교사와 학생은 어떤 관계가 있는가? 부모님은 어떻게 관련되는가? 학교와 지역사회 사이의 관계는 무엇인가? 건물은 무엇처럼 보여야 하나? 학교는 자녀의 학업 및 사회적 요구를 어떻게 다루어야 하나? 학교는 어떻게 돈을 모금하는가? 졸업생에게 어떤 일이 일어나는가? 학교에 오는 부모들에게 어떤 기대와 정보가 주어지는가? 학생의 성취도는 어떻게 평가되는가?

다시 한번 각각의 테이블에 우선순위를 매겨보라고 요청해라. 그룹들은 그들이 상상하는 학교에서 가장 많이 보고 싶어 할 구성 요소 중에서 가장 큰 것 5(~10)개를 선택해야 한다. 이러한 관심들은 전체그룹에 제시되고 다른 테이블의 아이디어와 통합되어야 한다.

이 활동은 여전히 프로세스의 중간 시점만을 나타내기 때문에, 그 그룹은 공유 비전의 가장 바람직한 구성 요소들에 대한 합의에 도달할 필요는 없다. 그러나 사람들은 그 교육구에 대한 그들의 가장 큰 열망이 들리는(그리고 이상적으로, 다른 사람들로부터 들려오는) 것을 느낄 필요는 있다. 여기서 당신들의 목표는 이미 하고 있는 작업에 그 새로운 비전을 통합해야 할 필요가 있는 기존의 학교 팀과 위원회에 비전 프로세스를 가져옴으로써 조정할 수 있을 것이다.

■■ 비전을 다듬고 시행하기

팀 루카스(Tim Lucas)

모든 학교에는 전반적인 학교 계획에 책임이 있는 관리자, 교사, 부모 및 때때로 학생으로 구성된 팀 또는 위원회가 있다. (뉴저지와 같은 일부 주에서는 법으로 그것들을 요구한다.) 이러한 과정에서 '핵심 비전

팀'은 학교의 미래에 대한 명백한 지렛대가 된다. 그 구성원들은 이전의 두 가지 실천에서 얻은 코멘트를 잘 숙고하고 내면화하여 학교 주요 전략의 우선순위를 개발한다.

∬ 대안적 접근법에 대해서는 718쪽의 '학부모에서 학부모로' 참조

다음 체크리스트는 핵심 비전 팀이 학교의 비전, 현재의 현실 및 전략적 우선순위의 모든 주요 측면을 고려했는지를 확인하는 데 도움이 될 수 있다. 위원회가 이러한 문제를 다소간 고려하는 데 약 1년이 소요된다. 그때가 처음부터 다시 시작할 시간이다. 그 비전 자체는 이 단계에서 진정한 열망을 강하게 불러일으켜야 한다. 반면에 현실에 대한 견해는 분명하고 솔직한 채로 남아 있어야 한다.

1. **비전** : 이전 과정을 토대로 학교 구성원이 요구하는 학교 비전의 중요한 측면은 무엇인가? 비전이 실현된다면 교육과정, 학교 시스템의 설계, 기존수업과 신규과목의 혼합 그리고 기타 모든 요소가 어떻게 어울릴 수 있을까? 최종 진술이 아니라 더 많은 대화를 위한 시작점으로서 설명서를 만들어라. 이러한 구성 요소가 적절하다면, 무엇을 얻을 수 있을까? 여기에 설정된 목표에 도달하지 못할 수도 있지만, 그러나 당신과 다른 사람들이 방향을 계획하기 위해 그 목표들이 필요하다.

2. **현실** : 학생의 요구는 어떻게 변화하고 있는가? 인구 통계 데이터를 비교해라. 즉 등록(입학), 출석, 탈락률, 학생의 인종, 성별, 학년 수준 분포 그리고 수년 전과 비교한 언어 숙달을 비교해라. 학생 학습과 관련하여 어떤 프로세스와 프로그램이 오늘날 다양한 그룹의 학생들에게 가장 잘 작용할까? 시간 경과에 따라 이러한 평가가 어떻게 바뀔까? 학생 수

행은 해마다 어떻게 변하나? 시간이 지남에 따라 전반적으로 교육의 질이 어떻게 바뀌었나? 학생, 학부모와 교사가 학교를 학습 환경으로 인식하는가? 학생들은 학교와 교실에 대해 어떤 관찰을 하는가? 마지막으로, 교사 훈련, 학교 목표, 교육 철학 및 학교 분위기를 면밀히 살펴보자.

3. **전략적 우선 과제** : 우리의 비전을 실현하기 위해 가장 먼저 해야 할 일은 무엇인가? 교원 및 교육과정 개발은 어떻게 개선될 수 있나? 학교 환경은 어떻게 개선될 수 있나? 보안, 지역사회 관계, 시설, 학생 요구, 주차 및 교통을 고려해라. 부모는 교통안전에 대한 걱정 없이 그들의 자녀들을 어디에서 내리고 태울 수 있나? 어떤 자원을 사용할 수 있나?[2]

책무 팀

전략적 우선순위가 확인되면서, 중앙위원회는 새로운 프로젝트로 발전시킬 수 있는 '책무 팀'을 구성한다. 이 팀들은 너무 많은 정책들을 시행하기보다는 학교의 한 특정 분야에 대한 비전을 개발하고, 몇 가지 중요한 첫 번째 목표를 수립하고, 그 목표들을 달성하기 위해 실험한다.

예를 들면 당신은 학부모, 지역사회 구성원, 교사, 학생 및 교육위원회 멤버와 함께 기술위원회를 구성할 수 있다. 이 그룹은 컴퓨터 사용 및 인터넷 접속을 감독할 수 있다. 또한 학교 풍토위원회("우리는 어떤 지적 환경을 만들고 싶은가? 어떻게 서로 이야기해야 하나?")가 있을 수도 있고, 포트폴리오, 시험 및 다른 형태의 학생 평가를 조사하는 평가위원회가 있을 수도 있으며 그리고 다양한 프로그램 팀이 있을 수도 있다. 각 팀은 매년 주기로 두 가지 측정 가능한 목표들을 고르고, 전반적으로 새로 부상하는 학교 비전과의 관계를 분명히 하고, 그 목표를 달성하기 위한 시범 프로젝트를 만들고, 그 시범들을 평가하며, 연말에 그 결과들(과 해석)을 보고한다.

반성과 정제

비전은 경험을 고려할 때 더욱 강력하다. 따라서 각 학년 말에, 다시 80명에서 200명의 사람들이 모여 광범위하게 반성하는 회의를 소집한다. 그 목적은 학교의 비전을 재고하고 다시 정의하고, 올해의 시범 활동들에 대한 보고를 듣고, 새로운 목표를 추가하고 그리고 표면에 드러나는 새로운 문제를 제기하는 것이다. 이전 단계와 마찬가지로, 그 회의는 현재에 관한 세션('바로 지금 학교 시스템에서 어떤 일이 일어나고 있나?'), 비전 세션('여기에서 무엇을 만들고 싶나?') 그리고 전략 우선순위를 정하는 세션('우리가 집중해서 어디를 선택해야 하나?')으로 나눈다.

공유 비전 발의는 지속적이기 때문에 강력하다. 학부모는 학교를 이끄는 힘들과 그들이 학교에 참여할 수 있는 방법에 대해 더 깊이 이해하게 된다. 교사들은 교실 밖에서 학교에 존재하는 잠재적인 자원과 기회에 대한 인식을 넓힌다. 가장 중요한 것은 오래된 냉소주의 문화가 변화하기 시작한다는 것이다. 사실상 과거에는 사람들이 리더에게 맞서서 그들의 우려와 불만을 토로하곤 했다. 이제 그들은 단지 문제만을 보는 것이 아니라 원하는 미래를 볼 수 있는 과정에 자동으로 초대된다. 즉 그것들은 단지 말만 하는 것이 아니라 행동하는 과정이고, 소진되지 않고 건설적인 방식으로 계속되는 프로세스로, 그들은 매년 노력의 성과가 펼쳐지는 것을 보게 된다.

◼️ 파트너 찾기

제니스 더튼(Janis Dutton), 팀 루카스(Tim Lucas), 넬다 캠브론 맥카베(Nelda Cambron-McCabe), 브라이언 스미스(Bryan Smith)

교직은 가장 고립된 직업들 중 하나일 수 있다. 만약 당신이 교사라면, 대부분의 시간을 동료들로부터 고립된 채 보낼 것이다. 대부분의 학교가 그렇듯 만약 당신이 창의적인 혁신을 위해서 다른 교사와 시간을 갖기 원한다면, 당신 스스로 직접 일정을 잡아야 한다.

이것이 학교에서 공유 비전을 구축하는 것이 매우 어려운 이유 중 하나이다. 여러분 일정 구조는 스스로 혁신을 시작하고, 여러분 교실에서 변화를 만들 수 있도록 유혹할 수는 있다. 그러나 주변 세계와의 활발한 연결 고리가 없는 혁신적인 교실은 지속가능하지 않다. 우리는 교장 선생님과 다른 선생님의 소극적 격려에도 불구하고, 혁신을 오래 지속하지 못하는 창의적인 선생님을 알고 있다. 왜 그런가? 그들은 혼자서 스스로가 필요한 모든 것을 발명할 수 없었고 그리고 발명하는 일을 함께 할 사람도 없었다. 그들은 고립되어 움직였다.

새로운 프로그램들을 구현할 시간이나 자원들이 없는 교육 시스템일지라도, 파트너를 찾는 것은 교육자가 할 수 있는 가장 유익한 것들 중 하나일 수 있다. 위험을 기꺼이 감수하고 새로운 무엇인가를 시도하기를 꺼리지 않는 사람, 해방을 발견할 무언가 새로운 필요를 시도하는 사람에 의해서 발생되는 에너지는 마치 전류가 접지를 찾아내려고 하는 것과 같다. 혁신가는 격려와 전망을 위해서 함께 이야기할 누군가가 그리고 혁신가로서 함께 성장할 누군가가 필요하다. 혁신가로서 성장할 누군가와 대화할 사람이 필요하다. 파트너십의 흐름은 관계된 두 사람 모두에게 이익이 된다.

학습을 위해서 교육자들을 하나로 모으는 것은 그 자체로, 새로운 생각이 아니다. 많은 학교가 두 명 이상의 교사 또는 관리자가 참여하는 공동 학습 활동을 시도한다. 여기에는 팀 티칭, 멘토링, '비판적 친구들'(서로에게 건설적인 비판을 제공하도록 위임된) 그리고 최근에는 전문 학습 공동체들을 포함된다.

이 모든 파트너십이 공통으로 소유하는 것은 무엇인가? 파트너는 서로 기분을 좋게 하는 것뿐 아니라 함께 발명하고 그들의 발명을 실험함으로써 서로가 더욱 효과적이게 된다. 이는 교원연수, 행정 규칙들 또는 고된 수업 일수에 대한 나쁜 감정을 '버릴' 수 있는 동정심 많은 동료 교육자를 발견하는 것과는 다른 역동성이다. 그것은 함께 새로운 무엇인가를 창조하는 것에 관한 것이다.

파트너를 찾는 것이 명백한 조치로 보일 수 있지만, 그러나 신중히 추구하지 않는 한 그러한 기회를 찾는 것이 항상 쉬운 것은 아니다. 이 글을 읽으면서 잠재적인 파트너를 이미 확인했을지도 모른다. (다른 교사, 관리자, 학부모 또는 지역사회 구성원일 수도 있고 아닐 수도 있다.) 그렇지 않은 경우 학교에서 잠재적인 파트너를 테스트할 수 있는 방법들은 많이 있다. 당신이 공감을 얻은 기사(또는 이 책의 한 부분)를 찾아라. 그리고 그것을 전에 팀을 이루었던 누군가에게 건네주어라. 그들이 그것을 어떻게 생각하는지 물어보아라. 당신이 일하는 건물이나 커뮤니티에 있는 누군가와 새로운 활동을 시도해라. 천천히 그리고 부드럽게 시작해라. 결국 당신은 교사로서 그리고 한 개인으로써 누군가에게 당신의 미래 성장을 위해 노력해달라고 요청할 수 있고, 또 당신이 그 사람을 위해 노력할 수 있다. 당신의 미래 파트너는 당신의 전문적인 가치관이나 의견에 철학적으로 동의할 수도 있고 그렇지 않을 수도 있지만 그들은 당신과 함께 여행하고 그 과정에서 배울 준비를 하게 될 것이다.

2. 교육 리더십을 새롭게 하기

▪▪ 학교 지도자로서의 의미에 대한 지도 이념을 중심으로 대학 학과 재창조하기

넬다 캠브론-맥카베(Nelda Cambron-McCabe)

변화를 이루고자 시도하는 교육구와 대학 학부를 관찰할 때, 나는 조직이 근본 목적과 그 조직을 통솔하는 일련의 지도 이념에 대해 명백히 이해하는 것이 중요하다는 것을 항상 느끼게 된다. 교육과정을 자주 재설계하면서, 학부 교수단은 필요로 하는 특정 과목들 또는 '기술들'에 관해서 대화하기로부터 시작한다. 이러한 과정이나 기술로부터, 그들은 얼마 지나지 않아 그들 스스로가 핵심목적으로 되돌아가고 있음을 발견한다. 즉, 프로그램이 얼마나 가치가 있든 간에, 그것은 항상 과거 프로그램의 점진적인 개선을 나타낼 것이다. 그러나 가장 기본적이고 지속가능한 변화는 항상 교수단과 행정부 구성원들이 함께 앉아서 "왜 우리가 존재하나? 우리는 무엇을 성취하기를 원하는가? 우리는 무엇을 지지하는가? 우리는 가르치고 배우는 것에 대해 무엇을 믿는가?" 등을 서로에게 물을 때 시작되는 것 같다.[3]

∬ 118쪽의 '공유 비전', 215쪽의 '당신은 온도조절기보다 똑똑한가?' 참조

피터 센게는 "모든 조직은 의도적으로 생성했는지 여부에 관계없이 몇 가지 명확한 원칙들에 따라 관리된다."라고 말한다. 이러한 원칙들이 '지도 이념 (조직이 상징하는 것과 조직의 구성원들이 창조하기를 희망하는 것을 규정하는 개념)'이다.

지도 이념은 철학적인 깊이를 지니고 있고 결코 고정되어 있지 않으며 영구적인 것도 아니다. 이러한 이념들은 단 한 번의 대화들, 교육 기관의 인증

또는 교육과정 개설 또는 하루의 합숙에서 나오는 것이 아니다. 그 대신 장기간에 걸쳐 이루어지는 성찰과 대화에서 진화하며 새로운 프로그램들과 전략들의 실행을 통해서 계속해서 진화한다. 이러한 지도 이념은 공식적인 비전과 사명에 대한 진술 이상을 나타낸다. 그것들은 기본적인 방식 속에서 조직을 형성하고 또 재형성하며 조직의 정체성과 핵심 목표와 밀접하게 관련이 있는 공유 비전이다.

나는 이러한 진화를 1990년대 초반에 직접 경험했는데, 그것은 오하이오주 옥스퍼드에 있는 마이애미 대학에서 중요한 재건 노력을 했을 때이다. 교육 리더십 부서(나는 이 부서의 전 부서장이며 현재 교수 구성원의 한 명임)는 더 반성적이고, 변형시키는 힘이 있는 학교 행정가를 (그들이 매니저라기보다는 리더가 되는 방법을 배울 수 있게 함으로써) 길러내기 위해서 대학원 프로그램들을 재설계하는 것이 중요하다는 것을 알게 되었다. 그러나 우리는 학교 리더십을 다시 고안한다는 생각으로 시작하지 않았다. 오히려 우리는 학교 행정의 기존 프로그램이 개인들을 유·초·중등학교에서 변화하는 세계의 복잡성을 만나게 할 준비가 되지 않았다는 것을 느꼈다. 만약 우리가 주목한다면 유능한 학교 지도자들을 준비시킬 로드맵을 우리에게 제공할 다른 대학의 훌륭한 프로그램을 발견할 수 있을 것이라고 확신했다.

그래서 우리는 주목했다. 결과는 어떠했을까? 다른 대학들도 본질적으로 우리가 하고 있었던 것과 동일한 일을 하고 있었다. 이 사실이 우리를 위로하지 못했다. 그것은 우리가 스스로 새로운 모델을 만들어야 한다는 것을 의미했다. 그 입장에서 우리는 테이블을 치우고 다음과 같이 말했다 "오늘날 유·초·중등학교가 직면한 것, 아이들이 요구하는 것, 학교 행정가가 창조적인 지도자로서 가져올 수 있는 것 그리고 교수진으로서 우리가 학교를 변화시키는 데 필요한 리더십을 기르기 위해 가져올 수 있는 것에 관해 처음부터 생각해보자."

18명의 교수 구성원들을 가진 우리 학부로부터, 우리는 집중적이고 지속적인 대화를 위해 다섯 명으로 구성된 핵심 집단을 만들었다. '만약에 우리가 교육에서 원하는 것을 할 수 있다면, 우리는 무엇을 바꿀 것이며, 실제로 무엇을 믿을까?'라고 질문하며 처음부터 시작했다. 우리는 리더십과 학교에 관해서 다르게 생각하는 최전선에 있는 사람들로부터 읽을 책을 추천받았다. 이 독서는 대화를 지원하고 우리의 사고를 밀고 나갔다. 우리는 학교가 사회의 요구를 충족시키지 못하고 있다고 느꼈다. 즉 아직 대부분의 대학교는 현재의 상황을 유지하기 위해 교육 관리자를 교육했다. 미래의 관리자들은 그들이 자신의 조직을 변화시키기에 거의 의미 없는 기술들과 지식을 건네받고 있었다. 우리는 학교를 변화시킬 수 있는 학교 지도자를 교육시키는 부서에 대한 비전을 개발하기 시작했다. 우리는 단지 일부 정책의 수정뿐만 아니라 그들이 작용하는 근본적인 가정들에 도전하는 훈련을 내포하는, 학교 '재구성하기'에 대해 신중히 대화했다.

동시에 다가올 미래까지 생존(그리고 번영)하도록 그들을 교육하는 것에 실패 하면서 아직 존재하지도 않는 미래를 위하여 지도자를 교육하는 것은 이치에 맞지 않는다. 우리는 우리 프로그램의 졸업생들이 리더십 직책을 떠맡은 순간부터 성공적으로 보이기를(그리고 그들 스스로를 그렇게 보기를) 원했다. 바꾸어 말하면, 그들이 근본적인 가정에 대해 계속해서 질문을 제기하는 데 필요한 지원을 계속 제공하는 한, 그 성공은 변화를 위하여 요구되는 레버리지를 그들에게 제공할 것이다.

팀 학습을 위한 도구로서의 대화 및 숙련된 토론의 가치는 점점 더 분명해졌다. 데이비드 봄(David Bohm)은 우리들 대부분이 하는 대화에서 가장 친밀한 대화는 대학 기숙사에서 하는 한밤의 대화로, 그 대화는 한 주제에서 다른 주제로 진행되지만 어떤 공표된 목적 없이 이루어진다고 말했다. 핵심 그룹이 지속적으로 만남에 따라, 우리는 성급한 결정을 내리는 대신에 먼저 자신의 가정과 신념을 보류하고 더 많은 글로벌 아이디어에 관해 깊은 대화를 나눌 창의적인 잠재력을 인식했다.

우리는 숙고과정에서 때때로 공유된 의미에 반응하고 또 그것을 만들어나가기 위해 정기적으로 전체 교수진을 소집했다. 처음에 아이디어가 소개되면, 우리는 테이블 주위에 앉아서 "그래, 우리가 그걸 믿는다."라고 말했다. 그러나 우리가 다음 단계의 일을 진행할 때면, 동일한 단어나 진술에 대해 상당히 상이한 개념들을 수용하고 있다는 것이 명백해진다. 초기 회의에서 대화는 가능하지 않았지만, 그러나 팀 학습의 도구들은 우리가 우리의 작업에 대해 보유한 정신 모델을 발굴하는 데 매우 중요했다.

∬ 162쪽의 '팀 학습', 147쪽의 '타인에 대한 질문과 자신의 관점을 옹호하는 것의 조화' 참조

우리는 리더십의 정의, 사회 안에 있는 학교 장소, 학교의 문화적·정치적·도덕적 배경 그리고 지적이고 도덕적이며, 기능 훈련으로서의 학교 리더십에 대해 이야기했다. 우리는 변화시키는 힘이 있는 교육 지도자를 양성하기 위해서, 때때로 외부인의 도움을 받으면서, 꽤 오랜 시간을 보내고서야 우리가 공유 비전을 달성하는 데 도움이 될 일련의 핵심 신념과 원칙에 도달할 수 있었다.

때로는 비슷한 공유 비전을 세우기 위해 노력하는 다른 대학교의 그룹과 이야기하거나 상의한다. 그들은 언제나 우리의 지도 원칙들을 개발하기 위해 얼마나 오랜 시간이 걸렸는지를 묻는다. 내가 "거의 2년이 걸렸습니다."라

고 말하면 방의 분위기가 즉시 바뀐다. "우리는 그렇게 일할 수 없습니다."라고 그들은 말한다. "우리는 앞으로 6개월 이내에 이것을 해야 합니다. 우리 학장은 프로그램이 지금 바뀌기를 바라고 있습니다." 하지만 나는 그들에게 다음과 같이 말해야만 한다. 대학원 학위 프로그램에서 목적의 전환은 학업 과정을 변경시키는 것과 같지 않다. 그것은 사람을 포함하여 프로그램에 있는 모든 것을 함께 변화시켜야만 하기 때문에 한 학기에 끝낼 수 없다.

우리의 활동 분야에서 외부 사람들과 관계를 맺는 것이 중요했다. 댄포스 재단의 기금으로 우리는 변화를 추구하는 몇몇 다른 대학의 프로그램과 전국적 규모로 연결되었다. 이러한 국가적 그룹의 구성원들은 우리의 작업을 비평했고 그리고 우리의 생각을 심오하게 하는 질문을 제기했다. 그들이 제기한 질문들의 힘으로 우리는 우리의 신념들, 즉 우리의 공유 비전에 관하여 더 깊게 생각하게 되었다. 그 재정 지원으로 우리는 시간과 자원에 대한 압박에 직면하여서도 유별난 프로젝트를 인내할 수 있었다. 이런 종류의 자기 탐구대화는 급히 갈 수 없다. 모든 사람과 모든 관점은 반드시 듣고 참여할 기회를 가져야 한다. 정신 모델은 표면화될 필요가 있으며 그리고 깊이 생각된 신념은 말로 표현되고 이해될 필요가 있다.

우리의 핵심 신념이 발전함에 따라, 우리는 새로운 교육과정을 만드는 작업을 시작했다. 우리는 우리의 신념들을 개발하고자 하는 과정들과 일치시키는 것에 대해 이야기하기 시작했다. 과정을 제안하면서 우리는 끊임없이 그 핵심 신념들로 되돌아왔다. 가레스 모건(Gareth Morgan)이 주목했듯이 그 핵심 신념은 당신의 연구를 위한 지시물이 된다. 조직의 각 측면을 진화시키고 동시에 전체 조직에 대한 비전과 조화되는 '최소한의 중요한 기준'을 제공한다. 그것들은 특히 혼돈의 시대에 당신이 결정한 가치와 중요성 또는 의미

들을 평가할 수 있도록 돕는다.[4]

거의 20년이 지난 지금도, 이 프로그램은 여전히 이 부서의 모든 구성원을 적극적으로 참여시키고 있다. 사실 이 과정은 어떤 최종 결과도 없으며 중단할 지점도 없다. 우리는 정기적으로 우리의 핵심 신념으로 되돌아가 현재와 '오래된' 그리고 새로 채용된 교수진의 현재 신념에 대해서 그 핵심 신념에 위배되는지 확인한다. 그렇게 하는 것은 교수진의 교체 때문에 특히 중요하다. 우리는 다른 사람들이 실행함으로써는 쉽게 촉진할 수 없는 핵심 원칙을 언제 채택했는지도 알고 있다. 우리는 우리 자신의 행동과 교육에서 그것들을 만들어야 할 것이다. 이러한 핵심 아이디어는 새로운 교수진이 합류하여도 계속해서 발전하며, 우리 연구에 중요한 새로운 시각을 제공한다.

우리의 프로세스는 팀 학습을 통해 공유 비전을 개발하는 것을 보여준다. 팀 학습이 없으면, 부서는 프로그램 전반에 걸쳐 이 새로운 비전을 깊이 새겨둘 수 없다. 팀 학습 없이는 논문에서는 멋지게 보이지만 프로그램에서는 거의 의미 있는 변화를 만들어내지 못할 것이다. 우리가 원칙들과 새로운 교육 과정을 만든 후에도, 우리는 서로 분리된 채 각자 일하는 형태로 되돌아가지 않았다. 우리는 함께 배우기를 계속했다. 처음 몇 년 동안 많은 교수진은 서로의 과정들을 청강했다. 우리는 학생들이 다른 과목에서 가져오는 아이디어를 이해하기 때문에 우리의 가르침이 더욱 강력하다. 우리는 우리의 지도 이념에 대해서 그리고 우리의 과정들과 가르침에 대한 우리의 접근법에 영향을 미치는 방식에 대해서 계속해서 대화를 가져야 한다.

어떤 의미에서 우리 모두는 이 프로그램을 만드는 것에 참여하기 위해 우리의 삶을 새로 설계했다. (『Schools That Learn』을 공동으로 집필하기로 한 나의 결정은 그 작업이 내 자신의 조직의 경계들에서 멈추지 않았기 때문에,

똑같은 헌신의 자연스러운 결과물이었다.) 교육적으로, 나는 이 원리와 신념 때문에 그리고 그것들을 발전시키고 실행하는 나의 경험 때문에 지금 다르게 가르치고 있다. 나는 내가 이전에 했던 교육방식으로 언젠가 돌아갈 것이라고 상상할 수 없다. 내가 생각하기에 교수 구성원에 대한 중요한 교육학적인 문제는 강의 여부 또는 대화식 세미나의 조성 여부에 대한 결정이 아니다. 중요한 점은 다음과 같은 것이다. 당신이 어떤 종류의 문제와 질문을 학생과 함께 제기하는가? 폭이 좁고 실용적인 질문을 제기하는가 아니면 많은 학생에게 손해를 입힐 학교 관행들과 구조들에 대해 질문하기 위해, 학생들에게 학교의 목적을 고려하도록 권유하는가? 당신이 후자를 한다면 지역사회의 맥락에서 그때 당신은 교육의 지적, 도덕적 그리고 기능적 차원들을 함께 엮어낼 수 있는 교육에 대한 문호를 개방한 것이다. 우리는 우리 부서에서 그런 종류의 교육학을 창조했다고 생각하고 싶으며, 그리고 우리의 목적과 명확히 표현된 지도 이념을 명확하게 정의함에 의해 시작했기 때문에 그 교육학을 연구한 정도까지는 그것이 작동한다고 생각하고 싶다.

■■ 변화에 직면한 학교 지도자를 위한 지도 원리들

넬다 캠브론-맥카베(Nelda Cambron-McCabe), 리차드 퀸츠(Richard Quantz)

마이애미 대학에서 있었던 교육 리더십에 대한 대학원 프로그램의 변화는 몇몇 지도 이념을 개발하도록 했다. '아이디어를 안내하는 것'만큼 중요한 무언가의 개발은 많은 시간과 토론을 필요로 한다. 지도 이념을 개발하는 힘의 일부가 그것을 개발하는 과정에서 발생하기 때문에 어떤 조직도 이러한 시간의 투자를 건너뛸 수는 없다. 프로세스 자체에 우리가 관련되기 때문에, 우리는 어떤 조직도 다른 조직의 지도 이념을 단순히 도입하여서는 진정한 헌신을 불러일으킬 수 없다고 믿는다. 빌려온 아이디어와 비전의 발표는 그것들이 창작자들에 대해서 가지는 힘을 다른 집단에 대해서는 거의 가지고 있지 않다. 그러나 다른 사람들의 아이디어는 자신만의 여행을 시작할 수 있는 장소를 제공할 수는 있다. 그것들은 출발하기에 좋은 장소일지도 모른다.

우리의 개혁 노력을 체계화한 지도 원칙들은 많은 시간 동안 이루어진 대화와 공감대 형성에서 비롯된 것이다. 그러나 우리가 우리의 작업에서 반복적으로 그 원칙들을 사용하는 동안, 우리 중 몇 명이 우리의 경험을 반영하는 부분들을 발표하기 시작하고 나서야 지도 이념은 정식으로 기록되었다. 그러한 부분들에서, 지도 원리들은 프로그램의 방향을 제시하는 광범위한 아이디어로 제시되었다.

우리 프로그램이 시작된 지 몇 년 후, 우리 둘은 이전의 저서들로 돌아가서 이 작품들을 일련의 서면 원칙으로 번역했다. 이러한 원칙이 우리의 원래 작업에 포함되어 있었고 부서별 대화들에 의식적으로 관여되었음에도 불구하고, 우리는 그 당시 명확함과 정교함이 필요하다고 느꼈다. 이 과정은 우리 프로그램과 구조 이면의 정신 모델을 드러내었다. 모든 학과 구성원들, 그러나 특히 더 새로운 교수진과 대학원생들은 지도 이념에 참여하고 그것들을 그들 자신만의 것으로 만들 기회가 필요하였다. 그 원칙들은 우리 프로그램의 현재에 대해 검토될 필요가 있다.

원래의 지도 원칙들 중 일부는 여기에 요약되어 있다.

❏ 교육 리더십 분야는 학교의 변화가 중심이 될 수 있도록 재구성되어야한다. 우리 주변에 있는 학교들은 사회의 요구를 충족시키는 데 실패했

지만 대부분의 교육 행정가는 현재의 상황을 유지하도록 훈련받았다. 관리자는 조직이 합리적이고 거의 기계적이며, 관료적 방식으로 작동되는 구조라고 배웠다. 우리는 관리자 교육에 대한 생각으로부터 지도자 교육에 대한 숙고에 이르기까지 변화가 일어나야 한다고 믿었다. 이 변화는 학교와 권위에 대한 근본적인 재고찰(학생들과 교사들 그리고 행정가들의 일상적인 갈등 속에서 문화, 정치 및 윤리의 중요성을 인식하는 재고찰)을 요구했다. 우리의 비전은 학교를 관리하는 것으로부터 그것들을 변화시키는 것으로 바뀌었다. 즉 학교들을 관리하는 것으로부터 그것들이 작동하는 근본적인 가정들에 도전하는 것으로 바뀌었다.

❏ 공립학교의 주요 목적은 아이들에게 민주주의에서 시민권의 책임을 교육하는 것이다. 최근 몇 년간 과도한 사적이고 개인적인 관심들이 학교의 시민적 책임을 대신했다. 학교는 개인의 사적인 목표에 대해 어느 정도 책임이 있음을 인정하면서도, 우리는 더 넓은 시민으로서의 책임이 공립학교의 중심적인 사명으로서 다시 제자리로 돌아가야 한다고 믿는다. 결과적으로 우리는 우리의 교육과정과 업무 관행을 재검토해야 했고 이러한 시민으로서의 책임이 중심적인 위치를 차지한다고 확신해야 했다.

❏ 학교 리더십은 지적이고 도덕적이며 기능적인 실천이다. 이 원칙이 우리 연구의 핵심에 있다. 다시 말해 그것은 모든 다른 원칙들을 형성한다. 우리는 그 원칙이 무언가를 경영의 관점으로부터 리더십의 관점으로 움직인다고 생각한다. 리더십은 효과성 및 효율성을 강조하는 기술적인 행위 이상이다. 조직의 핵심 목적 및 가치와 관련된 도덕적 질문으로 우리의 주의를 끌어내기 때문에 리더십은 다양한 이론적인 관점에

522

의해서 알려질 수 있다.

동시에 우리는 대학 교수부터 초·중등학교의 교육자에 이르기까지 교육에 관련된 모든 사람들이 훌륭한 실천가이어야 한다고 생각했다. 이러한 이유 때문에 우리의 이론 과정은 그들에 대해서 실천 차원을 가지고 있다. 원래 우리는 교육의 '기술적인(technical)' 실천에 대해 이야기했지만 우리가 '기술적인'이라는 말이 의미하는 것을 포착하려고 할 때, 우리는 그 단어가 너무 협소하다는 것을 깨달았다. 우리는 가르치고 배우는 기술에 대해 이야기하고 있었다. 도날드 쇤(Donald Schön)은 전문학교의 고도로 기술적인 접근 방식을 비판하면서 우리의 실천 중 많은 부분이 불확실성, 독창성 그리고 가치 갈등들을 포함하며, 그래서 그것은 기술적 이론과 지식을 끌어냄에 의해서 해결될 수 없다는 것을 상기시킨다. 쇤에 따르면 우리는 능숙한 실천에 내재된 역량과 예술성을 찾아야만 한다. 이러한 공예적인 지혜를 얻는 것은 코칭 차원과 '수행에 의한 학습'을 포함한다.

☐ 교육적 실천은 학교의 문화적, 정치적 및 도덕적 맥락에 입각해 있는 비판적 반성에 의해 알게 된다. 우리는 사람들을 쇤이 표현했던 '반성적인 실천가'로 가르치기를 원했다. 반성적인 실천가는 그들의 일과 품질을 시스템 방식에서 그들의 실험의 결과를 통해 반성하지만 그러나 항상 문화, 정치 및 윤리의 맥락 내에서 한다. 대부분의 경험 많은 교사는 그들의 기술에 대해 엄청난 지식을 가지고 있지만, 그러나 그들은 교실에서만 지식을 습득하지는 않는다. 그런 지식은 체계적이고 그들의 업무에 대해 견문이 넓은 반성으로부터 나온다. 예를 들어, 실천을 수정하는 방법이나 교육학이나 문화 정치에 대한 이해를 바탕으로 특정 아이들

에게 접근하는 방법에 대해 생각하는 것 등이다. 마찬가지로 지도자로서 우리는 체계적이고 견문이 넓은 반성에서 배운다. 예를 들어, 서로 다른 그룹이 참여할 수 있는 방법을 생각해보고 그러한 방식을 조직개발 이론들에 연결시킬 수 있다. 비판적 반성은 단순한 반성 이상이다. 실천과 이론을 하나로 묶는 것이 반성이다.

학교에 대한 문화적, 정치적 및 도덕적 맥락 내에서의 비판적 반성은 우리 프로그램에서 단순히 가르쳐지는 것이 아니고 실천되는 것이다. 한때 대학 총장은 소그룹의 교수진을 불러 모으고 "당신은 학과에서 교수법에 관해 어떤 대화를 나누었습니까?"라고 물었다. 대부분의 교수진은 그들이 프로그램 검토나 새로운 코스를 가지고 있을 때 그리고 그때 그것이 공식적인 위원회 활동이었을 때를 제외하고는 그것에 대해 결코 이야기하지 않았다고 말했다. 하지만 우리 부서에 대해서 말하자면, 우리는 규칙적이고 격렬하며 그러면서도 사색적인 대화를 했다고 말할 수 있으며 그리고 우리는 그 대화에서 "여기 우리가 가르치는 방법이 있습니다. 그리고 여기 우리가 믿는 것들이 있습니다."라고 말했다.

□ 학교는 문화 정치의 장소이다. 관료제로서의 학교에서는 문화를 둘러싼 정치 투쟁을 보지 못하게 한다. 기껏해야 그러한 접근 방식은 문화 정치를 학교 조직 외부에 배치하고 그것을 효율성에 대한 불필요한 개입이라고 생각한다. 그러나 문화의 정치는 단순한 외부의 간섭이 아니다. 즉 그것은 학교 교육 자체의 중심적인 활동이다. 교육받는 것은 문화를 배우는 것을 의미한다. 이 사실은 우리가 학교를 관료제로서가 아니라, 상이한 민족이나 문화 단체가 학교에서 그들의 문화가 (그리고, 그러므로, 그들 자신이) 합법화되기를 노력하는 경기장으로서 생각하

기 시작하면 더욱 분명해질 것이다. 만약 누군가가 효과적인 학교 지도자가 되려면, 그는 조직으로서의 학교에 대해서 문화 정치의 중심 역할을 이해해야 한다. 어떤 사람들은 이러한 초점을 편안하게 생각하지 않으며, 일부 미래의 교수 구성원들은 그것을 가르칠 준비가 되어 있다고 느끼지 않는다. 한 교수직 후보자는 "인터뷰가 끝난 후에야, 나는 교수 구성원으로서가 아니라 대신에 학습자로서 당신의 프로그램에 들어가야만 한다는 것을 인식했어요!"라고 말했다.

☐ 리더십은 계층 구조에서의 직위와 동일시해서는 안 된다. 우리는 지도자가 되는 것이 의미하는 것에 대한 우리 자신의 정신 모델에 의도적으로 도전했다. 우리의 관찰을 통해서 보면, 대부분의 행정 프로그램은 행정 직책을 맡을 것으로 여겨지는 개인들에게 '업무처리모범기준' 시리즈로서 리더십을 가르쳤다. 대신에 우리는 지도자가 어떤 조직적인 입장에서 발생할 수 있으며, 그리고 권위의 위치에 배정된 많은 사람이 지도자가 아닐 수도 있다는 것을 당연하다고 생각한다. 그런 맥락에서 리더십은 누군가의 실천의 질이 되었다. 효과적인 리더십을 가르치기 위해서는 우리가 옳다고 생각한 것을 그들에게 말하는 대신에, 사람들이 그들이 행한 일과 자신이 만든 것에 대해 생각하도록 권유해야만 했다. 또한 학교 행정가, 교사, 사회 복지사, 연구원 및 관련된 다른 시민 등 교육에서 리더십 역할을 찾는 다양한 유형의 사람들에게 우리의 프로그램을 개설했다.[5]

☐ 다양성은 단지 긍정적인 미덕이 아니라 그것은 교육의 필수 요소이다. 다양성은 유·초·중등학교뿐만 아니라 대학 캠퍼스에서도 구호가 되었다. 부차적인 고려사항으로 너무 자주 제시되었지만, 다양성은 일반적

으로 형평성을 달성하기 위해 지지된다. 형평성이 다양성 추구의 훌륭한 이유라고 믿지만, 훌륭한 교육과정에는 다양성을 단지 긍정적인 미덕이라기보다는 필수적인 특성이 되게 하는 중요한 다른 이유들이 있다고 생각한다. 잘 알려진 철학자 존 듀이(John Dewey)와 마찬가지로, 우리는 안정된 아이디어가 부적절한 것으로 판명될 때, 모든 학습이 시작된다는 것을 인식했다. 또한 듀이와 마찬가지로, 우리는 사람들의 다양성과 함께 나오는 아이디어의 다양성이 필요한 학습 조건을 만드는 가장 좋은 방법 중 하나라는 것을 알고 있다. 우리는 아이디어의 다양성을 촉진하고 다양한 개인적, 문화적 역사를 가진 사람들을 참여시키기로 결정했다. 우리가 생각하기에, 그렇게 하는 것이 활발한 지적인 교육을 위해서 절대적으로 필요했다. 우리는 다양성이 표어나 사후 검토보다는 우리 학과의 핵심적인 지도 이념이 되기를 원했다.

❏ 대학원 프로그램은 일련의 이질적인 과정들이 아니라 '프로그램'이어야 한다. 이 원칙은 강력한 핵심 목적을 내포한다. 우리가 프로그램 재구성을 시작했을 때, 우리의 조력자 중 한 사람이 우리에게 "이 과정에서 무엇을 원합니까?"라고 물었다. 주저 없이 다음과 같이 대답했다. "우리는 프로그램이 정체성을 갖기를 원합니다. 사람들이 우리 프로그램에 관해 이야기할 때, 그들은 우리가 나타내려는 것을 알게 될 것입니다. 즉 그들은 학교의 변화에 대한, 평등과 사회 정의 문제에 대한 우리의 책무를 알게 될 것입니다." 우리에게 프로그램은 우리의 지도 이념이 과정연구와 교수 학생 간의 약속을 통해 분명해질 것이라는 것을 의미한다.

❏ 교수진과 학생들은 공동체에 헌신해야 한다. 교사가 서로 고립되어 가르

치는 경향이 있고, 그들의 노동시간은 대화를 할 수 있는 유연성이 거의 없을 정도로 촘촘하게 짜여 있기 때문에 학교에서 공동체를 구축하는 것은 어렵다. 고등 교육에서 우리는 우리 자신의 전공을 가르치고 실질적인 자율성과 학문의 자유를 가지고 자신의 연구를 수행한다. 이러 한 조건들은 사람들이 프로그램 전체에 대해 책임을 공유하고 과정들이 서로 연결되어 있는 문화를 발전시키기 위해 노력할 때 걸림돌이 된다.

학교와 그 주변에서 공동체의 구축과 발전을 당연한 것으로 여겨져서는 안 되며 지속적으로 양육되고 지원되어야 한다. 우리는 '공동체'를 사람들 사이의 역동적인 관계의 집합으로 정의했으며, 그리고 그곳에 각 개인이 참여하도록 초대되는 것으로 정의했다. 우리는 분명히 사람들이 이 공동체를 '똑같이 생각하고 똑같이 보는 것'으로 잘못 이해하거나 또는 '모든 것을 함께 하는 모든 사람'으로서 오해하기를 바라지 않았다. 공동체의 초점은 또한 우리의 비전이 계속 진화할 것임을 의미하는데, 왜냐하면 우리가 그 부서에서 새로운 사람들을 기꺼이 받아들여야 하기 때문이다. 예를 들어 박사 과정의 변화를 고려할 때, 우리는 공동체의 최근 추가된 사람들(교수진, 직원 및 대학원생)에게 핵심 원칙에 대해서 그들이 이해한 것과 그들이 보고 싶어 하는 것에 대해 이야기하도록 분명히 요청한다.

❑ 우리 부서의 주된 관심사는 모든 수준의 학교 교육이지만, 교육은 학교 교육보다 더 포괄적으로 고려되어야 한다. 일상생활에서 사람들은 교육과 학교 교육의 차이점을 알고 있다. 몇몇 성인은 교육을 단지 그들이 학교에서 배운 것과 혼동한다. 실제로 많은 사람은 학교 교육이 그들의 교육을 방해했다고 믿는다. 종종 학교 교육 분야에 종사하는 사람들은

이 구별을 망각한다. 그 결과 학교 교육을 열악하게 만드는 학교 관행에 대해서뿐만 아니라 학교 교육을 효율적으로 만드는 학교 관행에 대해서도 방어적이게 된다. 학교 리더십에 관한 대화의 중심에 이러한 구별을 유지하는 것은 우리로 하여금 학교 교육에서 즉 청소년들에 대한 교육에서 중요한 것이 무엇인지에 대한 안목을 갖게 한다.

이러한 원칙들의 개발로 우리의 변화 과정이 시작되면서, 그 원칙들은 우리와 함께 계속 발전해나간다. 일련의 지도 원칙들을 가짐으로써, 우리는 공동체로서의 우리의 대화를 몇몇 살아 있는 아이디어 주위에 집중시킬 수 있다. 새로운 구성원들이 우리 공동체에 합류하면, 그들은 이러한 아이디어에 참여하고 새로 해석하도록 요구받는다. 우리의 토론에서 우리들 중 더 오랫동안 여기 있었던 사람들은 그 원칙들을 제도적 기억을 육성하는 수단으로 이용할 수 있다. 그 원칙들은 딱딱한 전통의 압제적인 도구가 아니라, 합리적이고 비판적이며 반성적인 대화를 위한 초점으로서의 도구이다. 그런 식으로 그 원칙들이 우리 프로그램의 지속적인 변화를 장려할 것을 희망한다.

10

현 실
Current Reality

1. 예정된 불확실성

■■ 미래의 격변에 대비하기 위해 학교 시스템은 시나리오 기법 (scenario planning)을 어떻게 활용하는가?

아트 클라이너(Art Kleiner)

모든 조직이 그렇듯 학교도 끊임없이 미래에 어떤 일이 일어날지 추측하려 한다. 입학 정원이 증가할까, 감소할까? 예산이 통과될까? 학업성취도평가 성적이 높아질까, 떨어질까? 법령의 규제가 더 심화될까, 약화될까? 하지만 예산을 짜는 사람이라면 누구나 현실이 너무도 쉽게 모든 예측을 의미 없게 만든다는 것을 알게 된다. 예를 들어 얼마나 많은 교육자가 인터넷·소셜 미디어 및 태블릿의 등장을 예상했으며 그것들이 학생들의 읽기나 연구활동, 대화의 변화에 미칠 영향을 얼마나 예측할 수 있었을까? 등등 말이다.[1]

시나리오 기법이란 어떤 특정한 사항만 예측하지 않고 미래를 계획하는 방법이다. 가장 가능성 있는 미래만을 추측하기보다는 동시에 여러 가지 미래를 상상하는 것이다. 모든 것은 실현 가능하고 각각의 미래는 당신에게 무언가 중요한 것을 말해준다. 당신이 과거에 지나쳤던 사각지대를 보는데 놀라울 정도로 도움을 주기도 한다. 이에 당신은 학교의 리더십 팀으로서 각기 다른 미래에서 스스로를 상상하고 미래에 대한 확고한 결정을 내릴 수 있도록 준비하며 시간을 보낸다.

오늘날 많은 사람이 시나리오 기법을 실행한다. 이 방법은 비즈니스 성향이 적은 조직 특히 학교에 적합하다. 학교는 시나리오를 실행하는 데 많은 비용이 들지 않는다. 고급 훈련은 필요하지 않으며 방법상 다소 어려움이 있더라도 아마추어 협력자라면 쉽게 배울 수 있다. (사실 사람들의 말을 경청하고 그들이 말하는 것을 요약할 줄 아는 개방적이고 유연한 동료가 잘 경청하지 않는 노련한 시나리오 기획자보다 더 낫다고 생각한다.) 시나리오 기법의 요점은 불확실성을 진지하게 받아들이는 것이다. 두려움과 희망 사이에서 미래에 대해 확실히 알고 있는 사실과 전혀 모르는 사실 사이의 차이를 인식할 수 있는 중요한 무언가가 있다는 것이다.

한 가지 주의할 사항은 실행에 많은 시간이 걸린다는 것이다. 사람들은 종종 시나리오 작업을 반나절이나 주말 기간으로 축소시키길 바라지만 이 정도로는 그들이 가지고 있던 편견을 찾아낼 수 있는 충분한 시간이 되지 못한다. 다국적 에너지 기업인 로열 더치/쉘에서는 계획자들이 일반적으로 시나리오 개발을 위해 1년 이상의 집중적인 노력을 기울인다. 학교의 경우 시나리오 프로젝트를 할 때 한 학기 또는 그 이상의 기간 동안 계획 팀을 만들어 몇 주에 한 번씩 만나도록 할 수 있을 것이다. 나는 한 달에 두 번씩 매달 만나는 1일 세션으로 진행한 적이 있었는데 이것은 이미 함께 일하는 것에 익숙한 관리자들과 함께 했기에 가능했다.

1단계 : 시나리오 질문(반나절)

시나리오는 사람들이 진정한 열정과 관심을 보일 때 만들어진다. 그렇기 때문에 당신은 이 주요 단계들을 수행하는 데 최소 3시간은 들여야 한다. 만약 참가자들이 대부분의 학교 구성원들이 그렇듯이 다양하다면 당신의 초점을 분명히 하는 것은 아주 중요한 일이다. 미래에 관해 한두 가지 사실만 신에게 물어볼 수 있다면 무엇을 물어볼 것인가?

불확실한 미래와 직면하게 되는 시점에 에너지 및 자본의 투자와 관련된 중요한 결정을 해야 한다면 '신에게 하는 질문(question for the oracle)'은 아마 더욱 유용할 것이다. 예를 들어 20년간의 특수 교육 과정에서의 요구를 어떻게 준비해야 하는가? 그 정확한 답을 지금 알 수는 없다. 예측할 수 없는 학교 진학률의 변화, 자폐증과 주의력 결핍증(ADD)에 대한 과학적 이해의 진보 그리고 경제 상태에 따라 증가하고 감소할 예산 집행에 달려 있다. 당신이 그 당시 운영해야 할 조건을 알 수 없겠지만 시나리오를 만들기 위해서 지금 결정을 해야 한다. 마찬가지로 교육과정 문제 ("우리가 가르치는 수학을 바꿔야 하는가?"), 예산 문제 ("우리는 중학교를 확장해야 하는가?") 또는 전략 결정 ("새로운 시험 요구 사항을 어떻게 충족시킬 수 있는가?")에 직면했을 때 당신은 각각의 선택이 적합한지도 모른 채로 시나리오를 진행해야 한다. 과거 선택이 선견지명인 것처럼 보일 수도 있고 다른 선택이 불운한 것처럼 보일 수도 있어 확실하게 말할 수 없다.[2]

우선 지금 당장 해야 할 결정과 관련해 가장 걱정되는 질문을 골라야 한다. 이러한 연습은 당신이 현재 결정한 선택들의 숨겨진 가능성들을 객관적인 방법으로 밝혀줄 것이다.

또한 시나리오가 실현될 미래의 연도도 선택해야 한다. 당신이 지금 내리는 결정이 어느 정도의 기간을 두고 고려되어야 할까? 다음 연도의 시나리오는 현실에 너무 가깝기 때문에 지금과 큰 차이가 없으므로 많은 것을 얻을 수 없을 것이다. 또한 20년 동안의 시나리오도 너무 많은 가능성을 내포할 수 있기 때문에 그로부터 무언가를 얻기 역시 어렵다. 따라서 학교 시나리오는 적어도 10년에서 15년 사이를 연구하는 것이 가치 있다. 현재의 많은 학생이 그들의 삶의 다음 전환점으로 넘어갈 만큼 충분한 시간을 말한다.

2단계 : 추동력(2~3일)

매년 우리는 추동력으로부터 영향을 받는다. 우리의 세계를 형성하고 개인적으로 거의 통제할 수 없는 외부 환경 요소이다. 몇 가지는 비교적 예상 가능하다. 25년 동안 인구 통계학자들은 2010년을 전후로 전 세계 인구가 70억 명에 이를 것이라고 발표했다. (2011년과 마찬가지로) 오늘날 세계 중산층이 확대되고 있는 것은 사실이다. 중국·인도·브라질·인도네시아와 같은 신흥 경제 국가의 사람들은 예전보다 더 번영할 것이다. 또한 예상 가능한 것은 석유 가격이 급격히 상승하거나 하락하여 경제 전반에 격렬하고 급격한 변화를 일으키기 쉽다는 것이다. 많은 요인이 천천히 그러나 확실하게 변화의 흐름을 나타내는 것처럼 보이지만 그 함의가 분명한 것은 아니다. 인터넷의 발전은 점점 많은 사람과 더 많은 기기가 연결되고 '클라우드 컴퓨팅'과 같은 온라인 서비스의 이용 가능성이 증가하는 추세이다. 그렇다면 이것이 아이들에게 세계의 다른 지역과 풍부한 소통을 유도할까? 아니면 그들을 악의적인 댓글과 사이버 왕따에 노출시킬까? 아니면 둘 다 해당될까?

교육에서는 서로 관련이 있는 추동력들이 다양한 요소를 포함한다. 건강 관리의 변화는 학생들의 관심과 능력에 영향을 미친다. 기술의 변화는 가르치는 데에 있어 도전과 기회를 제공한다. 또한 경제의 변화는 얼마나 많은 사람이 아이들과 함께 당신의 지역사회로 이사할지 또는 얼마나 많은 사람이 공공 보조를 필요로 할지에 영향을 줄 수 있다. 그런데 겉으로는 무관해 보이는 추동력들도 교육에 매우 큰 영향을 줄 수 있다. 예를 들어 1960년대와 1970년대의 미국에서는 여성들을 배제했던 직업과 분야에서 여성들을 수용하기 시작할 때 이는 곧 많은 지역사회에서 예비 교사가 줄어들었다는 것을 의미했다. 겉보기에는 무관한 또 하나의 추동력인 '지구 기후 변화의 영향'은 봉사학습과 지역사회 참여에 관한 교육과정을 활성화시키는 경우가 있다. 우리가 이러한 여러 추동력들을 더 명확하게 볼수록 우리는 우리의 미래를 더 현실적으로 이해할 수 있게 될 것이다.

따라서 이 단계에서는 우리는 할 수 있는 만큼 여러 잠재적인 추동력들을 나열해야 하는데 이때 협력자(또는 기록자)가 셀프 스티커 메모를 사용해 신속하게 문구를 확인한 다음 벽에 게시할 수 있다. 몇몇의 추동력들은 뻔한 내용일 것이다. 또 어떤 추동력들은 그 문제의 핵심을 파악해내기 위해 토론이 필요할 것이다. 몇몇은 당신의 특정 학교 인구와 관련이 있을지도 모른다. (지역사회 구성원은 학교에 대해 어떤 태도를 갖고 있는가?) 또 어떤 추동력은 전국적 또는 세계적 영향력과 관련이 있을 수 있을 것이다.

그중 많은 추동력은 갈등을 일으킬 것이다. 예컨대 당신의 지역에서 표준화된 시험이 지속적으로 실시된다면 반대 여론이 야기될 수 있으며 이러한 상황에 대비할 준비가 안 된 학교는 예상치 못한 상황이 발생할 수 있다.

추동력에 관한 대화는 그룹 내에서 적절한 협상을 필요로 하고 종종 세션 사이에 외부 자료 조사가 요구된다. 우리가 진행하는 세션에서는 일반적인 토론의 지침을 따른다. 예를 들어 끼어들지 않기나 반대를 위한 반대, 상대를 깎아내리는 코멘트("그건 바보 같은 말이야."처럼)를 들 수 있다. 우리는 그 추동력들에 대해서 얼마나 좋고 싫은지와 같은 감정을 배제한다. 그리고 불가능해 보이지만 그것이 어떻게 실현될 것인지를 생각하는 것이다. 이러한 추동력은 우리가 하는 모든 것에 영향을 미칠 수 있다. 예를 들어 시나리오를 열정적으로 만들면서 나타나는 많은 난제를 "그런 일은 안 일어날 거야."라고 넘기게 된다.

당신이 각 추동력에 대해 고려할 때 세 가지 질문을 하라.

1. 일어날 일이라는 것이 정해져 있는가? 아니면 불확실한가? 미리 결정된 추동력은 합리적으로 예측할 수 있다. 예기치 않은 재난이 발생하지 않는 한 이미 실제로 행해진 시나리오를 바탕으로 9년 후 어느 지역에 열 살짜리 어린이가 몇 명이나 살고 있을지 알 수 있다. 이미 진행된 기술 연구를 바탕으로 무어의 법칙(18개월마다 컴퓨터 성능이 계속 2배 증가하는 것)이 적어도 5년 동안 계속될 것이라고 가정할 수 있다. 이는 1,000달러로 살 수 있는 컴퓨터보다 32배의 성능을 가진 컴퓨터를 5년 뒤에는 같은 가격으로 구매할 수 있다는 말이다.

하지만 항상 불확실성이 존재한다. 그 열 살짜리 아이들이 무엇에 신경을 쓸까? 무어의 법칙이 2018년 이후에 '벽에 부딪힐 것'인가 아니면 '가속화'될 것인가? 그리고 아이들은 어떻게 그 강력한 컴퓨터를 사용할까? 아니면 태블릿·스마트폰 또는 아직 알려지지 않은 다른 기기를 위해 컴퓨터를 완전히 포기할 것인가? 이러한 것들과 함께 교육을 둘러싼 대다수의 추동력들은 불확실한 것들이다. 자격을 갖춘 교사를 찾기가 더 어려워질까? '원격 학습'은 활성화되거나—실패할까? 우리는 답을 알 수 없지만 사건들이 한 방향 또는 다른 방향으로 움직일 수 있는 이유와 그 움직임의 의미를 훨씬 더 잘 파악할 수 있다.

그룹의 모든 구성원은 '미리 결정된' 여러 요소들을 반대할 수 있다. 그룹은 예정된 요소가 실제로 예측 가능하다는 데 만장일치로 동의해야 한다. 결국 모든 사람들이 받아들이는 미리 결정된 요소는 소수에 불과하지만 강력하다. 첫 번째로, 그 요소들은 시나리오가 일어나는 경계를 설정한다. 예를 들어 뉴욕시 근처의 작은 교외 지역인 펠햄의 교장 및 관리자와의 시나리오 연습에서 우리는 인근 대학의 교육 프로그램에 대해 얘기했다. 대부분은 지난 몇 년 동안 바뀌었다. 이제 막 졸업하는 젊은 교사들은 과거의 교사들보다 잘 준비되어 있었다. 그들은 교사로서 수업을 어떻게 해야 할까 뿐만 아니라 학교 경영과 교육과정에 대해 영향력을 행사하는 교사가 되고 싶어 했다. 두 번째로, 이미 뉴욕에 이민 온 젊은 사람들로 인해 '베이비 붐'이 일어나고, 그 이유로 이 지역 교사들의 필요성이 계속 높아질 것이다. 이러한 경향이 영원히 지속되지 않을 수도 있지만 3년 이상 그들은 지역과 새로 채용된 교사 그리고 교사의 노동조합과의 관계에 영향을 줄 것이다.

2. 이 추동력에 대해 가장 중요한 것은 무엇인가? 예를 들어 펠햄의 관리자들이 학생들의 성취에 관한 미래에 대해 궁금해했지만 '성취'라는 단어의 각기 다른 정신 모델에 대해 이야기할 때 우리는 적어도 네 가지 다른 추동력이 있음을 깨달았다.

❏ 외부 시험(표준화된 주(state)의 시험) 점수는 학교의 통제를 부분적으로 증가시키거나 감소시킬 것이다.

❏ 교실 성적 및 학생들이 중요하다고 생각하는 기타 측정치와 같이 측정

된 개선 점수는 표준화된 시험 점수와 상관없이 증가하거나 감소할 것이다.

☐ 대학 입학률, 취업률, 장학금 수여도, 수상 및 기타 성공의 중요한 징표와 같은 '외부 생활' 기준은 다른 요인보다 학교 시스템의 역량에 지역사회의식을 결정할 것이다.

☐ 측정 불가능하고 공식적인 방법으로 알려지지 않은 내부 가치, 인지도 그리고 진정한 역량은 학생들의 궁극적인 성공에 가장 큰 영향을 줄 것이다.

학생 성취의 가장 중요한 측면은 이러한 힘들이 함께 작용하는 것과 관련이 있다. 학교의 명성은 위와 같은 네 가지의 추동력에 달려 있을 것이다.

3. 이것이 우리 시대에 어떻게 바뀔 수 있는가? 가끔은 가장 중요한 추동력을 시간별 행태 그래프에 그려서 현재 시점과 목표 시점 사이에 상승 또는 하락하는 방법을 보여주는 것이 도움 된다. 또는 미래에 발전할 수 있는 몇 가지 방법을 제시하는 것도 또 다른 대안이 될 수 있을 것이다. "10년 안에 우리에게 제공되는 교사 수는 훨씬 더 많아지거나 교사가 부족할 수 있다. 그리고 우리는 이 두 가지 가능성에 대비해야 한다."

3단계 : 시나리오로 전환하기(반나절)

이 시점에서 일반적으로 교실 벽에는 일어날 수 있는 잠재적인 일들에 대한 글들이 쓰여 있을 것이며, 불안과 어둠의 분위기로 가득 차 있을 것이다. 그래서 우리는 어디에서도 얻지 못할 것이다. 어쨌든 이것은 강제적으로 이루어져야 한다. 이를 수행할 수 있는 여러 가지 방법 중 내가 가장 좋아하는 방법은 간단한 투표를 하는 것이다. 나는 사람들에게 방을 걸어 다니며 가장 주목할 만한 불확실성 다섯 개에 별 표시를 할 것을 부탁한다. 특히 대부분의 다른 요소들에 가장 큰 영향을 주는 미래의 '중요한 요소'처럼 보이는 것들이다. 개인적으로 가장 관심 있는 다섯 가지 추동력을 체크하도록 한다.

그다음 결과를 표로 정리하고 대부분의 사람들에게 가장 중요하게 보이는 3~4가지를 선택하고 각각 미래의 실현 가능한 최고점에 도달했다고 상상해보자. 예를 들어 펠헴(Pelham)의 교사들은 '경제의 변동성'을 중요한 요소로 보았다. 그렇다면 우리의 목표 연도인 지금부터 5년 동안 실제로 일어날 만한 가장 큰 위기는 무엇일까? 한 그룹은 미래의 위기에 하나하나 주목해보겠다고 자원했다. 또 다른 중요한 추동력은 시험과 평가기준의 경향과 교육에서 '승자와 패자'가 증가하는 관계성에 있다. 이러한 경향이 미래의 실현 가능한 모습으로 추동된다면 어떠할까? 우리 문화는 지배적인 가치의 잠재적인 변화가 있어왔다. 그것은 더 큰 공동체 정신을 추구할까? 아니면 더 큰 물질 만능주의와 분열로 향할까? 아니면 그들 사이에서 우리가 흔들릴 것인가? 실현 가능한 많은 시나리오 중에서 중요한 세 가지가 등장했다. 첫째, 학교가 사회의 여러 부분에서 잃어버린 가치와 가치관을 대체하도록 하는 '영속적 가치의 위기'이다. 둘째, 모든 아이들이 배울 수 있다는 생각이 광범위한 지지를 얻은 '학습의 문화'이다. 셋째, '새로운 경기불황'으로 교육이 경제적 실패의 틈을 부분적으로나마 메워야 하는 부담이다.

그런 다음 각 그룹은 그것들의 미래를 상상해보기 위해 세션 사이의 쉬는 시간에 만남을 갖는다. 세부 사항을 자유롭게 변경하는 것을 두려워하지 마라. 가능하다면 당신의 미래가 현실화될 수 있는 모든 요소나 세부 사항을 정하라. 다음 질문에 답해보아라.

❑ 어떻게 여기까지 왔는가? 작용과 반작용으로 구성된 어떠한 일련의 사건들이 이러한 미래로 이끌 수 있었을까? 이야기의 극적인 효과를 이끌어내기 위해 세부 사항을 선택할 때에는 당신이 마치 역사가처럼 미래를 뒤돌아본다고 생각해야 한다. "새 대통령으로 선출된 킴 카다시안(Kim Kardashian) 대통령이 벤 버냉키(Ben Bernanke)를 7번째 임기로 임명하는 것을 거절했을 때 이것은 균형 잡힌 세계 경제를 긴장의 도가니로 몰아넣었다."

❑ 미래가 얼마나 다양한가? 미래는 공동체의 모든 부분에서 다르게 진행되는가? 모든 연령층에서? 다른 인종 그룹 중에서? 미래의 '부유층'와 '빈민층'은 누구인가? 지금까지는 주목받지 않았던 누구에게 특별하게 주목해야 하는가?

❑ 이 미래가 우리에게 무엇을 알려주어야 하는가? 놀랄 만한 요소를 찾아보라. 지금은 명백하게 드러나지 않는 방식으로 이 미래에 어떤 예상치 못한 집합점과 장벽이 생겨날까?

❑ 중요한 영역에서는 어떤 일이 벌어지고 있는가? 경제, 기술 변화, 지역 개발, 학생 인구의 변화, 정치 환경 등 중요한 추동력들의 목록을 재확인해보라. 시나리오를 그럴듯하게 만들기 위해 각 영역에서는 무엇을 해야 하는가?

❑ 우리 선거구민이 갖는 의미는 무엇인가? 미래에 교사가 되는 것은 어떤 것인가? 관리자는? 학부모는? 학생은? 교육위원회 위원은? 이 미래가 오늘날과 비교했을 때 더 또는 덜 억압받고 만족스럽고 통제적인가? 기회가 더 많은가 적은가? 왜 그런 미래에 자녀를 학교에 보내고 싶거나 보내고 싶지 않은가?

❏ 뭐라고 부를 것인가? 익숙한 이름을 찾아보라. 시나리오 아이디어가 학
교 시스템의 일반적인 어휘를 사용하여 공감을 불러일으키고 인상적이
면서도 깊은 감명을 주는 이름이 적절할 것이다.

4단계 : 시나리오 리허설(1~2일)

회의가 끝나면 각자는 자신들의 미래에 대해 짧게 발표한다. 우리는 그것
들에 대해 전체적으로 고려해본다. 그들 중에 결합될 수 있는 것이 있을까?
예를 들어 '영속적 가치의 위기'와 '승자와 패자'라는 또 하나의 미래는 매우
비슷해서 결합되어야 한다. 만약 하나가 실현 가능하다면 다른 하나도 그렇
게 될 것이다. 3~4가지의 실현 가능성이 높은 미래를 정착시켜보아라. 다섯
가지 이상의 요인이 섞이면 혼란스러워질 것이다.

다른 사람들이 그들이 만들고 싶은 미래에 대해 이야기를 시작하면 그것을
메모하라. 공동 비전을 구축하는 것도 중요하지만 외부의 현실에 대한 인식을
흐리게 만들 수 있다. 그러므로 원하는 옵션이나 전략을 선택적으로 메모하고
나중에 5단계에서 사용하기 위해 메모한 것을 따로 보관하라.

시나리오를 완성한 그룹들이 예정한 그 해가 왔다고 가정해보자. 당신은
거기에 살고 있다. 무슨 일이 일어나고 있는가? 어떤 미래인가? 예를 들어 '새
로운 경제불황'에서 어떤 비용 절감이 필요할까? 어떤 프로그램이 축소될까?
특수 교육과 같은 프로그램에 대한 대중의 지지가 어떻게 바뀔 수 있는가? 이
름을 다시 논의해보라. 아직 적절한가? (우리는 이 단계에서 '배움의 문화
(Culture of Learning)'를 '창조의 문화(Culture of Renewal)'로 변경하여 학교뿐
만 아니라 미국 전역에서도 가치의 변화가 일어났음을 보여준다.) 3단계의
질문으로 돌아가라. 당신이 찾은 모순에 도전해보고 해결해보라. (예를 들어

'창조의 문화'에서 표준화된 시험의 영향은 어떻게 되었는가? 그것은 전부 사라질 것인가? 그럴듯하게 보인다. 그렇다면 시험은 우리가 본 새로운 트렌드와 어떻게 조화를 이루게 될까? 희망찬 사고를 피하라. 만약 미래의 유치원생들이 지금보다 학교생활을 더 준비해야 하는 것처럼 모든 교육에서 부담이 증가된다면 그 변화가 일어날 수 있을 만한 그럴듯한 이유를 찾아야 할 것이다.

5단계 : 전략과 결과(반나절~무한대)

이제 당신은 보기 힘든 통찰력을 드러내는 시나리오를 만든 것이다. "우리의 현재 계획은 '새로운 경제불황'에서도 일어날 것인가?" "혹은 항구적 가치의 위기가 발생한다면 우리는 대비를 할 수 있을까?"라는 질문을 제기할 수 있다. 안타깝게도 많은 시나리오 연습은 여기서 멈춘다. 하지만 실질적인 이익을 창출하는 진정한 일은 바로 이 시점에서 시작된다. 미래의 이미지 두서너 가지를 개발하고 나서 다음과 같은 방식으로 현재의 상태를 생각해보자.

- ❏ 이러한 미래의 이미지 중 어느 하나가 현실화된다면 현재의 정책 혹은 실천이 위험하거나 근시안적인 것이 될까? 아직 도래하지 않은 미래에 현재의 학교 시스템을 내맡길 용의가 있는가?[3]*
- ❏ 당신은 모든 미래를 대비하는 데 탄탄한 도움이 되는 전략 즉 어떤 시나리오가 통과되더라도 보다 나은 삶을 위한 기초를 세우는 효과적인 방

----

* 역자주 아직 발생하지는 않았지만 예상되는 문제에 대비해서 현재의 학교 제도를 세심히 살펴볼 필요가 있다는 의미이다.

법은 무엇이라고 생각하는가? 예를 들어, 펠햄에서는 세 가지 미래 시나리오에서 지역의 업체들과 함께 하는 교직원 개발과 연습 프로그램을 포괄적으로 재설계하는 것이 유리했다.

☐ 비관적인 미래의 잠재적인 밝은 전망과 낙관적인 미래의 숨겨진 부정적인 면을 살펴보라. 예를 들어 나는 일부 교육자가 '배움의 문화'에 대해 하는 말을 듣고 "말이 씨가 된다. 그것이 현실이 될지도 모른다."라고 생각하는 나 자신을 발견했다. 더 많은 학습과 성취를 장려하는 세상에서 공립학교는 더 이상 독보적인 역할을 하지 못하고 사람들에게 더 이상 인정받지 못할 수 있다. 미래에 떠오를 납득이 안 될 만한 메시지들은 어떤 것들이 있을까?

☐ 어떤 형태의 '조기 경보' 표시가 특정한 미래가 올 것이라고 알려줄까? 예를 들어 펠햄 지역의 교사들은 차세대 어린이들의 가치에 관한 공개 포럼을 만드는 것에 대해 이야기했다. 사회는 아이들이 무엇을 배우길 원했는가? 이 포럼이 인기 있고 참석자들이 많았다면 그건 미래의 '배움의 문화'에 더 가까워졌다는 것을 암시한다. 만약 이것이 치아를 뽑고 싶은 것과 같은 불편한 기분이었다면 그건 점점 다가오는 '항구적 가치의 위기'를 나타내는 것이다.

마지막으로 이 시나리오 연습을 수행하는 당신의 목적을 기억하라. '자신의 현실과 미래의 시사점에 대해 직시할 수 있는 안목을 가져야 한다. 지금부터 10년 또는 15년 후에 되돌아보면 당신은 당신이 내리고 있는 결정에 기뻐할 것인가? 그렇다면 어떤 것이 지금은 현재이지만 곧 과거가 될 것인가?

『우리 자녀들이 다닐 만한 가치가 있는 학교』

The Schools Our Children Deserve : Moving Beyond Traditional Classrooms and "Tougher
Standards" by Alfie Kohn(Houghton Miffiin, 1999)

내가 알피 콘(Alfie Kohn) 작가의 초청 강연이 있다는 것을 처음 들었을 때 그가 디킨스*스러운 옷(Dickensian garb)을 입고 무대에 등장할 것을 다소 기대했다. 그의 많은 교육 관련 저서들이 1800년대 중반의 아동 노동의 치명적인 영향에 관해서 쓰인 책들과 비슷한 격렬한 분노를 묘사하고 있기 때문이다. 비록 무대에 올라온 그는 20세기 복장을 하고 있었지만, 아이들을 옹호하는 그의 힘은 여전히 강력했다.

이 책은 전문가의 연구 과정을 거쳐 명확하게 쓰였다. 특히 배움에 대한 결과로 '성취'를 지나치게 강조하는 엄격한 기준들에 대해 다섯 가지 치명적인 결점을 설명한다. Kohn은 대부분의 전문가들이 주장하는 것은 학습과 동기 부여에 대한 전체적인 개념을 잘못 이해하고 있다고 지적했다. 사람들이 다른 사람들에게 배움을 더 강요하면 할수록 그들이 그 가능성을 더욱 제한하게 되는 것이라고 주장했다. 이 책은 학생의 성취 문제에 대해 답을 알고 있다고 생각하는 사람들이 읽어야 한다.

– 제니스 더튼(Janis Dutton)

『거의 맞지 않는 하나의 크기』와 『중간에 사로잡힘』

One Size Fits Few : The Folly of Educational Standards(Heinemann, 1999).
Caught in the Middle : Nonstandard Kids and a Killing Curriculum(Heinemann, 2001).
* 두 권 모두 수잔 오하니안(Susan Ohanian) 지음

수잔 오하니안(Susan Ohanian)은 "가르치는 것에 대해 정말 무서운 것은 우리 교사, 특히 초등학교 교사들이 우리가 누군가를 가르치고 있다는 것입니다."라고 말했다. 오하니안은 관료적인 부조리의 보이지 않는 본질을 표현할 수 있는 재능이 있다. 『One Size Fits Few』는 캘리포니아주(그녀의 주)와 그 밖의 다른 곳에 있는 '표준주의자(Standardistos)', 즉 교육 공무원들에 대한 논쟁이다. 『Caught in the Middle』은 표준 테스트를 통해 간과되거나 버려진 사람, 그러나 다른 의미에선

---

*   역자주 디킨스 소설에서나 나오는 흔히 열악한 사회 환경에서 입을 법한 복장을 말한다.

자신의 학습과 삶에서 뛰어나고 독특하며 강렬한 '비표준 아이들'에 대해 이야기한다. 우리가 그들이 성공할 수 있는 맥락을 찾지 않는다면, 그들 중 많은 사람이 길을 잃어버릴 수 있다. 이 책들은 모두 예리하고 공감적이고 사려 깊고 재미있게 읽을 수 있다.

— 아트 클라이너(Art Kleiner)

2. 1만 9천 달러짜리 요구

■■ 실행에서 추론의 사다리

미카 피어스타인(Micah Fierstein)에게 들려주는 이야기

미카 피어스타인(Micah Fierstein)은 앵커리지에 있는 알래스카 대학교의 리더십 교육 조교수이다. 그는 다음과 같이 썼다. "20년이 넘는 기간 동안 나는 교사와 행정가와 함께 공동 학습 프로젝트에 참여해왔다. 내가 함께 일하는 그룹은 각 세션에서 학습 조직 도구를 자신의 업무에 적용하는 경험을 공유한다. 가장 강력한 이야기 중 하나는 지역 교육청의 교육과정 책임자가 말한 것이다. 그녀는 우리 그룹에 정보와 지식을 가진 시스템에 참여하는 것이 가능하고 중대한 결과를 가져올 수 있다고 말했다. 그녀는 이 일에서 중요한 주제가 용기와 신뢰라는 것을 가르쳐주었다. 다른 사람으로부터 배울 수 있는 신뢰와 당신이 시스템에 영향을 미칠 수 있다고 믿을 용기를 말한다. 용기는 또한 스스로를 유연하게 만들고 다른 사람들의 약점을 잘 알고 있다는 것을 의미하기도 한다."[4]

이 이야기는 초등학교 교장이 나에게 와서 그의 학교 교사들을 만날 것을 요청했을 때 시작되었다. 그들은 새로운 수학 교육과정에 대해 몇 가지 질문

그들은 변화를 두려워하고 고마움을 모른다.

그들은 나를 존중하지 않고, 나를 공격하려고 한다.

그들은 의도적으로 나를 함정에 빠트렸다.

이것은 되풀이되는 패턴이다.

교사들이 불평하고 있다.

을 했다. 교육청에 대한 선생님들의 분노는 나에게로 향했다. "작년에는 새로운 독서 교육과정이었어요."라고 그들은 불평했다. "다음에는 새로운 평가기준, 주의 표준 그리고 이제는 수학 시리즈까지 나왔어요." 나는 곧바로 이것이 함정이라고 결론 내렸다. 그들은 분명하게 실제 회의가 무엇에 관한 것이었는지 미리 말해줄 만큼 나를 존중하지 않았고, 그들은 분명히 나를 공격하려고 했으며, 그들은 우리가 새로운 교육과정 때문에 교육지원금을 확보하기 위해 얼마나 노력했는지 모른다. 그들은 변화를 두려워했고, 그들의 방식에만 머물러 있었으며, 고마움을 모르는 사람들이었다.

이 그룹 덕분에 내가 '추론의 사다리'의 몇 가지 단계를 생략했다는 것을 깨달았고 내 전제를 멈추고 대화와 질문을 연습하기로 결정했다. 나는 처음 시작하는 사람의 마음으로 질문을 하고 경청하기로 결심했다. 선생님들은 학생들에게 헌신적이었고, 새로운 교과 과정에서 그들이 다양한 수준에서 새로운 교수 전략을 동시에 통합해야 한다는 사실에 좌절했다. 나는 지난 3년 동안 교사들에게 우리가 요청했던 끊임없는 변화에 대해 이해하기 시작했다. 새로운 주의 표준에 대한 새로운 요구 사항, 새로운 평가기준, 교육과정 등이 무능력한 교사라는 감정을 유발하는 것처럼 보였다. 그들이 화를 낸 것은 조금도 놀랍지 않다.

∥ 141쪽의 '추론의 사다리' 참조

"제가 무엇을 하길 바라시나요?" 하고 물었다. 이 질문은 그들의 허를 찌르는 것처럼 보였다. 그들은 큰 숨을 쉬며 물러섰다. 그들은 "우리는 당신이 아무엇도 하지 않기를 원해요."라고 말했다. "우리는 단지 당신이 듣기를 바랍니다."

사무실로 돌아오면서 내가 들었던 것을 다시 생각해보았다. 선생님들의 분노에 관한 나의 처음 결론은 틀린 것이었다. 그들은 내가 생각한 것보다 더 융통성이 있었다. 나는 물러서지 않고 우리가 추진했던 교육정책 변화의 총 횟수를 살펴봤다. 교육청은 교사가 수행한 복잡하고 훌륭한 일들을 결코 인정하지 않았다. 나는 앉아서 그 교사들에게 편지를 썼다. 우리의 새로운 교과 계획에 그들이 기여한 모든 것을 인정하면서 말이다.

교원 노조는 내가 쓴 편지를 나 몰래 그들의 뉴스 레터에 다시 실었다. 내가 받은 답장은 매우 흥미로웠다. 12명의 선생님이 나에게 직접 연락을 주었다. 그들은 그 편지가 얼마나 자신들에게 뜻깊었는지 이야기하며 중앙 행정부의 누군가가 듣고 있다는 것을 보여준 것은 오랜만에 처음이라고 했다. 그러나 교장들과의 다음 행정 회의에서 나는 노조에 아첨했다고 강하게 비난받았다.

그것은 나에게 불편한 경험이었다. 나는 물러설 수도 있었지만 학생들을 위해서라도 새로운 수학 프로그램의 장기적 성공을 보장하고 싶었다. 교과 과정이 제공한 새로운 학습은 활용하는 교사들에 달려 있다는 것을 알고 있었다. 교사들이 제기한 질문들은 매우 중요했다. 그 질문들은 교육과정과 학생들과의 일상적인 상호작용에서 비롯된 질문들이다. 교사들은 또한 그것을 학부모에게도 설명해야 한다. 나는 우리가 그들의 좌절감을 완화시키고 학생들의 배움을 강화할 수 있는 특별한 기회를 가졌다

교직 연수 프로그램 개발에서 이것을 탐구해보자.

우리는 그들의 관심사에 주의를 기울일 필요가 있다.

그들은 합리성에 관심을 갖는다.

이것은 되풀이되는 패턴이다.

교사들이 불평하고 있다.

고 느꼈다. 혁신에서 비롯되는 피할 수 없는 문제점들을 직접적이고 일관되게 다루면서 말이다.

나는 교사들이 프로그램에 대해 더 많은 것을 알 수 있는 현직 연수를 위한 시간이 필요하다고 판단했다. 대체 비용과 기타 지출 비용은 19,000달러였다. 유일한 문제는 나의 예산에 그 돈이 포함되어 있지 않다는 것이었다. 나는 그것을 위해 교육장에게 가야 했다.

나는 내 자신이 공격받기 쉬운 입장에 놓여 있다는 것을 알고 있었다. 교육장은 지역구에서 새로 선출된 사람이었다. 그는 내가 교육청의 필요에 대해 평가할 능력이 없다거나 예산 계획 능력이 부족하다고 생각할 수도 있다. 또한 나는 교사의 분노까지 겉으로 드러내고 있었다. 다시 말해, 그는 내가 형편없는 관리자라고 추측했을 것이다. 나는 이번에는 더 높은 상사로부터 또 다른 비판을 받기 위해 내 마음을 터놓고 있었다.

관리자는 나쁘다.

관리자는 너무 허술하다.

관리자는 불평을 멈추지 않는다.

이것은 되풀이되는 패턴이다.

교사들이 불평하고 있다.

예전에 내가 예산을 요구할 때는 내 주장의 근거를 이야기할 필요가 없었다. 이번에는 내가 그렇게 하지 않았다면 교육장은 '추론의 사다리' 일부 단계를 생략하여 쉽게 생각했을 것이다. 그래서 나는 한 번에 한 걸음씩 갈 것을 결심했다.

나는 그에게 내가 참석했던 교사 회의와 내가 보았던 분노와 좌절에 대해 이야기했다. 나는 내가 썼던 편지에 대한 답장에 대해서도 이야기했다. 그리고 나는 이렇게 말했다. "저는 이것이 교사들이 고집을 부리는 것이 아니라 걱정하는 신호라고 생각합니다. 그들이 관심을 갖는 것은 성공적인 교사가 되려는 욕구와 교실에서 새로운 일을 시도해보려는 의지에서 나왔다고 생각합니다. 하지만 여전히 그들은 프로그램에 대해 너무 많은 질문을 합니다. 대부분의 교과 과정 혁신이 실패하고 있다고 생각하는데 그 이유는 교사들이 변화를 실행하는 과정에서 좌절감으로 인해 주체적인 실행력을 가지지 못했기 때문일 것입니다. 우리는 새로운 프로그램에 대한 핵심 질문들을 받아들여 좌절감을 완화할 수 있다고 믿습니다. 그래서 저는 현장 연수를 위한 예산으로 19,000달러를 요청하는 바입니다."

나는 그가 거절할 것이라고 예상하고 초심자의 마음으로 경청을 하면서 나의 '고결한 확신'을 보류하려 하고 있었다. 나는 그의 반대 의견을 듣고 수준 높은 토론을 하게 될 것이라고 생각했다. 하지만 그가 나에게 아주 빠르게 나의 설명이 훌륭하고 계획이 믿을 만하고 그것이 교육청이 해야 할 일이라고 말했을 때 얼마나 놀랐을지 상상해보라.

3. 빈익빈 부익부

마이클 굿맨(Michael Goodman), 제니스 더튼(Janis Dutton)

매년 학교 행정 담당자는 모든 학생들에게 평등한 기회가 부여될 것이라고 판단한다. 하지만 매년 학생들 (대부분 저소득층 출신의 학생들) 중 일부는 악순환적 패배감에 휩싸이는 것처럼 보인다. 그들은 준비가 덜 된 채 학교에 온다. 일부 교사들은 그들을 기분이 나빠 뚱하게 앉아 있는 학생들로 본다. 그들은 지배적인 학교 문화에 부합하지 않는 것처럼 보인다. 그들은 똑같은 말투로 말하지 않으며 학생답지 않은 종류의 옷을 입는다. 교사는 아이들 모두가 배움이 일어나도록 도우려고 함에도 불구하고 시스템 자체가 그들을 '착한 아이들(good kids)'과 '문제 아이들(problem kids)'로 나누는 것처럼 보인다. 결국 '문제 아이들'을 돕기 위해서는 시간과 에너지 등 너무 많은 부담이 따르기 때문에 그들 중 많은 학생은 방치된다.

// 203쪽의 '시스템 원형' 참조

교사들이 '착한 아이들'에 관심을 갖는 것은 자연스러운 일이다. 그리고 착한 아이들은 성공과 인정의 선순환에 사로잡힌다. 그들은 학생 임원 선거에서 승리하고 그들은 '고교 심화 학습 과정'(미국 명문대 입학전형 시 본 과정을 수료한 학생에게 가산점을 부여하는 제도)에 자연스럽게 들어가게 된다. 그들은 시험을 잘 보기 때문이다. 많은 사람이 그들에게 기대를 하며 그들은 그런 기대를 충족시킨다.

학구 전체에서 같은 일이 일어난다. 일부 학교는 악순환이 생긴 '나쁜 학교(bad schools)'이다. 아무리 많은 예산이 그들에게 할당된다고 할지라도 그런 인식은 계속되고 악화된다. 결국 그들을 돕는 것이 너무 피곤한 일로 느껴지고 그들은 방치된다. 일부 도시에서는 학교의 시험 점수가 오르지 않으면 해당 학교에서 지원금을 회수하고 성적이 향상되었다고 검증된 학교에 재배정된다. 그들이 많은 지원금을 필요로 하지 않을 수 있지만 우수한 학교라는 평가를 받고 싶은 유혹은 절대적일 것이다.

학생이나 학교가 '승자' 또는 '패자'라는 무형의 지위를 부여하게 되는 원인이 무엇인가? '빈익빈 부익부(Success to the Successful)'의 역학에서는 두 가지 강화 피드백이 충돌한다. 하나는 일부 학생들에게 계속 더 좋아지는 실제적 선순환이다. 다른 하나는 나머지 학생들에게 계속 더 악화되는 악순환이다. 처음에는 두 그룹 모두 똑같이 유능하거나 유망할 수 있다. 하지만 '모범적인' 그룹은 목표 달성을 보다 빠르고 가시적으로 보여준다. 학생(학교 또는 결과)은 동료와 비교해 '성공'했다고 보일수록 더 많은 지원금을 받게 되고, 더 적은 지원금이 나머지 그룹에 가게 되며, 성공의 선순환은 더욱 빨라진다.

헌신적인 교사들과 관리자들은 일과 가정생활의 균형을 유지하려고 할 때 그 역학을 알게 된다. 저녁 미팅이 있는 경우에는 퇴근해서 "왜 다시 일하러 돌아가야 해?"와 같은 불평을 마주하게 되는 것보다 저녁에 계속 일을 하는 것이 더 쉽다고 생각하게 된다. 가족들과 함께 하는 시간보다 일하는 시간이 길어질수록 근무 시간에 대한 보상이 커진다. 미래에는 더 많은 관심을 일에 쏟고 싶어질 것이다. 또 다른 흔한 예시는 육아에 있어서 "너는 왜 메리처럼 되지 못해?"라는 증후군이다. 기본적으로 당신의 돌봄이 더 필요한 자녀보다 독립적인 자녀는 당신에게 더 많은 사랑을 받을 것이다. 그리고 유능한 사람에게는 더욱 그럴 것이다.

또한 이 역학은 교육에서 '문화적 자본'의 미묘하지만 보편적인 영향을 보여준다. 많은 학교에서 특히 고학년의 경우 일반적으로 통용되는 교육과정은 상류층과 중산층·백인·남성·앵글로 색슨, 언어적/분석적 그리고 쉬운 사고 및 학습 패턴에 맞춰져 있다. 예를 들어 연구 결과에 따르면 간결하고 직선적인 연설 — 그래서 '남성적' 연설이라고 불리는 연설 — 은 여성에 의해 말해지든 남성에 의해 말해지든 간에 더 높은 지위의 사람으로 인식된다. 하지만 많은 사람 특히 어린이들은 그런 식으로 말하지 않는다. 그들이 백인의 환경이 아닌 곳에서 왔거나 학습 장애를 갖고 있거나 여성인 경우에 그렇다. 따라서 그들은 투명인간처럼 느껴진다. 그들이 투명인간처럼 느껴질수록 학교의 인정을 받고 기회를 갖거나 관심을 끌 가능성은 더 적어진다. '문제의 학생들'을 제외하고 그들이 학교의 인정과 기회를 적게 받을수록 더욱 투명

인간처럼 느낄 것이고, 학교생활에 덜 참여할 것이고, 더욱 투명인간처럼 여겨질 것이다.[5]

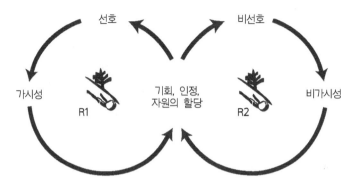

빈익빈 부익부의 다이어그램 - 이 경우 '문화 자본'의 영향 - 공통이지만 제한된 자원(여기서는 학교에서 사용할 수 있는 기회와 자원의 할당)에 의해 연결된 두 개의 강화 루프를 보여준다. 왼쪽에서 '선(善)순환 강화 프로세스'는 우대받는 사람들을 선호하기 때문에 더 많은 가시성을 확보해주고 더 많은 기회를 이끌어내준다. 그러나 오른쪽에서 '악(惡)순환 강화 과정'도 활발하다. 기회와 자원이 다른 곳에 할당되면 그물 효과는 시스템 전반에 불만이 된다. 그것을 의도하는 사람이 없다면 이 상황은 더 크게 보이지 않게 되고 궁극적으로 시스템의 일부 사람들에게는 기회와 자원이 줄어든다.

빈익빈 부익부를 위한 전략

이 역학은 강화되는 루프가 함께 묶여 있는 한 '빈익빈 부익부' 안에서 지속된다. '선순환' 그룹의 발전이 '악순환'에 휘말린 그룹의 희생으로 이루어지는 한 그렇다. 그들을 분리할 수 있는 방법이 있는가? 승자가 모든 것을 다 갖는 게임인 제로섬이어야 하는가? 자원을 늘리기 위해 할 수 있는 일은 무엇인가? 예를 들어 (어떤 이유로든) '성취도가 높은' 그룹에 들지 않았던 학생에게 의도적인 시간과 주의를 기울일 수 있는 것이 가능한 일인가?

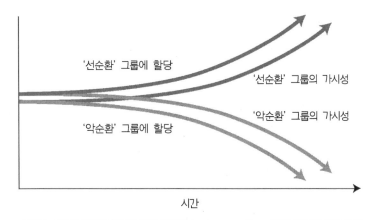

'선순환' 그룹에 할당

'선순환' 그룹의 가시성

'악순환' 그룹의 가시성

'악순환' 그룹에 할당

시간

'빈익빈 부익부' 원형의 시간에 따른 변화(Behavior over Time, BOT) 패턴은 모든 강화 프로세스와 마찬가지로 지속적으로 가속화하는 경향 또는 이 경우 네 가지 경향을 포함한다. '선순환' 그룹에 대한 자원의 할당이 증가하고, 그 그룹의 가시성이 증가하면서, '악순환' 그룹에 돌아가는 자원은 줄어들고, 그 그룹의 가시성은 줄어든다.

딜레마에서 벗어나는 또 다른 방법은 두 그룹의 성공을 포함시킨 포괄적인 목표를 찾는 것이다. 공유 비전은 사실 학교의 원래 목표가 한 그룹을 다른 그룹보다 우위에 두는 관행에 의해 수년 동안 타협되었음을 보여준다.

∬ 498쪽의 '학교를 위한 공유 비전', 559쪽의 '고등학교에서의 거대한 게임' 참조

이전에는 '선(善)순환' 그룹에 속했던 학생들에게 주었던 특권을 '악(惡)순환' 그룹에 부여함으로써 그들에게 '보상'하는 새로운 정책을 시행해 신속하고 극적으로 주기를 되돌리려는 충동이 생길 수도 있다. 그러나 이렇게 하는 것은 부족한 두 자원을 더 확보하기 위해 두 그룹을 서로 대립시키는 일일 수도 있다. 시스템이 안정화되면 '악순환' 그룹이 초기보다 상황이 악화될 수 있다.

정신 모델의 전형이라고 하는 것을 들여다보라. 높은 성취를 이룬 사람들(학생들 그리고 교사들)을 바탕으로 학교에서 '성공적'이라고 불리는 사람들의 가치·태도 그리고 특징은 무엇인가? 이 그룹이 전체 사람들을 대표하는

가? 어떤 태도가 다른 사람들을 성공적이라고 여기지 못하게 하는가? 당신이 이런 태도를 갖지 않았다면－성공의 범위를 넓혔다면－훨씬 더 많은 수의 이른바 '성공한 사람들'의 잠재력을 육성해내기 위해 학교의 자원을 어떻게 활용할 수 있겠는가?

성공의 기준을 측정하는 방법에 대해 다시 고려해보라. "우리는 우리가 측정한 것을 믿는 경향이 있지만 실제로는 우리가 믿는 것을 측정할 가능성이 더 높다." 측정 결과 중 어떤 요소가 최상위 그룹을 선호하는 학교의 발전에 기여하는가? 측정 결과가 바뀔 수 있음에도 불구하고－여전히 학교의 우수성에 대해 가지고 있는 전반적인 시각에 신념을 가질 수 있을까?

불행하게도 많은 사람은 이 역학의 '악순환'에 갇혀 있는 스스로를 발견한다. 우리는 사람들이 도망가기 위해 사용하는 세 가지 전략을 알고 있다. 첫 번째, '적응'은 고비용을 지불하고서라도 '선순환' 그룹에 속하기 위해 할 수 있는 모든 일을 하는 것을 포함한다. 이 전략은 종종 사람들의 정체성과 관계가 희생되어 이루어진다. 이는 자신에게도 비참한 것이다. (그리고 '빈익빈 부익부'는 피할 수 없는 것이라는 생각을 하게 된다.) 두 번째 전략은 '규칙을 어기는 것'이다. '악순환' 그룹의 일부 측면을 성공의 통로로 만드는 것이다. 예를 들어, 지배적인 문화가 랩 음악과 힙합 음악을 무시하고 있을 때 뮤지션들은 그것을 독창적이고 성공적인 장르로 바꾸었다. 이 접근법은 자신의 강점과 재능을 인식하고 서로를 도와 자신의 재능을 개발하고 시험할 수 있는 사람들의 네트워크를 구축함으로써 시작된다. 세 번째 접근법은 시스템사고력을 높이는 것인데 이를 위해 '빈익빈 부익부' 원형을 사용하게 된다. "얼마나 많은 사람이 이 패턴에 익숙한가? 그리고 학교 시스템은 이러한 결과를 실제로 만들고 싶어 하는가?"

4. 부담 떠넘기기

▪▪ 심각한 학교 문제를 위한 시스템 원형

마이클 굿맨(Michael Goodman), 제니스 더튼(Janis Dutton), 아트 클라이너(Art Kleiner)

"무언가를 끝내고 빨리 해야 한다!" '부담 떠넘기기(Shifting the Burden)' 이야기는 대개 중대한 문제와 두 번의 행동 촉구로 시작된다. 하나의 '대중요법'은 명백하고 즉각적이다. 확실성에 대한 착각과 단기 효율에 대한 보상을 갖는다. 그러나 그것은 문제의 근본적인 원인을 보지 못하고 궁극적으로는 스스로 무너지게 된다. 다른 해결책은 더 근본적이겠지만 시간이 오래 걸리며 훨씬 더 불확실하다. 그것을 위한 구조적 지원은 더욱 어렵다. 두 가지 접근법 사이에서 망설이게 되는 사람들은 당연히 대중요법에 끌리게 된다.

∬ 203쪽 '시스템 원형' 참조

지속적이고 잘 알려진 '부담 떠넘기기' 형태 중 하나는 고부담의 시험이다. 지금까지의 패턴은 익숙하다. 학교는 미국 연방·주 의회·지역사회 그리고 부모에게 시험 점수를 향상시킴으로써 그들의 능력을 '증명'해야 한다는 압박감을 느낀다. 그러나 주(州)의 표준은 일부 학교의 성과가 다른 학교보다 떨어지는 근본적인 이유나 그 차이를 어떻게 지속가능한 방법으로 좁힐지에 대해 언급하지 않는다. 따라서 대중요법을 취한다. 1월부터 3월까지 교사는 평가과정을 검토한다. 수업을 오직 시험 보는 기술을 위한 준비 과정으로 바꾸면 처음 결과는 실제로 더 높다. 대중요법이 효과가 있다.

하지만 시험이 끝나면 거의 모든 학생들이 자료를 까먹는다. 어떤 이유에서든 시험에 어려움을 겪는 학생들은 더 쉬운 방법을 찾는다. 그들은 노력해야 할 어떠한 이유도 찾지 못하고 실패율과 탈락률 둘 다 증가한다. 사실상

시험에 응하지 않은 아이들은 처벌받는다. 이 상황은 전반적인 학업 수준이 낮아져 전체적인 수행 능력이 저하되는 현상을 초래한다. 문제 증상이 다시 나타나면 더 엄격한 기준과 시험을 위해 또 다른 대증요법에 대한 요구가 생긴다.

시스템 속 모든 사람들이 대증요법인 표준화된 시험의 위험성을 알고 있다. 모든 사람들은 그 패턴을 강요받았다고 느낀다. 왜냐하면 근본적인 해결책은 더 많은 투자와 시간 그리고 관리가 필요하기 때문이다. 다양한 학습 스타일과 전문적인 교사 양성에 보다 신중하고 실험적이고 세심한 주의가 요구된다. 각기 다른 구성원들은 문제를 해결하는 방법에 대해 서로 다른 견해를 가지고 있고 경쟁적이고 모순적인 학교 구조를 고려해야 한다. 무엇보다도 근본적인 해결책은 결과를 내는 속도가 느리고 그중 하나만을 확신할 수 없다. 인근의 교육청에서 점수가 20% 높아지는 상황이라면 결과가 개선되기 전까지 많은 시간이 걸리는 것을 견디는 것은 매우 어렵다.

교육에는 다른 많은 '부담 떠넘기기' 구조가 있다. 징계 문제의 경우 근본적인 해결책인 가족 동반 치료 또는 새로운 교수법을 선택할 것인가? 혹은 대증요법인 훈육이나 퇴학을 선택할 것인가? 신규 교사들이 제대로 훈련받지 못했다면 교사·학부모 그리고 각 학교의 관리자들이 설계한 빠른 효과가 있는 교사 연수 프로그램 또는 심층적인 해결책을 찾아볼 것인가? 때로는 대증요법이 실제로 적절한 해결책이 될 수도 있다.─학생들이 서로를 위협한다면 분리될 필요가 있지만─장기적인 영향이나 근본적인 대안에는 대증요법이 고려되는 경우는 드물다. 그리고 많은 '부담 떠넘기기' 구조에서 시스템을 더 저하시키는 추가적인 과정이 생기게 된다. 그 예는 다음과 같다.

변형 1 : 중독(능력 상실)

학교 시스템의 교육자가 근본적인 해결책을 실행할 능력을 잃어가면서 시스템은 실제로 도움이 되지 않고 증상이 완화되지도 않는 해결책에 '중독'될 수 있다. 중독은 원래 문제보다 더 심해지는데 그 이유는 그 문제를 해결하는 근본적인 능력에 달려 있기 때문이다. 교육청이 학생들이 시험에 합격하는 것을 돕는 데 많은 시간과 돈을 투자할 때 종종 상담·체육·미술·음악 특수교육·보건·부모와의 소통 등의 다른 서비스와 프로그램을 제한한다. 머지 않아 이 분야의 관심은 축소될 것이다. 만일 그들이 더 근본적인 영역으로 되돌아가야 한다면 이를 해결하기 위해 관리자·교육이론 또는 역량은 더 이상 필요로 하지 않을 것이다. 이에 그들은 대증요법에 중독되고 더 이상 빠져나갈 수 없게 될 것이다.

다른 중독과 마찬가지로 이것은 더 심각한 문제로 이어질 수 있다. 시험을 잘 보라는 압력이 증가하고 학교의 효과적인 교육 능력이 약화되면 사람들은 목적이 수단을 정당화한다고 느끼기 시작한다. 시스템을 조종함으로써 어떤 식으로든 결과를 조작하려는 유혹은 점점 커질 수 있다. 한발 물러서서 다른 접근법을 찾으려는 노력은 이행하기 점점 더 어려워진다. 시간이 없기 때문이다. 그러나 결과적으로 대증요법은 전혀 빠르지 않다. 그것은 모든 것을 낭비할 뿐이다.

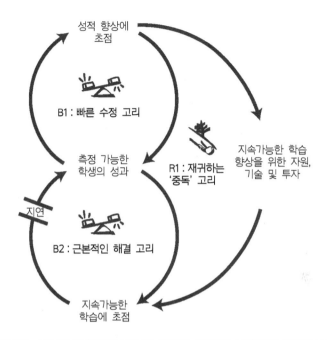

이 인과순환지도는 '부담 떠넘기기'구조를 나타낸다. 측정 가능한 학생의 성과(가운데 부분)를 보이라는 압력에 직면하여 교육자는 선택의 여지가 있다. 신속하게 '빠른 수정' 접근방법(B1)은 표준검사 점수를 향상시키는 데 중점을 둔다. '근본적인 해결'(B2)은 문해력 및 수학의 향상, 교육과정 개정, 보건 그리고 더 많은 것의 조치에 심층적인 투자를 필요로 한다. 이것이 더 어렵고 불확실하고 몇 년이 걸릴 수 있기 때문에 결과를 나타내는 것이 더 느려지지만('지연'으로 표시함) 근본적인 이익을 얻을 기회가 더 많아진다. 오른쪽은 '중독'화 과정(R1)으로 근본 고리로 되돌아가려는 학교의 역량을 감소시켜 더 빠른 해결책에 의존하게 만든다.

변형 2 : 전문가에게 떠넘기기

때때로 조직적인 '중독'은 어려운 문제를 해결하는 데 외부 전문가의 도움이 필요할 때 발생한다. '중재자'의 역할은 일시적이지만 문제를 가진 사람들이 점차적으로 중재에 의존하게 되고 문제를 스스로 해결할 줄 아는 법을 절대로 배우지 않게 된다. 이것은 단순히 부담을 넘기는 문제가 아니다. 전문가가 정말로 문제를 해결할 수 있다면 그것은 용인될 만하다. 그러나 장기적으로는 교사가 문제를 해결하는 데 필요한 근본적인 변화를 만들어내고 유지할 수 있는 유일한 사람이다.

이것은 점점 더 많은 문제를 갖는 독서 교사·특수 교육 전문가·훈육 관리자 그리고 학교 심리상담가와 같은 교육 전문가에게 발생한다. 교육 전문가가 일반 학급 교사로 하여금 문제해결 능력을 갖도록 돕지 않으면 교사는 특정 유형의 아동을 매번 전문가에게 의뢰하게 되고 그러한 아동을 다루는 교사의 능력은 떨어지게 된다. 결국 전문가에 대한 의존도는 점점 높아질 것이다.

변형 3 : 목표 하향 조정(형편없는 학습자 배제시키기)

'부담 떠넘기기'의 일반적인 형태로 원하는 성취도와 실제 성취도 사이의 격차가 커진다. 근본적인 개선을 통해 성취도를 향상시키려고 하는 대신 사람들은 성취 수준을 낮게 설정함으로써 시스템이 갖는 압박감을 덜어낸다. 예를 들어, 학교에서는 성적이 낮은 학생들이라면 방과 후 학교활동에 참여하는 것을 금지하는 정책이 있다. 운동선수이거나 방과 후 활동이 그 학생들에게 있어 학교를 좋아하는 이유일지라도 참여를 금지한다.

이것은 처벌이 아니다. 교육자들의 효율적인 해결책이다. 방해하는 요소들이 제거되어야 한다고 생각하는 것이다. 학생은 가능한 모든 시간은 수학이나 과학에 집중하기 위해 필요하며 카메라 동아리, 운동장에서 하는 하키 또는 밴드활동에서 시간을 낭비하지 않아야 한다. 이런 경우 단기간에 성적이 향상되곤 한다. 그러나 일반적으로 그것이 지속되지 않는다. 학생은 조만간 자신의 문제를 발견한다. "나에게 무언가 문제가 생겼어." 학생과 학교가 연결되는 몇 안 되는 연결점 중 하나가 끊어진다. 그 결과 반항적이 되거나 방관자가 되거나 소외되는 감정을 느끼게 된다.

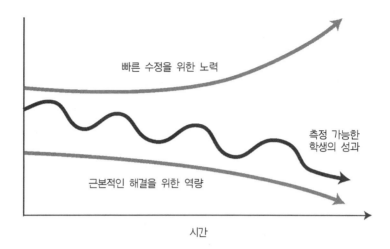

이러한 '시간별 행태'(Behavior over Time, BOT) 다이어그램은 부담 떠넘기기 구조에 따른 영향을 보여준다. 빠른 수정과 해결책에 소요되는 노력과 투자가 지속적으로 증가한다. 문제의 증상(측정 가능한 성과)은 동요한다. 짧은 시간에는 개선되지만 전반적으로 점차 저하된다. 그리고 근본적인 역량은 장기적으로 침식된다.

이 상황에서 한 학생이 우리에게 "저는 학교 팀 선수가 되려고 운동하고 있었어요."라고 말했다. "하키 팀에서 제가 좋아하는 것을 발견했고 선생님들과 더 잘 소통하기 시작했습니다. 그런데 왜 제가 그만두어야 하죠?"

보다 근본적인 해결책은 각 학생이 가지고 있는 문제에 대한 이유를 자세하게 살펴보는 것이다. 불분명한 방식으로 학생이 난독증 또는 주의 집중 장애와 같은 문제에 대한 개인지도 또는 검사가 필요할 수도 있다. 팀의 구성원 전체가 영어와 수학 능력을 키우는 데 도움을 주기 위해 팀에 모든 아이들을 참여시키는 것이 적절한 방법일 수도 있다.

목표를 하향 조정하는 또 다른 일반적인 예시는 교육청이 "모든 아이들이 배울 수 있는" 교수학습원칙을 결정한 후 종종 발생한다. 열성적인 몇 달이 지난 후 이 원칙을 실천에 옮기는 것이 얼마나 어려운 일인지 분명해진다(또는 얼마나 많은 태도의 변화를 가져올지). 충분한 팡파르를 터뜨리기도 전에 점차 그 교육청의 열망은 "대부분의 아이들은 더 좋은 기회를 얻게 됩니다." 로 바뀌고 그다음에는 "우리는 취업 시장을 위해 더 많은 아이를 준비시키고 있습니다."로 전락하게 된다. 그러다가 결국 그들은 궁극적으로 처음에 논의한 새로운 계획으로 되돌아가게 되는 것이다.

'부담 떠넘기기' 상황에 대한 전략

만일 '부담 떠넘기기' 구조나 그 변화 속에서 자신을 발견하게 되면 상황을 더 잘 이해하려고 노력하라. 고치려고 했던 문제의 증상은 무엇인가? 어떤 '대증요법', 즉 빠른 수정과 해결책이 당신을 유혹했는가? 예기치 않은 결과는 무엇이었고 그것들이 문제의 근본적 원인이나 뿌리에 어떠한 영향을 미쳤는가?

그러면 예상한 성과가 생길 것이다. '대증요법'이 불가능했다면 어떤 대안을 시도해볼 수 있는가? 이러한 근본적인 행동이 문제의 원인을 어떻게 다룰 것인가? 실제로 어떤 종류의 투자와 시간 틀이 필요할까? 어떻게 이러한 투자를 유지할 수 있는가?

원하는 해결책이 무엇이든 그것이 근본적인 해결책이라고 가정하려는 충동이 있다. 교사들은 한 가지 해결책을 '근본적인 것'으로 보게 되는 반면, 학부모는 다른 것을 관리자들은 또 다른 것을 근본적인 것으로 본다. 그렇기 때문에 문제를 교육구 전체(학생들을 포함해서)를 포함한 그룹과 이야기를 나누는 것이 너무 중요하다. 또한 어떤 문제 해결 방법이 가장 최선일지에 대한 선입견을 갖지 않도록 하는 것이 중요하다.

단기적 해결책과 장기적 해결책 사이에서 공통된 무언가를 느껴서 고민될 때는 장기적인 해결책을 강화하라. 가능하다면 단기적 해결책에 대한 접근을 완전히 거부함으로써 중독을 '완전 차단'해보라. 그런 다음 어떻게 되는지 보라. 대증요법으로 문제 증상을 해결해야 하는 경우에는 억제책을 이용하라. 근본적인 해결책에 힘쓸 수 있는 시간을 확보하는 것이 주요 목적이라는 것을 잊지 말아야 한다. 때로는 단기적 해결책을 사용해서 실제로 장기적 관점으로 이동할 수 있다. 예를 들어 '시험에 관해 가르치는 것'의 일부 형태는 학생의 학습에 있어서 장기간 동안 투자할 수 있는 길을 열어주는 교육과정의 측면으로 설계될 수 있다.

5. 고등학교에서의 거대한 게임

네이선 더튼(Nathan Dutton), 릭 퀀츠(Rick Quantz), 놀란 더튼(Nolan Dutton)

많은 이가 보기에 고등학생들은 학교생활에 진지하지 않은 듯싶다. 이는 아마도 그들의 열정이 학생들을 끊임없이 조이고 기운을 고갈시키는 두 개의 압력 시스템에 의해 소모되기 때문일 것이다. 첫째, 학생들은 수업과 시험에서 성과를 내기 위해 끊임없이 노력해야 한다. 둘째, 학생들은 사회적 게임*이라고 하는 것에 갇혀 있다.

지난 10여 년에 걸쳐 힌튼(S.E. Hinton)의 「아웃사이더들(The Outsiders)」에서부터 티나 페이(Tina Fey)의 「비열한 소녀들(Mean Girls)」**, 롤링(Joan. K. Rowling)의 「해리포터」 시리즈에서부터 텔레비전 시리즈 「글

·············

* 역자 주 여기서 말하는 게임이란 학생들이 학교생활을 하는 동안에 자기도 의식하지 못하는 상태에서 동료들과 집단적으로 관계 맺는 방식 일체를 가리킨다.

** 역자 주 한국에서 「퀸카로 살아남는 법」이라는 제목으로 2004년 상영한 영화.

리(Glee)」 및 기타 많은 작품에 이르기까지 학교에 관한 인기 있는 도서와 영화, TV쇼 스토리의 핵심에는 이러한 게임에 들어 있다. 사람들은 오랜 세월 동안 아마도 평생에 걸쳐 이로 인한 상처를 안고 살아간다. 그러나 게임에 갇혀 있는 아이들과 같은 방식으로 세상을 바라보는 어른은 거의 없다.

이 글은 몇 명의 10대 청소년(공동 필자인 제니스 더튼과 기자 베티 퀸츠의 자녀들)이 어른으로 성장한 이후 학교에서 겪었던 게임에 관한 그런 비밀 지도*를 보여주면서 시작되었다. 세계 어디서나 이와 유사한 지도가 그려질 수 있다고 생각한다. (범주의 세부 사항은 다를 수 있다.) 이 스토리의 흥미로운 점은 이 이야기가 '아이의 존엄성'(252쪽)으로 가득 채워지고 있는 점이다. 10대들은 스스로 학교가 허락하고 있지 않은 다양성과 개성을 창출해내고 있다.

당신의 고등학교 학창 시절의 경험이 여기의 주인공들과 같다면 당신은 매일 7시간을 학교에서 지냈을 것이다. 30분은 점심을 먹거나 친구들과 지내고 특히 수학이나 과학시간에는 선생님의 의도와는 상관없이 대부분 친구와 경쟁하면서 보냈던 것 같다. 나머지 여섯 시간 반은 교실 안팎에서 여자나 남자 친구를 찾아다니거나 친구들과 시시덕거리면서 수다를 떨거나 아니면 다른 아이들의 소문을 퍼뜨리는 등 학교에서 살아남기 위해 온갖 짓을 다하면서 정신없이 보낼 것이다. 고등학교에서의 거대한 게임은 어른의 짝짓기 의식과 계층 간 위계의 사회적 재생산에 뿌리를 두고 있다. 부모나 교사 혹은 관리자 중에 이를 인정하는 사람은 거의 없겠지만 이 게임은 학교에서의 성

----

* 역자주 학생들이 집단 속에서 타인으로부터 인정받는 아이덴티티의 관계망.

공 여부를 결정한다. 부모와 교사·관리자는 모든 학생들이 기회를 균등하게 누리며 동일한 기회를 갖고 동일한 규칙에 따라 학교생활을 한다고 주장할지 모르지만 이는 사실이 아니다. 어른들은 학생들이 학업을 중시한다고 생각할지 모르지만 그렇지 않다. 오히려 시스템 안에 있는 어른들은 숨겨진 규칙들을 세우는 일에 공모해왔으며 시스템에서 이루어지는 관행은 어른들이 학교 밖 현실 세계에서 실행하는 게임을 반영하고 있다.

이 게임은 적어도 사람들이 모노폴리(Monopoly) 게임*하듯이 단순하게 결정할 수 있는 의미에서의 게임은 사실 아니다. 대부분의 사람들은 이 게임을 인식하지 못하며 이 게임이 그들의 선택에 얼마나 영향을 미치고 행동을 지배하는지 깨닫지 못한다. 실은 우리도 밤샘 파티가 끝날 때까지 거의 알아채지 못했다. 우리는 학교에서 여러 집단 및 패거리에 대한 이야기를 하고 있었다. 우리가 사는 작은 마을에서는 한곳에 머무는 가족이 많은 것 같고 유치원 때부터 학교를 함께 다닌 이들도 많았다. 어떤 또래 집단은 몇 년씩이나 그대로 유지되기도 했지만 중학교 때가 되면 많은 아이가 전학을 가고 고등학교에 이르면 어렸을 때부터 쭉 친구였던 이들도 서로의 존재조차 모르게 되었다. 오전 3시경에 우리는 어떤 이유에선지 학교의 사회 집단을 그리기로 했다.

우리는 미디어가 10대에 대해서 구별과 분리로 분명하게 선을 그으면서 패거리를 형성하는 것으로 묘사하는 방식에 대해서 토론하고 있었다. 우리는 그들의 분리가 그다지 분명하지 않으며 스펙트럼처럼 경계가 모호하다고

---

*   역자주 1990년대 미국 TV쇼에서 비롯된 것으로 부동산을 소유한 사람들이 임대료를 통해 어떻게 이익을 내는지 보여주기 위한 보드게임이다.

느꼈다. 우리는 서로 대립되는 관심과 가치의 지도를 만들기 시작했고 나침반에서의 방위를 표시하듯이 그것들은 그려나갔다. 우리는 아직 사회적 위계는 고려하지 않았다. 대부분의 10대처럼 우리는 당시 방에 있지 않은 아이들에 대해서 험담을 하고 있었다. 또한 지도를 그릴 때 다양한 개념을 사용하여 그룹을 기술하다가 결국에는 '범생이'(preps), '갱스터'(Gs), '촌뜨기'(hicks), '괴짜'(freaks)처럼 그 당시 해당 집단이 각자 부르고자 하는 이름으로 명명했다. 이런 이름에 불쾌감을 느끼는 이들도 있겠지만 사람들은 스스로 명명할 수 있는 권리가 있어야 한다고 생각한다. 인원수가 다른 학교와 다른 집단에 속한 이들은 다양한 위치에 대해 또 다른 이름을 부여할 수도 있을 것이다. (사분면에 운동광은 있지만 촌뜨기가 없는 학교도 있을 것이다.)

지도에서 대부분의 지점이 정확히 북쪽 혹은 남쪽이 아니듯이 순수한 '범생이'와 '괴짜'도 없다. 거의 모든 학생들은 이 원의 안과 밖 근처에 있는 것이 적합할 것이다. 대부분의 사람들은 순수한 끝 지점에 몰리지 않고 중간 어딘가에 위치할 것이다. 예를 들어 우리와 친구 녀석들은 '범생이'－'괴짜' 사분면에 속했다. 맞은편에 있는 '갱스터'와 '촌뜨기'의 경우는 해당 사항이 거의 없었다. 우리의 도표는 남자 아이들의 습성을 잘 나타내고 있었지만 여자 아이들의 경우는 매우 다른 배치를 보여주는 것 같았다. 하지만 모든 고등학교가 비슷한 상황에 처해 있다고 본다.

우리는 곧 지적으로 흥미진진한 또래 집단과 만나게 되었고 우리가 그리는 지도의 의미가 분명해졌다. 처음에는 위계에 대해서 토론하지 않았지만 한 가지 사실이 확실히 드러났다. 최상층부에는 '범생이'가 위치하고 바닥에는 사회 계급의 영향을 받은 하층 계급 문화가 자리하게 되었던 것이다. 이 사분면은 우리 모두가 꼭 그런 것은 아니지만 현실 세계의 정체성을 모방하고 있다는 것을 보여주었다. 많은 '범생이'는 자신들의 실상보다 더 부유한 라이프 스타일을 모방하고 있고, 중상위계층 출신이라 하더라도 '갱스터'라 하게 되면 흑인들이 거주하는 도시의 상황과 가난함 및 반항을 모방하고 있 는 것이다. 자신의 실제 경제적 지위나 인종은 적어도 이 학교에서는 가장된 사회적 정체성과는 별로 관련이 없었다.

우리는 이 지도를 한 번은 4년 차 프랑스어 반 학생들에게 또 한 번은 학교 를 방문한 친구들에게 보여주었다. 많은 이가 원칙적으로 이러한 사실에 동 의하면서 자신들을 이 지도에 위치시켜봐 달라고 요청했다. 그러자 몇몇 사 람은 이로 인해 심한 모욕을 당했다. 특히 '범생이'들은 자신들을 범생이로 인식하지 않고 있음을 알게 되었다. 그들은 "나는 '그냥 사람'일 뿐이야." 하 고 말하곤 했다. 그러나 다른 사람에게 그를 전형적인 '범생이'라고 부르게 한다면 이 '그냥 사람'은 '범생이'로 통하게 될 것이다.

'범생이'들은 학교에서 벌어지는 이 거대한 게임에서 가장 성공적인 연기 자들이지만 이에 관해서 그들과 대화하는 것은 어려운 일이다. 그들은 이 게 임에서 지속적으로 매우 오래 참여해왔기 때문에 그들의 특권과 문화적 자 본을 의식하지 못한다. 지배집단이 더 넓은 세계에서의 게임에서 이를 의식 하지 못하는 것과 같은 이치이다.

이것이 이 학교 나아가 미국(전 세계는 아니더라도)의 모든 공립 중등학교 에서 벌어지는 게임의 불문율이다.

규칙 1 : 저항은 의미 없다!

이 게임은 학교의 공동 경험을 구성한다. 이 게임 안에 있게 되면 그것은 모든 것을 결정한다. 이것은 생존 방식이 되는 것이다. 일단 자신의 자리*를 찾으면 거기에 맞춰야 한다는 압박감은 절대적이다. 옷을 입고 행동하고 움직이는 방식 하나하나 자신이 속한 사회집단에 의해서 결정한다. 자신이 세상을 보내는 방식에 의해 어느 집단에 가입을 하는 것이 아니다. 어디에 위치하고 있는지를 머리 모양을 보고 알아낼 수 있다. 자기가 속한 집단의 방식에 따라 머리 모양을 결정하기 때문이다. 만일 집단의 요구대로 보고 행동하는 것을 그만두게 된다면 집단에서는 "샌님아, 저리 꺼져."라고 반응한다. 그러면 다른 데를 찾아봐야 한다. 그래서 게임을 하는 것은 무척 많은 에너지를 필요로 한다. 자기가 보고 행동하는 방식을 계속해서 바꿔나가야 하기 때문이다.

이러한 게임에 대해 이야기하자 친구 한 명이 화를 내면서 말했다. "나는 매트릭스 영화 속의 배우 같다는 생각이 들어. 매트릭스에서 빠져나와 매트릭스가 어떻게 자신의 모든 행동을 통제하는지를 이해하게 되면 다시 예전으로 돌아가는 것은 불가능해. 나는 게임을 하지 않으면 몹시 지루해질 것이기 때문에 하는 거야."

이 게임은 사실 공상과학이 아니지만 「스타트랙 : 다음 세대」 영화에서 외계인 보그(Borg)처럼 이 게임은 당신을 동화시키려 할 것이다. 저항은 꼭 의미 없는 것은 아니지만 만일 저항한다면 대가를 치러야 한다.[6]

규칙 2 : 점수를 얻으려면 게임을 해야 한다

이 게임은 사실 짝짓기 의식이며 당신의 사회생활을 결정한다. 이 게임에서 빠져나온다면 더 이상 학교의 사회 구조 속에 속하지 않게 된다. 언젠가

---

* 역자주 집단에서 자신의 위치.

한 친구가 다음과 같은 말을 했다. "나는 이 게임을 진지하게 하고 싶지 않아. 그래서 나는 여자 친구가 없어." '덕후'라든가 동성애 청소년, 특수 교육 대상 학생과 같은 일반적인(conventional) 사랑을 추구하는 삶을 살지 않는 사람들은 학교 공동체(circle)에서 자신의 위치가 없다. 그들은 게임을 하지 않고 있는 것이다.

규칙 3 : 당신은 당신이 누구인지 알고 있다

원에서 당신의 위치는 당신의 복장이나 행동, 당신의 사고방식 등에 의해 결정되지 않는다. 이런 것들은 모두 원에서 당신이 차지하고 있는 위치에 따라 결정된다. 그리고 당신의 위치는 당신이 어울려 지내는 이들에 달려 있다.

가령 당신이 별로 사랑받지 못하고 있는데 최고의 친구가 '범생이' 조 프렙 스미스(Joe Prep Smith)라고 한다면 사람들은 다음과 같이 말할 것이다. "그는 멍청하긴 하지만 멋져. 그에게는 멋진 친구가 있거든." 이와 유사하게 다음과 같이 말하는 아이들도 있었다. "나는 '범생이'가 되고 싶어. 하지만 그런 애들을 아무도 좋아하지 않아. 대신에 나는 '괴짜'야."

당신은 어떤 사람이 원에서 어느 특정한 위치에 있게 되었는지를 어떻게 알게 되었는가? 어느 정도 이것은 누구와 함께 성장해왔는지에 달려 있다. 중학생이 되면 커다란 변화가 찾아온다. 이때는 여러 초등학교에서 온 아이들 속으로 던져지는 시기이다. 이제는 더 이상 정해진 집단에 속하지 않게 되며 자기가 맞춰야 할 명확한 집단도 없다. 한 걸음 더 나아가 고등학교의 세계를 경험하게 된다.

Preps(범생이)
스포츠 조직.
컨트리 클럽.
Abercrombie & Fitch, The Gap.
Homecoming kings and queens.
학생 정부; 연감.
top 40위 음악; 브리트니 스피어스, 리키 마틴, 윌 스미스 "Saved by the Bell."
"Clueless"(머레이, 갱스터가 되기 위해 역할을 하는 prep 포함)의 인물 대부분.
서클에서 "차가운 태도"를 흡수.

The hick-prep (촌뜨기-범생이) 사분면
대부분의 대표팀 선수, 특히 축구.
야구와 소프트볼(게임을 좋아한다고 해도 freak이 야구를 하지 않는 이유이다).
"버피, 뱀파이어 슬레이어."

The prep-freak quadrant (범생이-괴짜) 사분면
대부분의 학교 졸업생. 테니스 선수; 크로스 컨트리 선수. 학교 오케스트라와 밴드 멤버. 비흡연자.

Hicks(촌뜨기)
카우보이 부츠, 단단하고 단단한 청바지.
종교적 보수주의자들.
Garth Brooks, Shania Twain.
픽업 트럭.
Varsity Blues-전대미문의 10대 힙합 영화
우리 학교에 흑인 학생들이 없는 유일한 그룹.

Freaks(괴짜)
서로 다르기를 바람.
비디오 게이머, 롤플레잉 게이머.
성적 모호성과 동성애에 대한 관용.
대안음악: Pink Floyd, Grateful Dead, Phish.
바이올린, 첼로, 기타.
게임에 관심이 없는 것처럼 행동한다(그러나 그들은 한다).
"Clueless"에서 스케이트 보더.
자전거 라이더.
최근 몇 년 동안 더 존경스럽다.
이상주의; 공동 재산 권리.

The gangsta-hick quadrant (갱스터-촌뜨기 사분면)
흡연자.
우리는 이 사분면에 대해 많이 모른다(반대편에 있었기 때문에).

Gangstas(갱스터)
픽업 농구.
"Clueless"에서 Murray는 G가 되기를 가장한 prep였다.
우리 시골 Midwest 학교에서 이들은 대부분 도심의 랩 팝 문화를 모방하는 백인 아이들이다.
랩, R & B.

The freak-gangsta quadrant (괴짜-갱스터 사분면)
평생 스포츠 장비를 건드린 적이 없는 사람들.
Goths(고트인)
Grunge
"Clueless"의 '세 번째 소녀.'
"Buffy, the Vampire Slayer"의 뱀파이어.

고등학교 1학년으로서의 '신입생 괴짜' 혹은 '신입생 촌뜨기'와 같은 자신의 정체성을 일부 찾기 시작한다. 중학교를 거치면서 점차 원에서 자신의 자리를 확보한다. 당신은 이 게임을 좋아하지 않는다 하더라도 친구를 먼저 선택함으로써 자신의 자리를 확보했거나 친구가 당신을 선택해주었기 때문에 당신은 집단에 강한 충성심을 보이게 된다. '범생이 추종자'로 알려진 애들도 있는데 이들은 결코 '범생이'가 될 수 없다. '범생이'란 서로 선택을 해줘야 하

는 것이기 때문이다. '범생이'가 되려면 '애버크로비 & 피치'*와 거래하는 것
보다 더 많은 노력이 필요하다. 어떤 집단의 구성원이 되는 것은 모두 마찬가
지이지만 '범생이'는 학습된 것으로 일생 동안 맞춰 나가야 하는 행동인 것이
다. 이를 좋아하지 않을 수도 있지만 당신의 부모 또한 이 집단의 일원이다.

규칙 4 : 지능과 능력은 중요하지 않다

원에서는 지능이나 학문적 능력 혹은 이와 관련된 어떤 종류의 재능도 전
혀 중요시하지 않다. 공교롭게도 이 학교의 명예학생단체(NHS)** 회원은 '범
생이'들이다. 그들은 성공하기가 더 쉽다. 이 학교에서 NHS에 가입하려면 가
입 원서를 제출하고 교사심의위원으로부터 선발되어야 한다. 이 심의 과정
은 결과적으로 '범생이'들에게 유리하다. 원에는 매우 총명하고 재능이 많은
아이가 있지만 학업성적이 매우 우수한 학생들이 다른 영역에서도 항상 총
명한 것은 아니다. 지능은 이 게임을 잘할 수 있게 하지만 이 게임은 지능 자
체에 유리하지 않다. 사실 비판적으로 사고하는 것은 당신에게 불리하게 작
용할 수가 있는 것이다.

갱스터가 되는 이들 중에는 매우 총명해서 학교에서는 그들을 어떻게 해
야 할지 모르는 경우가 있다. 갱스터와 그 친구들은 반항하는 행동으로 바닥
으로 내려가기를 선호한다. '갱스터'에 속하는 아이가 있었는데 그는 '내셔널
메리트 파이널리스트'***였다. 어느 대학이라도 그 학생을 받아들일 것이다.

....

*   역자 주 18세에서 22세를 주요 소비자로 하는 미국의 의류 회사.
**   역자 주 미국 중고등학교 우등생 클럽.
*** 역자주 내셔널메리트장학금코포레이션(NMSC)에서 실시하는 모의 SAT 시험(PSAT)에서 최종 결
      승에 진출한 학생.

568

그에게는 장학금이 기다리고 있었다. 그러나 그는 졸업 전에 탈락했다. 대부분의 숙제가 그렇지만 과제물은 바쁘기만 하고 무의미한 일이라고 생각하여 과제물 제출을 거부했던 것이다. 교사들은 수업에서 그를 비웃었고 그는 흥미를 잃었다.

규칙 5 : 반대편에 위치한 자들은 서로 끌리지 않는다

원에서 어느 위치에 있건 한 가지 원칙이 있는데 그것은 원에서 반대에 가까울수록 그 사람에 대해 알지 못하거나 알려고 관심을 가지지 않는다는 것이다. 이 학교 전체에서 원 반대편의 남학생과 여학생이 사귀는 것은 생각하기 어렵다. 영화 「그리스(Grease)」에서는 '범생이'와 '갱스터'의 로맨스를 보여준다. 「귀여운 여인(Pretty Woman)」도 마찬가지다. 이것은 아름다운 동화에 불과하다. 콜럼바인 고등학교에서 1999년 벌어진 총기 난사 사건*은 사분면에서 '괴짜'와 '갱스터'에 해당하는 두 명의 학생이 반대편 원 출신의 상대편을 공격한 것인데 상대편은 이 두 명의 학생들을 '동성애자'라고 비웃었던 것이다. '촌뜨기'-'범생이' 집단에서는 동성애를 다른 무엇보다 싫어하고 두려워한다.

이 글의 저자는 사분면에서 '오른쪽 위'에 우리의 자리를 배치했다. 우리는 사분면 정반대의 '왼쪽 아래'에 위치한 '갱스터'/'촌뜨기'를 이해하지 못하며 마찬가지로 그들도 우리를 이해하지 못한다. 그들이 우리를 가리키며 '극단적인 범생이'라고 하는 소리를 엿들었는데 이는 그들이 우리를 얼마나 모르고 있는지를 말해준다. 우리는 극단적인 '범생이'와 구분하여 '범생이'/'괴짜'

....

* 　역자주 미국 콜로라도주에 위치한 콜럼바인 고등학교에서 발생한 사건이다.

로 특징짓게 해주는 사회적 불균형이 많이 있다. 우리는 '범생이'의 특징은 친숙하게 알지만 연속선상에 있는 '갱스터'/'촌뜨기'와의 미묘한 차이를 인지하지 못하고 있다. 우리도 그들을 모르고 그들도 우리를 모른다.

규칙 6 : 자신의 위치를 상승시키려 한다면 다른 사람과 경쟁해야 한다

'범생이'가 집단에서 자신의 위치를 더 많이 상승시키려고 하면 가장 인기 있는 '범생이'가 되어야 한다. 가장 힘이 센 '촌뜨기'가 되는 것도 인정받는 '괴짜'가 되는 것도 마찬가지다. 이 게임은 해가 갈수록 점점 어려워진다. 우리의 '범생이'/'괴짜' 원에서 어떤 이는 K와 사귀는 것을 그만두어야 한다는 압박이 점점 강해짐을 느낀다고 한다. K는 원에 속하지 않은 괴짜 녀석이다. K와 사귀면 지위를 상실할 것이라고 말하는 이는 아무도 없었고 압박감은 순전히 우리의 상상 속에만 있는 것인지도 모르지만 우리는 그것이 현실로 느껴졌다.

당신이 한 번 실수를 한다면 현재의 자리를 영영 잃어버릴 것이라고 느끼기 시작할 수 있을 것이다. 특히 '범생이'들 가운데는 게임의 과정에서 남을 제치지 못하면 앞서 나가지 못할 것이라는 이상한 생각이 든다. 게임에서 남보다 앞서 나가는 이들은 학급에서 더 나은 점수를 얻거나 더 많은 인정을 받는 이들을 괴롭힌다. 권력의 공유를 원하지 않는 것이다.

규칙 7 : 이 게임은 학교에서의 성공을 결정한다

이 게임은 모든 측면에서 학생의 사회생활을 결정한다. 또한 학업에서의 성공과도 밀접하게 관련되어 있다. 교사와 관리자는 이 사실을 인식하지 못할 수도 있지만 성적에서부터 훈육에 이르기까지 학생의 모든 것을 관리하는 데 이 게임을 하나의 지침으로 활용한다. 그가 속한 집단으로 인해 어떤 학생에 대해서는 호의를 베풀고 그러지 않는 집단 구성원을 축출할 수 있는 구실을 찾기도 한다. 물론 교사들에게 학생의 사회적 지위 때문에 편견을 갖고 있는가 하고 질문한다면 그들은 터무니없는 생각이라고 할 것이다. 게임은 학생에게뿐만 아니라 교사들에게도 보이지 않는 것이다. 사실 교사와 관리자는 학생 집단으로 하여금 학생의 행동을 지배하도록 할 뿐만 아니라 학교 정책 및 학생과의 비공식적인 상호작용을 통해서 무의식적으로 이러한 게임을 격려하고 유지해나가고 있다.

학교의 공식적 권력 구조는 이 '범생이'들 중심으로 돌아간다. 그들은 파크 플레이스와 보드워크를 이용할 수 있는 보증수표를 가지고 태어났으며 학교는 그들에게 집과 호텔을 건네주고 있는 것이다. 학교 행정가는 이들에게 다른 애들에 앞서 호의를 베푼다. 학생 자치회는 '범생이' 인기 컨테스트이다. '범생이' 스포츠는 학교 예산과 교내 스케줄을 독점한다. '범생이'들은 교사와 관리자로부터 공개적인 찬사를 가장 많이 받으며 모든 이들은 그들이 누구인지를 알고 있다. 학교는 어떤 면에서 특정한 방식으로 이 학생들을 중시하고 있는데 이 방식은 다른 집단의 구성원들에게는 의미가 없다. 이 학생들은 모든 불리한 것에서 제외되며 모든 면죄부(Get Out of Jail Free cards)를 소지하고 있다. 학교와 교사·관리자는 이러한 방식으로 현존하는 계급과 집단의 위계를 재생산하는 데 기여하고 있는 것이다.

규칙 8 : 게임은 결코 끝나지 않는다. 승자는 아무도 없다

우리가 처음에 이 게임을 알아차렸을 때는 이것이 고등학교에서 끝나는 현상으로 생각했다. 그러나 이 게임은 결코 끝나지 않으며 단지 형태만 달라질 뿐이라는 것을 깨닫기 시작했다. 졸업반이 되면 학생들도 이 게임을 알고 게임에서 벗어나려고 하는 이들이 있다. 이것이 고 3병*으로 알려진 병폐의 한 원인이다. 그러나 우리도 처음에 그랬지만 이 학생들은 게임의 겉만 보고 있는 것이다. 게임이 존재한다는 사실을 인식하지 못했을 때에도 그들이 지금껏 편하게 지내왔던 질서가 변하고 있음을 안다. 이 글의 저자 중 두 사람은 현재 대학에 있는데 대학에도 이러한 게임이 존재하고 있음을 우리는 안다. 그러나 그것을 분명하게 확인하지는 못했다. 한 가지 이유는 당신이 입학한 대학이란, 스스로 결정하여 사분면에 들어가는 과정이어서 규칙은 동일하더라도 먹이사슬은 명백히 드러나지 않기 때문이다. 학교를 졸업하고 나서 좁은 세계를 만드는 '진짜 세계(the real world)'에 속하게 되는 시점에서 달라진 이들을 찾아내는 것은 더 어려울 것이다. 그때가 되면 성과 인종·계층과 관련된 규칙들이 더 익숙해질 것이다. 결국에는 전국 선거가 바로 '범생이' 인기 콘테스트가 될 것이다.

우리는 게임의 지도와 규칙들을 사람들과 계속하여 공유해나갔다. 고등학교를 졸업하여 많은 시일이 흐를수록 이 게임은 더욱 보편적인 것으로 보이지 않을까 싶다. 왜냐하면 어른들은 그들의 경험을 성찰할 수 있는 시간적 여유가 있기 때문이다. 고등학교를 갓 졸업했거나 학교에 있는 이들은 스스로를 성찰하기가 더 어려워 다음과 같이 말한다. "게임의 논리는 다른 학교에는 사실이지만 우리 학교는 아니야." 궁극적인 아이러니는 이 게임이 학생들의 학습을 방해하고 잠재력을 충분히 발휘하는 것을 가로막는다는 사실이다. 학교에 몸담고 있는 이들은 여기에 맞서는 데 앞장서야 할 것이다. 왜냐하면 이런

....

* 　역자 주 학문에 흥미를 잃고 졸업만을 생각하는 증상.

규칙으로는 아무도 승자가 될 수 없기 때문이다.

▪▪ 여러분의 학교에서 진행되는 거대한 게임

넬다 캠브론-맥카베(Nelda Cambron-McCabe)와 제니스 더튼(Janis Dutton)

우리는 많은 학생의 학습을 저해하는 학교의 교육적 실천에 관한 집단적 대화를 이끌어내기 위한 강력한 도구로 '고등학교에서의 거대한 게임'이라는 표현을 사용했다.

목적 : 학생들을 분류하거나 학교에서의 잠재력을 제한할 수 있는 정신 모델을 탐구하는 것. 모든 학생들을 지원하기 위한 포괄적인 문화를 창출하는 방법을 모색한다.
설정 : 4~6명의 소그룹을 위한 테이블
시간 : 1시간 30분. 참가자들은 미리 '고등학교에서의 거대한 게임'을 읽거나 세션이 시작될 때 읽어야 한다.

1단계 : 돌발 질문

소집단에서 다음 질문에 대해 토론해보자(40~50분).

1. 여러분의 학교에서는 청소년의 문화 게임이 어떻게 보이는가? 학생들의 여러 하위문화들이 어떻게 위치하고 있는가? 청소년들은 자신을 어떻게 바라보고 있는가? 다른 이들은 청소년들을 어떻게 보고 있는가?

2. 각각의 집단을 바라보는 방식과 관련하여 어떤 추론의 사다리를 이끌어낼 수 있는가?

   ∬ 141쪽의 '추론의 사다리' 참조

3. 학생의 학습에 대한 각 하위문화의 스토리가 지닌 의미는 무엇인가?

4. 이러한 시스템을 이끌어가는 두드러진 정신 모델은 무엇인가?

5. 여러분의 경험에 비추어볼 때 고등학생으로서 유사점은 무엇인가? 여러분이 삶에 미친 영향은 무엇인가? (교육자들은 흔히 고등학교에서의 거대한 게임과 관련하여 자신의 개인적 경험을 기억한다. 그들의 스토리는 이 범주의 계속되는 권력에 관한 것이다.)

6. 이 학교에서 작동되는 스토리(시스템 구조)는 다른 시스템 원형과 유사한가?

∬ 203쪽의 '시스템 원형' 참조

7. 교실에서의 상호작용과 참여, 의사소통을 변화시키는 레버리지 포인트를 확인해라. 학교 안에서 여러분은 더 많은 학생의 목소리를 듣고 확인할 수 있는가?

모든 학교에서 특정 하위 집단을 다른 집단보다 더 호의적으로 받아들이고 더 흔쾌히 이해하는 것은 불가피한 일이다. 위와 같은 성찰적 질문을 통해 교육자들은 이러한 관행들을 지속시키기 위한 그들의 역할을 찾게 될 것이다. 학교 공동체의 정신 모델에 적합하지 않은 학생을 지원하는 방식을 더 잘 알 수 있게 될 것이다.

2단계 : 총회에 보고서 제출

집단을 하나하나 초대해서 이 학교 청소년 문화에 대한 관점과 이를 주도하는 정신 모델을 기술하게 한다.

3단계 : 소집단에서의 다음 단계

각 집단을 불러서 모든 학생을 대상으로 하는 포괄적인 문화를 만들기 위한 제안을 다듬고 요약한 다음 간략히 보고하도록 한다. 이 제안서는 나중에 학교 공동체를 위한 구체적인 계획을 설계하는 데 활용할 수 있다.

팀 훈련을 위한 기타 옵션

학교 상담가는 소집단 학생을 대상으로 '고등학교에서의 거대한 게임'을 활용해서 학생들로 하여금 학교의 사회 시스템을 기술하고 이해하도록 할 수 있다. 교육자들은 유사한 세션을 진행하여 그들 자신의 사회 시스템을 분석할 수 있다. 예컨대 다양한 교사집단(과목별·학년별과 같은)은 어떻게 이 모델에 적응해나가는가? 이 학교에서 누가 가장 관심을 많이 받는가? 가장 관심을 적게 받는 사람은 누구인가?

학교 지도자는 이 모델을 주변의 보다 더 큰 시스템에 적용할 수 있다. 학교운영위원회는 어떤 부모 혹은 공동체 구성원에게 가장 많은 관심을 기울이는가? 어느 집단이 가장 적은 관심을 받는가?

6. 청소년 리더십 포럼

조이스 비소(Joyce Bisso)

우리는 학생들이 학교와 지역사회의 학습에서 충분히 생성적인 역할을 하는 공동 학습 과정 개발의 중요성에 대해 이야기하고자 한다. 조이스 비소(Joyce Bisso) 박사는 뉴욕 휴렛(Hewlett)에 있는 조지 W. 휴렛 고등학교의 교장으로 재직하면서 개발했던 학습 과정 하나를 설명하는데 그 학습 과정은 학생들에게 학교와 지역사회 차원에서 혁신하고 참여할 수 있는 기회와 영향력을 부여하는 것이었다.[7]

∬ 822쪽의 피터 센게의 '시스템 시민', 655쪽의 레스 오모타니의 '중심 학습 그룹 만들기' 참조

2000년대 중반에 나는 우리 학교가 속한 교육구의 리더십 팀의 구성원으로서 조직 학습 및 시스템사고 도구들을 사용하기 시작했다. 그로 인해 나는 교사들과 함께 일상적인 리더십 활동을 만들어가는 단계에서 개념들과 도구들을 신속하게 학습했다. 교사들이 반응하는 것을 지켜보면서 나는 고등학교 학생들의 학습 가능성을 인식했다. 따라서 2005년 11월에 레스 오모타니(Les Omotani) 박사와 나는 조지 W. 휴렛(George W. Hewlett) 고등학교 청소년 리더십 포럼(YLF)을 처음으로 시작했다.

포럼은 이제 7년째이다. 탐 루소(Tom Russo)는 현재 고등학교 교장으로 복무하면서 학교 시스템 및 지역사회에 대한 청소년의 헌신을 발전시키고 심화시키고 있다. 각 세션마다 50명에서 100명 정도의 학생과 12명 정도의 교사가 있다. 목표는 참가자들이 모든 목소리를 듣고 서로 존중하면서 의미 있는 대화에 참여하는 것이다. 우리는 'YLF 참여 규칙(YLF Rules of Engagement)'이라는 지침을 개발했으며, 대부분의 세션에서 듣고, 질문하고, 존중한다는 약속을 염두에 두고 토론한다.[8]

우리는 YLF를 설계할 때 상담 전문가와 교사에게 고등학교의 다양성을 대표하는 학생들을 참여시켜줄 것을 요청했다. 우리는 선생님들이 인정한 전형적인 학생 리더보다 더 많은 다양성을 원했다. 지명된 리스트에서 우리는 각 학년(9학년에서 12학년까지)에서 25명의 학생들을 선발했는데 그것은 학

576

업·스포츠·클럽·인종·언어 그리고 과외적인 관심사 등 모든 범주를 망라하여 선택하였다. YLF가 성공하기 위해서 우리는 전체 학생의 축소판이 필요했다.[9]

YLF는 매년 4, 5일간 풀타임으로 진행된다. (금요일에 예정됨) 이 세션은 서번트 리더십(servant leadership)뿐만 아니라 다섯 가지 규율에 기초를 두고 만들어진다. 학생들과 교사들은 질문과 변론에 대해 배우며 함께 기술을 연습할 충분한 시간을 갖는다. 그들은 자신의 개인적인 삶과 학교 경험에서 추론(141쪽)에 대한 자신들의 사다리를 만들어 이해 상황을 방해하는 정신 모델을 묘사한다. 그들은 시스템들을 변화시키는 레버리지 포인트(상황을 완전히 변화시키는 작은 변화 지점)들을 확인하기 위해 빙산 모형(178쪽)을 이용한다. 시스템사고를 통해 지속가능성, 지역 및 지구 환경, 학교 문화, 기술, 세대 간 협업, 고등학교의 변화 방식, 바람직한 교육공학의 역할, 시스템과 지역사회 안에서의 학생 리더십 그리고 지역사회의 지속가능성에 대한 대화 등에서 더 많은 자신감을 갖고 참여하게 된다.

공식적인 YLF 세션 외에도 학생들은 지역사회에서 다양한 수준의 학생 주도 프로젝트에 참여한다. 그들은 프로젝트를 선택하고, 데이터를 수집하며, 전략을 개발하고 실행한다. 예컨대 플라스틱 가방의 폐기물을 줄이기 위해 재사용 가능한 가방을 설계하고 판매하는 것이었다. 또 다른 예로 학생들은 이상적인 고등학교에 대해 '꿈꾸고', '일대일 랩톱' 기획의 개발에 직접적인 영향을 주었으며, 고등학교 각 학생들에게 랩톱 컴퓨터를 제공하였다. 세 번째 프로젝트에서 YLF는 코넬 협동조합(Cornell Cooperative Extension)과 공동으로 지역의 추수감사절에서 묘목 부스를 후원했다. "하나의 그룹으로서 우리는 우리 지역사회에 영향을 줄 수 있다고 생각합니다. 우리는 미래이며 변화를 가져올 수 있습니다."라고 한 학생이 말했다.

매년 YLF를 시작하는 강력한 방법은 학생들이 고등학교에서 문화와 관습에 관한 대화를 나누도록 하는 것이다. 우리는 '고등학교의 거대한 게임'운동(559쪽)을 이용한다. 모든 학생들이 그 글을 읽은 후 일부 학생들은 일반적으로 그것이 우리 고등학교를 나타내는 것은 아니라고 말한다. 즉 "우리는 그런 그룹이 없습니다."라고 말한다. 하지만 다른 학생들은 우리는 이러한 형태의 그룹들을 가지고 있으며 우위적인 학생 그룹들은 자신들의 경험이 모든 학생들을 위한 기준이라 생각한다고 주장했다.

많은 학생은 이런 차이가 존재한다는 것을 알고 있었지만 그 차이가 학생들 전체에 대해서 교육적으로나 사회적으로 어떤 의미가 있는지에 대해서는 생각해보지 않았다. 대화에 참여하면서 그들은 처음으로 몇몇 다른 학생들을 '만나기' 시작한다. 한 학생이 다음과 같이 촌평했다. "청소년 리더십에 참여하기 이전에는 다른 아이들을 볼 때 저도 모르게 그들의 집단에 비추어서 봤어요. 그들이 어떨지에 대해서 편견을 가지고 있었던 겁니다. 지금은 YLF에서 그들을 다시 제대로 알게 되었고 제가 가졌던 그 편견의 장벽들은 무너졌습니다."[10]

'고등학교의 거대한 게임'의 이용은 강한 감정이 공개적으로 공유될 수 있는 가능성이 있어서 위험하다. 참가자는 대화와 신중한 질문과 관련된 기술을 개발해야 한다. 신뢰와 팀 빌딩은 필요조건이다. 그럼에도 불구하고 우리의 경험에서 이것은 학생과 성인을 위해 시작된 가장 강력하고 의미 있는 학습 경험이었다.

YLF의 필수 요소는 참가자들이 서로 상호작용을 할 수 있는 최대 기회를 창출하는 것이다. 학생들은 강한 생각과 신념을 가지고 있으며 다른 사람들과 언제나 어울릴 수 있는 공간이 필요하다. 우리는 직소(jigsaw) 토론·월드 카페·갤러리 워크·팀 프로젝트 등 다양한 대화 설계를 사용하여 학생들을 익숙한 곳에서 이동시킨다. 학생들은 또한 지역사회에 관한 대화를 하면서 호스트 역할을 하고 훌륭한 반응을 보이고, 참석하는 것뿐만 아니라 학부모 의 참여를 이끌어낸다.

학생들은 이 모든 경험을 통해 학급에서뿐만 아니라 가족들과 함께하는 식탁에서도 아이디어를 표현할 수 있다는 자신감을 갖게 되었다고 보고했다. 이 새로운 자신감은 또한 교사들과의 관계로까지 확대된다. 한 학생은 다음 과 같이 논평했다. "저는 선생님들이 학생들과 함께 학습한다는 사실이 좋습 니다. 처음으로 우리는 같은 수준에 있다는 것을 느꼈습니다. 모든 학습자들 은 동일한 테이블에 있다는 것을 말입니다. 사실 교실에서는 교사의 관점이 지배합니다. 하지만 YLF에서는 우리의 아이디어가 동등한 무게를 지닙니다. 선생님들은 정말로 우리의 이야기를 경청합니다. 그들은 우리의 의견이 정 당하다는 것을 느끼게 해줍니다."

학생들이 고등학교를 졸업한 후 제공하는 피드백을 통해서 우리는 YLF가 학생들이 미래를 설계하는 데 중요한 역할을 함으로써 그들 스스로를 이해하 는 데 도움을 주는 중요한 방법 중 하나였다는 사실을 알았다. 우리는 올해 중 학생들을 위한 YLF를 만들었고 그들이 열심히 받아들이고 있어서 그러한 노 력들을 뿌듯하게 느끼고 있다. 우리 학교 시스템은 청소년들에게 미래의 리더 십 요구를 준비하게 하는 청년 리더십 포럼의 역할을 환영한다. 우리 학생들 중 한명은 우리가 왜 이런 일을 하는지를 상기시켜주었다. "우리는 우리 자신 이 국가적·국제적인 변화에 대한 적극적인 참여자라고 생각합니다. 만약에 어떤 누구도 우리가 우리 자신을 리더로서 생각하도록 도와주지 않는다면 그

것은 모든 사람으로 하여금 기회를 놓치는 것이라고 생각합니다." 유·초·중
등교육 시스템을 직접 경험한 학생들의 목소리와 사려 깊은 생각이 활기차며
그리고 이것들은 모든 변화와 개선 노력이 성공하기 위해서 필수적으로 필요
하다.[11]

‘거대한 게임(Great Game)’ 훈련의 변형

조이스 비소(Joyce Bisso)

목적 : 거대한 게임 실천은 우리 학생들이 종종 볼 수 없었던 것을 볼 수 있도록 돕는다.
재료 : 각 '게임 규칙'에 특정 색을 지정해라.
거대한 게임의 규칙 : 저항은 의미 없다.
　　　점수를 얻으려면 게임을 해야 한다.
　　　당신은 당신이 누구인지 알고 있다.
　　　지능과 능력은 중요하지 않다.
　　　반대편에 위치한 자들은 서로 끌리지 않는다.
　　　자신의 위치를 상승시키려 한다면 다른 사람과 경쟁해야 한다.
　　　이 게임은 학교에서의 성공을 결정한다.
　　　게임은 결코 끝나지 않는다. 승자는 아무도 없다.

1단계 : 첫 번째 테이블

참가자들은 8인용 테이블에 앉는다. 그리고 각 참가자에게 8가지 규칙들
을 표시하는 색상들 중 하나의 색상을 부여한다. 각 사람은 자신의 규칙을 제
시하고 그 그룹은 그 의미를 토론한다.

2단계 : 두 번째 테이블

참가자가 새로운 테이블로 이동한다. 새로운 그룹 각각은 8가지 색상과 규
칙을 표현해야 한다. 각 규칙에 대한 지식을 공유해라. 당신의 고등학교에서

그 규칙들이 적용되는지 그렇다면 어떻게 적용되는지 토론해라.

당신의 고등학교를 위한 사회 집단 이름을 정하고 지도식 도표를 만들어라. 종이 한 장에 사분면을 그려서 이름을 정해라. 다른 그룹 또는 그룹의 조합으로 메워라. 플립차트 위에 당신 테이블의 표를 그려서 나타내라.

3단계 : 돌아다니며 보기

각 테이블에서 한 사람이 대표로 남아 플립 차트를 설명한다. 다른 사람들은 여러 테이블 사이를 돌아다니며 차트를 본다.

4단계 : 두 번째 테이블로 돌아가기

돌아와서 토론해라.

❏ 테이블 사이의 눈에 띄는 유사점/차이점은 무엇인가?

❏ 성공적인 고등학교 생활이 되려면 무엇이 필요한가?

❏ 일부 그룹이 다른 그룹을 선호하는가?

5단계 : 대규모 그룹

본회의에서 토론하기 : 각 개인은 '고등학교'라는 쇠창살을 열기 위해 무엇을 할 수 있고 해야만 하는가?

■ 실천공동체

아트 클라이너(Art Kleiner)

'학교의 거대한 게임'은 학생과 TV 프로듀서의 상상력에만 존재하지 않는다. 사회단체는 어디서나 조직처럼 행동한다. 에티엔느 웽거(Etienne Wenger)와 진 레이브(Jean Lave)가 이끄는 공동 연구자 그룹이 개발한 '실천 공동체(Community of Practice)'이론은 조직들이 계층적 명령 체계를 통해 업무를 수행하는 경향은 적으며 하루 중 수천 가지의 미묘하고 작은 방식으로 메시지를 이용하는 사람들의 비공식적인 네트워크를 통해 더 많이 업무를 수행한다는 것을 시사한다. 학교에서는 이러한 비공식 네트워크나 사회 집단이야말로 대부분의 학습이 이루어지는 곳이기도 하다.

웽거는 다음과 같이 썼다. "학생들은 학교에 간다. 그리고 그들은 강요하는 제도와 불안정한 청년시대의 신비를 자신들의 방식대로 다루기 위해 모일 때 실천 공동체는 운동장과 교실 등 어디에서나 싹튼다. 제도적 통제에도 불구하고 개인적으로 가장 변화시킬 힘이 있는 학습은 이러한 실천 공동체에 구성원을 끌어들이는 학습인 것으로 드러난다."[12]

스탠포드 대학의 언어학 및 문화 인류학 교수인 페넬로페 에커트(Penelope Eckert)는 실천공동체가 고등학교 학생들의 학습 영역을 결정하는 방식임을 입증했다. 1980년대 디트로이트 지역의 고등학교에서 3년간 이루어진 현장 조사를 통해『조크와 번아웃(Jocks and Burnouts)』이라는 책이 나왔는데 그것은 '학교의 거대한 게임'을 반영하는 책이다. 사회 계급은 아이들이 그들의 친구, 그들의 활동 및 궁극적으로 그들의 미래를 선택하는 방식을 결정한다고 그녀는 주장한다. 그녀가 연구한 '조크(Jocks)' 힌톤(S. I. Hinton)의 '아웃사이더들(Outsiders)'의 preps 또는 'socs'와 동일함)는 중산층이다. '번아웃(Burnouts)'
은 노동 계급이다. ('학교의 거대한 게임(The Great Game of School)'에서 상표
같은 이 이름들은 학생들이 제공했다.) 저소득층의 가난을 물려받고 싶어 하
지 않는 아동들은 그룹 간의 경계를 넘어야 했다. 그들이 적극적으로 시도할
지라도, 그들 자신의 내부로부터의 어려운 문제들과 대다수 교사·관리자, 다
른 학생들로부터의 끔찍한 방해에 직면했다.

"내가 지켜본 학급에서 가장 큰 '번아웃' 중 하나는 중학생 치어리더였다.
그녀는 그 일이 정말로 재미있었지만 다른 치어리더들은 서로 친구였고 그
녀의 친구들은 그 활동에 참여하지 못했다고 말했다. 치어리더가 된 것이 그
녀를 친구들로부터 멀어지게 했고 또한 응원단과 관련된 다른 사회 활동에
서도 배제되었다. 결국 그녀는 탈퇴했고 학교생활 내내 '번아웃'으로 남았
다."라고 에커트는 말했다.

에커트의 현장 조사에서 번아웃은 자신이 엄청난 변화를 해야 한다는 것
을 알았을 때 변화시도를 포기했다. 가장 고통스러운 변화는 옛 친구들이나
새로운 친구들에 대해 받아들여할 할 새롭고 냉정한 태도였다. 친구와 가족
에 대한 충성도는 대부분의 번 아웃 문화에서 가장 강한 요인 중 하나였다.
또한 그들은 다른 그룹에서도 쉽게 친구를 사귀지도 못했다. 이와 같은 변화
에서 나온 상처는 개인의 삶에서 평생 남는다. 그들이 자신을 위해 성공적인
경력을 쌓을지라도 마치 어디에도 어울리지 않는 것처럼 종종 느끼게 되는
것이다.[13]

에커트의 조사에서 학교 교사와 관리자는 의식적이든 무의식적이든 '번아
웃'은 배제시키고 '조크'를 우위에 두었다. 그녀는 "모든 아이들이 참여하고
똑같이 할 수 있는 학생활동은 없다."라고 말했다. "그래서 학생회와 같은 많

은 과외 활동은 경쟁적이며 그래서 한 학급에서 5% 미만으로 구성되는 우위층을 조성하게 된다. 이것이 학교 안에 어떤 지위체계를 만드는데 이 체계에서 몇몇 아동들은 제도적 통제권을 얻게 된다. 그들은 학교 무도회에서 어떤 춤들을 선정할 것인지 무도회를 위한 기금은 누가 조직할 것이며 춤을 위한 장식은 누가 결정할 것인지 등등에 관한 것을 결정하는 사람들이다.”

엘리트 구조와 그것이 학교에 미치는 영향을 표면으로 끌어내지 않는다면 학교의 어떤 변화와 노력도 완성되지 않을 것이다. 그렇다면 이러한 피해 범위 안에 있는 사람은 무엇을 할 수 있는가? 에커트의 연구는 ‘범생이(prep)’와 ‘조크(Jock)’에게 제공하는 존경과 배려로 ‘번아웃(Burnout)’, ‘갱스타(Gs)’ 또는 ‘괴짜(Freaks)’를 동일한 선상에 두기 위해 그 구조를 성공적으로 변화시킨 학교를 밝혀 내지 못했다. 그러나 실천 공동체에 대한 문헌과 그것을 연구한 웽거와 에커트 같은 사람들은 효과를 낼 수 있는 수단들에 대한 이론적 아이디어를 가지고 있다.

❒ 그들 학교의 ‘거대한 게임’에 대해 이야기하는 것에 관심 있는 학생들을 위한 토론이나 대화를 보류하라. 이 학교에서 성공하려면 무엇이 필요한가? 일부 그룹들이 다른 그룹보다 혜택을 받고 있는가? 모든 대화에서와 마찬가지로 어떠한 결과도 계획하거나 기대하지 마라. 단지 학생들이 그들의 잠정적인 생각을 멈출 수 있도록 교사 또는 관리자와 그 문제에 대해 이야기하는 것이 변화를 가져올 수 있다. 일부 학생들에 있어서는 이것이 그들의 삶에서 가장 큰 걸림돌에 관해 이야기할 수 있는 첫 번째 기회가 될 것이다.

❒ ‘번아웃’, ‘Gs’ 또는 커뮤니티에서 체계적으로 배제되는 어떤 부분들을

위해 의도적으로 고안된 활동을 포함하여 광범위한 학교 활동을 설계해라. 예를 들어 소년 소녀들이 자동차에서 일할 수 있는 오토 샵 그룹이 포함될 수 있다. 그것은 '번아웃' 문화라고 할 수 있는 실험연극이나 음악그룹을 위한 지원을 포함할 수 있다. '나는 어린 동생들을 보살펴야 하고 늘 걱정이 많은 여러 번아웃을 알고 있다."라고 에커트는 말했다.

❒ '번아웃' 출신을 교수로 채용하라. 가능하다면 '번아웃' 배경을 가진 혹은 가난한 지역적 배경을 가진 교사들을 고용하고 장려하라.

❒ 학생회 대의원 선거를 설계하라. 대부분의 학생회는 대개 그들의 등급에 의해 혹은 우위적인 하나 또는 두 개의 그룹을 내세우는 방식에서 선출된다. 다른 학생들이 진지한 관심사를 가지고 있을 때(그들이 점심을 먹으러 학교 밖으로 나가고 싶어 할 때) 그들은 발언권이 없다. 그러나 학생 선거가 사회 구조를 대표한다면, 만약 학생들이 30명으로 구성된 그룹에서 스스로 선택하고 각 그룹 내에서 대표자를 선출할 수 있다면, 그때 학생회는 다양한 학생 공동체의 구성원이 만나는 공식적인 장소가 된다.

❒ 다양한 수준의 학생이 혼합된 교실을 고려해라. 번아웃 학생들은 종종 학년 전체에 걸친 우정과 더불어 더 큰 규모의 친화적인 네트워크에 익숙하다. 그들은 형제·자매·사촌 그리고 여러 연령대의 이웃들에 더 익숙하다.

❒ 만약에 학교에 공유되는 비전 프로세스가 있다면 그것을 더 넓은 공동체에 대한 공유 비전 노력과 결부시켜 생각해라.

❒ 단지 학교 엘리트만이 아닌 모든 구성원들을 포함시켜라. 가정과 지역사회 방문에 교사를 참여시키는 것 또한 학교를 소생시킬 수 있는 방법

이다. 그들은 학교에서 열의가 없고 게으른 것처럼 보이는 아동들이 가 정에서는 다른 사람들을 돌보느라 힘든 생활을 보내고 있다는 것을 종 종 발견한다. 어떤 2학년 소년은 그의 두 살배기 여동생을 매일 아침 학 교 시작 전에 탁아소에 데려가야 한다. 어떤 어린 소녀는 방과 후에 교 회 또는 지역사회 단체에 적극적으로 참여하기도 한다.

GEEKS(컴퓨터 광들)

How Two Lost Boys Rode the Internet Out of Idaho, 존 카츠(Jon Katz) 지음(Broadway Books, 2000).

와이어드(Wired), 롤링 스톤(Rolling Stone), 슬레이트 닷컴(Slate.com) 과 같은 출판물의 기고자이며 작가인 존 카츠(Jon Katz)는 아이다호에 있는 한 작은 마을에서 탈출하여 시카고로 가는 기술에 능숙한 10대 소년들 제세(Jesse)와 에릭(Eric)에 관한 잊지 못할 이야기를 저자의 격려와 주목 할 만한 확신을 가지고 만들어냈다. 교육자가 어디에서 가르치든, 학교와 공동체 삶의 가장자리에서 복잡하고 고립된 삶을 살면서 주로 그들 스스로 배우는, 컴퓨터 광(geeks)인 제세(Jesse)와 에릭(Eric) 같은 10대들의 삶에서 엄청난 통찰력을 얻 을 수 있다고 생각한다. 2001년에 그 책을 읽었을 때 즉시 내가 가르치는 대학원생 들에게 그것을 추천했다. 눈에 보이지는 않지만 고도로 지적인 능력을 가진 이 부 랑자들은 대다수 성인의 레이더 아래서 표류하나 매우 드물게 언급된다(예를 들어 그들이 학교의 컴퓨터 시스템을 해킹할 때). 학교 교육과정은 좀 더 도전적으로 문 을 열수 있는 실마리를 쥐고 있는 사이버세계와 겨루는 것을 가능하게 하지 않는다. 그러므로 이와 같은 학생들이 너무 쉽게 가치 없는 사람으로 여겨지는 것이다.

– 넬다 캠브론-맥카베(Nelda Cambron-McCabe)

개 발
Development

1. 일방적인 교직원 개발을 더 이상 하지 않기

▪■ 포괄적인 학교 변화를 향한 다섯 가지 학습 규율

에드워드 T 조이너(Edward T. Joyner)

에드 조이너(Ed Joyner)는 지난 25년 동안 특별히 도심에서 직원 성장 프로그램을 개선하는 사상적 지도자이다. 1990년대와 2000년대에 예일대학교에서 아동 청소년 발달의 조교수로서, 예일대학교 학교 개발 프로그램(창립자인 제임스 코머(James Comer)의 이름을 딴 '코머 과정(Comer Process)'이라고 하는 학교 개혁 접근법)의 전무 이사였다. 그는 코머 과정 교직원 개발 프로그램을 만들면서 학교의 효율성과 직원 개발의 학습 방향 사이에 지속적인 연계를 이끌어냈다. 그는 또한 Community Progress, Inc.(미국 최초의 빈곤 퇴치 기관)의 커뮤니티 활동가, 코네티컷주 뉴 헤이븐 고등학교 교사 그리고 중학교 교장을 역임하고, 현재 코네티컷주의 페어필드(Fairfield)에 있는 성심(Sacred Heart)대학교의 교육과 부교수이다.[1]

학교 개혁을 둘러싼 많은 논의는 강제적 권력의 프레임으로 진행된다. 주의회는 사실상 '이 아이들은 성취할 것이다.'라고 발표한다. 아이들이 잘 먹고 있는지, 안전한 동네에 살고 있는지, 가정에 부모가 있는지, 좋은 의료 혜택을 받고 있는지, 평화롭고 조용한 환경에서 살고 있는지 등과 관계없이 아이들을 판단하게 될 것이다. 교사들도 마찬가지로 "너는 높은 점수를 받아야 돼. 그렇지 않으면 우리가 너와 함께 하지 못할 거야."라고 이야기한다. 사실 이런 진술은 농부들에게 "올해 농작물 수확량이 높아질 겁니다. 우리는 60일이 되기 전에 45일 만에 옥수수가 익기를 원하며, 좋은 옥수수가 되면 더 좋을 것입니다."라고 말하는 농업부와 같다. 그들이 원하는 결과는 큰소리 칠 만하지만 그 결과를 산출하기 위해서 자연스럽게 발생해야 하는 과정에 대한 인식이 없음을 보여준다.

이것이 오늘날 교직원 개발의 상황이다. 너무나 자주 '일방적인 교직원 개발(drive-by staff development)'을 한다. 갑자기 나타난 외부 강사는 수학이나 읽기의 새로운 교수법을 제시한다. 그들은 교사들이 이미 무엇을 알고 있는지, 이 지역의 청소년을 교육하는 데 있어서 어떤 어려움을 겪고 있는지, 학교나 교육구에 무엇이 있는지 등을 알지 못하고, 알려고도 하지 않는다. 그들은 단지 수학이나 읽기의 새로운 교수법을 제시할 뿐이다. 교육자나 다른 어떤 이도 성찰하거나 능동적으로 참여할 시간을 할애하지 않는다.

그 결과는 겉만 번지르르한 쇼의 잡다함과 같다. 강사는 참가자들의 말을 듣지 않거나 서로 이야기하지 않으며, 심지어는 서로 모순되기도 한다. 그 내용은 도발적일 수도 있고 매력적일 수도 있지만 배운 기술을 보강하는 요소가 없으므로 참가자들은 이전 교수법이나 이전의 수준으로 바로 되돌아간다. 강사가 자리에서 뜨고 나면, 연수생에게 이벤트에서 제공하는 기술이나 지식을 숙련할 수 있는 코칭이 일어나지 않는다. 또한 학교장, 관리 직원, 부모 및 기타 이해 관계자는 자주 참석하지 않는다. 최악의 경우, 전문 지식을 패키지로 묶어버리기 때문에 사람들에게 자신의 문제를 해결할 수 없다는 메시지를 보낸다. 결국 그들은 학교 개선과 개혁의 부담을 외부 전문가들에게 떠넘긴다.

∬ 552쪽의 '부담 떠넘기기' 참조

실현을 위한 세 가지 기능

그 대안은 교육자가 이미 알고 있는 것을 통합하고, 그들이 당면한 어려움을 기반으로 할 수 있는 일을 향상시키는 데 도움이 되는 반성적이고 생성적인 교직원 개발과정이다. 나는 현재 뉴욕주 롱 아일랜드(Long Island)에 있는 유니온데일(Uniondale) 학교 시스템의 관리자인 윌리암 로이드(William Lloyd) 박사와 협력하여 그러한 프로그램을 설계하고 실천에 옮기고 있다. 이 설계 아래에서, 세션들은 교육구의 상황을 연구하고 자신의 지식과 기술을 전이하고자 하는 개인들에 의해 관리된다. 교사와 관리자는 컨설턴트에 의존하는 대신 서로 탓하거나 비난하지 않고 협력할 수 있는 과정을 통해 자신들의 문제를 해결한다. 이 교직원 개발 모델은 단순히 개인으로서 지식을 교사들에게 전달하는 것이 아니다. 교사가 서로 배우고 서로 일할 수 있는 방법을 꾸준히 제공함으로써 학교 전체의 역량을 향상시키고자 한다.

유니온데일에서 우리의 설계의 핵심에는 다음과 같은 세 가지 기본 원칙을 담고 있다.

1. 학교가 직면한 실제 문제를 살펴보기

모든 세션은 현재 교육자들이 해결하려고하는 문제들에 의해 주도되어야 한다. 예를 들어 한 지역에서 인구 통계학적 변화가 있었다. 최근 엘살바도르 부모들은 어린 자녀들과 한꺼번에 집단으로 이주해왔다. 갑자기 초등학교에 영어가 제2언어인 학생을 더 많이 포함하게 되었다. 그러므로 전문 개발 프로그램은 관리자와 교사들의 교수법과 교육과정에 어떻게 영향을 받을지 예상하고, 지역 및 주 자원을 지원해주도록 명백하게 개정되었다.

이 지역의 다른 곳에서도 언어가 문제이다. 아이들은 아프리카계 미국의 사투리 영어(ebonics라고도 함)를 사용하며 성장하였기 때문에, 학교는 그들이 대학에 들어가거나 직장생활에 필요한 표준 언어 및 비판적 사고방식을 배우게 해야 한다. 이것은 영어, 독서 그리고 농축산 교사의 책임만은 아니다. 예를 들어 과학과 보건은 일상생활에서 자주 쓰이지 않는 중요한 단어를 많이 포함한다. 과학 교사들은 학생들이 표준적인 과학 중심의 언어를 읽고, 말하고, 쓸 수 있는 가능성을 높이기 위한 훈련(몰입과 연습과 같은 방법)을 받아야 한다. 이것이 교직원 개발의 우선순위이다.

2. 세션과 후속 조치에서 액션 러닝 하기

예일대의 코머 과정에서 이것을 '백-홈 계획(back-home planning)'이라고 부른다. 모든 교직원 개발을 설계할 때 후속 조치가 부적절하면 새로운 기술이 위축됨을 분명하게 인식해야 한다. 새로운 통찰력을 현장으로 가져오고, 의식적으로 시도하고, 어떻게 작업했는지를 평가하고, 효율성에 대한 메모를 비교하는 등 계획된 전략이 필요하다. 이를 관리부서가 적극적으로 지원해야 한다. 새로운 아이디어가 관심을 끌 만한 가치가 없다면, 처음부터 도입

590

할 필요도 없다. 참석자들이 학교 상황으로 돌아가(back) 이 새로운 접근법을 실행하고 다른 사람들에게 전달할 수 있도록, 각 세션의 중요한 부분에 '트레이너 훈련(Train the Trainer)'이 구성 요소로 포함되어야 한다. 추적 조사의 또 다른 중요한 형태는 양적이고 질적이며, 새로운 접근법이 차이를 만들었는지 여부를 평가하기 위한 데이터가 사용된다. 이러한 경험과 결과는 다음 라운드의 훈련에 영향을 미친다.

3. 리더십과 지역사회 참여하기

가르침은 교사가 홀로 행동하는 일방적인 과정이 아니다. 그것은 학생, 학교 시스템 관리자, 학부모 및 지역사회 지도자들과의 관계 속에 포함되어 있다. 유니온데일의 교직원 개발은 해당 지역의 적극적인 학습자를 불러 모으기 위해 고안되었다. 이는 교육구 모임(교육위원회와 행정 담당자가 참석하는 곳)에서 정한 우선순위를 분명하게 따르고 거기에 맞는 외부 강사를 선발한다.

학부모는 외부 강사와 서로 대화하고 성찰하기에 충분한 시간을 갖고, 교직원 개발 모임에 초청된다. 이러한 형태의 교직원 개발은 유연하고 호응이 좋다. 예를 들어 아동발달 전문가는 교사들과 부모들을 그의 작업에 참여시킬 수 있다. 전문가는 부모들이 자녀들의 학습과 발달을 더 많이 이해하도록 돕고, 모든 사람을 조화롭게 이끈다. 세션에는 또한 공동 학습이 포함되어 있다. 공동 학습에서 교사들은 학생들에 대하여 알고 있는 여러 종류의 암묵적 지식과 그들이 일반적으로 공유하지 못하며 책에서 콕 집어낼 수 없는 방법을 공유한다.

■ 교직원 개발에서의 학습 규율

일방적인 교직원 개발보다 발전적인 개발 시스템으로 전환하는 과정에서 시스템사고, 개인적 숙련, 정신 모델, 공유 비전, 팀 학습 등 다섯 가지 학습 규율은 중요하다.

정신 모델

공립학교의 수천 명의 교사들은 오늘날 가난한 아이들을 가르칠 때 결함의 관점으로 무의식적으로 다룬다. 의식적이든 아니든 이들 교사들은 '종형 곡선(bell curve)' 정신 모델을 채택하여 학생들의 성적을 종 모양으로 분산시키고, 일부 학생들의 성적을 평균 이하가 되도록 한다. 결국 누군가는 백분위로 아흔여덟 번째에 있어야 하는 것처럼 누군가는 첫 번째에 있어야 한다. 우리는 일반적으로 부유한 아이들이 가난한 아이들보다 더 잘 수행하고, 백인 아이들이 검은색, 갈색 그리고 빨간색 아이들보다 더 잘할 것이라고 기대한다. 이 모델과 관련된 것은 아이의 두뇌가 그들의 삶의 나머지와 분리되어 있다고 퍼져 있는 정신 모델이다. 나의 오랜 친구이자 동료인 잭 질레트(Jack Gillette)가 말했듯이, 아이들은 '지팡이 위의 두뇌*'와 비슷하며, 아이의 삶의 다른 측면과 분리된 두뇌의 타고난 학습 능력을 바탕으로 교육을 받게 된다.

이러한 정신 모델에 영향을 받은 교육자는 일부 아이들에게 별로 기대하지 않으며, 그러한 아이들을 위한 생산적인 도전 과제를 보다 적게 제공하고, 그들에게 존재할 수도 있는 레버리지를 찾지 못하도록 한다. 가난한 동네에

....

* 　역자 주 감성이나 대인관계 능력이 떨어지는 지식인(출처: 네이버 사전).

서 성장했거나 소수 배경 출신 교사의 경우, 이러한 정신 모델은 두 배 이상 악의적인데, 본인 스스로 낙인을 찍기 때문이다. 예를 들어 어떤 초등학교 교장은 지역사회의 학습 능력에 대한 인식을 바탕으로 "우리는 교사들로 하여금 학생들에게 한 달에 단어 한 개씩 가르치게 하려고 노력하고 있어요."라고 말했다. 이런 매우 낮은 내면화된 기대—1년에 단 10단어만—는 자기실현 예언이 될 것이다.

현재의 인지 과학 맥락에 따르면, 보다 정확한 정신 모델은 다양한 상호 관련 요인에 의해 학습이 영향을 받는 시스템이라고 생각한다. 예를 들어 읽기 능력은 아주 어린아이들이 받는 영양, 관여, 양육 및 신체 발달에 직접적으로 의존한다. 사회 인식(다른 사람들을 이해하고 참여시키는 능력), 심리—정서적 발달(기질, 연령에 맞는 성숙, 인내), 언어 능력(변증법 및 표준형 모두에서 표현하고 수용하는 언어의 능숙함), 윤리적인 발달(공정하고 정의로운 결정을 내릴 수 있는 능력)은 모두 서로 영향을 미친다. 장기적으로 학업 성적과 시민성은 이 모든 능력에 달려 있다. 상당히 많은 교육자가 어린이, 부모, 이전 학년의 교사 그리고 자신을 비난하면서 시간을 보낸다. 우리는 그 대신에 아이들의 요구를 충족시키고 서로 도와주기 위해 최선을 다할 수 있었다.

대자연은 발달의 최상의 사례를 우리에게 제공한다. 예를 들어 나무의 성장은 심어진 장소에 달려 있다. 비슷하게 아동의 잠재력은 그가 성장하는 사회적, 정서적, 신체적 환경 및 아동을 돌보는 성인이 만들어놓은 사례에 뿌리를 두고 있다. 모든 인간은 삶의 기본적 필요에 접근할 수 있어야 하지만 비물질적 요소는 인간 행동을 형성하는 데 큰 역할을 한다. 사람들은 때때로 부모가 멋진 집과 차 그리고 냉장고의 음식을 제공할 수 있다면 아이들이 잘 성장할 것이라고 생각한다. 그러나 우리는 저소득층 가정에서 잘하는 아이들을 많이 본다. 또한 우리는 각각 다른 방법으로 박탈당하고 끊임없이 불이익을 겪는 부유한 자녀들을 본다.

우리는 논리적 분석이나 논증을 통해서 이러한 정신 모델을 바꿀 수는 없다. '일방적인 교직원 개발'을 통해서 바꿀 수 없는 것은 확실하다. 처음부터 우리 마음에 각인시켰던 우리의 태도와 영향력을 공개적으로 조사한 결과 우리는 동료, 부모 그리고 지역사회 구성원들과 대화를 나누는 것으로 정신 모델을 바꿀 수 있다. 그러나 이것은 쉬운 일이 아니다.

이 문제에 집중하는 교직원 개발 과정에는 다음과 같은 네 가지 질문이 있다.

1. 아이들이 어떻게 배우는가에 대한 우리의 믿음은 무엇인가? 본성과 양육을 연결하는 실행방법에 대하여 우리는 무엇을 아는가? 그러한 결론으로 이끌어내는 것은 무엇이며, 관찰할 수 있는 '데이터'는 무엇인가?

코머(Comer)학교의 하나인 버지니아주 노퍽(Norfolk)에 있는 보울링 파크(Bowling Park) 초등학교에서의 일이다. 학교 관리인은 일부의 6학년 남학생들의 행동 방식을 염려하여 학교 주변의 조경에 그들을 참여시키고 약간의 돈을 지불할 수 있도록 교장의 허락을 받았다. 매주 주말에 그는 학생들과 일을 하고 점심을 먹으며 문제에 관해 이야기했다. 오래되지 않아 교사들은 이 학생들의 행동 방식에 큰 변화가 있음을 발견했다. 그들의 성적은 올라갔다. 그리고 그들이 어디에서 (잘못을) 탕감받았든지 그들은 견실한 시민이 되었다. 관리인이 대수학을 가르칠 수는 없지만, 어떤 종류의 일이든지 상관없이 타고난 존엄성을 포함한 작업을 보여주는 좋은 모범을 보여줌으로써 사회적 및 윤리적 발전을 이룰 수 있었다. 교장이 우리 조직으로부터 국가 지도력 상을 받았을 때,

관리인은 그와 함께 연단에 있었다.

2. 기술적 진보와 다양성이 높아진 사회에서 학생들은 어떤 기술과 지식을 발달시켜야 할까?

　　대부분의 교직원 개발 프로그램은 학문 분야를 서로 분리하여 표준화된 테스트로 처리한다. 독서 개선 프로그램은 독서 교사를 대상으로 한다. 수학 프로그램은 수학 교사를 대상으로 한다. 이러한 프로그램은 각 지역에서 높은 성취자 몇 명에게 초점을 맞추고 다른 학생들이 별로 요구하지 않는 '시험에 대한 가르침'을 강화한다. 대조적으로, 우리의 교직원 개발 과정에서 우리는 함께 모든 수업 자료를 학년 수준을 넘어 우리가 가르치려는 주제, 우리가 가르쳐야 하는 주제 그리고 아이들 발달에 도움이 될 주제에 맞추려고 한다.

3. 어떻게 교재를 잘 가르칠 수 있을까? 아이들을 잘 가르치기 위해 무엇인가 할 수 있다면 우리는 무엇을 할 것인가?

　　많은 사람은 높은 수준의 교사가 되기 위해서 단순히 똑같은 방법으로 더 열심히 가르칠 필요가 있다고 생각하는 것 같다. 그러나 그 생각은 우리가 인간 발달에 대해 아는 모든 것을 무시한다. 아이들은 여러 가지 요소에 의해 형성되기 때문에 교육은 모든 직업 중에서 가장 복잡한 직업이다. 교사의 일은 아이들이 집에서 또는 또래 문화에서 배우고 있다는 것을 인식하고, 이에 맞추거나, 때로는 반대해야 한다. 즉, 서로 다른 아이들에게 다가가려면 서로 다른 방법을 적용해야 한다는 것을 의미한다. 말콤 엑스(Malcolm X)의 말에 따르면, 우리는 '필요한 모든 수단'을 통해 아이를 교육한다. 단, 그 수단은 합법적이고 윤리적이어야 한다.

교사가 이렇게 하기 위해 훈련이 필요하다. 좋은 의도만으로는 충분하지 않다. 선의는 내가 1970년대에 자주 보았던 종류의 가르침으로 이어진다. 교사는 아이들이 얼마나 불이익을 받았는지, 어떻게 사랑받을 필요가 있었는지 쉽게 이야기했다. 그래서 교사들은 아이들에게 쉬운 일을 줘서 별 배움이 없이 떠나게 했다. 아마도 가장 큰 모욕은 저소득 배경을 낭만적으로 만들거나 연설을 모방하여 단결을 시도하는 것이다. 이 학생들에게 미국 주류사회로 진입하기 위해 열정을 높이는 것을 돕는 대신에, 이 '선의의' 교사들은 저소득층 어린이를 가난하고 교육을 받지 못하게 하는 행동을 강화했다. 훌륭한 교사는 아이들이 불우한 단점을 극복할 수 있도록 도와준다.

4. 교직원 개발에 대하여 얼마나 조직적으로 지원하는가? 학교 시스템과 커뮤니티에서 우리는 무엇이 필요한가? 이것에 대한 우리의 생각은 얼마나 다른가? 그리고 이 세션에서 나갈 때 우리는 무엇을 할 것인가?

사람들에게 학교에서 실행 계획을 세우지 않고 교직원 개발을 수행한다면 당신은 그렇게 신경 쓰지 않아도 된다. 우리의 경험에 따르면, 세션이 끝난 후 30일 이내에 어떤 구체적인 일이 발생하지 않는다면 아무 일도 일어나지 않을 것이다. 관리부서는 그것을 지원해야 하며, 이 새로운 방법에 대한 경험을 교육구 안팎의 다른 교사들에게 가르쳐야 한다. 이는 교사가 학교 시스템 및 지역사회에서 필요로 하는 지원 및 해당 지원을 사용할 의도가 무엇인지 생각한 경우에만 일어날 수 있다. 원하는 변화에 대한 조직의 지원이 교사의 효과적인 변화를 위해서 중요하다.

개인적 숙련

매우 효과적인 교직원 개발은 개인적 숙련이라는 핵심 실천을 포함한다. 개인적 실천은 개인적 비전과 우리 앞에 놓인 현실에 대한 명확한 그림을 유지하는 법을 배우는 것이다. 당신이 교사라면, 당신 자신의 개인적 숙련은 당신 학급의 아이들과 밀접하게 연결된다. 자신의 열망에 한계를 두면 무의식적으로 학생들에게 자신에 대해 같은 방식으로 느끼도록 영향을 줄 것이다.

// 109쪽의 '개인 비전 산출하기' 참조

내가 잭키 로빈슨(Jackie Robinson) 중학교의 교장이었을 때, 거기에는 유급할 위험이 있는 6학년 학생들이 있었다. 그들은 학교에 대해 필요한 만큼 심각하지 않았고 반지성적인 또래 문화를 확장시켜 왔다. 이 문제를 해결하기 위한 전략을 짜기 위해 교사와 학부모 그리고 학생들을 만났다. 학생들과 만났을 때 나는 이렇게 말했다. "애들아, 너희들은 더 열심히 공부해야 해. 모르는 것이 있으면, 물어봐라. 너희들은 집에서 공부해서 따라가야 해." 그들은 지적으로 영리했지만 정신적으로 더 발달해야 했다. 많은 교사는 이것을 '정서적 문제'라고 부른다. 그리고 그들은 자격을 갖추지 않았을 때조차 진급하는 데 익숙하였다.

연말에 나는 그들 대부분을 다시 모았다. 부모들과 교사들은 준비가 되지 않았다면 아이들을 다음 학년으로 진급시키지 말아야 한다는 데 동의했지만, 우리는 보류하도록 일정을 바꾸었다. 그리고 성취도가 낮은 학생들이 학년 수준에 도달하도록 교육 계획을 수립하였다.

9월에 그들이 다시 왔을 때, 여전히 6학년에 머물렀고, 그들 중 일부는 좀 더 겸손했다. 이 시점에서 많은 아이가 노력을 멈추었다. 그러나 나는 "1/4분기에 잘한다면, 2/4분기 초에 7학년으로 진급시킬 것이다."라고 말했다. 그 그룹의 대부분의 학생은 1분기 동안 동료들보다 두 배나 많이 공부를 함으로써 그들이 유급될 뻔 했던 필수 이수 성적에 도달했다. 교사들은 아이들과 자신에 대한 인식을 바꾸기 시작했다. 그들은 아이들이 제대로 작동하기 위해서는 시스템이 유연해야 한다는 것을 알기 시작했다.

팀 학습

어떤 인간 노력에서도 관계의 질은 결과를 결정한다. 그러한 이유 때문에 교직원 개발과 팀 학습은 동의어가 될 수 있다. 일반적으로 교사는 개인으로서 일하도록 배웠기 때문에 교직원 개발은 함께 일하는 법을 배우는 데 도움이 된다. 그리고 새로운 교수 방법을 배우고, 단체정신을 향상시키고, 오래된 습관을 버리기 위해서는 충분한 시간과 함께 지속적인 과정이 필요하다.[2]

공유 비전

교직원 개발 계획에는 참석자들이 학교 발전 방안에 대한 비전을 공동으로 작성하는 세션을 포함시켜야 한다. 내가 중학교 교장이었을 때 처음으로 공유 비전의 힘을 보았다. 한 달에 한 번, 학년별로 원하는 것을 이야기하기 위해 대화 장소를 제공했는데, 우리는 이것을 '가족 모임'이라고 불렀다. 자유 사회에서의 시민성에서 소년들의 귀걸이 착용 여부, 드레스 코드, 인종적 고정 관념에 이르기까지 주제는 다양했다. 그러나 그들은 언제나 삶에 필요한 것과 학교에 필요한 것에 대한 질문으로 돌아왔다. 우리는 그것을 냉철하거나 정확하게 되는 것 그리고 지속성 또는 탄력성을 갖는 것을 의미하는 것이라고 이야기했다. "우리는 체스를 두지 않고, 체커를 둔다."* 또는 "우리는

....

* 역자주 체커는 경기를 하는 것으로 체스보다 쉽다.

598

현악기를 연주하지 않고, 브레이크 댄스를 춘다."와 같은 신념에 어떻게 갇힐 수 있는지에 대해 이야기했다. 우리는 그 모임을 한 지 1년 만에 학교에서 체스와 바이올린 연주를 포함한 모든 일을 하려고 애쓰는 아이들을 보았다. 이제 아이들은 시도하는 것이 적절하다고 믿었기 때문이다. 교사들도 또한 그들의 신념에 갇히게 된다. 아이들과 마찬가지로, 그들 스스로 빠져나올 수 없다. 그들에게 지역사회와 학교가 지원하는 신중한 대화가 필요하다. 교직원 개발은 자연스러운 공간이다.

시스템사고

많은 학교에서 학년 간, 학문 분야 간 의사소통을 너무 적게 한다. 아이는 내년의 경험과 관련이 없을지도 모르는 경험을 1년 동안 한다. 이 상황은 학교를 특히 시험에 취약하게 만든다. 왜냐하면 매년 교사는 평가를 위해 아이들을 혼자서 준비시켜야 한다고 생각하기 때문이다. 그러나 여러 수준의 교육과정을 조정하려면 시스템사고의 기술과 기법을 사용해야 한다. 교사는 학생의 시작 수준이 어디에 있으며 개발 경로에서 학생들을 얼마나 빨리 합류 시킬지에 대해 동의해야 한다. 연속적인 학년의 교사들은 배턴을 이어받은 계주 선수라고 생각할 필요가 있다. 해마다, 학생들이 변화하고 요구 사항이 변함에 따라, 교사들은 잘 진행되는 일과 그렇지 않은 일 그리고 그들이 변해야 할 것에 대해 공개적으로 토론해야 한다.

당신이 교직원 개발을 계획하는 시스템사고를 하는 사람이라면, 당신은 변화를 위한 협력적 관계와 구조를 만드는 데 집중해야 한다. 시스템 내에서 학년, 부서 및 학교 전반에 걸쳐 사람들이 이야기하고 교직원들이 어떻게 아이들을 키우고 그들이 필요한 것을 어떻게 지원하는지에 대해 이야기할 수

있는 메커니즘과 프로세스가 필요하다. 또한 학교운영위원회와 지방 정부와
의 대화에서 단순히 위임장을 받는 대신, 학교의 일부인 아동을 지원하기 위
한 네트워크를 구축하는 것이 필요하다.

일반적으로 교직원 개발의 목표는 지속적으로 스스로를 활성화할 수 있는
지식 기반 조직으로서 교육구에 대한 시스템 이해를 제도화하는 것이다. 교
육자는 일방적인 인력 개발에 의존할 필요가 없다. 우리는 농업인들이 공동
으로 지식을 공유하고 확장하며, 새로운 정보와 프로토콜을 조금씩 도입하
고, 그것을 실제로 실험하고, 세대를 위한 역량을 키울 수 있는 방법처럼 교
직원 개발을 이용할 수 있다.

2. 인지 연구 그룹

▓▓ 교사를 위한 전략

페이스 플로러(Faith Florer)[3]

지난 20년 동안 상당한 양의 연구 덕분에 학습, 지능, 동기부여, 감정, 주의
력 및 그러한 과정의 상호작용과 같은 정신 과정에 대하여 새롭게 이해하게
되었다. 이러한 과정을 이해하는 교사는 학생들이 학문 분야, 사회적 세계 및
자아에 관한 지식을 구성하는 방법을 이해할 수 있다. 이러한 이해는 교사가
보다 효과적인 교수법을 구축하는 데 도움이 될 수 있다.

기억을 고려하라. 사람들이 새로운 정보를 배울 때, 장기 기억에 저장된다.
장기 기억은 연관 패턴에서 기능한다. 메모리는 서로 연결되어 있으며 하나
의 메모리가 활성화되면 연결 메모리도 활성화된다. 독수리라는 개념은 새,

600

깃털, 대머리 및 독수리와 관련된 마음의 개념과 관련이 있다. 독수리에 대한 기억이 활성화될 때, 연관된 다른 모든 개념의 기억도 마찬가지이다. 감정과 동기부여는 이러한 연결에 '결합가(valence, 심리적인 매력)'를 더한다. 메모리에 연결된 개념이 많을수록 장기 메모리에서 쉽게 검색할 수 있다.

또한 인지 심리학은 교육의 맥락이 왜 중요한지를 설명한다. 개념을 우리 자신과 관련시키면 학습 내용의 유지율이 높아진다. 연상 학습에 관한 연구는 어른이나 아이와 관계없이 모든 학습자가 자신의 독특한 지식과 경험을 바탕으로 파생된 독특한 추억의 패턴을 형성하고 있음을 나타낸다. 이러한 패턴에 연결함으로써 모든 사람은 더 나은 학습 방법을 배울 수 있다. 따라서 모든 학생들은 이런 정보를 경험과 관련시키는 방법으로 제재를 배워야 하며, 학습 방법의 학습에 대한 것을 활용하여 더 나은 연관 네트워크로 이끌어야 한다.

학생들의 기존 지식과 개인적인 경험에 제재를 관련시키는 것만으로는 충분하지 않다. 지식은 생성되어 시냅스(화학 물질로 가득 찬 뉴런 사이의 공간)에 존재한다. 이 시냅스는 기억을 돕거나 방해할 수 있는 감정과 동기부여의 영향을 받는다. 교사는 학생들에게 동기를 부여하는 방법과 감정적으로 마비시키지 않으면서 학생들의 이해를 넓히기 위해 적절한 감정적인 학습 환경을 식별하고 만드는 방법을 배울 수 있다. 주제가 왜 중요한지 설명할 수 있고, 여러 주제에 대해서 학생들에게 적절한 양의 긴장을 제공할 수 있는 교사는 학생들의 기억에서 유지 및 검색의 가능성을 높일 것이다.

연상 학습의 다른 인지 이론은 왜 학생들이 수동적인 정보 수신자가 아닌 교실 환경에 능동적으로 참여해야 하는지를 보여준다. 교사들은 왜 학생들이 수업 읽기 자료와는 별도로 주제와 관련된 추가 자료를 찾아보도록 유도

해야 하는지 보여준다. 그리고 그들은 왜 짝 학습이 튜터와 튜티 모두에게 제재에 대한 이해를 높이는 훌륭한 방법인지를 보여준다.

많은 교사가 이미 이러한 아이디어를 잘 알고 있다. 그러나 관심과 열정에도 불구하고 인지 과학에 대한 개념을 지키기가 어렵다. 그 이유는 효과적인 교수법에 대한 통찰력을 해석한 사람이 거의 없기 때문이다. 논란의 여지는 있지만, 교육자의 학습도 동일한 인지 원칙의 지배를 받기 때문에 스스로 이 것을 해낼 수 있는 책은 없다. 예를 들어 '장기 기억력 향상'으로 교수법을 바꿀 수 있는 어떤 방법도 자신에게 맞는 교사에게만 관련이 있으며, 방법 자체를 스스로 고안할 때만 관련이 있게 된다. 그런 다음에야 그들은 인지 과학이 제안한 교육 실습의 새로운 측면을 자신의 경험과 연관 지을 수 있다.

따라서 인지 과학 연구 그룹의 가치는 교사들 스스로가 이상적으로 조직한 것이다. 이 그룹에서 전문가들이 정상적인 이론 근거 없이 기술에 집중하는 대신, 실천적 방법으로 학습, 기억, 주의 및 동기에 대한 기본 지식을 탐구하기 위해 함께 노력할 수 있다. 인지 연구 그룹의 교사는 원칙을 탐구하고, 몇 가지 접근법을 제안하며, 수업에서 시도하고, 다시 모여 결과에 대하여 이야기할 수 있다.

다음 책들 중 한 권부터 시작하라. 한 번에 한 챕터씩 읽은 다음 만나서 서로 물어보자. '이것이 당신의 교수법에 대해 암시하는 것은 무엇입니까?' '이 챕터의 통찰력에 더 일치하는 방법은 무엇일까요?' 당신들은 교수 방법을 협력적으로 설계하고 상호 코칭함으로써, 하나의 인지 과정에 스스로 참여하게 된다.

『빠르게 생각하기와 느리게 생각하기』

Thinking Fast And Slow by Daniel Kahneman(Farrar, Straus and Giroux, 2011)

『Thinking Fast And Slow』*는 노벨상 수상자인 대니얼 카너먼(Daniel Kahneman)의 역작이다. 그것은 의사 결정의 기초가 되는 두 가지 유형의 사고를 설명한다. 즉 빠르고 직관적인 습관에 기반을 둔 다소 감정적인 유형 1 사고와 보다 느리고 논리적이며 통제된 유형 2 사고이다. 이 책에는 개인 사고가 논리적이지 않음을 보여준 아모스 티버스키(Amos Tversky)와 함께했던 작가의 독창적인 작업에 대한 설명이 포함되어 있다. 예를 들어 티버스키가 'k'에 대하여 물었을 때, 대부분의 사람들은 'k'문자가 세 번째 위치 ('cake')가 아닌 단어의 첫 번째 위치('kite'에서와 같이)에 더 많이 나타날 것 같다고 잘못 설명할 것이다. 왜냐하면 'k'로 시작하는 단어를 생각하는 것이 더 쉽다. 비슷하게 사람들은 (안전모 없는 자전거 사고와 같이) 더 잘 일어날 수 있는 위험과 비교하여, (낯선 사람에 의한 납치와 같은) 생각하기 쉬운 위험을 더 심각하게 생각하여 과대평가한다. 이 책은 이들 인지 영역에서 가장 영향력 있는 발견을 다루고, 사람들이 매력적이고 시사하는 바가 많은 두 가지 유형의 사고를 평가하고 수정하는 방법을 이해하도록 돕는다. 객관식과 에세이 문제의 해답을 탐색하는 학생들을 돕고, 다른 사람들에게 자동 반응(knee-jerk reactions)을 하는 학생들을 돕고, 학생들에게 자동 반응하는 자신을 이해하려는 교사들을 돕는 것이 얼마나 유용할지 생각해보라. 이 책은 도움이 될 것이다.

『인류』

Human : The Science Behind What Makes Us Unique by Michael Gazzaniga(Harper Collins, 2008)

『Human』**을 통해 우리 시대의 가장 저명하고 영향력 있는 신경 과학자이자 교사인 마이클 가자니가(Michael Gazzaniga)는 동물계와 비교하여 사람을 독창적으로 만드는 생물학적 및 뇌 관련 기능을 탐구한다. 그는 다양한 개념을 쉽게 전달한다. 언어, 예술, 의식 및 사회적 상호작용이 주제에 포함된다. 그는 사람들을 연민과 공평과 깊은 이해로 이끈다. 이 책은 교사들에게 인간의 마음을 이해하기 위해 필요한 기본 개념을 제공할 수 있으며, 이는 다시 학생들에게 최상의 학습 환경을 만드는 방법을 이해하는 데 도움이 될 수 있다.

---

*   역자주 한글 번역본(대니얼 카너먼 저/ 이창신 역, 생각에 관한 생각, 김영사, 2018).

** 역자주 한글 번역본(마이클 가자니가 저/ 박인균 역/ 정재승 감수, 왜 인간인가? 인류가 밝혀낸 인간

『시냅스 자아』

Synaptic Self by Joesph LeDoux(Penguin Books, 2002)

　　인지, 학습 그리고 기억에 관한 현재의 많은 연구는 뇌의 뉴런 시스템이 세계에 대한 인식과 우리 자신에 대한 이해를 어떻게 강제하고 만들어내는지 탐구한다. 그것은 저명한 신경 과학자 조지프 루드(Joseph LeDoux)가 신경 과학을 위한 NYU 센터에서 쓴 『Synaptic Self』*의 주제이다. 루드의 작업은 감정, 특히 공포와 불안 그리고 생각과 행동과의 상호작용을 중심으로 이루어졌다. 이 책은 뉴런과 시냅스(뉴런 사이의 공간)가 우리의 학습 환경, 사회적 상호작용 그리고 우리 자신을 강제하고 생성하는 방법을 이해하고자 하는 사람들에게 꼭 읽혀져야 한다. 이 책에는 NYU의 웹 페이지 링크가 포함되어 있다. NYU는 진행 중인 독창적 연구를 보관하고, 자신의 록 밴드인 Amygdaloids (뇌의 분노와 감정의 자리 중 하나인 편도체의 이름을 따서 명명 됨)도 링크되어 있다. 이 밴드는 두뇌 및 그것의 무질서에 관하여 노래한다. 그들의 음악 중 일부는 자신의 발견을 기반으로 한다.

『당신은 당신의 뇌가 아니다』

You Are Not Your Brain : The 4-Step Solution by Jeffrey Schwartz and Rebecca Gladding(Avery, 2011)

　　우리는 우리의 신경 회로에 의해 통제되는 희생자인가? 약물 치료가 ADHD 및 기타 정신 질환으로 진단받은 학생들을 돕는 유일한 해결책인가? 저명한 신경 과학자이자 UCLA 연구원 제프리 슈워츠(Jeffrey Schwartz)와 임상 심리사 레베카 글래딩(Rebecca Gladding)은 "아니오."라고 답한다. 『You Are Not Your Brain』**은 약물치료 없이 주의력으로 부적응 행동을 제어하는 방법을 설명한다. 이 책은 독자가 PATHS(대체 사고 전략의 증진)와 같은 프로그램의 기본 원리를 이해하고 아동(및 성인)의 학습 및 교실 행동을 개선하기 위해 감정과 행동을 수정할 수 있는 가능한 개별 프로그램을 새로 개발하는 데 도움이 될 것이다.

∬ 297쪽의 다니엘 골맨의 '감성 지능' 참조

에 대한 모든 착각과 진실, 추수밭, 2009).

* 　역자주 한글 번역본(조지프 르두 저/ 강봉균 역, 시냅스와 자아, 동녘사이언스, 2005).

** 　역자주 한글 번역본(제프리 슈워츠, 레베카 클래딩 저/ 이상원 역/ 김학진 감수, 뇌는 어떻게 당신을

『몸의 지혜』

The Wisdom Of The Body : Discovering the Human Spirit, by Sherwin B. Nuland(Knopf, 1997)

내가 인간 생리학을 공부할 때 이 책은 어디에 있었을까? 인간 생리학은 가장 심오하고 철저한 치료법 중 하나이지만 『The Wisdom Of The Body』*는 신체적인 발달이 우리 삶의 모든 측면에 어떻게 영향을 미치는지를 보여주는 영적인 차원을 가지고 있다. 마치 당신이 당신의 청력에 영향을 미치는 의학적 문제가 있는 유치원생이 된다고 상상해보자. 아무도 당신을 진단하지 못하는 것이 어떨지 상상해보라. 학업 성적은 얼마나 제한받을까? 자신에 대해 어떤 가정을 하고 있을까? 또, 난독증은 유전적이고, 유전자 치료를 통한 치료 가능성을 생각해보자. 예일대의 외과 교수인 눌랜드(Nuland)는 우리의 발달과 관련하여 신체의 기능을 설명한다. 그는 신체적으로 존재하는 것과 세상에서 우리가 하는 것 사이의 관계를 명확하고 임상적으로 보여준다. 이 책은 매혹적이다. 만약 내가 교육실습을 시킨다면 이 책은 필독서가 될 것이다.
　　　　　　　　　　　　　　　　　　　　　　－에드워드 T 조이너(Edward T. Joyner)

3. 가르치는 것을 학습하기

■■ 교생실습 경험에서 협력과 성찰 그리고 탐구

낸시 호프만(Nancy Hoffmann)

1990년대 초, 존 굿래드(John Goodlad)는 학교에 대한 주요 딜레마에 국가가 관심을 기울이도록 했다. 좋은 학교와 좋은 교사 교육 중 어떤 것이 우선인가? 우리가 우수한 교사를 준비하지 않는 한 우리는 좋은 학교를 가질 가능성이 없다. 그러나 교사를 준비하는 동안 모범적인 학교에

속이는가 : 생각 속에서 길을 잃곤 하는 당신을 위한 4단계 두뇌 훈련법, 갈매나무, 2012).

* 　역자주 한글 번역본(셔윈 널랜드 저/ 김학현 역, 몸의 지혜, 사이언스북스, 2002).

서 많은 시간을 보내지 않는 한 우수한 교사를 양성할 가능성은 거의 없다. 교생실습을 바꾸지 않고서 학교에서 지속가능한 변화가 일어날 수 없다.

굿래드는 NNER(National Network for Educational Renewal)을 창립했으며, 이는 대학과 공립학교 간의 동반 관계를 위한 가치와 영향력의 원천이다. 그들은 성찰과 대화 그리고 협력적 경험을 통해 새로운 동반 관계의 유형을 만들고 육성하여 어린이 및 장래의 교사를 위한 교육 기회를 개선했다. 1990년대 중반 이후 이러한 동반 관계의 상당 부분이 자리를 잡고 있으며 교사와 대학 교수진이 협력하여 프로그램을 강화하면서 실험하고 개선하고 있다.[4]

1999년에 작성된 이 두 기사는 NNER 동반 관계 (오하이오주 마이애미 대학과의 동반 관계) 중 한 곳에서의 경험을 바탕으로 성찰한 교생실습 경험의 가치를 일깨워준다. 첫 번째 글은 낸시 호프만(Nancy Hoffman) (신시내티 교외의 마데이라 교육구에서 교생실습을 담당하는 교직원)에 의해 작성되었다. 그녀는 지금 오하이오주 마이애미 대학에서 평생학습을 담당하는 직원이다. 두 번째 글은 버나드 배디알리(Bernard Badiali)의 글로 당시에 마이애미 교육 리더십 부서의 수장이었고, 지금은 펜실베이니아 주립대학교 교육 리더십 프로그램의 교수이다.

나는 교직을 준비했던 내 경험이 이 책을 읽는 다른 교육자들과 크게 다르지 않다는 것을 확신한다. 우리들 대부분은 교직 준비에 있어 가장 보편적인 요소인 집중적인 교생의 경험과 가르치는 사람들에게 영향을 미치는 것으로 일반적으로 받아들여지는 '가장 중요한 경험'에 빠져 들었다. 교생으로서 우리는 교실의 책임성을 점차적으로 천천히 우리들(초심자)에게 되돌려주려는 협조적이고 경험이 풍부한 교사들과 함께 근무하였다. 몇 주 동안 교실 뒤에서 참을성 있게 앉아서 협력 선생님의 모든 움직임을 지켜보고 기록하면서 내 차례를 기다리고 있었다. 나는 그 선생님을 존경하고 존중했지만, 잠시 동안이라도 이 관계에서의 권력 차이를 잊지 않았다. 내 임무는 명확했다. 지도 교사를 모방했다. 그녀의 행위를 생각 없이 재현하기조차 했다. 도전적인 교육 문제에 대해 깊이 생각하거나 자신의 접근 방식에 대한 이유를 묻는 것은 필요하지 않았으며 시간이 없었다.[5]

　대부분의 교생들과 마찬가지로 나는 교사들이 실습 과정에서 가르치는 방법을 학습하거나, 자신의 실천에서 의미를 만들기보다는 내용의 숙달과 구체적 방법을 시연하는 데 집중했다. 너무나 자주 교사 교육 프로그램은 교생 실습을 할 때 따라 해야 하는 '레시피 스타일'의 수업 방법을 제공한다. 이는 비판적이고 성찰적인 실천을 촉진하는 대신에, 미래의 교사들은 가르침을 정치적이지 않고 기술적이며 절차적인 활동으로 간주하는 현상 속에서 효과적인 것으로 시작한다. 이런 의미에서의 가르침은 교훈적이고 계층적이다. 가르침을 배우는 것이 수동적이다 - 참여자가 마음으로부터 참여하고, 구축하고, 연결하는 것보다 어떤 것을 그저 얻거나 가져간다. 이러한 관행은 신규 교사의 정체성을 '지식을 생산하기보다는 시행하는 사람'으로 형성해간다.[6]

　이제 나는 대학 교생의 감독자로서, 마데이라 교육구와 마이애미 대학이 이러한 관행을 바꾸도록 지시한 학교 - 대학 동반 관계의 일부이다. 동반 관계의 기본 원칙은 가르침이 정체되고 고정된 절차를 습득하기보다는, 전문적 삶을 통해 펼쳐지고 진화하는 지속적이고 유동적인 과정이라는 것이다. 교생들은 교육 실습을 경험하는 동안 지식을 받아들이고 지식을 생성하는 사람들이다. 우리는 교생의 필수적인 경험의 하나로서 반성과 탐구의 기회를 만든다. 교생은 자신의 경험에 대한 정기적인 글쓰기와 함께 전체 학기 동안 탐구 프로젝트(행동 연구)를 실시하며 자신의 실습과정에 의문을 제기한다. 그들은 학습하고 있는 것을 내면화하고 그것을 성찰하며, 분석하고 의미를 부여한다.

마이애미와 마데이라에서의 교생실습 모델에서 교생은 교생 경험이 있는 멘토 교사(또는 멘토 교사팀)와 함께 교실에 배치된다. 교생과 멘토는 지속적으로 대화를 통해 실천을 이끌어가는 정신 모델의 일부를 표면으로 끌어올린다. 이 대화에는 특정한 교실이나 학교 상황뿐만 아니라 더 넓은 지역사회에 관한 실체적 질문이 포함된다. 다양한 형태의 미디어를 통한 교사의 문화적 구성이 교사의 역할과 이미지를 정의하는 방식처럼, 그들은 학교와 대학에서의 경험이 자신의 정체성을 형성하는 데 기여하는 방식을 반영한다. 그들은 이러한 이미지에 도전하고 특정 상황을 뒷받침하는 가치와 신념에 부합하는 새로운 정체성을 구축한다.

동반 관계 접근 방식의 주요 구성 요소는 멘토 교사와 초보자가 교사로서의 실무와 역할을 더 잘 이해할 수 있도록 연구(탐구 프로젝트)를 수행하는 팀 학습 노력이다. 이 과정은 예비 교사들에게 초보자들과 경험있는 교사들 모두가 계속해서 가르치고 있음을 알려준다. 또한 이론과 실습을 연결하는 최선의 방법 중 하나는 교수법에 대한 자기 비판적이고 체계적인 탐구 과정을 통해서라고 강조한다. 조사 프로젝트를 통해 지식이 창출될 뿐만 아니라 교생과 멘토의 개인적이고 전문적인 관계가 강화된다.

■ 교생으로부터 배우기

버나드 배디알리(Bernard Badiali)

가장 흥미롭고 강력한 탐구의 사례는 마데이라(Madeira)의 고등학교 교사인 디제이 하몬드(DJ Hammond)와 함께 1999년에 수석 영어교사의 교생으로 근무한 젠 레이드(Jenn Reid)의 조사였다. 젠은 고등학교에서의 성평등 문제에 관심이 있었다. 더 구체적으로 말하면 그녀는 고등학생들이 수업에 참여하는 방식에 관심이 있었다. 그녀는 『Revhel Ophelia』와 『Schoolgirls』와 같은 책을 포함하여 여름 프로젝트의 일환으로 이 주제에 대하여 널리 읽었다. 여학생들은 남학생보다 교실에서 말하기를 꺼려했는가? 그렇다면 변화시킬 수 있는 요인은 무엇인가?

디제이도 역시 이 문제에 관심이 있었다. 왜냐하면 그녀는 수업 시간에 밝고 똑똑하지만 수업 토론 시간에 말을 많이 하지 않는 여학생들을 관찰했기 때문이다. 교생인 젠과 25년 베테랑 디제이는 함께 수업을 하면서 고학년 여학생들에게 여러 차례의 수업을 통해 정보를 수집할 계획을 세웠다. 그들은 학기 중에 일정한 간격으로 여학생들을 인터뷰했다. 그들은 교실에 있는 남학생들과 비교했을 때, 여학생들이 수업에서 말하고 자신의 견해를 표현하고 '방송 시간'에 관해 어떻게 느끼는지 묻는 저널 및 또 다른 글을 모집했다.

젠과 디제이는 일반적인 상하 관계가 아니라 연구의 파트너였다. 조사 결과는 중요했다. 젠과 디제이가 수집한 데이터는 그들 둘 다를 놀라게 했다. 여학생들은 토론에서 열등감을 느낀 것에 대해 말하고 썼다. 그들이 무언가를 말하는 사회적인 결과가 '우둔하다'고 할까 봐 두려워했다. 여학생들은 남학생들이 그들의 의견에 대해 어떻게 생각할지 걱정했다. 젠은 이전 학기에 읽었던 것을 스스로 확인했다. 그녀와 디제이는 수업에서 여학생들의 적극적인 참여를 장려하는 방안을 수립하기 시작했다. 그들이 연구한 수업으로 문제를 논의했다. 두 사람은 교육에 대하여 깊숙하고 의미 있는 대화를 했고, 교육과정 및 소녀 사회화의 본질에 대해서도 대화했다.[7]

학기말에는 마데이라에서 모든 교생들이 20~30분씩 교직원 전체에게 결과를 보고하는 행사가 있다. 젠은 약 25명의 마데이라의 교사, 여러 명의 마이애미 교수 그리고 몇 명의 다른 학교의 방문자들에게 프레젠테이션을 했다. 그녀는 인터뷰로부터의 인용, 여학생의 작문 샘플 그리고 교실 행사에 대한 일화적인 설명 등으로 데이터를 발표했다. 교사들, 특히 고학년 여학생을 가르치는 교사들은 열심히 들었다. 프레젠테이션은 강력하고 때로는 눈물을 흘리게 했다. 그녀의 프레젠테이션이 끝날 때 마데이라의 수학과 부장이 일어서서 말했다. "바로 그거야! 내 학급에 있는 모든 여학생들이 내일 참여할 거야, 아니 지금부터. 내가 그걸 실현시킬 방법을 찾을 거야"[8]

나중에 청중 속에 있었던 교육장은 젠의 보고서에 대한 강력한 반응에 놀랐다고 말했다. "나는 성평등에 관한 직원 개발 프로그램에 수천 달러를 쓸 수 있지만 교사들로부터 결코 이런 반응을 얻지 못했을 것입니다. 그들은 논문을 읽었습니다. 그들은 국가 데이터가 보여주는 것을 알고 있습니다. 이 보고서는 우리에 관한 것입니다. 이 여학생들은 우리의 소녀들입니다. 그들은 이름을 가지고 있고 얼굴도 갖고 있고 우리는 그들의 부모도 알고 있습니다."

젠의 탐구 프로젝트는 며칠, 심지어 몇 주간, 교직원들의 화제가 되었다. 여러 명의 교사들은 새로운 시각으로 고학년 여학생들을 보았음을 인정했다. 이 프로젝트를 공개하는 것에 대한 훌륭한 점은 직원들 간에 토론을 생성한다는 것이다. 교생들은 자신들의 결과와 관련하여 일종의 정치적 면제를 누리고 있다. 베테랑 선생님은 가르치는 기술을 발견한 초보자를 피상적인 조사로 치부하거나, 그들이 발견한 것을 통해 배울 수 있다. 그러나 프레젠테이션 도중이나 후에 질문에 의해 교사는 직장에 대한 관찰 가능한 데이터를 제공할 수 있는 교생으로부터 배울 의향이 있음을 분명히 알 수 있다. 그리고 교생은 한 학기 동안 그들을 잘 대해준 환경에 무언가를 돌려줄 수 있다는 것에 대해 꽤 기분이 좋았다.

『교육을 새롭게 바꾸기』

Educational Renewal : Better Teachers, Better Schools, by John Goodlad(Jossey-Bass, 1994)

　　　『Educational Renewal』은 교사의 가르침을 재설계하려는 사람들과 그것에 관심이 있는 사람들을 위한 것이다. 존 굿래드(John Goodlad)는 수학 점수를 높이거나 수학을 가르치는 방법에 대한 논쟁보다는 교육 목적에 대한 장기적인 질문에 초점을 맞춘다. 사람들은 어떤 시민 정체성을 가지고 있는가? 어떻게 그들이 생각하는 법을 배우는가? 그들은 어떻게 삶을 살고, 세상을 바라보고, 사람들을 이해하고, 자신을 이해하고, 지식을 추구하는가? 그들은 어떤 도덕성을 가지고 있는가? 굿래드는 대부분의 학교(및 대학 교육 부서)가 그 목적의식을 상실했다고 주장한다. 그는 대학과 지역 학교 시스템을 밀접하게 연결하는 '교육의 중심지'를 만들어 학교를 활성화할 것을 제안한다. '산업 시대 교육 시스템'(39쪽)에 대해 모호한 느낌을 가진 교육자는 대안을 찾아야 한다.

- 넬다 캠브론-맥카베(Nelda Cambron-McCabe)

∬ 296쪽의 '학습 연구 개발 센터' 참조

12

리더십
Leadership

1. 통제하지 않고 리드하기

■■ 교육적 리더십의 당위 모델로부터 벗어나기

샬롯 로버츠(Charlotte Roberts)

샬롯 로버츠는 이 책의 공동 저자는 아니지만 책이 완성되는 데 큰 역할을 했다. 조직적 학습의 가장 중요한 조언자이자 『The Fifth Discipline Fieldbook』과 『The Dance of Change』의 공동저자인 그녀는 1993년에 공립학교 관리자를 위한 새로운 리더십 모델을 만드는 댄포스(Danforth) 재단의 프로젝트를 돕기 시작했고, 그 이후로 교육자 및 학교와 함께 일하고 있다.

한 초등학교 교장이 관리자를 위해서 조직적 학습에 관해 1년간 진행한 과정의 마지막 시간에 내게 다가와서 말했다. "우리 학교 선생님들은 내가 모든 결정을 내리고 그들에게 무엇을 할지 말해주길 원합니다. 그는 최근에 석사과정을 마친 젊은 교장이었고, 나는 매우 궁금했다. 그는 직원들의 진정한 참여를 이끌어내기 위해 12개월 동안 연구하였다. 그가 정말 그 시간들이 쓸모없었다고 생각했을까?

몇 달 후, 또 다른 초등학교 교장이 내가 찾던 답을 주었다. 그녀는 미국 중서부의 한 교육구 팀의 일원이었다. 그 팀은 내게 자신들의 경험을 학습 조직에 대한 사례 연구 자료로 쓰는 것에 동의한 여섯 팀 중의 하나였다. 각각의 팀들은 교사, 교장 그리고 행정가들로 이루어져 있었다. 몇몇은 심지어 교육장을 대동하기도 했다. 우리는 하버드 경영대 교수 크리스 아지리스(Chris Argyris)의 이론에 집중했다. 그 이론은 정신 모델의 기초적 원리를 다루고 있었다. 아지리스는 다음과 같이 썼다.[1]

보편적 인류의 행동 양식은 네 가지의 기초적 가치에 의해 디자인된다.

1. 일방적 통제를 유지한다.
2. '승리'를 극대화하고 '손실'을 최소화한다.
3. 부정적 감정을 억누른다.
4. 가능한 한 이성적으로 행동하기 위해 사람들은 분명한 목표를 정하고 그 목표를 달성했는지 못했는지 관점에서 자신들의 행동을 평가한다.

이러한 가치들은 결과적으로 곤혹스러움과 위협, 취약성과 무능감을 피하기 위해서이다.

이 글에서 아지리스는 이러한 가치들의 순수 효과가 조직에 있어서 어떤 종류의 가치 있는 학습이나 변화를 막는다는 것을 보여준다. 우리의 대화는 적극적이었고 숨김없이 이루어졌다. 사람들은 자신의 한계를 '넘어서기'에 이르렀다. 해방과 자유의 기운이 감돌았다. 갑자기 백키 퍼롱(Becky Furlong) 교장이

외치면서 대화에 제동을 걸었다. "잠시만요! 이건 모두 뒷걸음질입니다. 저네 가지 가치는 좋은 교육장이나 교장의 평가기준입니다!" 그녀는 공교육 리더십에 있어서 우세한 모델을 정교화하며 그룹을 이끌었다. 나는 이것이 당위 모델이라고 생각했다.[2]

1. 좋은 리더는 언제나 통제력을 가지고 있다. 리더가 의구심을 갖거나 곤란해 하는 모습을 사람들에게 보여주지 마라. 자신감을 가지고 자리를 유지해라. 다른 누구도 당신만큼 학생들, 정책, 교사, 교육과정을 잘 지켜낼 수 없다.

2. 좋은 리더는 학생, 부모, 교사, 행정가, 운영위원, 정치가 등 누구와 상대하든 '승리'를 이끌어낸다. 언제나 자신의 뜻대로 할 수만은 없으므로 교육, 계획, 협상에 있어서 전략을 바꿀 준비를 해야 한다. 가장 중요한 것은 승리를 추구할 때 이어지는 4번의 가치에 있듯 당신의 상대를 합리성으로 대해야 한다는 점이다. 승리를 위한 다른 전략은 사적으로 해결할 수 있는 부분적 상황에 관한 이슈를 재정의 하는 것이다. 여러 부문에 관해서 복잡한 상황을 나누고 작은 해결책부터 제시하기 시작한다면 리더는 승리할 수 있다.

3. 교장이 부정적 감정을 표출한다면 그것은 통제가 불가능하다는 신호이며 심지어 무능함을 알리는 것일 수 있다. 학교가 부정적 감정에 휩싸여 있다면 그것은 교장이 교사들을 고무시키거나 동기를 주지 못했다는 신호이다. 교장이나 교육장의 분노, 초조, 우울은 분위기를 나쁘게 하며 결과적으로 학생들에게 영향을 미친다. "만약 부정적 감정이 학교 안에 만연하다면 낡은 아파트 안의 바퀴벌레들을 없애버리듯 그것을 없애버리

세요."라고 다른 교장이 말했다.

4. 합리적으로 행동하는 것은 교육을 받았다는 증거이다. 교육자는 젊은이들의 내면을 개발한다. 합리적이지 못한 것은 무능한 것이다. 예상치 못한 폭력과 같은 감정적인 일에도 리더는 통제권을 가지고 그것을 지키며 즉시 합리적인 대책을 세워야 한다.

백키의 말을 듣자 몇 년 전에 참가했던 교육학 박사 학위 프로그램이 생각났다. (나는 공교육 리더들이 받는 교육을 견뎌낼 수 없겠다는 것을 깨닫고 그만두었다.) 거기서도 우리는 암시적으로 혹은 직접적으로 효과적인 리더십 모델들을 배웠다. 옹호해라. 문제를 명확히 하고 위치를 확실히 해라. 주장을 굽히지 마라. 강해져라. 합리적으로 행동해라. 확신을 가져라. 올바르게 행동해라. 이 당위 모델은 우리의 많은 공교육 교육자들에게 주어진 짐이었다. 그것을 따르다 보면 의문은 허용되지 않게 되고 모든 사람들은 하나의 기준에 따를 것을 요구받거나 공통된 목적만을 향해 가게 된다.

이제 나는 그 교장이 왜 그런 말을 했는지 안다. "우리 학교 선생님들은 내가 모든 결정을 하길 바란다." 그가 의도했던 것은 이것이다. "내가 학교의 모든 갈등을 개인적으로 해결할 수 있도록 그들은 개입하는 것을 자제한다." 그가 옹호했듯이 그의 일은 직원들이 교육에 전념할 수 있도록 다른 문제로부터 보호하는 것이다. 하지만 현실적으로 그의 리더십은 모든 문제가 다른 어떤 사람이 다루기도 전에 그에게 집중되도록 만들고 있었다. 쉽게 말해 그의 행동은 당위 모델에 의한 것이었다.

리더십 스타일 자체가 의논을 허용하지 않고 심지어 잠재의식적인 것이었기 때문에 그는 학교에 대한 리더십의 위력에 대해 인지하지 못했다. 그는 학교의 교사들이 단지 묵인하는 것이 아니라 그의 통제를 요구하고 있다는 것도 알았어야 했다. 그랬다면 이런 리더십 스타일에서 오는 단점도 볼 수 있었을 것이다. 자신이 잘못하고 있다는 느낌에서 오는 불안감이나 그것이 교사들 사이에 야기한 수동성이나 냉소주의 등이 그러한 단점이다. 그가 빠진 함정에 대해 상상해보라. 그는 조직 학습에 대한 세미나에 수도 없이 갈 수 있었지만 그것들이 당위 모델에 대해서 비판하는 것이었다면 어쩌면 그는 후회하면서, 하지만 어쩔 수 없다고 느끼면서 그 세미나들을 그만두었을 것이다. 결국 어떤 다른 리더십 모델을 취할 수 있을까?[3]

교육적 리더십의 새 모델

나는 5년 이상 교육장들로 구성된 한 스터디그룹과 같이 일한 적이 있다. 그 스터디는 댄포스 재단이 새로운 공교육 리더십을 위해 지원하는 것이었다. 우리는 통제하지 않고 리드할 수 있게 하는 네 가지 역량에 집중했다.

1. **참여** : 론 하이페츠(Ron Heifetz)는 하버드 케네디 스쿨의 리더십 교육 프로젝트의 담당자이자 우리 프로젝트의 멘토이다. 그는 리더십을 사람들로 하여금 어려운 문제를 해결하게 만드는 능력이라고 정의한다. 내 생각에는 그게 참여이고 거기에는 두 가지 요소가 있다. 첫 번째는 명백한 정의나 단순한 이유, 확실한 해답이 없는 이슈나 상황을 인식하는 능력이다. (론 하이페츠는 이것을 '적응적인 문제'라고 불렀고 후기 시스템 이론가 러셀 액코프(Russell Ackoff)는 이것을 '혼란'이라고 불렀다). 그리고 그러한 복잡함과 마주쳤을 때 시스템 안에서 적합한 사람들을 소집하고 그들이 대화하게 하고 배우게 하는 것이 필요하다. 이것이 두

번째 요소이다.

론 하이페츠는 자신의 책 『Leadership Without Easy Answers』에서 참여의 과정을 반영하는 12가지 질문들을 제기한다. 처음 다섯 질문들은 잠시 물러나서 냉정하게 위기나 문제를 진단하는 방법과 사람들이 그것에 대해 가지는 태도에 관한 것들이다.

❑ ('적응적인 문제'나 '혼란'으로부터) 무엇이 곤란을 초래하는가?

❑ 곤란은 어떤 내적 모순을 보여주는가?

❑ 그러한 모순들은 어떤 배경을 가지고 있는가?

❑ 나와 다른 사람들은 지금 갈등 상황에 있는 다양한 지역사회를 대표하기 위해 어떤 견해와 이해를 가지고 있는가?

❑ 조직이나 작업집단 속에서 우리는 공동체의 문제 역학을 어떤 식으로 바라보고 있는가?

다음 세 질문은 공동체(이 경우에는 학교)가 감당할 수 있는 긴장, 고통, 학습의 수준을 반영하는 것들이다.[4]

❑ 불평등에 관한 사회의 대답은 무엇인가? – 미래 진로의 불확실, 외적인 위협의 존재, 역할 관계에 있어서의 방향 상실, 내적 갈등, 규범의 파괴에 관하여.

❑ 과거의 어느 때에 고난이 한계에 다다랐는가? – 내전이나 정치적 암살과 같이 사회가 자가 파괴를 시작할 때.

❑ 최고 권위자의 어떤 행동들이 균형을 유지해왔는가? 고통을 줄이기 위

해 어떤 방책이 나의 통제, 권한에 의해 작동하고 있는가?

마지막 네 질문들은 언제 관여할지를 판별하는 데 도움을 준다.

☐ 공동체에 특이한 일을 하고, 일을 기피하는 패턴은 무엇인가?
☐ 당면하고 있는 작업 회피 패턴은 현재의 적응적인 도전의 특성 및 어려움과 그것이 안고 있는 다양한 노동 이슈에 관해서 무엇을 시사하는가?
☐ 지휘권자는 어떤 단서를 가지고 있는가?
☐ 이 중 어떤 이슈가 다루기에 적기인가? 적기인 이슈를 어떻게 다루어야 하는가? 아직 적기가 아닌 이슈는 어떻게 사람들의 내면에 정착시켜야 하는가?

참여는 보이는 것처럼 간단하지 않다. 첫 번째로 사태의 복잡성은 구성원의 다양한 감정적 반응으로 나타난다. 대화를 위한 안전한 장소를 만드는 것과 말하고 듣는 것을 모두 가능하게 하는 것은 학교에서 배울 수 있는 것이 아니다. 명료성이 없는 채 감정을 앞세우는 것은 아지리스 (Argyris)의 첫 번째 가치로 회귀하는 결과를 가져온다. 개인의 통제를 우선시하고 일시적인 안정을 추구하게 된다.[5]

2. **시스템사고** : 복잡계에 숨겨진 역동성을 발견하는 능력 그리고 영향력을 발견하는 능력은 참여와 밀접한 연관을 갖는다. 루드비히 폰 베르탈 란피(Ludwig von Bertalanffy)는 시스템사고의 창시자 중 하나이다. 그는 복잡한 문제에 직면했을 때 행동하는 것에 대해 중요한 질문을 던진다.

"이 상황의 경계는 어디인가?"

그것은 간단한 질문이 아니다. 만약 당신이 그렇게 생각하지 않는다면, 이 질문을 한 그룹에 던진 후 합의가 나올 때까지 얼마나 오래 걸리는지 지켜보라. 그 질문은 사고와 행동에 관여해야 할 사람들을 선별하는 역할을 한다. 베르탈란피는 그룹들이 그들이 설정한 상황보다 한 단계 더 큰 사고를 한다면 가치 있는 통찰들이 종종 발생한다는 것을 제시했다. 예를 들어 한 그룹이 단지 그들의 중학교에 관련된 사고를 한다고 해도 그들은 그것을 넘어 교육구와 같은 더 큰 시스템하에서 사고할 수도 있다. 다시 말하자면 그들은 교육구 내의 다른 학교들이나 다른 부분이 문제의 일부일 수 있다고 생각할 수 있다.[6]

경계가 일시적으로 정해졌다면 맥 휘틀리(Meg Wheatley)에 따르면 다음 질문은 "누가 시스템에 속해 있는가? 그들은 그들이 시스템에 속해 있다는 것을 아는가?"이다. 그들의 조언을 들어라. 사회 시스템을 운용해라.

예를 들어 하나의 집단을 소집해서 그들 사이에 작동하는 힘과 그 힘의 상호작용을 알아보라. 가능한 하나의 시나리오 샘플 : 주 입법부가 각 학교의 성과를 재기 위한 결정을 내린다면 그것은 불안을 초래하고 교장들의 통제와 교사들의 두려움을 야기할 것이고, 교사들로 하여금 다음의 두 가지 행동을 하게 만들 것이다. 교사들은 가르칠 수 있는 순간과 흥미로운 교감을 포기하고 시험을 위해 가르칠 것이다. 또한 그들은 시험 성적이 낮을 것으로 예상되는 학생들을 시험기간 동안 학교에 나오지 못하게 할 수도 있다. 학교 평가가 올라가고 입법부는 성과를 올리며 학교는 시험을 가지고 장난을 칠 것이다. 학교의 성적은 좋아 보이지만 학생들의 학업은 실패한 것이다.

　새로운 교육장이 임명되고 무슨 일이 벌어지는지 눈치챘다. 그녀는 사태를 덮으려고 노력할까 아니면 인위적으로 높은 성과를 파헤칠까? 시스템을 위해서는 무엇이 좋을까? 이것은 누구의 문제일까? 경계는 어디인가? 누가 이 상황에 관계가 있으며 그들은 그들이 관계되어 있다는 것을 알고 있는가?

3. **학습을 주도하기** : 사람들을 참여시키고 시스템을 학습하게 하는 능력만으로는 공교육의 복잡한 이슈를 다루는 데 충분하지 않다. 학습을 주도한다는 것은 학습자 중심의 환경을 조성한다는 것으로 모든 문제에서, 교실 안에서든 밖에서든 권위 중심 환경과는 정반대이다. 우리들 대부분은 문제에 대한 권위 중심 접근을 경험했는데 그것은 교육제도를 통해 우리가 성장하면서 배운 방식이다. 권위적 형태의 가르침은 학생들에게 이론, 기술, 규칙을 접하게 하며 그 정보에 대해 정확히 흡수했음을 시험을 통해 증명하기를 요구한다. 그리고 아동의 흡수의 질에 대해 점수를 매긴다. 점수가 좋지 않은 아동은 '교정을 위한' 가르침을 받게 된다. 가르침은 줄여 말하면, 시스템에서 성인을 위해 조직된다. 그것은 당위 모델 교장 리더십이 행정가의 자기 이미지를 위해 조직되는 것과 마찬가지이다.

　권위 중심의 문제해결은 교묘한 방식으로 이루어지며 때로는 포착하기도 힘들다. 학교 벽에 "우리는 학생을 우선으로 생각합니다."라는 말이 붙어 있더라도 의심해야 한다. 학교의 정책을 살펴보라. 그 정책들은 배움을 희생하여 권위를 강화하고, 교사들을 안전하고 편안하게 만들기 위한 것임을 발견할 수도 있다.

그렇다면 교육적 리더가 지녀야 할 자질인 학습자 중심 리더십은 어떤 모습일까? 그러한 리더십은—배움이 그리고 항상 배움의 일부인 불확실성을 받아들이는 것이—체계의 문화나 유전적 암호임을 안다. 교사들은 여전히 가르치지만 자신들이 배웠던 방법대로 가르치는 것은 아니며 심지어 전문 교육에서조차도 그러하다. 학생이 개념을 이해하지 못할 때 교사는 자문한다. "내가 이럴 때 어떻게 했었지? 이 학생의 성취를 위해 필요한 건 뭐지? 이런 개념들에 매달려 있고 응용하려는 학생들을 돕기 위해 무엇을 해야 할까? 학생들이 그들의 배움의 일부를 느낄 수 있을까? 누가 이 대화에 참여하고 있으며 그들이 속한 바를 그들이 알까?"

그러한 문화에서 체계 속에 있는 모든 사람들은 학습자로 간주되고 학습자로서 행동한다. 배운 사람인 척하며 학위나 권위를 내세우는 것은 소용이 없는 것이다. 대신에 리더들은 사람들이 의문을 가지며, 질문을 자주 하고, 새로운 것을 바라며, 모르는 것을 대하는 것이 즐겁기를 기대한다.

배움을 이끄는 교장 또는 관리자가 다음과 같은 말을 할 자유를 지닌다. "나는 우리가 어디로 가는지 모릅니다. 그렇기 때문에 당신과 함께 앞으로 나가는 길을 찾고 싶기에 이 무질서를 여태껏 기꺼이 탐구하고 있습니다."

4. **자각** : 이 능력은 나로 하여금 댄포스 스터디 그룹을 진행하며 내린 가장 고통스럽지만 아직도 유용한 결론을 떠오르게 한다. 공교육의 리더들은 자발적이든 비자발적이든 교육장들이 그랬던 것과 같은 놀라운 비율로 들락날락한다. 우리가 무엇을 놓쳤지? 교육장들이 스터디를 못 버텨냈지

만 교사들은 버텨낸 이유가 무엇인가?

우리는 리더가 자각을 가져야 한다고 생각했다. 리더들은 그들이 사람과 시스템에 주는 영향을 알아야 하며 그러한 영향이 시간에 따라 어떻게 바뀌는지를 알아야 한다. 아마 리더십 모델은 그들이 리더의 직책을 가진 이래로 바뀌어왔다. 교육장을 고용하는 교육위원회는 2~4년 후에도 같은 맴버를 유지하지 않는다. 새로운 사람들은 새로운 리더십을 요구할 것이고 그때가 바뀔 때다.

자각은 힘의 원천이다. 그것을 개발하는 데 두 가지 방법이 있다. 사무실을 떠나 자신을 돌아보는 시간을 갖는 것이 첫 번째고 사무실에서 개인적인 코치를 받는 게 두 번째다. 자신을 돌아보는 시간을 갖는다면 직장에서 벗어나있는 개인적 숙련 프로그램에 참여하거나 공적 리더십의 부담을 이해하는 심리상담사를 찾아갈 수 있다. 개인적인 코치는 당신에게 호감을 가지고 있고 당신의 모든 것을 신경 쓰는 사람이어야 한다. 코치는 당신의 힘든 결정에 동반자가 될 수 있어야 하며 "시스템에 대해 제가 한 마디 해도 될까요?"라는 말을 할 수 있어야 한다.

지역 미디어에 의해 공격받은 후 해고되거나 조기 퇴직을 당하는 것은 끔찍하다. 리더의 자리에는 언제나 기쁨과 슬픔이 있다. 개인의 힘과 꿈, 가치를 알고 경계를 설정하는 것은 자각의 기초를 마련하는 것이다. 그것은 경력을 높이고 조직에 공헌하는 것에 만족하며 살아갈 수 있게 한다.

∬ 497쪽의 '조직의 이미지' 참조

2. 동료 파트너

■ 댄포스 재단 교육장 포럼

1993년에서 2003년 10년간 댄포스(Danforth) 재단(세인트루이스에 세워진 비영리 재단)은 약 60명의 교육장들이 모여 조직적 학습 효과에 대한 모임을 주최해왔다. 공식적으로는 미국 교육장들을 위한 포럼으로 불렸는데 이러한 댄포스 포럼은 보통의 전문가 회의와는 달랐다. 교육장의 경비를 지원하고 소그룹 학습을 지원했는데 자금 말고도 다른 게 더 있었다. 교육장들은 각각 도시, 교외, 농촌지역에서 왔으나 각 지역의 학생 중 최소한 절반이 교육 실패의 상황에 놓여 있었다. 그 사람들은 자신들의 학생들을 한 명도 탈락시키고 싶지 않았다. 포럼 초반에 교육장들은 조직적 학습을 통한 학교 재생 계획을 내놓았다. 그들은 스스로 그것을 실행시킬 수 없다고 생각했다. 그들은 도움이 필요했다.

수년이 지난 지금도 이 포럼에 참가했던 사람들이 포럼이 좋은 경험이었다고 말한다. 그들 간의 네트워크는 건재하고 참가했던 모두에게 여전히 중요하다. 이 책을 처음 출간할 때 그 포럼에 참여했던 몇 명을 포럼의 기획과 가치에 관한 이야기를 듣기 위해 불렀다. 우리는 지역과 학교를 넘어서서 동료들로부터 지원받기를 원하는 곳곳의 교육자 동료 그룹을 위한 강력한 교훈이 여기에 있다고 생각한다.[7]

-넬다 캠브론-맥카베(Nelda Cambron-McCabe)

참가자들 스스로 의제를 정하기

미주리주 유니버시티시, 린 벡위스(Lynn Beckwith)[8] : 포럼은 교육장으로서의 관심사에 대해 집중했습니다. 우리가 집중한 것들은 리더십, 공적 개입, 교장으로서의 책무, 아동기, 인종과 계층 등 우리가 제기한 질문과 직접 연관된 것들이었습니다.

매사추세츠주 스프링필드(Springfield), 피터 네그로니(Peter Negroni)[9] : 교육장들이 주최하고 그들을 위한 포럼이기 때문에 관련 주제로는 교장의 자질을 개발하는 법, 아동기 학생에게 대처하는 법, 지역의 모든 학생을 낙오하지 않도록 않는 법 그리고 공공에 개입하는 법 등이었습니다. 포럼을 진행하면서 우리는 학교가 가진 문제점들을 국가적인 주목을 받기 전에 예상했습니다. 우리는 소집단으로 나뉘어 집중적으로 이 문제들을 해결했고, 그런 다음 우리의 경험들을 더 큰 집단에서 공유했습니다. 그 말은 어떤 경우에라도 우리 60명 모두가 함께 학교를 위해 더 좋은 리더십을 발휘할 수 있는 전략을 만들어냈다는 의미입니다. 우리의 의제를 설계하는 동안, 우리는 자신과 서로를 각자의 교육구에서 학습 조직을 유지할 수 있는 학습자로 생각했습니다.

참가자들 사이에 관계 구축하기

몬타나주 보즈만(Bozeman), 파울러 버터필드(Paula Butterfield)[10] : 댄포스 재단의 사람들은 지속적인 공교육 변화를 위해 자신을 바친 사람들입니다. 우리는 개별적 계획과 관련된 사람들뿐만 아니라 모든 교육장들과 우리와 함께 일하는 상담사, 교수들과 친교를 다졌습니다. 나는 우리만큼 이 같은 노력을 오랫동안 지속한 다른 단체를 알지 못합니다. 그 과정에서 관계망은 포럼에서의 그 범위보다 더 넓어졌습니다.

앨런 버스틴(Ellen Burstyn)과 앨런 알다(Alan Alda)가 출연한 「같은 시간, 내년에(Same Time Next Year)」라는 영화를 아십니까? 저는 이 그룹에 대해 비슷한 느낌을 받습니다. 영화가 끝날 때 그러는 것처럼 그룹이 끝날 때 아쉬움을 느낍니다. 그것은 이 그룹이 만든 관계가 강력하다고 생각하기 때문입니다. 교육장끼리의 다른 모임은 모든 것이 얼마나 잘 돼가는지 다른 사람들에게 자랑하는 것이 단 하나의 목적인 것 같습니다. 댄포스 재단 네트워크의 목적은 그런 것이 아닙니다.

피터 네그로니 : 댄포스 재단의 경험에서 저는 유대감을 느낍니다. 혼자가 아니라는 느낌을 받습니다. 힘을 받습니다. 학교에서 진정으로 중요한 것은 학생이라는 생각을 공유하기 때문에 우리가 옳은 일을 하고 있다는 생각이 듭니다. 그 힘은 네트워크에서 옵니다. 저에게 있어서 네트워크 형성이란 다른 사람의 에너지를 끌어내 당신의 문제 해결 에너지로 만드는 것입니다. 그게 여기에서 벌어진 일이고 우리가 관계를 유지하는 데 성공적인 이유입니다.

린 벡위스 : 내가 여기 오는 이유는 도움을 받을 수 있기 때문입니다. 나는 여기서 배울 수 있습니다. 나는 내적 감정을 공유할 수 있는데, 왜냐하면 여기 있는 사람들은 동료애를 갖고 있기 때문입니다. 이런 길을 걸을 수 있는 사람은 많지 않습니다. 각자 크고 작은 다른 교육구에서 왔더라도 서로를 이해할 수 있을 거라고 생각합니다. 힘든 문제가 있어도 도와줄 사람이 여기에는 있습니다. 제가 처음 교육장이 됐을 때 문제가 생겼었는데 여기서 원했던 도움을 받은 적이 있습니다.

통찰력과 자원을 자기 지역으로 가져가기

파울러 버터필드 : 나는 댄포스에서 발견한 것과 같은 유형의 관계를 내 교육구에서 발전시키려고 노력했습니다. 즉 즉각 진전이 없더라도 문제에 대해 터놓고 말하는 공간 말입니다. 우리는 댄포스 재단에서 만난 외부인들을 우리 교육구로 불러 함께 일하고, 대화하고, 의문을 제기하고, 좋은 점

들을 찾아냈습니다. 그것은 우리 교육구에서 일하는 사람들에게 효과가 좋았고 학교 위원회가 댄포스 재단의 프로그램에 관심을 갖는 계기가 되었습니다. 그것은 우리가 교육장으로서 가졌던 경험과는 다른 것이었습니다. 우리는 언제나 회의 참석을 위해 어딘가로 출장을 갑니다. 하지만 이 집단과 함께라면 우리는 가끔 교육구에 머물고 사람들이 우리에게로 옵니다.

댄포스 퍼실리테이터, 번 쿠닝햄(Vern Cunningham)[11] : 하루는 우연히 워싱턴 공항에서 댄포스 포럼에 참가했던 교육장 한 사람을 만났습니다. 그는 학교 교장들과 같이 있었습니다. 이야기를 나누는 도중에 저는 제가 최근에 참가했던 포럼 워크숍에서 이 사람의 교육에 대한 재능에 대해 감탄했음을 언급했습니다. 그와 함께 있던 교장은 교육장에게 이렇게 말했습니다. "당신이 그 재능을 우리 교육구에서도 발휘했으면 좋겠습니다." 나는 그 말을 듣고 깜짝 놀랐습니다. 저는 교육장의 국가수준의 행동이 자기지역에서의 행동과 얼마나 다를 수 있는지를 깨달았습니다. 그 교육장은 그 이후 그의 직원들과 함께 많은 활동에 적극 참여하였습니다.

자기 지역에서 변화를 일으킬 대담한 계획을 고무하기

린 벡위스 : 댄포스 재단의 프로그램들은 홈스쿨 시스템의 모든 모임을 통해서 영향을 미칩니다. 지역사회가 교육과 학생들의 중요 문제들을 논하는 방법에서 시스템의 변화가 종종 일어납니다. '모든 아이를 위한 성공(Sussess For All Children)' 계획에서 조기 돌봄과 교육은 유니버시티(University) 시 교육구뿐만 아니라 모든 지역에서 새롭게 부각되었습니다. 우리는 학생들이 우리 교육구에 있든 아니든, 가정돌봄을 받든, 시설돌봄을 받든 간에 모든 학생들의 준비도를 향상시키는 데 초점을 둡니다.

626

한 번은 지역민들이 지역 교육구에 속하지 않는 학생을 신경 쓰는 것은 교육장의 업무가 아니라고 지적한 적이 있습니다. 우리의 성공은 우리가 얼마나 PK-12(유치원 전부터 중고등학교까지) 이슈와 문제들을 얼마나 잘 다루었느냐에 따른 것입니다. 우리가 어린이들의 발달사항과 요구를 얼마나 더 일찍 다루느냐에 따라 이후에 요구되는 치료적인 업무를 피할 수도 있다는 것을 이제 지역사회가 이해합니다. 결과적으로 이제는 지역사회 아동돌봄과 교육의 모든 주요 관계자들이 이 임무 수행을 위해 협력하도록 하는 인프라를 잘 구축하고 있습니다. 이것은 댄포스 포럼으로부터 시작된 것입니다. 분할된 지역사회는 이제 통합되었습니다.

파울러 버터필드 : 보즈만(Bozeman)에서 '모든 학생의 성공을 위한 계획'은 지역민들 사이의 관계에 큰 영향을 미쳤습니다. 댄포스가 주최한 우리의 첫 미팅에서 우리는 한 번도 대화하거나 같이 연대해서 일해본 적이 없던 사람들을 한 데로 모을 수 있었습니다. 전통적 장벽이 이 사람들 사이에 있었지만 그것은 습관에 불과했습니다. 그 미팅은 그런 장벽들을 무너뜨리기 시작했습니다.

지역사회에서 서로 이야기도 안했던 집단들이 공동 출자를 시작하였습니다. 보즈만에서는 보조금 허가제가 마련되서 보조금을 받기 위해 서로 경쟁하는 일이 없어졌습니다. 대신에 댄포스 재단의 우산 아래 한 팀이 되어 지원했습니다. 그것은 대단한 일이었지만 쉽고 빠르게 이루어진 것은 아니었습니다. 우리는 '협력'이란 단어의 철자 쓰는 법을 배워야 한다고 즐겁게 농담했습니다.

사실상 그 지역 댄포스 운영위원회 회원 자격은 매우 가치 있는 것이 됐습니다. 심지어 직접적으로 아동 분야와 직접적으로 관련이 없는 일에 종사하는 사람들도 팀에 참가하고 싶어 했습니다. 그들은 팀원 하나가 보조금을 받으면 팀 전체가 도움을 줄 것이라는 것을 알았습니다. 하지만 댄포스 위원회만 지역사회 모든 분야의 대표들로 구성된 것이 아니었습니다. 모두가 각자 다른 위원회를 위해 봉사하기 시작했습니다. 예를 들어 나는 카운티의 보건위원회 참여를 요청받았는데, 이 위원회는 캘로그 재단에 보조금을 지급하였으며 국가 보건 계획의 일부가 되었습니다. 새로운 주 보건 관리자는 자신의 위원회를 도울 사람을 찾지 못했습니다. 팀을 통해 그녀는 행정경험이 있고, 카운티의 보건부서가 학생들에게 어떤 영향을 미치는지 아는 사람들을 찾을 수 있었습니다.

우리는 서로 지원하고 생각을 같이 함으로써 위원회들 간에 '교차수분'이 있었다고 말할 수 있습니다. 아이디어나 행동을 통해 서로를 도왔습니다. 몬타나(Montana) 사람들이 가진 특히 강한 독립심의 정신성은 상호 연결과 개방성이라는 가치로 이어졌습니다.

서로에게 사례가 되기

린 백위스 : 전국 각지에서 온 교육장들과 함께 하게 되면－단지 그들 사이의 대화만 들어보아도－어느 지방 교육장들이 변화를 일으키기 위한 노력을 많이 했는지 알게 됩니다. 몇몇 교육장들은 분명히 그러한 프로젝트를 승인했지만 그조차도 결코 몰두한 것은 아니었습니다.

그런 일에서 성공한 사람들은 배우게 됩니다. 교육구 안에 있을 때는 교육장의 지위는 벗어던져야 합니다. 당신의 의견과 생각이 다른 사람들에게 직접적으로 전달되거나 그들과 완전히 같을 것이라고 생각하면 안 됩니다. 그것은 쉬운 게 아닙니다. 나는 때로 내가 정답을 알고 있어서 그것을 말해야만 한다는 생각을 합니다. 하지만 나는 위원회가 스스로 굴러가도록 내버려둡니다.

아동 교육이 주제인 한 위원회에서 한 위원이 이렇게 말했습니다. "나는 여기에 백위스 박사의 발표를 도와주거나 들러리를 서기 위해 온 것이 아니오. 백위스 박사는 위원회의 한 명일 뿐입니다." 나는 그것을 마음에 새겼습니다. 그 사람의 말이 맞았습니다.

리더의 역할을 포기하는 것은 프로그램에 전적으로 참여할 책임을 포기하기 위한 변명이 되지 못합니다. 나는 항상 이 포럼의 결과들이 다른 사람에게 위임할 수 있는 어떤 것은 아니라고 느꼈습니다. 나는 바쁠 때조차 이 모임에 참가하는 것을 의무로 여겼습니다. 프로그램을 평가할 때 몇몇 팀 멤버들은 교육장의 회의 출석과 참석이 계획을 새로운 수준으로 진전시키는 계기가 되었다고 언급하였습니다.

넬다 캠브론-맥카베(Nelda Cambron-McCabe) : 나는 많은 교육장이 역할 변화를 경험했다고 생각합니다. 예를 들어 많은 교육장이 그들의 리더십 스타일을 바꿨습니다. 로드아일랜드의 프로비던스에서 교장들의 워크숍에 다이애나 램(Diana Lam)이 참여하자 한 교장은 이런 리더십 스타일을 전에 본 적이 없다고 말했습니다. "보통의 경우 교육장은 들어와서 외부 전문가들을 소개하고, 그가 말을 시작하면 나가버립니다. 하지만 다이애나는 그대로 남아서 메모를 하고 질문을 하고 교장들과 아이디어를 놓고 토론을 합니다." 이러한 예는 우리가 리더십 계획에서 말한 로날드 하이페츠(Ronald Heifetz)의 적응적 리더십을 보여주는 것입니다. 하이페츠는 리더십 효과가 사람들이 같이 배울 수 있는 주변 환경을 어떻게 조성해주느냐 뿐만 아니라 당신이 그들과 어떻게 같이 배울 수 있는지에 달려 있다고 말합니다.

변화를 위한 시간 주기

파울러 버터필드 : 댄포스 재단이 발의한 작업의 특징은 즉각적인 만족을 원하는 이 시대의 과격한 접근법과 달리 결과를 바로 요구하지 않는다는 것입니다. 재단의 인내심은 전혀 다른 결과를 만들어 냅니다. 우리 대부분은 모든 일에 결과를 바로 요구하는 삶을 살아왔습니다. 나는 재단의 이 프로그램 덕분에 지금까지의 삶의 태도를 벗어나게 되었습니다.

린 백위스 : 우리 중 몇몇은 우리가 전혀 일을 진행시키고 있지 않다고 생각했을 겁니다. 하지만 나는 댄포스 재단이 결과를 바로 요구하지 않는 현명함을 보여주었다고 생각합니다. 프로그램은 결국 성과를 내고 목표를 달성했습니다.

위험한 것들에 대해 이야기할 안전한 장소를 만들기

린 백위스 : 내 교육구의 교육위원회 멤버들과 같이 일하는 동안에 포럼에서 진행한 인종과 계급에 관한 회의는 내게 진정한 도움을 주었습니다. 인종과 계급은 유니버시티 시티에서도 다른 교육 도시에서와 같이 민감한 주제입니다. 때로는 그것에 대해 너무 많은 토론들이 이루어지는 것 같기도 합니다. 하지만 나는 언젠가 한 포럼 회의에서 백인 여성이 백인의 특권에 대해 발표했던 것을 기억합니다. 나는 그 발표 자료를 가지고 돌아와서 우리 교육위원회 위원들과 돌려보았습니다. 한 멤버가 내게 말했습니다. "린, 나는 백인의 특권에 대해 한 번도 생각해본 적이 없어요."

이것은 획기적인 일이었습니다. 내 의견은 더 이상 무시되지 않았습니다. 예전에는 사람들이 "백위스, 당신은 언제나 인종과 계급에 대해서 이야기하는군요."라고 말하곤 했습니다.

그리고 나는 포럼 세션 중에도 달라진 점들을 발견했습니다. 토론 초반에 우리는 입을 다물고 인종 문제에 관해서 말을 아꼈습니다. 솔직히 말해서 아프리카계 미국인들이 인종에 관해서 격하게 발언할 때 나는 그들이 백인들을 식겁하게 만들었다고 생각했습니다. 그래서 나는 그들이 발언이 덜 공격적이도록 유도했습니다. 우리는 토론을 위해서 그런 방식은 안 된다고 말했고 그들은 들을 수밖에 없었습니다.

한 모임에서 가난한 계층 출신인 백인 교육장이 극복해야 하는 것은 인종이 아닌 계급 문제라고 말했습니다. 나는 굉장히 충격을 받았습니다. 이 사람의 말은 내게 새로운 지평을 열어주었습니다. 나는 우리가 미국에서 가난하다면 피부색과 관계없이 문제를 안고 있음을 깨달았습니다.

파울러 버터필드 : 그 회의는 내가 동료들의 출신 계층에 관해 어떤 가정을 가지고 있었기 때문에 영향력이 컸습니다. 나는 가난한 계층 출신이기 때문에 부자들에게 겁을 먹었습니다. 그 회의를 통해 우리는 가난한 사람에서부터 결코 풍요롭지 못한 사람에 이르기까지 거의 비슷한 배경을 가지고 있음을 알았습니다. 그런 공통적인 유대는 내가 다른 교육장들과 맺은 강력한 유대를 더욱 강화시켜주었습니다.

만약 우리가 이런 문제들을 더 일찍, 우리가 어느 정도 서로 알게 되기 전에 해결하려고 했다면 잘 되지 않았을 것입니다. 하지만 우리는 오랫동안 같이 일해왔습니다. 우리의 유대는 깊습니다. 처음에는 불편했지만 우리 모두가 유대를 갖기를 원한다는 것을 알았습니다. 우리가 아니면 미국에 있는 다른 누구도 그것을 할 수 없다는 것도 알았습니다.

종종 사람들이 그룹 안에서의 뭘 하느냐고 묻습니다. 나는 "내 마음속으로는 아주 정신적인 그룹입니다"라고 말합니다.

『교육장 현장 지침서』

The Superintendent's Fieldbook : A Guide for Leaders of Learning, by Nelda Cambron-McCabe, Luvern Cunningham, James Harvey, and Robert Koff(Corwin Press, 2005)

댄포스 재단이 후원하는 대화 및 실험을 통해 얻은 내용을 토대로 『Schools That Learn』과 같은 형식으로 정리한 도구, 실습, 현장 연구 그리고 이야기에 대한 이 개요서는 현장의 지도자들에게 매우 값진 것이다. 이것은 서류상의 동료 집단과 비슷하거나, 아니면 집단으로 향하는 첫 걸음과 같다. 어떤 교육장이 말한 대로 우리가 성공하는 법이라고 알고 있는 것의 많은 부분은 배우기 어렵다. 하지만 이 책이 그것을 쉽게 만들어줄 것이다.　　　　　　　　　　- 아트 클라이너(Art Kleiner)

『쉬운 답이 없는 리더십』

Leadership Without Easy Answers : By Ron Heifetz(Harvard University Press, 1998)*.

론 하이페츠(Ron Heifetz)에게 적응적인 도전은 태도, 행동, 가치의 변화를 수반하는 어려운 것이다. 그것들은 사회적, 정치적 변화를 불러오며 원인과 해결방법이 명확하지 않은 폭동이나 경제 위기 등을 야기한다. 그리고 학교 교사들도 그것들과 무관하지 않다. 하이페츠는 단지 권위적 태도로 답을 제시하는 것뿐만이 아니라 사회로 하여금 그것이 올바른 방향으로 가고 있는지 다시 생각하게 할 만한 중요한 질문들을 던짐으로써 교사들이 적응적인 이슈에 대응할 수 있다고 본다. 그는 이것의 이야기와 개념에 대해 리더들의 사례를 제시한다. 이 사례들은 간디에서부터 로널드 레이건, 환자에게 암 선고를 내리는 의사에까지 이른다. 샬롯 로버츠(Charlotte Roberts)가 『학습하는 학교』의 616쪽에서 12가지 질문을 제시하는 것도 이와 같은 맥락이다. 이 질문들은 적응적 도전이 무엇인지, 그런 도전을 위한 환경이 무엇인지, 이슈에 대해 어떤 태도를 가져야 하는지(그리고 왜 사람들이 이슈를 피하는지), 그리고 사람들과 그것에 대해 어떻게 대응해야 하는지를 알려준다.[12]

　　　　　　　　　　- 넬다 캠브론-맥카베(Nelda Cambron-McCabe)

---

*　역자주 한글 번역본(로널드 A. 하이페츠 저/김충선, 이동욱 역, 하버드 케네디스쿨의 리더십 수업, 더난출판사, 2008).

3. '외로운 늑대'에서 학습자 이끌기로 : 한 교육장의 여정

■ 학습 주도적인 교육구의 리더가 어떻게 그들의 개인적이고 전문적 개발을 인식하는가

피터 네그로니(Peter Negroni)

전직 교장이자 뉴욕시 교육구 시스템의 관리자였던 피터 네그로니는 1989년 보스턴에서 80마일 정도 서쪽에 있는 매사추세츠주의 작고 경제적으로 어려운 스프링필드시의 교육장을 맡게 됐다. 네그로니는 모든 학생이 교육을 받을 권리가 있다고 생각했다. 그는 변화를 만들기 위해 노력했다. 하지만 쉽지 않았다. 그는 관계와 겸손을 배웠을 뿐만 아니라 더욱 사적이고 조심스러운 학습 조직을 구성했다. 여기 제시된 4단계는 몇몇 혁신적인 교육장이 그들의 재임 기간에 그들의 혁신이 위험을 피해갈 수 있는 길을 제시한다. 네그로니 박사는 스프링필드에서 대학 위원회로 옮겨, 현재 관계 발전 연구를 담당하는 수석 부회장을 맡고 있다.

내가 2001년에 공립 교육구의 교육장에서 퇴임했을 때 전국적인 규모의 신문 하나가 나의 후임자를 찾는 광고를 잘못 배치했다. 그 광고문은 교육에 해당하는 "E"란이 아니라 관리자(superintendent)를 찾는 "S"란에 기재됐다. 빌딩과 토지관리자들로부터 지원자들이 쏟아져 나왔다. 좋은 뜻에서 지원자들을 온수기 관리, 빌딩 청소, 아파트 임대료 징수 경험들을 자랑했다.[13]

그것은 우스웠지만 재미있지는 않았다. 그 실수는 학교행정의 우려스러운 동향을 드러내는 것이었다. 지난 수십 년간 교육장과 교장들은 점점 더 교육기구와 조직 그리고 시험 성적 올리기에만 관심을 가졌다. 이런 이슈들은 가르침과 배움이라는 복잡하고 종종 보이지 않는 일보다 더 쉽게 이해되는 대

중적 관심사가 되고 있다.

오늘날의 교육환경에서 성공적인 리더십은 모든 학생을 높은 수준으로 이 끌려는 의지로부터 나온다. 그러한 리더십은 무엇보다도 먼저 지역 교육장 이 모범을 보여주어야 가능한 일이다. 이는 교육장 직책 자체의 근본적인 변 화를 필요로 한다. 만약 교육장 역할이 교수 학습 업무를 남에게 맡긴 채 가 르침과 배움의 문제를 등한시하는 것을 의미한다면 교육을 제대로 해낼 수 없다. 교육의 핵심에 대해 묻지 않고 검토하지 않은 채 근본적으로 불가사의 한 것으로 남겨둔다면 배움을 이끌 수 없다. 우리가 진정으로 모든 학생을 높 은 수준으로 교육시키려면 교육장들은 다시 최고의 교사가 돼야 한다.

교육장의 여정

대부분의 교육장들은 현장에서의 경험과 관리직을 수행한 뒤 업무를 맡게 된다. 그들은 그들이 맞닥뜨릴 리더십 부문에 준비가 되어 있지 않다. 그들의 교실에서의 경험은 먼 기억이며, 리더십 훈련은 그때그때 대충 이루어진다. 능력 있는 교육장이 되기 위해서는 교육자가 된다는 것이 어떤 의미인지 다 시 배울 필요가 있다.

나는 이것을 내 경험을 통해 알았다. 내가 스프링필드의 교육장이 되었을 때 그곳 시스템은 교육 리더십을 절실히 필요로 하고 있었다. 직원들은 배타 적이었다. 전체적인 교육과정도 없었다. 학년 제도는 엉망이었다. 어떤 초등 학교는 다른 학교들이 6학년제를 시행할 때 4학년제를 시행하고 있었다. 어 떤 학생은 고등학교에 다니기 전에 네 개의 학교를 전전해야 했다.

근본적으로 스프링필드는 백인과 흑인이 살던 도시에서 히스패닉 도시로 바뀌었다. 교육 지도자를 포함한 도시 지도자들은 그런 변화를 눈치채지 못했다. 도시의 고등학교 중퇴율은 51%였으며 나아질 기미가 없었다. 나는 이 것을 바꾸기로 결심했다.

되돌아보면 가끔은 사람을 죽일 정도의 혹독한 여정에 돌입했다는 것을 알았다. 나 말고 다른 사람이 종래의 방식으로 접근했다면 그 사람은 3년을 넘기지 못했을 것이다. 나는 11년 동안 버텼다. 나는 운이 좋았다고 생각한다. 내가 변화를 만들기로 결심했을 때 지역 커뮤니티들은 나에게 반발했다. 하지만 그 과정에서 고통스럽지만 본질적인 발견들을 해냈다. 만약 내 경험을 다른 곳에도 적용할 수 있다면, 4가지 단계를 밟아나가는 것을 추천한다. '외로운 늑대(Lone Rangers)'가 되기를 벗어나 '학습자 이끌기(Lead Learners)'가 되기까지의 길이다.

1단계 : 외로운 늑대

많은 신임 교육장은 교육구에 취임하면서 모든 일을 해결하려고 든다. 그들은 다른 시스템으로부터 많은 경험을 가져다 쓰려고 하지만 그들은 새로운 환경에 익숙하지 않으며 보통 도와줄 사람도 없다. 그들이 동료들을 데려왔다고 해도 동료들도 교육구에 익숙하지 않은 것은 마찬가지다. 새로운 교육장은 외로운 늑대처럼 행동해야 한다. 나도 그랬다.

나는 시스템 중 무엇이 문제인가를 알고 있다는 확신을 지닌 채 그것을 고칠 방법을 안다고 생각했다. 노동조합이나 위원회 사람들과 친분을 쌓으려고 노력하는 대신 그들의 주변에서 일했다. 나는 여러 가지를 조정할 권한이 있었다. 나는 그들이 내 의도에 따라 움직이도록 했다.

충고하자면 외로운 늑대 단계에서 당신은 몇몇 성공을 거둘 수도 있다. 나는 교육구의 표준과 규칙을 명확히 하는 데 성공했다. 나는 모든 초등학교를

5학년제로 바꾸었으며 중학교는 3학년제, 고등학교는 4학년제로 만들었다. 나는 정치적 교착 상태 때문에 아주 절실함에도 불구하고 세워지지 않고 있던 학교들을 설립했다. 나는 스프링필드에 인종차별이 있다고 생각했고 우리 모두가 학생들의 교육을 위해서 노력해야 한다고 역설했다.

3년간의 힘든 시간이 지났다. 그동안 나는 계속 사람들과 대결했다. 공청회에서 나는 의견이 다른 학교 위원회 멤버들을 질책하고 이렇게 소리 질렀다. "당신들이 따라오지 않는다면 나는 내 방식대로 하겠다." 나는 이것이 파국에 이르는 질주라는 것을 알고 있었지만 다른 방법이 없었다.

이 국면에서 배울 점은 세 가지가 있다. 그것은 교육장을 위한 로드맵의 일부가 되어야 한다. 첫 번째로, 나는 내가 도달하고자 하는 목표만이 아니라 그 목표 뒤에 있는 동기에 대해서도 명확히 표현했어야 했다. 두 번째로, 나는 사람들과 말하는 법을 배워야 했다. 나의 공적인 참여 방식은 내가 이미 마음에 두고 있는 변화를 수용하도록 사람들에게 부담을 주는 수단을 강구하는 것이었다. 세 번째로, 나는 문제의 단면을 보지 말고 그것의 핵심적인 원인을 파악했어야 했다. 원인은 인종주의가 아니었다. 적절한 교육 대안의 부재와 사람들의 미래에 대한 불안이 원인이었다. 외로운 늑대는 필요한 변화를 실행할 수가 없다. 실행을 위해서는 뭔가 다른 것이 필요한데 그것은 교육장과 다른 모든 사람들이 의지할 수 있는 깊고 강한 관계망이다.

2단계 : 관계 재점검

취임 4년 차에 나는 혼자서는 변화를 지속하기가 어렵다는 것을 깨달았다. 하지만 나는 여전히 나 자신이 스프링필드의 중심에 있다고 보고 있었다. 다른 사람들은 그리 중요하지 않았다.

거의 동시에 두 번의 위기를 겪고 난 후에 나는 혼자서는 안 되겠다는 것을 깨달았다. 첫 번째는 교사들과 계약 협상과 관련이 있었다. 나는 여전히 중요한 문제가 노조원들이 **나**를 알게 하는 것이 아니라는 것을 몰랐다. 내가 먼저 **그들**을 이해해야 했다. 이것은 노조에서 투표를 통해 합의를 폐기했을 때 더욱 명백해졌다. 심지어 노조 대표들조차 충격을 받았다. 투표가 끝난 뒤 우리는 나란히 앉아서 합의가 폐기된 일이 우리가 동떨어져 있다는 신호라는 데 동의했다.

또한 학교 위원회와도 연락을 지속해야 했다. 나는 뉴욕에서 온 거만한 이방인으로 소문나 있었다. 취임 5년 차에 나는 중앙 사무소를 재편함으로써 이 평판을 굳혔는데, 모든 직위를 없애버리고 재정을 절약했다. 곧 학교 위원회의 한 후보자가 나를 해임시키겠다는 공약을 내걸었는데 당선됐다. 사람들은 나를 개혁의 심벌로 여기기보다는 근절되어야 할 문제의 대명사로 인식했다.

곧 나는 하버드의 론 하이페츠(Ron Heifetz)와 스프링필드의 이 문제에 대해 이야기했다. 그는 후보를 지지한 사람들이 잃을 것은 무엇인가를 물었다. 그는 선거에서 이긴 사람이 18,000표를 얻었다는 것에 주목했다. "그녀가 누구를 대표합니까?" 그가 물었다. "그녀가 옹호하는 것을 알아내면 당신의 해결책이 있을지도 모릅니다."

나의 첫 대답은 이랬다. "여기 한 여자가 나를 향해 도끼를 들고 있습니다. 나는 옳고 그녀는 그릅니다." 내가 그녀의 말을 귀 기울여 듣기 시작하자 나는 하이페츠 박사가 매우 현명한 통찰에 근거한 답을 주었다는 것을 깨달았다. 내 상대는 학교 자체를 반대하는 것이 아니었다. 그녀는 인종차별자도 아니었다. 그녀는 높은 목표를 바라지 않았다. 반대로 그녀는 학생들에게 신경을 많이 썼다. 그녀는 나의 반대자가 아니었다. 그녀는 우수함을 강화시킬 수 있는 의견 중 하나를 대변하고 있었다.

나는 변하기 시작했다. 학부모가 진정으로 참여할 수 있는 시스템을 만들고 그들의 의견을 듣고 그들이 설득하는 바를 실천하려고 하였으나 단지 그들을 만족시키려고 노력하지는 않았다. 나는 노조와 협상하던 방식에 따라 극적인 조정을 이루어냈다. 협상 테이블에서 나는 내가 이기는 것만을 바라기보다는 노조와 함께 상생하는 방식을 추구했다. 학교 위원회에 대한 접근 방식도 변했다. 나의 다음 계획에 대해 30분 동안 일방적으로 발표하고 끝내기보다는 가장 좋은 방식을 모색하기 시작했다.

3단계 : 교육 코칭

나의 역할은 보스에서 코치로 바뀌었다. 나는 다른 사람들이 성찰하고 행동할 기회를 부여했다. 이것은 다른 사람들이 그들의 방식대로 하도록 허용하고 실패를 용인하는 것이었다. 세부 사항을 일일이 지시하는 대신 나는 교장, 교직원, 교사들이 스스로의 방식을 탐색하도록 했다.

좋은 코치는 질문을 잘해서 경각심을 갖게 한다. 질문을 하고 기회를 만드는 것을 시작할 장소는 교실이었다. 교수와 학습에 관한 중요한 문제들을 둘러싸고 가장 우수한 토픽들이 교실에서 움직인다. 나의 방문과 그것이 갖는 목적은 전 시스템에 의미를 가져다주었다. 이것이 내가 방문을 통해서 얻게 되는 중요한 측면이다. 내 일은 발전을 위한 조언이다. 그래서 나는 교실을 방문하는 것을 멈추지 않았다. 이 시점에서 나는 연간 150개의 교실을 방문하고 있었다.

학교 방문은 경험을 통해 배우는 계기가 되었고 단지 비판적인 관찰자로서 교실을 방문한 것이라기보다 많은 주의를 기울여야 하는 집약적인 과정이었다. 가장 중요한 측면은 '시찰'(walkthroughs)이었다. 내가 방문한 모든 교실에서 학생들이 무엇인가를 배우는 중이라는 증거를 볼 수 있었다. 나는 그것을 학생들이 교사와 소통하는 장면에서, 학생들이 일구어낸 결과물에서, 학생들 간의 소통 양상에서 찾았다.

몇몇 교사들은 내 방문을 싫어했다. 그들은 어떻게 내가 교실에 들어와서 수업을 방해할 수 있느냐고 말했다. 나는 교사들을 평가하기 위한 것이 아니라 학생들의 교육 필요에 대해 함께 이야기하기 위한 것이라고 설명했다.

우리는 교장들이 그들의 학교에서 똑같은 일을 하도록 독려했다. 그것을 지지하고 모델화하기 위해 연초에 3~4명의 중앙관리자들과 나는 46개 학교를 46일 동안 방문했고 각 학교의 교장들이 우리를 동행했다. 그리고 중앙관리자들과 46명의 교장들이 만나 우리가 본 것에 대해 정리했다.

처음에 우리를 미팅에서 비판하는 사람은 아무도 없었다. 하지만 점차 끝없는 토론을 통해 개선해야 할 문제와 분야를 더 잘 알게 되었다. 교장들 역시 누가 좋은 교사고 누가 그렇지 않은지 알게 되었다. 나는 한 교장이 말하던 것이 생각난다. "나는 항상 그 교사를 최고라고 불렀는데 그 이유는 그의 수업에서는 훈육이 필요한 학생들을 많이 보지 못했기 때문이다." 하지만 중요한 것은 학생의 학업성취도 향상이지 교장을 위해 문제를 일으키지 않는 교사의 능력은 아니다.

이 시기에 나는 텍사스의 교육장들을 위해 발표 자료를 만들었다. 그들은 28,000명의 학생과 46개의 학교를 다루는 교육장이 매일을 학교에서 보낼 수 있다는 것에 놀라워했다. 하지만 나는 그들이 여전히 의심스러워한다는 것을 알았다. 그들은 내가 어떻게 했는지 물었다. 나는 다른 사람에게 일을 맡겨야 한다고 말했다. 그것이 나에게는 학교 안에 있는 것보다 더 중요했다.

전화가 걸려오면 직원들은 이렇게 대답했다. "교육장은 학교 방문 중입니다. 그게 교육장의 직무입니다." 마침내 나는 조직 관리를 멈추고 진짜 목적에 집중하기 시작했다.

4단계 : 지역사회 코칭

교장과 교사가 대화를 지속하게 되어 그들의 성장과 발전을 도모하고 조직 관리 업무를 위임하면 당신은 무엇을 해야 할까? 제3단계에 이어 이번 마지막 단계에서는 교실을 지도하는 것에서 지역사회를 지도하는 것으로 선회해야 한다.

우리는 모두 학교 안에서 하는 일은 지역사회 안에서 아이들을 교육하는 것의 한 부분뿐임을 안다. 2003년에 한 '문제아 대책 위원회'는 내가 하고 싶던 일을 해냈다. 학생들이 학교 안에서 성공을 거두기 위해 학생을 존중하고 학생이 존중할 수 있는 권위 있는 위원회가 필요했다.

내가 스프링필드에서 기울인 최초의 노력이 실제적 성과로 나타났지만 그 것은 선례와 모범을 남겼다. 우리는 검증이 가능하고 분명한 상호작용을 지속했으며 때때로 지역사회에서 교육에 관한 견해를 필요에 의해 유연하게 조정했다. 우리는 학부모, 기업체, 종교단체, 복지단체와 연계해 움직였으며 그로 인해 서로 간에 명백한 협약을 만들 수 있었다. 우리의 교육과정에서 가장 가시적인 그 협약은 우리들의 공통의 사업을 추동하였다.

많은 교육장에게 진정한 개인적 변화가 일어나는 것은 이 마지막 단계를 거치면서이다. 그들은 전달할 답을 가진 전문가에서 회의에서 올바른 대답이 누구에게서라도 나올 수 있는 대화의 주재자로 변한다. 이 단계에서 교육장들은 모든 조직 관리자 역할을 멈추고 사람들이 실험하고, 혁신하고, 그들과 학교 시스템을 극대화할 기회를 준다.

나의 일부는 여전히 내가 나의 삶의 대부분을 통해 내면화한 생각-즉 내가 나에게 보고하는 사람들에게 집중하고 나는 그들에게 할 일을 말하고 그들은 그것을 해야만 한다는 것-에 매여 있다. 당신도 그렇게 느낄지도 모른다. 하지만 내 경험은 진정한 리더십이 사람들로 하여금 생각하고, 행동하고, 성장하고, 발전하게 하는 것이라고 말한다. 그것은 개인적인 동기를 발견하는 것에서부터 시작해 동료들, 그리고 더 큰 커뮤니티의 동기를 발견하는 것으로 발전해가는 것이다. 학생의 공평한 학습을 발전시키기를 원한다면 그러한 여정은 당연한 것이다.

4. 학생을 포기하지 마라

메리 라이커(Mary Leiker)

인구 통계는 도시 지역에서 극적으로 바뀔 수 있다. 그것은 부유한 백인 가족이 쇠퇴하고 있다고 생각되는 지역사회를 떠날 때 특히 그렇다. 소수자들과 저소득자가 그 자리를 채운다. 80년대, 90년대 그리고 초기 2000년대에 걸쳐 그것은 멤피스, 디트로이트, 뉴올리언스와 같은 도시의 중심 시가지에서 일어났다. 이 지역의 백인 인구는 절반 이상 줄었으며 학교도 쇠퇴하고 교육의 질과 학생 성취도도 낮아졌다. 모순적이게도 2000년대 후반 경제 위기 이후로 정반대의 상황이 일어났다. 밖으로 나갔던 비교적 부유한 가정이 교통비를 아끼기 위해 도심으로 들어왔으며 교외에 사는 이들은 압류되기가 일쑤였다.

지역사회가 인구이동과 경제위기로 변화를 겪을 때 교육구도 중대한 변

화를 겪는다. 90년대 초반에 교육장인 메리 라이커와 미시간주 켄트우드
공립학교의 위원회는 근처 그랜드래피즈(Grand Rapids)로부터의 학생
유입이 전통적인 백인 교육구와 지역사회의 통계를 바꾸고 있다는 것을
발견했다. 다양성의 증가를 결점으로 받아들이기보다는 그들은 그것을
모든 학생의 교육 기회 향상을 위한 기회로 파악했다. 지역사회와 그 비
전을 공유하면서 다양성은 지역사회의 교육에 큰 자산이 되었다.

1991년에 켄트우드 교육장으로 임명되자마자 인종 문제가 생겼고 이것은
학교 커뮤니티가 지역사회 안에서 차지하는 위상에 대한 재정의를 필요로 하
게 했다. 두 아프리카계 미국인 학생이 학교 복도에서 한 백인 학생을 때렸다.
맞은 학생은 부상이 심각해서 생명 유지장치를 달고 있어야 했다. 관계자의
증언을 듣는 데 33시간이 걸렸으며 4명의 변호사가 사건을 담당했다. 한 명
은 피해학생을, 한 명은 가해학생들을, 한 명은 교육장을, 한 명은 학교 위원
회를 담당했다. 이 시기에 KKK단은 지역 신문에서 활발한 단원 모집 활동을
전개했다. 33시간 동안 중년의 백인 남성이 학교 위원회에 참석해 뒷자리에
서 위원회의 활동을 지켜보았다. 흑인 커뮤니티에서도 사람이 나와 그것을
회의적으로 바라보았다. 지역사회에 위기가 온 듯 했다. 가해 학생 두 명은 퇴
학당했는데 그것은 백인 커뮤니티를 만족시키지도 못 했고 흑인 커뮤니티의
분노를 증폭시켰다.

1991년에 교육장으로 임명되었을 때, 9%의 학생들이 소수 인종이었고
10%의 학생들이 저소득 가정 학생이었다. 초등 수준에서는 45%의 학생들이
기준에 도달했다. 나는 모든 불만에는 진실의 씨앗이 담겨 있다고 생각한다.
몇 가지는 학교에서 벌어지고 있었고 나는 핵심을 찾아야 했다. 하지만 내가
조사를 시작했을 때 지역사회의 긴장은 더 높아졌다. 나와 내 가족은 백인과

흑인 단체 양쪽으로부터 생명의 위협을 받았다. 흑인들은 구호를 외치며 내 사무실을 둘러쌌다. "우리는 정의를 원한다." 내가 어느 한 편을 들지 않았기 때문에 양측 그룹 모두 내게 의존할 수 있다고 생각하지 않았다.

소수 인종 학생들이 동등한 기회를 갖지 못하고 있다는 것이 곧 밝혀졌다. 고등학교에서는 소수의 학생들만이 수준별 교육의 상급반에 들어가 있었다. 9월에서 3월까지, 연도에 상관없이 80명에서 125명의 학생들이 퇴학을 당하고 있었으며 그것은 주로 소수 인종 학생들이었다. 10년 동안 단 두 명의 흑인 학생만이 농구 팀에 소속된 적이 있었다. 내 질문에 사람들은 이렇게 답했다. "이게 켄트우드에서 일이 돌아가는 방식이다."[14]

입장이 다른 대화 주도하기

이런 긴장되는 기간에 NAACP(흑인 인권단체)와 몇몇 다른 단체에서 미 법무부와 같이 일해보겠냐는 제안이 들어왔다. 나는 그 제안을 곧 받아들였다. 우리는 상황을 다른 시각에서 볼 사람이 필요했고 나는 학습 조직에는 숨겨야 하는 것이 있다고 생각하지 않았다. 아무것이라도 실마리가 보이면 다행이었다.

2년 동안 법무부 대표와 나는 한 달에 한 번씩 고등학교 학생과 그들의 학부모들과 함께 그룹 미팅을 가졌다. 우리가 이슈를 진척시킬 수 있다면 서두를 필요는 없었다. 2년의 시간은 졸속 마무리를 막았으며 지역사회가 뒤를 돌아볼 시간이 되었다.

우리 모두가 서로에 대한 뿌리 깊은 가정에서 벗어나기 위해서는 길고 어려운 대화를 해야만 했다. 경청은 새로운 이해로 향하는 결정적인 것이었다. 법무부 대표는 언론의 접근을 통제했으며 따라서 우리는 진솔하고 정직하게 상황을 이해하고 공유할 수 있었다. 우리는 직원들에게 많은 태도 변화가 일어났다는 것을 발견했다. 우리는 소수 인종 교사가 더 필요했다. 지금 그들의 수는 최저였다. 우리는 어떤 학생들은 몰랐던 편견들에 대해서 도전했다. 우리는 다양한 집단의 대표성을 확보하기 위하여 구매와 입찰계약, 시설 서비스, 사업 영역, 인터뷰 과정에 목표를 설정했다. 우리는 목표가 얼마나 잘 달성되어가고 있는지 보기 위해 시스템을 계속 모니터링하는 것에 찬성했다.[15]

∬ 774쪽의 엘렌 부쉘의 '대중 참여' 참조

　문화적 변화는 특권과 안전의 기초를 흔들기 때문에 지역사회에 있어서 가장 어려운 부분이다. 켄트우드에서의 우리의 고난은 로날드 하이페츠가 적응적 이슈에 대해 쓴 부분과 들어맞는다. 인구 변화와 그 영향은 교육장에 의해 단순히 기계적으로 처리될 수만은 없다. 학교 위원회는 이슈에 대해 사회단체들이 그 문제를 해결토록 해야 하며 교육장은 사람들을 괴롭히지 않기 위해 그것을 덮어버리거나 조용히 처리할 수는 없다. 사람들을 귀찮게 해야만 한다. 더 높은 수준의 학습과 이해에 도달할 수 있도록 그들을 불편할지도 모를 대화에 참여시켜야 한다. 다른 교육장들은 다양성에 관한 지역사회의 논의에 대해 두려워하는 모습을 보인다. 그리고 두려울 때 사람은 적응적으로 행동하는 게 아니라 단지 그것을 고정시키려고 한다. 다양성을 똑바로 직시할 때 그것은 짐이 아니라 축하할 수 있게 된다. 우리는 다양성을 학생, 학교, 지역사회를 위한 선물로 만들 수 있다.[16]

∬ 616쪽의 론 하이페츠의 '12가지 질문', 631쪽의 그의 저서에 대한 리뷰 참조

기대와 성과를 높이기

　나는 인종 갈등을 겪었고 2년의 시간 동안 수많은 질문에 대하여 숙고하며

644

지냈다. 여기서의 교훈은 무엇인가? 계기가 무엇이었는가? 학생과 교육구를 더 높은 결과와 명성으로 이끌 방법은 무엇인가? 학교 위원회와 나는 다름을 단순히 받아들이는 것뿐만 아니라 그것들을 가치화시키는 과정을 전국에 보여주고 싶다고 생각했다. 우리는 다양한 학생들을 그들이 받게 될 양질의 교육을 통해 교육구으로 끌어들일 수 있었다. 우리는 켄트우드 학생들을 글로벌 시민으로 만들기 위해 다양성이 필요했다. 학생들은 그들이 배타적인 교육 시스템에서 교육받는다면 피해를 입는 것이나 마찬가지다.

그 뒤로 몇 년, 켄트우드는 다양성 면에서 유명해졌다. 폭력사건이 있었던 1991년에 9%의 학생이 소수 인종이었고 10%의 학생은 저소득층이었다. 초등 수준에서는 45%의 학생이 주 기준에 겨우 도달했다. 내가 은퇴한 2007년에 켄트우드는 40%의 학생이 소수 인종이었고 42%의 학생이 위기 학생이었으며 89%의 학생이 주 기준에 도달했다. 40%의 소수 인종 학생들은 아프리카계 미국인 학생이 28%를 차지했으며 50개국 이상에서 온 난민과 이민자들이 나머지 12%를 차지했다. 이러한 통계적 변화와 학생들의 학업성취의 증가는 90년대에 만들어진 예측을 반박하는 것이었다.

우리는 어떻게 했는가? 학교 위원회, 교직원들, 지역 공동체는 비전을 만들었다. 모두를 위한 수월성과 공평성에 대한 공유 비전을 깊게 이해했으며 그것을 공유하고 성취를 이루어냈다. 교육위원회의 비전은 우리의 헌신의 배경이 됐다. "켄트우드의 공립학교는 교육에 대한 기쁨과 열정의 장소, 그리고 다양성을 감사하는 곳이 될 것입니다. 모두가 미래를 위한 교육 시스템에 창의적 동인으로서 참여하게 될 것입니다." 대개 그런 말들은 단지 수사법인 경우가 많다. 여기서는 아니었다. 비전은 우리가 한 모든 일에서 날마다 살아 있었다.

시스템사고는 우리가 다양성을 결함이 아니라 엄청난 자산으로 보도록 하는 데 있어서 핵심적 역할을 했다. 그 과정에서 중요한 도움이 된 것은 전국학교위원회연합(The National School Boards Association, NSBA)이 개발한 『학교위원회 주요활동(The Key Work of School Boards)』이라는 책이다. 그것은 학생의 학업성취와 공동체의 연계에 대해 나와 있으며, 고립된 채로 행동해서는 안 된다는 점이 강조되었다.[17]

학교 위원회는 모든 결정이 서로 의존하고 있음을 알아야 하며 가능한 반응뿐 아니라 의도하지 않은 결과가 드러날 수 있는 것에 대해 주의 깊게 살펴보아야 한다. 8가지 행동 영역이 있지만 명확히 단계별로 점검되는 것은 아니다. 대신에 학교 위원회 활동으로 간주되어야 할 모든 것을 대표한다. 가장 중요한 것은 커뮤니티와 공유할 수 있는 비전을 찾고 모든 학생을 위한 높은 기준을 세우는 것이다. 이것은 교직원의 전문성을 통해 필수적인 교육과정과 모든 학생의 요구에 대처하는 교육적 전략을 발전시키는 방법이다.

우리의 비전을 향해 전진하고 새로운 표준에 도달하기 위해 모두가 많은 것을 배워야 했다. 내 역할은 다른 사람들의 학습을 돕는 것으로 바뀌었다. 나는 수많은 학자, 전문직 종사자들, 연구자들과 몇 년에 걸쳐 일하며 내가 배운 것을 공유하려고 했다. 나는 위원회 멤버들, 중앙 사무소 관리자들 그리고 교장들을 정기적으로 교육했다. 켄트우드에서 우리는 25권의 책들을 구입하고 함께 학습했으며 전체 시스템을 향상시키기 위해 월별로 교육을 진행했다. 관리자들이 포함되었다고 말할 때 그것은 보조 관리자들도 포함하는 것이었다. 식자재 관리자, 교통 관리자, 조경 관리자 등등이 거기 속했다. 모두가 학생을 교육시키는 데 역할이 있었다. 내가 관리인에게 "건물 청소를 하고 있을 때 도움이 필요한 학생이 보인다면 청소를 멈추고 가서 도와라. 청소보다 학생이 더 중요하다."라고 말했다.

우리의 체계적인 학교 개선 노력의 과정에서 우리는 고객과 지속적인 개선에 중점을 둔 데이터 중심으로 변했다. 이것은 가르침에서 특히 분명하게 나타났다. 엄격한 주 교육과정 지침 때문에 무엇을 가르칠지에는 융통성이 거의 없지만 가르칠 방법이 진정으로 꽃 피는 기회가 되었다. 학생의 요구를 끊임없이 모니터링하면서 우리는 언제나 학생의 배움에서 중요한 성과를 만들어낼 수 있는 방법을 찾고자 했다. 그러나 나는 학생 성취의 성장과 더불어 우리가 부딪친 한계도 볼 수 있었다.

가장 획기적인 돌파구는 신경가소성 분야 연구 성과를 활용함으로써 만들어냈다. 나는 그것이 읽지 못하는 사람들로 하여금 장벽을 허물 수 있는 누락된 고리-완전히 숨겨진 고리-라고 확신한다. 많은 학생의 경우 모든 점에서 기능의 정상화를 요구받고 있지만 그들은 단지 우리가 무엇을 하던지 간에 잘 읽을 수 없을 뿐이다. 그들은 학습장애나 정서장애를 가진 학생일 수도 있고 이중언어 학생, 주의력 부족 학생 또는 그냥 난청을 가진 학생일 수도 있다. 신경가소성의 두 가지 프로그램이 우리를 도와주었다. Scientific Learnings' Fast For Word 프로그램과 Lindamood-Bell 그룹의 프로젝트가 그것이었다. 이것들을 통해 초등학교 교사들은 학생의 무엇이 문제인지 집어낼 수 있으며 그들의 기억력, 집중력, 성취력 등을 개발시키기 위해 직접적인 조치를 취할 수 있게 되었다.[18]

신경가소성

신경가소성(Neuroplasticity)은 심리학자인 도날드 헵(Donald Hebb) 박사가 오래전부터 언급하였다. 신경가소성의 기본적 특징은 세포들이 서로 묶여 있으며 동시에 작동한다는 것이다. 뇌과학에서 가장 기본적인 사실은 세포들이 동시에 작동할 수 있다면 그것들은 서로 묶여 있는 것이며 새로운 신경 네트워크를 만든다는 것이다. 세포들이 동시에 작동할 수 있다는 것을 고려한다면 학생들의 집중도에 대한 문제도 해결할 수 있다고 생각한다. 자신을 자각하는 일이나 사고의 과정 혹은 개인의 충동에 대해 숙고하는 일이란 그런 것이기 때문이다. 이것은 중요한데 왜냐하면 시스템의 완성이 두뇌의 간접적인 체계와 혹은 주의 집중을 통한 새로운 신경 체계의 형성에 달려 있기 때문이다. 이것은 지속적이고, 반복적이고, 신중한 사고를 통해 가능하다.

-아트 클라이너(Art Kleiner)

∬ 599쪽의 '인지 연구 그룹' 참조

소수 인종 학생과 저소득층 학생의 비중이 높았지만 우리는 미시간주의 요청 그리고 아동낙오방지법(NCLB)에 따라 매년 모든 학교에서 적절한 연간 성취를 달성했다. 이러한 요청을 달성하는 것은 어려웠는데 왜냐하면 우리에게는 많은 단기 체류자들과 난민, 그리고 이민 학생들이 있었기 때문이다. 우리의 목표가 차별을 줄이는 것이었기 때문에 하위그룹 학생들과 통계 간의 격차를 줄여야 했다. 하지만 일 년에 3, 4번씩 학교를 옮기는 학생이나 학교에 다녀본 적이 없는 학생, 심지어 학교에 관심이 없는 학생들 앞에서 문제점은 늘어 갔다. 우리는 켄트 카운티 교육구들 중에서 난민을 위해 선택된 교육구였으며 50개국 이상에서 온 500명 이상의 학생들이 있었다. 하지만 우리는 매년 성과를 올렸다.[20]

학습 커뮤니티 지원

우리는 매년 지역사회 대상 설문을 한다. 우리가 다양성에 대한 문제를 겪을 때 사람들은 그것에 대해 우려와 문제의식을 갖고 있다고 말했다. 이제 그들은 켄트우드의 강점이 다양성이라고 말한다. 사람들은 많은 학생이 저소득층 출신이어도 시스템이 위협받지 않을 거라고 생각한다. 왜냐하면 사람들은 정반대의 결과가 일어나고 성과가 나오는 것을 봤기 때문이다. 2007년 졸업반 599명은 총 667건, 250만 달러 이상의 장학금을 받았다.

나는 대학 입시라는 난관을 뚫기 위해 중·고교 학부모들에게 많은 도움을 주었다. 그들의 자녀에게는 복지가 있었다. 그것은 그들이 대학교에 들어갈 때 학자금에 도움이 되었다. 우리 학교가 학생들에게 많은 기대를 걸었기 때문에 부모들도 학생들에게 많은 기대를 걸었다. 우리 모두가 낙오되는 학생이 없다고 믿는다면 선생님과 관리자들은 최선을 다할 뿐이다.

학교에 대한 지역사회의 자부심은 학교에 대한 재정지원에서 엿볼 수 있다. 사람들은 부지, 건물·재건축을 위한 채권 발행에 투표했다. 2003년 채권 발행 투표에 참여했을 때 켄트우드는 켄트 카운티의 어떤 다른 지역보다도 실업률이 높았다. 사업체들이 최대 50%까지 인원을 삭감하면서 사람들은 고통을 겪었다. 하지만 2003년 선거에서 우리는 사회조직들이 우리의 요구를 충족시킬 수 있다는 것을 확실히 하기 위해 돈이 필요했다. 8,550만 달러 규모의 채권 발행은 2 : 1로 통과되었다.

이렇듯 지역사회의 큰 지원 아래 학교의 시설들은 최고급이 됐다. 그것은 건물 시설이나 교실에 도입된 기술에서부터 운동장의 잔디, 음악실의 음향 시설에 이르렀다. 4학년 위로는 3,000명의 학생이 방과 후 활동에 참여했다. 운동이나 음악 활동에 참여하지 못하는 학생이 있으면 방안을 모색했다. 우리는 아이들이 함께하길 바랐다. 그렇게 학생들이 참여하면 관계 속에 머무르고 문제가 줄어든다.

2005년 7월에 『Grand Rapids』라는 잡지에서 2003년과 2004년의 데이터를 가지고 켄트 카운티 29개 지역의 다양성에 대해 순위를 매겼다. 다양성에 대한 우리의 가치가 입증된 것은 그때였다. 켄트우드 공립학교는 모든 분야에서 5위 정도의 성적을 거뒀다. 우리는 이기기 어려운 학교들을 이겼다. 우리의 비백인 학생 비율은 40.1%였다. 우리보다 상위 교육구는 2.6에서 5.8%였다. 켄트우드의 경제적 취약자는 35.8%였고 상위 교육구는 4.2에서 9.0%였다. 흥미롭게도 우리 학교의 직원들은 교외의 부유한 상위 교육구와 비교해서 질적인 면에서 우리가 뒤질 것이 없다고 생각했다.[21]

우리는 통계적 변화를 겪는 다른 학교의 모범이 되고자 했다. 우리는 그것에 성공했다. 교육 시스템과 공동 학습에 대한 헌신 끝에 우리는 모든 장애물을 극복했다. "소수자가 되는 것과 저소득층이 되는 것이 교육구 실패를 의미하는 것은 아니다. 그것은 사실이 아니다. 그런 생각을 하면 그것이 일어날 것이다. 그것은 부끄러운 일이다. 그것은 우리의 가치 있는 자산인 학생들을 망치는 길이다."

∬ 댄포스 그룹의 메리 라이커는 622쪽의 '동료 파트너'를 기술함

▪▪ 켄트우드 학교 위원회의 시각

빌 요셉(Bill Joseph), 1995년에서 2011년까지 켄트우드 학교 위원회의 위원 역임

켄트우드는 인종과 사회경제적 구성에서 국가의 축소판이다. 우리의 장기적인 비전은 위험에 처한 학생군들이—아프라카계 미국인, 보스니아인, 히스패닉, 에티오피아인, 아시아인, 빈곤하고 혜택받지 못한 사람들 등—학업에 성공할 수 있음을 보여주는 것이다. 흑인 위원회 멤버로서, 나는 우리가 더 다양해졌음에도 기본을 잃지 않았다는 게 자랑스럽다. 우리는 모두를 만족시킬 풍부한 문화를 개발하는 데 힘을 다했다. 우리의 비전은 우리를 집중시켰다. 무언가를 얻고 싶다면 원하는 것이 무엇인지를 알아야 한다.

또한 위험을 감수할 필요도 있다. 켄트우드는 많은 변화를 겪었다. 그중에는 미국에 처음 오는 학생들을 대상으로 하는 프로그램도 있었고 뇌과학에 대한 프로그램도 있었다.

전문성 개발은 위원회 멤버들의 주된 업무였다. 너무 자주, 교육자들은 우리 자신의 개발이 필요하다는 것을 잊는다. 우리는 주 학교 미팅에 참가하지만 더 많은 것이 필요하다. 학습을 진행하면서, 나는 우리가 다른 학교 위원회보다 더 많이 진척되어 있다고 느낀다. 사실 그들은 주 미팅에서 우리가 알고 있는 것에 대해 놀란다. 우리는 아동낙오방지 정책 훨씬 전에 빈곤 문제와 학업성취 격차에 대해 깊이 이해했다.

학교의 변화에 있어서 도시와의 파트너십은 중요하다. 학교 시스템과 도시는 같이 간다. 시장과 도시 위원들은 이런 관계를 이해하고 있다. 우리는 시장, 도시위원, 학교 위원회, 교육장과 함께 정기적으로 미팅을 갖는다. 때로 우리는 이런 회의를 학교 건물에서 진행함으로써 그들은 학교를 방문할 수 있다. 최근에 우리는 두 번의 토요일 아침에 이동 토론을 시행했다. 학교와 도시 정부에서 온 리더들은 사람들에게 자신들이 하고 있는 일에 대해 어떻게 생각하는지 물으며 지역사회의 몇몇 지역을 방문했다. 우리는 몇몇 프로젝트들을 협력적으로 실행했다. 예를 들어 학생들의 욕구 충족을 위해 여름 학교를 시행했다. 도시 관계자들은 학교 덕분에 켄트우드의 산업이 발달했다고 말하기 주저하지 않는다. 그들은 도시와 학교의 미래가 엮여 있다는 것을 안다.

■■ 가족은 다양성을 포괄한다

샌디 탈봇(Sandi Talbott), 켄트우드 학교 위원회 전 멤버이자 학부모

학부모이자 학교 위원회 멤버로서, 나는 우리의 학교 비전에 대해 명확한 관점을 가지고 있었다. 나와 내 가족이 여기에 남은 이유이기도 했다. 우리는 원하는 어느 국가에서든 살 수 있었다. 하지만 우리는 모든 학생들이 교육을 받을 수 있는 다양성이 있는 곳에 남고 싶었다. 고등학교를 졸업하고 나서 내 두 딸은 켄트우드에 남기로 한 결정에 고마워했다. 왜냐하면 켄트우드에서의 생활이 그들에게 방해가 되지 않았기 때문이다. 그들은 자신감에 차 있었고 여기에서의 경험에 공감하고 있었다. 그들이 배운 것의 많은 부분은 배워서 되는 게 아니라 경험해야 하는 것이었다.

졸업식에서 상급자들의 졸업을 보는 것은 언제나 놀랍다. 보고 있으면 UN 같다. 그들은 성공적이고 서로를 칭찬하며 껴안기도 한다. 이 학생들은 성공할 것이다. 각자가 배우고 해낼 것이다. 학교 시스템이 그들에게 큰 도움이 되었다. 학생 대표가 여기에는 차별이 없다는 취지의 글을 읽었다. "우리는 여기를 떠날 것이고 다시 차별 속으로 들어갈 것입니다." "하지만 우리는 이 학교와 지역사회 출신입니다. 우리는 우리가 누구인지 알고 있습니다."

켄트우드는 어려운 질문을 하고 그것들을 정면으로 마주볼 수 있는 몇 안 되는 지역사회 중 하나다. 나는 내가 처음으로 위원회에 선출되던 때를 기억한다. 우리는 고등학생들에게 인종과 정체성에 관한 어려운 질문이 담긴 설문을 돌리고 있었다. 나는 이게 잘하는 짓인지 모르겠다고 말했다. 테이블 건너편의 학부모가 말했다. "우리가 하지 않으면 누가 하겠습니까?"

이곳 사람들은 열심히 일한다. 그건 힘든 싸움이고 사람들은 지속할 것이

다. 때로 사람들은 말한다. "우리는 교차로에 서 있다. 하지만 우리는 언제나 그럴 것이다. 우리가 서 있는 곳이 거기이고 그러면서 우리는 어려운 질문을 하고 역경을 바라볼 것이다. 모든 학생을 위한 고급 교육과 행동 기대가 그래야 하기 때문에 여기서 일어난다. 많은 사람의 삶이 걸린 문제이며 학생들은 성공적이고 생산적인 시민이 되어야 한다."

■ 급식실에서 본 학교

요리사 모 샤말리(Mo Shamali), 켄트우드 교육구 식품 담당자

내 일은 학생들을 급식하는 것뿐만 아니라 교육하는 것이다. 우리는 우리 일을 이해하고 그것을 어떻게 수행할지 안다. 우리는 학생들에게 식품에 대해 교육하고 학업을 위해 잘 먹도록 해야 한다. 배고픈 학생은 집중할 수 없다. 우리는 학생들이 좋아할 만한 음식을 주려고 노력한다.

국적, 인종, 종교에 불문하고 학생들을 먹이는 것은 쉽지 않다. 그들은 건강한 식단과 영양에 대해 알아야 한다. 그것은 우리의 일이다. 장차 학생들의 식생활에 영향을 미치는 식사의 패턴을 만들어내는 우리의 일로 보아야 한다. 그렇지 않으면 학생들은 먹고 싶은 것만 먹을 것이다. 그것은 학생들에게 좋지 않다.

식습관에 영향을 주기 위해 저학년부터 시작한다. 야채와 과일이 많은 샐러드 바를 세운다. 학생들로부터 호평을 들었다. 중고등학생이 되자 학생들은 야채와 과일을 먹었다. 그 전에는 아무도 야채와 과일을 먹지 않았다. 다른 전략은 숨기기 전략이었다. 튀김에 당근, 샐러리, 청경채를 섞었다. 음식이 맛있었기 때문에 학생들은 건강한 음식을 잘 먹었다. 우리는 샐러드드레싱을 저지방이고 연한 것으로 바꾸었다. 학생들은 왜 맛이 달라졌냐고 물었

다. 식습관이 달라지자 학생들은 고지방식을 좋아하지 않았다.

우리는 무료 식사를 받는 학생들이 관심을 받지 않도록 일을 시행했다. 우리는 시스템을 세워서 판매원까지도 누가 무료 식사를 먹는지 모르도록 했다. 그렇게 해서 더 많은 학생이 무료 식사의 혜택을 받았다.

학부모들도 학생들의 식사에 참여하도록 했다. 각자 학생들은 고유번호가 있다. 학생들이 식권을 살 때 ID카드를 사용하면 계좌에 기록이 된다. 학부모는 온라인에서 확인하거나 우리에게 물어보면 학생이 뭘 먹는지 알 수 있다. 학부모가 학생이 못 먹게 하려는 음식이나 학생이 먹으면 안 되는 음식이 있으면 스크린에 뜨기 때문에 학생이 살 수 없다.

우리는 올바른 음식 선택을 위해 학생들을 잘 교육하려 했고 졸업 후에도 그런 선택을 하기 바란다.

■ 학교 리더의 관점

케리 아나마(Kari Anama), 사우스우드(Southwood) 초등학교 교장

켄트우드 공립학교의 비전은 내가 본 것 중 가장 명확하다. 학생, 교사, 관리자 모두가 더 높은 목표를 향한다. 우리는 지속적인 향상을 추구하며 데이터를 통해 시행하고 수요자에 초점을 둔다. 이런 명확한 포커스 때문에 나는 켄트우드에 왔다. 리더로서 힘들 것이라는 것은 알고 있었고 메리 라이커와 다른 사람들에게 배울 것이 많을 거라는 것도 알고 있었다.

메리의 멘토링은 강력했다. 그녀는 최소한 한 달에 한 번씩은 관리자들과 만났는데 그것은 학교 운영의 기술적인 면 때문이라기보다는 교육 포커스에 관한 것이었다. 교육장을 보조하는 이들이 그동안 세부 사항을 조정했다. 켄

트우드에서 일하는 동안에는 그 시간이 조심스러웠다. 유대와 관련한 문제나 계약 협상이 생길 때는 일정이 빡빡해졌지만 그것은 배우는 과정으로서단지 사업을 위한 것만은 아니었다.

90년대 후반에 나는 다양성으로 채워진 사우스우드(Southwood) 초등학교교장으로 취임했다. 학생층은 아프리카계 미국인, 히스패닉, 베트남인, 백인이 각자 10에서 20%로 전부 비슷한 비율을 차지하고 있었다. 이외에도 다른인종의 학생들이 있었다. 사우스우드는 학생들에게 무료 혹은 아주 저렴한식사를 제공하고 있었다. 그 교육구에서 오래 있는 학생은 몇 없었다. 그리고학교 성적이 낮아서 미시간주에 의해 폐교될 위기에 처해 있었다.

이후 6년 동안 우리는 20%의 학생들밖에 표준화 시험을 통과하지 못하던것을 99%의 학생들이 수학, 과학, 읽기, 사회 시험을 통과하도록 만들었다.우리는 분위기와 기대치를 바꾸었고 학습하는 학교와 학습하는 교직원들을만들었다.

이 변화를 위해 가장 먼저 한 일은 읽기와 쓰기를 더 잘 가르치는 것이었다.많은 교사가 읽기에 치중하느라 쓰기 교육을 할 시간이 없다고 말했다. 우리는 그래서 Four Blocks Literacy Model이라고 불리는 새로운 모델을 도입했다.이것은 누구나 매일 쓰기를 가르칠 수 있도록 한 것이었다. 이 프로그램에서학생들은 읽을 것을 골라서 읽기 지도를 받은 후 쓰고 발음 수업을 받는다.학생들은 더 나은 사고를 할 수 있게 되었다.

최근에 나는 켄트우드 교육구의 다른 학교인 글렌우드(Glenwood) 초등학교로 전근을 갔다. 비슷한 변화들이 있었고 같은 정책들을 적용했다. 모든 교사들은 모든 학생들이 그들의 배경에 상관없이 배울 수 있고 또 그럴 것이라고 믿는다. 여기에 변명의 여지는 없다. 높은 기대치만이 있을 뿐이다.[22]

『좋음에서 위대함으로』

Good To Great : Why Some Companies Make the Leap…and Others Do Not, by Jim Collins (HarperCollins, 2001).

켄트우드 공립학교 교육장으로 있으면서 우리는 중요한 것들을 얻었다. 퇴직이 가까웠기 때문에 나는 어떻게 학교 시스템이 새로운 교육장을 받아들이고 어렵게 얻은 성과를 유지하는지 연구했다. 콜린스(Collins)는 『Good To Great』*에서 강점을 유지하는 회사들에 대해 쓰고 있다. 최고의 자리에서 내려오는 것이 비결이었다. 몇십 년 동안 강점을 유지한 회사들은 이미 존재하는 단체의 리더십을 강화시킴으로써 언제나 이겨야 할 경쟁자를 존속시켜왔다.

콜린스의 책이 사업에 관한 것이기는 하지만 교육에도 적용시킬 수 있다. 안타깝지만 교육장들은 자신의 은퇴에 의한 변화가 그들의 책임이라고 생각하지 않는 것 같다. 보통 교육장들은 학교 밖의 시스템에 의해 고용되고 그들의 이익을 챙기는 데에만 관심이 있다. 콜린스는 자신만의 길을 만들 것을 추천한다. 나는 그것을 사람들을 훈련시키고 교육구가 진보하게 만드는 방식으로 받아들였다. 내가 은퇴했을 때 내부인들에게 내 자리와 다른 중요한 자리를 맡도록 해두었다.

– 메리 라이커(Mary Leiker)

5. 중심 학습 그룹 만들기[23]

레스 오모타니(Les Omotani)

레스 오모타니 박사처럼 다섯 가지 규율을 학교에서 실시해본 사람은 적을 것이다. 9,000명의 학생이 다니는 아이오와의 웨스트 데스 모인스(West Des Moines) 지역사회와 학교에서, 그는 학교와 학부모뿐만 아니라 지방 정부와 사업가들까지 학교가 나아질 수 있는 비전에 합류시켰다. 그는 2004년에 휴렛-우드미어(Hewlett-Woodmere) 공립학교 교육장

*　역자 주 한글 번역본(짐 콜린스 저/ 이무열 역, 좋은 기업을 넘어 위대한 기업으로, 김영사, 2002).

으로 임명되었다. 그는 모든 주체의 학습에 헌신했다. 학생, 교사, 관리자, 학부모 그리고 시민들까지가 대상이었다. 롱아일랜드의 휴렛-우드미어에는 3,500명의 학생들이 있었다. 학생들은 부유하거나 가난한 계층 출신이었지만 교육에 대한 열정은 어느 가정에서든지 똑같았다. 지역사회는 학생들이 좋은 교육과 그 기회를 획득하기를 기대하고 있었고 99%의 졸업률에 자부심을 가지고 있었다. 이 섹션에서는 오모타니 박사와 그의 지원팀이 어떤 변화를 가져왔는지 알아보도록 한다.

나는 종종 왜 교육장이 되려고 했었는지에 대해 질문을 받았다. 내 생의 이 시점에서, 나는 그것에 대해 명확한 답을 가지고 있다. 그것은 학생들의 학습기회를 위해 지역사회를 학습자들로 구성하고 조직적 구조와 문화를 만드는 것이다. 그것을 위해 교육장으로서 가장 주목하는 것은 공동 학습을 위한 시간 확보를 최우선시하는 것이다. 그것이 답이다. 사람들이 만약 모든 것은 제쳐두고 단지 해야 할 일만을 놓고 토론한다면 새로운 사고방식, 행동방식, 습관을 배울 수는 없다.

집단적 학습은 나에게 기본적인 가치가 되었다. 나의 관리자 경력 초반에 다른 사람들은 무엇이 일어나고 있는지, 해답이 무엇인지, 결정이 무엇인지 궁금해했다. 나는 그런 기대가 편안했고, 그게 나의 할 일이라고 생각했다. 사실 그것을 잘 수행함으로써 명성을 얻기도 했다. 하지만 그것은 헌신이라기보다는 규칙을 잘 지키는 것뿐이었다. 많은 사람이 단순히 내가 시켰거나 교육구 안의 다른 관리자들이 시켰기 때문에 그렇게 했다. 쓸데없는 일을 시킨 것은 아니었지만 그들이 원해서 하는 것은 아니었다. 그게 전통적 조직이 돌아가는 방식이다.

나의 경력의 현 단계에서 지도란 타인과 함께 배우고, 돌보고, 학생과 어른을 위한 가능한 최상의 교육 환경을 제공하는 것이다. 나는 이것이 더 효과적인 지도방법이라는 것을 알았고 결과도 더 잘 나왔다. 학교 시스템은 모두의 일이자 학습이고, 창조이다. 그리고 어떤 결과물이 나올지 모른다. 어느 방향으로 가던지 우리가 함께 집단으로서 해결하고자 노력했고, 또 그것이 바른 방향이라고 믿었기 때문에 생겨난 일이다. 우리는 서로의 능력과 경험에 의존했다. 우리는 시스템에 대한 여러 가지 시선을 통해 더 나은 선택을 했다.[24]

휴렛-우드미어 공립학교 교육장이 되었을 때 나는 관리자 그룹의 학습 공동체를 발달시키는 게 우선 업무라고 생각했다. 우리는 배우고 결정하는 것뿐만 아니라 커뮤니티 내의 사람들을 위해서도 좋은 환경을 만들어야 했다. 학생과 그들의 능력 개발을 위해 기회를 만들어야 했다. 우리는 메그 휘틀리(Meg Wheatley)가 믿었듯 의미 있는 대화가 세상을 바꿀 것이라 믿었다. 하지만 학습자의 공동체는 저절로 되는 것이 아니다. 알맞은 환경을 만들기 위해 계속 노력해야 한다. 조직의 사람들은 새로운 기술을 배워야 한다. 내 경험상으로 사람들은 어떻게 대화하는지 안다고 생각하지만 사실은 그렇지 못하다. 지금까지 회의에서 말한 방식대로는 생산적인 결과를 낼 수 없다. 집단지성과 행동을 만들고 싶다면 개입을 위한 새로운 규칙을 만들어야 한다.[25]

중심 학습 그룹을 소집하기

DLT라고 알려진 '교육구 리더십 팀(district leadership team)'이 이미 존재하고 있었는데, 그것은 교장들과 선출된 중앙 사무소 관리들이 정기적으로 만나는 것이었다. 하지만 몇 멤버들에 따르면 DLT는 어느새인가 2시간 동안 서로 떠들기만 하는 쓸모없는 것으로 변해 있었다. 아젠다는 15개 이상의 주제로 이루어져 있었으며 발언자는 최소한의 시간만이 주어졌다. 시간이 지나면 의제는 그냥 넘어가버렸다. 서로 배울 기회는 거의 없었다.

우리는 DLT를 우리의 중심 학습 그룹에 포함하였다. 그것은 28명으로 구성되었으며 중앙 행정관리, 교장, 교감으로 이루어져 있었다. 우리는 그들에게 조직 학습을 이끌 정교한 기술을 가르치는 데 많은 자원을 투입했다. 멤버들의 많은 수가 처음으로 상호작용에 힘을 다할 기회를 얻은 것처럼 느꼈다. 우리가 하는 모든 활동, 심지어 사소한 것에서조차 관계를 다지기 위해 우리는 서로를 알려고 했다. 더 신뢰하고 서로서로 더 많이 의지하게 되었다. 그룹으로서의 우리의 상호작용이 서로 보답하고, 활력을 더하며 모두를 강화시킴을 발견했다.

우리가 이것을 시작했을 때 관리자들은 학습 활동과 대화를 하는 데 하루를 보내는 것은 물론이고 2시간의 회의도 상상할 수 없었다. 그것은 그들의 업무나 사무실을 너무 많이 비우는 것이었다. 하지만 그들은 곧 상호작용을 더 많이 원하게 되었다. 리더들이 이런 식으로 결합하는 것은 흔한 일이다. 그들이 종래처럼 학교와 속한 부서에서 하던 일에 집중한다고 해도 그들은 상호관계를 시작했고 그들의 열정을 거기에 투자한다.

시스템이 계획대로 흘러간다

아이오와의 전 직장에서 나는 항상 계획이 있는 사람으로 생각되었다. 나는 우리의 갈 길을 그렸고 그것은 각 그룹이 무엇을 배워야 하고 어떻게 배워야 하는지에 대한 짐작이었다. 우리는 인상 깊은 시스템이 자리 잡게 했고 주된 목표를 세웠다. 하지만 이번에는 더 많은 학습과 변화가 내가 아닌 다른 사람들에 의해 주도될 수 있다는 것이 명백했다. 중심 학습 그룹은 여기에 꼭 필요했다. 그룹 멤버들은 학교의 핵심에 자리 잡고 있었기 때문이다. 그들은 그들이 배운 것을 타인에게 가르치며 시도해볼 수 있었다. 휴렛-우드미어 학교에서는 중심 학습 그룹이 학습을 주도했다. 학생들을 지원하기 위해 영향력 있는 지역 학습자들을 구축하는 것이 나의 계획이었다.

우리의 첫 토론에서 중심 그룹을 만들어 활동해야 한다는 것에 합의했다. 우리는 학기 중에 한 달에 한 번씩 만났다. 개별적으로는 각자의 학습을 매일 점검했다. 이러한 발전과 학습을 교육구 외부가 아니라 안에서 내부적으로 수행하는 것은 우리의 성공에 결정적인 것이 될 것이었다. 나는 조직 안에서 몇 명만을 내보내어 특별한 훈련을 시키거나 몇 명을 하루나 이틀 초청하는 것으로 리더십이 바뀌는 조직을 본 적이 없다.

종래의 교직원 교육 프로그램은 특화된 방식과 고정된 시간표로 진행되었다. 이번에는 아니었다. 우리는 그저 "배우고 같이 연습합시다."라고 말했다. 우리는 단계적인 세션을 밟아나갔다. 우리가 리더십에 대해 말하고 생각하게 됨으로써 우리의 학습을 이끄는 주도권이 중심 그룹으로부터 나왔다.

∬ 611쪽의 '통제하지 않고 리드하기' 참조

캐시 앤더슨(Kathy Anderson) 인사담당 부교육장이 이끄는 작은 기획단이 우리의 첫 학기에 대한 제안을 내놓았다. 내가 시스템에서의 나의 업무와 '다섯 가지 규율' 언어를 빈번히 사용하였기 때문에 나는 그들에게 내가 원하는 것을 중심 의제로 만들지 말 것을 권장했다. 그러나 그들은 다섯 개의 세션(한 세션에서 하나의 규율을 다룸)을 제안했다. 만약 다섯 가지 규율이 내 사고에 필수적인 것이라면 그들도 근본적인 이론과 실천을 이해할 필요가 있다고 나를 설득했다.

나는 다섯 가지 규율 개념에 관한 세션을 이끌어왔지만 중심 그룹에서 교사와 학생이 동시에 될 수는 없었다. 그것은 전환에 대한 결정이었다. 나는 이 책의 공동 저자이자 댄포스 교육장 포럼에서의 동료였던 넬다 캠브론-맥카베(Nelda Cambron-McCabe)에게 도움을 청했다. 학생이 되어보는 것은 다른 참가자들이 어떻게 학습을 경험하는지 알게 했다. 이런 것은 직접 되어보지 않으면 모르는 것이다. 그것은 인내와 끈기를 요구하며 그를 통해 나는 주도적인 역할을 하지 않아도 되었다. 때로는 이런 생각을 한다. "저 내용에 코멘트를 하고 싶다." 하지만 그러지 않는다. 교육장으로부터 잘 듣는 것보다 중심 그룹이 서로 경청하는 것이 중요하다. 많은 교육장은 중심 그룹이 좋은 청자라고 말한다. 하지만 다른 사람들로부터 들어보면 우리는 그다지 좋은 청자가 아니다. 나는 우리의 세션을 듣기와 성찰을 훈련하기 위한 기회로 삼았다. 내 동료들에 비해 나는 좀 나았지만 습관을 좀 더 확실히 들여놓을 필요가 있었다. 나는 진심으로 중심 그룹이 이것을 '자신'의 일이 아니라 '우리'의 일로 인식한다고 믿는다.

∬ 622쪽 '동료 파트너' 참조

하루에 한 가지 규율을 배우는 선형적인 과정을 따라가기보다 넬다는 그것을 통합시킬 것을 제안했다. 우리는 하루 종일 다섯 가지 규율을 검증하는 것으로 시작했다. 우리는 그것이 무엇을 의미하는지 생각하며 팀 학습과 정신 모델에 집중하는 식으로 두 번째 세션을 진행했다. 그 세션에서 우리는 『Schools That Learn』의 내용을 참고하고 학습하며 실습했다. 거기에는 추론의 사다리, 탐구, 지지와 학습의 바퀴로 이루어지는 이중 루프 방법이 들어 있었다. 이중 루프 방법은 온도조절기와 비슷한 방식으로 작동한다. 우리는 개념을 배웠고, 각각의 아이디어나 스킬을 배울 수 있는 활동에도 똑같이 중요하게 참여했다. 우리는 그것을 적용함으로써 우리 것으로 만들었다.[26]

∬ 이러한 활동들은 135쪽의 '정신 모델'과 215쪽의 '당신은 온도조절기보다 똑똑한가?' 참조

세 번째 세션에서 중심 그룹 멤버들의 요청에 따라 넬다는 시스템사고를 소개했다. 우리는 교육구에 설계도를 그리는 예시를 만들었다. 그룹은 빙산의 개념이 매우 효과적임을 발견했고 다음 세션에 빙산 개념을 다루기로 하였다. 그 세션에서 관리자들의 소그룹들은 그들의 책임 분야에서 구체적인 실제 문제들을 준비하도록 했다. 그리고 우리는 빙산을 이용해 그것들을 분석했다. 각각의 그룹이 자신의 사례와 분석을 제시하면 모두가 듣고 나서 이슈에 관해 토론했다. 이 활동은 팀 학습을 다양한 방식으로 촉진시켰다. 개별적으로는 다른 관리자들이 직면한 딜레마에 대해 더 잘 이해할 수 있게 됐다. 모든 사람은 그들의 이슈에 대해 피드백을 받을 수 있었다. 그리고 사람들은 듣기 능력과 질문 능력을 향상시킬 수 있었다.

∬ 178쪽의 '빙산'과 203쪽의 '시스템의 원형' 참조

이 진화적 접근은 우리 계획의 모델이 되었다. 각 세션의 바로 다음에 우리는 넬다, 캐시 그리고 다른 중심 그룹 멤버들이 참석하는 회의를 열었다. 우리는 이전 세션에 대해 이야기하고 팀 멤버들이 무엇을 경험했는지 이야기하고 그들이 더 도움이 필요한 부분이 어디인지에 대해 이야기했다. 그 대화로부터 우리는 다음 세션에 집중하기로 합의했다. 이러한 방식의 강점은 그것이 스스로 진화한다는 것이다. 우리가 학습 과정에 집중하더라도 세션들은 내용에 있어서도 풍부했다. 아무도 이것을 근무 또는 전문적 개발이라고 보지 않는다. 하지만 이게 우리가 일을 하기 위해 모이는 방식이다. 우리는 시스템에 관한 우리의 대화와 작업이 우리가 필요한 과정과 규율로 귀결될 것이라 생각한다. 그리고 그 과정과 규칙은 우리가 다룰 주제로 연결될 것이다. 그것이 바로 학습자들의 고기능 커뮤니티, 대화에 대한 강조, 토론, 협동 그리고 공공 리더십을 구축할 때 생기는 일이다.

세션은 교육구의 비전 개발을 수행했으며, DLT 회의는 아주 다른 형식과 구조로 진행됐는데, 이를테면 다음과 같은 것들을 포함하는 것이다. 듣기 기술과 생산적 대화를 익히기, 핵심 그룹이 각자 교사, 학생, 학부모 및 다른 집단들과 함께 대규모 미팅을 수행할 때 월드카페 형식(대규모 그룹의 참여를 가능케 함)을 활용하여 교육구가 직면하고 있는 비판적 질문을 끌어내기, 개인적 비전을 갖고 일하기, 론 하이페츠가 표현했듯이 기술적 문제와 적응적 문제 간의 차이를 구분해내기, 우리들의 이야기를 하기 위해 전형을 활용하기, 다섯 가지 학습 규율의 맥락을 활용하면서 의사 결정에 참여하기 등. 우리의 외부 조정자는 어떤 계획도 세우지 않은 채 참여했다. 그녀는 많은 시간을 우리가 무엇을 하는지, 어떤 속도로 목표에 다다르는지 모니터링하면서 우리의 말을 듣기만 하고 세션을 어떻게 이끌어나갈지에 대해서만 생각하고 있었다.

// 173쪽의 '월드 카페' 참조

우리가 배운 것

힘들었던 DLT는 주요한 학습의 장이 되었다. 우리는 세션마다 많은 계획을 참고했으며 그때마다 서너 명이 발표하고 나머지가 들었다. 그것은 그룹이 주도하는 형식의 세션이었기에 가능했다. 사람들이 주제에 대해 자주 코멘트를 하게 된 것은 중대한 변화였다. DLT 멤버들은 모임을 놓치고 싶지 않아 했다. 우리는 DLT 모임에 관한 웹사이트를 만들었다. 그래서 만날 때마다 정보를 공유하는 시간을 갖지 않아도 되었다. 우리의 만남은 상호작용을 위한 것이다.

상호작용은 상당히 변하였다. 개인은 서로의 말에 더 집중하고 명확성과 이해를 위해 질문을 했다. 모임에서 거의 모두가 발언을 했다. 의미 있는 대화를 위한 우리의 노력이 각자를 위한 것이 되었다. "우리는 마음을 읽을 수 없기 때문에 모두의 말을 들을 필요가 있었다." "모두를 테이블에 앉히는 데는 이유가 있다."

이 일을 조직화시키기 위해 우리는 다방면의 노력을 했다. 그것은 전략적 집중에 관한 종래의 변화 이론과 반대되는 것이었다. 하지만 학교 조직은 그것이 시스템이라는 것에 집중해야 한다. 한 곳에서의 움직임은 다른 곳에 영향을 미친다. 의도되었건 그렇지 않았건 결과들은 언제나 존재한다. 중심 학습 그룹이 학교가 앞으로 나아갈 방향에 대해 계획을 세우지 않은 채 새로운 사람들과 일하게 되자 상황이 복잡해졌다.

팀의 각 멤버는 각자 다른 접근방식을 취할 수 있었다. 그들은 나름의 전략을 세웠다. 보통 그들이 학교에 속해 있을 때 팀 멤버들은 사람들에게 무언가 말하기보다 더 잘 들으려고 한다. 그들은 질문이 많아진다. 그 영향은 두드러졌다. 교직원들은 DLT에서 어떤 일이 벌어지고 있는지 물었다.

개인적으로 나는 가장 큰 수확은 빨리 결론을 지으려는 경향을 없앤 것이라고 생각한다. 나는 사람들에게 "혼란스러운 것은 괜찮다. 그게 정상이다. 그것은 예상했던 바다. 우리는 잘해낼 것이기 때문에 절차를 신뢰해라."라고 말했다. 나는 이런 식의 지체에 좌절하는 사람들을 보았다. 하지만 어느 순간부터 그들은 잘 버티게 되었다. 이런 일들이 그룹에 미치는 영향을 정확히 설명하는 것은 힘들다. 처음에는 사람들이 흘러가버린 시간에 대해 걱정했기 때문에 세션을 네 시간으로 제한하기로 했다. 하지만 두 번째 세션이 되자 그룹 멤버들은 그것으로 부족하다면서 하루 종일 세션을 진행할 것을 제안했다.

내가 배운 가장 중요한 교훈은 학습 조직을 만드는 것을 목적으로 삼지 않는 것이다. 대신에 개인이 서로 협력하는 방법을 배우도록 지원하는 것이 중요하다. 학습 커뮤니티는 거기서부터 나온다.

이 길을 걷고 싶은 교육 지도자로서 당신은 항상 신뢰에 중점을 두어야 한다. 신뢰는 깨지기 쉬운 것이라는 점에 항상 유의했으며, 내가 우리가 세워온 원칙을 지키지 않는다면 나에 대한 신뢰가 무너짐을 알고 있다. 팀 멤버들의 말에 귀 기울이지 않으면 신뢰를 잃을 것이다. 리더로서 내가 상호작용 속에서 경청의 모범을 보이지 못하면 다른 사람들의 참여를 기대할 수 없다. 안전하고 믿음 있는 관계가 항상 모든 것에 동의하는 것을 의미하지 않는다. 그것은 각자의 다름을 표현하고 우리 학교를 위해 더 나은 의견을 도출하려고 노력하는 편안한 공간을 의미한다.

일이 진행됨에 따라 로버트 프리츠가 정의한 대로 문제가 풀리기보다는 더 생기기 시작했다. 리더들은 문제에 선행해 행동하는 대신 그들 주변에서 일어나는 일들에 끌려다님으로써 소모될 수 있다. 하지만 중심 그룹은 무엇을 만들고 싶은지에 대해 이야기했다. 이것은 가치 있는 기회였다. 우리는 이것이 우리가 미래를 위해 노력하는 것이라고 학생들, 학부, 커뮤니티에 보일 결과물이 필요했다. 그렇다, 우리는 당면한 문제점이 있었음을 알고 있었지만 급한 불을 끄고 위기를 관리하는 것보다 아이들을 위해 하고 싶은 것을 만들어내기 위한 전략, 자원, 필요한 노력에 대해 생각하는 데 더 많은 시간을 할애할 것이다.[27]

// 299쪽, 로버트 프리츠의 '구조적 긴장 가르치기' 참조

우리의 다음 과제는 현실에 대해 더 많은 이야기를 나누고 (비전과 현실의) 격차를 줄이기 위해 할 수 있는 일의 종류를 정하는 것이다. 그것은 우리의 숙련도와 일의 몰입도를 높여서 우리가 각자의 전문성 개발 계획을 세울 때뿐 아니라 미래를 위한 팀 학습 의제를 선정할 때도 더욱 큰 도움이 될 것이다.

이 같은 일을 하려면 학교 지도자들은 장기적 안목을 가져야 한다. 이 같은 근본적인 변화는 교육장 한 명이 일을 잘 수행하고 유지하는 것 이상을 필요로 한다. 교육 위원회가 리더십 승계 계획을 뒷받침해주어야 한다. 우리는 학습 커뮤니티의 개념과 비전을 유지하고 조이스 비소(Joyce Bisso)가 학습 문화를 이끌어가는 주요 멤버가 되는 등 운이 좋았다.[28]

회의만을 하기보다는 팀으로서

캐서린 앤더슨(Kathleen Anderson), 케빈 바옌(Kevin Bayen), 조안 버링거-하이그(Joan Birringer-Haig), 조이스 비소(Joyce Bisso), 조셉 디바톨로(Joseph DiBartollo), 제프 말리스(Jeff Malis), 피터 웨버(Peter Weber)

이 대화는 2009년에 중심 학습 그룹과 휴렛-우드미어 교육구의 DLT 멤버들 사이에서 있었던 것이다. 캐서린 앤더슨은 인적자원과 학생 서비스 보조 교육장이다. 케빈 바옌은 음악 교사이다. 조안 버링거-하이그는 오그던(Ogden) 초등학교 교장이다. 현재 교육장인 조이스 비소 박사는 교육 과정과 교습 보조 교육장이었다. (그 전에는 같은 교육구의 고등학교 교장이었다.) 조셉 디바톨로는 사업 담당이다. 제프 말리스는 보건체육 담당이다. 피터 웨버 박사는 사업 보조 교육장이다.

공통 언어 개발하기

Peter : 공통된 언어를 사용하는 것은 오해를 줄여준다. 우리가 언어를 잘 사용하는지 그렇지 않은지는 모르지만 우리는 그것을 공통된 의미로는 사용하고 있다. 그것은 대화의 지름길이다. 이슈에 곤란을 겪을 때에는 빙산에 대한 언급이 다시 궤도를 찾는 데 도움을 줄 것이다. 만약 누군가가 이슈에 대해 충분히 언급하지 않았다는 말을 하면 우리는 이중 루프 분석이 아니라 단선적인 접근을 하지 않았는지 생각할 것이다. 추론의 사다리는 우리로 하여금 데이터와 가설을 더 잘 살펴보고 정확한 관찰을 하게 하는 약어이다.

Joyce : 누군가가 어떤 것에 대해 예측불가능하고 도를 넘은 반응을 한다면 그것은 사다리를 계단을 다 밟지 않은 채 급히 달려 올라가는 것이며, 데이터에 기초한 사고를 하지 않는 것이며, 성급히 결론짓는 것이다. 나는 그 사람이 자신의 결론으로 나아가게 하는 것보다 사다리를 타고 올라가는 그 사람을 내려오게 할 것이며 혹시 내가 모르는 것들을 배우려고 할 것이다.

Joan : 지난번의 예산 회의에서 나는 누군가 한 발언에 대답했다. 오모타니 씨가 테이블 맞은편에 앉아 있다가 내 가정에 대해 의문을 제기했다. 나는 그가 의미하는 바를 알고 있었다. 나는 사다리를 뛰어 오르고 있었다. 우리가 회의 중에 상호작용하는 방식은 우리를 더 사려 깊게 한다. 우리의 언어와 방식들은 다른 사람과 말할 때나 대답할 때나 모두 우리를 편안하게 느끼게 한다.

Peter : 언어는 우리의 약점을 안전하게 탐색할 수 있게 한다. 나는 좋은 청자가 아니다. 다른 사람이 할 말을 절반도 하기 전에 두, 세 가지 대답을 꺼내곤 한다. 우리 동료들은 급하게 말을 하는 편은 아니지만 그러지 않으려고 많은 노력을 한다. 공통된 언어는 우리가 생산적인 방식을 통해 무엇을 하는지 일깨워 준다.

Joan : 우리는 DLT 외부인사와도 이런 식으로 대화한다. 케이시(Kathy)와 오모타니는 그룹 학습, 요청과 조언, 빙산에 대해 외부인사와 대화했다. 공식적 교육은 제한적이지만 우리는 그 어휘를 사용하고 행동을 모델링해서 사람들이 볼 수 있도록 한다. 우리가 한 것 중 가장 중요한 것이 그것인지도 모른다.

관계 형성하기

Kathy : 이전에는 관계를 만들 기회나 시간이 없었다. 이제 나는 사람들을 다른 방식으로 알게 된다. 최근의 회의에서 누군가 이 과정을 통해 모든 멤버와 재미있게 지내고 멤버들을 존경하게 되었다고 말했다. 나도 동의한다.

Joe : 우리는 서로를 믿고 지도자의 임무는 우리를 믿는 것이다. 이런 관계가 모든 것을 가능하게 한다. 우리가 그 과정의 일부로서 초대되었을 때 책임을 느낀다. 시키는 일을 하기는 쉽지만 그럴 단계는 이미 지났다.

Jeff : 관계를 믿으면 말할 때 부담이 줄어든다. 나는 내 의견이 묵살되거나 끼어들기를 당하지 않을 것이라는 것을 안다.

Kathy : 모두가 관계를 통해 더 나은 일을 한다는 것을 안다. 내 세션에서는 다른 교육장들의 경우에 특히 그렇다. 예전에는 재정이나 교육과정에 대해 말하는 것을 듣는 게 시간낭비라고 생각했다. 이제 나는 선택을 해야 할 때 생각해보고 피터나 조이스가 뭐라고 할지 생각해본다. 모임이 취소되면 최대한 모임을 빨리 다시 잡으려고 한다. 같이 하면 혼자서는 못할 일도 가능하다.

Kevin : 우리의 관계에서 우리는 자신의 의견을 내세우기보다는 같이 뭘 할지를 이야기한다. 나는 팀 멤버들이 예체능을 학생들에게 필수적인 것으로 여긴다는 것을 안다.

Kathy : 우리는 깨달음에 이르렀다. 우리가 DLT에 대해 비전을 세우려고 한다고 누군가가 말했지만, 우리는 DLT가 단순한 회의가 아니라 팀이라는 것을 깨달았다.

현실에 성과 적용하기

Kathy : 우리는 교육구를 위해 조직 학습법을 연구 중이다. 학습이 지체되어 있다면 우리의 연구는 거기에 쓰여야 한다. 예산안에 대한 최근의 연구는 흥미로웠다. 우리는 사람들이 예산을 만드는 데 확신을 가지고 있는지 알지 못했다. 과거에 그들은 중앙 사무소의 사람들과 생각이 달라서 불만을 잠재워야 했다. 하지만 그런 일은 일어나지 않았다. 피터 웨버는 시스템 회의를 주관하는 것을 잘 해냈다. 참석자들은 자신의 학교만 동떨어져 있다고 생각하지 않았으며 교육구 전체를 생각하기 시작했다.

과거에 우리는 단순히 각 학교마다 25만 달러의 예산만을 쓰게 한 후 세부 사항을 적어서 제출하도록 했다. 이제 사람들은 다른 학교의 어떤 문제점을 위해 자신의 학교의 예산을 깎을 용의가 있는지 안다. 이것은 새로운 사고방식이며 우리에게는 장족의 발전이다. 그리고 두려운 것이기도 하다. 한 번 그렇게 하면 다른 방식을 찾기 힘들기 때문이다.

Joyce : 고등학교에서 부교장과 나는 우리가 배운 많은 개념을 적용했다. 우리는 작년에는 기술에 대한 중요한 회의도 가졌다. 그것을 빙산이라고 가정했고 결국 풀어냈다! 우리는 얼음이 커지고 있지 않은지 확인하기 위해 이슈를 다시 살펴보기도 한다. 우리는 청소년 리더십 포럼에서 월드 카페 모델을 사용했다. 결과는 아주 좋았고 의견교환이 아주 활발했다.

Joan : 나는 월드 카페의 효과에 전율했다. 나는 직원들에게 이것이 아주 효과가 좋을 것이라고 말했다. 우리는 교사들도 교실에서 이것을 사용하는 것을 보게 되었다.[29]

Joyce : 고등학교에서 우리가 가장 잘한 일은 청소년 리더십 포럼을 연 것이었는데 여기서 우리는 백 명의 아이들에게 시스템사고에 대해 가르쳤다. 4, 5주마다 정기적 만남을 가졌고 그들은 문제를 다른 방식으로 풀기 시작했다. 우리는 그들이 고등학교 이후의 세상에 대해 생각하도록 했다. 포럼에서의 교훈은 학년, 사회계급, 인종, 민족, 취미에 상관없이 퍼졌다. 우리는 이것을 창조 능력으로 보았고 이것이 교실을 넘어 삶 전체에 퍼지기 바랐다.

∬ 574쪽의 '청소년 리더십 포럼' 참조

결과에서의 상호 연관성

Peter : 내가 여기 왔을 때 느낀 것은 축적된 정보는 권력이라는 것이었다. DLT의 발전에 따라 정보는 권력이라기보다는 기회가 되었다.

Kathy : 예전에는 DLT 회의가 있기 전에 대부분의 결정이 내려졌다. 내가 결정할 것이 있으면 결정을 내린 후에 그것을 DLT에 가져와서 결과를 말하고 사람들의 의견을 구했을 것이다. 그리고 당연하게도 아무도 의견을 말하지 않았다. 이제 우리가 그룹의 의견이 필요 없는 결정을 내릴 때면 메모를 남긴다. 우리는 다른 사람의 시간을 낭비하지 않는다. DLT 계획에 안건이 올라오면 그것은 쉬운 일이 아니며 모두의 의견을 필요로 한다.

Joan : 의사 결정에 참여하는 것은 중요하며 시스템에 미칠 영향을 알아야 한다.

Peter : 의욕에 차 있고 결과를 내려는 사람들이 판단을 내리고 모르던 절차를 따르고 그것을 고수하는 것을 보는 것은 즐거운 놀라움이다.

Kathy : 우리는 모두 적은 자원으로 고생하지만 그것은 누군가가 일부러 만든 상황은 아니다. 우리 모두는 그것을 알고 있다.

Joe : 우리는 많은 질문을 던진다. 왜 우리가 이것을 해야 하는가. 목적이 무엇인가. 이것은 내가 이해하는 데 도움이 된다. 이것들은 과거에 우리가 피해갔을 질문들을 끄집어내게 한다. 우리의 개별적인 질문들은 시스템 전체에 도움이 된다.

Joan : 이 과정의 중요한 점은 반성적 부분이다. 나는 내가 뭘 하는지 되돌아봐야 했고 내가 어떤 리더가 되고 싶은지 생각해야 했다. 그것은 오모타니 씨가 멘토가 되도록 했고 그로부터 받은 피드백과 동료들로부터 많은 도움을 받았다. 나는 학교에서 뭐가 벌어지는지 그들과 말할 수 있고 이슈를 다루는 데 있어 다른 접근방식을 알 수 있다.

Kathy : 사실 DLT의 모든 사람은 이 학습과 리더십 작업에서 시작하고 스케줄을 짜고 참가해서 다른 교육장들을 돕는 개인적 노력과 성공들이 즐겁다고 말한다.

Joyce : 새로운 교육장으로서 나는 DLT의 주요 구성원이 새로운 리더들로 대체됨으로써 DLT가 성공과 효과적인 교체를 이루었다고 생각한다. 시스템 사고를 배우고 사용하는 것은 우리의 리더십을 위해 주된 경쟁력과 전략이 되었다.

『교육에서의 순회지도』

Instructional Rounds In Education : A Network Approach to Improving Teaching and Learning, by Elizabeth City, Richard Elmore, Sarah Fiarman, and Lee Teitel(Harvard Education Press, 2009).

아이오와주 북서교육구의 관리자로서, 10개 카운티의 36개 학교를 관리하는 나는 지난 4년간 교육장들의 네트워크를 이용해 교수학습 순회를 활성화시켰다. 의료 회진과 같이, 교수학습 순회는 교육자들을 살펴보고 가르침을 분석함으로써 가르침과 배움을 개선하고자 노력한다. 나는 이런 책들과 방식들이 학교와 리더십을 발전시킨다고 생각한다. 그 과정은 학교 리더십 팀들이 교실에서의 일과 연결될 수 있게 한다. 그것을 보면 우리는 교육의 내용이나 교사, 학생에만 집중할 것이 아니라는 것을 알게 된다. 우리는 교사와 학생이 교육내용과 어떻게 상호작용하는지 알아야 한다.

아이오와에서 우리는 그것을 전문적 학습 커뮤니티를 통해 문화형성 과정으로서 사용했다. 9개 교육구로부터 온 교육장 1/3은 매달 교실에서 교수학습이 어떻게 시행되고 있는지 확인했다. 조직적 학습 요소도 있었다. 방문 대상 학교에서는 정책시행의 문제를 살피고 그들이 다음 단계로 갈 수 있는 도움을 주었다. 참가자들은 서로에게서 배우고 직원들의 집단 지성이 어떤 개인의 지적 능력보다도 뛰어나다는 것을 확인했다.

– 티모시 그리브스(Timothy Grieves), 아이오와주 수우시(Sioux City)의 북서부 교육구 교육장

---

6. "그러면 안 돼!"

■■ 관심 가질 가치가 있는 과목으로서의 체육 교육

앤 마리 갈로(Ann Marie Gallo)

> 졸업 후에 많은 사람이 그들의 체육 수업을 곤혹스럽고, 폭력적이고, 심지어 고문 같은 것으로 기억한다. 체육 수업이 교육의 장이 아니라 단지 '애물단지'로서 인식되기 때문일까? 앤 마리 갈로 박사는 매사추세츠주 살렘(Salem) 주립 대학의 교수이다. 이 이야기는 90년 미니트맨(Minuteman) 지역 고등학교에서 체육교사로서의 그녀의 경험에 기초한다. 그녀는 단순하게 보이는 지렛대 지점(레버리지)에서부터 시작해 전체 학교를 학습 조직으로 성장시키는 데 성공했다. 당신의 학교에서도 교사들이 그럴 수 있을까? 아니면 그들은 자신들이 학습 조직을 만들 수 없다고 느낄까?

학교에 취임한 첫 달의 가을이었다. 테니스장에서 34명의 반 학생들이 연습 차례를 기다리고 있었다. 그날 두 번이나 학생들이 종이 한 장을 들고 내게 다가와서 자신들이 이 반으로 바뀌었음을 알려주었다. 공립 고교에 처음 부임한 교사로서 나는 들떠 있었고 이 학생들에게 어떤 영향을 줄 수 있을지 기대하고 있었다. 그러나 많은 학생과 어떻게 효과적인 수업을 할 수 있을지

의문이었다. 그들과 개별적으로 함께할 수는 없었다. 나는 그들을 훈련 팀으로 묶어서 피드백을 줄 수 있을 뿐이었다. 그들은 종종 공간이나 도구를 사용할 차례를 연습을 위해 기다려야 했다. 그럴 때 나쁜 행동을 하고, 다른 학생들을 방해했다.

나는 교사 연수를 통해 매직넘버인 24명이 넘으면 수업의 효과가 떨어진다는 것을 배운 것이 있다. 크리스마스가 지나자 나는 교무실 밖으로 나가 학교 안을 돌아다녔다. 영어나 과학 수업에서 교사들은 18~20명 정도의 학생들을 가르치고 있었다. 나는 학생들이 결석해서 그러는 줄 알았는데 얼마 뒤에 다시 와보니 숫자는 그대로였다.

마침내 학교 체육부장에게 가서 왜 체육교실만 학생이 많은지 물었다. "우리는 쓰레기 버리는 곳이잖아요." 그녀가 일을 하면서 말했다. 나는 그녀가 다른 말을 하기를 기다렸다. 나를 힐끗 보고 말했다. "항상 그랬어요."

그 단순한 말이 나를 충격에 빠트렸다! 우리는 학습된 무기력에까지 빠진 학습 장애를 가진 시스템이었다. 사무실을 나서자 다른 학생이 와서 말했다. "체육 수업을 듣고 싶은데요." 부장은 빈자리가 있는지 확인도 하지 않고 승인 서명을 했다. 학생을 무차별적으로 받는 것이 이미 습관이 돼 있었다. 나는 부장에게 말했다. "거기에 서명을 안 하면 안 되는 거예요? 자리가 없다고 하면 안 돼요?"

"안 돼요." 그녀가 대답했다. "그럼 문제가 생겨요. 학생들이 갈 데가 없어지니까."

이듬해 학년별 특성과 학생 중심 수업을 강조한 새로운 체육 교육과정에 고무되어 교육과정을 통해 문제에 대해 알아보려고 노력했다. 학생들이 이미 인원이 많은 수업에 들어오고 싶어 하면 나는 생활 지도 카운슬러에게 전화해서 신청이 마감됐다고 말해주었다. "말도 안 돼요!" 학생들이 말했다. 하지만 그렇게 했다. 결국 양측의 불만이 고조되었다. 부장이 교장과 이야기했고 회의가 열렸다.

교장이 간단한 말로 회의를 시작했다. "생활지도부에서는 학생을 달리 배치할 수 없고 수업 참여 학생도 너무 많습니다." 생활 지도 카운슬러들은 자신들의 우려와 교장의 일정이 바쁨을 얘기했다. 우리는 새로운 교육과정을 제출했고 교사 효율성, 학생들의 개별적 교육 경험, 안전을 조화시키는 것에 대해 토론했다. 양측이 주장을 고수했다. 테니스 경기를 보는 것 같았다.

나는 마침내 체육교과와 생활지도부 사이의 연락자 역할을 자원했다. 나는 생활 지도 카운슬러가 수업 변경이 필요한 학생을 내게 보내주면, 내가 그들을 받아줄 수 있는 수업을 찾아보겠다고 제안했다. 마음에 안 들었지만 더 나은 방법이 없었으므로 생활지도부는 내 제안에 동의했다. 내 입장에서도 내가 무엇을 얻었는지 몰랐다. 이제 나는 해야 할 일이 있었다. 그 해의 남은 기간 동안 나는 어딜 가든지 수업 리스트와 노란 포스트잇으로 가득 찬 서류판을 들고 다녔다. 나는 체육 수업의 정원을 24명으로 제한하려고 노력했다. 내가 생활지도부에 들어가면 카운슬러들은 관심도 주지 않은 채 학생들 일정 재조정에 동의해주지 않으려 했다.

시간이 지나자 서로에 대한 우리의 정신 모델이 바뀌었다. 나는 생활 지도 카운슬러들의 고충을 이해하게 되었다. 그들은 더 작은 학급에 대한 우리의 요구를 존중하게 됐다. 결국 생활지도부 사람들은 마음대로 스케줄을 바꾸기 전에 나에게 전화부터 했다. "학생들 수학 수업을 바꿔야겠는데 체육 수업에 자리가 있나요?"

이제 체육수업의 평균 학생수는 22명이다. 24명이 될 때도 있지만 30명이 너무 많다는 것에는 모두가 동의한다. 우리의 노력에 의해 생활지도부와는 좋은 관계를 만들었다. 생활지도부 사무실에 가면 반갑게 맞아준다. 생활지도부와는 업무에 있어서도 기분 좋은 협업 관계를 유지한다. 체육수업에 학생을 더 받는 것도 자연스럽다. 매년 체육부장이 중간에서 조율할 사람을 구하지만 그럴 사람을 구하는 것은 쉽지 않다. 아무도 '초과 부담'을 원치 않는다. 조율하는 역할은 로테이션으로 돌려야 한다. 부담을 덜기 위해서가 아니라 모든 교사가 학교의 문제를 전체적으로 이해할 수 있게 하기 위함이다.

내 교사 경험에서 이것은 특기할 만한 두 가지 사항 중 하나였다. 다른 하나는 교실에서의 변화다. 학생들은 교육을 위해 더 이상 기다릴 필요가 없어졌다. 학생들은 평생교육을 통해 골프, 테니스, 수영, 헬스 그리고 다른 체육 활동을 충분히 배울 수 있다.

지역사회
Community

지역사회 속으로 들어가기

Moving Into Community

1. 학습하는 지역사회 육성하기

루이지애나 성 마틴 교구의 롤랜드 슈발리에(Roland Chevalier) 전 교육장이 들려준 이야기가 있다. 어느 초등학교 교장이 아침 일찍 학교에 갔는데 6세 소년이 계단에 앉아서 문이 열리기를 기다리고 있었다는 것이다. 교장이 "얼마나 오래 여기에 있었니?"라고 물었을 때 그 소년은 모른다고 말했다. 아직 유치원생이어서 시간을 읽고 말하는 법을 배우지 않은 것이다. 홀로 아이를 키우고 있는 엄마는 새벽 5시에 공장에 출근해야 하는 근무조라서 늘 아이가 학교에 늦지 않도록 알람을 맞춰 놓았는데, 그날 아침에 그 아이는 알람이 울리기도 전에 일어나서 등교했다. 그래서 몇 시인지 몰랐던 것이다.

학교는 그 학생을 어디까지 책임져야 하는가? 시간을 읽는 방법을 제대로 알려주지 못한 것에 대한 책임을 져야 하는가? 아니면 엄마를 도와 아이를 깨워서 안전하게 등교시키는 지원 시스템을 책임져야 하는가? 학교가 일하는 부모님을 대신해서 조기 보육 시설을 마련해야 하나? 아이를 혼자 키우는 여성이 새벽 5시까지 출근해서 일을 할 수밖에 없는 이유를 해결하는 데 학교가 관여해야 할까? 아니면 학교는 학생이 지금 당장 눈앞에 필요한 것을 지원하는 것보다 먼 미래에 집중하는 것이 옳을까?

이런 질문은 오늘날 미국뿐만 아니라 세계 어느 지역에서도 심각하게 받아들여지고 있다. 사실 이 질문들은 더 깊은 질문의 증상들일 뿐이다. 바로, "사람들은 지역사회가 어떤 존재이기를 바라는가?"이다. 정보통신 기술이 지구촌으로 만들고, 가족의 형태가 해체되고 있고, 스마트폰 기반의 기업이 나타나고, 도시의 인구가 이동하고, 정치 구조가 세분되고, 누구나 동의하듯이 평생학습에 대한 관심이 증가하고 있는 이런 변화의 시대에서 지역사회가 변한다면 어떻게 변해야 하나? 이런 질문은 언제나 어린이들이 원하는 것과 연결되어 있다. 지역사회는 어린이들이 어른으로 성장할 수 있는 장소다. 이 때문에라도 지역사회는 언제나 존재한다. 따라서 '학습하는 학교'는 그 학교가 어디에 있든지 어떤 형태를 띠든지 상관없이, 학교를 둘러싼 모든 것들을 학습하도록 도와주는 지역사회에 필요하다.

놀랍게도 학생들의 학교 안 생활과 학교 밖 생활 사이에 놓여 있는 장벽을 허문 지역사회 사례가 많이 있다. 이런 사례에서는 공통적으로, 지역사회가 학습을 매우 중요하게 여기며, 학교는 지역사회와 연결되어 있으며, 양쪽 모두 학교가 어린 학생들을 책임지는 유일한 기관이 아니라는 것을 알고 있다.

1997년에 아동을 위한 파트너십(Partnership for Children)이라는 지역사회 봉사 연합회는 그레이터 캔자스시(Greater Kansas City)에 지침이 될 수 있는 아이디어를 제안했다. 바로 '넘버 원 질문' 캠페인으로서 "그것이 어린이에게 좋은가?"라는 질문을 던지게 하는 것이다. 이 질문의 전제는 간단하다. 기업, 정부 기관, 학교 또는 개인이 어떤 결정을 내릴 때마다 가장 먼저 해야 할 일은 "그 결정이 아이들에게 좋은 것인가?"라는 질문을 해야 한다는 것이다.

아동을 위한 파트너십은 여전히 존재하고 여전히 같은 운동을 펼치고 있다. 연간 정책 의제 보고서를 포함해서 관련된 대화와 활동 영역은 수년간, 공립 공원 조성, 영양 증진, 위탁 보호 기금 마련, 방과 후 활동 지원 기금, 학교 간 예산 배분 그리고 다양한 입법 문제 등으로 확대되고 있다. "아이들에게 좋은 것인가?"라고 질문하면서 사람들은 본질적으로 "이것이 인생살이에 예의와 관용과 돌봄을 더하는 것인가?"라고 묻고 있다.[1]

비슷한 이야기가 많은 지역사회에서 들려온다. 아동의 학습 능력은 가족의 학습 능력과 가족이 이용할 수 있는 자원과 관련되어 있다는 지침에 따라 어떤 도시는 학교 구내에 지역 보건 및 사회 복지 기관이 운영하는 가족 자원 센터(family resource center)가 있고, 다른 곳은 학교와 교실을 지역사회로 옮겨서 학교 운동장 밖에서 깊이 있는 프로젝트를 하거나 '봉사 학습'의 기회를 통해 학생들은 자신들의 지식을 다른 사람을 위해서 적용해본다. 그리고 학습에 대한 책임을 학교에서 학부모로 옮기는 노력도 일어났는데 이를 통해 학부모가 서로 조사하고 결과를 분석하면서 아이들이 자신의 동네에서 심각한 빈곤과 그 반대도 체험하도록 한다(레인메이커 커뮤니티 그룹이 플로리다주 마이애미 해변에서 했던 것처럼).

"모든 지역사회는 학습할 수 있다."라고 믿는 것은 어린아이로부터 시작해서 모든 사회를 변화시킬 수 있는 능력을 키우는 출발점이다. 위에서 아래로가 아니라 안에서 밖으로 사회를 변화시킬 수 있다. 학습하는 지역사회를 만들기 위한 포괄적인 안내서가 되기 위해서는 구체적인 실행 안내서가 필요하다. 다음에 아이들과 함께하는 지역사회의 역할에 관해 강력하게 도움이 되는 이론, 도구, 방법 및 이야기가 나온다. 우선 오하이오주 신시내티 지역사회 센터의 복구에 관한 내용, 콜롬비아 내전에 맞선 내용, 많은 지역에서 학생들이 주도적으로 운영하는 지속가능한 기업들에 관한 내용 등이 읽을거리로 제공된다.

Community

　두 개의 인도-유럽 어근(*kom*은 '모든 사람'을 의미하고, *moin*은 '교환'을 의미한다.)은 모두 역사 기록 이전에 '모두에 의해 공유'라고 의미한다. 이 단어는 (많은 사람에 의해 사용되는 물의) '원천'이라는 라틴어 *communis*로 발전했다. 프랑스에서는 이 말을 '모든 이에게 이용할 수 있도록 하자'라는 뜻인 *communer*로 사용했다. 한편 'Community'의 원래 의미는 경계가 그어지는 장소가 아니라 공유하는 자원이라는 뜻이다. 그래서 학습하는 공동체는 이런 전통을 이어받은 것으로 생각하고 싶다.

　이 책에서는 지역사회를 학교 안에서 운영하는 '학습 공동체'처럼 조직 내의 사람들 집단을 의미하지 않는다. 사람들의 공동체는 자연환경과 어울리고, 다양한 활동과 진심 어린 상호존중이 넘쳐나고, 원래 모든 생명체는 상호의존적이기 때문에 서로에 대한 책임을 져야 한다는 인식이 확고히 자리 잡은 그런 공간이다.

　우리가 보기에 학습하는 지역사회는 학교와 서로 헌신하는 관계다. 지역사회는 보육하고 지지하고 때론 도전적이지만 언제나 학교와 함께하고 아이들의 성장을 도모한다. 공동체 기관은 규모가 큰 정부 기관, 학술 연구, 글로벌 미디어와 비즈니스와 같은 것도 있지만 지방 정부, 언론, 경찰, 건강 및 비즈니스도 포함한다. 이 모든 기관은 지역사회에 거주하는 사람들이 학교와 상호작용하는 것에 영향을 미치고, 아이들은 그 상호작용에 관한 지속적 개선, 즉 지속적인 학습에 의존한다.

　　　　모든 이들이 공유하는 미래를 위해서는 공동의 학습을 발전시켜야 한다. 지금까지 '학습하는 지역사회'에서 겪었던 경험을 토대로 지역사회 지도자가 이 임무를 수행하기 위해 필요한 세 가지 강력한 지침을 도출할 수 있다. 그것은 정체성, 연결 그리고 지속가능성이다.

680

정체성

마을이나 도시의 경계를 지도 위에 선으로 표현하지만 각기 다른 지역사회 구성원은 공동체의 경계에 관해 각기 다른 태도를 보이고 서로 책임지는 수준도 다르다. 컨트리클럽 공동체에 있는 사람들은 강 건너편 또는 철로 건너편 트레일러 공원을, 비록 그들 자녀와 같은 학교에 다니고 있고, 같은 오락 시설을 사용하고 있는 300명 또는 400명의 아이들이 있다고 하더라도, 같은 공동체로 명확하게 받아들이지 않을 것이다.

노인들, 장애인 그리고 노숙인들 역시 존재하고 있지만 보이지 않을 수 있다. 거주자들은 자신들 주변에 경계를 그려서 다른 사람들과의 관계를 피하고, 책임을 회피할 수 있다. 이것이 지역사회 정체성의 한 부분이 될 수 있다.

하지만 그레이터 캔자스시에서 분명히 나타났듯이 아이들이 원하는 것은 그런 고립된 견해를 뛰어넘는다. 아이들은 적어도 학교생활을 시작한 뒤로는 닫힌 공동체의 경계 안에 머물지 않는다. 우리가 지역사회의 구성원이라면, 우리가 가깝게 살기로 했다는 이유만으로 우리는 지역사회 아이들의 상호 발전을 위해 암묵적인 계약을 맺는다. 마치 병원 재정 지원을 통해 우리의 건강을 상호 지원하는 것처럼, 우리는 학습하는 학교와 다른 아이들을 위한 자원을 지원함으로써 실용적이고 활기찬 미래를 보장한다.

지역 공동체의 특성을 정의할 때 학교는 사람들이 생각하는 것보다 더 큰 역할을 한다. 사람들이 집을 선택할 때부터 나타난다. 부동산 중개인들이 자주 듣는 첫 번째 질문은 "학교는 어떤가요?"이다. 뉴저지와 같은 일부 지역에서는 법률에 따라 학교의 경계를 "대문에서 대문으로", 즉 아이들의 집에서 학교 건물까지 설정한다. 그래서 보험이 아이들의 안전한 운송을 포함한다. 이는 교육장이 지역사회 전체의 어린이 안전을 문자 그대로 책임지고 있다는 것을 의미한다. 법 관점에서 어떻게 정의되더라도 지역사회에서 시작하고 학교에서 끝나더라도 그 경계선은 항상 모호한 점이 있다.

이 모든 것은 근본적으로 정체성에 관한 문제다. 어떤 종류의 지역사회에서 살고 싶은가? 이 지역사회 본연의 모습은 어떤 것인가? 간단히 말해서 정체성을 정의하는 것은 실제 지역사회의 공유 비전을 만드는 작업이다. 학교 시스템은 적극적이고 가치 있는 선수이지만 유일한 선수는 아니다.

연결

지역사회 구성원은 같은 회사에서 월급을 받지 않고, 일자리도 다르며(일부는 상대적으로 한참 멀리 있을지도 모름), 다른 교회에 다니고, 시간을 바라보는 입장도 다르고, 정치 견해도 다르다. 이런 다양한 소속감과 충성도를 고려했을 때 정기적으로 뭔가 연결하려는 시도는 별로 관심을 끌지 못한다. 하지만 이렇게 연결할 수 있는 역량이야말로 한 지역사회가 학습하는 패턴을 구축할 수 있는 가장 효과적인 방법의 하나다.

과거에 서로 동떨어진 시스템에 있던 사람들 사이에서 새로운 공동체로 만들어질 때, 진귀한 종류의 에너지와 강렬한 감정이 존재한다. 사회복지사와 교사, 기업 경영자와 교육과정 조정자 또는 병원 관리자와 학생의 연결은 개별적으로 영향을 미치는 것보다 지역사회를 변화시킬 수 있을 정도로 더 큰 영향력을 발휘한다.

만일 학교 시스템이 지역사회에서 중요하고도 세심한 영향력을 미치지 못하거나, 교육장이 공동체의 다른 리더들과 좋은 관계를 맺지 못하거나, 교사들이 자신들을 지역사회와 연결하지 못하거나, 거주민들이 학교를 지역사회에 활기를 불어넣는 존재로 생각하지 않는다면, 그것은 바로 연결이 주는 잠재력을 최소화한 것이다. 반대로, 학교가 학생들의 삶에 영향을 주는 다른 존재의 가치를 보고 싶어 하거나 다른 그룹들이 학교와 연결될 때의 가치를 보고 싶어 한다면 새로운 가능성이 떠오른다. 빈곤층 아동을 지원하는 그룹은 사회 복지뿐 아니라 뜻하지 않게 교육자와도 연결된다. 교육 경험은 지역 공동체의 다양한 기관, 예를 들어 박물관, 교향악단, 공공 도서관, 스카우트(Scout), 극장, 환경 보전 단체, 공공 서비스 기관들, 종교 단체들, 동네 경찰관, 어린이집(Head Start) 그리고 기업들에서 일어난다. 세대 간의 연결은 어린이들을 (예를 들면) 은퇴한 가정 교사나 롤 모델과 연결한다. 지역사회의 리더들은 학교에서 정기적으로 제공하는 자원들을 잘 알고 있다. 학교 리더들은 자신들이 혼자 할 수 없는 것들이 있다는 것을 알게 되지만 혼자만의 힘으로 해결할 필요가 없다.

최근에는 인터넷 덕분에 연결이 잘 이뤄지고 있다. 학교는 이제 학교가 있는 지역사회에서 정보의 중심이 될 수 있다. 학생들은 시장(市長)에서부터 마을의 최고 어르신이나 최근 입주한 주민에 이르기까지 누구와도 인터뷰할 수 있고 온라인 공동체 역사를 스스로 탐색하고, 쓰고, 공개적으로 공유할 수 있다. 이런 역사는 학교와 마을을 좀 더 가깝게 연결해준다. 학교는 더 이상 지역사회를 바라만 보지 않는다. 학교는 지역사회가 목소리를 키울 수 있도록 도와준다. 간단히 말해서, 연결은 정신 모델과 팀 학습에 관한 훈련을 확대할 수 있고, 그러한 훈련을 광범위한 수준으로 제도화할 수 있다.

지속가능성

지속가능성은 시스템사고(Systems Thinking)에서 강조하는 것처럼 오늘의 어떤 행동이 장기적으로 어떤 영향을 미치는지 인식하는 것도 의미한다. 예를 들어 유아교육 담당 교육자들은 지속가능성이 말하는 시간의 개념을 잘 인지하고 있다. "아이가 태어났어? 세상에, 이 아이는 앞으로 5~6년 뒤에는 학교에 가게 돼. 그것은 머지않은 일이야." 시스템사고를 잘 하는 어느 도시 교육장은 청소년 미혼모에게서 갓 출생했을 때 아기의 체중을 올리는 목표를 학교 시스템 안에 제시하였다. 그 교육장은 인근 10개의 고등학교에 복지 사무소와 진료소를 배치해서 반경 두 개 블록 안에 임산부에게 필요한 유아용 식이 용품과 산모를 위한 비타민을 제공하도록 하였다. 그 교육장은 "학교에서 모든 아이가 배울 수 있도록 하는" 가장 효과적인 방법을 유아기 시절의 영양 보충에서 찾은 것이다.

지역 공동체를 지향하는 지속가능성에 관한 또 다른 사례는 교육구를 논의할 때 나타났다. 지역구 주민들은 새로운 학교를 빨리 만들어야만 한다고 생각했지만, 그것이 언제쯤 이뤄질지는 확신할 수 없었다. 주법(州法)에 따르면 미래를 대비한다는 명목으로 지나치게 많은 예산을 남기는 것이 금지되었다. 이 문제를 해결하기 위해 논의하다가 한 사람이 세금을 더 쉽게 걷기 위해 소통 능력을 높여야 한다고 주장했다. 그렇게 하면 예산 증가가 필요할 때 어떤 경제 상황에서도 학교는 필요한 자금을 확보할 수 있게 된다는 것이다.

그러자 재무담당 부교육장이 일어나 말하기를 "나는 그렇게 하면 안 된다고 생각합니다. 만일 지역사회가 예산이 풍족하고 학교에 투자하기를 바란다면, 우리는 세금을 사용할 의향이 있습니다. 지역사회의 예산이 부족하다면 거기에 맞게 검소하게 예산을 집행할 필요가 있습니다. 우리가 할 일은 예산을 많이 할당받기 위한 능력을 키우는 것이 아니라, 아이들에게 더 큰 노력을 기울여야 합니다. 그래서 지역사회와의 관계를 증진해야 합니다. 만일 정말 돈이 필요하다면, 지역사회는 알게 되고 그 이유도 이해할 것입니다." 다른 말로 하면 그들 마을을 세금을 집행하는 데에 찬성 반대하는 사람으로 구분 짓는 것이 아니라 학교 시스템과 지역사회 사이의 상호 신뢰 수준을 높인 다음 그에 따라 예산을 집행해야 한다는 것이다.

지속가능한 지역사회는 시간 개념이 길고, 교육과 상호작용해야 한다는 것을 알고 있다. 개인과 마찬가지로 지역사회 구성원들은 어린아이 각자의 성장은 그들이 받는 개인적인 관심에 달려 있다는 것을 알고 있다.

우리가 아는 어떤 직장인 엄마가 본인에게 소중한 하루 휴식 시간에 두 아이를 지역 학교 운동장에 데려다준 이야기를 들려줬다. 두 아이가 그네에 있는 고양이가 다친 것을 알고 학교 관리인 찰리를 불렀다. 그는 마침 작은 농장을 소유하고 있고 동물을 사랑했다. 그는 고양이를 집어 들고는 "그렇구나, 고양이 다리가 부러진 것 같다."라고 말하고는 작은 상자로 고양이 집을 만들어 줬다.

아이들의 어머니는 수의사에게 데려갈 것을 제안했고 두 아이와 길을 나설 참이었다. 그때 어머니는 찰리를 쳐다보며 말하기를 "내가 뭘 하고 있죠? 당장 할 수 있는 일은 기껏해야 그냥 심부름일 뿐인데 말입니다. 아마도 삼십 분 이상 수의사 사무실에 있겠죠."

찰리는 "당신은 방금 자녀들이 하는 것을 봤지 않습니까. 자녀가 어른이 되고 나서도 변하지 않기를 바라는 모습입니다."

14

정체성
Identity

1. 지역사회의 중요한 연결 살펴보기

팀 루카스(Tim Lucas), 제니스 더튼(Janis Dutton), 넬다 캠브론 맥카베(Nelda Cambron-McCabe), 브라이언 스미스(Bryan Smith)

목적 : 학교 리더들(또는 다른 지역사회 리더들)이 주위를 둘러싸고 있는 지역사회와 아이들을 위해 지역사회에 있는 자원이 어떤 것들이 있는지를 더 잘 이해하게 만드는 것.

참여자 : 연결할 준비가 되어 있는 그룹. 이 그룹에는 교육가, 학부모, 정부 관료, 기업가, 성직자 그리고 비영리 기관과 각종 서비스 제공업자들이 포함될 수 있다.

시간 : 2시간 남짓. 그 안에 두 개 내지 세 개의 미팅으로 나눈다.

당신의 지역사회에 있는 아이들을 위해 뭔가 시도하고 혁신할 준비를 마쳤다고 치자. 또는 지역 아동의 미래에 대한 지속적인 대화를 하고 싶어 할 수도 있다. 당신은 크게 생각하고 있고, 혼자 할 수 없다는 것도 알 수 있다. 학교 밖 누구를 관여시킬 것인가? 이런 질문들은 한 번도 생각해보지 않은 가능성에 눈을 뜨게 만들어준다.

1단계 : 당신 지역사회의 연결고리를 나열하라

그룹을 작게 하고, 학교를 둘러싼 지역사회에 있는 사람들과 조직들에 관해 브레인스토밍을 하자. 이때 논의를 같이 하는 사람들의 공식적 비공식적 지식을 이끌어내 보자.

- ☐ 학교 또는 조직을 위한 '지원 공동체'를 대표하는 사람이 누구인가? 당신이 정기적으로 시간, 조언, 협업 또는 재정 지원을 받을 수 있는 사람은 누구인가? 지역사회에 학교 비전을 만들거나 학교 계획을 수립하는 데에 참여하는 사람은 누구인가? 어떤 사람들을 만나고 싶은가?

- ☐ 학교(또는 조직)의 아이들이 지원을 요청할 수 있는 사람은 누구인가? 여기에는 학교와 공식적 또는 비공식적인 관계가 없지만 어린이의 삶에 중요한 사람들이 포함될 수 있다. 만약 미국에 학교가 있고, 아이가 코스타리카 또는 필리핀에 계신 조부모님과 일주일에 한 번 학교에 관해 통화한다면 그 조부모님은 당신의 지역사회 일원이다.

- ☐ 아이들은 어떻게 소통하는가? 문자? 이메일? 소셜 미디어?

- ☐ 학교 근처에는 누가 있는가? 학교에 의존하는 업종은 어떤 것인가? 교통, 학생 안전 그리고 학교 주변의 범죄에 관해 실제로 누가 책임이 있는 것인가?

- ☐ 학교 밖 지역사회에서 학습이 일어난다면 어디에서 나타나는가? 일단, 학교에서 이 질문을 했다면 "농장 또는 집에서"라는 답이 나올 것이다. 지금은 굉장히 다양한 장소가 있을 수 있다. 심지어 가상 공간도 포함된다. 아이들이 어디를 돌아다니는가? 공원? 쇼핑몰? 거리? 클럽, 청소년 센터 또는 종교 시설? 공동체 안에서 이 학생들을 위한 프로그램을 제

공하는 곳은 어디인가? – 공공기관, 사설기관, 비영리기관. 그 프로그램 은 어떤 성격을 띠고 있는가? – 체육활동 또는 학술활동? 한시적 또는 연중 활동?

2단계 : 지역사회 연결 끈을 확장하라

지역사회 모든 사람을 아는 것은 아니기 때문에 어쩔 수 없이 지역사회에 서 중요한 사람들 목록에 빠진 사람들이 있다. 그래서 우선 상상력을 동원해 서 이 회의 공간에 없는 사람이나 기관들의 명단을 확대해야 한다. 이 미팅에 참석한 사람들의 지식과 경험을 살려서 4~5개의 사람이나 기관을 선정하자. 그래서 만약 그 사람들/기관이 미팅에 참여했다고 가정했을 때 학교 구성원 의 비율과 미팅에 참석하는 사람의 구성 비율을 비슷하게 맞춰보자. 이제 그 들에게 첫 번째 단계에서 한 질문을 던져보자. 회의에 참여한 사람들이 어떤 사람/기관을 명단에 올릴 수 있을까?

3단계 : 우선순위를 정하라

1단계와 2단계를 통해서 개인이든 기관이든 지역사회의 연결 끈을 만들었 을 것이다. 이 중에서 당신에게 가장 중요한 상위 5개를 고른다면? 다음 세 가 지 기준에 맞게 각각 3개의 명단을 만들어보자.

이제 세 개의 기준에 따라서 5~10개 정도 핵심적인 공동체 인맥 지도가 만들어졌다. 이 명단이 출발점이다.

4단계 : 그들은 어느 별에서 왔는가?

앞서 3단계를 거쳐서 핵심 공동체 인맥 지도를 만들었는데 이젠 그들 입장에서 생각해보자. 그들은 나름대로의 미션과 사업 추진의 목적이 있을 것이다. 그들이 가장 원하는 것은 무엇인가? 왜 그것을 원할까?

예를 들어 지역사회 기반의 기업의 리더라면 학교를 통해 종업원들이 필요한 문해교육을 받고 싶어 할지 모른다. 시의회는 도심에서 볼 수 있는 '토요일 밤의 볼썽사나운 모습'이 줄어들기를 바랄 것이다. 학부모들은 학교 당국이 자신들의 목소리를 들어주기를 바랄 것이다. 가족 자원 센터는 학교 시설물과 학교를 통한 홍보를 원할 것이다.

잘 관찰해서 이런 저런 결론을 내려보자. 구체적인 관찰 자료 또는 증거 자료가 없다면 어떤 근거로 결론을 도출했는지 밝혀보자.

역할극이 도움이 될 수도 있다. 종교 지도자나 지방 정부 관료로 빙의해서 방에 있는 다른 사람들에게 자신의 관심 사항을 밝혀보자. 이때 신중하게 연기를 잘 해야 역할극 대상자들의 의견이 잘 전달될 수 있다.

5단계 : 관계 맺기를 위한 최종 점검

주요 인물을 처음 만나기 위해 만날 사람을 선정해보고 만나기 전에 다음 세 개 분야 이상의 내용을 우리 스스로에게 질문해보자.

❑ 그들에게 무엇을 원하는가? 학교에게든 지역사회에든 그들이 기여하고 있는 것은 무엇인가?

❑ 그들은 학교나 유사한 기능을 하는 기관을 어떻게 생각하는가? 그들은 우리가 지역사회에 어떻게 기여하고 있는지 알고 있나? 그들이 우리에게 무엇을 원할까? 왜 원할까?

❑ 그들이 우리 활동을 관심 있게 보고 있었다면 어떻게 생각하고 있을까?

우리는 과거에 아이들을 위한 지역사회 운동을 어떻게 전개했었나? 그 성과는? 그 당시에 다른 지역사회 주체들과 소통하면서 겪은 경험을 통해 학습한 것은 무엇인가?

우리 학교에 가족 자원센터를 만든다고 하자. 인맥 명단을 지역사회 연결이라는 관점으로 보면 명단은 각기 다른 기준으로 분류되어 있다. 예를 들어 학부모가 센터에서 책을 대출할 수 있는가? 사회 서비스 기관들에 관한 정보를 얻을 수 있는가? 센터는 알코올 중독, 성병, 기타 민감한 주제에 관한 정보를 제공하는가? 학교 관련 활동을 할 수 있는 공간이 있는가? 장애인들이 접근하기 용이한가? 그 센터는 그 서비스가 가장 필요로 하는 사람 가까이에 있는가? 동시에 빈부 차이 없이 누구나 편안하게 사용할 수 있도록 개방되어 있는가?

6단계 : 접촉하기

이 방법은 지역사회 구성원들과 처음 만날 때 많이 사용된다. 직접 작성한 다음과 같은 질문 목록을 보여주는 것이다. "저희는 이것이 당신의 관심 사항이라고 생각한 겁니다. 하지만 완벽하게 분석했다고 볼 수 없습니다. 여기 질문 표현을 바꿔주실 수 있나요? 우리가 놓친 핵심은 어떤 건가요?"

『일상의 불』

Common Fire : Leading Lives of Commitment in a Complex World, by Laurent A. Parks Daloz, Cheryl H. Keen, James P. Keen, and Sharon Daloz Parks(Beacon Press, 1996)

공동체를 살아갈 때 우리에겐 단 세 가지 선택 사항이 있다. 아무 일도 안 하는 것, 참여의 복잡함 등 꼬투리를 잡아서 포기하는 것, 살기 좋은 곳으로 만들기 위해 헌신하는 것. 나 같다면 에너지 수준에 따라 이 세 가지를 번갈아 할 것이다. 그것이 바로 이 책, 『Common Fire』를 좋아하는 이유다. 이 책은 지역사회에서 많은 사람이 포기했지만, 지역사회를 위해 계속 헌신하는 수백 명의 평범한 사람들의 경험을 통해 개인적인 비전과 공유된 비전의 힘을 소개하고 있다. 교육자이자 연구자들인 저자들은 모두 같은 생각으로 세상이 점점 복잡해지고 이전 시대에서 볼 수 있는 확실성이 갈수록 모호해질수록 사람들은 복잡성을 통제하기 위해서 적극적으로 나서지 않고 마음이 편한 대로 행동한다고 쓰고 있다. 만일 더 헌신하는 삶에 더 관심 있다면, 이 책에서 공공의 선을 위한 헌신이 어떻게 만들어지는지 그리고 낙담과 냉소의 시대에서 어떻게 지속가능할 수 있는지에 관한 중요한 패턴을 많이 발견할 수 있다.

– 제니스 더튼(Janis Dutton)

2. 억압을 벗어날 수 있는 첫걸음은 표현하는 것이다

■■ 신시내티 도시 피슬리의 이웃 만들기 센터에서 지역 교육을 위한 풀뿌리 역량을 구축한 사례

보니 노이메이어(Bonnie Neumeier)

과거 초등학교였던 피슬리(Peaslee)의 이웃 만들기 센터(Neighborhood Center)의 외벽은 각종 프로그램 정보가 담겨 있는 조각보 모양의 안내문으로 장식되어 있다. 개인지도, 음악, 탁아 그리고 여성 지원 프로그램 등과 같은 것들이다. 조각보 문양의 색감들은 오하이오주 신시내티 중심 상업 지구의 북쪽의 오버 더 라인(Over-the-Rhine) 도심 지역을 드러낸다. 오버 더 라인 이웃들은 도시에서도 치열하게 경쟁하는 지역이다. 극심한 젠트리피케이션과 노숙자의 대명사다. 고급 상업지구 개발이 가난한 거주자를 위한 이웃 서비스(neighborhood-serving)가 경쟁적으로 공존하고 있다. 기업과 시 당국은 시장 원리를 내세워 연합하고 있고 가난한 사람들은 공정성과 평등을 주장하며 연합하고 있다. 즉, 이 지역사회는 미국의 도심 지역의 아주 전형적인 모습을 띠고 있다.

피슬리는 이웃 사이의 풀뿌리 운동 관점에서 없어서는 안 되는 지역이다. 1984년에 만들어진 이래 이 지역은 사회 봉사, 지역의 사회 교육, 노숙자 보호, 집주인/세입자 관계, 종교 및 저렴한 주택 개발과 같은 분야에서 가난한 사람들의 권리를 옹호하는 중심 세력 역할을 해왔다. 이 피슬리의 역사는 지역사회 조직이, 특히, 어린이 문제에 관해서 어떻게 그렇게 활기차고, 포괄적이고, 창의적이며, 몇 년에 걸쳐 끈질기게 영향력을 행사할 수 있었는지 잘 보여준다. 그도 그럴 것이 처음부터 이 센터의 모토는 "꿈을 크게 꾸자(Dream Big)"였다. 보니 노이메이어는 이웃 사이에서 리더였고 피슬리의 설립자 중에 한 명인데 이 책에서 일단의 여성들이 동네의 학교가 문을 닫는 것을 막아보려고 애쓸 때부터 발전된 강력한 비전의 이야기를 들려준다. 이 이야기는 리더들이 나올 수 없을 상황이라고 생각한 그때에 어떻게 등장하는지를 잘 보여준다. [1]

피슬리 학교는 1981년에만 해도 신시내티 시의 가장 좋은 학교 중에 하나였다. 피슬리 학생들은 공부도 잘했는데 학생들의 높은 성적은 시내 학교 중에서도 드문 경우였다. 교사들은 헌신했고 학생들이 직면하고 있는 사회 문제에 관해 민감하게 반응했다. 그 교수들은 학부모들과도 좋은 관계를 유지했고, 학생들이 필요로 하면 코트와 스웨터를 보관할 옷장을 포함해서 최대한 많은 것을 제공했다. 5세에서 8세 사이의 학생들은 교사에게 쉽게 다가갔고 그들 곁에는 교사가 있었다. 학교 이사회가 폐교를 결정하고 학생들을 타교로 배치할 때 우리는 화가 났다.

이웃 주민들은 이미 생존을 위해 치열하게 싸울 준비가 되어 있었다. 신시내티 시민들과 지역 방송에 오버 더 라인²은 가난과 노숙자 그리고 미국 도심에 늘 나타나는 범죄의 전형적인 상징이었다. 하지만 우리에게는 그 이름은 서로에 대한 임파워링을 통해 함께 노숙자에게 쉼터를 제공하고, 일자리를 같이 만들고, 약물 남용 상담을 제공하고, 음식과 옷을 비축하며, 버려진 건물을 사용 가능한 공간으로 만드는 재생 활동을 하는 등 풀뿌리 운동을 하는 이웃이라는 상징이었다. 우리는 그 이름을 자랑스럽게 사용했다. 우리는 단순히 거리와 빌딩의 조합이 아니었다. 우리는 가난한 애팔래치아인과 유색인종에게, 무시당하지 않고 지원받는 네트워크를 제공하는, 진정한 이웃이었다. 그리고 우리의 아이들은 가장 중요했다.

이런 풀뿌리 노력을 경주해왔기 때문에 피슬리 학교를 구하려고 노력한 것은 자연스러웠다. 우리는 많은 것을 잃었지만 다른 풀뿌리 운동과 마찬가지로 그러한 노력의 부산물은 원래 목적만큼이나 중요할 수 있다. 여성들은 특별한 투쟁을 이끌었고 그 과정에서 새로운 친구를 발견했으며, 시스템을 지원하고, 이웃 지도자들이 될 수 있는 힘을 길렀다. 우리는 꿈을 함께 키웠다. 그 꿈을 꼭 잡았기에 지금 우리가 존재한다. 나는 우리가 그 꿈을 기억하고 공유할 수 있다면 이웃 주민 중에 다른 이들, 특히 어린 소녀들이 자신들의 강점을 발견하고 헌신할 수 있기를 바란다.

꿈

신시내티 공립학교들은 법원 명령으로 통폐합에 직면했고, 많은 지역의 건물은 낡아 부서지는 중이었다. 하지만 우리들은 왜 학교 이사회가 현대적이고, 인종적으로도 잘 통합되었고 높은 학업 성적을 내는 학교를 문 닫으려고 하는지 이해 못했다. 그들은 학교가 정원 미달이기 때문이라고 했다. 오히려 우리는 당국이 아이들이 어느 학교에 가야 하는지를 결정하는 정책을 제대로 하지 않고, 특별 프로그램을 없애고, 아이들을 다른 건물로 옮기는 것 때문에 문제를 만들고 있다고 생각했다. 이제 당국은 자신들의 결정이 내린 결과에 대한 책임을 우리에게 떠넘기고 있다.

많은 학부모가 어렸을 때도 피슬리 학교에 다녔었다. 최소한 피슬리라는 이름의 교육 기관에 적을 두었었다. 1974년에 학교 이사회는 피슬리라고 불리는 100년이나 되는 역사적인 오래된 건물을 철거하고, 새로운 피슬리를 건축하겠다고 약속했다. 따라서 그 이후 피슬리 학교 건물은 별관인 셈이다. 이 오래된 학교 부지는 우리가 학교 이사회를 만나서 우리의 우려를 전달하기 전까지 여전히 빈 공간이었다. 아이들이 다른 지역 학교로 옮기게 되면서 지역에서 가장 학업 성적이 떨어지는 학교로 옮기게 된다는 점과 매우 먼 거리를 통학하거나 위험한 사차선 도로를 건너게 되는 것이 우려되는 점이었다. 우리는 왜 학교 이사회가 그렇게 잘하고 있고 교육자와 학부모 사이의 관계도 좋은 학교를 닫으려고 하는지 이해하지 못했다. 우리는 이사회가 그 미팅에서 학교를 계속 열기로 했다고 말했기 때문에 우리의 우려를 잘 이해했다고 여겼다. 우리가 승리한 것으로 착각한 것이다.

1981년 12월에 그 미팅이 있었다. 1982년 3월에 이사회는 우리에게 전혀 알리지 않고 그들의 약속을 깨고 학교를 닫기로 결정했다. 우리는 이만저만

694

화난 것이 아니었다. 이미 6개의 이웃 학교들이 문을 닫은 상태였다. 물론 학교를 추가로 짓겠다는 이야기는 없었다. 캐슬린 프루덴스(Kathleen Prudence)와 에버린 리어리(Everlene Leary), 이 두 명의 어머니는 아이들을 공원으로 데려간 어느 날 만나서 이 문제를 이야기했다. "반대하는 것밖에 수가 없겠어요." 우리 중 세 명이 모임을 가졌고 이런 이야기를 했다. "우리가 무엇을 할 수 있을까요?" 이렇게 피슬리 여성 운동이 태어났다.

우리는 학교 이사회가 열리는 날이면 매번 참석해서 이사회에게 재고해 달라고 요청했다. 우리는 전단지를 뿌리고 대부분 사람들에게 핸드폰이 없는 시절이었기 때문에 피켓과 배너를 제작해서 알렸다. 도심에서 하는 이사회 회의에 버스 대신 일부러 걸어서 행진했다. 그러면서 우리는 더욱 영리해지고 있었다. 우리는 이 시점에 하필이면 이 학교에 집착하는지 이유를 알고 싶었다. 그래서 우리는 지난 10년 동안 문을 닫은 학교를 찾고 도시 지도에 핀으로 표시를 하면서 자료를 정리해봤는데 결과를 보니 대부분 지역이 애팔래치아인과 아프리카계 미국인들이 거주하는 가난한 동네라는 것이 명백히 나타났다. 우리는 우리가 발견한 것이 싫었다.

그리고 우리는 교육만의 문제가 아니라는 것도 알았다. 이 문제는 땅을 둘러싼 투쟁이었다. 학교의 동쪽과 남쪽은 재개발되고 있었다. 수년 동안 집주인이 관리를 안 해서 낡아진 집들은 중상류층을 위한 주택으로 탈바꿈되는 과정에 있었다. 하지만 우리 이웃들은 그 건물들에 거주하고 있었다. 고의든 아니든, 폐교 조치는 그들은 이웃 사회에서 떠나게 만들었다. 이런 맥락에서 피슬리를 위한 투쟁은 더 넓게는 이웃 공동체의 정체성 보호를 위한 투쟁이고 저소득층 사람들이 자신들의 운명을 스스로 결정하는 자결권에 관한 기본적인 인권 보호 운동이었다.

점점 참여자들의 수는 증가했고 이사회가 개최될 때마다 별도의 시민 공청회를 가지게 되었다. 우리는 회의 때마다 새로운 연사를 초대했다. 이렇게 이사회는 우리가 좌절감을 분출시키도록 내버려두었다. 하지만 그들은 우리에게 대응할 생각이 없었고 심지어 들으려 하지 않았다. 우리는 가난한 사람들과 아프리카계 미국인과 애팔래치아인에 대한 차별을 이유로 임시라도 학교를 개방하는 법원 명령을 받아내려고 노력했다.

아프리카계 미국인 3명의 어머니와 애팔래치아 3명의 어머니가 소송을 걸었다. 예비 청문회에서 법원은 가난한 애팔래치아인에 대한 차별이 있다고 볼 수 없다고 판결을 내렸고, 인종차별로 끌고 가려면 오하이오주 데이톤 지방 법원에 제출된 소장에 포함시키라고 했다. 우리는 이의 제기를 위한 소송 비용을 댈 수가 없었다. 그때 이미 학교는 문을 닫았고 아이들은 뿔뿔이 흩어졌다.

우리는 전투에서 졌지만 전쟁에서 패하지는 않았다. 우리는 여성의 목소리가 갖는 힘을 발견했고, 그 힘을 통해 반등했다. 우리는 그런 대중적인 풀뿌리 캠페인을 조직할 수 있다는 데에 고무되었다. 우리들은 스스로 리더가 될 수 있다는 것을 알게 되었다. 우리는 지속적으로 만나고 서로를 응원했고, 이웃이라는 자산이 가지고 있는 교육적 중요성을 포기하지 않았다. 나는 노숙자 쉼터 역할을 하는 임시 거주 공간(Drop Inn Center) 건물을 짓기 위해 모금을 한 경험이 있다. 그 모금 운동은 증가하는 여성과 아이들을 수용할 수 있는 쉼터를 짓는 용도로 확장되었다. "있잖아요. 어쩌면 우리가 비슷한 일을 할 수 있을지 몰라요."

우리는 친구들과 학교 건물을 아예 구매할 수 있는 기금을 열심히 마련하려는 우리 여성들의 노력을 지지하는 사람들에게 전화하기 시작했다. 우리가 조사한 건물 감정가 금액이 12만 5천 달러였기 때문에 우리는 학교 이사회에게 계약금으로 1만 5천 달러에 1년 뒤에 잔금을 치르겠다고 제안했다. 그들은 거절했다. 지금에야 알려졌지만, 그들은 우리가 제안한 그 전 또는 그 이후에도 저소득 여성들이 아닌 개발업자들에게 단 돈 1달러에 건물을 넘기려했다. 우리는 포기하지 않았다. 우리는 6개월 동안 이사회 구성원들을 설득했고, 결국 건물을 팔기로 합의했다. 하지만 가격을 올렸다. 새로운 가격은 24만 달러였다.

24만 달러를 모금해야 한다니, 인수 금액으로는 너무 컸다. 나는 그들조차도 우리가 할 수 있다고 생각하지 않았다고 본다. 하지만 그들은 피슬리는 100년 이상 된 교육적 자산이 있으며, 우리의 이웃들은 거주할 자격이 있다고 강하게 믿는 사람들의 결단력과 에너지를 과소평가했다. 우리는 모금을 시작했다. 5달러, 10달러부터 시작했다. 우리는 '피슬리를 위한 벽돌'를 개당 10달러에 팔았고, 동네 축제에 풍선도 팔았다. 신시내티 여성 음악단(Cincinnati Women's Muse)은 자선 공연을 했다. 이런 분위기에서도 우리는 모금을 계속할 수 있을지 확신이 서지 않았다. 더 큰 지원금을 얻기 위해서는 더 많은 신뢰를 쌓아야 했다.

우리는 계속 비전을 실현해가려고 노력했다. 그리고 또 다시 한 사람의 여성이 변화를 만들었다. 우리는 그레이터 신시내티 재단(Greater Cincinnati Foundation)에게 우리 일을 소개할 기회가 있었는데, 그 재단의 한 여성 직원이 우리와 끈이 닿은 것 같았다. 그녀의 도움으로 우리는 2만 5천 달러의 지원금을 받을 수 있었다. 이런 실적이 도움이 되어서 몇 차례 후원금을 성공적으로 유치할 수 있었는데 아쉽게도 4만 달러가 부족했다. 우리는 학교 이사회에 가격 인하를 호소했고, 결국 건물 매각 비용 20만 달러에 그 건물이 비어 있는 동안 발생한 '유지 보수 비용'으로 9천 달러를 추가해서 건물을 매입하기로 했다. 우리가 법인체가 아니었기 때문에 동네 개발 회사는 피슬리 여성 그룹(Peaslee Women's group)의 신탁 증서를 관리하기로 했다. 이웃 주민들과 자원 봉사자들은 건물을 청소하고, 도색하고, 수리와 단장을 시작했다. 피슬리가 다시 살아났다.

바퀴의 중심

우리는 먼 길을 왔지만 여전히 힘든 싸움은 남아 있다. 기금 모금 행사를 통해 우리는 개발 위원회를 세워서 지역사회 조사도 하고, 이웃들이 필요로 하는 것들을 정하는 회의를 소집했다. 처음 시작한 프로젝트가 숙제실(Homework Room)이다. 이 프로젝트는 지금까지 우리가 한 프로젝트 중에 가장 오래된 프로그램이 되었다. 학교와 힘을 합쳐서 개인지도, 기초적인 읽기, 쓰기, 셈하기 수업 그리고 방과 후 지원을 제공한다. 우리는 여성들을 위한 교육 프로그램, 아이들을 위한 예술 프로그램, 그리고 공동체 모임방을 제공한다.

운영 경비를 조달하기 위해서 보육 프로그램과 같이 우리의 비전에 부합하는 사업을 위해 일정 공간을 임대할 필요가 있었다. 수년 동안 다양한 기관이 공간을 임대했다. 역설적으로 1990년대 초에 신시내티 공립학교는 우리 세입자 중의 하나가 되었다. 공립학교는 우리에게 공부하고 있는 젊은 어머니의 아이들을 맡은 보육시설로 임대한 것이다.

지난 4년 동안 잘 운영하다가 갑자기 피슬리 생존을 위협하는 일이 벌어졌다. 가장 큰 임차인 중에 하나가 자신 내부의 문제로 철수했는데 설상가상으로 우리 신탁을 관리하고 있는 동네 개발 회사가 우리에게 말도 안 하고 매물로 내 놓은 것이다. 잠재 고객들이 사무 공간으로 사용할 목적으로 둘러보기 시작했고 우리는 마침내 "피슬리는 매각하지 않는다."는 피켓을 들고 건물 주위를 행진하면서 저항을 했다.

우리는 동네 개발 회사에 팔지 말라고 설득했지만 소용이 없었다. 그래서 피슬리 여성들은 '피슬리 이웃 센터 주식회사(Peaslee Neighborhood Center, Inc.)'라는 법인을 설립했다. 그리고 법원에 중재를 요청했다. 중재 결과 우리가 이겼고 피슬리는 우리 것이 되었다. 자유를 쟁취했고 이젠 깔끔해졌다.

우리는 예산을 편성하고 프로그램을 운영하고, 보조금을 신청하고, 여기서 일하는 많은 자원 봉사자를 이끌기 위해서 배워야만 했다. 다양한 프로그램 때문에 매년마다 예산은 늘어났지만 우리가 예산을 잘 쓰고 있다고 생각하지 않는다. 우리가 없이 살 때는 어떻게든 지내는 방법을 배우게 된다. 하지만 풍족해져도 여전히 어렵다. 우리는 대부분 개인 재단이나 소액 후원금에 의존한다. 그런데 사람들은 노숙자 문제를 해결하기 위한 기부금은 내지만 교육을 위한 기부금은 꺼리는 것 같았다. 아이들을 위한 모금이 그렇게 어려워서는 안 된다. 사업 초기에 교육에 집중했더라면 개발 문제가 불거지게 하지 않았을지 모른다.

우리는 비록 사업을 확장하고 변경할지라도 참여 중심이고 지역 기반을 유지하려고 한다. 2000년 대 초기 우리는 보육 시설을 늘리기 위해 건물을 추가했다. 복지 혜택을 졸업하고 일자리를 얻은 여성들은 안전하고 적절한 보육시설을 간절히 원했다. 그들은 유아 시설과 유치원뿐만 아니라 등교 전후에 아이들을 돌볼 시설이 필요했다. 아이들을 위한 공간은 카운티 전역에서 부족하다. 센터는 언제나 집 없는 아이들의 보금자리를 제공하고, 집을 떠난 아이 엄마가 일자리, 거주 공간을 찾고 다시 가족이 결합할 수 있도록 지원해 줬다. 피슬리를 구하고 피슬리 공간을 지역 기반의 교육 자원 센터로 하겠다는 꿈은 이웃 사람들에게 더 큰 꿈을 꾸게 해줬다. 오버 더 라인 주민 운동(The Over-the-Rhine People's Movement)은 저소득 주민이 기본적인 인권과 자결권을 갖도록 하는 시민운동이다.

나는 이 운동을 바퀴의 중심이라고 생각한다. 밤이면 머리 위로 지붕을 가질 수 있고, 원할 때 서비스를 요청할 수 있고, 그리고 주거지 비용을 낼 수 있도록 하는 우리의 풀뿌리 운동은 바퀴 살에 비유할 수 있다. 피슬리는 지역 문화와 교육에 집중하는 바퀴살이다. 아이들에게 배움의 기회를 주고, 여성들을 지원하는 피슬리 프로그램 덕분에 우리는 더 강하고 건강한 이웃을 만들 수 있었다. 왜냐하면 이웃의 힘은 각 사람의 개인적인 발전에 달려 있기 때문이다. 그리고 그것은 강한 지역사회의 지원이 있을 때 가능하다.

우리의 슬로건은 "표현은 억압에서 벗어나는 첫걸음"이다. 만일 당신이 뭐에 화가 났는지, 그것이 중독인지, 학대하는 배우자인지, 집으로부터의 퇴거인지 표현할 수 있다면, 결국 행동으로 옮기기에 충분하다는 것을 알게 된다. 당신이 개인 삶에서 그렇게 할 수 있을 때 비로소 집단 차원에서 불의에 맞설 수 있다. 피슬리는 사람들이 글쓰기, 시, 미술 또는 음악 등 어떤 수단을 이용하더라도 도움을 제공해서 표현을 장려하려고 노력한다.

처음부터 여성 지원 단체는 지역사회에서 여성에 대한 연대감과 권한 부여를 제공하기 위해 정기적으로 모였다. 그리고는 자문해봤다. "우리가 항상 개인 발전과 여성의 권한 부여에 관해 일을 해왔다면, 소녀들이 자신들 목소리의 힘을 발견하도록 도와주는 것을 시작하지 못할 이유가 없다." 이 그룹은 계속 모임을 갖고 있다. 그 모임은 도심에서 어린 여성이 받는 압박에 관해 이야기하는 공간이다. 우리는 자존감을 이야기하고 있고, 마약과 성관계를 거절하는 방법을 이야기한다. 피슬리 이웃 센터(Peaslee Neighborhood Center)를 설립한 여성들처럼 이 소녀들은 서로에게 의지한다. 진행 속도는 느리다. 자존 감을 만들기에는 시간이 필요하다. 내일 당장 가질 수 있는 것은 아니다.

∬ 728쪽의 '오버 더 라인 주거 프로그램' 참조

3. 대화를 통해 시민권을 되찾다

피터 블락(Peter Block)

> 만일 교육구 또는 시 당국이 지역사회 문제에 관심을 갖지 않거나 변화 를 일으키는 것에 관심 없거나, 아니면 지원해줄 능력이 안 된다면? 만 일, 대화는 하지만 일부 소수 집단만 초대되고 그들의 이야기만 전달된 다면? 그때는 다른 대화 전략을 시작해야 한다. 대화 상대자가 꼭 권위 있는 사람과 할 필요는 없다. 피터 블락은 저자이자 컨설턴트 그리고 오 하이오주 신시내티의 시민이다. 1980년대에는 활동적인 조직 개발 컨설 턴트이자 베스트 작가로서 영향력이 있는, 조직 학습을 중심으로 다룬 경영 도서를 저술했다. 그러던 그가 점차 공공 분야와 자원 봉사 분야로 활동을 넓히더니 주 관심사가 권한 위임, 대리인, 선택된 책임의식 그리 고 공동체의 화해로 확대되면서 더욱 열심히 하였다. 그의 목표는 권한 과 힘보다는 합의와 연계를 통해 세계에 변화를 일으키는 것이다.

내 경력의 첫 20년은 은행 강도 월리 서튼(Willie Sutton)처럼 그저 돈을 쫓 았다. 돈 벌이가 더 편한 민간 영역에서 일을 했다. 그러다 1995년에 나는 도 시 관리자들과 일을 할 기회가 있었는데 그 일이 좋았다. 나는 그들이 어떻게 도시의 시설과 도로들을 광범위한 지역사회의 의견과 시민 참여를 이끌어내어서 균형을 이루면 일하는 모습과 그들의 책상 위로 쏟아지는 지역사회의 아픔과 관련된 내용들을 처리하는 모습을 보고 매혹되었다. 나는 그들의 도시에서 벌어지는 회의를 잘 이끌어달라는 요청을 받아들였다. 나는 내가 수년 동안 다듬어 오고, 민간 영역에서 활용한 방법론들이 공공 분야에서 효과가 있을 거라고 생각했다.[3]

나는 체코슬로바키아에서 일어난 벨벳 혁명 직후 1990년대 초반에 필리핀 정부와 일을 한 적이 있다. 나는 마크로스 정부를 전복시켜서 끝장을 보기 위해 자신의 목숨을 포기한 사람들과 일을 했었다. 새로운 정부 각료들은 열정과 헌신이 대단했다. 내가 담당한 세션에서 나는 준비도 하기도 전에 각료들은 적극적으로 내가 부여한 과제들에 뛰어들었다. 이들은 그들 자신보다 더 큰 것을 위해 일하고 있었고, 그들 나라에 민주주의를 심으려고 했으며, 가난한 국민들에게 잘 사는 삶을 주려고 했다. 나는 뭔가 의미 있는 일을 하려는 사람들의 모습이 어떠했는지 알 수 있었다. 이 점은 민간 분야와 날카롭게 대조된다. 민간 분야에서는 헌신은 경력과 경제적 안녕에서 발휘된다.

지역사회 일을 통해 나는 지시에 의해서 일을 하는 것과 자신의 선택으로 일을 하는 것과의 차이를 이해하기 시작했다. 나는 사람들이 가슴으로부터 일을 하는 모습을 추구하기 시작했다. 이런 분야는 학교, 소방서 그리고 지역사회 활동가 조직들이었다. 그들은 시민 참여와 그 의미를 기꺼이 추구하고 있었다. 지역사회 일은 매우 가치 지향적이어서 진정으로 자신들이 원해야 모인다. 나는 그 일을 사랑했고 지금도 변함없다.

그 후 나는 신시내티로 이사했고 내가 말해온 것을 실행에 옮겨야 한다는 것을 분명히 했다. 내가 다른 지역사회에 살 때는 나는 언제나 손님이었다. 하지만 나는 시민이 되어야 했다. 그래서 나는 자원해서 지역사회에 긍정적인 변화를 만들려는 다른 시민활동가들과 몇 개의 사안에 집중해서 대화는 나눴다.

공개 대화와 학교

공공 분야의 모든 대화가 뚜렷한 미래의 변화를 만들 수 있는 것은 아니다. 예를 들어 문제 해결에 관한 대화는 진정한 변화를 만들지 않고, 그저 조금 좋아지게 할 뿐이다. 진정한 변화는 공동체에 대한 사고와 지역사회에서 살아가는 방식이 변해야 가능하다. 따라서 새로운 미래를 만들 수 있는 새로운 언어가 필요하다. 변혁은 부족한 것에 집중해서 만들어지는 것이 아니라 우리가 잘할 수 있는 것에 집중해야만 만들어질 수 있고, 그 변혁을 다른 사람의 손에 맡기는 것이 아니라 우리의 손으로 만들 수 있어야 한다. 건강한 공개 대화는 그 어떤 다른 행동보다 먼저 해야 하는 행동이다. 공개 대화하는 성격을 다시 설정해야 공동체가 나아갈 방향을 바꿀 수 있다.

건강한 공개 대화를 나누는 방법은 규모를 크게 하거나 작게 하거나, 자신과 대화하거나 언론 매체를 통해 대화하는 방법 등 다양하게 생각할 수 있다. 물론 기존 생각과는 달리 언론 매체는 공개 토론을 이끌어내지 못한다. 언론 매체는 그저 사람들이 선택한 대화를 다룰 뿐이다. 그러다 보니 언론 매체는 단순한 걱정거리를 지나치게 보도하거나, 반대 의견을 극적으로 포장하면서 공동체에 늘 상처만 남겨준다. 시민 사회가 조용하고, 수동적인 태도를 보일수록 사람들의 상처를 이용해 언론 매체는 이익을 챙긴다.

소집단

나는 지금까지 각기 다른 시민들과 지역사회에서 집단을 만들어서 소집단과 단체들 사이에서 대화를 촉진했고 그 결과 수동적인 자세를 벗어나게 했고 공개 대화의 성격을 바꿔왔다. 우리는 우리 조직의 이름을 '소집단(A Small Group)'이라 불렀다. 우리는 서로 관계가 없었던 사람들을 그룹으로 만들어서 대화하도록 만드는 데에 집중했다. 이런 활동은 아무런 변화를 만들지 못하는 '우리가 남이가'라는 태도에 대한 대안이다.[4]

전통적인 공개 대화에서 걸림돌이 되는 또 다른 한계는 정작 대화할 수 있는 멍석을 깔아놓으면 대화를 하지 않으려는 사람들의 자세다. 많은 사람은 변화는 다른 사람이 만들어야 한다고 생각한다. 그래서 다른 사람을 변화시키는 것이 자신들의 목표를 달성하는 데에 용이하다고 생각한다. 이런 생각은 사람들이 힘 있게 추진하지 못하게 만들고 오히려 그들은 지치게 만든다.

건강하고 민주적인 공동체는 높은 수준의 시민 참여가 있어야 한다. 그것도 지역사회와 그 지역사회의 시민들의 재능과 장점에 집중해야 가능한다. 우리는 지금과 다른 미래를 공동체의 책임의식과 헌신의 토대 위에 건강한 공개 토론을 통해 만들려고 한다. 학교를 바꾸려는 이런 모든 노력에도 불구하고, 아이들을 교육하는 것은 지역사회의 기능이라는 사실을 잊어버리기 쉽다. 학교 안에서 일어나는 교육만큼이나 학교 밖에서도 많은 교육이 일어난다. 만약 지역사회가 기꺼이 투자하지 않고, 나서지 않고, 아이들을 돌보지 않는다면 지역사회의 미래가 있겠는가? 공립학교는 지역사회의 힘, 헌신 그리고 자신을 돌볼 수 있는 역량을 테스트할 수 있는 리트머스 시험지다.

학교라는 좁은 세계에서 이뤄지는 교육을 바꾸기 위한 공개 대화는 주로 체벌, 보상, 경쟁, 제도, 새로운 기준 그리고 험한 말들이 책임의식과 높은 학생들의 성취를 이끈다는 믿음에서 만들어진다. 민간 분야에서 대부분의 시간을 보낸 내 경험을 비춰보면, 이런 믿음은 신화에 가깝고 어떤 변화도 만들지 못한다.[5]

예를 들어 왜 기업들이 가능한 빨리 경쟁에서 벗어나려고 하는데 학교는 왜 경쟁을 조장하는가? 비즈니스 세계에서 경쟁은 사라지고 있다. 선택의 여지가 별로 없기 때문이다. 엑손 기업과 모바일 기업은 그들의 리더들이 생각하기에 개별 회사가 충분히 크지 않다고 생각했기 때문에 합병했다. 엑손의 리 레이몬드 사장은 규모의 경제를 만들기 위해 합병을 해야만 했다고 말했다. 만일 당신이 객관적으로 세상에서 가장 큰 기업 중의 하나를 소유하고 있고, 여전히 충분히 크지 않다고 생각한다면 규모는 진정한 문제가 아니다. 뭔가 다른 것이 있다. 그것은 제국이다.

학교에서는 낮은 성적에 더 많은 관심을 가져야 하고, 기대치와 성과를 더욱 투명하게 관리해야 한다는 점에 어느 누구도 이견이 없다. 그러나 경쟁은 승자와 패자를 나누게 될 수밖에 없다. 학교가 왜 어린 학생들을 패자로 몰아가려고 하는지 또는 승자보다 더 많은 패자를 만드는 구조를 만들려고 하는지 이해하기 어렵다.

왜 학교에서는 비즈니스 세계에서 효과가 전혀 없었던 성과에 따른 보상을 조장하는가? 변동 보상에 따라 사람의 성과가 좋아진다는 증거는 없다. 사실 그 반대의 증거가 있다. 왜 우리는 교사를 믿지 못하는가? 물론 형편없는 교사, 형편없는 학교 행정가는 있기 마련이다. 그러나 비즈니스 세계나 다른 조직에도 형편없는 종업원이나 형편없는 CEO는 있기 마련이다.

내가 믿는 것처럼 만일 공교육이 평등한 기회, 민주주의의 주춧돌이라고 믿는다면 더 많은 경쟁이 좋은 거라는 믿음은 더 이상 도움이 되지 않을 뿐더러 공공의 모든 것을 공격하는 것이 된다.

지역 책임의식 되살리기

학교 문제뿐만 아니라 공공의 문제를 다루는 대부분의 공개 대화는 주로 책임의식을 강하게 다룬다. 하지만 정말 중요한 것이 빠졌다. 책임의식은 당신이 바꾸고 싶은 환경 조건을 만들어 온 장본인이 바로 당신이라는 것을 마음속 깊이 인정한다는 뜻이다. 물론 당신이 위임했든지 안 했든지 간에 말이다. 책임을 진다는 것은 지역사회의 특정 분야만을 다루는 것이 아니라 지역사회 전반이 좋아지도록 돌본다는 것을 의미한다. 헌신한다는 것은 반대급부를 생각하지 않고 공공의 선을 위해 기꺼이 약속한다는 것을 의미하며, 그 어떤 다른 조치들이 있어야 한다는 조건을 달지 않고 약속한다는 것을 의미한다.

건강하고 지치지 않게 변화를 이뤄내는 대화를 만들기 위해서는 대화를 형식적인 위임 절차나 정책에 따르게 하는 것보다 대화에 초대하는 것에서 시작해야 한다. 문제 해결에 목적을 두기보다는 가능성을 이야기하는 대화이어야 한다. 누군가는 설명하고 누군가는 거절하는 것이 아니라 주인의식과 명분을 다뤄야 한다. 책임 없는 사퇴나 입에 발린 좋은 소리가 아닌 반대와 거절의 의사를 표명해야 한다. 마지막으로 부족한 것에 집중하지 말고 우리가 할 수 있는 장점에 집중해야 한다.

따라서 리더의 역할은 변한다. 시민이 이끌어야 한다. 형식적인 권한이 부여되는 지위는 더 필요하지 않다. 기존에 지배하고 있던 사고에서는 리더십의 역할은 비전을 만들고, 다른 사람을 참여시키고, 사람들을 평가와 보상으로 책임을 부여하는 것이다. 하지만 건강하게 공개 대화를 하려면 리더십의 역할이 사람들을 소집하고 참여할 기회를 만드는 것이어야 한다. 리더는 토론 주제를 정하고 초대장을 발송하며, 모일 장소를 만들어야 한다. 리더는 입에 발린 소리를 하지 말아야 하고 진정한 헌신을 보여야 한다. 그런 헌신 없이 말만 앞세워 일장 연설하는 것이 아니라 리더들은 사람들이 반대도 하고 통과시켜 달라고 요청해야 한다. 리더는 모든 질문에 대한 답을 일일이 하지 않고 의혹과 반대도 드러나도록 해야 한다. 리더와 시민의 제일 중요한 역할은 주위에 떠돌고 있는 사람들의 재능을 중심으로 데려오는 것이다.

∬ 279쪽의 캔디 베이스포드의 '우리는 함께 춤을 춘다' 참조

공공 분야에서 대화를 촉진한다는 것은 민간 분야에서 하는 것보다 10배나 더 복잡하다. 공공 분야에서 할 때 가장 큰 장애 요인은 리더십이 부족하다거나 모금이 안 되었다거나 전문성이 부족하다거나 좋은 프로그램이 없는 것이 아니다. 이 모든 것은 모자라지 않고 넘친다. 공동체는 뿌리 깊게 박혀 있는 파편화된 의식과 사회 연결망의 부족 때문에 상처받는다. 추가로 대부분의 사람들은 여유 시간에 자원 봉사로 참여하기 때문에 모임을 소집할 때, 제 아무리 명분이 대단하다고 한들 누가 나타날지 모른다.

기존에 존재하는 대부분의 공공 대화는 사람들을 함께 모으지 못하고 뿔뿔이 흩어지게 만든다. 이런 공공 대화는 직함만 난무하고 개인주의가 만연하며 책임의식이나 헌신이 없기 때문에 지역사회를 되돌릴 수 없다. 파편화되는 문제를 해결하기 위해 사용한 기존의 방법들은 오히려 더욱 파편화를 만들었다. 이런 노력들은 구성원들을 한데 묶어서 앞으로 나아가게 하는 노력만큼이나 서로 적대적인 관계가 되도록 만든다. 지역사회를 제대로 만들기 위해서는 건강한 공개 대화를 계속 만들어서 사회망을 만들어야 하고, 서로 이해관계가 얽히고설키도록 만들어야 한다. 이런 방식은 시간이 오래 걸리고 모호한 면이 있다. 그리고 바로 결과물이 안 나온다. 하지만 이런 방식이 차이를 만들 것이다.

▪️ 차이를 만드는 여섯 가지 대화

피터 블럭(Peter Block)

> **목적** : 만약 공동체에 변화를 일으키려면 대화를 시작하라. 만약 대화에 변화를 만들려면 질문을 바꿔라. 다음 여섯 가지 대화는 각각 문제 해결과 개인적인 책임을 만드는 토대를 만들어준다.

사람들을 공동체 일에 더 많이 참여시키는 나만의 구체적인 대화 기법을 소개한다. 우리 모두는 우리가 생각하는 미래를 만들기를 원하고 이에 대한 행동 지침을 원한다. 사람들이 던지는 질문의 성격이 중요하다. 현재의 시스템을 유지하자는 것일 수도 있고, 현재와 다른 미래를 논의의 장소에 가져오는 것일 수도 있다. 아쉽게도 기존의 많은 질문은 현재와 다른 미래를 만드는 데 어떤 힘을 실어주지 못한다.

정말 중요한 질문은 모호하다. 그 질문이 구체적으로 어떤 뜻인지 정의하려고 하지마라. 이런 모호함이 사람들이 자신이 해석한 대로 받아들여서 참여하게 만들기 때문이다.

중요한 질문은 개인적이다. 모든 열정, 헌신 그리고 연결은 가장 개인적인 이유로 만들어진다. 개인적일 수 있는 여지를 만들어라.

중요한 질문은 불안하게 만든다. 중요하다는 모든 것은 우리를 불안하게 만든다. 불안에서 탈출하고 싶은 마음은 생동감을 훔쳐버린다. 질문할 여지가 없다면 중요하지도 않다.

조언 대신에 호기심으로 채워라. 도움이 되려하고 조언을 주는 행위는 다른 이를 통제하는 방법이다. 조언은 대화를 멈추게 한다. 사람들이 말을 할 때는 놀라움을 줄 수 있는 상황을 만들어야 한다.

대화 #1 : 초대

변혁은 선택을 통해 일어난다. 초대는 참여할지 말지 선택하는 기회를 제공한다. 초대는 또한 초대에 응한 사람들에게 그들에게 뭔가를 요구할 것이 있다는 것을 경고한다. 그리고 초대에 응한 사람들에게 더 깊은 학습과 헌신을 할 수 있는 방법을 찾아보라고 요구하게 될 것이다.

사람들이 모임에 나타나면 초대를 언급하면서 다음 질문들과 연결해야 한다.

☐ 초대를 받아들인 이유는 무엇인가?

☐ 더 확실히 초대를 받아들이기 위해서는 무엇이 필요했나?

☐ 다른 사람이 당신을 이곳으로 오게 하려면 어떤 대가(돈, 시간, 관심 등)를 치러야 하는가?

대화 #2 : 가능성

다음 대화는 이익을 얻기 위한 협상이나 과거의 문제를 해결하기 위한 협상과는 달리, 미래의 새로운 가능성에 들어가기 위한 선택으로 만들어졌다.

개인의 성찰에 관한 질문들 :

☐ 당신의 인생과 직업에서 당신을 발견하는 기준은 무엇인가? 또는 우리가 모인 프로젝트에서 자신을 발견하는 기준은 무엇인가?

☐ 지역사회를 변화시키고 당신에게 영감을 줄 수 있는 힘을 가진 어떤 가능성의 선언할 수 있는가?

가능성에 관한 집단적인 질문들 :

☐ 변화를 가져올 수 있는 것을 함께 만들고 싶은가?
☐ 혼자서는 만들 수 없는 것을 여러분 모두가 함께 만들 수 있는 것은 무엇인가?

대화 #3 : 주인 의식

이 대화는 세상이 우리를 만들고 영향을 주기도 하지만 우리가 세상을 만드는 사람이라는 것을 알게 해준다. 이 대화는 지금의 현실을 만드는 데에 어떻게 기여해왔는지를 묻고 있다.

☐ 당신은 어떤 경험(또는 프로젝트 또는 공동체)을 가치 있게 만들기 위해서 무엇을 계획하고 있나?
☐ 얼마나 위험을 감수할 생각인가?
☐ 얼마나 열심히 참여할 생각인가?
☐ 일부분이 아니라 전체가 잘 되도록 어느 정도까지 투자하고 있나?
☐ 당신이 불만을 품거나 바꿔지기를 원하는 있는 바로 그 일에 당신이 얼마나 관여해왔나?

대화 #4 : 다른 견해

이 대화는 사람들이 반대할 수 있는 여지를 마련해준다. 만일 반대를 말하지 못한다면 찬성은 아무런 의미가 없다. 각자는 뭔가 의심쩍은 것이 있어도 적당히 정당화하거나 문제해결에 급급하지 않고, 자신의 의심을 표현할 기회가 필요하다. 반대를 표현하는 것은 헌신을 만드는 대화의 시작이다.

- ☐ 어떤 것이 미심쩍었나?
- ☐ 무엇을 반대하고 싶나? 또는 거부하기 때문에 자꾸 미루려고 하는 것은 무엇인가?
- ☐ 겉으로는 찬성하면서 속으로는 찬성하지 않은 것은 무엇인가?
- ☐ 당신이 결정을 바꾼 것은 어떤 것인가?
- ☐ 당신이 용서하지 않는 것은 무엇인가?
- ☐ 다른 사람이 모르는 당신만의 원한은 무엇인가?

대화 #5 : 헌신

마음을 다한 헌신은 동료들에게 전체의 성공을 위해 기여하겠다는 약속이다. 그것은 개인적인 이득을 위한 것이 아닌 더 큰 목적을 위한 약속이다. 몇 사람의 헌신만으로도 우리가 마음에 품고 있는 미래를 만들 수 있다.

- ☐ 어떤 약속을 기꺼이 하겠는가?
- ☐ 당신에게 의미 있는 평가는 무엇인가?
- ☐ 전체의 성공을 위해 어느 수준까지 대가를 치를 각오가 되어 있는가?
- ☐ 당신의 헌신 때문에 다른 사람이 어떤 희생을 감수하는가?
- ☐ 당신이 헌신하지 않으면 어떤 손해가 생기는가?

대화 #6 : 재능

모든 훈련은 대화로 마무리한다.

사람들은 좀처럼 자신의 재능을 말하지 않는다. 사람들은 부족한 것에 천착하기 때문이다. 하지만 떨쳐버리기 힘든 단점에 집중하기보다 모두에게 있는 재능을 잘 활용하는 것에 집중해서 레버리지를 만들 수 있다. 무엇에 집중하느냐에 따라 더 강화되기 마련이다.

이 대화를 하기 위한 틀에 좀 더 주목해보자. 원을 만들어 앉는다. 한 사람에 대해서 나머지 사람들이 돌아가면서 이 사람의 장점 또는 재능에 대해 말하고, 이 사람은 그 내용을 접수할 때마다 다른 이야기를 하지 않고 다만, "고맙습니다. 그런 말씀을 들으니 좋네요."라고 대답한다. 이런 칭찬이 빗나가지 않게 해야 한다. 단점을 토론한다든지 뭔가 부족한 것을 말하려고 하는 것을 막아야 한다. 이런 피드백을 원한다 하더라도 해야 한다. 그렇지 않으면 이 훈련의 성과가 희석되는 것을 막을 수 없다.

- ❏ 이 방에 있는 다른 사람으로부터 내가 어떤 재능이 있다고 들었는가? 그 사람에게 구체적으로 표현하라.
- ❏ 어쩔 수 없이 외국에 있는 경우에도 당신이 계속 보유하고 있는 재능은 무엇인가?
- ❏ 다른 사람이 모르는 나만의 재능은 무엇인가?
- ❏ 다른 사람이 말하지 않아서 다행이라고 여기는 재능은 무엇인가?

『걷고 걸어서』

Walk Out Walk On : A Learning Journey Into Communities Daring to Live the Future Now, by Margaret Wheatley and Deborah Frieze(Berrett-Koehler, 2011).

『Walk Out Walk On』은 버카나 연구소(Berkana Institute)의 전 공동 대표가 쓴 책으로 일곱 개의 혁신적인 공동체 건설 운동을 소개하고 있다. 멕시코 고산지역 마을에 있는 자기 조직화(self-organizing)한 대학의 사례에서는 학생들이 지역 자립의 수단으로 자전거 동력으로 움직이는 펌프와 같은 작은 규모의 기술을 활용한다. 한 브라질 연구소의 사례에서는 '30일 게임'을 통해 참여자들이 활력이 떨어진 이웃 마을에 활기를 불어넣는 역할을 한다. 정치 때문에 기근에 시달리는 짐바브웨이의 한 마을은 지속가능한 자립 농업에 뛰어든 사례를 보여준다. 오하이오주 콜럼버스 시 사례는 놀라운 인적 네트워크가 의료, 교육 그리고 사회 서비스 기관들을 변화시킨 내용을 소개한다. 또한 이 책은 남아프리카, 인도, 그리스에서의 유사 사례도 소개한다. 이 모든 노력을 조직한 사람들은 제한적이고 스스로 구속하는 사고방식을 탈피했다. 그리고 저자들인 위틀리(Wheatley)와 프리즈(Frieze)는 누구나 할 수 있다는 것을 보여준다. 지역에 따라 하는 일은 다르겠지만 현재의 상황 안에 갇힌 관점을 바꾸는 것은 언제나 같다.

— 아트 클라이너(Art Kleiner)[6]

4. 비전을 나누기, 그것도 전국적으로

■■ 싱가포르의 '생각하는 학교, 학습하는 국가' 운동

탄쑨용(Tan Soon Yong)

대부분의 사람들에게 공동체를 위한 비전을 나누자고 제안하는 것은 끔찍할 정도로 무모하다. 그런 맥락에서 지금부터 하는 비전을 공유한 이야기를 보기 바란다. 전국 규모의 교육 시스템을 진화시키는 일에 2만3천 명의 교육자들이 참여한 이야기. 이 일의 대부분은 다섯 가지 학습 규율로부터 영향을 받았는데, 일부는 저명한 학습 조직 연구자이자 실행가인 대니얼 김과 다이앤 코리가 담당했고 이들이 우리의 관심을 끌었다.

싱가포르는 작은 나라지만 평범하지 않은 역사로 유명하다. 이 나라는 1965년에 영국 식민지에서 독립했으며, 미래 지향적이지만 민주적이지 않은 리콴유 전직 수상 시절의 정부에 의해 현대화를 이루었고, 금융과 교육의 중심지로서 부를 창출했고, 지나치게 시험과 기계식 암기 등을 강조한 교육으로 유명하다. 여기에 소개되고 있는 '생각하는 학교, 학습하는 국가(Thinking Schools, Learning Nation, TSLN)' 운동 이전에, 대학을 졸업한 젊은이들은 과학과 수학이 매우 뛰어나지만, 거기에 걸맞은 창의적이고 비판적인 사고력은 떨어졌다. 이 책이 처음 소개된 2000년에 TSLN 운동이 막 시작되었고, 2005년에 이르러 변화의 조짐이 보이기 시작했다. 학생들은 학교의 일부를 직접 운영을 하였고, 대학 고학년들은 인구 요인이 출생률 감소에 영향을 미치는 문제를 해결하기 위한 제안을 하는 등 주요 사회 시스템의 문제들을 다뤘다. 또한 젊은 창업가들은 건강에 좋은 초콜릿 같은 자신만의 제품을 만들고 판매하는 기업을 운영했다.

이 운동을 시작할 때 쓰인 이 글은 싱가포르에만 적용되는 것이 아니다. 이 글은 학습하는 학교를 위한 보다 큰 규모의 노력이 가능하다는 것을 보여주고 있다. 이 글이 던진 질문을 숙고하길 바란다. 비슷한 움직임이 일리노이주, 텍사스주, 이탈리아, 인도 또는 브라질에서 일어난다면 어떨까? 얼마나 퍼질 수 있을까? 단순히 전시행정으로 끝날까? 이 책에서 다루고 있는 것처럼 잔물결이 퍼지듯 번져서 국가 차원에서, 모든 학교에서 의제로 다뤄질 수 있을까? 실행 결과의 질이 중요하다면 이와 같은 운동이 단순히 입법, 정책, 바우처 또는 표준화 시험보다 더 길게 공립학교에 영향을 미칠 수 있지 않을까?[7]

어느 국가나 국가 교육 시스템의 수준을 판단할 때는 그 나라의 학교를 보면 된다. 1997년부터 싱가포르의 학교들은 자신들이 관여한 공유 비전을 따랐다. 이 비전은 '생각하는 학교, 학습하는 국가(Thinking Schools, Learning Nation, TSLN)'로 요약되는데, 싱가포르의 모든 학교가 그림으로 그린 듯 '생각하는 학교'가 되는 이미지를 갖도록 했다. 이는 엄청난 도전이었다. 비판적이고 창의적인 사고를 하고, 적극적으로 자기 주도적인 학습을 하며, 학교의 직원이나 학생들이 끊임없이 가정에 도전하고, 자신의 실패뿐만 아니라 남의 실패를 통해 학습하고, 세계적으로 가장 좋은 사례를 탐색해서 지역에 맞게 적용하는 등의 활동을 의미한다. 우리에게는 '생각하는 학교'는 '학습하는 국가'의 초석이 된다. 왜냐하면 국민 한 사람 한 사람은 평생 학습을 통해 지식 사회와 지식 경제를 창대하게 만들기 위해 노력하기 때문이다.

TSLN은 미래에 대한 걱정이 동기가 되어 교육을 전략적으로 재평가해서 만들어진 것이다. 우리가 목격했듯이 힘들었던 점은 미래 지향적이 되거나 아이들이 미래의 모습을 따라하게 만드는 것이 아니라, 아이들이 미래를 위해 계속 준비할 수 있도록 하는 것이다. 우리는 TSLN 위원회를 만들어 교육자와 정책 입안자를 한자리에 모이게 하는 것부터 시작했다. 그리고 변화를 만드는 원인들, 떠오르는 트렌드 그리고 싱가포르를 둘러싼 민감한 불확실성이 무엇인지를 찾아내기 위해 시나리오 플래닝 방법을 사용했다. 이렇게 찾은 것들은 향후 교육의 내용에 영향을 미치게 될 것이다. 예를 들어 미래 사회에서 지식의 성격은 매우 빨리 변할 것이다. 따라서 지식의 범위는 더 넓어질 것이고, 더욱 전자 통신 수단을 통해 전 세계로 통할 것이고, 영어 같은 세계 공통 언어에 대한 의존도는 더 높아질 것이다. 이런 작업 덕분에 이후에 우리는 교육과정을 10~30%까지 줄여서 임의로 자유롭게 고차원적인 사고력을 키울 수 있도록 배분할 수 있었다.

// 528쪽의 '미래의 격변에 대비하기 위해, 학교 시스템은 시나리오 기법을 어떻게 활용하는가' 참조

　다음 단계는 최종 목표를 명확하게 하는 것이다. 약 300명의 교사와 공무원들이 모여서 숙박을 하면서 사회적으로, 세계적으로 떠오르는 트렌드와 미래의 싱가포르를 생각할 때 바람직한 교육 결과물에 관해서 토론했다. 이런 토론을 통해 전반적인 합의점을 도출하였다. 그 결과는 예상하지 못할 정도로 모순적이었다. 어린 학생들을 예측하기 힘들고 빨리 변하는 미래를 위해 준비시키는 비법은 교육의 본질로 돌아가는 것이었다. 즉, 어린 학생들이 도덕적으로, 인지적으로, 신체적으로, 사회적으로 미적 영역에서 골고루 종합적으로 성장하도록 하는 것이었다.

　토론과 브레인스토밍 절차를 통해 많은 아이디어가 나왔다. 그리고 이것들은 핵심적인 교육 단계라고 할 수 있는 초등 교육 단계, 중등 교육 단계, 대학 초년 단계와 공식적인 교육이 끝나는 시점에 관리 지표로 사용될 수 있도록 여덟 개의 바람직한 결과물로 요약되었다. 이 목록은 모든 일선 교사와 교장에게 회람했고 의견을 받았다. 이런 단계에 행정부 리더들의 역할은 리더십에 관한 전통적인 태도와는 달리 좋은 아이디어는 누구에게나 어디에서나 나올 수 있다는 것을 인정하는 것이다. 우리의 역할은 우리가 전해들은 사람들의 열망을 잘 표현할 수 있는 내용을 전파하기 적합한 언어로 비전을 만드는 것이다. 처음에는 만들어내기 어려웠으나 시간이 지나면서, 입을 쩍 벌리게 만드는 퍼즐 조각 맞추기와 같은 모습이 아니라 희미한 이미지가 점점 세부 내용이 뚜렷이 보일 정도로 깨끗한 그림이 되는 것과 같았다.

　고촉통(Goh Chok Tong) 싱가포르 총리는 '생각하는 학교, 학습하는 국가'를 1997년에 개최된 제7차 '생각에 관한 국제 학술대회(International Conference

716

on Thinking)'에서 소개했다. 그 이후로 TSLN은 우리 교육 제도의 이해관계자들과 함께 계속 지속적으로 다시 정의되고 다시 정돈되어왔다. 그 어떤 비전도 내일을 현실화시키는 기회를 가져야 한다면 관련된 모든 사람들의 비전이어야 한다.

실행의 물결

이제 TSLN 위원회는 바람직한 결과물을 도출하기 위해 전체 교육 시스템과 학교를 어떻게 배치할 것인가에 관심을 두게 되었다. 처음 맞닥뜨린 도전 과제는 무엇이 문제인지를 결정하는 것이었다. 첫 번째 토론의 물결에서 실무자 리뷰 그룹은 위임을 받아 학교에 있는 사람들의 피드백을 광범위하게 받았다. 약 300명의 교사와 공무원들이 30개 이상의 프로젝트 팀으로 나눠져서 바람직한 결과물이 나오는 데에 장애가 되는 정책과 관행들을 찾아내도록 했다. 팀들은 이슈를 제기할 수 있었고, 정책 제안도 할 수 있었다.

프로젝트 팀의 보고서에 따르면 싱가포르는 교육의 주요 패러다임 변화의 문턱에 있다는 것이 명확했다. 많은 문제의 해결책은 효율성 제고에서 능력 중심으로, 학교 중심에서 학생 중심으로 이동하는 데에 있다. 그러나 무슨 뜻인가? 처음에는 미완성되었고 불완전해서 많은 논쟁을 일으켰다.

우리는 '능력 중심의 교육'이라고 불리는 전략적 요구로 두 번째 물결을 시작했다. 두 가지 요소가 있는데 첫 번째는 개인의 학습 요구를 충족시키는 것이다. 재능의 범위와 규모는 개개인마다 다르지만 모든 학생은 자신의 재능과 능력을 조합한다면 탁월할 수 있어야 한다. 탁월하다는 것은 경쟁 순위에서 더 높이 올라간다는 뜻이 아니라 각자가 할 수 있는 최고가 된다는 뜻이다. 두 번째는 우리의 젊은 학생에게 국가에 헌신하고 자신의 재능을 더 좋은 사회로 만들기 위해 적극적으로 기여할 수 있도록 국가의 가치와 사회적으로 만들어지는 사고방식을 반복해서 가르치는 것이다.

세 번째 물결에서 우리는 광범위한 정책 권고안을 교육부 차원에서 구체적인 프로그램과 실행 지침으로 작성하였고, 이를 다양한 부서의 절차와 계획에 통합시키는 작업을 했다. 우리는 정부를 위해 지금까지 해온 조정 작업 계획서를 모아서 모든 학교가 사용할 수 있는 문서로 발간했다. 이 덕분에 모든 학교도 똑같이 할 수 있었다. 우리는 모니터링 절차와 피드백 경로를 만들어서 새로운 아이디어와 운동이 정부에서 학교로 또는 그 반대 방향으로 쉽게 소통할 수 있도록 하였다. 우리는 이 새로운 물결의 주된 특징은 내부 소통이라는 것을 잘 알고 있었다. 학교는 믿는 것만 받아들인다. TSLN는 워낙 공유된 비전으로 개발되기도 했지만, 전적으로 어린 학생들이 성장하도록 돕는 교사의 전문적인 소명과 완벽히 일치하기 때문에 실행 가능했다. 교사들이 우리가 전체 교육 시스템에 하려고 하는 논리와 의도를 이해하는 것이 정말 중요하다. 우리는 아직도 세 번째 물결에 있다. 하지만 초기 피드백은 매우 고무적이다. 학교 리더 차원에서는 강한 동조가 있었고, 곧 일선 교사들도 TSLN의 비전에 긍정적으로 반응하리라 믿는다. 관건은 학교와 정부 사이에 양방향 소통을 효과적으로 관리하는 것이다. 이러는 과정에서 고위 정부 관료나 학교에 있는 일부 사람들은 '생각하는 학교, 학습하는 국가' 시스템이 완성된 뒤에 맞게 될 또 다른 도전을 보게 될 것이다.

15

연 결
Connections

1. 학부모에서 학부모로

▪️ 성 마틴 교구의 지역사회 참여 과정

롤랜드 셰발리에(Roland Chevalier)[1]

여기서는 수많은 시간 동안 실질적으로 지역사회 문제점을 다뤄온 방법을 소개하고자 한다. 학교 지도자들은 이를 이용하여 지역사회 전체의 학습 능력을 발전시키는 데에 이바지할 수 있다. 학부모들이 서로에 대해 설문조사한 이 과정은 당신이 보아왔던 전형적인 지역사회 조사가 아니다. 그 이유는 사람들이 한데 모여 함께 배우고자 했기 때문이다. 모든 지역은 특징이 뚜렷하며 유일무이하다. 따라서 모든 지역 사람들은 자신에 맞는 방법을 찾았어야 했다. 우리는 롤랜드 셰발리에를 찾아가서 지역 공동체와 함께한 그의 경험을 들었다. 그는 당시 루이지에나 강 유역에 위치한 성 마틴 교구 교육장이었다. 이 지역은 뉴올리언스에서 서쪽으로 백 마일이나 떨어져 있다. 성 마틴 교구(루이지에나에서는 카운티를 교구(parish)라고 부른다.)는 총 학생 수가 9천 명 수준인 지방자치구로 70% 이상이 빈곤층이다. 이 방법은 교구가 안고 있던 치명적인 문제인 어린아이들의 읽기 능력을 해결하는 데에 도움을 줬지만, 여기에서 그치지 않고 한 번도 생각해보지 않았던 정체성을 일깨웠고 이 덕분에 중요하고도 많은 영향을 미칠 수 있었다. 이제 살펴보겠지만 세발리에는 이 모든 과정을 통제하는 대신 학습하면서 이끌어가는 방법에 천착하였다.

1993년도쯤 우리는 우리 지역에서 심각한 문제를 발견했다. 몇몇 초등학교에서 학생 중 30%가 매년 1년을 유급했다는 것이다. 이 형편없는 기록은 그나마 좋은 소식에 속한다. 나쁜 소식은 많은 학부모, 교사, 교장들이 특히 읽기를 늦게 배우는 학생들에게 두세 번이나 유급시키는 처방이 좋은 것이라고 생각한다는 것이다. 초등학교 저학년 학생들이 단 한 번이라도 유급을 당하는 경우, 그들이 고등학교 졸업을 할 수 있는 가능성은 반으로 줄어든다는 사실을 몰랐던 것이다. 그들을 두 번 유급시킨다는 것은 그들 중 상당수가 졸업을 못한다는 의미이므로 우리 지역이 아닌 다른 곳에서도 그쯤에서 공부를 포기했다고 보는 편이 나았다. 아이들은 각각 달라서 모두 다른 방법으로 발전한다. 그들을 1년이라는 일정표로 판단하는 것은 불공정한 평가 방식이다. 어떤 아이들은 읽기 능력이 2학년 때 조금, 3학년 때 보통의 양으로 발전하다가 4학년 때 따라잡기 시작한다. 늦게 배우는 아이들을 2학년 말에 유급시키는 것은 그들에게 "우리는 네가 해낼 것 같지 않구나."라는 메시지를 보내는 것과 같으며 이는 그들을 또래 집단으로부터 단절되게 만드는 일이다.

반대로 그들에게 바른 장려책을 선사함으로써 엄청난 도약을 촉발시킬 수 있다. 예를 들어 우리 중학교에서 우리는 예전에 '부진'했던 아이들에게 그들이 2년 동안의 학습량에 해당하는 것을 1년 안에 해낸다면 그들을 원래 학년으로 올려주겠다고 말했다. 그 학생들은 집중 프로그램에 참여했고 그들 중 상당수가 잃어버린 학년을 되찾았다. 이 학생들은 졸업을 하게 된다. 하지만 우리 교구의 어린아이들에게 있어 읽기 문제가 어디서부터 시작된 것인지 짚지 못한다면 이 해결책은 효과가 없을 것이다. 또한 이 아이들의 학부모들로부터 분리된 채로는 해낼 수 없었다.[2]

1단계 : 지역사회를 정의하고 중심 집단 모으기

수년 동안 철학자들은 이렇게 말했다. '무언가를 이루고자 하는 것에 집중한다면, 아주 적은 돈으로도 많은 것을 해낼 수 있다.' 이것이 우리가 모든 것을, 그리고 어떤 것이든 기꺼이 하려 한 이유였다. 댄포스 재단이 주민 참여 과정을 시도할 지역을 찾았을 때 그들은 우리가 지원할 것이란 걸 알았을 것이다. 우리는 항상 그래왔기 때문이다. 그들은 적은 양의 돈, 두 명의 상담가 그리고 하나의 방법을 주었다. 우리는 학부모들에게 피상적인 질문 수준에 해당되는, 과거에 있던 일에 관한 질문들이 쓰인 가정통신문을 아이들 편에 집으로 전달했다. 아주 소수만이 답변해주었으며, 대부분 아무도 솔직한 대답을 주지 않았다. 우리는 학부모들이 학교, 자녀 그리고 읽기 학습에 대해 정확히 어떻게 느끼는지 알 수 없었다. 그래서 알아내야만 했다.[3]

가장 첫 번째로 한 일은 가장 도움을 필요로 하는 지역에서 자원봉사자를 찾는 일이었다. 유치원부터 8학년 사이에 유급당했던 적이 있는 모든 아이들의 명단을 만들고 그들의 집주소를 알아낸 뒤 그에 맞춰 지도 위에 핀을 꽂아 표시했다. 핀들이 집결돼있는 모든 곳에서 우리 중심 집단에 합류해 우리에게 장기간 몰두하여 주축이 될 지원자를 찾았다. 나는 운이 좋게도 이곳에서 자랐기 때문에 몇몇 교구 지역을 아주 잘 알고 있었다.

우리는 여섯 명의 지원자로 이루어진 핵심 위원회와 지역사회가 무엇을 요구하는지 알고 있는 신뢰성 있는 모든 이해당사자들과 함께 시작했다. 이 핵심위원회에는 모두 교육 행정가만으로 채우지 않아야 한다는 것이 필수 요소였다. 헤드스타트(취학 전 아동을 위한 정부 교육 사업) 지방 청장이나 사설 보육원장과 같은 사람들은 오랫동안 우리의 라이벌로 간주되었다. 그런데 헤드스타트 책임자는 내가 모르는 교구에 대해 많은 것을 알고 있어서 이 일을 올바른 방향으로 시작하는 데에 있어 그가 합류하는 것은 중요했다. 이 전체 과정에서 두 중앙 관리자(교육과정 감독과 유아기 관리자)는 없어서는 안 될, 실제로 일이 끝나게끔 하는 책임을 졌다. 이어, 후에 우리는 지역구에서 가장 많은 고용인을 창출하는 Fruit of the Loom의 인사과 감독, 어린이 보호 사회 복지 사업에 종사했던 사람, 몇몇 초등학교 교장들, 보안관 사무실에서 일했던 사람을 포함시켰다. 이 집단은 우리의 자문위원회가 되었고, 그들이 이 과정의 체계를 세웠다.

우리는 주민들이 속마음을 털어놓고 그들이 원하는 것을 말해주기를 바랐다. 결점과 허점에 대해서 말이다. 때문에 지역사회 사람들에게는 학교 관계자도 아니거니와 외부 자문 위원도 아닌 우리가 설문조사를 만든다는 것에 대해 비판적이었을 것이다. 우리는 모든 인구 계층 출신의 40명의 사람들을 한 데 모았다. 모두가 아침부터 밤까지 진행되는 시간 동안 설문지를 만들기 위해 입에서 입으로 소문을 타고 초대된 것이다. 기업주, 선출직 공무원 그리고 보안관 부서에 있는 사람들을 포함시켰다.[4]

우리는 그들을 방에 불러 모아 몇 시간에 걸쳐 질문했다. "지역사회에 대해 무엇을 알고 싶으십니까?" 자문 위원들이 그 모임을 이끌었고 질문의 답

〈

을 모아 결과를 정리했다. 그리고 그것을 승인할지 결정할 수 있도록 40명으로 이루어진 그룹이 작성된 최종 초안을 가지고 돌아왔다.[5]

그 초안에는 그들의 지역사회와 학교들에 대한 질문들이 여러 장에 걸쳐서 적혀 있었다. 자녀들을 위해 어떤 지원이 필요할까요? 숙제에 대해 어떻게 생각합니까? 아이들이 커서 무엇이 되기를 원합니까? 혹여 아이들에게 무슨 일이 일어날까 두려워합니까? 아이들이 무엇을 할까 두려워합니까? 우리는 교육내용에 대해 제한을 두지 않은 채 그들이 이웃, 길거리와 전체 지역사회에 대해 질문한 용지를 포함시켰다. 몇 개의 질문들은 보안관 부서에서 작성했다. 이는 궁극적으로 학교 지원 담당 부서의 배치를 포함한 많은 지역사회 정책을 혁신토록 했다. 우리가 해답을 주기 전에 자신에게 질문을 해보는 것만으로 나와 지역사회 지도자들의 두 눈을 뜨게 해주는 일이었을 것이다. 우리가 그토록 많은 질문을 하게 될지 알지 못했다.[6]

2단계 : 지역사회 지도 만들기

그 후 '질문 만들기' 그룹은 '보병'* 역할을 하는 사람들에게 50여 개의 질문을 제안했다. 이 보병들은 인터뷰 과정을 숙지하도록 연수를 받았으며 예전의 인구 조사국이 그랬던 것처럼 집집마다 돌아다니며 설문조사를 하는 사람들이다. 그들은 이웃들을 인터뷰하거나 집에서 커피 모임을 꾸려 이야기를 나누도록 했다. 우리는 여기에 교사나 학생들을 참여시키는 일은 피하고자 했다. 교사가 학생 미래에 영향을 끼칠 방향타를 쥐고 있다고 생각하는 이상 학부모들은 그들이 듣고 싶은 말을 하게 될 것이기 때문이다. 사람들은 교사

....

* 역자주 설문 조사단.

보다는 이웃사람에게 진심을 더 잘 말하는 경향이 있기 마련이다. 학부모 대 학부모 인터뷰를 진행한 면접관 중 몇몇은 고등학교를 졸업한 적이 없는 사람들도 있었다. 그들 중 다수가 처음에는 자신감을 보이지 못했지만, "이런 식으로 자신을 소개하며 말씀하시면 됩니다." 등의 연수를 받은 뒤에는 달라졌다. 점점 더 참여도가 높아졌던 보안관은 연수 시간 동안 음식을 제공해주기도 했다.[7]

우리는 또한 2,000명의 직원을 보유한 Fruit of the Loom 공장이 인쇄하는 급여 명세서에 설문조사를 삽입해 내보내기도 했는데 이 방법을 통해 굉장한 양의 응답을 얻어낼 수 있었다. 그들 중 많은 사람이 교구 외부에 살고 있었기 때문에 그들의 학교가 있는 지역구에서는 언제 이 설문조사가 이루어지는지를 묻는 질문을 받기도 했다.[8]

끝으로 우리는 동반 설문조사도 개최했다. 같은 주제로 이루어진 질문들이 적혀 있었지만 교사와 관리자들을 향한 설문조사였다. 이 동반 설문조사는 우리를 위험한 영역으로 이끌기도 했다. 알고 보니 교사와 학부모들은 몇 가지 주요한 문제점에 대해 의견이 갈렸다. 예를 들어 학부모들은 교사에 비해 아이들에게 훨씬 높은 기대감을 가지고 있었다. 교사들은 학부모들이 학교에 대해 그다지 신경을 쓰지 않는다거나, 연관되기를 원치 않는다고 생각하기도 했다. 하지만 98~99%의 학부모들은 연관되기를 바랐기에 가로 막혔다는 기분이 들었다고 한다.[9]

"당신은 모든 아이들이 학습할 수 있다고 믿습니까?"라는 질문에 대부분의 학부모들은 '예'라고 대답했다. 62명의 교사들은 '아니오'라고 대답했다. 이것은 내 눈을 뜨게 했다. 나는 내 자식이 모든 아이들의 학습 가능성을 믿지 않는 교사들이 이끄는 반에 있기를 원치 않는다는 것이었다. 이는 교원들을 위한 직원 개발 요구에 관련된 안건을 올리게 했다. 가장 오싹한 부분은

724

학부모들이 이러한 교사들의 태도를 정확히 이해하고 있었다는 것이다. 그들은 교사들이 아이들이 학교를 졸업할 수 있다는 것을 믿지 않는다는 것을 알고 있었다. 우리가 계획했던 모든 시간 동안 우리는 단 한 번도 이 점을 고려사항으로 넣은 적조차 없었다.

3단계 : 지역사회에 참여하기

자문 위원인 샤론 에드워드(Sharon Edwards)와 수잔 필리버(Susan Philiber)는 자료를 분석한 뒤 보고서를 작성했다. 우리는 '보병들'을 위해 포커스 그룹을 유지시켜야 했는데, 그래서 이것을 하나의 축하 행사로 만들었다. 우리는 그들에게 보고서 복사본을 주었다. 그건 그들 것이기도 했기 때문이다. 우리는 가장 어린 인터뷰 진행자, 가장 나이 많은 인터뷰 진행자(70대인 Patin 부인), 그리고 인터뷰를 가장 많이 한 사람을 위한 상을 주었다. 그리고 인터뷰 때 발견한 점과 그것에 대해 무엇을 하면 좋을지를 이야기했다.[10]

예를 들어 공장 교대근무를 하는 사람들을 위해 새벽 5시에도 아이를 돌봐줄 수 있는 보육 환경이 부족한 것이 하나의 불만이었다. 야간 근무를 하는 사람들은 아이들 숙제를 도와줄 수 있는 사람이 없었다. 이런 이야기를 들으며 사람들은 스스로 해결책을 제시했다. 한 보병이 보조금 지원을 받는 어떤 저소득층 주택단지 내부에 숙제 클럽을 시작했다. 모든 아이들은 방과 후에 그 건물의 같은 방에 모이게 됐으며 더 나이가 많은 아이가 나이 어린아이들을 도와주고 학부모들은 교대로 감독했다. 학교는 이를 조직하는 데에 아무 관계도 하지 않았다. 육아 전문가들도 이것을 상상해본 적이 없었다. 모든 것이 주민들의 효능적 감각으로부터 비롯된 것이다. 주민들은 중대한 무언가를 이룰 수 있었고 변화를 만들 수 있었다.[11]

지역사회와의 상호작용은 우리의 초점과 방향성을 넓혀가며 그들이 우리에게 무엇을 원하는지를 날카롭게 관찰하도록 했다. 이는 우리가 생각했던 것보다 훨씬 복잡한 임무였다. 우리는 현재 운영되고 있는 프로그램을 조사해서 독서 영역에 초점을 맞춰 주목했고, 존스 홉킨스의 독서 교육 프로그램인 '모두를 위한 성공'에 집중했다. 이것은 학부모들의 바람이었다. 아이들을 위한 공공 의료 서비스도 확장시켰다. 현재는 우리 17개 학교 중 16개 학교를 지원하는 3개의 학교 중심 진료소가 있다. 우리는 가족센터에 대한 개념을 재정립하기도 했다. 이전에 10대 임신 문제를 짚어내기 위해 10대 부모들이 학업을 마칠 수 있는 것, 아이들을 보육원에 맡길 수 있는 것, 육아와 간호 기술을 배우는 것, 최종적으로 그 모든 비용을 센터에서 일하면서 되갚을 수 있는 시설을 만들기 위한 것들을 계획했던 적이 있다. 우리는 65,000달러의 보조금과 개조해서 사용할 수 있는 버려진 건물 하나를 갖고 있었고 당장 시작할 준비가 돼있었다. 그 지역 사설 보육원들이 이런 일들을 자기들의 고객을 빼앗으려는 의도로 봤다는 점을 제외하면 말이다. 그 영향으로 학교 위원회는 이 계획안을 반대하게 되었다. 따라서 사설 보육원 운영자들과 의사소통을 많이 하고, 이전 질문지 기획팀을 두고 헤드 스타트 책임자와 만들어두었던 것을 기반으로 그들이 만든 프로그램과의 협력을 새로이 발전시킨 것이다. 학부모들의 독촉으로 헤드 스타트의 보조금을 받아 센터는 2000년도 봄에 문을 열었다.

지역사회에 참여함으로써 생긴 또 다른 이점들은 원래 목표를 훨씬 넘어섰다. 우리의 방식으로 교육받은 저소득층 주거 단지 사람들은 다른 동네와 기업을 대상으로 조사·연구하기로 계약하기도 했다. 그들이 살고 있는 아파트 건물에서 비어 있는 곳을 이용해 개인 교습 프로그램을 시작하기도 했다.

학교에서 이루어지는 개인교습을 했을 때에는 아무도 오지 않았다. 이 프로젝트는 매우 성공적이어서 결국 도와줄 선생님들을 요청하게 되었다. 그러나 계속해서 그 프로젝트를 관리하고 운영한 것은 주민들이었다.

설문이 요구한 사항들에 따라 소년법원에서 유죄 판결을 받은 아이들의 부모들을 위한 강좌를 운영하기 시작했다. 설문팀원이기도 했던 판사들은 학부모들에게 이 모임에 참석해달라고 요청했다. 많은 학부모는 협력단체의 도움을 받아 각자의 시간이 끝났음에도 꾸준히 만나게 되었다. 판사들은 모든 소년사건을 한 판사에게만 배정하기로 결정했다. 이는 시간이 지나도 관련 아이들을 지속적으로 알아볼 수 있게 하기 위함이었다. 우연히도 그는 성 마틴 교구에서 자랐으며 내가 이곳의 교장이었을 때 학생 중 한 명이기도 했다. 그는 우리가 대상으로 삼은 적 있던 가장 험난한 동네에서 자란 사람이었고, 그 당시 아이들이 보고 배울 수 있는 긍정적 역할 모델이 되어주었다.

계속 만나왔거나 혹은 이 프로젝트로 다시 만남을 시작한 다른 그룹 사람들은 이후에도 스스로 만나게 되었다. 우리는 이 지역구의 모든 교회 성직자들을 위해 일 년에 한 번 추수감사절 날 초교파적 점심 식사 자리를 만들기 시작했다. 그들은 이전에 서로 이야기 나누어본 적조차 없었지만 이제는 가톨릭 성직자와 침례교 전도사들이 같은 방에서 성찬식을 하게 되었다. 첫 해에는 의제랄 것이 없었다. 그저 만나서 이야기할 수 있는 기회뿐이었다. 둘째 해에는 아이들이 화를 조절할 수 있는 방법이나 욕하는 습관을 고칠 수 있는 방법을 찾는 등 함께 착수할 수 있는 공통 문제들을 찾기 시작했다.[12]

그런 뒤 나는 위험을 무릅썼다. 성직자들을 한 달에 한 번 학교 점심시간에 초대한 것이다. 그들 중 두 명은 교구학교가 있었으며 그들 중 누구도 공립학교와 교류를 한 적이 없다. 이 방문으로 그들은 우리가 하려는 일을 인식하게 되었다. 몇몇은 우리가 진료소에서 피임약과 콘돔을 나눠주었다는 잘못된 보고를 들은 적이 있었다고 했다. 이제는 우리가 그들을 초대해 실제로 무엇을 하려는지 보여줄 수 있는 최소한의 관계를 갖게 되었다. 우리는 경쟁관계에서 동맹관계가 되었고, 직원개발을 포함한 몇 가지 프로젝트에 협력하기 시작했다.

당신의 지역사회에서 가능케 하기

이런 모든 일을 한다는 것은 시작부터 내게 너무도 어려운 일이었다. 말하지 않되 들어야만 했기 때문이다. 이는 교육장이 습득하기 어려운 기량이다. 나의 제안이 그 지역사회에 적합한 유일한 답안이 될 필요는 없다. 나는 제안에 대해 열린 마음을 갖는 법을 배워야 했고 비판에 준비돼있어야 했다. 또한나 혼자 모든 일을 할 수 없다는 것도 깨달아야 했다. 헤드 스타트가 성공적으로 관리해왔던 보육원처럼 나는 종종 이미 다른 사람이 운영하는 프로젝트를 지지하는 일도 배워야 했다.

지역사회의 다른 구성원들과 맺는 가까운 관계가 얼마나 가치 있는 것인지에 대한 것도 새로이 익혔다. 보안관과 나는 탄탄한 인간관계를 맺고 있다. 지난해에 보안관은 소년원을 세울 보조금을 받았고 그곳에 체육관과 교실들을 만들었다. 우리는 현재 힘을 모아 소년원 출신 학생들 중 퇴학당한 이들을 위한 대안 프로그램을 운영 중이다. 그는 건물과 두 명의 상근 보안관 대리를, 우리는 교사들과 책상을 제공했다. 비슷한 방법으로, 그는 지역사회 정책을 위해 수십만의 보조금을 만들어내고 그의 정책이 보다 효과적으로 전개되어 체계화될 수 있도록 우리의 설문조사 자료를 이용했다. 우리는 수업이 없는 기간에 건물을 관리할 수 있도록 목공이나 건축 기술이 있는 교도소 수감자들이 일할 수 있는 프로그램을 진행하기도 했다. 이를 현금으로 환산할 경우 일 년에 250,000달러를 넘는 가치다. 그들을 감독하는 보안관 대리들의 봉급을 지급했다.

그도 우리도 추가로 지출하지 않았지만 지역사회는 혜택을 받았다. 각 기관은 지역사회가 필요한 것의 반을 갖게 되었으니 말이다. 보안관은 다른 보안관들이 다음과 같이 불평한다고 농담한다. "이제 우리 교육장도 같은 걸 하라고 하십니다."

우리는 다른 지역사회와 기업주들과도 유사한 관계를 맺고 있다. 나는 부분적으로 우리가 지역사회 연구를 하는 동안 하나로 합쳐졌기 때문에 모임이 잘 이루어졌다고 생각한다. 위원회 구성원 중 한 명인 페이 터커(Fay Tucker)는 Fruit of the Loom의 인사부장이다. 5년 전 우리의 지역사회 참여 모임 중 하나에서 그녀는 말했다. "있잖아요, 저는 이 모임이 좋아요. 실제로 일을 성사시킨 것은 이 모임이 처음이에요."

2. 오버 더 라인 주거 프로그램

토마스 A. 더튼(Thomas A. Dutton)

토마스 더튼은 오하이오주 옥스포드에 있는 마이애미 대학에서 건축학과 인테리어 디자인을 가르치는 교수이자 건축가이다. 그는 신시네티의 '오버 더 라인' 지역(이 책 692쪽의 보니 누이메이어의 '억압을 벗어날 수 있는 첫걸음은 표현하는 것이다'라는 수필에 의하면 경쟁이 치열한 지역이다.)에서 30년 이상 사회정의운동에 참여해왔다. 그는 오버 더 라인 지구에 있는 지역사회의 참여를 위한 마이애미 대학교 센터의 창

립자이자 감독관이며, (2009년 현재) 신시네티에서 지역사회의 참여학
을 가르치는 석좌 교수직을 유지하고 있다.[13]

내가 오버 더 라인(오버 더 라인 지구는 신시내티에서 가장 오래되고 가난
한 지역으로 이곳의 이탈리아식 건축이 유명해 국가에 등록된 사적지 중 하나
이며 온갖 색으로 두드러져 있다.)의 이웃 오하이오 도심지인 신시내티에서
개인적으로 느끼는 편안한 만큼, 야간 뉴스나 조간신문에서 언론의 인식을 털
어내기는 어렵다. '18번 거리에서 또 한 번의 총격'과 같은 문장이 내 아침 커
피와 함께 도착하는 신문 일면 머리기사일 수 있는 것이다. 매체란 이런 식의
오류를 낸다는 것을 알고 있지만 충격을 준다는 사실엔 변함이 없다.

하지만 내 입장에서 느끼는 불쾌함은 나와 함께 다른 도시에서 이곳을 방
문하는 사람들에게 이 지역이 유발하는 감정과 비교할 수 없다. 내가 설립한
프로그램에 등록한 대학생 자녀를 둔 학부모들이 그 예이다. 학부모들은 자
녀가 이 도시 현장에서 이루어지는 거주 계획 프로그램으로 이사하는 것을
도와주러 왔을 때 태연하게 행동하려 노력하지만 표정을 보면 그들 자녀가
내린 결정에 거부권을 행사할까 고민하는 흔적이 보인다. 이해하지 못하는
것은 아니다. 나도 때로는 걱정이 되기 때문이다. 나 역시도 새벽 4시에 아무
이유 없이 갑작스레 눈을 떴던 밤이 몇 번 있었다. 이 프로그램은 큰 실험이
었기 때문에 결과가 어떻게 나오게 될지 항상 확신할 수는 없었다.

내가 '오버 더 라인' 지역에 오게 된 경위는 1981년으로 거슬러 올라간다.
그때 나는 건축학과 학생들을 받아 그들을 대학 캠퍼스에서 이루어지는 가
상의 도시 설계 수업 프로젝트에 배정시켰다. 처음부터 나는 빈곤의 장벽과
오명을 해소하는 사회 운동에 참여했으며 시간이 지남에 따라 개인 및 지역

사회 그룹과의 관계와 신뢰 네트워크를 신중하게 구축했다.

1996년 세 명의 대학생이 보다 실습적인 스튜디오를 갖출 것을 요청했는데, 그곳은 저소득층을 위한 시설을 설계하고 물리적으로 복원하는 공간이었다. 또 다른 학생은 그의 졸업 논문을 위해 지역구에 기반을 둔 설계 시공 프로젝트와 관련해 함께 일하고 싶다고 요청하기도 했다. 따라서 우리는 대체로 설계하는 일과 살기 적합한 공간을 복원시키는 일련의 프로젝트에 주력하는 일에 힘차게 착수했다. 마이애미 대학교는 '오버 더 라인' 지역구에서 50여 분 정도 떨어진 옆 도시에 위치한다. 우리는 일주일에 세 번 학생들을 오후 1시에 차에 태워 그 지역에 가서 5시까지 일을 마치고 다시 돌아오는 일을 반복했다.[14]

1990년 말 내 학생들은 내 등을 또 한 번 떠밀었다. 그들은 이전에 아이들 또는 다른 거주자들과 이야기할 시간을 얻은 바 있으나, 이렇게 말했다. "설계, 자재, 건설에 대한 것은 많이 배우고 있지만 이 지역에 대해 더 많이 알고 싶습니다." 다른 모든 도시지구와 같이 '오버 더 라인' 지역은 빈곤, 인종 간의 불만, 주택공급과 일자리의 투자 중단 그리고 학교 침체와 같은 다양한 현안들을 가지고 있었다. 학제 간 접근법이 필요한 시기였다. 대학교들과 지역구 조직원들의 도움을 받아 우리는 '오버 더 라인에서 지역사회 참여를 위한 마이애미 대학교 센터(Miami University Center for Community Engagement in Over-the Rhine, MUCCE)'로 불리는 기관을 세웠다. 이는 이 지역으로 통하는 주된 유동인구가 있는 거리 가게 앞에 딸린 공간에 세워진 센터였으며 2002년 2월에 그 문을 열었다.

이를 시작하는 일이란 간단한 과제가 아니었다. 대학교에서는 여러 학과 학부들과 많은 대화를 해야 했고 센터의 임무와 목적에 대한 여러 초안을 작성해야 했다. 또한 대학교 행정부와 이사회의 승인을 기다리며 예산 구상을 위해 보조금 지원서를 제출해야 했다. 이것들은 쉬운 부분이었다고 할 수 있다. 나는 이 공동체 사람들 중에 대학교가 센터에서 소란스러운 일을 만든다거나 그들이 이 지역을 실험실로, 사람들은 연구를 위한 대학교의 연구 대상이라는 것에 반대하는 사람이 있을 것이란 걸 알고 있었다. 이 사람들은 학업적인 이유로 대학교로부터 연구 당하는 것에 질려 있는 상태였고, 그들의 바쁜 일상 속에서 쪼갠 시간으로 다른 사람들의 연구를 도와주었지만 그 보상으로 아무것도 받지 않는 상황에 지쳐 있었다. 그들은 보다 정중한 상황이 마땅하다고 생각했으며 센터에 대한 공유 비전을 발전시키는 일에 참여하는 일을 존중했다는 것이다. 결국 그들이 우리를 초대하기 전까지는 움직이지 않으려 했다. 그들이 보내 올 초대장에는 예전 한 호주 원주민 운동가가 말했던 격언이 포함되어 있으리라는 것도 나는 알고 있었다. 이 지역에서 종종 들었던 말이기 때문이다. "만약 당신이 나를 도와주러 오신 것이라면 그것은 시간 낭비입니다. 하지만 당신의 자유가 나의 자유와 밀접한 연관이 있어 오신 것이라면 함께 일해봅시다."

우리의 비전은 이미 그곳에 존재했던 사회운동의 목적을 가로지르는 학제 간 그리고 비교 문화적 학습을 위해 대학생들, 대학교직원들, 지역단체들이 성실하게 협업할 수 있는 기회를 또한 만들어야 한다. 시청이나 상공회의소와 같은 공식 관계를 수립하는 기관과 제휴하는 많은 대학−지역사회 연합계획과는 달리 우리 MUCCE는 '오버 더 라인 구역에 사는 사람들의 운동'과 인간과 인종의 권리, 사회 정의를 위해 애쓰는 다른 집단과 연결되어 있다. 우리는 지역사회 발전에 있어서 인간과 생태계가 요구하는 바를 가장 우선순위에 두는 것을 목적으로 두었으며, 도시 사회 정책에 놓인 주도적 결정권자로서 이윤 동기에 도전하는 바이다. 이는 자선사업과 노블레스 오블리주를 기반으로 한 프로그램과 우리를 차별화시킨다. 그런 형태와는 달리 우리는 학생들의 자기 인식과 애초에 왜 자선 활동이란 것이 필요하게 되었는가에 대해 고려할 수 있는 능력을 기르는 데에 도전한다.[15]

우리는 대학의 교수와 학생들이 프로그램을 지역주민과 함께 작업하지 않고, 그들을 '위해서' 결과를 내놓는다는 것에 문제를 제기한다. 이는 '도와주는 것은 고쳐놓는 것이다'라는 정신 모델에서 기인한 것으로, '오버 더 라인' 사람들은 도움을 필요로 하고, '전문가'가 모든 답안을 갖고 있다라는 사고이기 때문에 '도와주다'라는 낱말에 저항한다.

∬ 276쪽의 '우리는 함께 춤을 춘다'와 774쪽의 '대중 참여' 참조

보니 노이메이어(Bonnie Neumeier)에 의하면(690쪽) 지역구 사람들은 우리와의 협업으로 많은 혜택을 받았다고 한다. "이 센터는 학습을 위한 아주 멋진 공간으로 입증되었습니다. 이곳은 다양한 성장배경, 인종, 계층으로 혼합된 사람들이 각자 다른 시각을 가지고 만나 공통점을 발견할 수 있는 열띤 대화를 위한 공간입니다. 바인(Vine)가에 있는 이 중요한 장소는 지역사회를 위해 문을 열어두었습니다. 이 센터가 아니었다면 절대 만날 수 없었던 사람들과 이야기를 나누며 중요한 손님들이 이 지역구로 올 수 있도록 센터의 결합성, 자원에 대한 이야기를 공유했습니다. 우리의 세계가 넓혀진 것입니다."[16]

이 모든 것은 시작부터 축복이었지만 충분하지는 않았다. 건축학과 학생들은 아직 설계 시공 계획을 위해 일주일에 세 번 오후에만 그쪽으로 통근하고 있다. 2층 집에 4개의 방이 있는 아파트를 짓는 일처럼 조금 큰 계획들은 완성되기까지 몇 년이 걸리기도 했다. 우리는 '오버 더 라인 지역사회 주택', 즉 비영리 주택 중개업이 보여준 인내심과 믿음에 대해서 감사했지만 그들은 더 많은 것을 누릴 권리가 있었다. 나는 항상 사회생활을 위한 학교인 전학기 몰입 프로그램을 만들어보기를 원하는 상태였다. 그 과정에서 학생들

은 이웃에 있는 학교에서 살아보게 되는 것이다. 그들은 지역 조직들과 일주일에 최소 15시간을 꾸려 일하곤 했다. 지역 조직들은 충분한 제공을 받지 못하는 사람들에게 그들이 매일 일상을 사는 곳인 이웃의 현재 현실에 대해 이해하며 해석할 필요가 있는 학문적 방법과 학문간 연구 강의를 제공했다.

다시 한번 강조하지만 이것은 단지 대학교의 승인을 받는 문제뿐만이 아니었다. 승인을 위해 우리는 마이애미 대학교 교수진, 관리자들과 대화해야 했다. 이는 프로그램과 졸업 자격의 조건을 알아볼 수 있는 새롭거나 이미 존재하는 강의 교육과정을 만드는 일, 수업들을 포괄할 수 있는 부서의 수용력을 결정하는 일, 성공리에 마치기 위한 자금 조달 메커니즘을 알아보는 일 그리고 상위 행정부로부터 최종 승인을 받는 모든 일이 그 과정이었다. 우리는 또한 지역사회로 돌아가 그들이 보다 더 많은 시간을 쓰고 헌신해줄 것을 부탁해야만 했다. 우리는 그들이 조직에서 봉사하고 실습할 수 있는 기회를 만들고 관리했다. 또한 지역사회 주민들이 학생들의 적응을 돕고 주간 성찰 일지를 작성하는 데 책임을 갖고 관리하고 가르치는 팀에 참여하도록 하였다.

'오버 더 라인' 지역에 살며 학습하기

이 거주 프로그램은 2006년 가을에 시작됐으며 최초 집단은 12명의 학생들로 이루어져 있었다. 그들은 대개 교외와 작은 도시 출신의 중산층 백인이었다. 그중 6명은 건축학과 인테리어 디자인을 전공했으며 다른 학생들은 심리학, 철학, 교사교육, 또 학문간 연구를 전공하기도 했다. 학생들은 봉사 학습, 미국 도시의 역사, 가구 빈곤, 지역사회 참여 실습 교육이라는 총 4개의 강의에 등록했다. 그다음 집단은 사업, 인류학, 예술 교육, 언어 병리학, 가정 연구와 사회 복지 업무 그리고 지리학과 도시계획을 전공한 학생들이 포함돼 있었다.

이 프로그램은 대학교와 지역사회 모두에게 혜택을 줄 수 있는 4개의 진행 중인 계획들을 더 깊어지게 만들었다.

- **설계/시공** : '오버 더 라인의 지역사회 주택'(비영리적인 적절한 주택 개발 기업)과 협업하면서 설계 시공 작업실에 있는 학생들은 직원들, 일 반 사용자들과 15년 이상을 함께 일하며 저임금, 혹은 보통 임금 거주자 들을 위해 살기 좋은 공간을 복원시키는 일을 해왔다. 건축학과 학생들 과는 현재 주당 25시간을 보내며 우리의 성취율은 극적으로 증가했다. 완성된 프로젝트에는 1~2세대용 주택, 빨래방/회의실 공간, 하나 혹은 세 개의 침실이 있는 다섯 개 아파트, 사회복지사 사무실과 회의실 그리 고 우리 센터 자체가 포함되어 있다. 특히 개인적으로 자랑스러운 프로 젝트는 소위 '고용하기 어려운' 사람들을 교육시키는 도미니크회 수녀 들이 운영 중인 피자 전문점 겸 출장 요리 사업인 베니스 온 바인(Venice on Vine)이라는 곳이다.[17]

- **주장 – 선전** : 이 계획은 지역 역사와 정치의식에 관해 '주장하고' '선전 하는' 관점을 설립하기 위해서, 학생들과 교수가 지역사회 예술가들과 지도자들이 요구, 지도하는 사항에 함께한다. 1999년부터 우리는 12개 의 시설, 7개의 외부 장식을 완성시켰다. 민중운동에 의해 명확해진 사 회 변화라는 계획 내에서 작품 활동을 이루어가는 동안, 주장 – 선전 계 획은 지역사회 거주자들이 보다 더 광범위한 대중들과 함께 그들의 삶 에 관한 이야기를 할 수 있는 기회를 만든다. 예를 들어 마이애미와 북 부 켄터키 대학 출신 대학생들은 '오버 더 라인' 지역 사람들이 구축하 는 운동에 대한 연대표를 만들기 위해 거의 40년에 달하는 문서를 작성

하며 구술 역사를 만들고 지역사회 지도자들과 합동 작업했다.[18]

❏ **지역사회 지원 :** 건축 이외 과목을 전공한 학생들은 그들의 지역사회의 참여를 위한 실습으로 주민조직에서 일한다. 이들은 여성 기업가들의 노력으로 만들어진 노숙자 임시 숙소, 유아기 프로그램, 세입자 지지 단체, 병원 혹은 여타 다른 충분하지 않은 대우를 받는 조직에서 일하게 된다. 사범교육학과 학생들은 지역 학교에서 상근한다. 모든 학생들은 다양한 지역사회 모임 회의에 참석하고 주말마다 지역 봉사활동을 하며, 지역 손님들과 함께하는 저녁식사 자리를 주최한다.

❏ **지역사회 지지 :** 학생들은 이미 활동 중인 지역사회 조직을 도우며 추가적으로 일주일에 15시간을 더 보낸다. 이들은 지역 행사를 위한 벽보를 만들고 현수막을 만들거나, 행진 계획을 돕거나, 지역사회 회의를 조직하거나 혹은 청원운동을 벌인다. 한 학기는 역사 학교 건물이 재건축되는 동안 학생들이 놀 공간이 필요했기 때문에 지역사회 구성원, 학생, 아이들이 임시 학교 부지에 축구장, 야구장, 사각형 코트를 그려 만들었다.

지도원리

지금까지 우리는 '오버 더 라인' 지역 거주자 프로그램을 통해 학생, 학부, 지역학습에 대해 알아보았다. 이는 우리가 하는 일에 필수적인 지도 원리를 연마케 했다.

❏ **비판적 지역 교육학 :** '오버 더 라인' 거주자 프로그램은 사회생활 그리고 사회란 것의 사회적 구성을 밝히는 비판적 교육학의 교차점을 탐구하는 학습을 조직한다. 우리는 지배적인 사상, 관심사항, 현실을 재현하

는 데 있어 도구가 되는 지역에 있는 기관들을 조사한다.

❑ **힘과 지식** : 사회적 지식은 항상 특정한 결말을 위한 특정한 목소리에 상응하여 생산되며, 행정권력 내에서 위치한다. 우리는 특권과 내재화된 탄압이 정의롭고 공정한 공동체의 비전을 달성하는 데 장벽을 만드는 학습 장애라는 것을 확인한다.

❑ **사회생활을 위한 학교** : 지역사회를 만든다는 것은 사람들이 그들 자신의 편파적인 면을 인지하는 법을 배우고 그들 자신과 다른 사람에 대해 뿌리 깊게 박혀 있는 추측에 대해 질문하기 위해 다른 사람들과 의미 있게 연결되는 것을 필요로 한다.

❑ **창조적 연구** : 피슬리(Peaslee) 지역 주민 센터의 좌우명인 '억압을 벗어날 수 있는 첫걸음은 표현하는 것이다.'(690쪽)라는 말에서 영감을 받아, 우리는 표현이란 억압에 대한 분석과 관련지어졌을 때 더 창조적이고 자유로운 연습이 된다는 입장이다.

❑ **정치적 노출** : 강제로 억압하려는 사람과 억압당하는 사람과의 관계를 강화시키는 조직구조에 대해 공부하면서(특히, 계급과 인종 경쟁이라는 것이 '오버 더 라인' 지역과 신시네티 지역에서 어떤 특정한 형태를 띄게 했는지에 대해), 우리는 이러한 구조와 지역사회와의 관계에 의거해 행동할 수 있는 방법을 모색한다.[19]

∬ 362쪽의 '지식과 힘' 참조

변화와 지식

나는 처음부터 학생들이 이 거주자 프로그램을 통해 '오버 더 라인' 지역과 이 지역을 가로지르는 도시들이 마주하고 있는 문제점들에 대해 보다 깊은 이해력을 얻게 될 것이라고 확신했다. 하지만 학생들이 지역사회 구성원들과 구축할 그 강한 유대감과 그 경험이 그들을 얼마나 변화시킬지는 예측하지 못했다. 한 학생은 내게 와 말했다. 그녀가 지금까지 구축했던 관계들과 그 지역을 떠나야만 한다는 슬픔 때문에 첫 학기가 끝나고 집으로 돌아가는 길에 울음을 참지 못해 갓길에 차를 세웠어야만 했다고 말이다.

학기가 끝나는 무렵 그들의 과제는 수업 기록에 비추어 그들이 경험한 것에 대해 숙고한 것을 써오는 것이다. 매년 나는 그들이 얼마나 그들의 특권, 두려움과 싸워왔는지 그리고 '오버 더 라인' 지역에서 지배적인 상황을 서술함에 있어 도시 공무원, 기업 그리고 연방과 주 정부가 얼마나 일을 적게 해왔는지를 알게 됐을 때의 분노에 대해 적은 강력하고 개인적인 진술을 보며 압도된다. 많은 학생은 인생을 다르게 보게 되었다. 빈곤은 현실이 되었다. 투표에 의의가 있게 되었다. 그들은 평범한 사람들의 매일이 그들에게 미친 영향에 깜짝 놀랐다. 집이 없는 사람이자 그들의 이웃이기도 한 사람들에게서 많은 것을 배웠다. 그들은 지역사회를 볼 수 있게 되었고 지역사회의 강한 유대감과 책임감 모두를 깨달았다. 중산층적 편견의 고정관념을 통해 볼 수 있게 된 것이다.

∬ 347쪽의 '지성적인 행동' 참조

새로운 관계와 지식을 이해하려고 노력하는 과정에서 그들은 자신이 지니고 있던 정신 모델과 그들의 현재 경험 간의 부조화를 인지하기 시작했다. 그들이 깨닫게 된 것은 이 부조화에 필요한 일은 그들의 중산계급 의식을 분해하고 다른 방법으로 인생을 경험케 하는 새로운 무언가를 구성하는 것이었다. 실수하지 마라: 이리한 변화를 경험히는 것은 아주 힘든 일이며 그 변화는 깊을 수 있다. 한 학생이 이와 같이 쓴 적이 있다.

" '오버 더 라인' 지역에 발을 들이기 전엔 빈곤이란 존재하지 않는 것이었다. 말뚝 울타리, 막다른 골목, 반 에이커 크기의 땅, 일렬로 늘어진 상점과 식당들에 의해 고립되면서 나는 미국에 살고 있는 모두가 자원과 돈을 필요로 한다는 사실을 인식했다. 또한 '모두를 위한 경제적 기회'라는 개념을 믿고 있었지만 '오버 더 라인' 지역은 야구방망이가 사과를 쳐내듯 나를 쳤다. 내가 알고 있던 모든 것이 바스러졌다. 이 경험은 수동적이고 수용적이며 좁은 마음의 바보였던 나를 사회라는 부패에 질문하고 저항하며 활동적으로 참가하는 사람으로 바꿔놓았다."

처음 몇 주 동안 확실성에 대해 고민하던 또 다른 학생은 이와 같이 적었다. " '오버 더 라인' 지역에 왔을 때 나는 나의 영원할 신념, 즉 단 한 번도 처절하게 어려움을 겪지 않았던 나의 신념에 대해 확신하고 있었다. 다행히도 나는 기꺼이 나를 변화시켰다. 나는 단지 이런 일이 있을 것이라고 생각지 못했던 것뿐이었……. 매일 내게 일어나는 일은 고려할 만한 무언가였……. 그렇게 되어야 할 필요가 있다고 생각해보지 않은 다른 사람이 되었다. 이제 이러한 도전의식을 갖고 옥스퍼드 대학으로 되돌아갈 것이다."

많은 학생이 그들 학교로 돌아가 복귀하는 것을 어려워한다. 그들은 내게 '오버 더 라인' 지역과 같이 이웃과 친밀하게 지내면서 살아본 적이 없다거나 지역사회에 대해 그토록 강한 감정을 경험해본 적이 없다는 말을 반복적으로 한다. 언론과 정치가들이 말하는 것처럼 가난한 사람과 그들의 옹호자들이 골칫거리가 아니라 바로 자산이라고 본다. '오버 더 라인' 지역에 있는 동안 가까웠던 친구들과 교정을 잃는 일에 힘들어 했던 한 학생은 원래 대학교로 돌아간 뒤 주민들을 훨씬 더 그리워했다. 결국 그 지역에 남아 학위가 끝날 때까지 대학교에 통학하기로 결정했다. 그녀는 이렇게 적었다. "거주 프로그램은 내 마음과 감정을 뒤덮어버렸고 나는 그것에서 벗어날 수 없었다. 나는 젠트리피케이션, 도시 생활, 빈민가교육, 사업 개발, 인종 간의 긴장, 계층 충돌, 경찰의 존재, 지역사회 활동에 대해 항상 생각한다……. 가장 좋은 것은 내 자신이 이러한 문제들에 대해 항상 생각하기를 원하고 있다는 것이다. 마이애미에서 들었던 다른 많은 수업과는 달리 이곳에서는 수업을 떠날 때 그곳에 있던 재료들을 차단하지 않는다. 차단할 수도 없지만 차단하고 싶지도 않다."

또한 지역사회 구성원들은 그들이 학생들과 구축해 공유했던 이해들과 관계의 가치에 대해 인지하고 이야기한다. 멘토와 선생님 그리고 지역사회 거주자로 활동하는 것은 그들의 개인적 역사도 공유할 수 있게끔 한다. 이 과정 속에서 그들 자신의 경험을 보다 더 깊게 이해하면서 개인적 변화를 겪게 된다. 학생들과 3년 동안 비어 있는 비영리 커피숍을 세우기 위해 비어 있는 상점 앞을 보수했던 이전 오버 더 라인 지역 주택 직원인 마이크 로저스(Mike Rogers)는 이렇게 말했다. "그 아이들은 제 삶을 극적으로 바꿔놓았습니다. 그들은 모를 것입니다. 제가 그들을 안내할 수 있도록 허락해주었을 뿐입니다."

지역사회 활동가 보니 노이메이어(Bonnie Neumeier)는 지역사회 연락 담당자이자 안내자, 조언자, 팀 선생님 또한 주간 성찰 일지를 통해 학생들이 숙고할 수 있게 인도하는 역할을 맡는다. 보니는 말했다. "우리의 미래 건축가, 도시 설계자, 사회 운동가, 변론가, 기자, 선생님, 기업가, 정치가처럼 우리 학생들도 모두를 위한 평등은 꿈이 아닌 현실이라는 보다 깊은 지혜를 우리 세계로 데리고 올 수 있습니다." 학기 마지막, 그녀는 학생들에게 말했다. "여러분은 이제 이 장소의 한 부분입니다. 이곳을 떠날 때는 여러분 자신의 무언가를 이곳에 남기게 됩니다. 제가 여러분이 우리의 무언가를 가지고 갈 것이란 걸 알고 있는 것처럼 말입니다."[20]

3. "시스템 농구 감독"이라는 것

낸시 W. 리페(Nancy W. Lippe)

> 로스 앨터스 커뮤니티 재단(Los Altos Community Foundation)의 프로그램 책임자인 낸시 리페는 네 명의 어머니이자, 다년간의 소녀 농구팀 감독이며 미국 올림픽 필드 하키 팀(1980)의 전 멤버였다. 그녀는 아이들을 포함한 공동체 구성원들의 참여도를(단지 스포츠뿐만 아니라, 어떤 종류의 코치나 멘토링에서도) 높이기 위해 시스템사고를 사용하는 방법에 대하여 설명한다.

나는 매년 우편으로 5, 6학년 여학생으로 이루어진 열 명의 농구팀 명단을 받는다. 그중 몇 명은 아주 잘 알지만 다른 학생들은 이름만 아는 정도로 거의 알지 못한다. 우리는 8주간의 경기 시즌 전에 두 번, 시즌 동안 일주일에 한 번 연습을 하게 되므로 총 열 번의 연습을 하게 될 것이다. 그러는 동안 나의 의무는 농구경기를 가르치고, 경기를 감독하며 학생들과 시즌을 끝마치는 것이다. 경기를 이해하고 좋아하며 그녀들 자신에 대해 긍정적인 기분을 느끼기를 바라면서 말이다.

이 팀은 선발된 팀이 아니기 때문에, 선수들은 여러 가지 동기를 가지고 경기를 뛰게 된다. 그들은 경쟁적으로 경기하려는 욕망이 없다. 따라서 내가 더 많은 거시적 시스템 관점을 가질수록, 우리는 보다 더 '성공적'이 될 수 있다. 나는 내가 이 세 가지 사항에 집중할 경우 내 목적을 보다 나은 방식으로 성취한다는 것을 학습해왔다.

1. 한 발짝 물러나 우리에게 영향을 미치는 모든 요소들에 대해 자각하고

있음으로써, 우리 **팀을 하나의 시스템**으로 간주할 수 있다. 팀 실적이라는 것은 단순히 부모님들이 공을 가지고 놀라며 등록시킨 10명의 소녀들의 노력의 총합이 아니다. 팀은 선수들 간의, 또 농구 경기와의 상호관계 망이다. 농구 경기 자체가 하나의 시스템이기도 하다.

나는 지금까지 농구 이외에도 여러 여학생들을 코치해왔고, 그것은 팀 역학관계를 이해하게끔 해주었다. 아무리 어떤 선수의 본질이 안정세를 유지한다 해도, 그 기술은 팀에 따라 다르게 나타난다. 각 선수들은 학교, 가족, 농구와 같은 과외 활동 등 동시에 많은 환경 속에 있게 된다. 예를 들어 우리 팀은 여성 스포츠 문화의 전 세계적 개발의 부분집합, 우리 지역사회 YMCA 스포츠 프로그램의 부분집합, 사회 윤리 개발 환경의 부분집합 그리고 내가 아직 들어보지 못했을 수 있는 또 다른 '상위집합'의 부분집합이다. 이와 관련된 시스템 속에서 일어난 어떠한 사건은 우리 팀의 다른 부분에 영향을 끼칠 것이다. 매 시즌마다 나는 우리 팀을 하나의 시스템으로 간주한 지도를 그린다. 이 시스템의 더 많은 변수를 알수록(각 개인 선수들의 요구 등) 문제점들을 미리 예상하기 용이하며, 구조적 변화를 만들 수 있고, 내 목적을 성공적으로 성취할 수 있다.

2. **우리의 공통된 비전과 사명을 개발**하는 것. 시즌이 시작할 때 나는 아이들에게 잘 하는 것, 잘 하지 못 하는 것 등의 내용이 포함된 이번 시즌의 목표를 적을 수 있는 빈 퍼즐 조각을 나누어준다. 아이들은 그 조각들을 맞춰 완성된 퍼즐을 액자에 넣어둔다. 일반적으로 목표는 즐기기, 농구를 학습하고 경기하기, 보다 더 나은 개인과 팀 선수 되기 등의 내용을 포함한다. 우리는 모두 시즌 마지막에 퍼즐을 보면서 각 선수가 어떻게

변해왔는지를 즐기고 스스로 놀라기도 한다. '드리블과 뛰는 것을 동시에 하기'라고 적은 누군가의 말에 대해서는 놀라지 못한 이유는, 이제 그들은 스스로 속공 전문가가 되었기 때문이었다. 나는 항상 아이들에게 퍼즐 조각을 반납하겠느냐고 묻지만, 그들은 항상 "이것도 우리 팀이니 떼어놓을 수 없어요!"라고 말한다.

3. 피드백을 즐길 수 있는 (강화 프로세스와 균형 프로세스, 191쪽부터 논의된 부분을 참조) **호응적으로 열려 있는 시스템을 개발**하는 것. 팀원 중 가장 훌륭한 선수들은 생리적으로 빠른 피드백 체계를 가지고 있다. 그들의 몸과 마음이 힘을 합쳐 빠른 반응을 보인다. 우리 팀 실적이 우리의 목표에서 멀어지기 시작하고 경기를 아주 못했을 때 (혹은 예기치 못하게 잘 했을 때도) 예상된 실적으로 '부정적인 피드백'이 되돌아오기 마련이다. 이 피드백은 선수들이 그들의 균형을 잃는다던가, 득점할 수 있는 기회를 놓치는 등의 생리적인 반응 형태를 띠거나 다른 팀원들로부터의 비평 형태를 띤다.

팀 전체가 피드백을 다루는 방식으로써, 우리는 정기적으로 우리 목표를 다시금 논의한다. 아마 이전에 경쟁심이 없는 팀이었다면 자신감을 키우려고 하거나 더욱 경쟁적으로 경기할 수 있게 가르쳐 달라고 부탁할 수도 있지만, 코칭 형태에 있어서 조금 덜 집약적인 방법을 필요로 할지 모른다. 팀의 목적과 목표에 초점을 두는 것은, 그들을 행복하지 않은 선수들로 이루어진 작은 단위의 무언가로 부서지는 것 대신 하나로 만들어준다. 선수들 간의 갈등이 발생할 때면 팀을 전체로서 본 목적과 맥락을 상기하며 우리 목표를 점검한다.

나는 종종 우리 팀 체계의 다양한 측면이 어떻게 상호작용하며 서로에 영향을 미치는지 생생히 그려보기 위해 활기와 관계성의 흐름을 그려보곤 한다. 예를 들어 첫눈에 게을러 보이는 한 선수가 있다고 가정해보자. 그녀는 본인이 실패하게끔 미리 설정해놓은 장치가 있고 솔직하게 표현하는 것과 최선을 다하는 것을 두려워한다. 그녀는 머리 정돈을 하느라 화장실에서 많은 시간을 보내기도 한다. 전체 팀은 경기장에서 불만을 낳고 팀 흐름을 깨는 등 그녀에게 부정적인 방법으로 반응하기 때문에 그녀의 태도와 실적은 전체 팀에 영향을 미친다. 그리고 이는 당연하게도 강화된 악순환을 발생시킨다. 다른 팀 구성원들이 그녀에게 화가 날수록 그녀는 물러서 그녀의 경기에 대해 변명한다. 이것은 그녀의 팀원들이 더욱 부정적으로 반응하게 만들며 그녀의 자의식을 강화시키고 위험 감수를 두려워하게끔 만든다. 곧 그녀는 팀원들에게 부정적 피드백을 받는 것뿐만 아니라 그녀의 몸, 마음, 심지어 나에게도 그 반응을 받게 된다. 나는 그 순환을 끊어야 하는 것이다.

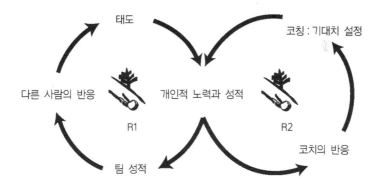

사실 경기에서 총체적인 강화 고리가 존재한다. 이는 선수를 호되게

744

관리하게 될 수도 있지만 선순환이 될 수도 있는 것이다. 나는 이것을 '자존감 고리'(도표에서 'R1'로 표시된 곳)라고 부른다. 개인의 태도는 보다 높은 성적을 이끌게 되고 이는 보다 나은 팀 성적을 만들어내며, 또 그것은 개개인 태도에 영향을 미치면서 다른 팀원들로 하여금 우수한 반응을 만들어낸다.

그렇다면 나는 이 나선을 악순환에서 선순환으로 바꾸기 위해 어디에서 개입해야 할까? 나는 그 아이의 태도를 직접적으로 바꿀 수 없고, 다른 팀원들에게 그 선수로 인해 좌절되지 않은 척 하는 일을 기대할 수도 없으며, '그녀 위주'로 팀 성적이 영향받게 할 수도 없다. 내 관점이 바라보는 가장 높은 영향력이란, 1대 1로 상응하는 개인교습을 통해 그녀의 개인 성적에 직접적인 집중을 함으로써 두 번째 강화 고리(R2)를 첨부하는 것이다. 우리는 그녀의 성적에 영향을 미치는 목표와 기대들을 확인하며, 격려와 건설적인 도움으로 성적을 낼 수 있게 반응하게 되는 것이다. 결과적으로 그녀 역시 반응한다.[21]

나는 사회학자 아이다 후(Ida Hoo)가 연구한 시스템다이어그램과 지도에 대한 비평(criticism of systems diagrams and maps)을 마음에 새긴다. 그 비평은 내가 필요로 하는 것에 꼭 맞게 창조된 하나의 예술 작품과도 같다. 이것들은 내 팀이나 어려움을 겪는 팀원을 정확하게 나타내지 못할 수도 있다. 그러나 이 지도를 통해 한 발짝 물러나 내 팀에 영향을 미치는 요인들을 다른 방식으로 생각해볼 수 있게 된다. 시스템 지도는 시스템사고의 시작에 불과하다. 내가 구성한 지도가 얼마나 복잡하든, 혹은 내가 얼마나 많은 인과 고리를 그리게 되는지와 무관하게 나는 복잡한 상황을 관리할 수 있는 무언가로 줄여나갈 것이다. 코치로서 내가 볼 수 있을 만큼 보며, 팀원들에게 그들은 혼자가 아니라 흥미롭고, 동적이고, 밀접한 관계로 맺어진 세상의 일부라는 것을 알려주기 위해 최선을 다할 뿐이다.

4. 기업-교육 동반자 관계 개선하기

■ 첫째, 해하지 말라

앤드리아 개버(Andrea Gabor)

> 앤드리아 개버(Andrea Gabor)는 뉴욕 시립 대학교의 바루크 대학(Baruch College)에서 비즈니스 저널리즘을 가르치는 블룸버그 교수이다. 에드워드 데밍(W. Edwards Deming) (품질관리와 조직 학습의 주요인물)의 전기 작가이기도 하며, 『자본주의적 철학자들 : 근대적 기업의 귀재 - 그들의 삶, 시간 그리고 신념』(Three Rivers Press, 2002)을 포함해 여러 권의 책을 쓴 작가이다. 그녀는 또한 『strategy + business』의 편집자이며, 그곳에서 사업과 교육의 결합을 정기적으로 다루었다. 그녀는 이곳에서 기업이 교육적 변화와 관련되는 최상 그리고 최악의 방법을 다룰 것이다.

실업 위기가 극심한 상황에서 재능 격차가 존재했다. 즉, 공장에서 유전까지, 세계 시장에서 사무직까지, 기업들은 과학 지식, 의사소통 기술 그리고 기술적인 통찰력을 갖춘 지원자를 찾고 있다. 많은 고교 졸업생(심지어 다수의 대학 졸업자들)에겐 그런 능력이 부족하다. 그래서 기업주들은 시급하게 학교를 개선하라고 독촉한다. 기업주는 학교를 재능의 공급자이자 미래를 위한 창업 보육 기관으로 본다. 이러한 개혁자의 대부분은 공적이든, 사적이든 또는 자선 부문이든 기존의 비즈니스 관행에서 파생된 핵심 아이디어를 공유한다. 이는 학교 선택(새로운 자율 운영을 포함하여 학교를 위해 경쟁력 있는 시장을 마련하는 것), 학교 행정을 위한 관리자 교육, 교사들의 성과급 지급, 디지털 기술의 광범위한 사용을 포함한다.

개혁에 기저를 둔 기본 개념은 학교들을 보다 더 '기업 같이' 운영해야 한다는 것이다. 기업 같은 운영이란 성능을 높이기 위해 매우 경쟁적인 경영방식을 취하고, 낭비적 요소를 근절시키고, 성능을 측정하고, 정량적 목표 값을 도입하고, 성적이 형편없을 때 교원단체를 비난하며, 매일같이 개개인의 가치를 증명하라고 강요하는 것이다. 다시 말해 그들은 심지어 대부분의 경우 기업에서도 역효과를 낳는다고 증명된 상의하달식 방법과 당근과 채찍, 규정준수로 움직이는 경영 개념을 학교에 부과하려 하고 있다. 품질 변동 지도자인 에드워드 데밍(W. Edwards Deming)은 그와 같은 접근 방식을 '서양에서 만연한 경영 체제'라고 언급하며 이를 기업적, 경제적 병폐의 가장 큰 근원으로 여겼다. 이렇게 학교를 지휘 및 통제의 경영 방식으로 변경하는 것은 누구에게도 도움이 되지 않는다.

더욱이 자율 운영(charter movement)과 교사 성과급 등을 개혁 추진으로 삼은 정책을 조사한 연구들은 사실상 이러한 방법은 실망스러웠으며 교육성과를 향상시키는 것에도 실패했다며 말을 꺼냈다. 예를 들어 교육성과 연구를 위한 스탠포드 센터가 실행한 2009년 연구에 의하면 단지 17%의 차터 스쿨(공적 자금을 받아 교사, 부모, 지역 단체 등이 설립한 학교)에서만 전통 학교보다 시험 점수가 올랐고, 동시에 37%는 상당히 낮은 점수를 보였다고 한다. 밴더빌트 대학교가 진행한 2010년의 주요한 연구는 3년 과정 동안 학생들 성적을 올리는 대가로 15,000달러를 제안받은 선생님들이 제안을 받지 않은 선생님들과 별반 다를 바 없이 수업을 진행했다고 밝혔다.

　다이안 래비치(Diane Ravitch)는 『위대한 미국 학교 시스템의 죽음과 삶』에서 이런 구절을 썼다. "교육의 질을 향상시키기 위한 [그 노력]은 측정해보고 상 또는 벌을 주는 책무 전략으로 바뀌었습니다. 이 전략은 교육자들에게 두려움과 복종을 가져다주고 종종 시험 점수를 높게 했지만, 이는 교육과는 아무런 관련이 없습니다."

∬ 479쪽의 '위대한 미국 학교 시스템의 죽음과 삶' 리뷰 참조

　교육 기술에 대해 말하자면 유치원에서 고등학교 전 과정에 있어서 사실상 무엇이 통하고 통하지 않는지를 말하는 연구는 아직 없다. 아무도 기술이 앞으로 교육에 있어서 중요한 역할을 할 것이라는 것에 대해서 의심할 여지가 없지만, 새로운 전자 도구들을 적용하는 방법과 이유에 대한 평가는 5,000억 달러에 달할 수도 있는 교육 공학 산업의 잠재적 크기에 의해 왜곡되었다. 애플(Apple), 마이크로소프트(Microsoft), 시스코 시스템(Cisco Systems), 뉴스코퍼(NewsCorp)에서부터 많은 소규모 미디어 및 소프트웨어 회사에 이르기까지 교육 개혁에 관심이 있는 수많은 기업이 이 사업에 관심을 표하고 있다. 따라서 어떤 평가가 객관적이고 신뢰할 수 있는 것인지 구분하기 어려워진다.

　이 모든 것은 불행한 일이다. 기업 지도자들은 교육에 상당한 영향력을 갖고 있기 때문이다. 만일 그들이 두려움과 통제와 평가에 의한 관리 방법 대신에 가장 협력적이고 사업적 사고와 행동을 할 수 있는 생산적 양상을 제안했다면 교육에 좋은 영향력을 미쳤을 것이다. (홀푸드(Whole Foods), HCL, 부두공사(Container Corp.)와 같은) 기업들은 이윤 극대화가 그들의 중심 목적이 아니라고 반박한다. 직원들, 지역사회 그리고 고객들에게 잘할 때, 이윤을 얻을 수 있다는 것을 경험으로부터 배웠다면서 말이다. "소규모 도시 정도 크기

의 큰 체제를 운영하려면 다양한 기술이 필요합니다." 뉴욕시 교육청 샤엘 폴라 코우-스란스키(Shael Polakow-Suransky) 수석 부국장은 시 교육 시스템이 온전히 교육가들로만 통제됐을 당시가 '믿을 수 없을 정도로 가장 형편없었을 때'라고 언급하며 한 말이다. 그는 1990년대 이 교육구가 기업부문으로부터 재능을 끌어들이기 시작했을 때 MBA(경영관리학 석사) 사람들이 교육가들과 충돌하며 어긋난 첫 단추를 끼웠던 적이 있다고 덧붙였다. "하지만 우리는 서로가 필요하다는 것을 배웠습니다."

그렇다면 학교 개혁에 진심어린 관심이 있는 기업가들은 어떻게 이 도전에 마주해야 할까? 그들은 몇몇 사업을 변화시키는 데 도움을 준 협력적이고, 시스템과 개선 지향적인 경영 아이디어를 학교가 직면한 도전에 도입함으로써 시작할 수 있다. 위계제를 재정적으로 감당할 수 없고 경영난에 시달리는 학교에는 보다 참여적 체계가 이상적이다. 더욱이 디지털 기술은 상당수의 학교 시스템을 억제하는 업무 규칙을 쓸모없게 만들었다. 이해 관계자 지향의 문화 역시, 즉 돈을 제외한 고용 안정, 기여하고자 하는 열정과 같은 다양한 요인에 의해 의욕을 느끼는 개인 교육자들에게 적합하다. 이해 관계자 지향 문화를 통한다면 (사업을 위해) 주주 수익을 높인다거나, (학교를 위해) 시험 결과를 표준화라는 것만이 아닌, 한 조직의 모든 구성 인원을 대표한 결론이 내려지게 된다. 무엇보다 중요한 것은 학부모와 지역사회 구성원들을 포함한 이해당사의 초점은, 교육개혁을 위한 협력적이고 개선 지향적인 문화를 촉진한다.

현장에서 이것은 종종 교사와 교장을 위한 새로운 교육을 제공하고, 학생과 학부모 모두가 참여하는 교육 혁신 기회를 조성하는 것 그리고 잠재적 고용인을 포함하는 의미에서의 바깥세상과 학교 사이에 다리를 놓아주는 것을 뜻하기도 한다.

이제 소개할 이야기는 보다 나은 사업과 교육 파트너십으로 이끌어질 수 있는 몇 가지 태도와 행동들을 보여준다. 이러한 무대에서 일어나는 일들이 항상 그러하듯이 이러한 협력에 문제가 없는 것은 아니다. 하지만 많은 실패한 노력과 구별되는 것은 기업 지도자와 학교 지도자들이 진심어린 협력을 위해 힘을 합쳤다는 점이다. 기업들은 기금과 기술을 기부하는 것 이상을 했으며 학교와 기업은 서로에게서 무언가를 배웠다.

지도자 훈련 포함시키기

2003년 뉴욕시에서 기업 간부였다가 시장이 된 미카엘 블룸버그(Michael Bloomberg)와 간부이자 변호사였지만 교사로 탈바꿈한 대학 총장 조엘 클레인(Joel Klein)은 '뉴욕시 학교장 리더십 아카데미'를 설립했는데 뉴욕 크로토빌에 있는 GE사의 존 웰치(John F. Welch)가 만든 지도력 센터를 모델로 삼았다. 이곳은 1,200개 이상의 학교 시스템에서 자격이 되는 학교장 후보를 보충하려는 의도를 갖고 있었다. 이 아카데미는 애초에 초기 3년간 운영을 위해 6,900만 달러 예산을 가지고 정부-민간 합작으로 꾸려졌다. 그 예산의 대부분은 재단과 기업의 기부로 이루어졌다. 이 아카데미는 민간 부문의 경영 감성(예를 들어 교육 이외에 직업 활동을 겪었던 학교장 후보들을 채용하는 것에 많은 의미를 두는 등)과 학교들의 아주 다른 문화 사이에서 수지타산을 맞추려 고군분투했다.[22]

그러나 2005년 (전자 통신 회사인 Covad의 최고경영자이자 과거 기업 변화 자문 위원이었던) 최고경영자 로버트 놀링 2세(Robert E. Knowling Jr.)의 창업 시작을 뒤따라 이 아카데미의 대표는 샌드라 스테인(Sandra J. Stein)에게 인수되었다. 그녀는 이전에 이 아카데미의 교무처장으로 근무했었다. 오늘날 아카데미는 뉴욕시 교육부(NYCDOE)와의 계약하에 운영되며 교육부가 아카데미 활동에 드는 거의 모든 비용을 대고 있다. 또한 이들은 부분적으로는 체계적 사고와 같은 규율 학습에 대한 강조를 통하여 기업과 교육 문화 간의 지속가능한 균형을 구축한 것처럼 보인다.

지도자 아카데미의 교육과정 구조는 2003년 이래로 많은 것이 똑같은 상황이다. 학교 경영 시뮬레이션 위주로 구성된 6주간의 여름 집중 학기에 중점을 두었는데 이 기간 동안 장차 학교장이 되려는 사람들은 학교 예산을 감독하는 것부터 선생님들을 위한 전문성 신장 계획을 찾아내는 것까지 모든 것을 하도록 요구받는다. 또한 그들은 이 시뮬레이션에서 갑작스러운 예산 삭감이나 문제 있는 아이들과 화가 난 부모님들을 대해야 하는 위기와 같은 진짜 교장들이 매일 처리하는 예상치 못한 상황과 마주해야만 한다. 그런 후 아카데미에 다니는 내내 학교장들은 그들의 학교에서 경험하는 문제들에 대해 직접 이야기를 나눠 볼 수 있는 시간을 가졌다.

스테인의 재임하에 아카데미의 분위기와 문화는 바뀌었고 전통적인 사업 아이디어는 더욱 명쾌하게 시스템 지향 접근법으로 바뀌었다. 전 GE의 최고 경영자인 잭 웰치(Jack Welch)는 그가 초기에 그러했듯 더 이상 그곳에서 강연을 하지는 않으며 대부분의 강사는 현재 교육 전문가들이다. 스테인은 '빙산'의 이용을 소개하였고(178쪽 참조), '학습하는 학교'는 핵심 교재가 되었다.[23]

스테인의 재임하에 보충되고 넓어진 주요 사업 개념 중 하나는 다섯 가지 핵심 지도자 역량 중 하나가 말하듯 자료의 가치에 대한 집중이었다. 장차 학교장이 될 사람들은 학생들에 대한 양과 질 모두를 충족하는 정보를 모으고, 다중적 정보원을 통해 배우며, 학생들의 학업성취를 향상시키기 위한 그들의 영향에 대해 충분히 생각해보아야 했다. 교육자 분석과 아카데미에서 교육 자료 이용을 연구하는 팀을 이끄는 학교장이자 과거 수학 선생님이었던 조지 폴레이(George Foley)는 '자료 하나'는 결코 충분한 양이 아니라는 점을 재빨리 꼬집는다. 그는 학교장들이 (학생들과 학교를 시험 성적으로 판단하는) 처벌적 접근법을 떠나 그들이 잠재적 문제점, 중대한 시점 그리고 발전 기회와 같은 패턴을 파악할 수 있는 자료 이용 방법을 도와주는 것에 주력한다.

최근의 예로 폴레이는 8명의 4학년 담당 영어 교사들 중 특이치를 보이는 한 명의 대단한 선생님이 어떻게 학교 종합 성적을 끌어 올렸는지를 보여주기 위해 한 학교에서 영어 성적 점수를 모아 추려보았다. 그녀의 수업 자료, 수업 계획, 회의 메모 그리고 학생들을 향한 피드백 등으로 특이치의 실례를 보다 가까이 들여다봄으로써, 그녀의 동료들은 그들 자신의 수업 방식을 개선할 수 있는 법을 터득할 수 있었다. 폴레이는 자료가 '강력한 도구이자 동기요인'이라고 말하며, "사람들은 직접 목격한 후에야 본인의 전략을 알 수 있게 됩니다."라고 언급했다. 자료를 뽑아내는 것은 교사들을 개별적으로나 단체로 비난하는 것보다 문제해결에 집중함으로써 교장과 교사들 간의 대화 논조 또한 바뀔 수 있게 만든다.[24]

∬ 622쪽의 '동료 파트너'와 586쪽의 '일방적인 교직원 개발을 더 이상 하지 않기' 참조

기술적 실험 조성하기

교육 개혁가들은 혁신을 위해 외부 전문지식과 기회에 교실을 개방할 수 있는 교육공학을 위한 잠재력에 초점을 맞추기 시작해왔다. 지금까지 교육공학과 시장에 나와 있는 소프트웨어는 고객과 재택학습 시장에 적합하도록 맞춰져 있었다. 이는 도심지역 아이들의 필요나 공립학교 교실 내에서 사용

752

하기에 적절하지 않다. 현재 공립학교에서는 교육의 질을 높이기 위해 시스코 시스템(Cisco Systems) 같은 대형 컴퓨터 인적 네트워크 회사 등의 기술 회사와 교육구 간 부분적으로 맺어진 조합이 루이지애나, 뉴욕 및 또 다른 지역에서 일련의 실험을 계속하며 기술사용을 시도하고 있다.

('혁신 지역'을 뜻하는) 아이존(iZone)으로 알려진 뉴욕 프로젝트는 이러한 종류의 조합이 초래하는 장래성과 위험도를 입증한다. 시스코는 물론이거니와 그 지역 기업주들에 의해 자금 조달이 이루어지는 이곳은 그저 새로운 컴퓨터로 기술을 시행하며 학교를 돕고자 하는 것이 아니라 학생, 교사, 학교 관리자가 모두 하나가 되어 실사회에 적합한 전문성을 두드려보고, 그것과 학교 교과과정과의 통합을 장려하며, 자유분방하고 학습지향적인 활동의 모판이 되는 개념과 함께 2009년에 형성되었다.

계획단계에서 이 프로젝트는 2008년 '21세기를 위한 모든 학습자에게 준비를 갖춰주기'라는 시스코의 백서에서 영감을 끌어냈다. 이 백서가 논지를 펼치는 바는 이러하다. 변화와 글로벌 근무인력은 서로 다른 문화를 통찰할 수 있는 능력, 여러 언어 사용, 문제 해결, 의사 결정, 창의적이고 비판적 사고 방식을 포함하는 다양한 기술과 지식을 중시한다. 회사와 지역 지도자들은 서로에 대해 전문성을 인정하고 상호 존중을 하는 '사고 동반자(thought partners)'라는 점을 분명하게 보여준다.[25]

"시스코는 교육공학 회사가 아니라 인적 정보망 IT 회사입니다." 시스코의 글로벌 선거사무장인 메어리 앤 페트릴로(Mary Anne Petrillo)는 이렇게 설명한다. "우리는 교육구들이 그들의 과정을 충분히 생각할 수 있도록 돕고, 그들이 기술을 다룰 역량을 구축할 수 있도록 우리의 핵심역량을 들여옵니다."

아이존 설립 첫 해 동안 시스코는 자금 제공과 함께 디지털 기술 영역에 필요한 직업교육을 제공했다. 교사들은 맨해튼 펜역 근처에 위치한 시스코 사무실로 와 외부 전문가, 파워포인트, 영상들로 화상 회의를 하는 등 며칠 동안 온종일 이루어지는 갖가지 기술 수업 훈련 시간에 참여했다. 또한 시스코는 교사들과 학생들이 어떻게 디지털 기술을 사용했는지 알아보기 위해 교실로 기술자 팀을 보내며 학교로부터 배울 방법도 추구했다.

확실히 해두기 위해 언급하자면 상업적 동기도 존재했다. 시스코는 학생, 학부모, 교육자들이 수업활동과 협동 학습 기회로 향하도록 더 나은 접근권을 주도록 설계돼 있는 수많은 특징을 지닌 다른 학교에게 상업적 판매를 위한 총력을 기울여 만든 기술 포털을 개발 중이었다. NYCDOE와 마련한 것의 일환으로, 2010년 가을이 시작될 무렵 시스코는 아이존 학교들에게 포털 사용을 위한 무료 접근권을 주기로 계획했다.

하지만 2010년 8월 시스코의 역할이 갑작스레 줄게 되었고, 기술은 규격품으로 구매 가능한 소프트웨어, 즉 훨씬 제한적인 포털로 대체되었다. 이러한 교체의 이유는 전적으로 설명 가능한 것이 아니었다. NYCDOE가 말하길 시스코의 일정이 늦어지고 있었다고 한다. 하지만 아이존의 교장과 교사들은 시스코와 일하게 되리라는 것을 확신하고 있었기에 대단히 실망할 수밖에 없었다. 회사의 입장으로서는 회사가 아직 뉴욕에서 아이존 기획을 공식적으로 지원하고 있다. 이러한 성장통은 복잡하고 정치적이며 조직적 상업 문제들이 특히 대규모 학교 체계에 도입되었을 때 어떻게 상업과 교육의 조합을 어렵게 만들 수 있는지 생생히 묘사하고 있다. 그리고 이는 특히 사업과 교육 부분에 걸친 계획에서 지도자들 사이에 대화가 얼마나 필요한지 강조하고 있다.

최근 아이존은 수년간 세 번째 재편성을 겪어왔으며, 현재 NYCDOE 포털에 내놓은 교육 소프트웨어를 향한 접근성을 통해 제한된 방식으로 참가하는 100여 개 이상의 학교들과 두 단계로 된 실험을 지나는 중이다. 약 25개 학교가 아이존360이라 불리는 심화된 계획에 참여하는데, 이 계획은 모든 학생이 학교에서 사용할 수 있도록 랩톱 한 대씩을 받게 되고 학교에게 다른 지원은 물론이거니와 기술과 다른 개혁론에 대해 조언하는 이른바 '혁신 감독'을 제공하고 있다.

'21세기 학교 계획'이라고 불리는 또 하나 가시적인 시스코 동업은 2005년 루이지애나와 미시시피의 8개 교육구에서 허리케인 카트리나의 결과로 설립되었다. 이곳에도 또한 기업가 정신과 새로운 수업 종류라는 기회를 통해, 장비 기부와 새로운 기술 점검 사이의 균형이 잡혔다. 전적으로 참여해온 학교 체계가 루이지애나의 제퍼슨(Jefferson) 교육구이다. 이 교육구는 뉴올리언스의 인근 외부에 위치한 88개의 큰 교외 학교 체계이며 다양한 소득과 민족 배경을 가진 학생들이 섞여 있고, 그들 중 대다수가 미시시피 삼각주 저지대에 살고 있다. 폭풍과 홍수로 인해 이 교육구의 많은 학교 건물이 파괴된 뒤, 시스코는 도와주겠다고 나선 첫 번째 회사들 중 하나였다.

뉴욕에서 그러했듯 시스코는 전문성 개발 훈련뿐 아니라 화이트보드와 노트북(제퍼슨 교구는 학생 당 한 대의 노트북 정책을 가지고 있다)을 포함한 장비를 기증했다. 회사는 또한 교육구가 기술 담당 최고 책임자(CTO)를 고용하는 결정에 있어 중요한 역할을 했다. '아이들과 기술을 위한 센터'에 의한 2009년 연구에 의하면 학생들 중 다수가 가난하고 흑인과 라틴계로 구성된 지역 교육구와 시스코의 동업은 '극적인 교육 변화의 착수'에 힘을 실었다고 한다. (반면 뉴올리언스 이웃 도시에서는 대부분의 학교 체계가 정부인가 단체에 의해 인계받았다.)[26]

시스코는 이것이 사업과 자선활동에 대한 관심 사이에 '만리장성'을 쌓아 유지한 것이라고 밝힌다. 하지만 회사는 분명히 이 동업으로부터 혜택을 받아왔다. 학교를 상대로 라우터, 교환대 장치, 화상 회의 등 많은 것을 판매해 왔으니 말이다. 시스코는 제퍼슨교구와의 동업이 선순환에 해당된다고 주장한다. 그 선순환 안에서 기업의 공동책임 프로그램은 지역구에 그들의 우선순위, 계획, 전문지식을 개발시켜줌과 동시에 또 지역구는 기업에게 기술이 현장에서 어떻게 사용되는지에 관한 새로운 통찰력을 심어주며 보다 유용한 상품 개발을 가능케 한다고 한다.

혁신적 변화를 위한 협력

아이존에 참가했던 최초의 학교 중 하나는 할렘에 새로 생긴 중학교인 국제 기술 사립학교였다. 당시 학교의 초대 교장인 크리스티나 러셀(Chrystina Russell)은 리더십 아카데미의 졸업생이었다. 이전에 특수 교육 교사였던 러셀은 '시스템사고'의 개념을 마음에 새기며, 자선활동과 사업 등의 외부적 요소와 협력함으로써 학교 자원에 영향력을 끼칠 무언가를 추구해왔다.

학교가 공식적으로 개교하기 전에 러셀이 교사들을 모으기 시작할 때부터 이 협동정신은 명백한 목표였다. 2009년 여름 동안 그녀는 그녀의 친구이자 동료인 하비(Jacqueline Pryce-Harvey)의 집에서 매주 일요일마다 유망한 능력을 가진 사람들을 모아 브런치 시간을 가졌다. 하비는 특수 교육 분야에서 베테랑 교사이자 국제 기술학교의 준비된 교감선생님이 될 사람이었다. 그는 지리학 박사 학위를 받은 자메이카 이민자이고, 뉴욕의 사교계 명사인 브루커 아스토(Brooker Astor)의 개인 요리사로 일한 적이 있는 솜씨 좋은 요리사이다. 고급 음식을 먹는 동안 교사들은 국제기술 학교의 교육과정, 아이들을 모을 방법, 직원 채용 기준, 수업에 기술을 소개할 전략에 대한 묘책을 위해 머리를 맞댔다. 이 브런치 시간은 러셀이 성공적인 학교를 위해 중요하다고 강조하는 것이다. 직원들로부터 협동심과 유연성을 기대하고 학교가 공식적으로 끝나는 시간인 오후 3시 30분 이전까지 그들의 교직 책임감도 끝나지 않는다는 암묵적 이해를 바라기도 하는 것이었다.

러셀은 학교 안팎에서 이루어지며 협동을 필요로 하는 공동 문화를 향상시켰지만 앞으로도 기부자가 의도하는 것보다는 그녀와 그녀 직원들이 핵심 가치라 정의한 것들에 계속해 집중해줄 것을 요구한다. 예를 들어 각 학생들은 아이존과 기업기부에서 무료로 제공한 노트북을 한 대씩 받았다. 러셀과 직원들은 기술이란 것은 그것 자체로 마지막이 되는 것이 아니라는 점을 분명히 했다. 즉 대부분의 경우에서 소프트웨어는 전통적인 도구의 보강의 용도로 쓰이는 것이지 대체의 용도가 아니라는 것이다. 그리고 다른 학교들과는 달리 국제기술 학교는 교육을 위해 외부 기술 전문가를 고용하지 않았다. 대신 학교의 협동 문화를 강화시키기 위해 기술 관련 상식이 있는 교사들을 학교 내부에서 찾아 직원과 학생을 이끌어줄 것을 믿어보기로 결정했다. 또한 2009, 2010년도 시스코에 의해 제공된 연수 시간에 교사들을 참가시키기도 했다.

덧붙여 러셀은 교육용 소프트웨어로 채워진 무료 컴퓨터와 가난한 가정을 교육하기 위한 프로그램인 '청소년을 위한 컴퓨터'에 지원했다. 이 프로그램은 학부모가 아이들의 숙제를 도와줄 수 있는 방법을 가르쳐주도록 설계되었다. 그리고 기술학교 운영 시간을 오후 6시까지 늘려 비영리 방과 후 학습 프로그램 '시민 학교'와 협력하기도 했다. 학생들은 숙제 도움을 받고 학구적으로 풍부하게 되며, 프로그래밍을 가르치는 구글(Google) 출신 기술자들을 포함한 지역 전문가와 기업가들에 의해 운영되는 직접적 견습 프로그램에 참가하게 된다. 중요한 것은 러셀이 학교 소속 선생님들을 '시민 학교'의 자원자들의 멘토 역할을 하도록 계획하기도 했는데 그들은 대부분이 아직 대학원에 다니면서 아이들이 필요한 도움을 받도록 해주고 있다. 이 모든 회사와 조직들은 그들 각각이 따로 경험한 그 어떤 것보다 강력한 협력 네트워크를 구축했다.

러셀이 팀작업과 시스템사고에 레버리지를 발휘한 또 하나의 방법은 '특수 교육'을 받는 아이들을 주류로 만든 점이다. 기술학교 학생들의 31%는 특수 교육이 필요하다고 증명된다. 러셀은 거의 모두를 협력 교육이 이루어지고 다양한 다른 학생들을 포함하는 소위 ICT(Intertrated Co-Teaching, 통합 협동 교육) 교실로 옮겼다. 이 학생들이 8학년을 졸업할 때쯤 기대되는 명백한 예상은 대부분이 보통의 수업에서 기능을 할 수 있게 된다는 점이다.

이러한 노력으로 행해진 역할 공동작업은 2011년에 강조되었다. 획기적인 교육 기술 개발에 박차를 가하기 위해 설립된 국가 기관 '디지털 약속(Digital Promise)'이 백악관에서 개시될 때 국제 기술학교의 7학년생이었던 마르티네즈(Josniel Martinez)가 미국 교육부 장관인 덩컨(Arne Duncan)을 소개하기 위해 선정되었다. 100명 이상의 고위관리 앞에서 단상에 오른 11세의 도미니카 망명자는 학교가 '그를 도와주기 위한 능력 있는 사람'을 구성해주기 이전인 6학년 때까지 어떻게 학습적으로 실패하기 시작했는지에 대해 설명했다. 그가 설명하기를 그의 '악몽과도 같은' 조직 능력을 도와주었던 선생님들을 포함한 그 팀은 매일 그가 가방에 연필, 숙제 종이 등 수업에 성공적으로 참여하기 위해 필요한 물품들을 가방에 잘 챙겼는지 점검해주었다고 했다. 그에게 증여한 가정용 컴퓨터에 추가적으로 소프트웨어를 제공한 '청소년을 위한 컴퓨터'와 TV 보는 시간을 줄이고 일주일에 세 번 교육용 소프트웨어를 사용할 것을 고집한 그의 어머니에 대해서도 이야기했다. 그가 말을 마쳤다. "10년 뒤 저는 대학교에 갈 것입니다. 그리고 언젠가 덩컨(Duncan) 장관님께서 저를 위해 일할 날이 올 수도 있습니다."

국제 기술학교의 협력 연구는 짧은 시간 내에 인상적인 결과를 낳아왔다. 많은 학생은 무료 컴퓨터를 이용할 시간에서 우선권을 잡기 위해 15분 일찍 등교하기도 한다. 이 학교는 2011년 중간보고에서 A등급을 받았으며 뉴욕시 내 모든 중학교 중상위 95% 안에 랭크되었다. 분명히 어려움도 있다. 학교는 수학보다 영문학 작품(ELA) 과목에서 더딘 진행을 보였고 심각한 개인적, 가정적 문제가 있는 학생들에게 도달하는 데에 문제를 겪어왔다. 하지만 사실상 이 학교와 관계된 모두는 그들 자신의 접근법을 아주 마음에 들어 하는 것처럼 보인다. 2011년 학습 환경 설문조사에서 국제 기술학교는 학부모, 교사, 학생들의 만족도를 90% 이상 가뿐히 넘겼다. 국제 기술학교는 아이존에 본래 해당하는 10개 학교 사이에서 현재까지도 이 프로그램을 유지하고 있는 두 개의 학교 중 하나이다.[27]

또 하나의 설득력 있는 지표는 다른 학교에서 평가절하 된 후 국제 기술학교에서 성공을 거두어온 사람의 수다. 여기에는 몇몇의 교사들도 포함된다. 예를 들어 수학 교사 데이비드 바에즈(David Baez)는 운영 책임자가 될 가능성이 있는 사람이었다. 그는 브롱크스에 있는 결손 가정을 위한 학교에서 젊은 선생님으로 일하는 동안 그의 상관에게서 만족스럽지 못하다는 평가를 받았다. 하지만 한 동료(그 당시 하비(Pryce-Harvey)가 같은 학교에서 특수 교육 교사로 일하고 있었다)가 우연히 그와 한 학급을 맡게 되었고, 그의 잠재력을 보고 멘토를 자처해 끝내 국제 기술학교로 그를 데리고 왔다. 옛날식 수

업과 온라인 수학게임, 시각자료를 합친 바에즈의 현재 수학교실에는 방문
자가 차고 넘친다. 바에즈는 국제 기술학교에 수천 달러의 보조금을 안겨다
주기도 했다. 이러한 종류의 협력적, 기업가적 문화는 보통 학교가 아닌 신생
업체와 관련되어 있다. 이 문제에 대해서라면 많은 기업과 관련되어 있기도
하다. 이것의 존폐 여부는 학교가 학교 내부와 바깥 세상에 있는 동업자 간의
협력 문화를 어떻게 계속해서 훌륭하게 조성하는가에 달려 있을 것이다.

석유 아카데미

텍사스 휴스턴에서 학교 시스템과 에너지 산업을 잇는 또 하나의 정부−민
간 파트너십이 탄생했다. 그것은 증가하고 있는 에너지 산업 노동자들의 부족
을 메우기 위해 의도적으로 세워졌다. 생산업 노동자들의 평균 연령은 50살이
며, 이 직업의 초보자들에게 요구되는 과학, 수학 기술을 가지고 있는 졸업생
들의 지원이 매년 갈수록 낮아지고 있다. 2005년, 미국 독립 제작가 협회
(IPAA)는 석유 아카데미를 설립함으로써 이 문제를 밝히려 했다. 이 프로그램
은 석유 산업 직종에서 초보자 지식을 채우기 위해 젊은 사람들에게 필수 수
학, 과학 교육을 선정된 공립학교 내에서 제공한다.

IPAA는 현재까지 휴스턴 지역에서 4개의 공립학교에 석유 아카데미를 열
었다. 공립학교 중 한 곳은 학생 대부분이 대단히 가난한 학생들과 라틴계 학
생인 '밀비(Milby) 고등학교'이며, 또 다른 한 곳은 모두 여학생으로 이루어
진 '젊은 여자의 입시를 위한 학원'이다. 학원은 특수한 프로그램 등 산업에
딱 맞도록 재단된 상급 배치 수업을 제공한다. 교사들은 학원의 에너지 집중
수업을 가로지르는 재단 수업을 돕기 위한 훈련을 받는다. 예를 들어 밀비 학
교는 표준 문학 수업과 더불어 '기술 영어'라는 과목을 제공했는데, 여기서

학생들은 논픽션 본문을 읽고 이해하는 과정에 집중하게 된다. 재생 가능한 에너지와 비재생성 에너지의 진가를 논하는 설득력 있는 수필 작문이 대표적인 과제에 포함된다. 석유 산업의 자료를 분석하는 데 집중할 수 있는 대수학 수업도 이와 유사하다.

IPAA의 교육 자문 위원회는 석유공업과 가스공업에 관련된 많은 지역 기업들을 포함시키기도 했다. 기업들은 기금, 인턴십을 제공할 뿐만 아니라 학교로 연사를 보낸다. IPAA의 첫 번째 석유 아카데미인 밀비 학교를 예로 들자면 쉘(Shell)사에서 115,000달러 상당의 노트북을 받았다. 할리버튼(Halliburton)사는 밀비 학교가 학생들에게 지구과학과 공학기술 분야에서 선택과목을 가르칠 수 있도록 하기 위해 그 분야의 소프트웨어에 2,700만 달러를 기부했다.

밀비 학교는 작년 그들의 첫 석유 아카데미 졸업생들을 낳았다. 첫 타자였던 80명의 학생들 중 62명은 4년제 대학에 진출할 것이며 대부분이 장학금을 받는다. 4년제 대학에 가지 못한 대부분은 지역 전문대학교에 간다. 그와 대조적으로 동등하게 시작한 밀비 학교 학생들 중 석유 아카데미에 참석하지 않은 학생들은 37%만이 4년제 대학에 등록하였고, 46%가 전문대학에 입학하였다.[28]

더 좋은 경험 얻기

학교와 교육구가 12학년 교육제도를 개선시키기 위해 노력하면서 사업−교육 동업이 빠르게 확산되고 있는 것처럼 보인다. 뉴욕부터 텍사스 그리고 또 다른 지역에서 보여준 더 많은 성공적 예는 이 개혁이 문자 그대로 모두의 직장이 되었다는 것이다. 학교가 사업에서 배우는 것처럼 교육 개혁에 관심을 둔 기업주들도 그들이 돕는 학교로부터 많은 것을 배울 것이다. 그들이 직면한 개선 방안뿐 아니라 도전과제들은 우수한 효과를 산출하며 그들을 놀라게 할지도 모른다.

■■ 교육가들과 학부모들을 위한 미디어 문해

아트 클라이너(Art Kleiner), 팀 루카스(Tim Lucas), 브라이언 스미스(Bryan Smith), 제니스 더튼(Janis Dutton)

> **목적** : 교육가, 학부모, 학생, 지역사회 구성원들 사이에서 발생하는 메시지, 영향, 매체의 가치에 대한 관심을 보다 더 깊이 발전시키는 것

우리 시대에서 교육의 최대 아이러니는 아이들에게 최대 영향을 미치는 두 요인인 교사와 TV 제작자들이 드물게, 아니 단 한 번도 서로 소통하지 않는다는 사실이다. 그들은 같은 언어를 사용하지 않으며 서로의 우선순위를 이해하지 않는다. 다음 소개되는 질문들은 당신이 다양한 매체 형태, 즉 TV, 영화, 신문과 잡지, 음악, 광고, 이동 기기, 온라인 게임, 소셜 미디어(SNS), 인터넷상의 모든 것을 보다 빨리 열린 마음으로 들여다보게 해줄 것이다.

비전

1. 우리는 매체가 교육을 어떤 이미지로 묘사하는 것을 보길 바라는가? 사진, 글자, 인터넷 발행물에서 무엇을 보기를 바라는가? TV와 영화에서는 무엇을 보기를 바라는가? 블로그와 영상에서는 무엇을 보기를 바라는가? 어른과 아이 모두 포함함.

2. 우리가 가르치는 아이들이 관심을 두는 매체가 세상의 어떤 면을 반영하는 것을 보길 바라는가? 뉴스, 소설, 영화, 예능 등이 이 매체에 해당함.

3. 아이들이 생산하는 주제나 대화가 매체에서 어떤 유형으로 반영되기를 바라는가? 그들의 대화, 영상, 사진, 블로그, 트위터, 예술 작품 등이 이에 해당함.

4. 아이들을 위해 어떤 보호 장치가 있기를 바라는가? 침입자, 사이버 폭력, 광고 이해관계, 낯선 사람 등 무엇이든 이에 해당함. 학부모는 아이들에게 어떤 보호 장치를 제공해야 하는가? 학교와 지역사회는 어떤 보호 장치를 제공해야 하는가? 또 그들은 스스로 혹은 또래 집단 사이에서 어떤 보호 장치를 배워야 하는가?

현실

1. 우리는 매체가 교육을 어떤 이미지로 묘사하는 것을 보길 바라는가? 사진, 글자, 인터넷 발행물에서 무엇을 보기를 바라는가? TV와 영화에서는 무엇을 보기를 바라는가? 블로그와 영상에서는 무엇을 보기를 바라는가? 어른과 아이 모두 포함함.

2. 우리가 가르치는 아이들이 관심을 두는 매체가 세상의 어떤 면을 반영하는 것을 보길 바라는가? 뉴스, 소설, 영화, 예능 등이 이 매체에 해당함.

3. 아이들이 생산하는 주제나 대화가 매체에서 어떤 유형으로 반영되기를 바라는가? 그들의 대화, 영상, 사진, 블로그, 트위터, 예술 작품 등이 이에 해당함.

4. 아이들을 위해 어떤 보호 장치가 있기를 바라는가? 침입자, 사이버 폭력, 광고 이해관계, 낯선 사람 등 무엇이든 이에 해당함. 학부모는 아이들에게 어떤 보호 장치를 제공해야 하는가? 학교와 지역사회는 어떤 보호 장치를 제공해야 하는가? 또 그들은 스스로 혹은 또래 집단 사이에서 어떤

보호 장치를 배워야 하는가?

비교를 통한 견해

위 질문들에 스스로 답한 뒤 작성한 응답을 교실에 있는 당신의 아이 및 다른 사람과 비교해보자.

응답들 중 유사한 점은 무엇인가? 다른 점은 무엇인가?

매체와의 소통

페이스북, 트위터, 링크드인 그리고 대중 온라인 토론장(당신이 사는 곳의 지역 매체가 후원하는 것들 포함) 등의 소셜 미디어를 이용하게 되면서 특히 현재는 많은 지역 작가가 인터넷을 통해 명성을 가졌기 때문에 기자, 작가들과의 유익한 대화를 하기 수월해졌다. 예를 들어 당신이 처음 두 개의 질문 부분에 대해 흥미로운 응답을 발전시키고 싶다면 당신이 생각하는 매체 창작자에게 이메일로 그 요약본을 보낼 수 있다. 그들이 답변을 하든 답변을 하지 않든 말이다. 하지만 당신은 특별히 그들의 프로그램에 대해 심도 깊은 평론을 간절히 원하고 있는 방송과 웹사이트 제작자를 찾게 될 수도 있다. 통계와 설문조사를 통해 그들의 관중이 누구인지 알고 있겠지만 관중에 대한 본능적인 감각을 잃는 것은 원치 않을 것이다. 그래서 그 감각을 일깨워준 당신에게 감사할 수도 있을 노릇이다. 특히 당신이 그들이 바라던 사람들과의 간결하고도 풍부하게 소통할 수 있는 방법에 관해 이해했다는 것을 보여준다면 더욱 감사할지 모른다.

16

지속가능성
Sustainability

1. 레인메이커스(rainmakers)

캐서린 브라이어 로슨(Katharine Briar-Lawson)

캐서린 브라이어 로슨(Katharine Briar-Lawson)은 뉴욕 주립대인 올버니
대학교 사회복지학과 학과장이다. 그녀는 동료인 할 로슨(Hal Lawson)
과 함께 교육 갱신을 촉진하는 전국적인 교육개혁을 실행했다. 교육자
들이 모든 것을 혼자서 할 수 있는 독립적인 조직으로서의 학교의 지배
적인 정신 모델과 달리 브라이어 로슨의 모델은 상호의존성을 강조한
다. 가족 및 지역사회 기관은 학교 개선을 위한 핵심 자원이다. 그리고
학교들은 가정, 사회와 보건서비스 전문가들 그리고 지역사회 지도자
들을 위한 핵심 자원이 된다. 사실상 어린이와 가족들은 실제로 이 포괄
적인 과정의 핵심 파트너 및 공동의 지도자가 된다.

'레인메이커스(Rainmakers)'는 아마도 캐서린과 관련된 가장 유명한 프
로젝트일 것이다. 여기에 설명된 사우스 플로리다 프로그램은 더 이상
운영되지는 않지만, 다른 유사한 프로젝트의 국가 모델이 되었다. 시초
부터 프로젝트를 조직한 지도자로서 캐서린은 자신의 관점에서 이야기
를 전한다.

1990년에 나는 댄포스 재단을 통해 사우스 플로리다에 있는 초등학교에서 근무했다. 그곳은 '마이애미비치'에 있었는데 데이드(Dade) 카운티에서 가장 어려움이 있는 학교 중에 하나로 꼽힌다. 이 마을 사람들도 역시 어려움을 가지고 있었다. 아이들의 90% 이상이 무상 급식이거나 할인(reduced-cost) 급식 상태였다. 그들의 부모들은 대부분 불법 체류자들이었다. 그들은 그 사회 공동체 안으로 통합되는 데에 어떤 장애에 직면한 이민자들이었다. 주민들은 46개의 언어를 사용했다. 그들은 지주들과 도시의 상당한 사람들에게 무시된 채 버려진 아파트에서 무리지어 살았는데, '마이애미비치'를 세련되게 만들고자 했던 일부 정치 세력과 부동산 이익과 관련한 이해관계는 계속해서 그들을 퇴거시킬 위협으로 작용했다. 그러나 그들이 갈만한 곳은 없었다. 이러한 모든 것은 비용이 드는 것이었다. 어린이들은 종종 학교에 결석했으며, 경찰이 아이들을 거리에서 학교로 밀어 넣고, 학교로 돌려보내는 규칙적인 '경찰 청소'가 있었다. 그리고 비극적인 아동학대 사망은 언론의 관심을 그 지역의 취약한 공동체에 향하게 했다.[1]

우리는 일할 자금으로 약 60,000달러를 가지고 있었다. 이 기금으로 우리는 '건강한 학습자'라는 프로젝트를 시작할 수 있었다. 그것은 사회복지사가 학부모를 지원하는 프로젝트인데, 학부모는 사회복지사의 지원을 받아 그 자녀의 학교 적응을 보다 잘할 수 있도록 도울 수 있다. 우리는 어떻게 지원하는 것이 최선인지 잘 알지 못했으며 따라서 우리는 서둘지 않았다. 그때 학교에는 머릿니 위기가 있었는데, 너무 심해서 학교를 폐쇄할 위협이 되었다. 일반적으로 교사가 무상 의료서비스인 메디케이드(Medicaid)가 지원하는 머릿니 박멸 샴푸를 학생들에게 지원하려면 처방전을 받아야만 한다. 이 문제 해결을 위해 우리는 백악관을 대상으로 지속적으로 법적 규제 철회를 요구하는 기본적인 방식으로 시작했다. 그리고 우리는 지역사회 콘소시엄의 도움으로 제약 회사의 무료 샴푸 병을 배포할 수 있었다. 그러나 위기는 끝나지 않았다.

마침내 '건강한 학습자' 프로그램의 능력신장 기술을 지닌 사회복지사인 가정지원단체는 머릿니 관련 경험을 가장 많이 가진 몇몇 학부모에게 도움을 청하기에 이르렀다. 가정지원단체는 그들에게 자신들을 위해 컨설턴트가 되어줄 것을 요청했다. 가정지원단체는 그 학부모들에게 그들이 전문가이며 그들의 도움 없이 가정지원단체는 이 문제를 해결할 수 없을 것이라고 설득했다.

소그룹 부모들은 만남을 결정했는데 그들은 스스로를 머릿니 박멸자(Lice Busters)라고 불렀다. 그들은 문제의 핵심을 규제철회, 샴푸 등보다 거주환경으로 보았다. 일부 집들은 급수도 되지 않았고 마룻바닥에 18개의 매트리스들이 깔린 환경으로, 버려진 건물에 원룸 아파트였다. 이 위기를 극복하기 위해서 진공청소기, 세탁하기 위한 동전, 학생들의 머리카락을 자를 수 있는 가위 그리고 어린이들이 숙제를 할 만한 장소 등이 필요했다.

전국의 여러 프로그램 시행에서 경험한 것처럼 일부 교사나 기타 전문서비스 제공자들은 학부모가 문제를 야기하고 도발하는 것으로 보았는데, 그 학부모들은 사실은 전문가였다. 그들은 스스로 문제를 해결하는 방법을 알고 있었으며 또한 자녀에게 배움의 방해가 되는 장벽을 이해하고 있었다. 그러면서 그들은 전문지식을 이용하지는 않았다. 가정지원단체는 그들과 힘을 모았으며, 그저 샴푸를 지원하는 것이 아닌 세탁하기 위한 동전과 훈증 소독 서비스 등과 같이 근본적인 문제해결을 위해 그들과 함께 노력했다. 레인메이커스(Rainmakers)와 어떤 자녀들이 접촉했는지 그들의 단정한 머리를 보는 것만으로도 구분할 수 있었다.

　그들은 아직 레인메이커스라고 불리지 않았으며, 이들 가정을 이런 유형의 주택에 묶어두는 경제 압력의 가장 근본적인 요구 사항은 다루어지지 않았다. 그러나 분명한 것은 이들 부모들이 문제는 아니었다는 것이다. 그들은 학교와 지역사회를 위한 보물이자 자원으로서, 잠재적으로 매우 강력하고 능력 있는 그룹이었다. 그들에게는 단순히 지원자, 훈련, 수당 및 직업 사다리와 같은 지원이 부족했다. 가정지원단체는 대부분 어머니인 이들 학부모들을 대상으로 40시간 교육을 실시하였으며, 그 후에 그들은 준전문가인 사회복지보조사, 보건보조사, 교육보조사, 보조교사 및 자료지원사가 될 수 있었다. 그들은 스스로를 'Referral and Information Network'의 약어로 'Rain Mothers'라고 불렀다. 그들은 중앙아메리카와 남아메리카에서 미국으로 왔는데, 깨끗하고 정화되고 활발한 현실 같은 비(rain)의 이미지를 좋아했다.

　동시에 레인마더스는 아이들이 방과 후 숙제를 할 수 있는 장소를 제공하기 위해 숙제 클럽을 열었다. 지금처럼 그 당시도 대부분 학교에서 가난한 아이들이 배움 동기가 약하다는 인식이 있었다. 그러나 사람들로 붐비는 아파트에 수돗물 공급도 되지 않는 그곳에는 공부할 장소도 없었다. 공부방이 열리는 날 우리는 20명의 아이들이 나타날 것으로 예상했다. 그러나 어떤 교사나 교장이 기대했던 것보다 당일에는 더 많은 아이로 넘쳐났다.

　댄포스 재단은 학교에서 그리고 레인룸(Rain Room)이라고 불리는 학교 기반 가정자원센터에서 일하는 어머니들께 일주일에 약 40달러의 작은 봉급을 제공했다. 그러나 어머니들의 수익은 그 이상이었다. 매일 학생들은 희망으로 부푼 부모님들의 모습을 볼 수 있었다. 학부모는 특별한 중요한 역할을 하고 있었다고 하기보다는 자신의 가족 지원 및 사회봉사 프로그램을 관리하는 방법을 배우고 있었다.

다음으로 레인마더스는 결석 문제를 해결하기 위해 노력했다. 한 아이가 학교를 결석했을 때 2~3명의 레인마더스는 그날의 숙제를 아이의 집에 가져왔다. 사람들은 이것을 무단결석 개입으로 여기지 않았으며 오히려 이웃 사람의 방문으로 여겼다. 레인마더스는 아이들에게 그들이 놓친 것을 말해주었으며 그들이 학교로 돌아갈 수 있도록 하려면 무엇을 어떻게 해야 할지 궁금해했다. 그들은 학교가 없다면 아이들이 앞으로 나아가기에 어려움을 겪을 것이기 때문에 아이가 학교에 간다는 것이 정말 중요하다고 부모에게 강조했다. 이 전략은 학교 육성 시스템의 대상 학교 중 가장 낮은 결석 통계를 기록할 만큼 매우 효과적이었다. 이 무렵 그들에 관한 특집기사를 쓰는 저널리스트로부터 어머니들은 레인메이커스라는 이름을 얻었다.

레인메이커스는 다음으로 사회서비스에 착수했다. 시작할 때 우리는 부모와 지역사회가 필요로 하는 종류의 서비스를 알고 있다고는 생각했지만 그들에게 우리가 알고 있는 것들을 요구하지는 않았다. 우리는 메디케이드 및 기타 사회복지기관을 학교의 가족자원센터에 데려왔지만 레인메이커스는 그들의 도움을 필요로 하지는 않았다. 학부모들은 성(gender)과 폭력 문제를 다루기 위한 법률자문(Legal Aid)과 지원 단체를 원했으며 그 서비스를 선택했다. 주요 필요 사항은 주택을 찾는 데 도움이 되는 부동산 지원이었으며, 퇴거당한 사람들을 위한 법률자문을 절실히 필요로 했다.

레인메이커스의 성공 판단하기

레인메이커스가 공동으로 개선 작업을 주도하면서 우리의 관심은 평가에 집중되었다. 자원이라고는 거의 없는 이 공립학교에서 시험 점수가 크게 향상되었고, 결석 문제가 감소했으며, 이러한 결과는 공개되었다. 그러나 그 원인은 무엇인가? 가난한 지역 주민들이 힘을 얻어 연합하여 앞으로의 일에 대해 결정할 때 종종 발생하는 것처럼 일부 관찰자들은 결과에 의문을 제기했다. 예를 들자면 일부의 사람들은 시험 점수가 올라가면 부정행위가 있었음에 틀림없다고 의심했다. 몇몇 관찰자들은 어찌되었거나 지금 현재 더 나은 부모가 배경이라고 여기기도 했다. 일부 교사들과 관리자들은 학교가 최근에 채택한 코머(Comer) 철학과 그 디자인(학교 개발 프로그램)의 확산에 기인한다고 했다. 다른 사람들은 학교와 연결된 서비스 제공이 가능한 다른 전문적 개입을 지적했다.

특히 성공의 원인을 학부모의 일로 돌리는 것은 어려웠다. 그러나 관찰 가능하고 부인할 수 없는 데이터가 있었으며 이 데이터는 레인메이커스의 영향을 분명하게 했다. 예를 들어 '숙제 방문'이 시작된 지 몇 개월 후 결석률이 너무 낮아서 모든 사람들이 문제가 해결되었다고 가정했다. 그런 다음 레인마더스는 다른 곳에 관심을 돌렸다. 방문 횟수가 줄었을 때 결석률은 빠르게 상승한 것이다.

우리는 비교 기준학교가 되었다. 한 기업이 1마일 떨어진 곳에 있는 다른 공립 초등학교에서 공개적으로 변화를 주도하는 계획을 결정했다. 그곳은 열정이 있는 많은 학생과 교사가 있는 아름다운 학교였으며, 학교는 우리의 6만 달러보다 훨씬 많은 예산을 가지고 있었다. 이 새로운 학교는 우리 학교와 같은 유형의 학생들을 대상으로 계획을 실행할 수 있도록 준비했다. 그 학교의 레인메이커스의 성과 측정 결과는 우리 학교보다 더 좋은 결과를 나타내지는 못했지만, 그래도 좋은 편이었다.

일부 교사는 레인메이커스가 만든 차이점을 인식했다. 어느 교사가 다음과 같이 나에게 말했다. "만일 당신이 교실에서 문제가 있음직한 어떤 아이를 보고 있다면, 당신이 보는 모든 아이가 문제입니다. 그러나 레인메이커스 대변자와 직원회의를 할 때, 우리는 아이가 가지는 압박을 볼 수 있어요. 우리는 이제 다른 방식으로 아이를 봅니다." 예를 들어 교사와 레인메이커스 대변자가 이 아이에게 필요한 것이 무엇인가라는 관점으로 바라본다면, 어머니가 가정 폭력의 희생자였기 때문에 밤새도록 긴장상태였던 그 아이가 그 고통을 감추려 하지 않아도 될 것이다.

레인메이커스 나라

1993년에 클린턴 행정부가 백 일째 되는 날에 알 고어(Al Gore) 부통령이 레인메이커스의 성과를 존중하고 인정하기 위해 이 학교를 방문했다. 같은 해 레인메이커스는 비영리 조직으로 법인화하기 위한 단계를 시작하였으며 보조금과 계약서를 얻을 수 있었다. 이미 그들은 보육원과 그들만의 소규모 기업을 염두에 두고 있었다. 미주리주 이스트 세인트루이스의 그레이스 힐(Grace Hill) 정착회장과 같은 다른 자결 단체의 사례를 통해 배웠듯이 그들은 또한 몇 가지 실천과 지침(가이드라인)을 수립하겠다는 비전을 가지고 있었다.

예를 들어 그들은 가난한 어린이와 부모의 학대를 다루는 권리 장전을 개발했다. 그들은 마이애미 해변의 일부 조직이 그들을 학대했다고 느꼈다. 그들의 권리 장전은 한 가족이 제2의 의견에 대한 권리를 가진다고 주장했다. 사례로 또는 문화적으로 유능한 제공자로부터 도움을 받을 권리가 있다고 주장했다. 대행사 및 서비스 제공 업체는 집행할 때 이 권리 장전을 일치시켰으며 가족 친화적인 지원 센터를 육성하는 임무를 적용했다.

서비스 제공 업체, 시장, 미디어, 교사, 행정관 및 레인메이커스로 구성된 학교 공동체 컨소시엄은 마이애미비치 전역의 문제를 계속 해결해나갔다. 그리고 레인메이커스는 학교와 지역사회에서 동력으로 알려졌다. 복지 개혁 이후 그들은 인턴십을 수립했다. 복지에 종사하는 사람들은 레인메이커스를 통해 일을 시작할 수 있으며 전환 과정에 대해 어느 정도 통제권을 가지고 있다고 느낄 수 있었다. 레인메이커스들은 사람들이 허리케인, 퇴거문제 및 가족 친화적인 학교 문제와 함께 빈곤의 일반적인 스트레스를 다루는 것을 도왔다.

레인메이커 프로젝트는 거의 20년 동안 전국 각지에서 적용되었으므로 이제 시간 경과에 따른 지역 가정에 대한 영향을 확인할 수 있다. 우리는 벌써부터 교도소에 있었던 폭력 학생이 학교에 온전하게 돌아가 전심으로 지역사회에 봉사를 하는 모습을 보았다. 또한 레인메이커스의 관심이 멈췄을 때, 즉 더 이상 자신들이 속한 지역사회로부터 도움과 지원을 받지 못할 때, 낡고 덜 건설적인 삶의 방식으로 돌아갈 수 있다는 것도 다시 한번 알게 되었다. 그 이유는 더 이상 그들을 거기에 머물게 할 압력으로 작용하는 평형이 유지되지 않기 때문이다.

자신의 지역사회를 돌보도록 사람들을 훈련시키고, 그들을 위한 직업과 교육용 사다리를 만들어 그 길을 벗어나게 하는 등의 기본 레인메이커 기술은 미국 빈곤층에서 가장 치명적인 도전들 중 몇 가지를 성공시켰다. 나는 부모의 도움을 구하고, 금욕을 지원할 수 있는 실질적인 자료를 제공함으로써 물질에 노출된 신생아 문제를 해결하기 위해 전문 서비스 제공업체와 협력해왔다. 학부모들은 거의 가입하지 않았다. 그러나 우리는 같은 이웃들 중에 크랙 코카인(crack cocaine)*으로부터 회복된 준전문가 부모들을 훈련시켰다. 준전문가 학부모들은 새벽 2시에 아파트 문을 노크하고 말했다. "문을 열어주세요. 당신과 나는 같은 마약상을 이용했고 우리는 같은 바늘을 공유했어요. 나는 HIV 양성 반응을 보였고 아이들을 입양시키지 못했습니다. 여전히 당신에게는 희망이 있습니다." 그리고 다음으로는 치료를 위한 의뢰가 넘쳐났다.

레인메이커스 훈련 졸업생은 스스로를 위한 경력을 쌓았다. 역설적으로 그들의 성공은 전문가가 주장한 것과는 정반대에 기반을 둔 것이었다. 오늘날 지역사회와 학교가 직면한 대부분의 과제는 다체계적(多體系的)이고 빈곤과 관련되어 있다. 솔루션은 마찬가지로 다중 시스템적이어야 한다. 경제적으로나 직업적으로 자치적이어야 하며, 이것은 이웃의 토착적 지도력에 의해 인도되고, 주민들의 전문성을 기반으로 해야 한다. 사회가 그들을 의존적인 개인과 가족 고객으로 취급하고, 그들을 절망적으로 보거나 실패로 비난하면, 그들 스스로 자신을 도울 수 있는 능력을 차단하게 된다. 그들의 능력을 보고 그들의 전문 지식을 존중하고, 그들의 경제적 및 직업적 지원을 창출할 때, 능동적 학습과 중요한 개선을 가능하게 하는 강력한 자원을 얻게 된다.[2]

▪▪ Rainmaker-Style 실행계획을 설계하기 위한 질문

캐서린 브라이어 로슨(Katharine Briar-Lawson)

목적 : 교육자, 학부모 및 시민들이 지역사회의 노력에 기반을 둔 지역사회 중심의 토대 마련

....

* 역자주 크랙·코케인<코카인>. 흡연형태의 강력한 코케인. 마약의 일종, 흡연 후 10초 이내에 극적인 쾌감이 나타나서 3~5분간 지속하며 그 후 약물에 대한 심한 갈망이 나타난다(출처 : 네이버 지식백과) crack cocaine(이우주 의학사전, 2012. 1. 20., 군자출판사).

1. 자녀의 요구와 학급에서의 학업 및 행동 문제에 대한 근거가 될 만한 지역 교육구의 부모와 가정이 지니고 있는 지배적인 정신 모델은 무엇인가?
2. 이 정신 모델이 학생들의 학습과 교실에서의 성공을 저해하는가?
3. 교육자가 부모와 가족의 지원을 동원하기 위해 변화시켜야만 하는 정신 모델은 무엇인가?
4. 교사가 교실에서 고등 교육을 필요로 하는 청소년을 위해 신속한 서비스를 지원하고 반응에 답하려면 어떤 시스템 구조가 마련되어야 하는가?
5. 가장 도전적인 어린이, 청소년 및 가족을 위한 양질의 응답을 위한 강화 방안 및 요구되는 새로운 표준은 어떤 것인가?

Roca의 원칙

진실, 신뢰 & 변환 www.rocainc.org

　　Roca 재단은 빈곤 및 폭력으로부터 벗어난 청소년과 권리를 잃은 젊은이들을 돕는 데 주력하는 전국적으로 인정받는 지역사회 단체이다. 매사추세츠주 첼시에서 시작된 이 프로그램은 다른 누구와도 어울리지 않을 사람들에게 접촉하는 방법에 대해 25년 이상 개발한 전략에 기반을 두고 있으며, 전통적인 산업 시대 학교와는 근본적으로 다른 맥락으로 운영된다. Roca는 약 100명의 청소년 근로자를 보유하고 있으며 그중 대다수가 거리에서 젊은 사람들을 끌어들이는 전직 갱단이다. 이 프로그램은 다양한 생활과 학업 능력을 수용하며 고용 가능성이 거의 없는 청년들을 위한 정교한 조기 고용 프로그램을 포함하고 있다. Roca와 함께 일하는 10대 청소년 중 상당수는 그렇지 않다면 교도소에 있거나 20대에 죽을 것이다. 그러나 그들은 커뮤니티와 4년제 대학을 마치고 취업하며 경제적으로 자립하게 된다. 중요한 것은 첼시(Chelsea) 경찰 및 사회 복지 부서가 증명할 수 있는 것처럼 건강한 지역사회에 강력한 기여자가 된다는 것이다.

　　Roca의 접근 방식의 바탕은 고위험 청소년들에 대한 참여와 변화에 대한 진화이론이다. 이 모임의 웹사이트에는 긍정적이고 집중적인 관계를 통해 재계약될 때 그들은 위험한 생활 방식을 벗어나 경제적 자립을 향한 삶의 기술, 교육 및 취업 역량을 얻을 수 있다고 말하며, 조직은 이러한 것들을 성취하기 위해 다음의 세 가지 주요 원칙에 전념한다.

- ❏ 진실 – '우리는 젊은이들에게 일어나는 모든 일과 삶의 도전에 대해 진실하다. 변화는 어렵지만 가능하다.'
- ❏ 신뢰 – '우리는 관계를 통해 신뢰를 구축하고 장기간에 걸쳐 그들과 함께 지낼 것을 약속한다.'
- ❏ 변환 – '우리는 생활 기술, 교육 및 고용에 참여할 수 있는 기회를 제공한다. 가장 중요한 것은 우리는 무엇이든 간에 희망적이다.'

궁극적으로 우리의 일은 사람들을 사랑하고, 그들은 동등하며, 성공할 수 있다고 믿는 것이다.

Roca는 시스템사고 및 조직 학습 원칙에 기반을 두고 있으며, 몰리 발드윈(Molly Baldwin) 집행 이사가 이끄는 직원은 계속해서 접근 방식을 검토하고 테스트한다는 점에서 큰 차이가 있다. 2010년 기준으로 그들은 1년에 14~24세의 약 900명의 청소년들과 함께 일하고 있었다. 그들의 웹사이트는 그들의 이론과 방법 및 구성에 대한 통찰력, 데이터 및 증거의 중요한 원천이다. 그리고 그것은 대부분의 사회에서 실패했다고 평가되는 사람들을 포함하여 모든 사람들에게 배움을 주는 유용한 출처가 된다.

– 피터 센게(Peter Senge)

2. 대중 참여

▪■ 전통적인 사고방식 탈피하기 그리고 상호작용하기

엘렌 부첼(Ellen Bueschel)

엘렌 부첼(Ellen Bueschel) 박사는 시골, 교외, 도시 학교 지역의 교육장을 역임했다. 현재는 오하이오주 마이애미 대학의 교육 리더십학과에서 강의하고 있다. 그녀는 고등 교육 관련하여 지도감독을 위해 순회했

으며, 심오한 방식으로 행정업무와 대학업무에 적용할 다섯 가지 규율
의 사상과 방법을 도입했다. 엘렌(Ellen)은 1980년대와 1990년대에 제조
업 일자리 손실과 수십 년간 지속된 격렬한 인종차별 사건으로 고통받는
인구 약 150,000명의 산업 도시인 일리노이주, 록퍼드(Rockford, Illinois)
에서의 대중 참여 경험을 설명한다. 이러한 노력 과정에서 그녀와 다른
지도자들은 그들이 결정한 것들을 지역사회에 이야기하는 것으로부터
학교와 지역사회가 대중 참여를 통해 재생성 된다는 것을 배웠다.

록퍼드 교육구는 지방 법원으로부터 학교에서 인종차별을 철폐하도록 명
령을 받은 이래로 17년 동안 잔인한 차별 행위를 공개적으로 저질렀으며, 예
술 형식에 대한 차별을 야기하는 미묘한 여러 일들을 저지른 바 있다. 그래서
1993년에 학부모 그룹이 제기한 민권 관련 사건에 대한 결정에서 연방 정부의
감독을 위임받은 지방 법원 판사에게 그 내용을 편지로 썼다. 인종차별 폐지
에 관한 사안은 국가적으로 심각한 논란을 일으킨 사례 중 하나로 연방 정부
의 감독을 면제하기까지는 8년 이상 걸릴 것으로 보였다. 사법 감시의 시기 동
안, 교육구는 또한 일련의 분열적인 교육위원회 선거를 경험하게 될 것이었
다. 즉, 버스운영 정책, 학교 휴교 및 학교 재개방과 관련된 정책의 급속한 변
화, 유권자의 승인을 받지 않고 치안 판사가 지시한 세율, 지역구가 지불해야
하는 법정 수수료 및 법원 명령 운영비용 수백만 달러, 최초의 아프리카계 미
국인 감독의 계약 연장 그리고 백인 후임자의 해고 등을 경험하게 될 것이다.[3]

여러분은 분노, 원통함, 침략, 인종 및 계급 편견과 같은 적대감이 지역사
회에서 어떤 것인지 상상할 수 있을 것이다. 학교 이사회 및 지역사회 모임에
서 화가 난 사람들이 서로 테이블을 뛰어 넘어 다투었다. 선의의 많은 사람은
그것을 멈추기를 원했지만, 변화하기에는 구조적인 어려움이 있었다.

776

2001년 해당 교육구에 대한 연방 정부의 감독을 해제하기로 법원에 의해 예정되어 있었지만, 이 결정은 다음과 같은 심각한 경고를 수반했다. '그 위원회가 연방 사법 통제로부터 풀려난 자유를 이용하여 소수 민족 학생들을 차별하게 될 것은 자명한 일이며, 그것은 연방법에 따라 새롭고 과격한 소송으로 이어질 것이다. 우리는 2억 3천8백만 달러의 비용을 소비한 후에야 교훈을 얻었음을 받아들이게 될 것이다.'

2003년 록퍼드(Rockford) 교육구에서 1년 동안 임시 교육장 직책을 맡았을 때, 대략 30년 동안 법원 명령에 따른 인종차별철폐는 작은 일이라도 심의를 거쳐야 하는 학교운영위원회의 성격상 학교공동체 효용성에 엄청난 피해를 입혔다. 사람들은 수년 동안 서로 편안하게 이야기하지 않았다. 많은 사람이 같은 시민이라고 여기지 않았다. 학교 문제는 더 이상 지역사회 문제가 아니었으며, 연방 법원의 문제가 되었다. 만약 학교의 인종차별철폐 문제에 대한 해결 방법을 찾지 못한다면 학교는 다시 인종차별로 나아갈 수 있는 가능성이 여전히 남아 있었다.

그러나 록퍼드는 이 문제를 다룰 수 있는 능력이 부족했다. 그리고 그 문제는 단지 학교에 국한된 문제가 아니었다. 장기간에 걸친 인종차별철폐 시기에 록퍼드는 제조업의 기반을 잃었다. 블루칼라 중심의 부유한 중산층 마을로서의 오랜 정체성은 사라졌다. 이와 함께 학교와 지역사회는 엄청난 어려움에 직면했다. 그들이 속한 지역사회에 이러한 문제를 다시 제기할 때가 되었다. 도시 사람들은 더 이상 그들의 지역사회에 있는 학교가 아니라는 것을 핑계로 법원에 부담을 떠넘길 수만은 없었다. 그들은 이 어려운 결정을 내리기 위해 투쟁에 참여해야만 할 것이었다.

// 554쪽의 '부담 떠넘기기' 참조

나는 부교육장으로 1년을 보냈다. 그리고 우리에게 많은 도움이 필요함을 알았다.

우리가 가지는 가정에 대한 도전

록퍼드 학교 위원회로부터 임시 교육장으로 1년간 복귀할 것을 요청받았을 때, 나는 오하이오주 마이애미 대학의 교육 리더십 부서에서 가르치기 시작했는데, 나는 록퍼드 지역사회를 잘 알고 있었다. 나는 1990년대에 4년간 그곳에서 부교육장을 역임했고, 잠시 임시 교육장을 지냈다. 학교위원회는 내가 1년 동안 복귀하면 록퍼드 학교 지역사회를 검사대상으로 대중 참여에 관한 연구를 계속할 수 있다고 동의했다. 나는 학교 행정가를 연구하고 가르치는 대중 참여 전략이 지역사회 내 긍정적인 대화를 이끌어낼 수 있다고 생각했다.

내 행정 경력의 다른 시기에 나는 중서부의 작은 시골 지역의 교육장이었으며 매사추세츠 교외 지역의 부교육장이었다. 나는 학교와 지역사회의 연관성의 중요성에 대해 인식했다. 29,000명의 학생들이 있는 록퍼드는 내가 일했던 다른 지역보다 훨씬 크고 도시적이었다. 그러나 인구 통계의 차이점이 무엇이든 간에 모든 교육구와 지역사회는 공통된 특징을 갖는다. 그들은 시민들이 생각하고 상호작용하는 방식의 결과이다.

중서부 지방의 농촌 지도부에서 직접 임명을 시작한 것은 처음 있는 일이었다. 재임한지 한 달 만에 교육위원회는 1,490만 달러를 투표 운영비로 할당하여 배정할 것이라고 말했다. 최근 학교 재무행정에 관한 교육과정인 교육행정 박사과정을 마치면서 나는 이렇게 생각했다. '이것은 미친 짓이다. 아무도 이런 짓을 하지는 않는다.' 나는 위원회 구성원들에게 이 선거가 납세자에게 의미하는 바를 생각했는지 질문했다. 그들은 분명히 내가 아는 것보다 더 지역사회를 잘 알았으며, '우리가 해보지 않고는 알 수 없을 것입니다.'라고 답했다. 선거에 앞서 위원회 멤버와 나는 지역사회의 모든 집을 방문해야만 했다. 우리는 그 돈이 왜 요구되는지에 대해 말했으며, 그들의 질문에 대답했다. 나는 지역사회의 모든 사람들을 만났을 뿐만 아니라 도시의 모든 행사에도 참여했다. (선거 운동에 관한 주정부 법률을 위반하지 않도록 휴가 기간에 몇 시간이고 시간을 내었다.) 선거 당일에 운영비가 처음 통과되었으며, 그것은 당시로도 이례적인 일이었다. 아마도 그것은 그 전문가들에게도 대단한 결과였을 것이다. 나는 비로소 학교 관리자로서 지역사회를 알게 되었으며, 이것은 나에게 중요한 학습이 되었다.

　몇 년 후 매사추세츠에서 나는 지역사회의 4개 초등학교 중 최소한 한 곳, 어쩌면 두 곳을 폐교해야 한다는 암시를 받았다. 어쨌든 학교들은 인구 밀도가 높은 6평방 마일 이내에 위치하고 학교 중 한 곳은 거의 백년이 된 곳이었다. 전문가인 나는 스스로 무슨 말을 하고 있는지 잘 알지 못했다. 이 지역사회에서는 각 학교의 교장은 모든 학생, 모든 부모 및 모든 가족을 알고 있었다. 우리는 폐교하는 대신 유권자들에게 한 번의 투표로 4개의 신설 학교 기금을 승인하도록 하는 대담한 계획을 세웠다. 건축가는 그런 일이 결코 일어나지 않을 것이라고 생각했으며, 징수가 실패했을 때의 우리의 지원 계획에 대해 질문했다. 나는 우리에게는 다른 계획은 없다고 말했다. 그것은 첫 번째 투표를 통과할 것이었고 그것이 통과한 이유는 우리가 지역사회에 귀를 기울였기 때문이다. 네 개의 새로운 학교설립의 비전은 나의 비전도 교육위원회의 비전도 아니었으며 그 지역사회 공동체의 비전이었던 것이다.

　때로는 전문성으로 인해 학교 지도자들이 지역사회의 목소리를 듣지 못하게 될 수도 있다. 우리는 홍보 및 마케팅 기술을 습득할 수 있도록 교육을 받는다. 우리는 보고서와 뉴스 레터를 작성하고 학교와 학교 운영 목표를 대중에게 알리기 위해 예산과 실천 계획을 준비한다. 우리는 더 많은 세금 징수를 위해 캠페인을 벌이고 지역사회 공동체 구성원들이 우리에게 더 많은 예산을 지원하도록 아이디어를 판매한다. 불행하게도 홍보 및 마케팅에서 의사소통은 한 방향으로만 움직이는데, 그것은 대중에게 영향을 주고 아이디어의 흐름을 관리하기 위한 것이다. 이와는 대조적으로 민주국가에서는 지도자가 시민과 지역사회 기관과 소통하는 것은 매우 중요하다. 참여를 통해 소통의 방향은 주기적으로 이동한다. 이것은 지역사회가 자체 비전을 개발할 수 있는 역량을 구축하며 또한 대중에게 봉사하는 지도자의 역량을 구축한다.

대중 참여는 전통적인 방식의 학교시스템의 기능적 변화를 필요로 한다. 전문가에 대한 의존은 이 나라가 세워진 토대이자 공립학교와 공립학교 사이의 조밀도가 꾸며낸 더 큰 자치 체제로 이르게 한다. 또한 대중 참여는 아이들을 단지 학생으로만 보는 것에서 큰 지역사회의 일부로 보는 관점으로 전환해야 한다. 학교 및 다른 곳에서의 진정한 대중 참여는 공동의 토대를 구축하기 위한 지속적인 심의에서 지역사회의 모든 분야를 포함하는 전략을 개발하도록 요구한다.[4]

학교를 위한 대중 참여에는 몇 가지 질문이 있다. '우리는 우리 아이들을 위해 무엇을 원하는가? 학생들과 시민으로서의 성취를 돕기 위해 어떻게 협력할 수 있는가? 우리는 지역의 모든 아이들을 위해 어떻게 학생들의 학습과 성취를 향상시킬 수 있는가?'

록퍼드에서 시작된 이런 유형의 과정을 얻는 데에 1년이 걸렸다. 다행스럽게도 그 도시에는 시민 참여에 중점을 둔 인문대학인 록퍼드 대학(Rockford

College)이 있었다. 대학교 학장에게 나의 아이디어를 가지고 다가갔을 때, 그는 참여를 열망하고 있었다. 시장은 우리의 노력에 동참했고 우리 셋은 지역사회를 학교에 참여시키는 과정을 계획하는 파트너가 되었다. 우리는 공립학교의 개선과 모든 학생들을 위한 봉사의 필요성에 초점을 맞추는 데 필요한 다양한 공개 행사에 참여하였으며, 경기장에서 연설 기회를 자주 가졌다. 우리 각자는 대중 참여에 대한 경험이 있기는 했지만 결국에는 논쟁의 여지가 있고 불안정한 환경에서, 지역사회와 아무런 연계가 없고 경험이 많은 퍼실리테이터의 기술과 감독이 필요하다는 데에 동의했다. 나는 다니엘 얀켈로비치(Daniel Yankelovich)가 개발한 공개 심의에 도달하기 위한 공적 의제(Public Agenda)의 7단계 모델을 사용해왔기 때문에 공개 포럼의 계획을 지원하도록 공적 의제의 윌 프리드먼(Will Friedman)을 초빙했다.[5]

■ 공개 심의 과정

공개 심의는 앞으로 나아갈 수 있는 방법에 대한 합의를 이끌어낼 만한 문제를 심의하는 지역사회 공동체를 포함한다. 얀켈로비치의 7단계는 3개의 주요 클러스터로 그룹화할 수 있다.

클러스터 1 : 의식 고양

❑ 동트기 시작하는 인식(Dawning Awareness) : 사람들은 문제를 인정하지만 아직 조치를 취해야 할 필요성을 느끼지 못한다.

❑ 보다 큰 긴급성(Greater Urgency) : 사람들은 무엇인가 해야 하며, 종종 불안에 의해 유발되는 보다 강한 감정에 의해 행동한다.

이 단계에서 미디어와 전통적인 PR 전략은 대중의 관심을 끌기 위한 문제를 제기하는 데 도움이 될 수 있다. 이 문제가 복잡하고 난해한 경우 이러한 문제들을 최대 관심사항과 연관시키는 것이 도움이 된다(예 : 예산이 학교 안전과 어떤 관련이 있는가?). '중요 사항, 우선 실행(first things first)' 원칙을 기억하라. 당신의 관심 사항에 대하여 다른 사람들이 관심을 갖기 원한다면, 당신이 그들의 우선순위를 이해하고 있다는 것을 그들이 알고 있어야 한다.

클러스터 2 : 탐색 과정

☐ 해결책 도달(Reaching for Solutions) : 자유분방한 관심을 행동으로 전환

☐ 희망사항(Wishful Thinking) : 사람들은 그들이 '모두 가질 수 있다'고 추정하게 될 때 대중들은 상호 절충(trade-offs)에 대한 저항은 명백해진다.

☐ 선택사항의 고려(Weighing the Choices) : 대중들은 문제를 다루는 각 대체 방안의 장단점을 고려하는 어려운 작업, 즉 선택 작업을 수행한다.

사람들에게, 특히 선호하는 사람에게는 단일 해결책을 강요하는 것을 피하라. 사람들이 서로 다른 접근 방식의 장단점을 이해하도록 도와주라. 그러한 것들은 성숙한 견해를 개발할 기회를 제공한다. 객관적이고 사용하기 쉬운 안내서는 사람들이 효과적으로 심의하는 데 도움을 줄 수 있다. 저널리스트들, 특히 객관적이고 심층적이며 사용자 친화적으로 문제를 처리할 수 있는 지역 언론인들과 협력하라.

대중이 깊이 고찰할 기회를 갖기 전에 특히 '해결책 도달' 단계에서 여론조사 결과에 대해 주의하라. 심의 및 의사 결정은 어려운 작업이며 이러한 과정에서의 저항은 자연스러운 부분이다. 지도자로서 당신의 임무는 저항을 이

해하고 대중들이 그것을 처리하도록 돕는 것이다. 때로는 적절한 정보를 제공하는 것이 효과가 있으며, 때때로 사람들의 희망사항에 맞서는 것이 필요하다. 지역사회와의 대화는 지역사회 사업의 중요한 단면을 이해하는 데 도움이 되는 훌륭한 전략이다.

클러스터 3 : 통합 및 해결

☐ 지적 수용(Intellectual Acceptance) : 사람들은 그들 마음속에 있는 생각을 받아들인다.

☐ 도덕적 헌신(Moral Commitment) : 충분한 시간과 대화 후에 사람들은 이에 대한 행동을 취할 만한 새로운 아이디어와 솔루션을 통합한다.[6]

지역사회가 그 미래를 결정할 때 초기의 승인을 전폭적인 공약으로 오해하지 말라. 사람들에게 해결책을 강구하고 실행하는 적극적인 역할을 하도록 기회를 제공하라. 이렇게 하면 소유권 의식이 깊어지고 모든 커뮤니티 자산을 해당 문제와 관련시킴으로써 성공을 보장하는 데 도움이 된다.

■ 록퍼드에서의 해결

록퍼드(Rockford)에서의 작업을 위해 윌 프리드먼(Will Friedman)은 프로세스를 지휘하는 두 개의 위원회를 설립할 것을 권고했다. 운영위원회는 '큰 그림' 프로세스들을 처리하고, 작업위원회는 첫 포럼의 세부 사항을 처리한다. 이러한 구조는 우리 성공의 핵심이었다.

지역사회의 모든 부문의 목소리와 다른 시각을 대표하는 목소리를 포함하도록 신중하게 위원회 위원들과 포럼 참가자들을 선정하였다. 우리는 특히 인종과 계급의 다양성을 추구했다. 프리드먼은 교회 및 다른 지역사회 단체에서 모집된 포럼의 조력자들을 교육했다. 우리는 일반적으로 과거에 관여하지 않았던 사람들을 찾았다.[7]

'우리 학교 : 공동체 토론'이라는 포럼은 연방 법원 명령에 따라 지어진 새로운 학교 중 한 곳에서 열렸다. 많은 참가자에 대하여 세금에 대한 실질적인 혜택을 보게 된 것은 학교에서 처음 있는 일이었다. 지역사회의 고등학교 부스터 클럽(후원단체) 중 한 곳이 저녁 도시락을 제공했다. 참가자들은 공통 분야, 의견 불일치 분야, 질문 및 우려 사항, 실행 가능한 아이디어 등 네 가지 주제에 대해 토론하도록 요청받았다.

이 포럼에는 몇 가지 명백한 목적이 있었다. 첫째, 우리는 지역사회 구성원들이 학교에 대해 심도 있는 시민 토론을 할 수 있음을 입증할 것이다. 우리는 또한 신선한 주장을 들려줄 수 있는 기회를 갖게 될 것이며, 또한 이러한 추가적인 주장을 포함하는 지속적인 토론 모델을 수립할 것이다. 마지막으로 우리는 학교 행정관들과 선출된 학교위원회에 지역사회와의 직접적인 의사소통을 제공할 것이다. 이러한 유형의 참여는 익숙하지는 않았지만 강력했다. 소그룹이 대화를 마칠 때까지 사람들은 다시 함께 모이는 것에 대하여 묻기 시작했다. 다양한 관점에서 그들이 선택되었지만, 그들 간에 얼마나 많은 공통점이 있는지 깨닫지 못했다. 이 대화에 참여함으로 인해 여러 그룹들 사이에 오랫동안 유지되어온 정신 모델이 무너지기 시작했다.[8]

같은 학년도에 추가적인 토론회가 이어졌다. 각 토론회는 다른 장소에서 개최되었지만 과정과 결과는 비슷했다. 그 토론회들은 사람들에게 고립감과 좌절감을 분명히 표현할 수 있는 기회를 제공했으며, 이러한 구조는 대화를 통하여 불만을 해소하는 법을 제공했다. 이것은 다음 단계로 나아가는 길을 마련해주었다. 지역 언론은 포럼에 참석하여 학교 문제에 대하여 대중들과의 의사소통을 개선하는 데 일정 부분 책임을 담당했다. 지역 신문은 새로운 칼럼을 쓰기 시작했는데, 이 칼럼에서는 제기된 질문에 대한 차기 교육장의 답변을 다루었다.

그러나 가장 중요한 결과는 지역사회 공동체 구축에 있어서 대화의 중요성을 내재화하고 있다는 것이었다. 참가자들은 다수의 선거구를 대표하는 처음 온 사람들로 모였지만 그룹 내에서와 그룹들 간에 상당한 합의점이 있었다는 것을 인식하고 그 포럼을 나섰다. 그들은 심하게 분열된 지역사회 공동체 내에서 상호간의 공통점을 발견했으며, 그러한 공통점에 기반을 두고 공유 비전을 재창조하는 긴 과정을 시작할 수 있었다.

경험을 통해 볼 때 대중의 판단을 이끌어내는 7단계는 대중 참여의 과정을 이해하는 데 유용한 모델이다. 사람들은 단계를 쉽게 식별할 수 있다는 것을 알게 되고, 자신과 다른 사람들이 특정 시점에 어디에 있는지를 인식하게 된다. 그들은 그것이 고정된 단계가 아니며, 사람들이 동시에 같은 단계에 있을 필요가 없다는 것을 이해하게 된다. 또한 그것은 모든 사람들이 지역사회를 건설하는 데 얼마나 많은 시간이 걸리는지를 인식하는 데 도움이 된다. 나는 여러 지역의 교육자들과 함께 일하고 있으며, 심지어 우리가 진공 상태에서 재창조하려고 하는 것처럼 느껴진다고 할지라도 지역사회를 재창조하는 것은 중요한 프로젝트라는 것을 깨닫게 되었다. 회복이 어려울 정도로 분열된 지역에서조차도 선택할 만한 지역사회 공동체의 여지는 항상 있다.

// 다른 지역 사례를 보려면 640쪽의 '학생을 포기하지 마라' 참조

『미국 가족 : 인종 문제』

American Family : Things Racial by Stacy Cusulos and Barbara Waugh(CreateSpace, 2010, published by the authors).

두 명의 백인 중산층 전문가인 바바라 와우(Barbara Waugh)와 스테이시 쿠슬로스(Stacy Cusulos)는 두 명의 흑인 아이들을 입양하여 세계에서 아마도 가장 계몽적인 지역 중 하나인 북부 캘리포니아에 있는 번화한 교외 지역인 팔로 알토(Palo Alto)에서 그들을 키웠다. 흑인과 백인, 부자 학교와 가난한 학교, 관대한 사람들과 편협한 사람들, 사랑받는 어린이와 명예 훼손된 어린이들, 부유한 이웃과 위험에 처한 이웃들(살인사건과 같은 매우 현실적인 위험을 포함하여) 간의 차별에 대하여 독자의 인식을 높여주는 사랑과 슬픔의 이야기가 되었다. 이책은 다양한 사회의 균열을 치유하는 데 관심이 있는 사람들을 대상으로 한 조용하고 오래 지속되는 강력한 모닝콜과 같다. 이러한 균열 중 일부는 치유하기가 놀랍도록 쉬우며, 다른 부분들은 이 책에서와 같은 경험 없이는 결코 해결되지 않을 수도 있다.

– 아트 클레이너(Art Kleiner)

『공립학교를 위한 대중은 있는가?』

Is There A Public For Public Schools? by David Mathews(Kettering Foundation, 1997).

학교를 위한 대중 참여는 실제로 학교에 관한 것은 아니다. 그것은 가치에 대한 대중적 판단을 이끌어내는 첫걸음이다. 다른 지역사회 지도자들과 함께 학교 지도자들은 다음과 같은 질문을 제기한다. 지역사회의 삶은 어떠해야 하는가? 그 지역사회에서 아이들에게 적합한 곳은 어디인가? 우리는 어떻게 이곳에서 그곳으로 갈 것인가? 이러한 역할을 담당하는 학교 관리자는 극소수이다. 데이비드 매튜스(David Matthews)가 언급한 것처럼, 많은 교육자가 제기한 전문지식이 오히려 우리가 지역사회 구성원으로 참여할 수 없도록 만든다. 우리는 시의회 회의에 가지 않는다. 다른 사람들이 다른 서비스를 처리하도록 한다. 이 책은 대안을 보여준다.

– 넬다 캠브론 맥카베(Nelda Cambron-McCabe)

Reclaiming Public Education By Reclaiming Our Democracy by David Mathews(Kettering Foundation Press, 2006)

캐터링 재단 회장인 데이비드 매튜스(David Matthews)의 두 번째 책은 대중과 학교 사이의 깊은 골을 자세히 보여준다. 그는 민주주의 원칙을 회복하여 사고방식 과 대화를 재구성하는 방법을 제공한다. - 넬다 캠브론-맥카베(Nelda Cambron-McCabe)

3. 비전의 확대, 포지션의 축소

■■ 난관에 대한 훈련

브라이언 스미스(Bryan Smith)

목적 : 갈등의 상황에서 건설적인 힘으로 창조적인 긴장을 증가시키는 것
개요 : 교착상태의 경계를 이루고 기저에 깔려 있는 열망과 두려움을 겉으로 드러내기 위하 여 '셔틀 외교'를 활용
참가자 : 두 개(또는 그 이상)의 대립 단체들 그리고 사적이더라도 서로 간에 솔직히 말할 수 있는 '사려 깊은 외교관' (또는 외교관 한 쌍)
시간 : 이러한 과정은 수개월 걸릴 수 있다.

지역사회 수준에서 행동하면 종종 충돌이 일어나고, 갈등이 가속화되면 사람들에게 과부하를 줄 수 있다. 단순하게 참가자들은 서로 이해할 수 없는 이유로 '나는 그 사람들과 일할 수 없다'고 느끼면서 떠나갈 수 있다. 이 훈련 은 각 그룹이 모두 함께 앉기 전에 자신의 그룹과 다른 그룹에 대해 더 완전 히 이해할 수 있도록 도와줌으로써 장벽을 허물 수 있다. 이 훈련은 내가 캐 나다 헌법에 관한 일련의 회의에 참여하여 협력했던 하버드 협상 프로젝트 (Harvard Negotiation Project)에서 개발한 '셔틀 외교(shuttle diplomacy)'의 한

형태를 따른 것이다. 퀘벡의 독립을 선호하는 집단, 아메리카 원주민의 독립을 찬성하는 집단 그리고 국가 통합을 지지하는 집단은 모두 서로를 불신했다. 주로 매우 법률적이며 상반되는 입장에서 수년간의 회의를 거친 후에도 그들은 자신의 진정한 관심 사항들을 드러내지 않았다. 대신에 그들은 그들의 입장에 대하여 협상했으나, 다툼이 있고 난 후에는 그들이(그리고 그들의 선거구가) 불리하게 이용될 수 있다는 두려움 때문에 그들의 입장을 포기했다. 물론 이러한 상황은 불신을 더욱 심화시키고 모든 사람들이 원래의 열망을 잊어버릴 때까지 더욱 자신의 위치를 지지하도록 만들었다.

학교 지도자들은 그들 자신이 비슷한 처지에 놓여 있다는 것을 알게 될 수 있다. '우리는 우리 건물 밖에 있는 아이들을 책임지지 않을 것이다.'라고 말할지도 모른다. '절대로 안 돼. 우리에게 너무 많은 업무량은 그대로 있고, 노조는 우리를 그냥 두지 않을 것이다.' 그것은 희망에 의한 것이 아니라 처한 직책에 관련되며, 그것은 상대방으로부터의 즉각적인 위치적 반응을 자극한다. '당신은 그렇게 해야 하고, 그렇지 않으면 우리가 당신과 싸울 것이다.' 교착상태가 이정도의 상황에 이르면 상황을 완화하고, 양측의 사람들이 이해관계에 있는 문제들을 더 깊이 탐색하도록 도우며, 그러한 희망이 생겨날 수 있도록 환경을 조성할 수 있는 독립적인 협상가를 택하게 된다.

단계 1 : 비전 확대

독립적인 '셔틀 외교관'으로서 당신은 각 그룹을 따로 방문한다. 당신은 두 단계의 조사를 수행한다. 첫째, 비전을 보다 명확하게 함으로써 창조적 긴장감을 높이려고 노력한다. 더 명확한 비전은 사람들을 그 비전으로 이끈다.

진행 중인 대결에 대해 질문한다. '이 대결에서 무엇을 성취하기를 희망하는가?' 그들이 당신에게 말할 때 당신은 비전을 확대하게 된다. '성취하는 것은 멋진 일일 것이다. 그러나 만약 당신이 그 성취를 이루었다면, 그것은 당신에게 무엇을 가져다줄 것인가?' '이것을 성취하는 것은 어떤 느낌일까?' 그들이 가장 중요하게 생각하는 진정한 비전에 대해 이야기하고 있다는 느낌이 들 때까지 계속 이야기하라. 지지하라. 도전하거나 질문하지 말라 또는 다른 그룹들이 자신의 비전을 어떻게 보고 있는지 묻지 말라. 진정어린 방식으로 그리고 왜 열정을 느끼는지를 설명하는 방식으로 모든 비전과 목표와 결과가 가능한 최대한으로 설명되도록 노력하라. 그들의 비전이 상대방에 대한 증오를 포함한다고 하더라도(우리는 할 수 있다면, 비록 강제적이더라도 근본적으로 그것들을 멀리 보내고 싶다.) 당신 또한 그것을 비전의 자세로 바꿀 수 있다. '그들이 그 비전을 성취했다고 하면, 그들에게 어떤 이득이 될 것인가?' 종종 그들이 보호하려고 하는 것들이나 또는 다른 그룹을 위협적으로 간주하는 불분명한 어떤 것이 존재한다. 그것을 합리적이거나 가치 있는 것으로 볼 필요는 없다. 그러나 왜 존재하는지 그리고 왜 그것이 그들을 강요하는지 이해할 필요가 있다.[9]

단계 2 : 포지션의 축소

창조적 긴장이 문제의 해결을 이끌어낸다. 그런 이유로 비전에 대해 이야기하는 것만으로는 충분하지 않다. 현재의 실체를 더 분명하게 볼 필요가 있다. 이들 그룹의 현 실체의 중요한 부분은 자신의 포지션이 어느 정도로 자신을 제한하고 있는가 하는 것이다. 따라서 다시 한번 탐구 정신으로 제약 조건을 살펴보라. '당신의 염려는 무엇인가? 밤에 깨어 있게 하는 이유는 무엇인가? 당신은 무엇과 격렬하게 싸우고 있는가?' 너그러운 언어를 사용함으로써 사람들로 하여금 두려움과 의혹에 대해 이야기할 수 있도록 허용하고 그들로 하여금 자신의 현재 상태를 유지하도록 만들 수 있다. '우리는 사실 이 상태로 머물고 싶지 않다.'라고 말할 수도 있다. 그러나 만일 틈을 준다면 우리는 이런 종류의 어려움 등에 봉착한 자신을 발견하게 될 것이다. 단계 1에서와 마찬가지로 시간을 내서 사람들을 이끌어내라. '그러나 그런 문제에 대해 당신이 우려하는 바는 무엇인가? 왜 그것이 당신에게 문제가 되는가?' 당신은 그들의 행동을 유도하는 가장 기본적인 두려움에 대해 이해하려고 노력 중이다.

단계 3 : 파트너십의 기반

셔틀 외교관은 두려움과 우려를 충분히 이해하기 위하여 스스로 확신할 때까지 많이 방문할 수 있다.

이제 가장 어려운 부분에 도달한다. 어느 편에서든 신뢰를 깨뜨리지 않고 모든 면에서 가장 심도 있는 문제를 공통의 테이블에 올려놓아야 한다. 이 과정은 협상이 가능하며 그리고 모든 사람들이 강하게 느끼는 하나의 하위 주제를 외교관이 제기함으로써 시작될 수 있다. 이 초기 세션의 목적은 그들이 관심 있는 것에 대해 상호 합의에 도달하는 경험을 제공하는 것이다.

점차 당신과 그룹은 당신들을 갈라놓은 더 깊은 문제로 나아가는 역량을 갖게 될 수 있다. 이러한 훈련은 적대감과 최근의 사건에 대해 느껴지는 분노 아래에 있는 그들이 가장 필요로 하는 것 그리고 가장 깊은 두려움을 피할 수 있는 방법을 모든 사람들에게 제공하는 것을 사실상의 전제로 하고 있다. 결국 모든 사람들은 교착 상태를 끝내기를 원하게 된다.

4. 마을을 발전시키려면 어린아이를 가르쳐야 한다

■■ 학습하는 학교를 위한 지속가능성 교육 및 시사점

제이미 P. 클라우드(Jaimie P. Cloud)

지속가능성 교육을 위한 클라우드 연구소(Cloud Institute for Sustainability Education)는 학교에서 학생들이－유아원부터 12학년까지－지속가능한 지역사회 발전에 기여하는 법을 배워 보다 건강한 지역사회를 촉진하기 위해 1995년 설립되었다. 설립자인 제이미 P. 클라우드는(Jaimie P. Cloud)는 학교와 협력하여 젊은이들에게 세상에 관하여, 세상과의 관계에 대하여 그리고 완전히 새로운 방식으로 영향을 미칠 수 있는 역량에 대하여 영감을 주는 과정과 실례를 명시적으로 디자인했다. 연구소는 젊은이들에게 다가가기 위한 가장 좋은 방법은 지역사회, 즉 교육자, 정부 공무원, 지역사회 구성원 및 경제계 모두와 직접 협력하는 것이라는 가정에서 출발한다. 이 글과 동일한 이름의 책을 쓰고 있는 클라우드는 클라우드 연구소에서의 경험과 그녀와 그녀의 동료가 그곳에서 배웠던 것에 대하여 제시한다.[10]

당신은 도시 인접지역－이 경우 뉴욕시 브루클린의 부쉬위크(Bushwick, Brooklyn, New York)－에 사는 10학년 학생이다. 하지만 그곳은 마약상들이 고등학교 캠퍼스 근처에서 모이는 장소일 수 있다. 당신은 오래된 정부 참여 과정을 대체한(솔직히 말해서 충분히 참여하지 못한) 미래 창조라는 수업을 듣고 있다. 시스템에 대해 배울 때 당신은 원인으로부터 현상을 구별하는 몇 가지 방법을 다루게 되며, 캠퍼스에서 마약 판매상이 있다는 것은 단지 현상일 뿐이라는 것을 알게 된다. 마약 판매상을 경찰에 신고하면 기껏해야 일시적으로 제거되고 다른 사람들이 그 자리를 대신할 것이다. 그래서 근본 원인을 찾기 시작한다. 마약을 수입하는 갱들은 당신의 영향력 밖에 있다. 그러나 집과 가까운 곳에 근본 원인이 있다. 그것은 당신 주변에 대한 관용이다. 모퉁이에 있는 마약 밀매소는 학교 근처의 마약 거래를 위한 본거지이며, 그 인근이 취약하다는 상징이 된다. 그래서 당신과 당신의 급우들은 수업 과제로서 그것을 폐쇄시킬 것이라고 결정한다.

선생님들은 당신이 지금까지 해온 것에 감동했지만, 잘할 수 있을지 불안해하고 회의적이다. 당신과 반 친구들은 그 대답을 듣지 않을 것이다. 그래서 당신은 시의회의 대표를 방문한다. 그녀는 당신에게 일부 주민들이 그것을 폐쇄하려고 시도했고, 사업공동체에서도 또한 시도했었다고 말했다. 그러나 그들은 성공하지 못했다. 어쩌면 당신의 관여로 언론과 상급 시 공무원의 관심을 끌 수 있다고 그녀는 말한다. 물론 2주 이내면 충분히 그 집은 평평하게 된다. 말 그대로 불도저로 밀어서⋯ 시(市)에서 소유주에게 벌금을 물리고, 당신과 다른 10학년 학생들은 시와 함께 그 장소에 공원을 짓는 계획을 세운다.

이제 당신이 버몬트주 버링턴의 소규모 교육구의 5학년 학생이라고 상상해보자. 과학 수업의 일환으로 대기 환경을 포함하여 학교 전체의 지속가능성 지표를 감시하는 연구팀을 구성한다. 자동차가 오후 3시에 어린이를 태우기 위해 학교 출구 밖에 서 있을 때, 일산화탄소 수준이 상승한다는 것을 알게 된다. 그래서 당신과 당신의 급우들은 공회전을 반대하는 캠페인을 시작한다. 부모는 주의하게 되고 공해 수준은 떨어진다.

또는 캘리포니아에 있는 마린 컨트리 데이 스쿨(Marin Country Day School)의 4학년 학생들 중 한 명일 수도 있다. 이들은 자신의 지역의 토착 종과 침입종을 구별하려고 노력하고 있다. 그 주제에 대한 책이 없다는 것을 알게 되면서, 당신은 글을 쓰고 책을 발간한다. 지역 도서관은 세 권의 사본을 소장하고 있는데 거의 항상 대출되어 있다.

당신은 이런 종류의 프로젝트를 진행하고 있는 수천의 학급의 수많은 학생 중 일부일 수 있다. 당신은 여전히 평범한 학생이다. 숙제를 하고, 친구와 시간을 보내며, 전처럼 TV를 본다. 그러나 시스템이 건강하지 않을 때, 즉 사회 문제, 환경적 손상 또는 심지어 경제적 붕괴가 있을 때, 당신은 영향을 주며, 긍정적 변화에 참여하게 된다는 것을 배웠다. 프로젝트에 의해 그리고 행동에 의해 당신은 상황을 더 좋게 만들 책임이 있다. 당신은 사람들과 생활 시스템이 어떻게 상호의존적인지를 인식하고 건강하고 지속가능한 미래가 어떻게 가능한지를 알게 된다. 지속가능성 교육(또는 EfS라고 함)이 당신을 위해 한 일이다.

지속가능성을 위한 교육

마음속에서 지속가능성은 자연의 섭리 안에서 잘 살아가는 것을 의미한다. 그것은 많은 사람이 열망하는 세상을 말한다. 인간의 활동이 환경의 질, 공동 번영 및 사회적 평등을 감소시키기보다 오히려 증가시키고, 대부분의 사람들이 미래 세대에게 그 생활 방식의 부담을 부과하지 않고 잘 살 수 있는 곳을 말한다. 지속가능성에 대한 아이디어는 환경적, 경제적 그리고 사회적 건강 사이의 상호의존성을 인식시킨다. 그것들은 모두 서로를 강화시킨다. 결국 EfS는 우리 시대의 자연적 시스템이 취약하다는 것을 인식한다. 산업 사회의 지배적인 관행은 그것들을 파괴하거나 해치고 있다. 그러한 것들을 멈추도록 해야 할 뿐만 아니라 생태계, 경제 및 사회에서 보다 나은 시스템을 만들기 위해 우리가 알고 있는 것을 실천해야 하며, 계속해서 더 많은 것을 배워나가야 한다.

학교는 두 가지 이유로 지속가능성이 중요하다. 첫째, 우리의 현재 교육 제도는 일정 부분 문제가 있으며, 그것은 변화해야 한다. 환경 리터러시의 선구자인 데이비드 오르(David W. Orr)는 지금까지 산업 사회에 내재된 지속 불가능한 관행은 무지한 사람들의 작품이 아니라 고도의 학위를 가진 잘 교육받은 사람들에 의해 개발되었다고 지적한다. 오르가 말했듯이 가치, 의식, 질문 및 양심 대신에 이론, 추상화, 깔끔한 응답 및 효율성을 강조하는 교육 시스템은 사람들을 기계적이며 지속 불가능한 결과로 만들 것이다. 지배적인 교육 시스템이 이러한 사고방식에 기여했기 때문에 다른 종류의 교육이 필요하게 된다. EfS는 변화를 가져올 수 있다.[11]

둘째, 오늘 학교에서 사고하고 행동하는 법을 배운 사람들은 내일 의사 결정자가 될 것이다 — 미래에 그들이 성장했을 때가 아니라 문자 그대로 내일이다. 마약 밀매소, 공회전 캠페인 및 침입 종(invasionive species) 도서의 사례에서처럼 그들은 지속가능성에 대해 생각하기 시작하는 순간부터 실질적 기여를 크게 할 수 있다. 학교는 사회를 지속가능하게 발전할 수 있도록 만드는 가장 비옥한 토대 중 하나가 될 수 있다. 건강하고 지속가능한 미래를 향해 나아가려면 우리는 교육을 적절하게 설계할 필요가 있을 것이다.

지속가능성 교육으로 알려진 운동은 UN이 후원한 세계 환경 개발위원회(World Commission on Environment and Development)가 '우리의 공통의 미래'라는 보고서를 발표한 1987년 이후에 시작되었다.

전 노르웨이 총리인 그로 할렘 브룬트랜드(Gro Harlem Brundtland)가 이끄는 위원회는 '미래 세대가 그들의 필요를 충족시킬 능력을 손상시키지 않으면서 현재의 필요를 충족시킨다.'는 정의와 함께 '지속가능한 발전'이라는 문구를 만들었다. 몇 년 후 리우데자네이루 유엔 환경개발회의(UN Conference on Environment and Development)는 Agenda 21이라는 깊이 있는 행동 계획에 '교육, 대중 인식 및 훈련 촉진'장(36장)을 포함시켰다.

이 아이디어를 마음에 두었던 사람들 중심으로 네트워크가 생겨났다. 우리는 현재의 종래의 생태적, 경제적, 사회적 시스템이 지속 불가능하다는 것을 보아왔다. 사회적 시스템은 자연과 인간의 삶에 파괴적이었다. 36장에서 분명히 했듯이 학교에서 실질적인 영향력을 발휘했다. 교사가 학생들이 지속가능성을 자연스러운 목표로 인식하게 하고 학생들이 프로젝트를 선택하여 전적으로 참여할 수 있다면, 교육이 해결책의 일부가 될 수 있다.

우리는 EfS가 각 개인에게 새로운 유형의 헌신을 불러일으킨다는 것을 발견했다. 그래서 우리의 목표는 젊은이들과 교사들 및 주변의 다른 성인들에게 경제적 번영을 달성하고, 민주적으로 참여하며, 모든 생명과 모든 생산이 의존하고 있는 생태계의 건전성을 계속해서 재생성하면서 정의와 형평성을 확보하는 데에 필요한 새로운 지식과 새로운 사고방식을 개발하는 것이다. 우리는 이런 사고방식을 가르칠 수 있다. 우리는 그것을 배울 수 있다. 우리는 그것을 평가할 수 있다. 그리고 우리는 그것의 증거로서 학생의 학습수행을 만들어낼 수 있다.

EfS 교실

EfS의 많은 작업은 정기적인 교실 활동을 기반으로 확장된다. 우리는 생물학 및 건강, 지구과학, 심리학, 역사, 경제, 문화 인류학, 수학, 확률 및 게임 이론, 미래 연구, 통계 및 신경 과학 등 밀접하게 관련된 40개 이상의 연구 분야를 확인했다. 사실 지속가능한 미래에 대한 교육과 관련한 요소가 없는 주제를 생각하는 것은 어렵다. 전 세계의 지속가능성을 위해 교육자의 작업을 평가하여 개발한 클라우드 연구소(Cloud institute)의 EfS 프레임워크는 9개의 핵심 콘텐츠 영역으로 구성되어 있다. 그것들은 기존 교육과정 내에 포함되거나 새로운 교육과정을 위한 영감으로 도움을 줄 수 있다.[12]

그러나 주제가 겹칠 수도 있지만, 사고방식은 많은 전통적인 교실보다 참여적이고 구성주의적 경향이 있다. 교육의 목표는 지속가능한 미래를 위해 운영되는 지식, 기술, 태도, 조직 학습, 실천, 교육학적 실천, 학교와 지역사회 간의 관행 등에 관한 틀을 만드는 사고방식을 창출하는 것이다.

예를 들어 학생들은 '물고기 게임'을 하고 보고하는 등의 시간을 보낼 수 있다. 실제 어류 남획에 대한 경험을 바탕으로, 어업 전략의 시뮬레이션과 해양 생물의 공유 자원에 대한 개인적, 집단적 영향 등 게임에서 자신의 단기성과를 극대화하는 플레이어는 생태계의 붕괴를 가속화하는 경향이 있다. 공유물들을 관리하기 위해 함께 모인 사람들만이 지속가능하게 잘 해낼 수 있다. 일단 학생들이 경험을 내면화하면, 학생들은 자신의 지역사회에서 유사하게 위험에 처한 공유물들을 찾을 수 있다. 공원, 교통 혼잡이 있는 공유 고속도로, 지역사회 프로젝트를 위한 자금 지원 등 이러한 공유 자원을 가장 효과적으로 관리하려면 어떻게 해야 할까? 전체 시스템이 어떻게 붕괴를 피할 수 있을까?

이러한 노력에서 우리는 많은 실용적인 또는 환경적인 과정이 적용되는 직접적인 문제 해결 접근법을 피하려고 한다. 당신은 예를 들어 지역 오염원에 벌금을 부과하거나, 배출물에 필터를 사용한다고 주장하는 등의 문제를 해결하기 전에, 근본적인 문제와 증상을 구별해야 한다. 예를 들어 고도의 배출물이 다른 곳에도 발생할 수 있는 폐기물 흐름을 나타낸다고 할 수 있을까? 아니면 전혀 생성되지 않아도 될 수 있는가? 이 과정의 학생들은 인과 관계의 사슬에서 할 수 있는 한 상류까지 살펴보고 한 번에 하나 이상의 문제를 해결하고 새로운 문제의 생성을 최소화하는 해결책을 모색하는 방법을 배우게 된다. 우리가 뇌 과학에서 알 수 있듯이, 문제와 위기에 대해 심사숙고하기보다 목표와 해결책의 비전에 대한 반복적인 생각이 신경 흐름의 패턴을 변화시키며 보다 창조적이고 장기적인 사고를 촉진시킨다.[13]

∬ 599쪽의 '인지 연구 그룹' 참조

이 학급 활동들의 영향에 대한 최근의 설문 조사에서 이러한 활동이 학생 성취도와 학생 참여도를 획기적으로 향상시키는 것으로 나타났다. EfS는 '성공할 수 있다고 생각한다.'라고 응답하고(한 연구에서는 거의 30%에서 6%로) 낮은 성적을 성공의 장애물로 보는 학생의 수(38% 이상에서 약 16%까지)를 지속적으로 줄인다. 설문 조사에 참여한 교사들은 또한 학업성취 능력이 향상되었다고 보고한다. 우리는 또한 학생과 교사들 사이에서 높은 수준의 시민 참여와 그들이 사는 곳에 대한 더 강한 애정을 갖는 것을 알게 되었다. 그리고 출석률은 올라간다. 부분적으로 공기의 질이 좋아지고 양질의 음식 소비에 관심을 갖게 되어 학생 건강 및 영양 지표가 개선된다. 참여를 포함하는 많은 교육과정과 마찬가지로 표준화된 시험성적에 대한 점수는 '시험에 대해 직접 가르치는' 시간이 줄어들더라도 상승하는 경향이 있다.

지속가능성을 위한 학교

대부분의 지속가능성 실행 리더는 일반적으로 학교 시스템에 관여하는 데 많은 시간을 투자하지 않는다. 그것에 대해 물었을 때 그들은 학교가 이 분야를 선도하는 데 관심이 있다고 믿지 않는다고 말한다. 또는 학교가 변화할 수 있다고 믿지 않는다고 말한다. 그러나 실제로 많은 교육자는 지속가능성을

가르치고 발전시키는 경향이 있으며, 전체 학교 또는 학교 시스템이 참여할 때 극적인 효과를 보았다.[14]

예를 들어 지속가능성 저지(Sustainable Jersey)라는 주 전체(statewide) 인증 프로그램에서 커뮤니티는 교육구와 지역 비즈니스, 지역사회 기반 조직과 정부를 모두 포함할 수 있는 사람들로 구성된 '친환경 팀(green team)'을 구성한다. 지방 자치 단체는 전략적 계획을 개발하고 지역사회의 지속가능성에 기여하는 행동을 취한다. 몇몇 지역(특히 Cranford와 Cherry Hill)은 지자체와 공식적으로 제휴를 맺고 지속가능성에 대한 교육을 위한 결의안에 서명했으며, 물리적 시설의 품질을 개선시키고 지역사회와 파트너십을 발전시켜 왔다. 모든 사람들이 지속가능성에 대한 공통의 이해를 얻을 수 있도록 직원 개발이 수반된다. 하위그룹은 교육과정 혁신을 담당한다. 변화를 일으키고, 학생 및 학급 성과를 측정하기 위한 기준을 제공하며, 진전의 증거로 학생의 작업을 분석한다.

학교 차원에서 많은 실행계획이 있다. 덴버 그린 스쿨(Denver Green School)은 지속가능성에 대한 교육의 첫 해에 자체 정원과 소규모 농장을 시작했다. 특별 교육을 받지 않은 6학년 학생들은 미국 친환경건설협의회(Green Building Council)에서 성인 75명을 대상으로 클라우드 연구소의 물고기 게임 세션을 진행했다.[15]

학교 차원의 지속가능성 실행계획은 교육자들에게 근원적으로 가르치는 이상주의를 상기시킬 수 있다. 더 나은 미래를 향한 그들의 열망은 변화에 대한 모든 의심과 우려를 극복할 수 있다. 그리고 학교에서 결과를 내기 시작할 때 그 윤곽이 드러나게 된다.[16]

물리적 시설

가장 가시적이며 중요한 결과 중 일부는 학교 건축 및 토지 이용에서 발생한다. 생태론적 인식은 모든 물리적 구조에서 분명히 나타난다. 많은 학교가 물리적 시설 절차를 개선하여 지속가능성 실행에 대한 교육을 시작한다. 에너지를 줄이기, 낭비를 없애기, 식당 음식을 지역 농장이나 정원에서 더 많이 공급받기 등. 그들은 들판이나 옥상에 정원을 둔다. 그들은 대기 오염을 줄이기 위해 버스 사용을 재고한다.

뉴욕의 리버데일(Riverdale)에 있는 윤리문화 휠스튼 중학교(Ethical Culture Fieldston Middle School)는 선구적인 학교의 하나이다. 그곳의 녹색학장(Green Dean) 하워드 발트만(Howard Waldman)은 '학교는 우리의 교육과정'이라고 말했다. 휠스튼 중학교는 항상 환경 문제에 관심을 가졌으며, 특히 윤리 문제에 관심을 가졌다. 그러나 최근 몇 년 동안 사람들에게 학교 물품조달 및 기반시설 관리의 변화를 위한 아이디어를 제시하는 것을 장려했다. 학교는 약 85%의 비율로 유기농과 그늘에서 키운 공정 무역 커피만 구내식당에서 취급한다. 그들은 종이와 플라스틱 컵을 없애고 모든 교사에게 씻을 수 있는 머그컵을 구입하도록 했다. 일부 대학을 모방하면서 2011년에는 점심 식사 쟁반을 포기했다. 그러면 물을 절약하고 음식 낭비를 줄일 수 있게 된다. '실패에 대한 모든 종류의 예측이 있었으나 실패는 없었고 깨끗하고 안전하며 괜찮았다.'라고 발트만은 회상한다. 또한 그들은 월요일에는 고기를 제공하지 않았다.

휘스튼 중학교의 환경 클럽은 학교에서 퇴비 프로그램을 시작하였으며, 시설 관리자와 협력하여 잡초와 나뭇잎을 퇴비화했다. 그들은 부엌에서의 음식물 쓰레기도 퇴비화를 계획하고 있다. 친환경 클럽은 교사인 캐니 스티어(Kenny Styer)의 촉구하에 학교의 에너지 감사를 실시하여 불필요한 때에 조명과 컴퓨터를 끄면 얼마나 많은 에너지가 절약될 수 있는지 측정했다. 비용 절감은 잠재적으로 연간 325,000달러에 달했다. 매년 9월에 그들은 얼마나 많이 절약했는지 발표하여, 모든 사람들이 조명과 컴퓨터를 끔으로 해서 얻은 잠재적인 이익에 대하여 더욱 많이 의식하게 한다. 매우 인상적으로 2008년 개장한 중학교 건물은 환경 친화적인 건물을 인증하기 위해 미국 친환경협의회(US Green Building Council)에서 설정한 LEED(Leadership in Energy and Environmental Design) 과정으로 평가한, 수상하기 어려운 은색 등급을 획득했다. 그 특징 중에는 콜롬비아 대학(Columbia University)의 자문을 받아 토착 식물로 구성된 녹색 지붕이 있었다.

기반시설에 대한 작업의 흥미로운 측면은 인간 연결이다. 녹색 지붕 위에서 일하든 구내식당 쟁반을 포기하는 데 하루가 걸리든, 모든 실제적인 계획은 사람들을 끌어들인다. 학생과 교사, 학부모 모두는 학교 건물과 운동장이 변화되고 변화의 상징이 될 때, 그들이 하는 일(그리고 하지 않는 일)이 갖는 효과를 더 잘 알게 된다.

지역사회 접촉

외부 지역사회와의 보다 명확한 연계성은 지속가능성을 위한 교육의 중요한 요소이다. 학교 밖에서의 중요성 때문이다. 교사와 어린이가 지속가능성 지향 원칙에 따라 의식을 높이고 행동할 때 지역사회 전체가 보다 건강해진다. 다시 말해서 마을을 발전시키기 위해서는 아이를 가르쳐야 한다.

EfS의 노력은 학교와 지역사회 사이의 긴장을 분산시키는 경향이 있다. 수년간 세금에 대하여 다툼이 있었을 수 있지만 이제는 각자의 편에서 역할을 하면서, 공동 목표를 가지고 함께 모인다. 몇몇 지역(예 : 바이런 힐스(Byram Hills) 및 오시닝(Ossining) 포함)에서는 공식적인 교육자 및 지역사회 구성원이 지역사회의 미래와 교육의 역할에 관해 이야기하기 위해 어깨를 나란히 하고 앉는 세계적인 카페를 운영했다. 그것은 결코 전에 없던 일이다. 그리고 그것들이 공유물들이라는 것을 적절히 인식한 아이들이 각 테이블의 조력자였다.

// 173쪽의 '월드 카페' 참조

지역사회 발전은 또한 우리의 진전을 평가하는 주요 방법 중 하나이다. 학습과 행동의 결과는 학교 차원에서 볼 수 있지만, EfS 노력이 원래 의도를 얼마나 충실히 수행했는지는 지역사회 차원에서만 증명될 수 있다. 우리는 지속가능한 지역사회 지표를 사용한다. 재생 에너지의 증가, 기존 에너지의 보존, 폐기물 패턴, 공유물의 상태, 생태 발자국 및 아동 건강 등. 처음에는 이것들에 대한 기준선을 세우고 시간이 지남에 따라 변화하는 정도를 지켜본다.

사람들은 종종 EfS의 전제에 의문을 제기한다. 그들은 지속가능성이 정치화된 주제이며 교육 목표가 되어서는 안 된다고 말한다. 학생의 학업성취만이 유일한 목표가 되어야 한다. 그러나 학교는 명시적으로 표현되지 않더라도 항상 어떤 결과를 중심으로 운영된다. 노동자와 책임 있는 시민의 성장을 포함해서 학생의 성취조차도 정치적 수단이 된다. 효과적인 EfS 프로세스는 이러한 질문을 명시적으로 제기한다. '학교는 무엇을 위한 것인가?' 또는 '다른 세대와 함께 어떤 종류의 세계를 만들려고 하는가?'라고 사람들은 물을 수 있다.

안나 라페(Anna Lappé)와 프랜시스 무어 라페(Frances Moore Lappé)는 그들의 책 『Hope's Edge』에서 브라질의 벨루 오리존치(Belo Horizonte)의 이야

기를 한다. 아드리아나 아란하(Adriana Aranha)라는 시장은 도시의 모든 사람들에게 영양가 있는 음식을 제공함으로써 개발도상국에서 많은 도시는 어렵게 했던 굶주림과 많은 빈곤을 끝내기 위한 노력을 주도했다. 그녀와의 인터뷰가 끝날 무렵, 저자들은 그녀의 도시에서의 주목할 만한 업적에 대해 칭찬을 아끼지 않았다. 그리고 그녀의 임기 마지막 달에 있던 시장은 눈물을 흘렸다. '나는 세상에 너무 많은 굶주림이 있음을 알고 있었다.'라고 시장은 말한다. '그러나 너무 화가 난다. 내가 이것을 시작했을 때 이것이 너무나 쉬운 일이라는 것을 알게 되었다.' 빈곤을 끝내는 것은 너무도 쉬운 것이었다.

　그것은 EfS의 경험과 유사하다. 사람들은 지속가능성을 위해 학교와 지역사회를 하나로 모으는 것이 극히 어렵다고 생각한다. 그러나 시작했을 때, 사람들에게 변혁적인 학습 경험을 제공한다. 그들은 의미 있는 대화에 참여하고 교육과정 혁신 및 커뮤니티 참여를 통해 해결책을 모형화하면 모든 것이 실현 가능해진다. 약간의 저항이 있을 뿐이다. 어린이, 학부모, 교육자 및 지역사회 구성원 모두가 열의를 가지고 있으며 그것은 학교의 모든 면을 보강한다. 그것은 재미있고 지적인 자극을 주며 다양한 방식으로 영양을 공급한다. 그 일에 대해 기획하는 것은 힘들지만, 그것을 실행하는 것은 즐거운 일이다.

　교육자들은 선천적으로 고정되어 변화에 저항하는 시스템 내에 있다고 느끼지만, 지역사회 변화의 주도자가 될 수 있다. 아이들은 어른이 되어서 주어진 모든 것을 갖게 될 것이라고 느끼지만, 아이들과 우리는 현재 우리의 공동 미래의 건강과 지속가능성을 책임진다. 우리가 하는 모든 일과 우리가 하지 않는 모든 일이 차이를 만들어낸다. 우리는 우리의 특별한 기여가 무엇인지 알아내서 그것을 성공시켜야 할 필요가 있다.[17]

5. 공유지의 비극

마이클 굿맨(Michael Goodman), 제니스 더튼(Janis Dutton), 아트 클라이너(Art Kleiner)

공동체의 공유재는 우리가 공유하고, 의존하고, 책임지는 장소와 사물로 공공장소, 물고기와 다른 해양 생물, 우리의 공유된 미래, 대기, 표토와 신용 자산을 포함한다. 때때로 공유지는 다시 보충되는 것보다 더욱 급격히 고갈 된다. 이러한 일이 일어날 때, 개인의 이익이 전체의 이익과 의도치 않게 불 균형을 이루는 공유지의 비극이 발생한다.

∬ 203쪽의 '시스템 원형' 참조

모든 공유자원이 비극적인 것은 아니다. 공유된 소유권은 자원을 다루는 매우 강력한 방법이 될 수 있다. 그러나 이 원형은 공공성이 압박을 받을 때 어떤 일이 일어나는지를 보여준다. 예를 들어 어떤 도시의 몇 블록 이내에 국 공립초등학교, K-3 학년을 위한 자율형 공립학교(charter school), 헤드 스타트 센터(Head Start Center) 그리고 몇몇의 주간보호 센터들이 있다고 하자. 이 경 우 이들 모든 기관들이 같은 공공자원에 의존한다. 즉 정부와 지방단체들로 부터의 지방예산에 의존한다.

예산이 한정적이고 다시 충원되기 어렵다면, 각 단체는 예산을 할당받기 위한 압박을 느낄 것이다. 각 단체는 협력함으로써 돈을 절약하는 방법을 찾 는 대신 다른 사람들보다 양여금과 시 계약 건을 이끌어내기 위해 나름대로 노력할 것이다. 그 결과 모두에게 손해가 되고, 유치원 보육을 위해 사용할 수 있는 돈이 시간이 지남에 따라 고갈된다. 다른 예는 다음과 같다.

❑ 많은 바우처와 차터(charter, 자율 운영) 계획에 의한 근본적인 유출. 그

들은 경쟁으로 인해 학교가 '고객'인 지역의 학생들에게 보다 혁신적이고 효율적으로 적응하도록 해야 한다는 전제하에 만들어졌다. 불행히도 자원이 유한하고 공동체에 공유될 때, 새로운 학교는 더 나은 서비스를 제공하는 것이 아니라 그들의 경쟁학교로부터(최고 점수를 받은 학생들을 포함하여) 더 많은 자원을 빼앗는 것에 초점을 두는 경향이 있다.

자원 봉사자들이 1, 2년간 활발하게 일어나지만 점차 지치고 수만 많아지게 된다. 자원 봉사들로 인해 지역 학교, 소년단, YMCA 등 몇몇 다른 단체들이 독립적으로 자원봉사자들의 참여를 추구할 때 처음에는 감사함을 느낀다. 그러나 결국 공유지의 비극으로 인해 멈칫거리게 되고 모든 기관들은 좀 더 노력해줄 것을 강요하게 된다.

❏ 지역사회는 학교에 계속 예산을 투입하려고 한다. 특히 인플레이션 시기에는 지방 재산세가 인플레이션에 보조를 맞추지 않으므로 학교는 새로운 채권 및 세금 인상을 제안해야 한다. 이것은 세금뿐만 아니라 지역사회가 학습 기관에 대해 느끼는 선의를 고갈시킬 수 있다.[18]

승자와 패자가 분명히 갈리고 자원을 모두 승자가 차지하는 빈익빈 부익부와는 달리 '비극'은 결국 모든 사람을 패자로 만든다. 공유지의 비극은 종종 그 자체를 재생시키는 공공재 능력의 파괴 또는 쇠퇴라는 재앙적인 추락을 포함한다. 이것이 '비극'을 만드는 이유이다. 자원이 과거의 특정 시점에 고갈되면 보충되거나 재생될 수 없다. 그러나 모든 개별 기관은 자신의 한정된 시야에 의해 제약을 받는다. 단체의 지도자들은 자원이 줄어들고 있음을 알기 때문에 그들의 몫을 얻기 위해 더 많은 노력을 기울인다. 그렇게 하면 전체 시스템을 더욱 압박하게 되고 충돌이 발생할 가능성이 커지고 더욱 위험하게 된다.

과도한 자원의 고갈은 가난한 지역뿐만 아니라 부유한 지역의, 연필부터 직원연수 및 기술까지의 교육적인 자원들의 모든 면에 영향을 미친다. 팀 루카스(Tim Lucas)는 직원들에게 호소한 어느 한 교장을 이렇게 회상한다. "여러분, 여러분의 도움이 필요합니다. 그 복사기는 거의 다 되었습니다. 우리는 새로운 예산이 들어오는 7월까지 새 예산안을 마련할 여유가 없습니다. 새로운 예산이 들어올 때까지는 가능한 한 복사기 사용을 자제해주시겠습니까?" 다음 날 모두가 복사기에 줄을 섰고 그 기계는 이틀 만에 고장이 났다.

공유지의 비극을 위한 전략

공유지의 비극은 어려운 거버넌스 문제를 야기하는데 그 이유 중 하나는 종종 선의의 집단이 서로 불필요하게 우연히 맞서기 때문이다. 위기가 필연적으로 일어나게 되는 역동성을 이해할 수 있을 것이다. 그리고 개입할 적절한 방법을 찾아야 한다. 상황에 따라 개입할 수 있는 네 가지 방법이 있다.

1. **협력** : 많은 경우 경쟁 기관들과 맞닥뜨리는데 때로는 개별 기관들이 자원들을 위해서 경쟁하기보다는 자원들을 같이 모아 협력한다.
2. **사용금지** : (시간이 지난 후 갱신되는) 복사기 예산에서처럼 제한된 공유 자원은 그것이 다시 채워지는 시간을 가질 때까지 사용을 금지한다.
3. **보충** : 때때로 더 큰 자금을 찾거나 또는 출자할 보유금을 찾음으로써 제한된 공유자원을 활발하게 보충하는 것이 가능하다. 보충을 더 일찍 하면 할수록 하기가 더 쉽고 그것은 몇몇 사람들이 전혀 문제가 없다는 것을 깨닫기 전에 보충이 발생해야 한다는 것을 의미한다.

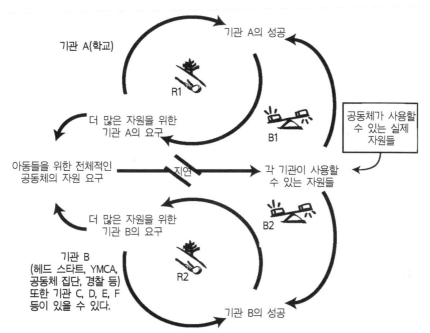

이 도표는 공유재의 역동적인 비극의 근본적인 구조를 보여준다. 직사각형 안에는 시스템의 내재적인 한계가 있다. 공동체의 전체 자원을 보충하거나 제한하기가 어렵다. 이 제한은 아이들을 위한 평가, 시간, 공간, 돈, 지식 그리고 자원봉사자의 능력을 포함한다. 다양한 기관들 사이에서 분리된 이 자원들은 개인, 기관들의 성공들을 증진시킨다. 그들의 개인적인 성공이 향상하면서 그들의 서비스에 대한 더 많은 요구가 발생된다. 그리고 그들 각각에 의한 자원을 위한 더 많은 요구가 생긴다. (강화 프로세스 R1 및 R2의 각 기관에 대해 표시됨). 이러한 요구는 공통 자원에 추가 압력(B1과 B2의 균형을 유지하는 프로세스로 표시)을 부과한다. 이 요구는 가중의 압력(조절프로세스인 B1과 B2에서 보이는)을 공공재에 발생시킨다. 개별 기관들이 더 성공하면 할수록 이용할 수 있는 자원들은 더 고갈된다. 지연은 많은 개인에게 눈에 띄지 않은 채로 이것이 붕괴로 이어질 때까지 축적하려고 한다.

4. **재생** : 당신은 진심을 다해 공공재를 지키려는 공통의 열망을 가질 수 있다. 따라서 공공재는 고갈되는 대신에 지속적으로 재생된다. 예를 들어 모든 기관 및 학교에서 공통된 직원 개발 과정을 만들어 지역사회 모든 구성원의 능력을 지속적으로 향상시킬 수 있다.

이 네 가지 전략이 성공하려면 뒤로 물러서서 큰 그림을 볼 수 있어야 한다.

때때로 그것은 '전체 시스템'에 대한 대답을 미리 할 수도 있다. '우리는 앞으로 4주 동안 모든 사람의 복사기 사용을 제한할 것이다.' 각각의 개별 행위자들은 자원을 다 써버리지 않으면 안 되도록 내몰리기 때문에 개별 행위자가 혼자서 공유지의 비극을 다루는 것은 어렵다. 사실 공공재를 가능한 한 많이 사용하고자 하는 것은 개별 행위자들의 최대 관심사인 경우가 보통이다. 그러나 사람들에게 공유지의 가치와 공유 책임에 대해 가르칠 때 보충과 재생에 관심을 가질 수 있다. 제이미 클라우드(Jaimie Cloud)가 지적했듯이 공유지의 '비극'은 '공통된 노력의 기쁨'으로 바뀔 수 있다. 개별 행위자가 재생률을 이해하고 서로를 신뢰하여 서로에게 시간을 할애하면 매우 유익한 삶의 방식이 발전할 수 있다. 자신들이 착취당할 위험이 없다고 생각하는 한, 그들이 채취해가는 것보다 빨리 자원을 재생함으로써 자원 기반을 다시 구축할 수 있는 자신만의 방법을 개발할 것이다. 이것은 강화 사이클이 되며 시간이 지남에 따라 재생 속도가 빨라진다.

생태학자 제럴드 마튼(Gerald Marten)이 말한 바와 같이 필리핀의 아포 섬(Apo Island)의 해양 보호 구역은 이러한 재생 스토리 중 하나이다. 1960년대 중반 다이너마이트 낚시, 작은 그물망, 청산가리와 같은 새로운 파괴적인 어업 방법이 도입된 후 돌이킬 수 없는 상태를 지나 섬이 거의 회복되지 않을 정도로 산호초의 상태는 악화되었다. 어획량이 절박한 어부들은 궁극적으로 생계 수단을 파괴할 것이라는 것을 알았을 때조차도 파괴적인 방법에 의지했다. 그런 다음 1979년 에인절 알카라(Angel Alcala)라는 해양 생물학자의 조언과 지원을 받는 어부들은 파괴적인 어업에 대한 자체 규칙을 수립하여 마을 전체의 어장을 마을 자원 봉사자들이 순찰하는 안전한 구역으로 탈바꿈시켰다. 노력당 어획량이 극적으로 개선되었고 어부들은 여가 또는 산호초 생태계의 부활로 인한 관광업을 비롯한 소득 창출에 더 많은 시간을 보냈다. 한 가지 흥미로운 부수 효과는 마을 주민들이 마을 인구의 생태적 영향을 깨닫고 가족계획 노력을 시작했다는 것이다.[19]

당신의 지역사회에서 다양한 공동체 집단이 얼마나 자주 모여 그들의 공통 문제에 대해 이야기를 나누는가? 그들은 각 기관과 그룹이 가장 중요한 것을 할 수 있도록 우선순위를 정하기 위해 함께 일하고 있는가? 그들은 조정된 방식으로 행동하고 싶지 않을 수도 있지만, 그것에 대해 기꺼이 이야기하고 있는가? 그렇다면 공유지의 비극을 다루는 그들의 능력은 아마도 훨씬 더 커질 것이다.

6. 리더로서의 아이들

■■ 콜롬비아 아동 평화 운동으로부터의 교훈

사라 카메론(Sara Cameron)

우리의 현장지침서(Fieldbook) 시리즈에는 일반적으로 이야기를 주인공의 말로 이야기한다. 이것은 2000년에 처음 출판된 이 글에서는 불가능했으며 오늘날에도 여전히 문제가 되고 있다. 주인공들은 이야기를 혼자서 말하기에는 위험이 너무 많았다. 그들은 6~18세의 아이들이었고, 수천 명이 있었고 결국 그들의 나라를 변화시켰다.

소설가이자 기자인 사라 카메론(Sara Cameron)은 콜롬비아의 아동 주도 평화 운동을 수행하기 위해 유엔아동기금(UNICEF)으로 초대되었다. 이 수행과제는 책 『Out of War』, CNN 다큐멘터리 그리고 다양한 나라에서 아이들을 돕는 지속적인 역할은 전쟁, 기근과 건강 위기에 대해 얘기하고 어른들이 할 수 없었던 평화를 만들고 서비스를 진행하는 것으로 진행되었다. 콜롬비아의 아동들은 어른들이 그들이 만든 시스템에 대해 더욱 잘 알게 만들었고 그 과정에서 체계를 변화시켰다.[20]

약 40년 동안 콜롬비아는 정치적 반대자들 사이에서 잔혹한 갈등을 겪었다. 좌파에서 콜롬비아 혁명군(스페인어 이니셜로 FARC로 알려짐)과 다른 단체들은 정부에 대항하여 게릴라전을 시작했다. 그들은 납치, 강탈 그리고 코카 재배업자에게 부과하는 세금으로부터 자금을 마련했다. 우파에는 무장 단체 연합이 마약 밀매업자들과 콜롬비아 군대의 몇몇 단체들과 가까운 관계를 유지했다. 무장 단체들은 가장 최악의 인권 침해를 야기했다. 게릴라를 몰아내기 위해 마을에서 마을로 이주하면서 그들은 살해되고 훼손되고 수십만 명의 노숙자가 되었다.

1990년대 말에 나라는 겉보기에 해결될 수 없고 견디기 어려운 위기에 빠져 있었다. FARC와 무장 단체는 관행적으로 대학살을 저질렀다. 평화를 만들기 위해 노력하거나 단지 반대편을 도와준 것으로 의심되는 어른들은 학살되거나 쫓겨났다. 남편들은 아내들의 앞에서, 부모들은 아이들의 앞에서, 지역사회 지도자들은 마을 전체 앞에서 학살되었다. 이러한 이유로 콜롬비아는 필사적이고 자애롭고 진실만을 말하는 콜롬비아 아동들의 지도자들이 없었다면 결코 희망 없는 나라가 되었을 것이다.[21]

한편으로 아이들은 그 역할을 떠맡을 수밖에 없었다. 85만 명 이상의 콜롬비아 아이들은 1988년과 2000년 사이에 폭력에 의해 집에서 쫓겨났다. 이 쫓겨난 아이들 중 60%는 학교를 중도하차 했다. 1999년에 적어도 2천 명의 15세 이하 아이들이 유격단체나 무장단체에 징집되었다. 그중 몇몇 아이들은 8

세였다. 1996년에는 4천 명 이상의 아이들이 홀로 살해당했고 매년 그 숫자는 증가했다. 처벌받지 않는 일이 만연했다. 살인자는 거의 체포되지 않았다. 많은 아이는 가족을 잃는 두려움 속에 살아갔다. 15세의 누군가는 "때때로 군인들이 오직 당신의 아버지를 죽이지만, 그들이 당신의 아버지를 죽였을 때 그들은 당신의 삶의 일부를 죽인 것이다."라고 말했다.[22]

많은 콜롬비아 아이는 어른들이 사회의 엄청난 폭력으로부터 그들을 보호할 수 없거나 보호하지 않을 것이라는 사실에 동의해야만 했다. 그들은 그들 자신과 서로, 그리고 그들 지역사회를 책임져야 한다는 것을 배워야 했다. 아동 평화 운동은 1996년에 조직되었다. 3년 내에 이 운동은 국가의 정치적 변화로 이어졌으며 20세 이하의 운동 지도자들은 1998년, 1999년과 2000년에 노벨 평화상을 수상했다. 같은 기간에 콜롬비아에서의 전쟁은 점점 더 치열하고 치명적이 되었다. 2000년대가 되어서야 10년 동안 그 강도가 점차 줄어들었다. 반면 아동 평화 운동의 경험은 아이들이 곤경에 처한 지역사회 내에서 중요한 역할을 수행할 수 있다는 것을 보여주었다.

아동 운동의 창조

중미 국경에 가까운 우라바 지역은 몇십 년간 사실상 게릴라들의 지배권이었다. 게릴라들은 바나나 노동자 조합을 지배했고 마약과 무기 불법 거래를 위한 은신처를 만들었다. 그리고 1990년대에는 우파 무장단체가 옮겨왔다. 많은 학교는 심지어 학기 중에조차도 무장 단체들 사이의 전장이 되었다.

1996년 4월 국제적으로 유명한 아동 변호사 그레에스 미쉘(Graça Machel)(1997년 넬슨 만델라(Nelson Mandela)와 결혼한 모잠비크의 전 교육 수상) 씨는 아동에 대한 무장 충돌의 영향에 대한 UN 보고서의 연구를 수행하기 위해 우라바의 한 도시인 아팔타도를 방문했다. 시장은 몇몇 학생들을 소환해 경험을 이야기하도록 했다. 머지않아 5천 명의 아이들은 교회가 후원하는 고난주간, 적십자 그리고 유니세프를 위해 봉사했다. 그들은 이야기, 시, 편지를 썼고 그림을 그렸으며 조각상을 조각했다. 가까운 마을의 연합 학생 의회는 아팔타도의 아동 선언을 만들었다.

선언은 직설적이고 강렬한 감동을 주었다. '우리는 우리 고향의 평화를 위해 고아를 만들지 않고, 우리가 길거리에서 자유롭게 놀 수 있고 우리의 동생들이 오는 것이 위험하지 않도록 만들어줄 것을 각 정파들에 요구한다. 우리는 우리의 자녀들이 우리처럼 고통을 겪지 않도록 하기 위해 이러한 것들을 요구한다.'

상황은 거기서 끝나지 않았다. 학생들은 그들의 아동권리를 포함한 광범위한 권리와 정치적 자유를 보장받기 위해 1991년에 개정된 국가의 헌법을 연구했다. 그들은 그 방법이 지방 '아동 정부'를 설립하기 위해 헌법적인 권력을 줄 것이라고 믿었다. 학생들은 지방자치체 학교들에 공고를 보냈고 곧 200명의 아이들이 1주일에 3번씩 축구장이나 공원에 모이는 평화 회담에 쏟아져 나왔다. 처음에는 아이들이 평화를 만들기 위해 할 수 있는 것과 할 수 없는 것에 대해 상당한 혼란과 언쟁이 있었다.[23]

'평화를 얻기 위해서는 가난을 해결해야 하고, 아동은 그것을 할 수 없다.'고 그해 15세였던 리더 중 한 명인 Farliz Calle는 회상했다. '그러나 우리는 아동이 할 수 있는 다른 일을 발견했다.' 그들은 반목 속에 지내는 지역사회의 아이들이 함께 놀기를 격려하는 평화 축제를 마련했다. 왜냐하면 그들은 즐겁게 노는 아이들이 평화를 만드는 좋은 방법이라고 믿었기 때문이다. 다른 아이들은 지방자치 단체와 적십자사와 함께 치아와 건강 캠페인에 관해 일했다. 후에 수백 명은 놀이 치료를 통해 카운셀러 훈련을 받았고 폭력에 의해 낙담한 다른 수천 명의 아동들을 도왔다.

한편 각국에서 온 27명의 9세에서 15세 아이들 그룹은 유니세프에 의해 조직된 1996년 5월 워크숍에 모였다. 회의장에는 평화와 아동 조직을 대표하는 30명의 어른 또한 있었지만 아동들이 대부분의 이야기를 했다. 그들은 지역사회 내 아이들에게 미치는 국가 폭력의 영향을 차례로 묘사했다. 몇몇은 길거리에서 등교하는 아이들을 공포에 떨게 하는 갱들에 대해서 말했다. 많은 아이는 그들이 혼자가 아니라는 것을 발견하곤 놀랐다. 그들은 비로소 다른 많은 아이 또한 그러한 폭력 속에 살고 있다는 것을 깨달았다. 워크숍에서 세 가지 주요 인식이 나타났다. 첫째, 대부분의 콜롬비아 사람들은 전쟁이 아이들에게 끼치는 영향에 대해 알고 있지 못한다. 둘째, 그러한 메시지를 얻는 데에 아이들 자체보다 더욱 효과적인 사람은 없다. 셋째, 그들은 더욱 넓고 영향력 있는 사람들에게 도달하기 위해 더욱 큰 플랫폼을 필요로 했다.[24]

따라서 참가자(성인과 어린이 모두)는 어린이를 위한 특별 선거-평화와 권리를 위한 아동 위임(Children's Mandate for Peace and Rights)-를 계획하기 시작했다. 아이들은 권리를 조직하고 계획하는 데 깊숙이 연관되어 있었다. 다채로운 투표용지는 콜롬비아 헌법과 아동권리협약으로부터 요약된 교육, 정의, 안전한 환경, 평화, 표현의 자유에 대한 권리를 포함한 열두 가지 권리의 목록을 만들었고 아이들을 초대하여 그들 스스로와 그들의 지역사회를 위해 그들이 가장 원하는 것에 투표하도록 했다. 어린 조직가들은 아동권리 게임을 고안하여 학교와 공청회에서 가르쳤다. 그들은 광고를 계획하고 출연했으며 기자 회견과 마을 회의를 열어 전쟁, 평화와 그들의 권리에 대해 공개적으로 이야기했다. 심지어 게릴라와 무장단체들이 그 행사를 지켜주었다.

하루 동안 전국에서 즉석에서 즉흥적인 휴전이 있었다.

주최자들은 약 5만 명의 아동들이 투표하기를 바랐다. 그러나 투표의 날 (1996년 10월 25일) 270만 명 이상의 아동－7세부터 18세 전체의 3분의 1－이 투표소를 채웠다. 어떤 곳에서는 아동의 투표용지가 부족했지만 그들은 투표용지를 종이 냅킨에 복사해 투표하였다. 보고타에서는 투표하려는 사람이 많아 투표가 토요일에 2주 연속 이루어져야 했다.

아동 투표 이전에는 콜롬비아의 평화 운동은 약하고 분열되어 있었다. 수천 명의 인권 운동가들은 암살되거나 나라를 떠나도록 강요받았다. 평화에 대한 국민투표를 요구하는 계획은 어렵고 위험해 보였기 때문에 보류되었다. 아이들은 어른의 영역으로 이동했다－처음에 아이들은 게릴라나 무장단체들이 그들이 주장하는 폭넓은 대중의 지지를 갖고 있지 않다는 것을 증명했다. 이것은 국가를 위해 심오한 경종을 울린 것이었다. 한 인권 운동가는 말하였다. '아동의 통치가 올 때까지 우리는 정말로 아이들이 이해한다는 것을 몰랐다.'[25]

다음 해 '평화, 삶과 자유를 위한 시민의 위임통치(Citizen's Mandate for Peace, Life, and Liberty)'라고 불리는 연합이, 콜롬비아 사람들이 그들에게 아이들을 후원하고 전쟁을 거부하라고 요구하기도 전에 생겨났다. 천만 명이 넘는 콜롬비아인은 그들의 지지를 간청했다. 결과적으로, 평화는 전 세계의 주목을 받았고 대통령 선거가 이루어지고 1988년 5월 안드레스 파스트라나 (Andres Pastrana)가 당선되는 토대가 되었다. 여전히 학살, 납치, 암살 그리고 불법 이민이 성행했다. 끊임없는 폭력에 대항하여 아동 평화 운동은 더욱 선명해졌다. 25명의 다른 기관과 지방자치체로부터 뽑힌 아이들의 중심 그룹은 보고타에 아동 의회를 설립했다. 1996년 이래로 몇몇 아동 집회들은 다른 나라에서 온 100~200명 사이의 아이들을 포함하여 아동 인권과 화해를 논의하기 위해 만남을 가졌다. 1998년 마지막 집회는 다른 지방자치단체의 평화를 위한 아동 의회의 발전으로 이어졌다.[26]

아이들의 희망과 꿈으로부터 비전 쌓기

아동 운동의 유산들 중 하나는 이 운동이 아동들이 어떻게 차이를 만들어내는지를 보여주는지에 대한 방식이다. 이 생각은 콜롬비아의 경직된 사회 계급을 넘어 사람들을 함께 모았다. 한 부유한 아동은 "이 아동들이 무엇을 하고 있는지를 보아라, 그리고 그들은 가진 게 아무것도 없다. 우리는 무엇을 하고 있으며 언제 그렇게 많은 것을 가질 것인가?"라고 말하는 비디오를 본 후 운동에 참여했다.[27]

아동 위임(Children's Mandate)은 도발이 무엇이든 아무런 대적도 하지 않았다. 그것은 원칙에 입각한 기준이었으며 매우 실용적인 것이기도 했다. 파리칼레(Farliz Calle)는 '우리는 어떠한 무장 단체도 비난하지 않는다.'라고 말했다. '만약 우리가 비난을 했었다면 우리는 표적이 되었을지도 모른다. 우리는 항상 이러한 끔찍한 사건들을 비난할 것이지만, 우리는 누가 책임이 있는지에 대해 알지 못한다. 우리는 단순히 모른다.' 이 전략은 아이들을 개별적으로 보호했을 뿐만 아니라 이 운동단체의 생존과 성장을 위해 필수적인 중립성을 유지하도록 도왔다. 아동들은 어떠한 범죄 조직에도 가입하지 않았다. 대신 그들은 평화를 위해 일했다.

대부분의 아동들이 이 복잡한 상황을 이해하는 수준은 어른의 수준과는 달랐다. 그들은 정치적이고 경제적인 우려에 대해서는 덜 생각했으며 정의와 공정함에 대해 더 많이 생각했다. 그 결과 화해에 대한 그들의 정의는 매우 폭넓은 것이었다. 그것은 폭력에 의해 영향을 받은 지역사회의 삶의 질을 향상시키는 어떠한 활동이든지 포함했다. '아동 운동(Children's Movement)'은 집에서나 길거리에서 평화를 만드는 것은 전쟁에서 평화를 만드는 것만큼이나 중요하다고 말했다. 가정과 이웃의 폭력은 훨씬 널리 퍼져 있었다. 대략 6천 명의 사람들이 매년 전쟁으로 인해 죽은 반면, 2만 5천 명은 가정, 길거리 혹은 다른 범죄적 폭력에 의해 살해되었다.

조직을 지지하는 광범위한 네트워크를 통해서 많은 청소년은 갈등 해결, 관용, 차별하지 않음을 주장하는 다른 아이들과 일하는 '평화 건설자'가 되어왔다. 예를 들면 만 명 이상의 아동들은 지뢰 사고를 피할 수 있는 방법을 훈련받았고, 다른 아동들이 배울 수 있도록 도왔다. 수백 명의 아이들은 낙담한 수천 명의 아이들의 자원 봉사 카운셀러로서 훈련받았다.

이 접근방식은 무장단체나 스트릿 갱에 가입하는 대신 아이들에게 따를 만한 다른 모델을 제시했다. 13세의 렐리스(Lelis)는 "저는 가끔 아동 평화 운동단체의 워크숍에 참여해요"라고 말했다. "다른 곳에서 그곳으로 온 아이들이 많아요. 그들은 매우 강하고, 체계적이고 잘 훈련된 것처럼 보여요. 그들은 자신들이 무엇을 하고 있는지를 알아요. 그들은 잘 이야기해요. 그들은 좋은 생각들을 가지고 있어요. 저는 매우 감명 깊었어요. 그게 바로 제가 되고 싶어 하는 것이에요. 저는 그들처럼 참여하고 싶어요."[28]

운동에 참여한 것으로 추정되는 100,000명의 아이들은 그들이 결국 어른으로 성장할 것을 알고 있었다. 그리고 그들은 그렇게 되기를 어느 때보다도 간절히 바랐다. 평화 운동가인 아나 테레사 베르날(Ana Teresa Bernal)은 말했다. "콜롬비아는 너무나 오랫동안 전쟁 상태에 있어왔기 때문에 사람들은 평화 속에서 살아가는 법을 모른다. 이것이 특히 평화가 왔을 때 이 아이들이

하는 운동이 매우 중요한 이유다." 그들은 상상할 수 있는 가장 위험한 상황 들 중 하나에서 살았던 경험을 가졌다. 그들의 희망을 표현하고, 국가적 운동 에 나서게 하고, 서로를 가르치는 과정에서 배우고 그들의 삶에 대해 책임을 지는 등 이것들은 그들에게 나라를 위한 공유 비전을 향한 첫걸음으로 나아 가게 했다.

"우리 어머니는 나에게 삶에는 이 평화와 권리 따위보다 더 많은 것이 존 재한다고 말씀하셨다." 16세의 엘레나(Elena)는 말했다. "그녀는 이것이 너무 많은 나의 시간을 차지한다고 생각하지만 나는 이것보다 더 중요한 것이 생 각나지 않는다."

에필로그 : 2011년에 씀

콜롬비아의 아동들은 콜롬비아 아동 평화 운동의 시작부터 일부였던 광범 위한 조직 내에서 평화를 주장하는 활발한 참가자로 활동해왔다. 그러나 오 늘날 아동 운동은 한때 대단히 중요한 국가 주요부서가 그랬던 것처럼, 더 이 상 존재하지 않는다. 일관적인 권력으로서의 운동은 몇몇 이유로 쇠퇴했다.[29]

첫째, 이 운동이 개개인의 아동들을 너무 많이 드러나게 했고 그들을 위험에 노출시킨다는 것이 두려웠다. 몇몇 아동 평화 지도자들은 위협을 받았다. 심지 어 몇몇은 콜롬비아에서 도망쳐 미국이나 캐나다로 정치적 망명을 떠났다.

둘째, 아동 참여에 대한 윤리적 원칙이 뒤따르지 않는다는 우려가 있었다. 평화 운동(Movement for Peace)의 어린이들은 국제회의에서 높은 수요를 보 였다. 그들은 고급 잡지와 TV 다큐멘터리에 실렸다. 어린이들은 광범위한 선 거구가 문제를 완전히 토론하고 자신의 입장을 결정하고 자신들의 대표자를 선출하는 것을 허용하지 않고, 종종 이러한 행사에 참가하도록 선발되었다.

셋째, 운동에 대한 중요하고 명확한 공유 비전이 없었고 이것은 때때로 참가자들 사이에 오해를 악화시켰다. 예를 들어 각각 조직이 어느 정도 공개되어야 하는지에 대해 운동에 참여한 단체들 사이에 일시적인 의견충돌이 있었다. 몇몇 조직은 국제적으로 매우 많이 공개되었다.

마지막으로 사람들이 소통하는 방식에 있어서의 변화는 효과를 가져왔다. 1995년 운동의 창조를 이끌었던 첫 번째 워크숍이 열렸을 때 아동들은 다른 사람들을 만나고 그들의 경험을 듣기 위해 그들의 도시로부터 멀리 이동해야 했다. 후안 엘리아스(Juan Elias)는 미팅에 와서야 자기만 힘든 것이 아니라는 것을 깨달았다고 나에게 말했다. 즉 콜롬비아의 다른 아동들도 그만큼 고통을 겪었다. 오늘날 소셜 네트워킹을 통해 아동은 그들의 지역사회를 떠날 필요 없이 서로 듣고 배울 수 있는 가능성을 얻었다.

여전히 조직이 아니라도 전 세계를 가로지르고 넘어서는 아동들이 평화를 위해 함께 참여할 수 있는 운동을 위한 여지가 존재한다. 평화 운동가로서 아동의 개입은 가정과 도시의 폭력을 여전히 높은 수준으로 계속해서 경험하는 사회인 콜롬비아에서 중요하다. 1998년 메이리 센즈(Mayerly Sanchez)가 나에게 그녀의 소샤(Soacha) 집에서 "아이들의 진심에서 시작된 평화는 전 세계를 치유할 수 있습니다. 그러나 오직 그것이 확대되고 전파될 때만 그럴 수 있습니다."라고 말했다.

■■ 지역사회를 위한 아동들의 워크숍

사라 카메론(Sara Cameron)

콜롬비아의 도시인 보고타, 메델린 그리고 칼리에서는 매주 라파엘 폼보 재단이 읽고 쓸 줄 아는 능력, 비디오, 미술 그리고 수백만의 사회적으로 혜택을 받지 못한 아이들을 위해 드라마에 관한 창의적인 워크숍을 개최했다. 게다가 이러한 아이들의 시야를 넓히기 위해서, 그 기관은 대부분 콜롬비아 교실의 공식적인 분위기와 다르게 영향을 주기 위해서 선생님들과 같이 협력했다. 그 라파엘 폼보 직원은 무장단체의 통제를 받는 영토에서 평화 설립과 분쟁 해결에 초점을 맞춘 워크숍도 운영했다. 이 설계는 그러한 워크숍들을 기초로 한다.

첫째, 학생들이 서로에 대해 편안함을 느낄 수 있도록 여러 가지의 준비 운동(Warm-up exercise)을 실시한다. 그리고 일하는 것과 배우는 것의 새로운 방법의 연결고리로서 이것들은 운동(movement), 모방된 연습들(exercise), 신뢰 훈련, 다리 놓기(bridge building) 등을 포함한다. 예를 들어 다리 놓기(bridge building)에서는 그룹으로 작업하고 그들의 몸을 사용하여 학생들은 그들이 할 수 있는 가장 강력한 다리를 건설하려 시도한다. 그런 다음에 그들은 디자인을 개선할 수 있는지 없는지 그리고 적절한 변화를 만들 수 있는지 없는지 결정하도록 요청받는다. 이후에 그 학생들은 어떻게 그들이 설계에 대한 그들의 생각을 바꿨는지에 대해 평가하도록 요청받는다. 그룹의 한두 멤버가 다른 이들이 변하도록 설득하는 것이 얼마나 쉬웠는가? 혹은 어려웠는가? 그들이 그것에 대해 어떻게 느꼈는가? 그 결과는 개선됐는가? 함께 일하는 최고의 방법은 무엇인가? 등이다.

다음에 그 대여섯 그룹의 학생들은 그들만의 지역사회나 도시를 창조하기 위해 작업한다. 작업을 돕기 위해 그들은 종이, 펜, 펠트 펜(felt-tippens 문구용품), 판지, 롤페이퍼, 테이프, 풀 그리고 지역사회의 물리적 건물을 만들기에 유용한 조각자재를 가지고 있다. 그들은 또한 다음 중 전부 또는 몇몇을 결정

하도록 함께 작업할 것을 요청받는다.[30]

개관 : 이 운동은 어른들이 평화를 성취하기 위해서는 그들은 첫 번째로 그것을 상상하는 것을 필요로 하고, 그리고 아이들과 함께 하는 것보다 최적의 여지는 없음에 근거한다.
참가자 : 그 훈련은 여러 연령대 및 혼합 연령대의 여러 집단에 잘 적용할 수 있다.

---

1. 그 도시의 역사를 설명하라. 어디에 위치해 있는가? 왜 건설되었는가? 누구에 의해서? 그 장소를 건설한 사람들은 어디에서 왔는가?

2. 도시를 이름 짓고 그 이름이 그 건설자들에 의해 어떻게 그리고 왜 선정되었는지 설명하라. (이것은 실제로 학생들이 현재 거주하는 도시의 이름의 기원에 관한 토론에 의해 선행될 것이다.)

3. 도시의 법을 나열하라. (이것들은 실제로 재활용과 같은 지방법뿐만 아니라 표현의 자유 같은 국법도 포함할 수 있다.)

4. 지역사회의 가장 중요한/인상적인 건물들의 이름을 짓고 그들의 중요성을 설명하라.

5. 지역사회의 경제적 기반을 묘사하라. 사람들이 하는 일의 종류가 무엇인가? 삶의 질이란 무엇인가? (그 학생들은 지역사회의 거주자로 그들 자신을 언급함으로써 종종 특정 역할을 맡고 그 경제를 설명한다.)

6. 교육과 종교, 법적 시스템, 건강 서비스, 폐기물 수집 그리고 다른 활동들이 어떻게 수행되는지 묘사하라.

7. 이 지역사회를 위한 어떤 미래가 기다리고 있는가?

8. 학생들은 또한 그들의 도시를 위한 문장(紋章)을 만들고 그들이 쓰는 다양한 상징들의 역사적 중요성과 의미를 설명하도록 요청받을 것이다. (문장 만들기 연습은 독립적으로 실시할 수 있다.)

약 한 시간 뒤에 그 그룹은 그들의 마을 또는 지역사회를 서로 소개했다. 전체 그룹은 특히 유용하고 흥미롭게 보이는 아이디어들을 토론한다. 이 연습은 장기간 연장될 수도 있지만 민첩성에 대한 요구는 종종 그 자발성과 즐거움을 증가시킨다. 이 연습은 또한 반복을 낳고 특정 기간 동안 또는 특정 지리적 또는 정치적 제한에 의해 설정될 수 있다.

7. 당신의 조직이 학습하고 있다는 것을 어떻게 아는가?

제니스 더튼(Janis Dutton)

목적 : 당신 조직의 학습 과정을 평가하기 위해서
개요 : 조직 학습의 정의에 근거한 일련의 질문들. 조직이 학습한다는 것은 무슨 의미인가? 실제로 그것은 전체 조직에 접근 가능한 현실의 명백하고 정직한 이해를 발전시키는 것을 의미한다. 즉 동등하게 접근 가능한 새로운 지식을 생산하는 것에 사용되며, 그리고 그것은 사람들이 그들이 원하는 미래를 향해 효과적인 행동을 취하도록 도와준다.

　　우리는 샬롯 로버트가 이러한 연습을 생각할 수 있도록 한 것에 감사한다.

조직이 학습한다는 것은 무엇을 의미하는가? 실제로 그것은 전체 조직이 접근 가능한 현실에 대한 명확하고 신뢰할 수 있는 이해를 발전시키는 것을 의미한다. 즉 새롭고 동등하게 접근 가능한 지식을 생산하는 것에 익숙하게 되며 사람들이 그들이 바라는 미래를 향해 효과적인 행위를 하게 된다.

　　당신의 그룹이나 조직을 생각해보아라. 교실이나 교육과정 팀, 관리자 그룹이나 당신이 고른 어떠한 그룹의 공동체일 수도 있다.

　　그것에 관한 다음의 질문들을 당신 자신에게 혹은 그룹 전체에게 물어보아라.

- 조직은 자신의 현실에 대하여 명확하고 솔직한 이해를 하고 있는가? 당신의 조직은 진실을 얼마나 견딜 수 있는가? 당신은 자료를 찾아보는가? 혹은 정부, 학부모 또는 신문이 요구할 때까지 기다리는가? 당신은 설문에 누구를 포함하는가? 당신은 질문과 옹호의 균형을 맞추는가? 당신은 잠재적으로 난처할 수 있는 자료를 피하는가? 당신은 당신의 경험을 시험하는가? 당신의 기본 가정에 도전하는가? 당신은 최근에 얼마나 많은 메신저를 전달하는가? 당신은 오로지 숫자에만 의존하는가? 또는 사람들에게 그들이 어떻게 느끼는지, 그들이 무엇을 생각하는지, 그들이 개인적으로 그리고 조직을 위해서 무엇을 바라는지 물어보면서 이야기하는가?

- 조직을 통해 현실의 이해가 공유되고 있고, 그것들로부터 당신은 공유되는 새로운 지식을 창조하는가? 모두가 '아는 자'에 반대되는 '학습자'가 되는 것을 지지하는가? 그 환경은 지속적인 배움을 지지하는가 또는 그저 우연의 일치인가? 당신은 정보를 가지고 무엇을 하는가? 그것은 특권인가? 사람들이 그것을 알기 위해서는 학위나 직위를 가져야 하는가? 당신은 공유된 이해를 개발하고 그 자료로부터 지식을 만들어가는가? 당신은 당신의 추측을 지지하는 오직 그 자료만 수용하는가? 또는 당신은 '만약 우리가 이것을 다른 관점으로부터 본다면?'이라고 묻는가? 누가 공유된 이해를 만들었는가? 누가 이 결정에 영향력이 있는가? 모든 학교의 자료들은 부모들이 이용 가능한가? 직원들이 이용 가능한가? 당신은 발전적인 직원인가? 어떻게 그 발전이 기관을 통해 공유되는가? 당신은 새로운 지식을 창조하는가? 당신의 조직은 이전에는 갖지 못했던 능력을 보여주는가? 그 새로운 지식이 어떻게 현실을 바꾸는

가?

❏ 지식이 당신의 갈망하는 미래를 향한 효율적인 행동으로 바뀌는가? 사람들은 새로운 지식을 이용할 수 있는가? 그것은 적절한가? 그들은 그것을 사용하는가? 혹은 사람들은 기사와 책을 인용하지만 성과를 얻지는 못하는가? 당신의 계획은 무엇인가? 당신의 우선사항은 무엇인가? 직원 개발 프로그램을 설계하는 것에는 누가 참여하는가? 사람들은 전문적인 실천을 공유하는 데 얼마나 많은 시간을 갖는가? 당신의 에너지들은 당신이 바라는 미래를 위해 집중되어 있는가? 또는 당신은 수백 개의 우선사항을 추구하고 있는가? 당신의 현실과 상상 사이의 차이를 어떻게 줄이는지 얘기할 수 있는가? 당신은 당신의 진보의 기준점을 확인할 수 있는가? 당신의 조직은 이전에 가지지 않던 능력을 보여주는가?

『인내』

Perseverance by Margaret Wheatley(Berrett-Koehler, 2010)

　　1990년대 초기부터 공동체에 대한 메그 위틀리(Meg Wheatley)의 관점과 혁신적인 경영 실천은 그녀를 조직 학습과 변화에서 세계적인 네트워크의 선구자 중의 중심적인 인물이 되도록 만들었다. 2000년대 중반에 시작하여 2008년의 경제대공황이 가속됨에 따라 그녀의 친구들, 고객들 그리고 사업적 지인들 사이에서 보이는 불안함에 집중했다. 심지어 사업적 압박의 고난에 직면했을 때 가장 조직적인 학습 지향적 지도자조차 그들의 대부분의 계몽 운동들을 축소하도록 압박감을 느꼈다. 그녀는 역경에도 불구하고 끈기에 대한 개인적인 명상 즉 인내심(PERSEVERANCE)으로 반응했다. 이것은 (교육 개혁을 포함한) 조직적 변화에 헌신한 그들의 노력과 마음의 평화를 유지하기 위한 방법을 찾고 어떤 이유에서든 그들의 작업이 더욱 어려워진다는 것을 발견한 사람들에 의해 솔직하게 기술되었다.

- 아트 클라이너(Art Kleiner)

822

8. 시스템 시민

■ 상호의존적인 세계를 위한 교육

피터 센게(Peter Senge)

만약 우리가 학교를 변화하는 사회를 위한 운송수단으로 본다면 어떨까? 만약 우리가 교육을 학생들이 건강한 미래를 위해 학교 내에서와 학교를 넘어서 발생할 필요가 있는 여러 변화를 일으키는 데 필요한 것을 배우는 리더십을 개발하는 실험실로 보면 어떨까?

수년간 나는 종종 어린아이들이 참석하는 세대 간의 여러 대화 그룹에 참가해왔다. 한 모임에서는(국립학교연합에서 거물의 위치에 있는) 교육장이 11세 아이 두 명과 마주보고 앉았다. 교육장인 래리는 학생들에게 오늘날의 세계에 대한 생각을 물어보았다. 약간의 망설임과 함께 11세의 소녀는 말했다. '우리는 어느 정도 당신이 당신의 개인적·정치적 힘(영향력)을 이용하고 그리고 우리의 것도 이용한다고 생각한다.'

몇 년이 지난 뒤 세인트루이스에서 모인 큰 공동체에서 어른과 아이가 섞인 채로 차례대로 말하는, 그들이 왜 거기 있는지가 반영된 또 다른 '체크-인'이라는 작은 써클이 있었다. 선생님은 음식과 물 공급과 같은 지속가능성 이슈들에 대해 걱정한다고 말했다. 다른 어른은 그들의 지역사회의 빈부격차에 대해 언급했다. 그다음에 9~10세 정도로 보이는 어린 여자아이가 말을 할 차례가 되었다. '나는 살고 싶어요'라고 그녀는 간단하게 말했다.

이러한 언급들의 노골성은 종종 어른들을 깜짝 놀라게 했다. 그러나 우리는 놀라서는 안 된다. 오늘날의 젊은이들은 전례 없는 방식 속에 성장하고 있다. 그들은 이전 세대들을 거뜬히 능가하는 세계의 상태를 인식한다. 그들은 기후 변화와 화석연료의 중독에 관해서 알고 있다. 그들은 끈질긴 빈부격차에 대해서 알고 있다. 그들은 종종 다른 나라의 친구와 함께 직접 의사소통하며 서로 존중하며 사는 세계 문화의 노력에 대해 알고 있다. 그들이 듣는 생태계의 붕괴, 테러리즘, 경제 불안, 좋지 않은 리더들 그리고 신뢰할 수 없는 시설 등 대부분은 부정적이다. 그러나 이런 모든 부정적인 메시지들은 그들의 기여하고 싶은 깊은 욕망을 약화시키지 못한다.

세인트루이스에서의 그날 이후 250명의 청중은 그들만의 지속가능성 계획들에 관한 학생들의 여러 발표를 들었다. 거기에 있던 사람 중 아무도 그녀와 그녀의 학급 친구가 그들의 중학교에서 만든 풍차에 관해 말한 12세의 안나리스를 잊지 못할 것이다. 그 계획은 그들의 교사가 화석연료에 기반을 두지 않는 대체 에너지로의 이동이 필요함에 대해 이야기한 과학 수업에서 시작됐다. 안나리스와 그녀의 4명의 학급 친구들(그녀는 그들의 이름을 각각 말했다)은 방과 후에 선생님과 그들이 개인적으로 할 수 있는 것을 물어보는 대화를 나누었다. 곧 풍차 아이디어가 탄생했다. 그들은 공학자, 사업가 그 외에 각기 다른 선택권을 선별해주고 제안을 성장시켜줄 부모님들과 함께했다. 그런 다음 그들은 그들의 생각을 학교 교장선생님에게 제시했고 그들의 시장에게 제시했다.

'나는 우리의 발표가 시장님과 잘 진행될 수 있을까 걱정했다.'라고 회의 전에 안나리스는 회상했다. '그녀는 우리가 우리의 생각을 제시할 때 아무 말도 하지 않았다.' 그럼에도 불구하고 그들은 나중에 시장님과 의원들로부터 두 번째 발표에 대해 회신을 받았고, 그것으로부터 프로젝트는 시작되었다. 안나리스는 지금 학교를 위한 동력을 제공하는 그녀의 수직 풍력 터빈 사진과 함께 3분 정도의 주목할 만한 이야기를 끝마쳤다.

어린 아동들이 성취한 것에 놀란 어른들의 시선을 받으면서 안나리스는 노트를 내려놓고 청중들을 바라보며, 약 75파운드*의 열정적 결정을 말했다. "우리 아이들은 종종 '우리가 미래'라는 말을 듣습니다. 우리는 그 말에 동의하지 않습니다. 우리는 그만큼 많은 시간을 갖고 있지 않습니다. 우리는 당장 변화를 만들어야만 합니다. 우리 아이들은 준비가 되어 있습니다. 어른들은 어떠한지요?"

나는 오늘날 아동들이 그들이 자라고 있는 세계적 조건에 대해 알 뿐만 아니라 우리가 생각하는 것보다 그 이상으로 그들은 그 세계에 연관될 준비를 매우 충실히 하고 있다. 물론 어른으로서 우리는 이러한 사실들을 잘 모른다. 너무나 쉽게 어른들은 아동에 대한 잘못된 생각을 발전시킬 수 있다. '아동은 세상에 신경 쓰지 않는다. 그들은 단지 비디오 게임, 문자 보내기, Facebook에만 관심이 있다.'

어른들이 이렇게 믿을 때 우리는 아동이 앞으로 나아갈 어떠한 공간도 만들어두지 않는다. 변화를 만들 기회가 거의 없기 때문에 많은 이가 의문을 제기할 장소가 없으며 그들이 말해야 할 것을 아무도 신경 쓰지 않는다는 것을 느끼면서 거리를 두고 무관심해진다.

그러나 나는 시간이 흐른 뒤 그 공간이 만들어졌을 때 안나리스와 같은 어린이들이 앞으로 나아가는 것을 보았다. 나는 오늘날 학교의 핵심 목적이 그러한 종류의 공간을 만드는 것이 되어야 한다고 믿게 되었다. 아이들은 반응할 것이다. 몇몇은 말하기 위해 나아갈 것이고 다른 몇몇은 무엇인가를 만들기 위해, 그리고 여전히 다른 몇몇은 보다 체계적인 방법으로 살아가는 것을

---

* 역자주 34kg 무게를 지닌 어린 학생

실제로 보여줄 것이다. 많은 이가 이미 된 것처럼 그들은 그들 미래의 시스템 시민이 될 것이다.

∬ 574쪽의 '청소년 리더십 포럼' 참조

■ 시스템 시민권 격차

우리가 다른 곳에서 살펴봤듯이, 지난 150년간 전 세계에 퍼진 산업 시대 교육체계는 다가오는 몇십 년간 급격히 변화할 것이다. 그것이 쉽기 때문에 변화하는 것이 아니다. 사실 대부분의 교육자들이 이미 잘 알고 있듯이, 초등학교와 중등학교는 어떠한 기관보다도 혁신과 변화에 저항적이다. 그럼에도 불구하고 인간 사회가 살아남고 번창하기 위해서 변화가 필요하기 때문에 교육의 근본적인 변화는 일어날 것이다. 산업 시대 즉 기계의 시대는 끝나고 있다. 그리고 교육 시스템을 다시 생각하고 다시 틀을 짜지 않고서 새로운 것으로의 이행은 불가능할 것이다. 교육 시스템은 산업 시대 세계관과 기능의 주된 전파자 중의 하나였고, 이것은 계속되고 있다.

∬ 39쪽의 '산업화 시대 교육 시스템' 참조

역사에 있어 현재의 순간은 난해한 역행의 시간이다. 한편으로 글로벌 산업적 확장이 삶의 질을 위한 비범한 물질적 혜택과 기회들을 가져왔다. 인간 역사상 처음으로 수십억 명의 사람들이 그 이전 어떠한 때보다 더 오래 살 것이며, 민주적인 절차, 공교육과 같은 상상할 수 없었던 삶의 물질적 가치들을 공유한다. 이러한 이유들로 사실상 이 세계의 모든 사회는 산업적, 물질적 확장의 목표를 계속해서 추구한다.

그러나 평상시와 다를 바 없는 지속적인 산업적 확장은 상상할 수 없는 위

826

험으로 이어지기도 한다. 인간들은 다른 종들과 생태계를 전례 없는 속도로 파멸시키고 있고 그들의 생태학적 환경을 지역적으로나 전 세계적으로 전에 없이 바꾸고 있다. 세계야생생물기금(the World Wildlife Fund)에 따르면 오늘날의 글로벌 경제를 부양하는 것은 지구의 1과 3분의 1의 자원을 소모한다. 만약 중국이 미국의 물질적 수준의 소비와 낭비에 도달한다면 우리는 2개의 지구가 필요할 것이다. 만약 인도 또한 그렇게 한다면 우리는 3개의 지구가 필요할 것이다. 그러나 우리는 오직 하나의 지구만을 가지고 있고 자연의 온화함의 범위 내에서 살아가는 것은 점점 어려워진다. 인간은 우리의 현재 산업적 물질주의적 존재 양식인 '취하고-생산하고-낭비하는' 방식을 늦추어야 한다.

이 불안에 의해 만들어진 도전은 사회적이고, 경제적이며 또한 생태학적이다. 사실 모든 이러한 도전들은 상호의존적이다. 국제적 이동성, 이주와 사업 활동의 급격한 가속화는 임금과 기회보다 경쟁이 광범위한 실업과 사회적 대변동으로 이어지는 반면 전 세계를 둘러싼 많은 사람이 서구적 소비주의의 확산에 맞서 그들의 전통적인 문화 정체성을 보존하기 위해 싸우면서 경제적 체계뿐만 아니라 문화의 충돌을 야기했다. 많은 사람에게는 우리 인류가 우리의 사회가 촉발시킨 힘과 함께 어떻게 살아야 하는지를 잘 모른다는 명확한 인식이 있다. 그리고 우리는 단지 의도치 않은 결과에 대해 고민하기 시작했다.[31]

시스템사고를 하는 학생은 이 상황을 현대 사회의 상호의존성의 수준과 상호의존성 이해 능력 사이의 커지는 격차를 보여주는 간단한 시간별 행태 다이어그램(BOTg)으로 나타낸다.

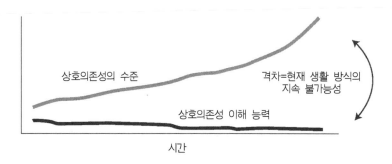

∬ 197쪽의 '시간별 행태 다이어그램 사용하기' 참조

이 상승하는 '상호의존성' 곡선은 무엇을 의미할까? 간단히 말하면 저 글로벌 산업 확장은 이전엔 존재하지 않았던 것들의 상호의존성 망을 엮었다. 재화와 서비스를 생산하는 것, 작물을 재배하는 것 그리고 우리의 일상을 사는 것과 같은 단순한 활동들은 전에 없이 지역적으로 그리고 전 세계적으로 밀접하게 연관되어 있다. 식량은 미국 소비자들이 구매하기까지 거의 2천 마일을 이동한다. 많은 모든 재화는 더욱 멀리 이동한다. 우리 삶의 방식의 낭비된 부산물들 또한 마찬가지로 멀리 이동한다. 예를 들어 우리가 운전하는 승용차와 SUV, 우리가 사는 건물들 그리고 우리의 비디오 게임과 평면 화면 TV 그리고 웹 서핑, 즉 석탄을 연소시킴으로써 발생하는 전기로 인해 미국은 세계인구의 5%에 미치지 못하지만 전 세계 온실가스의 20%를 생산해낸다. 이러한 배출은 빙하를 줄어들게 하고 봄이 짧아지고 수억 명의 북인도의 사람들을 탈수 상태에 처하게 만든다. 기상 불안정, 홍수 그리고 해수면 상승은 더욱더 많은 영향을 미친다.[32] 같은 진술은 역으로도 가능해질 것이다. 중국과 인도의 급등하는 온실가스 배출량은 미국을 능가하고 있고 직접적으로 기상 불안정과 북미의 심각한 태풍에 영향을 끼칠 것이다. 사람들의 지구 반대편에 대한 일상의 선택들이 인류의 역사에 있어서 이렇게 복잡하게 얽혀

있던 적은 없었다.

그러나 이 상호의존성 망은 커져가고 있는 반면, 상호의존성을 이해하기 위한 인간의 역량은 그렇지 않다. 당신은 인간의 역량이 몇 세기 동안 꾸준히 악화되었다고 정말로 주장할 수 있다. 인류가 부족 사회에서 농업 사회로 이동하고 더욱 최근에는 현대 산업 사회로 이동함에 따라 우리의 더 큰 살아 있는 세계로의 유대감은 계속해서 더욱 희박해지고 있다. 예를 들어 미국 아동들은 그들의 음식이 잡화점에서 온다고 믿으며 미국의 대부분의 아이들과 어른들은 모든 음식이 항상 이용 가능하기 때문에 음식에 대해 본능적인 계절 감각이 없다.

이 격차가 커질수록 우리 삶의 방식은 점점 지속 불가능해진다. 오늘날 그들이 사는 상품이 어디에서 오는지 혹은 그 제품들이 이동하는 글로벌 공급 사슬의 사회적이고 환경적인 부작용은 말할 것도 없고 글로벌 경제를 이해하는 어른들은 거의 없다. 예를 들면 대부분 유럽과 북미의 중산층 소비자들에게 제공하기 위해 운영되는 산업형 농업의 전 세계적 확장은 농부의 소득을 감소시켜 연간 수천만 명의 지방 거주자들을 쫓아냈다. 이것은 (전 세계로 음식을 운반하는 것으로부터 발생하는 이산화탄소와 고기에 대한 증가하는 수요를 충족시키기 위한 축산 확대로부터 발생하는 메탄을 포함한) 온실가스의 주된 근원이고 성장하는 축산 혹은 현금작물로 인한 삼림 파괴를 이끌었고 지난 50년간 인도와 중국의 크기를 결합한 것보다 더 많은 10억 헥타르 이상의 토양의 소실을 야기했다.

그러나 그것은 지속될 수 없다. 자연이 어떻게 작동하는지와 현대 사회가 작동하는 방식 사이의 모순은 무기한 지속될 수 없다. 금융 거품과 마찬가지로 산업 시대의 거품 붕괴는 인류 전체를 위협하는 것일 수 있다. 우리는 또한 자연을 모방하고 물질적 요구와 인간이 중요시하는 비물질적 특성 사이의 다른 균형을 맞추는 재생 또는 회복 경제 및 사회라는 '버블을 초월한 삶'의 전환기에 직면할 수 있다. 그러나 이런 종류의 생존 가능한 전환은 그 자체로는 일어나지 않을 것이다. 이를 달성하기 위해서는 우리가 사용하는 에너지, 우리가 만들고 구매하는 제품 및 폐기물의 생성 방법, 토지의 사용 방법, 인류와 다른 종의 관계 그리고 그와 관련되어서 생산된 낭비와 땅이 사용되는 방식과 인간과 다른 종족 간의 관계뿐만 아니라 조직적이고 개인적인 삶의 많은 다른 양상의 실제 변화를 필요로 할 것이다.[33]

세계적인 산업 사회의 문제점이 많기는 하지만 우리의 점증하는 상호의존성과 그 상호의존성을 이해하는 능력 사이의 근본적 차이를 언급하지 않고는 많은 실질적인 변화를 상상하기 어렵다. 어떠한 기술도 기후 변화를 홀로 해결할 가능성은 없다. 식량과 물의 증가하는 스트레스에 대처하기 위한 어떠한 국제 정부도 갑자기 나타나지 않을 것이다. 진보된 기업의 지배적인 행동으로 단기적으로 사람들과 지구에 대한 장기적인 기여와 균형을 이루도록 하는 세계적인 기업의 지배적인 운영 모델의 극적인 변화는 이루어지지 않을 것이다.

이러한 모든 변화들은 우리의 생각이 바뀔 때에만 일어날 것이다. 현대 세계의 기관들은 우리가 일하는 방식, 즉 경영진과 직원, 금융가와 규제 기관, 소비자와 시민 등이 일하는 방식으로 일한다. 우리가 생각하고 상호작용하는 방식은 정책과 실천을 형성한다. 공식적인 '리더'뿐만 아니라 그러한 기대, 규범 및 일상적인 운영 방식을 형성하는 우리 모두는 상호의존성에 대한 깊은 이해 없이는 변화되지 않는다.

사회의 진정한 요구를 충족시키는 것이라면 시스템 시민권 격차를 해소하는 것이 교육 제도의 핵심적인 의무가 된다. 산업 재해의 심각한 불균형을 이해하고 능동적으로 대처하기 위해 적극적으로 행동할 수 있는 시스템/시민들을 개발하는 것은 교육의 목적에 대해 생각하는 매우 드문 방법이다. 그것은 주류 관점과는 거리가 멀다. 하지만 이것은 정확히 안나리스와 그녀와 같은 수백만의 사람들이 요구하고 있는 것이다. 그녀가 말했듯이, 진짜 질문은 '우리가 준비되었는가?'이다.

■ 맹점 : 교육의 목적

이것은 너무 거창하게 들릴 수 있지만, 나는 오늘날 학교에 있는 아동들이 변화의 현재 순간의 중요성을 느낄 것이라고 믿는다. 그들이 그것을 매우 다양한 방식으로 표현할지라도 그들은 모두 같은 것, 즉 전체를 위한 시민권이 오직 오늘날 중요한 시민권인 것을 알고 있다. 그들은 어느 곳에서든지 사람들이 북민스터 풀러(Buckminster Fuller)의 말을 빌리자면 '모두를 위해 작동하는 세계를 창조하기 위해' 함께 일해야 한다고 느낀다. 이것은 전통적인 학교 교육이 그들의 미래를 형성할 불균형을 다루지 않았을 때 그들이 왜 해체되어 있었는지 그리고 전통적인 학교 교육이 불균형을 다뤘을 때 그들이 왜 번영했는지에 대한 이유를 나타낸다.

학습의 기관들이 미래에 젊은이들이 가지는 위기를 깨닫기 위해 그리고 그들이 대부분 필요로 하는 기술과 관점을 주기 위해서 어떻게 그들 고유의 무력함을 극복했을까? 가까이에 있는 일은 어제의 최고 문화를 재창조하는 것이 아니라 내일의 상호 관계 문화를 강화하는 것이다.

이것을 성취하기 위해 우리는 21세기 교육의 범위와 본질과 어떻게 이것이 과서의 교육과 다른지에 대한 의미 있는 합의를 하여야 한다. 명확한 목표 없이는 혁신을 위한 실제적인 힘도 없다. 명확한 목표 없이는 '혁신'을 위한 모든 노력이 그저 사람들이 결국 수학, 과학과 문학에 있어서의 기본 스킬과 궁극적으로는 더 나은 시험 점수와 같은 과거의 운용적인 목표를 향해서 어떻게 일할지에 대해 아는 단일한 목표에 이르는 것에 그칠 것이다. 이러한 것들은 중요하지만 충분하지 않다. 그것들은 우리의 현대 산업사회를 건설했지만 미래의 재생적인 경제를 건설하기에는 충분치 않을 것이다.

목표에 대한 운용적 합의의 부재는 오늘날 교육 혁신을 위한 실제 생태계가 없기 때문이다. 무엇에 대한 혁신인가? 우리가 '**오늘날의 세계에서 교육을 위한 우리의 기본적인 목표는 무엇인가**'에 대한 질문에 설득력 있고 합의적인 답을 함께 규정하기 전까지 해답은 존재하지 않을 것이다. 만약 이것이 사려 깊게 그리고 학생들, 교사들, 부모님들, 지방 기업, 공동체 지도자들 등의 주요 이해관계자들의 의미 있는 교차 구역에 속한 방식으로 행해질 수 있다면, 이것은 오늘날 비참하게 결여된 중심점을 만들어낼 것이다.

이것은 빠르지도 쉽지도 않을 것이다. 그것은 학교의 내재적인 지역성을 존중하는 방식과 그 학교들을 그들이 일하는 지역사회에 연결하기 위해 일하는 방식으로 되어야 할 필요가 있다. 그러나 광범위한 공감대가 필요한 분야도 있을 것이다. 학생뿐만 아니라 효과적인 노동자가 되기 위해 학생들이 필요로 하는 중요한 기술과 지식 영역은 무엇인가? 이러한 기술은 전통 교육의 목표에 어떻게 부합하는가? 필요한 교육 및 교육의 기본 혁신은 무엇인가? 어떻게 하면 우리가 가르치는 것을 최고의 교수이자 가장 영리한 직업으로써 끌개(attractor)로 만들 수 있을까? 그리고 마지막으로 여기에 있는 학교들이 우리가 어른으로서 이미 알고 있는 것을 '아이들에게' 가르치고 있는가? 아니면 교육의 목적은 이제 우리 모두가 건강하고 지속가능한 삶의 방식을 창조하는 데 필요한 역량을 함께 배우는 방법을 제공하는 것인가?

젊은이들은 후자를 갈망한다. 그러나 대부분의 어른들은 의식적으로든 아니든 전자를 추정한다. 이 가정에 의문을 제기할 시간이 있다면 그것은 지금이다. 150년 전 사회는 공장에서 노동자를 필요로 하기 때문에 학교는 그들을 생산하도록 설계되었다. 오늘날의 사회는 기술자, 기업가, 디자이너, 건축가, 교사, 의사 및 간호사, 관리자 및 근로자가 지속가능하고 풍요로운 세계 문명을 창출하는 데 도움을 줄 수 있는 직원이 필요하다. 이것은 작은 변화가 아니다.

교육은 50년 혹은 그 이상, 오늘날 학생들의 생애를 담아내야 하는, 시간적 지평이 내제된 사회적 기관이다. 사업, 정부와 미디어는 이러한 관점을 갖고 있지 않지만, 교육은 본질적으로 이러한 관점을 가진다. 이것이 학교에 대한 태도가 사회의 미래 방향을 나타내는 이유이며 학교가 인류가 필요로 하는 근본적인 변화를 장기간 가져오기 위한 주된 근원으로 주요한 기관이어야 하는 이유이다. '교육은 당신이 세상을 바꾸기 위해 사용할 수 있는 가장 강력한 무기이다.'라고 넬슨 만델라(Nelson Mandela)는 말했다. 어떠한 다른 기관도 같은 방식으로 이러한 잠재력을 갖고 있지 않다.

教化(교화, jiao hua)는 '변화하기 위해 가르치는 것', 즉 '교육'에 대한 가장 가까운 전통적 중국 용어

인류 역사의 훨씬 전으로 가면 이러한 관점으로 교육을 바라보는 전례가 있었다. 최근 중국의 이야기 중에서 중국에서 유명한 전통적 중국 문화(도교, 유교, 불교)의 달인 Nan Huai-Chin씨는 최근까지 '교육'이라는 단어가 중국어에서 존재하지 않았다고 지적했다. 이것은 서양으로부터 중국에 들어왔다. 가장 가까운 전통 중국어는 教化(jiao hua)였는데

이것은 문학적으로 '변화하기 위해 가르치는 것'으로 번역되었다. 이것은 전통적인 중국에서 가르침을 통해 사람들을 바꾸는 것이 책임이었던 황제부터 사회를 개선시키기를 추구하는 모든 사람들의 일이었다.

예를 들어 유명한 황제이자 전형적인 중국 지도자는 기계에 관한 현존하는 지식을 중국에서 거의 5천 년 동안 사람들이 읽은 주요 문헌 목록에 정리했다. 그는 또한 천문학, 기상학, 예술과 시와 같이 다른 영역을 가르쳤다. 전해진 바로 그의 기본적인 직업은 사람들이 잘 살기(웰빙) 위해 지식을 전달하는 것이었다.

글로벌 시스템 시민을 창조하기 위해 교육하는 것은 우리를 친숙하지 않은 영역으로 이끈다. 이것은 모두에게 낯설다. 아무도 어떻게 하는지에 대해 알지 못한다. 요구되는 학습의 과정에 대한 일치가 없는 것처럼 정해진 교육과정이 없다. 게다가 이것은 교육자만의 책임이 아니다. 학교에 내재한 (특히 지역적으로 운영되는 국립 학교의 경우) 변화에 대한 저항은 학교, 기업, (사회적 서비스, 의료, 다른 지방의 조직들을 포함한) 시민 사회 리더의 공동체와 지방 정부가 함께 지속적인 교육 혁신을 위한 환경을 만들기 위해 일할 때까지 혁신에 훼방을 놓을 것이다.

ʃʃ 18쪽의 '활동의 세 가지 포개진 구조' 참조

이러한 맥락에서 우리의 중요한 목표는 교육적인 개혁이 아니라 교육의 전체 과정을 다시 맥락과 관련짓는 것이 되어야 한다. 즉 그들의 학교 환경에 더욱 책임을 가지는 방법을 배우고 점점 복잡한 실생활 공동체 이슈에 대해 그들이 착수하는 것처럼 다양한 이해관계자와 상호 연결하는 것으로 이동하는 어린아이들과 함께 시작해야 한다. 학생들은 누군가의 교육과정의 수동적인 수령인이 되는 것을 멈추고 시스템 시민으로의 시작점인 상호의존적인

세계를 위한 책임감과 효용성을 발전시키는 능동적인 주체자가 될 것이다.

■ 교육의 질

이 에세이의 나머지 부분에서 나는 시스템 시민을 위한 학교가 가질 수 있는 자질에 대해 묘사하고 싶다. 물론 세부 사항들은 지역마다 다를 수 있지만, 이미 시스템 시민을 발전시키는 데에 헌신하고 있는 다양한 학교들과 함께한 경험으로부터 온 전반적인 개요는 명확하다. 이것이 우리가 배운 것이다.

∬ 389쪽의 제이 W. 포레스터, 437쪽의 린다 부스 스위니의 글 참조

아동들과 어른들이 학습하는 곳

전통적인 학교는 어른들이 아이들을 학습하도록 만드는 것을 추구하는 장소이다. 대조적으로 시스템 시민을 교육하는 것은 모든 사람으로부터 학습하는 것을 요구한다. 교사들은 그들이 통달하지 못한 과목에서 질문을 유도하는데, 그 과목을 통달한 사람은 아무도 없기 때문이다. 운영자는 믿음, 취약성, 공유된 비전을 강화하는 환경을 만들고 따라서 그들은 가끔 어떻게 그들의 행동이 바뀌어야 하는지를 보는 것에 매우 개방적이게 된다. 부모와 공동체 구성원들은 인간 공동체가 그 자체를 연결하는 흥분과 에너지에 사로잡힌다. 천 년 동안 일어난 것처럼, 우리가 정말로 아이들을 가치 있게 여기고 아이들의 말을 들을 때 그들이 배우고 성장하려는 열정은 우리의 꼼짝 않는 태도에 스며든다. 심지어 단일 학교의 소우주에서도 우리는 옛 중국 격언의 지혜를 발견한다. '모든 황금기의 특징은 아이들이 사회의 가장 중요한 구성원이며, 교육이 가장 존경받는 직업이라는 것이다.'

특히 교사들에게 이것은 교수법과 교실 교육 전략을 바꾸는 엄청난 도전에 직면하여, 기존에 확립된 '가만히 서서 전달받기' 규범을 포기하는 것을 의미한다. 학습자의 현저한 다양성을 어떻게 다룰 것인가? 아이들이 스스로 생각하는 방법을 배우는 과정에 있을 때 어떻게 그들을 지지할 것이며 서로를 위한 성찰의 공간을 어떻게 만들어낼 것인가? 어떻게 모든 교육을 위한 기반으로서 인간 발달의 깊은 지식을 적용할 것인가? 하나가 다른 주제를 지원하기 위해 발달지향성과 다양한 주제 자료를 어떻게 혼합할 것인가? 그리고 어떻게 모두가 지속적으로 이러한 변화를 달성하기 위해서 함께 더 나은 일을 할 것인지를 배울 수 있을 것인가?

사람들이 그들의 목소리를 찾을 수 있는 장소

시스템 시민들을 위한 학교들은 위의 모든 것 이외에도 인류를 성장시키고 특유하게 내재되어 있는 우리 각각의 책임감과 목표의식을 육성하는 데에 끊임없는 헌신을 포함한다. 각각의 아이의 비전은 그들의 모습처럼 독특하다. 각각은 다른 사람들이 보지 않는 차이를 만들 방법을 볼 것이다. 시스템 시민들은 모두에게 시스템 도구의 표준 세트를 가르침으로써 조립라인에 굴러 떨어지지 않을 것이다. 그들은 각각의 아이가 상호의존적인 현실에 대한 독특한 감각을 키울 수 있도록 도와줌으로써 성장해야 한다.

Nan은 '인간 본성은 교육의 핵심 질문입니다.'라고 말했다. '왜 아기들은 그렇게 다르게 태어나는가?' 우리의 독특함의 깊이를 이해하기 위해서 당신은 아기들이 이승으로 가져오는 내재된 업보(karma)의 자질들을 보아야 한다. 만일 우리가 각 개인이 포함하는 차이점들을 보지 못한다면, 선생님들은 아마 양육의도와 다른 역효과를 가져오게 될 것이다. 서양인들이 많은 환생을 통해 발전된 영혼의 자질을 생각하는 것에 익숙하지 않은 반면, 개인이 독특하다는 생각은 우리에게 이질적이지 않다. 정말로 개인이 그 또는 그녀 자신을 위해 '생명, 자유 그리고 행복의 추구'에 대한 각각의 의미로 정의할 때, 각각의 권리를 부여받을 수 있다는 것이 서구 계몽주의와 민주주의의 초석이다.

학교의 가장 오래된 기능 중 한 가지는 젊은이들이 그들의 직업과 사회에 가치 있고 자급자족할 수 있는 기여자로서 발전시키는 나름대로의 길을 찾도록 도와주는 것이었다. 이 중요한 일의 본질은 단어 'vocation, 직업'의 어원의 뿌리와 같이 당신의 목소리를 찾는 것에 관한 것이다.

Vocation

vocation(직업)이라는 단어는 글자 그대로 'calling'을 의미한다. 그리고 'to call'을 의미하는 라틴어 *vocare*에서 왔는데, 영어 단어 'voice'를 만들어낸 vox와 같은 뿌리로부터 유래하였다.

세인트루이스의 풍력 터빈에 대해서 자신감 있게 말하던 어린 소녀 안나리스를 기억하라. 그녀의 자신감과 명확함, 간결하고 분명한 표현은 청중들의 넋을 빼놓았다. 그녀는 그 이후로 계속 진행했던 프로그램의 몇몇의 어른들과는 매우 대조적으로 낭비되는 단어가 없어 보였다.

그녀의 아버지와의 감동적인 대화에서 이것이 항상 자주 있는 것은 아니라는 것을 알게 된 건 그 이후였다. 그는 눈물을 흘리며 딸의 발표 이후 쉬는 시간에 내게 와서 "저는 믿을 수 없어요. 당신은 저와 안나리스의 엄마가 오랫동안 딸이 매우 수줍어하는 것을 걱정해왔던 걸 이해해야 해요. 너무 조용한 아이예요. 우리는 그것에 대해 매우 걱정했어요. 저는 딸이 자신만의 목소리를 찾았다고 생각이 들어요."라고 말했다.

나중에 그의 말을 생각하면서 나는 그녀는 그녀의 목소리를 찾은 것인가? 아니면 우리가 우리의 귀를 찾은 것인가?에 대해 궁금해졌다. 오직 소수의 교육자들만이 음식, 에너지, 물 그리고 가난에 관한 젊은 리더십의 힘을 굳게 믿는다.

많은 어린 사람이 그들이 잠재력을 표현하는 것을 막는 자기 충족적인 예언에 가로막힌다. 더욱이 많은 어른은 우리의 현재사회를 특징화하는 그 엄청나고 성장하는 불균형에 대해 운명론적이다. 문제들이 해결책들보다 너무 커서 그 결과 아무것도 이루어지지 못한다고 믿기 쉽다. 아이들은 운명론 또는 비관주의를 갖고 있지 않다. 그리고 한번 그들이 몰두하면 그들은 몰두한 채로 머무른다. 이것은 그들의 미래이고 그리고 그들은 심지어 어른들이 잊었을 때에도 실제 교육에 대한 모든 것이 무엇인지 본능적으로 알고 있다.

고급 기술을 위한 인큐베이터

교육자들은 고급 기술을 위한 많은 틀을 가지고 있다. 우리의 경험은 반복해서 되돌아온다.

❏ 시스템사고와 복잡성 이해하기

∬ 876쪽 7장 미주 16번 베리 리치몬드의 '시스템사고의 기술' 참조

❏ 성찰

❏ 협력과 학습 파트너십 체결

❏ 의사소통과 경청

❏ 디자인 사고 : 우리가 바라는 성과를 창출할 수 있는 시스템을 만드는

방법

❏ 자기 감각 : 열망, 자기 동기부여, 자기 통제

❏ 효능감 : 우리가 관심을 가진 문제에 어떻게 영향을 끼칠 수 있는가

이것들은 시스템 시민들이 직접 갖고 있어야만 하는 사고력과 상호작용의 기술이다. 시스템 시민들은 단순히 시스템의 자각, 비선형 피드백 그리고 레버리지만이 아니라 오늘날 많은 학교에 의해 거의 무시되고 있는 다른 차원의 사고와 학습의 기술을 통합한다. 여러 가지 면에서 이러한 것들은 조직 학습을 구축하기 위한 '핵심역량', 즉 아이들과 어른들의 개인적이고 집단적인 학습 능력을 지속적으로 개발하는 데 필요한 것이다.

∬ 100쪽의 '팀과 다리가 세 개 있는 의자' 참조

교육자들은 이것들을 '고급 기술'로 생각하는 경향이 있다. 그러나 이것들은 우리의 나이에 상관없이 우리가 직면하는 복잡한 실제 삶의 문제를 해결할 때 포함되는 기술이다. 말하자면 복잡한 수학이나 물리 문제보다 매우 다른 방식으로 복잡하다. 오랫동안 대학원 교육의 범위로 여겨지던 20여 년의 증거는 올바른 종류의 교육과 종합적인 환경학습과 함께 이런 기술들이 초등 교육에서 양성될 수 있고 중등 교육 때 현저하게 발전할 수 있음을 현재 보여준다. 단순히 엘리트뿐만 아니라 대다수의 학생들도 그렇다.

∬ 437쪽의 린다 부스 스위니의 '점을 연결하는 것을 배우기' 참조

성찰과 협력적 학습을 위한 실천의 장

모든 연령의 시스템 시민의 기술을 육성하는 데 있어 한 가지 중요한 요소는 우리가 학습한 것을 종종 '실시간'으로 성찰하는 능력이다.

투손(Tucson)에 있는 볼튼(Borton) 마그넷 초등학교처럼 시스템사고를 개척하는 학교에서는 유치원생들이 그날의 학습을 차트로 만든 '시간별 행태 그래프 변화(BOTg)'를 공유함으로써 하루를 끝내는 것이 보통이다. 그래프를 벽에 게시해놓은 채 그들은 둥글게 서서 그들이 배운 것에 대해 시간별로 얘기한다. 그들이 많이 배운 시간에는 그래프는 매우 꼿꼿이 서 있고, 그들이 적게 배운 시간에는 땅바닥에 가까이 선다. 만약 그들이 그 사이였다면 그들은 가운데에 서 있다. 그런 다음 각각의 아이는 그들이 신선하고 활력이 넘쳐 있을 때, 힘들거나 산만해 있을 때, 그들이 배고플 때를 포함한 매 시간 그들의 경험을 형성한 일에 대해 얘기한다. 이런 단순한 실제 사례에서 성찰은 아이들 각자의 학교생활의 일부분이 된다. 마찬가지로 중요한 것은 그들이 서로 다른 사람들의 경험의 독특함을 인식하게 된다. '어떤 기분이니?'라는 질문에는 옳고 그른 답이 없다. 그곳엔 올바른 하루를 정의하는 표준화된 곡선은 존재하지 않는다. 각각은 존중받는다.

∬ 388쪽의 '교실에서의 시스템사고' 참조

그들이 조금씩 나이가 들어가면서 이런 유형의 학교에 다니는 아이들은 학교생활의 패턴을 보는 것에서 그들의 삶에서 일에 대한 시스템적인 힘을 경험하는 것으로 옮겨간다. 교육개혁가들 사이에 널리 확산되어서 시청하는 비디오 중 한 가지는 3명의 1학년생들이 앉아서 왜 그들이 운동장에서 싸웠는지를 이해하기 위해 그들이 강화 피드백 루프를 검토하는 것을 보여준다.[34]

"첫째로, 우리는 나쁜 단어들을 갖고 있어."라고 6세 아이가 그들의 루프를 지적하면서 말했다. "그다음 상처 입은 느낌들이 있고 그리고 더 많은 나쁜 단어들이 있어." 그 아이는 그 논란들은 그 이후에 시작됐다고 말한다. 비디오를 보는 어른들에게 특히 놀라운 것은 '우리가 이 시스템에 개입할 수 있는 다른 방법들'에 대한 자발적인 대화였다.

역시 6세의 다른 아이가 "우리는 미안하다고 말하려고 노력 중이었어."라고 말했다. 그 아이는 계속해서 말하기를, 그것은 나름 효과가 있었으나 더 잘 작동할 수 있는 다른 것들이 있다고 결론지었다. 그들은 시스템의 레버리지를 어디서 찾아야 하는지 그들이 이해한다는 식의 말을 한다.

이처럼 간단하고 일상적인 방식에서 학생들은 비난과 절망을 넘어서는 것을 배운다. 그들은 그들 자신만의 삶과 그들에게 중요한 것을 성취하기 위한 본질적인 추구를 더 잘 이해하기 위해 영원한 도전(운동장에서 싸움을 하지 않는 것과 같은)에 참여한다. 그들의 호기심은 더 키워지고 그들의 타고난 책임감은 발전한다. 이것들은 시스템 시민의식을 위한 두 가지 기초들이다. 어려운 문제들을 함께 해결하는 방법을 배우면서 세 번째가 점차 제 자리를 잡아간다. 그들이 서로를 비난하는 것을 일단 멈추거나 또는 그들의 다툼에 죄책감을 느끼면 그들은 어떤 것을 바꾸기 위해 협력할 수 있다. 지난 여름 나는 지금은 7세가 된 소년들 중 한 명을 만나서 요즘 어떤 지에 물었을 때 그는 이전에 싸웠던 두 명이 지금은 최고의 친구라고 말했다.

복잡한 문제들에 대해 어떻게 협력했는가에 대한 지식과 희망 그리고 호기심을 토대로 학생들이 더 큰 공동체의 사건들을 다룰 만큼 성숙하는 것은 자연스럽다. 핵심은 학습이 자신에게 실제로 중요하고 자신들과 관련된 것에 초점을 맞추고, '우리 학교를 위한 재생 가능 에너지를 어떻게 얻을 수 있을까?'와 같이 특히 어른들이 어떻게 해결해야 할지 모르는 경우와 같이 중요한 문제를 해결할 수 있는 공간을 제공하는 것이다.

성인들도 성찰과 협력을 규칙적으로 실행할 필요성이 있다. 불행히도 많은 교육자는 일상적인 업무 환경의 일부로 자신만의 성찰과 학습을 위한 공간을 준비하지 않는다. 그리고 대부분의 교장들은 그 공간을 만들어내는 역할이 중요하다고 생각하지 않는다. 비성찰적 관행은 교사에게 오직 교실에서만 시간을 보내도록 하는 재정 시스템에 의해 강화된다. 여름 방학 기간에 전문성 발달 기회가 집중되며 집단적인 역량이 아닌 개인적 문화를 요구한다. 이것은 오늘날 변화를 몰고 가려는 정책적 흐름에 의해 더욱 강화되기조차 한다. 교사 개인 능력이 공개적으로 평가될 때 그것은 스포츠팀의 구성원이 서로 경쟁하며 스타플레이어가 되려고 하는 것과 거의 같은 영향을 준다. 팀 성공은 고통스럽다.

∬ 586쪽의 '일방적인 교직원 개발을 더 이상 하지 않기' 참조

협력에 관해 단조로움을 넘어서기 위해서 그리고 지속적인 협력과 집단적인 혁신의 환경을 만들기 위해서는 시간과 많은 노력이 필요하다. 이 책에 묘사된 다양한 시스템사고를 개척적으로 실천하는 곳인 애리조나주 투손(Tuscon)의 오렌지 그로브(Orange Grove) 중학교의 전 교장인 메리 쉬츠(Mary Scheetz)는 '내가 교장으로서 이끌려고 노력했던 모든 변화들 중에서 선생님들이 팀을 꾸리는 방법을 배우도록 하는 것이 가장 어려웠다.'라고 말했다. 쉬츠는 개인적으로 교사들이 성찰하는 것과 서로의 이야기를 듣는 것 그리고 불가피하게 발생하는 충돌 (예를 들면, 특정한 아이들을 위한 다른 교사들의 학습지도안이나 전략)을 다루는 상호 능력을 배우는 종일 수련회를 이끌었다.

쉬츠는 '대부분의 학교에서 공통적으로 실시하는 기존의 전문적인 고립방식을 적용하여 일반적으로 실현하는 것보다 협력적인 해결책에 대한 잠재력이 훨씬 더 크다.'라고 말했다.

∬ 424쪽의 '맥락과 참여' 참조

그러나 혁신 사업을 통해 배운 것처럼 성찰과 협력은 간헐적이 아니라 정기적으로 할 필요가 있다. 팀을 설립하는 것은 계속 되어야 하고 가장 훌륭한 배움의 순간들은 실패와 위기들을 다룰 때 종종 생겨났다. 학교의 매일의 일상적인 일부로서 이 공간을 만들기로 결심했을 때 쉬츠와 그리고 (후에 교장으로서 쉬츠를 계승한) 교감 트레이시 벤손(Tracy Benson)은 결국 각각의 스케줄을 재조정하였고 모든 교사들은 서로 '클리닉' 하기 위해 45～60분을 마련해두었다. "협력은 오직 교사들이 실제로 공동 작업을 실행할 수 있을 때 차이를 만들기 시작합니다."라고 벤손이 말했다. "그들은 빌리(Billy)의 선생님이 그의 첫 학기 수업에서 무엇을 찾았는지 혹은 시민학과 과학을 통합하기로 한 새로운 시스템 아이디어가 실제로 아이들에게 어떻게 작용하는지를 알 필요가 있습니다. 이것을 실제로 했을 때 선생님들은 팀인 것처럼 느끼게 합니다."

점차적으로 오렌지 그로브의 교사들은 그들이 만들고 싶어 하던 학교 문화 유형이라는 더 큰 비전을 만들기 시작했다. 그들은 학습 공동체로서 스스로를 발전시키는 지속적인 작업을 통해 그들이 상호작용하는 방식을 바꾸기 시작했다는 것을 알게 되었다. "우리는 시범을 통해 이끌어야 합니다."라고 수학교사 켈리 오코너(Kelly O'Connor)가 말했다. "만일 우리가 아이들과 서로에게 존중을 보인다면, 아이들은 그것을 알게 될 것입니다", "우리가 말하는 어떤 주제든 공동체를 설립하는 과정입니다."라고 영어교사인 제이 바웰(Jay Barwel)이 말했다. "우리의 차이점을 모두 다루는 것은 우리의 공유 비전을 만들어나가는 과정의 핵심입니다."

교사들이 팀으로서 발전됨에 따라 어떻게 그 전반적인 학교 환경이 개선되는지에 대한 그들의 이해도 점차 발전되었다. 마지막에는 그 학교에 대한 그들의 비전은 존중이라는 한 가지 생각으로 귀결되었다. 그들의 지도 규칙

으로서 이것과 함께, 그들은 그들의 학생들뿐만 아니라 그들 자신들 사이에
서도 신뢰를 쌓을 수 있었다.[35]

유대감 조성을 위한 실험실과 더욱 건강한 지역사회 설립

학교 안에서 교사들이 서로 고립된 것은 슬프게도 학교도 그렇게 되어 있기
때문이다. 학교도 학교가 포함되어 있는 더 큰 공동체인 지역사회와 분리되어
있다는 것이다. 이것은 비극적으로 자기 충족적 예언이 된다. 분리된 학교들은
지역사회를 위해 거의 기여를 하지 못했고 지역사회의 참여와 지원을 활용하
지 못한다. 이런 일이 발생하면서 학교와 지역사회 사이의 상호의존성으로부
터 얻는 상호 이익이 상실된다. 상호의존성을 인식하는 가치는 혁신적인 업무
에서 전략과 실천을 바꾸는 방식으로 이해되기 시작한다. 유니레버(Unilever,
세계 최대 소비재 회사)의 은퇴한 경영 이사인 앙드레 반 힘스트라(Andre van
Heemstra)는 "많은 조직에서 진행되고 있는 것을 되돌아보면 지속가능성에 대
한 인식이 계속 커지고 있다."라고 말했다.

"다른 형태로써 시스템사고는 우리가 과거에 보았던 것보다 더 많고 큰 상
호의존성을 볼 수 있게 해준다."라고 그는 덧붙여 말한다. 그는 "그것은 현명
한 상호의존성이다. 사회적 지속가능성 또는 환경적 지속가능성과 분리하여
상업적인 지속가능성을 생각하는 것은 무모하다."라고 말했다.[36]

어떻게 교육에서 그와 같은 상호의존성의 전략적 중요성을 깨닫게 할 수
있을까? 한 가지 방법은 지속가능성 교육의 확대 움직임을 교육자와 지역사
회 지도자들이 인정하는 것이다. 그러면 학교가 산업 시대의 거품을 뛰어넘
어 지역사회가 발달하도록 돕는 데 있어 훨씬 더 주도적인 힘이 될 수 있다.
이것은 몇몇 학교에서 새로운 전략적 필수과제가 되기 시작했다. 예를 들어

오리건주 포틀랜드의 학교 시스템은 학생들, 관리직 그리고 운영요원을 위해 모든 지역에서 이것을 우선순위로 하도록 하였다.

// 790쪽의 '마을을 발전시키려면 어린아이를 가르쳐야 한다.' 참조

　이러한 생각들이 더 널리 받아들여지면서 우리는 시스템 시민의식을 위한 교육 특히 시스템사고의 도구와 협력적 학습 기술들이 젊은이들에게 음식, 물, 에너지, 낭비와 유해성, 빈부격차, 회복적 사업과 경제 설립과 같이 그들이 직면할 핵심적인 지속가능성의 과제들의 주체가 될 필요가 있는 지적이고 발전적인 기반을 제공할 수 있다는 것을 알 수 있다. 그것은 지금 여기 우리가 살고 있는 지역사회에서 시작한다.[37]

　불행히도 지속가능성 교육으로 가려면 종종 환경 과학 교육과정을 수정해야 한다. 최악의 경우 그것은 교사들에게 추가 부담이 되고 학교의 입장에서는 추가적인 비용이 된다. 학교들은 훨씬 더 많은 것을 할 수 있다. 제이미 클라우드(Jaimie Cloud)의 연구가 보여주듯 지속가능성 교육은 학문, 연령대, 학교와 외부의 경계 그리고 실천으로부터 '교과서적 학습'을 분리하는 인위적인 경계를 넘어서는 것처럼 경계를 넘는 실천이다.

　학교와 더 큰 공동체인 지역사회를 연결하는 것은 간단하게 시작할 수 있다. 예를 들어 뉴멕시코주 산타페의 몬테 델 솔(The Monte del Sol) 차터 스쿨은 학교의 혁신적인 요구로 '지역사회 학습 계획'이라는 간단한 첫 단계를 제시했다. 그것의 작동 과정은 이렇다.

　모든 10학년 학생은 지역사회 내에 가르쳐줄 수 있는 누군가를 통해 그녀 또는 그가 배우길 원하는 무언가를 찾을 수 있다. 그런 다음 생성된 프로젝트는 그해의 필수 과목 중의 하나이다. 나는 목공예, 컨설팅과 지역사회 조직을

배우는 몬테 델 솔의 학생들을 만났다. 그들이 무엇을 배우는 가가 중요하듯이 그들이 어떻게 그것을 배우는 가도 중요하다. 교실에서 벗어나 그들은 교육의 가장 오래된 형태인 도제제도를 다시 창조한다. 이것은 그들에게 실제적인 의미를 갖는 학습으로 이끌 뿐만 아니라 성인들을 학생들과 연결시켜 학교에서 의미 있는 공헌자로 만들며, 건강하고 더욱 지속가능한 공동체를 만들기 위해 함께 노력하는 길을 열어준다.

또 다른 예는 다음과 같다. 좀 더 집중적으로 많은 교육자가 그것을 확장하고 복제하려고 노력하는 것은 매우 매력적이다. 중학교 과학 교사인 스콧 비엘(Scott Beall)은 6학년과 8학년 학생들에게 에너지 점검을 실시하고 지역 사업가들을 그들의 고객으로 참여시키는 방법을 배움으로써 자신의 과학수업을 'DoRight Leadership Corps'로 변화시켰다. 학생들은 과학을 실용적인 분석에 적용하고 그 과정에서 기업 기술을 개발하는 방법을 배울 뿐만 아니라 지역 사업들은 그들의 에너지(탄소 포함) 발자취를 줄이기 시작한다. 이런 방식으로 그 학생들은 자신들이 지역사회에 어떤 변화를 줄 수 있다는 것을 알게 된다.

학생들의 학습의 변화는 놀랍다. "DoRight 코스의 아이들이 전통적인 과학수업에서만큼이나 많은 과학을 배우는 것에는 의심할 여지가 없다."라고 비엘은 말했다. 사실 그들의 New York Regents 과학 시험 결과들은 높은 편이며 더 전통적인 수업에서 과학을 배운 학생들보다 더 높은 경향이 있다. "당신이 특별한 교육과정의 내용과 함께 지속가능성 계획을 배우는 의미 있는 서비스를 설계할 수 있는 많은 방법이 있다."라고 비엘이 말했다. "큰 성과는 학생 동기부여와 교실에서 하는 실험과 달리 과학을 한다는 것의 의미에 대한 전혀 다른 이해이다." 오늘날 '조직 학습을 위한 교육 파트너십(The Society for Organizational Learning (SoL) Education Partnership)'의 6개의 학교 시스템들은 비엘의 사례에서 영감을 받아 '아이들 발자국 프로젝트(kids footprint project)'에 대해 협력 중이다.

∬ 38쪽의 '조직 학습을 사회(SoL)' 리뷰 참조

학교와 지역사회를 재연결해주는 가장 큰 영향력 있는 전략 중 한 가지는 이미 존재하는 연결들을 '보기' 시작하는 것이다. 애리조나주 피닉스(Phoenix) 머피(Murphy) 교육구는 미국에서 가장 가난한 이웃들이 있는 곳에 위치해 있다. SoL 연구원 데니스 산도우(Dennis Sandow)에 의한 최근 연구는 어떻게 그 지역사회의 멤버들이 그들이 필요로 하는 음식과 옷을 배달해주는 상호 보완적인 후원 네트워크를 만들었는지 보여준다. 청소년 폭력, 가정 폭력과 약물 남용을 줄였다. 그리고 5년의 기간 동안 학생 성취의 증가를 발생시켰다. 산도우는 '비영리주의자, 정부 관계자, 종교인, 사업 단체, 교사, 카운슬러, 부모, 머피 교육구 졸업자들을 포함하며 이 구성원에 제한되지 않는 크고 협력적인 사회 시스템으로부터 머피 교육구와 함께 하는 이웃뿐만 아니라 학생들과 그들의 가족들이 모두 크게 이익을 얻었다. (언급하지 않더라도) 머피 교육구의 학생들, 가족들, 이웃들이 건강하고 잘 살게 하려는 이 사회시스템의 유일한 목표가 있다.'라는 것을 발견하였다.[38]

휴렛-패커드(Hewlett-Packard)와 같은 기업에서 산도우의 유사한 연구들은 이전에 보이지 않았던 협력 네트워크를 만드는 것이 그들의 힘을 강화시켰다는 것을 보여준다. "일단 사람들이 협력 네트워크를 받아들이기 시작하면 사람들은 자연스럽게 그들을 더 잘 인식하고 그것들이 얼마나 중요한지, 어떻게 운용되는지 인식하게 된다. 그것이 불투명할 때, 그들을 도외시하기 쉽다." 산도우는 '머피 교육구의 학문적 성취를 지지하는 큰 사회 시스템'을 이해하면서 지난 5년간의 이러한 참여 네트워크들을 강화시키는 것을 학생들의 성과와 연결시켰다.

조직 학습을 위한 교육 파트너십(the Sol Education Partnership)의 설립 멤버인 지역 교육장 폴 모어(Paul Mohr)는 이렇게 설명했다. "아마도 이것은 머피의 어려운 상황일 것이다. 그러나 만일 여기 학교가 뒤를 잇는다면 지역사회 건설의 중심지가 될 것이 것은 명백하다. 그럴 경우 교육자들이 하고 있는 것을 넘어 어른들뿐만 아니라 아이들을 위한 이익이 될 것이다."

더 의식적으로 학교와 지역사회를 연결하는 것은 또한 청소년 리더십 개발에 중요한 기회들을 만들어준다. "우리는 어린 사람들의 리더로서의 능력을 대단히 과소평가하는 경향이 있다."라고 최근에 뉴욕주 롱아일랜드의 휴렛-우드미어(Hewlett-Woodmere) 교육구에서 은퇴한 레스 오모타니(Les Omotani)가 말했다.

지난 수년간 오모타니는 학교들이 진행하는 많은 지역사회 대화에 촉진자로서 고등학교 학생들을 초대하였다. "젊은이들은 어른들이 갖는 더욱 건강한 학교, 지역사회를 어떻게 만들지에 대한 의미 있는 대화를 도울 수 있다는 것을 배웠다."라고 오모타니가 말했다. "어른들은 젊은이들을 사려 깊고 헌신적인 지역사회 멤버로서 받아들이는 것을 배웠다. 그것은 모두에게 큰 원-윈 전략이다." 예를 들어 최근 대화로부터 학생들은 지역사회를 통해 불가피하게 매립지로 향하는 많은 비닐봉지를 없애자는 목표를 갖고 재사용이 가능한 쇼핑백을 도입하는 'bag it'이라는 프로그램을 시작하였다.

∬ 574쪽의 '청소년 리더십 포럼' 참조

비록 두 가지가 기본적인 것이라 하더라도 이 모든 것들은 교육과정 혹은 심지어 교수법 내의 변화들을 뛰어넘는다. 학교를 학생 및 지역사회 학습의 중심지로부터 개념화하고, 교육의 내용과 과정을 실생활의 맥락과 맞물려

848

젊은이들이 학습할 기회를 만들고 지속가능한 공동체와 사회를 건설하는 데 압장설 수 있는 방법으로 시급히 전환해야 한다. 이러한 맥락에서 교육은 더 이상 어른들이 아이들에게 하는 것이 아니다. 교육은 더 건강하게 성장하고 같이 사는 지속가능한 방법들을 위한 공동학습의 장이 된다.

만일 학교에 대한 견해가 제도적 지형이 아닌 학생들의 삶의 지형으로 정의가 된다면 어떨까? 만일 교사들이 전문적인 교육가들이 아닌 학생과 소통하는 어른들 (더 나이가 많은 청년)이라면? 만일 우리가 교육에서 지속적인 혁신이 우리가 발전시키는 지역 사업과 지역사회의 서비스들, 정부 기관들 그리고 아이들의 발전을 지지하는 공통의 비전을 공유하는 가족들을 연결하는 협력적인 네트워크를 통해서 발생하는 것으로 가정한다면 어떨까? 만약 우리가 인지하는 교사의 부족이 무엇이든, 더 큰 지역사회로부터 학교가 분리되었다는 사실을 깨달았다면, 실제로 도움을 요청받기를 기다리는 많은 잠재적인 교사들이 있다는 것을 알 수 있을까?

실제 혁신의 중심

마지막으로 시스템 시민 의식 개발은 학교를 혁신의 중심으로써, 특히 사회가 산업 시대에서 벗어나게 하는 데 도움이 되는 종류의 혁신으로 자리 잡게 할 수 있다.

'공교육은 연구 개발(R&D) 능력이 없다.'라고 하버드의 기술과 기업가정신 센터(Technology and Entrepreneurship Center)의 첫 번째 혁신교육 직원인 토니 와그너(Tony Wagner)는 관찰했다. '만일 교육구가 각각의 R&D 학교를 갖는다면? 만일 교육이 그들의 사업상대가 하는 것만큼 R&D에 예산과 시간을 유사한 비율로 투자할 기회의 여유가 있다면 어떨까?'

대부분의 사업가들은 그들이 혁신하지 않으면 그들의 회사가 망해버리는 세계 속에 살고 있다. 그들은 실험으로 인한 위험을 어떻게 다뤄야 하는지, 그들은 너무 빨리 확장되기 전에 부분적 방법으로 새로운 생각들을 실험하는 데에 있어 어떻게 집중해야 하는지, 어떻게 재정을 관리하는지 그리고 어떻게 혁신에 접근해야 하는지를 이해한다. 갈수록 대부분의 혁신적인 회사들은 재생 에너지, 재료 선택 및 제품 설계('생체모방(biomimicry)' 운동)에서, 쓰레기를 제거하는 '순환 생산 사이클'(일회용 컵 제거를 목표로 한 스타벅스처럼) 그리고 가난에 주목하는 사업모델들(전 세계의 50만의 혁신적인 '작은 소유자'로부터 오는 식품을 겨냥한 유니레버의 목표처럼)과 같이 미래에 요구되는 혁신을 안내하는 신호등(beacon)으로서 자연과의 조화를 바라보고 있다. 경쟁 전략 전문가인 마이클 포터(Micahel Porter)는 미래의 성공적인 사업은 사회와의 '공유 가치' 창출에 초점을 맞출 것이라고 관찰했다. 이는 전통적으로 혁신을 추구하는 자기 중심 경쟁에서 근본적인 변화이다.[39]

시스템 시민 교육은 이미 일어나고 있는 위와 같은 변화가 조만간 교육에도 일어날 것이라고 보고 있다. 교육 혁신에 헌신적인 사람들이 경제 분야에서 일어나는 선도적인 변화를 이해함에 따라, 학교의 선도적인 변화 또한 자연스러워질 것이다. 그러면 교육자들의 개발을 시작하면서 특정 목표와 척도와 과정을 둘러싼 실천적 책무와 함께 기본적 목표에 대한 문제들이 주목의 대상이 될 것이다. 모든 변화에 있어서 노력의 대부분은 누가 변화를 이끌 것인지와 같은 실용적인 질문에 맞춰질 것이다. 리더들은 어디에나 있을 것이고 특히 학생들 자신이 리더가 될 것이다.

■ 시스템 시민 세계에서의 삶

2010년에 나는 애리조나주, 투손(Tucson)에 있는 시스템사고를 지향하는 학교 시스템 중 하나에 속한 중학교에서 상급 학교로 이동하는 학생들과 시간을 보냈다. 그들은 그들의 선택한 복잡한 주제를 고르는 것과 그것을 다른 관점으로 이해하려고 몰두하려고 노력하는 등 연말 과제를 끝내는 중이었다. 애리조나에서의 이 시간 때, 미국인이 아닌 사람들은 신분증(ID 카드)을 갖고 다니도록 하는 법이 통과되었다. 히스패닉계 사람들이 지속적으로 신분증을 요구받았다. 여럿이 이 주제를 골랐다. 다른 이들은 똑같이 임신중절 권리 또는 마약 합법화 같은 논쟁적인 공적인 토론 주제를 골랐다.

나는 그들이 이슈가 되는 주제를 골랐다는 것에 특히 감명을 받았다. 그들은 그들이 옳은 것을 알고 있다고 생각했다. 그러나 그들이 그것에 빠져들 때, 그들은 예상한 것보다 더 복잡하다는 것을 깨달았고 그들이 갖고 있었던 관점에 대해 질문하고 있는 자신들을 발견했다. 한 아이가 "신분증 문제와 같은 것에 있어 강하게 반대하는 사람들조차 그것이 합법적이라는 관점을 가지고 있었다."라고 말했다. 지금에서 나는 그것을 이해한다. 모든 것이 말해지고 이루어졌을 때 어떤 아이들은 그들이 그 안건에 대해 무엇을 생각하는지 더 이상 확실하지 않다고 말했다. 한편 다른 이들은 그들은 여전히 강력한 의견을 갖고 있다고 말했지만 그들은 다른 이의 의견도 역시 정당하다고 보았다.[40]

내가 들었을 때, 나는 '이것이 교육이다.'라고 생각했다. 당신이 스스로 다른 사람들의 실체에 몰두하고 시스템의 더 많은 측면을 볼 때까지는 안건에 대해 감정적인 의견을 갖기 쉽다. 그다음에야 당신은 다른 사람들이 어떻게 다른 관점을 갖는지 볼 수 있다.

나는 전설적인 뉴욕 도시의 교장인 데보라 마이어(Deborah Meier)에게 들은 것에 대해 심사숙고했다. "만약 아이들이 학교에서 민주주의를 배우지 못한다면 그들이 그것을 어디서 배울 것인가?" 그날 오후에 해결되지 못한 미묘한 날카로움이 있었다. 효율적인 민주주의를 위한 이러한 종류의 개방성이 얼마나 중대한지는 명백하다. 그리고 양극화와 분노 그리고 불신 같은 오늘날의 주류의 정치에서 이것이 얼마나 많이 사라졌는지 또한 명백하다. 이러한 일종의 감정이입 능력 없이 우리는 어떻게 많은 복잡한 안건을 진짜로 이해할 수 있을까? 나는 우리가 할 수 없어서 하지 않는다는 간단한 정답을 얻었다.

세 명의 6세 소년들이 운동장에서 일어난 싸움을 통해 만든 시스템을 반영한 그들의 비디오를 다시 보길 바란다. 대부분의 누군가는 그들의 사고를 더 높은 단계의 기술로 특화할 것이다. 그들은 그들 고유의 사고와 행동들이 어떻게 그들의 현실을 만들지를 함께 반영한다. 당신은 실제로 만약 '죄송합니다.'라고 말하는 것이 효과가 없었다면, 그들이 다른 것을 시도하는 것처럼 그들이 문제를 해결하고 가설을 실험하는 것을 볼 수 있을 것이다. 많은 사람은 6세 아이들은 그러한 분석이 불가능할 것이라 생각한다.

그러나 그러한 제한적인 추측은 우리 어른들과 아이들을 뒤처지게 한다. 예를 들어 전통적인 학습 발달이론들은 아이들이 먼저 읽기와 수학 같은 기본 기술을 통달하고 그 후 그들이 자랐을 때 상위기술을 배워야 한다고 주장한다. 그러나 이와 같은 학교에서의 경험은 더욱 복잡하고 훨씬 흥미로운 나선형의 진보와 같은 그림을 제안한다. 발달적으로 6세 아동은 15세 아동과는 매우 다른 단계에 있다.

그러나 6세 아동은 몇몇의 정교한 사고방식을 명백하게 통달할 수 있다. 이것은 동기를 부여하고 쓰기와 같은 더 기본적인 스킬에 의미를 더해준다. 이제

6세 아동은 의미를 가지는 무언가에 대해 쓸 수 있고, 그리고 누군가는 그 또는 그녀의 동료학습자를 가진다. 이것은 또한 언어 능력 향상에도 영향을 미친다.

보톤(Borton)과 같이 영어를 제2언어로 쓰는 학습자의 비율이 높은 경우 시스템사고 능력이 그들의 영어 학습을 가속화한다는 증거가 명백해지고 있다. 그들이 영어에 그렇게 능숙하지 않아도 정교한 방식으로 그들의 생각을 표현할 수 있는 그래프와 그림의 시각적인 언어를 줌으로써 그들의 의사소통 기술과 자신감은 상승한다. 그런 다음 그들이 그들 고유의 사고를 가치 있게 여기기 때문에 이것은 그들의 언어 능력의 발달을 가속화한다. 그들은 말할 가치가 있는 것을 갖고 있고 그들은 그것을 말하고 싶어 한다.

더욱 이러한 사실들이 입증됨에 따라 이 특별한 생각들과 제안들의 효율성을 말해줄 것이다. 그러나 나에게는 이러한 첫 번째 단계들이 교육을 변화시킬 수 있는 목적의 시작이다. 어렸을 때 고차원 기술의 기반을 설립함으로써 기본 기술의 통달은 더욱 빠르고 깊게 발생할 것이며 더욱더 다양한 학습자에게 발생할 것이다. 기본 기술에서 고등 기술까지 정해진 상승을 지배하는 사다리는 없다. 오히려 우리는 우리가 누구인지에 대한 우리의 감각과 연결하고 생각할 수 있는 타고난 능력을 지속적으로 강화하는 밧줄을 만들면서 타고 올라간다. 우리는 직설적이고 논리적인 기술들—직관과 이성, 자아와 주제, 심미적이고 분석적인, 정서적인 그리고 객관적인—의 직조된 짜임새를 구축한다.

이 밧줄을 얼마나 확장할 수 있을지 누가 아는가? 그러나 나는 정말 시스템 시민의식의 교육이 우리가 상상할 수 있는 것보다 더 훌륭한 인간의 능력을 나타낼 것을 믿는 비범한 학생의 통찰력의 충분한 예시를 봐왔다. 그것은 또한 산업 시대 학교의 모델이 어느 정도로 지나치게 단순화하는 거대한 시스템인지를 나타낸다. 작은 아이들과의 직접적인 경험은 그들이 시작할 준비가 되어 있음을 암시한다. 어디에나 있는 5세 아동들은 그들에게 무엇이 중요한지 알고 있다. 인적 시스템의 실체에 노출될 때, 그들은 그들의 욕구와 자아감이 다른 이들의 것들과 또한 얽혀 있다는 것을 알게 된다. 만일 그들이 그들에게 중요한 것들을 만들어낼 것이라면, 싸우는 것이 아닌, 그들은 다른 이의 욕구와 지각을 염두에 두면서 그것을 함께 해야 한다.

시스템 시민을 장려하는 학교들은 모든 아이들, 청소년들과 어른들을 위한 인간 중심 형태의 교육의 기초로 돌아가도록 장려할 것이다. 그렇게 함으로써, 우리 모두는 '더 지속가능한 세상을 건설하는 것은 인간적인 면에서 더 의미 있고 상호 연결된 세계를 건설하고 있다는 것이다.'라는 우리 시대의 진정한 교훈을 배울 것이다.

아이들이 우리를 몇 번이고 되풀이해서 보는 것처럼, 그것이 우리가 실제로 살기 원하는 세계이다.

맺는 말

End notes

1. 감사의 글

『학습하는 학교』는 지난 15년 동안 두 개의 편집본으로 만들어졌으며, 많은 사람이 도움과 지도 그리고 영감을 주었다. 이 최초 원동력은『학습 조직의 다섯 가지 규율 : 현장지침서(Fifth Discipline Fieldbook)』의 초판 저자들이 제공했다. 릭 로스(Rick Ross), 조지 로스(George Roth) 그리고 샬롯 로버트(Charlotte Roberts)는 이 책을 빌려주면서 결정적인 도움을 주었다.

현장지침서 시리즈의 초판 담당 책임 편집자인 니나 크루슈비츠(Nina Kruschwitz)는 이 책이 진전을 보이고 출판하기까지 늘 함께 있었다. 2판 때 그녀는 기고 작가로 참여해서 리스 스턴츠(Lees Stuntz)와 함께 학교 교실에서의 시스템사고 부분을 발전시켰다. 현장지침서 시리즈의 모든 책은 그녀의 능력과 헌신으로 가능했다.

엘렌 헨리(Ellen Henrie)는 2판 교열 담당자이자 교정자이자 색인 작성자인데, 이루 말할 수 없을 정도로 책의 질을 높여줬고 그 덕분에 우리가 약속을 지킬 수 있었다. 존 헤어(John Hair)는 2판의 이미지와 그래픽을 담당했으며,

매우 촉박한 마감일에도 세세한 것까지 마무리를 해줬다. 그는 1990년대 크리스 웰치(Chris Welch)가 작업했고, 마지막까지 검토했었던 초기 디자인 작업 내용을 계승했다. 조 쉬필러(Joe Spieler)는 저작권 대리인으로서 초기부터 함께했고, 계약뿐만 아니라 주제가 발전하는 데에도 중요한 연결 역할을 했다. 죠지 포드(Josie Ford)는 시종일관 즐겁게 책 출판 비즈니스 총괄을 맡아서 이 책이 존재할 수 있도록 도왔다. 구술된 내용을 글로 옮기는 작업은 현장지침서의 핵심적인 과정인데 뉴욕의 브루클린 소재의 대행회사인 퍼플 샤크(Purple shark Transcriptions)사의 샤론 하키(Sharon Harkey)가 맡아줬다. 랜덤 하우스 출판사의 편집자 탈리아 크론(Talia Krohn), 로저 숄(Roger Scholl) 그리고 마이클 팔곤(Michael Palgon)은 상담, 조언, 지원해주었다.

우리가 감사해야 할 사람들은 이외에도 마가릿 아벅클(Margaret Arbuckle), 워런 베니스(Warren Bennis), 사라 캐머론(Sara Cameron), 엔젤라 콕스(Angela Cox), 짐 에버스(Jim Evers), 다이애나 피셔(Diana Fisher), 마이클 굿맨(Michael Goodman), 난 룩스(Nan Lux), 폴 맥(Paul Mack), 매기 파이퍼(Maggie Piper), 베티 퀀츠(Betty Quantz), 루이스 로데스(Lewis Rhodes) 이외 다수가 있다. 아무리 지면이 부족해도 특별히 우리를 도와서 이노베이션 아카데미 챠터 스쿨(Innovation Academy Charter School)에 관한 글을 쓰도록 도와준 분들에게 감사의 말을 전해야 한다. 로라 하고피언(Laura Hagopian), 멜리사 카페카스(Melissa Kapeckas), 스테파니 켈리(Stephanie Kelly), 월터 랜드버그(Walter Landberg), 다린 리드버그(Darin Leedberg), 그렉 오펜(Greg Orpen), 메어리드 오펜(Mairead Orpen) 그리고 프레디 페리라(Freddie Pereyra).

이 책에 도움을 준 기관들은 다음과 같다. 매사추세츠주 캠브리지시에 있는 The Society for Organizational Learning, 오하이오주 옥스포드시에 있는 마이애미 대학 부설 The Department of Educational Leadership, 워싱턴주 시애틀시에 있는 The National Superintendents Roundtable, 뉴욕주 뉴욕시에 있는 부즈 앤드 컴퍼니 발행되는 strategy+business 잡지, 매사추세츠주 콩코드시에 있는 The Creative Learning Exchange 그리고 매사추세츠주 캠브리지시에 있는 MIT 경영대학(Sloan School of Management)의 The Systems Thinking in the Classroom Project. 또한 우리와 함께하고 우리에게 계속 이 일에 붙어 있으라고 용기를 주었으며 우리에게 가르침을 준 모든 학교, 교실 그리고 공동체 활동가들에게 고마움을 전하고 싶다. 비록 이름을 일일이 열거할 수 없지만, 이 책에 영향을 주는 각종 콘퍼런스와 실무 회의에 참석해준 분들에게도 고마움을 드리고 싶다.

우리는 애플의 매킨토시 컴퓨터, 마이크로소프트사의 워드, 어도비 일러스트레이터 그리고 인디자인을 사용해서 이제 곧 인쇄 직전에 있는 『학습하는 학교』를 만들었다. 우리가 사용한 "용어집"은 존 아이토(John Ayto)의 단어 기원(Word Origins, Arcade, 1990)과 Eric Partridge의 기원 : 근대 영어의 짧은 어원학 사전(Origins : A Short Etymological Dictionary of Modern English, Greenwich House, 1958) 이 두 가지의 자료를 통해 유래한다.

이런 크기와 규모의 책을 출판한다는 것 우리 삶에서 가까이에 있는 사람들의 관심과 지지 없이는 불가능하다. 따라서 우리는 특별히 우리의 사랑과 감사를 이 분들께 전하고 싶다.

해리 맥카베(Harry McCabe), 패트릭 맥카베(Patrick McCabe) 가족; 토마스 더튼(Thomas Dutton), 나단 더튼(Nathan Dutton), 놀란 더튼(Nolan Dutton), 제니 더튼(Jennie Dutton) 그리고 아리엘 더튼(Ariel Dutton) 가족; 페이스 플로러(Faith Florer), 프란세스 클라이너(Frances Kleiner), 엘리자베스 클라이너

(Elizabeth Kleiner) 그리고 콘스탄스 클라이너(Constance Kleiner) 가족; 에밀리 루카스(Emily Lucas)와 매기 루카스(Maggie Lucas) 가족; 다이안 센게(Diane Senge), 나단 센게(Nathan Senge) 그리고 이안 센게(Ian Senge) 가족; 수잔 시밍턴(Susan Simington), 앤소니 스미스(Anthony Smith) 그리고 마이클 스미스(Michael Smith) 가족.

2. 저자에 대해

피터 센게(Peter Senge)는 MIT 슬론 스쿨의 선임 강사이자 조직학습학회(The Society of Organizational Learning, SoL)의 설립 위원장이다. SoL(http://www.solonline.org)은 시스템의 변화를 위해서 함께 하는 사람과 기관들의 세계적인 네트워크다. 그의 연구는 더욱 건강한 인간 시스템을 만들기 위해 복잡한 이슈를 함께 이해하고 리더십을 공유하자는 것을 알리는 데에 집중되어 있다. 오늘날, 이런 노력은 다양한 분야로 뻗어가서 글로벌 식량 시스템, 기후 변화, 순환경제(쓰레기 제로) 모델 그리고 경제 재생과 같은 프로젝트와 함께 하고 있다. 피터는 『제5경영 : 학습 조직의 기술과 실행(The Fifth Discipline : The Art and Practice of the Learning Organization, Doubleday, 1990 and 2006)』의 저자다. 이 책은 전 세계로 2백만 부 이상이 팔렸으며, 하버드비즈니스리뷰에 의해 "지난 75년간 중대한 경영 도서 중 하나"로 인정받았고, 파이낸셜 타임즈에 의해 "가장 중요한 5개의 경영 도서" 중 하나로 인정받았다. 그가 공저로 참여한 책은 The Fifth Discipline Fieldbook : Strategies and Tools for Building a Learning Organization(Doubleday, 1994), The Dance of Change : The

Challenges to Sustaining Momentum in Learning Organization (Doubleday, 1999) 그리고 이 책이다. 피터의 또 다른 저서로는 The Necessary Revolution : How Individuals and Organizations are Working Together to Create a Sustainable World (Bryan Smith, Nina Kruschwitz, Joe Laur, Sara Schley 공저,Doubleday, 2008), Presence : Human Purpose and the Field of the Future(C. Otto Sharmer, Joseph Jaworski Betty Sue Flower 공저, SoL, 2004)이다. Journal of Business Strategy 학술지는 그를 20세기 비즈니스 전략에 가장 큰 영향력을 미친 24명 중에 하나로 선정한 바 있다. 그는 스탠퍼드 대학에서 학사를 취득했고 이 대학에서 F.E. Terman 우수 공학자 상을 받았다. 이후 그는 MIT에서 석사와 박사 학위를 취득했고, 지금은 매사추세츠주 도심에서 살고 있다.

넬다 캠브론 - 맥카베(Nelda Cambron-McCabe)는 오하이오주에 있는 마이애미 대학교의 Department of Educational Leadership and Chair와 Department of Educational Psychology의 교수다(http://www.units.muohio.edu/eap/edl/). 전국 교육장 원탁회의(National Superintendents Roundtable)의 자문위원이자 회의 주재자로서 그녀는 원탁회의에 참석한 교육장들이 그들의 학교 시스템을 교육적으로 변화하고자 할 때 긴밀히 함께 일을 해왔다. 마이애미 대학교에서 그녀는 학교 리더십과 공립학교 법을 가르치고 있고, 마샤 매카시(Martha McCarthy)와 스테판 토마스(Stephen Thomas)와 함께 『공립학교 법 : 교사와 학생들의 권리(Public School Law : Teacher's and Student's Rights, 6판 Allyn & Bacon, 2009)』를 저술하였다. 캠브론 - 맥카베 교수는 교육장의 직업적 발전에 지대한 관심이 있으며 전미 교육장을 위한 댄포스 포럼(Danforth Forum for the American School Superintendent)에서 일했던 10년간의 경험을 토대로 루버른 커닝햄(Luvern Cunningham), 제임스 하비(James Harvey) 그리고 로버스

코프(Robert Koff)와 함께 『교육장 현장 지침서(The Superintendent's Fieldbook, Corwin Press, 2005)』를 저술하였다. 그녀는 교육법 협회(The Education Law Association)와 미국 교육재정 협회(The American Education Finance Association) 회장과 Journal of Education Finance지의 편집장을 역임했다. 그녀는 현재 오하이오 남부에서 살고 있다.

티모시 루카스(Timothy Lucas)는 지난 40년간 교사와 공립 교육계에서 교육 행정가를 수행했다. 초등학교, 중학교, 고등학교 그리고 대학 수준까지 가르쳤으며 교육과정과 지도안 위원장(Director of Curriculum and Instruction), 부 교육장, 교육장 등을 역임하면서 광역 지역 수준의 교육 행정을 경험했다. 그는 학교의 리더들뿐만 아니라 미국, 캐나다 및 유럽의 각 정부의 교육청과 일을 해왔다. 팀은 피터 센게가 주장한 다섯 가지의 규율을 교육과정 개발, 지속가능한 학교의 개선 그리고 학교의 리더십 등에 녹여내려고 한 실천가다. 그는 시스템사고 방법론을 교실과 학교 행정에 도입한 혁신가로 알려졌다. 그는 현재 위키스 대학(Wilkes University)에서 강의하고 있으며, 비영리 기관인 학습의 미래를 위한 연구소(the Institute for the Future of Learning)의 위원으로서 학교와 공동체가 21세기의 학습 환경을 개발하려고 하는 학교와 지역 공동체를 돕는 역할을 하고 있다(www.instituteforthefutureoflearning.org). 그는 현재 펜실베이니아주의 레하이 밸리에서 살고 있다. 참고로 그는 열렬한 스포츠맨이다.

제니스 더튼(Janis Dutton)은 프리랜서 편집가이자 저자이고 교육전문가이며 지역 공동체 활동가이다. 『학습 조직의 다섯 가지 규율 현장지침서(The Fifth Discipline Fieldbook)』의 책임 편집자였다. 그녀가 시의회, 기획 및 환경 위원회, 성인 교육위원회, 상공회의소 지역 리더십 운동에서 봉사하고 있을 때 변화 촉진자로서 개인적이고 집단적인 역량을 만들기 위해서 공동체에 학습 조직 원칙들을 적용했다. 이후에도 그녀는 계속해서 민주적인 사회 정의를 실현하는 일로서 공동체 대화와 풀뿌리 운동 등 다양한 분야에 이 원칙들을 적용하고 있다. 이 책의 초판이 끝난 뒤 사회 운동에 관심을 두어 캘리포니아주에 있는 안티오치 대학(Antioch University)에서 조직 학습과 대중 교육과의 상호작용을 연구해서 석사 학위를 취득했다. 그녀는 건축과 교육의 이론과 실제를 연결하는 선집을 교열하고 출판하는 데에 관여했다. 그녀는 마이애미의 건축학과의 개발 프로젝트, 신시내티 주의 환경 인식 센터(Environmental Awareness Center) 그리고 아이들을 위한 잡지인 캐털리스티(Catalyst)의 작업에 함께 했다. 기고한 글은 다음과 같은 곳에 실렸다. Garbage Magazine, The Burbank Daily Review, The Cincinnati Enquirer, The Superintendents Fieldbook. 그녀는 현재 오하이오주 남부에서 살고 있다.

브라이언 스미스(Brian Smith)는 국제적으로 알려진 저자이고 연설가이고 리더십 개발, 비전 기반 계획 그리고 조직 학습에 관한 컨설턴트인데 늘 지속 가능성을 위한 리더십에 전략적으로 집중하는 것을 주제로 삼는다. Broad Reach Innovation 회사를 설립하기 전에는 조직 학습 분야에서 선두였던 Innovation Associates 회사에서 8년 동안 선임 파트너로 근무했었다. 브라이언은 영감을 주는 학습 조직을 건설하기 위한 혁신적인 방법과 전략을 제시하는 데에 크게 기여했다. UN Foundation, UN Office of the Secretary-General 및 전 세계 많은 교육 기관, 정부 기관, 비영리 기관, 기업들과 일을 해왔다. 토론토에 있는 요크 대학(York University)의 지속가능한 기업 아카데미(Sustainable Enterprise Academy) 과정의 설립 교수진이며『학습 조직의 다섯 가지 규율 현장지침서(The Fifth Discipline Fieldbook)』와『그린 경영(The Necessary Revolution)』의 공동 저자이다. 그는 개발도상국 내에서 리더십과 폭넓은 공동체 역량의 성장을 지원하는 데에 전념하고 있다. 박사 학위 연구의 한 부분으로 그는 여섯 개 대륙 리더들의 도움으로 조직에서의 카리스마 리더십에 관한 최초의 실증 연구를 수행한 바 있다. 그는 토론토 대학(University of Toronto)에서 조직 행동학으로 MBA와 박사 학위를 취득했으며 현재 캐나다 토론토에서 거주하고 있다.

아트 클라이너(Art Kleincer)는 작가이자 교육자이며, Fieldbook 프로젝트의 편집 디렉터이다. 그녀는 『The Fifth Discipline』 초판의 컨설팅 편집자였으며 『학습 조직의 다섯 가지 규율 현장지침서(The Fifth Discipline Fieldbook)』의 세 명의 참여 저자 중 한 사람이다. 2005년 이후 그녀는 Booz & Company 사가 출판하고 있는 경영잡지로서 다양한 수상 경력이 있는 strategy + business의 수석 편집자로 일하고 있다(www.strategy-business.com). strategy + business가 소개하고 있는 분야 중에는 뇌과학을 조직 효과성에 적용하려는 응용 분야로서 뇌신경 리더십(neuroleadership)도 있다. 그가 저술한 『이단자의 시대 : 기업 경영을 재발명한 급진적 사상가의 역사(The Age of Heretics : A History of the Radical Thinkers Who Reinvented Corporate Management, 2판, Jossey-Bass, 2008)』라는 책에 대해서 워렌 베니스(Warren Bennis)가 "가장 보기 드물면서도 중요하고 읽는 즐거움을 주는 책"이라는 찬사를 보낸 바 있다. 그의 또 다른 책인 『정말 중요한 사람 : 권력, 특권 그리고 성공에 관한 핵심 그룹 이론(Who Really Matters : The Core Group Theory of Power, Privilege and Success, Doubleday, 2003)』에 대해서는 짐 콜린스(Jim Collins)가 "아트 클라이너는 아직 알려지지 않는 조직을 실제로 움직이게 하는 중심되는 진실을 드러냈다…. 깊은 성찰을 주는 다른 책처럼 이 책은 이전에 신비스럽게 여겼던 것들을 명백하게 해주었다."라고 평했다. 클라이너는 기술, 문화, 경영 그리고 환경 주제의 글로 와이어드(Wired), 뉴욕타임스 매거진(New York Times Magazine), 패스트컴퍼니(Fast Company), 하버드비즈니스리뷰(Harvard Business Review)와 기타 다양한 출판물에 기고하고 있다. 그는 조지 로스(George Roth)와 니나 크루슈비츠(Nina Kruschwitz)와 함께, '학습 역사' 양식을 개발해주고 시나리오 플래닝을 컨설팅하고 있는데 이 양식을 통해 기업들은 조직의 스토리텔링과 평가에 도움을 받을 수 있다. 그는 또한 Whole Earth Catalog and CoEvolution Quarterly의 전 편집자였으며 지금은 캐나다 노바스코샤주 핼리팩스(Halifax)시에 있는 '행동하는 진성 리더십(Authentic Leadership in Action, ALIA)' 과정과 뉴욕 대학(New York University)의 티시 예술대학(Tisch School of the Arts)에서 상호작용 텔레커뮤니케이션의 교수진으로 재직 중이다. 석사 학위는 캘리포니아 버클리 대학에서 저널리즘으로 취득하였고, 현재 뉴욕시 외곽에 거주하고 있다.

미 주

시작하기|Getting Started

01 오리엔테이션(Orientation)

1　The Drive to Learn : An Interview with Edward T. Hall, *Santa Fe Lifestyle*(Spring, 1988), pp.12-14.

2　*Fifth Discipline*(한글 번역본 『학습하는 조직』) 시리즈의 다른 여섯 권(출판 최신순)
Peter Senge, Bryan Smith, Nina Kruschwitz, Joe Laur, and Sara Schley, *The Necessary Revolution : How Individuals and Organizations Are Working Together to Create a Sustainable World*(2008)
Peter Senge, The Fifth Discipline : The Art and Practice of the Learning Organization(revised and updated edition, 2006)
Peter Senge, Nelda Cambron-McCabe, Timothy Lucas, Bryan Smith, Janis Dutton, and Art Kleiner, *Schools That Learn A Fifth Discipline Fieldbook for Educators, Parents, and Everyone Who Cares About Education*(original edition, 2000)
Peter Senge, Art Kleiner, Charlotte Roberts, Richard Ross, George Roth, and Bryan Smith, *The Dance of Change : The Challenges of Sustaining Momentum in Learning Organizations*(1999)
Peter Senge, Art Kleiner, Charlotte Roberts, Richard Ross, and Bryan Smith, *The Fifth Discipline Fieldbook : Strategies and Tools for Building a Learning Organization*(1994)
Peter Senge, *The Fifth Discipline : The Art and Practice of the Learning Organization*(original edition, 1990).
이 모든 책은 Currency/Doubleday(Random House의 부문)에서 출판함.

3　레버리지에 대한 더 많은 정보와 Buckminster Fuller의 정돈된 사례는 다음을 참조하라.
The Fifth Discipline(second edition, 2006), pp.63-65.

4　*A Nation at Risk, National Commission on Excellence Report*(U.S. Department of Education, 1983).
이 보고서에서 가정한 위기에 대해 다음 책이 문제를 제기한다.
David C. Berliner and Bruce J. Biddle, *The Manufactured Crisis : Myths, Fraud, and the Attack on America's Public Schools*(Basic Books, 1996).

5　제조업의 교육적 요구 사항에 대한 자세한 내용 참조 :
Arvind Kaushal, Tom Mayor, and Patricia Riedl, "Manufacturing's WakeUp Call", strategy+business, Autumn 2011, and the sidebar, "Revitalizing Education for Manufacturing", by Wallace Hopp and Roman Kapuscinski of the University of Michigan Tauber Institute for Global Operations, www.strategy-business.com/article/11306.

6　2011년 2판을 편집할 때, 유초중등 교육을 위한 비디오를 제공하고 상호작용을 할 수 있는 비영리 사이트인 칸 아카데미(www.khanacademy.org)를 알게 되었음.

7　시험과 학교 선택의 부작용에 대한 참조(이 책의 479쪽에 리뷰가 있음) :
Diane Ravitch, *The Death and Life of the Great American School System : How Testing and Choice are Undermining Education*(Basic Books, 2010).

8　출처 : The Fifth Discipline Fieldbook, p.3.
우리가 'sawubona'와 'ubuntu'의 의미에 대해 이해한 것은 Louis van der Merwe가 그의 동료인 James Nkosi와 Andrew Mariti와 함께 나눈 대화에서 비롯된다.

9　이 아이디어는 명확히 The Social Psychology of Organizing(Addison-Wesley, 1969)의 Karl Weick에 속함을 인정한다.
참조 : *The Fifth Discipline Fieldbook*, p.48.

10　참조 : Seymour B. Sarason, *The Predictable Failure of Educational Reform*(Jossey-Bass, 1990).

11 참조 : Paulo Freire, *Pedagogy of the Oppressed*(Continuum, 1975, 1995) p.52ff; Fritjof Capra, *The Web of Life*(Doubleday, 1996), p.272.

12 참조 : Parker Palmer, *To Know as We Are Known : Education as a Spiritual Journey*(Harper, 1993), p.xvii.

13 부적합에 대한 학생의 불평에 대한 연구 : Shirley M. Hord and Harvetta M. Robertson, "Listening to Students", *Journal of Staff Development*(Summer, 1999), pp.38-39.
저자들은 학생들이 특히 고등학교 때, 학습과 도전에 갈망하고 있음을 시사한다. 이 갈망은 그들의 말이 아닌 그들의 행동으로 전달된다.

14 Amy Chua, *Battle Hymn of the Tiger Mother*(Penguin, 2011).

15 이 인용은 1999년 12월 Gardner와 Peter Senge 사이의 대화이다. 그 대화의 다른 부분은 *Schools That Learn*의 오리지널 버전, 555쪽에 있다. 이 연구(및 기타)는 1995년 Howard Gardner, William Damon, Mihaly Csikszentmihalyi가 1995년 하버드 교육대학원에서 '선한 일'이라는 이름으로 진행되었다. Howard Gardner(편집자), *Good Work : Theory and Practice*(GoodWork Project, 2010). www.goodworkproject.org에서 온라인으로 출판된 15년 기념판 참고.

16 Michael Winerip, "Homework Bound", *New York Times*, 1999.1.3.

17 학교의 산업화 모델이 파괴적이고 우리가 어떻게 할 방법이 없다는 것에 대해 많은 학부모와 교원들의 점증하는 인식과 관심을 나타내는 몇 가지 유명한 영화가 최근에 제작되었다.
Vicki Abeles(프로듀서 겸 공동감독 / 작가), *The Race to Nowhere*(Reel Link Films, 2010), www.racetonowhere.com.
Davis Guggenheim(감독 겸 작가), *Waiting for Superman*(Paramount Vintage, 2010), www.waitingforsuperman.com.

18 참조 : Daniel Boorstin, *The Discoverers*(Harry N. Abrams, 1983, 1991), pp.108-109.
Arthur A. Koestler, *The Sleepwalkers*(Hutchinson/Penguin, 1959), p.536.

19 참조 : Russell Ackoff, *Creating the Corporate Future*(John Wiley and Sons, 1981), p.6.
Lewis Mumford, *Technics and Human Development*(Harcourt Brace Jovanovich, 1967).

20 프리드리히 대왕과 근대적 조직에 대한 프리드리히 대왕의 영향에 대해 더 알아보려면 Gareth Morgan, *Images of Organization*(Sage Publications, 1969), pp.22-25.를 보라. 프리드리히의 군대와 학교의 관련성은 "The Drive to Learn : An Interview with Edward T. Hall", *Santa Fe Lifestyle*(Spring 1988), pp.12-14.에 언급되어 있다.

21 노동 생산성 출처 : Paul Hawken, Amory Lovins, and L. Hunter Lovins, *Natural Capitalism : Creating the Next Industrial Revolution*(Little, Brown and Company, 1990), p.170.
Natalie McPherson, *Machines and Economic Growth*(Greenwood Press, 1994).
Chandler의 인용문 출처 : Alfred Chandler, Jr., *The Visible Hand : The Managerial Revolution in American Business*(Harvard University Press, 1977), pp.245-246.

22 David B. Tyack, *The One Best System : A History of American Urban Education*(Harvard University Press, 1974), p.42.

23 Michael Fullan의 인용문은 2011년 Peter Senge와의 대화에서 나왔다.

24 참조 : Fernand Braudel, *The Wheels of Commerce*(University of California Press, 1992), p.572ff.
Tyack, The One Best System, p.37.

25 상용 이론에 대한 참고 : Peter Senge, The Fifth Discipline(second edition, 2006), p.176ff.
Art Kleiner, *The Age of Heretics : A History of the Radical Thinkers Who Reinvented Corporate Management*(Jossey-Bass, 2008), p.215ff.
원 출처 : Chris Argyris and Donald Schön, *Organizational Learning : A Theory of Action Perspective*(Addison-Wesley, 1978).

26 Edward Joyner, "To Ask the Best of Children, We Must Ask the Best of Ourselves", in James P. Comer, Michael Ben-Avie, Norris M. Haynes, and Edward T. Joyner, *Child by Child*(Columbia Teachers

College Press, 1999), p.278.

27 토론 불능한 주제에 대한 참조 : Chris Argyris, *Flawed Advice and the Management Trap*(Oxford University Press, 2000); William R. Noonan, Discussing the Undiscussable : A Guide to *Overcoming Defensive Routines in the Workplace*(Jossey-Bass, 2007).

28 참조 : Alice Miller, *For Your Own Good : Hidden Cruelty in ChildRearing and the Roots of Violence*, trans. Hunter Hannum and Hildegarde Hannum(Noonday Press, 1990), pp.5, 11-12.

29 George Lakoff and Mark Johnson, *Philosophy in the Flesh : The Embodied Mind and its Challenge to Western Thought*(Basic Books, 1999), p.17

30 Humberto Maturana and Francisco Varela, *The Tree of Knowledge : The Biological Roots of Human Understanding, trans. Robert Paolucci*(Shambhala Publications, 1997), p.27.

31 이 통계의 출처 : *P.N. Pastor and C.A. Reuben, Diagnosed Attention Deficit Hyperactivity Disorder and Learning Disability* : United States, 2004-2006 (National Center for Health Statistics, U.S. Centers for Disease Control and Prevention, 2008) http://www.cdc.gov/nchs/data/series/ sr_10/Sr10_237.pdf.

32 아주 어린 자녀들의 리탈린 사용에 대한 출처 : Joseph T. Coyle, "Psychotropic Drug Use in Very Young Children", *Journal of the American Medical Association*, vol. 280, no. 8(February 23, 2000), p.1059; and Julie Magno Zito, Daniel J. Safer, MD, Susan dos Reis, James F. Gardner, Myde Boles, and Frances Lynch, "Trends in the Prescribing of Psychotropic Medications to Preschoolers", Journal of the American Medical Association, vol. 280, no. 8(February 23, 2000), p.1025.

33 이 책은 다음 책이 확실함 : Edward Hallowell and John Ratey, Driven to Distraction : Recognizing and Coping with Attention Deficit Disorder from Childhood to Adulthood(Touchstone, 1994).

34 참조 : Robert Merton, Social *Theory and Social Structure*(Free Press, 1968) *and* Robert Rosenthal and Lenore Jacobson, *Pygmalion in the Classroom : Teacher Expectation and Pupils' Intellectual Development*(Irvington Publishers, 1968, 1992).

35 이것은 글로스터(Gloucester)의 대안 고등학교 프로그램인 나침반 프로그램(Compass Program)의 연장이다. 자세한 내용은 http://www.gloucestermaritimecenter.org.를 참조하라. 다른 예로는, 위스콘신 주 밀워키의 도시 생태 센터(Urban Ecology Center)를 참조하라. www.urbanecologycenter.org.

36 *The Tree of Knowledge*, pp.27, 34, and 206ff.

37 Lynn Margulis and Dorion Sagan, *What is Life?*(Simon & Schuster, 1995) p.192.
우리는 협력에 관한 이 책의 내용을 상기시켜준 Elaine Johnson에게 감사드린다.

38 Chris Argyris, "Teaching Smart People How to Learn", *Harvard Business Review*(May-June 1991), HBR Reprint #91301; and *Flawed Advice and the Management Trap : How Managers Can Know When They're Getting Good Advice and When They're Not*(Oxford University Press, 2000); *and* Alfie Kohn, *Punished by Rewards : The Trouble with Gold Stars, Incentive Plans, A's, Praise, and Other Bribes*(Houghton Mifflin, 1999).

39 참조 : Michael Fullan, *Motion Leadership : The Skinny on Becoming Change Savvy*(School Improvement Network, 2009). 또 다른 참조 : Michael Fullan, *All Systems Go : The Change Imperative for Whole System Reform*(Corwin Press, 2010). Fullan's website is www.michaelfullan.ca.

40 Andrew Sum, et al., *Getting to the Finish Line : College Enrollment and Graduation, A SevenYear Longitudinal Study of the Boston Public Schools Class of 2000*(Center for Labor Market Studies, Northeastern University and Boston Private Industry Council, November 2008).
https://www.tbf.org/-/media/tbforg/files/reports/pic-report.pdf?la=en

41 공급자에 대한 요지의 출처 : Larry Cuban, *The Blackboard and the Bottom Line*(Harvard University Press, 2004).

42 참조 : Bryan D. Ray, "2.04 Million Homeschool Students in the United States in 2010", (National Home Education Research Institute, January 3, 2011) http://www.nheri.org/ HomeschoolPopulationReport2010.html.

43   참조 : Daniel Pink, *Drive*(Riverhead Books, 2009), p.29.
"The Next Revolution in Interaction", *McKinsey Quarterly 4*(2005), pp.25-26.
Jonathan Spector, "Written Testimony to the House Appropriations Subcommittee on Interior, Environment & Related Agencies Hearing on the 'Role of the Arts in Creativity and Innovation'"(April 1, 2008).
The Conference Board, Corporate Voices for Working Families, Partnership for 21st Century Skills, and Society for Human Resource Management, *Are They Really Ready to Work? Employers' Perspectives on the Basic Knowledge and Applied Skills of New Entrants to the 21st Century U.S. Workforce*(The Conference Board, 2006).

44   참조 : Seymour Sarason, *The Predictable Failure of School Reform*(Jossey-Bass, 1990).
Diane Ravitch, *The Troubled Crusade : American Education 1945-1980*(Basic Books, 1983).
David Tyack and Larry Cuban, *Tinkering Toward Utopia : A Century of Public School Reform*(Harvard University Press, 1995).

45   참조 : Fritjof Capra, *The Web of Life : A New Scientific Understanding of Living Systems*(Anchor Books, 1996) and Margulis and Sagan, *What is Life?*

46   T.A. Benson, *First Grade Problem-Solving*(The Waters Foundation, 2011) http://www.watersfoundation.org/index.cfm?fuseaction=whatsnew.website : first-grade problem-solving.

47   학교 교육에 대한 설명은 Daniel Quinn, *My Ishmael*(Bantam, 1997); p.126ff. 인용문은 129쪽임. 통과 의례에 대한 이러한 통찰은 부분적으로 Louis van der Merwe와의 대화에서 나온다.

02 다섯 가지 규율에 대하여(A Primer on the Five Disciplines)

1   Ronald Heifetz. *Leadership Without Easy Answers*(Harvard University Press, 1994), p.253.

2   심층 학습 사이클에 대한 아이디어와 다섯 가지 학습 규율의 관계에 대한 자세한 내용은 *The Fifth Discipline Fieldbook*(Doubleday, 1994) p.15.에 있는 피터 센게의 "Moving Forward : Thinking Strategically About Building Learning Organizations", 참고.

3   우리는 이 이야기를 인디애나 대학의 Leonard Burrello 명예교수로부터 처음 들었다.

4   참조 : Charlotte Danielson, *Enhancing Professional Practice : A Framework for Teaching*(Association for Supervision and Curriculum Development, 2007).

5   이 훈련은 『The Fifth Discipline Fieldbook』 201쪽 Charlotte Roberts, Bryan Smith, Rick Ross의 '개인적 비전 만들기'에 기초한 것이다. 그리고 이는 Innovation Associates의 vision escalation와 power of choice에서 부분적으로 채택되었다.

6   이 책에서 제시하는 훈련들은 우리의 현실을 파악하는 데 유용하다. 예를 들어 '학습자 살펴보기'(251쪽), '학습으로서의 평가'(319쪽), '고등학교의 거대한 게임'(559쪽), '예정된 불확실성'(528쪽) 등.

7   개인적 숙련의 실천은 Robert Fritz의 *The Path of Least Resistance*(Fawcett- Columbine, 1989)와 *Creating*(Fawcett-Columbine, 1991)을 기반으로 하였다. 창조적 긴장의 개념은 현대 집단 역동성 연구의 창시자인 Kurt Lewin도 연구되었다. 예를 들어 Art Kleiner의 *The Age of Heretics*(Jossey-Bass, 2008)의 21-24쪽, Albert Marrow의 *The Practical Theorist*(Basic Books, 1969)의 30-32쪽 참고. 이러한 규율의 밑바탕이 되고 기원이 되는 생각들은 오랜 시간을 거슬러 올라간다. 필립 Mirvis 관리 필자는 필드에 대한 전체 조사는 심리학자인 Carl Rogers, Jean Piaget, Abraham Maslow, Milton Erickson, 경영 작가인 Frank Barron, Jay Ogilvy, Robert Quinn, Tim Gallwey, Jane Loevinger 및 William Torbert 등. 그리고 동양과 서양의 영적 규율로부터 가져온 개념들.

8   Margaret Wheatley는 "우리는 다이얼로그를 통해 계속 작동하는, 가치와 비전의 명확한 핵심만큼이나 단순한, 그리고 질서를 만들어내는 그 무엇을 신뢰할 수 있어야 한다."라고 하였다. 그러한

것들은 조직의 '틀'을 제공하고 그러한 환경에서 조직 구성원에게는 상당한 창조의 자유가 주어져야 한다.

참조 : Margaret J. Wheatley, *Leadership and the New Science*(Berrett-Koehler, 1992), p.147.

9 이 일련의 계단은 *The Fifth Discipline Fieldbook* 312쪽 Bryan Smith의 "Building Shared Vision : How to Begin"을 수정한 것이다. 그림과 연속적 흐름에서 일부 지점은 Robert Tannenbaum과 Warren Schmidt의 "How to Choose a Leadership Pattern", *Harvard Business Review*(March/April, 1958)을 참고하였다. Rick Ross 또한 이 글의 기초가 되는 개념적 틀을 제공하였다.

10 공유 비전 실천은 Ronald Lippitt이 1950년대와 1960년대 미시간 YMCA와의 협의를 거쳐 나중에 National Training Laboratories에서 개발 한 "바람직한 비전" 훈련에 뿌리를 두고 있다. Art Kleiner 의 *The Age of Heretics : A History of the Radical Thinkers Who Reinvented Corporate Management* (Jossey-Bass, 2008) 21쪽 이후 참조. Innovation Associates의 Charlie Kiefer, Bryan Smith 및 다른 사람들이 여기에서 설명한 실행 방안들을 개발하였다.

11 이러한 질문들은 Rick DuFour의 연구 및 디즈니(Disney)가 비상사태 대비 시스템의 효과를 평가하기 위해 개발한 일련의 질문으로부터 만들어졌다.

12 공룡 발자국 조각은 1960년대 중반으로 거슬러 올라간다. 이 조각은 미국 지질 연구소 지구 과학 교육과정 프로젝트(Houghton-Mifflin, 1967년)에 의해 과학 텍스트인 Investigating the Earth에 발표되었다. 흥미롭게도, 이 트랙들은 실제 화석 발자국, 텍사스의 바위에서 발견된 Paluxy 공룡 트랙에 기반을 두고 있다.

참조: Jack Hassard, "Dinosaur Footprint Puzzle : A Content or Process Approach?", 2010년 11월 2일, The Art of Teaching Science Blog, http://www.artofteachingscience.org/?p=3081

13 Chimamanda Adichie의 TedTalk 비디오 *The Danger of a Single Story*도 참고하라. 이것은 정신 모델과 여러 다른 사람들이 만들어낸 이미지와 이야기를 탐구하도록 그룹을 참여시키는 데 도움이 될 수 있다.

참조 : https://www.ted.com/talks/chimamanda_adichie_the_danger_of_a_single_story

14 정신 모델을 연구하여 실천하는 것은 이론가이며 교육자인 Chris Argyris와 Donald Schön이 개발한 연구 분야인 '행동 과학(action science)'에서 온 것이다.

이후 그들의 연구는 인류학자인 Gregory Bateson과 언어학자인 S. I. Hayakawa의 의미론 연구의 '이중 구속론(double-bind)'에 근거한 것이다.

아지리스의 연구에 대한 참조 : *The Fifth Discipline*, 172쪽 이후, 그리고 *The Fifth Discipline Fieldbook*, 264쪽, 이 연구의 뿌리를 알고자 한다면, Art Kleiner, *The Age of Heretics*, 186쪽 이후. 또 다른 참조:Argyris, "Teaching Smart People How to Learn", *Harvard Business Review*(May~ June 1991, reprint #91301), 그리고 *Organizational Traps:Leadership, Culture, Organizational Design*(Oxford University Press, 2010).

15 이 글의 부분적 출처 : Rick Ross, "The Ladder of Inference", *Fifth Discipline Fieldbook*, p.242.

16 출처(다음 내용을 고쳐 씀) : Rick Ross, Charlotte Roberts, and Art Kleiner, "Balancing Advocacy and Inquiry", *The Fifth Discipline Fieldbook*, p.253.

17 Charlotte Roberts와 Rick Ross의 '질문과 옹호 팔레트'는 원래 The First Organization Fieldbook, 254쪽에 등장하였다. 이 접근법의 혁신자는 오하이오 마이애미 대학의 교육 리더십 교수인 Judy Rogers이다.

18 부분적 출처 : "Opening Lines", *The Fifth Discipline Fieldbook*, p263

19 부분적 출처 : Charlotte Roberts, Rick Ross, "Balancing Inquiry and Advocacy", *The Fifth Discipline Fieldbook*, p253.

20 이 연습은 Chris Argyris와 Donald A. Schön에 의해 개발된 두-열(two-column) 연구 방법에 기반을 둔 것이다. 이 연구 방법은 *Theory in Practice*(Jossey-Bass, 1974)에 처음으로 제시되었다. 이때의 몇 몇 통찰과 접근법은 Robert Putnam이 제안한 것이다.

왼쪽 열에 대한 참조 : *The Fifth Discipline*, p.195p(『학습하는 조직』, 256쪽 이후), 그리고 *The Fifth*

Discipline Fieldbook, p.246

21 이 구절과 연습은 Art Kleiner의 *Who Really Matters : The Core Group Theory of Power, Privilege and Success*(Doubleday, 2003) 74쪽 이후 부분을 고쳐서 기술한 것이다. '증폭'에 대한 기술은 Charles Hampden-Turner와의 대화에서 나온 것이다.

22 국가 교육장 원탁회의에 대한 더 많은 것은 www.superintendentsforum.org를 보라.

23 이 장은 *Dialogue in The Fifth Discipline Fieldbook*에서, 몇몇 글 특히 357쪽의 William Isaacs의 "Dialogue"와 374쪽의 William Isaacs와 Bryan Smith의 "Designing a Dialogue Session"을 고쳐 쓴 것이다.
참조 : William Isaacs, *Dialogue : The Art of Thinking Together*(Doubleday, 1999).

24 근대 시대의 다이얼로그 실천은 물리학자인 David Bohm의 심도 있는 연구로부터 가져온 것이다. Bohm은 사고의 근원을 알게 되면 사고 그 자체가 발전하게 된다고 보았다.
참조 : David Bohm, *Unfolding Meaning*(Foundation House, 1995). www.david-bohm.net.

25 참조 : David Johnson and Roger Johnson, *Learning Together and Alone : Cooperative, Competitive, and Individualistic Learning*(Allyn and Bacon, 1999).
미네소타대학교 협동학습 웹사이트 http://www.co-operation.org.

26 사례 참조 : Robert Brooks and Sam Goldstein, *Raising Resilient Children : Fostering Strength, Hope and Optimism in Your Child*(McGraw-Hill, 2001), p.135ff.

27 '시스템사고'라는 말은 다른 개념들을 지칭하기 위하여 다른 맥락들에서 사용되어왔다. 이 점에 대해 더 알아보려면 Charlotte Roberts의 *The Dance of Change*(Crown Business, 1999) 137쪽 'Five Kinds of Systems Thinking'을 보라. 특히 개방 시스템 이론에 대한 이해의 진화와 시스템다이내믹스의 심화된 내용을 보려면 George P. Richardson의 *Feedback Thought in Social Science and Systems Theory*(University of Pennsylvania Press, 1991)를 추천한다. 이러한 흐름의 역사에 대해서는 Art Kleiner의 *The Age of Heretics*(Jossey-Bass, 2008)을 보라.

28 Ronald Heifetz, *Leadership Without Easy Answers*(Harvard University Press, 1994), p.31ff.

29 Crossroads는 가상의 교육구이지만 여기서 사건들과 분석은 몇몇 실제 상황을 바탕으로 만들어진 것이다.

30 이것은 '성장의 한계' 원형이다. Peter Senge의 *The Fifth Discipline*(Doubleday, 2006) 94쪽을 보라. 『학습하는 조직』 144쪽.

31 참조 : Robert Holmes, "When shock waves hit traffic : What turns a fast-moving stream of cars into a stagnant pool of frustrated motorists?" *New Scientist*(June 25, 1994).

32 이 장과 다음 장은 *Schools That Learn* 초판 중 다음을 부분적으로 고쳐 쓴 것이다. Nina Kruschwitz, Debra Lyneis와 Lees Stuntz의 '교실에서의 시스템사고.'

33 더 많은 사례와 안내 : Gene Stamell with Debra Lyneis, *Everyday Behavior-Over-Time Graphs*(Creative Learning Exchange, 2001); http://static.clexchange.org/ftp/documents/x-curricular/CC2001-11EverydayBOTGs.pdf
인용 : Gayle Richardson Debra Lyneis, "Getting Started with BOTGs : Four Curriculum Examples", 일반적인 행태 패턴에 대한 간단한 안내 : *The Fifth Discipline Fieldbook*, p.122.

34 출처 : Linda Booth Sweeney and John Sterman, "Understanding Public Complacency about Climate Change", *Climatic Change*(February 2007).
참조 : Peter Senge, Bryan Smith, Nina Kruschwitz, Joe Laur, and Sara Schley, *The Necessary Revolution : How Individuals and Organizations are Working Together to Create a Sustainable World*(Doubleday, 2008), 그리고 Peter Senge, Bryan Smith, and Nina Kruschwitz, "The Next Industrial Imperative", strategy + business, Summer 2008, https://www.strategy-business.com/article/08205?gko=4feb3
이 모델에 대한 역동적 영상의 참조 사이트 : https://www.climateinteractive.org/tools/climate-bathtub-simulation/

35 *The Fifth Discipline Fieldbook* 59쪽의 Art Kleiner, Rick Ross, Bryan Smith 그리고 Charlotte Roberts 의 "The Wheel of Learning"의 일부를 고쳐 쓴 것이다. 바퀴 위의 실천을 학교에 적용할 수 있게 우

리 의견을 달아 새롭게 고쳤다. '성찰'의 단계를 확장하는 것으로 변화를 주었다. 이 글은 또한 Chris Argyris와 Donald Schön의 연구, 특히 Schön의 *The Design Studio*(International Specialized Book Service, 1985)와 그의 개혁과 학문을 가로질러 고등교육을 되살리기 위한 방법으로서 고등교육에서 건축 디자인 스튜디오 교육을 이해하기 위한 연구에서 가져왔다. 그의 행위 성찰의 창조적인 면과 애매함과 불확실성과 함께하는 연구 토론은 모든 연령의 학습자에게 적용한다. 행위에 대한 성찰에 맞춘 우리의 관심은 John Dewey, Paulo Freire, Myles Horton 그리고 John Goodlad의 영향을 받은 것이다.

36 '이중 루프 학습'의 개념에 대해 더 알아보려면 Gareth Morgan의 *Images of Organization*(Sage Publications, Inc, 1996) 86~88쪽을 보라. 모건의 개념은 Chris Argyris와 Donald Schön의 연구에 기반을 둔 것이다. 협동 연구인 *Theory in Practice*(Jossey-Bass, 1974)와 *Organizational Learning : A Theory of Action Perspective*(Addison- Wesley, 1978)를 보라. Schön은 그의 저서 *The Reflective Practitioner*(Basic Books, 1983)에서 두 번째 루프를 '재구성reframing'이라고 하였다.

37 이 질문들은 다음 글을 고쳐 쓴 것이다.
Nelda Cambron-McCabe, "Tool:Single-Loop or Double-Loop Learning", *The Superintendent's Fieldbook : A Guide for Leaders of Learning.*
631쪽의 리뷰를 참고하라.

교실Classroom

03 교실 문 열기(Opening the Classroom Door)

1 P.S. 116의 인용문 출처 : High Performance Learning Communities Project에 의한 비디오테이프, *Building a Learning Community—A Portrait of a Public School District*(Learning Research and Development Center, University of Pittsburgh, 1998)
LRDC에 대한 더 자세한 내용은 이 책의 296쪽을 참고하라.

2 신경가소성(neuroplasticity)에 대한 자세한 내용은 다음 책을 참조하라. Jeffrey Schwartz and Sharon Begley, *The Mind and the Brain : Neuroplasticity and the Power of Mental Force*(HarperCollins, 2002).

3 이 연습 과정의 참고 문헌 : Rick Ross, Charlotte Roberts, and Bryan Smith, "Designing a Learning Organization : First Steps", *The Fifth Discipline Fieldbook*, p.53

4 인용문의 출처
Daniel Goleman, *Emotional Intelligence : Why It Can Matter More than IQ, 10th Anniversary Edition*(Bantam, 2005), p.37, 297쪽 리뷰를 참고하라.
Seymour Sarason, *Letters to a Serious Education President*(Corwin Press, 2005), p.97.
Peter Vaill, *Learning as a Way of Being : Strategies for Survival in a World of Permanent White Water*(Jossey-Bass, 1996), p.58.
Nel Noddings, *The Challenge to Care in Schools : An Alternative Approach to Education*, 2nd Edition(Teachers College Press, 2005), p.63.
Mary Catherine Bateson, *Composing a Life*(Atlantic Monthly Press, 1989), p.62.
Ellen Langer, *The Power of Mindful Learning*(Perseus, 1997), p.135.
Robert J. Starratt, *The Drama of Schooling : The Schooling of Drama*(Taylor & Francis, 1989), p.83.
Thomas Sergiovanni, *The Principalship : A Reflective Practice Perspective*, 6th Edition(Allyn & Bacon, 2009), p.263.
Roland Barth, *Improving Schools from Within : Teachers, Parents and Principals Can Make the Difference*(Jossey-Bass, 1991), p.44.
Henry Levin, "Accelerated Schools : The Background", Christine Finnan, 외(편집자), *Accelerated*

Schools in Action : Lessons from the Field(Corwin Press, 1996), p.17.
Daniel Pink, *A Whole New Mind : Moving from the Information Age to the Conceptual Age*(Riverhead, 2005), p.115.

5 반대 세력의 개념과 이들을 관리하는 방법은 다음 책의 핵심주제이다.
Peter Senge, Art Kleiner, Charlotte Roberts, Richard Ross, George Roth and Bryan Smith, *The Dance of Change : The Challenges to Sustaining Momentum in a Learning Organization*(Doubleday, 1999).

6 이 연습은 다음 자료에서 각색되었다.
Nelda Cambron-McCabe, "Reflection Exercise:A Teaching or a Learning System?", Cambron-McCabe, Luvern Cunningham, James Harvey, and Robert Koff, *The Superintendent's Fieldbook : A Guidebook for Leaders of Learning*(Corwin, 2005).

7 Prince의 연구에 대한 참조
W. Timothy Weaver and George M. Prince, "Synectics : Its Potential for Education", *Phi Delta Kappan*(January 1990), pp.378-388; W. Timothy Weaver, "When Discounting Gets in the Way", *Training and Development*, 48, 7, (July 1993a), pp.55-62.
또 다른 참조
Robert Fuller, *Somebodies and Nobodies : Overcoming the Abuse of Rank*(New Society Publishers, 2004)

04 학습자 살펴보기(Seeing the Learner)

1 위스콘신 - 스티븐스 포인트(Wisconsin-Stevens Point) 대학교의 레슬리 오웬스 윌슨(Leslie Owens Wilson) 교수가 개발한 'Newer Views of Learning' 웹사이트는 지능의 창발적인 관점에 대한 종합적 개요를 제공하며, 그 분야의 많은 지도자 사이에서 링크되고 있다. 또한 마주칠 가능성이 있는 모든 학생들을 위해 학습을 지원하고 양성하는 교육 환경을 만들기 위한 지침이 있다.
www.uwsp.edu/education/lwilson/learning/index.htm(*역자 주 원본에서 링크된 사이트는 찾을 수 없다.)

2 괴롭힘에 관한 문헌은 광범위하고 다방면으로 되어 있다. 우리가 고맙게 여기는 연구는 다음의 도서들이다.
Paulo Freire, *Pedagogy of Freedom*(Rowman and Littlefield, 1998), pp.62-64
Jonathan Kozol, *Savage Inequalities*(HarperCollins; 1991)
Ira Shor, *Empowering Education : Critical Teaching for Social Change*(University of Chicago Press, 1992)
Barbara Coloroso, *The Bully, The Bullied, and the Bystander*(HarperCollins, 2003)
Rosalind Wiseman, *Queen Bees and Wannabes : Helping Your Daughter Survive Cliques, Gossip, Boyfriends, and Other Realities of Adolescence*(Crown, 2002 and 2009).

3 이 연습은 다음 책에서 다중 지능의 공통 해석을 기반으로 한다.
Howard Gardner, *Multiple Intelligences : New Horizons in Theory and Practice*(Basic Books, 2006).

4 학습 스타일에 관해 참조할 수 있는 도나 마르코바의 다른 서적
Learning Unlimited(1998), 아이들의 숙제에 집중한 책
The Open Mind(1996), 성인 학습자를 위한 책
An Unused Intelligence(공저자 Andy Bryner, 1996), 운동 학습자를 위한 워크북
모두 Conari Press에서 출판함.

5 이 분야 연구자들은 이 이슈에 대해 날카롭게 인식한다. Renee Bradley, Louis C. Danielson, and Daniel P. Hallahan, *Identification of Learning Disabilities : Research to Practice*(Psychology Press, 2002)에 실린 미국 특수교육 프로그램 사무국에 의해 소집된 학습 장애 정상 회의에 대한 보고서. 여기에는 이 정의에 대한 계속되는 논쟁의 광범위한 역사, 많은 어린이에 대한 실세계 결과를 담고 있다. 보고서는 다음과 같은 정의적 진술을 실었다. "SLD(특정 학습 장애)의 중심 개념은 개인

에게 내재되어 있는 학습과 인지 장애를 포함한다. SLD는 이 질환이 각각 학업과 실행 결과의 비교적 좁은 범위에 의미 있는 영향을 미칠 수 있다는 점에서 다르다."

6   결함보다 재능에 초점을 맞춘 John McKnight이 다른 사람들과 함께 한 연구는 Northwestern 대학교의 자산 기반 공동체 발전 연구소의 웹사이트인 http://www.abcdinstitute.org/에서 더 많이 찾을 수 있다.

7   사례 참조
Humberto Maturana and Pille Bunnell, The Biology of Business : Love Expands Intelligence. *Reflections*, 1(2) (1999).
Society for Organizational Learning and the Massachusetts Institute of Technology, 1999.

8   이 연습의 질문은 공동체 세우기에 대한 워크숍에서 John McKnight이 제시했다. McKnight의 연구와 '자산 기반 커뮤니티 개발 연구소'에 대한 자세한 내용은 http://www.abcdinstitute.org를 참조하라.

9   어떤 학부모들은 책의 목차를 만든다. 예시를 보자.
작은 역사
가족 만나기
제시카의 취미
엄마의 추천
제시카에 대한 나의 비전

10   제시카의 엄마는 책 앞부분에 교사에게 감사편지를 썼다.
"제 딸에 대해 좀 더 많이 배울 수 있는 시간을 주셔서 감사합니다. 선생님의 일은 매우 중요합니다. 당신은 제 딸이 친구들과 상호작용하고, 새로운 개념과 씨름하고, 어려운 일을 성취하는 모습을 볼 수 있는 기회를 주셨습니다. 당신은 딸의 롤 모델이고, 선생님이며, 미래 친구입니다. 우리는 이 아이가 뛰어나도록 돕기 위해 함께 일할 때까지 당신을 알아갈 수 있도록 기대합니다."

11   나는 2학년 때에 놀이터 축제에서 개척자 모자 작업을 하면서 페인트를 쏟았던 일을 기억한다. 선생님은 내 팔을 당기며 "너는 지시를 제대로 듣지 않는구나!"라고 이야기했다. 그리고 나를 다시 책상에 앉아 있도록 했다. 다음 날 나는 다른 아이들이 그들의 책상에서 작업하고 나를 비웃는 동안 내 모자를 칠하도록 '허용'되었다. 나는 아마도 그 축제에 대해서 아직도 그 일을 기억하고 있는 유일한 사람일 것이다. 수십 년이 지나 개척자들에 대한 내 아이의 수업 행사에 참석하였을 때 그때의 비참했던 기억이 되살아났다. 내가 아는 모든 사람은 비슷한 기억을 갖고 있다.
                                                                        － Janis Dutton

12   작가의 이름은 Malcolm Dalkoff이다.
이 이야기의 출처 : Bob Greene, "Good or Bad, Words Echo Forever", *Middletown Ohio Journal*, December 5, 1997.

13   이 사례 중의 일부는 Steve Hein이 개발한 감성 지능에 관한 웹사이트인 EQI의 "교육에서 EQ" 페이지(www.eqi.org/educ.htm)의 허가를 받아 수정되었다.

14   교사로서 나는 아이들의 삶을 비참하게 혹은 즐겁게 만들 수 있는 엄청난 힘을 갖고 있다. 나는 고문의 도구 또는 영감의 도구가 될 수 있다. 나는 창피를 주거나 유머가 넘칠 수도, 상처를 주거나 상처를 낫게 할 수도 있다. 모든 상황에서 나의 반응이, 위기를 끌어올릴지 내릴지, 그리고 아이를 인간적으로 혹은 비인간적으로 대할지 여부를 결정한다.   － Haim Ginott
Haim Ginott, *Teacher and Child*(Collier Books, 1972)를 참조하라.

15   이 학습 원리는 LRDC의 웹사이트(www.lrdc.pitt.edu)와 Institute for Learning의 웹사이트(http://ifl. pitt.edu)에 있다.

16   Goleman의 후속 도서 중 일부는 인간 역량에 대한 우리의 이해에 다른 차원을 추가한다.
Social Intelligence : The New Science of Human Relationships(Bantam, 2006)은 다른 사람들이 사람들의 정신적, 육체적 기능에 영향을 미치는 방법과 학교 내 구성원들의 삶의 질을 향상시키기 위해 학교를 포함한 사회적 환경을 설계하는 방법을 설명한다.
Ecological Intelligence : How Knowing the Hidden Impacts of What we Buy Can Change Everything

(Broadway Books, 2009)은 인간의 인식과 생태적 지속가능성 사이의 인지적 연결을 설명한다.

05 실천(Practice)

1   '구조적 긴장'에 대한 깊이 있는 설명은 다음 책을 참조하라. Robert Fritz, *The Path of Least Resistance*(Fawcett Columbine, 1989), 그리고 Robert Fritz, *The Path of Least Resistance for Managers* (Publishers' Group West, 1999).

2   참조 : *The Path of Least Resistance*, p.197.

3   Robert Fritz와 그의 아내 Rosalind Fritz는 로버트 프리츠 주식회사(Robert Fritz, Inc.)의 공동창업자이다.
더 많은 정보를 알고 싶다면 그들의 웹사이트를 참조하라. www.robertfritz.com

4   블룸의 분류(Bloom's Taxonomy)는 미국 학습 분류의 초석이며 교육심리학자인 벤자민 블룸이 임명한 교육위원회원들에 의해 1956년 처음 제안되었다.

5   공통 핵심 성취기준 참조 : The Common Core Standards initiative(www.corestandards.org)
평가 이슈를 다루는 컨소시엄 : Partnership for Assessment of Readiness for College and Careers (www.parcconline.org)와 Smarter Balanced Assessment Consortium(www. k12.wa.us/smarter).

6   학습의 평가와 학습을 위한 평가의 차이점에 대하여 다음을 참조하라.
Rick Stiggins, "From Formative Assessment to Assessment for Learning", *Phi Delta Kappan*(December 2005).
Assessment Training Institute, founded by Stiggins, www.assessmentinst.com.

7   평가에 대한 추가 자료는 다음과 같다. Linda DarlingHammond, Ray Pecheone, 외. (Stanford University), *Developing an Internationally Comparable Balanced Assessment System that Supports High-Quality Learning*(2010); Marc Tucker(National Center on Education and the Economy), *An Assessment System for the United States : Why not Build on the Best?*(2010); Stephen Lazer(Educational Testing Service), *High-Level Model for an Assessment of Common Standards*(2010); and Larry Berger(Wireless Generation) and Lynn Resnick(University of Pittsburgh), *An American Examination System*(2010).
모든 자료는 다음 사이트에서 접근 가능하다. Educational Testing Service's Center for K-12 Assessment & Performance Management, https://www.ets.org/k12.

8   Gene Weingarten", Pearls Before Breakfast : Can one of the nation's great musicians cut through the fog of a D.C. rush hour? Let's find out." *Washington Post*, April 8, 2007.
https://goo.gl/xuoNug

9   워싱턴 포스트 실험에 대해 읽은 후 마이애미 대학의 건축학 교수 Tom Dutton은 다음과 같이 논평했다.
"여러 번이나 사람을 모르게 한 불공평한 방식에서 상황이 인식을 규정한다. 그것은 우리가 틀에 박힌 간편한 맥락으로 사람들을 이해하는 것과 같다. 동의하기 혼란스럽지만, '좋은' 상황은 '좋은' 사람들을 창출하고, 반대로 '나쁜' 상황은 '나쁜' 사람들을 만든다. 그게 이야기의 끝이다."

10   Elliott Eisner, "What Does it Mean to Say that a School is Doing Well?", *Phi Delta Kappan*(April, 2000).

11   참조 : *Rick Stiggins, Judith Arter, Jan Chappuis*, and Steve Chappuis, *Classroom Assessment for Student Learning : Doing It Right—Using It Well*(Pearson Books, 2006).

12   참조 : Rick Stiggins and Jan Chappuis, *An Introduction to Student-Involved Assessment for Learning* (6th Edition, Addison Wesley, 2011).
스티긴스는 평가훈련학회(Assessment Training Institute, 웹사이트 ati.pearson.com(*역자주 이 사이트는 http://downloads.pearsonassessments.com/ati/index.html으로 연결된다.))를 설립했다.

13   지성적인 행동에 대한 깊고 자세한 내용은 다음을 참고하라.
Art Costa and Bena Kallick, *Learning and Leading with Habits of Mind*(Association for Supervision and

Curriculum Development, 2009), Art Costa(편집). "The Search for Intelligent Life", *Developing Minds : A Resource Book for Teaching Thinking*(Association for Supervision and Curriculum Development, 1991).

14 나는 우리 대학 부서에서 채점 방법을 검토하는 동안 세 가지 중요한 질문에 대한 열여섯 가지 행동을 도입부로 사용했다. "이러한 행동은 학생들이 발달하기를 원하는 기능을 나타내는가? 우리 학교에서 이 일을 완수할 수 있는가? 우리의 채점 시스템이 우리를 돕거나 방해하는가?"
— Thomas A. Dutton, 오하이오주 마이애미 대학교 건축 학부 교수

15 그녀는 Wilbur의 문제에 대해 충분히 오래 생각하면 그의 아이디어를 이해할 수 있을 것이라고 확신했다.
— E.B. White, *Charlotte's Web*(Harper and Row, 1952).

16 잠시 후 그녀의 침묵은 종이가 바위를 덮는 것처럼, 내 이야기를 이긴다. 그래서 내 머리 속에서 질문 목록이 떠올랐음에도 나는 입을 다물었다.
— Jack Gantos, Joey Pigza Loses Control(Farrar, Straus and Giroux, 2000).

17 "와! 할아버지!" 폴이 외쳤다. "저는 할아버지가 역사에 대해 말하는 방식을 좋아해요."
— Marguerite Henry, *Misty of Chincoteague*(1947).

18 "자, 칼빈, 네가 수학 숙제를 이렇게 한다면 얼마나 쉬울지 알겠니?"
— Madeleine L'Engle, A Wrinkle in Time(1962).

19 그러나 내가 걸을 때 좀 더 생각했다. — 보통 긴장되어 좋아하는 일은 아니지만 — 내가 ~를 미워하지 않으면 아빠가 신경 쓰일지 궁금했다.
— Chris Crutcher, *Athletic Shorts*(Greenwillow Books, 2002).

20 그러나 Thorin의 연기가 나는 곳이 어디든지 Gandalf를 피할 만큼 빠르지 않았다. 톡! 그는 짧은 사기 파이프에서 Thorin의 각 파이프를 통과하는 작은 연기 고리를 보냈다.
— J.R.R. Tolkien, The Hobbit(1937).

21 그 빛나는 궁전에 내려가기 위해서는 어떻게 해야 할까요? 그녀가 질문을 제기하자마자, 그녀는 답을 얻었다. 그녀는 상자를 내려놓고 승선했다.
— William Steig, *Brave Irene*(Farrar, Straus and Giroux, 1988).

22 나는 정말로 요리와 술을 마시고 편안함을 느끼기 위해 물 근처에서 살아야만했다. 나는 커다란 독미나리를 슬프게 보고, 내가 나 자신에게 무언가를 말했을 때 그것을 버리려 했다. 그것은 [내가 읽은] 어떤 책에서 나온 것이 틀림없다. "독미나리는 보통 산천과 샘 주위에서 자랍니다."
— Jean Craighead George, *My Side of the Mountain*(Puffin, 2000).

23 우리는 심지어 그가 어디에서 태어났고 어떻게 해서 부수적인 소유자가 되었는지에 따라 그의 역사를 꾸며내기도 한다.
— Kimberly Willis Holt, *When Zachary Beaver Came to Town*(Henry Holt,1999).

24 그의 콧잔등은 어린 양의 코를 떠올리게 한다.
— Carolyn Mackler, *The Earth, My Butt, and Other Big Round Things*(Candlewick, 2003).

25 허리 높이의 날카로운 듯한 유리 날은 만지기에 부드러웠다. 그녀가 지나갈 때 가볍게 뒤로 물러섰다. 둑은 따뜻했다. 키가 큰 잔디가 있는 대피소 속의 이곳은 너무 따뜻하고, 모래땅은 건조한 냄새가 났다.
— Mary Norton, *The Borrowers*(Sandpiper, 1952).
"나는 이것을 너에게 털어놔야 할지 모르겠다." Ron이 말했다. "나는 우리가 Gringotts에 침입했다는 것을 알아 차렸을 거야." 세 명 모두 웃기 시작했고 일단 시작하면 멈추기가 어려웠다.
— J.K. Rowling, *Harry Potter and the Deathly Hallows*(Arthur A. Levine Books, 2007).

26 봄 햇빛이 매우 아름답게 집안을 비춰서 아무도 페인트를 새로 칠하거나 벽지를 새로 입혀야 한다는 것을 기억하지 못했다. 반대로, 그들은 모두 Cherry-Tree Lane에서 스스로 가장 좋은 집이라고 생각하는 것으로 나타났다.
— P.L. Travers, *Mary Poppins*(Harcourt Brace, 1934).

27 "네가 말하는 것처럼 다 써. 우리가 가진 모든 즐거움, 우리가 했던 멋진 것들을 다 넣어. 우리의 모험."
"하지만 내가 쓸 수 없다는 걸 넌 알 텐데, 케빈."
"네 머릿속에 있는 모든 것, 맥스, 기억할 수 있는 모든 것. Freak the Migthy 이야기만 하면 되거든.

큰 문제가 아니야."
　- Rodman Philbrick, *Freak the Mighty*(*역자주 커다란 몸집의 학습장애를 가진 맥스웰 케인(주인공)이 선천성 기형아 케빈을 목마 태웠을 때의 모습을 스스로 Freak the Mighty라고 부름. 따라서 그러한 상태를 이야기하라고 하는 것으로 보임) (Scholastic, 1993)

28　"곰이 너를 원했다면", 그의 두뇌가 말했다. "그는 너를 데려 갔을 거야." 이건 이해가 필요한 것이지 도망칠 것은 아니다. 곰은 산딸기 열매를 먹고 있었다.
사람이 아니라.
그리고 그 곰은 공유하기를 꺼리지 않는다고 말했다. 그로부터 그냥 떠났을 뿐이다.
그리고 열매는 너무 좋았다.
그는 산딸기 밭으로 천천히 되돌아갔다. 그리고 아침 내내 계속 조심스럽게 골랐다.
　　　　　　　　　　　　　　　　　　　- Gary Paulsen, *Hatchet*(Bradbury Press, 1987).

29　그러나 세상이 정말로 옳았다면 인간은 삶을 거꾸로 돌아가 마지막 부분을 처음에 했을 것이라고 생각한다. 그들이 처음에 모든 것을 알게 되고, 마지막엔 순수한 상태로 남을 것이다.
　　　　　　　　　　　　　　　　- Angela Johnson, *First Part Last*(Simon & Schuster, 2003).

30　각각의 "지적인 행동" 옆의 인용문은 아동 사서 Jennie Dutton, 아동 문학 애호가 Martha Piper, 그리고 『학습하는 학교』의 공저자인 Art Kleiner가 선정했다. 일부는 'Institute for Habits of Mind'가 발간한, 각 지적 행동에 태그가 달린, 권장 아동 도서 목록에 포함되어 있다. 목록을 보려면 instituteforhabitsofmind.com을 방문하여 'Resources'를 클릭한 다음 'Bibliography of Student Books'를 클릭하라.

31　John Hughes 감독, *Ferris Bueller's Day off*(Paramount, 1986). BenStein이 경제교사로 나옴.

32　1964년에 군부가 브라질 정부를 장악했을 때 프레이리는 강제 추방당했다. 그 뒤에 이어지는 전체주의 정권의 시각에서, 권한이 있거나 심지어 교양 있는 시민들조차 파괴적이었다. 1979년에 프레이리는 사면이 되어 브라질로 돌아왔다. 1989년에는 상파울루시 교육부 장관으로 선출되었다. 1993년 노벨 평화상 후보에 올랐다.
참조 : Maria del Pilar O'Cadiz, Pia Lindquist Wong, and Carlos Alberto Torres, *Education and Democracy : Paulo Freire, Social Movements, and Education Reform in Sao Paulo*(Westview Press, 1998).

33　인용문 출처 : Frank Adams with Myles Horton, *Unearthing the Seeds of Fire : The Idea of Highlander*(John F. Blair, 1975), p.214, 그리고 Paulo Freire and Myles Horton, *We Make the Road by Walking : conversations on Education and Social Change*(Temple University Press, 1990) p.102.

34　하이랜더(Highlander)와 민중 교육을 더 자세히 보려면 다음을 참조하라.
Myles Horton with Judith Kohl and Herbert Kohl, *The Long Haul : An Autobiography*(Teachers College Press, 1997),
이 리뷰의 출처 : www.highlandercenter.
또 다른 참조 : www.infed.org의 The Encyclopedia of Informal Education.

35　'비판적 교육학(critical pedagogy)'이라는 용어는 파울로 프레이리의 글쓰기와 가르침의 영향을 받은 교육자 네트워크의 작업에서 개발되었다. 이 분야의 중요한 인물은 Peter McLaren, Henry Giroux, Richard Quantz, Jeanne Brady, Dennis Carlson, Ira Shor, Donaldo Macedo, Thomas Dutton, bell hooks, Michael Apple이 있다.
비판적 교육학 및 문화 연구의 작업에 대한 자세한 내용은 다음을 참조하라.
Ira Shor, Freire for the Classroom(Boynton/Cook, 1987); Henry Giroux, *Teachers as Intellectuals* (Bergin & Garvey, 1988); Michael Apple, *Cultural Politics and Education*(Teachers College Press, 1996); bell hooks, *Teaching to Transgress*(Routledge, 1994); http://www.paulofreire.org(Portuguese and English).
이 글 다음에 나오는 리소스 리뷰도 참조하라.

36　Highlander와 연계하여 시민 권리 운동을 조직하고 The Algebra Project을 설립한 Robert Moses에 따르면 수학 문해력은 읽기의 힘만큼이나 중요하다.

더 자세한 것은 다음을 참조하라.
Robert Moses and Charles E. Cobb, Jr., *Radical Equations : Civil Rights from Mississippi to the Algebra Project*(Beacon Press, 2002)와 www.algebra.org.

37 "문해력은 학습자와 세계 사이에 존재하는 다양한 관계와 경험을 만들고 활용할 수 있는 무수히 많은 커뮤니케이션 형태와 문화적 역량으로 가장 잘 이해된다." Paulo Freire and Donaldo P. Macedo, *Literacy : Reading the Word and the World*(Bergin and Garvey, 1987), p.10.

06 생산적 대화(Productive Conversation)

1 참조 : Parker J. Palmer, *The Courage to Teach : Exploring the Inner Landscape of a Teacher's Life*, 2nd edition(Jossey-Bass, 2007), pp.76
249쪽의 리뷰를 참고하라.

2 이런 종류의 재설계를 시작하기 전에 교사는 '학습하는 교실을 설계하기' 연습을 완료하는 것이 도움이 된다(233쪽 참조). 그들이 만들고자 하는 상호작용적이고 발산적인 교실을 상상할 때, 그들은 도움이 될 학생들에 대한 정보를 더 잘 알고 있다. 학부모 또한 이 연습이 자녀의 장점을 이끌어낼 교실에 대해 생각할 때 유용할 것이다.

07 교실에서의 시스템사고(Systems Thinking in the Classroom)

1 시스템다이내믹스 교육 프로젝트에 대한 참조 : http://web.mit.edu/sysdyn/sdep.html
이 기사를 개발한 SDEP 행정가인 Nan Lux에게 감사드린다.
SDEP 작업의 상당 부분은 이 책의 421쪽 '창조적 학습공유(CLE)' 사이트를 통해 알 수 있다.

2 참조 : Jay W. Forrester, Urban Dynamics(Pegasus Communications, 1969)와 Lawrence M. Fisher, "The Prophet of Unintended Consequences", *strategy+business*, Fall 2005, https://www.strategy-business.com/article/05308?gko=b9037

3 권위적이고 혁신적인 특성은 Everett Hagen이 *On The Theory of Social Change : How Economic Growth Begins*(Dorsey Press, 1962)에서 묘사한 것에 기초하였다.
인용문의 출처 : Alfred Lord Tennyson, "The Charge of the Light Brigade", stanza 2.

4 우리의 수업은 놀랍게 변화해왔다. 필요한 교육과정보다 많은 자료를 다룰 뿐 아니라, 더 빨리 다루고 있다. (이번 주에 올 한해의 교육과정을 마친 뒤 남은 5주 동안 더 많은 것을 다룰 것이다.) 학생들은 그 어느 때보다도 더 유용한 자료를 배우고 있다. 여러 사실들은 서로 간의 역동적인 관계를 통해 의미를 구성해나간다. 수동적인 학생은 이 수업을 통해 능동적인 학습자로 변해간다. 교사의 역할은 정보 전달에 그치지 않고 학생들이 가능한 많이 배울 수 있는 환경을 만들어가는 것으로 변한다. 학생들은 수업에 일찍 오고 (심지어 학교에 일찍 오기도 하고) 수업종이 친 뒤에도 머물러 있으며, 점심 먹은 후에도, 집에서도 (숙제가 없는 경우에도) 자발적으로 공부하는 것을 볼 수 있다. - Frank Draper, 애리조나주 투산 Orange Grove 중학교의 8학년 생물학 교사(*The Fifth Discipline Fieldbook*, 487쪽을 참조하라.)

5 Deb Lyneis, Sheri Marlin, Tracy Benson, Anne LaVigne이 베풀어준 도움과 안내에 대해 감사를 표한다.

6 Ann McGovern 지음, Winslow Pinney Pels 삽화, *Stone Soup*(Scholastic Books, 1968).

7 Stone Soup의 예시가 보여주는 것처럼 책이나 게임을 활용하는 교육과정의 목적은 복잡한 시스템을 학습할 수 있는 맥락을 만드는 것이다. 학생들이 함께 경험한 것이나 참고할 만한 점이 있다면 그들이 경험한 것을 토대로 시스템의 복잡성과 상호관계에 대해 탐구할 수 있다.

8 매머드 게임 및 기타 10개의 학생 친화적인 게임은 다음 책과 사이트에서 찾을 수 있다. Rob Quaden, Alan Ticotsky, and Debra Lyneis(Nathan Walker, 삽화), The Shape of Change, Including The Shape of Change : Stocks and Flows(Creative Learning Exchange, 2009), http://www.clexchange.

org/cleproducts/shapeofchange.asp.

9 콩 게임(The Bean Game)에 대한 자세한 내용은 https://waterscenterst.org/에서 'bean game'을 검색 하거나 https://waterscenterst.org/?s=bean+game을 클릭한다.

10 교실에서 감염 게임(Infection Game)을 설정하고 사용하는 방법에 대한 자세한 설명은 *The Shape of Change*(매머드 게임, 405쪽)에서 찾을 수 있다.
감염 게임은 Holly Cluff, Sam DeVore, Will Glass-Husain, Anne LaVigne, John Sterman, Shea Van Rhoads 등 다른 많은 유초중등 교육자 및 실무자 연구를 기반으로 개발되었다.

11 감염 게임에 대한 자세한 내용은 Will Glass-Husain, *Teaching System Dynamics : Looking at Epidemics* (Creative Learning Exchange, 1991). http://static.clexchange.org/ftp/documents/roadmaps/RM5/D-4243-3.pdf 이 모델은 John Sterman이 만든 two-stock 감염 모델을 기반으로 한다.

12 William Golding, *Lord of the Flies*(Faber & Faber, 1954).

13 CLE는 교사와 개인(학생 포함)을 위한 시스템사고 도구에 대한 연례 집중 학습 이벤트인 Camp Snowball을 (워터스 재단 및 조직학습협회와 함께) 공동 주최한다. 정보는 http://www.campsnowball.org 에서 볼 수 있다.

14 Diana Fisher는 학생 학습의 자원과 강력한 동영상을 가진 웹사이트를 갖고 있다.
https://ccmodelingsystems.com/

15 이 글은 Joy Richmond, Lees Stuntz, Kathy Richmond 및 Joanne Egner(편집자)에 의한 *Tracing Connections : The Voice of Systems Thinkers*(iSee Systems 및 Creative Learning Exchange, 2010) "Education for an Interdependent World"에서 발췌한 글이다. Tracing Connections은 시스템사고의 선구자인 Barry Richmond(High Performance Systems의 창립자, 2002년에 갑자기 사라진 STELLA 모델링소프트웨어의 디자이너 겸 개발자)을 기념한 책이다.

16 Barry Richmond는 모델링 소프트웨어 STELLA를 디자인하고 개발한 시스템사고 교육자이자 평생 동안 학습자이었다. 교육자와의 협력에서 Barry는 시스템사고의 구성 요소 기술을 확인했다. 그것들은 다음과 같다.
1. 고도의 사고 : 어떤 특정 분야의 연구보다 학제 간 큰 그림의 관점을 갖기
2. 시스템–원인(내재적) 사고 : 관심문제 또는 행동과 가장 관련이 있는 요소와 관찰된 행동을 생성하기 위해 상호작용하는 요소를 구별하기
3. 역동적 사고 : 시간에 따른 행동 패턴을 시각화하고 고립된 사건보다는 행동 패턴의 일부로 사건을 보기
4. 작동적 사고 : 이러한 행동 패턴을 생성하기 위해 시스템의 부분이 어떻게 상호작용하는지를 이해하기
5. 닫힌 루프 사고 : 상호작용하는 부분을 모두 연결한 상호작용 피드백 루프(인과 관계)의 망을 식별하기
6. 과학적 사고 : 수학적 모델과 가설로서 시뮬레이션 실험을 사용하여, 피드백과 행동 사이의 연결을 설명하기
7. 공감적 사고 : 가설 작업에 대해 질의하고 개인이나 조직의 학습을 위해 효과적으로 의사소통하기
8. 일반적 사고 : 특정 피드백 구조가 다양한 설정과 상황에서 동일한 동작을 생성하는 것을 이해하기

17 참조 : Barry Richmond, "The Thinking in Systems Thinking : Eight Critical Skills" in *Tracing Connections : Voices of Systems Thinkers*(iSee Systems and Creative Learning Exchange, 2010), page 3ff.

18 "고차원적 사고의 필수 구성 요소 중 하나는 전체적으로 볼 때 각 부분을 생각할 수 있는 능력이며, 대안적으로는 전체와 부분이 어떻게 상호 관련되었는지에 관한 생각능력이다." – Chapter 11 ("Common Themes") in *Benchmarks for Scientific Literacy : A Tool for Curriculum Reform*, Project 2061, American Association for the Advancement of Science(Oxford University Press, 1993) https://www.aaas.org/programs/project-2061

19 Edith Cobb, *The Ecology of Imagination in Childhoo*(Columbia University Press, 1977).
복잡성 시스템에 대한 어린이와 성인의 직관적인 이해에 대한 연구는 고도로 교육받은 성인들 사이에서도 복잡한 시스템의 역동성에 대한 깊은 오해가 지속됨을 보여준다. 역동적인 의사 결정에 대한 연구에 따르면 성인이 다중 피드백 프로세스, 시간 지연, 비선형과 누적을 포함하는 동적 복잡한 시스템을 대하는 경우 그에 대한 반응은 편파적이고 최적화되어 있지 않다. 다음을 참조할 수 있다.
Tina Grotzer, "Learning to Understand Forms of Causality in Scientifi cally Accepted Explanations", Studies in *Science Education*, 39 (2003) : 1–74.
John D. Sterman, "Misperceptions of Feedback in Dynamic Decision Making", *Organizational Behavior and Human Decision Processes*, 43(3) (1989) : 301–335.
John D. Sterman and Linda Booth Sweeney, "Understanding Public Complacency About Climate Change : Adults' Mental Models of Climate Change Violate Conservation of Matter", Climatic Change 80(3-4) (2007) : 213–238.

20 Wendell Berry, *The Way of Ignorance and Other Essays*(Shoemaker & Hoard, 2005), p.77.

21 Stephanie Pace Marshall, *The Power to Transform : Leadership That Brings Learning and Schooling to Life*(Jossey-Bass, 2006).

22 Seymour Papert, "Papert on Piaget" in *Time* magazine's special issue on "The Century's Greatest Minds", March 29, 1999, p.105.

23 사례 참조 : Linda Booth Sweeney and John D. Sterman, "Thinking About Systems : Student and Teacher Conceptions of Natural and Social Systems", 50th Anniversary issue of *The System Dynamics Review*, 2007.

24 *Robert* W. Kates and Cindi Katz, "The Hydrologic Cycle and the Wisdom of the Child", *Geographical Review*, 67(1977); 51–62. http://rwkates.org/pdfs/a1977.01.pdf 참조.

25 Jean Piaget, *The Language and Thought of the Child*(Humanities Press, 1959), p.91.
참조 : Ludwig von Bertalanffy, *General System Theory : Foundations, Development, Applications* (Braziller, 1968).

26 'ecology(생태학)'라는 단어는 독일의 동물학자 Ernst Haeckel(1834-1919)이 1873년에 그리스어 *oikos*(집, 거처, 거주)와 *logia*(연구하다)를 합성하여 만든 단어인 *okologie*에서 나온 것이다

27 Masanobu Fukuoka, *The One-Straw Revolution : An Introduction to Natural Farming*, translators Chris Pearce, Tsune Kurosawa, and Larry Korn(Rodale Press, 1984).
자연 속의 시간은 단지 건강한 것만은 아니다. (Richard Louv, *The Nature Principle : Human Restoration and the End of Nature-Deficit Disorder reminds us*의 저자) 우리는 자연 환경과 함께 지속 가능한 생활을 배우는 것이 중요하다. 미국 엔지니어, 시스템 이론가, 저자, 디자이너 그리고 측지 돔의 창조자인 Buckminster Fuller는 교사로서 자연에 대해 다음과 같이 말했다.
"인류의 생존은 자연의 작동 방식을 감각적으로 이해하려는 우리의 의지에 달려 있다고 확신한다. (Amy Edmondson, *A Fuller Explanation : The Synergetic Geometry of R. Buckminster Fuller* (Birkhäuser Boston, 1986), p.5. 참조)

28 시스템 전략에 대한 훌륭한 지침은 Draper Kauffman, *Systems 1 : An Introduction to Systems Thinking*(Pegasus Communications, 1980)이다.
이 짧은 책은 균형과 강화의 힘에 대한 근본적인 변화가 왜 일시적 변화와 장기적 변화 사이에 다른 점을 만들어내는지 이해하는 데 도움이 된다. "기본적으로 중요한 긍정 피드백 루프와 부정 피드백 루프를 바꾸지 않는 모든 변화들은 - 얼마나 크든 상관없이 - 단지 일시적인 변화일 뿐이다. 동시에 아무리 작아 보이거나 간접적으로 보이더라도 양과 음의 루프 사이의 관계에 영향을 미치는 변화는 시스템의 장기적인 행동을 변화시킬 것이다."(27쪽).

29 이 학생은 오리건주 포틀랜드의 Sunnyside 환경 중학교에 다녔다.

30 원래 '앉아서 관찰하기(Sit Spot)'는 사냥꾼이자 작가인 존 영(Jon Young)이 개발했다.

참조 : Jon Young, Evan McGown, and Ellen Haas, *Coyote's Guide to Connecting with Nature for Kids of all Ages and their Mentors*(OWLink Media Corporation, 2008).

31 Boulding은 다음과 같이 말한다. "… 미래를 창조하는 개인은 '확장된 현재'를 살아가는 법을 배워야 한다. 1년, 10년, 심지어 25년으로 정의되는 현재는 중요한 사회적 프로세스를 적절하게 파악하기에는 너무 짧다."
Elise Boulding, Education for Inventing the Future in *Alternatives to Growth I : A Search for Sustainable Futures*(Ballinger Publishing Co.,1977), p.304.

32 미국의 엔지니어이자 시스템이론가, 작가, 디자이너, 지오데 돔을 창조해낸 Buckminster Fuller는 이렇게 말했다. "인류의 99%가 자연을 이해하지 못한다는 사실은 이 행성에서 인류가 전 세계적으로 물리적으로 지속가능한 삶을 누리는 것을 실패한 주된 이유이다."-Buckminster Fuller와 E.J.AppleWhite, *Synergetics : Explorations in the Geometry of Thinking*(Estate of R. Buckminster Fuller, 1997), p.28.

33 Linda Booth Sweeney와 Drumlin Farm(보스턴 근처의 Audubon 지역)은 어린이들이 농장 환경에서 살고 있는 시스템을 의도적으로 생각하도록 돕기 위해 *Making Connections Playkit*(카드놀이와 wikki stix* 포함)를 만들었다. 플레이 키트는 Creative Learning Exchange 사이트인 www.clexchange.org에서도 구할 수 있다. (*역자주 여섯 가지 색깔로 되어 있는 줄 모양의 교구로 여러 가지 모양 만들기를 할 수 있다.)

34 Linda Booth Sweeney는 시스템 주제를 다루는 두 개의 이야기 모음집을 출판했다. *Connected Wisdom : Living Systems about Living Systems*(SEED, 2008). *When a Butterfly Sneezes : A Guide for Helping Kids Explore Interconnections in Our World Through Favorite Stories*(Pegasus Communications, 2001). 461쪽의 '연결된 지혜' 리뷰를 참조하라.

35 인과 관계의 개념을 강화하는 Numeroff의 또 다른 저서 *If You Give a Moose a Muffin*(1991), *If You Give a Pig a Party*(2005), *If You Take a Mouse to the Movies*(2000), *If You Give a Cat a Cupcake*(2008) (모두 HarperCollins 출판), 그리고 *If You Give a Dog a Donut*(Balzer and Bray, 2011).

36 Dr. Seuss의 다른 시스템 중심의 서적은 다음과 같다. *The Lorax*(Random House, 1971)와 *The Butter Battle Book*(Random House, 1984)

37 다른 책 - *Three Strands in the Braid: A Guide for Enablers of Learning*(A Tribe of Two Press, 1994) - Underwood는 할아버지의 '여섯 가지 규칙'을 설명한다. 즉, 모든 지각 가능한 현상에 대하여 적어도 6가지 그럴듯한 설명을 고안하라는 것이다. 그녀의 할아버지는 "아마도 거기에는 60가지 정도가 되겠지만, 그러나 여섯 가지만 고안하면, 이것이 '진리'라고 하는 첫 번째 그럴듯한 설명에 고정되는 것을 막아줄 것이다."라고 말했다.

학교School

08 학교로 들어가기(Entering School)

1 학교 변화에 근거가 있는 학습계획과 변화에 따른 난점들에 대한 배경을 좀 더 포괄적으로 분석하려면 *The dance of change* 5-64쪽을 참조.

2 참조 : Lotte Bailyn, "Integrating Work and Personal Life…in Practice", *The Dance of Change*, p.95ff.

3 참조 : 조직 변화의 문제점에 대한 더 자세한 내용은 *The dance of change* 60쪽 이후.

4 John Goodlad의 말은 그의 에세이 "Education and Democracy : Advancing the Agenda", *Phi Delta Kappan* 82 (1) (2000) 86-89에서 나온 것이다.
Goodlad(교육적 탐구 연구소 회장)는 공립학교가 민주주의 과정을 유지하기 위해 우리가 참여해야 할 가장 적합한 공적 포럼이라고 주장한다.
참조 : John Goodlad, Roger Soder, and Bonnie McDaniel(편집자), *Education and the Making of a*

Democratic People(Paradigm Publishers, 2008).

5 제임스 하비는 전국 교육장 협의회(National Superintendents Roundtable)의 회장이다. http://www.superintendentsforum.org.

6 Goodlad의 네 가지 도덕적 차원의 학교 교육은 교육자들(특히 교사들)의 준비와 학교의 회복에 관한 국제적인 담론을 형성한다는 점에서 강력했다.
그의 인용문의 출처 : John Goodlad, *Teachers for Our Nation's Schools*(Jossey-Bass, 1990), p.22ff and 48ff.

7 인용문의 출처 : Richard Quantz, Nelda Cambron-McCabe, and Michael Dantley, "Preparing School Administrators for Democratic Authority", *The Urban Review* Vol. 23(1991), pp.3-19.

8 참조 : Donald Schön, *The Reflective Practitioner*(Basic Books,1984)

9 이 개념은 Peter B. Vaill, "The Purposing of High-Performing Systems" in Thomas Sergiovanni and John Corbally(편집자), *Leadership and Organizational Culture*(University of Illinois Press, 1986), pp.93-101에서 나왔다.
Neil Postman의 인용문은 Neil Postman, *The End of Education : Redefining the Value of School*(Knopf, 1995), p.61에서 가져왔다.

10 John Goodlad, Roger Soder, and Kenneth Sirotnik, *The Moral Dimensions of Teaching*(Jossey-Bass, 1990), p.312, 314.

11 Beverly Daniel Tatum, *Why Are All the Black Kids Sitting Together in the Cafeteria?*(Basic Books, 1999), p.xi.

09 학교 비전(School Vision)

1 이 활동들에서 제기된 코멘트의 예들
- 학부모 : 내 아이들은 – 다른 아이들과 사이좋게 지낼 것이다. 관심과 인정을 얻을 것이다. 아주 좋은 곳에서 놀 것이다. 다른 교육구에 사는 내 조카처럼 프랑스어를 말할 것이다. 계산을 시작하고 산술을 시작할 것이다. 색칠을 하고, 스케치하고, 음악을 연주할 것이다. 학교를 사랑하는 법을 배울 것이다.
- 학생 : 나는 읽기를 배울 것이다. 나는 학교 운동장에서 놀게 될 것이다. 나는 하이 다이빙하는 것을 배울 것이다. 나는 늦게까지 자지 않을 것이다. 나는 내 여동생처럼 글쓰기를 배울 것이다. 나는 운전 면허증을 딸 것이다. 나는 매일 나의 친구를 볼 것이다.
- 교사 : 우리는 좋은 교육과정에 도달할 것이다. 우리는 주 표준을 충족시키고 학생들 모두는 상승한다. 아이들은 사회적 역량을 발달시킨다. 우리는 아이들을 이해하게 되고 특별한 필요를 결정하게 된다. 우리는 부모님의 참여를 위한 기회를 제공한다.

2 이 연습은 Victoria Bernhardt, "Multiple Measures" in *Data Analysis for Comprehensive Schoolwide Improvement*(Eye on Education Inc., 1998), p.15.에서 부분적으로 채택되었다.

3 피터 센게의 인용문은 The Fifth Discipline Fieldbook, p.23.에서 발췌한 것이다.

4 참조 : Gareth Morgan, *Images of Organization*(Sage Publications, 1986, 1997), p. 110. 497쪽 '조직의 이미지' 리뷰를 참조하라.

5 교육 리더십 재건을 위해 읽을 책 :
William Foster, *Paradigms and Promises : New Approaches to Educational Administration*(Prometheus Books, 1986).
Ronald Heifetz, *Leadership Without Easy Answers*(Harvard University Press, 1994).
Thomas Mulkeen, Nelda Cambron-McCabe, and Bruce Anderson(편집자), *Democratic Leadership : The Changing Context of Administrative Preparation*(Ablex, 1994).
Gareth Morgan, *Images of Organization*(Sage, 1997).

Donald Schön, *Educating the Reflective Practitioner*(Jossey-Bass, 1987).

Margaret Wheatley, *Turning to One Another : Simple Conversations to Restore Hope to the Future*(BerrettKoehler Publishers, 2009).

10 현실(Current Reality)

1 도움과 통찰 그리고 관심을 가져준 데 대해 Jay Ogilvy와 Napier Collyns에게 감사를 표한다.

2 'oracle question'은 Pierre Wack이 개발하고, Kees van der Heijden이 채택했다.
Pierre Wack과 시나리오 기법의 역사에 대해 더 알고 싶다면, Art Kleiner, *The Age of Heretics* (Jossey-Bass, 2008), 121쪽 이하와 238쪽 이하를 참조하라.

3 시나리오 연습에 대한 좀 더 심층적인 안내서는 (비록 시대에 뒤떨어진 예가 있지만) Peter Schwartz, *The Art of the Long View*(Doubleday, 1991)를 참조하라.

4 이 이야기를 말하는 교육과정 책임자는 그녀의 요구에 따라 익명으로 처리하지만 여기에 인쇄된 이야기를 확인하고 승인했다.

5 참조 : Deborah Tannen, *You Just Don't Understand : Men and Women in Conversation*(Ballantine Books, 1990).

6 566쪽의 '거대한 게임' 그림은 *Schools that Learn*의 오리지널 판을 위해 2000년에 만들어졌다. 특정 버전이 만료되고, 특정 사항이 모든 곳에 적용되지 않을 수 있기 때문에 새 버전에 대한 주제별 참조를 업데이트하지 않기로 했다. 그러나 어느 시점에서든 10대 아이들이 있는 모든 학교는 이와 같은 차트에 대응하는 스스로의 버전을 가질 수 있다.

7 Joyce Bisso 박사는 현재 휴렛-우드미어(Hewlett-Woodmere) 공립학교의 학교장이고, 그 당시 교육장이었던 Les Omotani 박사는 지금은 은퇴했다.

8 청소년 리더십 포럼의 참여 규칙
- 리더들은 들어라. 적극적인 청취에 참여하는 것은 어렵다. 그것은 훈련이 필요하다.
- 탐구는 의견이나 당신의 입장에 대한 옹호하기보다는 질문을 의미한다.
- 수식한다는 것은 비평, 인식, 타인의 생각 등을 없애는 것이 아니라 더하는 것을 의미한다.
- 서로 존중하는 것은 의견이 인물이 아닌 대화 가운데에 있다는 것을 전하는 것이다.
- 서로 배려하고 공감하는 것은 대화를 더 쉽게 하고 덜 위협적이게 한다. 리더는 사람들이 생각을 안심하고 표현하도록 한다.
- 이해하는 것은 인내심, 탐구, 존중 그리고 성실한 질문을 필요로 한다.

9 YLF에 참여하는 성인들은 학교와 시스템 수준에 있는 교육자들과 지도자들로서, 그들은 학생들의 기획을 지원하고, 문제를 해결하며, 학생들의 아이디어가 성공할 수 있도록 자원을 제공할 수 있는 의사 결정 능력과 지식을 갖추고 있다. 때로는 학생들이 변화시키고자 하는 규칙과 구조를 만들기도 했던 어른들이다.

10 우리는 David Hutchens의 일련의 학습 우화가 시스템사고를 가르치는 데 매우 효과적이라는 것을 알았다. 학생들은 이야기와 관련한 시스템사고 요소들을 자신의 경험으로 해석했다. *Outlearning the Wolves : Surviving and Thriving in a Learning Organization*(1998); *Shadows of the Neanderthal : Illuminating the Beliefs That Limit Our Organizations*(1998); *The Lemming Dilemma : Living with Purpose, Leading with Vision*(2000); *The Tip of the Iceberg : Managing the Hidden Forces That Can Make or Break Your Organization*(2001); *Listening to the Volcano : Conversations That Open Our Minds to New Possibilities*(2005); 모두 Pegasus Communications에서 나왔다. 또한 Hutchens의(Hutchen)의 웹사이트 www.davidhutchens.com.를 보라.

11 주(州)와 국가적인 수준의 정책 입안자, 교육위원회, 행정 담당자 및 교사들이 우리 국가의 공공 교육 시스템을 긍정적으로 변화시키고자 하는 바람이 진실이라면, 그들은 미국 전역의 고등학교에 청소년 리더십 포럼(the Youth Leadership Forum)과 같은 전략의 이용을 적극적으로 지원할 것이다.

12 참조 : Etienne Wenger, *Communities of Practice : Learning, Meaning, and Identity*(Cambridge University Press, 1998), p.6.

13 모든 인용들은 Penelope Eckert와의 인터뷰에서 비롯되었다. 또한 Penelope Eckert, *Jocks and Burnouts : Social Categories and Identity in High School*(*Teacher College Press,1989*)를 참조해라. 그녀의 최근 연구에 대한 것을 알고 싶다면 www.stanford.edu/~eckert를 보라.

11 개발(Development)

1 이 글은 조이너 박사가 예일대학교 시절에 작성한 초판에서 수정되고 업데이트되었다. 우리는 제임스 코머에게 그의 영향력, 모범 사례 그리고 지원에 대해 감사드린다.

2 효과적인 학습 행동
우리들의 교직원 개발 노력의 결과로, 교사와 학생들은 그들의 리더십과 학습 잠재력을 판단할 수 있는 방법으로써 이 논리 정연한 표준을 사용한다. 교사들에게 보내는 메시지는 '당신의 행동은 학생들이 얼마나 잘 배울 수 있는지에 영향을 미친다.' 학생들에게 보내는 메시지는 '여러분의 행동 또한 교사에게 영향을 미친다.' 교사들은 자신에게 반응이 좋은 학생들을 위해 훨씬 더 많이 노력하고 있으며, 최고 교사들의 헌신과 일치하거나 그 이상을 학생들에게 요구하는 것은 정당하다. — 에드워드 T 조이너(Edward T. Joyner)
'최고의 교사'에게 필요한 효과적인 교육 행위 : 적응 / 계획 / 관계 / 평가 / 관리 / 교수 / 기대 / 회복 탄력성
'능동적인 학생'에게 필요한 효과적인 학생 행동 : 주의력 / 협력 / 과업 – 지향 / 의도 / 언어화 / 열정

3 Faith Florer는 인지 심리학자, 학습 코치 그리고 뉴욕 Mercy College의 교수이다. 이 글의 원본에 기여한 Daniel Schack에게 감사드린다.

4 참조 : John Goodlad, *Educational Renewal : Better Teachers, Better Schools*(Jossey-Bass, 1994) 또는 National Network for Educational Renewal website인 www.nnerpartnerships.org.

5 Landon Beyers and Kenneth Zeichner, "Teacher Education in Cultural Context : Beyond Reproduction" in Thomas S. Popkewitz(편집자), *Critical Studies in Teacher Education*(The Falmer Press, 1987), pp.298–335.

6 탐구자로서의 교사를 보면 "연구 – 또는 당신이 참여하는 과정에 대한 비판적 사고 – 는 가르치는 방법을 배운 후에 하는 일이 아니라 가르치는 것을 학습하기 위해 하는 일이라고 가정한다." – B. Bowen, "Response" in N. Amanda Branscombe, Dixie Goswami, and Jeffrey Schwartz(편집자), *Students Teaching, Teachers Learning*(Boynton/ Cook-Heinemann, 1992), pp.293–295.

7 *Mary Pipher, Reviving Ophelia*(Grosset/Putnam, 1994), Peggy Orenstein, *Schoolgirls : Young Women, Self-Esteem, and the Confidence Gap*(Anchor Books/ Doubleday, 1995).
또한 소녀들이 직면한 어려움과 장애물에 대하여 알고자 한다면, William Pollack, *Real Boys : Rescuing Our Sons from the Myths of Boyhood*(Owl Books, 1998)를 참조하라.

8 젠 레이드(Jenn Reid)는 1999년 마데이라에서 전일제 언어 교사로 일했으며 7년간 가르쳤다. 그녀는 또한 신시내티에서의 변화를 위한 젊은 여성 작문 프로그램의 책임자이기도 하다. 그녀는 현재 오하이오주, State STEM School의 언어 교사이다. 그 학교는 여학생이 2대 1로 많다.

12 리더십(Leadership)

1 인용문의 출처 : Chris Argyris, "Teaching Smart People How To Learn", *Harvard Business Review* (May-June 1991), HRB Reprint #91301.

2 Rebecca Becky Furlong은 그때 아이오와주 Kolona에 있는 MID-Prairie학교의 교장이었다. 그녀는

이제 도시 교육구 커뮤니티의 부교육장이다.

3 사람들이 대화에 있어서 독단적이고 역효과를 낳는 방식으로 접근하는 것에 대해 더 알고 싶으면 *The Dance of Change* 252-254쪽을 참조하라.

4 Ronald Heifetz는 Without Easy Answers, (Harvard University Press, 1994)의 15쪽에서 리더십을 정의하고, 72쪽 이하에서 적응 시스템을 정의한다.
Heifetz가 '발코니 관점'이라고 부르는 질문에 대한 설명은 250쪽 이후에서 많이 다뤄진다. 더 자세한 리뷰는 이 책의 631쪽 리뷰를 참고하라.

5 적응적 문제에 대해 간여하고 싶은 사람들을 위해서 Ron Heifetz, Marty Linsky, and Alexander Grashow, *The Practice of Adaptive Leadership* : *Tools and Tactics for Changing Your Organization and the World*(Harvard Business Press, 2009)은 귀중한 자료이다.

6 학교 관리자로서 Harvard University's Kennedy School of Governmen에서 만든 이러한 판단을 내리는 것은 초등학교에 위험을 불러올 수 있다. Susan Rosegrant, "Deciding Who Decides : The Debate Over a Gay Photo Exhibit in a Madison School", (Harvard Kennedy School of Government Case Study #1440.0, 1998).

7 Danforth Forum 네트워크의 위원 아홉 명이 새로운 네트워크를 만들었고 강력한 학습 네트워크를 구축했다.
21세기 교육을 위한 디자인을 보려면 www.superintendentsforum.org을 보라.

8 Lynn Beckwith은 현재 미주리 대학에서 도시 교육을 가르치는 교수이다.

9 Peter Negroni는 학교 위원회의 부국장이다. 632쪽을 참고하라.

10 Paula Butterfield는 퇴임했다.

11 전직 오하이오 주립대 학장이던 Vern Cunningham은 국립 교육장 모임의 멤버이다.

12 Ronald A. Heifetz and Marty Linsky, *Leadership on the Line* : *Staying Alive Through the Dangers of Leading*(Harvard Business Press, 2002)를 참조해라.

13 이 글은 Nelda Cambron-McCabe, Luvern Cunningham, James Harvey, and Robert Koff, *The Superintendents Fieldbook* : *A Guide for Leaders of Learning*(Corwin Press, 2005), pp.42-48에서 인용했다. Peter Negroni가 스프링필드에서 교육장으로 있던 시절에 쓰인 그 책의 구판에서 따온 것이다. 그것은 Peter Negroni가 스프링필드에서 여전히 교육장을 맡았을 때 작성된 *Schools That Learn*의 초판의 초기 버전에서 채택되었다.
631쪽의 '교육장 현장 지침서' 리뷰를 참조하라.

14 16년 후에 Mary Leiker 박사는 켄트우드에서 2007년에 퇴임했다. 그 시스템 접근은 Scott Palczewski 박사의 교수직 기간 동안 지속되고 있다.

15 학교에서의 인종차별에 대한 침묵을 깨기 위한 전략을 참조하려면 Glenn Singleton and Curtis Linton, *Courageous Conversations About Race* : *A Field Guide for Achieving Equity in Schools*(Corwin Press, 2006)을 보라.

16 우리의 다양성은 학교와 지역사회를 발전시켰다. 과학적 배경에 따라 나는 그것을 학교에 접목시켰다. 다양성이 늘수록 생태계는 강해진다.
우리 교육구는 고객 중심을 강조해왔다. 이제 학부모들은 교육구를 선택할 수 있다. 학교 내 다양성이 늘어날수록 우리는 빠르게 변화하는 조건에 대처할 수 있게 될 것이며 문제 해결 과정의 유연성을 한층 증가시킬 것이다. —Scott Palczewski, 켄트우드 superintendent(2007-present).

17 NSBA 프레임워크는 여덟 가지 주요 활동 영역을 포함한다.
• 비전(학생의 성취로 시작하여 원하는 미래에 대한 공통 진술)
• 표준(교육 기대치)
• 평가(표준에 반대하는 교육성과 측정을 위한 도구 및 프로세스)
• 책무(결과에 대한 책임 할당)
• 조정(자원, 의사소통, 계획 및 프로그램 실행이 모두 함께 이루어짐)

- 풍토(성공적인 교육 및 학습을 위한 조건)
- 협력 및 지역사회 참여(교육자, 학부모, 비즈니스 리더, 미디어 및 기타 시민을 포함한 모든 교육 이해 관계자 간의 신뢰)
- 지속적인 개선(지속적으로 시스템을 개선하기 위한 새로운 방법을 모색하고 계획함)

Key Work of School Boards에 대한 더 자세한 정보는 http://www.nsba.org/keywork 혹은 Katheryn Gemberling, Carl Smith, and Joseph Villani, *The Key Work of School Boards Guidebook*(National School Boards Association, 2000) 참조.

18   Scientific Learning for Fast ForWord 프로그램은 www.scilearn.com을 참조하라. Lindamood-Bell 학습 센터는 www.lindamoodbell.com을 참조하라.

19   사례를 보려면 아래 책이나 사이트를 참조하라.
Jeffrey Schwartz and Rebecca Gladding, *You Are Not Your Brain*(Penguin, 2011)
David Rock and Jeffrey Schwartz, "The Neuroscience of Leadership", *strategy + business*, Spring 2006
https://www.strategy-business.com/media/file/sb43_06207.pdf

20   Mary Leiker와 켄트우드 직원들에 의해 논의된 책으로는
The Fifth Discipline Fieldbook(p.5)
Ronald Heifetz, *Leadership Without Easy Answers*(p.427)
Daniel Goleman, *Emotional Intelligence*(p.207)
Martin Seligman, *The Optimistic Child*(Harper, 1996)
Patricia Hersch, *A Tribe Apart*(Ballantine, 1999)
Ruby Payne, *A Framework for Understanding Poverty*, third edition(Aha Process Inc, 2003)
Judith Bardwick, *Danger in the Comfort Zone*(Amacom, 1995)
Jim Collins, *Good to Great*(HarperBusiness, 2001)
Jim Collins, *Good to Great and the Social Sectors : A Monograph to Accompany Good to Great*(HarperCollins, 2005)
Norman Doidge, The Brain That Changes Itself(Viking, 2007)
George Lakoff, Howard Dean, and Don Hazen, Don't Think of an Elephant!(Chelsea Green, 2004)
이 책들이 어떻게 다른지 그녀의 이야기를 보려면, Mary Leiker, "Positive Change and Perpetual Motion", *The School Administrator*, April 2008을 보라.
www.aasa.org/SchoolAdministratorArticle.aspx?id=5730.

21   2001년의 아동낙오방지법(NCLB, No Child Left Behind Act)에 의해 정의된 AYP(적절한 연간 성장 목표)는 각 주마다 읽기와 수학의 연간 학습 목표를 나타낸다. 연방법에 따라 각 주의 법은 교육구와 학교에 이런 목표를 2014년까지 달성할 것을 촉구한다.

22   4블럭 읽기 학습에 대해서는 http://www.four-blocks.com/을 참조하라. (*역자주 이 사이트는 존재하지 않는다. 대신 검색 엔진에 four-blocks Literacy를 검색하기 바란다.)

23   이 글은 Omotani 박사가 2009년에 은퇴하기 전에 쓰였다. Joyce Bisso 박사가 조수를 맡았으며 그는 이제 교육장이다. Bisso 박사는 교육부에 추천되었으며 Hewlett-Woodmere 지역사회에서 일하고 있다.

24   Omotani 박사는 최고를 향한 경쟁이 시험 성적을 잘못 파악하고 있기 때문이라고 말한다. 단순한 당근과 채찍으로는 안 된다. 그는 결점을 근본부터 고칠 것을 주장한다.

25   대화가 당신의 세계를 바꿀 수 있다. Margaret Wheatley는 "타인을 생각하기"라는 책에서 그렇게 주장한다. 205쪽의 미봉책을 참고하라.

26   추론의 사다리는 모든 핵심 그룹 학습 세션에서 눈에 띄는 비주얼이 되었다. 142쪽의 그림과 같이 각 단계에 라벨이 붙은 사다리가 있다.

27   참조 : Robert Fritz, *The Path of Least Resistance : Learning to Become the Creative Force in Your Own Life*(Fawcett Columbine,1989).

28   이 일을 위해서는 무엇이 필요한가?

학습 여정에 포함하는 것을 허락하라. 전통적 전문 개발과정에서는 하지 않는다.
1. 학습이 지속되도록 하라. 전통적 개발은 쓸모없다.
2. 신뢰를 발달시켜라.
3. 모든 일이 전체적으로 이루어지도록 하라. 몇몇 사람만 훈련받는 것은 소용없다.
4. 충분하고 의미 있는 대화를 통해 진행하라.
5. 학교 시스템을 실험의 장으로 삼아라.
6. 학교 관리자들이 학습을 그들의 업무의 일부로 여겨도 괜찮은 분위기를 만들어라.
7. 팀원들의 사고와 비전을 알아보기 위한 기회를 많이 가져라.

29   Karen Osterman와 Robert Kottkamp, *Reflective Practice for Educators*, second edition(Corwin Press, 2004)는 다섯 가지 규율이 교실과 학교에서 어떻게 적용되는지 실례를 보여주고 있다.

지역사회|Community

13 지역사회 속으로 들어가기(Moving Into Community)

1   "넘버 원 질문 : 그것이 어린이에게 좋은 것인가?" 운동과 이 운동을 지원하는 아동을 위한 파트너십(Partnership for Children)에 더 궁금한 점은 www.pfc.org(*역자주 2017년 12월 현재 www.pfc.org 사이트는 그레이터 캔자스시에 무료 인터넷 서비스를 제공하는 비영리기관 사이트로 연결된다(http://www.initiativewifi.com). 지역사회의 범위를 넓히고자 하는 비전이 발전된 것이다.)를 참고하면 된다. 사우스캐롤라이나주 Rock Hill과 테네시주 Memphis를 비롯한 몇몇 지역은 같은 슬로건으로 캠페인을 실천했다.

14 정체성(Identity)

1   피슬리와 이 지역의 다른 공동체에 관한 더 자세한 정보는 다음을 참고하라. www.peasleecenter.org.

2   왜 오버 더 라인이라고 불리는 걸까? 원래 1800년 대 중반에 막 성장하고 있는 신시내티 도시에 이민 온 독일인들이 정착해서 만들어진 동네였는데 도심 북쪽이고 한때 오하이오 - 이리(Ohio-Erie) 운하 시스템을 가로 질렀다. 이런 지형적인 조건과 강한 독일인 정체성 때문에 오버 - 더 - 라인(Over-the-Rhine)라고 불리게 되었다. 대공항 때 애팔래치아인이 일자리를 찾아 이전했고, 세계 2차 대전 이후에 아프리카계 미국인들이 합류했다.   — Bonnie Neumeier

3   Peter Block의 책 *Community: The Structure of Belonging*(Berrett-Koehler, 2008)는 조각난 지역사회가 어떻게 부활하는지를 핵심적으로 다루고 있다. 그리고 존 맥나이트(McKnigt)와 피터 블락이 같이 쓴 *The Abundant Community: Awakening the Power of Families and Neighborhoods* (BerrettKoehler, 2010)도 참고하면 좋다. Block의 이전 경영서는 다음과 같다. *Flawless Consulting* (Third Edition, Jossey-Bass, 2010), *The Empowered Manager*(Jossey-Bass, 1987), 그리고 *Stewardship: Choosing Service Over Self-Interest*(BerrettKoehler, 1993). 그의 출판물 이력은 웹사이트 www.designedlearning.com에서 확인할 수 있다. 마지막으로, Peter Block과 John McKnight은 지역사회의 복원에 관한 웹사이트인 www.abundantcommunity.com를 만들기도 했다.

4   소집단과 대화를 통해 지역사회를 되살린 내용에 관한 더 자세한 정보는 www.asmallgroup.net에서 확인할 수 있다. 이 사이트에서 신시내티에서 회복과 화해를 만든 사회망에 관한 내용을 확인할 수 있다. 영향력을 많이 미친 로버트 푸트남과 존 맥나이트의 업적은 각각 다음 사이트에서 확인할 수 있다. http://www.bowlingalone.com과 http://www.abcdinstitute.org.

5   지역사회를 회복한 내용과 피터 블락과 존 맥나이트가 협력한 내용은 다음 사이트에서 확인할 수 있다. www.abundantcommunity.com

6   참조 : Art Kleiner, "The Thought Leader Interview : Meg Wheatley", *strategy +business*, Winter 2011,

http://www.strategy-business.com/article/11406?gko=15f1d
위틀리와 프리즈가 그들이 쓴 책에 나온 공동체의 다른 리더들과 함께 " Walk Out Walk On"이라는 개념을 전파한 Alia Institute of Nova Scotia와 관련 사이트인 http://www.aliainstitute.org에서 확인할 수 있다.

7 이러한 결과는 Seah Chiang Nee's "Singapore's Changing Schools : Stepping Up Gear to Produce a Thinking Workforce", *Sunday Star*, September 25, 2005에 게시되어 있다.
"The Creativity Initiative in Singapore" in The Daily Riff Blog, http://www.thedailyriff.com/2010/09/thinking-schools-learning-nation-singapores-education-initiative.php
교육자 Bill Jackson 시리즈를 참조하라.

15 연결(Connections)

1 롤랜드 셰발리에는 현재 Schlecty 센터의 선임 관계자이다.
www.schlechtycenter.org

2 이 기사 여백에 적힌 '단계들'은 이것과 유사한 프로젝트에 의거해 Roland Chevalier가 언급한 두 명의 자문가 Susan Philliber과 Sharon Lovick Edwards가 쓴 자료를 번안한 것이다. 우리는 일반 방법이 지역사회의 구체적인 요구로 옮겨가는 방법을 보여주기 위해 그들이 소개한 단계들을 이야기와 함께 나란히 놓아보았다. 지역사회 참여 과정에 관한 더 많은 정보를 알아보려면 Philliber연구 협회 웹사이트를 참조하라. http://www.philliberresearch.com/

3 1단계 : 초기 만남은 '지역사회'라는 것이 의미하는 정확한 정의에 대해, 그리고 각 개인을 인터뷰할 가장 용이한 전략을 알아보기 위해 개최되었다.

4 2단계 : 지역사회 거주자들로 구성된 위원회와 함께한 토론은 문제의 성질, 설문조사 도구의 내용물, 인터뷰하는 사람을 모집할 가장 좋은 방법을 결정하기 위해 개최되었다.

5 3 단계 : 연구원 / 평가자는 위원회의 응답을 바탕으로 조사 도구를 작성한다.

6 4 단계 : 지역사회의 그룹이 설문지를 검토하고 최종 버전에 대한 권장 사항을 작성한다.

7 5단계 : 지역사회의 그룹은 면담자를 모집하고 지역사회 참여 과정의 목표와 목적에 대해 소개한다.

8 6단계 : 연구원 / 평가자는 조사원을 훈련시키고 조사 작업을 감독한다.

9 7단계 : 조사가 끝나면 조사원들과 함께 포커스 그룹 회의를 개최하여 그들이 들었던 것을 토의한다.

10 8단계 : 연구원 / 평가자는 설문지에서 컴퓨터 데이터베이스를 준비하고 설문지 및 조사원의 인식을 토대로 지역사회 그림에 대한 보고서를 작성한다.

11 9단계 : 연구원 / 평가자는 그룹을 다시 소집하여 데이터 및 보고서를 검토한다.

12 10단계 : 지역사회 팀은 모든 이해관계자를 대화에 참여시키는 보급 프로세스 및 전략을 계획한다.

13 이곳에서 묘사된 개혁의 결과로 토마스 더튼은 '서비스 학습, 참여 학술 및 공동 작업을 통한 제도적, 공동체적 변화에 대한 탁월한 공헌'의 이유로 2009년 6월 Campus Compact가 주최하는 'National Thomas Ehrlich Civically Engaged Faculty Award'을 받았다. 또한 2009년 센터는 저소득, 중산층 시민을 위한 주택에 공헌하는 비윤리 주택공사 회사인 '오버 더 라인 지역사회 주택공사'로부터 '건물과 사랑받는 지역사회 동업자'가 주는 상을 최초로 받았다. 더튼은 『학습하는 학교』의 공동저자인 제니스 더튼(Janis Dutton)과 결혼했다.

14 Dutto이 이 일에 관련한 인터뷰를 음성 녹음한 파일은 미국 건축가 협회의 '활동적인 시민 건축가' 팟캐스트에서 청취 가능. http://www.aia.org/advocacy/local/AIAB051119.

15 보지 않거나 듣지 않는(또는 않으려는) 사람들을 지지하는 또 다른 설명을 보려면, Seusee 박사 (Random House, 1954)의 *Horton Hears a Who*를 보라.

16 이 장의 저자와 Bonnie Neumeier는 Peter Block이 쓴 Community : *The Structure of Belonging* (Berrett-

886

Koehler, 2008) 의 역할모델 명단에 실렸으며 센터는 지역사회 자원으로 명단에 실렸다.

17 설계－시공 계획에 대해 더 많은 정보를 알아보려면 https://blogs.miamioh.edu/cce-otr/을 참조하라. Venice on Vine은 2006년 미국 건축가 협회의 신시네티 부문에서 우수상을 받았다. 이 기획은 8명의 건축가, 다수의 계약가 그리고 신시네티 대학교의 건축 프로그램 출신 학생들을 포함한 공동 노력이었다.

18 선동－선전 계획에 대해 더 많은 정보를 알아보려면 https://blogs.miamioh.edu/cce-otr/engagement/을 참조하라.

19 Janis Dutton의 석사 학위 논문인 "Learning to Unlearn: Organizational Learning, Popular Education, and Intersecting Stories of Community, Leadership, and Democracy"(2006)와 그녀의 현재 진행 중인 참가활동 연구는 내게 '장애를 배우는 것은 특권이다'라는 개념의 힘을 가르쳐주었다.

                                                                        － Thomas Dutton

20 학생 성찰, 비디오, 인터뷰 및 매체 보도에 대한 링크는 주거 프로그램 웹사이트는 http://arts.muohio.edu/cce/residency_ program.html를 보라.

21 이 피드백 루프는 Virginia Anderson과 Lauren Johnson, *Systems Thinking Basics : From Concepts to Causal Loops*(Pegasus, 1997)에서 가져와 적용한 것이다.

22 참조 : Andrea Gabor, "Leadership Principles for Public School Principals", *strategy +business*, Summer 2005. https://www.strategy-business.com/article/05207?gko=f0728.

23 Sandra Stein은 개인적인 이유로 2011년에 사임했다. 현재 리더십 아카데미의 수장은 브롱크스에 있는 뉴욕 1지역의 이전 교육장이었던 Irma Zardoya이다. 2012년 1월, 리더십 아카데미는 새로운 책임 메트릭스와 보너스 기반 인센티브를 포함하는 전략적 계획을 착수하여 아카데미를 효과적으로 만든 협력적 학습을 강조하였다. 만약 이 계획이 유지된다면, 파트너들이 관심을 갖지 않을 때, 학습 지향적인 비즈니스-교육 협력 관계를 전환하거나 채택할 수 있는 책무성에 대한 압력의 방법에 대한 예가 될 것이다.

24 아카데미의 경험으로 배우는 중요한 교훈들 :
    • 교육자들이 이 훈련을 감독하게 해 의의가 있는 일로 남길 것.
    • 이것들이 가장 의미 있게 쓰일 수 있도록 사업가들로부터 받은 지침을 이용할 것 : 예를 들어 발전을 위한 문제와 기회를 확실하게 구별하기 위한 자료를 사용하는 학습 방식.
    • 또래 중재, 참여 단체의 노력 그리고 안목을 공유할 수 있는 방식을 사용할 것.
    • 교사, 사업 자원, 학생들이 함께 참여하는 계획으로 마무리 짓는 것에 집중할 것.

25 "Equipping Every Learner for the 21st Century", by Tae Yoo(Cisco Senior Vice President for Corporate Affairs), et al.,(Cisco Systems, 2008), http://newsroom.cisco.com/dlls/2008/ekits/Equipping_Every_Learner_for_21st_Century_White_Paper.pdf

26 지금까지의 경험으로 배운 점들 :
    • 기업들이 연구개발로 혜택을 누리는 동안 이 기획의 모든 양상이 외부인들에게 투명하게 보이도록 동업자 관계를 설정할 것.
    • 실험을 장려할 것. 어떤 아이디어와 계획이 가장 잘 실행 될 것인지는 항상 미리 확실히 해둘 수 없기 때문.
    • 매년 새로운 기술을 위해 기업가들과 교육자들이 함께 배우고 서로에게서 배울 수 있는 심도 있는 훈련을 확립할 것.

27 국제 기술학교가 경험한 것들이 암시하는 것 :
    • 획기적인 효과를 계획하기 위해 학교 지도자, 교사, 사업 공동 연구자를 포함하는 비공식적 모임을 만들 것.
    • 학교 지도자들이 중요하다고 발견한 문제점들에 주의를 기울일 것.
    • 기업들과 비영리 기업을 포함해 다수의 외부 조직을 끌어들일 수 있는 협업팀을 이용할 것.
    • 당신 주변에서 보이는 기업 문화를 가장 잘 반영할 수 있는 참여적인 직원 및 학생 문화를 조성할 것.

28 석유 아카데미가 제안하는 경험 :
- 기업의 개혁 노력을 기존의 교육과정과 그에 상응하는 인재 선발 설계에 통합시킬 것.
- 초기 집단의 경험을 통해 몇몇의 학교와 학습하는 것을 시작으로 그 크기를 천천히 키울 것.

16 지속가능성(Sustainability)

1 빈곤이 교육에 미치는 영향과 제기되는 딜레마에 대한 보다 심층적 이야기를 알고자 한다면 다음을 제안한다. Jonathan Kozol, *Savage Inequalities*(Harper Collins, 1991), 그리고 Jonathan Kozol, *Rachel and Her Children: Homeless Families in America*(Crown, 2006).

2 자신의 레인메이커(Rainmaker) 스타일 개발을 위한 훈련 및 자료를 포함한 자세한 매뉴얼이 있다. 참조: Katharine Briar-Lawson, Hal Lawson, Bobbie J. Rooney, Vicki Hansen, Lisa G. White, M. Elise Radina, and Karen L. Herzog, *From Parent Involvement to Parent Empowerment and Family Support: A Resource Guide for School Community Leaders*(Danforth Foundation and Institute for Educational Renewal at Miami University, 1997).
또 다른 참조: K. Briar- Lawson, H. Lawson, C. Collier, and A. Joseph, "School-linked Comprehensive Services: Promising Beginnings, Selected Lessons Learned, and Future Challenges", *Social Work in Education*, vol. 19, (1997), pp.136–148.

3 판사 의견 및 사건 개요 출처 : People Who Care, et al. v. Rockford Board of Education, 851 F. Supp. 905 (N.D. Ill 1993). Jeff Kolkey, "Discrimination Lawsuit Haunts City, Schools", *Rockford Register Star*, September 12, 2009, http://www.rrstar.com/news/x1420198361/Discrimination-lawsuit-haunts-cityschools-20-years-later.

4 이들 및 기타 강력한 참여 관련 질문: Cambron-McCabe, Cunningham, Harvey, and Koff, *The Superintendent's Fieldbook : A Guide for Leaders of Learning*(Corwin Press, 2005), pp.261, 305을 참조하라.

5 Public Agenda는 무소속 여론조사 기관이며 시민 참여 조직이다. http://www.publicagenda.org를 참조하라. 그들의 7단계 모델은 Daniel Yankelovich, *Coming to Public Judgment : Making Democracy Work in a Complex World*(Syracuse University Press, 1991)에 설명되어 있다.

6 이 언어 중 일부는 Daniel Yankelovich의 "The Seven Stages of Public Opinion"으로부터 각색됨. Public Agenda 웹사이트 : www.publicagenda.org/pages/seven-stages-public-opinion.

7 공공 참여의 또 다른 예 : Linda Murray and Thomas S. Poetter, Community Conversations in San Jose : *The Superintendent's Fieldbook*, p.275.

8 록퍼드 대학의 시민 참여운동은 대학의 노벨상 수상 졸업생의 이름을 딴 "시민 참여를 위한 제임스 아담스 센터(Jane Addams Center for Civic Engagement)"에서 개최된다. www.rockford.edu/?page=JACCE 참조.

9 하버드 협상 프로젝트의 효과적인 실력 향상 방법에 관한 자세한 내용은 www.pon.harvard.edu/research를 참조하라. 우리는 특히 Douglas Stone, Bruce Patton, and Shelia Heen, *Difficult Conversations*(Viking Penguin Putnam, 1999)을 추천한다. 교육자 겸 작가인 Jim Evers가 언급한 것처럼 '그것은 상호 간에, 학생들 간에 그리고 지역사회 간에 상호작용에 있어서 비난과 지지를 피하기 원하는 교사와 관리자들에게 유용한 도구이며, 학생들에게 가르칠 만한 가치가 있는 소재이다.'

10 Cloud 연구소와 그 작업에 대한 자세한 내용은 웹사이트 http://www.cloudinstitute.org를 참조하라. 웹사이트의 자료 중에는 지속가능한 미래를 위해 학교와 지역사회가 함께 배우는 정도를 평가하는 도구인 "EfS Reality Check"가 있다.

11 David Orr, *Earth In Mind : On Education, Environment, and the Human Prospect*, 10주년 기념판 (Island Press, 2004), pp.7–8.

12 클라우드 연구소의 지속가능성 교육(Education for Sustainability)의 9개 콘텐츠 영역에는 일련의 측정 가능한 성과 지표가 수반된다. 해당 분야는 다음과 같다.
- **문화 보존 및 변화** : 학생들은 미래 세대가 번성할 수 있도록 무엇을 보존하고 무엇을 변화시킬

것인지를 다른 것들과 분별할 수 있는 능력을 개발한다.
- **책임 있는 지역/글로벌 시민 자격** : 학생들은 리더십과 참여와 관련된 권리, 책임 및 행동에 대해 배운다.
- **시스템의 역동성과 변화** : 학생들은 시스템 역학 및 시스템사고의 도구 및 개념을 적용한다.
- **지속가능한 경제** : 학생들은 금융, 사회 및 자연 자본의 건전성에 기여하는 방식으로 21세기 경제 관행과 생산 및 소비 방법을 학습한다.
- **건강한 공유물** : 학생들은 공기, 신뢰, 집단의 미래, 물, 도서관, 공중 보건, 유적지, 표토(表土) 및 기타 공유 자원의 중요성을 인식하고 소중하게 생각한다.
- **자연 법칙과 생태 원리들** : 학생들은 자연 순환과 지속가능성에 대한 기본 과학을 학습한다. 그들은 서로 모든 생물, 자연계와 함께 상호의존적이라는 것을 알게 된다.
- **미래를 창안하고 영향력을 미침** : 학생들은 비전을 위해 봉사 활동을 설계, 구현 및 평가한다.
- **여러 관점** : 학생들은 자신뿐만 아니라 다른 사람들의 삶의 경험과 문화를 배우고, 가치를 부여하고, 도출해낸다.
- **장소감(Sense of Place)** : 학생들은 그곳의 사회적, 경제적, 생태학적, 건축학적 역사와 지속적인 건전성 사이의 상호 관계를 인식하고 평가함으로써 그들이 살고 있는 곳과 관계를 구축한다.

13 작가는 뇌 과학에 대한 이러한 통찰력에 대해 David Rock에게 감사한다.

14 Cloud 연구소의 물고기 게임(Fish Game)은 유초중고등 학생들이 사용할 수 있도록 제작되었으며 http://fishgame.cloudinstitute.org/games/fish_game.html에서 사용할 수 있다.
이것은 존 스터만(John Sterman)과 데니스 메도우즈(Dennis Meadows)가 개발한 다른 Fish Banks 시뮬레이션에 적용되었다(많은 변경 사항이 있음); 그중 하나는 MIT Sloan School에서 구할 수 있다. https://forio.com/simulate/mit/fishbanks/simulation/login.html 참조.

15 더 많은 유초중고등 학생용 예제는 https://cloudinstitute.org/model-programs/에서 찾을 수 있다.

16 'Sustainable Jersey'에 대한 자세한 내용은 www.sustainablejersey.com을 참조.

17 Frances Moore Lappé와 Anna Lappé, *Hope's Edge : The Next Diet for a Small Planet*(Jeremy Tarcher/Putnam, 2002), p.93 이후와 p.100.

18 이 원형을 뒷받침하는 개념은 *Science*(December 13, 1968)의 공유지의 비극(The Tragedy of the Commons)에서 Garrett Hardin이 설명하였다.

19 아포 섬의 더 많은 이야기를 보려면 다음을 참고하라. Gerald G. Marten, "Environmental Tipping Points : A New Paradigm for Restoring Ecological Security", *Journal of Policy Studies*(Japan) no. 20(July 2005), pp.75-87, http://gerrymarten.com/publicatons. html.

20 Sara Cameron, Out of War : *True Stories from the Front Lines of the Children's Movement for Peace in Colombia*(Scholastic, 2001)을 참고하라. 그리고 케냐, 방글라데시, 세네갈, 수단, 탄자니아, 인디아, 파푸아뉴기니, 이라크, 어디에서든 여성과 아동의 리더십에 관한 이야기를 www.saracameron.org에서 참고하라.

21 언젠가 게릴라가 센텐데르(Santander)에 있는 우리 집으로 와서 나의 부모들을 죽였다. 나는 그때 4세이었다. 다행히도 나는 할아버지 댁에 있었고 그 사건을 보지 못했지만 나의 누나들은 집에 있었다. 그들은 5세와 6세였으며 그들은 모든 것을 목격했다. 그들은 결코 잊지 못한다.
　　　　　　　　　　　　　　　　　　　　　　　　　　　　　　　- 12세 어린이

22 나는 전쟁으로 인해 집을 떠나야만 했던 아이들을 위해 놀이 치료사로 봉사하고 있다. 몇몇 아이들은 그들의 아버지가 고문당하고 살해된 것과 같이 끔찍한 것을 본 경험이 있다. 그들은 무슨 일이 일어났는지를 이해하는 것을 어려워한다. 우리는 트럭, 보트, 헝겊 인형을 가지고 놀며 때때로 놀이 후에 당신은 어떤 상황이었는지 이해하게 된다. 몇몇 아이들은 매우 수줍음이 많다. 그러나 나는 그들에게 앵무새 꼭두각시 인형을 주는데 아이들은 때때로 그 인형에 상황을 이야기한다. 그들은 종종 그들이 집을 떠날 때 두고 간 염소와 닭 그리고 소에 대해 이야기한다. 그들은 가축들을 걱정한다. 　　　　　　　　　　　　　　　　　　　　　　　- Wilfrido, 16세

23 이 기사에 나오는 이 활동은 종종 아동이나 성인에 의해 조직되거나 혹은 아동과 성인 모두에 의

해 조직되었다. 그들은 대개 UNICEF, 콜롬비아 평화협정(Redepaz), 스카우트, 적십자, 가톨릭교, YMCA, 미국 기독교 아동복리회, 월드비전, 국제어린이보호재단과 다른 조직들에 의해 도움을 받아 가능했다.

24 이 기사의 몇몇 사실들은 다음의 자료로부터 왔다.
Sara Cameron, "The Role of Children as Peace Makers in Colombia", *Development*, vol. 43 no. 1, (March, 2000); Jorge Enrique Rojas Rodriguez and Marco Alberto Romero Silva, "Un pais que huy e…"(Bogotá, Consultoría para los Derechos Humanos y el Desplazamiento, 1999), www.codhes.org; "¿Que hay detras del maltrato infantil?"(Bogotá, Conferencia Episcopal de Colombia, 1999); "Defensoría del Pueblo, La niñez y sus derechos", Boletin 1-4(1996-7); "En cuatro años, 4.925 secuestrados", *El Espectador*(May 5 1999), p.6A; Graça Machel, "Impact of Armed Conflict on Children"(UNICEF, 1996) and "Children and Conflict in a Changing World"(UNICEF, 2007), both at http://www.un.org/children/conflict/machel/english/(*역자주 현재 이 사이트에서 문서를 찾을 수 없다.); "Informe sobre el 'Mandato Nacional de los Niños por la paz'"(Bogotá, UNICEF, 1996); Reuters news coverage of the Colombian Civil War in August, 1999.

25 나는 언젠가 아버지를 깨워 아버지가 일하러 나가는 것을 꿈꾸고 또한 아버지가 위험에 처하거나 총에 맞을 것이라는 두려움을 갖지 않을 것이다. 이것은 우리가 가지려고 하는 꿈이다. 내가 만약 죽는다면 적어도 열망할 가치가 있는 무언가는 끝나있을 것이다. 아무것도 하고 싶어 하지 않는 것보다 무언가를 하고 싶어 하는 것이 더 낫지 않은가?　　　　　　　　 − Farliz Calle

26 총회의 결과는 공식적으로 정부에 제출되었고 아동 운동, 유니세프, 스카우트 그리고 콜롬비아 평화 평화 협상 대표인 Victor G. Ricardo와의 국가 평화 프로젝트로 이어졌다.

27 사람들은 직접적으로 전쟁에 의해 영향을 받지 않는 이상 전쟁을 전혀 신경 쓰지 않곤 했다. 그러나 아이들이 고통과 슬픔에 대해 말할 때, 우리는 어른들이 마치 그들이 느끼는 것처럼 만들었다. 아이들은 새로운 콜롬비아의 씨앗이다. 우리는 전쟁을 멈출 씨앗이 될 것이다.
　　　　　　　　 − Mayerly, 운동단체 리더, 14세

28 처음에 나의 아버지가 살해당했을 때, 나는 내가 평화를 위해 해왔던 것들이 쓸모없다고 생각했다. 그것이 그를 살릴 수 없었기 때문이었다. 그러나 나의 아버지는 항상 내가 평화를 위해서 일하기를 원하셨고 나는 다른 아이들이 그들이 너무나 사랑하는 누군가를 잃는 악몽을 공유하지 않기를 바랐다. 결국 나의 아버지의 죽음은 더욱 나를 밀어붙였고 나에게 평화에 대한 더욱 현실적인 태도를 주었다. 나는 이 일이 위험할 수도 있다는 것을 알지만 만약 나의 아버지가 살아 있었을 때 그들이 멈추지 않았다면 그들은 지금 나를 멈추기 위해 아무것도 할 수 없다.
　　　　　　　　 − 아버지가 1996년 7월에 총살당한 운동단체 지도자 Juan Elias

29 매일 나는 사람들이 싸우는 것을 듣는다. 남편과 아내, 부모와 친구 그리고 심지어 나의 집에도 폭력이 있다. 이것은 나를 매우 슬프고 때때로 두렵게 한다. 나는 나의 아버지에게 멈추라고 빌지만, 그는 나의 엄마와 여전히 싸운다. 그러나 그는 내가 불행한 것을 보기를 원하지 않았다. 그는 평화 지도자가 되기 위해 훈련을 받고 있는 아동들에 대해 들었고 나를 데리고 미팅에 함께 갔다. 우리는 서로, 우리의 친구들과 함께, 이것을 들을 누구나와 함께 평화를 만드는 것에 대해 이야기했다. 나는 나의 부모님에게 이것에 대해 이야기했다. 그들은 그들이 싸우기를 원치 않지만 어쩔 수 없다고 말했다.　　　　　　　　 − Isabel, 14세

30 우리들 중 한 그룹은 Rafael Pombo 워크숍을 하는 동안 마을 하나를 건설했다. 우리는 교회가 필요하다고 결정했지만, 그러나 무슨 종류의 교회가 필요할까? 우리가 어떻게 정할 것인가? 결국 우리는 누구나 어떤 신이든 섬길 수 있는 다목적 건물로 결정했다. 그리고 우리는 남성 성직자뿐만 아니라 여성 성직자도 있었다. 우리는 모두가 종교적 믿음의 자유를 가질 권리가 있음을 말했고 이것은 갈등의 어떤 근원이 될 수 없음을 말했다.　　　　　　　　 − Marcela, 17세

31 Peter M. Senge, "Education for an Interdependent World : Developing Systems Citizens", Joy Richmond, Lees Stuntz, Kathy Richmond, and Joanne Egner(편집자), *Tracing Connections : Voices of Systems Thinkers*(iSee Systems and Creative Learning Exchange, 2010).

32 2010년 Oxfam은 세계의 빈곤층이 세계 기후 변화에 적응하는 (많은 개발도상국의 풍경의 점점

영구적인 특징이 되어가고 있는 작물의 손실, 열대 질병의 확산과 이주 캠프를 포함한) 비용이 50억 달러를 초과한다고 측정했다(www.oxfam.org 참조). 이 모형은 다가오는 해에 더욱 급격히 상승할 것으로 예상된다.

33 산업 시대가 그 코스를 달려온 거품이라는 생각은 Peter Senge, Bryan Smith, Nina Kruschwitz, Joe Laur, and Sara Schley, *The Necessary Revolution : How Individuals and Organizations are Working Together to Create a Sustainable World*(Doubleday, 2008)에서 전개된 것이다.

34 이 동영상은 Waters 재단 웹사이트와 유튜브에서 이용할 수 있다.
http://www.watersfoundation.org/webed/examples/playground/playground.html
http://www.youtube.com/watch?v=OWFDivyk7gI&safety_mode=true&persist_safety_mode=1(*역자주 이 동영상은 현재 실행되지 않는다.)

35 Orange Grove 여정과 학생들에게 미친 장기간의 영향은 '창조적 학습으로 전환(the Creative Learning Exchange)'의 사이트인 www.clexchange.org에서 이용 가능한 매력적인 비디오인 "That School in Tucson"에서 찾을 수 있다. 이 비디오는 예전의 중학생으로서 그리고 15년 후 젊은 청년으로서의 강렬한 발자취를 포함하고 있다.

36 Heemstra의 인용문은 Senge 외, *The Necessary Revolution*(필연적인 혁명), 217쪽을 참고했다.
지난 10년 동안, Unilever는 2020년을 위한 강력한 지속가능성 목표를 발전시켰고 상호의존적인 세계의 핵심 해결과제가 이전에 비혁신적인 사업을 세계적인 리더로 변화시키는 데 있어서 얼마나 포용적인지를 보여주었다. 예를 들면, 그들이 사업을 확장하는 동안, 모든 제품에 지속가능성을 투입하고, 50만 명의 '소규모 자작농'을 그들의 세계적인 가치 사슬에 통합시키며 절대적인 관점에서 그들의 환경적 발자취를 줄이는 것이다. 그들의 "지속가능한 생활 계획(The Sustainable Living Plan)"은 www.unilever.com에서 볼 수 있다.

37 지속가능성을 위한 교육의 국가적 리더인 the Cloud Institute의 제이미 클라우드(Jaimie Cloud)는 10여 년 동안 가능성을 위한 교육에 의해 길러질 7가지 주요 '마음의 습관'을 확인하였다.
의사 결정을 위한 맥락으로써 시스템에 대한 이해 : 개인이 자신을 시스템 내에 둘 수 있는 정도뿐만 아니라 개인이 그 전체 시스템과 부분 모두를 보는 정도
세대 간 책임감: 개인이 스스로의 행동이 미래 세대에 미칠 영향에 대해 책임감을 갖는 정도
함의와 결과에 대하여 충분히 숙지하고, 숙련하기 : 개인이 의식적으로 선택을 하고 긍정적인 시스템 영향을 줄 수 있는 행동을 계획하는 정도
공유지 보호와 향상 : 개인의 권리와 공유지의 경향을 가진 시민권의 책임 사이의 갈등을 받아들이기 위해 개인이 작업하는 정도
추진력과 그것의 영향에 대한 인지 : 우리의 삶에 영향을 미치는 추진력의 맥락 안에서 당신이 인지하고 있으며 전략적이고 책임감 있게 행동할 수 있는 정도
전략적인 책임감의 추측 : 전체적인 시스템들을 유념하여 디자인하고 계획하고 행동하는 것에 따라 다른 사람들과 자신들을 위한 책임감을 추측할 수 있는 정도
패러다임 전환 : 정신 모델과 패러다임을 새로운 지식과 적용된 통찰력으로 시간이 자남에 따라 변화하는 지침의 구성 요소로서 인식하는 정도
www.cloudinstitute.org와 C. Federico, J. Cloud, J. Byrne, K. Wheeler, "Kindergarten through Twelfth-Grade Education for Sustainability", *The Environmental Law Reporter News and Analysis*. 33(2) (February 2003)을 보라.

38 Dennis Sandow, Virginia Piper, Murphy School District's Learning Communities(Charitable Trust research paper, 2006).

39 Michael Porter and Mark R. Kramer, "Creating Shared Value", *Harvard Business Review*(January 2011).

40 참조 : Deborah Meier, *Keeping School : Letters to Families from Principals of Two Small Schools*(Beacon Press, 2005); *In Schools We Trust : Creating Communities of Learning in an Era of Testing and Standardization*(Beacon Press, 2003); *The Power of Their Ideas : Lessons for America from a Small School in Harlem*(Beacon Press, 2002).

색 인

일반 색인

저자 소개

피터 센게(Peter Senge)

MIT 슬론 스쿨의 선임 강사이자 조직학습 학회(The Society of Organizational Learning, SoL)의 설립 위원장이다.

넬다 캠브론-맥카베(Nelda Cambron-McCabe)

오하이오주에 있는 마이애미 대학교의 Department of Educational Leadership and Chair 와 Department of Educational Psychology의 교수다.

티모시 루카스(Timothy Lucas)

지난 40년간 교사와 공립 교육계에서 교육 행정가를 수행했다.

브라이언 스미스(Brian Smith)

국제적으로 알려진 저자이고 연설가이다.

제니스 더튼(Janis Dutton)

프리랜서 편집가이자 저자이고 교육전문가이며 지역 공동체 활동가이다.

아트 클라이너(Art Kleincer)

작가이자 교육자이며, Fieldbook 프로젝트의 편집 디렉터이다.

역자 소개

김복희

서울교육대학교를 졸업하였다. 서울천왕초등학교에서 교무혁신부장을 하고 학급담임을 하면서 학교가 새로운 패러다임으로 바뀌는 모습을 직접적으로 경험했다. 2019년 현재 서울항동초등학교에 근무하고 있으며, 공동체지원팀장을 맡아 신설혁신학교를 두 번째 만들어가는 일에 동참하여 우리 교육의 변화를 꾀하고 있다. 복잡성교육연구회 회원으로서 복잡성 교육의 이론과 현장 적용에 대해 연구하고 있다.

김애령

현재 경희여자고등학교 교사(윤리)로 근무 중이다. 경희대학교대학원 철학과 박사를 수료하였다. 복잡성교육학회 이사이며, 사회와 철학연구회 회원으로 활동 중이다. 주요 관심사는 교육의 공공성에 관한 것으로 공교육의 철학적 기초를 탐구 중이다. 인문 고전을 읽고 토론하고 글을 쓰며, 인문학적 체험활동과 성찰 공부를 통한 학생들의 성장에 깊은 관심을 두고 교육활동을 하고 있다.

김영연

한살림식생활교육센터 팀장으로 근무 중이며, (사)마을교육공동체 정책위원이다. 부산대학교대학원에서 교육학 박사 학위를 받았다. 마을공동체, 협동조합, 유아교육에 관심을 가지고 있으며, 교육공동체 회복을 위한 참교육실현을 위해 노력하며 활동 중에 있다. 저서로는 『나만의 방식으로 세상을 만나다』 2016 팜팜스 출판, 『학교 안전교육 2016』 도서출판공동체, 『유아의 학습에서의 운동과 실험』 도서출판 살림터 등이 있다.

김은숙

2012년부터 서울수석교사로 활동 중이며, 현재 서울한천초등학교에서 근무 중이다. 2011년부터 서울특별시교육청, 서울교육연구정보원 교수학습컨설턴트로 활동 중이다. 서울교육대학교대학원에서 초등발명교육(석사)을 전공하였고, 한국교원대학교대학원 과학영재교육학 박사과정에서 창의성 교육을 바탕으로 융합교육 및 학생참여형 프로젝트 수업을 연구 중이다. 발명교육 강사, 과학영재교육 강사로 활동하였으며, 복잡성교육연구회 및 복잡성교육학회(임원) 활동에 참여하고 있다.

김정안

2019년 2월까지 서울특별시교육청 학교혁신교육센터장을 역임했다. 서울 삼각산고등학교 교사를 역임했으며, 국가교육위원회 위원으로 활동한 바 있다. 대표 저서로는 『처음 읽는 여성의 역사』, 『역사학교 미래교육을 열다』 등이 있다. '모든 학생이 행복한 학교'를 만들기 위해 노력 중이며, '같이가치'를 추구하고 있다. 교육에 있어 실용적이고 창의적인 활동에 비중을 두고 지원하고 있으며, 복잡성교육학회 이사로 활동 중이다.

류선옥

이화여자대학교 국어교육 박사과정을 수료하였으며, 서울 상일여자고등학교 국어교사로 재직 중이다. 한국토론아카데미 원장, 교육극단 '푸른 숲' 배우이다. 토론과 연극으로 소통하는 교사로 수업연구에 집중하고 있다. 교실 속의 복잡성의 힘 『세 학급이 들려주는 창조적 집단지성학습』을 번역 출간하였다. 교육이 직면하고 있는 다양한 문제를 복잡성 철학의 관점으로 이해하고 풀어가려는 노력을 복잡성교육연구회에서 함께 하고 있다. 복잡성교육학회 부회장으로 활동 중이다.

손명선

현재 서울가재울초등학교 수석교사로 근무 중이다. 서울교육대학교를 졸업하였으며, 서강대 교육대학원을 졸업했다. 서울형혁신학교 연수전문위원, 정책추진단, 정책자문단에서 활동하였다. 현재 복잡성교육연구회 회장을 맡고 있으며, 복잡성교육학회 이사로 활동 중이다. 복잡성 교육의 현장적용에 비중을 두고 확산을 위해 노력 중이며 특히 시스템사고와 시스템다이내믹스를 초등학교 현장에 적용하기 위한 실천적 연구에 관심을 갖고 있다.

손소희

현재 서울성동공업고등학교 수석교사로 재직 중이다. 복잡성연구회에서 복잡성 교육에 대해 연구 중이며, 복잡성교육학회 이사로 활동 중이다. 논술형 평가에 관심을 가지고 있으며, 학생 성장을 돕는 평가로서의 과정평가에 비중을 두고 발전과 확산을 위해 고민 중이다. 미래지향적 평가 개발과 적용에 관심을 두고 있으며 국어교육 전공자로서 국어교육의 새로운 평가 방식에 대해 연구 중이다.

심임섭

복잡성교육연구소 소장, 복잡성교육학회장으로 활동 중이며, 「학제유연화 정책 연구 방안」, 「4차 산업시대 인재양성을 위한 융복합 교육시스템 연구방안」, 「역량중심 미래교육에 대비한 수업 및 평가 전문성 제고 방안 연구」 등 정책 연구를 하였다. 지식은 인격적 지식(personal knowledge(폴라니))의 네트워크로 이루어진 복잡계라고 보는 자유주의자이다. 역서로는 『구성주의를 넘어선 복잡성 교육과 생태주의 교육의 계보학』이 있다.

이민철

서울대학교 및 동 대학원을 졸업했다. 서울특별시 중학교, 고등학교 교사를 거쳐, 교감, 교장, 서울특별시교육연구정보원장을 역임했다. 현재 서울특별시교육청 교육혁신 관련 정책 자문으로 활동 중이다. 복잡성교육연구회에 참여하여 복잡성 교육의 연구와 확산을 위해 노력 중이며, 복잡성교육학회 이사로 활동하고 있다. 복잡성교육학회에서 복잡반응과정 세미나를 운영 중이다.

이성권

전남대학교 사회학과를 졸업했다. 고려대학교 교육대학원을 졸업하고 동 대학원 박사과정을 수료했다. 현재 일산대진고등학교 교감으로 근무 중이다. 주요 관심은 사회과 교육에 두고 있으며, 복잡성교육연구회에 참여하며, 복잡성교육학회 임원으로 활동 중이다. 교육정책과 교육혁신에 관심을 두고 있으며, 현재 한국교육정책교사연대 이사장으로 활동 중이다.

이성심

현재 서울어울초등학교 교사로 재직 중이다. 서울교육대학교를 졸업하고, 한국교원대학교에서 교육학(교육철학 및 교육사 전공) 석사 및 박사 학위를 받았다. 관심분야는 교육사이며, 논문으로 「조선후기 지방교육 연구」, 「조선후기 도단위학교, 영학 연구」, 「조선후기 면학의 교수 체제 연구(도훈장제 및 면 훈장제를 중심으로)」, 「4차 산업시대 인재양성을 위한 융복합 교육 시스템 연구」 등이 있다.

이준범

서울교육대학교를 졸업하고 고려대학교 교육대학원 교육방법(석사)을 전공했다. 서울형혁신학교 추진 자문단, 서울혁신학교정책운영위원, 서울교육정책연구소 운영위원을 역임했으며, 서울 월천초등학교에서 혁신학교 교육지원팀을 하면서 복잡성 교육과 학습하는 조직, 시스템사고가 학교 혁신과 관련성이 높음을 확인하였다. 2019년 현재 서울상천초등학교 교장으로 근무 중이다.

정미순

현재 경기도냉천초등학교 교감으로 재직 중이다. 복잡성연구회, 복잡성교육학회(이사)에서 활동 중이며, 경기도교육청 기초학력지원단으로 활동했다. 경인교육대학교 대학원 영어교육학 석사, 한국항공대학교대학원 경영학 박사이며 리더십교육에 관심을 두고 있다. 『관리자 리더십』, 『학생 리더십향상 방안 연구』 등을 집필하였으며, 경기도율곡교육연수원 연구사, 경기도 고양교육지원청 장학사 등을 역임했다.

정창권

(사)한국시스템다이내믹스학회 학회장(2017~2020년)이다. 전 이화여자대학교 연구교수를 역임했으며, 국내에 시스템사고를 전파하는 활동을 활발히 벌이고 있다. 세계학회 기조연설로 국내 시스템사고 사례 발표를 한 바 있으며 현재 초/중/고 학생 및 교사 연수를 진행하고 있다. 서울대 독일어교육학과 학사와 헬싱키경제경영대학원(국제디자인경영 전공) 석사를 거쳐 서울과학종합대학원대학교(국제경영전략 전공)에서 박사 학위를 받았다.

학습하는 학교

시스템사고를 통해 본 학교 복잡계 운영

초 판 인 쇄 2019년 12월 23일
초 판 발 행 2019년 12월 30일
초 판 2 쇄 2022년 5월 10일

저 자 피터 센게, 넬다 캠브론-맥카베, 티모시 루카스,
브라이언 스미스, 제니스 더튼, 아트 클라이너
역 자 한국복잡성교육연구회
펴 낸 이 김성배
펴 낸 곳 도서출판 씨아이알

책 임 편 집 최장미
디 자 인 백정수, 박진아
제 작 책 임 김문갑

등 록 번 호 제2-3285호
등 록 일 2001년 3월 19일
주 소 (04626) 서울특별시 중구 필동로8길 43(예장동 1-151)
전 화 번 호 02-2275-8603(대표)
팩 스 번 호 02-2265-9394
홈 페 이 지 www.circom.co.kr

I S B N 979-11-5610-812-2 93370
정 가 38,000원